U0504130

“十四五”国家重点出版物出版规划项目
国家社会科学基金重大项目结项成果

百年中国古籍整理与古文献学科发展研究

总主编◎周少川

第五卷（上）

百年中国古籍整理图书目录
百年中国古文献学著作目录
（附书名索引）

本卷主编◎毛瑞方

中国社会科学出版社

本卷主编：毛瑞方

作　　者：毛瑞方　谢　辉　李立民　陈　祺
刘金德　朱　冶　翁敏修　雷家圣
刘骏勃　胡晨光

前　言

1911 年至 2011 年是中国传统文化近代化转型的百年。百年间中国古籍事业的蓬勃发展为传承古代典籍和中华优秀传统文化，推动古文献学学术发展和现代学科建设做出了巨大贡献。中国古文献学学科建设也在这百年间渐趋成型，并取得了显著成就。古文献学的发展离不开数千年来积累流传下来的大量古籍和古籍工作实践，也离不开中华传统文化的肥沃土壤。同时，古文献学的发展也为古文献与中华优秀传统文化的良好传承发展提供越来越重要的指导和支撑。换句话讲，古文献学和古籍工作之间的互动是 20 世纪以来中国学术史、文化史上的重要内容，值得认真梳理和深入研究。

2012 年初，业师周少川教授主持的国家社科基金重大项目“百年中国古籍整理与古文献学科发展研究（1911—2011）”（批准号 11&ZD109）成功立项。承蒙先生不弃，聘我加入课题组，主持第五子课题的整理研究工作。我对这项工作很感兴趣，便诚惶诚恐地答应了。第五子课题的主要任务是编撰《百年中国古籍整理图书目录》和《百年中国古文献学著作目录》两部书目，从而反映百年来中国古籍整理出版与古文献学科发展的成就。现在呈现于读者眼前的第五卷，就是这一成果。

《百年中国古籍整理图书目录》搜集和利用了重要古籍整理图书目录相关成果，如《民国时期总书目》《民国时期出版书目汇编》《民国时期发行书目汇编》《古籍目录》《古籍整理编目》《古籍整理图书目录》《新中国古籍整理图书总目录（1949—2003）》《全国总书目》《中国国家书目》《中国丛书综录》《中国少数民族古籍总目提要》《中国少数民族文字古籍整理与研究》以及我国重要出版社的图书出版目录和相关图书数字资源。而《百年中国古文献学著作目录》则主要利用了相关文献学著作的参考文献资料。

《百年中国古籍整理图书目录》中的“古籍整理图书”是指运用复制、校勘、标点、注释、辑佚、摘选汇编、今译外译、编目索引等方式，对产生于1911年以前的中国古代典籍进行整理，并将整理成果作为新版图书刊行的出版物。该书目的收录范围是1911年至2011年我国整理出版的汉文字和少数民族古籍。本目录主要参考中国古籍目录常采用的四部分类体系，另外，鉴于百年来类书、丛书和少数民族古籍整理发展迅速，成果数量众多的客观实际，在经部、史部、子部、集部后加上类丛部和少数民族古籍部两个部类，形成六部分类法。经、史、子、集四部之下的二级小类参考《中国古籍善本书目》的二级类目划分，部分小类下设三级子目。类丛部下设类书和丛书两个小类，丛书下再设汇编丛书和专类丛书两个三级子目。少数民族古籍部下按照中国境内少数民族语种分为十九小类。每类所录各书按照出版时间先后排序。本目录主要采用登记目录体裁，每个条目著录项包括书名、作者、整理者和整理方式、出版社和出版时间。凡图书在两册以上者，书名后注明册数；编入丛书者注明丛书名；作者前注明朝代。

《百年中国古文献学著作目录》则收录1911年至2011年我国出版的汉文古文献学著作。按照基于古籍整理而构建的古文献学分支学科体系，分古文献学、目录学、校勘学、版本学、注释学、辨伪学、辑佚学、其他边缘学科等八个部类。古文献学史、目录学史等相关著作分归于古文献学、目录学等各类。其他边缘学科部下设藏书史、编纂学、考证学、史源学、避讳学等小类。每类中著录的书籍按照出版时间先后排序。本目录也主要采用登记目录体裁，各条目著录项包括书名、作者和著作方式、出版社和出版时间。凡图书在两册以上者，书名后注明册数；编入丛书者注明丛书名。

虽然经历了诸多困难和问题，编目组全体成员始终秉持初心，十分期待这部书目能够为学界在保存和传承我国古代典籍，开展当代古籍整理工作和学术研究，建设发展中华现代文化上发挥一些积极作用。总体而言，本书目至少具有以下几点创新价值：第一，首次系统编制了百年来中国古文献学著作的专科目录《百年中国古文献学著作目录》，为我国古文献学现当代学科建设和学术研究提供目录学支持。第二，《百年中国古籍整理图书目录》上限为1911年，下限时间延至2011年，是迄今包含时段最长、反映整理成果最新的大型古籍整理图书目录。第三，覆盖地域范围广。书目所著录的图书既包括在中国内地出版的相关图书，也包括在中国港、澳、台地区出版发行的相关图书。初版在中国港、澳、台地区的图书条目前均加标星号，以便读者一目了然。第四，古籍文字包罗最广，除收录汉文古籍整理成果之外，亦收录17种少数民族文字古籍整理成果近千部。第五，总体采用因书设类的原则，在分类和著录体例上有所调整、改进和创新。第六，本卷既作为项目整体组成部分，也可作为一部工具书独立使用，具有突出的实用价值。

在具体编撰过程中，《百年中国古籍整理图书目录》的主要编修人员及分工如下：中国钱币博物馆陈祺主要负责民国时期成果编撰，北京外国语大学海外中国学研究院谢辉主要负责1949年后成果编撰，青岛理工大学马克思主义学院刘金德负责少数民族古籍部成果编撰。《百年中国古文献学著作目录》主要编撰人员是中国社会科学院古代史研究所李立民、北京师范大学历史学院毛瑞方。两部书目中中国香港和澳门地区部分由华中科技大学历史研究所朱冶主要负责，中国台湾地区部分先后由台湾云林科技大学汉学应用研究所翁敏修和上海师范大学古籍所雷家圣主要负责。北京师范大学历史学院刘骏勃、胡晨光协助修订了书目终稿。本卷主编毛瑞方统筹、组织、参与了两部书目的编撰和多次修订、查缺补漏及全稿校读工作，并撰写前言。后附本卷书名索引，由本书总主编周少川教授指导，出版社具体编制。

第五卷的编撰得到了北京师范大学历史学院周少川教授的宝贵指导和课题组各位成员的大力支持；北京师范大学历史学院汝企和教授、中央民族大学赵令志教授、北京大学图书馆李雄飞研究馆员在稿件的修订过程中提出诸多宝贵建议；南京师范大学赵生群教授、中国人民大学黄爱平教授、华中师范大学董恩林教授、山东大学杜泽逊教授和清华大学刘国忠教授也在书稿基本定稿之际给予了充分的肯定和中肯的建议。另外，目录在编纂修订过程中，还得到过北京师范大学许多在读研究生如杨雪婷、胡博、王梦雅和武文韬等同学的大力协助。在此对上述老师和同学的付出和帮助致以诚挚的谢意！

两部书目的编制不易，如今呈现在诸位眼前，我们依然诚惶诚恐。一方面，本目呈现的有些特点实际上与整个大课题的主题和结构性平衡有关。如本目包括古籍整理图书目录和古文献学著作目录两种，是与课题的研究对象和主线设计相辅相成的；著录时间范围定为1911—2011 年，十年磨一剑，因此成果出版时间有所滞后，2011 年至今的十几年间，新产生的古籍整理图书和古文献学著作不在少数，这些图书有待以后再做增订时收录；采用的登记目录体裁，每种书择初版和修订本进行著录的格式，既从字数和结构上关照了各子课题的平衡性，又简单明了地反映百年间古籍整理和古文献学发展建设的成果和特点，等等。另一方面，编目队伍成员整体较为年轻，我们的学术积累和编目经验尚不充足，且很难专辟时间开展所有著录图书的实际普查工作，而且，各部分搜集、整理和编撰的过程中更多倚重相关综合性编目成果，对于专题或专科目录的参阅借鉴不够充分，为信息的完整性和文本结构统一性计，少量完全缺失出版信息的民国古籍整理成果条目整体删去。因此，本目著录实难尽其所有、完美无瑕。尽管团队成员同心协力，认真工作，且修订、校读再三，其中疏漏、失误一定在所难免。敬祈读者提出批评、建议或意见，以便我们未来完善修订。

本卷总目录

百年中国古籍整理图书目录

百年中国古文献学著作目录

上　册

百年中国古籍整理图书目录

目　录

凡　例

一、收录1911—2011年海峡两岸暨港澳地区整理出版的汉文字和少数民族文字古籍整理图书。

二、“古籍整理图书”定义为运用复制、校勘、标点、注释、辑佚、摘选汇编、今译外译、编目索引等方式，对产生于1911年以前的古代典籍进行整理，并将整理成果作为新版图书刊行的出版物。少数民族古籍部中，除明确注明外，凡整理方式为译、翻译、转写、译注、译校，皆指将少数民族文字转译为汉字。

三、分类采用经部、史部、子部、集部、类丛部、少数民族古籍部六部分类法。各部之下设二级小类，四部小类按照《中国古籍善本书目》所设类目划分，并有所改造；类丛部下设类书和丛书，丛书小类下分汇编丛书、专类丛书两子目；少数民族古籍部下按照民族语种划分小类。各小类书目按其初版之出版时序先后排列。

四、著录体例为书名、作者、整理人和整理方式、出版社和出版时间。编入丛书者于书名后加圆括号注明丛书名。作者前注明朝代。例如：

毛诗后笺（安徽古籍丛书）　（清）胡承珙撰，郭全芝点校，黄山书社1999年。

五、同一部古籍整理图书只著录初版，重版书一般不再列目，只在初版之后附注修订本。

六、本目录以著录古籍整理成果为核心标准，故同一古籍，凡整理者或整理方式不同，则皆分别著录，例如：

周易集解（四库易学丛刊）（唐）李鼎祚撰，上海古籍出版社1989年。

周易集解（易学基本丛书）（唐）李鼎祚撰，陈德述整理，巴蜀书社1991年。

周易集解（唐）李鼎祚撰，李一忻点校，九州出版社2003年。

以上三条著录，第一条为影印四库本，与二、三条的点校本在整理方式上有所不同。二、三条整理方式虽然相同，但整理者不同，故需分别著录。凡整理者与整理方式相同，虽整理本的出版社与出版时间不同，亦皆合并著录，例如：

周易译注（中国古典名著译注丛书　周振甫译注别集）　周振甫译注，中华书局1991年，台湾五南图书出版公司1993年，（香港）中华书局1996年，江苏教育出版社2006年。

七、凡著录丛书名者，不详列子目。凡著录丛书子目的单书者，不再著录丛书名，仅在单书名后附注。

八、凡港澳台地区首次整理出版的古籍图书，在书名前加 * 号标示。

九、甲骨、金石文献的单篇整理属古文献整理，本录不列入古籍整理范围。

十、根据古籍所作的通俗性绘画和幼儿读物，以及字画碑帖暂不著录。

十一、不收录古籍电子数字化图书。

经　部

总　类

十三经　商务印书馆编，商务印书馆1914年。

篆文六经四书　（清）李光地等著，千顷堂书局1924年。

宋刊巾箱本八经　陶湘编，武进陶氏涉园1926年。

唐开成石壁十二经　张宗昌编，掖县张氏皕忍堂1926年。

＊**十三经歌诀**　尤汝淮编，尤列补述，香港英发印务公司1929年，香港天演斋卫生露总发行1929年。

十三经索引　叶圣陶编，开明书店1934年，中华书局1957年，1959年，1983年重订本，1996年。

十三经经文　叶圣陶辑，开明书店1934年。

＊**影印古本五经读本**　香港启明书局1953年，香港粹芬阁1962年。

黄侃手批白文十三经（黄侃文集）黄侃批校，上海古籍出版社1983年，1986年，2008年，中华书局2006年。

正续小十三经　（明）顾起经辑，中州古籍出版社1990年。

十三经　吴树平等点校，北京燕山出版社1991年，2002年。

纬谶候图校辑　（北京图书馆古籍珍本丛刊）（清）殷元正辑，陆明睿增订，书目文献出版社1991年，北京图书馆出版社2000年。

易纬　诗纬　礼纬　乐纬（诸子百家丛书）（清）黄奭辑，上海古籍出版社1993年。

尚书纬　河图　洛书（诸子百家丛书）（清）黄奭辑，上海古籍出版社1993年。

春秋纬　论语纬　孝经纬（诸子百家丛书）（清）黄奭辑，上海古籍出版社1993年。

儒学十三经（中华文化奥义经典丛书）富金壁主编，北方文艺出版社1997年。

十三经　张元济编，上海书店出版社1997年。

文白对照十三经（传世藏书）　陈铁民等译注，三秦出版社2004年。

四书五经　纪江红主编，北京出版社2005年。

大学　中庸　尚书　周易：最新图文普及版（青少年快读中华传统文化书系）（春秋）曾参等著，内蒙古文化出版社2006年。

大学　中庸　尚书（中国传统文化精华）　崔钟雷主编，哈尔滨出版社2007年。

四书五经（图说天下·国学书院系列．第1辑）　《图说天下·国学书院系列》编委会编，吉林出版集团有限责任公司2007年。

大学　中庸　礼记（古代典籍精编家藏书系）　张凤娟主编，内蒙古人民出版社2007年。

四书五经（古代典籍精编家藏书系）　张凤娟主编，内蒙古人民出版社2007年。

四书五经（国学大书院）（春秋）孔丘等著，吴茹芝编译，三秦出版社2007年。

大学　中庸　孝经（中国古典名著全译典藏图文本）（宋）朱熹注，乔俊辰、杜玉珠译注，中国社会科学出版社2007年。

四书五经（中国传统文化大系）（春秋）孔丘等著，中国戏剧出版社2007年。

礼记　孝经（中华经典藏书）　胡平生、陈美兰译注，中华书局2007年，2011年。

四书五经插图本　（春秋）孔子等著，万卷出版公司2008年。

图解尚书礼记　（春秋）孔子及孔门弟子编选，万卷出版公司2008年。

四书五经　（战国）孟子等著，中华书局2009年。

五经 北京出版社2009年。

尚书·礼记 《国学典藏书系》丛书编委会主编，吉林出版集团有限责任公司2010年。

大学 中庸 孝经 王国轩、胡平生译注，中华书局2011年。

易 类

周易本义 （宋）朱熹撰，商务印书馆1922年，中国书店1987年。

周易姚氏学（万有文库） （清）姚配中著，商务印书馆1930年，1935年，1939年。

易经语文解（国学读本） 许舜屏辑注，锦章图书局1931年，1937年。

易大象集诠 高拱元著，1932年张英云刊。

易经白话注解 许舜屏辑注，中原书局1934年。

周易引得（引得特刊） 哈佛燕京学社引得编纂处编，燕京大学哈佛燕京学社引得编纂处1935年。

读易会通（国学基本丛书） （清）丁寿昌著，商务印书馆1935年，成都古籍出版社1988年，中国书店1992年。

铜版易经集注 嵩山居士校阅，鸿文书局1935年，1936年。

郭氏传家易说（附总说）（丛书集成初编） （宋）郭雍撰，商务印书馆1935年。

儿易外仪（丛书集成初编） （明）倪元璐撰，商务印书馆1935年。

易图明辨（丛书集成初编） （清）胡渭撰，商务印书馆1935年。

易原（丛书集成初编） （宋）程大昌撰，商务印书馆1935年。

诚斋易传（丛书集成初编） （宋）杨万里撰，商务印书馆1935年。

春秋占筮书（丛书集成初编） （清）毛奇龄撰，商务印书馆1936年。

周易（四部丛刊） （曹魏）王弼注，（晋）韩康伯注，商务印书馆1936年。

周易（四部备要） （曹魏）王弼注，（晋）韩康伯注，（唐）陆德明音义，中华书局1936年。

京氏易传（四部丛刊） （汉）京房

撰，（东吴）陆绩注，商务印书馆 1936 年。

周易注疏（四部备要）（曹魏）王弼注，（晋）韩康伯注，（唐）孔颖达疏，（唐）陆德明音义，中华书局 1936 年。

周易述（四部备要）（清）惠栋撰，中华书局 1936 年。

江氏周易述补（四部备要）（清）江藩撰，中华书局 1936 年。

李氏周易述补（四部备要）（清）李林松撰，中华书局 1936 年。

周易郑注（丛书集成初编）（汉）郑玄注，（宋）王应麟辑，（清）丁杰等校订，商务印书馆 1936 年。

易语附录（丛书集成初编）（汉）郑玄注，（明）胡震亨辑，（明）姚士粦补，商务印书馆 1936 年。

周易集解（丛书集成初编）（唐）李鼎祚撰，商务印书馆 1936 年。

易说（丛书集成初编）（宋）司马光撰，商务印书馆 1936 年。

苏氏易传（丛书集成初编）（宋）苏轼撰，商务印书馆 1936 年。

易程传（丛书集成初编）（宋）程颐撰，商务印书馆 1936 年。

吴园周易解（附录）（丛书集成初编）（宋）张根撰，商务印书馆 1936 年。

晦庵先生校正周易系辞精义（丛书集成初编）（宋）吕祖谦编，商务印书馆 1936 年。

易说（丛书集成初编）（宋）赵善誉撰，商务印书馆 1936 年。

泰轩易传（丛书集成初编）（宋）李中正撰，商务印书馆 1936 年。

读易私言（丛书集成初编）（元）许衡撰，商务印书馆 1936 年。

易学滥觞（丛书集成初编）（元）黄泽撰，商务印书馆 1936 年。

泾野先生周易说翼（丛书集成初编）（明）吕柟撰，商务印书馆 1936 年。

易象钩解（丛书集成初编）（明）陈士元撰，商务印书馆 1936 年。

易领（丛书集成初编）（明）郝敬撰，商务印书馆 1936 年。

儿易内仪以（丛书集成初编）（明）倪元璐撰，商务印书馆 1936 年。

易经增注（附易考）（丛书集成初

编）（明）张镜心撰，商务印书馆1936年。

周易爻物当名（丛书集成初编）（明）黎遂球撰，商务印书馆1936年。

易经通注（丛书集成初编）（清）傅以渐撰、曹本荣奉敕撰，商务印书馆1936年。

周易本义爻征（丛书集成初编）（清）吴曰慎撰，商务印书馆1936年。

读易经（丛书集成初编）（清）赵良澍撰，商务印书馆1936年。

周易本义注（丛书集成初编）（清）胡方撰，商务印书馆1936年。

周易集解（丛书集成初编）（清）孙星衍撰，商务印书馆1936年。

卦本图考（丛书集成初编）（清）胡秉虔撰，商务印书馆1936年。

易例（丛书集成初编）（清）惠栋撰，商务印书馆1936年。

虞氏易消息图说初稿（丛书集成初编）（清）胡祥麟撰，商务印书馆1936年。

易象通义（丛书集成初编）（清）秦笃辉撰，商务印书馆1936年。

周易集解纂疏（丛书集成初编）（清）李道平撰，商务印书馆1936年。

易图存是（丛书集成初编）（清）辛绍业撰，商务印书馆1936年。

（仿宋）易经读本　王心湛校勘，广益书局1936年，1941年。

周易集解（国学基本丛书）（清）孙星衍撰，商务印书馆1937年，成都古籍出版社1988年，上海书店出版社1988年。

周易集解（万有文库）（唐）李鼎祚辑，商务印书馆1937年。

周易举正（丛书集成初编）（唐）郭京撰，商务印书馆1937年。

周易口诀义（丛书集成初编）（唐）史征撰，商务印书馆1937年。

周易集传（丛书集成初编）（元）龙仁夫撰，商务印书馆1937年。

玩易意见（丛书集成初编）（明）王恕撰，商务印书馆1937年。

李氏易解剩义（丛书集成初编）（清）李富孙辑，商务印书馆1937年。

易汉学（丛书集成初编）（清）惠

栋撰，商务印书馆 1937 年。

虞氏易事（丛书集成初编）（清）张惠言撰，商务印书馆 1937 年。

周易略解（丛书集成初编）（清）冯径撰，商务印书馆 1937 年。

周易本义考（丛书集成初编） 佚名撰，商务印书馆 1937 年。

易纬坤灵图（丛书集成初编）（汉）郑玄注，商务印书馆 1937 年。

易纬乾坤凿度（丛书集成初编）（汉）郑玄注，商务印书馆 1937 年。

易纬乾元序制记（丛书集成初编）（汉）郑玄注，商务印书馆 1937 年。

易纬乾凿度（丛书集成初编）（汉）郑玄注，商务印书馆 1937 年。

易纬是类谋（丛书集成初编）（汉）郑玄注，商务印书馆 1937 年。

易大谊（丛书集成初编）（清）惠栋撰，商务印书馆 1939 年。

郑氏周易注（附补遗）（丛书集成初编）（汉）郑玄撰，（宋）王应麟辑，（清）惠栋增补，（清）孙堂补遗，商务印书馆 1939 年。

易传灯（丛书集成初编）（宋）徐总幹撰，商务印书馆 1939 年。

易象意言（丛书集成初编）（宋）蔡渊撰，商务印书馆 1939 年。

学易记（丛书集成初编）（明）金贲亨撰，商务印书馆 1939 年。

易图（丛书集成初编）（明）田艺衡撰，商务印书馆 1939 年。

周易议卦（丛书集成初编）（明）王崇庆撰，商务印书馆 1939 年。

京氏易传笺 徐昂著，之江大学中国文学会 1939 年。

周易古经今注（民国丛书 高亨著作集林 高亨著作丛刊） 高亨著，开明书店 1947 年，1949 年，中华书局 1957 年，1984 年重订本，（香港）中华书局 1963 年，台湾武陵 1983 年，上海书店出版社 1991 年，清华大学出版社 2004 年，2010 年，台湾华正书局 2008 年。

六十四卦经解（易学典籍选刊）（清）朱骏声撰，中华书局 1953 年，1988 年，2009 年，古籍出版社 1958 年，香港文昌书局 1974 年。

＊**易经读本** 佚名撰，香港华美书局 1954 年。

周易外传 （清）王夫之撰，王孝鱼点校，中华书局1962年，1977年新1版，2009年。

＊**易经浅注** 王寒生撰，台湾新使命杂志社1970年。

＊**易经白话注译** 谢大荒编著，香港文昌书局1974年。

＊**周易今注今译** 南怀瑾、徐芹庭注译，（台湾）商务印书馆1974年，天津古籍出版社1987年。

＊**周易臆解** 林廷桥撰，台湾三信出版社1976年，台湾复文图书出版社1982年。

＊**周易口诀义疏证** 徐芹庭撰，台湾成文出版社1977年。

周易大传今注（中国古典名著普及丛书 高亨著作集林 齐鲁文化经典文库 高亨著作丛刊） 高亨注，齐鲁书社1979年，1998年，2006年，2009年，清华大学出版社2004年，2010年。

周易尚氏学 尚秉和著，中华书局1980年，九州出版社2005年。

＊**易经解译** 李一匡撰，台湾世界书局1980年，维新书局1999年。

周易通义 李镜池著，曹础基整理，中华书局1981年。

周易正义（嘉业堂丛书） （唐）孔颖达编著，文物出版社1982年。

＊**周易集注** 刘凤章撰，台湾艺文印书馆1982年。

＊**周易臆解** 杨以迴撰，台湾信文图书公司1982年。

周易浅述（四库全书选辑） （清）陈梦雷撰，上海古籍出版社1983年。

周易集解 （唐）李鼎祚撰，中国书店1984年。

周易注疏（古逸丛书三编） 中华书局1986年。

周易大传新注 徐志锐注，齐鲁书社1986年。

易小传·周易通解 （宋）沈该、（清）卞斌编著，文物出版社1986年。

周易消息 （清）纪磊编著，文物出版社1986年。

周易本义 （宋）朱熹注，天津市古籍书店1986年。

周易 （宋）朱熹注，上海古籍出版社1987年。

帛书周易校释 邓球柏著，湖南人民出版社 1987 年。

＊**周易新释** 刘瑞符撰，台湾华欣文化事业出版社 1988 年

白话易经（古典名著今译读本） 南怀瑾、徐芹庭译注，岳麓书社 1988 年。

易经集注 （明）来知德撰，上海书店出版社 1988 年。

周易要义（儒学精华大系） （宋）魏了翁撰，齐鲁书社 1988 年。

周易要义（山左名贤遗书） （清）宋书升撰，张雪庵点校，齐鲁书社 1988 年。

宋本周易注疏 （曹魏）王弼、（晋）韩康伯注，（唐）孔颖达正义，中华书局 1988 年。

御纂周易折中 （清）李光地撰，学术期刊出版社 1988 年。

学易笔谈（附三种） 杭辛斋撰，天津古籍书店 1988 年。

周易补注 陈树楷著，天津古籍书店 1988 年。

易经 苏勇点校，北京大学出版社 1989 年。

周易译注（中华古籍译注丛书 十三经译注） 黄寿祺、张善文译注，上海古籍出版社 1989 年，2001 年，2004 年，2007 年，2010 年，台湾顶渊文化事业公司 2000 年。

白话易经 张园齐编，光明日报出版社 1989 年。

易经来注图解 （明）来知德撰，郑灿订正，巴蜀书社 1989 年。

周易本义 （宋）朱熹撰，王昭洲点校，三秦出版社 1989 年。

周易秘义 黎子耀著，浙江古籍出版社 1989 年。

周易述 （清）惠栋撰，天津市古籍书店 1989 年。

周易古经白话解 刘大钧、林忠军译，山东友谊出版社 1989 年。

周易注疏（四库易学丛刊） （曹魏）王弼、（晋）韩康伯注，（唐）孔颖达疏，（唐）陆德明音义，上海古籍出版社 1989 年。

周易集解（四库易学丛刊） （唐）李鼎祚撰，上海古籍出版社 1989 年。

伊川易传·易翼传（四库易学丛刊） （宋）程颐撰、郑汝谐撰，上

海古籍出版社 1989 年。

原本周易本义·朱文公易说（四库易学丛刊）（宋）朱熹撰，朱鉴编，上海古籍出版社 1989 年。

温公易说·横渠易说（四库易学丛刊）（宋）司马光、张载撰，上海古籍出版社 1989 年。

东坡易传（四库易学丛刊）（宋）苏轼撰，上海古籍出版社 1989 年。

汉上易传（四库易学丛刊）（宋）朱震撰，上海古籍出版社 1989 年。

周易义海撮要（四库易学丛刊）（宋）李衡撰，上海古籍出版社 1989 年。

周易窥余（四库易学丛刊）（宋）郑刚中撰，上海古籍出版社 1989 年。

易数钩隐图·大易象数钩深图·易图通变·易筮通变（四库易学丛刊）（宋）刘牧、（元）张理、（宋）雷思齐撰，上海古籍出版社 1989 年。

周易集解（北京图书馆古籍珍本丛刊）（唐）李鼎祚辑纂，书目文献出版社 1990 年，北京图书馆出版社 2000 年。

周易玩辞（四库易学丛刊）（宋）项安世撰，上海古籍出版社 1990 年。

周易集说·读易举要（四库易学丛刊）（宋）俞琰撰，上海古籍出版社 1990 年。

周易传义附录（四库易学丛刊）（宋）董楷撰，上海古籍出版社 1990 年。

诚斋易传（四库易学丛刊）（宋）杨万里撰，上海古籍出版社 1990 年。

童溪易传（四库易学丛刊）（宋）王宗传撰，上海古籍出版社 1990 年。

杨氏易传（四库易学丛刊）（宋）杨简撰，上海古籍出版社 1990 年。

易原·复斋易说（四库易学丛刊）（宋）程大昌、赵彦肃撰，上海古籍出版社 1990 年。

周易会通（四库易学丛刊）（元）董真卿撰，上海古籍出版社 1990 年。

周易爻变易组（四库易学丛刊）（元）陈应润撰，上海古籍出版社 1990 年。

大易缉说（四库易学丛刊）（元）王申子撰，上海古籍出版社 1990 年。

易纂言·易纂言外翼（四库易学丛刊）（元）吴澄撰，上海古籍出版社1990年。

周易集注（四库易学丛刊）（明）来知德撰，上海古籍出版社1990年。

周易稗疏·易图明辨（四库易学丛刊）（清）王夫之、胡渭撰，上海古籍出版社1990年。

仲氏易（四库易学丛刊）（清）毛奇龄撰，上海古籍出版社1990年。

周易述（四库易学丛刊）（清）惠栋撰，上海古籍出版社1990年。

易汉学·易例（四库易学丛刊）（清）惠栋撰，上海古籍出版社1990年。

御纂周易折中（四库易学丛刊）（清）李光地等撰，上海古籍出版社1990年。

推易始末·春秋占筮书·易小帖（四库易学丛刊）（清）毛奇龄撰，上海古籍出版社1990年。

易学精华　（唐）李鼎祚等撰，齐鲁书社1990年。

易经注释　王骥编注，中国社会科学出版社1990年。

周易阐真　（清）素朴散人撰，张玉良点校，三秦出版社1990年。

易经释疑　沈子复著，学苑出版社1990年。

周易正义（《十三经注疏》之一）（曹魏）王弼、（晋）韩康伯注，（唐）孔颖达疏，黄侃经文句读，上海古籍出版社1990年。

＊**易经详解**　徐芹庭撰，台湾普贤出版社1991年，圣环图书公司1994年。

＊**周易卦爻精解**　张谨绘撰，台湾集文书局1991年。

＊**周易帛书今注今译**　张立文撰，台湾学生书局1991年。

周易节注读　（清）邓傅元撰，江苏广陵古籍刻印社1991年。

易经精华　（清）薛嘉颖编，中医古籍出版社1991年。

周易译注（中国古典名著译注丛书　周振甫译注别集）　周振甫译注，中华书局1991年，台湾五南图书出版公司1993年，（香港）中华书局1996年，江苏教育出版社2006年。

周易全译（中国历代名著全译丛

书） 徐子宏译注，贵州人民出版社1991年，2009年。

周易集解（易学基本丛书） （唐）李鼎祚撰，陈德述整理，巴蜀书社1991年。

大众白话易经 秦磊编著，三秦出版社1991年。

易图明辨（易学基本丛书） （清）胡渭撰，王易等整理，巴蜀书社1991年。

易学启蒙 （宋）朱熹撰，中国书店1991年。

易经（五经全译） 陈襄民注译，中州古籍出版社1991年。

帛书周易注译 张立文著，中州古籍出版社1992年，2008年修订版。

周易本义 （宋）朱熹撰，苏勇校注，北京大学出版社1992年。

易经会通（国学基本丛书） （清）丁寿昌撰，中州古籍出版社1992年。

周易三极图贯 （清）冯道立著，孙国中校理，北京师范大学出版社1992年，团结出版社2009年。

周易大全 （宋）朱熹撰，刘振华译，花城出版社1993年。

周易王韩注（古典名著普及文库） （曹魏）王弼、（晋）韩康伯注，施伟青点校，岳麓书社1993年。

简明周易读本 吴新楚编著，华南理工大学出版社1993年，广东高等教育出版社2006年。

白话易经 白话易经编译组编，吉林文史出版社1993年。

周易述（易学基本丛书） （清）惠栋撰，（清）江藩补，袁庭栋整理，巴蜀书社1993年。

易经问卜今译 （宋）朱熹撰，天津社会科学院出版社1993年。

＊**周易时解** 张谨绘撰，台湾育林出版社1993年。

周易本义（美芝灵国际易学研究院丛书 易学典籍选刊） （宋）朱熹撰，廖名春点校，广州出版社1994年，中华书局2009年。

周易本义（新刊四书五经） （宋）朱熹注，中国书店1994年。

周易白话解析 李晋忻著，内蒙古人民出版社1994年。

易象图说破译 （元）张理撰，白长青、韩铭生译注，辽沈书社1994年。

周易集解纂疏（十三经清人注疏）（清）李道平撰，潘雨廷点校，中华书局1994年。

＊**马王堆帛书易经斠理**　严灵峰撰，台湾文史哲出版社1994年。

＊**周易通注**　吴霖撰，台湾宋林出版社1995年。

＊**易经白话例解**　朱高正撰，（台湾）商务印书馆1995年，华东师范大学出版社2007年。

＊**周易六十四卦通解**　朱高正撰，（台湾）商务印书馆1995年。

周易评注　唐明邦主编，中华书局1995年，2009年第2版。

周易（十大古典哲学名著）（宋）朱熹注，李剑雄标点，上海古籍出版社1995年。

周易大义　（清）吴汝纶撰，中国书店1996年。

＊**周易六十四卦浅解**　汪忠长撰，台湾中国瑜伽出版社1996年。

＊**周易全解**　金景芳、吕绍纲撰，台湾韬略出版公司1996年，上海古籍出版社2005年。

＊**周易新译**　徐志锐撰，台湾里仁书局1996年。

＊**话解易经**　刘瀚平撰，台湾五南图书出版公司1996年

周易（新世纪万有文库）　廖名春点校，辽宁教育出版社1997年。

白话易经　存良编译，内蒙古人民出版社1997年。

周易：玄妙的天书（中国经典宝库国学基础教程）　张善文著，上海古籍出版社1997年，2008年。

高岛易断：易经活解活断800例　［日］高岛吞象著，（清）王治本译，孙正治点校，北京图书馆出版社1997年。

＊**周易经传白话解**　刘大钧、林忠军注译，台湾大孚书局1997年，上海古籍出版社2006年。

＊**周易易解**　（清）沈竹礽原著、曾雪侦标释，台湾育林出版社1997年。

周易禅解　（明）释藕益撰，江苏广陵古籍刻印社1998年。

周易　立强编译，宗教文化出版社1998年。

周易折中（易学精华书系）（清）李光地撰，刘大钧整理，巴蜀书社

1998 年，2006 年，2010 年。

＊**易经通释** 钟泰德撰，台湾正中书局 1999 年。

周易外传镜诠 陈玉森、陈宪猷著，中华书局 2000 年。

周易（国学基本丛书） 宋祚胤注译，岳麓书社 2000 年。

＊**易经解说** 李居明著，香港居明正堂 2000 年。

＊**易经正解** 宇克承撰，台湾易经学会 2000 年。

＊**李氏易经批注** 李科儒撰，台湾心园生活文教出版社 2000 年。

＊**出土简帛《周易》疏证** 赵建伟撰，台湾万卷楼图书公司 2000 年。

＊**周易程传注评** 黄忠天撰，台湾复文图书出版社 2000 年。

＊**大易通解** 何新撰，澳门出版社 2000 年。

＊**易经新译** 萧登福撰，台湾文津出版社 2001 年。

《周易》异文校证 吴新楚著，广东人民出版社 2001 年。

周易现代版 王宝琳著，上海古籍出版社 2001 年，2007 年。

周易（中华名著袖珍本） 黄寿祺、张善文注释，上海古籍出版社 2001 年。

《京氏易传》导读（历代易学名著整理与研究丛书） 郭彧著，齐鲁书社 2002 年。

《易章句》导读（历代易学名著整理与研究丛书） 陈居渊著，齐鲁书社 2002 年。

《易纬》导读（历代易学名著整理与研究丛书） 林忠军著，齐鲁书社 2002 年。

周易（书韵楼丛刊） （曹魏）王弼、（晋）韩康伯、（唐）邢璹注，上海古籍出版社 2002 年。

童溪王先生易传（中华再造善本）（宋）王宗传撰，北京图书馆出版社 2002 年。

周易（中华再造善本） （魏）王弼、（晋）韩康伯注，（唐）陆德明释文，北京图书馆出版社 2003 年。

周易（中华再造善本） （魏）王弼、（晋）韩康伯注，（唐）陆德明释文，北京图书馆出版社 2003 年。

周易注疏（中华再造善本）（魏）王弼、（晋）韩康伯注，（唐）孔颖达疏，北京图书馆出版社2003年。

周易正义（中华再造善本）（唐）孔颖达撰，北京图书馆出版社2003年。

汉上易传（中华再造善本）（宋）朱震撰，北京图书馆出版社2006年。

周易本义（中华再造善本）（宋）朱熹撰，北京图书馆出版社2003年。

周易要义（中华再造善本）（宋）魏了翁撰，北京图书馆出版社2003年。

张先生校正杨宝学易传（中华再造善本）（宋）杨万里撰，张敬之校正，北京图书馆出版社2003年。

易经（中国古典文化精华）中国文史出版社2003年。

周易（中华传世名著经典文库）张玲、康风琴编，新疆人民出版社2003年。

周易（中国家庭基本藏书·诸子百家卷）靳极苍编，山西古籍出版社2003年。

周易（中国国粹精华系列丛书）梁知注评，暨南大学出版社2003年。

＊**易经文义通解** 陆宝千撰，台湾广文书局2003年。

周易集解（唐）李鼎祚撰，李一忻点校，九州出版社2003年。

《周易》八卦图解（易学精华书系）施维著，巴蜀书社2003年，2005年第2版。

周易（华夏文化经典宝库）诚举、胡兴文、蔡莉注释，云南大学出版社2003年。

白话易经（传统文化经典读本）秦磊编著，三秦出版社2003年。

《程氏易传》导读（历代易学名著整理与研究丛书）梁韦弦著，齐鲁书社2003年。

《周易本义》导读（历代易学名著整理与研究丛书）萧汉明著，齐鲁书社2003年。

易经图典精华（易学思维精华）常秉义著，光明日报出版社2003年，2005年。

伊川程先生周易经传（中华再造善

本）（宋）程颐撰，北京图书馆出版社 2004 年。

晦庵朱文公易说（中华再造善本）（宋）朱熹撰，朱鉴辑，北京图书馆出版社 2004 年。

周易程朱传义音训（中华再造善本）（宋）程颐、朱熹撰，吕祖谦音训，北京图书馆出版社 2004 年。

周易程朱先生传义附录（中华再造善本）（宋）董楷撰，北京图书馆出版社 2004 年。

东谷郑先生易翼传（中华再造善本）（宋）郑汝谐撰，北京图书馆出版社 2004 年。

周易象义（中华再造善本）（宋）丁易东撰，北京图书馆出版社 2004 年。

周易本义启蒙翼传（中华再造善本）（元）胡一桂撰，北京图书馆出版社 2004 年。

易纂言外翼（中华再造善本）（元）吴澄撰，北京图书馆出版社 2004 年。

周易系辞述（中华再造善本）（元）保八撰，北京图书馆出版社 2004 年。

周易经传集程朱解附录纂注（中华再造善本）（元）董真卿撰，北京图书馆出版社 2004 年。

周易经义（中华再造善本）（元）涂溍生撰，北京图书馆出版社 2004 年。

魁本大字详音句读周易（中华再造善本）佚名撰，北京图书馆出版社 2004 年。

周易本义（宋）朱熹撰，李一忻点校，九州出版社 2004 年。

周易正宗 马恒君注释，华夏出版社 2004 年。

周易他说（中国经典解读丛书）张抒闻著，齐鲁书社 2004 年。

白话易经 乔万民译注，天津古籍出版社 2004 年。

易经（中华传世名著精品文库）童占芳译注，青海人民出版社 2004 年。

周易正义（唐）孔颖达撰，余培德点校，九州出版社 2004 年。

周易图说总汇 李申、郭彧主编，华东师范大学出版社 2004 年。

易理阐真：道家真传（清）刘一

明著，洪赟校订，金城出版社2004年。

周易经传译注 李申主编，湖南教育出版社2004年。

《横渠易说》导读（历代易学名著整理与研究丛书）（宋）张载著，丁原明注，齐鲁书社2004年。

《易图明辨》导读（历代易学名著整理与研究丛书） 刘保贞著，齐鲁书社2004年。

《周易》选评（新世纪古代哲学经典读本） 张善文撰，上海古籍出版社2004年，2011年。

周易初阶（易学要籍丛书） 袁庭栋著，巴蜀书社2004年。

周易集解（易学要籍丛书） 张文智、汪启明、天塑整理，巴蜀书社2004年。

周易图粹精典（易学要籍丛书） 李尚信、施维整理，巴蜀书社2004年。

周易集注：易经来注图解 （明）来知德撰，张万彬点校，九州出版社2004年。

阜阳汉简《周易》研究 韩自强著，上海古籍出版社2004年。

周易心鉴 张城著，中国致公出版社2004年。

《易经》通解 长河编注，百花洲文艺出版社2004年。

周易正读（易说什么） 徐丛著，武汉出版社2004年。

易经：拼音.注释.今译.诵读本（中国传世经典文库.第1辑） 冯聿飞、贾永青注译，北京燕山出版社2004年。

河洛精蕴 （清）江慎修著，孙国中校理，学苑出版社2004年。

＊**周易** 姚淦铭编著，（香港）中华书局2004年。

周易浅释（易学思维精华系列） 陈凯东著，光明日报出版社2004年。

易经图典举要（易学思维精华系列） 常秉义著，光明日报出版社2004年。

周易禅解（九州易学丛刊） （明）释智旭著，周易工作室点校，九州出版社2004年。

周易浅述（九州易学丛刊） （清）

陈梦雷撰，周易工作室点校，九州出版社 2004 年。

易学启蒙通释（中华再造善本）（宋）胡方平撰，北京图书馆出版社 2005 年。

周易本义集成（中华再造善本）（元）熊良辅撰，北京图书馆出版社 2005 年。

杭氏易学七种：周易杭氏学（九州易学丛刊） 杭辛斋著，周易工作室点校，九州出版社 2005 年。

周易述（九州易学丛刊）（清）惠栋撰，周易工作室点校，九州出版社 2005 年。

全本周易（图解本） 李伯钦编著，万卷出版公司 2005 年。

周易六十四卦浅解（易斋丛书）王忠长著，当代世界出版社 2005 年。

周易（中华经典诵读工程丛书）北京四海经典文化传播中心编，中华书局 2005 年。

《周易》妙语（中国古代妙语）邓安生编著，百花文艺出版社 2005 年。

易经易解 曹增儒著，复旦大学出版社 2005 年。

易经大传新解 殷昆、珍泉著，当代世界出版社 2005 年。

周易（中国古典文化精华） 吴兆基编译，时代文艺出版社 2005 年。

尚氏易学存稿校理 尚秉和著，张善文校理，中国大百科全书出版社 2005 年。

周易古史观（蓬莱阁丛书） 胡朴安著，上海古籍出版社 2005 年。

周易今注今译（道典诠释书系）陈鼓应、赵建伟注译，商务印书馆 2005 年。

《周易集解》导读（历代易学名著整理与研究丛书） 张文智著，齐鲁书社 2005 年。

《周易正义》导读（历代易学名著整理与研究丛书） 刘玉建著，齐鲁书社 2005 年。

《易纂言》导读（历代易学名著整理与研究丛书）王新春、吕颖、周玉凤著，齐鲁书社 2006 年。

《周易禅解》疏论（当代易学研究丛刊）（明）智旭著，曾其海疏论，上海古籍出版社2006年。

大易集义（中华再造善本）（宋）魏了翁辑，北京图书馆出版社2006年。

大易粹言（中华再造善本）（宋）曾辑，北京图书馆出版社2006年。

程朱二先生周易传义（中华再造善本）（宋）程颐、朱熹撰，北京图书馆出版社2006年。

周易郑康成注（中华再造善本）（宋）王应麟撰，北京图书馆出版社2006年。

学易记（中华再造善本）（元）李简撰，北京图书馆出版社2006年。

古三坟书（中华再造善本） 佚名撰，北京图书馆出版社2006年。

＊**新译易经读本** 郭建勋撰，黄俊郎校阅，台湾三民书局2006年。

周易今释 郑张欢著，齐鲁书社2006年。

易传全译（易学精华书系） 刘大钧、林忠军著，巴蜀书社2006年。

大易集成（中华大方略全书） 曹冈译，内蒙古人民出版社2006年。

周易（国学今读大书院） 王效平编著，蓝天出版社2006年。

易经（传世文化经典丛书） 张志峰主编，中国文史出版社2006年。

周易禅解 （明）智旭著，方向东、谢秉洪校注，广陵书社2006年。

傅佩荣解读易经（傅佩荣国学精品集） 傅佩荣著，线装书局2006年，上海三联书店2007年。

周易（中华经典藏书） 郭彧译注，中华书局2006年，2010年，（香港）中华书局2011年。

周易古筮考·周易尚氏学 尚秉和著，常秉义点校，光明日报出版社2006年。

易说评议 尚秉和撰，光明日报出版社2006年。

周易（国学基础书系） 金永译解，重庆出版社2006年。

三易通义：《周易》《归藏》《连山》 朱兴国著，齐鲁书社2006年。

《周易述》导读（历代易学名著整理与研究丛书） 张涛、陈修亮著，齐鲁书社2007年。

周易讲读（国学名著讲读系列）

吴辛丑著，华东师范大学出版社2007年。

周易全书（中国传统文化大系） 崔建林主编，中国戏剧出版社2007年。

周易卦解（东方古代哲学系列） 秦敬修著，社会科学文献出版社2007年。

周易（国学经典丛书） 崔波注译，中州古籍出版社2007年。

周易（国学大书院） 王辉编译，三秦出版社2007年。

《易经》读本 臧守虎著，中华书局2007年。

＊**周易导读** 李磊著，香港灵兰阁图书国际公司2007年。

＊**易经之道：周易白话浅解** 李易儒撰，台湾易儒出版社2007年。

易经（国学经典解读系列） 郑春兴、王建国编译，中原农民出版社2007年。

周易六十四卦精解 严有毅编著，万卷出版公司2007年。

周易述（易学典籍选刊）（清）惠栋撰，郑万耕点校，中华书局2007年。

周易（中国传统文化精华无障碍阅读知书达礼典藏国学经典系列） 崔钟雷主编，哈尔滨出版社2007年，时代文艺出版社2009年。

易经新解：天行健（何新国学经典） 何新著，北京工业大学出版社2007年。

周易全书（古代典籍精编家藏书系） 张凤娟主编，内蒙古人民出版社2007年。

周易（图说天下·国学书院系列） 殷昆编著，吉林出版集团有限责任公司2007年。

易学象数论 （清）黄宗羲撰，谭德贵等校注，九州出版社2007年。

周易（中华德慧智教育袖珍经典读本 中华德慧智教育国学经典读本） 熊春锦校勘，国际文化出版公司2007年，2008年。

＊**新译乾坤经传通释** 黄庆萱撰，三民书局2007年。

＊**易经要诀：周易爻辞白话浅释** 李易儒撰，台湾易儒出版社2008年。

＊**《易程传》集校**（古典文献研究辑刊）（宋）程颐撰、毛炳生集校，台湾花木兰文化出版社2008年。

＊易之道：易经全书白话解读 郭仁德撰，台湾金典书局 2008 年。

＊易经白话新解周易（上经下经） 长河撰，台湾专业文化出版社 2008 年。

易经译释（国学经典释读丛书） 朱张注译，湖南人民出版社 2008 年。

全本周易（书香门第） 北京出版社 2008 年。

易图明辨（易学丛刊） （清）胡渭撰，谭德贵等点校，九州出版社 2008 年。

诚斋易传（易学丛刊） （宋）杨万里撰，宋淑洁点校，九州出版社 2008 年。

周易三极图贯（易学丛刊） （清）冯道立撰，谭德贵等点校，九州出版社 2008 年。

图解高岛易断：《易经》活解活断 500 例（图解经典） ［日］高岛吞象著，（清）王治本译，易简点校，陕西师范大学出版社 2008 年。

周易（中国家庭基本藏书·诸子百家卷） 张善文译注，三晋出版社 2008 年。

易经易读 庞树生编著，线装书局 2008 年。

易经（中医经典导读丛书） 邹学熹、余贤武主编，四川科学技术出版社 2008 年。

周易正义（中国古代文化全阅读：全文注音版） （曹魏）王弼、（晋）韩康伯注，（唐）孔颖达等疏，时代文艺出版社 2008 年。

周易函书：附卜法详考等四种（易学典籍选刊） （清）胡煦著，程林点校，中华书局 2008 年。

易图明辨（易学典籍选刊） （清）胡渭撰，郑万耕点校，中华书局 2008 年。

马王堆帛书周易经传校读 张政烺著，中华书局 2008 年。

宋刊周易本义（宋元闽刻精华） （宋）朱熹撰，福建人民出版社 2008 年。

周易：全本（大学生传世经典随身读） 崔枢华注，高等教育出版社 2008 年。

六十四卦经解（文津文库） （清）朱骏声著，胡双宝点校，国家图书馆出版社 2008 年。

周易（大中华文库）　张善文今译，傅惠生英译，湖南人民出版社2008年。

＊**周易话解**　刘思白撰，台湾秀威资讯科技公司2009年。

周易（（台湾）商务印书馆国学经典文丛）　南怀瑾、徐芹庭注译，重庆出版社2009年。

周易原旨·易源奥义（易学典籍选刊）（元）保巴撰，陈少彤点校，中华书局2009年。

《周易》解读　褚世昌著，黑龙江人民出版社2009年。

周易全书　内蒙古人民出版社2009年。

周易注译　赵辉贤注译，浙江古籍出版社2009年。

周易本义　李红著，湖南人民出版社2009年。

易笺（黔南丛书）（清）陈法著，顾久点校，贵州人民出版社2009年。

周易口诀义疏证　徐芹庭著，中国书店2009年。

周易举正评述　徐芹庭著，中国书店2009年。

帛书《要》篇校释（高校社科文库）　刘彬著，光明日报出版社2009年。

易经（中国传统文化经典）　孙运民主编，三辰影库电子音像出版社2009年。

《易经集注》导读（历代易学名著整理与研究丛书）　周立升著，齐鲁书社2009年。

周易大全　姬昌著，华文出版社2009年。

周易（国学经典规范读本）　冯国超译注，商务印书馆2009年。

读易余言（中华再造善本续编）（明）崔铣撰，国家图书馆出版社2009年。

雕菰楼易学（中华再造善本续编）（清）焦循撰，国家图书馆出版社2009年。

毛奇龄易著四种（易学典籍选刊）（清）毛奇龄撰，郑万耕点校，中华书局2010年。

易学象数论（外二种）（易学典籍选刊）（清）黄宗羲撰，郑万耕点校，中华书局2010年。

易经 杨权注释，东南大学出版社 2010 年。

周易 《国学四库》编委会编，吉林出版集团有限责任公司 2010 年。

易经 内蒙古人民出版社 2010 年。

周易 北京燕山出版社 2010 年。

易经 于春海译评，吉林文史出版社 2010 年。

周易程氏传（易学典籍选刊）（宋）程颐撰，王孝鱼点校，中华书局 2011 年。

周易注（附周易略例）（易学典籍选刊）（曹魏）王弼撰，楼宇烈校释，中华书局 2011 年。

易象正（易学典籍选刊）（明）黄道周撰，翟奎凤整理，中华书局 2011 年。

周易义疏 邓秉元撰，上海古籍出版社 2011 年。

周易（历代名著精选集） 张涛注评，凤凰出版社 2011 年。

周易本义 （宋）朱熹注，王玉德、朱志先整理，凤凰出版社 2011 年。

周易解读 张其成著，线装书局 2011 年。

楚竹书与汉帛书《周易》校注 丁四新撰，上海古籍出版社 2011 年。

周易解读 周山著，上海辞书出版社 2011 年。

＊**黄永武解周易** 黄永武撰，台湾新文丰出版公司 2011 年。

＊**周易大传新注释** 苏克摩撰，台湾正海出版社 2011 年。

＊**周易注解** 赵安民撰，台湾大展出版社 2011 年。

周易（中华经典名著全本全注全译丛书） 杨天才、张善文译注，中华书局 2011 年。

书 类

尚书去伪 支伟成编，泰东书局 1924 年，1926 年，大中书局 1934 年。

禹贡注解 姚明辉注，吴兴读经会 1928 年。

书经（万有文库） 叶玉麟选注，商务印书馆 1933 年，1945 年，1947 年。

书序辨（辨伪丛刊） 顾颉刚辑点，朴社 1933 年。

尚书今古文注疏 （清）孙星衍注疏，商务印书馆1934年。

群英书义（丛书集成初编） （明）张泰编辑，（明）刘锦文编选，商务印书馆1936年。

尚书大义（无锡国学专修学校丛书） 唐文治著，无锡国学专修学校1936年。

尚书通检（古籍选读丛书） 顾颉刚编，燕京大学哈佛燕京学社1936年，书目文献出版社1982年，上海古籍出版社1990年。

尚书（四部丛刊） （汉）孔安国传，（唐）陆德明音义，商务印书馆1936年。

尚书（四部备要） （汉）孔安国传，（唐）陆德明音义，中华书局1936年。

尚书大传（四部丛刊） （汉）伏胜撰，（汉）郑玄注，（清）陈寿祺辑校并撰序录辨伪，商务印书馆1936年。

尚书注疏（四部备要） （汉）孔安国传，（唐）孔颖达疏，（唐）陆德明音义，中华书局1936年。

尚书今古文注疏（四部备要） （清）孙星衍撰，中华书局1936年。

洪范口义（丛书集成初编） （宋）胡瑗撰，商务印书馆1936年。

尚书释音（丛书集成初编） （唐）陆德明撰，商务印书馆1936年。

禹贡指南（丛书集成初编） （宋）毛晃撰，商务印书馆1936年。

禹贡说断（丛书集成初编） （宋）傅寅撰，商务印书馆1936年。

禹贡山川地理图（丛书集成初编） （宋）程大昌撰，商务印书馆1936年。

禹贡图注（丛书集成初编） （明）艾南英撰，商务印书馆1936年。

尚书地理今释（丛书集成初编） （清）蒋廷锡撰，商务印书馆1936年。

增修东莱书说（丛书集成初编） （宋）时澜修定，商务印书馆1936年。

融堂书解（丛书集成初编） （宋）钱时撰，商务印书馆1936年。

五诰解（丛书集成初编） （宋）杨简撰，商务印书馆1936年。

尚书详解（丛书集成初编） （宋）夏僎撰，商务印书馆1936年。

尚书今古文注疏（丛书集成初编）

（清）孙星衍撰，商务印书馆 1936 年。

尚书古文考（丛书集成初编）［日］山井鼎撰，商务印书馆 1936 年。

尚书序录（丛书集成初编）（清）胡秉虔撰，商务印书馆 1936 年。

尚书郑注（丛书集成初编）（汉）郑玄注，（宋）王应麟辑，（清）孔广林增订，商务印书馆 1937 年。

尚书大传（附序录辨伪）（丛书集成初编）（汉）伏胜撰，（汉）郑玄注，商务印书馆 1937 年。

尚书精义（丛书集成初编）（宋）黄伦撰，商务印书馆 1937 年。

读书丛说（丛书集成初编）（元）许谦撰，商务印书馆 1937 年。

书义主意（丛书集成初编）（元）王充耘撰，商务印书馆 1937 年。

尚书考异（丛书集成初编）（明）梅鷟撰，商务印书馆 1937 年。

尚书注考（丛书集成初编）（明）陈泰交撰，商务印书馆 1937 年。

古文尚书考（丛书集成初编）（清）陆陇其撰，商务印书馆 1937 年。

尚书古文辨（丛书集成初编）（清）朱彝尊撰，商务印书馆 1937 年。

尚书逸文（丛书集成初编）（清）江声撰集，（清）孙星衍补，商务印书馆 1937 年。

舜典补亡（丛书集成初编）（清）毛奇龄撰，商务印书馆 1937 年。

尚书大传（万有文库）（汉）郑玄注，商务印书馆 1937 年。

禹贡说断（国学基本丛书）（宋）傅寅著，商务印书馆 1937 年，1940 年。

虞书命羲和章解（丛书集成初编）（清）曾钊撰，商务印书馆 1939 年。

尚书详解（丛书集成初编）（宋）陈经撰，商务印书馆 1939 年。

尚书表注（丛书集成初编）（宋）金履祥注，商务印书馆 1939 年。

（仿宋）书经读本　（宋）蔡沈集传，刘一依点校，广益书局 1941 年。

禹贡集解（国学小丛书）　尹世积著，商务印书馆 1941 年，1946 年。

禹贡地理今释　杨大钧编著，正中书局 1944 年。

尚书本义 王养怡著，1945 年王氏自刊。

＊**伪古文尚书笺注** 黄增林撰，台湾正中书局 1948 年。

＊**尚书释义** 屈万里撰，台湾中华文化出版事业委员会 1956 年，中国文化大学华冈出版部 1972 年。

尚书今语 方孝岳著，古籍出版社 1958 年。

尚书覈诂 杨筠如著，陕西人民出版社 1959 年。

尚书引义 （清）王夫之撰，王孝鱼点校，中华书局 1962 年，1982 年。

＊**古文尚书拾遗定本** 章太炎撰，香港中文大学新亚书院中文系 1968 年。

＊**尚书今注今译** 屈万里撰，（台湾）商务印书馆 1969 年，新版 2009 年。

＊**尚书异文集证** 朱延献撰，台湾中华书局 1970 年。

＊**尚书正读** 曾运乾著，台湾联贯出版社 1971 年，台湾华正书局 1982 年，（香港）中华书局 1972 年。

＊**敦煌本古文尚书** 罗振玉编，香港集古斋 1972 年。

＊**新译尚书读本** 吴玙撰，台湾三民书局 1980 年。

尚书译注 王世舜译注，四川人民出版社 1982 年。

＊**尚书集释** 屈万里撰，台湾联经出版公司 1983 年

尚书易解 周秉钧撰，岳麓书社 1984 年。

书经 （宋）蔡沈注，上海古籍出版社 1987 年，1994 年。

尚书古文疏证 （清）阎若璩撰，上海古籍出版社 1987 年。

尚书稗疏　尚书引义（船山全集）（明）王夫之撰，船山全集编辑委员会编校，岳麓书社 1988 年。

今文尚书考证（十三经清人注疏）（清）皮锡瑞撰，盛冬铃、陈抗点校，中华书局 1989 年。

尚书考异（北京图书馆古籍珍本丛刊）（明）梅鷟撰，书目文献出版社 1990 年，北京图书馆出版社 2000 年。

尚书谱（北京图书馆古籍珍本丛刊）（明）梅鷟撰，书目文献出版社 1990 年，北京图书馆出版社 2000 年。

今古文尚书全译（中国历代名著全

译丛书） 江灏、钱宗武注译，周秉钧审校，贵州人民出版社 1990 年。

书经（五经全译） 陈襄民注译，中州古籍出版社 1991 年。

尚书文字合编 顾颉刚、顾廷龙合辑，上海古籍出版社 1995 年。

禹贡锥指（清代学术名著丛刊）（清）胡渭撰，邹逸麟整理，上海古籍出版社 1996 年，2006 年。

＊**尚书译注** 顾宝田译注，台湾建宏出版社 1997 年。

尚书（四部要籍注疏丛刊） （唐）孔颖达等注疏，中华书局 1998 年。

尚书文字校诂 臧克和著，上海教育出版社 1999 年。

尚书译注（中国古籍译注丛书 十三经译注丛书） 李民、王健译注，上海古籍出版社 2000 年，2004 年，2010 年。

尚书（中华传世名著精华丛书） 罗庆云、戴红贤译注，书海出版社 2001 年。

尚书图解 上海书店编，上海书店出版社 2001 年。

尚书（国学基本丛书） 周秉钧注译，岳麓书社 2001 年。

尚书注训 黄怀信注训，齐鲁书社 2002 年，2009 年。

杏溪傅氏禹贡集解（中华再造善本） （宋）傅寅撰，北京图书馆出版社 2002 年。

尚书：卷轴装（中华再造善本试制） （汉）孔安国传，北京图书馆出版社 2003 年。

尚书正义（中华再造善本） （唐）孔颖达撰，北京图书馆出版社 2003 年。

朱文公订正门人蔡九峰书集传（中华再造善本） （宋）蔡沈撰，北京图书馆出版社 2003 年。

尚书注疏（中华再造善本） （汉）孔安国撰，（唐）孔颖达疏撰，（唐）陆德明释文，北京图书馆出版社 2004 年。

禹贡论（中华再造善本） （宋）程大昌撰，北京图书馆出版社 2004 年。

书集传（中华再造善本） （宋）陈大猷撰，北京图书馆出版社 2004 年。

尚书通考（中华再造善本） （元）黄镇成撰，北京图书馆出版社

2004 年。

尚书今古文注疏（十三经清人注疏）（清）孙星衍撰，陈抗、盛冬铃点校，中华书局 2004 年。

尚书新笺与上古文明 钱宗武、杜纯梓著，北京大学出版社 2004 年。

尚书校释译论 顾颉刚、刘起釪著，中华书局 2005 年。

尚书核诂 杨筠如著，黄怀信标校，陕西人民出版社 2005 年。

书集传（中华再造善本）（宋）蔡沈撰，（元）邹季友音释，北京图书馆出版社 2005 年。

直音傍训尚书句解（中华再造善本）（元）朱祖义撰，北京图书馆出版社 2005 年。

尚书（中华再造善本） 题（汉）孔安国传，北京图书馆出版社 2006 年。

书集传辑录纂注（中华再造善本）（元）董鼎撰，北京图书馆出版社 2006 年。

朱子订定蔡氏书集传（中华再造善本）（元）董鼎辑录纂注，北京图书馆出版社 2006 年。

书义矜式（中华再造善本）（元）王充耘撰，北京图书馆出版社 2006 年。

尚书今古文全璧 郭仁成著，岳麓书社 2006 年。

张居正讲评《尚书》皇家读本 陈生玺等译解，上海辞书出版社 2007 年。

白话书经 元江注译，陕西人民出版社 2007 年。

尚书正义（十三经注疏）（汉）孔安国传，（唐）孔颖达正义，黄怀信整理，上海古籍出版社 2007 年。

尚书（国学经典图文系列） 郭仁成译解，岳麓书社 2007 年。

尚书 姜建设注说，河南大学出版社 2008 年。

尚书 慕平译注，中华书局 2009 年。

尚书 邓启铜、王川注释，东南大学出版社 2010 年。

尚书直解：两朝帝师张居正白话讲本（明）张居正撰，九州出版社 2010 年。

尚书诠译 金兆梓著，中华书局 2010 年。

尚书 顾迁注译，中州古籍出版社2010年。

尚书古文疏证 （清）阎若璩撰，黄怀信、吕翊欣点校，上海古籍出版社2010年。

书集传 （宋）蔡沈注，钱宗武、钱宗弼整理，凤凰出版社2010年。

尚书孔传参正 （清）王先谦撰，何晋点校，中华书局2011年。

尚书选译 李国祥等译注，凤凰出版社2011年。

诗 类

卷耳集（辛夷小丛书 创造社丛书） 郭沫若著，泰东图书局1923年，1935年。

诗经集解 缪尔纾编著，方树梅校阅，1923年编著者刊。

新式标点诗经（言文对照 白话注解） 许啸天整理，胡云翼校阅，群学社1926年，1932年。

诗经（万有文库） 缪天绶选注，商务印书馆1926年，1928年，1930年，1933年，1937年，1945年。

诗经音释 林之棠著，北大爱智学会国学月报社1926年，商务印书馆1934年，1935年。

诗毛氏传疏（万有文库） （清）陈奂撰，商务印书馆1930年，1933年，1935年。

诗疑（辨伪丛刊） （宋）王柏著，顾颉刚点校，景山书社1930年，朴社1935年。

读风偶识 （清）崔东壁著，努力学社标点，文化学社1931年。

诗经情诗今译（琴画室丛书 女子文库：文艺指导丛书） 陈漱琴编译，女子书店1932年，1935年，台湾新文丰出版公司1982年。

诗辨妄（辨伪丛刊） （宋）郑樵著，顾颉刚辑点，朴社1933年。

三十六鸳鸯（国风的恋诗）（黎明小丛书） 吕曼云选注，黎明书局1933年。

诗经语译 陈子展著，太平洋书店1934年。

诗经（国语注解） 江荫香注解，广益书局1934年，1936年。

毛诗引得（附标校经文）（引得特

刊） 哈佛燕京学社引得编纂处编，哈佛燕京学社引得编纂处 1934 年。

铜版诗经集注 （宋）朱熹集注，嵩山居士校，鸿文书局 1935 年，1938 年。

铜版诗经集注（精校本） （宋）朱熹集传，王文英校阅，大达图书供应社 1935 年，广益书局 1949 年。

毛诗注疏（万有文库） （汉）毛亨传，（后汉）郑玄笺，（唐）孔颖达疏，商务印书馆 1935 年，1936 年，1940 年。

诗氏族考（丛书集成初编） （清）李超孙辑，商务印书馆 1936 年。

毛诗草木鸟兽虫鱼疏（丛书集成初编） （东吴）陆玑撰，商务印书馆 1936 年。

毛诗草木鸟兽虫鱼疏广要（丛书集成初编） （东吴）陆玑撰，（明）毛晋参，商务印书馆 1936 年。

审定风雅遗音（丛书集成初编） （清）史荣撰，（清）纪昀审定，商务印书馆 1936 年。

关雎集（言文对照 诗经白话注解）（经纬百科丛书） 纵白踪著，经纬书局 1936 年。

毛诗（四部丛刊） （汉）毛亨传，（汉）郑玄笺，（唐）陆德明音义，商务印书馆 1936 年。

毛诗（四部备要） （汉）毛亨传，（汉）郑玄笺，（唐）陆德明音义，中华书局 1936 年。

毛诗注疏（四部备要） （汉）毛亨传，（汉）郑玄笺，（唐）孔颖达疏，（唐）陆德明音义，中华书局 1936 年。

诗外传（四部丛刊） （汉）韩婴撰，商务印书馆 1936 年。

毛诗传笺通释（四部备要） （清）马瑞辰撰，中华书局 1936 年。

续吕氏家塾读诗记（丛书集成初编） （宋）戴溪撰，商务印书馆 1936 年。

昌武段氏诗义指南（丛书集成初编） （宋）段昌武撰，商务印书馆 1936 年。

诗疑（丛书集成初编） （宋）王柏撰，商务印书馆 1936 年。

诗集传名物抄（丛书集成初编） （元）许谦撰，商务印书馆 1936 年。

毛诗或问（丛书集成初编） （明）袁仁著，商务印书馆 1936 年。

泾野先生毛诗说序（丛书集成初编）（明）吕柟著，商务印书馆1936年。

诗附记（丛书集成初编）（清）翁方纲撰，商务印书馆1936年。

毛诗识小（丛书集成初编）（清）林伯桐撰，商务印书馆1936年。

毛诗通考（丛书集成初编）（清）林伯桐撰，商务印书馆1936年。

诗经协韵考异（丛书集成初编）（宋）辅广撰，商务印书馆1936年。

诗地理考（丛书集成初编）（宋）王应麟撰，商务印书馆1936年。

诗音辨略（丛书集成初编）（明）杨贞一撰，商务印书馆1937年。

诗序（丛书集成初编）（周）卜商著，商务印书馆1937年。

吕氏家塾读诗记（丛书集成初编）（宋）吕祖谦撰，商务印书馆1937年。

诗辨说（丛书集成初编）（宋）赵德撰，商务印书馆1937年。

诗传注疏（丛书集成初编）（宋）谢枋得撰，商务印书馆1937年。

诗考（丛书集成初编）（宋）王应麟撰，商务印书馆1937年。

诗经选读（新中学文库　中学国文补充读本）缪天绶选注，商务印书馆1937年，1947年。

野有死麕　张小青译，上海杂志公司1937年。

毛诗注疏引书引得　哈佛燕京学社引得编纂处编，哈佛燕京学社引得编纂处1937年。

韩诗外传补正（国学小丛书）赵善诒注，商务印书馆1938年。

诗经（详注白话文学读本）　钟际华校正，大文书局1939年。

韩诗外传（附补逸·校注·拾遗）（丛书集成初编）（汉）韩婴，商务印书馆1939年。

诗传（丛书集成初编）（周）端木赐述，商务印书馆1939年。

诗说（丛书集成初编）（汉）申培著，商务印书馆1939年。

诗说（丛书集成初编）（宋）张耒纂，商务印书馆1939年。

诗论（丛书集成初编）（宋）程大昌纂，商务印书馆1939年。

诗总闻（丛书集成初编）（宋）王质撰，商务印书馆 1939 年。

非诗辨妄（丛书集成初编）（宋）周孚撰，商务印书馆 1939 年。

絜斋毛诗经筵讲义（丛书集成初编）（宋）袁燮撰，商务印书馆 1939 年。

白鹭洲主客说诗（丛书集成初编）（清）毛奇龄撰，商务印书馆 1939 年。

诗问略（丛书集成初编）（明）陈子龙撰，商务印书馆 1939 年。

诗说（丛书集成初编）（清）惠周惕撰，商务印书馆 1939 年。

诗说（丛书集成初编）（清）陶正靖撰，商务印书馆 1939 年。

张氏诗说（丛书集成初编）（清）张汝霖撰，商务印书馆 1939 年。

三家诗拾遗（丛书集成初编）（清）范家相撰，商务印书馆 1939 年。

读诗经（丛书集成初编）（清）赵良澍撰，商务印书馆 1939 年。

韩诗遗说（附订伪）（丛书集成初编）（清）臧庸述，商务印书馆 1939 年。

读风偶识（丛书集成初编）（清）崔述撰，商务印书馆 1939 年。

诗传名物集览（丛书集成初编）（清）陈大章撰，商务印书馆 1937 年。

诗经白话解说（言文对照　白话注释）　唐笑我编辑，沈永基校正，沈鹤记书局 1942 年。

诗经（新青年文化丛书）　陈植性选注句释，叶深校订，慈幼印书馆 1945 至 1946 年。

诗经白话解　何澄平编述，桂林新生书局 1947 年。

二南解症　姚棻著，1948 年姚氏自刊。

＊**诗经释义**　屈万里撰，台湾中华文化出版事业委员会 1953 年，台湾中国文化大学华冈出版部 1967 年。

＊**诗经选注**　屈万里撰，台湾正中书局 1955 年。

诗集传　（宋）朱熹集注，北京文学古籍刊行社 1955 年。

国风选译（中国文学名著丛选）陈子展选译，春明出版社 1955 年，古典文学出版社 1957 年，上海古籍出版社 1984 年。

＊**诗经国风新译** 刘光宇编著，香港万象书店 1955 年。

诗经选译（文学小丛书） 余冠英译，作家出版社 1956 年，人民文学出版社 1958 年，1960 年增补本，1985 年，香港中流出版社 1973 年。

诗经选注 高亨选注，五十年代出版社 1956 年。

诗经选（中国古典文学读本丛书） 余冠英选注，人民文学出版社 1956 年，1979 年第 2 版，香港万里书店 1959 年，香港大光出版社 1966 年。

韩诗外传 （西汉）韩婴撰， 文学古籍刊行社 1956 年，古籍出版社 1957 年。

毛诗正义 （汉）毛亨传，（汉）郑玄笺，（唐）孔颖达疏，中华书局 1957 年。

诗经通论 （清）姚际恒撰，顾颉刚标点，中华书局 1958 年。

诗集传 （宋）朱熹集注，中华书局上海编辑所编辑，中华书局 1958 年，上海古籍出版社 1980 年。

诗比兴笺 （清）陈沆撰，中华书局上海编辑所编辑，中华书局 1959 年，上海古籍出版社 1981 年。

诗义会通 吴闿生著，章培恒点校，中华书局上海编辑所 1959 年，（香港）中华书局 1961 年。

＊**诗经白话译注** 刘光宇译注，香港上海印书馆 1959 年。

＊**高本汉诗经注释** 高本汉注释，董同龢译，台湾中华丛书编审委员会 1960 年。

诗集传 （宋）朱熹集注，（香港）中华书局 1961 年。

诗广传 （清）王夫之撰，王孝鱼点校，中华书局 1964 年，1981 年。

＊**诗经选注** 缪天绶撰，（台湾）商务印书馆 1965 年。

＊**国风今译** 金启华译注，（香港）建文书局 1966 年，中华书局香港分局，江苏古籍出版社 1986 年。

＊**雅颂选译** 陈子展著，香港太平书局 1966 年。

＊**诗经** 许家成译注，香港实学书店 1968 年。

＊**诗经通释** 王静芝撰，台湾辅仁

大学文学院 1969 年。

＊**诗经通释** 李辰冬撰，台湾水牛出版社 1971 年。

＊**诗经今注今译** 马持盈撰，（台湾）商务印书馆 1971 年，新版 2009 年。

＊**诗经通解** 林义光撰，台湾中华书局 1971 年。

＊**白话批注诗经** 张允中撰，（台湾）商务印书馆 1971 年。

＊**诗集传旧说辑校**（香港中文大学联合书院文史丛刊） 杨钟基撰，香港中文大学联合书院中国语文学系 1974 年。

＊**诗经选读** 屈万里撰，台湾正中书局 1977 年。

＊**诗经新译** 宋海屏撰，台湾新文丰出版公司 1977 年。

诗经 金开诚著，中华书局 1963 年，1980 年，（香港）中华书局 1978 年。

诗经译注（国风部分） 袁梅译注，齐鲁书社 1980 年。

韩诗外传集释 （西汉）韩婴撰，许维遹校释，中华书局 1980 年，2005 年。

诗经今注（中国古典文学丛书） 高亨注，上海古籍出版社 1980 年，1987 年，2009 年，台湾里仁书局 1981 年，汉京出版 1984 年。

诗经选译 陈介白选译，江西人民出版社 1980 年。

诗经选译 赵浩如选译，上海古籍出版社 1980 年，1988 年。

诗经全译（中国历代名著全译丛书） 袁愈荌译，唐莫尧注释，贵州人民出版社 1981 年，1991 年。

诗经译注 江荫香译注，中国书店 1982 年。

诗经译注（雅、颂部分） 袁梅译注，齐鲁书社 1982 年。

诗义钩沉 （宋）王安石撰，邱汉生辑校，中华书局 1982 年。

＊**诗经评注读本** 裴普贤撰，台湾三民书局 1982 年。

＊**诗经选** 周锡䪖选注，台湾远流出版公司 1982 年，（香港）三联书店 1998 年。

＊**诗经诠释** 屈万里撰，台湾联经出版公司 1983 年。

＊**诗经简译** 潘葵邨撰，台湾文化

图书公司 1983 年。

诗切（山左名贤遗书）（清）牟庭撰，齐鲁书社 1983 年。

诗经直解 陈子展著，复旦大学出版社 1983 年，1997 年。

诗毛氏传疏 （清）陈奂撰，中国书店 1984 年。

诗经译注 祝敏彻译注，甘肃人民出版社 1984 年。

诗经全译 金启华译注，江苏古籍出版社 1984 年，1990 年。

＊**诗经评释** 朱守亮撰，台湾学生书局 1984 年。

诗经索引（古籍选读丛书） 陈宏天、吕岚合编，书目文献出版社 1984 年。

诗经解说 陈铁镔著，书目文献出版社 1985 年。

＊**诗经毛传译解** 傅隶朴撰，（台湾）商务印书馆 1985 年。

毛诗郑笺平议 黄焯著，上海古籍出版社 1985 年。

诗经译注 袁梅著，齐鲁书社 1985 年。

诗经译注 程俊英译注，上海古籍出版社 1985 年，2000 年，2006 年，2010 年。

诗经原始 （清）方玉润撰，李先耕点校，中华书局 1986 年。

诗经全译注 樊树云译注，黑龙江人民出版社 1986 年。

诗经今译今注 杨任之译注，天津古籍出版社 1986 年，1990 年。

诗经百首今译 庄穆注译，内蒙古人民出版社 1986 年。

诗经百首译释 周蒙、冯宇编著，黑龙江人民出版社 1986 年。

诗经国风译注（中国古典文学普及丛书） 邓荃译注，宝文堂书店 1986 年。

韩诗外传选译（古籍选读丛书）（西汉）韩婴撰，晨风、刘永平编译，书目文献出版社 1986 年。

诗经 （宋）朱熹注，上海古籍出版社 1987 年，1994 年。

诗三家义集疏（十三经清人注疏） （清）王先谦撰，吴格点校，中华书局 1987 年。

诗经国风今译（中国古典文学今译

丛书） 吕恢文译注，人民文学出版社 1987 年。

《诗经》赏析（中国古典文学作品选析丛书） 黄素芬选析，广西教育出版社 1987 年。

＊**诗经译注** 江阴香译注，台湾明文书局 1987 年

＊**诗经白话新解** 钟际华撰，台湾文化图书公司 1988 年。

毛诗古音考 （明）陈第撰，康瑞琮点校，中华书局 1988 年。

诗经集传 （宋）朱熹撰，巴蜀书社 1989 年。

诗经赏析集（中国古典文学赏析丛书） 程俊英主编，巴蜀书社 1989 年。

诗经评注 王守谦、金秀珍评注，东北师范大学出版社 1989 年。

毛诗传笺通释（十三经清人注疏） （清）马瑞辰撰，陈金生点校，中华书局 1989 年。

诗辑（北京图书馆古籍珍本丛刊） （明）严粲撰，书目文献出版社 1989 年，北京图书馆出版社 2000 年。

诗集传 （宋）苏辙撰，书目文献出版社 1990 年。

诗经导读（中华文化要籍导读丛书） 陈子展、杜月村著，巴蜀书社 1990 年，1996 年。

＊**诗经会解** 关殊钞编著，杨伟强参校，香港治业公司 1990 年。

诗经选译（古代文史名著选译丛书） 程俊英、蒋见元译注，巴蜀书社 1991 年，凤凰出版社 2011 年。

毛诗质疑（山左名贤遗书） （清）牟应震撰，袁梅校注，齐鲁书社 1991 年。

诗经（五经全译 智慧之门 国学经典丛书） 葛培岭等注译，中州古籍出版社 1991 年，2005 年，2007 年。

＊**诗经选**（中国诗歌宝库） 钱杭编著，（香港）中华书局 1991 年，上海书店出版社 1993 年，1994 年。

诗经注析（中国古典文学基本丛书） 程俊英、蒋见元注析，中华书局 1991 年，1999 年。

诗经译注 李子伟译注，兰州大学出版社 1992 年。

＊**诗经正诂**　余培林撰，台湾三民书局1993年。

诗经释证　罗文宗编，陕西人民出版社1995年。

＊**诗经简释**　黄忠慎撰，台湾骆驼出版社1995年。

＊**诗经精华译释**　周蒙、冯宇撰，台湾天工书局1996年。

韩诗外传笺疏　（西汉）韩婴撰，屈守元笺疏，巴蜀书社1996年。

诗总闻　（宋）王质撰，中国书店1996年。

诗义汇通　吴闿生编，中国书店1996年。

诗经集传音释　（元）罗复音释，中国书店1996年。

诗经（插图注解中国古典诗文精华丛书　插图注解中国古典诗文十大名著）（南宋）朱熹注解，张帆、锋焘整理，三秦出版社1996年，2005年。

＊**诗经译注**　韩峥嵘译注，台湾建安出版社1997年。

诗经直解（中国文化经典直解）李立成著，浙江文艺出版社1997年。

诗经选（中华诗词精粹）　刘永生编，天津古籍出版社1997年。

＊**诗经读本**　陈美燕注译，台湾文国书局1998年。

＊**诗经今释**　黄锦堂撰，台湾大夏出版社1998年。

＊**诗经选读**　李农撰，台湾大夏出版社1998年。

诗经（百部中国古典名著）　崔富章主编，周明初等注释，浙江古籍出版社1998年，1999年。

诗经新注全译　唐莫尧译注，巴蜀书社1998年，2004年。

诗经通诂　雒江生编著，三秦出版社1998年。

＊**诗经读本**　朱令誉撰，台湾大夏出版社1999年。

毛诗后笺（安徽古籍丛书）（清）胡承珙撰，郭全芝点校，黄山书社1999年。

诗经全注　褚斌杰注，人民文学出版社1999年，2007年。

诗经新注（中国古典名著普及丛

书） 聂石樵主编，雒三桂、李山注释，齐鲁书社2000年。

诗经（历代诗歌名篇诵读丛书） 于民雄选注，贵州人民出版社2000年。

＊**新译诗经读本** 滕志贤撰，叶国良校阅，台湾三民书局2000年。

＊**青青子衿诗经赏析** 林振辉选注，台湾成阳出版公司2000年。

毛诗（中华再造善本试制） （西汉）毛裘、毛苌撰，北京图书馆出版社2001年。

诗经全译全评 李家声译评，华文出版社2001年。

《诗经》三百首详注 刘松来编撰，百花洲文艺出版社2001年。

诗经（新著今译中国古典名著丛书） 陈节注译，花城出版社2002年。

文木山房诗说笺证 （清）吴敬梓撰，周延良笺证，齐鲁书社2002年。

诗经译注（中国古典名著译注丛书 周振甫译注别集） 周振甫译注，中华书局2002年，2003年，2010年修订本，江苏教育出版社2006年。

＊**诗经选注** 黄忠慎撰，台湾五南图书出版公司2002年。

诗集传（中华再造善本） （宋）苏辙撰，北京图书馆出版社2003年。

吕氏家塾读诗记（中华再造善本） （宋）吕祖谦撰，北京图书馆出版社2003年。

监本纂图重言重意互注点校毛诗（中华再造善本） （汉）毛苌传，郑玄笺，（唐）陆德明释文，北京图书馆出版社2003年。

诗说（中华再造善本） （宋）刘克撰，北京图书馆出版社2003年。

毛诗（书韵楼丛刊） （汉）郑玄笺，上海古籍出版社2003年。

诗经对解（文趣书丛） 武振玉注译，吉林文史出版社2003年。

诗经选译（中国古典文学精品屋 中华古典珍品书坊） 余国庆译注，黄山书社2003年，2007年。

诗集传（中华再造善本） （宋）朱熹撰，北京图书馆出版社2004年。

诗集传附录纂疏（中华再造善本） （元）胡一桂撰，北京图书馆出版社

2004年。

诗经疑问（中华再造善本） （元）朱倬撰，北京图书馆出版社2004年。

诗经旁注（中华再造善本） 佚名撰，北京图书馆出版社2004年。

详音句读明本大字毛诗（中华再造善本） 佚名撰，北京图书馆出版社2004年。

上海博物馆藏战国楚竹书《诗论》解义 黄怀信著，社会科学文献出版社2004年。

名家品诗坊·诗经 赵逵夫等编著，上海辞书出版社2004年。

诗经今注今译 李自修译注，河北人民出版社2004年。

＊**诗经** 程俊英、蒋见元译注，台湾畅谈国际文化2004年，湖南人民出版社2008年。

诗童子问（中华再造善本） （宋）辅广撰，北京图书馆出版社2005年。

直音傍训毛诗句解（中华再造善本） （元）李公凯撰，北京图书馆出版社2005年。

诗经旁注（中华再造善本） 佚名撰，北京图书馆出版社2005年。

诗经选：图文典藏本：汉英对照（许译中国经典诗词） 许渊冲译，河北人民出版社2005年。

诗经三百首译析（双色绘图诗词三百首系列） 盛广智译著，吉林文史出版社2005年。

诗经（中华传世名著精华本） 陈渔、夏雨虹主编，吉林人民出版社2005年。

诗经选（插图本中国诗词经典·当代著名学者诠释古代经典名作） 杨义、邵宁宁选注、译评，岳麓书社2005年。

诗经（中国文化经典诵读故事．第1辑） 文景编著，中国人口出版社2005年。

《诗经》精粹解读（中学生文化素质提高丛书） 王秀梅、王国轩编著，中华书局2005年。

诗经选译（《古典诗词名家》丛书） 周振甫译注，徐名翚选编，中华书局2005年。

诗经（双色图文传世经典） 靳勇、周益锋注译，安徽人民出版社

2005 年。

诗经选（课外必读推荐丛书．第 3 辑·古代诗词曲名篇选编） 孙育华译解，北京燕山出版社 2005 年。

诗外传（中华再造善本） （汉）韩婴撰，北京图书馆出版社 2006 年。

诗集传（中华再造善本） （宋）朱熹撰，北京图书馆出版社 2006 年。

韩鲁齐三家诗考（中华再造善本）（宋）王应麟撰，北京图书馆出版社 2006 年。

诗考（中华再造善本） （宋）王应麟撰，北京图书馆出版社 2006 年。

诗地理考（中华再造善本） （宋）王应麟撰，北京图书馆出版社 2006 年。

附释音毛诗注疏（中华再造善本）（汉）毛苌、郑玄、（唐）孔颖达撰，陆德明音义，北京图书馆出版社 2006 年。

诗集传名物钞音释纂辑（中华再造善本） （元）罗复撰，北京图书馆出版社 2006 年。

诗集传通释（中华再造善本）（元）刘瑾撰，北京图书馆出版社 2006 年。

明经题断诗义矜式（中华再造善本） （元）林泉生撰，北京图书馆出版社 2006 年。

魁本大字详音句读毛诗（中华再造善本） 佚名撰，北京图书馆出版社 2006 年。

《风》类诗新解 元江著，湖南人民出版社 2006 年。

毛诗名物图说 （清）徐鼎纂辑，王承略点校、解说，清华大学出版社 2006 年。

诗经：彩图版（中国传统文化精华） 钟雷主编，哈尔滨出版社 2006 年。

精选诗经与诗意画：汉英对照（中国传统文化精粹书系） 五洲传播出版社编，许渊冲译，五洲传播出版社 2006 年。

诗经（中华经典藏书） 王秀梅译注，中华书局 2006 年，2010 年。

诗经：珍藏本（中华古典名著文库少年版：珍藏本） 余冠英译注，中国少年儿童出版社 2006 年。

诗经文本（国学经典图文系列）

（春秋）孔丘编订，陈戍国解说，岳麓书社 2006 年。

诗经（国学经典少儿读本） 高秀昌主编，葛培岭注解，中州古籍出版社 2006 年。

诗经全译：新世纪普及版 司徒博文编译，当代世界出版社 2006 年。

＊**诗经** 袁愈荌译注，台湾书房出版公司 2007 年。

诗集传 （宋）朱熹注，王华宝整理，凤凰出版社 2007 年。

诗经（中国传统文化精华 蒙学教育经典读物．第 2 辑） 崔钟雷主编，哈尔滨出版社 2007 年，吉林摄影出版社 2007 年。

诗经通释（经典通义丛书） 刘精盛著，湖南大学出版社 2007 年。

诗经（古代典籍精编家藏书系） 张凤娟主编，内蒙古人民出版社 2007 年。

诗经（阅读中华经典） 郝尚勤、李秀荣编著，泰山出版社 2007 年。

诗经（中国传统文化经典读本） （春秋）孔子整理，邓启铜注释，云南大学出版社 2007 年，东南大学出版社 2010 年。

诗经（世界少年文学经典文库） 段炳昌译注，浙江少年儿童出版社 2007 年。

诗经（中国传统文化大系） 崔建林主编，中国戏剧出版社 2007 年。

诗经别裁 扬之水著，中华书局 2007 年。

＊**诗经全注** 黄忠慎撰，台湾五南图书出版公司 2008 年。

诗经选评 褚斌杰注评，三秦出版社 2008 年。

诗经 程燕青译注，三晋出版社 2008 年。

诗经 梁锡锋注说，河南大学出版社 2008 年。

郑氏诗谱订考 冯浩菲著，上海古籍出版社 2008 年。

图解诗经 （春秋）孔丘编，李择非整理，万卷出版公司 2008 年。

《诗经》精解 黄鸿秋注解，人民文学出版社 2009 年，2010 年。

诗经 （宋）朱熹集传，（清）方玉润评，朱杰人导读，上海古籍出版社 2009 年。

毛诗正义注疏选笺 ［日］冈村繁著，俞慰慈等译，上海古籍出版社 2009 年。

诗外传（中华再造善本续编）（汉）韩婴撰，国家图书馆出版社 2009 年。

毛诗稽古编（中华再造善本续编）（清）陈启源撰，国家图书馆出版社 2009 年。

诗经 （春秋）孔丘编订，北京出版社 2009 年。

诗经新注 聂石樵主编，齐鲁书社 2009 年。

诗经国风诗性解读 程志、杨晓红、吕俭平著，齐鲁书社 2009 年。

诗经 盛广智译评，吉林文史出版社 2009 年。

三家诗遗说 （清）冯登府撰，房瑞丽校注，华东师范大学出版社 2010 年。

诗经 （春秋）孔子著，内蒙古人民出版社 2010 年。

诗经：珍藏版 （春秋）孔丘著，吉林出版集团有限责任公司 2010 年。

诗经 刘国建主编，中州古籍出版社 2010 年。

诗经 龙儒民译注，线装书局 2010 年。

＊**诗音义浅注** 王向东注释，香港上海印书馆 2010 年。

＊**诗经详析** 吕珍玉撰，台湾五南图书出版公司 2010 年。

＊**诗经译注** 靳勇、周益锋撰，台湾国出版社家 2011 年。

诗经 王秀梅、王国轩编著，中华书局 2011 年。

诗集传（中华国学文库）（宋）朱熹注，赵长征点校，中华书局 2011 年。

诗考 诗地理考（王应麟著作集成）（宋）王应麟著，王京州、江合友点校，中华书局 2011 年。

韩诗外传选译 杜泽逊、庄大钧译注，凤凰出版社 2011 年。

诗经 赵逵夫注评，凤凰出版社 2011 年。

诗心雕龙：十五国风论笺 兰丁著，人民出版社 2011 年。

诗经（中华经典名著全本全注全译丛） 刘毓庆译注，中华书局2011年。

礼 类

周礼

周礼疑义辨证（石遗室丛书） 陈衍著，苏州胭脂桥茅家弄一号1932年。

周礼正义（国学基本丛书） （清）孙诒让著，商务印书馆1934年。

考工记图（万有文库） （清）戴震著，商务印书馆1935年，1939年。

周礼疑义举要（丛书集成初编）（清）江永撰，商务印书馆1935年。

周礼（四部丛刊） （汉）郑玄注，（唐）陆德明音义，商务印书馆1936年。

周礼（四部备要） （汉）郑玄注，（唐）陆德明音义，中华书局1936年。

周礼注疏（四部备要） （汉）郑玄注，（唐）贾公彦疏，（唐）陆德明音义，中华书局1936年。

周礼正义（四部备要） （清）孙诒让撰，中华书局1936年。

周礼郑氏注（附札记）（丛书集成初编） （汉）郑玄注，（清）黄丕烈撰札记，商务印书馆1936年。

周礼释文问答（丛书集成初编）（清）辛绍业撰，商务印书馆1936年。

周礼（学生国学丛书） 黄公渚选注，商务印书馆1936年，1965年。

太平经国之书（丛书集成初编）（宋）郑伯谦撰，商务印书馆1937年。

周官新义（附考工记解）（丛书集成初编） （宋）王安石撰，商务印书馆1937年。

周礼五官考（丛书集成初编） （明）陈仁锡撰，商务印书馆1937年。

冬官旁求（丛书集成初编） （清）辛绍业撰，商务印书馆1937年。

周礼郑氏注（附札记）（学生国学丛书） （汉）郑玄注，商务印书馆1937年。

周礼引得（附注疏引书引得） 哈佛燕京学社引得编纂处编，哈佛燕京学社引得编纂处1940年。

考工记图 （清）戴震撰，商务印

书馆1955年。

＊**周礼今注今译**（古籍选读丛书） 林尹撰，（台湾）商务印书馆1972年，1979年，2009年，书目文献出版社1985年。

周礼正义（十三经清人注疏） （清）孙诒让撰，王文锦、陈玉霞点校，中华书局1987年。

考工记译注（中国古代科技名著译注丛书） 闻人军译注，上海古籍出版社1993年。

周礼（古典名著普及文库） 陈戍国点校，岳麓书社2000年。

周礼（国学基本丛书） 钱玄等注译，岳麓书社2001年。

周礼（中华再造善本） （汉）郑玄注，北京图书馆出版社2003年。

纂图互注周礼（中华再造善本） （汉）郑玄注，（唐）陆德明释文，北京图书馆出版社2003年。

周礼疏（中华再造善本） （唐）贾公彦等撰，北京图书馆出版社2003年。

考工记注译 张道一注译，陕西人民美术出版社2004年。

周礼译注（国学经典丛书） 吕友仁译注，中州古籍出版社2004年。

周礼译注（十三经译注丛书） 杨天宇撰，上海古籍出版社2004年。

周礼 （中华再造善本） （汉）郑玄注，（唐）陆德明释文，北京图书馆出版社2005年。

周礼（中华再造善本） （汉）郑玄注，（唐）陆德明释文，北京图书馆出版社2005年。

京本点校附音重言重意互注周礼（中华再造善本） （汉）郑玄注，北京图书馆出版社2005年。

周礼（中华再造善本续编） （汉）郑玄注，国家图书馆出版社2009年。

周礼 刘波、王川注释，东南大学出版社2010年。

周礼 吕友仁、李正辉注译，中州古籍出版社2010年。

周礼注疏（十三经注疏） （汉）郑玄注，（唐）贾公彦疏，彭林整理，上海古籍出版社2010年。

周礼疑义辨证（中国传统经典与解释） 陈衍撰，潘林校注，华夏出版社2011年。

仪礼

仪礼引得（附郑注及贾疏引书引得） 哈佛燕京学社引得编纂处编，哈佛燕京学社引得编纂处 1932 年。

仪礼正义（万有文库）（清）胡培翚著，商务印书馆 1933 年，1934 年。

仪礼管见（丛书集成初编）（清）褚寅亮撰，商务印书馆 1935 年。

仪礼注疏详校（丛书集成初编）（清）卢文弨辑，商务印书馆 1935 年。

仪礼（四部丛刊）（汉）郑玄注，商务印书馆 1936 年。

仪礼（四部备要）（汉）郑玄注，中华书局 1936 年。

仪礼注疏（四部备要）（汉）郑玄注，（唐）贾公彦疏，（唐）陆德明音义，中华书局 1936 年。

仪礼正义（四部备要）（清）胡培翚撰，中华书局 1936 年。

仪礼（附校录）（丛书集成初编）（汉）郑玄注，（清）黄丕烈校，商务印书馆 1936 年。

仪礼逸经传（丛书集成初编）（元）吴澄撰，商务印书馆 1936 年。

仪礼释例（丛书集成初编）（清）江永撰，商务印书馆 1936 年。

礼经释例（丛书集成初编）（清）凌廷堪撰，商务印书馆 1936 年。

仪礼识误（丛书集成初编）（宋）张淳撰，商务印书馆 1936 年。

仪礼集释（丛书集成初编）（宋）李如圭撰，商务印书馆 1939 年。

仪礼释宫（丛书集成初编）（宋）李如圭撰，商务印书馆 1939 年。

仪礼释宫增注（丛书集成初编）（清）江永撰，商务印书馆 1939 年。

昏礼辨正（丛书集成初编）（清）毛奇龄撰，商务印书馆 1939 年。

飨礼补亡（丛书集成初编）（清）诸锦撰，商务印书馆 1939 年。

＊**武威汉简仪礼校补** 刘文献编，台湾中国东亚学术研究计划委员会 1965 年。

＊**仪礼汉简本考证** 王关仕撰，台湾学生书局 1975 年。

礼经（五经全译） 裴泽仁等注译，

中州古籍出版社 1991 年。

仪礼正义 （清）胡培翚撰，段熙仲点校，江苏古籍出版社 1993 年。

仪礼译注（中华古籍译注丛书 十三经译注丛书） 杨天宇译注，上海古籍出版社 1994 年，2004 年。

＊**仪礼郑注句读校记** 韩碧琴著，台湾“国立”编译馆 1996 年。

＊**仪礼译注** 李景林、王素玲、邵汉明译注，台湾建宏出版社 1997 年。

仪礼（国学基本丛书） 彭林注译，岳麓书社 2001 年，中州古籍出版社 2011 年。

＊**新译仪礼读本** 顾宝田、郑淑媛撰，黄俊郎校阅，台湾三民书局 2002 年。

仪礼要义（中华再造善本） （宋）魏了翁撰，北京图书馆出版社 2003 年。

仪礼集说（中华再造善本） （元）敖继公撰，北京图书馆出版社 2004 年。

仪礼（中国古典名著全译典藏图文本） 任晓彤译注，冷洁绘，中国社会科学出版社 2006 年。

仪礼注疏（十三经注疏） （汉）郑玄注，（唐）贾公彦疏，王辉整理，上海古籍出版社 2008 年。

仪礼（中华再造善本续编） （汉）郑玄注，国家图书馆出版社 2009 年。

仪礼 刘波、王川注释，东南大学出版社 2010 年。

仪礼蠡测签注（中华再造善本续编） （清）翁方纲撰，国家图书馆出版社 2011 年。

礼记

礼记（学生国学丛书） 叶绍钧选注，商务印书馆 1926 年，1947 年。

礼记集解（万有文库） （清）孙希旦注，商务印书馆 1930 年，1933 年，1934 年。

王荆公礼记发明 （宋）王安石著，杨立诚编，江西省立图书馆 1933 年。

礼记大义（无锡国学专修学校丛书） 唐文治著，无锡国学专修学校 1933 年。

王制井田算法解（丛书集成初编） （清）谈泰撰，商务印书馆 1933 年。

王制里亩算法解（丛书集成初编）

（清）谈泰撰，商务印书馆 1933 年。

礼记通释 戴礼著，1935 年戴氏北京自刊。

礼记补注（丛书集成初编）（清）李调元撰，商务印书馆 1935 年。

礼记（四部丛刊）（汉）郑玄注，（唐）陆德明音义，商务印书馆 1936 年。

礼记（四部备要）（汉）郑玄注，（唐）陆德明音义，中华书局 1936 年。

礼记注疏（四部备要）（汉）郑玄注，（唐）孔颖达疏，（唐）陆德明音义，中华书局 1936 年。

礼记训纂（四部备要）（清）朱彬辑，中华书局 1936 年。

大戴礼记（四部丛刊）（汉）戴德撰，（北周）卢辩注，商务印书馆 1936 年。

礼记集说辩疑（丛书集成初编）（明）戴冠撰，商务印书馆 1936 年。

礼记偶笺（丛书集成初编）（清）万斯大撰，商务印书馆 1936 年。

礼记附记（丛书集成初编）（清）翁方纲撰，商务印书馆 1936 年。

大戴礼记（丛书集成初编）（汉）戴德删定，商务印书馆 1936 年。

夏小正正义（丛书集成初编）（清）王筠撰，商务印书馆 1936 年。

夏小正解（附徐本夏小正举异）（丛书集成初编）（清）徐世溥撰，商务印书馆 1936 年。

夏小正传经集解（丛书集成初编）（清）顾凤藻撰，商务印书馆 1936 年。

月令七十二候集解（丛书集成初编）（元）吴澄撰，商务印书馆 1936 年。

月令气候图说（丛书集成初编）（清）李调元撰，商务印书馆 1936 年。

檀弓精华（中国文学精华）中华书局编，中华书局 1936 年，1941 年。

夏小正疏义（万有文库）（清）洪震煊著，商务印书馆 1937 年，1940 年。

（绘图）礼记节本 嵩山居士校阅，鸿文书局 1937 年。

礼记注疏引书引得 哈佛燕京学社引得编纂处编，哈佛燕京学社引得编纂处 1937 年。

礼记引得　洪业、聂崇岐、李书春、马锡用编纂，哈佛燕京学社引得编纂处 1937 年，上海古籍出版社 1983 年，1988 年。

礼记训义择言（丛书集成初编）（清）江永撰，商务印书馆 1937 年。

读礼记（丛书集成初编）（清）赵良澍撰，商务印书馆 1937 年。

礼记通注（丛书集成初编）（明）朱元弼撰，商务印书馆 1937 年。

明堂大道录（丛书集成初编）（清）惠栋撰，商务印书馆 1937 年。

夏小正戴氏传（附校录）（丛书集成初编）（宋）傅崧卿注，商务印书馆 1937 年。

夏小正传（丛书集成初编）（清）孙星衍校，商务印书馆 1937 年。

夏小正笺（丛书集成初编）（汉）戴德传，（清）李调元注，商务印书馆 1937 年。

夏小正考注（丛书集成初编）（清）毕沅撰，商务印书馆 1937 年。

礼记天算释（丛书集成初编）（清）孔广牧撰，商务印书馆 1939 年。

大戴礼记补注（丛书集成初编）（北周）卢辩注，（清）孔广森撰，商务印书馆 1939 年。

校正孔氏大戴礼记补注（丛书集成初编）（清）王树枏撰，商务印书馆 1939 年。

王制管窥（丛书集成初编）（清）耿极撰，商务印书馆 1939 年。

考定檀弓（丛书集成初编）（清）程穆衡点校，商务印书馆 1939 年。

檀弓丛训（丛书集成初编）（明）杨慎撰，商务印书馆 1939 年。

檀弓订误（丛书集成初编）（清）毛奇龄撰，商务印书馆 1939 年。

大同新释　吴召宣注释，国民出版社 1939 年。

大戴礼记补注（附校正）（国学基本丛书）（北周）卢辨注，（清）孔广森注补，商务印书馆 1941 年。

大小戴记选注（国学专书选读）王梦鸥选注，正中书局 1944 年，1946 年。

月令章句疏证叙录　向宗鲁著，商务印书馆 1945 年。

礼运大同篇注释（国民丛刊）方

思仁著，中央印务局 1947 年。

＊**礼记讲义**　程兆熊著，香港鹅湖出版社 1964 年。

＊**礼记选注**　叶衡撰，（台湾）商务印书馆 1965 年。

＊**礼记今注今译**　王梦鸥注译，（台湾）商务印书馆 1969 年，2009 年，天津古籍出版社 1988 年。

＊**礼记选解**　曹升撰，台湾真善美出版社 1969 年。

＊**大戴礼记今注今译**　高明撰，（台湾）商务印书馆 1975 年。

＊**高本汉礼记注释**　高本汉撰、陈舜政译，台湾中华丛书编审委员会 1981 年。

大戴礼记解诂（十三经清人注疏）（清）王聘珍撰，王文锦点校，中华书局 1983 年。

景宋本礼记正义　（汉）郑玄注，（唐）孔颖达疏，中国书店 1985 年。

礼记正义校勘记　潘宗周撰，江苏广陵古籍刻印社 1986 年。

礼记　（元）陈澔注，上海古籍出版社 1987 年，1994 年。

大戴礼记斠补　（清）孙诒让撰，雪克点校，齐鲁书社 1988 年。

礼记集说　（元）陈澔撰，巴蜀书社 1989 年。

礼记集解（十三经清人注疏）（清）孙希旦撰，沈啸寰、王星贤点校，中华书局 1989 年。

礼记质疑　（清）郭嵩焘撰，邬锡非、陈戍国点校，岳麓书社 1992 年。

礼记训纂（十三经清人注疏）（清）朱彬撰，饶钦农点校，中华书局 1995 年。

礼记译注（中华古籍译注丛书　十三经译注）　杨天宇译注，上海古籍出版社 1997 年，2004 年，2010 年。

＊**新译礼记读本**　姜义华撰，黄俊郎校阅，台湾三民书局 1997 年。

礼记译解（中国古典名著译注丛书）　王文锦译，中华书局 2001 年。

礼记（国学基本丛书）　（西汉）戴圣撰，钱玄等注译，岳麓书社 2001 年。

礼记（中华再造善本）　（汉）郑玄注，北京图书馆出版社 2003 年。

礼记正义（中华再造善本）　（唐）

孔颖达撰，北京图书馆出版社2003年。

礼记要义（中华再造善本）（宋）魏了翁撰，北京图书馆出版社2003年。

礼记集说（中华再造善本）（宋）卫湜撰，北京图书馆出版社2003年。

纂图互注礼记（中华再造善本）（汉）郑玄注，（唐）陆德明音义，北京图书馆出版社2003年。

大戴礼记（中华再造善本）（汉）戴德撰，（北周）卢辩注撰，北京图书馆出版社2004年。

礼记纂言（中华再造善本）（元）吴澄撰，北京图书馆出版社2005年。

礼记集说（中华再造善本）（元）陈澔撰，北京图书馆出版社2005年。

礼记（选）（中华经典诵读工程丛书） 北京四海经典文化传播中心编，中华书局2005年。

礼记（中华再造善本）（汉）郑玄注，北京图书馆出版社2006年。

礼记（中华再造善本）（汉）郑玄注，（唐）陆德明音义，北京图书馆出版社2006年。

礼记释文（中华再造善本）（唐）陆德明撰，北京图书馆出版社2006年。

践阼篇集解（中华再造善本）（宋）王应麟撰，北京图书馆出版社2006年。

礼记译注 潜苗金译注，浙江古籍出版社2007年。

大戴礼记汇校集解 方向东撰，中华书局2008年。

礼记正义（十三经注疏）（汉）郑玄注，（唐）孔颖达正义，吕友仁整理，上海古籍出版社2008年。

礼记 （汉）戴圣纂辑，蓝天出版社2008年。

礼记讲读（国学名著讲读系列） 吕友仁著，华东师范大学出版社2009年。

礼记 刘波、王川注释，东南大学出版社2010年。

礼记全书解读 （汉）戴德、戴圣著，内蒙古人民出版社2010年。

大戴礼记斠补：外四种 （清）孙诒让著，中华书局2010年。

礼记 李慧玲、吕友仁注译，中州古籍出版社2010年。

礼记集说 （元）陈澔注，万久富整理，凤凰出版社2010年。

学记 潜苗金译注，浙江古籍出版社2011年。

礼记 鲁同群注评，凤凰出版社2011年。

礼记选译（古代文史名著选译丛书） 朱正义、林开甲译注，凤凰出版社2011年。

＊**礼记选读讲记** 徐醒民著，台湾雪明讲习堂2011年。

三礼总义

三礼考（丛书集成初编） （宋）真德秀撰，商务印书馆1936年。

礼经奥旨（丛书集成初编） （宋）郑樵撰，商务印书馆1936年。

古经服纬（丛书集成初编） （清）雷尊述，（清）雷学淇释，商务印书馆1936年。

三礼指要（丛书集成初编） （清）陈廷敬撰，商务印书馆1937年。

明堂考（丛书集成初编） 商务印书馆1937年。

明堂问（丛书集成初编） （清）毛奇龄撰，商务印书馆1937年。

大小宗通绎（丛书集成初编）（清）毛奇龄撰，商务印书馆1939年。

求古录礼说补遗（附续）（丛书集成初编） （清）金鹗撰，商务印书馆1939年。

郊社禘祫问（丛书集成初编）（清）毛奇龄撰，商务印书馆1939年。

读礼志疑（丛书集成初编） （清）陆陇其辑，商务印书馆1939年。

新定三礼图（中国古代版画丛刊）（宋）聂崇义集注，上海古籍出版社1985年，1988年。

三礼考注（北京图书馆古籍珍本丛刊） （元）吴澄撰，书目文献出版社1990年，北京图书馆出版社2000年。

礼书（北京图书馆古籍珍本丛刊）（宋）陈祥道撰，书目文献出版社1991年，北京图书馆出版社2000年。

仪礼经传通解（中华再造善本）

（宋）朱熹撰，北京图书馆出版社2006年。

新定三礼图（中华再造善本）（宋）聂崇义集注，北京图书馆出版社2006年。

新定三礼图　（宋）聂崇义纂辑，丁鼎点校、解说，清华大学出版社2006年。

三礼通释　（清）林昌彝撰，北京图书馆出版社2006年。

周礼　仪礼　礼记（古典名著普及文库）　陈戍国点校，岳麓书社2006年。

礼书（中华再造善本）（宋）陈祥道撰，北京图书馆出版社2006年。

周礼　仪礼　礼记　广陵书社编著，广陵书社2007年。

礼书通故（十三经清人注疏）（清）黄以周撰，王文锦点校，中华书局2007年。

杂礼书

家范　（宋）司马光辑，青年协会书报部1927年。

泾野先生礼问（丛书集成初编）（明）吕楠撰，商务印书馆1936年。

学礼（丛书集成初编）（清）李塨撰，商务印书馆1936年。

司马氏书仪（丛书集成初编）（宋）司马光撰，商务印书馆1936年。

家范（全译评点本）（宋）司马光撰，修远主编，内蒙古人民出版社1999年。

五服图解（中华再造善本）（元）龚端礼撰，北京图书馆出版社2004年，2010年。

家礼（中华再造善本）（宋）朱熹撰，北京图书馆出版社2004年。

文公家礼集注（中华再造善本）（宋）杨复、刘垓孙撰，北京图书馆出版社2005年。

乐　类

乐律全书（万有文库）（明）朱载堉著，商务印书馆1931年。

律吕成书（丛书集成初编）（元）刘瑾撰，商务印书馆1936年。

韶舞九成乐补（丛书集成初编）（元）余载撰，商务印书馆1936年。

燕乐考原（丛书集成初编）（清）

凌廷堪撰，商务印书馆1936年。

乐经律吕通解（丛书集成初编）（清）汪绂辑，商务印书馆1936年。

赓和录（丛书集成初编）（清）何梦瑶著，商务印书馆1936年。

瑟谱（丛书集成初编）（元）熊朋来撰，商务印书馆1936年。

乐书要录（丛书集成初编）（唐）元万顷等奉敕撰，商务印书馆1936年。

律吕正义（万有文库）（清）康熙、乾隆敕撰，商务印书馆1936年。

竞山乐录（丛书集成初编）（清）毛奇龄撰，商务印书馆1937年。

乐律举要（丛书集成初编）（明）韩邦奇撰，商务印书馆1937年。

皇祐新乐图记（丛书集成初编）（宋）阮逸、胡瑗撰，商务印书馆1937年。

燕乐考原（国学基本丛书）（清）凌廷堪著，商务印书馆1937年。

诗经乐谱（附乐律正俗）（丛书集成初编）（清）弘历撰，商务印书馆1937年。

李氏学乐录（丛书集成初编）（清）李塨撰，商务印书馆1939年。

律吕新论（丛书集成初编）（清）江永撰，商务印书馆1939年。

乐县考（丛书集成初编）（清）江藩撰，商务印书馆1939年。

律吕元音（丛书集成初编）（清）毕华珍述，商务印书馆1939年。

律学新说　（明）朱载堉撰，冯文慈点注，人民音乐出版社1986年。

乐律全书（北京图书馆古籍珍本丛刊）（明）朱载堉撰，书目文献出版社1990年，北京图书馆出版社2000年。

乐书（中华再造善本）（宋）陈旸撰，北京图书馆出版社2004年。

春秋类

汇编

春秋三传精华　周祖芬编，三民公司1933年。

公羊传穀梁传　精华（中国文学精华）　中华书局编，中华书局1936年，1941年。

春秋三传 （晋）杜预等注，上海古籍出版社 1987 年，1994 年。

公羊春秋 穀梁春秋（中华再造善本）（唐）陆德明音释，北京图书馆出版社 2003 年。

左传

左传菁华录 吴曾祺译注，商务印书馆 1915 年，1930 年，1933 年，1935 年。

左传（万有文库） 梁宽、庄适选注，商务印书馆 1931 年，1934 年，1936 年，1945 年。

杏园左传句解立案 陈尧典著，广益书局 1933 年。

左氏春秋考证（辨伪丛刊）（清）刘逢禄著，朴社 1933 年。

春秋左传诂（万有文库）（清）洪亮吉编注，商务印书馆 1934 年。

东莱博议 （宋）吕祖谦著，商务印书馆 1934 年，1937 年。

（评注精校）东莱博议 （宋）吕祖谦著，储菊人校订，中央书店 1935 年。

批注春秋左传句解 韩菼等句解，刘一依校勘，大达图书供应社 1936 年。

左传器物宫室（丛书集成初编）（清）沈淑撰，商务印书馆 1936 年。

左传精华 秦同培注译，宋晶如增订，国学整理社 1936 年，1937 年。

（广注语译）东莱博议 （宋）吕祖谦著，宋晶如、章荣注译，国学整理社 1936 年。

春秋经传集解（四部丛刊）（晋）杜预撰，（唐）陆德明音义，商务印书馆 1936 年。

春秋经传集解（四部备要）（晋）杜预集解，（唐）陆德明音义，中华书局 1936 年。

春秋左传注疏（四部备要）（晋）杜预注，（唐）孔颖达疏，（唐）陆德明音义，中华书局 1936 年。

春秋左传诂（四部备要）（清）洪亮吉撰，中华书局 1936 年。

箴膏肓（丛书集成初编）（汉）郑玄撰，商务印书馆 1936 年。

春秋释例（附校勘记）（丛书集成初编）（晋）杜预撰，商务印书馆 1936 年。

春秋左氏传地名补注（丛书集成初

编）（清）沈钦韩注，商务印书馆1936年。

春秋左传分国土地名（丛书集成初编）（清）沈淑撰，商务印书馆1939年。

读左漫笔（丛书集成初编）（明）陈懿典撰，商务印书馆1937年。

左氏传说（丛书集成初编）（宋）吕祖谦撰，商务印书馆1937年。

春秋左氏传补注（丛书集成初编）（清）沈钦韩注，商务印书馆1937年。

春秋左氏古义（丛书集成初编）（清）臧寿恭述，商务印书馆1937年。

读左管窥（丛书集成初编）（清）赵青藜撰，商务印书馆1937年。

东莱先生左氏博议（丛书集成初编）（宋）吕祖谦撰，商务印书馆1937年。

东莱博议（宋）吕祖谦著，刘紫山辑注，沈鹤泉校正，大美书局1937年。

东莱博议（国学自修读本）（宋）吕祖谦著，湖上渔隐注解，达文书店1938年。

（精校增批）左传句解 钟际华校勘，大文书局1938年。

左传官名考（丛书集成初编）（清）李调元撰，商务印书馆1939年。

左传职官（丛书集成初编）（清）沈淑撰，商务印书馆1939年。

（言文对照）东莱博议（宋）吕祖谦著，储菊人标点注释，育才书局1939年。

左氏蒙求注（丛书集成初编）（宋）吴化龙纂，商务印书馆1940年。

左传读本 王伯祥注，开明书店1940年，（香港）中华书局1959年，1965年。

东莱博议（宋）吕祖谦著，袁韬壶译解，广益书局1942年。

春秋左传句解 韩慕庐重订，王天恨译释，国学研究社1947年，广益书局1949年，台湾正文书局1974年。

批注春秋左传句解 韩菼慕著，广益书店1948年。

春秋经传集解 （晋）杜预集解，文学古籍刊行社 1955 年。

春秋左氏传旧注疏证 （清）刘文淇撰，中国科学院历史研究所第一、二所资料室整理，科学出版社 1959 年，香港太平书局 1959 年，1966 年。

左传分国集注 韩席筹编注，江苏人民出版社 1963 年。

左传选（中国史学名著选） 徐中舒等编注，中华书局 1963 年，2009 年。

＊**左传选读注** 李纯一撰，台湾自由太平洋文化 1965 年。

＊**左传详释** 袁少谷撰，台湾五洲出版社 1968 年。

＊**春秋左传今注今译** 李宗侗撰，（台湾）商务印书馆 1971 年，2007 年，2009 年。

＊**高本汉左传注释** 高本汉撰，陈舜政译，台湾中华丛书编审委员会 1972 年。

春秋左传集解 （晋）杜预集解，上海人民出版社 1977 年。

春秋经传集解 （晋）杜预集解，上海古籍出版社 1978 年，1988 年。

左传杜解集正 （清）丁晏撰，江苏广陵古籍刻印社 1981 年。

左传疏证 徐仁甫著，四川人民出版社 1981 年。

春秋左传注（中国古典名著译注丛书） 杨伯峻编撰，中华书局 1981 年，1990 年修订版，台湾源流文化事业公司 1982 年，台湾复文书局 1987 年，台湾汉京文化事业公司 1987 年，台湾洪叶文化事业公司 1993 年。

左传译文（中国古典名著译注丛书） 沈玉成译，中华书局 1981 年，1997 年，台湾木铎出版社 1982 年，汉京 1986 年，洪叶 1995 年。

＊**左传论评选析新编** 洪顺隆撰，台湾中国文化大学华冈出版部 1982 年。

＊**白话东莱博议** 冯作民撰，台湾星光出版社 1985 年。

东莱博议 （宋）吕祖谦著，中国书店 1986 年。

＊**广注语译左传精华** 秦同培注释、宋晶如增订，台湾世界书局 1986 年。

春秋左传诂（十三纪清人注疏）（清）洪亮吉撰，李解民点校，中华书局 1987 年。

东莱博议（中国古代教育文献丛书）（宋）吕祖谦撰，周立红标点，岳麓书社 1988 年。

东莱博议（宋）吕祖谦撰，宋晶如、章荣注译，上海书店出版社 1988 年。

左传（古典名著普及文库）（春秋）左丘明撰，蒋冀骋标点，岳麓书社 1988 年，2006 年。

白话左传（古典名著今译读本）冯作民译，岳麓书社 1989 年。

左传全译（中国历代名著全译丛书）王守谦等译注，贵州人民出版社 1990 年。

东莱左氏博议（中国传统语言文化普及丛书）（宋）吕祖谦撰，希政民注，陕西人民出版社 1991 年。

春秋左传（五经全译）张文学注，管曙光译，葛培岭等注译，中州古籍出版社 1991 年。

＊**新译东莱博议** 李振兴、简宗梧撰，台湾三民书局 1991 年，二版 2009 年。

左传事纬（山左名贤遗书）（清）马骕撰，徐连城点校，齐鲁书社 1992 年。

左传杜解集正（清）丁晏撰，文物出版社 1992 年。

文白对照左传全译 张燕瑾主编，国际文化出版社 1993 年。

＊**洪亮吉左传诂斠正**（岭南学院中文系学术丛书）郭鹏飞著，（香港）商务印书馆 1996 年。

左传（春秋经传集解）（晋）杜预集解，上海古籍出版社 1997 年。

＊**左传考校** 王叔岷撰，台湾“中研院”文哲研究所筹备处 1998 年，中华书局 2007 年。

左传译注（中国古籍译注丛书 十三经译注）李梦生译注，上海古籍出版社 1998 年，2004 年，2010 年。

读左传札记 朱翼庵著，中国书店 1999 年。

左传（国学基本丛书）（春秋）左丘明撰，李维琦等注，岳麓书社 2001 年。

＊**新译左传读本** 郁贤皓、周福昌、姚曼波撰，傅武光校阅，台湾

三民书局 2002 年。

春秋左传正义（中华再造善本）（唐）孔颖达注释，北京图书馆出版社 2003 年。

春秋经传集解（中华再造善本）（晋）杜预撰，（唐）陆德明释文，北京图书馆出版社 2003 年。

纂图互注春秋经传集解（中华再造善本）（晋）杜预撰，（唐）陆德明释文，北京图书馆出版社 2003 年。

春秋经传集解（中华再造善本）（晋）杜预撰，（唐）陆德明释文，北京图书馆出版社 2004 年。

春秋经传集解（中华再造善本）（晋）杜预撰，（唐）陆德明释文，北京图书馆出版社 2004 年。

精选东莱先生左氏博议句解（中华再造善本）（宋）吕祖谦撰，北京图书馆出版社 2004 年。

左传（中国家庭基本藏书）（春秋）左丘明撰，舒胜利、陈霞村译注，山西古籍出版社 2004 年。

《左传》精粹解读 张庆利、米晓燕、王丽英编，中华书局 2004 年。

春秋左传集解释要 胡安顺编著，陕西人民出版社 2004 年。

春秋左氏传旧注疏证续 吴静安撰，东北师范大学出版社 2005 年。

《左传》选评（新世纪古代历史经典读本） 王维堤撰，上海古籍出版社 2005 年，2011 年。

音注全文春秋括例始末左传句读直解（中华再造善本）（宋）林尧叟撰，北京图书馆出版社 2006 年。

左传精萃（国学文化经典读本）中山大学中文系主编，李南晖编注，花城出版社 2006 年。

春秋左传校注 （春秋）左丘明原著，陈戍国撰，岳麓书社 2006 年。

左传注译（新注今译中国古典名著）（春秋）左丘明著，叶农注译，花城出版社 2007 年。

春秋左传：最新图文普及版（青少年快读中华传统文化书系）（春秋）左丘明著，内蒙古文化出版社 2007 年。

左传选 朱东润选注，上海古籍出版社 2007 年。

左传（中华经典藏书） 刘利、纪凌云译注，中华书局2007年，2011年。

春秋左传新注（中国六大史学名著丛书） 赵生群注，陕西人民出版社2008年。

左传今注 （春秋）左丘明著，李梦生注释，凤凰出版社2008年。

左传（中国家庭基本藏书．史著选集卷）（春秋）左丘明著，马玉山译注，三晋出版社2008年。

春秋左传：插图本 （春秋）左丘明著，万卷出版公司2008年。

左传 刘国建主编，中州古籍出版社2009年。

左传 李炳海、宋小克注评，凤凰出版社2009年。

左传 （春秋）左丘明原著，吕岗撰文，吉林文史出版社2009年。

左传比事注译 （清）高建章、高麟超撰，高涵注译，上海古籍出版社2009年。

左传 张宗友注译，中州古籍出版社2010年。

春秋左传集解 （春秋）左丘明撰，李梦生整理，凤凰出版社2010年。

左传 张庆利、米晓燕、王丽英编著，中华书局2011年。

左传选译（古代文史名著选译丛书） 陈世铙译注，凤凰出版社2011年。

公羊传

春秋公羊传（万有文库） 计硕民选注，商务印书馆1926年，1974年。

公羊义疏（万有文库）（清）陈立著，商务印书馆1935年，1936年。

春秋公羊经传解诂（四部丛刊）（汉）何休撰，（唐）陆德明音义，商务印书馆1936年。

春秋公羊传（四部备要）（汉）何休撰，（唐）陆德明音义，中华书局1936年。

公羊注疏（四部备要）（汉）何休注，（唐）徐彦疏，（唐）陆德明音义，中华书局1936年。

公羊义疏（四部备要）（清）陈立撰，中华书局1936年。

发墨守（丛书集成初编）（汉）郑玄撰，商务印书馆1936年。

公羊问答（丛书集成初编）（清）

凌曙著，商务印书馆 1937 年。

春秋公羊礼疏（丛书集成初编）（清）凌曙著，商务印书馆 1937 年。

公羊逸礼考征（丛书集成初编）（清）陈奂撰，商务印书馆 1939 年。

＊**春秋公羊传今注今译** 李宗侗撰，（台湾）商务印书馆 1973 年，2010 年。

春秋公羊经传解诂（北京图书馆古籍珍本丛刊）（汉）何休撰，书目文献出版社 1989 年，北京图书馆出版社 2000 年。

春秋公羊传译注（中华古籍译注丛书） 王维堤、唐书文译注，上海古籍出版社 1997 年，2004 年。

＊**新译公羊传** 雪克撰，周凤五校阅，台湾三民书局 1998 年，二版 2008 年。

春秋公羊经传解诂（中华再造善本）（汉）何休撰，北京图书馆出版社 2003 年。

春秋公羊经传解诂（中华再造善本）（汉）何休撰，（唐）陆德明音义，北京图书馆出版社 2003 年。

春秋公羊疏（中华再造善本）（唐）徐彦撰，北京图书馆出版社 2004 年。

春秋公羊传译注（中国古典名著译注丛书） 刘尚慈译注，中华书局 2010 年。

穀梁传

穀梁补注（万有文库）（清）钟文烝补注，商务印书馆 1935 年。

春秋穀梁传（四部丛刊）（晋）范宁集解，（唐）陆德明音义，商务印书馆 1936 年。

春秋穀梁传（四部备要）（晋）范宁集解，（唐）陆德明音义，中华书局 1936 年。

穀梁传注疏（四部备要）（晋）范宁集解，（唐）杨士勋疏，（唐）陆德明音义，中华书局 1936 年。

穀梁补注（四部备要）（清）钟文烝撰，中华书局 1936 年。

起废疾（丛书集成初编）（汉）郑玄撰，商务印书馆 1936 年。

春秋穀梁传（附札记）（丛书集成初编）（晋）范宁集解，商务印书馆 1936 年。

＊**春秋穀梁传今注今译** 薛安勤

撰，（台湾）商务印书馆 1994 年，新版 2001 年。

春秋穀梁经传补注（十三经清人注疏）（清）钟文烝撰，骈宇骞、郝淑慧点校，中华书局 1996 年，2009 年。

＊**新译穀梁传** 顾宝田撰，叶国良校阅，台湾三民书局 1998 年。

春秋穀梁传译注（中华古籍译注丛书） 承载译注，上海古籍出版社 1999 年，2004 年。

＊**新译春秋穀梁传** 周何撰，台湾三民书局 2000 年。

监本附音春秋穀梁传注疏（中华再造善本）（晋）范宁集解，（唐）杨士勋疏，北京图书馆出版社 2003 年。

春秋总义

春秋正义证释 吴佩孚著，春秋学会 1930 年。

春秋经解（丛书集成初编）（宋）孙觉撰，商务印书馆 1935 年。

春秋繁露集解 （汉）董仲舒著，王心湛校勘，广益书局 1936 年。

春秋繁露（四部丛刊）（汉）董仲舒撰，商务印书馆 1936 年。

春秋繁露（四部备要）（汉）董仲舒撰，（清）卢文弨校，中华书局 1936 年。

春秋传说例（丛书集成初编）（宋）刘敞撰，商务印书馆 1936 年。

春秋楚地答问（丛书集成初编）（清）易本烺撰，商务印书馆 1936 年。

春秋啖赵集传纂例（丛书集成初编）（唐）陆淳撰，商务印书馆 1936 年。

春秋集解（丛书集成初编）（宋）苏辙撰，商务印书馆 1936 年。

春秋辨疑（附校勘记）（丛书集成初编）（宋）萧楚撰，商务印书馆 1936 年。

春秋集注（丛书集成初编）（宋）高闶撰，商务印书馆 1936 年。

春秋三传异文释（丛书集成初编）（清）李富孙撰，商务印书馆 1936 年。

春秋四传异同辨（丛书集成初编）（清）黄永年撰，商务印书馆 1936 年。

春秋日食质疑（丛书集成初编）（清）吴守一撰，商务印书馆 1936 年。

春秋春王正月考（丛书集成初编）（明）张以宁撰，商务印书馆 1936 年。

春秋春王正月考辨疑（丛书集成初编）（明）张以宁撰，商务印书馆 1936 年。

春秋集传辩疑（丛书集成初编）（唐）陆淳纂，商务印书馆 1937 年。

春秋说志（丛书集成初编）（明）吕柟撰，商务印书馆 1937 年。

春秋古经说（丛书集成初编）（清）侯康撰，商务印书馆 1937 年。

读春秋（丛书集成初编）（清）赵良澍撰，商务印书馆 1937 年。

春秋经传注疏引书引得 哈佛燕京学社引得编纂处编，哈佛燕京学社引得编纂处 1937 年。

春秋经传引得 洪业、聂崇岐、李书春、马锡用编纂，哈佛燕京学社引得编纂处 1937 年，上海古籍出版社 1984 年，1988 年。

春秋地名辨异（丛书集成初编）（清）程廷祚撰，商务印书馆 1939 年。

春秋或辩（丛书集成初编）（清）许之獬撰，商务印书馆 1939 年。

春秋繁露通检（中法汉学研究所通检丛刊）中法汉学研究所编，中法汉学研究所 1944 年。

春秋繁露（汉）董仲舒撰，（清）凌曙注，中华书局 1975 年。

＊**春秋繁露今注今译** 赖炎元撰，（台湾）商务印书馆 1984 年，新版 2010 年。

春秋辨疑（宋）萧楚撰，（清）陆心源辑，江苏广陵古籍刻印社 1987 年。

春秋繁露（诸子百家丛书）（汉）董仲舒撰，上海古籍出版社 1989 年，1995 年。

春秋繁露（北京图书馆古籍珍本丛刊）（汉）董仲舒撰，书目文献出版社 1989 年，北京图书馆出版社 2000 年。

春秋正旨（北京图书馆古籍珍本丛刊）（明）高拱撰，书目文献出版社 1989 年，北京图书馆出版社 2000 年。

春秋董氏学（康有为学术著作选）（清）康有为撰，楼宇烈整理，中华书局1990年。

春秋繁露义证（新编诸子集成）（清）苏舆撰，钟哲点校，中华书局1992年，2002年。

春秋大事表（清）顾栋高辑，吴树平、李解民点校，中华书局1993年。

春秋衡库（冯梦龙全集）（明）冯梦龙辑，上海古籍出版社1993年。

春秋定旨参新（冯梦龙全集）（明）冯梦龙辑，上海古籍出版社1993年。

麟经指月（冯梦龙全集）（明）冯梦龙撰，上海古籍出版社1993年。

麟经指月（冯梦龙全集）（明）冯梦龙撰，李廷先、田汉云点校，江苏古籍出版社1993年。

春秋衡库（冯梦龙全集）（明）冯梦龙辑，薛正兴点校，江苏古籍出版社1993年。

春秋定旨参新（冯梦龙全集）（明）冯梦龙辑，田汉云、李廷先点校，江苏古籍出版社1993年。

春秋繁露天人三策（古典名著普及文库）（汉）董仲舒撰，陈蒲清校注，岳麓书社1997年。

春秋名号归一图（中华再造善本）（后蜀）冯继先撰，北京图书馆出版社2002年。

春秋集注（中华再造善本）（宋）张洽撰，北京图书馆出版社2003年。

春秋繁露（中华再造善本）（汉）董仲舒撰，北京图书馆出版社2003年。

董子春秋繁露译注（二十二子详注全译）阎丽译注，黑龙江人民出版社2003年。

春秋集注（辽宁省图书馆孤本善本丛刊．第1辑）（宋）张洽撰，线装书局2003年。

西畴居士春秋本例（中华再造善本）（宋）崔子方撰，北京图书馆出版社2004年。

春秋师说　春秋属辞　春秋左氏传补注（中华再造善本）（元）赵汸撰，北京图书馆出版社2005年。

春秋五礼例宗（中华再造善本）（宋）张大亨撰，北京图书馆出版社2006年。

春秋传（中华再造善本）（宋）胡安国撰，北京图书馆出版社2006年。

春秋意林（中华再造善本）（宋）刘敞撰，北京图书馆出版社2006年。

春秋集注（中华再造善本）（宋）张洽撰，北京图书馆出版社2006年。

增入音注括例始末胡文定公春秋传（中华再造善本）（宋）林尧叟标注，北京图书馆出版社2006年。

春秋诸传会通（中华再造善本）（元）李廉撰，北京图书馆出版社2006年。

春秋诸传会通（中华再造善本）（元）李廉撰，北京图书馆出版社2006年。

春秋纂言（中华再造善本）（元）吴澄撰，北京图书馆出版社2006年。

春秋诸国统纪（中华再造善本）（元）齐履谦撰，北京图书馆出版社2006年。

春秋师说（中华再造善本）（元）赵汸撰，北京图书馆出版社2006年。

春秋属辞（中华再造善本）（元）赵汸撰，北京图书馆出版社2006年。

春秋胡氏传纂疏（中华再造善本）（元）汪克宽撰，北京图书馆出版社2006年。

春秋井鉴校注（临夏文献丛书）（明）何永达著，赵忠、赵信校注，甘肃教育出版社2006年。

＊**新译春秋繁露**　朱永嘉、王知常撰，台湾三民书局2007年。

春秋三传要义解读　晁岳佩著，国家图书馆出版社2008年。

春秋国华（中华再造善本续编）（明）严讷辑，国家图书馆出版社2009年。

春秋存俟（中华再造善本续编）（明）余光、余扬撰，国家图书馆出版社2009年。

春秋繁露（国学经典）（汉）董仲舒撰，叶平注译，中州古籍出版社2010年。

春秋胡氏传　（宋）胡安国著，钱伟强点校，浙江古籍出版社2010年。

春秋繁露（中华思想经典）（汉）董仲舒著，周桂钿译注，中华书局 2011 年。

孝经类

孝经新读本 唐文治注，上海工业专门学校 1919 年。

孝经经解 （清）王古初注，明善书局 1923 年。

＊**孝经说** 陈伯陶著，香港奇雅中西印务 1927 年。

（详注）孝经 嵩山居士校，鸿文书局 1935 年。

（广解）孝经读本 王缁辰讲述，粹芬阁 1936 年。

孝经（四部丛刊）（唐）李隆基注，商务印书馆 1936 年。

孝经（四部备要）（汉）郑玄注，中华书局 1936 年。

孝经注疏（四部备要）（唐）李隆基注，（宋）邢昺疏，中华书局 1936 年。

孝经郑注疏（四部备要）（汉）郑玄注，（清）皮锡瑞疏，中华书局 1936 年。

孝经郑注（丛书集成初编）（清）严可均辑，商务印书馆 1936 年。

孝经郑注补证（丛书集成初编）（清）洪颐煊撰，商务印书馆 1936 年。

孝经郑氏解辑（丛书集成初编）（清）臧庸堂述，商务印书馆 1936 年。

孝经义疏补（万有文库）（清）阮福著，商务印书馆 1937 年，1940 年。

孝经释义 唐家祯著，广益书局 1937 年。

孝经读本（唐石台本） 遵经会校，春江书局 1938 年。

（唐本）孝经 （春秋）曾参撰，商务印书馆 1938 年。

孝经白话解说 刘铁冷注解，朱领中解说，弘化社 1938 年。

孝经读本姚氏学 姚明辉著，春江书局 1938 年。

孝经句解（二十四孝故事） 周祖芬注译，春江书局 1938 年。

孝经本义（丛书集成初编）（明）吕维祺撰，商务印书馆 1939 年。

孝经外传（丛书集成初编）（清）

周春撰，商务印书馆 1939 年。

孝经翼（丛书集成初编）（明）吕维祜撰，商务印书馆 1939 年。

孝经郑注（丛书集成初编）（汉）郑玄撰，（清）陈鳣辑，商务印书馆 1939 年。

孝经宗旨（丛书集成初编）（清）罗汝芳撰，商务印书馆 1939 年。

中文孝经（丛书集成初编）（清）周春辑，商务印书馆 1939 年。

集事诗鉴（丛书集成初编）（宋）方昕撰，商务印书馆 1939 年。

孝经义疏补（丛书集成初编）（清）阮福撰，商务印书馆 1939 年。

孝经郑注（丛书集成初编）［日］冈田挺之补辑，商务印书馆 1939 年。

孝经讲疏 沈颜闵注，中华国学社出版部 1943 年。

＊**重刊孝经注解**（唐）唐玄宗注，（宋）司马光指解，（宋）范祖禹说，陈伯南校刊，香港友联书报发行公司 1955 年。

＊**孝经白话注释** 严协和撰，1957 年自刊，台湾瑞成书局 1967 年，三秦出版社 1989 年，台湾高雄市净宗学会 2010 年。

＊**孝经今注今译** 黄得时撰，（台湾）商务印书馆 1972 年，再版 2005 年。

＊**孝经白话句解** 释大同撰，台湾华联出版社 1974 年。

＊**孝经白话解说** 朱领中解说，香港方树福堂基金 1983 年。

＊**新译孝经读本** 赖炎元、黄俊郎撰，台湾三民书局 1992 年。

孝经助读（传统蒙学助读系统）伏俊连注释，甘肃少年儿童出版社 1993 年。

孝经（汉英对照）（儒学经典译丛）傅根清今译，刘瑞祥、林之鹤英译，山东友谊出版社 1993 年。

孝经译注（中国古典名著译注丛书）胡平生译注，中华书局 1996 年，1999 年，2009 年。

孝经译注（中华古籍译注丛书）汪受宽译注，上海古籍出版社 1998 年，2007 年。

＊**孝经今诂** 朱宁撰，台湾财团法人基础道德文化教育基金会 1999 年。

＊**孝经注疏** 邓洪波整理，台湾古籍出版公司 2001 年。

＊**孝经读本** 施沛林撰，台湾大正出版社 2002 年。

孝经（中华再造善本）（唐）李隆基注，陆德明音，北京图书馆出版社 2003 年，2010 年。

孝经注疏（中华再造善本）（唐）李隆基注，（宋）邢昺疏，北京图书馆出版社 2004 年。

＊**孝经释译** 郑铁城撰，台湾玉珍书局 2004 年。

孝经（中国文化经典诵读故事第 1 辑） 文景编著，中国人口出版社 2005 年。

孝经图典（中国图典） 微言编，云南美术出版社 2005 年。

孝经·二十四孝图（新版传统蒙学丛书） 喻岳衡主编，喻涵、湘子译注，岳麓书社 2006 年。

孝经（国学今读大书院） 陈书凯编译，中国纺织出版社 2007 年。

孝经 于忠伟述评，重庆出版社 2008 年。

孝经注疏（十三经注疏）（唐）李隆基注，（宋）邢昺疏，金良年整理，上海古籍出版社 2009 年。

孝经列传（中华再造善本续编）（明）胡时化编集，国家图书馆出版社 2009 年。

孝经全书解读 内蒙古人民出版社 2010 年。

孝经 曲行之译注，浙江古籍出版社 2011 年。

四书类

论语

论语本义官话 ［德］安保罗著，美华书馆 1911 年。

论语新读本 唐文治著，上海工业专门学校 1919 年。

论语（万有文库） 贾丰臻选注，商务印书馆 1929 年，1934 年，1944 年。

论语正义（万有文库）（清）刘宝楠著，商务印书馆 1930 年，1933 年，1934 年，1935 年。

论语释要（德化主义读本） 唐大圆著，东方文化集思社 1931 年。

论语话解 （清）陈濬著，商务印书馆1933年。

论语古义 杨树达集解，商务印书馆1934年。

(考证详注)论语读本 史本直编辑，大众书局1934年。

(批点注解)白话论语读本 张兆瑢、沈元起编译，广益书局1935年，1947年。

(华英对照四书)论语 理雅各译，国际出版社1935年。

论语 （宋）朱熹集注，中华书局1936年，1941年。

(广解)论语读本 王缁辰讲述，董文等校订，粹芬阁1936年，1946年。

(节本)论语（中华国文补充读本） 陈幼璞选注，商务印书馆1936年。

论语集解（四部丛刊）（曹魏）何晏集解，商务印书馆1936年。

论语（四部备要）（曹魏）何晏集解，中华书局1936年。

论语注疏（四部备要）（曹魏）何晏集解，（宋）邢昺疏，中华书局1936年。

论语正义（四部备要）（清）刘宝楠撰，（清）刘恭冕补，中华书局1936年。

(广解)论语读本 王缁尘讲述，董文等校订，上海萃芬阁1936年。

健余先生读书笔记（丛书集成初编）（清）尹会一撰，（清）苑绾辑，商务印书馆1937年。

论语集解义疏（丛书集成初编）（曹魏）何晏集解，（梁）皇侃义疏，商务印书馆1937年。

癸巳论语解（丛书集成初编）（宋）张栻撰，商务印书馆1937年。

论语意原（丛书集成初编）（宋）郑汝谐撰，商务印书馆1937年。

论语集注考证（丛书集成初编）（宋）金履祥撰，商务印书馆1937年。

论语竢质(附校讹及续校)（丛书集成初编）（清）江声撰，商务印书馆1937年。

论语注参（丛书集成初编）（清）赵良猷撰，商务印书馆1937年。

(铜版)上论集注 （宋）朱熹集注，王文英校，广益书局1937年。

(重校)论语话解读本 王心湛重

校，广益书局 1938 年。

论语句解 周祖芬译注，春江书局 1938 年。

论语疏义（龟山丛书） 王恩洋著，佛学书局 1938 年。

论语附记（丛书集成初编） （清）翁方纲撰，商务印书馆 1939 年。

论语孔注辨伪（丛书集成初编）（清）沈涛撰，商务印书馆 1939 年。

(注释评讲) 论语白话新解 张守白编著，东方文学社编辑，台湾学生书局 1939 年。

论语引得（引得特刊） 哈佛燕京学社引得编纂处编，燕京大学哈佛燕京学社引得编纂处 1940 年。

(铜版) 下论集注 （宋）朱熹集注，王文英校，广益书局 1941 年。

(语译广解) 论语读本 蒋伯潜注释，启明书局 1941 年。

论语首章讲疏（国学丛书） 徐是古著，(伪) 中日文化协会武汉分会 1942 年。

论语新编释（公民科补充读本） 叶源编述，周关盛书局 1943 年，1944 年。

论语会笺（国学专书选读） 徐英编著，正中书局 1943 年，1948 年修订初版，台湾正中书局 1954 年。

论语集释 程树德著，国立华北编译馆 1943 年，台湾艺文印书馆 1965 年，鼎文书局 1973 年，艺文印书馆 1998 年。

论语 徐新民校，群益书局 1943 年。

(分类详解) 论语读本 世界书局编译所编注，世界书局 1944 年，1948 年。

* **论语话解** （清）陈濬撰，台湾中华文化出版事业委员会 1953 年，(台湾) 商务印书馆 1965 年。

* **论语正译** 李曰刚撰，台湾白云书屋 1955 年，黎明文化事业公司 1980 年。

论语疏证 杨树达疏证，科学出版社 1955 年，上海古籍出版社 1986 年。

论语正义 （清）刘宝楠撰，中华书局 1957 年，（香港）中华书局 1963 年，上海书店出版社 1986 年，1992 年，河北人民出版社 1988 年。

* **论语讲义** 程兆熊著，香港人生

出版社 1959 年。

论语译注（中国古典名著译注丛书） 杨伯峻译注，古籍出版社 1958 年，中华书局 1958 年，1960 年，1980 年第 2 版，2006 年简体字本，2011 年重校，台湾明伦出版社 1971 年，台湾河洛图书出版社 1978 年，1980 年，台湾源流文化事业公司 1982 年，（香港）中华书局 1984 年，台湾华正书局 1986 年，1988 年，台湾蓝灯文化事业公司 1987 年，台湾五南图书出版公司 1992 年。

＊**论语话解** （清）陈浚编著，香港太平书局 1963 年。

＊**论语要略** 钱穆撰，（台湾）商务印书馆 1964 年。

＊**论语注选** 贾丰臻撰，（台湾）商务印书馆 1965 年。

＊**论语今释** 赵龙文讲述、钱仲鸣笔记，台湾正中书局 1966 年，1967 年。

＊**译注论语自修读本** 杨德崇撰，台湾艺文印书馆 1967 年。

＊**论语译注** 赵聪译著，香港友联出版社 1967 年。

＊**论语精译** 康逸伟、林诗云撰，台湾百成出版 1969 年。

＊**论语正译** 李健光撰，台湾黎明文化事业公司 1971 年。

＊**论语今注今译** 毛子水撰，（台湾）商务印书馆 1973 年，2009 年。

＊**积微居论语疏证** 杨树达撰，台湾大通书局 1974 年。

＊**论语要义选释** 朱维焕撰，台湾兰台书局 1974 年。

＊**论语异解集说** 董季棠撰，台湾太冠出版社 1975 年。

＊**论语新注** 陈冠学撰，台湾三信出版社 1976 年，复文图书出版社 1982 年。

＊**论语别裁** 南怀瑾述撰，蔡策纪录，香港华安出版社 1977 年，台湾老古出版公司 1978 年。

＊**论语今诠** 殷豫川撰，台湾黎明文化事业公司 1978 年。

＊**论语新解**（钱宾四先生全集 钱穆作品系列 钱穆先生全集新校本） 钱穆撰，台湾三民书局 1978 年，巴蜀书社 1985 年，1989 年，台湾东大图书公司 1988 年，台湾联经出版事

业公司 1998 年，台湾素书楼文教基金会 2000 年，生活·读书·新知三联书店 2002 年，2005 年，九州出版社 2011 年。

＊**论语新诠**　方骥龄撰，台湾中华书局 1978 年。

＊**论语分类选注**　王则潞撰，台湾中国文化大学华冈出版部 1978 年。

＊**白话论语**　吴宏一撰，台湾新生报社出版部 1980 年。

＊**论语译注及异文校勘**　王书林撰，（台湾）商务印书馆 1981 年。

＊**论语选粹今译**　陈大齐撰，（台湾）商务印书馆 1981 年，再版 2002 年。

＊**论语通释**　王熙元撰，台湾学生书局 1981 年。

＊**新译论语读本**　林耀曾等撰，台湾高雄市政府 1981 年，台湾嘉义县政府 1984 年。

＊**论语义理疏解**　王邦雄、曾昭旭、杨祖汉撰，台湾中华文化复兴运动推行委员会 1982 年。

＊**论语新释**　林桐撰，台湾国家出版社 1983 年。

论语注　（清）康有为注，楼宇烈整理，中华书局 1984 年。

＊**论语今解**　龚宝善撰，台湾中华日报出版部 1987 年。

论语正义（十三经清人注疏）（清）刘宝楠撰，高流水点校，中华书局 1990 年。

论语集释（新编诸子集成第一辑）程树德撰，程俊英、蒋见元点校，中华书局 1990 年，1997 年。

论语注译（古代文史名著选译丛书）　孙钦善译注，巴蜀书社 1991 年，凤凰出版社 2011 年。

论语集注　（宋）朱熹撰，张汉东等点校，齐鲁书社 1992 年，1996 年。

乡党图考　（清）江永编，学苑出版社 1993 年。

＊**论语释义**　康义勇撰，台湾丽文文化事业公司 1993 年。

＊**论语新解**　杨晓婷撰，台湾丝路出版社 1993 年。

论语（中国传统文化精品丛书）（春秋）孔子撰，来可泓注，陕西人民出版社 1994 年，1996 年。

论语译注（中华古籍译注丛书　十三经译注）　金良年译注，上海古籍出版社1995年，2003年，2004年。

论语（中国古代哲学精典）（春秋）孔子撰，陈国庆注译，陕西人民出版社1996年。

论语导读（名著名家导读）　蔡尚思著,巴蜀书社1996年。

论语（中国经典宝库）（春秋）孔子撰，王兴康标点，上海古籍出版社1997年。

白话论语（中国传统文化丛书　传统文化经典读本）　陈枫、文晖译注，三秦出版社1997年，2003年。

论语直解（中国文化经典直解）张卫中直解，浙江文艺出版社1997年，2000年。

论语读本　杜豫编，中州古籍出版社1997年。

定州汉墓竹简《论语》　河北省文物研究所定州汉墓竹简整理小组编，文物出版社1997年。

论语（四部要籍注疏丛刊）（曹魏）何晏、（梁）皇侃等注，中华书局1998年。

敦煌论语集解校证（敦煌文献分类录校丛刊）　李方录校，江苏古籍出版社1998年，1999年。

＊**《论语》选释**（世明小丛书）何世明著，香港基督教文化学会1998年。

＊**论语今读**（文学中国丛书）　李泽厚著，香港天地图书有限公司1998年，生活·读书·新知三联书店2004年。

论语　（先秦）孔丘等撰，舒驰注，浙江古籍出版社1999年，2002年。

论语今释　蒋沛昌注释，岳麓书社1999年。

论语：汉英对照（大中华文库）杨伯峻今译，韦利英译，湖南人民出版社1999年，2008年。

＊**论语读本**　张翠兰撰，台湾汉风出版社2000年。

＊**论语今注**　潘重规撰，台湾里仁书局2000年。

论语（国学基本丛书）（春秋）孔丘撰，杨伯峻、杨逢彬注译，岳麓书社2000年。

论语全译（教育部中学语文教学大

纲课外阅读推荐书目） 阎韬、马智强译注，江苏古籍出版社 2000 年。

＊**白话论语** 徐志刚译注，（香港）三联书店 2000 年。

论语集注（中华再造善本试制）（宋）朱熹集注，北京图书馆出版社 2001 年。

论语（上古版中华名著袖珍本） 金良年译注，上海古籍出版社 2001 年，凤凰出版社 2010 年。

论语（中华传世名著精华丛书） 程昌明译注，书海出版社 2001 年。

＊**论语选读义释** 韩万年撰，台湾光慧文化事业公司 2001 年。

论语集说（中华再造善本）（宋）蔡节撰，北京图书馆出版社 2003 年。

论语通译（新课标必读文丛）（春秋）孔子撰，刘琦译评，吉林文史出版社 2003 年。

论语（书韵楼丛刊）（曹魏）何晏集解，上海古籍出版社 2003 年。

论语说解 幺峻洲说解，齐鲁书社 2003 年，2004 年。

论语导读 鲍鹏山编注，广东高等教育出版社 2003 年。

论语（中华儿童背诵经典） 石延博主编，内蒙古少年儿童出版社 2003 年，2004 年。

＊**论语** 李申著，（香港）中华书局 2003 年，中华书局 2011 年。

＊**论语释译** 郑铁城撰，台湾玉珍书局 2003 年。

＊**论语读本** 林信宏、张燕萍撰，台湾大正出版社 2003 年。

＊**论语评注** 陈国庆、何宏撰，台湾国家出版社 2003 年。

论语集解（中华再造善本）（三国魏）何晏撰，（唐）陆德明释文，北京图书馆出版社 2004 年。

＊**论语章句分类义释** 周群振撰，台湾鹅湖出版社 2004 年。

＊**论语新注** 杨致良注，香港鹭达文化出版公司 2004 年。

论语（智慧之门系列） 齐冲天、齐小乎注译，中州古籍出版社 2004 年，2008 年。

论语（双色版国文珍品文库）（春秋）孔丘著，刘琦译评，吉林文史出版社 2004 年，2009 年。

论语（中国传统文化经典诵读） 张艳国评析，湖北辞书出版社2004年。

《论语》新读 贾庆超、郭德芳著，中国社会出版社2004年。

论语浅悟 姜厚奥著，齐鲁书社2004年。

论语 刘示范主编，山东教育出版社2004年。

论语图典（中国传统文化丛书） 周春才编，中国文联出版社2004年。

论语（中国传统文化精华） 钟雷主编，哈尔滨出版社2004年。

论语（中华古诗文经典诵读丛书） 李生龙译注，中南大学出版社2004年。

论语百则 冯大建编，王健、李盈、谢琰译，南开大学出版社2004年。

论语（中国传世经典文库．第1辑） 何香荷注译，北京燕山出版社2004年。

每日论语 曾崎云评注，巴蜀书社2004年。

监本纂图重言重意互注论语（中华再造善本） （魏）何晏集解，北京图书馆出版社2005年。

论语读诠 丁纪著，巴蜀书社2005年。

《论语》衍释 于承武著，北京出版社2005年。

论语通译（语文新课标名著阅读书系．高中版．中国文学篇） （春秋）孔丘著，周海燕编译，北京理工大学出版社2005年。

论语总说 ［日］藤塚邻著，陈东译，国际文化出版公司2005年。

论语选读 张华峰编著，广西师范大学出版社2005年。

《论语》诠释 文选德著，湖南人民出版社2005年。

论语（中华传世名著精华本） 陈渔、夏雨虹主编，吉林人民出版社2005年。

《论语》新译 金池主编，人民日报出版社2005年。

论语通译：图文本（教育部新课标必读） 张葆全译注，漓江出版社2005年，2007年。

论语今译：汉英对照 （春秋）孔丘著，杨伯峻、吴树平译，潘富恩、温少霞英译，齐鲁书社 2005 年。

论语（儿童读经系列） 周月明编注，天地出版社 2005 年。

论语：青少版（中国传统文化经典） 鹏羽主编，天津人民美术出版社 2005 年。

论语通译（高中生语文新课标必读） （春秋）孔丘著，武晓花译，延边人民出版社 2005 年。

论语（新课标世界名著必读丛书） 迟赵俄选编、注释，王金泰绘，岳麓书社 2005 年。

论语（中国文化经典诵读故事．第 1 辑） 文景编著，中国人口出版社 2005 年。

论语（中华经典诵读工程丛书） 北京四海经典文化传播中心编，中华书局 2005 年。

论语译注（中小学生新课标必读丛书） 郑民注译，浙江人民出版社 2005 年。

论语意解：汉英对照 （春秋）孔丘著，刘伟见译，线装书局 2005 年。

论语（双色图文传世经典） 陈国庆、何宏注译，安徽人民出版社 2005 年。

论语：汉朝对照 刘示范主编，山东教育出版社 2005 年。

论语读训 程石泉著，上海古籍出版社 2005 年。

论语选译（课外必读推荐丛书．第 3 辑，古代诗词曲名篇选编） 张乃彬译解，北京燕山出版社 2005 年。

论语（中国青少年诵读工程·小学生经典诵读） 贺怀英主编，光明日报出版社 2005 年。

论语 陈国庆、王翼成注评，陕西人民出版社 2006 年。

《论语》解析 宋荣绪、吴长春著，河南文艺出版社 2006 年。

论语精译：汉英对照 （春秋）孔丘著，洪青皎译，黑龙江教育出版社 2006 年。

论语讲读（国学名著讲读系列） 查正贤著，华东师范大学出版社 2006 年，台湾五南图书出版公司 2007 年。

《论语》精华版：汉英对照（中国

圣人文化丛书）　蔡希勤编注，华语教学出版社 2006 年。

论语通译：名师伴读版（语文新课标必读丛书. 第 5 辑）　张艺川主编，任俐译注，光明日报出版社 2006 年。

＊**论语读本**　陈基政撰，台湾西北国际文化公司 2006 年。

《论语》百篇解读（少年诵读经典系列）　贺远宁编著，广东教育出版社 2006 年。

论语注译（语文新课标指定读物系列）　邓子勉译注，广西师范大学出版社 2006 年。

论语（新私塾：国学精粹儿童启蒙教育诵读本. 第 2 辑）（春秋）孔子著，哈尔滨出版社 2006 年。

论语：彩图版（中国传统文化精华）　李杰主编，哈尔滨出版社 2006 年，2007 年。

论语新编　林振衡编，群言出版社 2006 年。

论语（国学今读大书院）（春秋）孔丘原著，刘强编著，蓝天出版社 2006 年。

论语：汉俄对照　刘示范主编，山东教育出版社 2006 年。

学生版论语（学生版中国古典名著）　金波、秦侠编著，上海科学技术文献出版社 2006 年。

论语（中华经典藏书）　张燕婴译注，中华书局 2006 年，2011 年。

四书集注之论语选译廿则：汉英德对照　李旻、张雯等编译，高马得等绘，新华出版社 2006 年。

论语图典　李彦昌编，云南美术出版社 2006 年。

《论语》注评　阎韬、马智强注评，凤凰出版社 2006 年。

论语（儿童经典诵读丛书）（春秋）孔子撰，董自厚主编，凤凰出版社 2006 年。

论语译析　肖世雄、李全祯编著，东北林业大学出版社 2006 年。

论语选评（中国文史经典讲堂）　彭亚非选注、译评，岳麓书社 2006 年。

论语图文本（国学经典图文系列）（宋）朱熹集注，岳麓书社 2006 年。

论语（儿童国学启蒙教育读本） 郭静编，云南美术出版社2006年。

论语新校释 黄怀信校释，三秦出版社2006年。

论语（中国传统文化精华．第1辑）（春秋）孔丘著，陕西旅游出版社2006年。

论语（国学经典少儿读本） 高秀昌主编，杨翰卿注解，中州古籍出版社2006年。

《论语》选评（新世纪古代哲学经典读本） 汤勤福撰，上海古籍出版社2006年，2011年。

《论语》精选本（国学精华丛书） 张国动、张圣洁选编，河北教育出版社2006年。

傅佩荣解读论语 傅佩荣著，线装书局2006年。

论语（儿童必读国学启蒙） 谷更有编著，中国人口出版社2006年。

《论语集注》补正述疏 （宋）朱熹集注，简朝亮述疏，北京图书馆出版社2007年。

论语新编：插图本 苏宰西编著，甘肃教育出版社2007年。

论语：全选 全注 全译 全评（中国古典名著丛书） 秋平主编，海风出版社2007年。

论语注译（新注今译中国古典名著丛书） 陈蒲清注译，花城出版社2007年。

论语正宗 马恒君著，华夏出版社2007年。

论语今译（中华古典珍品书坊） 余国庆注译，黄山书社2007年。

论语（图说天下·国学书院系列．第1辑） 《图说天下·国学书院系列》编委会编，吉林出版集团有限责任公司2007年。

论语（蒙学教育经典读物．第1辑） 崔钟雷主编，吉林摄影出版社2007年。

论语（古代典籍精编家藏书系） 张凤娟主编，内蒙古人民出版社2007年。

论语：最新图文普及版（青少年快读中华传统文化书系） （春秋）孔丘著，内蒙古文化出版社2007年。

论语今释 郑张欢著，齐鲁书社2007年。

论语选译 郑国平译注，山东友谊出版社 2007 年。

论语别裁 （明）张居正讲评，陕西师范大学出版社 2007 年。

论语初级读本：汉英对照（儒学经典初级读本系列） 钱逊编注解读，郭沂、温少霞译，商务印书馆 2007 年。

张居正讲评《论语》皇家读本 陈生玺主编，上海辞书出版社 2007 年。

论语（课外精读必备丛书——语文新课标必读：珍藏版．第 1 辑）（春秋）孔子著，陕西旅游出版社 2007 年。

论语（世纪人文系列丛书·大学经典）（宋）朱熹集注，金良年导读，胡真集评，上海古籍出版社 2007 年。

论语二十讲：插图本（上海图书馆馆藏拂尘·旧话经典） 王向荣编著，上海科学技术文献出版社 2007 年，2011 年。

解读论语：修订版（傅佩荣国学精品集） 傅佩荣著，上海三联书店 2007 年。

论语（钱选国学名著）（宋）朱熹集注，崔存明校订，首都经济贸易大学出版社 2007 年。

论语解读（国学经典解读丛书） 马新著，泰山出版社 2007 年。

白话论语读本（白话国学经典系列） 沈元起、张兆瑢注释，天津人民出版社 2007 年。

论语：汉日对照 孔祥林编译，外文出版社 2007 年。

论语：全彩图注本（一力古典文丛）《一力古典文丛》编辑组注译，文汇出版社 2007 年。

论语精读 金知明注译，学林出版社 2007 年。

《论语》本义新解 祝瑞开著，学林出版社 2007 年。

论语（中国传统文化经典读本） 邓启铜注释，云南大学出版社 2007 年，东南大学出版社 2010 年。

论语（经典诵读系列） 张润秀、孙如琨编著，浙江少年儿童出版社 2007 年。

论语（世界少年文学经典文库） 张国庆译注，浙江少年儿童出版社 2007 年。

论语全书（国学新读大讲堂）（春秋）孔子原著，司马哲编著，中国长安出版社2007年。

论语：彩图注音版（中华儿童启蒙经典） 纪江红主编，云南教育出版社2007年。

论语通译：插图版（中国传统文化精华 中国古典文学精华．第2辑） 胡大勇编，中国画报出版社2007年。

论语（国学书院）（春秋）孔丘著，纪琴译注，中国纺织出版社2007年。

论语（中国古典文学名著） 孔子原著，钟芒评注，中国少年儿童出版社2007年。

论语（中国少年儿童成长必读：注音版） 陈玉健主编，中国戏剧出版社2007年。

论语读本 钱逊著，中华书局2007年。

论语解读 安德义著，中华书局2007年。

《论语》导读 陈家昌编著，百家出版社2007年。

论语新解：思与行（何新国学经典） 何新著，北京工业大学出版社2007年。

＊**论语合校** 陈乃森著，香港文心书店2007年。

论语 杨伯峻今译，中华书局2008年。

论语（中日文对照） 杨伯峻今译，孔健日译，中华书局2008年。

论语 （春秋）孔丘著，北京出版社2008年。

论语汇校集释 黄怀信主撰，上海古籍出版社2008年。

论语 钱琼评注，上海辞书出版社2008年。

论语诠解 杨朝明编著，广陵书社2008年。

论语（中华传统文化百部经典） 钱逊解读，国家图书馆出版社2008年。

论语句解 亦丰著，广陵书社2008年。

论语：影红刻本 （春秋）孔丘著，广陵书社2008年。

论语贯读　梁午峰旧稿，梁经旭整理注译，三秦出版社 2008 年。

论语后案　（清）黄式三撰，张涅、韩岚点校，凤凰出版社 2008 年。

论语类解　于文斌编著，吉林文史出版社 2008 年。

论语：节选　程怀灵主编，北京燕山出版社 2008 年。

论语：全本　（春秋）孔丘著，北京燕山出版社 2008 年。

宋刊论语　（曹魏）何晏集解，福建人民出版社 2008 年。

论语通译　（春秋）孔丘著，季潇苑译注，光明日报出版社 2008 年。

论语　臧知非注说，河南大学出版社 2008 年。

论语　李新路编，河南人民出版社 2008 年。

论语译释　徐澍注译，湖南人民出版社 2008 年。

论语通说　邓球柏著，湖南人民出版社 2008 年。

图解论语：插图本　（春秋）孔子著，万卷出版公司 2008 年。

名家批注论语：插图本　（曹魏）何晏、（宋）朱熹等注疏，万卷出版公司 2008 年。

论语：中德文　刘立群主编，[德]卫礼贤译，人民出版社 2009 年。

《论语》全解　李小龙注解，人民文学出版社 2009 年，2010 年。

论语真义　胡齐临著，上海人民出版社 2009 年。

论语今译　杨伯峻、吴树平今译，齐鲁书社 2009 年。

论语　刘国建主编，中州古籍出版社 2009 年。

论语译注：古典名著标准读本　（春秋）孔丘原著，杨伯峻、杨逢彬译注，岳麓书社 2009 年。

＊白话本论语　林在勇撰，台湾新潮社 2009 年。

＊论语类编集解　白纪兰撰，2009 年白氏自刊。

＊论语精选　吴瑞兴选译，台湾瑞传文化出版社 2010 年。

＊论语新绎　吴宏一撰，台湾联经出版公司 2010 年。

论语 陆建华评注，安徽文艺出版社2010年。

论语译注 金海民译注，百花洲文艺出版社2010年。

论语 （春秋）孔子著，内蒙古人民出版社2010年。

论语 （春秋）孔丘著，陕西师范大学出版社2010年。

论语大全集：超值白金版 （春秋）孔丘著，新世界出版社2010年。

论语 尚文编注，广西师范大学出版社2010年。

郑板桥四书手迹：典藏本．论语 （清）郑燮书，凤凰出版社2010年。

论语通译 陈涛译注，线装书局2010年。

论语新注新译：附主要字词、人名索引 杜道生注译，中华书局2011年。

论语钩沉 董楚平著，中华书局2011年。

论语歧解辑录 高尚榘主编，中华书局2011年。

论语通读 何根祥著，上海人民出版社2011年。

读《论语》 文净、田地著，齐鲁书社2011年。

论语 （春秋）孔子著，浙江古籍出版社2011年。

论语 李明阳译注，黄山书社2011年。

＊**论语** 钟芒编译，（香港）中华书局2011年。

孟子

孟子今义 （清）成本璞撰，彭庚良述，1913年彭氏自刊。

孟子本义官话 ［德］安保罗著，美华书馆1914年。

孟子新读本 唐文治著，上海工业专门学校1919年。

孟子（万有文库） 缪天绶选注，商务印书馆1926年，1930年，1933年，1943年，1945年。

孟子正义（万有文库） （清）焦循著，商务印书馆1930年，1933年，1934年，1936年，1939年。

＊**铜版孟集注** （宋）朱熹集注，香港五桂堂书局1930年。

(广注)孟子读本 国学编辑社语译注释，世界书局 1932 年。

(考证详注)孟子读本 史本直注，大众书局 1934 年，1937 年。

(增补)苏批孟子 （宋）苏洵批注，（清）赵大浣增补，朱太忙标点，大达图书供应社 1934 年，1936 年，广益书局 1936 年。

(华英对照四书)孟子 J. Legge 译，国际出版社 1935 年。

孟子要略 鸣原堂论文 （清）曾国藩编著，周云标点，朱泰忙校阅，大达图书供应社 1935 年。

(批点注释)白话孟子读本 张兆瑢、沈元起编译，广益书局 1935 年，1946 年，1949 年。

孟子（初中学生文库）（宋）朱熹集注，中华书局 1936 年，1940 年，1941 年。

(广解)孟子读本（上海图书馆馆藏拂尘·旧话经典） 王缁辰讲述，朱剑芒、胡山源校订，粹芬阁 1936 年，1940 年，上海科学技术文献出版社 2007 年，2011 年。

孟子精华（中国文学精华） 中华书局编辑，中华书局 1936 年，1939 年，1941 年。

孟子（四部丛刊）（汉）赵岐注，商务印书馆 1936 年。

孟子（四部备要）（汉）赵岐注，中华书局 1936 年。

孟子注疏（四部备要）（汉）赵岐注，（宋）孙奭疏，中华书局 1936 年。

孟子正义（四部备要）（清）焦循撰，中华书局 1936 年。

尊孟辨(附续辨·别录)（丛书集成初编）（宋）余允文撰，商务印书馆 1937 年。

孟子杂记（丛书集成初编）（明）陈士元撰，商务印书馆 1937 年。

(节本)孟子（中华国文补充读本） 缪天绶选注，商务印书馆 1937 年，1939 年。

铜版四书集注(上孟 中孟 下孟) （宋）朱熹集注，王文英校阅，大达图书供应社 1934 年，1935 年，广益书局 1936 年，1937 年，1942 年。

铜版四书集注(上孟 中孟 下孟) （宋）朱熹集注，嵩山居士校阅，鸿文书局 1941 年。

孟子字义疏证（万有文库）（清）戴震著，商务印书馆1937年。

孟子本义（国学丛书）胡毓寰编著，正中书局1937年，1940年，1942年，1947年。

孟子话解 朱广福等编，商务印书馆1938年，1939年。

孟子疏义（龟山丛书）王恩洋著，佛学书局1938年。

孟子句解 周祖芬编，春江书局1939年，1940年。

孟子要略（附录）（丛书集成初编）（清）刘传莹辑，商务印书馆1939年。

逸孟子（丛书集成初编）（清）李调元辑，商务印书馆1939年。

孟子附记（丛书集成初编）（清）翁方纲撰，商务印书馆1940年。

（语译广解）孟子 蒋伯潜注释，启明书局1941年。

孟子引得（引得特刊）哈佛燕京学社引得编纂处编，燕京大学哈佛燕京学社引得编纂处1941年。

（分类详解）孟子读本 世界书局编译所编注，世界书局1944年。

孟子会笺（国学专书选读）温晋城选注，正中书局1944年，1946年，台湾正中书局1954年。

孟子新解（韬园丛书）景韬白著，盐政杂志社1947年。

* **孟子牵牛章评注** 李景康，香港二天堂1955年。

* **孟子讲义** 林弘道编著，香港星岛日报社1955年。

* **孟子分类选注** 孙云遐撰，台湾“国立”编译馆1955年。

* **孟子白话句解** 王纾运撰，台湾武学书局1956年。

* **孟子正译** 李曰刚撰，台湾白云书屋1956年。

孟子正义（清）焦循撰，中华书局1957年，1962年，上海书店出版社1986年，1992年，河北人民出版社1988年。

孟子文选 李炳英选注，人民文学出版社1957年。

孟子译注（中国古典名著译注丛书）杨伯峻译注，兰州大学中文系孟子译注小组编，中华书局1960年，2005年，2008年简体字本，

2010 年，香港文言书局 1960 年，台湾河洛图书出版社 1977 年，台湾源流文化事业公司 1982 年，（香港）中华书局 1984 年，台湾华正书局 1986 年，台湾汉京文化事业公司 1987 年，台湾五南图书出版公司 1992 年。

＊**孟子新译** 章文虚，香港宏业书局 1961 年。

孟子字义疏证 （清）戴震撰，何文光整理，中华书局 1961 年，1990 年。

孟子选读 瞿果行选注，江苏人民出版社 1962 年。

＊**孟子选析** 欧永行选析，香港万里书店 1964 年。

＊**孟子文法读本** 高步瀛撰，吴闿生评，香港中文大学新亚书院中文系 1966 年。

＊**孟子新讲** 程兆熊著，香港鹅湖出版社 1967 年。

＊**孟子读本** 徐伯超撰，台湾综合出版社 1968 年。

＊**孟子精译** 康逸伟、林诗云撰，台湾百成出版 1969 年。

＊**孟子译解** 杨勇编译，香港大家书局 1970 年。

＊**孟子今注今译** 史次耘撰，（台湾）商务印书馆 1973 年，新版 2009 年。

＊**孟子大义** 唐烺著，香港唐君毅刊印 1974 年。

＊**新译孟子读本** 王天恨撰，台湾文国书局 1982 年。

孟子今译 刘方元译注，江西人民出版社 1985 年。

孟子 （宋）朱熹注，上海古籍出版社 1987 年，1994 年。

孟子正义（十在经清人注疏 新编诸子集成）（清）焦循撰，沈文倬点校，中华书局 1987 年。

＊**孟子今解** 龚宝善撰，台湾书店 1988 年。

孟子通译 陈器之译注，湖南大学出版社 1989 年。

孟子节文（北京图书馆古籍珍本丛刊）（明）刘三吾辑，书目文献出版社 1990 年，北京图书馆出版社 2000 年。

孟子集注 （宋）朱熹撰，张汉东等点校，齐鲁书社 1992 年。

孟子字义疏证全译 （清）戴震撰，冒怀辛译注，巴蜀书社 1992 年。

孟子译注（中华古籍译注丛书　十三经译注）　金良年译注，上海古籍出版社 1995 年，1996 年，2004 年，2010 年。

孟子（四部要籍注疏丛刊）　（汉）赵岐注，中华书局 1998 年，上海古籍出版社 2003 年。

＊**《孟子》选释**（世明小丛书）　何世明著，香港基督教文化学会 1998 年。

＊**孟子注疏**　廖名春、刘佑平整理，台湾古籍出版公司 2001 年。

孟子全译（中国古代哲学名著全译丛书）　李申译注，巴蜀书社 2001 年。

孟子（国文珍品文库　双色版国文珍品文库）　王立民译，吉林文史出版社 2001 年，2004 年，2009 年。

孟子（中华传世名著精华丛书）　熊海英、佳仁译注，书海出版社 2001 年。

孟子（上古版中华名著袖珍本）　金良年简注，上海古籍出版社 2001 年。

＊**孟子精义**　吴绍志、吴逸凌撰，台湾祥一出版社 2002 年。

白话孟子（传统文化经典读本）　陈洪海、冉万里注译，三秦出版社 2003 年。

孟子解读（中国古典文学精品屋　中华古典珍品书坊）　余国庆译注，黄山书社 2003 年，2007 年。

孟子或问纂要（中华再造善本）　（宋）朱熹撰，北京图书馆出版社 2004 年。

孟子（中国传统文化经典诵读）　吴天明、程继松评析，湖北辞书出版社 2004 年。

孟子直解（直解丛书）　徐洪兴撰，复旦大学出版社 2004 年。

孟子选注（语文新课标必读丛书）　刘海凤、米晓燕选注，上海人民美术出版社 2004 年。

孟子解读（国学经典解读丛书）　王其俊著，泰山出版社 2004 年。

孟子（中华古典名著文库少年版：珍藏本）　过常宝、张立佩评注，中国少年儿童出版社 2004 年。

孟子（中国传统文化精华）　钟雷

主编，哈尔滨出版社 2004 年。

孟子（中华古诗文经典诵读丛书）　李生龙译注，中南大学出版社 2004 年。

孟子（中国传世经典文库．第 1 辑）　史奇、孙淑兰注译，北京燕山出版社 2004 年。

＊**孟子释译**　郑铁城撰，台湾玉珍书局 2004 年。

＊**孟子译注**　任大援、刘丰撰，台湾国家 2004 年。

孟子通译（语文新课标名著阅读书系．高中版．中国文学篇）（战国）孟子著，刘亚丹编著，北京理工大学出版社 2005 年。

孟子（中华传世名著精华本）　陈渔、夏雨虹主编，吉林人民出版社 2005 年。

孟子选注（教育部新课标必读）　周满江注译，漓江出版社 2005 年。

孟子选译（高中生语文新课标必读）（战国）孟子著，秦迪译，延边人民出版社 2005 年。

孟子（中华经典诵读工程丛书）　北京四海经典文化传播中心编，中华书局 2005 年。

孟子精粹解读（中学生文化素质提高丛书）　孙通海编著，中华书局 2005 年。

魁本大字详音句读孟子（中华再造善本）　佚名撰，北京图书馆出版社 2006 年。

孟子（中国青少年诵读工程．中学生经典诵读）　郭惠琴分册主编，光明日报出版社 2005 年。

《孟子》精华版：汉英对照（中国圣人文化丛书）　蔡希勤编注，华语教学出版社 2006 年。

孟子说解（中国经典解读丛书）　幺峻洲著，齐鲁书社 2006 年。

孟子选注（语文新课标指定读物系列）　孟伟选注，广西师范大学出版社 2006 年。

孟子：彩图版（中国传统文化精华）　李杰主编，哈尔滨出版社 2006 年。

孟子（新私塾：国学精粹儿童启蒙教育诵读本．第 1 辑）（战国）孟子著，哈尔滨出版社 2006 年。

孟子（学生版中国古典名著）　陈

焕钺编著，上海科学技术文献出版社 2006 年。

孟子（中华经典藏书） 万丽华、蓝旭译注，中华书局 2006 年，2010 年。

《孟子》注评 鲁国尧、马智强注评，凤凰出版社 2006 年。

孟子（儿童经典诵读丛书） （战国）孟轲撰，凤凰出版社 2006 年。

孟子语录：汉英对照 金沛霖主编，金沛霖、李亚斯编译，中国文联出版社 2006 年。

《孟子》选注（中小学生必读丛书） 谭邦和审校，党波涛校注，长江文艺出版社 2006 年。

孟子译析 李玉坤、李全祯编著，东北林业大学出版社 2006 年。

孟子文本（国学经典图文系列） （南宋）朱熹集注，岳麓书社 2006 年。

孟子（中国传统文化精华．第 1 辑） （战国）孟子著，陕西旅游出版社 2006 年。

孟子（国学经典少儿读本） 高秀昌主编，鲁庆中注解，中州古籍出版社 2006 年。

傅佩荣解读孟子 傅佩荣著，线装书局 2006 年。

孟子：彩图版（中国传统文化精华） 崔钟雷主编，（战国）孟轲著，哈尔滨出版社 2007 年。

孟子：全选 全注 全译 全评（中国古典名著丛书） 秋平主编，海风出版社 2007 年。

张居正讲评《孟子》皇家读本 陈生玺等编著，上海辞书出版社 2007 年。

孟子（世纪人文系列丛书·大学经典） （宋）朱熹集注，金良年导读，胡真集评，上海古籍出版社 2007 年。

解读孟子：修订版（傅佩荣国学精品集） 傅佩荣著，上海三联书店 2007 年。

孟子（钱选国学名著） （宋）朱熹集注，崔存明校订，首都经济贸易大学出版社 2007 年。

孟子（中国传统文化经典读本） 康燕、王川注释，陈映红审读，云南大学出版社 2007 年。

孟子（国学书院） （战国）孟轲

著，王欣译注，中国纺织出版社2007年。

孟子（国学经典丛书） 宁镇疆注译，中州古籍出版社2007年。

孟子 王常则译注，三晋出版社2008年。

孟子 何晓明、周春健注说，河南大学出版社2008年。

孟子通说 邓球柏著，湖南人民出版社2008年。

孟子 杨伯峻今译，湖南人民出版社2008年。

孟子注译 陈蒲清注译，花城出版社2008年。

孟子 （战国）孟轲原著，蓝天出版社2008年。

孟子 （战国）孟轲著，时代文艺出版社2008年。

图解孟子 （战国）孟子著，万卷出版公司2008年。

《孟子》精解 犀然注解，人民文学出版社2009年，2010年。

孟子译注 郑训佐、靳永译注，齐鲁书社2009年。

孟子索引 幺峻洲编，齐鲁书社2009年。

孟子译注 王浩良译注，百花洲文艺出版社2010年。

孟子 邓启铜、王川注释，东南大学出版社2010年。

孟子选注 （战国）孟轲著，程艳杰注评，吉林出版集团有限责任公司2010年。

孟子 （战国）孟轲著，内蒙古人民出版社2010年。

《孟子》读本 钱逊著，中华书局2010年。

孟子 方勇译注，中华书局2010年。

孟子 刘国建主编，中州古籍出版社2010年。

孟子 尚文编注，广西师范大学出版社2010年。

孟子 （战国）孟轲著，金良年注评，凤凰出版社2010年。

郑板桥四书手迹：典藏本．孟子 （清）郑燮书，凤凰出版社2010年。

孟子译注 陈涛译注，线装书局2010年。

孟子解读 梁涛编著，中国人民大学出版社2010年。

孟子 孙通海编著，中华书局2011年。

孟子译评 刘兆伟著，中华书局2011年。

《孟子》选评 徐洪兴撰，上海古籍出版社2011年。

孟子 （战国）孟轲著，浙江古籍出版社2011年。

孟子选译（古代文史名著选译丛书） 刘聿鑫、刘晓东译注，凤凰出版社2011年。

孟子 首翔译注，黄山书社2011年。

中庸

中庸新读本 唐文治注，上海工业专门学校1911年。

中庸注参（国学小丛书） 陈柱辑注，商务印书馆1931年，1933年，1935年。

（华英对照四书）中庸 J. Legge译，国际出版社1935年。

（考证详注）中庸读本 史本直注，大众书局1935年，1936年。

中庸述义 北平道德学社著，道德学社1939年。

中庸本解（附提要）（丛书集成初编）（清）杨亶骅撰，商务印书馆1939年。

中庸分章（附元中子碑）（丛书集成初编）（宋）黎立武撰，商务印书馆1939年。

中庸大义（七闽丛书） 陈登澥著，1941年陈友元刊。

中庸新注 王有台著，天华印书馆1941年。

＊**中庸辑义** 郝擢先，香港郝擢先1944年，香港大华永记1985年。

中庸句解 周祖芬编著，春江书局1947年。

＊**中庸新诠** 叶深撰，台湾华明书局1952年。

＊**中庸新解** 黄德根，香港实用书局1967年。

＊**中庸析义** 罗璋撰，台湾三民书局1970年。

＊**中庸今注今译** 宋天正撰，（台湾）商务印书馆1977年，新版2009年。

＊**中庸通义** 史次耘撰，（台湾）商务印书馆 1986 年。

＊**中庸证释** 列圣齐释、慈慧编校，台湾圆晟出版社 1993 年。

＊**《中庸》选释**（世明小丛书）何世明著，香港基督教文化学会 1998 年。

＊**中庸释诠** 贾馥茗等撰，台湾五南图书出版公司 1999 年。

＊**中庸证释入门：经文白话译注** 谢文治撰，台湾光慧文化事业公司 2002 年。

＊**中庸集义评释** 毛宽伟撰，台湾文史哲出版社 2002 年。

中庸辑略（中华再造善本）（宋）石𡼖辑，朱熹删定，北京图书馆出版社 2003 年。

＊**中庸白话浅释** 陈树旺撰，台湾正一善书 2003 年。

＊**中庸释译** 郑铁城撰，台湾玉珍书局 2004 年。

《中庸》精华版：汉英对照（中国圣人文化丛书） 傅云龙、蔡希勤编注，华语教学出版社 2006 年。

中庸 （战国）子思著，刘强编译，哈尔滨出版社 2007 年。

中庸 （战国）子思著，河南人民出版社 2008 年。

中庸大全集 （战国）子思著，新世界出版社 2010 年。

大学

大学古本质言（槐轩全书）（清）刘沅著，四川扶经堂 1916 年，杭州明德慈善社 1919 年。

大学新读本 唐文治著，上海工业专门学校 1919 年。

大学诠遗（鹅湖修身讲义） 孙振谓著，开智书局 1920 年。

大学古本集训 汪震著，北平文化学社 1932 年。

（古本）大学述义 陈全三述，大成印书社 1932 年，1933 年。

（华英对照四书）大学 J. Legge 译，国际出版社 1935 年。

（考证详注）大学读本 史本直注，大众书局 1936 年。

大学古本（附旁释及问）（丛书集成初编）（周）曾参述，商务印书馆 1937 年。

大学石经古本（附旁释及申释）（丛书集成初编）（周）曾参述，（明）王文禄申释，商务印书馆1937年。

大学疏义（丛书集成初编）（宋）金履祥撰，商务印书馆1937年。

古本大学辑解（丛书集成初编）（清）杨亶骅撰，商务印书馆1937年。

大学微（七闽丛书） 陈登澥著，1940年陈友元刊。

礼经大学古本讲义 何健著，商务印书馆1945年。

古本大学讲义 何键著，行余读书会1945年。

＊**大学** 广智书局编辑部编辑，香港广智书局1959年。

大学述义 谢叔元著，1961年王则潞刊。

＊**大学今注今译** 宋天正撰，（台湾）商务印书馆1977年，新版2009年。

大学衍义补 （明）丘濬撰，蓝田玉等点校，中州古籍出版社1995年。

＊**《大学》选释**（世明小丛书） 何世明著，香港基督教文化学会1998年。

大学衍义补（中华传统文化精品丛书）（明）邱濬撰，林冠群、周济夫点校，京华出版社1999年。

《大学》精华版：汉英对照（中国圣人文化丛书） 傅云龙、蔡希勤编注，华语教学出版社2006年。

大学（国学今读大书院） 刘强编译，中国纺织出版社2007年。

大学 （春秋）曾参著，河南人民出版社2008年。

大学全书 （春秋）曾参撰，内蒙古人民出版社2010年。

宋本大学章句 （宋）朱熹注，国家图书馆出版社2010年。

《大学》释义 颜炳罡著，线装书局2011年。

四书总义

中西四书 L. Y. T译，中华图书馆1914年，1918年。

大学中庸 （宋）朱熹集注，刘法曾校，中华书局1914年。

(标准注音)四书白话注解 冯宗道注解，缪咏仁鉴定，昌文书局1928年。

大学中庸集注直解 （明）张居正著，1932年闻承烈刊。

四书分类集语 阚暄编，1933年阚氏自刊。

四书集注 （宋）朱熹集注，三友实业社1933年。

四书集注读本 （宋）朱熹章句，上海沈鹤记书局1934年。

铜版四书集注 （宋）朱熹注，王文英校阅，大达图书供应社1934年，1935年，广益书局1936年，1937年，1942年，1946年。

(增批绘图)四书白话句解 马宗道注解，永昌书局1934年。

(新辑)四书端目读本 胡为和编，青云门读书楼1934年。

四书章句集注（万有文库） （宋）朱熹集注，商务印书馆1935年，1938年，1947年。

铜版精印四书集注 （宋）朱熹注，嵩山居士校阅，中央书店1935年，新文化书社1936年，鸿文书局1940年。

孝经 大学 中庸 论语 孟子 （春秋）孔子等著，天章印书局1935年。

铜版四书五经 （宋）朱熹等注，世界书局1936年。

四书新编 江希张编注，四书新编发行所1935年，1947年，正中书局1937年。

(增订全本)四书 （宋）朱熹集注，鸿宝斋书局1936年。

分类四书读本 蒋伯潜注释，启明书局1936年，1941年。

(广解)四书读本 王缁辰著，世界书局1936年。

(语译广解)大学中庸 蒋伯潜注释，启明书局1936年，1941年。

(广解)大学中庸读本 王缁辰著，胡行之、蔡丐因校，粹芬阁1936年，1944年。

四书集注（四部备要） （宋）朱熹编注，中华书局1936年。

四书笺义(补遗·续补)（丛书集成初编） （宋）赵德撰，商务印书馆1936年。

读四书丛说（丛书集成初编）

（元）许谦撰，商务印书馆 1936 年。

四书索解（丛书集成初编）（清）毛奇龄说，（清）王锡纂，商务印书馆 1937 年。

四书逸笺（丛书集成初编）（清）程大中撰，商务印书馆 1937 年。

（仿古字板）四书集注　（宋）朱熹集注，国学整理社 1937 年。

大学中庸（黄埔丛书）　黄埔出版社编辑，中央陆军军官学校 1939 年。

大学中庸及礼运　中央训练团编，中央训练团 1940 年，1943 年。

四书集注　（宋）朱熹集注，光亚书局 1943 年。

铜版四书集注　（宋）朱熹集注，中国古书流通社 1943 年。

大学与中庸　（宋）朱熹集注，两间书屋 1943 年。

大学中庸新义　丘良任辑，中国国民党中央执行委员会三民主义丛书编辑委员会 1943 年，中华书局 1946 年，1947 年。

四书集注　（宋）朱熹集注，中华书局 1944 年。

四书（言文对照）　黄光学编校，国风书局 1944 年。

大学中庸　中央陆军军官学校辑，中央陆军军官学校 1945 年。

四书白话句解　王天恨解，曹国锋校，国学研究社 1946 年，1947 年。

大学中庸　（宋）朱熹集注，中央印务局编译部编辑，中央印务局 1947 年。

（古籍新编）四书　郑麟编，世界出版协社 1948 年。

大学中庸新解（整理国学丛书）梁午峰著，西北教育用品社 1949 年。

＊**四书白话句解**　王天恨述解，香港东方书局 1951 年，香港实学书店 1962 年，台湾拔提书局 1953 年，台湾力行书局 1956 年，台湾大立出版社 1969 年，台湾老古文化事业公司 1981 年。

＊**四书集注**　（宋）朱熹集注，香港永经堂书局 1952 年。

＊**广解四书读本**　蒋伯潜撰，台湾启明书局 1952 年，台湾东华书局 1967 年。

＊**四书释义** 钱穆撰，台湾中华文化出版事业委员会1953年，台湾学生书局1978年，台湾素书楼基金会2000年，九州出版社2010年，2011年。

＊**大学中庸今释** 陈槃撰，台湾正中书局1954年。

＊**语译广解四书读本** 沈知方编，蒋伯潜注释，香港启明书局1954年，1956年。

＊**注释圈句四部读本** 启明书局选注，香港启明书局1956年。

四书集注 （宋）朱熹集注，中华书局1957年，岳麓书社1985年，中华书局1983年，2003年，中国书店1994年，齐鲁书社1989年，1992年。

＊**四书白话新解** 张守白撰，台湾中央书局1957年。

＊**白话新解四书读本** 徐伯超撰，台湾中台文化1959年，台湾亿珉文化2007年。

＊**四书分类新编** 徐铁果撰，台湾集文书局1963年。

＊**四书集注** （宋）朱熹集注，香港太平书局1964年。

＊**四书通义** 金体乾撰，（台湾）商务印书馆1965年。

＊**四书选粹新诠** 罗璋撰，台湾三民书局1966年。

＊**论语孟子选注** 柯树屏、万骊同撰，台湾正中书局1966年。

＊**四书辑要批注** 李丹郎撰，台湾复文图书出版社1967年。

＊**大学中庸首章白话集解** 戴绍逵编，1968年戴氏香港自刊。

＊**新译四书读本** 谢冰莹等撰，台湾三民书局1968，六版2007年。

＊**四书经义集证** 溥儒撰，台湾六艺社1968年。

＊**最新译注四书读本** 陈鹏撰，台湾南一书局1969年。

＊**正译四书读本：论语** 张霞珍撰，台湾南一书局1969年。

＊**四书新解** 梁正廷撰，台湾五洲出版社1970年。

四书评 （明）李贽撰，上海人民出版社1975年。

读四书大全说 （清）王夫之撰，中华书局1975年，1989年。

＊**大学中庸精注** 万心权、蔡爱仁撰，台湾正中书局 1976 年。

＊**四书评** （明）李贽评序，（香港）三联书店 1978 年。

＊**新译四书读本** 陈基政撰，台湾新世纪出版社 1978 年，台湾西北国际文化公司 1988 年。

＊**四书今注今译** 杨亮功撰，（台湾）商务印书馆 1979 年，再版 1995 年。

＊**四书读本** 王天恨撰，台湾文国书局 1981 年。

＊**四书新编** 陈布雷撰，台湾正中书局 1981 年。

四书章句集注（新编诸子集成 中华国学文库） （宋）朱熹撰，中华书局 1983 年，2011 年。

大学中庸今译 夏延章译注，江西人民出版社 1983 年。

＊**分类注释四书精华** 叶梦麟撰，台湾金马出版社 1984 年。

四书遇（浙藏善本丛书） （明）张岱撰，朱宏达点校，浙江古籍出版社 1985 年。

四书五经 （宋）朱熹等注，中国书店 1985 年，1996 年。

四书集注 夏延章等译注，江西人民出版社 1986 年。

＊**四书通释** 宁昌撰，糜文开、裴普贤校订，台湾正大印书馆 1981 年，台湾伦理文化公司 1986 年。

论语引得 孟子引得 洪业、聂崇岐等编纂，上海古籍出版社 1986 年，1988 年。

大学 中庸 论语 （宋）朱熹注，上海古籍出版社 1987 年，1994 年。

＊**新注新译四书读本** 赖明德、陈弘治、刘本栋撰，台湾黎明文化事业公司 1987 年。

＊**四书读本** 高政一撰，台湾大孚书局 1987 年。

四书全译 刘俊田等译注，贵州人民出版社 1988 年。

四书全译 张以文译注，湖南大学出版社 1989 年。

四书译注（中国古代名著今译丛书） 乌恩溥译注，吉林文史出版社 1990 年。

新注四书白话解说 江希张注，中

州古籍出版社 1991 年。

四书五经 陈戍国点校，岳麓书社 1991 年，2003 年。

大学纂疏 中庸纂疏 （宋）赵顺孙纂疏，黄坤整理，华东师范大学出版社 1992 年。

四书指月（冯梦龙全集） （明）冯梦龙纂撰，上海古籍出版社 1992 年。

白话四书五经 吴树平、赖长扬主编，国际文化出版公司 1992 年。

四书指月（冯梦龙全集） （明）冯梦龙撰，李际宁、李晓明点校，江苏古籍出版社 1993 年。

＊**四书直译（上中下）** 沈清瑞撰，台湾前程出版社 1993 年。

白话四书 金良年译解，上海古籍出版社 1994 年。

四书（十大古典哲学名著） （宋）朱熹集注，顾美华标点，上海古籍出版社 1995 年。

四书五经现代版（中国传统文化经典） 杨晓明主编，巴蜀书社 1996 年。

四书译注（中华文化传统丛书） 杜宏博、高鸿译注，辽宁民族出版社 1996 年。

四书章句集注 （宋）朱熹撰，陈立点校，辽宁教育出版社 1998 年。

四书集注（插图注解中国古典诗文十大名著） （宋）朱熹撰，张茂泽整理，三秦出版社 1998 年。

四书（新注今译中国古典名著丛书） 陈蒲清注译，花城出版社 1998 年。

＊**论语孟子译注** 余心乐、赵航撰，台湾建安出版社 1998 年。

五经四书全译 陈襄民等注译，中州古籍出版社 2000 年，2004 年。

＊**大学中庸译注新编** （思光学术论著新编） 劳思光著，黄慧英编，香港中文大学出版社 2000 年。

＊**四书集注** （宋）朱熹评注，香港陈湘记图书有限公司 2000 年。

四书章句集注（朱熹全书选刊） （宋）朱熹撰，徐德明点校，上海古籍出版社 2001 年。

四书或问（朱熹全书选刊） （宋）朱熹撰，黄坤点校，上海古籍出版社 2001 年。

四书五经全注全译 袁祖社等译

注，线装书局 2001 年。

＊**四书分类释义** 孙剑秋撰，台湾志远书局 2001 年。

四书集注全译（中国古代哲学名著全译丛书） 李申译注，巴蜀书社 2002 年。

四书章句集注（中华再造善本）（宋）朱熹撰，北京图书馆出版社 2003 年。

大学 中庸（书韵楼丛刊）（汉）郑玄注，上海古籍出版社 2003 年。

白话四书（传统文化经典读本） 黄朴民等注译，三秦出版社 2003 年。

四书详解 刘琦等译注详解，吉林文史出版社 2003 年。

＊**新订四书补注备旨** 邓退庵详注，邓煜编次，祁文友重校，杜定基增订，香港道光道德会 2003 年。

＊**四书总义著述考** 傅武光编撰，台湾“国立”编译馆 2003 年。

读四书丛说（中华再造善本）（元）许谦撰，北京图书馆出版社 2004 年。

四书通证（中华再造善本）（元）张存中撰，北京图书馆出版社 2004 年。

四书经疑问对（中华再造善本）（元）董彝撰，北京图书馆出版社 2004 年。

论语孟子精译（中学语文新课标文化艺术阅读丛书） 中国社会科学院哲学研究所中国哲学史研究室编，文化艺术出版社 2004 年。

大学 中庸（中国传统文化经典诵读） 林久贵评析，湖北辞书出版社 2004 年。

四书 刘琦、韩维志、程艳杰注译，吉林文史出版社 2004 年。

四书集注（冬饮丛书） 王伯沆批校，广陵书社 2004 年。

大学 中庸（中华古诗文经典诵读丛书） 李生龙译注，中南大学出版社 2004 年。

快谈四书（古籍今读精华系列） 陈文新编注，湖北辞书出版社 2004 年。

大学中庸导读（三味书屋） 左克厚编注，广东高等教育出版社 2004 年。

＊**新译学庸读本** 王泽应译，台湾三民书局2004年。

＊**中庸大学评注** 杨洪撰，台湾国家出版社2004年。

＊**大学中庸读本** 吴姗姗撰，台湾汉风出版社2004年。

四书集注 （宋）朱熹注，王浩整理，凤凰出版社2005年。

儒学心法：大学中庸释义 张玉林编著，中国商业出版社2005年。

大学 中庸 孝经（中华经典诵读工程丛书） 北京四海经典文化传播中心编，中华书局2005年。

四书章句集注（中华再造善本）（宋）朱熹撰，北京图书馆出版社2005年。

四书章句集注（中华再造善本）（宋）朱熹撰，北京图书馆出版社2006年。

大学说解 中庸说解（中国经典解读丛书） 幺峻洲编著，齐鲁书社2006年。

大学 中庸（中华经典藏书） 王国轩译注，中华书局2006年。

大学中庸注评 方向东注评，凤凰出版社2006年。

论语孟子选读 董治安主编，山东省教学研究室编著，山东人民出版社2006年。

大学 中庸（中国传统文化精华．第1辑）（战国）曾参、（战国）子思著，陕西旅游出版社2006年。

大学 中庸（国学经典少儿读本） 高秀昌主编，李立新注解，中州古籍出版社2006年。

四书章句集注 （宋）朱熹撰，金良年今译，上海古籍出版社2006年。

论语 孟子（国学大书院）（春秋）孔丘，（战国）孟轲著，吴兆基、陈伶注译，三秦出版社2007年。

张居正讲评《大学·中庸》皇家读本 陈生玺译编，上海辞书出版社2007年。

大学 中庸（世纪人文系列丛书．大学经典）（宋）朱熹章句，金良年导读，胡真集评，上海古籍出版社2007年。

论语 孟子（中国传统文化大系） 中国戏剧出版社2007年。

四书：文白对照 王国轩等译，中华书局2007年。

四书传注会要 钟肇鹏选编，国家图书馆出版社2008年。

大学中庸译注 王文锦译注，中华书局2008年。

四书读本 赵定宪著，上海人民出版社2008年。

四书章句集注 （宋）朱熹原著，曾军整理，岳麓书社2008年。

四书集注 （宋）朱熹注，王浩整理，凤凰出版社2008年。

论语 大学 中庸 李浴华、马银华译注，三晋出版社2008年。

＊**四书金言** 李季林撰，台湾国家出版社2009年。

四书 （春秋）孔丘等著，北京出版社2009年。

大学中庸说解 幺峻洲著，宫晓卫注译，齐鲁书社2009年。

四书精华解读 贾庆超著，齐鲁书社2009年。

大学 中庸 刘国建主编，中州古籍出版社2009年。

大学 中庸 韩维志译评，吉林文史出版社2009年。

四书之道 李祥熙撰，三晋出版社2009年。

大学 中庸：珍藏版 （春秋）曾子、（春秋）子思著，吉林出版集团有限责任公司2010年。

论语 孟子 （春秋）孔丘、（战国）孟轲著，吉林出版集团有限责任公司2010年。

四书五经：珍藏版 《国学典藏书系》丛书编委会主编，吉林出版集团有限责任公司2010年。

四书直解：两朝帝师张居正白话讲本 （明）张居正撰，九州出版社2010年。

论语 大学 中庸 王国轩、张燕婴译注，中华书局2010年。

大学译注 中庸译注 论语译注 金良年撰，上海古籍出版社2010年。

郑板桥四书手迹：典藏本．大学 中庸 （清）郑燮书，凤凰出版社2010年。

大学 中庸 龙儒民译注，线装书局2010年。

大学　中庸　郑艳玲译注，黄山书社2011年。

四书　王国轩译，中华书局2011年。

四书注译　钱白平、钱建中、于英注译，广陵书社2011年。

大学　中庸（少年名著馆）（春秋）曾参等著，浙江古籍出版社2011年。

四书评　（明）李贽评点，凤凰出版社2011年。

论语　大学　中庸（中华经典名著全本全注全译丛书）陈晓芬、徐儒宗译注，中华书局2011年。

群经总义类

五经解义适今　林亨理著，广学会1917年。

经学通论（万有文库）（清）皮锡瑞著，商务印书馆1920年，1934年，中华书局1954年。

仿宋相台五经附考证　（清）武英殿奉敕编刻，奉新宋氏卷雨楼1924年。

重刊宋本十三经注疏附校勘记（清）阮元辑，扫叶山房1924年，锦章图书局1932年，世界书局1935年。

经学历史（万有文库）（清）皮锡瑞著，商务印书馆1928年，1929年，1931年，1934年，中华书局1959年。

新学伪经考　（清）康有为著，文化学社1931年。

白雅典通引得（引得特刊）　哈佛燕京学社引得编纂处编，哈佛燕京学社引得编纂处1931年。

（校点）经解入门　（清）江藩编著，方国瑜点校，文化学社1932年。

（景印阮刻）十三经注疏附校勘记（清）阮元校刻，世界书局国学整理社1935年，中华书局1980年，上海古籍出版社2001年。

古学考（辨伪丛刊）（清）廖平著，张西堂点校，景山学社1935年。

经典释文考证（丛书集成初编）（清）卢文弨撰，商务印书馆1935年。

方舟经说（丛书集成初编）（宋）

李石撰，商务印书馆 1935 年。

七经孟子考文（并补遗）（丛书集成初编）［日］山井鼎撰，［日］物观等补遗，商务印书馆 1936 年。

石经考（丛书集成初编）（清）顾炎武撰，商务印书馆 1936 年。

汉石经残字考（丛书集成初编）（清）翁方纲撰，商务印书馆 1936 年。

魏三体石经遗字考（丛书集成初编）（清）孙星衍撰，商务印书馆 1936 年。

唐石经考正（丛书集成初编）（清）王朝渠撰，商务印书馆 1936 年。

刊正九经三传沿革例（丛书集成初编）（宋）岳珂撰，商务印书馆 1936 年。

经典释文（四部丛刊）（唐）陆德明撰，商务印书馆 1936 年。

经典释文（丛书集成初编）（唐）陆德明撰，商务印书馆 1936 年。

明本排字九经直音（丛书集成初编）商务印书馆 1936 年。

十三经音略（附录）（丛书集成初编）（清）周春撰，商务印书馆 1936 年。

经义述闻（四部备要）（清）王引之撰，中华书局 1936 年。

驳五经异义（附补遗）（丛书集成初编）（汉）郑玄著，（清）王复辑，商务印书馆 1936 年。

白虎通（丛书集成初编）（汉）班固撰，商务印书馆 1936 年。

经义述闻（国学基本丛书）（清）王引之著，商务印书馆 1936 年。

伪经考（万有文库）（清）康有为著，商务印书馆 1936 年，1939 年。

石渠意见（附拾遗·补遗）（丛书集成初编）（明）王恕撰，商务印书馆 1936 年。

升庵经说（丛书集成初编）（明）杨慎撰，商务印书馆 1936 年。

隶经文（丛书集成初编）（清）江藩撰，商务印书馆 1936 年。

九经学（丛书集成初编）（清）王聘珍撰，商务印书馆 1936 年。

诗书古训（丛书集成初编）（清）阮元录，商务印书馆 1936 年。

介庵经说（附补）（丛书集成初编）（清）雷学淇述，商务印书馆1936年。

刘贵阳说经残稿（附经说）（丛书集成初编）（清）刘书年撰，商务印书馆1936年。

凤氏经说（丛书集成初编）（清）凤韶撰，商务印书馆1936年。

两汉五经博士考（丛书集成初编）（清）张金吾撰，商务印书馆1937年。

陆氏经典异文辑（丛书集成初编）（清）沈淑撰，商务印书馆1937年。

陆氏经典异文补（丛书集成初编）（清）沈淑撰，商务印书馆1937年。

九经古义（丛书集成初编）（清）惠栋撰，商务印书馆1937年。

质疑（丛书集成初编）（清）任泰撰，商务印书馆1937年。

质疑（丛书集成初编）（清）杭世骏撰，商务印书馆1937年。

经义知新记（丛书集成初编）（清）汪中撰，商务印书馆1937年。

六艺论（丛书集成初编）（汉）郑玄撰，（清）陈鳣辑，商务印书馆1937年。

王氏经说（丛书集成初编）（清）王绍兰撰，商务印书馆1937年。

汉学商兑（万有文库）（清）方东树著，商务印书馆1937年。

儒林谱（丛书集成初编）（清）焦袁熹撰，商务印书馆1937年。

传经表（附通经表）（丛书集成初编）（清）毕沅撰，商务印书馆1937年。

古微书（丛书集成初编）（明）孙穀编，商务印书馆1939年。

群经音辨（丛书集成初编）（宋）贾昌朝撰，商务印书馆1939年。

郑志（补遗）（丛书集成初编）（汉）郑玄撰，（曹魏）郑小同编，（清）王复辑，（清）武亿校，商务印书馆1939年。

郑志（附录）（丛书集成初编）（汉）郑玄撰，（曹魏）郑小同编，（清）钱东垣校，商务印书馆1939年。

毅斋经说（丛书集成初编）（明）查铎撰，商务印书馆1939年。

＊**十三经注疏** （清）阮元辑校，台湾艺文印书馆1955年。

新学伪经考 （清）康有为撰，古籍出版社 1956 年，中华书局 1956 年，1959 年。

经典释文汇校 （唐）陆德明撰，黄焯汇校，中华书局 1980 年。

经典释文 （唐）陆德明撰，黄焯断句，中华书局 1983 年。

经典释文 （唐）陆德明撰，江苏教育出版社 1984 年。

十三经注疏校记 （清）孙诒让撰，雪克辑点，齐鲁书社 1983 年，中华书局 2009 年。

敬跻堂经解 北京古学院辑，中国书店 1985 年，2011 年。

经义述闻（高邮王氏四种） （清）王引之撰，中国训诂学研究会主编，江苏古籍出版社 1985 年，2000 年。

经典释文 （唐）陆德明撰，上海古籍出版社 1985 年。

孟子微 礼运注 中庸注（康有为学术著作选） （清）康有为撰，楼宇烈整理，中华书局 1987 年。

清经解 清经解续编 （清）阮元、（清）王先谦编，上海书店出版社 1988 年，凤凰出版社 2005 年。

周易本义 书经集传 （宋）朱熹撰，巴蜀书社 1989 年。

十三经注疏（黄侃经文句读） 黄侃标点，上海古籍出版社 1990 年。

白虎通德论（诸子百家丛书） （汉）班固撰，上海古籍出版社 1990 年。

通艺录 （清）程瑶田撰，江苏广陵古籍刻印社 1991 年。

诗经精义 春秋精义（古典善本精义丛书） （清）黄淦纬编撰，学苑出版社 1994 年。

白虎通疏证（新编诸子集成） （清）陈立撰，吴则虞点校，中华书局 1994 年。

十三经注疏（新编小四库） （唐）孔颖达等疏，江苏广陵古籍刻印社 1995 年，浙江古籍出版社 1998 年。

通志堂经解 （清）纳兰性德撰，江苏广陵古籍刻印社 1996 年。

经典释文索引 黄焯、郑仁甲编，中华书局 1997 年。

＊**新学伪经考** （清）康有为撰，朱维铮、廖梅编校，三联书店（香港）有限公司 1998 年，生活·读

书·新知三联书店 1998 年。

十三经注疏 《十三经注疏》整理委员会整理，李学勤主编，北京大学出版社 1999 年简体版，2000 年繁体版。

经典释文（中华再造善本） （唐）陆德明撰，北京图书馆出版社 2003 年。

九经直音（中华再造善本） （宋）孙奕撰，北京图书馆出版社 2004 年。

经学历史（中华学术精品．第 2 辑） （清）皮锡瑞著，周予同注释，中华书局 2004 年。

汉学堂经解 （清）黄奭辑，广陵书社 2004 年。

周易四书禅解 （明）智旭著，施维、周建雄整理，巴蜀书社 2004 年。

十三经注疏（中华再造善本） （唐）孔颖达等疏，北京图书馆出版社 2006 年。

白虎通（中华再造善本） （汉）班固撰，北京图书馆出版社 2006 年。

新编十一经问对（中华再造善本） （元）何异孙撰，北京图书馆出版社 2006 年。

四书五经校注本 陈戍国撰，岳麓书社 2006 年。

经典释文汇校 （唐）陆德明撰，黄焯汇校，黄延祖重辑，中华书局 2006 年，武汉大学出版社 2008 年。

翁方纲经学手稿五种 柏克莱加州大学东亚图书馆编，上海古籍出版社 2006 年。

经典释文序录疏证：附经籍旧音二种 （唐）陆德明撰，吴承仕疏证，张力伟点校，中华书局 2008 年。

敦煌经部文献合集 张涌泉主编、审订，中华书局 2008 年。

十三经注疏（清嘉庆刊本） （清）阮元校刻，中华书局 2009 年。

郑学十八种（中华再造善本续编） （汉）郑玄撰，（清）孔广林辑，国家图书馆出版社 2009 年。

六艺论（中华再造善本续编） （汉）郑玄撰，（清）陈鳣辑，国家图书馆出版社 2009 年。

法伟堂经典释文校记遗稿 （清）

法伟堂著，华东师范大学出版社2010年。

新学伪经考 （清）康有为撰，姜义华、张荣华编校，中国人民大学出版社2010年。

四书五经：译文注释版 （春秋）孔子等著，北京燕山出版社2011年。

小学类

汇编

小学搜逸 龙璋辑，龙毓莹编，龙毓莹铅印1929年。

小学钩沈 （清）任大椿撰，江苏广陵古籍刻印社1987年。

训诂

马氏文通（万有文库） （清）马建忠著，商务印书馆1904年，1905年，1908年，1913年，1929年，1932年，1934年。

（白话辞源）恒言录 （清）钱大昕著，汪佩琳校刊，新群书社1923年。

尔雅义疏（万有文库） （清）郝懿行著，商务印书馆1929年，1933年。

经传释词（学生国学丛书） （清）王引之著，陈彬和标点增注，商务印书馆1931年，1932年。

经传释词（万有文库） （清）王引之著，商务印书馆1930年。

马氏文通刊误 杨树达编，商务印书馆1931年，1933年，科学出版社1958年。

读书杂志（国学基本丛书） （清）王念孙著，商务印书馆1933年，1934年。

（新式标点）马氏文通易览 邵成萱编纂，仿古印书分局1934年。

广雅疏证（附博雅音） （万有文库） （曹魏）张揖著，（清）王念孙疏证，商务印书馆1936年。

（阮刻影印）经籍纂诂 （清）阮元编，国学整理社1936年。

匡谬正俗校注（国学小丛书 百科小丛书） 秦选之著，商务印书馆1936年，（台湾）商务印书馆1970年。

尔雅（四部丛刊） （晋）郭璞注，商务印书馆1936年。

尔雅（四部备要） （晋）郭璞注，中华书局1936年。

尔雅注疏（四部备要） （晋）郭璞

注，（宋）邢昺疏，中华书局 1936 年。

尔雅郭注义疏（四部备要）（清）郝懿行撰，中华书局 1936 年。

小尔雅义证（四部备要）（清）胡承珙撰，中华书局 1936 年。

方言（四部丛刊）（汉）扬雄撰，（晋）郭璞注，商务印书馆 1936 年。

方言疏证（四部备要）（汉）扬雄撰，（晋）郭璞注，（清）戴震疏，中华书局 1936 年。

广雅疏证（四部备要）（曹魏）张揖撰，（清）王念孙注，中华书局 1936 年。

释名（四部丛刊）（汉）刘熙撰，商务印书馆 1936 年。

尔雅（丛书集成初编）（晋）郭璞注，商务印书馆 1936 年。

尔雅汉注（丛书集成初编）（清）臧镛堂撰，（清）孙冯翼校订，商务印书馆 1936 年。

尔雅补郭（丛书集成初编）（清）翟灏撰，商务印书馆 1936 年。

尔雅补注残本（丛书集成初编）（清）刘玉麟撰，商务印书馆 1936 年。

尔雅直音（丛书集成初编）（清）孙品撰，（清）王祖源校正，商务印书馆 1936 年。

释名（丛书集成初编）（汉）刘熙撰，商务印书馆 1936 年。

释名疏证（附续释名·释名补遗）（丛书集成初编）（清）毕沅疏证，商务印书馆 1936 年。

篆字释名疏证（附续释名·释名补遗）（丛书集成初编）（清）毕沅疏证，（清）江声手录，商务印书馆 1936 年。

广释名（丛书集成初编）（清）张斋金吾撰，商务印书馆 1936 年。

广雅（丛书集成初编）（曹魏）张揖撰，商务印书馆 1936 年。

匡谬正俗（丛书集成初编）（唐）颜师古撰，商务印书馆 1936 年。

埤雅（丛书集成初编）（宋）陆佃撰，商务印书馆 1936 年。

骈雅（丛书集成初编）（明）朱谋㙔著，商务印书馆 1936 年。

骈字分笺（丛书集成初编）（清）程际盛纂，商务印书馆 1936 年。

比雅（丛书集成初编）（清）洪亮

吉撰，商务印书馆 1936 年。

通诂（丛书集成初编）（清）李调元撰，商务印书馆 1936 年。

方言（丛书集成初编）（汉）扬雄撰，（晋）郭璞注，商务印书馆 1936 年。

辅轩使者绝代语释别国方言（丛书集成初编）（汉）扬雄撰，（晋）郭璞注，商务印书馆 1936 年。

西番译语（丛书集成初编）（清）乾隆敕撰，商务印书馆 1936 年。

释名疏证补（附续释名、释名补遗、疏证补附）（万有文库）（清）王先谦疏证，商务印书馆 1937 年。

匡谬正俗（万有文库）（唐）颜师古著，商务印书馆 1937 年。

助字辨略（万有文库）（清）刘淇著，商务印书馆 1937 年。

辅轩使者绝代语释别国方言（万有文库）（汉）扬雄著，（清）戴震疏证，商务印书馆 1937 年，1939 年。

续方言（附补正）（万有文库）（清）杭世骏编纂，（清）程际盛补正，商务印书馆 1937 年，1939 年。

尔雅新义（丛书集成初编）（宋）陆佃撰，商务印书馆 1937 年。

方言藻（丛书集成初编）（清）李调元撰，商务印书馆 1937 年。

蜀语（丛书集成初编）（明）李实撰，商务印书馆 1937 年。

译语（丛书集成初编）（明）岷峨山人撰，（明）尹耕撰，商务印书馆 1937 年。

通俗编（丛书集成初编）（清）翟灏著，商务印书馆 1937 年。

尔雅翼（丛书集成初编）（宋）罗愿撰，（元）洪焱祖释，商务印书馆 1939 年。

小尔雅（丛书集成初编）（汉）孔鲋撰，（宋）宋咸注，商务印书馆 1939 年。

小尔雅疏证（丛书集成初编）（清）葛其仁撰，商务印书馆 1939 年。

广雅疏证（丛书集成初编）（清）王念孙疏证，商务印书馆 1939 年。

博雅音（丛书集成初编）（唐）曹宪撰，商务印书馆 1939 年。

别雅订（丛书集成初编）（清）吴玉搢撰，许瀚校勘，商务印书馆 1939 年。

重校方言（附校正补遗）（丛书集成初编）（清）丁杰、卢文弨校，商务印书馆 1939 年。

方言据（丛书集成初编）（明）岳元声辑，商务印书馆 1939 年。

续方言（丛书集成初编）（清）杭世骏纂，商务印书馆 1939 年。

续方言补正（丛书集成初编）（清）程际盛纂，商务印书馆 1939 年。

恒言录（丛书集成初编）（清）钱大昕撰，商务印书馆 1939 年。

虚字说（丛书集成初编）（清）袁仁林著，商务印书馆 1939 年。

经传释词（丛书集成初编）（清）王引之撰，商务印书馆 1939 年。

助字辨略（中国语文学丛书）（清）刘淇著，章锡琛校注，开明书店 1940 年，1947 年，中华书局 1954 年，1983，2004 年。

尔雅注疏引书引得 哈佛燕京学社引得编纂处编，哈佛燕京学社引得编纂处，1941 年。

尔雅引得 哈佛燕京学社引得编纂处编，哈佛燕京学社引得编纂处，1941 年。

马氏文通校注 （清）马建忠撰，章锡琛校注，中华书局 1954 年，1988 年。

经传释词 （清）王引之撰，孙经世补，中华书局 1956 年，1958 年。

经词衍释 （清）吴昌莹撰，中华书局 1956 年，1983 年。

方言校笺及通检 周祖谟校，吴晓铃编，科学出版社 1956 年。

輶轩使者绝代语释别国方言 （汉）扬雄撰，（晋）郭璞注，王秉恩校，北京古籍出版社 1957 年。

通俗编（附直语补证） （清）翟灏撰，商务印书馆 1958 年。

恒言录　恒言广证 （清）钱大昕、陈鳣撰，商务印书馆 1958 年。

迩言 （清）钱大昭等撰，商务印书馆 1959 年。

＊**经传释词：附孙经世补及再补** （清）王引之著，香港太平书局 1966 年。

＊**方言校释** 马光宇撰，（台湾）

商务印书馆 1970 年。

＊**广雅疏证释例**　方俊吉撰，台湾嘉新水泥公司文化基金会 1976 年。

＊**广雅索引**　周法高主编，范国编，香港中文大学出版社 1977 年。

＊**释名考释**　方俊吉撰，台湾文史哲出版社 1978 年。

吴下方言考　（清）胡文英撰，中国书店 1980 年。

尔雅义疏　（清）郝懿行撰，中国书店 1982 年。

经籍籑诂　（清）阮元等编，成都古籍书店 1982 年。

经籍籑诂　（清）阮元主编，中华书局 1982 年，2002 年。

马氏文通（商务印书馆文库）（清）马建忠撰，商务印书馆 1983 年，2000 年。

尔雅义疏　（清）郝懿行撰，上海古籍出版社 1983 年。

尔雅音训　黄侃笺识，黄焯编次，上海古籍出版社 1983 年。

广雅疏证　（清）王念孙撰，上海古籍出版社 1983 年。

广雅疏证　（清）王念孙撰，钟宇讯点校，中华书局 1983 年。

尔雅校笺（二十世纪学术要籍重刊）　周祖谟著，江苏教育出版社 1984 年，云南人民出版社 2004 年。

方言笺疏　（清）钱绎撰集，上海古籍出版社 1984 年。

释名疏证补　（清）王先谦撰集，上海古籍出版社 1984 年。

马氏文通札记　孙玄常撰，吕叔湘校批，安徽教育出版社 1984 年。

字诂义府合按（训诂学丛书）（清）黄生撰，黄承吉合按，包殿淑点校，中华书局 1984 年。

经传释词　（清）王引之撰，湖南师范学院中文系古汉语研究室点校，岳麓书社 1984 年。

经传释词（高邮王氏四种）　（清）王引之撰，江苏古籍出版社 1985 年，2000 年。

广雅疏证（高邮王氏四种）　（清）王念孙撰，江苏古籍出版社 1985 年，2000 年。

尔雅音图　（晋）郭璞注，中国书店 1985 年。

助语辞 （元）卢以纬等撰，刘长桂、郑涛点校，黄山书社 1985 年。

语助校注 （元）卢以纬撰，刘燕文校注，中州古籍出版社 1986 年。

黄侃手批尔雅正名 （清）汪莹撰，黄侃批，武汉大学出版社 1986 年。

马氏文通读本（世纪人文系列丛书.世纪文库） 吕叔湘、王海棻编，上海教育出版社 1986 年，2001 年，2005 年。

里语征实 （清）唐训方撰，冯天亮标点，岳麓书社 1986 年。

里语征实 （清）唐训方撰，江苏广陵古籍刻印社 1986 年。

通雅 （清）方以智撰，姚文燮校订，江苏广陵古籍刻印社 1987 年。

尔雅今注 徐朝华注，南开大学出版社 1987 年，1994 年。

续方言新校补 张慎仪撰，张永言点校，四川人民出版社 1987 年。

通雅 （清）方以智撰，侯外庐主编，上海古籍出版社 1988 年。

助语辞集注 （元）卢以纬撰，王克仲集注，中华书局 1988 年，1998 年。

虚字说 （清）袁仁林撰，解惠全注，中华书局 1989 年，2004 年。

尔雅　广雅　方言　释名（清疏四种合刊） （清）郝懿行、王念孙、钱绎、王先谦等撰，上海古籍出版社 1989 年。

经籍籑诂 （清）阮元主编，上海古籍出版社 1989 年。

尔雅（北京图书馆古籍珍本丛刊）（宋）邓樵注，书目文献出版社 1989 年，北京图书馆出版社 2000 年。

尔雅新义（北京图书馆古籍珍本丛刊） （宋）陆佃撰，书目文献出版社 1989 年，北京图书馆出版社 2000 年。

博雅（北京图书馆古籍珍本丛刊）（魏）张揖撰，书目文献出版社 1989 年，北京图书馆出版社 2000 年。

埤雅（北京图书馆古籍珍本丛刊）（宋）陆佃撰，书目文献出版社 1989 年，北京图书馆出版社 2000 年。

华夷译语（北京图书馆古籍珍本丛刊） （明）火原洁撰，书目文献出版社 1990 年，北京图书馆出版社 2000 年。

增定华夷译语（北京图书馆古籍珍本丛刊） 佚名撰，书目文献出版社 1990 年，北京图书馆出版社 2000 年。

高昌馆课（北京图书馆古籍珍本丛刊） 佚名撰，书目文献出版社 1990 年，北京图书馆出版社 2000 年。

高昌馆译书（北京图书馆古籍珍本丛刊） 佚名撰，书目文献出版社 1990 年，北京图书馆出版社 2000 年。

高昌馆杂字（北京图书馆古籍珍本丛刊） 佚名撰，书目文献出版社 1990 年，北京图书馆出版社 2000 年。

回回馆杂字（北京图书馆古籍珍本丛刊） 佚名撰，书目文献出版社 1990 年，北京图书馆出版社 2000 年。

回回馆译语（北京图书馆古籍珍本丛刊） 佚名撰，书目文献出版社 1990 年，北京图书馆出版社 2000 年。

译语（北京图书馆古籍珍本丛刊） 佚名撰，书目文献出版社 1990 年，北京图书馆出版社 2000 年。

百译馆译语（北京图书馆古籍珍本丛刊） 佚名撰，书目文献出版社 1990 年，北京图书馆出版社 2000 年。

西天馆译语（北京图书馆古籍珍本丛刊） 佚名撰，书目文献出版社 1990 年，北京图书馆出版社 2000 年。

西番译语（北京图书馆古籍珍本丛刊） 佚名撰，书目文献出版社 1990 年，北京图书馆出版社 2000 年。

暹罗馆译语（北京图书馆古籍珍本丛刊） 佚名撰，书目文献出版社 1990 年，北京图书馆出版社 2000 年。

八馆馆考（北京图书馆古籍珍本丛刊） 佚名撰，书目文献出版社 1990 年，北京图书馆出版社 2000 年。

拾雅 （清）夏味堂撰，夏齐林、夏云林校刊，江苏广陵古籍刻印社 1989 年。

通雅 （清）方以智撰，中国书店 1990 年。

广雅疏证索引 戴山青编，中华书局1990年。

越言释 （清）茹敦和撰，江苏广陵古籍刻印社1990年。

蜀语校注 （清）李实撰，黄仁寿、刘家和校注，巴蜀书社1990年。

尔雅翼（安徽古籍丛书） （宋）罗愿撰，石云孙点校，黄山书社1991年。

方言笺疏（训诂学丛书） （清）钱绎撰集，李发舜、黄建中点校，中华书局1991年。

广雅诂林（南京师范大学古文献整理研究所专刊） 徐复主编，江苏古籍出版社1992年，1998至2000年。

通俗文辑校（中州文献丛书） （汉）服虔撰，段书伟辑校，中州古籍出版社1993年。

方言校笺 周祖谟校笺，中华书局1993年。

拾雅（字典汇编） （清）夏味堂撰，国际文化出版公司1993年。

吴下方言考（字典汇编） （清）胡文英辑，国际文化出版公司1993年。

河洛方言诠诂（中州文献丛书） 王广庆著，郭也生点校，张一才注音，赵跟喜整理，中州古籍出版社1993年。

尔雅音义通检 迟文浚、王玉华编，樊景山绘，辽宁大学出版社1997年。

尔雅诂林 朱祖延主编，湖北教育出版社1998年，2014年。

尔雅译注（中华古籍译注丛书） 胡奇光、方环海译注，上海古籍出版社1999年。

古文字诂林 古文字诂林编纂委员会编纂，李圃主编，上海教育出版社1999年，2001年。

尔雅音图 （晋）郭璞注，学苑出版社2000年。

＊**尔雅注疏** 李传书整理，台湾古籍出版公司2001年。

尔雅（中华再造善本） （晋）郭璞注，北京图书馆出版社2002年。

輶轩使者绝代语释别国方言（中华再造善本） （汉）扬雄撰，（晋）郭璞解，北京图书馆出版社2002年。

尔雅疏（中华再造善本）（宋）邢昺撰，北京图书馆出版社 2003 年。

群经音辨（中华再造善本）（宋）贾昌朝撰，北京图书馆出版社 2003 年。

小尔雅汇校集释 黄怀信校释，三秦出版社 2003 年。

广雅疏证：附索引 （清）王念孙著，钟宇讯点校，中华书局 2004 年。

尔雅（中华再造善本）（晋）郭璞注，北京图书馆出版社 2006 年。

尔雅（中华再造善本）（晋）郭璞注，北京图书馆出版社 2006 年。

尔雅（中华再造善本）（宋）郑樵注，北京图书馆出版社 2006 年。

释名汇校 任继昉纂，齐鲁书社 2006 年。

《越谚》点校（越文化研究文库王建华主编） 侯友兰等点注，人民出版社 2006 年。

黄侃手批尔雅义疏（黄侃文集） 黄侃批校，中华书局 2006 年。

扬雄方言校释汇证 华学诚汇证，王智群、谢荣娥、王彩琴协编，中华书局 2006 年。

尔雅音训（黄侃文集） 黄侃著，黄焯辑，黄延祖重辑，中华书局 2007 年。

《蜀方言》疏证补 纪国泰著，巴蜀书社 2007 年。

释名疏证补 东（汉）刘熙撰，（清）毕沅疏证，王先谦补，祝敏徹、孙玉文点校，中华书局 2008 年。

小尔雅集释 迟铎集释，中华书局 2008 年。

尔雅图 （晋）郭璞著，天津古籍出版社 2008 年。

尔雅导读 顾廷龙、王世伟著，中国国际广播出版社 2008 年。

通雅（中华再造善本续编）（清）方以智撰，国家图书馆出版社 2009 年。

西番译语（中华再造善本续编） 佚名撰，国家图书馆出版社 2009 年。

高昌馆课（中华再造善本续编） 佚名撰，国家图书馆出版社 2009 年。

高昌馆译书（中华再造善本续编）佚名撰，国家图书馆出版社2009年。

回回馆译语（中华再造善本续编）佚名撰，国家图书馆出版社2009年。

尔雅 邓启铜注释，东南大学出版社2010年。

尔雅注疏 （晋）郭璞注，（宋）邢昺疏，王世伟整理，上海古籍出版社2010年。

尔雅 （晋）郭璞注，浙江古籍出版社2011年。

＊**新译尔雅读本** 陈建初、胡世文、徐朝红撰，台湾三民书局2011年。

华夷译语（中华再造善本续编）（明）火源洁等撰，国家图书馆出版社2011年。

字书

六书存 周天益撰，1924年太原排印。

康熙字典（万有文库）（清）张玉书等编，商务印书馆1930年，1935年，1937年，经纬教育联合出版社1935年，中央书店1936年。

说文解字注（万有文库）（清）段玉裁注，商务印书馆1930年，1939年。

文字蒙求（国学门径丛书 初中学生文库）（清）王筠著，大东书局1931年，1932年，中华书局1936年，1940年。

许学四书 鲍鼎辑，1931年鲍氏自刊。

说文解字（丛书集成初编）（汉）许慎撰，商务印书馆1935年。

玉篇零卷（丛书集成初编）（梁）顾野王撰，商务印书馆1935年。

说文解字（四部丛刊）（汉）许慎撰，（宋）徐铉等校定，商务印书馆1936年。

说文解字系传通释（四部丛刊）（南唐）徐锴撰，商务印书馆1936年。

说文解字真本（四部备要）（汉）许慎撰，（宋）徐铉校定，中华书局1936年。

说文系传（四部备要）（南唐）徐锴撰，中华书局1936年。

说文解字段注（四部备要）（汉）许慎著，（清）段玉裁注，中华书局1936年。

说文通检（四部备要）（清）黎永椿编，中华书局1936年。

大广益会玉篇（四部丛刊）（宋）陈彭年等重修，商务印书馆1936年。

玉篇（四部备要）（梁）顾野王撰，（唐）孙强增字，中华书局1936年。

仓颉篇（丛书集成初编）（清）孙星衍辑，商务印书馆1936年。

急就篇（丛书集成初编）（汉）史游撰，（唐）颜师古注，（宋）王应麟补注，商务印书馆1936年。

急就章考异（丛书集成初编）（汉）史游著，（清）孙星衍撰，商务印书馆1936年。

校定皇象本急就章（丛书集成初编）（汉）史游撰，（清）钮树玉校定，商务印书馆1936年。

大广益会玉篇（丛书集成初编）（梁）顾野王著，（唐）孙强增订，（宋）陈彭年等重修，商务印书馆1936年。

玉篇直音（丛书集成初编）（梁）顾野王撰，商务印书馆1936年。

干禄字书（丛书集成初编）（唐）颜元孙撰，商务印书馆1936年。

五经文字（丛书集成初编）（唐）张参撰，商务印书馆1936年。

佩觿（丛书集成初编）（宋）郭忠恕撰，商务印书馆1936年。

新加九经字样（丛书集成初编）（唐）唐玄度撰，商务印书馆1936年。

班马字类（附补遗）（丛书集成初编）（宋）娄机撰，（宋）李曾伯补，商务印书馆1936年。

字通（丛书集成初编）（宋）李从周撰，商务印书馆1936年。

字鉴（丛书集成初编）（元）李文仲撰，商务印书馆1936年。

惠氏读说文记（丛书集成初编）（清）惠栋撰，（清）江声参补，商务印书馆1936年。

席氏读说文记（丛书集成初编）（清）席世昌撰，商务印书馆1936年。

说文正字（丛书集成初编）（清）

王石华等撰，商务印书馆 1936 年。

说文校定本（丛书集成初编）（清）朱士端撰，商务印书馆 1936 年。

唐写本说文解字木部笺异（丛书集成初编）（清）莫友芝撰，商务印书馆 1936 年。

说文补例（丛书集成初编）（清）张度撰，商务印书馆 1936 年。

说文解字系传（附录）（丛书集成初编）（南唐）徐锴传释，朱翱反切，商务印书馆 1936 年。

说文解字系传校勘记（丛书集成初编）（清）苗夔等校定，商务印书馆 1936 年。

说文新附考（丛书集成初编）（清）郑珍撰，商务印书馆 1936 年。

说文逸字（附录）（丛书集成初编）（清）郑珍撰，商务印书馆 1936 年。

六书说（丛书集成初编）（清）江声撰，商务印书馆 1936 年。

说文解字索隐（丛书集成初编）（清）张度撰，商务印书馆 1936 年。

谐声补逸（附札记）（丛书集成初编）（清）宋保撰，商务印书馆 1936 年。

转注古义考（丛书集成初编）（清）曹仁虎撰，商务印书馆 1936 年。

六书转注录（丛书集成初编）（清）洪亮吉撰，商务印书馆 1936 年。

说文解字篆韵谱（丛书集成初编）（南唐）徐锴撰，商务印书馆 1936 年。

说文解字旧音（丛书集成初编）（清）毕沅辑，商务印书馆 1936 年。

说文声系（丛书集成初编）（清）姚文田述，商务印书馆 1936 年。

说文声订（附札记）（丛书集成初编）（清）苗夔撰，商务印书馆 1936 年。

说文审音（丛书集成初编）（清）张行孚撰，商务印书馆 1936 年。

说文声读表（丛书集成初编）（清）苗夔撰，商务印书馆 1936 年。

说文字原韵表（丛书集成初编）（清）胡重撰，商务印书馆 1936 年。

说文解字双声叠韵谱（丛书集成初

编）（汉）邓廷桢著，商务印书馆 1936 年。

说文引经考（附补遗）（丛书集成初编）（清）吴玉搢撰，商务印书馆 1936 年。

说文答问疏证（附墓志）（丛书集成初编）（清）薛传均撰，商务印书馆 1936 年。

说文古籀疏证（丛书集成初编）（清）庄述祖撰，商务印书馆 1936 年。

读说文杂识（丛书集成初编）（清）许棫撰，商务印书馆 1936 年。

说文辨疑（丛书集成初编）（清）顾广圻撰，商务印书馆 1936 年。

说文部首歌（丛书集成初编）（清）冯桂芬撰，商务印书馆 1936 年。

说文疑疑（增附昭孔谓三十四则）（丛书集成初编）（清）孔广居撰，商务印书馆 1936 年。

说文管见（丛书集成初编）（清）胡秉虔撰，商务印书馆 1936 年。

许印林遗著（丛书集成初编）（清）许瀚撰，商务印书馆 1936 年。

段氏说文注订（附札记）（丛书集成初编）（清）钮树玉撰，商务印书馆 1936 年。

说文段注撰要（丛书集成初编）（清）马寿龄述，商务印书馆 1936 年。

汲古阁说文订（丛书集成初编）（清）段玉裁撰，商务印书馆 1936 年。

说文检字（丛书集成初编）（清）毛谟辑，商务印书馆 1936 年。

说文检字补遗（丛书集成初编）（清）姚觐元辑，商务印书馆 1936 年。

（殿刻铜版）康熙字典（清）张玉书等编，世界书局 1936 年。

（影印）说文解字注（清）段玉裁注，国学整理社 1936 年。

说文古籀补（万有文库）（清）吴大澂著，商务印书馆 1936 年。

说文解字句读（万有文库）（清）王筠著，商务印书馆 1936 年。

说文通训定声（万有文库）（清）朱骏声著，国学整理社 1936 年，商务印书馆 1937 年。

说文释例（万有文库）（清）王筠著，国学整理社1936年，商务印书馆1937年。

（重订）订正六书通（一名：篆字汇）（清）闵齐伋原著，（清）毕弘述订篆，林直清重订，广益书局1936年，1947年。

六艺纲目（附录）（丛书集成初编）（元）舒天民撰，商务印书馆1937年。

字学举隅（清）龙启瑞、（清）黄虎痴增辑，李梓材修订，文光书店1937年。

经典文字辨证书（丛书集成初编）（清）毕沅撰，商务印书馆1937年。

六书分毫（丛书集成初编）（清）李调元撰，商务印书馆1937年。

音同义异辨（丛书集成初编）（清）毕沅撰，商务印书馆1937年。

说文新附考（续考·札记）（丛书集成初编）（清）钮树玉撰，商务印书馆1939年。

汪本隶释刊误（丛书集成初编）（清）黄丕烈撰，商务印书馆1939年。

吴音奇字（江苏省立苏州图书馆吴中文献小丛书）（清）孙楼编辑校正，陆镒补遗，江苏省立苏州图书馆1939年。

（殿版）康熙字典（增订篆字）（清）张玉书等编，胡哲夫校勘，广益书局1941年。

六书分毫（清）李调元著，商务印书馆1941年。

说文部首句读（民大丛书）（清）桂文灿编著，广东国民大学出版组1946年。

（重订）六书通（清）闵齐伋著，（清）毕弘述订篆，扫叶山房1947年。

（节本）康熙字典 张元济选节，商务印书馆1949年。

＊**康熙字典**（清）张玉书等奉敕纂修，香港会文堂书局1950年。

＊**订正六书通**（明）闵齐伋，香港新成书局1953年。

增订碑别字 罗振鋆、罗振玉编，文字改革出版社1957年。

新编简字特别课本（拼音文字史料丛书）（清）沈韶和撰，文字改革出版社 1957 年。

数目代字诀（拼音文字史料丛书）（清）田廷俊撰，文字改革出版社 1957 年。

说文解字六书疏证 马叙伦著，科学出版社 1957 年。

康熙字典 （清）张玉书等编纂，中华书局 1958 年，1962 年，2002 年。

六朝别字记 （清）赵㧑叔撰，文字改革出版社 1958 年。

***康熙字典：附补遗 备考 字典考证** （清）张玉书等奉敕修，（香港）中华书局 1958 年。

文字蒙求 （清）王筠撰，中华书局 1962 年，1983 年。

说文解字（附检字） （汉）许慎撰，（宋）徐铉校定，中华书局 1963 年，2002 年。

***段氏说文解字注：附六书音韵表** （汉）许慎撰，（清）段玉裁注释，香港启明书局 1963 年。

***说文解字：附检字** （汉）许慎撰，（宋）徐铉等校订，香港太平书局 1966 年，（香港）中华书局 1974 年。

***说文释例** （清）王筠撰，香港学林书店 1966 年。

***殿版康熙字典** （清）张玉书等奉敕撰，香港华侨辞典出版社 1970 年。

***说文解字叙讲疏：中国文字学导论** 黄六平（向夏）编写，（香港）中华书局 1974 年。

说文大字典 （清）沙青岩辑，天津古籍书店 1980 年，1988 年。

重订六书通 （清）毕弘述篆订，中国书店 1980 年，1982 年。

古文字类编 高明编，中华书局 1980 年，1991 年。

说文解字注 （汉）许慎撰，（清）段玉裁注，上海古籍出版社 1981 年，2003 年。

说文解字段注 （汉）许慎撰，（清）段玉裁注，成都古籍书店 1981 年。

说文段注订补 （清）王绍兰撰，文物出版社 1981 年。

订正六书通 （清）闵齐伋撰，（清）毕弘述篆订，上海书店出版社 1981 年，1996 年。

＊**新修康熙字典** 凌绍雯等纂修，高树藩重修，香港龄记出版有限公司1981年。

隶辨（隶书字典） （清）顾蔼吉撰，中国书店1982年。

金石大字典 （清）汪仁寿纂，天津古籍出版社1982年，2002年。

隶书字典 （清）顾南原撰集，中国书店1982年，1990年。

说文解字约注 张舜徽著，中州书画社1983年。

说文句读 （清）王筠撰，上海古籍书店1983年，中国书店1983年。

说文释例 （清）王筠撰，中国书店1983年。

宋本玉篇 （梁）顾野王撰，中国书店1983年。

说文释例 （清）王筠撰，武汉古籍书店1983年。

说文通训定声 （清）朱骏声撰，武汉古籍书店1983年。

说文笺识四种 黄侃笺识，黄焯编次，上海古籍出版社1983年。

汗简 古文四声韵 （宋）郭忠恕、夏竦编，李零、刘新光整理，中华书局1983年。

说文通训定声 （清）朱骏声撰，中华书局1984年，1998年。

类篇 （宋）司马光等编，中华书局1984年。

陆善经新字林 （清）任大椿撰，江苏广陵古籍刻印社1984年。

金文编 容庚编，张振林、马国权摹补，中华书局1985年，2002年。

原本玉篇残卷 （梁）顾野王编撰，中华书局1985年。

龙龛手镜 （辽）释行均编，中华书局1985年。

隶篇 （清）翟云升编撰，中华书局1985年。

康熙字典 （清）张玉书等编，上海书店出版社1985年，2003年。

说文古籀三补 强运开辑，中华书局1986年。

隶辨 （清）顾蔼吉编撰，中华书局1986年。

隶释 隶续 （宋）洪适撰，中华书局1986年。

名原 （清）孙诒让遗书，戴家祥点校，齐鲁书社 1986 年。

＊**说文解字部首讲疏：中国文字学导论** 黄六平（向夏）编写，台湾骆驼出版社 1979 年，（香港）中华书局 1986 年，台湾书林出版有限公司 1999 年。

字林考逸 （清）任大椿撰，江苏广陵古籍刻印社 1987 年。

说文解字义证 （清）桂馥撰，上海古籍出版社 1987 年。

黄侃手批说文解字 黄侃批校，上海古籍出版社 1987 年，中华书局 2006 年。

说文解字义证 （清）桂馥撰，齐鲁书社 1987 年。

说文解字义证 （汉）许慎撰，（清）桂馥注，中华书局 1987 年，1998 年。

说文解字系传 （唐）徐锴撰，中华书局 1987 年，1998 年。

说文释例 （清）王筠撰，中华书局 1987 年，1998 年。

大广益会玉篇 （梁）顾野王撰，中华书局 1987 年。

说文解字句读 （清）王筠撰，中华书局 1988 年，1998 年。

说文解字诂林（二十世纪学术要籍重刊） 丁福保编纂，中华书局 1988 年，云南人民出版社 2006 年。

说文古籀补 （清）吴大澂辑，中华书局 1988 年。

说文古籀补补 丁佛言辑，中华书局 1988 年。

龙龛手鉴新编 （辽）释行均编，潘重规新编，中华书局 1988 年。

新修康熙字典 （清）张玉书等撰，上海书店出版社 1988 年。

说文易检 （清）史恩绵撰，上海书店出版社 1988 年。

类篇（附索引） （宋）司马光编，上海古籍出版社 1988 年。

古籀余论 （清）孙诒让撰，戴家祥点校，华东师范大学出版社 1988 年。

古籀拾遗 古籀余论 （清）孙诒让撰，中华书局 1989 年。

说文解字 （汉）许慎撰，中国书店 1989 年，2001 年。

玉篇校释 胡吉宣校释，上海古籍出版社 1989 年。

急就篇（中国古代教育文献丛书）（汉）史游撰，曾仲珊点校，岳麓书社 1989 年。

增修复古编（北京图书馆古籍珍本丛刊）（宋）张有撰，书目文献出版社 1989 年，北京图书馆出版社 2000 年。

续复古编（北京图书馆古籍珍本丛刊）（元）曹本撰，书目文献出版社 1989 年，北京图书馆出版社 2000 年。

集篆古文韵海（北京图书馆古籍珍本丛刊）（宋）杜从古撰，书目文献出版社 1989 年，北京图书馆出版社 2000 年。

说文部首字典 申志钧编著，中州古籍出版社 1990 年。

古陶文汇编 高明编，中华书局 1990 年。

古陶文字征 高明、葛英会编撰，中华书局 1991 年。

正续六书通 （清）闵齐伋撰，江苏广陵古籍刻印社 1991 年。

奇觚室吉金文述 （清）刘心源撰，江苏广陵古籍刻印社 1991 年。

秦前文字之语（山左名贤遗书）（清）陈介祺撰，陈继揆整理，齐鲁书社 1991 年。

字汇 字汇补 （明）梅膺祚撰，（清）吴任臣编，上海辞书出版社 1991 年。

重订六书通 （清）闵齐伋撰，毕弘述增补，天津市古籍书店 1992 年。

隶书大字典 （清）翟云升辑，河北人民出版社 1992 年。

说文解字今读与通检 （汉）许慎纂，陈祥民主编，吉林文史出版社 1992 年。

说文解字注 （汉）许慎撰，（清）段玉裁注，上海书店出版社 1992 年。

＊**补订急就章偏旁歌** （清）李滨著，卓定谋补订，马国权译著，香港天地图书有限公司 1992 年。

说文段注订补（字典汇编）（清）王绍兰撰，国际文化出版公司 1993 年。

说文古籀补 （清）吴大澂撰，团结出版社 1993 年。

长沙楚帛书文字编 曾宪通撰集，中华书局 1993 年。

契文举例 （清）孙诒让撰，楼学礼点校，齐鲁书社 1993 年。

说文解字 （汉）许慎撰，黄山书社 1993 年，1996 年。

睡虎地秦简文字编 张守中集，文物出版社 1994 年，2003 年。

六朝别字记新编 （清）赵之谦辑，马向欣新编，书目文献出版社 1995 年。

说文八种单字索引 洪文涛、华昌泗、洪兆敏合编，中华书局 1996 年。

石刻篆文编 商承祚编，中华书局 1996 年。

段注说文正字 胡宗楙著，中国书店 1996 年。

说文解字集注 蒋人杰编纂，上海古籍出版社 1996 年。

正字通 （明）张自烈、（清）廖文英编，中国工人出版社 1996 年。

康熙字典（王引之校改本） （清）张玉书等编撰，（清）王引之等校订，上海古籍出版社 1996 年，2002 年。

类篇考索 蒋礼鸿著，山东教育出版社 1996 年。

包山楚简文字编 张守中集，文物出版社 1996 年。

说文今读暨五家通检 李行杰主编，齐鲁书社 1997 年。

篆字汇 （清）闵齐伋辑，毕弘述篆订，中州古籍出版社 1997 年。

隶字汇 （清）翟云升辑，中州古籍出版社 1997 年。

说文解字注 （清）段玉裁撰，江苏广陵古籍刻印社 1997 年，1998 年。

说文解字今释 （汉）许慎撰，汤可敬撰，岳麓书社 1997 年，2002 年。

说文解字四种 中华书局编辑部编，中华书局 1998 年。

说文解字注 （汉）许慎撰，（清）段玉裁注，浙江古籍出版社 1998 年，2002 年。

郭店楚简文字编 张守中等集，文物出版社2000年，2003年。

马王堆简帛文字编 陈松长编著，文物出版社2001年。

说文解字 （汉）许慎撰，江苏广陵古籍刻印社2001年。

汉碑古字通训 张廷奂编，北京图书馆出版社2003年。

说文五百四十部首正解 徐复、宋文民著，江苏古籍出版社2003年。

新集古文四声韵（中华再造善本）（宋）夏竦撰，北京图书馆出版社2003年。

龙龛手鉴（中华再造善本）（辽）释行均撰，北京图书馆出版社2003年。

说文解字（中华再造善本）（汉）许慎撰，北京图书馆出版社2004年。

大广益会玉篇（中华再造善本）（南朝梁）顾野王撰，（唐）孙强增字，（宋）陈彭年等重修，北京图书馆出版社2004年。

说文解字韵谱（中华再造善本）（南唐）徐借撰，北京图书馆出版社2004年。

隶韵（中华再造善本）（宋）刘球撰，北京图书馆出版社2004年。

复古编（中华再造善本）（宋）张有撰，北京图书馆出版社2004年。

六书统溯原（中华再造善本）（元）杨桓撰，北京图书馆出版社2004年。

说文字原（中华再造善本）（元）周伯琦撰，北京图书馆出版社2004年。

汉隶分韵（中华再造善本）佚名撰，北京图书馆出版社2004年。

说文解字今注 宋易麟编著，江西教育出版社2004年。

说文解字校订本 （汉）许慎著，班吉庆等点校，凤凰出版社2004年。

说文解字全文检索 （汉）许慎撰，臧克和等编，南方日报出版社2004年。

宋刊说文解字 （汉）许慎撰，线装书局2005年。

新修絫音引证群籍玉篇（中华再

造善本）（金）邢准撰，北京图书馆出版社 2005 年。

六书正讹（中华再造善本）（元）周伯琦撰，北京图书馆出版社 2005 年。

康熙字典：标点整理本 汉语大词典编纂处整理，汉语大词典出版社 2005 年，上海辞书出版社 2007 年，2008 年。

说文解字（现代版）（SSDB 古籍整理系列）（汉）许慎撰，（宋）徐铉校定，王宏源新勘，社会科学文献出版社 2005 年。

王安石《字说》辑 张宗祥辑录，曹锦炎点校，福建人民出版社 2005 年。

隶韵（中华再造善本）（宋）刘球撰，北京图书馆出版社 2006 年。

六书统（中华再造善本）（元）杨桓撰，北京图书馆出版社 2006 年。

书学正韵（中华再造善本）（元）杨桓撰，北京图书馆出版社 2006 年。

文白对照说文解字（汉）许慎著，李翰文译注，九州出版社 2006 年。

说文解字：注音版·影印本（汉）许慎撰，岳麓书社 2006 年。

《说文解字》精读（汉语言文学原典精读系列） 殷寄明著，复旦大学出版社 2006 年。

六书故（温州文献丛书．第四辑）（宋）戴侗撰，上海社会科学院出版社 2006 年。

说文解字注（汉）许慎撰，（清）段玉裁注，中州古籍出版社 2006 年。

康熙字典影印本（清）张玉书等奉敕编，中州古籍出版社 2006 年。

黄侃手批说文解字 黄侃批校，中华书局 2006 年。

说文解字（汉）许慎撰，（宋）徐铉等校，上海古籍出版社 2007 年。

北京师范大学图书馆藏马叙伦手批《说文解字》（汉）许慎著，线装书局 2007 年。

《篆隶万象名义》校释 吕浩著，学林出版社 2007 年。

说文解字（中国传统文化大系）（汉）许慎著，中国戏剧出版社 2007 年。

说文解字注 （汉）许慎撰，（清）段玉裁注，许惟贤整理，凤凰出版社2007年，2015年。

康熙字典（修订版）（SSDB古籍整理系列）（清）陈廷敬等编撰，王宏源新勘，社会科学文献出版社2008年。

唐写本玉篇校段注本说文 徐前师著，上海古籍出版社2008年。

汗简（中华再造善本续编）（宋）郭忠恕撰，国家图书馆出版社2009年。

五经文字（中华再造善本续编）（唐）张参撰，国家图书馆出版社2009年。

班马字类补遗（中华再造善本续编）（宋）娄机撰，（宋）李曾伯补遗，国家图书馆出版社2009年。

字鉴（中华再造善本续编）（元）李文仲撰，国家图书馆出版社2009年。

重续千字文（中华再造善本续编）（宋）葛刚正撰并篆注，国家图书馆出版社2009年。

康熙字典（检索本） 中华书局编辑部编，中华书局2010年。

籀庼述林 （清）孙诒让著，中华书局2010年。

汗简 古文四声韵 （宋）郭忠恕编，（宋）夏竦编，中华书局2010年。

说文古籀补三种：附索引（古代字书辑刊）（清）吴大澂、丁佛言、强运开编，中华书局2011年。

说文解字 （汉）许慎撰，广陵书社2011年。

干禄字书（中华再造善本续编）（唐）颜元孙撰，国家图书馆出版社2011年。

韵书

江氏音学十书（音韵学丛书）（清）江有诰撰，中国书店1928年，成都书局1928年，四川人民出版社1957年，中华书局1993年。

音学四种 徐昂撰，翰墨林书局1930年。

广韵（万有文库）（宋）陈彭年等著，商务印书馆1931年，1935年。

韵学源流（学林丛刊）（清）莫友芝著，震亚书局1933年。

庞氏音学遗书 （清）庞大坤撰，

1935 年庞树阶刊。

覆元泰定本广韵（丛书集成初编）商务印书馆 1935 年。

广韵（四部丛刊）（宋）陈彭年等重修，商务印书馆 1936 年。

广韵（四部备要）（宋）陈彭年等修，（清）黎庶昌校，中华书局 1936 年。

集韵（四部备要）（宋）丁度等修，中华书局 1936 年。

宋本重修广韵校札（丛书集成初编）（清）黎庶昌撰，商务印书馆 1936 年。

切韵指掌图（丛书集成初编）（宋）司马光撰，商务印书馆 1936 年。

切韵指掌图检例（丛书集成初编）（明）邵光祖撰，商务印书馆 1936 年。

韵补（丛书集成初编）（宋）吴棫撰，商务印书馆 1936 年。

韵补正（附谢启昆小学韵补考）（丛书集成初编）（清）顾炎武撰，商务印书馆 1936 年。

九经补韵（附录）（丛书集成初编）（宋）杨伯喦撰，（清）钱侗考证，商务印书馆 1936 年。

音韵阐微（万有文库）（清）李光地等编著，商务印书馆 1936 年。

韵史（清）何萱著，商务印书馆 1936 年。

韵镜（丛书集成初编）（宋）张麟之著，商务印书馆 1936 年。

古音略例（丛书集成初编）（明）杨慎撰，商务印书馆 1936 年。

古音余（丛书集成初编）（明）杨慎撰，商务印书馆 1936 年。

古音附录（丛书集成初编）（明）杨慎撰，商务印书馆 1936 年。

奇字韵（丛书集成初编）（明）杨慎撰，商务印书馆 1936 年。

转注古音略（附古音后语）（丛书集成初编）（明）杨慎撰，商务印书馆 1936 年。

重斠唐韵考（丛书集成初编）（清）纪容舒撰，（清）钱熙祚录校，（清）钱恂重校，商务印书馆 1936 年。

古韵标准（丛书集成初编）（清）江永撰，（清）戴震参定，商务印书馆 1936 年。

四声切韵表（丛书集成初编）（清）江永撰，商务印书馆 1936 年。

沈氏四声考（丛书集成初编）（南朝梁）沈约著，（清）纪昀撰，商务印书馆 1936 年。

歌麻古韵考（丛书集成初编）（清）吴树声著，（清）苗夔补注，商务印书馆 1936 年。

古今韵考（附记·切韵法）（丛书集成初编）（清）李因笃撰，（清）杨传第校正，（清）王祖源附录，商务印书馆 1936 年。

古韵论（丛书集成初编）（清）胡秉虔撰，商务印书馆 1936 年。

伸顾（附札记）（丛书集成初编）（清）易本烺撰，商务印书馆 1936 年。

诗韵（四部备要）（清）周兆基辑，中华书局 1936 年。

（增广）诗韵合璧 （清）许时庚编著，浦士剑校订，鸿文书局 1936 年，1938 年。

覆宋本重修广韵（丛书集成初编）（隋）陆法言著，（宋）陈彭年等重修，商务印书馆 1937 年。

集韵（附考正） （万有文库）（宋）丁度等著，（清）方成珪考正，商务印书馆 1937 年，1939 年。

音学五书（万有文库）（清）顾炎武著，商务印书馆 1937 年。

古今韵略（万有文库）（清）邵长蘅纂，商务印书馆 1937 年。

四声等子（丛书集成初编）（宋）佚名编著，商务印书馆 1937 年。

声类（丛书集成初编）（清）钱大昕撰，商务印书馆 1939 年。

音学辨微（附录） （丛书集成初编）（清）江永编，商务印书馆 1940 年。

声韵考（丛书集成初编）（清）戴震著，商务印书馆 1940 年。

古音骈字（丛书集成初编）（明）杨慎著，商务印书馆 1940 年。

古音复字（丛书集成初编）（明）杨慎著，商务印书馆 1940 年。

沈氏四声考 （清）纪昀著，商务印书馆 1941 年。

四声切韵表（国学基本丛书）

（清）江永编，商务印书馆 1941 年。

广韵校本（韵学丛书） 周祖谟著，商务印书馆 1951 年，中华书局 1960 年，1988 年，2004 年，2011 年。

* **增广诗韵集成** （清）余照辑，香港一德书局 1954 年，台湾文化图书公司 1974 年，台湾增文书局 1980 年，台湾复文图书出版社 1999 年。

切韵求蒙 （清）梁僧宝撰，古籍出版社 1955 年，1957 年。

四声韵谱 （清）梁僧宝撰，古籍出版社 1955 年，1957 年，台湾广文书局 1963 年。

韵镜 （唐）佚名撰，古籍出版社 1955 年，1957 年。

瓯文音汇（拼音文字史料丛书） （清）陈虬撰，文字改革出版社 1956 年。

一目了然初阶（拼音文字史料丛书） （清）卢戆章撰，文字改革出版社 1956 年。

闽腔快字（拼音文字史料丛书） （清）力捷三撰，文字改革出版社 1956 年。

传音快字（拼音文字史料丛书） （清）蔡锡勇撰，文字改革出版社 1956 年。

盛世元音（拼音文字史料丛书） （清）沈学撰，文字改革出版社 1956 年。

拼音字谱（拼音文字史料丛书） （清）王炳耀撰，文字改革出版社 1956 年。

北京切音教科书（首集、二集）（拼音文字史料丛书） （清）卢戆章撰，文字改革出版社 1957 年。

江苏新字母（拼音文字史料丛书） （清）朱文熊撰，文字改革出版社 1957 年。

切音字说明书（拼音文字史料丛书） （清）郑东湖撰，文字改革出版社 1957 年。

拼音代字诀（拼音文字史料丛书） （清）田廷俊撰，文字改革出版社 1957 年。

官话字母读物（八种） （清）王照撰，文字改革出版社 1957 年。

官话合声字母（拼音文字史料丛书） （清）王照撰，文字改革出版社 1957 年。

中国字母北京切音合订（拼音文字史料丛书）（清）卢戆章撰，文字改革出版社 1957 年。

中国音标字书（拼音文字史料丛书）（清）刘孟扬撰，文字改革出版社 1957 年。

音韵记号（拼音文字史料丛书）（清）刘世恩撰，文字改革出版社 1957 年。

形声通（拼音文字史料丛书）（清）杨琼、李文治撰，文字改革出版社 1957 年。

驳中国用万国新语说（拼音文字史料丛书）章炳麟著，文字改革出版社 1957 年。

新字瓯文七音译（拼音文字史料丛书）（清）陈虬撰，文字改革出版社 1958 年。

切韵指掌图（宋）司马光撰，中华书局 1962 年。

韵学源流（清）莫友芝撰，罗常培点校，中华书局 1962 年。

＊**台湾语典**（台湾研究丛刊）连横著，台湾银行经济研究室 1963 年。

＊**唐写全本王仁昫刊谬补缺切韵校笺** 龙宇纯著，香港中文大学 1968 年。

＊**韵镜校注** 龙宇纯撰，台湾艺文印书馆 1969 年。

中原音韵（元）周德清辑，中华书局 1978 年。

广韵（宋）陈彭年等撰，上海古籍书店 1981 年。

诗韵合璧（清）汤文璐编，上海古籍书店 1982 年，2000 年。

佩文诗韵释要（清）周兆基辑，上海古籍出版社 1982 年。

宋本广韵（宋）陈彭年等撰，中国书店 1982 年。

韵镜校证 李新魁校证，中华书局 1982 年。

音学五书（音韵学丛书）（清）顾炎武撰，中华书局 1982 年。

古韵标准（音韵学丛书）（清）江永撰，中华书局 1982 年。

六书音韵表（音韵学丛书）（清）段玉裁撰，中华书局 1983 年。

诗声类附诗声分例（音韵学丛书）（清）孔广森撰，中华书局 1983 年。

唐五代韵书集存 周祖谟编，中华书局 1983 年。

集韵 （宋）丁度等撰，中国书店 1983 年。

钜宋广韵 （宋）陈彭年等撰，上海古籍出版社 1983 年。

集韵（附索引） （宋）丁度等编，上海古籍出版社 1983 年，1985 年。

切韵考 （清）陈澧撰，中国书店 1984 年。

广韵校录 黄侃笺识，黄焯编次，上海古籍出版社 1985 年。

宋本切韵指掌图 （宋）司马光撰，中华书局 1986 年。

宋本韵补 （宋）吴棫撰，中华书局 1987 年。

广韵韵图 方孝岳编，中华书局 1988 年。

韵学源流注评（贵州古籍集粹）（清）莫友芝撰，陈振寰注评，贵州人民出版社 1988 年。

隶韵 （宋）刘球编，中华书局 1989 年。

诗韵集成 （清）余春亭辑，江苏广陵古籍刻印社 1991 年。

校订五音集韵 （金）韩道昭撰，宁忌浮校订，中华书局 1992 年。

切韵求蒙（字典汇编）（清）梁僧宝撰，国际文化出版公司 1993 年。

声类疏证 郭晋稀著，上海古籍出版社 1993 年。

诗韵全璧 （清）汤祥瑟辑，华锟重编，上海古籍出版社 1995 年。

新校互注宋本广韵 余迺永校注，上海辞书出版社 2000 年。

古今韵会举要 （元）黄公绍、熊忠撰，宁忌浮整理，中华书局 2000 年。

姓韵 （清）张澍撰，陕西省古籍整理办公室编，三秦出版社 2003 年。

集韵（中华再造善本）（宋）丁度等撰，北京图书馆出版社 2003 年。

切韵指掌图（中华再造善本）（宋）司马光撰，北京图书馆出版社 2003 年。

附释文互注礼部韵略（中华再造善本） 佚名撰，北京图书馆出版社 2003 年。

切韵考：附音学论著三种　（清）陈澧撰，罗伟豪点校，广东高等教育出版社 2004 年。

韵补（中华再造善本）（宋）吴棫撰，北京图书馆出版社 2004 年。

紫云先生增修校正押韵释疑（中华再造善本）（宋）欧阳德隆撰，（宋）郭守正增修，北京图书馆出版社 2004 年。

广韵（中华再造善本）（宋）陈彭年等撰，北京图书馆出版社 2004 年。

广韵（中华再造善本）（宋）陈彭年等撰，北京图书馆出版社 2004 年。

广韵（中华再造善本）（宋）陈彭年等撰，北京图书馆出版社 2005 年。

钜宋广韵（中华再造善本）（宋）陈彭年等撰，北京图书馆出版社 2005 年。

增修互注礼部韵略（中华再造善本）（宋）毛晃增注，毛居正重增，北京图书馆出版社 2005 年。

古今韵会举要（中华再造善本）（宋）黄公绍辑，（元）熊忠举要，北京图书馆出版社 2005 年。

广集韵谱（江西社会科学研究文库）颜森编纂，江西人民出版社 2005 年。

宋本广韵·永禄本韵镜　（宋）陈彭年等编，江苏教育出版社 2005 年。

宋刻集韵（古代韵书系列）（宋）丁度等编，中华书局 2005 年。

韵补（中华再造善本）（宋）吴棫撰，北京图书馆出版社 2006 年。

押韵释疑（中华再造善本）（宋）欧阳德隆撰，北京图书馆出版社 2006 年。

魁本足注释疑韵宝（中华再造善本）佚名撰，北京图书馆出版社 2006 年。

韵学骊珠　（清）沈乘麐著，中华书局 2006 年。

黄侃手批广韵（黄侃文集）黄侃批校，中华书局 2006 年。

广韵校释　蔡梦麒撰，岳麓书社 2007 年。

毛诗古音考　屈宋古音义　（明）陈第著，康瑞琮点校，中华书局 2008 年，2011 年。

广韵三家校勘记补释　范祥雍补释，上海古籍出版社 2011 年。

史　部

总　类

二十四史　（清）武英殿奉敕编，涵芬楼1916年。

（新式标点）四史精华读本　（汉）司马迁等著，张钧辑，然藜阁书局1928年。

四史　（清）刘承幹辑，吴兴刘氏嘉业堂1928年。

百衲本二十四史　张元济辑，商务印书馆1930—1937年，1958年缩印本，北京古籍出版社2001年。

廿五史样本（附参考书目、人名索引）　开明书店编，开明书店编译所1934年。

四史　国学整理社编，世界书局1935年。

二十五史　二十五史刊行委员会编，开明书店1935年。

二十五史人名索引　二十五史刊行委员会编，开明书店1935年，中华书局1956年，1957年。

（广注）四史精华　周宇澄注，世界书局1936年，1937年，1947年。

廿四史传目引得　梁启雄编，中华书局1936年，1940年。

廿一史四谱（万有文库）（清）沈炳震著，商务印书馆1936年。

二十五史补编　二十五史刊行委员会辑，开明书店1936至1937年，中华书局1955年，1998年，北京图书馆出版社2005年。

二十六史　上海书报合作社编，上海书报合作社1936年。

九家旧晋书辑本（丛书集成初编）

（清）汤球辑，商务印书馆 1936 年。

二十五史精华 罗伽等编选，教育书店 1937 年。

全史会通 陈冠宇著，上海冠宇补习学校 1947—1948 年。

二十四史纪传人名索引 张忱石、吴树平等编，中华书局 1980 年，1999 年。

二十五史 上海古籍出版社、上海书店编，上海古籍出版社、上海书店出版社 1986 年，1995 年。

元史二种（新元史、蒙兀尔史记） 柯劭忞、屠寄撰，上海古籍出版社、上海书店 1989 年。

廿一史四谱 （清）沈炳震撰，江苏广陵古籍刻印社 1989 年。

二十五史纪传人名索引 上海古籍出版社、上海书店编，上海古籍出版社 1990 年，1994 年。

二十五史三编 张舜徽主编，岳麓书社 1994 年。

二十四史订补 徐蜀选编，书目文献出版社 1996 年。

毛泽东评点二十四史 毛泽东评点，线装书局 1996 年。

二十五史 杜经国主编，中州古籍出版社 1996 年。

二十五史（中华传统文化经典） 李大明主编，苗永川等编，巴蜀书社 1996 年。

二十四史（附人名索引） 中华书局编辑部编，中华书局 1997 年，2000 年。

前四史（史记、汉书、后汉书、三国志） （汉）司马迁等撰，中华书局编辑部编，中华书局 1997 年。

二十五史（新编小四库） （西汉）司马迁等撰，浙江古籍出版社 1998 年。

二十四史人名索引 吴树平等编，中华书局 1998 年。

二十五史 马玉琴主编，延边人民出版社 2001 年。

白话二十四史 南庄主编，天津古籍出版社 2001 年。

前四史 （汉）司马迁等撰，中州古籍出版社 2002 年，2003 年。

史记两汉书三史补编（二十五史补编） 《二十五史补编》委员会编，北京图书馆出版社 2005 年。

两晋南北朝十史补编（二十五史补编） 《二十五史补编》编委会编，北京图书馆出版社 2005 年。

三国志补编（二十五史补编） 《二十五史补编》编委会编，北京图书馆出版社 2005 年。

隋唐五代五史补编 二十五史补编编委会编，北京图书馆出版社 2005 年。

宋辽金元明六史补编（二十五史补编） 《二十五史补编》委员会编，北京图书馆出版社 2005 年。

二十四史月日考（历代正史研究文献丛刊） （清）汪日桢撰，北京图书馆出版社 2005 年。

二十四史三表（历代正史研究文献丛刊） （清）段长基撰，北京图书馆出版社 2005 年。

精注精译二十四史精华（中华典籍珍藏书系） 徐寒主编，线装书局 2006 年。

二十五史 高占祥主编，线装书局 2007 年。

二十五史精编 张家林主编，中国戏剧出版社 2007 年。

帝王世纪 世本 逸周书 古本竹书纪年 （晋）皇甫谧等撰，陆吉等点校，齐鲁书社 2010 年。

汉制考 汉艺文志考证 （宋）王应麟著，张三夕、杨毅点校，中华书局 2011 年。

纪传类

史记精华录 沈子英标点，梁溪图书馆 1924 年、1926 年，启智书店 1933 年，进修书店 1944 年、1945 年、1948 年。

汉书补注补正（北京师范大学丛书） 杨树达著，商务印书馆 1925 年。

史记（学生国学丛书） 胡怀琛等选注，商务印书馆 1927 年，1933 年，1939 年，1947 年。

后汉书（万有文库） （南朝宋）范晔著，庄适选注，商务印书馆 1927 年，1939 年（简编本），1947 年。

新唐书（学生国学丛书） （宋）欧阳修、宋祁著，吕思勉选注，商务印书馆 1928 年，1933 年。

史记精华录 耕读斋主标点，徐雉校阅，新文化书社 1929 年，

1934 年。

史记（万有文库） （汉）司马迁著，商务印书馆 1930 年，1939 年。

五代史（万有文库） （宋）欧阳修著，郑云龄选注，商务印书馆 1930 年，1931 年，1933 年。

三国志（万有文库） 王钟麒选注，商务印书馆 1931 年，1933 年。

史记货殖传新诠（国学小丛书） （汉）司马迁原著，潘吟阁注，商务印书馆 1931 年。

史记（国学基本丛书） （汉）司马迁著，（南朝宋）裴骃集解，（唐）司马贞索引，（唐）张守节正义，商务印书馆 1932 年。

史记精华录 冰心主人标点，大中书局 1933 年。

史记（万有文库） （汉）司马迁著，庄适选注，商务印书馆 1933 年。

汉书（万有文库） （汉）班固著，庄适选注，商务印书馆 1933 年，1934 年。

晋书（万有文库） （唐）房玄龄著，黄公渚选注，商务印书馆 1933 年，1934 年。

建康实录校记 郦承铨校，江苏省立国学图书馆 1933 年。

史记菁华 王文英标点，朱太忙校，大达图书供应社 1934 年，1935 年，广益书局 1941 年，1948 年。

新唐书宰相世系表引得 哈佛燕京学社引得编纂处编，哈佛燕京学社引得编纂处 1934 年。

明史佛郎机吕宋和兰意大里亚四传注释 张维华著，燕京大学哈佛燕京学社 1934 年。

元史外夷传（国学文库） （明）宋濂等纂，文殿阁书庄 1934 年。

（批注）史记 叶玉麟增批，大达图书供应社 1935 年。

三国志注补 （清）赵一清著，国立北京大学出版组 1935 年。

三国食货志 陶元珍著，商务印书馆 1935 年。

校补三国疆域志 金兆丰著，商务印书馆 1935 年。

新元史 柯劭忞著，开明书店 1935 年。

南唐书（丛书集成初编）（宋）马令撰，商务印书馆1935年。

南北史表（丛书集成初编）（清）周嘉猷撰，商务印书馆1935年。

明书（丛书集成初编）（清）傅维鳞撰，商务印书馆1936年。

补宋书食货志（丛书集成初编）（清）郝懿行撰，商务印书馆1936年。

汉书食货志（丛书集成初编）（汉）班固撰，（唐）颜师古注，商务印书馆1936年。

史记（四部备要）（汉）司马迁著，（南朝宋）裴骃集解，（唐）司马贞索隐，（唐）张守节正义，中华书局1936年。

前汉书（四部备要）（汉）班固撰，（唐）颜师古注，中华书局1936年。

后汉书（四部备要）（南朝宋）范晔撰，（唐）李贤注，（晋）司马彪撰志，（梁）刘昭注补，中华书局1936年。

三国志（四部备要）（晋）陈寿撰，（南朝宋）裴松之注，中华书局1936年。

晋书（四部备要）（唐）房玄龄等著，中华书局1936年。

宋书（四部备要）（南朝梁）沈约撰，中华书局1936年。

南齐书（四部备要）（南朝梁）萧子显撰，中华书局1936年。

梁书（四部备要）（唐）姚思廉撰，中华书局1936年。

陈书（四部备要）（唐）姚思廉撰，中华书局1936年。

魏书（四部备要）（北齐）魏收撰，中华书局1936年。

北齐书（四部备要）（唐）李百药撰，中华书局1936年。

周书（四部备要）（唐）令狐德棻等撰，中华书局1936年。

隋书（四部备要）（唐）魏征等撰，中华书局1936年。

南史（四部备要）（唐）李延寿撰，中华书局1936年。

北史（四部备要）（唐）李延寿撰，中华书局1936年。

旧唐书（四部备要）（后晋）刘昫等撰，中华书局1936年。

新唐书（四部备要）（宋）欧阳修、宋祁撰，中华书局1936年。

旧五代史（四部备要）（宋）薛居正等撰，中华书局1936年。

新五代史（四部备要）（宋）欧阳修撰，（宋）徐无党注，中华书局1936年。

宋史（四部备要）（元）脱脱等撰，中华书局1936年。

辽史（四部备要）（元）脱脱等撰，中华书局1936年。

金史（四部备要）（元）脱脱等撰，中华书局1936年。

元史（四部备要）（明）宋濂等撰，中华书局1936年。

明史（四部备要）（清）张廷玉等撰，中华书局1936年。

汉书地理志稽疑（丛书集成初编）（清）全祖望撰，商务印书馆1936年。

新校晋书地理志（丛书集成初编）（清）方恺撰，商务印书馆1936年。

晋书地理志新补正（丛书集成初编）（清）毕沅撰，商务印书馆1936年。

续后汉书（附义例音义）（丛书集成初编）（宋）萧常撰，商务印书馆1936年。

续后汉书札记（丛书集成初编）（清）郁松年撰，商务印书馆1936年。

续后汉书（丛书集成初编）（元）郝经撰，商务印书馆1936年。

汉书注校补（丛书集成初编）（清）周寿昌撰，商务印书馆1936年。

后汉书补注（丛书集成初编）（清）惠栋撰，商务印书馆1936年。

后汉书补注续（丛书集成初编）（清）侯康撰，商务印书馆1936年。

后汉书注补正（丛书集成初编）（清）周寿昌撰，商务印书馆1936年。

后汉书注又补（丛书集成初编）（清）沈铭彝撰，商务印书馆1936年。

东观汉记（四部备要）（汉）刘珍等撰，中华书局1936年。

新唐书纠谬（附钱校补遗）（丛书集成初编）（宋）吴缜撰，商务印书馆1936年。

新旧唐书互证（丛书集成初编）（清）赵绍祖撰，商务印书馆1936年。

续唐书（丛书集成初编）（清）陈鳣撰，商务印书馆1936年。

辽史拾遗（丛书集成初编）（清）厉鹗撰，商务印书馆1936年。

辽志（丛书集成初编）（元）叶隆礼撰，商务印书馆1936年。

辽史拾遗补（丛书集成初编）（清）杨复吉撰，商务印书馆1936年。

元史译文证补（丛书集成初编）（清）洪钧撰，商务印书馆1936年。

汉书辨疑（丛书集成初编）（清）钱大昭撰，商务印书馆1936年。

续汉书辨疑（丛书集成初编）（清）钱大昭撰，商务印书馆1936年。

三国志辨疑（丛书集成初编）（清）钱大昭撰，商务印书馆1936年。

魏书校勘记（丛书集成初编）（清）王先谦辑，商务印书馆1936年。

晋书校勘记（丛书集成初编）（清）劳格撰，商务印书馆1936年。

晋书校勘记（丛书集成初编）（清）周家禄撰，商务印书馆1936年。

宋州郡志校勘记（丛书集成初编）（清）成孺撰，商务印书馆1936年。

中国历代食货志（一名中国经济史料）（史学丛书）大光书局编译所，大光书局1936年。

清史河渠志（中国水利珍本丛书）赵尔巽等纂，汪胡桢句读，徐砚农校勘，中国水利工程学会1936年。

孙批史记（汉）司马迁著，严汉民标点，方秩音校阅，东方文学社1936年。

史记（汉）司马迁著，（南朝宋）裴骃集解，（唐）司马贞索引，（唐）张守节正义，大光书局1936年。

史记（白文之部）（汉）司马迁撰，顾颉刚、徐文珊点校，国立北平研究院史学研究会1936年。

汉书（史学丛书）（汉）班固著，（唐）颜师古注，大光书局1936年。

三国志（国学基本丛书）（晋）陈寿著，（南朝宋）裴松之注，（清）陈浩筹考证，商务印书馆1936年，1940年。

三国志（史学丛书）（晋）陈寿著，（南朝宋）裴松之注，大光书局1936年。

三国志（附考证）（万有文库）（晋）陈寿著，（南朝宋）裴松之注，商务印书馆1936年。

晋书（史学丛书）（唐）房玄龄等著，大光书局1936年。

汉书古今人表通检 孟森著，国立北平研究院1936年。

宋史新编（史学丛书）（明）柯维骐著，大光书局1936年。

（广注语译）史记精华 秦同培注释，宋晶如增订，国学整理社1936年，1937年，台湾世界1953年。

（广注语译）两汉书精华 秦同培注译，宋晶如增订，国学整理社1936年，1937年，1943年，台湾世界1954年，中州古籍出版社1991年。

史记旧注评议（国学丛书） 王骏图、王骏观著，正中书局1936年、1947年。

汉书精华（汉）班固著，（唐）颜师古注，中华书局选，中华书局1936年，1941年。

后汉书（史学丛书）（南朝宋）范晔著，（南朝梁）刘昭补志，（唐）李贤注，大光书局1936年。

元史新编（史学丛书）（清）魏源著，大光明书局1936年。

汉书西域传补注（丛书集成初编）（清）徐松撰，商务印书馆1937年。

史记精华 中华书局编，中华书局1937年，1941年。

前汉书（汉）班固著，广益书局1937年。

汉书补注（清）王先谦补注，商务印书馆1937年。

汉书注补校（国学基本丛书）（清）周寿昌著，商务印书馆1937年。

汉书人表考（万有文库）（清）梁玉绳撰，商务印书馆1937年。

后汉书补注（国学基本丛书）（清）惠栋著，商务印书馆1937年。

后汉书补注续（国学基本丛书）（清）侯康著，商务印书馆1937年。

南北史表（国学基本丛书）（清）周嘉猷著，商务印书馆1937年。

续后汉书札记（国学基本丛书）（清）郁松年著，商务印书馆1937年。

续后汉书（国学基本丛书）（元）郝经著，商务印书馆1937年。

元史译文证补（国学基本丛书）（清）洪钧著，商务印书馆1937年。

九国志（附拾遗）（万有文库）（宋）路振著，商务印书馆1937年。

明书（国学基本丛书）（清）傅维鳞著，商务印书馆1937年，1938年。

汉书人表考（考补·附录）（丛书集成初编）（清）梁玉绳撰，商务印书馆1937年。

汉书人表考校补（丛书集成初编）（清）蔡云撰，商务印书馆1937年。

三国志补注（丛书集成初编）（清）杭世骏撰，商务印书馆1937年。

三国志补注续（丛书集成初编）（清）侯康撰，商务印书馆1937年。

三国志旁证（丛书集成初编）（清）梁章钜撰，商务印书馆1937年。

南唐书（附音释）（丛书集成初编）（宋）陆游撰，商务印书馆1937年。

东观汉记（丛书集成初编）（汉）刘珍等撰，商务印书馆1937年。

读旧唐书随笔（丛书集成初编）（清）蔡世钹撰，商务印书馆1937年。

唐书直笔（丛书集成初编）（宋）吕夏卿撰，商务印书馆1937年。

九国志（附拾遗）（丛书集成初编）（宋）路振撰，商务印书馆1937年。

五代史纂误（丛书集成初编）（宋）吴缜撰，商务印书馆1937年。

五代史记纂误补（丛书集成初编）（清）吴兰庭撰，商务印书馆1937年。

皇朝本纪（丛书集成初编）（明）佚名撰，商务印书馆1937年。

史记三书正伪（丛书集成初编）

（清）王元启撰，商务印书馆1937年。

史记毛本正误（丛书集成初编）（清）丁晏撰，商务印书馆1937年。

史记志疑（附录）（丛书集成初编）（清）梁玉绳撰，商务印书馆1937年。

史表功比说（附侯第表）（丛书集成初编）（清）张锡瑜撰，商务印书馆1937年。

后汉书辨疑（丛书集成初编）（清）钱大昭撰，商务印书馆1937年。

三国志及裴注综合引得 哈佛燕京学社引得编纂处编，哈佛燕京学社引得编纂处1938年。

食货志十五种综合引得 引得编纂处编，哈佛燕京学社引得编纂处1938年，中华书局1960年，上海古籍出版社1987年，1988年。

汉志水道疏证（丛书集成初编）（清）洪颐煊撰，商务印书馆1939年。

三国志考证（丛书集成初编）（清）潘眉撰，商务印书馆1939年。

史记天官书补目（丛书集成初编）（清）孙星衍撰，商务印书馆1939年。

补宋书刑法志（丛书集成初编）（清）郝懿行撰，商务印书馆1939年。

三国志辨误（丛书集成初编）（清）陈景云撰，商务印书馆1939年。

三国志注证遗（丛书集成初编）（清）周寿昌撰，商务印书馆1939年。

新旧唐书杂论（丛书集成初编）（明）李东阳撰，商务印书馆1939年。

金志（丛书集成初编）（元）宇文懋昭著，商务印书馆1939年。

后汉书集解（万有文库）（清）王先谦集解，商务印书馆1940年。

汉书及补注综合引得 哈佛燕京学社引得编纂处编，哈佛燕京学社引得编纂处1940年。

东观汉记（国学基本丛书）（汉）班固等撰，商务印书馆1941年。

清史稿 赵尔巽等著，联合书店1942年。

史记及注释综合引得 哈佛燕京学社引得编纂处编，哈佛燕京学社引得编纂处1947年。

明本纪校注（“国立中央研究院”历史语言研究所专刊） 王崇武著，商务印书馆 1948 年。

后汉书及注释综合引得 哈佛燕京学社引得编纂处编，哈佛燕京学社引得编纂处 1949 年。

史记 （汉）司马迁撰，（南朝宋）裴骃集解，文学古籍刊行社 1955 年。

史记会注考证 （汉）司马迁撰，（南朝宋）裴骃集解，（唐）司马贞索隐，（唐）张守节正义，［日］泷川资言考证，文学古籍刊行社 1955 年，北岳文艺出版社 1999 年，新世界出版社 2009 年。

汉书选 （汉）班固撰，顾廷龙、王熙华选注，古典文学出版社 1956 年。

史记选（中国古典文学读本丛书）（汉）司马迁著，王伯祥选注，人民文学出版社 1957 年，2002 年。

三国志集解 卢弼撰，中华书局 1957 年，1983 年，古籍出版社 1957 年。

史记札记 （清）郭嵩焘撰，商务印书馆 1957 年。

唐书兵志笺正 唐长孺笺正，科学出版社 1957 年，中华书局 1962 年。

续后汉书（国学基本丛书）（元）郝经撰，商务印书馆 1958 年。

三国志 （晋）陈寿撰，（南朝宋）裴松之注，陈乃乾点校，中华书局 1959 年，2002 年，2011 年缩印本。

藏书 （明）李贽撰，中华书局 1959 年，1984 年。

周书后案（史籍丛刊） 陈汉章著，中华书局 1959 年。

史记 （汉）司马迁撰，（南朝宋）裴骃集解，（唐）司马贞索隐，（唐）张守节正义，中华书局点校，中华书局 1959 年，2003 年，2011 年缩印本。

汉书补注（国学基本丛书）（汉）班固撰，（唐）颜师古注、王先谦补注，商务印书馆 1959 年。

后汉书集解 （清）王先谦撰，商务印书馆 1959 年。

史记选讲 （汉）司马迁撰，郑权中选讲，中国青年出版社 1959 年。

续藏书 （明）李贽撰，张光澍点校，中华书局 1959 年，1974 年。

读三国志杂志（史籍丛刊）（清）林国赞撰，中华书局1959年。

三国志裴注述（史籍丛刊）（清）林国赞撰，中华书局1959年。

东汉书刊误（史籍丛刊）（宋）刘攽撰，中华书局1959年。

后汉书补表校录（史籍丛刊）陈汉章校录，中华书局1959年。

南疆逸史（晚明史料丛书）（清）温睿临撰，中华书局上海编辑所1959年。

石匮书后集（晚明史料丛书）（明）张岱撰，中华书局上海编辑所1959年。

辽史索隐（史籍丛刊）陈汉章著，中华书局1960年。

汉书（汉）班固撰，（唐）颜师古注，中华书局1962年，2002年，2011年缩印本。

汉书选（中国史学名著选）冉昭德、陈直主编，中华书局1962年，2009年。

三国志选（中国史学名著选）缪钺编注，中华书局1962年，2009年。

新唐书南诏传笺证 王忠笺证，中华书局1963年。

晋书孙恩卢循传笺证 冯君实著，中华书局1963年。

＊**史记索引** 黄福銮编，香港中文大学崇基书院远东学术研究所1963年。

历代乐志律志校释（第一分册） 丘琼荪校释，中华书局1964年。

后汉书（南朝宋）范晔撰，（唐）李贤等注，中华书局1965年，2003年，2011年缩印本。

晋书斠注 吴士鉴、刘承幹注，上海古籍书店1965年。

＊**前汉书选注** 庄适选注撰，（台湾）商务印书馆1965年。

＊**新唐书选注** 吕思勉撰，（台湾）商务印书馆1965年。

后汉书选（中国史学名著选）束世澂编注，中华书局1966年，2009年。

＊**汉书索引** 黄福銮编，香港中文大学崇基书院远东学术研究所1966年，台湾大通书局1973年。

＊**史记新校注稿** 张森楷撰，台湾

中国学典馆复馆筹备处1967年。

＊**东都事略**（宋史资料萃编）（宋）王称，台湾文海出版社1967年。

＊**史记**（汉）司马迁撰，（南朝宋）裴骃集解，（唐）司马贞索隐，（唐）张守节正义，（香港）中华书局1969年。

＊**后汉书索引** 黄福銮编，香港中文大学崇基书院远东学术研究所1971年，台湾大通书局1973年。

＊**辽史校勘记** 罗继祖撰，台湾文海出版社1971年。

周书（唐）令狐德棻撰，中华书局1971年，2003年，2011年缩印本。

南齐书（南朝梁）萧子显撰，中华书局1972年，2003年，2011年缩印本。

陈书（唐）姚思廉撰，中华书局1972年，2002年，2011年缩印本。

北齐书（唐）李百药撰，中华书局1972年，2003年，2011年缩印本。

＊**明史选辑**（台湾研究丛刊） 台湾银行经济研究室辑，台湾银行经济研究室1972年。

＊**三国志选注** 黄大受撰，台湾正中书局1972年。

＊**三国志索引** 黄福銮编，台湾大通书局1973年，香港中文大学崇基书院远东学术研究所1973年。

梁书（唐）姚思廉撰，中华书局1973年，2003年，2011年缩印本。

隋书（唐）魏徵、令狐德棻撰，中华书局1973年，2002年，2011年缩印本。

＊**史记选译** 陈宪文撰，台湾华联出版社1973年。

魏书（北齐）魏收撰，中华书局1974年，2003年，2011年缩印本。

藏书（明）李贽撰，中华书局1974年。

北史（唐）李延寿撰，中华书局1974年，2003年，2011年缩印本。

新五代史（宋）欧阳修撰，（宋）徐无党注，中华书局1974年，2003年，2011年缩印本。

晋书（唐）房玄龄撰，中华书局1974年，1996年，2011年缩印本。

宋书 （南朝梁）沈约撰，中华书局1974年，2003年，2011年缩印本。

辽史 （元）脱脱撰，中华书局1974年，2003年，2011年缩印本。

明史 （清）张廷玉撰，中华书局1974年，2003年，2011年缩印本。

历代天文律历等志汇编 中华书局编辑部编，中华书局1975至1976年。

南史 （唐）李延寿撰，中华书局1975年，2003年，2011年缩印本。

旧唐书 （后晋）刘昫撰，中华书局1975年，2002年，2011年缩印本。

新唐书 （宋）欧阳修、宋祁撰，中华书局1975年，2003年，2011年缩印本。

金史 （元）脱脱等撰，中华书局1975年，1997年，2011年缩印本。

＊**陈书校证** 林礽乾撰，台湾文津出版社1975年。

元史 （明）宋濂撰，中华书局1976年，1997年，2011年缩印本。

旧五代史 （宋）薛居正撰，中华书局1976年，2003年，2011年缩印本。

＊**史记选**（英华对照）（汉）司马迁撰，香港今代图书公司1976年。

＊**史记会注考证** ［日］泷川龟太郎撰，台湾洪氏出版社1977年，万卷楼图书公司1993年，大安出版社1998年。

宋史 （元）脱脱撰，中华书局1977年，1997年，2011年缩印本。

清史稿 赵尔巽等撰，中华书局1977年，2003年。

校刊史记集解索隐正义札记 （清）张文虎撰，中华书局1977年。

史记人名索引 钟华编，中华书局1977年。

晋书人名索引 张忱石编，中华书局1977年。

＊**点校本史记人名索引** 洪北江主编，台湾洪氏出版社1978年。

＊**史记今注** 马持盈撰，（台湾）商务印书馆1978年，二版2010年。

＊**后话史记** （汉）司马迁著，龙宇纯等台湾十四院校六十教授合译，台湾河洛图书出版社1979年，台湾

辅新书局 1985 年，岳麓书社 1987 年，中国友谊出版公司 1988 年，新世界出版社 2007 年。

后汉书人名索引　李裕民编，中华书局 1979 年。

隋书人名索引　邓经元编，中华书局 1979 年。

＊**晋书人名索引**　杨家骆主编，台湾鼎文书局 1979 年。

三国志人名索引　高秀芳、杨济安编，中华书局 1980 年。

三国志地名索引　王天良编，中华书局 1980 年。

唐方镇年表（二十四史研究资料丛刊）　吴廷燮编，中华书局 1980 年。

新旧唐书人名索引　张万起编，上海古籍出版社 1980 年，1986 年。

金史人名索引　崔文印编，中华书局 1980 年。

清史稿人名索引　青岛市图书馆编印，青岛市图书馆 1980 年。

＊**新译史记纪传**　吴绍志撰，台湾新世纪出版社 1981 年。

汉书西域传地理校释　岑仲勉撰，中华书局 1981 年。

史记志疑（二十四史研究资料丛刊）（清）梁玉绳撰，贺次君整理，中华书局 1981 年，1990 年。

史记汉书诸表订补十种（二十四史研究资料丛刊）（清）梁玉绳等编，吴树平等整理，中华书局 1982 年。

宋书乐志校注　（南朝梁）沈约撰，苏晋红、萧炼子校注，齐鲁书社 1982 年。

史记酷吏列传译注　冯树梁今译，苏经逸注释，群众出版社 1982 年。

明史食货志校注（历代食货志注解）　李洵校注，中华书局 1982 年。

明史欧洲四国传注释　张维华注，上海古籍出版社 1982 年。

史记三家注引书索引　段书安著，中华书局 1982 年。

辽史人名索引　曾贻芬、崔文印编，中华书局 1982 年。

元史人名索引　姚景安编，中华书局 1982 年。

汉书补注　（清）王先谦撰，中华书局 1983 年，1993 年。

后汉书集解 （清）王先谦撰，中华书局1983年，1991年。

史记纪传选译（二十四史纪传选译） 何满子、汪贤度等译注，上海古籍出版社1984年。

三国志选注（中华文史哲名著选读）（晋）陈寿撰，缪越等选注，中华书局1984年，1986年。

元史本证（二十四史研究资料丛刊）（清）汪辉祖撰，姚景安点校，中华书局1984年，中华书局2004年。

历代食货志今译（《宋史》） 虞祖尧、赵基凯译注，江西人民出版社1984年，1990年。

后汉书三国志补表三十种（二十四史研究资料丛刊）（宋）熊方撰，刘祜仁点校，中华书局1984年。

历代食货志注释 王雷鸣编注，农业出版社1984至1989年。

＊**新译史记精华** 简美玲撰，台湾嘉鸿出版社1985年。

历代食货志今译（《旧唐书》《新唐书》） 甘民重译注，江西人民出版社1985年。

史记正义佚文辑校 张衍田辑校，北京大学出版社1985年。

史记太史公自序注说会纂 吴忠匡编著，黑龙江人民出版社1985年。

新元史 柯劭忞撰，中国书店1985年，1996年。

中国历代食货志汇编简注 王子英等注译，中国财政经济出版社1985至1987年。

明史人名索引 李裕民编，中华书局1985年。

南朝五史人名索引 张忱石编，中华书局1985年。

史记及注释综合引得 引得编纂处编，上海古籍出版社1986年，1988年。

汉书及补注综合引得 洪业、聂崇岐等编纂，上海古籍出版社1986年，1988年。

后汉书及注释综合引得 燕京大学引得编纂处编，上海古籍出版社1986年，1988年。

三国志及裴注综合引得 洪业、聂崇岐等编纂，上海古籍出版社

1986年，1988年。

历代食货志注释（《晋书》《魏书》《隋书》） 王咨臣等注译，江西人民出版社1986年。

罪惟录 （清）查继佐撰，浙江古籍出版社1986年。

八家后汉书辑注 周天游辑注，上海古籍出版社1986年。

建康实录 （唐）许嵩撰，张忱石点校，中华书局1986年。

史记探源（二十四史研究资料丛刊）（清）崔适著，张烈点校，中华书局1986年，1993年。

史记会注考证附校补 （汉）司马迁撰，［日］泷川资言考证，［日］水泽利忠校补，上海古籍出版社1986年。

晋书刑法志注释 陆心国注释，群众出版社1986年。

汉书食货志集释（二十四史研究资料丛刊） 金少英集释，李庆善整理，中华书局1986年。

史记论赞辑释 张大可辑释，陕西人民出版社1986年。

建康实录 （唐）许嵩撰，江苏广陵古籍刻印社1987年。

建康实录 （唐）许嵩撰，孟昭庚等点校，上海古籍出版社1987年。

两汉书辨疑 （清）钱大昭撰，江苏广陵古籍刻印社1987年。

东观汉记校注 （东汉）刘珍等撰，吴树平校注，中州古籍出版社1987年，中华书局2008年。

七家后汉书 （清）汪文台辑，周天游校，河北人民出版社1987年。

后汉书校注 （晋）袁宏撰，周天游校注，天津古籍出版社1987年。

宋史比事质疑 顾吉辰著，书目文献出版社1987年。

隋唐刑法志注释 高其迈注，法律出版社1987年。

明史刑法志注释 高其迈注，法律出版社1987年。

＊**新译白话史记** 吴绍志撰，台湾西北国际文化公司1988年。

史记 （汉）司马迁撰，上海书店出版社1988年，1992年，1997年。

汉书古今人表疏证 王利器、王贞珉疏证，齐鲁书社1988年。

后汉书地名索引 王天良编，中华书局1988年。

史记（古典名著普及文库） （汉）司马迁撰，李全华标点，岳麓书社1988年。

史记赏析集（中国古典文学赏析丛书） （汉）司马迁撰，韩兆琦主编，巴蜀书社1988年。

两唐书食货志校读记 谭英华著，四川大学出版社1988年。

两汉刊误补遗 （宋）吴仁杰撰，江苏广陵古籍刻印社1988年。

北朝四史人名索引 陈仲安、谭两宜、赵小鸣编，中华书局1988年。

史记选注讲（二十四史选注讲丛书） （汉）司马迁撰，张大可主编，山东教育出版社1989年。

南史选译（古代文史名著选译丛书） （唐）李延寿撰，漆泽邦译注，巴蜀书社1989年，1991年，凤凰出版社2011年。

史记选 来新夏主编，中华书局1990年，2009年。

史记名篇赏析（中国古典文学名著名篇赏析丛书） （汉）司马迁撰，朱靖华等编撰，北京十月文艺出版社1990年。

三国志菁华（中学生文库） 阮廷贵、陈稼禾编，上海教育出版社1990年，2001年。

东都事略 南（宋）王偁撰，江苏广陵古籍刻印社1990年。

元史新编 （清）魏源撰，江苏广陵古籍刻印社1990年。

史记三家注 （汉）司马迁撰，（唐）司马贞等注，江苏广陵古籍刻印社1990年。

三国志校诂 吴金华著，江苏古籍出版社1990年。

明史考证捃逸 （清）王颂蔚撰，江苏广陵古籍刻印社1990年。

史记全本新注（中国六大史学名著丛书） （汉）司马迁撰，张大可注释，三秦出版社1990年，1992年。

三国志（古典名著普及文库） （晋）陈寿撰，（南朝宋）裴松之注，吴金华标点，岳麓书社1990年，岳麓书社2002年。

史记选注汇评 韩兆琦编注，中州古籍出版社1990年，台湾文津出版社 1993 年。

史记地名索引 嵇超、郑宝恒、祝培坤、钱林书编，中华书局 1990 年。

汉书地名索引 陈家麟、王仁康编，中华书局 1990 年。

季汉五志 （清）王复礼撰，江苏广陵古籍刻印社 1990 年。

季汉书 （清）章陶撰，江苏广陵古籍刻印社 1991 年。

三国志今译 （晋）陈寿撰，田余庆、吴树平主编，中州古籍出版社 1991 年。

稿本三国志注补 （清）赵一清撰，书目文献出版社 1991 年。

九家旧晋书辑本 （清）汤球辑，中州古籍出版社 1991 年。

史记选译（古代文史名著选译丛书）（汉）司马迁撰，李国祥等译注，巴蜀书社 1991 年，凤凰出版社 2011 年。

汉书选译（古代文史名著选译丛书）（汉）班固撰，张世俊、任巧珍译注，巴蜀书社 1991 年，凤凰出版社 2011 年。

后汉书选译（古代文史名著选译丛书）（南朝宋）范晔撰，李国祥等译，巴蜀书社 1991 年，凤凰出版社 2011 年。

三国志选译（古代文史名著选译丛书）（晋）陈寿撰，刘琳译注，巴蜀书社 1991 年，凤凰出版社 2011 年。

晋书选译（古代文史名著选译丛书）（唐）房玄龄撰，杜宝元译注，巴蜀书社 1991 年，凤凰出版社 2011 年。

旧唐书选译（古代文史名著选译丛书）（后晋）刘昫等撰，黄永年译注，巴蜀书社 1991 年，凤凰出版社 2011 年。

宋史选译（古代文史名著选译丛书）（元）脱脱撰，淮沛、汤墨译注，巴蜀书社 1991 年，凤凰出版社 2011 年。

* **史记选** 吴汝煜注译，（香港）三联书店 1992 年。

三国志 （晋）陈寿撰，刘国辉等译，红旗出版社 1992 年。

晋书斠注 （清）吴士鉴撰，文物出版社 1992 年。

五代史记补考 徐炯著，文物出版社 1992 年。

尚史 （清）李锴撰，江苏广陵古籍刻印社 1992 年。

唐书合钞 （清）沈炳震撰，丁小鹤补正，书目文献出版社 1992 年。

宋书选译（古代文史名著选译丛书）（南朝梁）沈约修撰，漆泽邦、孔毅译注，巴蜀书社 1992 年，凤凰出版社 2011 年。

北齐书选译（古代文史名著选译丛书）（唐）李百药撰，黄永年译注，巴蜀书社 1992 年，凤凰出版社 2011 年。

北史选译（古代文史名著选译丛书）（唐）李延寿撰，刁忠明译注，巴蜀书社 1992 年，凤凰出版社 2011 年。

隋书选译（古代文史名著选译丛书）（唐）魏征等撰，武秀成、赵益译注，巴蜀书社 1992 年，凤凰出版社 2011 年。

新五代史选译（古代文史名著选译丛书）（宋）欧阳修编撰，李国祥等译注，巴蜀书社 1992 年，凤凰出版社 2011 年。

元史选译（古代文史名著选译丛书）（明）宋濂等撰，樊善国、徐梓译注，巴蜀书社 1992 年，凤凰出版社 2011 年。

明史选译（古代文史名著选译丛书）（清）张廷玉等撰，杨昶等译注，巴蜀书社 1992 年，凤凰出版社 2011 年。

宋史人名索引 俞如云编，上海古籍出版社 1992 年。

＊**三国志** （晋）陈寿撰，刘琳译注，台湾锦绣出版社 1993 年。

史记（家藏精品书系）（汉）司马迁撰，刘兴林等点注，中国友谊出版公司 1993 年。

汉书（古典名著普及文库）（汉）班固撰，陈焕良、曾宪礼标点，岳麓书社 1993 年。

清国史 （清）国史馆编纂，中华书局 1993 年。

＊**史记选注** （汉）司马迁撰，韩兆琦注，台湾里仁书局 1994 年。

汉书新注 （汉）班固撰，施丁主编，三秦出版社 1994 年。

后汉书（古典名著普及文库）（南朝宋）范晔、（晋）司马彪撰，陈焕良、李传书标点，岳麓书社

1994年。

汉书纪传选译（二十四史纪传选译） 李孔怀、沈重译注，上海古籍出版社1994年。

南齐书选译（古代文史名著选译丛书）（南朝梁）萧子显撰，徐克谦译注，巴蜀书社1994年，凤凰出版社2011年。

梁书选译（古代文史名著选译丛书）（唐）姚思廉撰，于白译注，巴蜀书社1994年，凤凰出版社2011年。

陈书选译（古代文史名著选译丛书）（唐）姚思廉撰，赵益译注，巴蜀书社1994年，凤凰出版社2011年。

魏书选译（古代文史名著选译丛书）（北齐）魏收撰，杨世文、郑晔（关华）译注，巴蜀书社1994年，凤凰出版社2011年。

周书选译（古代文史名著选译丛书）（唐）令狐德棻撰，黄永年译注，巴蜀书社1994年，凤凰出版社2011年。

旧五代史选译（古代文史名著选译丛书）（宋）薛居正撰，贾二强译注，巴蜀书社1994年，凤凰出版社2011年。

新唐书选译（古代文史名著选译丛书）（宋）欧阳修、宋祁撰，雷巧玲、李成甲译注，巴蜀书社1994年，凤凰出版社2011年。

辽史选译（古代文史名著选译丛书）（元）脱脱撰，郭齐、吴洪泽译注，巴蜀书社1994年，凤凰出版社2011年。

金史选译（古代文史名著选译丛书）（元）脱脱等撰，杨世文等译注，巴蜀书社1994年，凤凰出版社2011年。

清史稿选译（古代文史名著选译丛书） 赵尔巽等撰，黄毅译注，巴蜀书社1994年，凤凰出版社2011年。

后汉书考释 宋文民著，上海古籍出版社1995年。

史记 （汉）司马迁撰，刘起釪等注译，天津古籍出版社1995年。

三国志注译（中国六大史学名著丛书） 北方辰注译，陕西人民出版社1995年。

汉书（简体字本二十六史）（汉）班固撰，吉林人民出版社1995年。

后汉书（简体字本二十六史）（南朝宋）范晔撰，吉林人民出版社1995年。

三国志（简体字本二十六史）（晋）陈寿撰，吉林人民出版社1995年。

晋书（简体字本二十六史）（唐）房玄龄撰，吉林人民出版社1995年。

宋书（简体字本二十六史）（南朝梁）沈约撰，吉林人民出版社1995年。

南齐书（简体字本二十六史）（南朝梁）萧子显撰，吉林人民出版社1995年。

梁书（简体字本二十六史）（唐）姚思廉撰，吉林人民出版社1995年。

陈书（简体字本二十六史）（唐）姚思廉撰，吉林人民出版社1995年。

魏书（简体字本二十六史）（北齐）魏收撰，吉林人民出版社1995年。

北齐书（简体字本二十六史）（唐）李百药撰，吉林人民出版社1995年。

周书（简体字本二十六史）（唐）令狐德棻撰，吉林人民出版社1995年。

隋书（简体字本二十六史）（唐）魏徵撰，吉林人民出版社1995年。

南史（简体字本二十六史）（唐）李延寿撰，吉林人民出版社1995年。

北史（简体字本二十六史）（唐）李延寿撰，吉林人民出版社1995年。

旧唐书（简体字本二十六史）（后晋）刘昫撰，吉林人民出版社1995年。

新唐书（简体字本二十六史）（宋）欧阳修、宋祁撰，吉林人民出版社1995年。

旧五代史（简体字本二十六史）（宋）薛居正撰，吉林人民出版社1995年。

新五代史（简体字本二十六史）（宋）欧阳修撰，吉林人民出版社1995年。

宋史（简体字本二十六史）（元）脱脱撰，吉林人民出版社1995年。

辽史（简体字本二十六史）（元）脱脱撰，吉林人民出版社1995年。

金史（简体字本二十六史）（元）

脱脱等撰，吉林人民出版社 1995 年。

元史（简体字本二十六史）（明）宋濂撰，吉林人民出版社 1995 年。

新元史（简体字本二十六史）柯劭忞撰，吉林人民出版社 1995 年。

明史（简体字本二十六史）（清）张廷玉撰，吉林人民出版社 1995 年。

清史稿（简体字本二十六史）赵尔巽等撰，吉林人民出版社 1995 年。

汉书补注（清）王先谦补注，书目文献出版社 1995 年。

稿本后汉书疏记 戴蕃豫著，书目文献出版社 1995 年。

＊**三国志今注今译** 苏渊雷主编，台湾建安出版社 1996 年。

＊**三国志故事选译** 孔镜清撰，台湾建宏出版社 1996 年。

＊**史记七十篇列传评注** 李勉撰，台湾“国立”编译馆 1996 年。

后汉书（中华传世经典）（南朝宋）范晔撰，团结出版社 1996 年。

后汉书（中华传世精品珍藏文库）（南朝宋）范晔撰，中州古籍出版社 1996 年。

史记（中华传世精品珍藏文库）（汉）司马迁撰，中州古籍出版社 1996 年。

汉书（中华传世精品珍藏文库）（汉）班固撰，中州古籍出版社 1996 年。

三国志（中华传世精品珍藏文库）（晋）陈寿撰，叶青等编译，中州古籍出版社 1996 年。

白话三国志（晋）陈寿撰，王根林等译，上海古籍出版社 1996 年。

清史稿纪表传人名索引 何英芳编，中华书局 1996 年。

明史（古典名著普及文库）（清）张廷玉撰，李克和等点校，岳麓书社 1996 年。

旧唐书（古典名著普及文库）（后晋）刘昫撰，陈焕良、文华点校，岳麓书社 1997 年，2000 年。

新唐书（古典名著普及文库）（宋）欧阳修、宋祁撰，陈焕良、文华点校，岳麓书社 1997 年。

百衲本二十四史校勘记·史记校

勘记 张元济著，王绍曾、杜泽逊、赵统整理，顾廷龙审定，商务印书馆 1987 年。

史记 （汉）司马迁撰，郑强胜、季荣臣点校，台海出版社 1997 年。

史记 （汉）司马迁撰，梁绍辉标点，甘肃民族出版社 1997 年。

史记 （汉）司马迁撰，郭逸、郭曼标点，上海古籍出版社 1997 年，2003 年。

全校全注全译全评史记 （汉）司马迁撰，杨钟贤、郝志达主编，天津古籍出版社 1997 年。

史记评林 （明）凌稚隆辑校，李光缙增补，于亦时整理，天津古籍出版社 1998 年。

清史稿（附人名索引） 赵尔巽等撰，中华书局 1998 年。

史记（前四史） （汉）司马迁撰，大众文艺出版社 1998 年。

汉书（前四史） （汉）班固撰，大众文艺出版社 1998 年。

后汉书（前四史） （南朝宋）范晔撰，大众文艺出版社 1998 年。

三国志（前四史） （晋）陈寿撰，大众文艺出版社 1998 年。

毛泽东读批史记 毛泽东评，冯国超、江小涛译，丁华民、唐汉编选，红旗出版社 1998 年。

南史（古典名著普及文库） （唐）李延寿撰，周国林等点校，岳麓书社 1998 年。

后汉书今注今译 （南朝宋）范晔撰，章惠康、易孟醇主编，岳麓书社 1998 年。

宋书（古典名著普及文库） （南朝梁）沈约撰，刘韶军等点校，岳麓书社 1998 年，2000 年。

南齐书（古典名著普及文库） （南朝梁）萧子显撰，周国林等点校，岳麓书社 1998 年。

梁书　陈书（古典名著普及文库） （唐）姚思廉撰，管曙光等点校，岳麓书社 1998 年。

元史（古典名著普及文库） （明）宋濂等修撰，阎崇东等点校，岳麓书社 1998 年。

新唐书宰相世系表集校（二十四史研究资料丛刊） 赵超集校，中华书局 1998 年。

史记选注（中国古典名著普及丛书） 来新夏、王连升主编，齐鲁书社1998年。

史记（二十六史） （汉）司马迁撰，大众文艺出版社1998年。

后汉书（二十六史） （南朝宋）范晔撰，大众文艺出版社1998年。

三国志（二十六史） （晋）陈寿撰，大众文艺出版社1998年。

汉书（二十六史） （汉）班固撰，大众文艺出版社1999年。

晋书（二十六史） （唐）房玄龄撰，大众文艺出版社1999年。

宋书（二十六史） （南朝梁）沈约撰，大众文艺出版社1999年。

南齐书（二十六史） （南朝梁）萧子显撰，大众文艺出版社1999年。

梁书（二十六史） （唐）姚思廉撰，大众文艺出版社1999年。

陈书（二十六史） （唐）姚思廉撰，大众文艺出版社1999年。

魏书（二十六史） （北齐）魏收撰，大众文艺出版社1999年。

北齐书（二十六史） （唐）李百药撰，大众文艺出版社1999年。

周书（二十六史） （唐）令孤德棻撰，大众文艺出版社1999年。

隋书（二十六史） （唐）魏征撰，大众文艺出版社1999年。

北史（二十六史） （唐）李延寿撰，大众文艺出版社1999年。

南史（二十六史） （唐）李延寿撰，大众文艺出版社1999年。

旧唐书（二十六史） （后晋）刘昫撰，大众文艺出版社1999年。

新唐书（二十六史） （宋）欧阳修等撰，大众文艺出版社1999年。

旧五代史（二十六史） （宋）薛居正等撰，大众文艺出版社1999年。

新五代史（二十六史） （宋）欧阳修撰，大众文艺出版社1999年。

宋史（二十六史） （元）脱脱撰，大众文艺出版社1999年。

辽史（二十六史） （元）脱脱撰，大众文艺出版社1999年。

金史（二十六史） （元）脱脱等撰，大众文艺出版社1999年。

元史（二十六史） （宋）宋濂等

撰，大众文艺出版社 1999 年。

新元史（二十六史） 柯劭忞撰，大众文艺出版社 1999 年。

明史（二十六史）（清）张廷玉等撰，大众文艺出版社 1999 年。

清史稿（二十六史） 赵尔巽等撰，大众文艺出版社 1999 年。

百衲本二十四史校勘记·汉书校勘记 张元济著，王绍曾、王承略、邵玉江整理，顾廷龙审定，商务印书馆 1999 年。

百衲本二十四史校勘记·后汉书校勘记 张元济著，王绍曾、刘心明、刘祥柏整理，顾廷龙审定，商务印书馆 1999 年。

百衲本二十四史校勘记·三国志校勘记 张元济著，王绍曾、程远芬、赵统整理，商务印书馆 1999 年。

史记精言妙语（古典名著精言妙语系列） 张大可主编，中州古籍出版社 1999 年。

汉书精言妙语（古典名著精言妙语系列） 陈抗生主编，中州古籍出版社 1999 年。

后汉书精言妙语（古典名著精言妙语系列） 朱绍侯、孙英民主编，中州古籍出版社 1999 年。

三国志精言妙语（古典名著精言妙语系列） 高敏主编，中州古籍出版社 1999 年。

北齐书（白话二十四史）（唐）李百药撰，雷绍锋主编，中国华侨出版社 1999 年。

建康实录 （唐）许嵩撰，中国文史出版社 1999 年。

隋书（二十六史）（唐）魏徵等，延边人民出版社 1999 年。

新元史（二十六史） 柯劭忞撰，齐豫生、夏于全主编，延边人民出版社 1999 年。

＊**北史故事选** 齐良撰，台湾大立出版社 1999 年。

＊**晋书故事选** 于翠玲撰，台湾大立出版社 1999 年。

史记 （汉）司马迁撰，张赞煦点校，浙江古籍出版社 2000 年，2002 年。

史记 （汉）司马迁撰，岳麓书社 2000 年，2001 年。

晋书（古典名著普及文库）（唐）房玄龄撰，刘湘生等点校，岳麓书社 2000 年。

汉书 （汉）班固撰，赵一生点校，浙江古籍出版社 2000 年，2002 年。

后汉书 （南朝宋）范晔撰，张道勤点校，浙江古籍出版社 2000 年，2002 年。

三国志 （晋）陈寿撰，（南朝宋）裴松之注，金名、周成点校，浙江古籍出版社 2000 年，2003 年。

北齐书　周书（乾隆御览摛藻堂本二十四史）（唐）李百药撰，辽海出版社 2000 年。

史记十大名篇 顾竺解读，华文出版社 2000 年。

史记 （汉）司马迁著，中华书局 2000 年。

汉书 （汉）班固撰，中华书局 2000 年。

后汉书 （南朝宋）范晔撰，中华书局 2000 年。

三国志 （晋）陈寿撰，中华书局 2000 年。

晋书 （唐）房玄龄等撰，中华书局 2000 年。

宋书 （南朝梁）沈约撰，中华书局 2000 年。

南齐书 （南朝梁）萧子显撰，中华书局 2000 年。

梁书 （唐）姚思廉撰，中华书局 2000 年。

陈书 （唐）姚思廉撰，中华书局 2000 年。

魏书 （北齐）魏收撰，中华书局 2000 年。

北齐书 （唐）李百药撰，中华书局 2000 年。

周书 （唐）令狐德棻等撰，中华书局 2000 年。

隋书 （唐）魏徵撰，中华书局 2000 年。

南史 （唐）李延寿撰，中华书局 2000 年。

北史 （唐）李延寿撰，中华书局 2000 年。

旧唐书 （后晋）刘昫等撰，中华书局 2000 年。

新唐书 （宋）欧阳修、宋祁撰，中华书局 2000 年。

旧五代史 （宋）薛居正等撰，中华书局2000年。

新五代史 （宋）欧阳修撰，中华书局2000年。

宋史 （元）脱脱等撰，中华书局2000年。

辽史 （元）脱脱等撰，中华书局2000年。

金史 （元）脱脱等撰，中华书局2000年。

元史 （明）宋濂等撰，中华书局2000年。

明史 （清）张廷玉等撰，中华书局2000年。

＊**宋史故事选** 张巨才撰，台湾大立出版社2000年。

史记菁华（古籍菁华丛书）（汉）司马迁撰，陈茂兹、吴添汉译注，上海教育出版社2001年。

史记语林（中国传统文化丛书）杨生枝编撰，三秦出版社2001年。

汉书菁华（古籍菁华丛书） 钱杭译注，上海教育出版社2001年。

后汉书菁华（古籍菁华丛书）（南朝宋）范晔撰，王兴康译注，上海教育出版社2001年。

史记 （汉）司马迁撰，线装书局2001年。

史记全译（中国历代名著全译丛书）（汉）司马迁撰，杨燕起注译，贵州人民出版社2001年。

三国志校笺 赵幼文校笺，赵振铎等整理，巴蜀书社2001年。

百衲本二十四史校勘记·魏书校勘记 张元济著，王绍曾、杜泽逊、郜玉江整理，商务印书馆2001年。

百衲本二十四史校勘记·隋书校勘记 张元济著，王绍曾、程远芬、赵统整理，王绍曾审定，商务印书馆2001年。

百衲本二十四史校勘记·宋书校勘记 张元济著，王绍曾、程远芬、赵统整理，王绍曾审定，商务印书馆2001年。

百衲本二十四史校勘记·南齐书·梁书·陈书校勘记 张元济著，王绍曾等整理，王绍曾审定，商务印书馆2001年。

百衲本二十四史校勘记·南史校

勘记 张元济著，王绍曾、程远芬，赵统整理，王绍曾审定，商务印书馆2001年。

史记索引（大型古籍索引丛书）李晓光、李波主编，中国广播电视出版社2001年。

汉书索引（大型古籍索引丛书）李波、李晓光等主编，中国广播电视出版社2001年。

＊**新注新译史记列传** 吴绍志撰，台湾世一文化事业公司2002年。

三国志 （晋）陈寿撰，（南朝宋）裴松之注，卢守助点校，上海古籍出版社2002年，2003年。

宋书校议 丁福林著，上海古籍出版社2002年。

史记（中华再造善本）（汉）司马迁撰，（南朝宋）裴骃集解，（唐）司马贞索隐，（唐）张守节正义，北京图书馆出版社2003年。

史记（中华再造善本）（汉）司马迁撰，（南朝宋）裴骃集解，（唐）司马贞索隐，（唐）张守节正义，北京图书馆出版社2003年。

史记（中华再造善本）（汉）司马迁撰，（南朝宋）裴骃集解，（唐）司马贞索隐，北京图书馆出版社2003年。

汉书（中华再造善本）（汉）班固撰，（唐）颜师古注，北京图书馆出版社2003年。

汉书（中华再造善本）（汉）班固撰，（唐）颜师古注，北京图书馆出版社2003年。

汉书（中华再造善本）（汉）班固撰，（唐）颜师古集注，北京图书馆出版社2003年。

后汉书（中华再造善本）（南朝宋）范晔、（晋）司马彪撰，（唐）李贤、（南朝梁）刘昭注，北京图书馆出版社2003年。

后汉书（中华再造善本）（南朝宋）范晔、（西晋）司马彪撰，（唐）李贤、（南朝梁）刘昭注，北京图书馆出版社2003年。

后汉书（中华再造善本）（南朝宋）范晔、（西晋）司马彪撰，（唐）李贤、（南朝梁）刘昭注，北京图书馆出版社2003年。

三国志（中华再造善本）（晋）陈寿撰，（南朝宋）裴松之注，北京图书馆出版社2003年。

晋书（中华再造善本）（唐）房玄龄等撰，北京图书馆出版社 2003 年。

陈书（中华再造善本）（唐）姚思廉撰，北京图书馆出版社 2003 年。

北齐书（中华再造善本）（唐）李百药撰，北京图书馆出版社 2003 年。

南史（中华再造善本）（唐）李延寿撰，北京图书馆出版社 2003 年。

北史（中华再造善本）（唐）李延寿撰，北京图书馆出版社 2003 年。

隋书（中华再造善本）（唐）魏徵等撰，北京图书馆出版社 2003 年。

唐书（中华再造善本）（后晋）刘昫等撰，北京图书馆出版社 2003 年。

古史（中华再造善本）（宋）苏辙撰，北京图书馆出版社 2003 年。

汉书（汉）班固撰，江建忠标点，上海古籍出版社 2003 年。

《史记》选评（新世纪古代历史经典读本）张大可撰，上海古籍出版社 2003 年。

《汉书》选评（新世纪古代历史经典读本）汪受宽撰，上海古籍出版社 2003 年。

《后汉书》选评（新世纪古代历史经典读本）章义和撰，上海古籍出版社 2003 年。

宋史地理志汇释（正史地理志汇释丛刊）郭黎安编著，安徽教育出版社 2003 年。

＊**后汉书纪传今注** 韩复智、洪进业撰，台湾“国立”编译馆 2003 年。

荒史（辽宁省图书馆孤本善本丛刊. 第 1 辑）（明）陈士元撰，线装书局 2003 年。

汉书（北京大学图书馆藏宋元珍本丛刊）（汉）班固著，线装书局 2003 年。

《三国志》选评（新世纪古代历史经典读本）庄辉明撰，上海古籍出版社 2003 年。

南齐书（中华再造善本）（南朝梁）萧子显撰，北京图书馆出版社 2004 年。

＊**隋书帝纪笺注稿** 仲伟烈撰，台湾新文丰出版公司 2004 年。

新唐书（二十四史全译） 黄永年主编，汉语大词典出版社2004年。

旧唐书（二十四史全译） 黄永年等主编，汉语大词典出版社2004年。

新五代史（二十四史全译） 曾枣庄等主编，汉语大词典出版社2004年。

旧五代史（二十四史全译） 曾枣庄等主编，汉语大词典出版社2004年。

隋书（二十四史全译） 孙雍长主编，汉语大词典出版社2004年。

元史（二十四史全译） 李修生主编，汉语大词典出版社2004年。

宋史夏国传集注（西夏研究丛书） 彭向前补注，宁夏人民出版社2004年。

晋书（二十四史全译） 朱瑞平等主编，汉语大词典出版社2004年。

宋史（二十四史全译） 倪其心主编，汉语大词典出版社2004年。

三国志名篇解读 田志勇解读，华文出版社2004年。

三国志（二十四史全译） 许嘉璐主编，汉语大词典出版社2004年。

三国志：文白对照（传世藏书）（晋）陈寿撰，田余庆等译，三秦出版社2004年。

金史（二十四史全译） 曾枣庄等主编，汉语大词典出版社2004年。

辽史（二十四史全译） 曾枣庄等主编，汉语大词典出版社2004年。

明史（二十四史全译） 章培恒、俞遂生主编，汉语大词典出版社2004年。

梁书（二十四史全译） 杨忠等主编，汉语大词典出版社2004年。

陈书（二十四史全译） 杨忠等主编，汉语大词典出版社2004年。

南齐书（二十四史全译） 杨忠等主编，汉语大词典出版社2004年。

南史（二十四史全译） 杨忠等主编，汉语大词典出版社2004年。

宋书（二十四史全译） 杨忠等主编，汉语大词典出版社2004年。

北齐书（二十四史全译） 许嘉璐主编，汉语大词典出版社2004年。

周书（二十四史全译） 孙雍长主

编，汉语大词典出版社 2004 年。

魏书（二十四史全译） 周国林等主编，汉语大词典出版社 2004 年。

北史（二十四史全译） 周国林主编，汉语大词典出版社 2004 年。

三国志（中国家庭基本藏书）（晋）陈寿著，宋艳梅、杨秋梅选注，山西古籍出版社 2004 年。

百衲本二十四史校勘记·新唐书校勘记 张元济著，王绍曾、程远芬、赵统整理，王绍曾审定，商务印书馆 2004 年。

百衲本二十四史校勘记·旧唐书校勘记 张元济著，王绍曾、傅根清、赵统整理，王绍曾审定，商务印书馆 2004 年。

百衲本二十四史校勘记·宋史校勘记 张元济著，王绍曾、王承略、赵统整理，王绍曾审定，商务印书馆 2004 年。

百衲本二十四史校勘记·新五代史校勘记、金史校勘记 张元济著，王绍曾等整理，王绍曾审定，商务印书馆 2004 年。

史记（二十四史全译） 安平秋等主编，汉语大词典出版社 2004 年。

精选今译《史记》（中国古代文学名作白话精读） 李生龙编写，中南工业大学出版社 2004 年。

史记：文白对照（传世藏书）（汉）司马迁著，吴树平等译，三秦出版社 2004 年。

史记：评注本 （汉）司马迁著，韩兆琦评注，岳麓书社 2004 年。

史记百则（中国古典名著时尚读本） 韩兆琦选释，中国青年出版社 2004 年。

文白对照汉书（传世藏书） （汉）班固著，张传玺译，三秦出版社 2004 年。

汉书（二十四史全译） 安平秋、张传玺主编，汉语大词典出版社 2004 年。

后汉书（二十四史全译） 许嘉璐主编，汉语大词典出版社 2004 年。

文白对照后汉书（传世藏书）（南朝宋）范晔、（西晋）司马彪著，李虎等译，三秦出版社 2004 年。

后汉书：珍藏版（中国传统文化经典文库） （南朝宋）范晔著，乙力编，兰州大学出版社 2004 年。

汉书：珍藏版（中国传统文化经典文库）（汉）班固著，乙力编，兰州大学出版社2004年。

汉书（中国家庭基本藏书）（汉）班固著，马玉山、胡恤琳选注，山西古籍出版社2004年。

史记（中国家庭基本藏书） 崔凡芝选注，山西古籍出版社2004年。

史记笺注 韩兆琦编著，江西人民出版社2004年。

史记（中华再造善本）（汉）司马迁撰，（南朝宋）裴骃集解，（唐）司马贞索隐，张守节正义，北京图书馆出版社2005年。

汉书（中华再造善本）（汉）班固撰，（唐）颜师古注，北京图书馆出版社2005年。

后汉书（中华再造善本）（南朝宋）范晔、（西晋）司马彪撰，（唐）李贤、（南朝梁）刘昭注，北京图书馆出版社2005年。

梁书（中华再造善本）（唐）姚思廉撰，北京图书馆出版社2005年。

周书（中华再造善本）（唐）令孤德棻撰，北京图书馆出版社2005年。

宋史（中华再造善本）（元）脱脱等撰，北京图书馆出版社2005年。

金史（中华再造善本）（元）脱脱等撰，北京图书馆出版社2005年。

后汉书（中国家庭基本藏书．史学名著卷）（南朝宋）范晔著，李立、刘伯雨选注，山西古籍出版社2005年。

史记选：西班牙文 （汉）司马迁著，尹承东等译，外文出版社2005年。

《明史·刑法志》考注 王伟凯著，天津古籍出版社2005年。

三国志：图文珍藏本 （晋）陈寿撰，南朝·宋裴松之注，岳麓书社2005年。

史记 （汉）司马迁撰，中华书局2005年。

汉书 （汉）班固撰，（唐）颜师古注，中华书局2005年。

后汉书 （南朝宋）范晔撰，（唐）李贤等注，中华书局2005年。

三国志 （晋）陈寿撰，（南朝宋）裴松之注，中华书局2005年。

两汉魏晋南北朝正史西域传要注

余太山撰，中华书局2005年。

史记（中国古典文化精华）（西汉）司马迁著，时代文艺出版社2005年。

图像三国志（中国古典文化精华）吴兆基编，时代文艺出版社2005年。

《金史》之《食货志》与《百官志》校注（教育部“十五”“211工程”辽宁大学“东北边疆与民族”子项目丛书）韩志明、都兴智校注，中国社会科学出版社2005年。

旧五代史新辑会证 陈尚君辑纂，复旦大学出版社2005年。

史记精读（汉语言文学原典精读系列）陈正宏著，复旦大学出版社2005年。

史记（中国古典名著精品书系）刘泰丰主编，（汉）司马迁著，军事谊文出版社2005年。

史记（中华再造善本）（汉）司马迁撰，（南朝宋）裴骃集解，（唐）司马贞索隐，北京图书馆出版社2006年。

后汉书（中华再造善本）（南朝宋）范晔、（西晋）司马彪撰，（南朝梁）刘昭补注，（唐）李贤注，北京图书馆出版社2006年。

后汉书（中华再造善本）（南朝宋）范晔、（西晋）司马彪撰，（南朝梁）刘昭补注，（唐）李贤注，北京图书馆出版社2006年。

三国志（中华再造善本）（晋）陈寿撰，（南朝宋）裴松之注，北京图书馆出版社2006年。

三国志（中华再造善本）（晋）陈寿撰，（南朝宋）裴松之注，北京图书馆出版社2006年。

宋书（中华再造善本）（梁）沈约撰，北京图书馆出版社2006年。

魏书（中华再造善本）（北齐）魏收撰，北京图书馆出版社2006年。

隋书（中华再造善本）（唐）魏徵等撰，北京图书馆出版社2006年。

北史（中华再造善本）（唐）李延寿撰，北京图书馆出版社2006年。

唐书（中华再造善本）（宋）欧阳修、宋祁等撰，北京图书馆出版社2006年。

五代史记（中华再造善本）（宋）欧阳修撰，徐无党注，北京图书馆出版社 2006 年。

《史记》选读 王培元主编，山东省教学研究室编著，山东人民出版社 2006 年。

汉书（中国古典名著文库丛书）（汉）班固撰，罗文军编，太白文艺出版社 2006 年。

后汉书（中国古典名著文库丛书）（南朝宋）范晔撰，罗文军编，太白文艺出版社 2006 年。

三国志（中国古典名著文库丛书）（晋）陈寿撰，罗文军编，太白文艺出版社 2006 年。

白话史记（华夏文化典藏书系．第 5 辑）（汉）司马迁著，乙力编译，陕西旅游出版社 2006 年。

三国志：最新图文普及版（青少年快读中华传统文化书系）（晋）陈寿撰，内蒙古文化出版社 2006 年。

宋书州郡志汇释（正史地理志汇释丛刊） 胡阿祥编著，安徽教育出版社 2006 年。

汉书地理志汇释（正史地理志汇释丛刊） 周振鹤编著，安徽教育出版社 2006 年。

史记（中国古典文学名著宝库：诠释古典珍藏版）（汉）司马迁著，中国戏剧出版社 2006 年。

罪惟录 （清）查继佐撰，北京图书馆出版社 2006 年。

后汉书集解 （清）王先谦撰，广陵书社 2006 年。

汉书补注 （清）王先谦撰，广陵书社 2006 年。

正史高句丽传校注（东北史地研究丛书） 姜维东等著，吉林人民出版社 2006 年。

史记讲读（国学名著讲读系列） 王冉冉著，华东师范大学出版社 2006 年。

《史记》选读 丁帆、杨九俊主编，张劲秋等编写，江苏教育出版社 2006 年。

史记（中国古典文学经典名著学生读本）（汉）司马迁原著，卢晓光、赵淑兰编写，河北少年儿童出版社 2006 年。

三国志 （晋）陈寿撰，（南朝宋）裴松之注，沈伯俊、崔蕾点校，线装书局 2006 年。

抄本史记 （汉）司马迁著，（清）佚名抄，线装书局2006年。

史记：彩图版（中国传统文化精华） 李杰主编，哈尔滨出版社2006年。

史记：学生版（历史快读系列） （汉）司马迁著，李杰主编，哈尔滨出版社2006年。

史记（青少年快读历史书系） （汉）司马迁著，内蒙古文化出版社2006年。

后汉书疏证 （清）沈钦韩撰，上海古籍出版社2006年。

后汉书集解：外三种 （清）王先谦等撰，上海古籍出版社2006年。

汉书疏证：外二种 （清）沈钦韩等撰，上海古籍出版社2006年。

白话史记 （汉）司马迁著，王义杰译，天津古籍出版社2006年。

史记 （汉）司马迁著，中华书局2006年。

史记：文白对照（中华典籍珍藏书系） （汉）司马迁著，李楠译，中国三峡出版社2006年。

三国志 （晋）陈寿撰，（南朝宋）裴松之注，中华书局2006年。

史记 （汉）司马迁著，易行、孙嘉镇校订，线装书局2006年。

三国志 （晋）陈寿撰，（南朝宋）裴松之注，易行、孙嘉镇校订，线装书局2006年。

＊**辽史长笺** 杨家骆、赵振绩编纂，台湾新文丰出版公司2006年。

＊**白话三国志** 王静芝等撰，台湾国家出版社2006年。

续汉书郡国志汇释（正史地理志汇释丛刊） 钱林书编著，安徽教育出版社2007年。

史记 （汉）司马迁著，广陵书社2007年。

三国志 （晋）陈寿撰，广陵书社2007年。

史记：彩图版（中国传统文化精华） 崔钟雷主编，（汉）司马迁著，哈尔滨出版社2007年。

三国志（中国传统文化精华） （晋）陈寿著，崔钟雷主编，哈尔滨出版社2007年。

史记（图说天下·国学书院系列．第1辑） 《图说天下·国学书院系列》编委会编，吉林出版集团有限责任公司2007年。

三国志（图说天下·国学书院系列．第2辑）　《图说天下·国学书院系列》编委会编，吉林出版集团有限责任公司2007年。

白话三国志　（晋）陈寿著，刘泗译，江西人民出版社2007年。

史记（国学大书院）
（汉）司马迁著，三秦出版社2007年。

史记全译：精美插图本（国学大书院）　（汉）司马迁著，陈伶编译，三秦出版社2007年。

白话史记：精美插图本（国学大书院）（汉）司马迁原著，乙力编译，三秦出版社2007年。

汉书　后汉书　三国志：精美插图本（国学大书院）
（汉）班固著，（南朝宋）范晔著，（晋）陈寿撰，乙力编译，三秦出版社2007年。

史记新解　褚玉兰著，山东大学出版社2007年。

史记：文白对照（中国古典文化鉴赏宝库：珍藏版）　（汉）司马迁著，陕西旅游出版社2007年。

三国志：珍藏版（中国古典文化鉴赏宝库：文白对照）　言鼎编著，陕西旅游出版社2007年。

史记（阅读中华经典）　严硕勤编著，泰山出版社2007年。

白话史记读本（白话国学经典系列）　秦同培注释，宋晶如校订，天津人民出版社2007年。

史记选：英文（中华典籍图文丛书）（汉）司马迁原著，滕一岚英文改编，刘安利绘，外文出版社2007年。

史记：中华传世藏书：图文珍藏版（中华传世藏书大系．第一辑）
（汉）司马迁著，线装书局2007年。

史记：简体白文本　（汉）司马迁著，新世界出版社2007年。

史记·本纪（国学今读大书院）
（汉）司马迁原典，于童蒙编译，中国纺织出版社2007年。

史记·世家（国学今读大书院）
（汉）司马迁原典，于童蒙编译，中国纺织出版社2007年。

后汉书（中华古典名著文库少年

版：珍藏本） 吴砺选注，中国少年儿童出版社2007年。

史记：全本（中国古典文学精华） （汉）司马迁著，中国戏剧出版社2007年。

史记（世界古典文化经典：珍藏版） 程小军主编，（汉）司马迁原著，中国戏剧出版社2007年。

史记（中国传统文化大系） （汉）司马迁著，中国戏剧出版社2007年。

史记（中华经典藏书） 韩兆琦译注，中华书局2007年，2010年。

三国志（中华经典藏书） 文强译注，中华书局2007年。

三国志 （晋）陈寿撰，栗平夫、武彰译，中华书局2007年。

史记校正（王叔岷著作集） 王叔岷撰，中华书局2007年。

后汉书 （南朝宋）范晔撰，中华书局2007年。

汉书 （汉）班固撰，中华书局2007年。

史记疏证：外一种 （清）崔适等撰，上海古籍出版社2007年。

汉书补注：外二种 （清）王先谦等撰，上海古籍出版社2007年。

三国志（家庭书架．第2辑） （晋）陈寿撰，北京出版社2007年。

史记：百家汇评本 （汉）司马迁著，张大可辑评，长江文艺出版社2007年。

＊**《史记·五帝本纪》辑证**（古典文献研究辑刊） （汉）司马迁撰，康全诚辑证，台湾花木兰文化出版社2007年。

＊**陈书本纪校注**（古典文献研究辑刊） （唐）姚思廉撰，林礽乾校注，台湾花木兰文化出版社2008年。

＊**新译史记** 韩兆琦撰，台湾三民书局2008年。

史记：文白对照本 （汉）司马迁撰，韩兆琦等译，中华书局2008年。

晋书校注 （唐）房玄龄等撰，（清）吴士鉴、（清）刘承幹注，中华书局2008年。

东观汉记校注 东（汉）刘珍等撰，吴树平校注，中华书局2008年。

唐书辑校 吴玉贵撰，中华书局 2008 年。

史记 （汉）司马迁著，北京出版社 2008 年。

汉书 （汉）班固撰，岳麓书社 2008 年。

三国志 （晋）陈寿撰，北京出版社 2008 年。

白话三国志 （晋）陈寿撰，吴顺东译，岳麓书社 2008 年。

食货志汇编 ［日］松崎鹤雄编，国家图书馆出版社 2008 年。

白话史记 （汉）司马迁著，盛广智译，吉林文史出版社 2008 年。

汉书 （汉）班固著，三晋出版社 2008 年。

后汉书 （南朝宋）范晔著，三晋出版社 2008 年。

三国志 （晋）陈寿著，三晋出版社 2008 年。

史记 （汉）司马迁著，三晋出版社 2008 年。

三国志：绣像本 （晋）陈寿著，线装书局 2008 年。

汉书精华注译评 吴礼明著，长春出版社 2008 年。

后汉书精华注译评 吴礼明著，长春出版社 2008 年。

明史·贵州地理志考释 （清）张廷玉编，罗康智、王继红编著，贵州人民出版社 2008 年。

明史·贵州土司列传考证 （清）张廷玉编，翟玉前、孙俊编著，贵州人民出版社 2008 年。

史记 （汉）司马迁原著，蓝天出版社 2008 年。

三国志：插图本 （晋）陈寿撰，万卷出版公司 2008 年。

史记：插图本 （汉）司马迁著，万卷出版公司 2008 年。

史记全本：插图本 （汉）司马迁著，万卷出版公司 2008 年。

汉书考正·后汉书考正：外二种 佚名撰，上海古籍出版社 2008 年。

三国志注补：外四种 （清）赵一清等撰，上海古籍出版社 2008 年。

明史 （清）万斯同撰，上海古籍出版社 2008 年。

石匮书·石匮书后集 （清）张岱撰，上海古籍出版社 2008 年。

汉书补注 （清）王先谦注，上海师范大学古籍整理研究所整理，上海古籍出版社 2008 年。

晋书斠注（影印本） （唐）房玄龄等撰，吴士鉴、刘承幹注，中华书局 2008 年。

史记 （汉）司马迁著，中华书局 2009 年。

宋书校勘记长编 王仲荦著，中华书局 2009 年

宋史职官志补正：增订本 龚延明著，中华书局 2009 年。

新白话史记 （汉）司马迁原著，韩兆琦译，中华书局 2009 年。

汉书（中华经典藏书） （汉）班固撰，中华书局 2009 年。

后汉书（中华经典藏书） 陈芳译注，中华书局 2009 年。

三国志 （晋）陈寿撰，中华书局 2009 年。

《史记》精解 熠彤注解，人民文学出版社 2009 年，2010 年。

三国志集解 （晋）陈寿撰，（南朝宋）裴松之注，卢弼集解，钱剑夫整理，上海古籍出版社 2009 年。

三十国春秋辑本 （清）汤球辑，吴振清校注，天津古籍出版社 2009 年。

史记：普及本 （汉）司马迁著，北京燕山出版社 2009 年。

史记 （汉）司马迁著，张强、杜春龙注评，凤凰出版社 2009 年。

史记 （汉）司马迁原著，吉林文史出版社 2009 年。

史记选读 李伟泰等选注，台湾大学出版中心 2009 年。

史记考证（中华再造善本续编） （清）杭世骏撰，国家图书馆出版社 2009 年。

西夏书（中华再造善本续编） （清）周春撰，国家图书馆出版社 2009 年。

元朝祕史（中华再造善本续编） 佚名撰，国家图书馆出版社 2009 年。

辽史拾遗（中华再造善本续编） （清）厉鹗撰，国家图书馆出版社

2010年。

史记：评注本　（汉）司马迁著，甘宏伟、江俊伟校，崇文书局2010年。

汉书：珍藏版　（汉）班固著，吉林出版集团有限责任公司2010年。

三国志　（晋）陈寿著，吉林出版集团有限责任公司2010年。

史记：珍藏版　（汉）司马迁著，吉林出版集团有限责任公司2010年。

史记全书　（汉）司马迁著，内蒙古人民出版社2010年。

南唐书（两种）　（宋）马令、（宋）陆游撰，濮小南、胡箫白点校，南京出版社2010年。

史记　（汉）司马迁撰，中华书局2010年。

三国志　（晋）陈寿撰，中华书局2010年。

南齐书校议　丁福林著，中华书局2010年。

十国春秋　（清）吴任臣撰，徐敏霞、周莹点校，中华书局2010年。

史记　（汉）司马迁撰，中州古籍出版社2010年。

后汉书　（南朝宋）范晔著，北京燕山出版社2010年。

汉书　（汉）班固著，北京燕山出版社2010年。

史记精编　贾浨铀编著，天津古籍出版社2010年。

名家注评史记　（汉）司马迁原著，邹德金整理，天津古籍出版社2010年。

三国志　（晋）陈寿著，凤凰出版社2010年。

后汉书　（南朝宋）范晔著，凤凰出版社2010年。

三国志　（晋）陈寿原著，吉林文史出版社2010年。

三国志：绣像精装本　（晋）陈寿著，线装书局2010年。

汉书：图文珍藏版　（汉）班固著，线装书局2010年。

后汉书：图文珍藏版　（南朝宋）范晔著，线装书局2010年。

三国志　（晋）陈寿撰，上海古籍

出版社 2011 年。

历代名家评注史记集说 （清）程馀庆撰，高益荣、赵光勇、张新科编撰，三秦出版社 2011 年。

宋本史记注译 霍松林、赵望秦主编，三秦出版社 2011 年。

史记评注 （清）牛运震撰，魏耕原、张亚玲点校，三秦出版社 2011 年。

汉书 （汉）班固著，谢秉洪注评，凤凰出版社 2011 年。

宋刻十四行本史记 （汉）司马迁著，凤凰出版社 2011 年。

史记：译文注释版 （汉）司马迁著，北京燕山出版社 2011 年。

**新译史记：名篇精选* 韩兆琦撰，台湾三民书局 2011 年。

新唐书纠谬（中华再造善本续编）（宋）吴缜撰，国家图书馆出版社 2011 年。

编年类

大唐创业起居注 （唐）温大雅著，第一中山大学出版部 1927 年。

读史年表附引得 燕京大学图书馆引得编纂处编，燕京大学图书馆引得编纂处 1931 年。

太祖高皇帝实录稿本三种 罗振玉辑，史料整理所 1933 年。

满洲实录 文殿阁书庄 1934 年，1937 年。

资治通鉴 （宋）司马光著，（元）胡三省音注，国学整理社 1935 年。

（尺木堂）纲鉴易知录 （清）吴乘权等辑，杨镇华标点，东方文学社 1935 年，大众书局 1935 年，九洲书局 1935 年，广益书局 1936 年。

通鉴补正略 （明）严衍著，（清）张敦仁编，商务印书馆 1935 年。

（影印圈句）续资治通鉴 （清）毕沅编，世界书局 1935 年。

明纪 （清）陈鹤著，陈克家参订，国学整理社 1935 年。

历代史表（万有文库）（清）万斯同著，商务印书馆 1936 年。

历代帝王年表（四部备要）（清）齐召南撰，（清）阮福续编，中华书局 1936 年。

历代纪元编（四部备要）（清）李

兆洛撰，中华书局 1936 年。

历代史表（四部备要）（清）万斯同撰，中华书局 1936 年。

历代统纪表（四部备要）（清）段长基编，中华书局 1936 年。

改元考同（丛书集成初编）（清）吴肃公撰，商务印书馆 1936 年。

历代甲子考（丛书集成初编）（清）黄宗羲撰，商务印书馆 1936 年。

三国纪年表（丛书集成初编）（清）周嘉猷撰，商务印书馆 1936 年。

疑年表（丛书集成初编）（清）汪日桢撰，商务印书馆 1936 年。

中兴小纪（丛书集成初编）（宋）熊克撰，商务印书馆 1936 年。

中兴小纪（国学基本丛书）（宋）熊克撰，商务印书馆 1937 年。

历代帝王年表（丛书集成初编）（清）齐召南编，（清）阮福续，商务印书馆 1939 年。

历代帝王年表（万有文库）（清）齐召南编，阮亨校订，商务印书馆 1937 年，1939 年简编本。

历代统纪表（万有文库）（清）段承基编，商务印书馆 1937 年。

历代建元考（万有文库）（清）钟渊映著，商务印书馆 1937 年。

历代建元考（丛书集成初编）（清）钟渊映撰，商务印书馆 1937 年。

纪元编（丛书集成初编）（清）李兆洛撰，商务印书馆 1937 年。

历代史表（丛书集成初编）（清）万斯同撰，商务印书馆 1937 年。

竹书纪年 （南朝梁）沈约注，潘裕章校，广益书局 1936 年。

纲鉴合编 （明）袁黄、王世贞编，印鸾章校订，世界书局 1936 年，中国书店 1985 年。

明鉴纲目 （清）张廷玉等著，印鸾章修订，国学整理社 1936 年，上海书店 1985 年。

清鉴纲目 印鸾章编，国学整理社 1936 年，中国书店 1985 年，上海书店 1985 年。

（仿古字版）明鉴 印鸾章、李介人修定，国学整理社 1936 年，中国书店 1985 年。

（仿古字版）清鉴 印鸾章编、蔡

丐因校订，国学整理社 1936 年。

竹书纪年（四部丛刊）（南朝梁）沈约注，商务印书馆 1936 年。

竹书纪年（四部备要）（南朝梁）沈约注，（清）洪颐煊校，中华书局 1936 年。

前汉纪（四部丛刊）（汉）荀悦撰，商务印书馆 1936 年。

后汉纪（四部丛刊）（晋）袁宏撰，商务印书馆 1936 年。

资治通鉴（四部丛刊）（宋）司马光撰，商务印书馆 1936 年。

资治通鉴（四部备要）（宋）司马光撰，（元）胡三省音注，中华书局 1936 年。

资治通鉴考异（四部丛刊）（宋）司马光撰，商务印书馆 1936 年。

资治通鉴目录（四部丛刊）（宋）司马光撰，商务印书馆 1936 年。

资治通鉴目录（四部备要）（宋）司马光撰，中华书局 1936 年。

稽古录（四部丛刊）（宋）司马光撰，商务印书馆 1936 年。

资治通鉴外纪（四部丛刊）（宋）刘恕撰，商务印书馆 1936 年。

资治通鉴释文（四部丛刊）（宋）史炤撰，商务印书馆 1936 年。

续资治通鉴（四部备要）（清）毕沅撰，中华书局 1936 年。

明纪（四部备要）（清）陈鹤撰，（清）陈克家续补，中华书局 1936 年。

西汉年纪（丛书集成初编）（宋）王益之撰，商务印书馆 1936 年。

大唐创业起居注（丛书集成初编）（唐）温大雅撰，商务印书馆 1936 年。

顺宗实录（丛书集成初编）（唐）韩愈撰，商务印书馆 1936 年。

建炎以来系年要录（丛书集成初编）（宋）李心传撰，商务印书馆 1936 年。

通鉴地理通释（丛书集成初编）（宋）王应麟撰，商务印书馆 1936 年。

竹书纪年（丛书集成初编）（南朝梁）沈约注，商务印书馆 1937 年。

汉晋春秋辑本（丛书集成初编）（清）汤球辑，商务印书馆 1937 年。

晋纪辑本（丛书集成初编）（清）汤球辑，商务印书馆1937年。

西汉年纪（国学基本丛书）（宋）王益之著，商务印书馆1937年。

竹书纪年（万有文库）（南朝梁）沈约注，（清）洪颐煊校，商务印书馆1937年，1939年简编本。

建炎以来系年要录（国学基本丛书）（宋）李心传编，商务印书馆1937年。

南明赣事系年录 欧阳祖经编，江西省立图书馆1937年。

三国纪年（丛书集成初编）（宋）陈亮撰，商务印书馆1939年。

五代春秋（丛书集成初编）（宋）尹洙撰，商务印书馆1939年。

资治通鉴释文（丛书集成初编）（宋）史照撰，商务印书馆1939年。

续宋编年资治通鉴（丛书集成初编）（宋）刘时举撰，商务印书馆1939年。

锦里耆旧传（丛书集成初编）（宋）勾延庆撰，商务印书馆1939年。

蜀梼杌（丛书集成初编）（宋）张唐英撰，商务印书馆1939年。

南汉纪（丛书集成初编）（清）吴兰修撰，商务印书馆1939年。

宋季三朝政要（丛书集成初编）（元）佚名撰，商务印书馆1939年。

靖康要录（丛书集成初编）（宋）汪藻撰，商务印书馆1939年。

三朝北盟会编 （宋）徐梦莘编，海天书店1939年。

（增补）鉴略句解（言文对照、音注标点）（明）李廷机著，瞿世镇编，春江书局1941年。

（白话解释）鉴略离句读本 （明）李廷机著，王心清增释，广益书局1941年。

资治通鉴 （宋）司马光撰，（元）胡三省音注，标点《资治通鉴》小组点校，古籍出版社1956年，中华书局1963年，1996年。

古本竹书纪年辑校订补 范祥雍辑补，上海人民出版社1957年，上海古籍出版社2011年。

通鉴选 （宋）司马光撰，瞿蜕园选注，古典文学出版社1957年，中华书局上海编辑所1962年。

续资治通鉴 （清）毕沅撰，标点

《续资治通鉴》小组点校，古籍出版社 1957 年，中华书局 1964 年，1999 年。

宋太宗实录 （宋）钱若水撰，古籍出版社 1957 年。

国榷 （明）谈迁撰，张宗祥点校，中华书局 1958 年，1988 年。

光绪朝东华录 （清）朱寿朋编，张静庐等点校，中华书局 1958 年，1984 年。

明通鉴 （清）夏燮撰，沈仲九点校，中华书局 1959 年，1980 年。

纲鉴易知录 （清）吴乘权等辑，施意周点校，中华书局 1960 年，1996 年。

＊**续补明纪编年**（台湾研究丛刊）（清）王汝南，台湾银行经济研究室 1961 年。

＊**明实录** （明）董伦、胡广、解缙等修，黄彰健校勘，台湾“中研院”历史语言研究所，1962 年。

＊**王氏古本竹书纪年辑校补正** 钱穆撰，台北世界 1963 年。

＊**十二朝东华录** （清）王先谦纂辑，台湾文海出版社，1963 年。

＊**清世祖实录选辑**（台湾研究丛刊） 台湾银行经济研究室选辑，台湾银行经济研究室 1963 年。

＊**清圣祖实录选辑**（台湾研究丛刊） 台湾银行经济研究室编，台湾银行经济研究室 1963 年。

＊**清世宗实录选辑**（台湾研究丛刊） 台湾银行经济研究室编，台湾银行经济研究室 1963 年。

＊**清仁宗实录选辑**（台湾研究丛刊） 台湾银行经济研究室编，台湾银行经济研究室 1963 年。

＊**清穆宗实录选辑**（台湾研究丛刊） 台湾银行经济研究室编，台湾银行经济研究室 1963 年。

＊**清文宗实录选辑**（台湾研究丛刊） 台湾银行经济研究室编，台湾银行经济研究室 1964 年。

＊**清宣宗实录选辑**（台湾研究丛刊） 台湾银行经济研究室编，台湾银行经济研究室 1964 年。

＊**清高宗实录选辑**（台湾研究丛刊） 台湾银行经济研究室编，台湾银行经济研究室 1964 年。

＊**清德宗实录选辑**（台湾研究丛刊） 台湾银行经济研究室辑，台

湾银行经济研究室 1964 年。

＊**圣安本纪**（台湾研究丛刊）（清）顾炎武，台湾银行经济研究室 1964 年。

资治通鉴选（中国史学名著选　中国古典名著普及丛书）（宋）司马光撰，王仲荦主编，中华书局 1965 年，2009 年，齐鲁书社 1998 年。

建炎以来系年要录　（宋）李心传撰，中华书局 1965 年，1988 年。

＊**资治通鉴今注**　（宋）司马光撰，李宗侗、夏德仪注，（台湾）商务印书馆 1966 年。

＊**两朝纲目备要**(宋史资料萃编)（宋）不著撰者，台湾文海出版社 1967 年。

＊**皇宋中兴两朝圣政**（宋史资料萃编）（宋）不著撰者，台湾文海出版社 1967 年。

＊**皇宋十朝纲要**（宋史资料萃编）（宋）李埴，台湾文海出版社 1967 年。

＊**弘光实录钞**（台湾研究丛刊）台湾银行经济研究室编，台湾银行经济研究室 1968 年。

＊**东华续录选辑**（台湾研究丛刊）（清）王先谦等纂，台湾银行经济研究室 1968 年。

＊**光绪朝东华续录选辑**（台湾研究丛刊）（清）朱寿朋纂，台湾银行经济研究室 1969 年。

＊**东华录选辑**（台湾研究丛刊）（清）王先谦，台湾银行经济研究室 1969 年。

＊**崇祯长编**（台湾研究丛刊）（清）不著撰者，台湾银行经济研究室 1969 年。

＊**宋史全文续资治通鉴**（宋史资料萃编）（元）不著撰者，台湾文海出版社 1969 年。

＊**通鉴辑览明季编年**（台湾研究丛刊）　台湾银行经济研究室编，台湾银行经济研究室 1970 年。

＊**崇祯实录**（台湾研究丛刊）（清）不著撰者，台湾银行经济研究室 1971 年。

＊**明实录闽海关系史料**（台湾研究丛刊）　台湾银行经济研究室编，台湾银行经济研究室 1971 年。

＊**三朝北盟会编**　（宋）徐梦莘撰，台湾大化书局 1979 年。

东华录 （清）蒋良骐撰，林树惠、傅贵九点校，中华书局 1980 年。

续资治通鉴长编 （宋）李焘撰，上海师范大学古籍整理研究所、华东师范大学古籍整理研究所点校，中华书局 1980 至 1993 年，2004 年。

＊**建炎以来系年要录**（宋史资料萃编）（宋）李心传编，台湾文海出版社 1980 年。

＊**中兴小纪**（宋史资料萃编）（宋）熊克，台湾文海出版社 1981 年。

＊**太平宝训政事纪年**（宋史资料萃编）（宋）不著撰者，台湾文海出版社 1981 年。

＊**宋季三朝政要**（宋史资料萃编）（宋）不著撰者，台湾文海出版社 1981 年。

＊**类编皇朝大事记讲义**（宋史资料萃编）（宋）吕祖谦，台湾文海出版社 1981 年。

古本竹书纪年辑证 方诗铭、王修龄辑证，上海古籍出版社 1981 年，2005 年修订本，台湾华世出版社 1983 年。

大唐创业起居注 （唐）温大雅撰，李季平、李锡厚点校，上海古籍出版社 1983 年。

明实录 台湾“中研院”历史语言研究所校印，上海书店 1983 年。

康熙起居注 中国第一历史档案馆整理，中华书局 1984 年。

＊**白话资治通鉴** 黄锦鋐主编，台湾文化图书公司 1984 年。

胡刻通鉴正文校宋记 章钰著，中国书店 1985 年。

中兴小纪（八闽文献丛刊）（宋）熊克撰，顾吉辰、郭群一点校，福建人民出版社 1985 年。

纪元通考 （清）叶维庚撰，中国书店 1985 年。

通鉴地理通释 （宋）王应麟撰，江苏广陵古籍刻印社 1985 年，1991 年。

资治通鉴选读 （宋）司马光撰，陈光崇、顾奎相选注，山西人民出版社 1986 年。

稽古录 （宋）司马光撰，美·王亦令点校，中国友谊出版公司 1986 年。

续资治通鉴长编（附拾补）（宋史

要籍汇编）（宋）李焘撰，（清）黄以周等辑补，上海古籍出版社1986年。

＊**建炎以来系年要录人名索引** 梅原郁编，台湾宗青图书出版公司1986年。

清实录 中华书局编，中华书局1986至1987年。

三朝北盟会编 （宋）徐梦莘撰，江苏广陵古籍刻印社1987年。

大事记 （宋）吕祖谦撰，江苏广陵古籍刻印社1987年。

续资治通鉴 （清）毕沅编撰，上海古籍出版社1987年，1997年。

明从信录 （明）陈建辑、沈国元订，江苏广陵古籍刻印社1987年。

昭代典则 （明）黄允昇辑，江苏广陵古籍刻印社1987年。

明鉴纲目 印鸾章、李介人修订，管巧灵标点，岳麓书社1987年。

清鉴纲目 印鸾章撰，邓球柏、钟楚楚标点，岳麓书社1987年。

清鉴易知录 许国英著，北京古籍出版社1987年。

资治通鉴 （宋）司马光编，（元）胡三省音注，上海古籍出版社1987年，1995年。

后汉记校注 （晋）袁宏撰，周天游校注，天津古籍出版社1987年。

资治通鉴选译（古代文史名著选译丛书）（宋）司马光撰，李庆译注，巴蜀书社1988年，1992年，凤凰出版社2011年。

续资治通鉴长编选译（古代文史名著选译丛书）（宋）李焘原撰，徐光烈译注，巴蜀书社1988年，1991年，凤凰出版社2011年。

续资治通鉴长编拾补 （清）黄以周等撰，文物出版社1988年。

元朝典故编年考 （清）孙承泽撰，江苏广陵古籍刻印社1988年。

历代建元表 （清）钱东垣撰，江苏广陵古籍刻印社1988年。

众家编年体晋史 （清）汤球、黄奭辑，乔治忠校注，天津古籍出版社1989年。

清太祖努尔哈赤实录（清代历史资料丛刊）（清）鄂尔泰等纂修，上海书店出版社1989年。

山书（明末清初史料选刊）（清）孙承泽撰，裘剑平点校，浙江古籍出版社1989年。

列代建元表 （清）钱东垣撰，江苏广陵古籍刻印社1989年。

历代纪元汇考 （清）万斯同撰，江苏广陵古籍刻印社1989年。

历代通鉴辑览 （清）傅恒等编，上海古籍出版社1990年。

资治通鉴 （宋）司马光编纂，岳青标点，岳麓书社1990年。

明实录类纂 李国祥、杨昶主编，武汉出版社1990至1995年。

明通鉴 （清）夏燮撰，上海古籍出版社1990年，1995年。

古本竹书纪年译注 李民等编，中州古籍出版社1990年。

历代方镇年表 吴廷燮撰，江苏广陵古籍刻印社1990年。

纲鉴合编 （明）袁黄、王世贞编，中州古籍出版社1991年。

资治通鉴（中华传世精品珍藏文库）（宋）司马光撰，中州古籍出版社1991年。

续资治通鉴 （清）毕沅撰，黄德馨等标点，岳麓书社1992年，2008年。

建炎以来系年要录（附索引）（宋）李心传撰，上海古籍出版社1992年。

资治通鉴（家藏精品书系）（宋）司马光撰，孙玉文、萧放点注，中国友谊出版公司1993年。

纲鉴统一（冯梦龙全集）（明）冯梦龙编纂，上海古籍出版社1993年。

纲鉴统一（冯梦龙全集）（明）冯梦龙撰，张玉范、沈乃文点校，江苏古籍出版社1993年。

文白对照全译廿五史纲鉴 张宏儒等译，北京师范大学出版社1993年。

西汉年纪 （宋）王益之撰，王根林整理，中州古籍出版社1993年。

雍正朝起居注册 中国第一历史档案馆编，中华书局1993年。

白话资治通鉴 沈志华、张宏儒主编，改革出版社1993年，台湾建宏出版社1994年，中华书局1997年。

资治通鉴　（宋）司马光编撰，中州古籍出版社 1994 年。

续资治通鉴　（清）毕沅编，中州古籍出版社 1994 年。

＊**白话续资治通鉴**　沈志华主编，台湾建宏出版社 1994 年。

＊**文白对照全译续资治通鉴**　沈志华主编，台湾建宏出版社 1995 年。

续编两朝纲目备要　（宋）佚名编，汝企和点校，中华书局 1995 年。

＊**文白对照全译资治通鉴**　沈志华、张宏儒主编，台湾建宏出版社 1995 年。

宋太宗实录残本　（宋）钱若水等编，中国书店 1996 年。

续资治通鉴（中华传世经典）（清）毕沅撰，团结出版社 1996 年。

资治通鉴纲目（文白对照）　（宋）司马光、朱熹撰，孙通海、李巨泰等译，长征出版社 1996 年。

白话续资治通鉴　（清）毕沅撰，蓝奇光等译，岳麓书社 1997 年。

皇明资治通纪三种（中国公共图书馆古籍文献珍本汇刊）（明）陈建等编纂，中华全国图书馆文献缩微复制中心 1997 年。

资治通鉴（附考异）　（宋）司马光编撰，邬国义标点，上海古籍出版社 1997 年。

资治通鉴　（宋）司马光撰，团结出版社 1997 年。

御批历代通鉴辑览　（清）傅恒等奉敕编，马建石主编，吉林人民出版社 1997 年。

五代十国方镇年表（二十四史研究资料丛刊）　朱玉龙编，中华书局 1997 年。

资治通鉴新注（中国六大史学名著丛书）《资治通鉴新注》编委会著，陕西人民出版社 1998 年。

资治通鉴皇家读本　（明）张居正讲评，陈生玺等译解，上海古籍出版社 1998 年，1999 年，2006 年，台湾汉欣文化 2000 年。

纲鉴易知录　（清）吴乘权等编撰，管成学主编，红旗出版社 1998 年。

毛泽东读批资治通鉴　毛泽东批注，李晓来主编，红旗出版社 1998 年。

明通鉴 （清）夏燮撰，王日根等点校，岳麓书社 1999 年。

清东华录全编 （清）王先谦、蒋良骥等撰，学苑出版社 2000 年。

秘阁元龟政要 （明）佚名编撰，北京图书馆出版社 2001 年。

白话资治通鉴 史存真译注，天津古籍出版社 2001 年。

两汉纪（汉纪 后汉纪） 东（汉）荀悦撰，（东晋）袁宏撰，张烈点校，中华书局 2002 年。

乾隆帝起居注 中国第一历史档案馆编，广西师范大学出版社 2002 年。

建康实录（中华再造善本）（唐）许嵩撰，北京图书馆出版社 2003 年。

资治通鉴纲目（中华再造善本）（宋）朱熹撰，北京图书馆出版社 2003 年。

资治通鉴考异（中华再造善本）（宋）司马光撰，北京图书馆出版社 2003 年。

资治通鉴释文（中华再造善本）（宋）史炤撰，北京图书馆出版社 2003 年。

资治通鉴外纪详节（中华再造善本） 佚名撰，北京图书馆出版社 2003 年。

编年通载（中华再造善本）（宋）章衡撰，北京图书馆出版社 2003 年。

历代纪年（中华再造善本）（宋）晁公迈撰，北京图书馆出版社 2003 年。

重新校正集注附音资治通鉴外纪（中华再造善本）（宋）刘恕撰，北京图书馆出版社 2003 年。

竹书纪年译注（二十二子详注全译） 张玉春译注，黑龙江人民出版社 2003 年。

《资治通鉴》选评（新世纪古代历史经典读本） 施丁撰，上海古籍出版社 2003 年。

资治通鉴 （宋）司马光撰，中州古籍出版社 2003 年。

续资治通鉴长编撮要（中华再造善本）（宋）李焘撰，北京图书馆出版社 2004 年。

皇朝中兴系年要录节要（中华再

造善本） 佚名撰，北京图书馆出版社 2004 年。

皇朝编年备要（中华再造善本）（宋）陈均撰，北京图书馆出版社 2004 年。

通鉴总类（中华再造善本）（宋）沈枢辑，北京图书馆出版社 2004 年。

蜀汉本末（中华再造善本）（元）赵居信撰，北京图书馆出版社 2004 年。

续资治通鉴长编拾补 （清）黄以周等辑注，顾吉辰点校，中华书局 2004 年。

通鉴札记 （清）刘体仁撰，北京图书馆出版社 2004 年。

资治通鉴精华：文白对照（传世藏书）（宋）司马光撰，马怡等译，三秦出版社 2004 年。

资治通鉴（中国家庭基本藏书）（宋）司马光著，王振芳、王朝华选注，山西古籍出版社 2004 年。

资治通鉴（学生版中国古典名著）齐荣君、王槐茂编著，上海科学技术文献出版社 2004 年。

宋史全文 （元）佚名著，李之亮点校，黑龙江人民出版社 2005 年。

东华录 （清）蒋良骐撰，鲍思陶、西原点校，齐鲁书社 2005 年。

续资治通鉴精选 牛俊民编著，陕西人民出版社 2005 年。

资治通鉴纲目（中华再造善本）（宋）朱熹撰，北京图书馆出版社 2005 年。

通鉴释文辩误（中华再造善本）（元）胡三省撰，北京图书馆出版社 2005 年。

增节标目音注精议资治通鉴（中华再造善本）（宋）吕祖谦辑，北京图书馆出版社 2005 年。

续资治通鉴（中华再造善本）（宋）李焘、刘时举撰，北京图书馆出版社 2005 年。

续资治通鉴（中华再造善本）（宋）刘时举撰，北京图书馆出版社 2005 年。

宋季三朝政要（中华再造善本） 佚名撰，北京图书馆出版社 2005 年。

宋季三朝政要（中华再造善本）佚名撰，北京图书馆出版社 2005 年。

入注附音司马温公资治通鉴（中华再造善本） 佚名撰，北京图书馆出版社 2005 年。

入注附音司马温公资治通鉴纲目（中华再造善本） 佚名撰，北京图书馆出版社 2005 年。

资治通鉴（中华再造善本） （宋）司马光撰，北京图书馆出版社 2006 年。

资治通鉴（中华再造善本） （宋）司马光撰，北京图书馆出版社 2006 年。

少微家塾点校附音通鉴节要（中华再造善本） （宋）江贽撰，北京图书馆出版社 2006 年。

续资治通鉴（中华再造善本） 题（宋）李焘撰，北京图书馆出版社 2006 年。

通鉴答问（中华再造善本） （宋）王应麟撰，北京图书馆出版社 2006 年。

宋史全文续资治通鉴（中华再造善本） 佚名撰，北京图书馆出版社 2006 年。

宋吕大著点校标抹增节备注资治通鉴（中华再造善本） （宋）吕大著撰，北京图书馆出版社 2006 年。

续资治通鉴长编（中华再造善本） （宋）李焘撰，北京图书馆出版社 2006 年。

通鉴地理通释（中华再造善本） （宋）王应麟撰，北京图书馆出版社 2006 年。

中兴两朝编年纲目（中华再造善本） 佚名撰，北京图书馆出版社 2006 年。

续资治通鉴长编拾补 （宋）李焘撰，（清）秦缃业等辑，上海古籍出版社 2006 年。

资治通鉴：彩图版（中国传统文化精华） 李杰主编，哈尔滨出版社 2006 年。

白话资治通鉴：足本珍藏版（中华古典文化精华） 钟雷主编，（宋）司马光著，哈尔滨出版社 2006 年。

资治通鉴（青少年快读历史书系） （宋）司马光著，内蒙古文化出版社 2006 年。

晋乘蒐略 （清）康基田编著，郭春梅等点校，山西古籍出版社 2006 年。

资治通鉴选评（中国文史经典讲堂） 吴光兴选注、译评，岳麓书社2006年。

皇朝编年纲目备要（中国史学基本典籍丛刊） （宋）陈均编，许沛藻等点校，中华书局2006年。

资治通鉴（图说天下·国学书院系列．第1辑） 《图说天下·国学书院系列》编委会编，吉林出版集团有限责任公司2007年。

资治通鉴：精美插图本（国学大书院） （宋）司马光撰，王辉编译，三秦出版社2007年。

白话资治通鉴：精美插图本（国学大书院） （宋）司马光原著，乙力编，三秦出版社2007年。

资治通鉴赏析（中华文化经典赏析丛书：学生版） 李金超等选评，上海远东出版社2007年。

资治通鉴 （宋）司马光编纂，线装书局2007年。

资治通鉴（世界少年文学经典文库） （宋）司马光原著，融于水等改写，浙江少年儿童出版社2007年。

资治通鉴（世界古典文化经典：珍藏版） 程小军主编，（宋）司马光原著，中国戏剧出版社2007年。

资治通鉴 （宋）司马光编著，中华书局2007年。

资治通鉴（中华经典藏书） 陈磊译注，中华书局2007年。

皇宋中兴两朝圣政 （宋）佚名著，北京图书馆出版社2007年。

资治通鉴补 （明）严衍撰，上海古籍出版社2007年。

资治通鉴：精注版（中华典籍珍藏书系） （宋）司马光著，大众文艺出版社2007年。

皇明通纪 （明）陈建著，钱茂伟点校，中华书局2008年。

资治通鉴 （宋）司马光著，北京出版社2008年。

三朝北盟会编：附索引 （宋）徐梦莘撰，上海古籍出版社2008年。

昭代典则 （明）黄光昇撰，上海古籍出版社2008年。

国榷 （明）谈迁撰，上海古籍出版社2008年。

东华录·东华续录 （清）王先

谦、朱寿朋撰，上海古籍出版社2008年。

周季编略 （清）黄式三撰，程继红点校，凤凰出版社2008年。

续资治通鉴：文白对照全译 （清）毕沅撰，陈钟主编，北京燕山出版社2008年。

《资治通鉴》校补 （宋）司马光著，宋谋玚校补，三晋出版社2008年。

资治通鉴 （宋）司马光著，王振芳、王朝华注析，三晋出版社2008年。

资治通鉴：全译本 （宋）司马光著，线装书局2008年。

靖康要录笺注 （宋）汪藻著，王智勇笺注，四川大学出版社2008年。

资治通鉴：插图本 （宋）司马光等著，万卷出版公司2008年。

白话资治通鉴：插图本 （宋）司马光著，李伯钦选译，万卷出版公司2008年。

明通鉴 （清）夏燮撰，沈仲九标点，中华书局2009年。

纲鉴易知录 （清）吴乘权等辑，中华书局2009年。

资治通鉴 （宋）司马光原著，吉林文史出版社2009年。

资治通鉴（传世经典　文白对照）（宋）司马光编撰，沈志华、张宏儒主编，中华书局2009年。

资治通鉴 （宋）司马光编著，吉林出版集团有限责任公司2010年。

资治通鉴全书 （宋）司马光著，内蒙古人民出版社2010年。

张居正讲评资治通鉴 （宋）司马光原典，（明）张居正评，陕西师范大学出版社2010年。

资治通鉴菁华 （宋）司马光著，陕西师范大学出版社2010年。

宋季三朝政要笺证 （元）佚名撰，王瑞来笺证，中华书局2010年。

资治通鉴 （宋）司马光著，中州古籍出版社2010年。

资治通鉴：注释本 （宋）司马光著，周国林主编，岳麓书社2010年。

资治通鉴精编 贾浓铀编著，天津

古籍出版社2010年。

资治通鉴：图文珍藏版 （宋）司马光著，线装书局2010年。

资治通鉴 （宋）司马光编著，中华书局2011年。

李朝实录 国家图书馆出版社辑，国家图书馆出版社2011年。

两汉纪（中华再造善本续编）（汉）荀悦、（晋）袁宏撰，国家图书馆出版社2011年。

资治通鉴 （宋）司马光编纂，岳麓书社2011年。

日本明治新刻活字版资治通鉴 （宋）司马光著，凤凰出版社2011年。

资治通鉴：译文注释版 （宋）司马光著，北京燕山出版社2011年。

纪事本末类

通鉴纪事本末（万有文库） （宋）袁枢著，商务印书馆1930年，1933年，中华书局1955年。

宋史纪事本末（万有文库） （明）冯琦编，陈邦瞻纂辑，张溥论正，商务印书馆1931年，1935年，1939年，中华书局1955年，1957年。

元史纪事本末（万有文库） （明）陈邦瞻原著，臧懋循补辑，张溥论正，商务印书馆1931年，1935年，中华书局1955年。

明史纪事本末（国学基本丛书）（清）谷应泰著，商务印书馆1934年，1936年。

清代武功记 （清）魏源著，国民政府军事委员会1935年。

圣武记 （清）魏源著，国学整理社1936年。

通鉴纪事本末（四部丛刊） （宋）袁枢撰，商务印书馆1936年。

明倭寇始末（丛书集成初编） （清）谷应泰编，商务印书馆1936年。

圣武记（四部备要） （清）魏源撰，中华书局1936年。

明史纪事本末（丛书集成初编）（清）谷应泰撰，商务印书馆1937年。

绎史（万有文库） （清）马骕著，商务印书馆1937年。

鸿猷录（丛书集成初编） （明）高岱撰，商务印书馆1937年。

三藩纪事本末（丛书集成初编）

（清）杨陆荣撰，商务印书馆 1939 年。

皇朝武功纪盛（丛书集成初编）（清）赵翼撰，商务印书馆 1939 年。

续通鉴纪事本末 （清）李铭汉撰，古籍出版社 1957 年。

＊**平台纪事本末**（台湾研究丛刊）（清）不著撰者，台湾银行经济研究室 1958 年。

＊**续明纪事本末**（台湾研究丛刊）（清）倪在田辑，台湾银行经济研究室 1962 年。

＊**三藩纪事本末**（台湾研究丛刊）（清）杨陆荣，台湾银行经济研究室 1962 年。

通鉴纪事本末 （宋）袁枢撰，顾士铸点校，中华书局 1964 年，1994 年。

＊**续资治通鉴长编纪事本末**（宋史数据资料萃编）（宋）杨仲良，台湾文海出版社 1967 年。

＊**西夏纪事本末**（宋史数据资料萃编）（清）张鉴，台湾文海出版社 1981 年。

宋史纪事本末 （明）陈邦瞻撰，河北师范学院历史系点校，中华书局 1977 年。

明史纪事本末 （清）谷应泰撰，中华书局 1977 年。

元史纪事本末 （明）陈邦瞻撰，中华书局 1979 年。

左传纪事本末 （清）高士奇撰，杨伯峻点校，中华书局 1979 年，1987 年。

金史纪事本末 （清）李有棠撰，崔文印整理，中华书局 1980 年。

两朝平攘录 （明）诸葛元声辑，商濬校，书目文献出版社 1981 年。

辽史纪事本末 （清）李有棠撰，崔文印、孟默闻整理，中华书局 1983 年。

圣武记 （清）魏源撰，韩锡铎、孙文良点校，中华书局 1984 年。

三藩纪事本末 （清）杨陆荣撰，吴翊如点校，中华书局 1985 年。

清史纪事本末 黄鸿寿撰，上海书店 1986 年，北京图书馆出版社 2003 年。

亲征平定朔漠方略 （清）温达等撰，中国书店 1986 年，1996 年。

平定金川方略（西藏学汉文文献汇

刻）（清）方略馆纂，西藏社会科学院西藏学汉文文献编辑室编，天津古籍出版社 1987 年。

钦定石峰堡纪略（中国回族古籍丛书）（清）乾隆敕撰，杨怀中标点，宁夏人民出版社 1987 年。

剿平三省邪匪方略（清）庆桂等撰，中国书店 1987 年。

绎史（清）马骕撰，江苏广陵古籍刻印社 1987 年。

平定两金川方略（西藏学汉文文献汇刻）（清）方略馆纂，西藏社会科学院西藏学汉文文献编辑室编，天津古籍出版社 1987 年。

钦定兰州纪略（中国回族古籍丛书）（清）乾隆敕撰，杨怀中标点，宁夏人民出版社 1988 年。

钦定巴勒布纪略（清）方略馆撰，天津古籍出版社 1990 年。

绥寇纪略（清）吴伟业撰，李学颖点校，上海古籍出版社 1992 年。

鸿猷录（明清笔记丛书）（明）高岱撰，孙正容、单锦珩点校，上海古籍出版社 1992 年。

通鉴纪事本末全译（宋）袁枢编撰，姚奠中、阎凤梧主编，山西古籍出版社 1993 年。

绎史（清）马骕撰，上海古籍出版社 1993 年。

通鉴纪事本末（纪事本末体史书）（宋）袁枢撰，上海古籍出版社 1994 年。

宋史纪事本末　元史纪事本末（纪事本末体史书）（明）陈邦瞻撰，上海古籍出版社 1994 年。

辽史纪事本末　金史纪事本末（纪事本末体史书）（清）李有棠撰，上海古籍出版社 1994 年。

明史纪事本末（纪事本末体史书）（清）谷应泰撰，上海古籍出版社 1994 年。

历代纪事本末　中华书局编辑部辑，中华书局 1997 年。

绎史（清）马骕纂，刘晓东等点校，齐鲁书社 2001 年。

绎史（清）马骕撰，王利器整理，中华书局 2002 年。

袁氏通鉴纪事本末撮要（中华再造善本）（宋）蔡文子辑，北京图书馆出版社 2002 年。

通鉴纪事本末（中华再造善本）（宋）袁枢撰，北京图书馆出版社2003年。

续资治通鉴长编纪事本末 （宋）杨仲良编，北京图书馆出版社2003年。

通鉴纪事本末（中华再造善本）（宋）袁枢撰，北京图书馆出版社2005年。

皇朝中兴纪事本末 （宋）熊克撰，北京图书馆出版社2005年。

续通鉴纪事本末 （清）李铭汉撰，张兴武校，甘肃人民出版社2005年。

钦定廓尔喀纪略（西藏历史汉文文献丛刊）（清）会典馆编，季垣垣点校，中国藏学出版社2006年。

平苗纪略研究 （清）方显著，贵州人民出版社2008年。

清乾隆十全武功档案暨方略汇辑 （清）方略馆编，上海古籍出版社2010年。

通鉴纪事本末选译 谈蓓芳译注，凤凰出版社2011年。

杂史类

国语韦解补正 吴曾祺补正，朱元善校订，商务印书馆1909年，1927年，1933年。

荆驼逸史 （清）陈瑚逸士辑，中国图书馆1911年。

乐居 （清）乐天居士辑，商务印书馆1911年，1917年。

太平军中被难记 （清）李圭著，振环书局1914年。

清代野史大观 小横香室主人编，中华书局1915年，1916年，1917年，1921年，1932年，上海书店1981年，1986年，上海文艺出版社1990年。

满清野史 成都昌福公司辑，成都昌福公司1920年。

拳祸记 （清）李杕著，土山湾印书馆1923年。

庚子国变记 （清）李希圣撰，神州国光社1946年，上海书店1982年。

战国策 许啸天点注，胡云翼校，群学社1925年。

清代文献迈古录 赵祖铭著，李时

校订，慈祥工厂 1927 年。

南渡稗史 佚名辑，六艺书局 1928 年。

太平天国别史 （清）张德坚编，广业书社 1928 年。

元朝秘史（学生国学丛书） 陈彬和选注，商务印书馆 1929 年，1933 年。

信及录 （清）林则徐撰，侯官林氏 1929 年。

战国策精华 张延华选辑，沈镕注释，大东书局 1930 年。

战国策（万有文库） 臧励和选注，商务印书馆 1930 年。

建炎复辟记·临安旬制纪 （清）张道等著，六艺书局辑，六艺书局 1930 年。

国语（万有文库） 王云五主编，商务印书馆 1931 年。

国语（万有文库） 叶玉麟选注，商务印书馆 1933 年，1934 年。

战国策（万有文库）（汉）高诱注释，商务印书馆 1933 年，1934 年，1937 年。

契丹国志（国学文库）（宋）叶隆礼著，文殿阁书庄 1933 年。

松漠纪闻（国学文库）（宋）洪皓著，（明）吴琯校，1933 年。

台湾郑氏始末（国学文库）（清）沈云著，沈垚注，文殿阁书庄 1934 年。

边略五种（国学文库）（明）高拱著，文殿阁书庄 1934 年。

回部纲鉴 （清）成城编，杨省三校，1934 年。

读史诤言（国学基本丛书）（清）章诒燕著，商务印书馆 1935 年。

国语（国学基本丛书） 吴·韦昭注，商务印书馆 1935 年，1936 年。

(白话译解) 战国策国语读本 叶玉麟译白，大达图书供应社 1935 年。

酌中志（丛书集成初编）（明）刘若愚撰，商务印书馆 1935 年。

甲乙杂著（丛书集成初编）（明）孙肩撰，商务印书馆 1936 年。

御试备官日记（丛书集成初编）（宋）赵抃撰，商务印书馆 1936 年。

汲冢周书（四部丛刊）（晋）孔晁注，商务印书馆 1936 年。

逸周书（四部备要）（晋）孔晁注，中华书局1936年。

国语（四部丛刊）（东吴）韦昭注，商务印书馆1936年。

国语（四部备要）（东吴）韦昭注，中华书局1936年。

战国策校注（四部丛刊）（宋）鲍彪校注，（元）吴师道重校，商务印书馆1936年。

战国策（四部备要）（汉）高诱注，（宋）姚宏续注，中华书局1936年。

吴越春秋（四部丛刊）（汉）赵晔撰，（元）徐天祜音注，商务印书馆1936年。

越绝书（四部丛刊）（汉）袁康撰，商务印书馆1936年。

越绝书（四部备要）（汉）袁康撰，中华书局1936年。

吴越春秋（四部备要）（汉）赵晔撰，（元）徐天祜音注，中华书局1936年。

路史（四部备要）（宋）罗泌著，中华书局1936年。

十六国春秋（四部备要）（后魏）崔鸿撰，中华书局1936年。

晋略（四部备要）（清）周济撰，中华书局1936年。

贞观政要（四部备要）（唐）吴兢撰，中华书局1936年。

唐摭言（四部备要）（五代）王定保撰，中华书局1936年。

新编宣和遗事（四部备要）佚名编，中华书局1936年。

靖康传信录（四部备要）（宋）李纲撰，中华书局1936年。

越绝书（附札记）（丛书集成初编）（汉）袁康著，商务印书馆1936年。

战国策释地（丛书集成初编）（清）张琦撰，商务印书馆1936年。

世本（丛书集成初编）（汉）宋衷注，（清）张澍补注，商务印书馆1936年。

帝王世纪（丛书集成初编）（晋）皇甫谧撰，商务印书馆1936年。

路史（丛书集成初编）（宋）罗泌撰，商务印书馆1936年。

楚史梼杌（丛书集成初编）（晋）郭璞著，商务印书馆1936年。

晋文春秋（丛书集成初编） 陈玄胤校，商务印书馆1936年。

十六国春秋辑补（丛书集成初编）（清）汤球辑，商务印书馆1936年。

十六国春秋纂录校本（附校勘记·年表）（丛书集成初编）（清）汤球辑，商务印书馆1936年。

三十国春秋辑本（丛书集成初编）（清）汤球辑，商务印书馆1936年。

江南余载（丛书集成初编）（宋）郑文宝撰，商务印书馆1936年。

钓矶立谈（附录）（丛书集成初编）（南唐）史虚白撰，商务印书馆1936年。

旧闻证误（丛书集成初编）（宋）李心传撰，商务印书馆1936年。

元朝秘史（丛书集成初编）（清）李文田注，商务印书馆1936年。

庚申外史（丛书集成初编）（明）权衡编，商务印书馆1936年。

西使记（丛书集成初编）（元）刘郁撰，商务印书馆1936年。

元朝征缅录（丛书集成初编）（元）佚名撰，商务印书馆1936年。

招捕总录（丛书集成初编）（元）佚名撰，商务印书馆1936年。

江上孤忠录（丛书集成初编）（清）黄明曦撰，商务印书馆1936年。

皇明纪略（丛书集成初编）（明）皇甫录撰，商务印书馆1936年。

两湖麈谈录（丛书集成初编）（明）许浩撰，商务印书馆1936年。

庚申纪事（丛书集成初编）（明）张泼撰，商务印书馆1936年。

召对录（丛书集成初编）（明）申时行辑，商务印书馆1936年。

倭变事略（丛书集成初编）（明）采九德撰，商务印书馆1936年。

绥广纪事（丛书集成初编）（明）高拱撰，商务印书馆1936年。

炎徼纪闻（丛书集成初编）（明）田汝成撰，商务印书馆1936年。

靖夷纪事（丛书集成初编）（明）高拱著，商务印书馆1936年。

云中事纪（丛书集成初编）（明）苏祐著，商务印书馆1936年。

五胡十六国考镜（丛书集成初编）

（宋）石延年撰，商务印书馆1936年。

白话译解国语 叶玉麟译，大达图书供应社1936年，广益书局1938年。

国语·战国策 （东吴）韦昭、（汉）高诱注，国学整理社1936年。

（白话译解）战国策 （汉）高诱注，叶玉麟选译，广益书局1936年。

站赤 （元）赵世延等奉敕撰，文殿阁书庄1936年。

避戎夜话（中国内乱外祸历史丛书）中国历史研究社编，神州国光社1936年，1940年修增版，1947年。

明季北略（万有文库）（清）计六奇编，商务印书馆1936年。

明季南略（万有文库）（清）计六奇编，商务印书馆1936年。

大金国志（万有文库）（宋）宇文懋昭著，商务印书馆1936年，文殿阁书庄1936年。

大金吊伐录（国学文库）（金）佚名氏著，钱熙祚校，文殿阁书庄1936年。

蒙鞑备录里鞑事略笺证（国学文库） 王国维笺证，文殿阁书庄1936年。

明季稗史初编（万有文库）（清）留云居士辑，商务印书馆1936年，1938年。

烈皇小识 （明）文秉著，庄平青辑录，神州国光社1936年，1940年，1947年，1951年。

圣武亲征录校注（国学文库） 王国维校注，文殿阁书庄1936年。

三朝野记（中国历代逸史丛书中国内乱外祸历史丛书） 王灵皋辑，中国历史研究社编，神州国光社1936年，1938年，1940年修增版，1947年。

抚夷日记（国学文库）（清）张喜著，文殿阁书庄1936年。

信及录（中国历代逸史丛书中国内乱外祸历史丛书） 林孟工辑录，中国历史研究社编，神州国光社1936年，1941年，1947年。

和议不屈 （宋）郑刚中著，时代图书公司1936年。

天水冰山录（附录）（丛书集成初编）（明）佚名撰，商务印书馆1937年。

逸周书集训校释（万有文库）（清）朱右曾著，商务印书馆1937年，1940年。

国语精华 中华书局编，中华书局1937年，1941年。

战国策精华 中华书局编，中华书局1937年，1941年。

十六国春秋（万有文库）（后魏）崔鸿著，商务印书馆1937年。

十六国春秋辑补（国学基本丛书）（清）汤球著，商务印书馆1937年。

吴越春秋（万有文库）（汉）赵晔著，（明）吴琯校，徐天祐注，商务印书馆1937年。

越绝书（万有文库）（清）钱培名校，商务印书馆1937年。

冬官记事（丛书集成初编）（明）项梦原撰，商务印书馆1937年。

国语（附校刊札记）（丛书集成初编）（东吴）韦昭注，商务印书馆1937年。

战国策（附重刻札记）（丛书集成初编）（汉）高诱注，商务印书馆1937年。

逸周书（丛书集成初编）（周）孔晁注，商务印书馆1937年。

吴越春秋（丛书集成初编）（汉）赵晔撰，商务印书馆1937年。

世本（附考证）（丛书集成初编）（汉）宋衷注，（清）雷学淇校辑，商务印书馆1937年。

世本（丛书集成初编）（汉）宋衷注，（清）孙冯翼集，商务印书馆1937年。

世本（丛书集成初编）（汉）宋衷注，（清）茆泮林辑，商务印书馆1937年。

晋阳秋辑本（丛书集成初编）（清）汤球辑，商务印书馆1937年。

十六国春秋（丛书集成初编）（北魏）崔鸿撰，商务印书馆1937年。

奉天录（丛书集成初编）（唐）赵元一撰，商务印书馆1937年。

平巢事迹考（丛书集成初编）（明）茅元仪撰，商务印书馆1937年。

南唐拾遗记（丛书集成初编）（清）毛先舒撰，商务印书馆1937年。

龙川别志（丛书集成初编）（宋）苏辙撰，商务印书馆1937年。

龙川略志（丛书集成初编）（宋）苏辙撰，商务印书馆1937年。

龙兴慈记（丛书集成初编）（明）王文禄著，商务印书馆1937年。

庭闻述略（丛书集成初编）（明）王文禄述，商务印书馆1937年。

天顺日录（丛书集成初编）（明）李贤著，商务印书馆1937年。

先拨志始（丛书集成初编）（明）文秉撰，商务印书馆1937年。

北使录（丛书集成初编）（明）李实撰，商务印书馆1937年。

北征事迹（丛书集成初编）（明）袁彬撰，商务印书馆1937年。

否泰录（丛书集成初编）（明）刘定之撰，商务印书馆1937年。

正统北狩事迹（丛书集成初编）（明）杨铭撰，商务印书馆1937年。

正统临戎录（丛书集成初编）（明）杨铭撰，商务印书馆1937年。

平汉录（丛书集成初编）（明）童承叙撰，商务印书馆1937年。

平胡录（丛书集成初编）（明）陆深撰，商务印书馆1937年。

平吴录（丛书集成初编）（明）吴宽撰，商务印书馆1937年。

平夏录（丛书集成初编）（明）黄标校编，商务印书馆1937年。

云南机务抄黄（丛书集成初编）（明）张𬘡辑，商务印书馆1937年。

勘处播州事情疏（丛书集成初编）（明）何乔新著，商务印书馆1937年。

张司马定浙二乱志（丛书集成初编）（明）王世贞撰，商务印书馆1937年。

乌槎幕府记（丛书集成初编）（明）钟兆斗撰，商务印书馆1937年。

平播全书（丛书集成初编）（明）李化龙撰，商务印书馆1937年。

北平录（丛书集成初编）（明）佚名撰，商务印书馆1937年。

东征纪行录（丛书集成初编）（明）张瓒撰，商务印书馆1937年。

平蜀记（丛书集成初编）（明）佚名撰，商务印书馆1937年。

北巡私记·皇明北虏考（国学文库）（元）刘佶，（明）郑晓著，文殿阁书庄1937年。

庚申外史（国学文库）（明）权衡编，文殿阁书庄1937年。

元高丽纪事（国学文库）（元）赵世延等奉敕撰，文殿阁书庄1937年。

夷氛闻纪 梁廷楠著，国立北平研究院史学研究会 1937 年。

四朝大政录·三朝大议录（国学文库）（明）刘心学、顾苓著，文殿阁书庄 1937 年。

崇祯长编（中国历代逸史丛书 中国内乱外祸历史丛书） 王灵皋辑录，中国历史研究社编，神州国光社 1938 年，1940 年，1941 年，1947 年。

东南纪事（中国历代逸史丛书 中国内乱外祸历史丛书） 中国历史研究社编，神州书店 1938 年，1940 年，神州国光社 1941 年，1946 年。

倭变事略（中国内乱外祸历史丛书） 王直淮辑录，中国历史研究社编，神州国光社 1939 年，1940 年，1946 年，1947 年。

乾隆南巡秘记 黄惺吾（黄知元）著，锡报社 1939 年。

黄氏日抄古今纪要逸编（丛书集成初编）（宋）黄震撰，商务印书馆 1939 年。

汉皇德传（丛书集成初编）（汉）侯瑾撰，（清）张澍钞，商务印书馆 1939 年。

三国杂事（丛书集成初编）（宋）唐庚撰，商务印书馆 1939 年。

庆元党禁（丛书集成初编）（宋）樵川樵叟撰，商务印书馆 1939 年。

元祐党籍碑考（附庆元伪学逆党籍）（丛书集成初编）（明）海瑞撰，商务印书馆 1939 年。

两宫鼎建记（丛书集成初编）（明）贺仲轼录，商务印书馆 1939 年。

西夏事略（丛书集成初编）（宋）王偁撰，商务印书馆 1939 年。

宋朝燕翼诒谋录（丛书集成初编）（宋）王栐撰，商务印书馆 1939 年。

宣和遗事（丛书集成初编）（宋）佚名撰，商务印书馆 1939 年。

建炎笔录（丛书集成初编）（宋）赵鼎撰，商务印书馆 1939 年。

建炎复辟记（丛书集成初编）（宋）佚名撰，商务印书馆 1939 年。

建炎维扬遗录（丛书集成初编）（宋）佚名撰，商务印书馆 1939 年。

靖康朝野佥言（丛书集成初编）（宋）佚名撰，商务印书馆 1939 年。

南渡录大略（丛书集成初编）（宋）辛弃疾撰，商务印书馆 1939 年。

北狩见闻录（丛书集成初编）（宋）曹勋编次，商务印书馆 1939 年。

北狩行录（丛书集成初编）（宋）蔡鞗著，商务印书馆 1939 年。

靖康传信录（丛书集成初编）（宋）李纲撰，商务印书馆 1939 年。

靖康纪闻（附拾遗）（丛书集成初编）（宋）丁特起编集，商务印书馆 1939 年。

辛巳泣蕲录（丛书集成初编）（宋）赵与褎著，商务印书馆 1939 年。

中兴御侮录（丛书集成初编）（宋）佚名撰，商务印书馆 1939 年。

松漠纪闻（附补遗）（丛书集成初编）（宋）洪皓纂，商务印书馆 1939 年。

南迁录（丛书集成初编）（宋）张师颜录，商务印书馆 1939 年。

大金吊伐录（丛书集成初编）（金）佚名撰，商务印书馆 1939 年。

汝南遗事（丛书集成初编）（元）王鹗撰，商务印书馆 1939 年。

金源札记（丛书集成初编）（清）施国祁撰，商务印书馆 1939 年。

保越录（丛书集成初编）（元）徐勉之撰，商务印书馆 1939 年。

蒙鞑备录（丛书集成初编）（宋）孟珙撰，商务印书馆 1939 年。

平宋录（丛书集成初编）（元）刘敏中撰，商务印书馆 1939 年。

校正元圣武亲征录（丛书集成初编）（清）何秋涛校正，商务印书馆 1939 年。

蜀碧（丛书集成初编）（清）彭遵泗编述，商务印书馆 1939 年。

蜀难叙略（丛书集成初编）（清）沈荀蔚述，商务印书馆 1939 年。

思陵典礼记（丛书集成初编）（清）孙承泽撰，商务印书馆 1939 年。

思陵勤政纪（丛书集成初编）（清）孙承泽撰，商务印书馆 1939 年。

碧血录（附周瑞孝血疏）（丛书集成初编）（明）黄煜辑，商务印书馆 1939 年。

广右战功录（丛书集成初编）（明）唐顺之撰，商务印书馆 1939 年。

江海歼渠记（丛书集成初编）（明）祝允明撰，商务印书馆 1939 年。

平濠记（丛书集成初编）（明）钱德洪辑，商务印书馆1939年。

平蛮录（丛书集成初编）（明）王轼撰，商务印书馆1939年。

西征日录（丛书集成初编）（明）杨一清撰，商务印书馆1939年。

制府杂录（丛书集成初编）（明）杨一清撰，商务印书馆1939年。

绥寇纪略（附补遗）（丛书集成初编）（清）吴伟业辑，商务印书馆1939年。

明事断略（丛书集成初编）（清）潘柽章撰，商务印书馆1939年。

淡墨录（丛书集成初编）（清）李调元撰，商务印书馆1939年。

粤行纪事（丛书集成初编）（清）瞿昌文著，商务印书馆1939年。

客滇述　（明）顾山贞等著，中国历史研究社编，神州国光社1939年，1940年。

旧闻零拾　邓之诚辑，邓氏五石斋1939年。

英吉利广东入城始末（丛书集成初编）（清）七弦河上钓叟著，商务印书馆1939年。

朝野类要（丛书集成初编）（宋）赵升著，商务印书馆1939年。

东观奏记（丛书集成初编）（唐）裴庭裕著，商务印书馆1940年。

扬州十日记（中国内乱外祸历史丛书）　李季辑录，中国历史研究社编，神州国光社1940年，1941年，1946年，1947年。

避难日记（历代兴亡逸史丛刊）　简易从编，国民书店1940年。

徽钦北徙录（历代兴亡逸史丛刊）（清）周君达录校，国民书店1941年。

东林始末（中国历代逸史丛书　中国内乱外祸历史丛书　中国历史研究资料丛书）（明）蒋平阶等撰，李季辑录，神州国光社1941年，1946年，1947年，1951年，上海书店1982年。

虎口余生记（中国内乱外祸历史丛书　中国历史研究资料丛书）（明）边大绶等撰，神州国光社1941年，1951年，上海书店1982年。

明太祖平胡录（历代兴亡逸史丛刊）　肖明扬编，国民书店1941年。

明武宗外纪（中国历代逸史丛书

中国内乱外祸历史丛书） 程演生辑录，神州国光社 1941 年，1946 年，1947 年。

先拨志始（中国历代逸史丛书 中国内乱外祸历史丛书） 王独清辑录，中国历史研究社编，神州国光社 1941 年，1946 年，1947 年。

（广注语译）国策精华 秦同培注译，宋晶如增订，世界书局 1943 年，1948 年。

伪齐录校补 朱希祖著，独立出版社 1944 年。

明亡野史（历史丛刊） （明）李逊之著，人文书店 1944 年。

秘史丛刻 喻万青辑，新智译书社 1944 年。

湘勇原流记 （清）彭洋中著，陶窕学校 1945 年。

咸同滇变见闻录（伊斯兰文化丛书） 白寿彝校集，商务印书馆 1945 年。

甲申传信录（中国内乱外祸历史丛书） （清）钱轵撰，中国历史研究社编，神州国光社 1946 年，1947 年，1951 年，上海书店 1982 年。

三湘从事录（中国内乱外祸历史丛书 中国历史研究资料丛书） （明）蒙正发等撰，李季辑录，中国历史研究社编，神州国光社 1946 年，1947 年，1951 年，上海书店 1982 年。

碧血溅襟记（清代丛书） 潘埛辑，蠹鱼藏府 1946 年。

嘉兴乙酉兵事记（世界集刊） 屈疆著，世界书局 1947 年。

南明痛史（历史资料小丛书） 梅村编，新联出版社 1947 年。

（广注语译）国语精华 秦同培注译，世界书局 1948 年。

＊**战国策通检**（巴黎大学北平汉学研究所通检丛刊） 巴黎大学北平汉学研究所编，巴黎大学北平汉学研究所 1948 年，台湾成文出版社 1968 年。

奉天靖难记注（“国立中央研究院”历史语言研究所专刊） 王崇武著，商务印书馆 1948 年。

＊**契丹国志通检** 巴黎大学北平汉学研究所编，巴黎大学北平汉学研究所 1949 年，台湾成文出版社 1968 年。

大金国志通检（中法汉学研究所通检丛刊） 巴黎大学北平汉学研究所

编，巴黎大学北平汉学研究所 1949 年。

明武宗外纪（中国历史研究资料丛书）（清）毛奇龄撰，神州国光社 1951 年，上海书店 1982 年。

避戎夜话（中国历史研究资料丛书）（宋）石茂良等撰，神州国光社 1951 年，上海书店 1982 年。

先拨志始（中国历史研究资料丛书）（明）文秉等撰，神州国光社 1951 年，上海书店 1982 年。

倭变事略（中国历史研究资料丛书）（明）采九德撰，神州国光社 1951 年，上海书店 1982 年。

信及录（中国历史研究资料丛书）（清）林则徐等撰，神州国光社 1951 年，上海书店 1982 年。

三朝野记（中国历史研究资料丛书）（清）李逊之等撰，神州国光社 1951 年，上海书店 1982 年。

崇祯长编（中国历史研究资料丛书）中国历史研究社编，神州国光社 1951 年，上海书店 1982 年。

烈皇小识（中国历史研究资料丛书）中国历史研究社编，神州国光社 1951 年，上海书店 1982 年。

东南纪事（中国历史研究资料丛书）（清）邵廷采撰，神州国光社 1951 年，上海书店 1982 年。

扬州十日记（中国历史研究资料丛书）（清）王秀楚撰，中国历史研究社编，神州国光社 1951 年，上海书店 1982 年。

戊戌政变记（清）梁启超撰，中华书局 1954 年，1958 年。

越绝书（汉）袁康撰，张宗祥校注，商务印书馆 1956 年。

世本八种（汉）宋衷注，（清）秦嘉谟等辑，商务印书馆 1957 年，中华书局 2008 年，北京图书馆出版社 2008 年。

小腆纪年附考（清）徐鼒撰，王崇武点校，中华书局 1957 年。

十六国春秋辑补（国学基本丛书）（清）汤球撰，商务印书馆 1958 年。

小腆纪传（清）徐鼒撰，中华书局 1958 年。

国语（国学基本丛书）（东吴）韦昭注，商务印书馆 1958 年。

战国策（国学基本丛书）（汉）高诱注，商务印书馆 1958 年。

战国策 （汉）刘向编，（汉）高诱注，天津人民出版社 1958 年。

蒙兀儿史记 （清）屠寄纂，古籍出版社 1958 年。

明季北略（国学基本丛书） （明）计六奇撰，商务印书馆 1958 年。

明季南略（国学基本丛书） （明）计六奇撰，商务印书馆 1958 年。

* **从征实录**（台湾研究丛刊） （清）杨英，台湾银行经济研究室 1958 年。

* **台湾郑氏始末**（台湾研究丛刊） （清）沈云，台湾银行经济研究室 1958 年。

* **平台纪略**（台湾研究丛刊） （清）蓝鼎元，台湾银行经济研究室 1958 年。

* **赐姓始末**（台湾研究丛刊） （清）黄宗羲，台湾银行经济研究室 1958 年。

* **蠡测汇钞**（台湾研究丛刊） （清）邓传安，台湾银行经济研究室 1958 年。

* **靖海纪事**（台湾研究丛刊） （清）施琅，台湾银行经济研究室 1958 年。

* **靖海纪略**（台湾研究丛刊） （清）曹履泰，台湾银行经济研究室 1959 年。

* **台战演义**（台湾研究丛刊） （清）不著撰者，台湾银行经济研究室 1959 年。

* **割台三记**（台湾研究丛刊） （清）罗惇曧，台湾银行经济研究室 1959 年。

* **台海思恸录**（台湾研究丛刊） （清）思痛子，台湾银行经济研究室 1959 年。

* **瀛海偕亡记**（台湾研究丛刊） （清）洪弃生，台湾银行经济研究室 1959 年。

* **戴施两案纪略**（台湾研究丛刊） （清）吴德功，台湾银行经济研究室 1959 年。

* **靖海志**（台湾研究丛刊） （清）彭孙贻，台湾银行经济研究室 1959 年。

国语补韦（史籍丛刊） （清）黄模撰，中华书局 1959 年。

甲申纪事　纪事略　恸余杂记　南忠记（晚明史料丛书） （明）赵

士锦、阙名、史惇、钱肃润撰，中华书局上海编辑所 1959 年。

嘉靖平倭祇役纪略（扬州古旧丛刊）（明）赵文华撰，扬州古旧书店 1959 年。

野史无文（晚明史料丛书）（清）郑达辑，中华书局 1960 年。

＊**天妃显圣录**（台湾研究丛刊）（清）不著撰者，台湾银行经济研究室 1960 年。

＊**南天痕**（台湾研究丛刊）（清）凌雪，台湾银行经济研究室 1960 年。

＊**南明野史**（台湾研究丛刊）（清）三余氏，台湾银行经济研究室 1960 年。

＊**斯未信斋杂录**（台湾研究丛刊）（清）徐宗干，台湾银行经济研究室 1960 年。

＊**所知录**（台湾研究丛刊）（清）钱澄之，台湾银行经济研究室 1960 年。

＊**鲁春秋**（台湾研究丛刊）（清）查继佐，台湾银行经济研究室 1961 年。

＊**清朝柔远记选录（又名，通商始末记）**（台湾研究丛刊）（清）王之春，台湾银行经济研究室 1961 年。

＊**使署闲情**（台湾研究丛刊）（清）六十七，台湾银行经济研究室 1961 年。

＊**钦定平定台湾纪略**（台湾研究丛刊）（清）清高宗，台湾银行经济研究室 1961 年。

＊**思文大纪**（台湾研究丛刊）（明）陈燕翼撰，台湾银行经济研究室 1961 年。

＊**东南纪事**（台湾研究丛刊）（清）邵廷采，台湾银行经济研究室 1961 年。

＊**明季三朝野史**（台湾研究丛刊）（清）顾炎武，台湾银行经济研究室 1961 年。

＊**海东逸史**（台湾研究丛刊）（清）翁洲老民，台湾银行经济研究室 1961 年。

＊**明季遗闻**（台湾研究丛刊）（清）邹漪，台湾银行经济研究室 1961 年。

＊**平闽纪**（台湾研究丛刊）（清）杨捷，台湾银行经济研究室 1961 年。

＊**鹿樵纪闻**（台湾研究丛刊）（清）梅村野史，台湾银行经济研究室1961年。

＊**南疆绎史勘本**（台湾研究丛刊）（清）温睿临，台湾银行经济研究室1962年。

＊**罪惟录选辑**（台湾研究丛刊）（清）查继佐，台湾银行经济研究室1962年。

＊**小腆纪年附考**（台湾研究丛刊）（清）徐鼒，台湾银行经济研究室1962年。

＊**海外恸哭记**（台湾研究丛刊）（清）黄宗羲，台湾银行经济研究室1962年。

＊**荷闸丛谈**（台湾研究丛刊）（清）林时对，台湾银行经济研究室1962年。

蒙兀儿史记　（清）屠寄纂，中华书局1962年。

蒙古源流笺证　（清）沈曾植笺证，张尔田校注，中华书局1962年。

万历武功录　（明）瞿九思撰，中华书局1962年，1979年。

元朝秘史注　（清）李文田注，中华书局1962年。

＊**雅言**（台湾研究丛刊）（清）连横，台湾银行经济研究室1963年。

＊**栎社沿革志略**（台湾研究丛刊）（清）傅锡祺，台湾银行经济研究室1963年。

＊**小腆纪传**（台湾研究丛刊）（清）徐鼒，台湾银行经济研究室1963年。

＊**东山国语**（台湾研究丛刊）（清）查继佐，台湾银行经济研究室1963年。

＊**爝火录**（台湾研究丛刊）（清）李本，台湾银行经济研究室1963年。

＊**明季南略**（台湾研究丛刊）（清）计六奇，台湾银行经济研究室1963年。

＊**戴案纪略**（台湾研究丛刊）（清）蔡青筠，台湾银行经济研究室1964年。

帝王世纪辑存　（晋）皇甫谧撰，徐宗元辑，中华书局1964年。

＊**野史无文**（台湾研究丛刊）（清）郑达，台湾银行经济研究室1965年。

＊**清稗类钞选录**（台湾研究丛刊）（清）徐珂辑，台湾银行经济研究室1965年。

＊**魂南记**（台湾研究丛刊）（清）易顺鼎，台湾银行经济研究室1965年。

＊**广阳杂记选**（台湾研究丛刊）（清）刘献廷，台湾银行经济研究室1965年。

＊**闽事纪略**（台湾研究丛刊）（清）华廷献，台湾银行经济研究室1967年。

＊**青磷屑**（台湾研究丛刊）（清）应喜臣，台湾银行经济研究室1967年。

＊**行在阳秋**（台湾研究丛刊）（清）不著撰人，台湾银行经济研究室1967年。

＊**靖康要录**（宋史资料萃编）（宋）汪藻编，台湾文海出版社1967年。

＊**建炎以来朝野杂记**（宋史资料萃编）（宋）李心传，台湾文海出版社1967年。

＊**宋朝事实**（宋史资料萃编）（宋）李攸，文海出版社1967年。

＊**宋史翼**（宋史资料萃编）（清）陆心源，台湾文海出版社1967年。

＊**两粤梦游记**（台湾研究丛刊）（清）马光，台湾银行经济研究室1968年。

＊**玉堂荟记**（台湾研究丛刊）（清）杨士聪，台湾银行经济研究室1968年。

＊**崇祯朝野纪**（台湾研究丛刊）（清）李逊之，台湾银行经济研究室1968年。

＊**江阴城守纪**（台湾研究丛刊）（清）韩菼，台湾银行经济研究室1968年。

＊**风倒梧桐记**（台湾研究丛刊）（清）何是非，台湾银行经济研究室1968年。

＊**研堂见闻杂记**（台湾研究丛刊）（清）不著撰人，台湾银行经济研究室1968年。

＊**明亡述略**（台湾研究丛刊）（清）锁绿山人，台湾银行经济研究室1968年。

＊**遇变纪略**（台湾研究丛刊）（清）聋道人，台湾银行经济研究室1968年。

＊**庭闻录**（台湾研究丛刊）（清）刘健，台湾银行经济研究室1968年。

＊**甲申传信录**（台湾研究丛刊）（清）钱轵，台湾银行经济研究室1969年。

＊**明季北略**（台湾研究丛刊）（清）计六奇编，台湾银行经济研究室1969年。

＊**蜀碧**（台湾研究丛刊）（清）彭遵泗，台湾银行经济研究室1969年。

＊**甲乙日历**（台湾研究丛刊）（清）祁彪佳，台湾银行经济研究室1969年。

＊**烈皇小识**（台湾研究丛刊）（明）文秉，台湾银行经济研究室1969年。

＊**雪交亭正气录**（台湾研究丛刊）（明）高宇泰辑，台湾银行经济研究室1970年。

＊**石匮书后集**（台湾研究丛刊）（清）张岱，台湾银行经济研究室1970年。

＊**平定三逆方略**（台湾研究丛刊）（清）勒德洪，台湾银行经济研究室1970年。

＊**偏安排日事迹**(台湾研究丛刊)（清）不著撰人，台湾银行经济研究室1972年。

＊**岭海焚余**（台湾研究丛刊）（清）金堡，台湾银行经济研究室1972年。

战国纵横家书（马王堆汉墓帛书）马王堆汉墓帛书整理小组编，文物出版社1976年。

国语 上海师范大学古籍整理组点校，上海古籍出版社1978年，1998年。

战国策 （汉）刘向集录，上海古籍出版社1978年，1998年。

贞观政要 （唐）吴兢撰，上海师范大学古籍整理组点校，上海古籍出版社1978年，1999年。

＊**白话战国策（上中下）** 冯作民译注，台湾星光出版社1979年。

庚子北京事变纪略 （清）鹿完天撰，上海书店1980年。

瀛台泣血记（清宫秘闻丛书）（清）德龄撰，秦瘦鸥译述，云南人民出版社1980年，1994年。

南汉书（广东地方文献丛书）

（清）梁廷枏撰，林梓宗点校，广东人民出版社 1981 年。

庄氏史案本末 （清）节庵辑，上海书店 1981 年。

先王实录校注（八闽文献丛刊）（清）杨英撰，陈碧笙校注，福建人民出版社 1981 年。

四朝大政录 （清）刘心学撰，上海书店 1981 年。

清宫二年编 （清）德龄撰，顾秋心译述，云南人民出版社 1981 年。

御苑兰馨记 （清）德龄撰，李荷真译述，云南人民出版社 1981 年。

太平治迹统类 （宋）彭百川撰，江苏广陵古籍刻印社 1981 年。

蒙古秘史 额尔登泰、乌云达赉校勘，内蒙古人民出版社 1981 年。

＊**南宋国信语录四种**（宋史资料萃编）（宋）楼钥，台湾文海出版社 1981 年。

＊**西湖老人繁胜录三种**（宋史资料萃编）（宋）西湖老人，台湾文海出版社 1981 年。

＊**皇朝类苑**（宋史资料萃编）（宋）江少虞编，台湾文海出版社 1981 年。

＊**旧闻证误**（宋史资料萃编）（宋）李心传编，台湾文海出版社 1981 年。

＊**道命录**（宋史资料萃编）（宋）李心传编，台湾文海出版社 1981 年。

＊**曾公遗录**（宋史资料萃编）（宋）曾布，台湾文海出版社 1981 年。

＊**梦粱录**（宋史资料萃编）（宋）吴自牧，台湾文海出版社 1981 年。

＊**靖康稗史七种**（宋史资料萃编）（宋）耐庵辑，台湾文海出版社 1981 年。

大梁守城记笺证 （明）周在浚撰，刘益安笺证，中州书画社 1982 年。

汴围湿襟录校注 （明）白愚撰，刘益安校注，中州书画社 1982 年。

永历实录 （明）王夫之撰，欧建鸿等校注，岳麓书社 1982 年。

国初群雄事略 （清）钱谦益撰，张德信、韩志远点校，中华书局 1982 年。

十国春秋 （清）吴任臣撰，徐敏

霞、周莹点校，中华书局 1983 年。

养吉斋丛录 （清）吴振棫撰，鲍正鹄点校，北京古籍出版社 1983 年。

台湾外记（闽台史料丛刊）（清）江日升撰，陈碧笙点校，福建人民出版社 1983 年。

流寇志（明末清初史料选刊）（清）彭孙贻撰，谢伏琛、方福仁点校，浙江人民出版社 1983 年。

靖海纪事（八闽文献丛刊）（清）施琅撰，王铎全校注，福建人民出版社 1983 年。

庄氏史案本末（清代历史资料丛刊）（清）节庵辑，上海古籍书店 1983 年。

太和县御寇始末　荒书（明末清初史料选刊）（明）吴世济撰，（清）费密撰，方福仁点校，浙江人民出版社 1983 年，1985 年。

湘军志　湘军志平议　续湘军志（湘军史料丛刊之一）（清）王闿运撰，李沛城等点校，岳麓书社 1983 年。

蒙兀儿史记 （清）屠寄撰，中国书店 1984 年。

平寇志 （清）彭孙贻辑，陈协琹、刘益安点校，上海古籍出版社 1984 年。

明季北略 （清）计六奇撰，魏得良、任道斌点校，中华书局 1984 年。

明季南略 （清）计六奇撰，任道斌、魏得良点校，中华书局 1984 年。

豫变纪略（明末清初史料选刊）（清）郑廉撰，王兴亚点校，浙江古籍出版社 1984 年。

鲁之春秋（明末清初史料选刊）（清）李聿求撰，凌毅标点，浙江古籍出版社 1984 年。

流寇志 （清）彭孙贻撰，浙江古籍出版社 1985 年。

契丹国志 （宋）叶隆礼撰，贾敬颜、林荣贵点校，上海古籍出版社 1985 年。

养吉斋丛录（浙藏善本丛书）（清）吴振棫撰，王涛点校，浙江古籍出版社 1985 年。

岭表纪年（外二种）（明末清初史料选刊）（明）鲁可藻等撰，浙江古籍出版社 1985 年。

海东逸史（外三种）（明末清初史

料选刊）（清）翁洲老民撰，浙江古籍出版社 1985 年。

甲申核真略（明末清初史料选刊）（明）杨士聪等撰，浙江古籍出版社 1985 年。

国语正义 （清）董增龄撰，巴蜀书社 1985 年。

战国策集注汇考 诸祖耿撰，江苏古籍出版社 1985 年，凤凰出版社 2008 年增补本。

＊**续藏书**（明代传记丛刊）（明）李贽撰，台湾明文书局，1985 年。

＊**海东逸史**（明代传记丛刊）（明）翁洲老民撰，台湾明文书局，1985 年。

＊**烟艇永怀**（明代传记丛刊）（明）龚立本撰，台湾明文书局，1985 年。

＊**皇明世说新语**（明代传记丛刊）（明）李绍文撰，台湾明文书局，1985 年。

＊**皇明辅世编**（明代传记丛刊）（明）唐鹤征编纂，（明）陈睿谟评，台湾明文书局，1985 年。

＊**西园闻见录**（明代传记丛刊）（明）张萱撰，台湾明文书局，1985 年。

＊**内阁行实**（明代传记丛刊）（明）雷礼辑，台湾明文书局，1985 年。

＊**云间志略**（明代传记丛刊）（明）何三畏撰，台湾明文书局，1985 年。

＊**绎史摭遗**（明代传记丛刊）（清）李瑶纂，台湾明文书局，1985 年。

＊**史外**（明代传记丛刊）（清）汪有典撰，台湾明文书局，1985 年。

＊**启祯野乘**（明代传记丛刊）（清）邹漪纂，台湾明文书局，1985 年。

越绝书 （汉）袁康、吴平辑录，乐祖谋点校，上海古籍出版社 1985 年，1992 年。

东江疏揭塘报节抄（外二种）（明末清初史料选刊）（清）毛承斗、吴国华、吴骞辑，贾乃谦点校，浙江古籍出版社 1986 年。

大金国志校证 （宋）宇文懋昭撰，崔文印校证，中华书局 1986 年。

戊戌变法前后 （清）康有为撰，

上海人民出版社 1986 年。

崇祯遗录 （清）王世德撰，中国书店 1986 年。

定陵注略 （明）文秉撰，北京大学出版社 1986 年，天津古籍出版社 1986 年。

狩缅纪事（外三种）（明末清初史料丛刊）（明）刘膧等撰，丁红点校，浙江古籍出版社 1986 年。

爝火录（明末清初史料选刊）（清）李天根撰，仓修良、魏得良点校，浙江古籍出版社 1986 年。

稗乘 （明）佚名撰、黄昌龄辑，中国书店 1986 年，1996 年。

元朝秘史通检 方龄贵编撰，中华书局 1986 年。

元朝征缅录 女真招捕总录 （元）佚名撰，（清）钱熙祚辑，中国书店 1986 年。

皇元征缅录 （清）阮元辑，中国书店 1986 年。

皇明末造录 （清）金钟撰，中国书店 1986 年。

战国策译注 孟庆祥译注，黑龙江人民出版社 1986 年。

吴越春秋（江苏地方文献丛书）（汉）赵晔撰，（元）徐天祐音注，苗麓点校，江苏古籍出版社 1986 年，1999 年。

战国策（国学基本丛书选印）（汉）高诱注，上海书店 1987 年。

甲申朝事小纪（文史哲研究资料丛书）（清）抱阳生编著，任道斌点校，书目文献出版社 1987 年。

清朝掌故汇编 （清）宋文蔚等纂，张寿镛编，江苏广陵古籍刻印社 1987 年。

永历实录 所知录 （清）王夫之、钱秉镫等撰，余行迈、吴奈夫、何荣昌点校，上海古籍出版社 1987 年。

随军纪行译注 （清）曾寿撰，季永祥译注，中央民族学院出版社 1987 年。

贞观政要译注 （唐）吴兢编撰，叶光大等译，四川人民出版社 1987 年。

守汴日志 （明）李光壁撰，王兴亚点校，中州古籍出版社 1987 年。

国语 上海书店出版社编，上海书店出版社 1987 年，1993 年。

战国策新校注 缪文远校注，巴蜀书社 1987 年。

夏商合传 （明）冯梦龙鉴定，薛儆整理，黑龙江人民出版社 1987 年。

通志 （宋）郑樵撰，中华书局 1987 年，1990 年。

通志 （宋）郑樵撰，浙江古籍出版社 1988 年，2000 年。

续通志 （清）乾隆敕撰，浙江古籍出版社 1988 年，2000 年。

国语　战国策（古典名著普及文库）（春秋）左丘明撰，（汉）刘向撰，李维琦标点，岳麓书社 1988 年，2006 年。

靖逆记（清代历史资料丛刊）（清）兰簃外史纂，上海书店出版社 1988 年。

中西纪事 （清）夏燮撰，高鸿志点校，岳麓书社 1988 年。

南渡录（明末清初史料选刊）（明）李清撰，何槐昌点校，浙江古籍出版社 1988 年。

靖康稗史笺证 （宋）确庵、耐庵编，崔文印笺证，中华书局 1988 年，2010 年。

三朝辽事实录 （明）王在晋撰，江苏广陵古籍刻印社 1988 年。

胡文忠公抚鄂记（湘军史料丛刊）（清）汪士铎撰，岳麓书社 1988 年。

明季稗史初编（国学基本丛书选印）（清）留云居士辑，上海书店出版社 1988 年。

平黔纪略（贵州古籍集粹）（清）罗文林、王秉恩撰，贵州大学历史系中国近代史教研室点校，贵州人民出版社 1988 年。

建文朝野汇编（北京图书馆古籍珍本丛刊）（明）屠叔方撰，书目文献出版社 1989 年，北京图书馆出版社 2000 年。

建文书法拟（北京图书馆古籍珍本丛刊）（明）朱鹭撰，书目文献出版社 1989 年，北京图书馆出版社 2000 年。

名臣宁攘要编（北京图书馆古籍珍本丛刊）（明）项德桢编，书目文献出版社 1989 年，北京图书馆出版社 2000 年。

夷俗记（北京图书馆古籍珍本丛刊）（明）萧大亨撰，书目文献出版社

1989 年，北京图书馆出版社 2000 年。

辽事述（北京图书馆古籍珍本丛刊）佚名撰，书目文献出版社 1989 年，北京图书馆出版社 2000 年。

荆驼逸史（明）陈湖逸士撰，江苏广陵古籍刻印社 1990 年。

霆军纪略（清）陈昌撰，江苏广陵古籍刻印社 1990 年。

战国策注释 何建章注释，中华书局 1990 年，1996 年。

西南纪事（北京图书馆古籍珍本丛刊）（明）郭应聘撰，书目文献出版社 1990 年，北京图书馆出版社 2000 年。

确庵曾先生西蜀平蛮全录（北京图书馆古籍珍本丛刊）（明）曾省吾撰，书目文献出版社 1990 年，北京图书馆出版社 2000 年。

甲乙记政录（北京图书馆古籍珍本丛刊）（明）徐肇台撰，书目文献出版社 1990 年，北京图书馆出版社 2000 年。

督师纪略（北京图书馆古籍珍本丛刊）（明）茅元仪撰，书目文献出版社 1990 年，北京图书馆出版社 2000 年。

蜀事纪略（北京图书馆古籍珍本丛刊）（明）朱燮元撰，书目文献出版社 1990 年，北京图书馆出版社 2000 年。

平闽记（北京图书馆古籍珍本丛刊）（清）杨捷撰，书目文献出版社 1990 年，北京图书馆出版社 2000 年。

皇明驭倭录（北京图书馆古籍珍本丛刊）（明）王士骐撰，书目文献出版社 1990 年，北京图书馆出版社 2000 年。

虔台倭纂（北京图书馆古籍珍本丛刊）（明）谢杰撰，书目文献出版社 1990 年，北京图书馆出版社 2000 年。

倭情考略（北京图书馆古籍珍本丛刊）（明）郭光复撰，书目文献出版社 1990 年，北京图书馆出版社 2000 年。

倭患考原（北京图书馆古籍珍本丛刊）（明）黄俣卿撰，书目文献出版社 1990 年，北京图书馆出版社 2000 年。

安南来威图册（北京图书馆古籍珍本丛刊）（明）冯时旸、梁天锡、江美中辑撰，书目文献出版社 1990 年，北京图书馆出版社 2000 年。

皇明臣略纂闻（北京图书馆古籍珍本丛刊）（明）瞿汝说辑，书目文献出版社 1990 年，北京图书馆出版社 2000 年。

宝日堂杂抄（北京图书馆古籍珍本丛刊）（明）张鼐辑，书目文献出版社 1990 年，北京图书馆出版社 2000 年。

吾学编（北京图书馆古籍珍本丛刊）（明）郑晓撰，书目文献出版社 1990 年，北京图书馆出版社 2000 年。

明季水西记略（北京图书馆古籍珍本丛刊）（清）李珍撰，书目文献出版社 1990 年，北京图书馆出版社 2000 年。

泰昌朝记事（北京图书馆古籍珍本丛刊）（清）李逊之撰，书目文献出版社 1990 年，北京图书馆出版社 2000 年。

郑华亭考选处分始末（北京图书馆古籍珍本丛刊） 佚名撰，书目文献出版社 1990 年，北京图书馆出版社 2000 年。

中州战略（北京图书馆古籍珍本丛刊）（明）高谦撰，书目文献出版社 1990 年，北京图书馆出版社 2000 年。

朝野公言（北京图书馆古籍珍本丛刊） 佚名撰，书目文献出版社 1990 年，北京图书馆出版社 2000 年。

楚纪（北京图书馆古籍珍本丛刊）（明）廖道南撰，书目文献出版社 1991 年，北京图书馆出版社 2000 年。

皇明修文备史（北京图书馆古籍珍本丛刊）（清）顾炎武编，书目文献出版社 1991 年，北京图书馆出版社 2000 年。

贞观政要全译（中国历代名著全译丛书）（唐）吴兢撰，叶光大译注，贵州人民出版社 1991 年。

国语译注（中国古代名著今译丛书） 薛安勤、王连生注译，吉林文史出版社 1991 年，台湾建宏出版社 1995 年。

流寇长编 （清）戴笠、吴乔撰，书目文献出版社 1991 年。

蓝玉党供状（北京图书馆古籍珍本丛刊） 佚名撰，书目文献出版社 1992 年，北京图书馆出版社 2000 年。

世庙识余录（北京图书馆古籍珍本丛刊）（明）徐学谟辑，书目文献出版社 1992 年，北京图书馆出版社 2000 年。

万历三大征考（北京图书馆古籍珍本丛刊）（明）茅瑞征撰，书目文献出版社 1992 年，北京图书馆出版社 2000 年。

万历三十一年癸卯楚事妖书始末（北京图书馆古籍珍本丛刊）佚名撰，书目文献出版社 1992 年，北京图书馆出版社 2000 年。

闲思往事（北京图书馆古籍珍本丛刊）（明）曹珖撰，书目文献出版社 1992 年，北京图书馆出版社 2000 年。

启祯两朝剥复录（北京图书馆古籍珍本丛刊）（明）吴应箕撰，书目文献出版社 1992 年，北京图书馆出版社 2000 年。

玉镜新谭（北京图书馆古籍珍本丛刊）（明）朱长祚撰，书目文献出版社 1992 年，北京图书馆出版社 2000 年。

太平治迹统类（适园丛书）（宋）彭百川撰，文物出版社 1992 年。

国初群雄事略　（清）钱谦益撰，文物出版社 1992 年。

吴越春秋选译（古代文史名著选译丛书）（汉）赵晔撰，刘玉才译注，巴蜀书社 1992 年，凤凰出版社 2011 年。

吴越春秋译注　（汉）赵晔撰，薛耀天译注，天津古籍出版社 1992 年。

白话战国策　王锡荣、韩峥嵘译，吉林人民出版社 1992 年。

白话战国策（古典名著今译读本）（汉）刘向辑，何建章译注，岳麓书社 1992 年。

＊**战国策**　任重译注，台湾锦绣出版社 1992 年。

＊**战国策逐字索引**　刘殿爵、陈方正主编，（台湾）商务印书馆 1992 年。

甲申纪事（冯梦龙全集）（明）冯梦龙编撰，上海古籍出版社 1993 年。

甲申纪事　寿宁待志　中兴伟略（冯梦龙全集）（明）冯梦龙撰，吴伟斌、卞岐点校，江苏古籍出版社 1993 年。

中兴实录　中兴伟略寿宁待志（冯梦龙全集）（明）冯梦龙编撰，上海古籍出版社 1993 年。

慈禧太后私生活实录（清）德龄撰，海南出版社 1993 年。

稗史汇编（明）王圻纂集，北京出版社 1993 年。

靖康稗史注（中州文献丛书）（宋）李天民、王成棣等辑撰，王汝涛点校，中州古籍出版社 1993 年。

春秋后语辑考　王恒杰辑，齐鲁书社 1993 年。

明皇杂录　东观奏记（唐宋史料笔记丛刊）（唐）郑处诲、裴庭裕撰，田廷柱点校，中华书局 1994 年，1997 年。

国语译注（中华古籍译注丛书）邬国义、胡果文、李晓路译注，上海古籍出版社 1994 年，1996 年。

战国策全译　王延栋、孙淑兰译，南开大学出版社 1994 年。

战国策校释二种（清）王念孙、金正炜撰，赵丕杰、赵立生点校，首都师范大学出版社 1994 年。

皇明典故纪闻（明）余继登，书目文献出版社 1995 年。

＊**新译国语读本**　易中天译，侯乃慧校阅，台湾三民书局 1995 年。

＊**新译贞观政要**　许道勋译，陈满铭校阅，台湾三民书局 1995 年，二版 2008 年。

劫灰录（清）珠江寓舫撰，线装书局 1995 年。

逸周书汇校集注　黄怀信、张懋镕、田旭东校注，李学勤审定，上海古籍出版社 1995 年。

贞观政要（中国传统文化读本）（唐）吴兢撰，杨宝玉编，北京燕山出版社 1995 年，1996 年。

＊**新译吴越春秋**　黄仁生译，李振兴校阅，台湾三民书局 1996 年，二版 2009 年。

战国策（中国历史读本）关树东编，吉林人民出版社 1996 年。

逸周书补注　陈逢衡注，中国书店 1996 年。

蒙古源流笺证（清）沈曾植笺证，中国书店 1996 年。

＊**新译战国策**　温洪隆译，陈满铭校阅，台湾三民书局 1996 年，二版

2004 年。

＊**新译越绝书** 刘建国译，黄俊郎校阅，台湾三民书局 1997 年。

战国策 （汉）刘向选编，广西民族出版社 1997 年。

吴越春秋辑校汇考 周生春辑校，上海古籍出版社 1997 年。

皇明史概 （明）朱国桢撰，江苏广陵古籍刻印社 1997 年。

战国策 （汉）刘向集录，朱保炯、谢沛霖标点，上海古籍出版社 1998 年。

白话越绝书 白话吴越春秋（古典名著今译读本） （汉）袁康撰，刘建国译注，（汉）赵晔撰，黄仁生译注，岳麓书社 1998 年。

白话战国策（中国传统文化丛书）（汉）刘向编订，牛继清译注，三秦出版社 1998 年。

慈禧太后私生活实录 （清）德龄撰，江苏广陵古籍刻印社 1998 年。

南明史料（八种）（江苏地方文献丛书） （清）黄宗羲、顾炎武等撰，孟昭庚等点校，江苏古籍出版社 1999 年。

康雍乾间文字之狱（外十二种）（清代野史丛书） （清）佚名撰，伍跃等整理，北京古籍出版社 1999 年。

清朝兴亡史（外八种）（清代野史丛书） 汉史氏述，伍跃等整理，北京古籍出版社 1999 年。

栖霞阁野乘（外六种）（清代野史丛书） （清）孙静安著，伍跃等整理，北京古籍出版社 1999 年。

清光绪帝外传（外八种）（清代野史丛书） （清）恽毓鼎撰，伍跃等整理，北京古籍出版社 1999 年。

李鸿章事略（外十一种）（清代野史丛书） 佚名等编，伍跃等整理，北京古籍出版社 1999 年。

贞观政要（国学基本丛书） （唐）吴兢编撰，王贵标点，岳麓书社 2000 年。

＊**战国策选析** 林海权、林欲其改编，台湾国际少年村 2001 年。

大金吊伐录校补 （金）佚名编，金少英校补，李庆善整理，中华书局 2001 年。

永历实录（外一种）（明代野史丛书） （明）王夫之、（清）林慧如撰，北京古籍出版社2002年。

崇祯长编（外十种）（明代野史丛书）（清）邓凯、瞿锡等撰，北京古籍出版社2002年。

烈皇小识（外一种）（明代野史丛书）（明）文秉等撰，北京古籍出版社2002年。

国语集解 徐元诰集解，王树民、沈长云点校，中华书局2002年。

明太祖平胡录（外七种）（明代野史丛书）（明）陆深等编撰，北京古籍出版社2002年。

东林本末（外七种）（明代野史丛书）（明）吴应箕撰，北京古籍出版社2002年。

虎口余生记（外十一种）（明代野史丛书）（明）边大绶撰，北京古籍出版社2002年。

甲申传信录（外四种）（明代野史丛书）（清）钱轵撰，北京古籍出版社2002年。

国史唯疑 （明）黄景昉撰，陈士楷、熊德基点校，上海古籍出版社2002年。

东南纪事（外十二种）（明代野史丛书）（清）邵廷采等撰，北京古籍出版社2002年。

慈禧后宫实录 （清）德龄撰，沈紫、林清点校，学林出版社2002年。

战国策（中华再造善本）（汉）高诱注，（宋）姚宏校正，北京图书馆出版社2002年。

鲍氏国策（中华再造善本）（宋）鲍彪校注，北京图书馆出版社2002年。

路史（中华再造善本）（宋）罗泌撰，北京图书馆出版社2003年。

贞观政要集校 （唐）吴兢撰，谢保成校，中华书局2003年，2009年。

泰天遗事（辽宁省图书馆孤本善本丛刊．第1辑）（清）李逊之抄录，线装书局2003年。

《战国策》精粹解读（中学生文化素质提高丛书） 缪文远编著，中华书局2004年。

《国语》选评（新世纪古代历史经典读本） 胡果文撰，上海古籍出版社2004年。

宋西事案（西夏研究丛书） 杨志

高校证，宁夏人民出版社 2004 年。

战国策（中华传世名著精华本） 陈渔、夏雨虹主编，吉林人民出版社 2005 年。

国语 （春秋）左丘明撰，鲍思陶点校，齐鲁书社 2005 年。

战国策 （西汉）刘向编，贺伟、侯仰军点校，齐鲁书社 2005 年。

元朝祕史 （元）佚名撰，鲍思陶点校，齐鲁书社 2005 年。

《战国策》选评（新世纪古代历史经典读本） 田兆元、孟祥荣撰，上海古籍出版社 2005 年。

贞观政要（智慧之门．第 2 辑） （唐）吴兢著，葛景春、张弦生注译，中州古籍出版社 2005 年。

光绪老画刊：晚清社会的《图画新闻》第一辑（史海遗珍丛书民国画刊系列） 刘精民收藏，中国文联出版社 2005 年。

政经（中华大方略全书．经略策略图文版） （唐）吴兢原典，曹冈解译，内蒙古人民出版社 2005 年。

汲冢周书（中华再造善本） （晋）孔晁注，北京图书馆出版社 2005 年。

吴越春秋（中华再造善本） （汉）赵晔撰，（元）徐天祜音注，北京图书馆出版社 2005 年。

周书王会补注（中华再造善本） （宋）王应麟撰，北京图书馆出版社 2005 年。

契丹国志（中华再造善本） （宋）叶隆礼撰，北京图书馆出版社 2005 年。

国语（中华再造善本） 吴·韦昭注，北京图书馆出版社 2006 年。

通志（中华再造善本） （宋）郑樵撰，北京图书馆出版社 2006 年。

战国策（中华经典藏书） 缪文远等译注，中华书局 2006 年。

贞观政要：全译本 （唐）吴兢原著，刘配书、刘波、谈蔚译，新华出版社 2006 年。

吴越春秋校注（古典名著标准读本） 东（汉）赵晔原著，张觉校注，岳麓书社 2006 年。

贞观政要译注 （唐）吴兢撰，裴汝诚等译注，上海古籍出版社 2006 年，2007 年。

战国策笺证（中华要籍集释丛书

范祥雍古籍整理汇刊）（西汉）刘向集录，范祥雍笺证，范邦瑾协校，上海古籍出版社2006年，2011年。

炎徼纪闻校注（土司资料丛书）（明）田汝成撰，欧薇薇校注，广西人民出版社2007年。

贞观政要（唐）吴兢著，陈书凯编译，哈尔滨出版社2007年。

白话战国策（汉）刘向著，石广苗译，江西人民出版社2007年。

贞观政要（唐）吴兢著，福印编译，蓝天出版社2007年。

战国策（国学今读大书院）（汉）刘向原著，王学典编译，蓝天出版社2007年。

国语（中国家庭基本藏书．史著选集卷）王芳、丁富生译注，山西古籍出版社2007年。

逸周书汇校集注（中华要籍集释丛书）黄怀信、张懋镕、田旭东撰，上海古籍出版社2007年。

蒙古秘史：现代汉语版普及本 特·官布扎布、阿斯钢译，新华出版社2007年。

贞观政要（中国古典名著全译典藏图文本）（唐）吴兢编撰，刘豪译注，中国社会科学出版社2007年。

滇辖日记　东使纪程：外一种（近代史料笔记丛刊）（清）花沙纳撰，中华书局2007年。

梦蕉亭杂记（近代史料笔记丛刊）陈夔龙著，中华书局2007年。

国闻备乘（近代史料笔记丛刊）胡思敬著，中华书局2007年。

十叶野闻（近代史料笔记丛刊）（清）许指严著，中华书局2007年。

乐斋漫笔　崇陵传信录：外二种（近代史料笔记丛刊）（清）岑春煊、恽毓鼎著，中华书局2007年。

东游纪程　日知堂笔记（近代史料笔记丛刊）（清）聂士成、郭沛霖著，中华书局2007年。

陶庐老人随年录　南屋述闻：外一种（近代史料笔记丛刊）（清）王树枏撰，龙顾山人辑，中华书局2007年。

朝野类要：附朝野类要研究（唐宋史料笔记丛刊）（宋）赵升编，王瑞来点校，中华书局2007年。

国语（中华经典藏书） 尚学锋、夏德靠译注，中华书局 2007 年。

战国策（国学经典丛书） （汉）刘向集录，王华宝注译，中州古籍出版社 2007 年。

世本集览 （清）王梓材辑，北京图书馆出版社 2007 年。

粤氛纪事（近代史料笔记丛刊） 夏燮著，欧阳跃峰点校，中华书局 2008 年。

国语 （东吴）韦昭注，明洁辑评，金良年导读，梁谷整理，上海古籍出版社 2008 年。

战国策 （汉）刘向编订，明洁辑评导读整理，上海古籍出版社 2008 年。

贞观政要 （唐）吴兢撰，（元）戈直集注，裴汝诚导读，紫剑整理，上海古籍出版社 2008 年。

贞观政要 （唐）吴兢撰，葛景春、张弦生注译，中州古籍出版社 2008 年。

蒙古源流笺证 （清）沈曾植等撰，中国书店 2008 年。

清廷戊戌朝变记：外三种 （清）苏继祖等著，广西师范大学出版社 2008 年。

战国策 （战国）佚名著，三晋出版社 2008 年。

国语 （春秋）左丘明著，三晋出版社 2008 年。

《南征录》《广右战功录》《西南纪事》校注 （明）张瑄等撰，黄南津、魏菲校注，广西人民出版社 2008 年。

国语 曹建国、张玖青注说，河南大学出版社 2008 年。

世本 （汉）宋衷注，时代文艺出版社 2008 年。

贞观政要 （唐）吴兢著，时代文艺出版社 2008 年。

吴越春秋 （汉）赵晔撰，时代文艺出版社 2008 年。

国语 （春秋）左丘明著，时代文艺出版社 2008 年。

越绝书 （汉）袁康、吴平撰，时代文艺出版社 2008 年。

战国策 （汉）刘向编，时代文艺出版社 2008 年。

战国策：插图本 （汉）刘向编选，万卷出版公司2008年。

元朝秘史：外四种 佚名撰，上海古籍出版社2008年。

贞观政要（传世经典 文白对照）（唐）吴兢撰，骈宇骞、骈骅译，中华书局2009年。

贞观政要（中华经典藏书）（唐）吴兢撰，骈宇骞、齐立洁、李欣译注，中华书局2009年。

庚子西狩丛谈（近代史料笔记丛刊） 吴永口述，刘治襄笔记，李益波整理，中华书局2009年。

越绝书译注 张仲清著，人民出版社2009年。

越绝书校注 张仲清校注，国家图书馆出版社2009年。

《天史》校释 （清）丁耀亢著，宫庆山、孟庆泰校释，齐鲁书社2009年。

国语 （春秋）左丘明著，凤凰出版社2009年。

战国策 （汉）刘向编，凤凰出版社2009年。

战国策 （汉）刘向编，吉林文史出版社2009年。

＊**《异苑》校证**（古典文献研究辑刊） （南朝宋）刘敬叔撰，吕春明校证，台湾花木兰文化出版社2009年。

建文朝野汇编（中华再造善本续编）（明）屠叔方撰，国家图书馆出版社2009年。

新刊金文靖公前北征录 新刊杨文敏公后北征记（中华再造善本续编）（明）金幼孜、杨荣撰，国家图书馆出版社2009年。

国语 （春秋）左丘明著，东南大学出版社2010年。

战国策全集 （汉）刘向原著，海潮出版社2010年。

贞观政要：珍藏版 （唐）吴兢著，吉林出版集团有限责任公司2010年。

战国策全书 （汉）刘向著，内蒙古人民出版社2010年。

贞观政要全书解读 （唐）吴兢著，内蒙古人民出版社2010年。

建康实录 建康实录记 （唐）许嵩撰、郦承铨撰，南京出版社

2010年。

贞观政要：白话本 （唐）吴兢著，赫坚、杨亚庚译，中国商业出版社2010年。

东方兵事纪略 姚锡光著，中华书局2010年。

战国策 刘国建主编，中州古籍出版社2010年。

国语 （春秋）左丘明著，中州古籍出版社2010年。

澳门志略 （清）祝淮编纂，国家图书馆出版社2010年。

澳门记略 （清）印光任、张汝霖编纂，国家图书馆出版社2010年。

贞观政要 （唐）吴兢编集，姜涛点校，齐鲁书社2010年。

李秀成亲供手迹 （清）李秀成著，岳麓书社2010年。

吴越春秋 东（汉）赵晔著，北京燕山出版社2010年。

贞观政要 （唐）吴兢著，北京燕山出版社2010年。

战国策 缪文远编著，中华书局2011年。

《庆防记略》校释 （清）惠登甲撰，马啸校释，天津古籍出版社2011年。

战国策选译 任重、霍旭东译注，凤凰出版社2011年。

吴越春秋选译 郁默译注，凤凰出版社2011年。

贞观政要选译 裴汝诚、王义耀译注，凤凰出版社2011年。

国语选译 高振铎、刘乾先译注，凤凰出版社2011年。

元朝秘史注 （元）佚名撰，（清）李文田注，中国书店2011年。

《国语》文系年注析 周锋、郝建杰撰，广西师范大学出版社2011年。

贞观政要（中华经典名著全本全注全译丛书） 骈宇骞译注，中华书局2011年。

诏令奏议类

陆宣公奏议（附唐陆宣公制诰续集）（万有文库） （唐）陆贽著，大达图书供应社1934年，大中书局1934年，上海商务印书馆1935年，

1936年。

皇明留台奏议(兵防类)(国学文库) 张冲、赵锦等著,文殿阁书庄1934年。

陆宣公奏议(万有文库) (唐)陆贽著,商务印书馆1935年。

明臣奏议(丛书集成初编) 清高宗勅编,商务印书馆1935年。

尽言集(丛书集成初编) (宋)刘安世撰,商务印书馆1936年。

郭给谏疏稿(丛书集成初编) (明)郭尚宾撰,商务印书馆1936年。

泰熙录(丛书集成初编) (明)王文禄撰,商务印书馆1936年。

兰台奏疏(丛书集成初编) (明)马从聘撰,商务印书馆1936年。

三垣疏稿(丛书集成初编) (明)许誉卿撰,商务印书馆1936年。

制府疏草(丛书集成初编) (明)萧彦撰,商务印书馆1936年。

玉城奏疏(丛书集成初编) (明)叶永盛撰,商务印书馆1936年。

王少司马奏疏(丛书集成初编) (明)王家桢撰,商务印书馆1936年。

伯仲谏台疏草(丛书集成初编) (明)郑钦、郑锐撰,商务印书馆1936年。

两垣奏议(丛书集成初编) (明)逯中立撰,商务印书馆1936年。

西台摘疏(丛书集成初编) (明)吴尚默撰,商务印书馆1936年。

敬修堂钓业(丛书集成初编) (明)查继佐著,商务印书馆1936年。

条奏疏稿(附疏稿续刊)(丛书集成初编) (清)蒋伊著,商务印书馆1936年。

魏文毅公奏议(丛书集成初编) (清)魏裔介撰,商务印书馆1936年。

尹少宰奏议(丛书集成初编) (清)尹会一撰,商务印书馆1936年。

敕议或问(丛书集成初编) (明)朱厚熜著,商务印书馆1937年。

中兴备览(丛书集成初编) (宋)张浚著,商务印书馆1937年。

皇陵碑(丛书集成初编) (明)朱

元璋著，商务印书馆 1939 年。

平西蜀文（丛书集成初编）（明）朱元璋著，商务印书馆 1939 年。

魏郑公谏录（丛书集成初编）（唐）王方庆辑，商务印书馆 1939 年。

魏郑公谏续录（丛书集成初编）（元）翟思忠辑，商务印书馆 1939 年。

梁公九谏（丛书集成初编）（唐）狄仁杰著，商务印书馆 1939 年。

孝肃包公奏议（丛书集成初编）（宋）包拯著，商务印书馆 1939 年。

五城奏疏（丛书集成初编）（明）董杰撰，商务印书馆 1939 年。

许国公奏议（丛书集成初编）（宋）吴潜撰，商务印书馆 1939 年。

东井诰敕（丛书集成初编）（明）左镃撰，商务印书馆 1939 年。

讷溪奏议（丛书集成初编）（明）周怡撰，商务印书馆 1939 年。

毅斋奏疏（丛书集成初编）（明）查铎撰，商务印书馆 1939 年。

谕对录（丛书集成初编）（明）张孚敬撰，商务印书馆 1939 年。

邗襄题稿枢垣初刻（明）李永茂撰，中华书局 1958 年，1985 年。

＊**刘壮肃公奏议**（台湾研究丛刊）（清）刘铭传，台湾银行经济研究室 1958 年。

＊**甲戌公牍钞存**（台湾研究丛刊）（清）王元穉编，台湾银行经济研究室 1959 年。

＊**杨勇悫公奏议**（台湾研究丛刊）（清）杨岳斌，台湾银行经济研究室 1959 年。

＊**东溟奏稿**（台湾研究丛刊）（清）姚莹，台湾银行经济研究室 1959 年。

＊**福建台湾奏折**（台湾研究丛刊）（清）沈葆桢，台湾银行经济研究室 1959 年。

唐大诏令集（宋）宋敏求编，商务印书馆 1959 年，中华书局 2008 年。

黄爵滋奏疏　许乃济奏议合刊（中国近代史资料丛书）（清）黄爵滋、许乃济撰，齐思和整理，中华书局 1959 年。

＊**左文襄公奏牍**（台湾研究丛刊）

（清）左宗棠，台湾银行经济研究室 1960 年。

＊**钦定福建省外海战船则例**（台湾研究丛刊）（清）不著撰人，台湾银行经济研究室 1961 年。

宋大诏令集　（宋）佚名编，司羲祖整理，中华书局 1962 年，1997 年。

＊**清经世文编选录**（台湾研究丛刊）（清）高其倬，台湾银行经济研究室 1966 年。

＊**国朝诸臣奏议**（宋史资料萃编）（宋）赵汝愚编，台湾文海出版社 1970 年。

＊**明经世文编选录**（台湾研究丛刊）　台湾银行经济研究室编，台湾银行经济研究室 1971 年。

李煦奏折　故宫博物院明清档案部编，中华书局 1976 年。

太师王端毅公奏议　（明）王恕撰，上海书店 1979 年。

按辽御珰疏稿　（明）何尔健撰，何兹全、郭良玉编校，中州书画社 1982 年。

郭嵩焘奏稿　（清）郭嵩焘著，杨坚校补，岳麓书社 1983 年。

孙传庭疏牍　（明）孙传庭撰，方福仁点校，浙江人民出版社 1983 年。

卢象升疏牍（明末清初史料选刊）（明）卢象升撰，方福仁点校，浙江古籍出版社 1984 年。

康熙朝汉文朱批奏折汇编　中国第一历史档案馆编，档案出版社 1985 年。

西藏奏疏（附西藏碑文）　（清）孟保撰，西藏学汉文文献编辑室编，中央民族学院出版社 1985 年。

同治中兴京外奏议约篇（清代历史资料丛刊）（清）陈弢辑，上海书店 1985 年。

谏草存笥　（明）侯先春撰，江苏广陵古籍刻印社 1986 年。

司马光奏议（三晋古籍丛书）（宋）司马光撰，王根林点校，山西人民出版社 1986 年。

天父天兄圣旨（新发现的太平天国珍贵文献史料）　王庆成编注，辽宁人民出版社 1986 年。

刘襄勤公奏稿（附传略）（中国文

献珍本丛书）（清）刘锦棠撰，吴丰培整理，书目文献出版社1986年。

左宗棠未刊奏折（湘军史料丛刊）中国第一历史档案馆《左宗棠全集》整理组编，岳麓书社1987年。

菉居封事（明）张缙彦撰，王兴亚点校，中州古籍出版社1987年。

明留台奏议（明）朱吾弼撰、李云鹄等辑，沈国元订，江苏广陵古籍刻印社1987年。

林氏家藏林则徐使粤两广奏稿 方之光等点校，南京大学出版社1988年。

柴庵疏集 忆记（明末清初史料选刊）（明）吴甡撰，秦晖点校，浙江古籍出版社1989年。

历代名臣奏议（明）黄淮、杨士奇编，上海古籍出版社1989年。

雍正朝汉文朱批奏折汇编 中国第一历史档案馆编，江苏广陵古籍刻印社整理，江苏古籍出版社1989至1991年。

历代名臣奏议（清）赵承恩编辑，江苏广陵古籍刻印社1991年。

王侍郎奏议（安徽古籍丛书）（清）王茂荫撰，张新旭点校，黄山书社1991年。

唐大诏令集（宋）宋敏求编，洪丕谟点校，学林出版社1992年。

清代藏事奏牍（西藏学汉文文献汇刊）吴丰培编辑、赵慎应校对，中国藏学出版社1994年。

光绪朝朱批奏折 中国第一历史档案馆编，中华书局1995至1997年。

年羹尧满汉奏折译编 季永海、李盘胜、谢志宁翻译、点校，天津古籍出版社1995年。

雍正朝满文朱批奏折全译 中国第一历史档案馆译编，黄山书社1998年。

国朝诸臣奏议（宋）赵汝愚编，邓广铭、陈智超等点校，上海古籍出版社1999年，2002年。

敦煌悬泉月令诏条 中国文物研究所、甘肃省文物考古研究所编，中华书局2001年。

戚少保奏议（戚继光研究丛书）（明）戚继光撰，张德信校释，中华书局2001年。

皇明祖训（中华再造善本续编试制）（明）朱元璋撰，北京图书馆出版社2002年。

唐大诏令集补编 李希泌主编，毛华轩、李成宁、张椒华、周天、李维萌、但召威编，上海古籍出版社2003年。

育德堂奏议（中华再造善本）（宋）蔡幼学撰，北京图书馆出版社2003年。

国朝诸臣奏议（中华再造善本）（宋）赵汝愚辑，北京图书馆出版社2004年。

中国古代公文选 方春荣编著，安徽大学出版社2004年。

委黎多《报效始末疏》笺正（澳门丛书） 汤开建著，广东人民出版社2004年。

两汉诏令（中华再造善本）（宋）林虙、楼昉辑，北京图书馆出版社2005年。

注陆宣公奏议（中华再造善本）（唐）陆贽撰，（宋）郎晔注，北京图书馆出版社2005年。

宋中书舍人南丰先生曾公谥议（中华再造善本）（宋）刘汉弼撰，北京图书馆出版社2006年。

西藏奏疏（西藏历史汉文文献丛刊）（清）孟保撰，黄维忠、李垣垣点校，中国藏学出版社2006年。

恽毓鼎澄斋奏稿（清）恽毓鼎著，史晓风整理，浙江古籍出版社2007年。

度支奏议（明）毕自严撰，上海古籍出版社2008年。

唐浩明评点曾国藩奏折 唐浩明评点，岳麓书社2008年。

雍正硃批谕旨（清）鄂尔泰等编，北京图书馆出版社2008年。

康有为变法奏章辑考 孔祥吉编著，北京图书馆出版社2008年。

清代名人奏折书系．刘墉 牛贯杰主编，大象出版社2009年。

清代名人奏折书系．纪晓岚 牛贯杰主编，大象出版社2009年。

清代名人奏折书系．左宗棠 牛贯杰主编，大象出版社2009年。

清代名人奏折书系．张之洞 牛贯杰主编，大象出版社2009年。

徐氏庖言：外四种（明）徐光启撰，李天纲、邓志峰点校，上海古籍出版社2011年。

传记类

秦良玉传汇编初集 秦嵩年编著，鸣羊山房1911年。

青楼小名录 （清）赵庆桢著，古今书室校，广益书局1914年。

（节本）明儒学案（饮冰室丛著）（清）黄宗羲著，梁启超节钞，商务印书馆1916年，新民社1934年。

陕西横山县曹氏族谱 曹子正等编，1917年曹氏刊。

历代名将断（武学丛钞） （明）黄道周著，刁广孚编，武学书馆1922年。

（标点注解）晏子春秋（诸子研究）支伟成标点，泰东图书局1923年，1934年，大中书局1934年。

阳明先生传纂（附阳明弟子传纂）（国学丛书） 余重耀辑，中华书局1923年，1924年，1928年。

宋元科举三录 徐乃昌辑，1923年南陵徐氏自刊。

曾文正公大事记·治兵语录 （清）曾国藩著，大达图书供应社1924年。

晏子春秋类钞 高超编，1925年高氏自刊。

（新式标点）晏子春秋 陈益标点，扫叶山房1926年。

晏子春秋（学生国学丛书） 庄适选注，商务印书馆1926年，1933年。

四朝先哲言行录 董士廉编，谢文益总店1926年。

人谱（青年德育丛书） （明）刘宗周著，青年协会1927年。

人谱（附类记） （万有文库）（明）刘宗周著，商务印书馆1927年，1939年，1940年。

宋元学案（学生国学丛书） （清）黄宗羲著，（清）全祖望修定，缪天绶选注，商务印书馆1928年，1931年，1947年。

宋元学案（万有文库） （清）黄宗羲著，（清）黄百家辑，（清）全祖望修定，（清）王梓材等校订，商务印书馆1929年，1933年，1934年。

西湖三女史传记 （清）陈文述（颐道居士）辑，六艺书局1929年。

辛稼轩年谱 （清）辛梅臣编，龙沐勋订补，国立暨南大学1929年。

明儒学案（万有文库）（清）黄宗羲著，商务印书馆 1930 年，1933 年，1934 年，1935 年，1939 年。

颜氏学记（万有文库）（清）戴望著，商务印书馆 1930 年，1933 年，1935 年。

孟子事实录（清）崔述著，努力学社标点，文化学社 1931 年。

历代同姓名录引得 洪业等编，哈佛燕京学社引得编纂处 1931 年。

明儒学案（学生国学丛书）（清）黄宗羲著，缪天绶选注，商务印书馆 1931 年，1933 年，1947 年。

宋学渊源记（万有文库）（清）江藩著，商务印书馆 1931 年。

汉学师承记（万有文库）（清）江藩著，商务印书馆 1931 年。

清代征献类编 严懋功编，1931 年梁溪严氏刊。

三十三种清代传记综合引得（引得）杜联喆、房兆楹编，哈佛燕京学社引得编纂处 1932 年。

国贼殷鉴 香山教育图书馆编，香山慈幼院 1932 年。

汉学师承记（万有文库）（清）江藩著，周予同选注，商务印书馆 1933 年。

历代名人年谱（国学基本丛书）（清）吴荣光编纂，商务印书馆 1933 年，1934 年。

洪亮吉年谱（近代名人年谱丛刊）（清）吕培等著，湘农点读，大陆书局 1933 年。

邻苏老人年谱（近代名人年谱丛刊）（清）杨守敬原著，熊会员补述，湘农点读，大陆书局 1933 年。

袁枚年谱（近代名人年谱丛刊）（清）方濬师编著，湘农点读，大陆书局 1933 年。

胡林翼年谱（近代名人年谱丛刊）（清）严树森编，湘农点读，大陆书局 1933 年。

清代书画家字号引得（附清画传辑佚三种 清画传辑佚三种引得）蔡金重编，哈佛燕京学社引得编纂处 1934 年。

清学案小识（原名：国朝学案小识）（万有文库）（清）唐鉴著，商务印书馆 1935 年，1948 年。

晏子春秋校注 张纯一校注，世界书局 1935 年，1936 年，台湾世界书局1955年。

李恕谷先生年谱 （清）冯辰著，恽鹤生订，孙错重订，四存学校1935年。

畴人传（万有文库） （清）阮元撰，商务印书馆1935年，1939年。

甘棠集：历代循吏汇编（新中国建设学会丛书） 陈德荣选，新中国建设学会1935年。

王安石年谱 （清）顾栋高辑，沈卓然点校，大东书局1935年。

建文年谱（中国史学丛书） （明）赵士喆著，商务印书馆1935年。

曾文正公年谱 （清）李瀚章、黎庶昌合编，朱惟公标点，大达图书供应社1935年。

八十九种明代传记综合引得 田继综编，哈佛燕京学社引得编纂处1935年。

两汉不列传人名韵编 庄鼎彝纂集，商务印书馆1935年。

三鱼堂日记（丛书集成初编 国学基本丛书） （清）陆陇其撰，商务印书馆1936年，1937年，1940年。

客杭日记（丛书集成初编） （宋）郭畀撰，商务印书馆1936年。

宜州乙酉家乘（丛书集成初编） （宋）黄庭坚撰，商务印书馆1936年。

晏子春秋集解 王心湛校，广益书局1936年。

（宋元明清）四朝学案 （清）黄宗羲等著，国学整理社辑，世界书局1936年。

宋元学案 （清）黄宗羲著，（清）全祖望修定，国学整理社1936年。

明儒学案 （清）黄宗羲著，世界书局1936年。

宋元学案人名索引 邓元鼎、王默君著，商务印书馆1936年，1956年。

明末汉奸列传 国民政府军事委员会编，国民政府军事委员会1936年。

文人传记选（中学国语补充读本） 谭正璧编，北新书局1936年。

圣哲画像记（附画传） （清）曾国藩著，王紫珊辑，国学整理社1936年。

洪文襄公年谱 （清）法式善著，

洪文襄公宗祠 1936 年。

辛丑日记 （清）华学澜著，商务印书馆 1936 年。

晏子春秋（四部丛刊）（周）晏婴撰，商务印书馆 1936 年。

晏子春秋（四部备要）（周）晏婴著，中华书局 1936 年。

古列女传（四部丛刊）（汉）刘向撰，商务印书馆 1936 年。

列女传校注（四部备要）（汉）刘向撰，（清）梁端校注，中华书局 1936 年。

高士传（四部备要）（晋）皇甫谧撰，中华书局 1936 年。

五朝名臣言行录（四部丛刊）（宋）朱熹撰，商务印书馆 1936 年。

三朝名臣言行录（四部丛刊）（宋）朱熹撰，商务印书馆 1936 年。

宋元学案（四部备要）（清）黄宗羲撰，（清）黄百家辑，（清）全祖望修定，（清）王梓材等校定，中华书局 1936 年。

明儒学案（四部备要）（清）黄宗羲撰，中华书局 1936 年。

国朝学案小识（四部备要）（清）唐鉴撰，中华书局 1936 年。

国朝汉学师承记（四部备要）（清）江藩撰，中华书局 1936 年。

国朝先正事略（四部备要）（清）李元度撰，中华书局 1936 年。

中兴将帅别传（四部备要）（清）朱孔彰撰，中华书局 1936 年。

东家杂记（附续校及补校）（丛书集成初编）（宋）孔传著，商务印书馆 1936 年。

孔氏祖庭广记（附校伪及续补校）（丛书集成初编）（金）孔元措撰，商务印书馆 1936 年。

圣门志（丛书集成初编）（明）吕元善纂辑，商务印书馆 1936 年。

学统（丛书集成初编）（清）熊赐履撰，商务印书馆 1936 年。

道统录（附录）（丛书集成初编）（清）张伯行撰，商务印书馆 1936 年。

伊洛渊源录（丛书集成初编）（宋）朱熹撰，商务印书馆 1936 年。

道南源委（丛书集成初编）（明）朱衡撰，商务印书馆 1936 年。

禅玄显教编（丛书集成初编）（明）杨溥撰，商务印书馆1936年。

孝传（丛书集成初编）（晋）陶潜撰，商务印书馆1936年。

古孝子传（丛书集成初编）（清）茆泮林辑，商务印书馆1936年。

元朝名臣事略（附校勘记）（丛书集成初编）（元）苏天爵撰，商务印书馆1936年。

广州人物传（丛书集成初编）（明）黄佐撰，商务印书馆1936年。

逸民传（丛书集成初编）（明）皇甫濂撰，（明）刘凤补遗，商务印书馆1936年。

贫士传（丛书集成初编）（明）黄姬水撰，商务印书馆1936年。

小隐书（丛书集成初编）（明）敬虚子撰，商务印书馆1936年。

古列女传（丛书集成初编）（汉）刘向撰，（晋）顾恺之图画，商务印书馆1936年。

妇人集（丛书集成初编）（清）陈维崧撰，（清）冒褒注，商务印书馆1936年。

邵康节先生外纪（丛书集成初编）（明）陈继儒辑，商务印书馆1936年。

倪文正公年谱（丛书集成初编）（清）倪会鼎述，商务印书馆1936年。

古今同姓名录（丛书集成初编）（梁）萧绎撰，（唐）陆善经续，（元）叶森补，商务印书馆1936年。

九史同姓名略（附补遗）（丛书集成初编）（清）汪辉祖撰，商务印书馆1936年。

三史同名录（丛书集成初编）（清）汪辉祖辑，商务印书馆1936年。

古今姓氏书辨证（附校勘记）（丛书集成初编）（宋）邓名世撰，商务印书馆1936年。

希姓录（丛书集成初编）（明）杨慎撰，商务印书馆1936年。

姓觿（附录·附札记）（丛书集成初编）（明）陈士元撰，商务印书馆1936年。

姓觿刊误（附札记）（丛书集成初编）（清）易本烺撰，商务印书馆1936年。

姓氏考略（丛书集成初编）（清）陈廷炜撰，商务印书馆1937年。

魏氏补证（丛书集成初编）（清）万光泰撰，商务印书馆1937年。

自号录（丛书集成初编）（宋）徐光溥编，商务印书馆1937年。

小名录（丛书集成初编）（唐）陆龟蒙撰，商务印书馆1937年。

补侍儿小名录（丛书集成初编）（宋）王铚撰，商务印书馆1937年。

乐府侍儿小名（丛书集成初编）（清）李调元撰，商务印书馆1937年。

侍儿小名录拾遗（丛书集成初编）（宋）张邦畿撰，商务印书馆1937年。

续补侍儿小名录（丛书集成初编）（宋）温豫撰，商务印书馆1937年。

奇字名（丛书集成初编）（清）李调元撰，商务印书馆1937年。

历代名人年里碑传总表 姜亮夫撰，商务印书馆1937年。

晏子春秋（丛书集成初编）（周）晏婴撰，商务印书馆1937年。

晏子春秋音义（丛书集成初编）（清）孙星衍著，商务印书馆1937年。

正学续（丛书集成初编）（清）陈遇夫撰，商务印书馆1937年。

汉西京博士考（丛书集成初编）（清）胡秉虔撰，商务印书馆1937年。

汉学师承记（丛书集成初编）（清）江藩撰，商务印书馆1937年。

天潢玉牒（丛书集成初编）（明）解缙著，商务印书馆1937年。

道命录（丛书集成初编）（宋）李心传辑，商务印书馆1937年。

宋学渊源记（附记）（丛书集成初编）（清）江藩辑，商务印书馆1937年。

古今同姓名录（国学基本丛书）（梁）萧绎撰，（唐）陆善经续撰，（元）叶森增补，商务印书馆1937年。

三史同名录（国学基本丛书）（清）汪辉祖著，商务印书馆1937年。

晏子春秋（万有文库）（清）孙星衍等校，商务印书馆1937年。

广名将传（丛书集成初编）（明）黄道周注，商务印书馆 1937 年。

吴郡二科志（丛书集成初编）（明）阎秀卿撰，商务印书馆 1937 年。

新倩籍（丛书集成初编）（明）徐祯卿撰，商务印书馆 1937 年。

国宝新编（丛书集成初编）（明）顾濂撰，商务印书馆 1937 年。

浦阳人物记（丛书集成初编）（明）宋濂撰，商务印书馆 1937 年。

国琛集（丛书集成初编）（明）唐枢撰，商务印书馆 1937 年。

续吴先贤赞（丛书集成初编）（明）刘凤撰，商务印书馆 1937 年。

百越先贤志（丛书集成初编）（明）欧大任撰，商务印书馆 1937 年。

前徽录（丛书集成初编）（清）姚世锡撰，商务印书馆 1937 年。

三峰传藁（丛书集成初编）（明）万应隆撰，商务印书馆 1937 年。

高士传（丛书集成初编）（晋）皇甫谧撰，商务印书馆 1937 年。

郎官石柱题名（丛书集成初编）（清）赵魏录，商务印书馆 1937 年。

顾亭林先生年谱（附录）（丛书集成初编）（清）张穆编，商务印书馆 1937 年。

黄昆圃先生年谱（丛书集成初编）（清）顾镇编，商务印书馆 1937 年。

阎潜丘先生年谱（丛书集成初编）（清）张穆编，商务印书馆 1937 年。

朱子年谱（考异附录）（丛书集成初编）（清）王懋竑纂订，商务印书馆 1937 年。

孙夏峰先生年谱（丛书集成初编）（清）汤斌等编次，商务印书馆 1937 年。

魏贞庵先生年谱（丛书集成初编）（清）魏荔彤撰，商务印书馆 1937 年。

颜习斋先生年谱（丛书集成初编）（清）李塨纂，王源订，商务印书馆 1937 年。

尹健余先生年谱（附录）（丛书集成初编）（清）吕炽编次，（清）方苞阅定，商务印书馆 1937 年。

象台首末（附录）（丛书集成初编）（宋）胡知柔撰，商务印书馆

1937 年。

北行日谱（丛书集成初编）（明）朱祖文撰，商务印书馆 1937 年。

杨公政绩纪（附杨公本传）（丛书集成初编）（清）黄家遴撰，商务印书馆 1937 年。

鹿忠节公年谱（丛书集成初编）（明）陈鋐撰，商务印书馆 1937 年。

袁督师事迹（丛书集成初编）（清）佚名撰，商务印书馆 1937 年。

张忠烈公年谱（丛书集成初编）（明）张之谦纂辑，商务印书馆 1937 年。

（节本）宋元学案（中学国文补充读本）（清）黄宗羲著，缪天绶选注，商务印书馆 1937 年。

（节本）明儒学案（中学国文补充读本）（清）黄宗羲著，缪天绶选注，商务印书馆 1937 年。

清代河臣传（中国水利珍本丛书）汪胡桢、吴慰祖编，中国水利工程学会 1937 年。

古今人物别名索引 陈德芸编著，岭南大学 1937 年。

爱新觉罗宗谱 金松乔等编，爱新觉罗修谱处 1938 年。

列女传补注（国学基本丛书）（清）王照圆撰，商务印书馆 1938 年，1939 年。

后汉三公年表（丛书集成初编）（清）华湛恩撰，商务印书馆 1939 年。

李相国论事集（附李相国遗文）（丛书集成初编）（唐）李绛撰，商务印书馆 1939 年。

东坡乌台诗案（丛书集成初编）（宋）朋九万撰，商务印书馆 1939 年。

诗谳（丛书集成初编）（宋）周紫芝撰，商务印书馆 1939 年。

建立伏博士始末（丛书集成初编）（清）孙星衍述，商务印书馆 1939 年。

文庙从祀先贤先儒考（丛书集成初编）（清）郎廷极撰，商务印书馆 1939 年。

孔子弟子考（丛书集成初编）（清）朱彝尊撰，商务印书馆 1939 年。

孔子门人考（丛书集成初编）（清）朱彝尊撰，商务印书馆 1939 年。

孟子弟子考（丛书集成初编）（清）朱彝尊撰，商务印书馆1939年。

备遗录（丛书集成初编）（明）张芹撰，商务印书馆1939年。

殉身录（丛书集成初编）（明）裘玉撰，商务印书馆1939年。

昭忠录（丛书集成初编）（元）佚名撰，商务印书馆1939年。

稗史集传（丛书集成初编）（宋）徐显撰，商务印书馆1939年。

淳熙荐士录（丛书集成初编）（宋）杨万里撰，商务印书馆1939年。

登科录（丛书集成初编）（宋）佚名撰，商务印书馆1939年。

题名录（丛书集成初编）（宋）佚名撰，商务印书馆1939年。

汉事会最人物志（丛书集成初编）（清）惠栋辑，商务印书馆1939年。

孔子论语年谱（丛书集成初编）（元）程复心撰，商务印书馆1939年。

孟子年谱（丛书集成初编）（元）程复心撰，商务印书馆1939年。

崔清献公言行录（丛书集成初编）（宋）李肖龙撰，商务印书馆1939年。

丰清敏公遗事（附录）（丛书集成初编）（宋）李朴撰，商务印书馆1939年。

韩忠献公遗事（丛书集成初编）（宋）强至撰，商务印书馆1939年。

黄荛圃先生年谱（丛书集成初编）（清）江标撰，商务印书馆1939年。

石隐山人自订年谱（吴中文献小丛书）（清）朱骏声遗著，朱师辙补注，江苏省苏州图书馆1939年。

王巢松年谱（吴中文献小丛书）（清）王抃著，江苏省苏州图书馆1939年。

四十七种宋代传记综合引得（引得）哈佛燕京学社引得编纂处编，哈佛燕京学社引得编纂处1939年。

孟子事实录（丛书集成初编）（清）崔述撰，商务印书馆1940年。

辽金元传记三十种综合引得 哈佛燕京学社引得编纂处编，哈佛燕京学社引得编纂处1940年。

增校清朝进士题名碑录（附引得）

（引得特刊） 哈佛燕京学社引得编纂处编，哈佛燕京学社引得编纂处1941年。

九史同姓名略（国学基本丛书）（清）汪辉祖撰，商务印书馆1941年。

虞山画志（吴中文献小丛书）（清）郑抡逵纂，江苏省立苏州图书馆1941年。

武庙崇祀名将传略 刘潜等编纂，治安总署印刷所1941年。

顾亭林先生年谱（中国史学丛书）（清）张穆编，商务印书馆1941年。

朱子年谱（国学基本丛书）（清）王懋竑纂订，商务印书馆1941年。

明儒学案（中周百科丛书）（清）黄宗羲著，胡秋原节补，中周出版社1944年。

李闯王 （清）懒道人著，说文出版社1944年。

（重编）明儒学案 （清）黄宗羲著，李心庄重编，国立编译馆1945年，1947年。

（太平天国轶事）石达开日记 许指岩撰，经纬书局1945年。

合校本大西西泰利先生行迹 ［意］艾儒略著，向达校，上智编译馆1947年。

（重编）宋元学案 陈叔谅、李心庄重编，正中书局1947年。

江西全省历代人物谥号汇表（江西文献丛书） 吴宗慈、刘扶青合编，江西省文献委员会1947年。

江宁碑传初辑 江宁县文献委员会编，江宁县文献委员会1948年。

忠王李秀成自传原稿笺证 罗尔纲著，开明书店1951年，中华书局1954年，1957年。

忠王李秀成自述手稿 梁岵庐整理，上海出版公司1954年，科学出版社1958年。

畴人传 （清）阮元等撰，商务印书馆1955年。

畴人传四编 （清）黄钟骏编，商务印书馆1955年。

唐才子传（中国文学参考资料丛书）（元）辛文房撰，古典文学出版社1957年，中华书局上海编辑所1965年新1版。

颜氏学记 （清）戴望撰，刘公纯标点，中华书局1958年。

历代古人像赞（中国古代版画丛刊） 郑振铎编，古典文学出版社1958年，中华书局上海编辑所1958年，1988年。

圣迹图（中国古代版画丛刊）（明）张楷辑，中华书局上海编辑所1958年，1988年。

刻碑姓名录 （清）黄锡番编，中华书局1958年。

郭天锡手书日记 （元）郭畀撰并书，古典文学出版社1958年。

历代各族传记会编　第一编（史记、两汉书、三国志部分） 中央民族学院研究部主编，翦伯赞等编，中华书局1958年。

历代各族传记会编　第二编（晋书、南北史、八书部分） 中央民族学院研究部主编，翦伯赞等编，中华书局1958至1959年。

使西日记 （明）都穆撰，中国书店1959年。

清儒学案 （清）徐世昌编，中华书局1959年，中国书店1959年，1981年。

国寿录（晚明史料丛书） （清）查继佐撰，中华书局上海编辑所1959年。

王荆公年谱考略 （清）蔡上翔撰，中华书局上海编辑所1959年，1973年。

四十七种宋代传记综合引得 引得编纂处编，中华书局1959年，1987年。

辽金元传记三十种综合引得 引得编纂处编，中华书局1959年，1987年。

八十九种明代传记综合引得 引得编纂处编，中华书局1959年，1987年。

三十三种清代传记综合引得 引得编纂处编，中华书局1959年，1987年。

清代碑传文通检 陈乃乾编，中华书局1959年，北京图书馆出版社2003年。

凌烟阁功臣图（中国古代版画丛刊）（清）刘源绘，中华书局上海编辑所1960年，1988年。

镜湖自撰年谱（近代史料笔记丛刊）（清）段光清撰，中国科学院安徽分院社科所历史室整理，中华书局1960年，1997年。

忠王李秀成自述校补本 吕集义校，广西僮族自治区通志馆编，中华书局1961年。

＊**徐阁公先生年谱**（台湾研究丛刊）（清）陈乃干，陈洙同纂，台湾银行经济研究室1961年。

晏子春秋集释（新编诸子集成第一辑 文津文库） 吴则虞集释，吴受琚、俞震校补，中华书局1962年，1982年，国家图书馆出版社2011年增订校补本。

元朝名臣事略 （元）苏天爵撰，中华书局1962年。

玉谿生年谱会笺（外一种） 张采田著，中华书局上海编辑所1963年。

宋元方志传记索引 朱士嘉编，中华书局1963年，上海古籍出版社1986年。

＊**陈清端公年谱**（台湾研究丛刊）（清）丁宗洛辑，台湾银行经济研究室1964年。

＊**清先正事略选**（台湾研究丛刊）（清）李元度，台湾银行经济研究室1964年。

＊**福建通志列传选**（台湾研究丛刊）（清）陈衍，台湾银行经济研究室1964年。

＊**碑传选集**（台湾研究丛刊） 台湾银行经济研究室辑，台湾银行经济研究室1966年。

＊**续碑传选集**（台湾研究丛刊） 台湾银行经济研究室辑，台湾银行经济研究室1966年。

＊**吴耿尚孔四王全传**（台湾研究丛刊）（清）不著撰人，台湾银行经济研究室1967年。

＊**宋名臣言行录**（宋史资料萃编）（宋）朱熹，台湾文海出版社1967年。

＊**伊洛渊源录**（宋史资料萃编）（宋）朱熹编，台湾文海出版社1968年。

＊**江上孤忠录**（台湾研究丛刊）（清）赵曦明，台湾银行经济研究室1968年。

＊**清史列传选**（台湾研究丛刊） 台湾银行经济研究室编，台湾银行经济研究室1968年。

＊**名臣碑传琬琰集**（宋史资料萃编）（宋）杜大珪，台湾文海出版社1969年。

＊**钦定胜朝殉节诸臣录**（台湾研

究丛刊）（清）舒赫德，台湾银行经济研究室 1971 年。

＊**台湾雾峰林氏族谱**（台湾研究丛刊）（清）不著撰人，台湾银行经济研究室 1971 年。

＊**小酉腴山馆主人自着年谱**（台湾研究丛刊）（清）吴大廷，台湾银行经济研究室 1971 年。

＊**陈第年谱**（台湾研究丛刊）（清）金云铭，台湾银行经济研究室 1972 年。

＊**宋元学案人名索引** 日本东京大学文学部编，台湾广文编译所译，台湾广文书局 1973 年。

王荆公年谱考略 （清）蔡上翔撰，上海人民出版社 1973 年。

＊**新式标点晏子春秋** 陈益标点，台湾新文丰出版公司 1975 年。

分省抚按缙绅便览 （明）佚名辑，上海书店 1980 年。

明清进士题名碑录索引 朱保炯、谢沛霖编，上海古籍出版社 1980 年，1998 年。

＊**宋遗民录**（宋史资料萃编）（明）程敏政辑，台湾文海出版社 1981 年。

清代日记汇抄（上海史资料丛刊）上海人民出版社编，上海人民出版社 1982 年。

唐五代人物传记资料综合索引 傅璇琮、张忱石、许逸民编，中华书局 1982 年，1992 年。

明督抚年表（二十四史研究资料丛刊） 吴廷燮编，魏连科点校，中华书局 1982 年。

李秀成自述原稿注 罗尔纲著，中华书局 1982 年。

郭嵩焘日记 （清）郭嵩焘撰，本社点校，湖南人民出版社 1983 年。

汉学师承记 宋学渊源记 （清）江藩撰，上海书店 1983 年。

国朝汉学师承记 （清）江藩撰，钟哲整理，中华书局 1983 年，1998 年。

安禄山事迹 （唐）姚汝能撰，曾贻芬点校，上海古籍出版社 1983 年。

东林列传 （清）陈鼎撰，江苏广陵古籍刻印社 1983 年。

忘山庐日记 （清）孙宝瑄著，任琮点校，上海古籍出版社 1983 年。

登科记考 （清）徐松撰，赵守俨点校，中华书局1984年，1993年。

北宋经抚年表 南宋制抚年表（二十四史研究资料丛刊） 吴廷燮编，张忱石点校，中华书局1984年。

＊**弇州山人续稿碑传**（明代传记丛刊）（明）王世贞撰，台湾明文书局1985年。

＊**吴郡人物志**（明代传记丛刊）（明）张大复撰，台湾明文书局1985年。

＊**姑苏名贤小记**（明代传记丛刊）（明）文震孟论次，台湾明文书局1985年。

＊**状元图考**（明代传记丛刊）（明）顾祖训原编，（明）吴承恩增补，（清）陈枚续补，台湾明文书局1985年。

＊**皇明三元考/科名盛事录**（明代传记丛刊）（明）张弘道，张凝道辑，台湾明文书局1985年。

＊**殿阁词林记列传**（明代传记丛刊）（明）廖道南撰，台湾明文书局1985年。

＊**启祯两朝遗诗小传**（明代传记丛刊）（明）陈济生撰，台湾明文书局1985年。

＊**东林列传**（明代传记丛刊）（明）李棪撰，台湾明文书局1985年。

＊**国寿录**（明代传记丛刊）（明）查继佐撰，台湾明文书局1985年。

＊**石匮书后集列传**（明代传记丛刊）（明）张岱撰，台湾明文书局1985年。

＊**畿辅人物志**（明代传记丛刊）（明）孙承泽撰，台湾明文书局1985年。

＊**皇明名臣言行录新编**（明代传记丛刊）（明）汪国楠撰，台湾明文书局1985年。

＊**新刊皇明名臣言行录**（明代传记丛刊）（明）杨廉纂集，台湾明文书局1985年。

＊**皇明人物考**（明代传记丛刊）（明）焦竑编次，（明）翁正春校，台湾明文书局1985年。

＊**皇明名臣琬琰录**（明代传记丛刊）（明）徐纮编，（明）王道端续，台湾明文书局1985年。

＊**国朝名臣言行录**（明代传记丛刊）（明）刘延元订，台湾明文书

局 1985 年。

＊**皇明名臣言行录**（明代传记丛刊）（明）李廷机纂，台湾明文书局 1985 年。

＊**殉身录**（明代传记丛刊）（明）裘玉撰，台湾明文书局 1985 年。

＊**名卿绩纪**（明代传记丛刊）（明）王世贞撰，台湾明文书局 1985 年。

＊**备遗录/革朝遗忠录/革除遗事/革除遗事节本/建文逊国臣记**（明代传记丛刊）（明）张芹等撰，台湾明文书局 1985 年。

＊**圣朝名世考**（明代传记丛刊）（明）刘孟雷撰，台湾明文书局 1985 年。

＊**皇明名臣墓铭**（明代传记丛刊）（明）朱大韶撰，台湾明文书局 1985 年。

＊**国朝列卿纪**（明代传记丛刊）（明）雷礼纂辑，台湾明文书局 1985 年。

＊**皇明应谥名臣备考录**（明代传记丛刊）（明）林之盛编述，台湾明文书局 1985 年。

＊**今献备遗**（明代传记丛刊）（明）项笃寿撰，台湾明文书局 1985 年。

＊**明功臣袭封底簿**（明代传记丛刊）（明）吏部编，台湾明文书局 1985 年。

＊**皇明献实**（明代传记丛刊）（明）袁袠撰，台湾明文书局 1985 年。

＊**皇明开国臣传**（明代传记丛刊）（明）朱国祯辑，台湾明文书局 1985 年。

＊**国朝献征录**（明代传记丛刊）（明）焦竑编，台湾明文书局 1985 年。

＊**明书列传**（明代传记丛刊）（明）傅维鳞撰，台湾明文书局 1985 年。

＊**皇明开国功臣录**（明代传记丛刊）（明）黄金撰，台湾明文书局 1985 年。

＊**皇明帝后纪略**（明代传记丛刊）（明）郑汝璧撰，台湾明文书局 1985 年。

＊**罪惟录列传**（明代传记丛刊）（明）查继佐撰，台湾明文书局 1985 年。

＊**皇明世法录列传**（明代传记丛刊）（明）陈仁锡评纂，台湾明文书局1985年。

＊**南雍志列传**（明代传记丛刊）（明）黄佐撰，台湾明文书局1985年。

＊**熹朝忠节死臣列传**（明代传记丛刊）（明）吴应箕纂，台湾明文书局1985年。

＊**名山藏列传**（明代传记丛刊）（明）何乔远撰，台湾明文书局1985年。

＊**皇明四朝成仁录**（明代传记丛刊）（明）屈大均撰，台湾明文书局1985年。

＊**皇明表忠纪/续表忠记**（明代传记丛刊）（明）钱士升等撰，台湾明文书局1985年。

＊**皇明书列传**（明代传记丛刊）（明）郑元锡录，台湾明文书局1985年。

＊**逊国正气纪**（明代传记丛刊）（明）曹参芳辑次，台湾明文书局1985年。

＊**皇明逊国臣记/逊国神会录**（明代传记丛刊）（明）朱国桢等撰，台湾明文书局1985年。

＊**曝书亭集碑传**（明代传记丛刊）（清）朱彝尊撰，台湾明文书局1985年。

＊**思复堂文集碑传**（明代传记丛刊）（清）邵念鲁撰，台湾明文书局1985年。

＊**二学集碑传/初学集/有学集**（明代传记丛刊）（清）钱谦益撰，台湾明文书局1985年。

＊**复社姓氏传略**（明代传记丛刊）（清）吴山嘉录，台湾明文书局1985年。

＊**明史列传**（明代传记丛刊）（清）张廷玉撰，台湾明文书局1985年。

＊**明儒言行录**（明代传记丛刊）（清）沈佳撰，台湾明文书局1985年。

＊**列朝诗集小传**（明代传记丛刊）（清）钱谦益撰，台湾明文书局1985年。

＊**明儒学案**（明代传记丛刊）（清）黄宗羲撰，台湾明文书局1985年。

＊**中州人物考**（明代传记丛刊）（清）孙奇逢撰，台湾明文书局1985年。

＊**畿辅人物考**（明代传记丛刊）（清）孙奇逢辑，台湾明文书局1985年。

＊**明名臣言行录**（明代传记丛刊）（清）徐开任编撰，台湾明文书局1985年。

＊**明分省人物考**（明代传记丛刊）（清）过庭训纂集，台湾明文书局1985年。

＊**明史稿列传**（明代传记丛刊）（清）王鸿绪撰，台湾明文书局1985年。

＊**徐本明史列传**（明代传记丛刊）（清）徐干学撰，台湾明文书局1985年。

＊**明史窃列传**（明代传记丛刊）（清）尹守衡撰，台湾明文书局1985年。

＊**崇祯忠节录**（明代传记丛刊）（清）高承埏编辑，台湾明文书局1985年。

伊洛渊源录　（宋）朱熹撰，（明）杨廉辑补，刘德权点校，中州古籍出版社1985年。

明儒学案　（清）黄宗羲撰，沈芝盈点校，中华书局1985年，2008年修订本。

明遗民录　（清）孙静庵编著，赵一生标点，浙江古籍出版社1985年。

桐城吴先生日记　（清）吴汝纶撰，中国书店1985年。

出使英法义比四国日记（走向世界丛书）（清）薛福成撰，岳麓书社1985年。

出使英法俄国日记（走向世界丛书）（清）曾纪泽撰，王成杰标点，岳麓书社1985年。

艺风老人日记　（清）缪荃孙撰，北京大学出版社1986年。

荣庆日记　（清）荣庆著，谢兴尧点校注释，西北大学出版社1986年。

两汉三国学案　（清）唐晏撰，吴东民点校，中华书局1986年，1992年。

宋元学案　（清）黄宗羲撰，（清）全祖望补，陈金生、梁运华点校，中华书局1986年，1989年。

凌烟阁功臣图　（清）刘源绘，朱圭刻，四川美术出版社1986年。

楚国先贤传校注（荆楚故书丛刊）（晋）张辅撰，舒焚校注，湖北人民出版社 1986 年。

襄阳耆旧记校注（荆楚故书丛刊）（晋）习凿齿撰，舒焚、张林川校注，云南民族出版社 1986 年，荆楚书社 1986 年。

金陵通传　（清）陈作霖撰，江苏广陵古籍刻印社 1986 年。

唐才子传　（元）辛文房撰，王大安校订，黑龙江人民出版社 1986 年。

明朝百家小传　（清）王介锡撰，天津古籍出版社 1986 年。

广名将传　（明）黄道周注，孟冰点校，书目文献出版社 1986 年。

吴门表隐　（清）顾震涛撰，江苏广陵古籍刻印社 1986 年。

吴门表隐（江苏地方文献丛书）（清）顾震涛撰，甘兰经等标点，江苏古籍出版社 1986 年，1999 年。

章太炎先生自定年谱　（清）章太炎撰，上海书店 1986 年。

陶渊明年谱（年谱丛刊）　（宋）王质等撰，许逸民校辑，中华书局 1986 年。

甲行日注（外三种）（明清小品选刊）　（明）叶绍袁撰，毕敏点校，岳麓书社 1986 年。

四十七种宋代传记　辽金元传记三十种　八十九种明代传记　三十三种清代传记综合引得　洪业等编纂，上海古籍出版社 1986 年，1988 年。

＊**晏子春秋今注今译**　王更生撰，（台湾）商务印书馆 1987 年，新版 2011 年。

湘军人物年谱（湘军史料丛刊）（清）梅英杰等撰，李润英标点，岳麓书社 1987 年。

清史列传　王钟翰点校，中华书局 1987 年。

献征录　（明）焦竑编，上海书店 1987 年。

司马温公年谱　（清）顾栋高撰，刘光胜点校，中州古籍出版社 1987 年。

明末忠烈纪实（明末清初史料选刊）　（清）徐秉义撰，张金庄点校，浙江古籍出版社 1987 年。

唐才子传 （元）辛文房撰，舒宝璋校注，中州古籍出版社 1987 年。

校补襄阳耆旧记 （晋）习凿齿撰，黄惠贤校补，中州古籍出版社 1987 年。

清代碑传全集（附姓名字号室名索引）（清）钱仪吉等撰，上海古籍出版社 1987 年。

唐才子传校笺 傅璇琮主编，中华书局 1987 至 1995 年，2002 年。

唐才子传校正 （元）辛文房撰，周本淳校正，江苏古籍出版社 1987 年，台湾文津出版社 1988 年。

元祐党人传 （清）陆心源撰，江苏广陵古籍刻印社 1987 年。

宋史翼 （清）陆心源辑，江苏广陵古籍刻印社 1987 年。

方志著录元明清曲家传略 赵景深、张增元编，中华书局 1987 年。

元人传记资料索引 王德毅、李荣材、潘柏澄编，中华书局 1987 年。

明人传记资料索引 台湾中央图书馆编，中华书局 1987 年。

李兴锐日记（中国近代人物日记丛书）（清）李兴锐撰，廖一中、罗真容整理，中华书局 1987 年。

李星沅日记（中国近代人物日记丛书）（清）李星沅撰，袁英光、童浩整理，中华书局 1987 年。

王韬日记（中国近代人物日记丛书）（清）王韬撰，方行、汤志钧整理，中华书局 1987 年。

宋名臣言行录 （宋）朱熹、李幼武编，江苏广陵古籍刻印社 1987 年。

南海甘蕉蒲氏家谱（中国回族古籍丛书） 丁国勇标点，天津古籍出版社 1987 年。

晏子春秋校释（银雀山汉墓竹简） 骈宇骞校释，书目文献出版社 1988 年。

明名臣琬琰录 （明）徐纮辑，（清）王元编，江苏广陵古籍刻印社 1988 年。

清碑传合集 （清）钱仪吉编，上海书店出版社 1988 年。

皇明逊国臣传 （明）朱国祯撰，江苏广陵古籍刻印社 1988 年。

皇明开国臣传 （明）朱国祯撰，江苏广陵古籍刻印社 1988 年。

楚宝 （明）周圣楷撰，（清）邓显鹤增辑，江苏广陵古籍刻印社1988年。

黄丕烈年谱（年谱丛刊） （清）江标撰，王大隆补、冯惠民点校，中华书局1988年。

李塨年谱（年谱丛刊） （清）冯辰、刘调赞撰，陈祖武点校，中华书局1988年。

郇学斋日记 （清）李慈铭撰，北京燕山出版社1988年。

有泰驻藏日记（中国藏学史料丛刊） （清）有泰撰，吴丰培整理，中国藏学出版社1988年。

出使美日秘日记 （清）崔国因撰，刘贯中、刘发清点注，黄山书社1988年。

宋人传记资料索引 昌彼得、王德毅、程元敏、侯俊德编，王德毅增订，中华书局1988年。

中兴将帅别传（湘军史料丛刊） （清）朱孔彰撰，向新阳、朱美士标点，岳麓书社1989年。

晏子春秋（诸子百家丛书） （清）孙星衍、黄以周校，上海古籍出版社1989年，1994年。

经学系传谱 （清）赵灿撰，杨永昌、马继祖标注，青海人民出版社1989年。

皇明四朝成仁录（广东丛书） （清）屈大均辑，叶慕绰校订，江苏广陵古籍刻印社1989年。

嘉禾征献录 （清）盛枫辑，江苏广陵古籍刻印社1989年。

词林辑略 朱汝珍辑，江苏广陵古籍刻印社1989年。

词科掌录 词科余话 （清）杭世骏撰，江苏广陵古籍刻印社1989年。

鄂国金佗粹编续校注 （宋）岳珂编，王曾瑜校注，中华书局1989年，1993年。

王夫之年谱（年谱丛刊） （清）王之春撰，汪茂和点校，中华书局1989年。

历代名人年谱 （清）吴荣光撰，上海书店出版社1989年。

翁同龢日记（中国近代人物日记丛书） （清）翁同龢撰，陈义杰整理，中华书局1989至1997年，1998年，2006年。

王文韶日记（中国近代人物日记丛书）（清）王文韶撰，袁英光、胡逢祥整理，中华书局1989年。

吉林他塔拉氏家谱（吉林乌拉档案史料丛编）（清）他塔拉哈拉·魁升修撰，张晓光整理，中国社会科学出版社1989年。

八旗满洲氏族通谱 （清）弘昼等编纂，辽沈书社1989年。

两浙名贤录（北京图书馆古籍珍本丛刊）（明）徐象梅撰，书目文献出版社1989年，北京图书馆出版社2000年。

琬琰集删存附引得 洪业等编撰，上海古籍出版社1990年。

中州人物考 （清）孙奇逢辑，王元鏕、孙立雅编，江苏广陵古籍刻印社1990年。

畿辅人物考 （清）孙奇逢辑，江苏广陵古籍刻印社1990年。

列女传译注 （汉）刘向编撰，张涛译注，山东大学出版社1990年，1991年。

异号类编 （清）史梦兰编，江苏广陵古籍刻印社1990年。

历代名臣传节录 （清）萧元培辑，江苏广陵古籍刻印社1990年。

严修年谱（年谱丛刊） 严修自订，高凌雯补、严仁曾增编，齐鲁书社1990年。

司马光年谱（年谱丛刊）（明）马峦、（清）顾栋高编撰，冯惠民整理，中华书局1990年。

缘督庐日记 （清）叶昌炽撰，江苏广陵古籍刻印社1990年，2002年。

历代名儒传 （清）李清植纂，中国书店1991年。

国朝先正事略 （清）李元度撰，易孟醇点校，岳麓书社1991年。

列女传 （汉）刘向撰，（明）仇英绘图，中国书店1991年，1996年。

唐才子传校注 （元）辛文房撰，孙映逵校注，中国社会科学出版社1991年。

宋史翼 （清）陆心源撰，中华书局1991年。

全明忠义别传 （清）汪有典纂，江苏广陵古籍刻印社1991年。

韩愈年谱（年谱丛刊）（宋）吕大

防等撰，徐敏霞校辑，中华书局1991年。

兰台法鉴录（北京图书馆古籍珍本丛刊）（明）何出光、陈登云等撰，书目文献出版社1991年，北京图书馆出版社2000年。

南垣论世考（北京图书馆古籍珍本丛刊）（明）余懋学撰，书目文献出版社1991年，北京图书馆出版社2000年。

明清散曲作家汇考 庄一拂编，浙江古籍出版社1992年。

关中三李年谱 （清）吴怀清编，陈俊民点校，陕西师范大学出版社1992年。

明遗民传记索引 谢正光编，上海古籍出版社1992年。

中国名相传 （清）潘博辑，黄山书社1992年。

颜元年谱（年谱丛刊）（清）李塨撰，王源订、陈祖武点校，中华书局1992年。

查继佐年谱 查慎行年谱（年谱丛刊）（清）沈起撰，陈敬璋撰，汪茂和点校，中华书局1992年。

王士禛年谱（年谱丛刊）（清）王士禛撰，孙言诚点校，中华书局1992年。

张廷玉年谱（年谱丛刊）（清）张廷玉撰，戴鸿义点校，中华书局1992年。

康南海自编年谱（外二种）（清）康有为撰，楼宇烈整理，中华书局1992年。

孔颜孟三氏志（北京图书馆古籍珍本丛刊）（明）刘浚撰，书目文献出版社1992年，北京图书馆出版社2000年。

义勇武安王集（北京图书馆古籍珍本丛刊）（明）顾问辑，书目文献出版社1992年，北京图书馆出版社2000年。

重编义勇武安王集（北京图书馆古籍珍本丛刊）（清）钱谦益辑，书目文献出版社1992年，北京图书馆出版社2000年。

忠武录（北京图书馆古籍珍本丛刊）（明）沈津辑，书目文献出版社1992年，北京图书馆出版社2000年。

孝顺事实（北京图书馆古籍珍本丛

刊）（明）朱棣撰，书目文献出版社 1992 年，北京图书馆出版社 2000 年。

女范编（北京图书馆古籍珍本丛刊）（明）黄尚文辑，书目文献出版社 1992 年，北京图书馆出版社 2000 年。

帝鉴图说（北京图书馆古籍珍本丛刊）（明）张居正等辑，书目文献出版社 1992 年，北京图书馆出版社 2000 年。

国朝内阁名臣事略（北京图书馆古籍珍本丛刊）（明）吴伯与撰，书目文献出版社 1992 年，北京图书馆出版社 2000 年。

皇明辅世编（北京图书馆古籍珍本丛刊）（明）唐鹤征纂，书目文献出版社 1992 年，北京图书馆出版社 2000 年。

历代名臣传（清）朱轼编，岳麓书社 1993 年。

晏子春秋全译（中国历代名著全译丛书）李万寿译注，贵州人民出版社 1993 年。

碑传集（清）钱仪吉撰，靳斯标点，中华书局 1993 年。

鄂尔泰年谱（年谱丛刊）（清）鄂容安等撰，李致忠点校，中华书局 1993 年。

陆陇其年谱（年谱丛刊）（清）吴光酉、郭麟、周梁等撰，褚家传、张文玲点校，中华书局 1993 年。

黄宗羲年谱（年谱丛刊）（清）黄炳垕撰，王政尧点校，中华书局 1993 年。

＊**列女传今注今译** 张敬注译，（台湾）商务印书馆 1994 年。

王安石年谱三种（年谱丛刊）（宋）詹大和等撰，裴汝诚点校，中华书局 1994 年。

倪元璐年谱（年谱丛刊）（清）倪会鼎撰，李尚英点校，中华书局 1994 年。

阎若璩年谱（年谱丛刊）（清）张穆撰，邓瑞点校，中华书局 1994 年。

白话晏子春秋（古典名著今译读本）江灏译注，岳麓书社 1994 年。

古今列女传评林（中国古代版画丛刊二编）（汉）刘向撰，（明）茅坤补，彭烊评，上海古籍出版社 1994 年。

瑞世良英（中国古代版画丛刊二编）（明）金忠、车应魁编撰，上海古籍出版社1994年。

孔门儒教列传（中国古代版画丛刊二编）（明）佚名著，上海古籍出版社1994年。

元和姓纂（附四校记）（唐）林宝撰，岑仲勉校记，郁贤皓、陶繁整理，孙望审定，中华书局1994年。

使西日记（北京图书馆古籍珍本丛刊）（明）都穆撰，书目文献出版社1995年，北京图书馆出版社2000年。

味水轩日记（北京图书馆古籍珍本丛刊）（明）李日华撰，书目文献出版社1995年，北京图书馆出版社2000年。

孙夏峰先生日谱残稿（北京图书馆古籍珍本丛刊）（明）孙奇逢撰，书目文献出版社1995年，北京图书馆出版社2000年。

呼桓日记（北京图书馆古籍珍本丛刊）（明）项鼎铉撰，书目文献出版社1995年，北京图书馆出版社2000年。

文文肃公日记（北京图书馆古籍珍本丛刊）（明）文震孟撰，书目文献出版社1995年，北京图书馆出版社2000年。

司徒恩遇日记（北京图书馆古籍珍本丛刊）（明）毕自严撰，书目文献出版社1995年，北京图书馆出版社2000年。

祁忠敏公日记（北京图书馆古籍珍本丛刊）（明）祁彪佳撰，书目文献出版社1995年，北京图书馆出版社2000年。

阮元年谱（年谱丛刊）（清）张鉴等撰，黄爱平点校，中华书局1995年，2002年。

越城周氏支谱（清）周以均、周锡嘉编撰，线装书局1995年。

＊**新译列女传** 黄清泉译，陈满铭校阅，台湾三民书局1996年，二版2008年。

晏子春秋译注（中国古代名著今译丛书）殷义祥译注，吉林文史出版社1996年。

元朝名臣事略（元）苏天爵撰，姚景安点校，中华书局1996年。

历代名人年谱（清）吴荣光编，

中国书店1996年。

味水轩日记（宋明清小品文集辑注）（明）李日华撰，屠友祥校注，上海远东出版社1996年。

求己斋日记 徐永昌撰，中国书店1996年。

莆阳文献（北京图书馆古籍珍本丛刊）（明）郑岳辑，书目文献出版社1997年，北京图书馆出版社2000年。

今献备遗（北京图书馆古籍珍本丛刊）（明）项笃寿撰，书目文献出版社1997年，北京图书馆出版社2000年。

松陵文献（北京图书馆古籍珍本丛刊）（清）潘柽章撰，书目文献出版社1997年，北京图书馆出版社2000年。

藩献记（北京图书馆古籍珍本丛刊）（明）朱谋㙔撰，书目文献出版社1997年，北京图书馆出版社2000年。

西巡录（北京图书馆古籍珍本丛刊）（明）陈尧撰，书目文献出版社1997年，北京图书馆出版社2000年。

丙子西征记（北京图书馆古籍珍本丛刊）（清）顾栋撰，书目文献出版社1997年，北京图书馆出版社2000年。

运使复斋郭公言行录（北京图书馆古籍珍本丛刊）（元）徐东撰，书目文献出版社1997年，北京图书馆出版社2000年。

春浮园别集（北京图书馆古籍珍本丛刊）（明）萧士玮撰，书目文献出版社1997年，北京图书馆出版社2000年。

果亲王西藏日记（北京图书馆古籍珍本丛刊）（清）允礼撰，书目文献出版社1997年，北京图书馆出版社2000年。

宋元科举题名录（北京图书馆古籍珍本丛刊）佚名撰，书目文献出版社1997年，北京图书馆出版社2000年。

宋历科状元录（北京图书馆古籍珍本丛刊）（明）宋希召撰，书目文献出版社1997年，北京图书馆出版社2000年。

元统元年进士题名录（北京图书馆古籍珍本丛刊）佚名撰，书目文献出版社 1997 年，北京图书馆出版社 2000 年。

皇明三元考（北京图书馆古籍珍本丛刊）（明）张弘道、张凝道辑，书目文献出版社 1997 年，北京图书馆出版社 2000 年。

皇明历科状元录（北京图书馆古籍珍本丛刊）（明）陈鎏辑，书目文献出版社 1997 年，北京图书馆出版社 2000 年。

国朝耆献类征（清）李桓撰，江苏广陵古籍刻印社 1997 年。

白话晏子春秋（中国传统文化丛书）白林鹏译，三秦出版社 1997 年。

印人传　续印人传（清）汪启淑撰，江苏广陵古籍刻印社 1997 年。

清代官员履历档案全编　秦国经主编，华东师范大学出版社 1997 年。

天一阁藏明代方志选刊人物传记资料索引　华东师范大学图书馆编，上海书店出版社 1997 年。

湘绮楼日记（清）王闿运撰，马积高主编、吴容甫点校，岳麓书社 1997 年。

清季洪洞董氏日记六种　董寿平、李豫主编，北京图书馆出版社 1997 年。

戚少保年谱（清）戚祚国等撰，北京图书馆出版社 1997 年。

王船山杨升庵先生年谱五种　北京图书馆出版社编，北京图书馆出版社 1997 年。

顾亭林先生年谱三种　北京图书馆出版社编，北京图书馆出版社 1997 年。

汪辉祖自述年谱二种（清）汪辉祖撰，北京图书馆出版社 1997 年。

＊**新译晏子春秋**　陶梅生译，叶国良校阅，台湾三民书局 1998 年，二版 2009 年。

帝鉴（帝学通鉴）（明）张居正撰，继祖、红菊释译，远方出版社 1998 年。

朱熹年谱（年谱丛刊）（清）王懋竑撰，何忠礼点校，中华书局 1998 年。

曾纪泽日记（清）曾纪泽撰，刘志惠点校辑注，岳麓书社 1998 年。

盛宣怀日记（清）盛宣怀撰，江

苏广陵古籍刻印社 1998 年。

潘祖荫日记 （清）潘祖荫撰，江苏广陵古籍刻印社 1998 年。

爱新觉罗宗谱 马文大辑，宗谱编纂处编，学苑出版社 1998 年，2001 年。

楚国先贤传校注 楚师儒传点校（湖北地方古籍文献丛书） （晋）张辅撰，舒焚校注，（清）甘鹏云撰，石洪运点校，湖北人民出版社 1999 年。

明状元图考 （明）顾鼎臣等撰，中国书店 1999 年。

黄道周年谱（八闽文献专刊）（明）洪思等撰，侯真平、娄曾泉点校，福建人民出版社 1999 年。

圣贤像赞 （明）吕维祺撰，学苑出版社 2000 年。

唐才子传（中国古典名著选）（元）辛文房撰，韩放点校，京华出版社 2000 年。

帝鉴图说 （明）张居正撰，柯夫、理琛校注，中国言实出版社 2001 年。

帝鉴图说 （明）张居正撰，涂道坤译注，时代文艺出版社 2001 年。

张文虎日记（近代名人日记选刊）（清）张文虎撰，陈大康整理，上海书店出版社 2001 年。

地方志人物传记资料丛刊（西北卷） 北京图书馆编，北京图书馆出版社 2001 年。

地方志人物传记资料丛刊（东北卷） 北京图书馆编，北京图书馆出版社 2001 年。

地方志人物传记资料丛刊（华北卷） 北京图书馆编，北京图书馆出版社 2002 年。

稿本宋元学案补遗 （清）王梓材、（清）冯云濠辑，北京图书馆出版社 2002 年。

中国古代名人生卒·历史大事年谱 （清）吴荣光撰，陈垣校注，北京图书馆出版社 2002 年。

历代名人生卒录 （清）钱保塘编，北京图书馆出版社 2002 年。

稿本清代人物史料三编（外一种） 朱彭寿编，北京图书馆出版社 2002 年。

历代名人年谱 （清）吴荣光撰，

李宗颢补遗、林梓宗点校，北京图书馆出版社 2002 年。

古今人生日考 （清）朱彭寿编，北京图书馆出版社 2002 年，2003 年。

宋元明清儒学年表 ［日］今关寿麿编撰，北京图书馆出版社 2002 年。

新编清人年谱稿三种 王逸明编，学苑出版社 2003 年。

列女传 （汉）刘向等编撰，（明）仇英绘图，广陵书社 2003 年。

戚少保年谱耆编（戚继光研究丛书）（明）戚祚国汇纂，李克、郝教苏点校，中华书局 2003 年。

晏子春秋译注（二十二子详注全译） 韩格平、董莲池主编，石磊译注，黑龙江人民出版社 2003 年。

五朝名臣言行录 三朝名臣言行录（中华再造善本） （宋）朱熹辑，北京图书馆出版社 2003 年。

新纂门目十朝名臣言行录（中华再造善本） 佚名撰，北京图书馆出版社 2003 年。

新刊名臣碑传琬琰之集（中华再造善本）（宋）杜大珪辑，北京图书馆出版社 2003 年。

孔子圣迹图 孔令圆整理，远方出版社 2003 年。

孔子圣迹图 江涵主编，远方出版社 2004 年。

孔子圣迹图 俄军主编，敦煌文艺出版社 2004 年。

孔子圣迹图选 （清）改琦绘，福建美术出版社 2004 年。

历代不知姓名录 （清）李清编，北京图书馆出版社 2004 年。

汉丞相诸葛忠武侯传（中华再造善本）（宋）张栻撰，北京图书馆出版社 2004 年，2010 年。

明刻历代列女传（老资料丛书） 天津人民美术出版社编，天津人民美术出版社 2004 年。

清刻历代画像传（老资料丛书） 天津人民美术出版社编，天津人民美术出版社 2004 年。

新安名族志（徽学研究资料辑刊） （明）戴廷明等撰，黄山书社 2004 年。

续圣门通考（中国祠墓志丛刊）

（明）包屋撰，广陵书社 2004 年。

关圣帝君圣迹图志全集（中国道观志丛刊续编）（清）卢湛编，广陵书社 2004 年。

宗圣志（中国祠墓志丛刊）（清）王定安编，广陵书社 2004 年。

金陵祠祀乡贤汇传略（中国祠墓志丛刊）（清）胡沛辑，广陵书社 2004 年。

洪庐江祀典徵实（中国祠墓志丛刊）（清）章世溶编，汪慰辑，广陵书社 2004 年。

蒯公子范历任治所崇祀录（中国祠墓志丛刊）（清）程先甲编，广陵书社 2004 年。

西湖三祠名贤考略（中国祠墓志丛刊）（清）戴启文纂辑，广陵书社 2004 年。

日记四种（古籍今读精华系列）陈文新编，湖北辞书出版社 2004 年。

越缦堂日记（国家清史编纂委员会·文献丛刊）（清）李慈铭著，广陵书社 2004 年。

历朝学案拾遗 梁启超、王恩洋等撰，北京图书馆出版社 2004 年。

＊**新译唐才子传** 戴扬本译，台湾三民书局 2005 年。

历代书画史汇考 刘敦编，北京图书馆出版社 2005 年。

清代人物大事纪年 朱鳌、宋苓珠整理，北京图书馆出版社 2005 年。

帝鉴图说（中国图典）（明）张居正原著，刘微评，云南美术出版社 2005 年。

影印原本郑和家谱校注 李士厚著，晨光出版社 2005 年。

咸阳世家宗谱：郑和家世研究资料汇编 郑自海、郑宽涛编著，晨光出版社 2005 年。

翠微先生北征录（中华再造善本）（宋）华岳撰，北京图书馆出版社 2005 年。

东家杂记（中华再造善本）（宋）孔传撰，北京图书馆出版社 2006 年。

忠文王纪事实录（中华再造善本）（宋）谢起岩撰，北京图书馆出版社 2006 年。

皇朝名臣续碑传琬琰录（中华再造善本）（宋）杜大珪撰，北京图书馆出版社 2006 年。

运使复斋郭公言行录（中华再造善本）（元）徐东撰，北京图书馆出版社 2006 年。

丛书人物传记资料类编·学林卷 北京图书馆出版社影印室编，北京图书馆出版社 2006 年。

明版彩绘孔子圣迹图（原大复制） 曲阜市文物管理委员会编，齐鲁书社 2006 年。

汉学师承记笺释（清代学术名著丛刊）（清）江藩纂，漆永祥笺释，上海古籍出版社 2006 年。

那桐日记 北京市档案馆编，新华出版社 2006 年。

晏子春秋译注（诸子译注丛书）卢守助撰，上海古籍出版社 2006 年。

古今姓氏书辩证 （宋）邓名世撰，王力平点校，江西人民出版社 2006 年。

开元天宝遗事·安禄山事迹（唐宋史料笔记丛刊）（五代）王仁裕撰，（唐）姚汝能撰，曾贻芬点校，中华书局 2006 年。

百美新咏图传：历朝名女诗文图记（史海遗珍丛书．第 1 辑） 刘精民收藏，（清）颜希源编撰，（清）袁枚等诗词，（清）王翙绘画，连震译校，中国文联出版社 2006 年。

郑成功族谱四种 厦门市郑成功纪念馆，厦门市郑成功研究会编，福建人民出版社 2006 年。

帝鉴图说（中华大方略全书）（明）张居正著，曹冈译，内蒙古人民出版社 2006 年。

地方志人物传记资料丛刊．华北卷人名索引 黄秀文主编，方方等编纂，北京图书馆出版社 2007 年。

地方志人物传记资料丛刊．华东卷．上编 徐蜀、张志清主编，国家图书馆编，北京图书馆出版社 2007 年。

张謇日记笺注选存 祁龙威著，广陵书社 2007 年。

东林列传 （清）陈鼎编著，广陵书社 2007 年。

百美图记（左图右史）（清）颜希源著，李乔译评，河南人民出版社 2007 年。

百将图记（左图右史）（清）丁日

昌选编，王关林、张弦生译评，河南人民出版社 2007 年。

出使四国日记（西洋映像手记）（清）薛福成著，宝海校注，社会科学文献出版社 2007 年。

列仙传校笺（王叔岷著作集） 王叔岷撰，中华书局 2007 年。

晏子春秋（中华经典藏书） 陈涛译注，中华书局 2007 年。

列女传汇编 郑晓霞、林佳郁编，北京图书馆出版社 2007 年。

缘督庐日记钞 （清）叶昌炽著，王季烈编，北京图书馆出版社 2007 年。

宋丞相崔清献公全录 （宋）崔与之撰，张其凡等整理，广东人民出版社 2008 年。

中兴将帅别传（湖湘文库） （清）朱孔彰撰，向新阳点校，岳麓书社 2008 年。

楚宝（湖湘文库） （明）周圣楷编纂，岳麓书社 2008 年。

历代画像传 （清）丁善长绘，天津古籍出版社 2008 年。

中国古代书画人物编年 （清）卞永誉编撰，北京图书馆出版社 2008 年。

帝鉴图说：插图本 （明）张居正编纂，万卷出版公司 2008 年。

畴人传汇编 （清）阮元等撰，广陵书社 2009 年。

绍英日记 （清）绍英著，国家图书馆出版社 2009 年。

师伏堂日记 （清）皮锡瑞，国家图书馆出版社 2009 年。

殿阁词林记（中华再造善本续编）（明）廖道南撰，国家图书馆出版社 2009 年。

新刊真楷大字全号缙绅便览（中华再造善本续编） 佚名撰，国家图书馆出版社 2009 年。

南陵无双谱（中华再造善本续编）（清）金古良撰，国家图书馆出版社 2009 年。

晏子春秋译注 赵蔚之注解，齐鲁书社 2009 年。

唐才子传笺证 （元）辛文房撰，周绍良笺证，中华书局 2010 年。

姚锡光江鄂日记（外二种，中国近代人物日记丛书） 姚锡光等著，中华书局 2010 年。

许宝蘅日记（中国近代人物日记丛书） 许恪儒整理，中华书局2010年。

翁文灏日记 翁文灏著，李学通、刘萍、翁心钧整理，中华书局2010年。

晏子春秋 张景贤注译，中州古籍出版社2010年。

订顽日程 （清）杨葆光著，严文儒等点校，上海古籍出版社2010年。

吉城日记 （清）吉城著，国家图书馆出版社2010年。

李文清公日记 （清）李棠阶著，穆易点校，岳麓书社2010年。

义乌人物记（义乌丛书） （明）金江撰，上海古籍出版社2010年。

艺林悼友录 寒松阁谈艺琐录 鸳湖旧友录 （清）郭容光、（清）张鸣珂、（清）朱福清著，吴香洲点校，凤凰出版社2010年。

曾文正公手书日记 （清）曾国藩著，凤凰出版社2010年。

慎宜轩日记 （清）姚永概著，沈寂等整理，黄山书社2010年。

快雪堂日记 （明）冯梦祯撰，丁小明点校，凤凰出版社2010年。

翁心存日记 （清）翁心存著，张剑整理，中华书局2011年。

宋元学案补遗 （清）王梓材、（清）冯云濠编撰，沈芝盈、梁运华点校，中华书局2011年。

晏子春秋（中华经典名著全本全注全译丛） 汤化译注，中华书局2011年。

畿辅人物考 （清）孙奇逢著，北京出版社2011年。

胜朝粤东遗民录宋东莞遗民录 （清）陈伯陶撰，谢创志整理，上海古籍出版社2011年。

唐才子传选译 张萍、陆三强译注，凤凰出版社2011年。

史抄类

两汉博闻（丛书集成初编） （宋）杨侃编，商务印书馆1936年。

两汉博闻（国学基本丛书） （宋）杨侃编，商务印书馆1937年。

古史辑要（附卷首）（丛书集成初

编）（清）佚名辑，商务印书馆1937年。

史记菁华录　（汉）司马迁撰，（清）姚苎田编，武汉古籍书店1986年。

史记菁华录　（汉）司马迁撰，（清）姚苎田节评，王兴康、周旻佳标点，上海古籍出版社1988年。

两汉博闻　（宋）杨侃撰，车承瑞点校，黑龙江人民出版社1990年，1991年。

两汉博闻　（宋）杨侃撰，马怡点校，中州古籍出版社1991年。

增注史要　（清）任启运编，吴兆庆纂注，任麟徵增注，中国书店1996年。

眉山新编十七史策要（中华再造善本）　佚名撰，北京图书馆出版社2003年。

十七史纂古今通要（中华再造善本）（元）胡一桂撰，北京图书馆出版社2003年。

诸史提要（中华再造善本）（宋）钱端礼撰，北京图书馆出版社2003年。

汉隽（中华再造善本）（宋）林钺辑，北京图书馆出版社2003年，2004年。

两汉博闻（中华再造善本）（宋）杨侃辑，北京图书馆出版社2004年。

诸儒校正西汉详节（中华再造善本）（宋）吕祖谦辑，北京图书馆出版社2005年。

名公增修晋书详节（中华再造善本）（宋）吕祖谦辑，北京图书馆出版社2006年。

京本增修五代史详节（中华再造善本）（宋）吕祖谦辑，北京图书馆出版社2006年。

分门史志通典治原之书（中华再造善本）　佚名撰，北京图书馆出版社2006年。

新增音义释文古今历代十八史略（中华再造善本）（元）曾先之撰，北京图书馆出版社2006年。

史记菁华录　（汉）司马迁原著，（清）姚苧田选评，王兴康、周旻佳点校，谷玉注释，上海古籍出版社2007年。

史记详节（世纪人文系列丛书．大

学经典）（汉）司马迁原著，（宋）吕祖谦编纂，周天游导读，完颜绍元整理，上海古籍出版社 2007 年。

汉书详节（世纪人文系列丛书．大学经典）（汉）班固原著，（宋）吕祖谦编纂，周天游导读，戴扬本整理，上海古籍出版社 2007 年。

三国志详节（世纪人文系列丛书．大学经典）（晋）陈寿原著，（宋）吕祖谦编纂，周天游导读，陈居渊整理，上海古籍出版社 2007 年。

后汉书详节（世纪人文系列丛书．大学经典）（南朝宋）范晔原著，（宋）吕祖谦编纂，周天游导读，庄辉明整理，上海古籍出版社 2007 年。

史记菁华录（汉）司马迁原著，（清）姚祖恩选评，新世界出版社 2007 年。

十七史详节（宋）吕祖谦编纂，黄灵庚主编，上海古籍出版社 2008 年。

史记菁华录（清）姚苧田选评，中华书局 2010 年。

时令类

荆楚岁时记（四部备要）（梁）宗懔撰，中华书局 1936 年。

唐月令注（补遗）（丛书集成初编）（唐）李林甫等撰，（清）茆泮林辑，商务印书馆 1936 年。

岁华纪丽（丛书集成初编）（唐）韩鄂撰，商务印书馆 1937 年。

岁时广记（丛书集成初编）（宋）陈元靓撰，商务印书馆 1939 年。

玉烛宝典（丛书集成初编）（隋）杜台卿撰，商务印书馆 1939 年。

赏心乐事（丛书集成初编）（宋）张鉴著，商务印书馆 1939 年。

四时宜忌（丛书集成初编）（元）瞿佑著，商务印书馆 1939 年。

七十二候考（丛书集成初编）（清）曹仁虎纂，商务印书馆 1939 年。

养余月令（明）戴羲辑，中华书局 1956 年。

帝京岁时纪胜　燕京岁时记（清）潘荣陛、富察敦崇撰，北京出版社 1961 年，北京古籍出版社 1981 年，2001 年。

四民月令校注（汉）崔寔撰，石声汉校注，中华书局 1965 年。

四民月令辑释 （汉）崔寔撰，缪启愉辑释，农业出版社 1981 年。

四时纂要校释 （唐）韩鄂撰，缪启愉校释，农业出版社 1981 年。

荆楚岁时记译注（荆楚故书丛刊）（南朝梁）宗懔撰，（晋）习凿齿撰，谭麟译注，舒焚、张林川校注，湖北人民出版社 1985 年。

荆楚岁时记（风土丛书）（南朝梁）宗懔撰，姜彦稚辑校，岳麓书社 1986 年。

荆楚岁时记 （南朝梁）宗懔撰，宋金龙校注，山西人民出版社 1987 年。

岁时广记　月令辑要（山川风情丛书）（宋）陈玄靓、（清）李光地等撰，上海古籍出版社 1993 年。

吴郡岁华纪丽（江苏地方文献丛书）（清）袁景澜撰，甘兰经、吴琴点校，江苏古籍出版社 1998 年。

＊**荆楚岁时记校注** 王毓荣著，台湾文津出版社 1998 年。

四时幽赏录（外十种）（西湖文献丛书）（明）高濂等辑撰，施奠东主编，上海古籍出版社 1999 年。

地理类

天下名山胜景记 （清）王泰来辑，会文堂书局 1923 年，1931 年。

古今游记丛钞 （清）张泓等著，劳亦安编，中华书局 1923 年，1929 年，1936 年。

西湖合记 （清）杨元恺辑，拏云精舍 1923 年。

续天下名山胜景记 琴石山人辑，会文堂书局 1924 年，1930 年。

（新式标点）徐霞客游记 （明）徐弘祖著，沈松泉点校，群众图书馆 1924 年。

洛阳伽蓝记 （北魏）杨衒之著，中山大学 1927 年。

徐霞客游记 （明）徐弘祖著，丁文江编，商务印书馆 1928 年，1986 年。

徐霞客游记 （明）徐弘祖著，莫釐樵子标点，新文化书社 1928 年，大中书局 1929 年。

水经注写景文钞（范文澜所论）范文澜编，朴社 1929 年。

水经注（万有文库）（北魏）郦道元著，商务印书馆 1929 年，1933 年，1934 年，1936 年。

徐霞客游记（学生国学丛书）（明）徐弘祖著，刘虎如选注，商务印书馆 1929 年，1930 年，1937 年，1939 年，1947 年。

徐霞客游记（万有文库）（明）徐霞客著，商务印书馆 1929 年，1933 年。

历代地理志韵编今释（万有文库）（清）李兆洛著，商务印书馆 1931 年。

北游日记（兰雪堂丛书）（清）李仲昭著，文艺书店 1931 年。

宋陈舜俞庐山记　（宋）陈舜俞著，吴宗慈校并注，重修庐山志总办事处 1932 年。

松江府属旧志二种　陈乃乾辑，传真社 1932 年。

大唐西域记（万有文库）（唐）玄奘译，（唐）辩机著，商务印书馆 1933 年，1934 年，1937 年。

顾氏读史方舆纪要京省序祥注（国学小丛书）（清）顾祖禹原著，疏达辑注，商务印书馆 1933 年。

辽东行部志（国学文库）（金）王寂著，文殿阁书庄 1933 年。

金陵历代名胜志　（清）陈文述著，翰文书店 1933 年。

皇明四夷考（国学文库）（明）郑晓著，文殿阁书庄 1933 年。

徐霞客游记（国学基本丛书）（明）徐弘祖著，商务印书馆 1933 年，1935 年，1936 年。

藁城县志四种　（明）李正儒、（清）赖于宣、（清）朱绍谷、王炳熙修，任传藻辑，藁城县政府 1934 年。

方志艺文志汇目　李濂堂编，中华图书馆协会 1933 年。

水经注引得　郑德坤编，燕京大学哈佛燕京学社引得编纂处 1934 年。

水经注异闻录　任松如编，启智书局 1934 年。

关中胜迹图志　（清）毕沅纂，西京日报社 1934 年。

入蜀记　（宋）陆游著，何松心点校，新兴印务公司 1934 年。

四夷考（国学文库）（明）叶向高著，文殿阁书庄 1934 年。

畿辅通志 （清）李鸿章等修，（清）黄彭年等纂，商务印书馆1934年。

山东通志 （清）杨士骧等修，孙葆田等纂，商务印书馆1934年。

湖南通志 （清）李瀚章等修，曾国荃等纂，商务印书馆1934年。

广东通志 （清）阮元等修，陈昌齐纂，商务印书馆1934年。

潮州府志略 潘载和编著，文艺书店1934年。

浙江通志 （清）李卫等修，傅王露等纂，商务印书馆1934年。

湖北通志 张仲炘等纂修，商务印书馆1934年。

游记选（中学国语补充读本） 姜亮夫编，北新书局1934年。

漫游纪略（笔记小说丛书） （清）王胜时著，新文化书社1934年，1935年。

章实斋方志论文集 （清）章学诚著，张树棻辑，瑞安温处仿古印书局1934年。

瀛涯胜览校注（史地小丛书） （明）马欢著，冯承钧校注，商务印书馆1935年，中华书局1955年，台湾商务印书馆1970年。

诸番志（国学文库） （宋）赵汝适著，文殿阁书庄1935年。

靖海纪略（国学文库） （明）曹履泰著，文殿阁书庄1935年。

徐霞客游记（游记丛书） （明）徐霞客著，沈芝楠标点，大达图书供应社1935年。

安次县旧志四种合刊 （明）郑之城等撰，王文琳等辑，1935年王氏刊。

历代地理沿革表（丛书集成初编） （清）陈芳绩撰，商务印书馆1935年。

听园西疆杂述诗（丛书集成初编） （清）萧雄撰，商务印书馆1935年。

南宋古迹考（丛书集成初编） （清）朱彭辑，商务印书馆1935年。

采硫日记（丛书集成初编） （清）郁永河撰，商务印书馆1935年。

历代疆域表（四部备要） （清）段长基编，（清）段搢书等注，中华书局1936年。

历代沿革表（四部备要） （清）段

长基编，（清）段搢书等注，中华书局 1936 年。

河防记（丛书集成初编）（元）欧阳元撰，商务印书馆 1936 年。

河防通议（丛书集成初编）（元）沙克什撰，商务印书馆 1936 年。

治河图略（丛书集成初编）（元）王喜撰，商务印书馆 1936 年。

居济一得（丛书集成初编）（清）张伯行撰，商务印书馆 1936 年。

水经注（四部丛刊）（北魏）郦道元注，商务印书馆 1936 年。

水经注（四部备要）（北魏）郦道元注，（清）王先谦校，中华书局 1936 年。

洛阳伽蓝记（四部备要）（北魏）杨衒之撰，中华书局 1936 年。

大唐西域记（四部丛刊）（唐）释玄奘译，（唐）释辨机撰，商务印书馆 1936 年。

历代地理志韵编今释（四部备要）（清）李兆洛等辑，中华书局 1936 年。

罗浮志（丛书集成初编）（明）陈梿撰，商务印书馆 1936 年。

封长白山记（丛书集成初编）（清）方象瑛撰，商务印书馆 1936 年。

泰山纪胜（丛书集成初编）（清）孔贞瑄撰，商务印书馆 1936 年。

游劳山记（丛书集成初编）（清）张道浚撰，商务印书馆 1936 年。

游罗浮记（丛书集成初编）（清）潘耒撰，商务印书馆 1936 年。

游雁荡山记（丛书集成初编）（清）周清原撰，商务印书馆 1936 年。

黄山领要录（丛书集成初编）（清）汪洪度撰，商务印书馆 1936 年。

匡庐纪游（丛书集成初编）（清）吴阐思撰，商务印书馆 1936 年。

河源记（丛书集成初编）（元）潘昂霄撰，商务印书馆 1936 年。

今水经（丛书集成初编）（清）黄宗羲撰，商务印书馆 1936 年。

昆仑河源考（丛书集成初编）（清）万斯同撰，商务印书馆 1936 年。

关中水道记（丛书集成初编）（清）孙彤撰，商务印书馆 1936 年。

三吴水利论（丛书集成初编）（明）伍余福撰，商务印书馆1936年。

四明它山水利备览（丛书集成初编）（宋）魏岘撰，商务印书馆1936年。

吴中水利书（丛书集成初编）（宋）单锷撰，商务印书馆1936年。

三吴水利附录（丛书集成初编）（明）归子宁撰，商务印书馆1936年。

三吴水利录（附续录）（丛书集成初编）（明）归有光撰，商务印书馆1936年。

常熟水论（丛书集成初编）（明）薛尚质撰，商务印书馆1936年。

导江三议（丛书集成初编）（清）王柏心撰，商务印书馆1936年。

海道经（丛书集成初编）（明）佚名撰，商务印书馆1936年。

潞水客谈（附录）（丛书集成初编）（明）徐贞明撰，商务印书馆1936年。

明江南治水记（丛书集成初编）（清）陈士矿撰，商务印书馆1936年。

西北水利议（丛书集成初编）（清）许承宣撰，商务印书馆1936年。

北户录（附校勘记）（丛书集成初编）（唐）段公路撰，商务印书馆1936年。

异物志（丛书集成初编）（汉）杨孚撰，（清）曾钊辑，商务印书馆1936年。

滇海虞衡志（附校勘记）（丛书集成初编）（清）檀萃撰，商务印书馆1936年。

凉州异物志（丛书集成初编）（清）张澍辑，商务印书馆1936年。

楚汉诸侯疆域志（丛书集成初编）（清）刘文淇撰，商务印书馆1936年。

补三国疆域志（丛书集成初编）（清）洪亮吉撰，商务印书馆1936年。

晋书地道记（丛书集成初编）（晋）王隐撰，（清）毕沅集，商务印书馆1936年。

晋太康三年地记（丛书集成初编）

（清）毕沅集，商务印书馆1936年。

东晋疆域志（丛书集成初编）（清）洪亮吉撰，商务印书馆1936年。

东晋南北朝舆地表（丛书集成初编）（清）徐文范撰，商务印书馆1935年。

十六国疆域志（丛书集成初编）（清）赵亮吉撰，商务印书馆1936年。

补梁疆域志（丛书集成初编）（清）洪齮孙撰，商务印书馆1936年。

十三州志（丛书集成初编）凉·阚骃纂，（清）张澍辑，商务印书馆1936年。

太平寰宇记（补阙）（丛书集成初编）（宋）乐史撰，商务印书馆1936年。

江汉丛谈（丛书集成初编）（明）陈士元撰，商务印书馆1936年。

揽辔录（丛书集成初编）（宋）范成大撰，商务印书馆1936年。

游历记存（丛书集成初编）（清）朱书撰，商务印书馆1936年。

云中纪程（丛书集成初编）（清）高懋功撰，商务印书馆1936年。

骖鸾录（丛书集成初编）（宋）范成大撰，商务印书馆1936年。

南中纪闻（丛书集成初编）（明）包汝楫撰，商务印书馆1936年。

三省山内风土杂识（丛书集成初编）（清）严如熤撰，商务印书馆1936年。

柳边纪略（丛书集成初编）（清）杨宾撰，商务印书馆1936年。

陇蜀余闻（丛书集成初编）（清）王士祯撰，商务印书馆1936年。

万里行程记（丛书集成初编）（清）祁韵士撰，商务印书馆1936年。

桂林风土记（丛书集成初编）（唐）莫休符撰，商务印书馆1936年。

岭外代答（丛书集成初编）（宋）周去非撰，商务印书馆1936年。

峤南琐记（丛书集成初编）（明）魏濬撰，商务印书馆1936年。

君子堂日询手镜（丛书集成初编）（明）王济撰，商务印书馆1936年。

赤雅（丛书集成初编）（明）邝露撰，商务印书馆 1936 年。

岭表录异（丛书集成初编）（唐）刘恂撰，商务印书馆 1936 年。

南海百咏（校伪续校）（丛书集成初编）（宋）方信孺撰，商务印书馆 1936 年。

始兴记（丛书集成初编） 刘（宋）王韶之撰，商务印书馆 1936 年。

南越笔记（丛书集成初编）（清）李调元撰，商务印书馆 1936 年。

南汉地理志（丛书集成初编）（清）吴兰修撰，商务印书馆 1936 年。

琼州杂事诗（丛书集成初编）（清）程秉钊撰，商务印书馆 1936 年。

岭南杂记（丛书集成初编）（清）吴震方撰，商务印书馆 1936 年。

西陲要略（丛书集成初编）（清）祁韵士辑，商务印书馆 1936 年。

西藏记（丛书集成初编）（清）佚名撰，商务印书馆 1936 年。

卫藏通志（附校字记）（丛书集成初编）（清）和琳撰，商务印书馆 1936 年。

西藏考（丛书集成初编）（清）佚名撰，商务印书馆 1936 年。

大理行记（丛书集成初编）（元）郭松年撰，商务印书馆 1936 年。

滇南新语（丛书集成初编）（清）张泓纂，商务印书馆 1936 年。

滇游记（丛书集成初编）（清）陈鼎撰，商务印书馆 1936 年。

滇载记（丛书集成初编）（明）杨慎纂，商务印书馆 1936 年。

南中杂说（丛书集成初编）（清）刘崑撰，商务印书馆 1936 年。

维西见闻纪（丛书集成初编）（清）余庆远纂，商务印书馆 1936 年。

长河志籍考（丛书集成初编）（清）田雯撰，商务印书馆 1936 年。

晋录（丛书集成初编）（明）沈思孝撰，商务印书馆 1936 年。

山东考古录（丛书集成初编）（清）顾炎武撰，商务印书馆 1936 年。

山左笔谈（丛书集成初编）（明）

黄淳耀撰，商务印书馆 1936 年。

中吴纪闻（丛书集成初编）（宋）龚明之撰，商务印书馆 1936 年。

金陵历代建置表（丛书集成初编）（清）傅春官撰，商务印书馆 1936 年。

京东考古录（丛书集成初编）（清）顾炎武撰，商务印书馆 1936 年。

潞城考古录（丛书集成初编）（清）刘锡信撰，商务印书馆 1936 年。

燕魏杂记（丛书集成初编）（宋）吕颐浩撰，商务印书馆 1936 年。

汝南遗事（丛书集成初编）（明）李本固撰，商务印书馆 1936 年。

豫志（丛书集成初编）（明）王士性撰，商务印书馆 1936 年。

闽部疏（丛书集成初编）（明）王世懋撰，商务印书馆 1936 年。

泉南杂志（丛书集成初编）（明）陈懋仁撰，商务印书馆 1936 年。

闽小纪（丛书集成初编）（清）周亮工撰，商务印书馆 1936 年。

景定严州续志（丛书集成初编）（宋）郑瑶等撰，商务印书馆 1936 年。

严州图经（附校字记）（丛书集成初编）（宋）陈公亮修，商务印书馆 1936 年。

洞霄图志（丛书集成初编）（宋）邓牧编，商务印书馆 1936 年。

湖壖杂记（丛书集成初编）（清）陆次云撰，商务印书馆 1939 年。

清波小志（丛书集成初编）（清）徐逢吉辑，商务印书馆 1936 年。

清波小志补（丛书集成初编）（清）陈景钟辑，商务印书馆 1936 年。

东城杂记（丛书集成初编）（清）厉鹗撰，商务印书馆 1936 年。

渚宫旧事（附补遗）（丛书集成初编）（唐）余知古撰，商务印书馆 1936 年。

吉林外记（丛书集成初编）（清）萨英额撰，商务印书馆 1936 年。

宁古塔记略（丛书集成初编）（清）吴振臣撰，商务印书馆 1936 年。

出口程记（丛书集成初编）（清）李调元撰，商务印书馆1936年。

滦京杂咏（丛书集成初编）（元）杨允孚撰，商务印书馆1936年。

西陲闻见录（丛书集成初编）（清）黎士宏撰，商务印书馆1936年。

凉州记（丛书集成初编）（北凉）段龟龙撰，商务印书馆1936年。

塞外杂识（丛书集成初编）（清）冯一鹏撰，商务印书馆1936年。

沙州记（丛书集成初编）刘（宋）段国撰，商务印书馆1936年。

西河记（丛书集成初编）（晋）喻归撰，商务印书馆1936年。

西河旧事（丛书集成初编）（清）张澍辑，商务印书馆1936年。

黔书（丛书集成初编）（清）田雯撰，商务印书馆1936年。

黔志（丛书集成初编）（明）王士性撰，商务印书馆1936年。

黔游记（丛书集成初编）（清）陈鼎撰，商务印书馆1936年。

续黔书（丛书集成初编）（清）张澍撰，商务印书馆1936年。

黔记（丛书集成初编）（清）李宗昉撰，商务印书馆1936年。

入蜀记（丛书集成初编）（宋）陆游撰，商务印书馆1936年。

蜀都杂钞（丛书集成初编）（明）陆深撰，商务印书馆1936年。

益部谈资（丛书集成初编）（明）何宇度撰，商务印书馆1936年。

蜀中名胜记（丛书集成初编）（明）曹学佺撰，商务印书馆1936年。

罗江县志（丛书集成初编）（清）李调元撰，商务印书馆1936年。

金川琐记（丛书集成初编）（清）李心衡撰，商务印书馆1936年。

黑龙江外记（丛书集成初编）（清）西清撰，商务印书馆1936年。

西征道里记（丛书集成初编）（宋）郑刚中撰，商务印书馆1936年。

校正康对山先生武功县志（丛书集成初编）（清）孙星烈校注，商务印书馆1936年。

游城南记（丛书集成初编）（宋）

张礼撰，商务印书馆1936年。

三辅黄图（附补遗）（丛书集成初编）（清）毕沅校正，商务印书馆1936年。

两京新记（丛书集成初编）（唐）韦述撰，商务印书馆1936年。

三辅故事（丛书集成初编）（清）张澍辑，商务印书馆1936年。

三辅黄图（丛书集成初编）（清）孙星衍、庄逵吉校定，商务印书馆1936年。

三辅旧事（丛书集成初编）（清）张澍辑，商务印书馆1936年。

唐两京城坊考（丛书集成初编）（清）徐松撰，商务印书馆1936年。

六朝事迹类编（丛书集成初编）（宋）张敦颐撰，商务印书馆1936年。

东京梦华录（丛书集成初编）（宋）孟元老撰，商务印书馆1936年。

元故宫遗录（丛书集成初编）（明）萧洵编，商务印书馆1936年。

金鳌退食笔记（丛书集成初编）（清）高士奇撰，商务印书馆1936年。

靖海纪略（丛书集成初编）（明）曹履泰撰，商务印书馆1936年。

靖海纪略（丛书集成初编）（明）郑茂撰，商务印书馆1936年。

台海使槎录（丛书集成初编）（清）黄叔璥撰，商务印书馆1936年。

台湾随笔（丛书集成初编）（清）徐怀祖撰，商务印书馆1936年。

琉球国志略（丛书集成初编）（清）周煌撰，商务印书馆1936年。

使西域记（丛书集成初编）（明）陈诚编，商务印书馆1936年。

西游录注（丛书集成初编）（元）耶律楚材著，盛如梓删略，商务印书馆1936年。

西域释地（丛书集成初编）（清）祁韵士辑，商务印书馆1936年。

越史略（丛书集成初编）［越］佚名撰，商务印书馆1936年。

东西洋考（丛书集成初编）（明）张燮撰，商务印书馆1936年。

职方外纪（丛书集成初编）［意］

艾儒略撰，商务印书馆 1936 年。

异域志（丛书集成初编）（元）周致中辑，商务印书馆 1936 年。

西南夷风土记（丛书集成初编）（明）朱孟震撰，商务印书馆 1936 年。

异域竹枝词（丛书集成初编）（清）福庆纂，商务印书馆 1936 年。

海录（丛书集成初编）（清）杨炳南撰，商务印书馆 1936 年。

日本考略（丛书集成初编）（明）薛俊辑，商务印书馆 1936 年。

西方要纪（丛书集成初编）［意］利类思等著，商务印书馆 1936 年。

新加坡风土记（丛书集成初编）（清）李钟珏撰，商务印书馆 1936 年。

朔方备乘札记（丛书集成初编）（清）李文田撰，商务印书馆 1936 年。

异域录（丛书集成初编）（清）图理琛撰，商务印书馆 1936 年。

澳太利亚洲新志（丛书集成初编）（清）吴宗濂、（清）赵元益译，商务印书馆 1936 年。

使德日记（丛书集成初编）（清）李凤苞撰，商务印书馆 1936 年。

英轺私记（丛书集成初编）（清）刘锡鸿撰，商务印书馆 1936 年。

洛阳名园记（丛书集成初编）（宋）李廌撰，商务印书馆 1936 年。

益部方物略记（丛书集成初编）（宋）宋祁撰，商务印书馆 1936 年。

东三省韩俄交界道里表（丛书集成初编）（清）聂士成撰，商务印书馆 1936 年。

广寒殿记（丛书集成初编）（明）朱瞻基著，商务印书馆 1937 年。

奉使俄罗斯日记（中国内乱外祸史丛书　中国历代逸史丛书）程演生辑、中国历史研究社编，神州国光社 1936 年，1939 年，1940 年，1941 年，1946 年。

河渠纪闻（中国水利珍本丛书）（清）康基田著，中国水利工程学会 1936 年。

至正河防记（中国水利珍本丛书）（元）欧阳玄撰，汪胡桢句读，茅乃文、徐砚农校，中国水利工程学会 1936 年。

问水集（中国水利珍本丛书）（明）刘天和著，汪胡桢句读，徐砚农、吴慰祖校勘，中国水利工程学会1936年。

河防一览（中国水利珍本丛书）（明）潘季驯著，汪胡桢句读，徐砚农校，中国水利工程学会1936年。

河防通议（中国水利珍本丛书）（元）沙克什撰，钱熙祚原校，茅乃文、徐砚农校，汪胡桢句读，中国水利工程学会1936年。

海录及其他三种（万有文库）（清）杨炳南著，商务印书馆1936年。

长春真人西遊记（四部备要）（元）李志常撰，中华书局1936年。

行水金鉴（万有文库）（清）傅泽洪辑，商务印书馆1936年。

清凉山志 （明）释镇澄著，弘化社藏版1936年。

校正两京新记（西京筹委会丛刊）（唐）韦述著，陈子怡校正，西京筹备委员会1936年。

十六国疆域志（万有文库）（清）洪亮吉著，商务印书馆1936年，1938年。

（仿古字版）水经注 （北魏）郦道元著，国学整理社1936年。

同光间燕都掌故辑略 瞿宣颖编，世界书局1936年。

天下名山游记 （明）何镗原辑，（明）王世贞增辑，（清）吴秋士选，中央书店1936年。

永清县志 （清）章学诚撰，商务印书馆1936年。

柳边纪略（国学文库）（清）杨宾著，文殿阁书庄1936年。

和州志（章氏遗书）（清）章学诚著，商务印书馆1936年。

湖北通志检存稿（章氏遗书）（清）章学诚著，商务印书馆1936年。

湖北通志未成稿（章氏遗书）（清）章学诚著，商务印书馆1936年。

方志略（章氏遗书）（清）章学诚著，商务印书馆1936年。

徐霞客游记 （明）徐弘祖著，国学整理社1936年。

（新式标点）徐霞客游记（名著游记读本）（明）徐弘祖著，鲍赓生标点，新文化书社1936年。

绍兴县志四种合刊 绍兴县修志委员会辑，绍兴县修志委员会1936年。

华阳国志（四部丛刊）（晋）常璩撰，商务印书馆1936年。

华阳国志（四部备要）（晋）常璩撰，中华书局1936年。

邺中记（丛书集成初编）（晋）陆翙撰，商务印书馆1937年。

河务所闻集（中国水利珍本丛书）（清）李大镛著，汪胡桢句读，徐砚农校，中国水利工程学会1937年。

修防琐志（中国水利珍本丛书）（清）李世禄叙述，汪胡桢句读，徐砚农校，中国水利工程学会1937年。

续行水金鉴（国学基本丛书）（清）黎世序等编修，商务印书馆1937年。

读史方舆纪要（万有文库）（明）顾祖禹著，商务印书馆1937年。

方舆纪要辑要（国学丛刊）（清）顾祖禹原著，辛钟灵辑注，正中书局1937年，1940年，1942年，1947年。

元丰九域志（万有文库）（宋）王存等编著，商务印书馆1937年。

东晋南北朝舆地表（国学基本丛书） 徐文范著，商务印书馆1937年。

闽中摭闻 （清）陈云程著，吴藻汀标点，美大书店1937年。

蜀中名胜记（国学基本丛书）（明）曹学佺著，商务印书馆1937年。

长春真人西游记校注（国学文库）（元）李志常撰，王国维校注，文殿阁书庄1937年。

东西洋考（国学基本丛书）（明）张燮著，商务印书馆1937年。

涂松遗献录（嘉定文献丛刊） 程庭鹭著，嘉定县教育会1937年。

束鹿五志合刊 （清）刘昆等修，谢道安辑，1937年谢氏自刊。

卫藏通志（国学基本丛书）（清）佚名撰，商务印书馆1937年。

泰山道里记（丛书集成初编）（清）聂鈫撰，商务印书馆1937年。

元和郡县图志（附阙卷逸文考证）（丛书集成初编）（唐）李吉甫撰，（清）孙星衍校，（清）张驹贤考证，商务印书馆1937年。

元丰九域志（丛书集成初编）（宋）王存等撰，商务印书馆1937年。

舆地广记（附札记）（丛书集成初编）（宋）欧阳忞撰，商务印书馆1937年。

广州游览小志（丛书集成初编）（清）王士祯撰，商务印书馆1937年。

岭海舆图（丛书集成初编）（明）姚虞撰，商务印书馆1937年。

江西舆地图说（丛书集成初编）（明）赵秉忠撰，商务印书馆1937年。

饶南九三府图说（丛书集成初编）（明）王世懋撰，商务印书馆1937年。

江上杂疏（丛书集成初编）（明）彭宗孟撰，商务印书馆1937年。

吴船录（丛书集成初编）（宋）范成大撰，商务印书馆1937年。

扬州鼓吹词序（丛书集成初编）（清）吴绮撰，商务印书馆1937年。

云间第宅志（丛书集成初编）（清）王沄撰，商务印书馆1937年。

石柱记笺释（丛书集成初编）（清）郑元庆笺释，商务印书馆1937年。

和林考（丛书集成初编）（清）黄楙材撰，商务印书馆1937年。

和林诗（丛书集成初编）（清）李文田撰，商务印书馆1937年。

黑鞑事略（丛书集成初编）（宋）彭大雅撰，商务印书馆1937年。

西北域记（丛书集成初编）（清）谢济世著，商务印书馆1937年。

蜀鉴（丛书集成初编）（宋）郭允蹈撰，商务印书馆1937年。

乾道临安志（附札记）（丛书集成初编）（宋）周淙撰，（清）钱保唐校记，商务印书馆1937年。

边纪略（丛书集成初编）（明）郑晓撰，商务印书馆1937年。

金陵赋（丛书集成初编）（清）程先甲撰，商务印书馆1939年。

东南防守利便（丛书集成初编）（宋）吕祉纂，商务印书馆1937年。

蠡测汇钞（丛书集成初编）（清）邓传安撰，商务印书馆1937年。

台湾纪略（丛书集成初编）（清）林谦光撰，商务印书馆 1937 年。

台湾杂记（丛书集成初编）（清）季麒光撰，商务印书馆 1937 年。

宣和奉使高丽图经（丛书集成初编）（宋）徐兢撰，商务印书馆 1937 年。

朝鲜纪事（丛书集成初编）（明）倪谦撰，商务印书馆 1937 年。

朝鲜志（丛书集成初编）（明）佚名撰，商务印书馆 1937 年。

辅轩纪事（丛书集成初编）（明）姜曰广撰，商务印书馆 1937 年。

使琉球录（丛书集成初编）（明）陈侃撰，商务印书馆 1937 年。

使琉球纪（丛书集成初编）（清）张学礼撰，商务印书馆 1937 年。

长春真人西游记（附录）（丛书集成初编）（元）李志常述，商务印书馆 1937 年。

奉使安南水程日记（丛书集成初编）（明）黄福撰，商务印书馆 1937 年。

交州记（丛书集成初编）（晋）刘欣期撰，商务印书馆 1937 年。

缅述（丛书集成初编）（清）彭崧毓撰，商务印书馆 1937 年。

南翁梦录（丛书集成初编）（明）黎澄撰，商务印书馆 1937 年。

安南传（丛书集成初编）（明）王世贞撰，商务印书馆 1937 年。

安南纪游（丛书集成初编）（清）潘鼎珪撰，商务印书馆 1937 年。

安南杂记（丛书集成初编）（清）李仙根撰，商务印书馆 1937 年。

八纮荒史（丛书集成初编）（清）陆次云撰，商务印书馆 1937 年。

译史纪余（丛书集成初编）（清）陆次云撰，商务印书馆 1937 年。

坤舆图说（丛书集成初编）［泰西］南怀仁撰，商务印书馆 1937 年。

坤舆外纪（丛书集成初编）［泰西］南怀仁撰，商务印书馆 1937 年。

诸蕃志（丛书集成初编）（宋）赵汝适撰，商务印书馆 1937 年。

瀛涯胜览（丛书集成初编）（明）马欢撰，商务印书馆 1937 年。

地球图说（丛书集成初编）［泰西］蒋友仁译，（清）钱大昕等修改，商务印书馆 1937 年。

地球图说补图（丛书集成初编）（清）阮元撰，商务印书馆 1937 年。

海潮说（丛书集成初编）（清）周春撰，商务印书馆 1937 年。

海潮辑说（丛书集成初编）（清）俞思谦撰，商务印书馆 1937 年。

驭交纪（丛书集成初编）（清）张镜心编考，（清）冒起宗订，商务印书馆 1937 年。

海录注（史地小丛书）（清）谢清高口述，（清）杨炳南笔受，冯承钧注释，商务印书馆 1938 年。

星槎胜览校注（史地小丛书）（明）费信著，冯承钧著，商务印书馆 1938 年，中华书局 1954 年。

河海昆仑录 （清）裴景福、霍邱著，中华书局 1938 年。

蒙古游牧记（国学基本丛书）（清）张穆著，商务印书馆 1938 年，1939 年。

华阳国志（国学基本丛书）（晋）常璩著，商务印书馆 1938 年。

西征记（丛书集成初编）（明）朱元璋著，商务印书馆 1939 年。

南方草木状（丛书集成初编）（晋）嵇含撰，商务印书馆 1939 年，1955 年。

天台山记（丛书集成初编）（唐）徐灵府撰，商务印书馆 1939 年。

南岳小录（丛书集成初编）（唐）李冲昭纂，商务印书馆 1939 年。

庐山记（丛书集成初编）（宋）陈舜俞撰，商务印书馆 1939 年。

庐山记略（丛书集成初编）（宋）释慧远撰，商务印书馆 1939 年。

名山洞天福地记（丛书集成初编）前蜀·杜光庭著，商务印书馆 1939 年。

河源纪略承修稿（丛书集成初编）（清）吴省兰纂，商务印书馆 1939 年。

水地记（丛书集成初编）（清）戴震撰，商务印书馆 1939 年。

楚峒志略（丛书集成初编）（清）吴省兰撰，商务印书馆 1939 年。

峒谿纤志（丛书集成初编）（清）陆次云撰，商务印书馆 1939 年。

八纮译史（丛书集成初编）（清）陆次云撰，商务印书馆 1939 年。

番社采风图考（丛书集成初编）（清）六十七撰，商务印书馆 1939 年。

燕台笔录（丛书集成初编）（清）项维贞辑，商务印书馆 1939 年。

滇行纪程（丛书集成初编）（清）许缵曾撰，商务印书馆 1939 年。

东还纪程（丛书集成初编）（清）许缵曾撰，商务印书馆 1939 年。

蛮书（校伪续校）（丛书集成初编）（唐）樊绰撰，商务印书馆 1939 年。

粤述（丛书集成初编）（清）闵叙撰，商务印书馆 1939 年。

粤西偶记（丛书集成初编）（清）陆祚蕃撰，商务印书馆 1939 年。

吴地记（附后集）（丛书集成初编）（唐）陆广微撰，商务印书馆 1939 年。

吴郡图经续纪（附录校勘记续校）（丛书集成初编）（宋）朱长文撰，商务印书馆 1939 年。

吴郡志（附校勘记）（丛书集成初编）（宋）范成大撰，商务印书馆 1939 年。

桃溪客语（丛书集成初编）（清）吴骞撰，商务印书馆 1939 年。

平江记事（丛书集成初编）（元）高德基撰，商务印书馆 1939 年。

吴中旧事（丛书集成初编）（元）陆友仁撰，商务印书馆 1939 年。

凇故述（丛书集成初编）（明）杨枢纂，商务印书馆 1939 年。

吴乘窃笔（丛书集成初编）（明）许元溥撰，商务印书馆 1939 年。

澉水志（丛书集成初编）（宋）常棠撰，商务印书馆 1939 年。

嘉禾百咏（丛书集成初编）（宋）张尧同撰，商务印书馆 1939 年。

金华游录（丛书集成初编）（宋）方凤撰，商务印书馆 1939 年。

西湖纪游（丛书集成初编）（清）张仁美撰，商务印书馆 1939 年。

硖石山水志（丛书集成初编）（清）蒋宏任撰，商务印书馆 1939 年。

华阳国志（丛书集成初编）（晋）常璩撰，商务印书馆 1939 年。

古杭杂记（丛书集成初编）（元）李有撰，商务印书馆 1939 年。

梦粱录（丛书集成初编）（宋）吴

自牧撰，商务印书馆 1939 年。

滇黔土司婚礼记（丛书集成初编）（清）陈鼎撰，商务印书馆 1939 年。

先圣庙林记（丛书集成初编）（清）屈大均撰，商务印书馆 1939 年。

吴县志列传人名索引　江苏省立图书馆编纂委员会编，江苏省立图书馆编纂委员会 1939 年。

舆地广记（附札记）（国学基本丛书）（宋）欧阳忞著，商务印书馆 1939 年。

王胜时游记　（清）王胜时著，韬汉编，广益书局 1939 年。

吴下寻山记·王雅宜年谱（吴中文献小丛书）　江苏省立苏州图书馆编，江苏省立苏州图书馆 1939 年。

诸蕃志校注（史地小丛书）　冯承钧著，商务印书馆 1940 年。

忍草庵志　（清）刘继增著，无锡县立图书馆 1940 年。

黑龙江外记　（清）西清著，商务印书馆 1941 年。

金川琐记　（清）李心衡纂，商务印书馆 1941 年。

岭表录异　（唐）刘恂著，商务印书馆 1941 年。

鹤峰县志　蔡韫辑，鹤峰县县政府 1943 年。

杜环经行记笺证　（唐）杜环著，张一纯笺证，福建协和大学中国文化研究会年 1945 年。

晋江县志　（清）方鼎等修，晋江县文献委员会 1945 年。

续藏史鉴　（清）语自在妙善（五世达赖喇嘛阿旺罗桑嘉措）著，刘立千译，华西大学华西边疆研究所 1945 年。

徐霞客游记选注（青年文库）　方豪选注，中国文化服务社 1945 年，1946 年。

水经注疏　（清）杨守敬著，史地丛刊编辑部 1947 年。

南京文献（第 1 号—第 13 号）　南京市通志馆编，南京市通志馆 1947 年。

上海地方志综录（上海文献丛刊）　上海市文献委员会著，上海市文献委员会 1948 年。

金陵琐事　（明）周晖撰，文学古

籍刊行社 1955 年。

水经注 （汉）桑钦撰，（北魏）郦道元注，文学古籍刊行社 1955 年，商务印书馆 1958 年。

大唐西域记 （唐）释玄奘译，释辩机撰，文学古籍刊行社 1955 年。

洛阳伽蓝记合校本 （北魏）杨衒之撰，张宗祥校，商务印书馆 1955 年。

海录注 （清）谢清高口述，杨炳南笔受，冯承钧注释，中华书局 1955 年。

洛阳名园记　桂海虞衡志 （宋）李格非、范成大撰，文学古籍刊行社 1955 年。

读史方舆纪要 （清）顾祖禹编撰，中华书局 1955 年，1957 年，上海书店出版社 1998 年。

东京梦华录（外四种） （宋）孟元老等撰，古典文学出版社 1956 年。

水经注疏 （汉）桑钦撰，（北魏）郦道元注，（清）杨守敬纂疏，北京科学出版社 1957 年。

华阳国志 （晋）常璩撰，四川人民出版社 1957 年。

蜀鉴 （宋）郭允蹈撰，四川人民出版社 1957 年，巴蜀书社 1985 年。

帝京景物略（中国文学参考资料丛书）（明）刘侗、（明）于奕正撰，古典文学出版社 1957 年，1963 年，北京古籍出版社 1992 年，2001 年。

华阳国志校勘记 （清）顾观光撰，四川人民出版社 1957 年。

＊**台游日记**（台湾研究丛刊）（清）蒋师辙，台湾银行经济研究室 1957 年。

＊**小琉球漫志**（台湾研究丛刊）（清）朱仕玠，台湾银行经济研究室 1957 年。

＊**东瀛纪事**（台湾研究丛刊）（清）林豪，台湾银行经济研究室 1957 年。

＊**东瀛识略**（台湾研究丛刊）（清）丁绍仪，台湾银行经济研究室 1957 年。

＊**东槎纪略**(台湾研究丛刊）（清）姚莹，台湾银行经济研究室 1957 年。

＊**海纪辑要**（台湾研究丛刊）（清）夏琳，台湾银行经济研究室 1958 年。

＊**闽海纪要**（台湾研究丛刊）（清）夏琳，台湾银行经济研究室1958年。

＊**海东札记**（台湾研究丛刊）（清）朱景英，台湾银行经济研究室1958年。

＊**台阳见闻录**（台湾研究丛刊）（清）唐赞衮，台湾银行经济研究室1958年。

＊**台阳笔记**（台湾研究丛刊）（清）翟灏，台湾银行经济研究室1958年。

＊**海国闻见录**（台湾研究丛刊）（清）陈伦炯，台湾银行经济研究室1958年。

＊**台海使槎录**（台湾研究丛刊）（清）黄叔璥，台湾银行经济研究室1958年。

洛阳伽蓝记校注　（北魏）杨衒之撰，范祥雍校注，古典文学出版社1958年，上海古籍出版社1978年，1999年，2011年。

洛阳伽蓝记校释　（北魏）杨衒之撰，周祖谟校释，科学出版社1958年，中华书局1963年，1987年，2010年，上海书店出版社2000年。

华阳国志（国学基本丛书）（晋）常璩撰，顾广圻校，商务印书馆1958年。

校正三辅黄图　（六朝）佚名撰，张宗祥校录，古典文学出版社1958年。

十六国疆域志（国学基本丛书）（清）洪亮吉撰，商务印书馆1958年。

西湖游览志（中国文学参考资料丛书）（明）田汝成辑撰，中华书局1958年，浙江人民出版社1980年，上海古籍出版社1998年。

西湖游览志余　（明）田汝成撰，中华书局上海编辑所1958年，上海古籍出版社1980年，1998年。

英轺纪程　（清）郭嵩焘撰，湖南人民出版社1958年。

中国边疆图籍录　邓衍林编，商务印书馆1958年。

＊**台湾志略**（台湾研究丛刊）（清）李元春辑，台湾银行经济研究室1958年。

＊**嘉义管内采访册**（台湾研究丛刊）（清）不著撰人，台湾银行经济研究室1959年。

＊**云林县采访册**（台湾研究丛刊）（清）倪赞元，台湾银行经济研究室1959年。

＊**苑里志**（台湾研究丛刊）（清）蔡振丰，台湾银行经济研究室1959年。

＊**新竹县志初稿**（台湾研究丛刊）（清）郑鹏云、曾逢辰同辑，台湾银行经济研究室1959年。

＊**台湾采访册**（台湾研究丛刊）（清）陈国瑛等辑，台湾银行经济研究室1959年。

＊**台湾舆图**（台湾研究丛刊）（清）夏献纶，台湾银行经济研究室1959年。

台海采风图考（清）居鲁甫撰，中国书店1959年。

顺天府志（明）沈应文等纂修，谭希思修、张元芳纂，中国书店1959年。

汴京遗迹志（明）李濂撰，中国书店1959年。

（崇祯）历乘（明）贵养性修、刘勅纂，中国书店1959年。

西陲总统事略（明）松筠撰、（清）祁韵士编，中国书店1959年。

东京梦华录注（中国古代都城资料选刊）（宋）孟元老撰，邓之诚注，商务印书馆1959年，台湾世界1963年，中华书局1982年。

＊**安平县杂记**（台湾研究丛刊）（清）不著撰人，台湾银行经济研究室1959年。

＊**海南杂著**（台湾研究丛刊）（清）蔡廷兰，台湾银行经济研究室1959年。

＊**治台必告录**（台湾研究丛刊）（清）丁日健辑，台湾银行经济研究室1959年。

＊**巡台退思录**（台湾研究丛刊）（清）刘璈，台湾银行经济研究室1958年。

＊**闽海纪略**（台湾研究丛刊）（清）夏琳，台湾银行经济研究室1958年。

＊**海上见闻录**（台湾研究丛刊）（清）阮旻锡，台湾银行经济研究室1958年。

＊**闽海赠言**（台湾研究丛刊）（明）沈有容辑，台湾银行经济研究室1959年。

＊**台湾纪事**（台湾研究丛刊）（清）吴子光，台湾银行经济研究室1959年。

＊**裨海纪游**（台湾研究丛刊）（清）郁永河，台湾银行经济研究室1959年。

＊**台湾外记**（台湾研究丛刊）（清）江日升，台湾银行经济研究室1960年。

＊**台湾生熟番纪事**（台湾研究丛刊）（清）黄逢昶，台湾银行经济研究室1960年。

长安客话　（明）蒋一葵撰，北京出版社1960年，北京古籍出版社1980年，1982年。

＊**重修台湾府志**（台湾研究丛刊）（清）周元文，台湾银行经济研究室1960年。

＊**清一统志台湾府志**（台湾研究丛刊）（清）清仁宗，台湾银行经济研究室1960年。

＊**金门志**（台湾研究丛刊）（清）林焜熿，台湾银行经济研究室1960年。

＊**台东州采访册**（台湾研究丛刊）（清）胡传，台湾银行经济研究室1960年。

＊**恒春县志**（台湾研究丛刊）（清）陈文纬，台湾银行经济研究室1960年。

＊**凤山县采访册**（台湾研究丛刊）（清）卢尔德嘉，台湾银行经济研究室1960年。

＊**树杞林志**（台湾研究丛刊）（清）林百川，台湾银行经济研究室1960年。

＊**恒春县志**（台湾研究丛刊）（清）屠继善，台湾银行经济研究室1960年。

＊**福建通志台湾府**（台湾研究丛刊）　台湾银行经济研究室编，台湾银行经济研究室1960年。

＊**台湾府志**（台湾研究丛刊）（清）高拱干修，台湾银行经济研究室1960年。

＊**台湾游记**（台湾研究丛刊）（清）张遵旭，台湾银行经济研究室1960年。

宛署杂记　（明）沈榜撰，北京出版社1961年，北京古籍出版社1980年。

＊**台海见闻录**（台湾研究丛刊）（清）董天工，台湾银行经济研究室

1961 年。

＊**凤山县志**（台湾研究丛刊）（清）陈文达，台湾银行经济研究室 1961 年。

＊**重修台湾府志**（台湾研究丛刊）（清）范咸，台湾银行经济研究室 1961 年。

＊**重修福建台湾府志**（台湾研究丛刊）（清）刘良璧，台湾银行经济研究室 1961 年。

＊**台湾县志**（台湾研究丛刊）（清）陈文达，台湾银行经济研究室 1961 年。

＊**厦门志**（台湾研究丛刊）（清）周凯，台湾银行经济研究室 1961 年。

＊**彰化节孝册**（台湾研究丛刊）（清）吴德功辑，台湾银行经济研究室 1961 年。

汉唐地理书钞（附麓山业舍辑本六十六种）（清）王谟辑，中华书局 1961 年。

续蒙自县志（清）佚名纂修，上海古籍书店 1961 年。

两种海道针经（中外交通史籍丛刊）向达校注，中华书局 1961 年，1982 年。

郑和航海图（中外交通史籍丛刊）向达点校，中华书局 1961 年，1982 年。

西洋番国志（中外交通史籍丛刊）（明）巩珍撰，向达校注，中华书局 1961 年，1982 年。

＊**台湾通纪**（台湾研究丛刊）（清）陈衍，台湾银行经济研究室 1961 年。

＊**澎湖续编**（台湾研究丛刊）（清）蒋镛，台湾银行经济研究室 1961 年。

＊**番社采风图考**（台湾研究丛刊）（清）六十七，台湾银行经济研究室 1961 年。

＊**澎湖台湾纪略**（台湾研究丛刊）（清）杜臻，台湾银行经济研究室 1961 年。

＊**澎湖纪略**（台湾研究丛刊）（清）胡建伟，台湾银行经济研究室 1961 年。

＊**噶玛兰志略**（台湾研究丛刊）（清）柯培元，台湾银行经济研究室 1961 年。

＊**诸蕃志**（台湾研究丛刊）（宋）赵

汝适，台湾银行经济研究室 1961 年。

京师五城坊巷胡同集京师坊巷志稿 （明）张爵撰，（清）朱一新撰，北京出版社 1962 年。

蛮书校注 （唐）樊绰撰，向达校注，中华书局 1962 年。

祝枝山手写正德兴宁志稿本 （明）祝允明撰，中华书局上海编辑所 1962 年。

延安府志 （明）李宗仁修，杨怀纂，陕西省图书馆、西安古旧书店 1962 年。

天府广记 （清）孙承泽纂，北京出版社 1962 年，北京古籍出版社 1982 年，2001 年。

昌平山水记　京东考古录 （清）顾炎武撰，北京出版社 1962 年。

＊**台湾通史**（台湾研究丛刊）（清）连横，台湾银行经济研究室 1962 年。

＊**续修台湾府志**（台湾研究丛刊）（清）余文仪，台湾银行经济研究室 1962 年。

＊**重修台湾县志**（台湾研究丛刊）（清）王必昌，台湾银行经济研究室 1962 年。

＊**续修台湾县志**（台湾研究丛刊）（清）谢金銮，台湾银行经济研究室 1962 年。

＊**台湾通志**（台湾研究丛刊）（清）薛绍元，台湾银行经济研究室 1962 年。

＊**重修凤山县志**（台湾研究丛刊）（清）余文仪，台湾银行经济研究室 1962 年。

＊**新竹县采访册**（台湾研究丛刊）（清）不著撰者，台湾银行经济研究室 1962 年。

＊**苗栗县志**（台湾研究丛刊）（清）沈茂荫，台湾银行经济研究室 1962 年。

＊**诸罗县志**（台湾研究丛刊）（清）周钟瑄，台湾银行经济研究室 1962 年。

＊**彰化县志**（台湾研究丛刊）（清）周玺，台湾银行经济研究室 1962 年。

＊**淡水厅志**（台湾研究丛刊）（清）陈培桂，台湾银行经济研究室 1963 年。

＊**噶玛兰厅志**（台湾研究丛刊）（清）陈淑均，台湾银行经济研究室

1963年。

＊**澎湖厅志**（台湾研究丛刊）（清）林豪，台湾银行经济研究室1963年。

经行记笺注 （唐）杜环撰，张一纯笺注，中华书局1963年。

北平考 故宫遗录 （明）佚名、（明）萧洵撰，北京出版社1963年，北京古籍出版社1980年，1982年。

京城古迹考 日下尊闻录 （清）厉宗万、（清）阙名撰，北京出版社1964年，北京古籍出版社1981年。

五省沟洫图说 （清）沈梦兰撰，恽公孚标点注释，农业出版社1963年。

＊**海滨大事记**（台湾研究丛刊）（清）林绳武，台湾银行经济研究室1964年。

＊**台湾舆地汇钞**（台湾研究丛刊）（清）季麒光，台湾银行经济研究室1965年。

易州志（天一阁藏明代方志选刊）（明）戴敏修、戴铣辑，中华书局上海编辑所1965年。

淳安县志（天一阁藏明代方志选刊）（明）姚明鸾等纂修，中华书局上海编辑所1965年。

龙溪县志（天一阁藏明代方志选刊）（明）刘天授修，林魁、李恺纂，中华书局上海编辑所1965年。

兰阳县志（天一阁藏明代方志选刊）（明）褚宦修、李希程纂，中华书局上海编辑所1965年。

＊**台湾旅行记**（台湾研究丛刊）（清）邱文鸾，台湾银行经济研究室1965年。

大名府志（天一阁藏明代方志选刊）（明）石禄修，（明）唐锦纂，中华书局上海编辑所1966年。

弘治保定郡志（天一阁藏明代方志选刊）（明）张才编辑，徐珪重编，中华书局上海编辑所1966年。

元一统志 （元）孛兰肹等撰，赵万里校辑，中华书局上海编辑所1966年。

＊**暹罗国路程集录** ［越］宋福玩、杨文珠辑，陈荆和编辑，香港中文大学新亚书院研究所东南亚研究室1966年。

＊**漳州府志选录**（台湾研究丛刊）

台湾银行经济研究室编，台湾银行经济研究室 1967 年。

＊**泉州府志选**（台湾研究丛刊） 台湾银行经济研究室编，台湾银行经济研究室 1967 年。

＊**东明闻见录**（台湾研究丛刊） （清）不著撰人，台湾银行经济研究室 1967 年。

＊**闽中纪略**（台湾研究丛刊） （清）许旭，台湾银行经济研究室 1968 年。

＊**西南纪事**（台湾研究丛刊） （清）邵廷采，台湾银行经济研究室 1968 年。

＊**浙东纪略**（台湾研究丛刊） （清）徐芳烈，台湾银行经济研究室 1968 年。

＊**客滇记**（台湾研究丛刊） （清）顾山贞，台湾银行经济研究室 1969 年。

＊**使琉球录三种**（台湾研究丛刊） （清）陈侃，台湾银行经济研究室 1970 年。

＊**琉球国志略**（台湾研究丛刊） （清）周煌，台湾银行经济研究室 1971 年。

＊**中山传信录**（台湾研究丛刊） （清）徐葆光，台湾银行经济研究室 1972 年。

＊**蕲黄四十八砦记事**（台湾研究丛刊） （清）王葆心，台湾银行经济研究室 1972 年。

＊**台湾海防并开山日记**（台湾研究丛刊） （清）罗大春，台湾银行经济研究室 1972 年。

＊**峨山图志** （清）黄绶芙、谭钟岳原著，费尔朴译，香港大学出版社 1974 年。

＊**太平寰宇记索引** 王恢编辑，台湾文海出版社 1975 年。

＊**楚庭稗珠录**（香港中文大学图书馆丛书） （清）檀萃撰，黄焘编，香港中文大学 1976 年。

大唐西域记 （唐）玄奘撰，章巽点校，上海人民出版社 1977 年。

古地图（附《古地图论文集》）（马王堆汉墓帛书） 马王堆汉墓帛书整理小组编，文物出版社 1977 年。

读史方舆纪要选译 （明）顾祖禹撰，陆岩司等选译，山西人民出版社 1978 年。

＊**台湾纪略**（台湾研究丛刊）（清）林谦光，台湾众文图书公司1979年。

广西名胜志 （明）曹学佺撰，上海书店1979年。

台湾外志 （清）江日升撰，上海书店1979年。

黄山纪胜 （清）徐璈撰，上海书店1979年。

苗疆闻见录 （清）徐家干撰，上海书店1979年。

赤雅 （明）邝湛若撰，上海书店1979年。

百城烟水 （清）徐崧、张大纯撰，中国书店1979年。

西域舆地三种汇刻 （清）徐崇立辑，上海书店1979年。

海国公馀辑录 （清）张煜南辑，上海书店1979年。

粤闽巡视纪略 （清）杜臻撰，上海书店1979年。

云栈纪程 （清）张邦伸辑，上海书店1979年。

唐大和上东征传（中外交通史籍丛刊） ［日］真人元开著 汪向荣校注，中华书局1979年。

谈瀛录 （清）王之春撰，上海书店1980年。

括地志辑校（中国古代地理总志丛刊）（唐）李泰撰，贺次君辑校，中华书局1980年。

三辅黄图校证 陈直校证，陕西人民出版社1980年。

梦粱录（杭州掌故丛书）（宋）吴自牧撰，浙江人民出版社1980年，1984年。

百夷传校注 （明）钱古训撰，江应梁校注，云南人民出版社1980年。

西域闻见录 （清）椿园撰，上海书店1980年。

环游地球新录（走向世界丛书）（清）李圭撰，谷及世点校，湖南人民出版社1980年。

欧游杂录（走向世界丛书）（清）徐建寅撰，何守真点校，湖南人民出版社1980年。

欧洲十一国游记（走向世界丛书）（清）康有为撰，钟叔河点校，湖南人民出版社 1980 年。

奥簃朝鲜三种 （清）周家禄撰，上海书店 1980 年。

＊**阮述《往津日记》**（香港中文大学中国文化研究所史料丛刊）（清）阮述撰，陈荆和编注，香港中文大学出版社 1980 年。

＊**入蜀记**（宋史资料萃编）（宋）陆游，台湾文海出版社 1981 年。

＊**宋平江城坊考**（宋史资料萃编）（清）王謇编，台湾文海出版社 1981 年。

大唐西域记古本三种 （唐）玄奘撰，向达辑，中华书局 1981 年。

武林旧事 （宋）四水潜夫辑，西湖书社 1981 年，浙江人民出版社 1984 年。

西游录　异域志（中外交通史籍丛刊）（元）耶律楚材撰，向达校注，（元）周致中撰，陆峻岭校注，中华书局 1981 年。

岛夷志略校释（中外交通史籍丛刊）（元）汪大渊撰，苏继庼校释，中华书局 1981 年，2000 年。

真腊风土记校注（中外交通史籍丛刊）（元）周达观撰，夏鼐校注，中华书局 1981 年。

东西洋考（中外交通史籍丛刊）（明）张燮撰，谢方点校，中华书局 1981 年。

中俄界约斠注 （清）钱恂撰，上海书店 1981 年。

航海述奇（走向世界丛书）（清）张德彝撰，钟叔河点校，湖南人民出版社 1981 年。

＊**水经注汉侯国辑释** 王恢撰，台湾中国文化大学华冈出版部 1981 年。

嘉靖宁夏新志（宁夏史料丛刊）（明）胡汝砺纂修，管律重修，陈明猷校勘，宁夏人民出版社 1982 年。

徐霞客游记 （明）徐弘祖撰，褚绍唐、吴应寿整理，上海古籍出版社 1982 年，1997 年，2007 年，2011 年。

徐霞客桂林山水游记 （明）徐霞客撰，许凌云、张家璠注译，广西人民出版社 1982 年。

南越五主传及其它七种（广东地方文献丛书）（清）梁廷楠等撰，杨伟群点校，广东人民出版社 1982 年。

天下名山游记　（清）吴秋士编，上海书店1982年。

(光绪) 五原厅志略　（清）姚学镜纂修，江苏广陵古籍刻印社1982年。

西洋朝贡典录（中外交通史籍丛刊）（明）黄省曾撰，谢方校注，中华书局1982年。

东行三录（中国历史研究资料丛书）（清）马建忠撰，中国历史研究社编，上海书店1982年。

海上见闻录定本（八闽文献丛刊）（清）阮旻锡撰，厦门郑成功纪念馆校，福建人民出版社1982年。

东京梦华录　都城纪胜　西湖老人繁胜录　梦粱录　武林旧事（中国烹饪古籍丛刊）（宋）孟元老撰，中国商业出版社1982年。

＊**洛阳伽蓝记校笺**　（北魏）杨衒之著，杨勇校笺，台湾正文书局1982年，中华书局2006年。

天一阁藏明代地方志考录　骆兆平编著，书目文献出版社1982年。

元和郡县图志（中国古代地理总志丛刊）（唐）李吉甫撰，贺次君点校，中华书局1983年，1995年。

岭表录异（广东地方文献丛书）（唐）刘恂撰，鲁迅校勘，广东人民出版社1983年。

南宋临安两志（杭州掌故丛书）（宋）周淙、（宋）施谔撰，浙江人民出版社1983年。

寿宁待志（福建古典文库）（明）冯梦龙撰，陈煜奎点校，福建人民出版社1983年。

越中杂识（浙江地方史料丛书）（清）悔堂老人著，浙江人民出版社1983年。

析津志辑佚（北京古籍丛书）（元）熊梦祥撰，北京图书馆善本组辑，北京古籍出版社1983年，2001年。

咸宾录（中外交通史籍丛刊）（明）罗曰褧撰，余思黎点校，中华书局1983年。

日本考（中外交通史籍丛刊）（明）李言恭、郝杰编撰，汪向荣、严大中校注，中华书局1983年。

崖州志（广东地方文献丛书　岭南文库）（清）张嶲等纂修，郭沫若点校，广东人民出版社1983年，2011年。

蠡测汇钞　问俗录　（清）邓传安、陈盛韶撰，杨犁夫标点、刘卓英标点，书目文献出版社 1983 年。

南宋古迹考（外四种）（杭州掌故丛书）（清）朱彭等撰，浙江人民出版社 1983 年。

鸿雪因缘图记　（清）麟庆撰，汪春泉绘图，北京古籍出版社 1984 年。

广东通志·金石略（广东地方文献丛书　岭南文库）（清）阮元主修，梁中民点校勘，广东人民出版社 1984 年，2011 年。

＊**水经注研究史料汇编**　郑德坤编，台湾艺文印书馆 1984 年。

扬州画舫录　（清）李斗撰，周光培点校，江苏广陵古籍刻印社 1984 年。

元丰九域志（中国古代地理总志丛刊）（宋）王存撰，王文楚、魏嵩山点校，中华书局 1984 年。

鸭江行部志注释　（金）王寂撰，罗继祖、张博泉注释，黑龙江人民出版社 1984 年。

蜀中名胜记　（明）曹学佺撰，刘知渐点校，重庆出版社 1984 年。

浙西水利书校注（中国农书丛刊水利之部）（明）姚文灏编辑，汪家伦校注，农业出版社 1984 年。

历代宅京记（中国古代都城资料选刊）（清）顾炎武撰，于杰点校，中华书局 1984 年。

宁古塔山水记　域外集（黑龙江文史丛书）（清）张缙彦撰，李兴盛点校，黑龙江人民出版社 1984 年。

北徼纪游　（清）宋小濂撰，黄纪莲校标注释，黑龙江人民出版社 1984 年。

陇右稀见方志三种　上海书店辑，上海书店 1984 年。

四川通志　（清）常明等修，杨芳灿等纂，巴蜀书社 1984 年。

华阳国志校注　（晋）常璩撰，刘琳校注，巴蜀书社 1984 年，成都时代出版社 2007 年。

黑龙江外记（黑龙江文史丛书）（清）西清撰，黑龙江人民出版社 1984 年。

辽东行部志注释　（金）王寂撰，张博泉注释，黑龙江人民出版社 1984 年。

水经注校　王国维校，袁英光、刘寅生整理，上海人民出版社1984年。

水经注　（北魏）郦道元注，（清）王先谦校，巴蜀书社1985年。

大唐西域记校注（中外交通史籍丛刊）（唐）玄奘、辩机撰，季羡林等校注，中华书局1985年，2000年，台湾新文丰出版公司1987年。

治水筌蹄（中国水利古籍丛书）（明）万恭撰，朱更翎整编，水利电力出版社1985年。

清嘉录（民俗民间文学影印资料）（清）顾禄撰，上海文艺出版社1985年。

唐两京城坊考（中国古代都城资料选刊）（清）徐松撰，张穆校补、方严点校，中华书局1985年。

嘉庆重修大清一统志　（清）嘉庆敕撰，上海书店1985年。

畿辅通志　（清）李鸿章等编，河北人民出版社1985年。

水经注通检今释　赵永复编，复旦大学出版社1985年。

大唐西域记今译　季羡林等译，陕西人民出版社1985年。

兖州府志　（明）于慎行纂修，齐鲁书社1985年。

粤西丛载　（清）汪森辑，中国书店1985年，1996年。

西湖梦寻（西湖文艺丛书）（明）张岱撰，孙家遂校注，浙江文艺出版社1985年。

日下旧闻考（北京古籍丛书）（清）于敏中等编纂，北京古籍出版社1985年，2001年。

湖南方物志（风土丛书）（清）黄本骥编撰，冯天亮、李龙如点校，岳麓书社1985年。

续敦煌实录（陇右文献丛书）（清）张澍撰，李鼎文点校，甘肃人民出版社1985年。

西宁府续志　（清）邓承伟修，张价卿、来维礼纂，青海人民出版社1985年。

台湾府志校注　（清）蒋毓英撰，陈碧笙校注，厦门大学出版社1985年。

台湾府志三种　（清）蒋毓英等撰，中华书局1985年。

咸淳临安志 （清）潜说友纂修，江苏广陵古籍刻印社 1985 年。

北行日记 （清）薛宝田撰，刘道清校注，河南人民出版社 1985 年。

蜀游闻见录 徐心余著，四川人民出版社 1985 年。

海国闻见录校注 （清）陈伦炯撰，李长傅校注，陈代光整理，中州古籍出版社 1985 年。

西学东渐记（走向世界丛书）（清）容闳著，杨坚、钟叔河点校，岳麓书社 1985 年。

黑龙江述略（外六种）（黑龙江文史丛书）（清）徐宗亮等撰，李兴盛、张杰点校，黑龙江人民出版社 1985 年。

嘉靖万历固原州志 万历固原州志（宁夏史料丛刊）（明）杨经纂辑、（明）刘敏宽纂次，宁夏人民出版社 1985 年。

徐霞客游记校注 （明）徐弘祖著，朱惠荣校注，云南人民出版社 1985 年。

闽小纪 闽杂记 （清）周亮工、施鸿保撰，来新夏点校，福建人民出版社 1985 年。

漫游随录 环游地球新录 西洋杂志 欧游杂录 （清）王韬等著，陈尚凡等点校，岳麓书社 1985 年。

蜀水考 （清）陈登龙撰，巴蜀书社 1985 年。

蜀水经 （清）李元撰，巴蜀书社 1985 年。

兰州纪略 中央民族学院图书馆编，天津古籍出版社 1985 年。

吴郡图经续记（江苏地方文献丛书）（宋）朱长文撰，金菊林点校，江苏古籍出版社 1986 年，1999 年。

大理行记校注 云南志略辑校（民族调查研究丛刊）（元）郭松年撰、（元）李京撰，王叔武校注，云南民族出版社 1986 年。

桂海虞衡志校注 （宋）范成大撰，严沛校注，广西人民出版社 1986 年。

桂海虞衡志辑佚校注 （宋）范成大撰，胡起望、覃光广校注，四川民族出版社 1986 年。

百城烟水（江苏地方文献丛书）（清）徐崧、（清）张大纯撰，薛正兴点校，江苏古籍出版社 1986 年，1999 年。

南高平物产记（风土丛书）（清）邹汉勋撰，陈戍国点校，岳麓书社 1986 年。

黄山导 （清）汪瑾辑，江苏广陵古籍刻印社 1986 年。

清嘉录（江苏地方文献丛书）（清）顾禄撰，王迈点校，江苏古籍出版社 1986 年，1999 年。

旧京遗事 旧京琐记 燕京杂记 （明）史玄、（清）夏仁虎撰，阙名整理，北京古籍出版社 1986 年。

津门杂记 天津事迹纪实闻见录 （清）张焘撰、（清）佚名撰，丁绵纱、王黎雅、罗澍伟点校，天津古籍出版社 1986 年。

闽产录异（风土丛书）（清）郭柏苍撰，胡枫泽点校，岳麓书社 1986 年。

钦定皇舆西域图志 （清）傅恒等修纂，（清）英廉等续纂修，吴丰培主编，天津古籍出版社 1986 年。

吴郡志（江苏地方文献丛书）（宋）范成大撰，陆振荻点校，江苏古籍出版社 1986 年，1999 年。

道光浒墅关志 （清）凌寿祺纂修，江苏广陵古籍刻印社 1986 年。

康熙浒墅关志 （清）孙佩纂修，江苏广陵古籍刻印社 1986 年。

宋本方舆胜览（附索引） （宋）祝穆撰，祝洙补订，上海古籍出版社 1986 年，1991 年。

广东通志 （清）阮元等修，江苏广陵古籍刻印社 1986 年。

恒山志 本书标点组编，山西人民出版社 1986 年。

嘉庆重修一统志（中国古代地理总志丛刊）（清）嘉庆敕撰，周祖谟校释，中华书局 1986 年。

山东通志 （清）岳浚、法敏修、杜诏等纂，江苏广陵古籍刻印社 1986 年。

吴地记（江苏地方文献丛书）（唐）陆广微撰，曹林娣校注，江苏古籍出版社 1986 年，1999 年。

寒山寺志（江苏地方文献丛书）（清）叶昌炽撰，黄玉瑜、甘兰经点校，江苏古籍出版社 1986 年，1999 年。

寒山寺志 （清）叶昌炽撰，江苏

广陵古籍刻印社1986年。

寒山寺志汇编（三种） 苏州图书馆辑，江苏广陵古籍刻印社1986年。

西藏志 （清）陈观浔撰，巴蜀书社1986年。

安南纪略（中国文献珍本丛书）（清）方略馆编纂，吴丰培整理，书目文献出版社1986年。

璜泾志略 （清）赵曜撰，江苏广陵古籍刻印社1986年。

茜泾记略 （清）倪大临纂修，（清）陶炳曾补辑，江苏广陵古籍刻印社1986年。

续纂江宁府志 （清）蒋启勋、赵佑宸修，（清）汪士铎总纂，江苏广陵古籍刻印社1986年。

同治上江两县志 （清）莫祥芝、甘绍盘修，（清）汪士铎等纂，江苏广陵古籍刻印社1986年。

直塘里志 （清）时宝臣修、凌德纯纂，江苏广陵古籍刻印社1986年。

岳庙志略 （清）冯培纂，江苏广陵古籍刻印社1986年。

后湖志 （明）赵维贤、万文彩等撰，江苏广陵古籍刻印社1987年。

白下琐言 （清）甘熙撰，江苏广陵古籍刻印社1987年。

夷俗记校注 （明）萧大亨撰，崔春华校注，辽宁大学出版社1987年。

水经注引得 洪业等编纂，上海古籍出版社1987年，1988年。

水经注序 （清）卢文弨辑补，江苏广陵古籍刻印社1987年。

六朝事迹编类 （宋）张敦颐撰，江苏广陵古籍刻印社1987年。

金陵待征录 （清）金鳌撰，江苏广陵古籍刻印社1987年。

金陵琐志 （清）陈作霖撰，江苏广陵古籍刻印社1987年。

皇舆表 （清）喇沙里等修，揆叙等增修，天津古籍出版社1987年，1990年。

许氏方舆考证 （清）许鸿磐撰，民族图书馆古籍组整理，天津古籍出版社1987年。

闽都别记 （清）里人何求纂，福建人民出版社1987年，1994年。

武林坊巷志（杭州掌故丛书）（清）丁丙撰，浙江人民出版社1987年。

金陵梵刹志（明）葛寅亮撰，江苏广陵古籍刻印社1987年。

雪窦寺志两种（明）释履平撰，（清）释行正编订，上海古籍出版社1987年。

续纂淮关统志（清）元成纂，江苏广陵古籍刻印社1987年。

靖海志（清）彭孙贻撰，李延昰补编，江苏广陵古籍刻印社1987年。

舆地纪胜（宋）王象之撰、（清）岑建功补阙、刘文琪校勘，民族图书馆古籍组整理，天津古籍出版社1987年。

海外纪事（中外交通史籍丛刊）（清）大汕撰，余思黎点校，中华书局1987年。

成都通览（清）傅崇矩撰，巴蜀书社1987年。

乾隆府厅州县图志（清）洪亮吉撰，民族图书馆古籍组整理，天津古籍出版社1987年。

扬州图经（清）焦循、江藩撰，江苏广陵古籍刻印社1987年。

光绪顺天府志（北京古籍丛书）（清）周家楣、缪荃孙编纂，北京古籍出版社1987年，2001年。

续河南通志（清）阿思哈等纂，江苏广陵古籍刻印社1987年。

华阳国志校补图注（晋）常璩撰，任乃强校注，上海古籍出版社1987年，1994年。

江南通志（清）尹继善等修、黄之隽等纂，江苏广陵古籍刻印社1987年。

河南通志（清）田文镜等修，孙灏等纂，江苏广陵古籍刻印社1987年。

江西通志（清）刘坤一等修，（清）赵之谦纂，江苏广陵古籍刻印社1987年。

阶州直隶州续志（清）叶恩沛修，吕震南撰，曾礼，樊执敬点校，兰州大学出版社1987年。

方舆类纂（清）顾祖禹撰、（清）温汝能编，天津古籍出版社1987年，1990年。

湖北通志 （清）张仲炘、杨承禧纂，吕调元、刘承恩修，江苏广陵古籍刻印社1987年。

广西通志 （清）谢启昆修，（清）胡虔纂，江苏广陵古籍刻印社1987年。

贵州通志 （清）鄂尔泰、靖道谟纂，江苏广陵古籍刻印社1987年。

新疆图志（西北开发史料丛编）（清）袁大化修、王树枏等撰，民族图书馆古籍组整理，天津古籍出版社1987年。

惠安政书（福建地方志丛刊）（明）叶春乃撰，泉州历史研究会等整理，福建人民出版社1987年。

皇清职贡图 （清）董诰等纂，门庆安等绘图，中国书店1987年。

秦边纪略（西北史地资料丛书）（清）梁份撰，赵盛世等校注，青海人民出版社1987年。

洛阳伽蓝记选（中国古典文学作品选读丛书）（北魏）杨衒之撰，陈庆元、章廷泗编，福建教育出版社1987年。

历代游记选译（中国古典文学普及丛书）（宋）柳开等撰，陈新等译注，宝文堂书店1987年。

岭表录异校补（桂苑书林丛书）（唐）刘恂撰，商壁、潘博校补，广西民族出版社1988年。

灵谷禅林志 （清）谢元福撰，江苏广陵古籍刻印社1988年。

广陵思古编 （清）汪廷儒撰，江苏广陵古籍刻印社1988年。

宁德支提寺图志 （清）崔嵸纂，季怀先等点校，福建省地图出版社1988年。

桂故校注 （明）张鸣凤撰，李文浚注，广西人民出版社1988年。

贵州通志　前事志 贵州省文史研究馆校勘，贵州人民出版社1988年。

溧水县志 （清）丁维城撰，傅观光、施春膏修，江苏广陵古籍刻印社1988年。

万历华容县志 （明）李云楷纂修，黄剑萍、黄光泽整理，湖南人民出版社1988年。

凉州府志备考 （清）张澍辑录，周鹏飞、段宪文点校，三秦出版社1988年。

松江府志 （清）孙星衍等纂，宋如林修，江苏广陵古籍刻印社1988年。

松江府续志 （清）博润修，姚光发等纂，江苏广陵古籍刻印社1988年。

广西通志 （清）谢启昆修，（清）胡虔纂，广西人民出版社1988年。

宋东京考（中国古代都城资料选刊） （清）周城撰，单远慕点校，中华书局1988年。

云南通志 （清）鄂尔泰等修，靖道谟纂，江苏广陵古籍刻印社1988年。

六合县志 （清）谢延庚等修，贺廷寿等纂，江苏广陵古籍刻印社1988年。

六合县续志稿 郑耀烈修，汪昇远、王桂馨纂，江苏广陵古籍刻印社1988年。

高淳县志 吴寿宽撰，江苏广陵古籍刻印社1988年。

皇明象胥录 （明）茅瑞徵撰，江苏广陵古籍刻印社1988年。

上元县志 （清）蓝应袭修，何梦篆等纂，江苏广陵古籍刻印社1988年。

安溪县志 （清）庄成主修，沈钟、李畴纂，福建省安溪县志编纂委员会整理，厦门大学出版社1988年。

满洲源流考 （清）阿桂等撰，孙文良、陆玉华点校，辽宁民族出版社1988年。

江浦埤乘 （清）侯宗海、夏锡宝撰，江苏广陵古籍刻印社1988年。

历代河防统纂 （清）陈璜撰，江苏广陵古籍刻印社1988年。

贵州通志艺文志 黄永堂点校，贵州人民出版社1989年。

林屋民风 （清）王维德编，王其龙、王其章校订，江苏广陵古籍刻印社1989年。

扬州风土记略 徐谦芳撰，江苏广陵古籍刻印社1989年。

游城南记 （宋）张礼撰，陈元方等辑注，西安地图出版社1989年，上海古籍出版1993年。

清凉山志 （明）释镇澄纂修，《清凉山志》标点组点校，山西人民出版社1989年。

晋游日记　同舟忠告　山西票商成败记　（清）李燧、李宏龄撰，黄鉴晖校注，山西人民出版社1989年。

湖北旧闻录　（清）陈诗编纂，皮明庥、李怀军标点，武汉出版社1989年。

双凤里志　（清）时宝臣纂修，江苏广陵古籍刻印社1989年。

黎里志　（清）徐达源纂，江苏广陵古籍刻印社1989年。

从化县志　从化县地方志编纂委员会译注，广东科技出版社1989年。

(乾隆）元和县志　（清）许治修，沈德潜纂，顾诒禄纂，江苏广陵古籍刻印社1989年。

南乐县志校注　史国强校注，山东大学出版社1989年。

六朝事迹编类　（宋）张敦颐撰，王进珊点校，南京出版社1989年。

宁化县志（福建地方志丛刊）（清）李世熊修纂，宁化县志编纂委员会整理，福建人民出版社1989年。

黎里续志　（清）蔡丙圻纂，江苏广陵古籍刻印社1989年。

(康熙）吴县志　（清）汤斌修，孙珮纂，江苏广陵古籍刻印社1989年。

安东县志　（清）乔弘德纂修，涟水县志编修办公室点校，上海社会科学院出版社1989年。

清嘉录（中国烹饪古籍丛刊）（清）顾禄撰，王华、王文修注释，中国商业出版社1989年。

水经注疏　（北魏）郦道元撰，（清）杨守敬、熊会贞疏，段熙仲点校，陈桥驿复校，江苏古籍出版社1989年，1999年。

京口山水志　（清）杨棨撰，江苏广陵古籍刻印社1989年。

宋本历代地理指掌图　（宋）税安礼撰，上海古籍出版社1989年。

敦煌地理文书汇辑校注　郑炳林校注，甘肃教育出版社1989年。

清朝柔远记（中外交通史籍丛刊）（清）王之春撰，赵春晨点校，中华书局1989年，2000年。

保安州志校注　（清）宁完福修、朱光纂，李怀全等校注，北京燕山出版社 1989 年。

光绪昌平州志（北京旧志丛书） （清）缪荃荪等编，刘万源等撰，北京古籍出版社 1989 年。

（光绪）重修天津府志 （清）沈家本、荣铨修，徐宗亮、蔡启盛纂，江苏广陵古籍刻印社 1989 年。

天津府志 （清）沈家本等修，江苏广陵古籍刻印社 1989 年。

甘肃通志 （清）许容等修，李迪等纂，江苏广陵古籍刻印社 1989 年。

甘肃新通志 （清）昇允、长庚修，安维峻纂，江苏广陵古籍刻印社 1989 年。

仙溪志（福建地方志丛刊） （宋）黄岩孙撰，仙游县文史学会点校，福建人民出版社 1989 年。

东三省政略（长白丛书） （清）徐世昌等编纂，李澍田等点校，吉林文史出版社 1989 年。

清代黑龙江孤本方志四种 柳成栋整理，黑龙江人民出版社 1989 年。

广东通志 （清）阮元修，陈昌齐、刘彬华、陈昌齐、刘彬华纂，上海古籍出版社 1989 年。

山西通志 （清）曾国荃等修，王轩、杨笃纂，江苏广陵古籍刻印社 1989 年。

江苏省通志稿 （清）缪荃孙、冯煦等纂，省地方志编委会点校整理，江苏古籍出版社 1989 至 2003 年。

（乾隆）福建续志 （清）杨廷璋等修，沈廷芳、吴嗣富纂，江苏广陵古籍刻印社 1989 年。

福建通志 （清）郝玉麟等修，谢道承、刘敬与纂，江苏广陵古籍刻印社 1989 年。

太湖备考 （清）金友理撰，江苏广陵古籍刻印社 1989 年。

太湖备考续编 （清）郑季雅纂，江苏广陵古籍刻印社 1989 年。

扬州西山小志 （清）林溥撰，江苏广陵古籍刻印社 1989 年。

洞庭湖志 （清）綦世基撰、夏大观补辑、万年淳再订，江苏广陵古籍刻印社 1989 年。

（弘治）八闽通志（北京图书馆古籍珍本丛刊） （明）黄仲昭纂修，

书目文献出版社 1989 年，北京图书馆出版社 2000 年。

（康熙）福建通志（北京图书馆古籍珍本丛刊）（清）金鋐、郑开极纂修，书目文献出版社 1989 年，北京图书馆出版社 2000 年。

南诏野史会证 （明）倪辂辑，（清）王崧校理，胡蔚增订，木芹会证，云南人民出版社 1990 年。

马嵬志 （清）胡凤丹撰，严仲仪点校，江苏古籍出版社 1990 年。

水经注 （北魏）郦道元撰，陈桥驿点校，上海古籍出版社 1990 年，贵州人民出版社 1996 年，浙江古籍出版社 2001 年。

佑宁寺志（青海少数民族古籍丛书） 尕藏、蒲文成等译注，青海人民出版社 1990 年。

武林坊巷志 （清）丁丙编撰，潘一平等整理、点校，浙江人民出版社 1990 年，1997 年。

西关志 （明）王士翘撰，北京古籍出版社 1990 年。

湖北通志 （清）张仲炘等纂，上海古籍出版社 1990 年。

湖南通志 （清）卞宝第、李瀚章等修，（清）曾国荃、郭嵩焘等纂，上海古籍出版社 1990 年。

山西通志 （清）王轩等纂修，高可、刘英编，中华书局 1990 年。

八闽通志（福建地方志丛刊）（明）黄仲昭修纂，福建省地方志编纂委员会旧志整理组、福建省图书馆特藏部整理，福建人民出版社 1990 年，1991 年。

类编长安志（中国古代都城资料选刊 长安史迹丛刊）（元）骆天骧撰，黄永年点校，中华书局 1990 年，三秦出版社 2006 年。

至顺镇江志（江苏地方文献丛书）（元）脱因修、俞希鲁编纂，杨积庆等点校，江苏古籍出版社 1990 年，1999 年。

太平寰宇记 （宋）乐史撰，（清）陈兰森补，江苏广陵古籍刻印社 1990 年。

临汀志（福建地方志丛刊）（宋）胡太初修，赵与沐纂，长汀县地方志编纂委员会整理，福建人民出版社 1990 年。

历代陵寝备考 （清）朱孔阳撰，

江苏广陵古籍刻印社 1990 年。

漕河图志（中国水利古籍丛刊）（明）王琼撰，姚汉源、谭徐明点校，水利电力出版社 1990 年。

蜀故 （清）彭遵泗撰，江苏广陵古籍刻印社 1990 年。

广雁荡山志 （清）曾唯辑，胡永在点校，浙江摄影出版社 1990 年。

四大佛教名山志 江苏广陵古籍刻印社辑，江苏广陵古籍刻印社 1990 年。

（洪武）京城图志（北京图书馆古籍珍本丛刊）（明）王俊华纂修，书目文献出版社 1990 年，北京图书馆出版社 2000 年。

（嘉靖）南畿志（北京图书馆古籍珍本丛刊）（明）闻人诠、陈沂纂修，书目文献出版社 1990 年，北京图书馆出版社 2000 年。

（正德）江宁县志（北京图书馆古籍珍本丛刊）（明）王诰、刘雨纂修，书目文献出版社 1990 年，北京图书馆出版社 2000 年。

（顺治）溧水县志（北京图书馆古籍珍本丛刊）（清）闵派鲁、林古度纂修，书目文献出版社 1990 年，北京图书馆出版社 2000 年。

（万历）扬州府志（北京图书馆古籍珍本丛刊）（明）杨洵、陆君弼等纂修，书目文献出版社 1991 年，北京图书馆出版社 2000 年。

扬州足征录（北京图书馆古籍珍本丛刊）（清）焦循辑，书目文献出版社 1991 年，北京图书馆出版社 2000 年。

（万历）监城县志（北京图书馆古籍珍本丛刊）（明）杨瑞云、夏应星纂修，书目文献出版社 1991 年，北京图书馆出版社 2000 年。

（康熙）衡州府志（北京图书馆古籍珍本丛刊）（清）张奇勋、周士仪纂修，谭弘宪、周士仪续修，书目文献出版社 1991 年，北京图书馆出版社 2000 年。

元大德南海志残本（广州史志丛书） 广州市地方志编纂委员会办公室整理，广东人民出版社 1991 年。

西域图志 （清）傅恒等修，江苏广陵古籍刻印社 1991 年。

广州城坊志 （清）黄佛颐撰，江苏广陵古籍刻印社 1991 年。

西域水道记 （清）徐松撰，江苏

广陵古籍刻印社1991年。

皇舆表 （清）喇沙里等修，（清）揆叙等增修，江苏广陵古籍刻印社1991年。

湖广通志 （明）薛纲纂修，（明）吴廷举续修，江苏广陵古籍刻印社1991年。

山东通志 （清）杨士骧等编撰，上海古籍出版社1991年。

浙江通志 （清）李卫等编，上海古籍出版社1991年。

湖南全省掌故备考 （清）王先谦撰，江苏广陵古籍刻印社1991年。

历代地理治革表 （清）陈芳绩撰，江苏广陵古籍刻印社1991年。

南通州五山全志 （清）刘名芳撰，江苏广陵古籍刻印社1991年。

三峡通志 （明）吴守忠编纂，卢国祯校次，书目文献出版社1991年。

圆明园 中国第一历史档案馆编，上海古籍出版社1991年。

蜀中名胜记 （明）曹学佺撰，江苏广陵古籍刻印社1991年。

广州城坊志 （清）黄佛颐撰，江苏广陵古籍刻印社1991年。

西海纪游草（走向世界丛书）（清）林鍼撰，钟叔河点校，岳麓书社1991年。

水经注选译（古代文史名著选译丛书）（北魏）郦道元著，赵望秦等译注，巴蜀书社1991年，凤凰出版社2011年。

（万历）桃源县志·（万历）承天府志（日本藏中国罕见地方志丛刊） 书目文献出版社1991年。

（万历）高州府志·（万历）雷州府志（日本藏中国罕见地方志丛刊） 书目文献出版社1991年。

（万历）宾州志·（嘉靖）南宁府志·（万历）太平府志（日本藏中国罕见地方志丛刊） 书目文献出版社1991年。

（万历）严州府志（日本藏中国罕见地方志丛刊） 书目文献出版社1991年。

（万历）新修南昌府志（日本藏中国罕见地方志丛刊） 书目文献出版社1991年。

（万历）福宁州志（日本藏中国罕

见地方志丛刊） 书目文献出版社1991年。

（万历）粤大记（日本藏中国罕见地方志丛刊） 书目文献出版社1991年。

（万历）琼州府志（日本藏中国罕见地方志丛刊） 书目文献出版社1991年。

（万历）福州府志·（万历）南安府志（日本藏中国罕见地方志丛刊） 书目文献出版社1991年。

（崇祯）松江府志（日本藏中国罕见地方志丛刊） 书目文献出版社1991年。

（康熙）新会县志（日本藏中国罕见地方志丛刊） 书目文献出版社1991年。

（万历）儋州志·（雍正）揭阳县志（日本藏中国罕见地方志丛刊） 书目文献出版社1991年。

（万历）贵州通志（日本藏中国罕见地方志丛刊） 书目文献出版社1991年。

（万历）续修严州府志（日本藏中国罕见地方志丛刊） 书目文献出版社1991年。

（崇祯）嘉兴县志（日本藏中国罕见地方志丛刊） 书目文献出版社1991年。

（万历）吉安府志（日本藏中国罕见地方志丛刊） 书目文献出版社1991年。

（万历）永安县志·（万历）福安县志·（万历）建阳府志（日本藏中国罕见地方志丛刊） 书目文献出版社1991年。

（成化）湖州府志·（崇祯）乌程县志·（万历）六安州志（日本藏中国罕见地方志丛刊） 书目文献出版社1991年。

（嘉靖）惠州府志·（嘉靖）潮州府志·（嘉靖）香山县志（日本藏中国罕见地方志丛刊） 书目文献出版社1991年。

（嘉靖）湖广图经志书（日本藏中国罕见地方志丛刊） （明）薛刚纂修，（明）吴廷举续修，书目文献出版社1991年。

（康熙）瑞金县志·（康熙）续修瑞金县志·（康熙）上犹县志（日本藏中国罕见地方志丛刊） 书目文献出版社1992年。

(万历)保定府志（日本藏中国罕见地方志丛刊） 书目文献出版社1992年。

(康熙)南海县志·(康熙)琼山县志（日本藏中国罕见地方志丛刊） 书目文献出版社1992年。

(康熙)永州府志（日本藏中国罕见地方志丛刊） 书目文献出版社1992年。

(顺治)固始县志·(顺治)光州志（日本藏中国罕见地方志丛刊） 书目文献出版社1992年。

(万历)新宁县志·(道光)重辑新宁县志（日本藏中国罕见地方志丛刊） 书目文献出版社1992年。

(康熙)麻阳县志·(康熙)安乡县志·(乾隆)续增城步县志（日本藏中国罕见地方志丛刊） 书目文献出版社1992年。

(崇祯)廉州府志·(雍正)灵山县志（日本藏中国罕见地方志丛刊） 书目文献出版社1992年。

(嘉靖)仙游县志·(嘉靖)福清县志续略·(崇祯)海登县志·(崇祯)尤溪县志（日本藏中国罕见地方志丛刊） 书目文献出版社1992年。

(隆庆)楚雄府志·(万历)铜仁府志·(万历)合州志·(康熙)涪州志（日本藏中国罕见地方志丛刊） 书目文献出版社1992年。

(万历)滕志·(万历)罗山县志·(康熙)罗山县志·(万历)汝州志·(崇祯)郾城县志（日本藏中国罕见地方志丛刊） 书目文献出版社1992年。

(康熙)翁源县志·(康熙)阳春县志·(康熙)程乡县志·(康熙)临高县志（日本藏中国罕见地方志丛刊） 书目文献出版社1992年。

舆地纪胜（中国古代地理总志丛刊） （宋）王象之撰，中华书局1992年。

徐霞客游记 （明）徐弘祖撰，中州古籍出版社1992年。

畿辅通志 （清）李鸿章等编，上海古籍出版社1992年。

越中杂识 （清）悔堂老人撰，浙江古籍出版社1992年。

山东运河备览 （清）陆耀撰，江

苏广陵古籍刻印社1992年。

朔方道志 马福祥等编，上海古籍出版社1992年。

新定续志 （宋）钱可则修，郑瑶、方仁荣纂，中国书店1992年。

蛮书 （唐）樊绰撰，中国书店1992年。

洛阳伽蓝记选译（古代文史名著选译丛书）（北魏）杨衒之撰，韩结根译注，巴蜀书社1992年，凤凰出版社2011年。

徐霞客游记选译（古代文史名著选译丛书）（明）徐弘祖撰，周晓薇等译注，巴蜀书社1992年，凤凰出版社2011年。

敦煌石室地志残卷考释（中华学术丛书 王仲荦著作集） 王仲荦撰，郑宜秀整理，上海古籍出版社1993年，中华书局2007年。

羊城古钞（岭南文库）（清）仇巨川纂，陈宪猷校注，广东人民出版社1993年，2009年，2011年。

南方草木状（外十二种）（山川风情丛书）（晋）嵇含撰，上海古籍出版社1993年。

南岳小录（外四种）（山川风情丛书）（唐）李冲昭撰，上海古籍出版社1993年。

诸蕃志（外十三种）（山川风情丛书）（宋）赵汝适撰，上海古籍出版社1993年。

都城纪胜（外八种）（山川风情丛书）（宋）耐得翁，上海古籍出版社1993年。

徐霞客游记人名地名索引 冯菊年、萧琪编，上海古籍出版社1993年。

鲜虞中山国事表疆域图说补释 吕苏生编著，上海古籍出版社1993年。

海国四说（清代史料笔记丛刊）（清）梁廷枏撰，骆驿、刘骁点校，中华书局1993年，1997年。

华岳志 （清）李榕撰，江苏广陵古籍刻印社1993年。

盘山志（山川风情丛书）（清）蒋溥、梁诗正等撰，上海古籍出版社1993年。

读史方舆纪要稿本（中国古籍珍本丛书）（清）顾祖禹撰，上海古籍出版社1993年。

王士性地理书三种 周振鹤点校，上海古籍出版社 1993 年。

武林梵志（外五种）（山川风情丛书）（明）吴之鲸撰，上海古籍出版社 1993 年。

洛阳伽蓝记（外七种）（山川风情丛书）（北魏）杨衒之撰，上海古籍出版社 1993 年。

蜀中广记（外六种）（山川风情丛书）（明）曹学佺撰，上海古籍出版社 1993 年。

新疆图志 （清）袁大化等编撰，上海古籍出版社 1993 年。

广东图说 （清）陈澧绘图、桂文灿编说，江苏广陵古籍刻印社 1993 年。

殊域周咨录（中外交通史籍丛刊）（明）严从简撰，余思黎点校，中华书局 1993 年，2000 年。

东京梦华录（中国烹饪古籍丛刊）（宋）孟元老撰，孙世增校注，中国商业出版社 1993 年。

＊**新译洛阳伽蓝记** 刘九州译，侯乃慧校阅，台湾三民书局 1994 年。

西域行程记 西域番国志（中外交通史籍丛刊）（明）陈诚撰，周连宽校注，中华书局 1994 年。

长安客话 酌中志（北京古籍丛书）（明）蒋一葵、刘若愚撰，北京古籍出版社 1994 年，2001 年。

河南志（中国古代都城资料选刊）（清）徐松辑，高敏点校，中华书局 1994 年。

海内奇观（中国古代版画丛刊二编）（明）杨尔曾辑，上海古籍出版社 1994 年。

汝阳县志（河南旧志整理丛书）张峻峰校注，中州古籍出版社 1994 年。

光绪开州志 濮阳县地方史志办公室校注，中州古籍出版社 1995 年。

渑池县志（河南旧志整理丛书）郭书身、杜建成点校，中州古籍出版社 1995 年。

水经注（古典名著普及文库）（北魏）郦道元撰，谭属春、陈爱平点校，岳麓书社 1995 年。

鹿洞书院古志五种 李梦阳等编，中华书局 1995 年。

六朝事迹编类 （宋）张敦颐撰，张忱石点校，上海古籍出版社

1995年。

韩江闻见录（潮汕历史文献丛编）（清）郑昌时撰，吴二持校注，上海古籍出版社1995年。

佛国记注释（佛教文化通俗读物丛书）（晋）法显撰，郭鹏注译，中国佛教文化研究所编，长春出版社1995年。

龙虎山志 （清）娄近垣撰，江苏广陵古籍刻印社1995年。

诸蕃志校释（中外交通史籍丛刊）（宋）赵汝适撰，杨博文校释，中华书局1996年。

岭外代答（宋明清小品文集辑注）（宋）周去非撰，屠友祥校注，上海远东出版社1996年。

帝京景物略（宋明清小品文集辑注）（明）刘侗、（明）于奕正撰，崔瞿校注，上海远东出版社1996年。

永宁州志（三晋古志传丛书）（清）姚启瑞纂修，李文凡、李晨生点注，山西古籍出版社1996年。

畿辅水利议 （清）林则徐编，中国书店1996年。

滇轺纪程 （清）林则徐撰，中国书店1996年。

黑龙江外记 （清）西清纂修，中国书店1996年。

文水县志（山西古志传丛书）（明）米世发等纂修，李裕民点校，山西古籍出版社1996年。

热河日记（外一种） ［朝］朴趾源撰，北京图书馆出版社1996年。

潞郡旧闻 （清）靳荣藩纂辑，长治市旧志整理委员会整理，北京图书馆出版社1996年。

黎城旧志五种 黎城县志编纂委员会办公室编，刘书友主编，北京图书馆出版社1996年。

汉唐方志辑佚 刘纬毅辑，北京图书馆出版社1997年。

稿本航海述奇汇编 （清）张德彝撰，北京图书馆出版社1997年。

四川各地勘察及其它事宜档册 （明）佚名辑，北京图书馆出版社1997年。

洛阳伽蓝记钩沉（中国佛寺志丛刊）（北魏）杨衒之撰，张宗祥校，江苏广陵古籍刻印1997年。

圣朝混一方舆胜览（北京图书馆古籍珍本丛刊） 佚名撰，书目文献出版社 1997 年，北京图书馆出版社 2000 年。

山东海疆图记（北京图书馆古籍珍本丛刊） 佚名撰，书目文献出版社 1997 年，北京图书馆出版社 2000 年。

康熙章邱县志（北京图书馆古籍珍本丛刊）（清）钟运泰、高崇岩纂修，书目文献出版社 1997 年，北京图书馆出版社 2000 年。

新修河东运司志（北京图书馆古籍珍本丛刊）（清）冯达道纂修，张应征续修撰，书目文献出版社 1997 年，北京图书馆出版社 2000 年。

全陕政要（北京图书馆古籍珍本丛刊）（明）龚辉撰，书目文献出版社 1997 年，北京图书馆出版社 2000 年。

三省备边图记（北京图书馆古籍珍本丛刊）（明）苏愚撰，书目文献出版社 1997 年，北京图书馆出版社 2000 年。

（成化）宁波郡志（北京图书馆古籍珍本丛刊）（明）张瓒、杨寔纂修，书目文献出版社 1997 年，北京图书馆出版社 2000 年。

敬止录（北京图书馆古籍珍本丛刊）（明）高于泰撰，清徐时栋辑，书目文献出版社 1997 年，北京图书馆出版社 2000 年。

四明文献考（北京图书馆古籍珍本丛刊） 佚名撰，书目文献出版社 1997 年，北京图书馆出版社 2000 年。

（嘉靖）徽州府志（北京图书馆古籍珍本丛刊）（明）何东序、汪尚宁纂修，书目文献出版社 1997 年，北京图书馆出版社 2000 年。

（弘治）休宁志（北京图书馆古籍珍本丛刊）（明）程敏政纂修，欧阳旦增修，书目文献出版社 1997 年，北京图书馆出版社 2000 年。

（康熙）南昌郡乘（北京图书馆古籍珍本丛刊）（清）叶舟、陈弘绪纂修，书目文献出版社 1997 年，北京图书馆出版社 2000 年。

（康熙）信丰县志（北京图书馆古籍珍本丛刊）（清）杨宗昌、曹宣光纂修，书目文献出版社 1997 年，北京图书馆出版社 2000 年。

(康熙) 袁州府志（北京图书馆古籍珍本丛刊）（清）李芳春、袁继梓纂修，书目文献出版社 1997 年，北京图书馆出版社 2000 年。

(嘉靖) 吉安府志（北京图书馆古籍珍本丛刊）（明）王昂重编，书目文献出版社 1997 年，北京图书馆出版社 2000 年。

赣州府志（北京图书馆古籍珍本丛刊）（明）余文龙、谢诏纂修，书目文献出版社 1997 年，北京图书馆出版社 2000 年。

南安府志（北京图书馆古籍珍本丛刊）（清）李世昌纂修，书目文献出版社 1997 年，北京图书馆出版社 2000 年。

雩都县志（北京图书馆古籍珍本丛刊）（清）卢振先、管奏諴纂修，书目文献出版社 1997 年，北京图书馆出版社 2000 年。

(康熙) 宝庆府志（北京图书馆古籍珍本丛刊）（清）梁碧海、刘应祁纂修，书目文献出版社 1997 年，北京图书馆出版社 2000 年。

(嘉靖) 广东通志初稿（北京图书馆古籍珍本丛刊）（明）戴璟、张岳等纂修，书目文献出版社 1997 年，北京图书馆出版社 2000 年。

(成化) 广州志（北京图书馆古籍珍本丛刊）（明）吴中、王文凤纂修，书目文献出版社 1997 年，北京图书馆出版社 2000 年。

(嘉靖) 四川总志（北京图书馆古籍珍本丛刊）（明）刘大谟、杨慎等纂修，书目文献出版社 1997 年，北京图书馆出版社 2000 年。

黔记（北京图书馆古籍珍本丛刊）（明）郭子章，书目文献出版社 1997 年，北京图书馆出版社 2000 年。

修攘通考（北京图书馆古籍珍本丛刊）（明）何镗编，书目文献出版社 1998 年，北京图书馆出版社 2000 年。

皇舆考（北京图书馆古籍珍本丛刊），（明）张天复撰，书目文献出版社 1998 年，北京图书馆出版社 2000 年。

阙里志（北京图书馆古籍珍本丛刊） 明陈镐撰，孔弘乾续修，书目文献出版社 1998 年，北京图书馆出版社 2000 年。

(正德) 姑苏志（北京图书馆古籍

珍本丛刊）（明）林世远、王鏊等纂修，书目文献出版社 1998 年，北京图书馆出版社 2000 年。

（嘉靖）常熟县志（北京图书馆古籍珍本丛刊）（明）冯汝弼、邓韨纂修，书目文献出版社 1998 年，北京图书馆出版社 2000 年。

（康熙）新修广州府志（北京图书馆古籍珍本丛刊）（清）王永瑞纂修，书目文献出版社 1998 年，北京图书馆出版社 2000 年。

（顺治）潮州府志（北京图书馆古籍珍本丛刊） 清吴颖纂修，书目文献出版社 1998 年，北京图书馆出版社 2000 年。

（康熙）韶州府志（北京图书馆古籍珍本丛刊）（清）马元纂修，书目文献出版社 1998 年，北京图书馆出版社 2000 年。

（嘉靖）广西通志（北京图书馆古籍珍本丛刊）（明）林富、黄佐纂修，书目文献出版社 1998 年，北京图书馆出版社 2000 年。

殿粤要纂（北京图书馆古籍珍本丛刊）（明）杨芳、詹景凤纂修，书目文献出版社 1998 年，北京图书馆出版社 2000 年。

（康熙）云南通志（北京图书馆古籍珍本丛刊）（清）范承勋、吴自肃纂修，书目文献出版社 1998 年，北京图书馆出版社 2000 年。

（康熙）剑川州志（北京图书馆古籍珍本丛刊）（清）王世贵、张伦纂修，书目文献出版社 1998 年，北京图书馆出版社 2000 年。

（康熙）大理府志（北京图书馆古籍珍本丛刊）（清）李斯佺、黄元治纂修，书目文献出版社 1998 年，北京图书馆出版社 2000 年。

（康熙）鹤庆府志（北京图书馆古籍珍本丛刊） 清佟镇、邹启孟纂修，书目文献出版社 1998 年，北京图书馆出版社 2000 年。

（康熙）建水州志（北京图书馆古籍珍本丛刊） 清陈肇奎、叶涞纂修，书目文献出版社 1998 年，北京图书馆出版社 2000 年。

（康熙）永昌府志（北京图书馆古籍珍本丛刊） 清罗纶、李文渊纂修，书目文献出版社 1998 年，北京图书馆出版社 2000 年。

＊**新译大唐西域记** 陈飞、凡评

撰，台湾三民书局 1998 年。

扬州图经（江苏地方文献丛书）（清）焦循、江藩撰，薛飞点校，江苏古籍出版社 1998 年。

太湖备考（江苏地方文献丛书）（清）金友理撰，薛正兴点校，江苏古籍出版社 1998 年。

徐霞客游记（古典名著普及文库）（明）徐弘祖撰，恽波、刘刚强点校，岳麓书社 1998 年。

海国图志（醒狮丛书）（清）魏源撰，李巨澜评注，中州古籍出版社 1998 年。

海国图志 （清）魏源撰，陈华等校注，岳麓书社 1998 年。

东京梦华录（外四种）（名家导读笔记丛书）（宋）孟元老等撰，周峰点校，文化艺术出版社 1998 年。

大唐西域记 （唐）玄奘撰，周国林注译，岳麓书社 1999 年。

濮州志校注 范县地方史志办公室校注，中州古籍出版社 1999 年。

吴趋访古录（江苏地方文献丛书）（清）姚承绪撰，姜小青点校，江苏古籍出版社 1999 年。

明代武当山志二种（湖北地方古籍文献丛书）（明）任自垣、卢重华撰，杨立志点校，湖北人民出版社 1999 年。

汴京遗迹志（中国古代都城资料选刊）（明）李濂撰，周宝珠、程民生点校，中华书局 1999 年。

龙江船厂志（江苏地方文献丛书）（明）李昭祥撰，王亮功点校，江苏古籍出版社 1999 年。

泰州旧事摭拾（江苏地方文献丛书） 俞扬辑注，江苏古籍出版社 1999 年。

吴歌 吴歌小史（江苏地方文献丛书） 顾颉刚等辑，王煦华整理，江苏古籍出版社 1999 年。

岭外代答校注（中外交通史籍丛刊）（宋）周去非撰，杨武泉校注，中华书局 1999 年。

往五天竺国传笺释 经行记笺注（中外交通史籍丛刊）（唐）慧超、杜环撰，张毅笺释、张一纯笺注，中华书局 2000 年。

唐大和上东征传 日本考（中外交通史籍丛刊） ［日］真人元开著，（明）李言恭、郝杰著，汪向荣、严大中校注，中华书局2000年。

诸蕃志校释　职方外纪校释（中外交通史籍丛刊）（宋）赵汝适、［意］艾儒略撰，杨博文、谢方校释，中华书局2000年。

宋本太平寰宇记　（宋）乐史撰，中华书局2000年。

真腊风土记校注　西游录　异域志（中外交通史籍丛刊）（元）周达观、（元）耶律楚材、（元）周致中撰，夏鼐、向达、陆峻岭校注，中华书局2000年。

西洋朝贡典录校注　东西洋考（中外交通史籍丛刊）（明）黄省曾、（明）张燮撰，谢方点校，中华书局2000年。

西洋番国志　郑和航海图　两种海道针经（中外交通史籍丛刊）（明）巩珍撰，向达校注，中华书局2000年。

西域行程记　西域番国志　咸宾录（中外交通史籍丛刊）（明）陈诚撰，罗曰褧校注，中华书局2000年。

西湖梦寻　（明）张岱撰，江苏古籍出版社2000年。

帝京景物略（明清小品丛刊）（明）刘侗、（明）于奕正撰，孙小力校注，上海古籍出版社2001年。

京师坊巷志稿（北京古籍丛书）（清）朱一新撰，北京古籍出版社2001年。

琉璃厂小志（北京古籍丛书）　孙殿起编，北京古籍出版社2001年。

日本国志（晚清东游日记汇编）（清）黄遵宪撰，上海古籍出版社2001年。

雍录（中国古代都城资料选刊）（宋）程大昌撰，黄永年点校，中华书局2002年。

京师五城坊巷胡同集　（明）张爵撰，线装书局2002年。

历代郡县地名考　韩湘亭编，北京图书馆出版社2002年。

扬州览胜录　扬州名胜录　（清）王振世撰、（清）李斗撰，蒋孝达点校，广陵书社2002年。

瀛寰志略（近代文献丛刊）（清）徐继畬撰，田一平点校，上海书店出版社2002年。

＊新译徐霞客游记 （明）徐弘祖撰，黄珅译，黄志民校阅，台湾三民书局2002年。

三辅黄图（中华再造善本） 佚名撰，北京图书馆出版社2002年。

南岳总胜集（中华再造善本）（宋）陈田夫撰，北京图书馆出版社2002年。

水经注（中华再造善本） （北魏）郦道元撰，北京图书馆出版社2003年。

舆地广记（中华再造善本） （宋）欧阳忞撰，北京图书馆出版社2003年。

（绍定）吴郡志（中华再造善本）（宋）范成大纂修，汪泰亨等续修，北京图书馆出版社2003年。

（宝庆）四明志（中华再造善本）（宋）胡榘、罗濬纂修，北京图书馆出版社2003年。

（开庆）四明续志（中华再造善本） （宋）梅应发、刘锡纂修，北京图书馆出版社2003年。

大唐西域记（中华再造善本）（唐）释玄奘译，（唐）释辩机撰，北京图书馆出版社2003年。

幽兰居士东京梦华录（中华再造善本） （宋）孟元老撰，北京图书馆出版社2003年。

＊东槎纪略校释 （清）姚莹原撰，刘玮和校释，台湾古籍出版公司2003年。

方舆胜览（中国古代地理总志丛刊） （宋）祝穆撰，祝洙增订，施和金点校，中华书局2003年。

游历日本图经（晚清东游日记汇编） （清）傅云龙撰，上海古籍出版社2003年。

《徐霞客游记》选评（新世纪古代历史经典读本） 黄珅撰，上海古籍出版社2003年。

说嵩（嵩岳文献丛刊） （清）景日昣撰，郑州市图书馆文献编辑委员会编，中州古籍出版社2003年。

安亭志 （清）陈树德编纂，朱瑞熙标点，上海古籍出版社2003年。

蒲溪小志 （清）顾传金辑，王孝俭、金九牛、陆益明标点，闵行区区志办公室整理，上海古籍出版社2003年。

南翔镇志 （清）张承先撰，程攸熙订，朱瑞熙标点，上海古籍出版社 2003 年。

钦定热河志 （清）和珅、梁国治撰，天津古籍出版社 2003 年。

邗记　广陵事略（扬州地方文献丛刊）（清）焦循、（清）姚文田撰，曾学文点校，广陵书社 2003 年。

嵩岳庙史　嵩阳书院志　少林寺志　嵩岳游记（嵩岳文献丛刊）（清）景日昣、（清）耿介撰，（清）叶封、（清）焦钦宠采辑，（清）施奕簪、（清）焦如蘅续辑，（清）席书锦撰，郑州市图书馆文献编辑委员会编，中州古籍出版社 2003 年。

北湖小志　北湖续志　北湖续志补遗（扬州地方文献丛刊）（清）焦循、（清）阮先辑，孙叶锋点校，广陵书社 2003 年。

游城南记校注（长安史迹丛刊）（宋）张礼撰，史念海、曹尔琴校注，三秦出版社 2003 年，2006 年。

西游笔略 （清）郭连城撰，上海书店出版社 2003 年。

清同治直隶澧州志校注 陈国华主编，湖南人民出版社 2003 年。

光绪《慈溪县志》节选本 龚烈沸选点，周冠明校注，宁波出版社 2003 年。

中国古地图辑录·湖北省辑 王自强等编，星球地图出版社 2003 年。

宣府镇志（南京图书馆孤本善本丛刊．明代孤本方志专辑）（明）王崇宪纂修，线装书局 2003 年。

常州府志（南京图书馆孤本善本丛刊．明代孤本方志专辑）（明）唐鹤徵纂，线装书局 2003 年。

宝应县志（南京图书馆孤本善本丛刊．明代孤本方志专辑）（明）陈煃重修，线装书局 2003 年。

无锡县志（南京图书馆孤本善本丛刊．明代孤本方志专辑）（明）吴凤翔修，李舜明重修，线装书局 2003 年。

旌德县志（南京图书馆孤本善本丛刊．明代孤本方志专辑）（明）苏宇庶修，线装书局 2003 年。

江西省大志（南京图书馆孤本善本丛刊．明代孤本方志专辑）（明）王宗沐修，线装书局 2003 年。

福州府志（南京图书馆孤本善本丛刊．明代孤本方志专辑）（明）潘颐龙修，线装书局 2003 年。

登封新志（南京图书馆孤本善本丛刊．明代孤本方志专辑）（明）侯泰修，线装书局2003年。

新编方舆胜览（中华再造善本）（宋）祝穆辑，北京图书馆出版社2004年。

＊**新译佛国记** 杨维中撰，台湾三民书局2004年。

平山揽胜志 平山堂图志（扬州地方文献丛刊）（清）汪应庚、赵之璧撰，曾学文、高小健点校，广陵书社2004年。

康有为牛津、剑桥大学游记手稿（清）康有为著，程道德点校，北京图书馆出版社2004年。

＊**新译东京梦华录** 严文儒译，侯乃慧校阅，台湾三民书局2004年。

城隍庙岁修祀纪事（中国道观志丛刊续编）（清）佚名辑，广陵书社2004年。

岱史（中国道观志丛刊续编）（明）查志隆撰，广陵书社2004年。

清水岩志（中国道观志丛刊续编）（明）佚名撰，广陵书社2004年。

九鲤湖志（中国道观志丛刊续编）（明）黄天全撰，张智、张健主编，广陵书社2004年。

重建金陵玉虚观纪事徵信录（中国道观志丛刊续编） 王莲友辑，广陵书社2004年。

玉华洞志（中国道观志丛刊续编）（清）陈文在撰，广陵书社2004年。

高淳城隍庙志（中国道观志丛刊续编）（清）夏之源纂，广陵书社2004年。

灵卫庙志（中国道观志丛刊续编）（明）夏宾撰，张智、张健主编，广陵书社2004年。

金龙四大王祠墓录（中国道观志丛刊续编）（清）仲学辂编，张智、张健主编，广陵书社2004年。

洞霄宫志（中国道观志丛刊续编）（清）闻人儒辑，张智、张健主编，广陵书社2004年。

关圣陵庙纪略（中国道观志丛刊续编）（清）王禹书辑，张智、张健主编，广陵书社2004年。

罗浮山志汇编（中国道观志丛刊续编）（清）宋广业纂辑，广陵书社2004年。

中祀合编（中国道观志丛刊续编）（清）玄烨敕撰，广陵书社 2004 年。

龙角山记（中国道观志丛刊续编）（唐）李隆基等纂，广陵书社 2004 年。

南岳志（中国道观志丛刊续编）（清）高自位编，广陵书社 2004 年。

委羽山志（中国道观志丛刊续编）（明）胡昌贤纂，（清）王维翰续，广陵书社 2004 年。

续修龙虎山志（中国道观志丛刊续编）（元）元明善辑，（明）张国祥续，广陵书社 2004 年。

清水岩志略（中国道观志丛刊续编）（清）杨浚辑，广陵书社 2004 年。

嵩岳志（中国道观志丛刊续编）（明）陆柬辑，广陵书社 2004 年。

祠山志（中国道观志丛刊续编）（元）周秉绣编，（清）周宪敬重编，广陵书社 2004 年。

龙神祠图记（中国道观志丛刊续编）（清）达昌撰，广陵书社 2004 年。

罗浮外史（中国道观志丛刊续编）（清）钱以垲撰，广陵书社 2004 年。

太姥山志（中国道观志丛刊续编）（明）谢肇淛纂辑，广陵书社 2004 年。

濂溪志（中国祠墓志丛刊）（清）周浩辑，广陵书社 2004 年。

忠惠祠录（中国祠墓志丛刊）（明）青云编，广陵书社 2004 年。

历代陵寝备考（中国祠墓志丛刊）（清）朱孔阳辑，广陵书社 2004 年。

昌瑞统志（中国祠墓志丛刊）（清）布兰泰撰，广陵书社 2004 年。

炎帝志（中国祠墓志丛刊）（清）王开琸辑，黎锦熙编，广陵书社 2004 年。

昭烈忠武陵庙志（中国祠墓志丛刊）（清）潘时彤辑，广陵书社 2004 年。

延陵九里庙志（中国祠墓志丛刊）（明）吴国仁撰、王焕镳著，广陵书社 2004 年。

两浙防护录（中国祠墓志丛刊）（清）阮元撰，广陵书社 2004 年。

程朱阙里志（中国祠墓志丛刊）（明）赵滂辑，广陵书社 2004 年。

阙里志（中国祠墓志丛刊）（明）

陈镐辑，广陵书社 2004 年。

文庙思源录考（中国祠墓志丛刊）（清）麻兆庆撰，广陵书社 2004 年。

于忠肃公祠墓志（中国祠墓志丛刊）（清）丁丙辑，广陵书社 2004 年。

岳庙志略（中国祠墓志丛刊）（清）冯培辑，广陵书社 2004 年。

姜忠肃公祠堂志（中国祠墓志丛刊）（清）姜炳章编，广陵书社 2004 年。

天津淮军昭忠祠录（中国祠墓志丛刊）（清）佚名撰，广陵书社 2004 年。

周陵志（中国祠墓志丛刊） 宋伯鲁、王健纂，广陵书社 2004 年。

忠武祠墓志（中国祠墓志丛刊）（清）虚白道人辑，广陵书社 2004 年。

汤阴精忠庙志（中国祠墓志丛刊）（明）张玉车辑，（清）杨世达重订，广陵书社 2004 年。

山西宁武府忠义孝弟祠观法录（中国祠墓志丛刊）（清）吴鸿恩辑，广陵书社 2004 年。

矶山志（中国祠墓志丛刊）（清）柯愿撰，广陵书社 2004 年。

岷阳古帝墓祠后志（中国祠墓志丛刊）（清）孙琪编，广陵书社 2004 年。

京江节孝祠汇编（中国祠墓志丛刊）（清）陈宗联原集，（清）陈世芳增辑，广陵书社 2004 年。

涧上草堂纪略（中国祠墓志丛刊）（清）徐达源辑，广陵书社 2004 年。

曹江孝女庙志（中国祠墓志丛刊）（清）金廷栋辑，广陵书社 2004 年。

临海仙岩文信公新祠录（中国祠墓志丛刊）（明）叶琰编，广陵书社 2004 年。

圣庙志辑要（中国祠墓志丛刊）（清）鹿嗣宗辑，广陵书社 2004 年。

杨家圩周文襄公祠考略（中国祠墓志丛刊）（清）孙藩圻辑，广陵书社 2004 年。

长元节孝祠志（中国祠墓志丛刊）（清）汪缙辑，广陵书社 2004 年。

金陀祠事录（中国祠墓志丛刊）（清）岳鉴辑，广陵书社 2004 年。

平湖陆氏景贤祠志（中国祠墓志丛

刊）（明）陆基忠纂，广陵书社2004年。

漂母祠志（中国祠墓志丛刊）（清）胡凤丹编，广陵书社2004年。

孔宅志（中国祠墓志丛刊）（清）孔金宏辑，广陵书社2004年。

昭忠祠志（中国祠墓志丛刊）（清）范承堃辑，广陵书社2004年。

陈忠肃公墓录（中国祠墓志丛刊）（清）孙峻辑，广陵书社2004年。

仁和王氏茔录（中国祠墓志丛刊）（清）王为桢撰，广陵书社2004年。

五代宋金元人边疆行记十三种疏证稿 贾敬颜著，中华书局2004年。

永乐大典方志辑佚 马蓉等点校，中华书局2004年。

百苗图疏证 刘锋著，民族出版社2004年。

百苗图抄本汇编（百苗图研究丛书） 杨庭硕、潘盛之编著，贵州人民出版社2004年。

翼城县志注释 吉延彦、马毓琛编纂，翼城县地方文史研究会编注，山西古籍出版社2004年。

河州志校刊 （明）吴祯著，马志勇校，甘肃文化出版社2004年。

开化府志点注 （清）汤大宾、周炳纂，娄自昌、李君明点注，兰州大学出版社2004年。

广南府志点校 （清）李熙龄著，杨磊等点校，兰州大学出版社2004年。

光绪定安县志（海南地方志丛刊）（清）吴应廉创修，王映斗总纂，郑行顺、陈建国点校，海南出版社2004年。

嘉庆澄迈县志（海南地方志丛刊）（清）谢济韶等修，陈鸿迈点校，海南出版社2004年。

康熙临高县志（海南地方志丛刊）（清）樊庶纂修，刘剑三点校，海南出版社2004年。

南海诸岛三种（海南地方志丛刊）陈天锡、郑资约、杨秀靖著编，郑行顺点校，海南出版社2004年。

康熙陵水县志（海南地方志丛刊）（清）潘廷候纂修，郑行顺点校，海南出版社2004年。

康熙昌化县志（海南地方志丛刊）（清）方岱、璩之璨纂修，冯俊华点校，海南出版社 2004 年。

光绪澄迈县志（海南地方志丛刊）（清）龙朝翊、王之襄修，陈鸿迈点校，海南出版社 2004 年。

光绪临高县志（海南地方志丛刊）（清）聂缉庆、张廷主修，（清）桂文炽、（清）汪瑔纂修，刘剑直点校，海南出版社 2004 年。

台湾外志　（清）江日升撰，刘文泰等点校，齐鲁书社 2004 年。

平山揽胜志（扬州地方文献丛刊）（清）汪应庚著，广陵书社 2004 年。

汀州府志　（清）曾曰瑛修，（清）李绂纂，王兴明、陈立点校，方志出版社 2004 年。

梦粱录（历代名家小品文集）（宋）吴自牧著，张社国、符均校注，三秦出版社 2004 年。

新城县志　（清）崔懋纂修，张承连、刘庆镇、王润点校，广陵书社 2004 年。

清道光《浒山志》　明嘉靖《观海卫志》　民国《余姚六仓志》（慈溪文献集成第 1 辑）　王清毅、岑华潮编著，慈溪市地方文献整理委员会编，杭州出版社 2004 年。

三山志：明万历癸丑刊本　（宋）梁克家纂，福建省地方志编纂委员会整理，方志出版社 2004 年。

扬州足征录（扬州地方文献丛刊）（清）焦循著，许卫平点校，广陵书社 2004 年。

广陵通典（扬州地方文献丛刊）（清）汪中著，广陵书社 2004 年。

邵武府志（福建旧方志丛书）（明）陈让编，杨启德、傅唤民、叶笑凡校注，福建省地方志编纂委员会整理，方志出版社 2004 年。

漫游随录图记　（清）王韬著，王稼句点校，山东画报出版社 2004 年。

永安县志（福建旧方志丛书）（明）苏民望修，（清）陈廷枢纂，樊跃旭、邢晋雪、陈达锦点校，福建省地方志编纂委员会整理，方志出版社 2004 年。

靖远旧志集校　李金财、白天星、张美泉编，甘肃文化出版社 2004 年。

吴中小志丛刊（苏州地方历史文化读物）（明）杨循吉等著，陈其弟点校，广陵书社 2004 年。

入蜀记校注（珞珈语言文学学术文库）（宋）陆游著，蒋方校注，湖北人民出版社 2004 年。

再续行水金鉴．长江卷（中华治水典籍备要） 中国水利水电科学研究院水利史研究室编校，湖北人民出版社 2004 年。

再续行水金鉴．运河卷（中华治水典籍备要） 中国水利水电科学研究院水利史研究室编校，湖北人民出版社 2004 年。

再续行水金鉴．淮河卷（中华治水典籍备要） 中国水利水电科学研究院水利史研究室编校，湖北人民出版社 2004 年。

再续行水金鉴．永定河卷（中华治水典籍备要） 中国水利水电科学研究院水利史研究室编校，湖北人民出版社 2004 年。

再续行水金鉴．黄河卷（中华治水典籍备要） 中国水利水电科学研究院水利史研究室编校，湖北人民出版社 2004 年。

辽宁省旧方志．辽阳县志 《辽宁省旧方志·辽阳县志》编委会整理，辽宁民族出版社 2004 年。

肇域志 （清）顾炎武编，谭其骧、王文楚等点校，上海古籍出版社 2004 年。

茅山志（中华再造善本）（元）刘大彬撰，北京图书馆出版社 2005 年。

孔氏祖庭广记（中华再造善本）（金）孔元措撰，北京图书馆出版社 2005 年。

三海见闻志（北京古籍丛书） 适园主人编，杨之峰等点校，北京古籍出版社 2005 年。

新修浦城县志（福建旧方志丛书）（清）黄恬主修，余奎元、邱文彬、蒋珍点校，福建省地方志编纂委员会整理，方志出版社 2005 年。

正宁县志 （清）折遇兰纂修，王立明点注，甘肃文化出版社 2005 年。

咸淳毗陵志 （宋）史能之撰，朱玉林、张平生点校，广陵书社 2005 年。

颜安小志（上海乡镇旧志丛书）（清）高如圭编撰，（清）魏小虎标点，上海社会科学院出版社 2005 年。

珠里小志（上海乡镇旧志丛书）（清）周滨郁撰，戴扬本整理，上海社会科学院出版社2005年。

明钞本《瀛涯胜览》校注　（明）马欢原著，万明校注，海洋出版社2005年。

太原府志集全　安捷主编，山西人民出版社2005年。

《水经注》选评（新世纪古代历史经典读本）　赵永复、赵燕敏撰，上海古籍出版社2005年。

昆仑旅行日记　（清）温世霖著，高成鸢编著，天津古籍出版社2005年。

日本国志　（清）黄遵宪著，吴振清、徐勇、王家祥点校整理，天津人民出版社2005年。

中国古地图辑录．浙江省辑　王自强主编，星球地图出版社2005年。

中国古代地理名著选读．第1辑　侯仁之主编，中国科学院地理研究所编辑，学苑出版社2005年。

读史方舆纪要（中国古代地理总志丛刊）　（清）顾祖禹撰，贺次君、施和金点校，中华书局2005年。

三辅黄图校释（中国古代都城资料选刊）　何清谷撰，中华书局2005年。

西域水道记：外二种（中外交通史籍丛刊）　（清）徐松著，朱玉麒整理，中华书局2005年。

万历杭州府志　杭州市地方志编纂委员会，中华书局2005年。

《鸡足山志》点校（云南省社会科学院研究文库2004）　（清）高奣映著，侯沖、段晓林点校，中国书籍出版社2005年。

嘉禾名胜记、鹭江名胜诗钞校注　付虹主编，厦门市图书馆校注，厦门大学出版社2005年。

贵阳府志　（清）周作楫辑，（清）朱德璲刊，贵阳市地方志编纂委员会办公室校注，贵州人民出版社2005年。

张泽志稿（上海乡镇旧志丛书）（清）章耒初稿，徐复熙增纂，姜汉椿、王毅标点，上海社会科学院出版社2005年。

中国古地图辑录．河南省辑　王自强主编，星球地图出版社2005年。

闽大记（福建旧方志丛书）（明）王应山纂修，陈叔侗、卢和校注，福建省地方志编纂委员会整理，中国社会科学出版社2005年。

徐霞客游记：珍藏本（中华古典名著文库少年版：珍藏本） 徐公持、王鹏廷选评，中国少年儿童出版社2005年。

嘉靖荥阳县志 陈万卿主编，广陵书社2006年。

鼓山志 （清）黄任主修，张天禄主编，林贻瑞点校，海风出版社2006年。

深圳旧志三种 张一兵点校，海天出版社2006年。

武林梵志（杭州佛教文献丛刊．第1辑）（明）吴之鲸撰，魏得良标点，杭州出版社2006年。

南屏净慈寺志（杭州佛教文献丛刊．第1辑）（明）释大壑撰，刘士华、袁令兰标点，杭州出版社2006年。

灵隐寺志（杭州佛教文献丛刊．第1辑）（清）孙治初辑，徐增重修，魏得良标点，杭州出版社2006年。

增修云林寺志（杭州佛教文献丛刊．第1辑）（清）厉鹗撰，魏得良标点，杭州出版社2006年。

续修云林寺志（杭州佛教文献丛刊．第1辑）（清）沈镕彪等撰，魏得良标点，杭州出版社2006年。

西溪梵隐志（杭州佛教文献丛刊．第1辑）（清）吴本泰撰，褚树青等标点，杭州出版社2006年。

净慈寺志（杭州佛教文献丛刊．第1辑）（清）释际祥纂辑，刘士华、袁令兰标点，杭州出版社2006年。

泰山志校正 （明）王子卿撰，周郢校证，黄山书社2006年。

光绪朝重订《承德府志》校点本 承德民族师范高等专科学校《承德府志》点校组点校，辽宁民族出版社2006年。

《洛阳伽蓝记》译注（周振甫译注别集）（北魏）杨衒之著，周振甫译注，江苏教育出版社2006年。

三秦记关中记辑注（长安史迹丛刊） 刘庆柱辑注，三秦出版社2006年。

两京新记辑校大业杂记辑校（长安史迹丛刊）（唐）韦述撰，（唐）杜宝撰，辛德勇辑校，三秦出版社

2006年。

三辅黄图校注（长安史迹丛刊） 何清谷校注，三秦出版社2006年。

西京杂记（长安史迹丛刊） （晋）葛洪撰，周天游校注，三秦出版社2006年。

三辅决录 三辅故事 三辅旧事（长安史迹丛刊） （汉）赵岐等撰，陈晓捷注，三秦出版社2006年。

关中佚志辑注（长安史迹丛刊） （汉）王褒等撰，陈晓捷辑注，三秦出版社2006年。

南山谷口考校注（长安史迹丛刊） （清）毛凤枝撰，李之勤校注，三秦出版社2006年。

（咸淳）临安志（中华再造善本） （宋）潜说友纂修，北京图书馆出版社2006年。

（咸淳）临安志（中华再造善本） （宋）潜说友纂修，北京图书馆出版社2006年。

（至正）金陵新志（中华再造善本） （元）张铉纂修，北京图书馆出版社2006年。

吴邑志长洲县志 （明）杨循吉纂，陈其弟点校，广陵书社2006年。

明永乐常州府志 朱玉林等点校，广陵书社2006年。

延绥镇志 （明）谭吉璁撰，刘汉腾、纪玉莲校注，三秦出版社2006年。

陕西通志 （明）赵廷瑞修，（明）马理等纂，董健桥等校注，三秦出版社2006年。

江东志（上海乡镇旧志丛书） （清）佚名纂修，占旭东、贺姝祎整理，上海社会科学院出版社2006年。

法华镇志（上海乡镇旧志丛书） （清）王钟编录，许洪新标点，上海社会科学院出版社2006年。

（清）罗店镇志 （民国）盛桥里志 大场里志 （民国）江湾里志（上海乡镇旧志丛书） 上海乡镇旧志丛书，上海市地方志办公室编，上海社会科学院出版社2006年。

淞南志（上海乡镇旧志丛书） （清）秦立纂，曾抗美等标点，上海社会科学院出版社2006年。

月浦志（上海乡镇旧志丛书）

（清）张人镜纂，魏小虎标点，上海社会科学院出版社2006年。

洪武京城图志　金陵古今图考（南京稀见文献丛刊）（明）礼部撰、（明）陈沂撰，欧阳摩一点校，南京出版社2006年。

金陵岁时记岁华忆语（南京稀见文献丛刊）（清）潘宗鼎、夏仁虎撰，卢海鸣点校，南京出版社2006年。

秦淮志（南京稀见文献丛刊）夏仁虎撰，杨献文点校，南京出版社2006年。

汴梁水灾纪略　李景文等点校，河南大学出版社2006年。

东京梦华录笺注（中国古代都城资料选刊）（宋）孟元老撰，伊永文笺注，中华书局2006年，2007年。

清雍正山西通志（清）觉罗石麟修，（清）储大文纂，储仲君、任根珠、李蹊总点校，山西省史志研究院整理，中华书局2006年。

阴那山志（岭南名寺志系列古志）（明）李士淳编撰，钟东点校，中华书局2006年

鼎湖山志（岭南名寺志系列古志）（清）释成鹫编撰，李福标、仇江点校，中华书局2006年

禺峡山志（岭南名寺志系列古志）（清）孙绳祖编撰，仇江、曾燕闻、马德鸿点校，中华书局2006年

张家港旧志汇编（清）叶长龄等著，张家港市党史地方志办公室编，凤凰出版社2006年。

中国古地图辑录．山东省辑　王自强主编，星球地图出版社2006年。

《云南腾越州志》点校（清）屠述濂修，文明元、马勇点校，云南美术出版社2006年。

昭通旧志汇编　张宽寿主编，《昭通旧志汇编》编辑委员会编，云南人民出版社2006年。

康熙新安县志校注（宝安文史丛书）《宝安文史丛书》编纂委员会编，中国大百科全书出版社2006年。

嘉庆新安县志校注（宝安文史丛书）《宝安文史丛书》编纂委员会编，中国大百科全书出版社2006年。

桃源乡志（清）臧麟炳、（清）杜

璋吉著，龚烈沸点注，方志出版社2006年。

漕船志　王家营志　钵池山志（淮安文献丛刻）（明）席书等编，荀德麟等点校，方志出版社2006年。

漕运通志（淮安文献丛刻）（明）杨宏、谢纯撰，荀德麟、何振华点校，方志出版社2006年。

淮安河下志　山阳河下园亭记（淮安文献丛刻）王光伯等辑，荀德麟等点校，方志出版社2006年。

续纂淮关统志　淮关小志（淮安文献丛刻）（明）马麟等修，荀德麟等点校，方志出版社2006年。

肃镇华夷志（明）李应魁撰，高启安、邰惠莉点校，甘肃人民出版社2006年。

八闽通志（福建地方志丛刊）（明）黄仲昭著，福建省地方志编纂委员会旧志整理组、福建省图书馆特藏部整理，福建人民出版社2006年。

乾隆荥泽县志点校注本　经书威主编，中州古籍出版社2006年。

清代广东笔记五种（广州史志丛书）（清）吴绮等撰，林子雄点校，广东人民出版社2006年。

《东川府志·东川府续志》校注本　梁晓强校注，云南人民出版社2006年。

九省运河泉源水利情形图　刘枫主编，全国政协文史和学习委员会编，浙江古籍出版社2006年。

杭州古旧地图集　伍彬主编，杭州市档案馆编，浙江古籍出版社2006年。

西藏纪游（西藏历史汉文文献丛刊）（清）周霭联撰，张江华、季垣垣点校，中国藏学出版社2006年。

弘治温州府志（温州文献丛书．第3辑）（明）王瓒，（明）蔡芳编纂，胡珠生校注，上海社会科学院出版社2006年。

上海寺庙旧志八种　上海地方志办公室编，许洪新等整理标点，上海社会科学院出版社2006年。

东瓯逸事汇录（温州文献丛书．第4辑）陈瑞赞编注，上海社会科学院出版社2006年。

山西旧志二种（山西省地方志丛书）任根珠点校，山西省史志研究院编，中华书局2006年。

肃州新志校注（嘉峪关市旅游文化建设丛书） 吴生贵、王世雄主校注，甘肃省嘉峪关市史志办公室校注，中华书局2006年。

松桃厅志：校注本 （清）徐宏主修，（清）萧官纂修，龙云清校注，贵州民族出版社2006年。

六盘水旧志点校 罗再麟主编，六盘水市地方志编纂委员会编，贵州人民出版社2006年。

惠山记 惠山记续编 （明）圆显等撰，无锡市图书馆无锡市锡惠园林文物名胜管理处整理，古吴轩出版社2006年。

嘉庆重修扬州府志 （清）阿克当阿修，（清）姚文田等纂，广陵书社2006年。

重修沙县志洞天岩志 （明）叶联芳辑，翁国梁撰，张卿子编，海风出版社2006年。

道光琼州府志（海南地方志丛刊）（清）明谊修，（清）张岳崧纂，李琳点校，海南出版社2006年。

一统志·琼州府：四种（海南地方志丛刊） （明）李贤等纂修，董润丽、朱永慧点校，海南出版社2006年。

康熙定安县志（海南地方志丛刊）（清）张文豹纂修，梁廷佐同修，李洲良点校，海南出版社2006年。

乾隆琼山县志（海南地方志丛刊）（清）杨宗秉纂修，王秀臣点校，海南出版社2006年。

二十五史中的海南（海南地方志丛刊） 周小华辑录，海南出版社2006年。

乾隆会同县志 嘉庆会同县志（海南地方志丛刊） （清）于煌等纂修，（清）陈述芹纂修，杨卫平、黄怀庆点校，海南出版社2006年。

康熙琼山县志：二种（海南地方志丛刊） （清）潘亭侯等修，（清）王贽修、关必登纂，傅林祥等点校，海南出版社2006年。

正德琼台志（海南地方志丛刊）（明）唐胄纂，彭静中点校，海南出版社2006年。

万历广东通志·琼州府（海南地方志丛刊） （明）郭棐纂修，谢晖点校，海南出版社2006年。

琼志钩沉：三种（海南地方志丛

刊） 王国宪、许崇灏等编著，海南出版社 2006 年。

康熙琼郡志（海南地方志丛刊）（清）牛天宿修，（清）朱子虚纂、颜艳红、赖青寿点校，海南出版社 2006 年。

康熙广东通志·琼州府（海南地方志丛刊）（清）金光祖纂修，林子雄等点校，海南出版社 2006 年。

历代文人笔记中的海南（海南地方志丛刊） 周伟民、唐玲玲辑纂点校，海南出版社 2006 年。

康熙崖州志 乾隆崖州志：二种（海南地方志丛刊）（清）张擢士、李如柏纂修，（清）宋锦增辑，黄德厚分修，郑天顺等点校，海南出版社 2006 年。

明清《实录》中的海南（海南地方志丛刊） 唐启翠辑录、点校，海南出版社 2006 年。

嘉靖广东通志初稿．琼州府 嘉靖广东通志．琼州府（海南地方志丛刊）（明）戴璟修等纂，（明）黄佐纂修，蒋志华、李昭醇点校，海南出版社 2006 年。

乐会县志：三种（海南地方志丛刊）（清）林子兰等纂修，平慧善、杨卫平点校，海南出版社 2006 年。

光绪崖州志：外一种（海南地方志丛刊）（清）钟元棣创修，（清）张嶲等纂修，刘宇等点校，海南出版社 2006 年。

道光广东通志·琼州府（海南地方志丛刊）（清）阮元总裁，（清）陈昌齐纂，蒋志华等点校，海南出版社 2006 年。

地理志·海南：六种（海南地方志丛刊）（宋）乐史等编著，唐启翠等点校，海南出版社 2006 年。

康熙澄迈县志：二种（海南地方志丛刊）（清）丁斗柄修，曾典学纂，（清）高魁标纂修，陈鸿迈点校，海南出版社 2006 年。

康熙琼州府志（海南地方志丛刊）（清）焦映汉修，（清）贾棠纂，颜艳红等点校，海南出版社 2006 年。

嘉庆合肥县志（安徽历代方志丛书）（清）左辅纂修，合肥市地方志办公室整理，黄山书社 2006 年。

雁北志集注（中国历史） 钟声扬主编，徐德富编著，山西古籍出版社 2006 年。

武当山明代志书集注（武当文化丛书精选） 陶真典、范学锋点注，中国地图出版社 2006 年。

武夷山志 （清）董天工编，武夷山市地方志编纂委员会整理，方志出版社 2007 年。

重刊兴化府志 （明）周瑛、黄仲昭著，蔡金耀点校，福建人民出版社 2007 年。

恬庄小识：杨庆恩堂义塾藏板（张家港市历史文化读物） （清）杨希濼著，张家港市党史地方志办公室，凤凰镇人民政府编，广陵书社 2007 年。

大唐西域记 （唐）玄奘述，（唐）辩机撰，广西师范大学出版社 2007 年。

慧因寺志（杭州佛教文献丛刊） （明）李翥辑撰，曹中孚标点，杭州出版社 2007 年。

大昭庆律寺志（杭州佛教文献丛刊） （清）吴树虚纂修，曹中孚标点，杭州出版社 2007 年。

理安寺志（杭州佛教文献丛刊） （清）杭世骏撰，曹中孚标点，杭州出版社 2007 年。

圣因接待寺志　招贤寺　略记灵峰志（杭州佛教文献丛刊） （清）邱峻等著，佚名著，（清）周庆云著，曹中孚标点，杭州出版社 2007 年。

龙兴祥符戒坛寺志（杭州佛教文献丛刊） （清）张大昌辑，曹中孚标点，杭州出版社 2007 年。

凤凰山圣果寺志云居圣水寺志（杭州佛教文献丛刊） （清）释超乾著，（清）释明伦著，曹中孚标点，杭州出版社 2007 年。

虎跑定慧寺志虎跑佛祖藏殿志（杭州佛教文献丛刊） （清）释圣光等辑，虎跑纂志处编纂，曹中孚标点，杭州出版社 2007 年。

天竺山志（杭州佛教文献丛刊） （清）管庭芬原辑，曹籀删订，曹中孚标点，杭州出版社 2007 年。

安顺府志 （清）常恩总纂，（清）邹汉勋、（清）吴寅邦总修，安顺市地方志编纂委员会点校，贵州人民出版社 2007 年。

清乾隆福州府志艺文志续编 （清）李拔主修，福州地方志编纂委员会编，海风出版社2007年。

入唐求法巡礼行记校注（日本入华求法僧人行记校注丛刊） ［日］释圆仁原著，［日］小野胜年校注，白化文、李鼎霞、许德楠修订、校注，花山文艺出版社2007年。

历城县志正续合编 张华松点校，济南出版社2007年。

金陵大报恩寺塔志（南京稀见文献丛刊） 张惠衣撰，杨献文点校，南京出版社2007年。

金陵琐事 续金陵琐事 二续金陵琐事（南京稀见文献丛刊） （明）周辉撰，张增泰点校，南京出版社2007年。

光绪海城县志（海原史地资料丛书） （清）杨金庚纂，刘华点校，宁夏人民出版社2007年。

乾隆盐茶厅志（海原史地资料丛书） （清）朱亨衍总纂，刘华点校，宁夏人民出版社2007年。

徐霞客游记（历代笔记名著丛书） （明）徐弘祖著，烟照等点校，齐鲁书社2007年。

徐霞客游记（中国家庭基本藏书.笔记杂著卷） （明）徐弘祖著，杨文、李丽选注，山西古籍出版社2007年。

长子县志：（明）弘治版；（明）正德版；（清）康熙版；（清）嘉庆版 王天峰主编，山西古籍出版社2007年。

漫游随录（西洋映像手记） （清）王韬著，顾钧校注，社会科学文献出版社2007年。

欧洲十一国游记（西洋映像手记） 康有为著，李雪涛校注，社会科学文献出版社2007年。

新大陆游记（西洋映像手记） 梁启超著，李雪涛校注，社会科学文献出版社2007年。

西洋杂志（西洋映像手记） （清）黎庶昌著，王继红校注，社会科学文献出版社2007年。

华阳国志译注 （晋）常璩原著，汪启明、赵静译注，四川大学出版社2007年。

金陵梵刹志 （明）葛寅亮撰，何孝荣点校，天津人民出版社2007年。

瀛寰志略校注 （清）徐继畬著，宋大川校注，文物出版社2007年。

峄县志：点注本 赵亚伟主编，线装书局2007年。

明代舆图综录 王自强编，星球地图出版社2007年。

归绥道志（内蒙古历史文献丛书．第3辑） 内蒙古图书馆编，远方出版社2007年。

清代普洱府志选注 邓启华主编，云南大学出版社2007年。

哈尼族史志辑要 姜定忠编纂，云南民族出版社2007年。

《乙巳东游日记》点校 陈荣昌著，周立英点校，云南美术出版社2007年。

太平寰宇记（中国古代地理总志丛刊）（宋）乐史撰，王文楚等点校，中华书局2007年。

水经注校证 （北魏）郦道元著，陈桥驿校证，中华书局2007年。

筹海图编 （明）郑若曾撰，李致忠点校，中华书局2007年。

武林旧事：插图本（中华经典随笔）（宋）周密著，李小龙、赵锐评注，中华书局2007年。

扬州画舫录：插图本（中华经典随笔）（清）李斗著，王军评注，中华书局2007年。

洛阳伽蓝记（汉英对照） 王伊同英译，曹虹今译，中华书局2007年。

徐霞客游记 （明）徐弘祖著，全俊、黄亮校注，重庆出版社2007年。

＊**新译长春真人西游记** （元）李志常撰，顾宝田、何静文译，台湾三民书局2008年。

清嘉录·桐桥倚棹录（历代史料笔记丛刊）（清）顾禄撰，来新夏、王稼句点校，中华书局2008年。

重修肃州新志校注（嘉峪关市旅游文化建设丛书）（清）黄文炜修撰，吴生贵、王世雄主校注，周大成、甘肃省嘉峪关市史志办公室等校注，中华书局2008年。

康熙杭州府志 本书编委会编，中华书局2008年。

明清民国涉县志校注 樊春楼主编，涉县旧志整理委员会编，中华书局2008年。

闽海纪要 （清）夏琳纂，林大志校注，福建人民出版社2008年。

紫隄村志 （清）沈葵撰，王孝俭等标点，上海古籍出版社 2008 年。

大清一统志 （清）穆彰阿等纂，上海古籍出版社 2008 年。

光绪宁灵厅志 （清）佚名编撰，胡建东校注，宁夏人民出版社 2008 年。

皇清职贡图 （清）傅恒等纂，广陵书社 2008 年。

扬州画舫录 （清）李斗著，广陵书社 2008 年。

巴陵县志 （清）姚诗德、郑桂星修，岳麓书社 2008 年。

桃花源志略 （清）唐开韶、胡焯编纂，刘静、应国斌点校，岳麓书社 2008 年。

大沩山古密印寺志 （清）陶汝鼐、陶之典编纂，梁颂成点校，岳麓书社 2008 年。

楚南苗志　湘西土司辑略 （清）段汝霖撰，谢华著，伍新福点校，岳麓书社 2008 年。

贾太傅祠志　定王台志　南岳二贤祠志 （清）夏献云、尹继隆纂修，吴松庚、王立华、梁遐点校，岳麓书社 2008 年。

九疑山志（二种）炎陵志 （明）蒋镆、（清）王开琸纂，梁颂成、李花蕾点校，岳麓书社 2008 年。

乾隆岳州府志 （清）黄凝道、谢仲坃修纂，岳麓书社 2008 年。

衡州府志 （清）饶佺修，岳麓书社 2008 年。

徐霞客游记 （明）徐霞客著，三晋出版社 2008 年。

嘉善县志 （清）江峰青重修，线装书局 2008 年。

云间志：点校本 上海市松江区地方史志办公室编，方志出版社 2008 年。

太姥山全志：外四种 卓剑舟等编著，福建人民出版社 2008 年。

甘州府志校注 （清）钟赓起著，张志纯等校注，甘肃文化出版社 2008 年。

滇黔志略点校 （清）谢圣纶辑，古永继点校，贵州人民出版社 2008 年。

华阳国志 （晋）常璩著，时代文艺出版社 2008 年。

洛阳伽蓝记 （北魏）杨衒之著，时代文艺出版社 2008 年。

大唐西域记 （唐）玄奘著，时代文艺出版社 2008 年。

水经注 （北魏）郦道元辑撰，重庆出版社 2008 年。

合校水经注 （北魏）郦道元著，（清）王先谦校，中华书局 2009 年。

水经注（中华经典藏书） 陈桥驿译注，王东补注，中华书局 2009 年。

水经注图（外二种） （清）杨守敬等编绘，中华书局 2009 年。

徐霞客游记（中华经典普及文库） （明）徐霞客著，朱惠荣整理，中华书局 2009 年。

徐霞客游记（中华经典藏书） （明）徐霞客著，朱惠荣译注，中华书局 2009 年。

康熙顺天府志 （清）张吉午纂修，阎崇年校注，中华书局 2009 年。

明正德夔州府志 奉节县县志编纂委员会点校整理，中华书局 2009 年。

徐偃王志 （清）徐时栋撰 王志邦、徐启豆整理，中华书局 2009 年。

安庆府志 （清）张楷纂修，赵晓和主编，汪祚民等点校，安庆师范学院、安庆市地方志编纂委员会整理，中华书局 2009 年。

新校参天台五台山记 ［日］成寻著，王丽萍点校，上海古籍出版社 2009 年。

徐霞客游记 （明）徐弘祖著，广陵书社 2009 年。

清顺治禹州志校注 唐群喜主编，中州古籍出版社 2009 年。

浚县志 （清）熊象阶纂，中州古籍出版社 2009 年。

鄜州志校注 张北琳总校注，三秦出版社 2009 年。

徐霞客游记 （明）徐弘祖著，汤化、郭丹注评，凤凰出版社 2009 年。

阳城县乡土志 阳城县金石记 （清）杨念先、杨兰阶、田九德原著，栗守田标点校注，三晋出版社 2009 年。

襄垣县志．清乾隆·光绪版 路

建伟等点校，三晋出版社 2009 年。

黑鞑事略（中华再造善本续编）（宋）彭大雅撰，国家图书馆出版社 2009 年。

大明一统志（中华再造善本续编）（明）李贤、万安等纂修，国家图书馆出版社 2009 年。

皇明职方两京十三省地图表（中华再造善本续编）（明）陈组绶撰，国家图书馆出版社 2009 年。

（景泰）云南图经志书（中华再造善本续编）（明）郑颙、陈文纂修，国家图书馆出版社 2009 年。

（弘治）贵州图经新志（中华再造善本续编）（明）沈庠、（明）赵瓒、（明）王佐纂修，国家图书馆出版社 2009 年。

河防一览（中华再造善本续编）（明）潘季驯撰，国家图书馆出版社 2009 年。

西湖游览志（中华再造善本续编）（明）田汝成撰，国家图书馆出版社 2009 年。

吴中水利通志（中华再造善本续编）佚名撰，国家图书馆出版社 2009 年。

汴京遗迹志（中华再造善本续编）（明）李濂撰，国家图书馆出版社 2009 年。

洛阳伽蓝记（中华再造善本续编）（北魏）杨衒之撰，国家图书馆出版社 2009 年。

职方外纪（中华再造善本续编）[意] 艾儒略增译，国家图书馆出版社 2009 年。

宣和奉使高丽图经（中华再造善本续编）（宋）徐兢撰，国家图书馆出版社 2009 年。

历代宅京记（中华再造善本续编）（清）顾炎武撰，国家图书馆出版社 2009 年。

内府舆地全图（中华再造善本续编）佚名撰，国家图书馆出版社 2009 年。

海国闻见录（中华再造善本续编）（清）陈伦炯撰，国家图书馆出版社 2009 年。

（乾隆）西藏志（中华再造善本续编）（清）允礼撰，国家图书馆出版社 2009 年。

金辽备考（中华再造善本续编）题（清）林佶撰，国家图书馆出版社2009年。

六朝事迹编类（中华再造善本续编）（宋）张敦颐撰，国家图书馆出版社2009年。

四夷馆考（中华再造善本续编）（清）江蘩辑，国家图书馆出版社2009年。

＊**水经注撷英解读** 陈桥驿撰，台湾三民书局2010年。

永嘉县志 （清）张宝琳修，永嘉县地方志编纂委员会整理，中华书局2010年。

丽水县志和丽水志稿合刊点校本（清）张铣、（清）金学超纂，赵治中点校，方志出版社2010年。

武进阳湖合志（点校本） （清）孙琬、王德茂修，武进区地方志办公室点校，方志出版社2010年。

云台新志 （清）谢元淮撰修，汤兆成点校，方志出版社2010年。

武昌县志 （清）钟桐山著，湖北人民出版社2010年。

徐霞客游记 （明）徐霞客著，吉林出版集团有限责任公司2010年。

献花岩志　牛首山志　栖霞山志　覆舟山志 （明）陈沂等撰，刘文庆等点校，南京出版社2010年。

景定建康志 （宋）马光祖修，吴福林等点校，南京出版社2010年。

万历上元县志 （明）程三省修，南京出版社2010年。

高平县志 （清）龙汝霖纂辑，山西人民出版社2010年。

渭南志 （明）南大吉编撰，梁玉珍、姜继业校注，陕西人民出版社2010年。

政和县志 （清）程鹏里、魏敬中修纂，厦门大学出版社2010年。

漳州府志 （明）罗青霄修纂，陈叔侗点校，厦门大学出版社2010年。

延平府志 （清）孔自洙等修，吴殿龄等编纂，余奎元点校，厦门大学出版社2010年。

（道光）隆德县续志 （清）黄璟纂辑，（清）佚名撰，张欣毅、张京生校注，阳光出版社2010年。

天台山记　天台圣迹录 （唐）徐灵府撰，（明）潘瑊纂，胡正武点校，浙江大学出版社2010年。

云南备征志 （清）王崧编纂，李春龙点校，云南人民出版社2010年。

东京梦华录 （宋）孟元老撰，王永宽注译，中州古籍出版社2010年。

明万历卫辉府志 （明）侯大节纂修，中州古籍出版社2010年。

徐霞客游记：全本 精校 （明）徐弘祖著，褚绍唐、吴应寿整理，上海古籍出版社2010年。

至元嘉禾志 （元）单庆修，（元）徐硕纂，尤裕森点校，上海古籍出版社2010年。

道光吴江县志汇编 王怡主编，广陵书社2010年。

唐大和上东征传校注 梁明院校注，广陵书社2010年。

乾隆江南通志 （清）黄之隽等编纂，广陵书社2010年。

扬州画舫录 （清）李斗著，广陵书社2010年。

华阳国志 （晋）常璩撰，严茜子点校，齐鲁书社2010年。

同治长沙县志 （清）刘采邦、张延珂等编篹，岳麓书社2010年。

同治直隶澧州志 （清）何玉棻、魏式曾、黄维瓒修纂，岳麓书社2010年。

西征纪程 中俄界记 （清）邹代钧撰，陶新华点校，岳麓书社2010年。

长江日记 （清）郑观应著，上海古籍出版社2010年。

宁武旧志集成 山西省宁武县地方史志编纂委员会编，巴蜀书社2010年。

酉阳通志 （清）邵陆编纂，巴蜀书社2010年。

水经注 （北魏）郦道元著，北京燕山出版社2010年。

苎萝西子志 （明）张夬编撰，浙江古籍出版社2010年。

康熙鹿邑县志 （清）吕士鵕纂修，线装书局2010年。

紫阳书院志 （清）施璜编，陈联、胡中生点校，黄山书社2010年。

东辖纪程 （清）聂士成撰，徐英平、徐天祥点校，黄山书社2010年。

雍大记校注 （明）何景明纂修，吴敏霞等校注，三秦出版社2010年。

中国地方志集成．省志辑．湖南光绪湖南通志 本社编选，凤凰出版社2010年。

中国地方志集成．省志辑．湖南乾隆湖南通志 本社编选，凤凰出版社2010年。

中国地方志集成．省志辑．广西雍正广西通志 本社编选，凤凰出版社2010年。

中国地方志集成．省志辑．广西嘉庆广西通志 本社编选，凤凰出版社2010年。

中国地方志集成．省志辑．河北康熙畿辅通志 本社编选，凤凰出版社2010年。

中国地方志集成．省志辑．河北同治畿辅通志 本社编选，凤凰出版社2010年。

中国地方志集成．省志辑．贵州康熙贵州通志 本社编选，凤凰出版社2010年。

中国地方志集成．省志辑．山东康熙山东通志 本社编选，凤凰出版社2010年。

中国地方志集成．省志辑．山东宣统山东通志 本社编选，凤凰出版社2010年。

***新译水经注** 陈桥驿、叶光庭译，台湾三民书局2011年。

岭南史志三种（岭南文库）（清）阮元、梁廷枏撰，李默等点校，广东人民出版社2011年。

大唐西域记汇校 （唐）玄奘、（唐）辩机撰，范祥雍汇校，上海古籍出版社2011年。

嘉靖江阴县志 （明）赵锦修，刘徐昌点校，上海古籍出版社2011年。

延绥镇志 （明）郑汝璧等纂修，霍光平等点校，上海古籍出版社2011年。

定海厅志 （清）史致训、黄以周等编纂，柳和勇、詹亚园点校，上海古籍出版社2011年。

舆地志辑注 （南朝梁）顾野王著，顾恒一等辑注，上海古籍出版社2011年。

东明寺志 （清）湛潜编撰，黄金贵、曾华强点校，上海古籍出版社 2011 年。

宋辽金元方志辑佚 刘纬毅等辑，上海古籍出版社 2011 年。

黎里志：两种 （清）徐达源等撰，广陵书社 2011 年。

扬州水道记 （清）刘文淇著，广陵书社 2011 年。

大唐西域记 （唐）玄奘译，广陵书社 2011 年。

《魏延昌地形志》存稿辑校 （清）张穆原著，安介生辑校，齐鲁书社 2011 年。

西湖梦寻 （明）张岱著，浙江古籍出版社 2011 年。

中国地方志集成．省志辑．安徽光绪重修安徽通志 凤凰出版社编选，凤凰出版社 2011 年。

中国地方志集成．省志辑．福建道光重纂福建通志 凤凰出版社编选，凤凰出版社 2011 年。

中国地方志集成．省志辑．福建康熙福建通志 凤凰出版社编选，凤凰出版社 2011 年。

中国地方志集成．省志辑．陕西雍正陕西通志 凤凰出版社编选，凤凰出版社 2011 年。

中国地方志集成．省志辑．山西雍正山西通志 凤凰出版社编选，凤凰出版社 2011 年。

中国地方志集成．省志辑．甘肃乾隆甘肃通志 凤凰出版社编选，凤凰出版社 2011 年。

中国地方志集成．省志辑．河南顺治河南通志 凤凰出版社编选，凤凰出版社 2011 年。

中国地方志集成．省志辑．四川嘉庆四川通志 凤凰出版社编选，凤凰出版社 2011 年。

中国地方志集成．省志辑．甘肃光绪甘肃新通志 凤凰出版社编选，凤凰出版社 2011 年。

中国地方志集成．省志辑．山西康熙山西通志 凤凰出版社编选，凤凰出版社 2011 年。

行水金鉴 （清）傅泽洪、（清）黎世序、（清）潘锡恩、（清）张井等主编，凤凰出版社 2011 年。

文锦潜颖：张家港地方文献选注

王兴亮选注，凤凰出版社 2011 年。

清乾隆丹阳县志 李世华、赵亚明主编，凤凰出版社 2011 年。

水经注 （北魏）郦道元著，叶当前、曹旭注评，凤凰出版社 2011 年。

泗虹合志（（清）光绪） （清）方瑞兰监修，黄山书社 2011 年。

颍上县志（顺治） （清）翟乃慎主编，黄山书社 2011 年。

（康熙）顺天府志 （清）张吉武纂修，中国书店 2011 年。

（永乐）顺天府志 王熹点校，中国书店 2011 年。

（万历）顺天府志 （明）沈应文修撰，中国书店 2011 年。

康熙钱塘县志 （清）魏山原编著，中华书局 2011 年。

漳州府志 陈正统整理，中华书局 2011 年。

西湖梦寻（怡情书吧） （明）张岱撰，李小龙评注，中华书局 2011 年。

华阳国志（中华再造善本续编） （晋）常璩撰，国家图书馆出版社 2011 年。

元和郡县图志（中华再造善本续编） （唐）李吉甫纂修，国家图书馆出版社 2011 年。

中吴纪闻（中华再造善本续编） （宋）龚明之撰，国家图书馆出版社 2011 年。

钦定河源纪略（中华再造善本续编） （清）纪昀、陆锡熊等撰，国家图书馆出版社 2011 年。

职官类

历代职官表（四部备要） （清）纪昀等纂，中华书局 1936 年。

历代职官表（丛书集成初编） （清）永瑢等纂，商务印书馆 1936 年。

翰林记（丛书集成初编） （明）黄佐撰，商务印书馆 1936 年。

三事忠告（丛书集成初编） （元）张养浩撰，商务印书馆 1936 年。

忠经（丛书集成初编） （汉）马融著，（汉）郑玄注，商务印书馆 1936 年。

臣轨（丛书集成初编）（唐）武后撰，商务印书馆1936年。

官箴（丛书集成初编）（宋）吕本中著，商务印书馆1936年。

西山政训（丛书集成初编）（宋）真德秀撰，商务印书馆1936年。

朱文公政训（丛书集成初编）（宋）朱熹撰，商务印书馆1936年。

薛文清公从政录（丛书集成初编）（明）薛瑄著，商务印书馆1936年。

政学录（丛书集成初编）（清）郑端撰，商务印书馆1936年。

求志编（丛书集成初编）（明）王文禄撰，商务印书馆1936年。

汉官仪（丛书集成初编）（宋）刘攽撰，商务印书馆1936年。

牧鉴（丛书集成初编）（明）杨昱撰，商务印书馆1937年。

佐治药言（丛书集成初编）（清）汪辉祖撰，商务印书馆1937年。

续佐治药言（丛书集成初编）（清）汪辉祖撰，商务印书馆1937年。

三国职官表（丛书集成初编）（清）洪饴孙撰，商务印书馆1937年。

内阁志（丛书集成初编）（清）席吴鏊撰，商务印书馆1937年。

昼帘绪论（丛书集成初编）（宋）胡太初撰，商务印书馆1939年。

州县提纲（丛书集成初编）（宋）陈襄撰，商务印书馆1939年。

公门不费钱功德录（丛书集成初编）（清）佚名撰，商务印书馆1939年。

健余先生抚豫条教（丛书集成初编）（清）尹会一撰，商务印书馆1939年。

汉官旧仪（附补遗）（丛书集成初编）（汉）卫宏撰，商务印书馆1939年。

汉仪（丛书集成初编）（东吴）丁孚撰，商务印书馆1939年。

汉官解诂（丛书集成初编）（汉）王隆撰，（汉）胡广注，商务印书馆1939年。

汉官典职仪式选用（丛书集成初编）（汉）蔡质撰，商务印书馆1939年。

汉官（丛书集成初编）（清）孙星衍校，商务印书馆 1939 年。

汉官仪（丛书集成初编）（汉）应劭撰，商务印书馆 1939 年。

学治臆说（丛书集成初编）（清）汪辉祖撰，商务印书馆 1939 年。

学治续说（丛书集成初编）（清）汪辉祖撰，商务印书馆 1939 年。

学治说赘（丛书集成初编）（清）汪辉祖撰，商务印书馆 1939 年。

官爵志（丛书集成初编）（明）徐石麒撰，商务印书馆 1939 年。

锦衣志（丛书集成初编）（明）王世贞撰，商务印书馆 1939 年。

内阁小志（附内阁故事）（丛书集成初编）（清）叶凤毛撰，商务印书馆 1939 年。

历代职官表（清）黄本骥编，中华书局上海编辑所 1965 年，上海古籍出版社 1980 年，2005 年。

＊**宋宰辅编年录**（宋史资料萃编）（宋）徐自明，台湾文海出版社 1967 年。

枢垣记略（清）梁章钜辑，上海书店 1980 年。

＊**吏部条法残本**（宋史资料萃编）（宋）不著撰人，台湾文海出版社 1981 年。

＊**南宋登科录两种**（宋史资料萃编）（宋）不著撰人，台湾文海出版社 1981 年。

＊**元丰官志**（宋史资料萃编）（宋）佚名，台湾文海出版社 1981 年。

＊**宋历科状元录**（宋史资料萃编）（明）朱希召编，台湾文海出版社 1981 年。

南京太仆寺志（明）雷礼撰，江苏广陵古籍刻印社 1986 年。

六典通考（清）阎镇珩撰，江苏广陵古籍刻印社 1986 年。

宋宰辅编年录校补（宋）徐自明撰，王瑞来校补，中华书局 1986 年。

元秘书监志（元）王士点、商企翁撰，江苏广陵古籍刻印社 1988 年。

牧令书（清）徐栋辑，江苏广陵古籍刻印社 1988 年。

词林典故（清）张廷玉撰，江苏

广陵古籍刻印社1989年。

历代职官表 （清）纪昀等撰，上海古籍出版社1989年，1993年。

汉官六种 （清）孙星衍等辑，周天游点校，中华书局1990年。

六典通考 （清）阎镇珩撰，江苏广陵古籍刻印社1990年。

皇朝词林典故 （清）朱珪撰，江苏广陵古籍刻印社1990年。

宋本大唐六典 （唐）玄宗御撰，中华书局1991年。

唐六典 （唐）李林甫等撰，陈促夫点校，中华书局1992年。

秘书监志（元代史料丛刊）（元）王士点、商企翁编次，高荣盛点校，浙江古籍出版社1992年。

唐尚书省郎官石柱题名考 （清）劳格、赵钺撰，徐敏霞、王桂珍点校，中华书局1992年。

唐御史台精舍题名考 （清）赵钺、劳格等撰，张忱石点校，中华书局1997年。

南宋馆阁录续录 （宋）陈骙、佚名撰，张富祥点校，中华书局1998年。

麟台故事校证（唐宋史料笔记丛刊）（宋）程俱撰，张富祥校证，中华书局2000年。

钦定国子监志 （清）文庆等纂修，郭亚南等点校，北京古籍出版社2000年。

汉官仪（中华再造善本）（宋）刘攽撰，北京图书馆出版社2002年。

＊**元代台宪文书汇编**（“中央研究院”历史语言研究所专刊104） 元代官修，洪金富点校，台湾“中研院”历史语言研究所，2003年。

为官须知（外五种） （古人云丛书）（清）郑端等撰，岳麓书社2003年。

为政善报事类（古人云丛书）（元）叶留著，岳麓书社2005年。

官鉴 （元）叶留著，安然译，中国长安出版社2007年。

翰苑群书（中华再造善本续编）（宋）洪遵辑，国家图书馆出版社2009年。

官箴全书解读 （清）汪辉祖著，内蒙古人民出版社2010年。

官智经全书解读 （明）徐阶著，

内蒙古人民出版社 2010 年。

居官必览：白话本 （清）金庸斋撰，谢景芳译，中国商业出版社 2010 年。

从政遗规：白话本 （清）陈洪谋著，赵洪刚译，中国商业出版社 2010 年。

官箴集要：白话本 （明）汪天赐撰，赫坚、杨亚庚译，中国商业出版社 2010 年。

为政箴言 国家图书馆编，国家图书馆出版社 2011 年。

为政镜鉴 国家图书馆编，国家图书馆出版社 2011 年。

政书类

救荒辑要初编 上海书业正心团辑，尚古山房 1922 年。

曾胡批牍 何天柱编，广智书局 1923 年。

唐律疏议（万有文库）（唐）长孙无忌著，商务印书馆 1929 年，1933 年。

历代纪元编（万有文库）（清）李兆洛著，商务印书馆 1930 年，1933 年，1935 年，1939 年。

仿宋重刊营造法式校记 阚铎著，中国营造学社 1930 年。

沈刻元典章校补 陈垣撰，国立北京大学研究所国学门 1931 年，文海出版社 1967 年。

（清代名吏）张船山判牍 （清）张问陶著，襟霞阁主编，江不平校订，中央书店 1934 年。

历代律例全书 （唐）长孙无忌著，丘汉平校编，民权律师团 1934 年。

（新编评注）端午桥判牍 （清）端方著，襟霞阁主编，中央书店 1934 年。

（清代名吏）陆稼书判牍 襟霞阁主编，中央书店 1934 年。

（清代名吏）于成龙判牍菁华 （清）于成龙原著，襟霞阁主编纂，秋痕廔主加评，中央书店 1934 年。

古代法学文选（上海法学院丛书）曹辛汉编，法学书局 1934 年，上海法学院出版部 1946 年。

（清代名吏）胡林翼判牍 襟霞阁主编纂，秋痕廔主加评，中央书店 1934 年。

十通（万有文库） 商务印书馆辑，商务印书馆 1935 至 1937 年。

西汉会要（万有文库） （宋）徐天麟著，商务印书馆 1935 年。

唐会要（万有文库） （宋）王溥著，商务印书馆 1935 年。

（清代名吏）樊樊山判牍 （清）樊增祥著，襟霞阁主编，中央书店 1935 年。

（新编评注）于成龙判牍菁华 （清）于成龙原著，襟霞阁主编纂，秋痕廔之加评，中央书店 1935 年。

（清代名吏）曾国藩判牍 襟霞阁主编纂，中央书店 1935 年。

（清代名吏）曾国荃判牍 （清）曾国荃著，襟霞阁主编纂，秋痕廔主评，中央书店 1935 年。

曾文正公胡文忠公批牍 朱太忙标点，大达图书供应社 1935 年。

曾文正公胡文忠公批牍 鲍赓生标点，上海新文化社 1935 年。

聂亦峰先生为宰公牍 （清）聂亦峰著，聂其杰校刊，上海辽阳路聂宅 1935 年，1943 年。

（清代名吏）李鸿章判牍 襟霞阁主编纂，中央书局 1935 年。

曾文正公批牍 周云标点，大达图书供应社 1935 年。

宋朝事实（国学基本丛书） （宋）李攸著，商务印书馆 1935 年。

建炎以来朝野杂记（丛书集成初编） （宋）李心传撰，（清）孙星华撰校勘记，商务印书馆 1935 年。

通志略（四部备要） （宋）郑樵撰，中华书局 1936 年。

吾学录初编（四部备要） （清）吴荣光撰，中华书局 1936 年。

历代帝王庙谥年讳谱（四部备要） （清）陆费墀撰，中华书局 1936 年。

邦计汇编（丛书集成初编） （宋）李维撰，商务印书馆 1936 年。

七国考（丛书集成初编） （明）董说撰，商务印书馆 1936 年。

西汉会要（丛书集成初编） （宋）徐天麟撰，商务印书馆 1936 年。

唐会要（丛书集成初编） （宋）王溥撰，商务印书馆 1936 年。

五代会要（丛书集成初编） （宋）王溥撰，商务印书馆 1936 年。

宋朝事实（丛书集成初编）（宋）李攸撰，商务印书馆1936年。

太常因革礼（丛书集成初编）（宋）欧阳修等撰，商务印书馆1936年。

太常因革礼校识（丛书集成初编）（清）廖廷相撰，商务印书馆1936年。

大金集礼（附诀语·校勘记）（丛书集成初编）（金）张玮等撰，商务印书馆1936年。

制义科琐记（丛书集成初编）（清）李调元辑，商务印书馆1936年。

常谈（丛书集成初编）（清）陶福履述，商务印书馆1936年。

海运编（丛书集成初编）（明）崔旦撰，商务印书馆1936年。

明漕运志（丛书集成初编）（清）曹溶撰，商务印书馆1936年。

元海运志（丛书集成初编）（元）危素撰，商务印书馆1936年。

救荒活民书（丛书集成初编）（宋）董煟撰，商务印书馆1936年。

通志略　（宋）郑樵撰，世界书局1936年，上海古籍出版社1990年。

粤海关志（夷商、杂识）（国学文库）（清）梁廷枏撰，文殿阁书庄1936年。

蒙古律例（附增例）（国学文库）文殿阁书庄编，文殿阁书庄1936年。

折狱卮言（丛书集成初编）（清）陈士矿撰，商务印书馆1937年。

折狱龟鉴（丛书集成初编）（宋）郑克撰，商务印书馆1937年。

历代贡举志（丛书集成初编）（明）冯梦祯著，商务印书馆1937年。

历代武举考（丛书集成初编）（清）谭吉璁述，商务印书馆1937年。

贡举叙略（丛书集成初编）（宋）陈彭年编，商务印书馆1937年。

科场条贯（丛书集成初编）（明）陆深著，商务印书馆1937年。

学科考略（丛书集成初编）（明）董其昌编，商务印书馆1937年。

胪传纪事（丛书集成初编）（清）缪彤著，商务印书馆1937年。

建炎以来朝野杂记（国学基本丛书）（宋）李心传编，商务印书馆1937年。

东汉会要（万有文库）（宋）徐天麟撰，商务印书馆1937年。

唐明律合编（万有文库）（清）薛允升著，商务印书馆1937年。

折狱龟鉴（万有文库）（宋）郑克著，商务印书馆1937年。

五代会要（万有文库）（宋）王溥著，商务印书馆1937年，1941年。

宋提刑洗冤集录（丛书集成初编）（宋）宋慈编，（清）孙星衍校刊，商务印书馆1937年。

历代刑法志 邱汉平编，商务印书馆1938年，群众出版社1962年，1988年。

中衢一勺（丛书集成初编）（清）包世臣撰，商务印书馆1939年。

德国议院章程（丛书集成初编）（清）徐建寅译，商务印书馆1939年。

箕田考（丛书集成初编）［朝］韩百谦著，李知焕、李义骏辑，商务印书馆1939年。

国赋纪略（丛书集成初编）（明）倪元璐辑，商务印书馆1939年。

历代关市征税记（丛书集成初编）（清）彭宁求著，商务印书馆1939年。

盐法考略（丛书集成初编）（明）丘濬编，商务印书馆1939年。

浙鹾纪事（丛书集成初编）（明）叶永盛著，商务印书馆1939年。

唐律疏议（丛书集成初编）（唐）长孙无忌等撰，商务印书馆1939年。

会典简明录（丛书集成初编）（清）张祥河订，商务印书馆1939年。

辨定嘉靖大礼议（丛书集成初编）（清）毛奇龄撰，商务印书馆1939年。

绍熙州县释奠仪图（丛书集成初编）（宋）朱熹撰，商务印书馆1939年。

北郊配位尊西向议（丛书集成初编）（清）毛奇龄撰，商务印书馆1939年。

刑书释名（丛书集成初编）（宋）王键辑，商务印书馆1939年。

刑法叙略（丛书集成初编）（宋）刘筠编，商务印书馆1939年。

续刑法叙略（丛书集成初编）（清）谭瑄著，商务印书馆1939年。

棠阴比事原编（丛书集成初编）（宋）桂万荣辑，商务印书馆1939年。

棠阴比事续编（丛书集成初编）（明）吴讷删正，商务印书馆1939年。

棠阴比事补编（丛书集成初编）（明）吴讷辑，商务印书馆1939年。

阳明先生乡约法（丛书集成初编）（明）王守仁撰，（明）陈龙正录，商务印书馆1939年。

救荒策（丛书集成初编）（清）魏禧撰，商务印书馆1939年。

郧襄赈济事宜（丛书集成初编）（清）俞森撰，商务印书馆1939年。

赈豫纪略（丛书集成初编）（明）钟化民撰，商务印书馆1939年。

常平仓考（丛书集成初编）（清）俞森撰，商务印书馆1939年。

义仓考（丛书集成初编）（清）俞森撰，商务印书馆1939年。

社仓考（丛书集成初编）（清）俞森撰，商务印书馆1939年。

救荒备览（附录）（丛书集成初编）（清）劳潼撰，商务印书馆1939年。

读律心得（丛书集成初编）（清）刘衡辑，商务印书馆1939年。

爽鸠要录（丛书集成初编）（清）蒋超伯辑，商务印书馆1939年。

汉礼器制度（丛书集成初编）（汉）叔孙通撰，商务印书馆1939年。

独断（丛书集成初编）（汉）蔡邕撰，商务印书馆1939年。

谥法（丛书集成初编）（宋）苏洵撰，商务印书馆1939年。

谥法考（丛书集成初编）（清）沈惠纕撰，商务印书馆1939年。

阳明先生保甲法（丛书集成初编）（明）王守仁撰，（明）陈龙正录，商务印书馆1939年。

营造法式（宋）李诫编，商务印书馆1933年，1954年。

宋朝事实（宋）李攸撰，中华书局1955年，1957年。

秦会要订补 （清）孙楷撰，徐复订补，群联出版社 1955 年，中华书局 1959 年，1998 年。

春秋会要 （清）姚彦渠撰，中华书局 1955 年，1998 年。

西汉会要 （宋）徐天麟撰，中华书局 1955 年，1998 年。

东汉会要 （宋）徐天麟撰，中华书局 1955 年，1998 年。

唐会要 （宋）王溥撰，中华书局 1955 年，1998 年。

七国考 （明）董说撰，中华书局 1956 年，1998 年。

三国会要 （清）杨晨撰，中华书局 1956 年，1998 年。

明会要 （清）龙文彬撰，中华书局 1956 年，1998 年。

宋会要辑稿 （清）徐松辑，中华书局 1957 年，1997 年。

大元圣政国朝典章　元典章校补释例 （元）佚名著、陈垣著，古籍出版社 1957 年。

庆元条法事类 （宋）谢深甫监修，古籍出版社 1957 年。

洗冤集录 （宋）宋慈撰，法律出版社 1958 年。

石渠余纪 （清）王庆云撰，中国书店 1959 年。

唐明律（唐明律合编） （清）薛允升编，中国书店 1959 年，中华书局 1965 年。

明宫史　金鳌退食笔记 （明）刘若愚撰、（清）高士奇撰，北京出版社 1963 年，北京古籍出版社 1980 年，1982 年。

＊**大元圣政国朝典章** （元）佚名著，文海出版社 1964 年，中国广播电视出版社 1998 年。

筹办夷务始末（道光朝） 齐思和等整理，中华书局 1964 年。

西汉会要（历代会要丛书） （宋）徐天麟撰，上海人民出版社 1977 年，上海古籍出版社 2006 年。

东汉会要（历代会要丛书） （宋）徐天麟撰，子予整理，上海古籍出版社 1978 年，2006 年。

五代会要（历代会要丛书） （宋）王溥撰，上海古籍出版社 1978 年，2006 年。

＊**续文献通考**　（明）王圻撰，台湾文海出版社 1979 年，现代出版社 1986 年，齐鲁书社 1995 年。

珲牍偶存　（清）李金镛撰，李长庆节抄，上海书店 1979 年。

筹办夷务始末（咸丰朝）　（清）贾桢等编辑，中华书局 1979 年。

建炎以来朝野杂记　（宋）李心传撰，江苏广陵古籍刻印社 1981 年。

唐律疏议　（唐）长孙无忌等撰，刘俊文点校，中华书局 1983 年，1993 年。

明抄本嘉靖事例　（明）范钦等编，北京图书馆出版社 1983 年。

营造法式注释　（宋）李诫编，梁思成注释，中国建筑工业出版社 1983 年。

唐律疏议　（唐）长孙无忌等撰，江苏广陵古籍刻印社 1984 年。

律（附音义）（善本丛书）（宋）孙奭撰，上海古籍出版社 1984 年。

宋刑统　（宋）窦仪等撰，吴翊如点校，中华书局 1984 年。

通典　（唐）杜佑撰，中华书局 1984 年。

南朝宋会要（历代会要丛书）（清）朱铭盘撰，郭群一点校，上海古籍出版社 1984 年，2006 年。

南朝梁会要（历代会要丛书）（清）朱铭盘撰，顾吉辰点校，上海古籍出版社 1984 年，2006 年。

南朝齐会要（历代会要丛书）（清）朱铭盘撰，张道贵点校，上海古籍出版社 1985 年，2006 年。

宋刑统　（宋）窦仪撰，中国书店 1985 年。

刑台法律　（明）沈应文校正，（明）萧近高注释，（明）曹于汴参考，中国书店 1985 年。

历代刑法考　（清）沈家本撰，邓经元、骈宇骞点校，中华书局 1985 年。

石渠余纪（北京古籍丛书）（清）王庆云撰，王湜华点校，北京古籍出版社 1985 年，2001 年。

文献通考　（元）马端临撰，中华书局 1986 年，1999 年。

通制条格（元代史料丛刊）　黄时鉴点校，浙江古籍出版社 1986 年。

南朝陈会要（历代会要丛书）

（清）朱铭盘撰，顾吉辰、张道贵点校，上海古籍出版社 1986 年，2006 年。

宋会要辑稿考校（附宋会要辑稿考校篇目索引）（历代会要丛书） 王云海著，上海古籍出版社 1986 年，河南大学出版社 2008 年。

两淮盐法志 （清）王定安纂，江苏广陵古籍刻印社 1987 年。

办案要略 （清）王又槐撰，华东政法学院语文教研室注释，群众出版社 1987 年。

郑板桥判牍 （清）郑燮撰，李一氓编，文物出版社 1987 年。

国朝宫史（北京古籍丛书） （清）鄂尔泰、张廷玉等编纂，左步青点校，北京古籍出版社 1987 年，1994 年，2001 年。

盐法通志 （清）周庆云纂，江苏广陵古籍刻印社 1987 年。

名公书判清明集 （宋）胡颖等撰，幔亭曾孙辑，中国社会科学院历史研究所宋辽金元史研究室点校，中华书局 1987 年。

无冤录校注 （元）王与撰，杨奉琨校注，上海科学技术出版社 1987 年。

防海纪略（清代历史资料丛刊） （清）芍唐居士撰，上海书店 1987 年。

七国考订补 （明）董说撰，缪文远订补，上海古籍出版社 1987 年。

明世法录 （明）陈仁锡评纂，江苏广陵古籍刻印社 1987 年。

元代法律资料辑存（元代史料丛刊） 黄时鉴辑点，浙江古籍出版社 1988 年。

古今法制表 （清）孙荣辑，江苏广陵古籍刻印社 1988 年。

疑狱集　折狱龟鉴校释 （东晋）和凝撰，（宋）郑克撰，杨奉琨校释，复旦大学出版社 1988 年。

折狱龟鉴译注 （宋）郑克编撰，刘俊文译注、点校，上海古籍出版社 1988 年。

唐律译注 钱大群译注，江苏古籍出版社 1988 年。

文庙祀典考 （清）庞钟璐编，江苏广陵古籍刻印社 1988 年。

钦定理藩部则例（中国藏学史料丛刊） （清）松森等撰，中国藏学研究中心编辑，中国藏学出版社1988年。

通典 （唐）杜佑撰，浙江古籍出版社1988年，2000年。

续通典 （清）乾隆敕撰，浙江古籍出版社1988年，2000年。

清朝通典 （清）乾隆敕撰，浙江古籍出版社1988年，2000年。

清朝通志 （清）乾隆敕撰，浙江古籍出版社1988年，2000年。

文献通考 （元）马端临撰，浙江古籍出版社1988年，2000年。

续文献通考 （清）乾隆敕撰，浙江古籍出版社1988年，2000年。

清朝文献通考 （清）乾隆敕撰，浙江古籍出版社1988年，2000年。

清朝续文献通考 （清）刘锦藻编纂，浙江古籍出版社1988年，2000年。

十通索引 浙江古籍出版社编，浙江古籍出版社1988年，2000年。

通典 （唐）杜佑撰，王文锦、王永兴、刘俊文、徐庭云、谢方点校，中华书局1988年，1996年。

稿本晋会要 汪兆镛著，书目文献出版社1988年，1991年。

历代名臣谥法汇考 （清）刘长华编，江苏广陵古籍刻印社1989年。

明会典（万历朝重修本） （明）申时行等修，中华书局1989年。

折狱新语注释 （明）李清撰，陆有珣等注，吉林人民出版社1989年。

大明律 （明）刘惟谦等撰，江苏广陵古籍刻印社1989年。

大明律集解 （明）佚名撰，江苏广陵古籍刻印社1989年。

晋令辑存 张鹏一编，徐清廉校补，三秦出版社1989年。

敦煌吐鲁番唐代法制文书考释 刘俊文考释，中华书局1989年。

边事汇钞 （清）朱克敬编撰，江苏广陵古籍刻印社1989年。

时务通考 （清）杞庐主人撰，江苏广陵古籍刻印社1989年。

广治平略 （清）蔡方炳纂，江苏广陵古籍刻印社1989年。

广治平略补编 （清）蔡方炳撰，

江苏广陵古籍刻印社 1989 年。

万历会计录（北京图书馆古籍珍本丛刊）（明）张学颜等撰，书目文献出版社 1989 年，北京图书馆出版社 2000 年。

漕运全书（北京图书馆古籍珍本丛刊） 佚名撰，书目文献出版社 1990 年，北京图书馆出版社 2000 年。

漕运则例纂 （清）杨锡绂撰，江苏广陵古籍刻印社 1990 年。

大明律（中华传世法典） 怀效峰点校，辽沈书社 1990 年，法律出版社 1999 年。

大唐开元礼 （唐）萧嵩撰，江苏广陵古籍刻印社 1990 年。

清会典图 （清）昆冈等奉敕撰，中华书局 1991 年。

清会典事例 （清）昆冈等奉敕撰，中华书局 1991 年。

清会典 （清）昆冈等奉敕撰，中华书局 1991 年。

三省边防备览 （清）严如熤辑、张鹏翂续辑，江苏广陵古籍刻印社 1991 年。

唐会要人名索引 张忱石主编，中华书局 1991 年。

三国会要（历代会要丛书）（清）钱仪吉撰，上海社会科学院历史研究所古代史研究室整理，上海古籍出版社 1991 年，2006 年。

唐会要（历代会要丛书）（宋）王溥撰，方诗铭等标校，上海古籍出版社 1991 年，2006 年。

庙学典礼（元代史料丛刊） 王颋点校，浙江古籍出版社 1992 年。

建炎以来朝野杂记 （宋）李心传撰，文物出版社 1992 年。

大清律例 张荣铮等点校，天津古籍出版社 1993 年，1995 年。

国朝宫史续编（北京古籍丛书）（清）庆桂等撰，左步青点校，北京古籍出版社 1994 年，2001 年。

康熙政要 （清）章梫纂，褚家伟等校注，中共中央党校出版社 1994 年。

通典 （唐）杜佑撰，颜品忠点校，岳麓书社 1995 年。

通志二十略 （宋）郑樵撰，王树民点校，中华书局 1995 年。

国朝典汇 （明）徐学聚编撰，书目文献出版社 1996 年。

西巡盛典 （清）彭龄等辑，北京古籍出版社 1996 年。

南巡盛典 （清）高晋等辑，北京古籍出版社 1996 年。

万寿盛典 （清）马齐等辑，北京古籍出版社 1996 年。

唐律疏议笺解 （唐）长孙无忌等撰，刘俊文笺解，中华书局 1996 年。

军牍集要 （清）冯子材撰，中国书店 1996 年。

军政条例类考 （明）霍冀辑，北京图书馆出版社 1997 年。

钦定工部则例正续编 北京图书馆出版社编，北京图书馆出版社 1997 年。

宝坻政书（北京图书馆古籍珍本丛刊）（明）刘邦谟、王好善辑，书目文献出版社 1997 年，北京图书馆出版社 2000 年。

按吴檄稿（北京图书馆古籍珍本丛刊）（明）祁彪佳撰，书目文献出版社 1997 年，北京图书馆出版社 2000 年。

军政事宜（北京图书馆古籍珍本丛刊）（明）庞尚鹏撰，书目文献出版社 1997 年，北京图书馆出版社 2000 年。

扬州营志（北京图书馆古籍珍本丛刊）（清）陈述祖、李北山纂修，书目文献出版社 1997 年，北京图书馆出版社 2000 年。

皇明泳化类编（北京图书馆古籍珍本丛刊）（明）邓球编，书目文献出版社 1997 年，北京图书馆出版社 2000 年。

嘉靖事例（北京图书馆古籍珍本丛刊）（明）范钦等编，书目文献出版社 1997 年，北京图书馆出版社 2000 年。

圣驾重幸太学录（北京图书馆古籍珍本丛刊）（明）夏言等辑，书目文献出版社 1997 年，北京图书馆出版社 2000 年。

常熟县儒学志（北京图书馆古籍珍本丛刊）（明）缪肇祖、冯复京纂修，书目文献出版社 1997 年，北京图书馆出版社 2000 年。

军政条例类考（北京图书馆古籍珍本丛刊）（明）霍冀辑，书目文献出版社 1997 年，北京图书馆出版社 2000 年。

岭西水陆兵纪（北京图书馆古籍珍本丛刊）（明）盛万年撰，书目文献出版社 1997 年，北京图书馆出版社 2000 年。

四川各地勘察及其它事宜档册（北京图书馆古籍珍本丛刊） 佚名撰，书目文献出版社 1997 年，北京图书馆出版社 2000 年。

万历大政类编（北京图书馆古籍珍本丛刊） 佚名撰，书目文献出版社 1997 年，北京图书馆出版社 2000 年。

海运纪事（北京图书馆古籍珍本丛刊） 佚名撰，书目文献出版社 1997 年，北京图书馆出版社 2000 年。

漕运通志（北京图书馆古籍珍本丛刊）（明）谢纯撰，书目文献出版社 1997 年，北京图书馆出版社 2000 年。

条议船政拨差事宜书册（北京图书馆古籍珍本丛刊） 佚名撰，书目文献出版社 1997 年，北京图书馆出版社 2000 年。

救荒活民类要（北京图书馆古籍珍本丛刊）（元）张光大撰，书目文献出版社 1997 年，北京图书馆出版社 2000 年。

菑祲窾议（北京图书馆古籍珍本丛刊）（明）毕自严撰，书目文献出版社 1997 年，北京图书馆出版社 2000 年。

太仓考（北京图书馆古籍珍本丛刊）（明）刘斯洁撰，书目文献出版社 1997 年，北京图书馆出版社 2000 年。

宝泉新牍（北京图书馆古籍珍本丛刊）（明）陈于廷辑，书目文献出版社 1997 年，北京图书馆出版社 2000 年。

夏镇漕渠志略（北京图书馆古籍珍本丛刊）（清）狄敬纂修，书目文献出版社 1997 年，北京图书馆出版社 2000 年。

河漕备考（北京图书馆古籍珍本丛刊）（清）朱鋐撰，书目文献出版社 1997 年，北京图书馆出版社 2000 年。

长芦盐法志（北京图书馆古籍珍本丛刊）（清）黄掌纶等纂修，书目文献出版社 1997 年，北京图书馆出版社 2000 年。

淮鹾分类新编（北京图书馆古籍珍本丛刊）（清）陆费垓编，书目文献出版社1997年，北京图书馆出版社2000年。

实政录（北京图书馆古籍珍本丛刊）（明）吕坤，书目文献出版社1997年，北京图书馆出版社2000年。

古今鹾略（北京图书馆古籍珍本丛刊）（明）汪砢玉撰，书目文献出版社1998年，北京图书馆出版社2000年。

盐政志（北京图书馆古籍珍本丛刊）（明）朱廷立、史绅撰，书目文献出版社1998年，北京图书馆出版社2000年。

两浙订正鹾规（北京图书馆古籍珍本丛刊）（明）杨鹤撰，书目文献出版社1998年，北京图书馆出版社2000年。

两淮盐法志（北京图书馆古籍珍本丛刊）（明）史起蛰、张矩撰，书目文献出版社1998年，北京图书馆出版社2000年。

福建鹾政全书（北京图书馆古籍珍本丛刊）（明）周昌晋撰，书目文献出版社1998年，北京图书馆出版社2000年。

王国典礼（北京图书馆古籍珍本丛刊）（明）朱勤美撰，书目文献出版社1998年，北京图书馆出版社2000年。

宗藩条例（北京图书馆古籍珍本丛刊） 佚名撰，书目文献出版社1998年，北京图书馆出版社2000年。

谥法纂（北京图书馆古籍珍本丛刊）（明）孙能传撰，书目文献出版社1998年，北京图书馆出版社2000年。

宗祀议（北京图书馆古籍珍本丛刊）（清）翁同龢撰，书目文献出版社1998年，北京图书馆出版社2000年。

四译馆考（北京图书馆古籍珍本丛刊）（清）江蘩撰，书目文献出版社1998年，北京图书馆出版社2000年。

满洲四礼集（北京图书馆古籍珍本丛刊）（清）索宁安撰，书目文献出版社1998年，北京图书馆出版社2000年。

阿哥婚娶定例（北京图书馆古籍珍本丛刊） 佚名撰，书目文献出版社1998年，北京图书馆出版社2000年。

考成录略（北京图书馆古籍珍本丛刊）（明）朱国寿撰，书目文献出版社1998年，北京图书馆出版社2000年。

河南赋役总会文册（北京图书馆古籍珍本丛刊） 佚名撰，书目文献出版社1998年，北京图书馆出版社2000年。

四川重刊赋役书册（北京图书馆古籍珍本丛刊） 佚名撰，书目文献出版社1998年，北京图书馆出版社2000年。

丝绢全书（北京图书馆古籍珍本丛刊）（明）程任卿辑，书目文献出版社1998年，北京图书馆出版社2000年。

江南简明赋役全书（北京图书馆古籍珍本丛刊） 佚名撰，书目文献出版社1998年，北京图书馆出版社2000年。

苏松历代财赋考（北京图书馆古籍珍本丛刊） 佚名撰，书目文献出版社1998年，北京图书馆出版社2000年。

皇明制书（北京图书馆古籍珍本丛刊） 佚名撰，书目文献出版社1998年，北京图书馆出版社2000年。

宪章类编（北京图书馆古籍珍本丛刊）（明）劳堪撰，书目文献出版社1998年，北京图书馆出版社2000年。

经世挈要（北京图书馆古籍珍本丛刊）（明）张燧撰，书目文献出版社1998年，北京图书馆出版社2000年。

工部厂库须知（北京图书馆古籍珍本丛刊）（明）何士晋撰，书目文献出版社1998年，北京图书馆出版社2000年。

缮部纪略（北京图书馆古籍珍本丛刊）（明）郭尚友撰，书目文献出版社1998年，北京图书馆出版社2000年。

工师雕斫新正式鲁班木经匠家镜（北京图书馆古籍珍本丛刊）（明）午荣、章严撰，书目文献出版社1998年，北京图书馆出版社

2000 年。

两浙南关榷事书（北京图书馆古籍珍本丛刊）（明）杨时乔，书目文献出版社 1998 年，北京图书馆出版社 2000 年。

榷政纪略（北京图书馆古籍珍本丛刊）（明）堵胤锡撰，书目文献出版社 1998 年，北京图书馆出版社 2000 年。

天津卫屯垦条款（北京图书馆古籍珍本丛刊） 佚名撰，书目文献出版社 1998 年，北京图书馆出版社 2000 年。

钦定理藩部则例（上海大学法学院、上海市政法管理干部学院法学系列丛书） 张荣铮等编，天津古籍出版社 1998 年。

五代会要 （宋）王溥撰，中华书局 1998 年。

太仓考 （明）刘斯洁撰，北京图书馆出版社 1999 年。

古今鹾略 （明）汪砢玉撰，北京图书馆出版社 1999 年。

盐政志 （明）朱廷立等撰，北京图书馆出版社 1999 年。

丝绢全书 （明）程任卿辑，北京图书馆出版社 1999 年。

南巡盛典 （清）高晋等辑，张维明选编，古吴轩出版社 1999 年。

建炎以来朝野杂记（唐宋史料笔记丛刊） （宋）李心传撰，徐规点校，中华书局 2000 年。

清朝治藏法规全编（中国藏学汉文历史文献集成） 张羽新主编，学苑出版社 2001 年，2003 年。

通制条格校注 方龄贵校注，中华书局 2001 年。

盟水斋存牍（中国政法大学学术丛书）（明）颜俊彦撰，吕立人等点校，中国政法大学出版社 2001 年。

清代匠作则例汇编 王世襄编，北京古籍出版社 2002 年。

营造法式 （宋）李诫编，北京图书馆出版社 2003 年。

中国历代考工典 广陵书社编，广陵书社 2003 年。

乾隆南巡江苏名胜图集 广陵书社编，广陵书社 2003 年。

钦定八旗通志 李洵等点校，吉林文史出版社 2003 年。

律（中华再造善本）（宋）孙奭撰，北京图书馆出版社2003年。

新入诸儒议论杜氏通典详节（中华再造善本）佚名撰，北京图书馆出版社2004年。

西汉会要（中华再造善本）（宋）徐天麟撰，北京图书馆出版社2004年。

东汉会要（中华再造善本）（宋）徐天麟撰，北京图书馆出版社2004年。

大元圣政国朝典章刑部 祖生利、李崇兴点校，山西古籍出版社2004年。

资政要览 三事忠告（中国传统文化精华）钟雷主编，哈尔滨出版社2004年。

刑案汇览三编 （清）祝庆祺等编著，北京古籍出版社2004年。

清代漕运全书 （清）载龄等修纂，北京图书馆出版社2004年。

圣庙祀典图考（中国祠墓志丛刊）（清）顾沅辑，广陵书社2004年。

皇朝礼器图式 （清）允禄等撰，牧东点校，广陵书社2004年。

坛庙祀典（中国祠墓志丛刊）（清）方观承辑，广陵书社2004年。

南工庙祠祀典（中国祠墓志丛刊）（清）李奉翰编，（清）佚名纂，广陵书社2004年。

文庙丁祭谱（中国祠墓志丛刊）（清）蓝钟瑞辑，广陵书社2004年。

大唐郊祀录（中国祠墓志丛刊）（唐）王泾撰，广陵书社2004年。

孔庙礼乐考（中国祠墓志丛刊）（明）瞿九思撰，广陵书社2004年。

文庙通考（中国祠墓志丛刊）（清）牛树梅撰，广陵书社2004年。

秦会要（历代会要丛书）（清）孙楷著，杨善群校补，上海古籍出版社2004年。

清朝孚惠全书 （清）彭元瑞编，北京图书馆出版社2005年。

《营造法式》解读 潘谷西、何建中著，东南大学出版社2005年。

《洗冤集录》今译 南（宋）宋慈著，罗时润、田一民、关信译，福建科学技术出版社2005年。

张家山汉简《二年律令》集释（吉林大学哲学社会科学学术文库）

朱红林著，社会科学文献出版社2005年。

通典（中华再造善本） （唐）杜佑撰，北京图书馆出版社2005年。

牧民忠告　经进风宪忠告　庙堂忠告（中华再造善本） （元）张养浩撰，北京图书馆出版社2005年。

文献通考（中华再造善本） （元）马端临撰，北京图书馆出版社2005年。

故唐律疏议（中华再造善本） （唐）长孙无忌等撰，北京图书馆出版社2005年。

通典（中华再造善本） （唐）杜佑撰，北京图书馆出版社2006年。

新入诸儒议论杜氏通典详节（中华再造善本） 佚名撰，北京图书馆出版社2006年。

大唐六典（中华再造善本） （唐）李隆基撰，（唐）李林甫等注，北京图书馆出版社2006年。

汉制考（中华再造善本） （宋）王应麟撰，北京图书馆出版社2006年。

天一阁藏明钞本天圣令校证　天一阁博物馆、中国社会科学院历史研究所天圣令整理课题组校证，中华书局2006年。

《折狱龟鉴补》译注　陈重业主编，北京大学出版社2006年。

营造法式　（宋）李诫著，中国书店出版社2006年。

乾隆朝内府抄本《理藩院则例》（西藏历史汉文文献丛刊） 赵云田点校，中国藏学出版社2006年。

钦定大清会典事例　理藩院（西藏历史汉文文献丛刊） （清）会典馆编，赵云田点校，中国藏学出版社2006年。

星轺指掌（中国近代法学译丛） （德）马顿斯著，（清）联芳、庆常译，傅德元点校，中国政法大学出版社2006年。

大明会典　（明）李东阳等撰，（明）申时行等重修，广陵书社2007年。

《中书备对》辑佚校注　（宋）毕仲衍撰，马玉臣辑校，河南大学出版社2007年。

唐律疏议新注　钱大群撰，南京师范大学出版社2007年。

二年律令与奏谳书：张家山二四

七号汉墓出土法律文献释读 彭浩、陈伟、［日］工藤元男主编，上海古籍出版社2007年。

治河全书 （清）张鹏翮撰，天津古籍出版社2007年。

《营造法式》图样 （宋）李诫原著，中国建筑设计研究院建筑历史研究所选编，中国建筑工业出版社2007年。

樊山政书 （清）樊增祥著，那思陆、孙家红点校，中华书局2007年。

《庚辛提牢笔记》点注 薛梅卿、杨育棠点注，中国政法大学出版社2007年。

塔景亭案牍：清末民初的县衙记录（近代司法判决丛编） 许文浚著，俞江点校，北京大学出版社2007年。

清代匠作则例汇编：装修作漆作泥金作油作 王世襄编，中国书店2008年。

通典·州郡典 （唐）杜佑撰，时代文艺出版社2008年。

通典·刑法典 （唐）杜佑撰，时代文艺出版社2008年。

通典·边防典 （唐）杜佑撰，时代文艺出版社2008年。

通典·兵典 （唐）杜佑撰，时代文艺出版社2008年。

通典·乐典 （唐）杜佑撰，时代文艺出版社2008年。

通典·职官典 （唐）杜佑撰，时代文艺出版社2008年。

筹办夷务始末 （清）文庆等纂，上海古籍出版社2008年。

洗冤集录译注 （宋）宋慈著，高随捷、祝林森译注，上海古籍出版社2008年。

筹办夷务始末：同治朝 中华书局编辑部、李书源整理，中华书局2008年。

《通典》西域文献要注 李锦绣、余太山著，上海人民出版社2009年。

古代判词三百篇 陈重业辑注，上海古籍出版社2009年。

钱通 （明）胡我琨撰，余全有译注，重庆出版社2009年。

大明会典（中华再造善本续编） （明）徐溥、李东阳等纂修，国家图书馆出版社2009年。

大明集礼（中华再造善本续编）（明）徐一夔、梁寅等纂修，国家图书馆出版社 2009 年。

漕运通志（中华再造善本续编）（明）杨宏、谢纯撰，国家图书馆出版社 2009 年。

大元圣政国朝典章（中华再造善本续编） 佚名撰，国家图书馆出版社 2009 年。

大唐开元礼（中华再造善本续编）（唐）萧嵩等撰，国家图书馆出版社 2009 年。

大金集礼（中华再造善本续编）（金）张暐等辑，国家图书馆出版社 2010 年。

宋会要辑稿蕃夷道释 郭声波点校，四川大学出版社 2010 年。

明清赋役全书．直隶大名府赋役全书 国家图书馆出版社辑，国家图书馆出版社 2010 年。

明清赋役全书．直隶真定府赋役全书 国家图书馆出版社辑，国家图书馆出版社 2010 年。

明清赋役全书．河间府赋役全书 国家图书馆出版社辑，国家图书馆出版社 2010 年。

明清赋役全书．直隶顺天府五州二十一县赋役册永平府赋役全书 国家图书馆出版社辑，国家图书馆出版社 2010 年。

明清赋役全书．畿辅条鞭赋役全书 国家图书馆出版社辑，国家图书馆出版社 2010 年。

中外和战议·辨章 （清）王棻著，广陵书社 2010 年。

元典章 陈高华等点校，天津古籍出版社、中华书局 2011 年。

元典章校注．诏令圣政朝纲台纲吏部卷 张金铣校注，黄山书社 2011 年。

沈刻元典章：附陈氏校补校例 中国书店整理，中国书店 2011 年。

营造法式 （宋）李诫撰，邹其昌点校，人民出版社 2011 年。

营造法式译解 （宋）李诫撰，王海燕注译，华中科技大学出版社 2011 年。

盐政志（中华再造善本续编）（明）朱廷立等撰，国家图书馆出版社 2011 年。

丝绢全书（中华再造善本续编）

（明）程任卿辑，国家图书馆出版社2011年。

文献通考 （宋）马端临撰，上海师范大学古籍研究所、华东师范大学古籍研究所点校，中华书局2011年。

史评类

文史通义 （清）章学诚著，陶乐勤点校，梁溪图书馆1925年，1926年。

史通 （唐）刘知幾著，曹聚仁校注，梁溪图书馆1926年。

文史通义（学生国学丛书）（清）章学诚著，章锡琛选注，商务印书馆1926年，1947年。

读史论略 （清）杜诏编辑，袁韬壶标点，扫叶山房1926年。

洙泗考信录 （清）崔述著，文化学社1928年，1932年。

史通（万有文库）（唐）刘知幾著，刘虎如选注，商务印书馆1928年，1933年，1947年。

（标点注释）读史论略 群众编辑部点校，群众图书公司1928年。

文史通义（万有文库 国学基本丛书选印）（清）章学诚著，全民书局1929年，商务印书馆1933年，1934年，1936年，新文化书社1935年，大达图书供应社1936年，世界书局1943年，上海书店出版社1988年。

史通通释（万有文库 国学基本丛书选印）（唐）刘知幾著，（清）浦起龙释，商务印书馆1930年，1935年，上海书店出版社1988年。

史通削繁（国学门径丛书）（清）纪昀节编，张虫天标点，大东书局1931年。

越缦堂读史札记 （清）李慈铭撰，国立北平北海图书馆1931年。

诸史然疑校订（附引得） （清）杭世骏撰，赵贞信校，燕京大学哈佛燕京学社引得编纂处1932年。

文史通义 （清）章学诚著，沈镕标点，大东书局1933年。

（评点）史记论文 （清）吴见思评点，（清）吴兴祚参订，广益书局1933年，1936年。

史通评（国学小丛书） 吕思勉点评，商务印书馆1934年。

史通削繁 （清）纪昀编，朱太忙校，大达图书供应社1935年。

史通通释·文史通义 （唐）刘知幾著、（清）浦起龙通释，（清）章学诚著，国学整理社1935年。

（注释）读史略论 大新书局编辑部点校，大新书局1935年。

文史通义注（无锡国学专修学校丛书）（清）章学诚著，叶长青注，无锡国学专修学校1935年。

史通（四部丛刊）（唐）刘知幾撰，商务印书馆1936年。

史通通释（四部备要）（唐）刘知幾著，（清）浦起龙撰，中华书局1936年。

廿二史札记（四部备要）（清）赵翼撰，中华书局1936年。

读通鉴论（四部备要）（清）王夫之撰，中华书局1936年。

宋论（四部备要）（清）王夫之撰，中华书局1936年。

文史通义（四部备要）（清）章学诚撰，中华书局1936年。

校雠通义（四部备要）（清）章学诚撰，中华书局1936年。

涉史随笔（丛书集成初编）（宋）葛洪撰，商务印书馆1936年。

通史它石（丛书集成初编）（明）仇俊卿撰，商务印书馆1936年。

诸史然疑（丛书集成初编）（清）杭世骏撰，商务印书馆1936年。

文史通义（丛书集成初编）（清）章学诚撰，商务印书馆1936年。

唐鉴（附考异）（丛书集成初编）（宋）范祖禹撰，（宋）吕祖谦音注，商务印书馆1936年。

廿二史札记 （清）赵翼著，国学整理社1936年。

读通鉴论（万有文库）（清）王夫之著，商务印书馆1936年。

宋论（万有文库）（清）王夫之著，商务印书馆1936年。

考信录（万有文库）（清）崔述著，商务印书馆1937年。

唐鉴（国学基本丛书）（宋）范祖禹著，（宋）吕祖谦音注，商务印书馆1937年。

读史举正（丛书集成初编）（清）张熷著，商务印书馆1937年。

十七史商榷（丛书集成初编）（清）王鸣盛撰，商务印书馆 1937 年，1959 年。

廿二史考异（丛书集成初编）（清）钱大昕撰，商务印书馆 1937 年，1958 年。

廿二史札记（附补遗）（丛书集成初编）（清）赵翼撰，商务印书馆 1937 年，1958 年。

史见（丛书集成初编）（清）陈遇夫撰，商务印书馆 1937 年。

阅史郄视（附续）（丛书集成初编）（清）李塨撰，商务印书馆 1937 年。

责备余谈（丛书集成初编）（明）方鹏撰，商务印书馆 1937 年。

读史剩言（丛书集成初编）（清）秦笃辉撰，商务印书馆 1937 年。

九畹史论（丛书集成初编）（清）翟蔼撰，商务印书馆 1937 年。

星阁史论（丛书集成初编）（清）赵青黎撰，商务印书馆 1937 年。

唐虞考信录（丛书集成初编）（清）崔述撰，商务印书馆 1937 年。

夏考信录（丛书集成初编）（清）崔述撰，商务印书馆 1937 年。

商考信录（丛书集成初编）（清）崔述撰，商务印书馆 1937 年。

丰镐考信录（丛书集成初编）（清）崔述撰，商务印书馆 1937 年。

丰镐考信别录（丛书集成初编）（清）崔述撰，商务印书馆 1937 年。

补上古考信录（丛书集成初编）（清）崔述撰，商务印书馆 1937 年。

洙泗考信录（丛书集成初编）（清）崔述撰，商务印书馆 1937 年。

洙泗考信余录（丛书集成初编）（清）崔述撰，商务印书馆 1937 年。

考信录提要（丛书集成初编）（清）崔述撰，商务印书馆 1937 年。

考信附录（丛书集成初编）（清）崔述撰，商务印书馆 1937 年。

考信续说（丛书集成初编）（清）崔述撰，商务印书馆 1937 年。

校雠通义（丛书集成初编）（清）章学诚撰，商务印书馆 1939 年。

史怀（丛书集成初编）（明）钟惺述，商务印书馆 1939 年。

唐史论断（附录）（丛书集成初

编）（宋）孙甫撰，商务印书馆1939年。

文史通义补编（附文史通义目）（丛书集成初编）（清）章学诚撰，商务印书馆1939年。

国史考异（丛书集成初编）（清）潘柽章撰，（清）吴炎订，商务印书馆1939年。

文史通义 （清）章学诚撰，刘公纯标点，古籍出版社1956年，中华书局1961年。

校雠通义 （清）章学诚撰，刘公纯标点，古籍出版社1956年。

十七史商榷 （清）王鸣盛述，四川人民出版社1957年。

考史拾遗 （清）钱大昕撰，商务印书馆1958年。

唐鉴（国学基本丛书）（宋）范祖禹撰，吕祖谦音注，商务印书馆1958年。

史纲评要 （明）李贽评纂，中华书局1959年，1974年。

史通 （唐）刘知幾撰，中华书局1961年。

通鉴论 （宋）司马光撰，（清）伍耀光辑录，江苏人民出版社1962年。

诸史琐言 （清）沈家本撰，中华书局1963年，1964年。

廿二史劄记 （清）赵翼撰，钟尚整理，中华书局1963年。

宋论 （清）王夫之撰，舒士彦点校，中华书局1964年，1998年。

＊**史通选注** 刘虎如撰，台湾文星书店1965年。

读通鉴论 （清）王夫之撰，舒士彦点校，中华书局1975年，2002年。

史通通释 （唐）刘知幾撰，（清）浦起龙释，王煦华点校，上海古籍出版社1978年，2009年。

唐鉴（善本丛书）（宋）范祖禹撰，上海古籍出版社1979年。

史通笺记 程千帆著，中华书局1980年，1986年。

明史例案 刘承幹纂，文物出版社1981年。

＊**史通释评** 吕思勉撰，台湾华世出版社1981年。

唐鉴（善本丛书）（宋）范祖禹撰，上海古籍出版社1984年。

廿二史劄记校证　（清）赵翼撰，王树民校证，中华书局1984年，2001年。

史通笺注　（唐）刘知幾撰，张振珮笺注，贵州人民出版社1985年。

文史通义校注　（清）章学诚撰，叶瑛校注，中华书局1985年，2000年。

史记论文史记评议　（清）吴见思、李景星撰，陆永品点校，东北师范大学出版社1986年。

校雠通义通解　（清）章学诚撰，王重民通解，上海古籍出版社1987年。

廿二史劄记　（清）赵翼撰，中国书店1987年。

十七史商榷　（清）王鸣盛撰，中国书店1987年。

读史举正　（清）张熷亮撰，江苏广陵古籍刻印社1988年。

读史纠谬（山左名贤遗书）（清）牛远震撰，李念孔等点校，齐鲁书社1989年。

史通新校注　（唐）刘知幾撰，赵吕甫校注，重庆出版社1990年。

历朝史案　（清）洪亮吉编、纪晓岚等订，杜道生、蜀人点校，巴蜀书社1992年。

史通　文史通义（古典名著普及文库）（唐）刘知幾撰、（清）章学诚撰，吴琦等点校，岳麓书社1993年。

文史通义新编　（清）章学诚撰，仓修良编，上海古籍出版社1993年。

＊**史通**　钱安琪、侯昌吉译注，台湾锦绣出版社1993年。

资治通鉴之通鉴（文白对照全译《读通鉴论》）　（清）王夫之撰，伊力主编，中州古籍出版社1994年。

唐鉴　（宋）范祖禹撰，杨晓敏等译注，新疆青少年出版社1995年。

读史漫录　（明）于慎行撰，（清）黄恩彤参订，李念孔等点校，齐鲁书社1996年。

史通全译（中国历代名著全译丛书）（唐）刘知幾撰，姚松、朱恒夫译注，贵州人民出版社1997年。

廿二史札记（新世纪万有文库）（清）赵翼撰，黄寿成点校，辽宁教育出版社2000年。

唐鉴（历代名家小品文集）（宋）范祖禹撰，白林鹏、陆三强校注，三秦出版社2003年。

越缦堂读史札记全编（清）李慈铭撰，北京图书馆出版社2003年。

李侍郎经进六朝通鉴博议（中华再造善本）（宋）李焘撰，北京图书馆出版社2003年。

东莱先生音注唐鉴（中华再造善本）（宋）范祖禹撰，吕祖谦注，北京图书馆出版社2003年。

唐鉴（中华再造善本）（宋）范祖禹撰，北京图书馆出版社2004年。

致堂读史管见（中华再造善本）（宋）胡寅撰，北京图书馆出版社2004年。

廿二史考异（清）钱大昕撰，方诗鸣、周殿杰整理，上海古籍出版社2004年。

文史通义新编新注（清）章学诚著，仓修良编注，浙江古籍出版社2005年。

史通评释·史通训故·史通训故补（明）郭孔延等撰，上海古籍出版社2006年。

白话史纲评要（明）李贽著，李西堂译，三秦出版社2006年。

宋论（中华经典史评）（清）王夫之著，王嘉川译注，中华书局2008年。

廿二史札记（中华经典史评）（清）赵翼撰，董文武译注，中华书局2008年。

史纲评要（中华经典史评）（明）李贽评纂，张友臣译注，中华书局2008年。

唐鉴（中华经典史评）（宋）范祖禹撰，刘韶军等译注，中华书局2008年。

乾隆御批通鉴（中华经典史评）（清）乾隆撰，侯德仁译注，中华书局2008年。

帝王略论（中华经典史评）（唐）虞世南撰，陈虎译注，中华书局2008年。

文史通义（清）章学诚撰，李永圻、张耕华导读整理，上海古籍出版社2008年。

史通 （唐）刘知幾撰，（清）浦起龙通释，吕思勉评，上海古籍出版社 2008 年。

史记论文 · 史记评议 （清）吴见思、李景星撰，陆永品点校，上海古籍出版社 2008 年。

十七史商榷 （清）王鸣盛撰，陈文和等点校，凤凰出版社 2008 年。

廿二史札记（清代学术名著丛刊）（清）赵翼撰，曹光甫点校，凤凰出版社 2008 年，上海古籍出版社 2011 年。

廿二史考异 （清）钱大昕撰，陈文和等点校，凤凰出版社 2008 年。

史通 （唐）刘知幾著，时代文艺出版社 2008 年。

文史通义 （清）章学诚撰，时代文艺出版社 2008 年。

左史比事注译 （清）高建章、高麟超撰，高涵注译，上海古籍出版社 2009 年。

校雠通义通解（世纪人文系列丛书 · 大学经典） （清）章学诚著，王重民通解，傅杰导读，田映曦补注，上海古籍出版社 2009 年。

史通选译 侯昌吉、钱安琪译注，凤凰出版社 2011 年。

目录类

二徐书目合刻 王存善辑，1915 年王氏自刊。

＊**香港大学藏书目录** 赖际熙编，香港和盛印字馆 1915 年。

书林清话 （清）叶德辉著，长沙观古堂 1917 年，1920 年修订。

（姚氏注解）汉书艺文志 姚明辉注，大中书局 1917 年，1930 年。

书目答问 （清）张之洞撰，扫叶山房 1920 年，1922 年。

中国农书目录汇编 毛雝编，金陵大学图书馆 1924 年。

＊**汉书艺文志讲疏**（东南大学丛书） 顾实著，商务印书馆 1924 年，1925 年，1933 年，1935 年，1945 年，广文书局 1970 年，1995 年。

汉书艺文志姚氏学 姚明辉著，共和书局 1924 年。

清九朝京省报销册目录（顺治朝第 1 册） 国立北京大学研究所国

学门明清史料整理会编，国立北京大学研究所国学门明清史料整理会1925年。

四库全书总目 （清）纪昀撰，大东书局1926年。

四库全书提要叙 周云青笺注，医学书局1926年。

故宫已佚书画目录三种（故宫丛刊） 清室善后委员会编，清室善后委员会1926年。

古文旧书考 ［日］岛田翰撰，北京玉藻堂1927年，台湾广文书局1967年。

书林余话 （清）叶德辉著，上海澹园1928年。

隋书经籍志 （唐）长孙无忌等著，许啸天整理，上海群学书社1931年。

子略 （宋）高似孙著，顾颉刚标点，范仲沄校阅，朴社1928年，1933年。

四库全书总目索引与四库撰人录 鞠增钰著，辅仁大学学志编辑会1928年。

涵芬楼志书目录 商务印书馆编，商务印书馆1928年。

古今伪书考（辨伪丛刊） （清）姚际恒著，顾颉刚点校，景山书社1929年，朴社1933年。

书目答问（万有文库） （清）张之洞编，商务印书馆1929年，1935年，1936年，1947年，君中书社1936年。

书目答问标注 （清）张之洞编，自强书局1929年。

留园思补楼藏书目录 乔啸农编，留园管理处1930年。

雍正硃批谕旨不录奏折总目 国立故宫博物院编，国立故宫博物院1930年。

艺文志二十种综合引得 引得编纂处编，哈佛燕京学社引得编纂处1933年，中华书局1960年，上海古籍出版社1987年，1988年。

＊**学海书楼藏书总目录** 香港学海书楼编，香港学海书楼1940年。

四库全书总目提要（万有文库） （清）永瑢、纪昀等编，商务印书馆1931年。

书目答问补正 （清）张之洞撰，

范希曾补正，南京国学图书馆 1931 年，1935 年。

陶涉园藏明板书目录 陶兰泉编辑，1931 年陶氏自刊。

中国地方志备征目 朱士嘉编，燕京大学图书馆 1931 年。

书目答问斠补 叶德辉著，江苏省立苏州图书馆 1932 年。

四库全书总目及未收书目引得 哈佛燕京学社引得编纂处编，哈佛燕京学社引得编纂处 1932 年。

浙江省立图书馆善本书目题识 陆祖谷编，浙江省立图书馆 1932 年。

藏园群书题记 傅增湘著，大公报 1932 至 1934 年。

中国通俗小说书目 孙楷第著，国立北平图书馆 1933 年。

景印四库全书罕传本拟目 北平图书馆编，北平图书馆 1933 年。

满文书籍联合目录 李德启编，北平图书馆、故宫博物院图书馆 1933 年。

热河尊经阁所藏善本书目 热河省立图书馆编，热河省立图书馆 1933 年。

官书局书目汇编 朱士嘉编，中华图书馆协会 1933 年。

四库著录河北先哲遗书辑目 冷衷辑，国立北平图书馆 1933 年。

北平故宫博物院图书馆南迁书籍清册 故宫博物院图书馆编，故宫博物院 1933 年。

金陵大学图书馆方志目（金陵大学图书馆丛刊） 万国鼎、储瑞棠编，金陵大学图书馆 1933 年。

国立北平图书馆善本书目 赵万里撰集，国立北平图书馆 1933 年，香港中文大学 1967 年。

浙江省立图书馆善本书目续编 浙江省立图书馆编，浙江省立图书馆 1933 年。

越缦堂读书笔记 （清）李慈铭，由云龙辑录，商务印书馆 1933 年，商务印书馆 1959 年，中华书局 1963 年。

群书检目 杨树达编，好望书店 1934 年。

广西省述作目录（广西统计丛书） 广西统计局编，广西统计局 1934 年。

广西近代经籍志 蒙起鹏编，南宁大成印书馆1934年。

国立北平图书馆特藏清内阁大库舆图目录 王庸编，北平图书馆1934年。

故宫已佚书籍书画目录 故宫博物院辑，故宫博物院1934年。

共读楼所藏年谱目 陈乃乾校录，1934年。

遂初堂书目（丛书集成初编）（宋）尤袤撰，商务印书馆1935年。

文渊阁书目（丛书集成初编）（明）杨士奇等撰，商务印书馆1935年。

菉竹堂书目（丛书集成初编）（明）叶盛撰，商务印书馆1935年。

尊经阁藏书目（丛书集成初编）（清）王呈祥撰，商务印书馆1935年。

述古堂藏书（附宋版书目）（丛书集成初编）（清）钱曾撰，商务印书馆1935年。

季沧苇藏书目（丛书集成初编）（清）季振宜撰，商务印书馆1935年。

孙氏祠堂书目（丛书集成初编）（清）孙星衍撰，商务印书馆1935年。

文瑞楼藏书目录（丛书集成初编）（清）金星轺编，商务印书馆1935年。

四库未收书目提要（万有文库）（清）阮元撰，商务印书馆1935年。

瞿氏补书堂寄藏书目录 北平图书馆编，北平图书馆1935年。

嘉定陆氏著述提要 陆世益编，1935年陆氏自刊。

中国医学大成总目提要 上海大东书局编，大东书局1935年。

国立北平图书馆善本书目乙编 赵录绰编，国立北平图书馆1935年。

经义考（四部备要）（清）朱彝尊撰，中华书局1936年。

前汉书艺文志（丛书集成初编）（汉）班固撰，（唐）颜师古注，商务印书馆1936年。

补续汉书艺文志（丛书集成初编）（清）钱大昭撰，商务印书馆1936年。

补后汉书艺文志（丛书集成初编）（清）侯康撰，商务印书馆1936年。

隋书经籍志（丛书集成初编）（唐）长孙无忌等撰，商务印书馆1936年。

旧唐书经籍志（丛书集成初编）（宋）刘昫等，商务印书馆1936年。

唐书艺文志（丛书集成初编）（宋）欧阳修等撰，商务印书馆1936年。

补五代史艺文志（丛书集成初编）（清）顾櫰三撰，商务印书馆1936年。

宋史艺文志（丛书集成初编）（元）脱脱等撰，商务印书馆1936年。

宋史艺文志补（丛书集成初编）（清）倪灿撰，（清）卢文弨订正，商务印书馆1936年。

明史艺文志（丛书集成初编）（清）张廷玉等撰，商务印书馆1936年。

竹汀先生日记钞（丛书集成初编）（清）钱大昕撰，（清）何元锡辑，商务印书馆1936年。

读书敏求记（附刊误）（丛书集成初编）（清）钱曾撰，沈炎校，商务印书馆1936年。

知圣道斋读书跋（丛书集成初编）（清）彭元瑞撰，商务印书馆1936年。

经籍跋文（丛书集成初编）（清）陈鳣撰，商务印书馆1936年。

平津馆鉴藏书籍记（补遗·续编）（丛书集成初编）（清）孙星衍撰，商务印书馆1936年。

廉石居藏书记（丛书集成初编）（清）孙星衍撰，陈宗彝编，商务印书馆1936年。

半毡斋题跋（丛书集成初编）（清）江藩撰，商务印书馆1936年。

士礼居藏书题跋记续（丛书集成初编）（清）黄丕烈撰，商务印书馆1936年。

中国历代艺文志 大光书局编译所编辑，大光书局1936年。

（北平图书馆藏）昇平署曲本目录 王芷章编，国立北平图书馆中文编目组1936年。

曲海总目提要拾遗 伯英校编，中

国戏曲音乐院研究所 1936 年。

天一阁简目两种（方志目、明试士录目） 冯贞群编，1936 年冯氏自刊。

陶庐全书书目考 谢道弘编，1936 年谢氏自刊。

内阁大库现存清代汉文黄册目录 故宫博物院文献馆编，故宫博物院文献馆 1936 年。

四库全书考证（丛书集成初编）（清）王太岳等撰，商务印书馆 1936 年。

补三国艺文志（丛书集成初编）（清）侯康撰，商务印书馆 1937 年。

补辽金元艺文志（丛书集成初编）（清）倪灿撰，（清）卢文弨订正，商务印书馆 1937 年。

补元史艺文志（丛书集成初编）（清）钱大昕撰，商务印书馆 1937 年。

授经图（丛书集成初编）（明）朱睦㮮撰，商务印书馆 1937 年。

国朝经师经义目录（丛书集成初编）（清）江藩撰，商务印书馆 1937 年。

经义考补正（丛书集成初编）（清）翁方纲撰，商务印书馆 1937 年。

通志堂经解目录（丛书集成初编）（清）翁方纲撰，商务印书馆 1937 年。

读易别录（丛书集成初编）（清）全祖望撰，商务印书馆 1937 年。

崇文总目（附补遗）（丛书集成初编）（宋）王尧臣撰，（清）钱东垣等辑释，商务印书馆 1937 年。

崇文总目附录（丛书集成初编）（清）钱侗辑，商务印书馆 1937 年。

世善堂藏书目录（丛书集成初编）（明）陈第撰，商务印书馆 1937 年。

汲古阁珍藏秘本书目册（丛书集成初编）（清）毛扆撰，商务印书馆 1937 年。

绛云楼书目（丛书集成初编）（清）钱谦益撰，（清）陈景云注，商务印书馆 1937 年。

全毁抽毁书目（丛书集成初编）（清）军机处编，商务印书馆 1937 年。

禁书总目（丛书集成初编）（清）

荣桂刊，商务印书馆1937年。

违碍书目（丛书集成初编）（清）荣桂刊，商务印书馆1937年。

直斋书录解题（丛书集成初编）（宋）陈振孙撰，商务印书馆1937年。

四库提要辨证（史部　子部）　余嘉锡撰，读已见书斋1937年。

四库全书考证（国学基本丛书）（清）王太岳等纂辑，商务印书馆1937年。

藏书纪事诗引得（引得第二十八号）　蔡金重编，燕京大学哈佛燕京学社引得编纂处1937年。

文渊阁书目（国学基本丛书）（明）杨士奇等编，商务印书馆1937年。

馆藏善本图书题识　何多源编，岭南大学图书馆1937年。

昭德先生郡斋读书志（万有文库）（宋）晁公武著，商务印书馆1937年。

郑堂读书记（附补逸）（万有文库）（清）周中孚著，商务印书馆1937年，1940年。

清代禁毁书目四种（万有文库）　英廉等编，商务印书馆1937年，1941年。

四库著录山西先哲遗书辑目　聂光甫编，1937年聂氏自刊。

教育部图书馆县志目录（第1册）　教育部图书馆编，教育部图书馆1937年。

大清历朝实录总目（伪）满日文化协会编，（伪）满日文化协会1937年。

国立北平图书馆善本书目乙编续目　赵录绰编，国立北平图书馆1937年。

文溯阁四库全书要略及索引　奉天图书馆编，奉天图书馆1938年。

史略（丛书集成初编）（宋）高似孙撰，商务印书馆1939年，中华书局1985年。

子略（丛书集成初编）（宋）高似孙撰，商务印书馆1939年。

勿庵历算书目（丛书集成初编）（清）梅文鼎撰，商务印书馆1939年。

补晋书艺文志·补遗·附录（丛

书集成初编）（清）丁国钧撰，商务印书馆1939年。

补晋书艺文志刊误（丛书集成初编）（清）丁辰述录，商务印书馆1939年。

补三史艺文志（丛书集成初编）（清）金门诏撰，商务印书馆1939年。

国史经籍志（附录）（丛书集成初编）（明）焦竑撰，商务印书馆1939年。

稽瑞楼书目（丛书集成初编）（清）陈揆撰，商务印书馆1939年。

百宋一廛赋（丛书集成初编）（清）顾广圻撰，（清）黄丕烈注，商务印书馆1939年。

艺芸书舍宋元本书目（丛书集成初编）（清）汪士钟撰，商务印书馆1939年。

袁氏艺文金石录（附录）（丛书集成初编）（清）袁渭渔等辑，商务印书馆1939年。

宛丘题跋（丛书集成初编）（宋）张耒撰，商务印书馆1939年。

容斋题跋（丛书集成初编）（宋）洪迈撰，商务印书馆1939年。

拜经楼藏书题跋记（附录）（丛书集成初编）（清）吴寿旸撰，商务印书馆1939年。

曝书杂记（丛书集成初编）（清）钱泰吉撰，商务印书馆1939年。

匪石日记钞（附遗文）（丛书集成初编）（清）钮树玉撰，（清）王颂蔚辑，商务印书馆1939年。

经籍举要（丛书集成初编）（清）龙启瑞编，（清）袁昶增订，商务印书馆1939年。

直斋书录解题（国学基本丛书）（宋）陈振孙撰，商务印书馆1939年。

崇文总目（国学基本丛书）（宋）王尧臣等编，（清）钱东垣辑释，商务印书馆1939年。

笺经室所见宋元书题跋（吴中文献小丛书）（清）曹元忠著，江苏省立苏州图书馆1940年。

广东女子艺文考　冼玉清著，商务印书馆1941年。

宗教史料编目（燕京大学宗教学院丛书）吴盛德、陈增辉编，燕京大学宗教学院 1941 年。

中国盐书目录（盐训丛书） 何维凝编著，财政部财务人员训练所盐务人员训练班 1942 年。

清代毗陵书目 张维骧编，常州旅沪同乡会 1944 年。

明清滇人著述书目（西南研究丛书） 方树梅著，国立云南大学西南文化研究室 1944 年。

故宫已佚书籍书画目录之一 国立北平故宫博物院编，国立北平故宫博物院 1946 年。

北京大学图书馆善本书录 北京大学图书馆编，北京大学图书馆 1948 年。

汉书艺文志 （汉）班固撰，商务印书馆 1955 年。

隋书经籍志 （唐）长孙无忌撰，商务印书馆 1955 年。

＊**孟氏图书馆中文图书目录** 孟氏图书馆编印，香港孟氏图书馆 1955 年。

现存元人杂剧书录 徐调孚编，上海文艺联合出版社 1955 年。

四库未收书目提要 （清）阮元撰，傅以礼重编，商务印书馆 1955 年。

医藏书目（附疹子心法）（中国古典医学丛刊）（明）殷仲春撰，群联出版社 1955 年。

四部总录医药编 丁福保、周云青编，商务印书馆 1955 年，文物出版社 1984 年，广东书社 2006 年。

四部总录天文编 丁福保、周云青编，商务印书馆 1956 年，文物出版社 1984 年，广东书社 2016 年。

河南省洛阳市图书馆馆藏古书目录 河南省洛阳市图书馆编，河南省洛阳市图书馆 1956 年。

青岛市图书馆藏线装书目录 青岛市图书馆编辑，青岛市图书馆 1956 年。

唐书经籍艺文合志 （后晋）刘昫、（宋）欧阳修撰，商务印书馆 1956 年。

＊**书目答问补正** 范希曾编，台湾新兴书局有限公司 1956 年。

书林清话 附书林余话 （清）叶德辉著，古籍出版社 1957 年，中华书局 1959 年，1987 年，1999 年。

澹生堂藏书约　藏书记要　（明）祁承㸁、（清）孙庆增撰，古典文学出版社1957年。

藏书绝句　流通古书约　古欢社约　藏书十约（清）杨守敬、（清）曹溶、（清）丁雄飞、（清）叶德辉撰，古典文学出版社1957年。

宋史艺文志·补·附编　（元）脱脱等修，（清）黄虞稷、（清）倪灿撰，（清）卢文弨订，（清）徐松、（清）叶德辉、赵士炜辑考，商务印书馆1957年。

清代禁毁书目（附补遗）　姚觐光编，商务印书馆1957年。

赵定宇书目　（明）赵用贤撰，古典文学出版社1957年。

百川书志　古今书刻　（明）高儒撰、（明）周弘祖撰，古典文学出版社1957年。

晁氏宝文堂书目　徐氏红雨楼书目　（明）晁瑮撰，（明）徐𤊹撰，古典文学出版社1957年。

四库全书简明目录　（清）永瑢等撰，古典文学出版社1957年，中华书局上海编辑所1964年，1985年。

宋代歌舞剧曲录要　刘永济辑录，古典文学出版社1957年。

吴兴藏书录　皕宋楼藏书源流考（清）郑元庆撰，［日］岛田翰撰，范锴辑，古典文学出版社1957年。

武林藏书录　（清）丁申撰，古典文学出版社1957年。

旧山楼书目　（清）赵宗建撰，古典文学出版社1957年。

四部总录算法编　丁福保、周云青编，商务印书馆1957年，文物出版社1984年，广陵书社2006年。

四部总录艺术编　丁福保、周云青编，商务印书馆1957年，文物出版社1984年，广陵书社2006年。

奕庆藏书楼书目　（清）祁理孙撰，古典文学出版社1958年。

鸣野山房书目　（清）沈复粲撰，潘景郑校订，古典文学出版社1958年。

虞山钱遵王藏书目录汇编　（清）钱曾撰，瞿凤起编，古典文学出版社1958年。

吟香仙馆书目　（清）马瀛撰，潘景郑校订，古典文学出版社1958年。

绛云楼题跋　（清）钱谦益撰，潘

景郑辑校，中华书局 1958 年。

重辑渔洋书跋 （清）王士禛撰，陈乃乾校辑，中华书局上海编辑所 1958 年。

汲古阁书跋 （明）毛晋撰，潘景郑校订，古典文学出版社 1958 年。

著砚楼书跋 潘景郑著，古典文学出版社 1958 年。

四库提要辨证（余嘉锡著作集） 余嘉锡著，科学出版社 1958 年，中华书局香港分局 1974 年，中华书局 1980 年，2007 年，云南人民出版社 2004 年。

辽金元艺文志 （清）黄虞稷等撰，商务印书馆 1958 年。

全国解放后出版的古籍目录 中华人民共和国文化部出版事业管理局、古籍出版社编，中华人民共和国文化部出版事业管理局古籍出版社 1958 年。

北京大学图书馆藏古籍善本书目 北京大学图书馆编辑，北京大学出版社 1958 年。

武汉师范专科学校古籍书本目录 武汉师专图书馆编，武汉师专图书馆 1958 年。

四川省图书馆馆藏古籍目录 四川省图书馆编，四川省图书馆 1958 年。

藏书纪事诗 （清）叶昌炽撰，古典文学出版社 1958 年。

贩书偶记 孙殿起撰，中华书局上海编辑所 1959 年，2000 年。

北京图书馆善本书目 北京图书馆善本部编，中华书局 1959 年。

北京大学图书馆善本书目 北京大学图书馆善本部编，中华书局 1959 年。

增订四库简明目录标注 （清）邵懿辰撰，邵章续录，中华书局上海编辑所 1959 年，上海古籍出版社 2000 年。

中国丛书综录（总目、子目、索引） 上海图书馆编，中华书局上海编辑所 1959 年，1962 年。

明史艺廊坊志·补编·附编 （清）黄虞稷等撰，商务印书馆 1959 年。

曲海总目提要 人民文学出版社编辑部编，人民文学出版社 1959 年。

曲海总目提要补编 北婴编撰，人

民文学出版社 1959 年。

郑堂读书记（附补逸） （清）周中孚撰，商务印书馆 1959 年，中华书局 1993 年。

四库采进书目 吴慰祖校订，商务印书馆 1960 年。

中国版刻图录 北京图书馆编撰，文物出版社 1960 年，1961 年增订本。

北京图书馆藏永乐大典卷目表 陈恩惠编，北京图书馆书目索引组 1960 年。

明季史料题跋 朱希祖著，中华书局 1961 年。

楚辞书目五种 姜亮夫编，中华书局上海编辑所 1961 年，1993 年。

宝卷综录 李世瑜编，中华书局上海编辑所 1961 年。

敦煌遗书总目索引 商务印书馆编辑，商务印书馆 1962 年，商务印书馆编中华书局 1983 年。

艺风堂再续藏书记 （清）缪荃孙撰，中华书局 1962 年。

北京传统曲艺总录 傅惜华编，中华书局上海编辑所 1962 年。

清人文集别录 张舜徽著，中华书局 1963 年，1980 年，华东师范大学出版社 2004 年。

西谛书目 北京图书馆编，文物出版社 1963 年。

书目答问补正 范希曾编，中华书局 1963 年，1981 年。

古书目三种（沈寄簃遗书） （清）沈家本撰，中华书局 1963 年，1964 年。

四库全书总目提要补正 胡玉缙著，王欣夫辑，中华书局上海编辑所 1964 年。

＊**孟氏图书馆中文线装书目录**香港孟氏图书馆 1964 年。

四库全书总目 （清）永瑢等撰，中华书局 1965 年，2003 年。

＊**书目答问补正索引：附范希曾编著书目答问补正索引** 王绵编，香港崇基书店 1969 年。

＊**书画书录解题** 余绍宋编著，香港中美图书公司 1969 年，北京图书馆出版社 2003 年。

＊**香港大学冯平山图书馆善本书录** 饶宗颐撰，香港龙门书局

1970 年。

＊**香港中山图书馆中文线装书简目** 香港中山图书馆编，香港中山图书馆 1972 年。

＊**书林清话** （清）叶德辉著，台湾文史哲出版社 1973 年。

＊**书目答问** （清）张之洞主编，台湾新文丰出版公司 1973 年。

＊**大清历朝实录总目** 台湾华文书局编，台湾华文书局 1970 年，台湾新文丰出版公司 1978 年。

北京图书馆善本特藏部藏中国古代科技文献简目 北京图书馆善本特藏部编，北京图书馆善本特藏部 1976 年。

中国古代书画图目 中国古代书画鉴定组编，文物出版社 1978 年，2001 年。

唐集叙录 万曼撰，中华书局 1980 年，1982 年。

南京大学图书馆馆藏古籍善本图书目录 南京大学图书馆编，南京大学图书馆 1980 年。

新编汉文大藏经目录 吕澂编，齐鲁书社 1980 年。

越缦堂读书简端记 （清）李慈铭撰，王利器纂辑，天津人民出版社 1980 年。

中国历代年谱总录 杨殿珣编，北京图书馆出版社 1980 年，1996 年增订本。

清代杂剧全目（中国戏曲史资料丛刊） 傅惜华著，人民文学出版社 1981 年。

木鱼歌潮州歌叙录（明清说唱文学作品叙录丛书） 谭正璧、谭寻编著，书目文献出版社 1982 年。

清史稿艺文志及补编（附索引） （清）章钰等编，武作成补编，中华书局 1982 年。

汉书艺文志注释汇编 陈国庆编，中华书局 1983 年，台湾木铎出版社 1983 年。

明清稀见史籍叙录 武新立撰，金陵书画社 1983 年。

古典戏曲存目汇考 庄一拂编，上海古籍出版社 1983 年。

藏园群书经眼录 傅增湘著，中华书局 1983 年，2009 年。

中国善本书提要 王重民著，上海

古籍出版社 1983 年，1986 年。

明代版刻综录 杜信孚编，江苏广陵古籍刻印社 1983 年。

舆图要录（北京图书馆藏 6827 种中外文古旧地图目录） 北图善本特藏部舆图组编，书目文献出版社 1983 年，1987 年。

中国丛书综录（总目、子目、索引） 上海图书馆编，上海古籍出版社 1983 年，1994 年。

丛书集成初编目录 中华书局编，中华书局 1983 年。

书目答问补正 范希曾编，瞿凤起点校，上海古籍出版社 1983 年。

伦敦所见中国小说书目提要（文史哲研究资料丛书） 柳存仁编著，书目文献出版社 1983 年。

读书敏求记（文史哲研究资料丛书）（清）钱曾撰，丁瑜点校，书目文献出版社 1984 年。

善本碑帖录 张彦生著，中华书局 1984 年。

古书经眼录 雷梦水著，齐鲁书社 1984 年。

宝礼堂宋本书录 潘宗周、张元济著，江苏广陵古籍刻印社 1984 年。

温州经籍志 （清）孙诒让编，江苏广陵古籍刻印社 1984 年。

＊**香港中山图书馆图书总目录** 香港中山图书馆 1984 年。

文献通考经籍考 （元）马端临，华东师范大学出版社 1985 年。

升庵著述序跋 （明）杨慎撰，王文才、张锡厚辑，云南人民出版社 1985 年。

文禄堂访书记 王文进编撰，江苏广陵古籍刻印社 1985 年。

钱遵王读书敏求记校证 （清）钱曾撰，（清）管庭芬辑，章钰补辑，中国书店 1985 年，1996 年。

元明北杂剧总目考略 邵曾祺编著，中州古籍出版社 1985 年。

士礼居藏书题跋记续 （清）黄丕烈撰，缪荃孙辑，江苏广陵古籍刻印社 1985 年。

士礼居藏书题跋记 （清）黄丕烈撰，（清）潘祖荫辑，江苏广陵古籍刻印社 1985 年。

铁琴铜剑楼藏书目录 （清）瞿镛撰，江苏广陵古籍刻印社 1985 年。

铁琴铜剑楼藏书题跋集录 瞿良士辑，上海古籍出版社1985年。

自庄严堪善本书目 冀淑英编，天津古籍出版社1985年。

北魏佚书考 朱祖延编，中州古籍出版社1985年。

嘉业堂钞校本目录 罗振常撰，周子美编，华东师范大学出版社1986年。

寒瘦山房鬻存善本书目（群碧楼自著书） 邓邦述辑，江苏广陵古籍刻印社1986年。

中国古籍善本书目（经部） 中国古籍善本书目编委会编，上海古籍出版社1986年，1998年。

善本书室藏书志 （清）丁丙撰，江苏广陵古籍刻印社1986年。

群碧楼善本书录 邓邦述辑，江苏广陵古籍刻印社1986年。

小学考 （清）谢启昆撰，江苏广陵古籍刻印社1987年。

许学考 （清）黎经诰撰，江苏广陵古籍刻印社1987年。

北京图书馆古籍珍本丛刊拟目 北京图书馆古籍出版编辑组编，书目文献出版社1987年。

仪顾堂题跋续跋 （清）陆心源撰，江苏广陵古籍刻印社1987年。

宋元旧本书经眼录 （清）莫友芝撰，江苏广陵古籍刻印社1987年，江苏古籍出版社2000年，2001年，广陵书社2000年。

楹书隅录 （清）杨绍和撰，江苏广陵古籍刻印社1987年。

史略校笺 （宋）高似孙撰，周天游校笺，书目文献出版社1987年，北京图书馆出版社1996年。

郡斋读书志 （宋）晁公武撰，江苏广陵古籍刻印社1987年。

直斋书录解题 （宋）陈振孙撰，徐小蛮、顾美华点校，上海古籍出版社1987年。

汉书艺文志讲疏 （汉）班固编撰，顾实讲疏，上海古籍出版社1987年，2009年。

小学考 （清）谢启昆撰，文物出版社1988年，1992年。

＊**香港学海书楼藏书目录** 邓又同编，香港学海书楼1988年。

＊**学海书楼特藏广东文献书籍目**

录 邓又同编，香港市政局公共图书馆 1988 年，香港学海书楼 1995 年。

经义考 （清）朱彝尊编撰，文物出版社 1988 年，1992 年，中华书局 1998 年。

四库全书目录索引 上海古籍出版社编，上海古籍出版社 1989 年，2003 年。

中国善本书提要补编 王重民著，北京图书馆出版社 1989 年。

宋版书叙录 李致忠著，北京图书馆出版社 1989 年。

中国古籍善本书目（丛部） 中国古籍善本书目编委会编，上海古籍出版社 1989 年，1998 年。

汇刻书目 （清）顾修编，（清）王懿荣重编，江苏广陵古籍刻印社 1989 年。

士礼居藏书题跋记 （清）黄丕烈撰，（清）潘祖荫辑，周少川点校，书目文献出版社 1989 年。

清代各省禁书汇考 雷梦辰编著，书目文献出版社 1989 年。

万卷精华楼藏书记 （清）耿文光撰，江苏广陵古籍刻印社 1990 年，中华书局 1993 年，北京图书馆出版社 1997 年。

＊**中国地方志目录** 杨维坤编，香港大学图书馆 1990 年。

千顷堂书目（附索引） （清）黄虞稷撰，瞿凤起、潘景郑整理，上海古籍出版社 1990 年，2001 年。

郡斋读书志校证 （宋）晁公武撰，孙猛校证，上海古籍出版社 1990 年，2011 年。

汉书艺文志通释 张舜徽著，湖北教育出版社 1990 年。

汉书艺文志序译注 （汉）班固撰，马晓斌译注，中州古籍出版社 1990 年。

书林清话　书林余话（民国丛书第二编）（清）叶德辉著，上海书店 1990 年，1996 年。

四库提要订误 李裕民著，北京图书馆出版社 1990 年，中华书局 2005 年增订本。

北京图书馆藏善拓题跋辑录 王敏辑注，文物出版社 1990 年。

皕宋楼藏书志　皕宋楼藏书续志

(清人书目题跋丛刊一) (清) 陆心源撰，中华书局 1990 年。

仪顾堂题跋 续跋 善本书室藏书志 (清人书目题跋丛刊二) (清) 陆心源撰，(清) 丁丙撰，中华书局 1990 年。

铁琴铜剑楼藏书目录 楹书隅录 滂喜斋藏书记 (清人书目题跋丛刊三) (清) 瞿镛撰，(清) 杨绍和撰， (清) 潘祖荫撰，中华书局 1990 年。

钱遵王读书敏求记校证 爱日精庐藏书志 (清人书目题跋丛刊四) (清) 钱曾撰，(清) 张金吾撰，管庭芬、章钰校证，中华书局 1990 年。

抱经楼藏书志 (清人书目题跋丛刊五) (清) 沈德寿撰，中华书局 1990 年。

古籍宋元刊工姓名索引 王肇文编，上海古籍出版社 1990 年。

平津馆鉴藏书籍记 (清) 孙星衍撰，江苏广陵古籍刻印社 1990 年。

北京图书馆普通古籍总目 (自然科学门) 鲍国强主编，北京图书馆出版社 1990 年。

北京图书馆普通古籍总目 (文字学门) 寒冬虹主编，北京图书馆出版社 1990 年，1999 年。

北京图书馆藏墓志拓片目录 徐自强主编，冀亚平、王巽文编辑，中华书局 1990 年。

北京图书馆普通古籍总目 (古器物学门) 伍跃主编，北京图书馆出版社 1991 年。

北京图书馆普通古籍总目 (目录门) 鲍国强主编，北京图书馆出版社 1991 年，1992 年。

艺风堂藏书记 艺风堂藏书续记 艺风堂藏书再续记 艺风堂金石文字目 (清) 缪荃孙撰，江苏广陵古籍刻印社 1991 年。

古籍版本题记索引 罗伟国、胡平撰，上海书店出版社 1991 年。

四库全书考证 (清) 王太岳、王燕绪等辑，书目文献出版社 1991 年，1992 年。

中国第一历史档案馆馆藏清代朱批奏摺财政类目录 中国历史档案馆编，中国财政经济出版社 1991 年。

荛圃藏书题识　（清）黄丕烈撰，（清）缪荃孙等辑，江苏广陵古籍刻印社1991年。

开有益斋读书志　（清）朱绪曾撰，江苏广陵古籍刻印社1991年。

适园藏书志　张钧衡藏并编，江苏广陵古籍刻印社1991年。

中国古籍善本书目（史部）　中国古籍善本书目编委会编，上海古籍出版社1991年，1998年。

日本访书志　（清）杨守敬撰，江苏广陵古籍刻印社1991年。

道藏提要　任继愈主编，中国社会科学出版社1991年，1995年。

金山钱氏家刊书目　（清）钱培孙汇编，江苏广陵古籍刻印社1991年。

文瑞楼藏书目录　（清）金檀撰，江苏广陵古籍刻印社1991年。

渔洋读书记　（清）王士禛撰，王绍曾、杜泽逊编，青岛出版社1991年。

内阁藏书目录（适园丛书）（明）孙能传、张萱等撰，文物出版社1992年。

千顷堂书目（适园丛书）（清）黄虞稷撰，文物出版社1992年。

补三国艺文志　（清）姚振宗撰，文物出版社1992年。

天禄琳琅书目　（清）于敏中撰，江苏广陵古籍刻印社1992年。

四库全书总目提要　李经纬、孙学威编校，上海科学技术出版社1992年。

续修四库全书总目提要（经部）　中国科学院图书馆整理，中华书局1993年。

黄丕烈书目题跋　顾广圻书目题跋（清人书目题跋丛刊六）（清）黄丕烈撰，（清）顾广圻撰，中华书局1993年。

开有益斋读书志　续志　艺风藏书记　续记　再续记（清人书目题跋丛刊七）（清）朱绪曾撰，（清）缪荃孙撰，中华书局1993年。

藏园订补郘亭知见传本书目　（清）莫友芝撰，傅增湘订补，傅熹年整理，中华书局1993年，2009年。

楚辞书目五种续编　崔富章编撰，上海古籍出版社1993年。

易学书目 山东省图书馆编，齐鲁书社 1993 年。

山东文献书目 王绍曾主编，张长华等编辑，齐鲁书社 1993 年。

红雨楼题跋（八闽文献丛书）（明）徐𤊹撰，沈文倬点校，福建人民出版社 1993 年。

河南省图书馆中文古籍书目 李古寅主编，中州古籍出版社 1993 年。

中国古籍善本书目（子部） 中国古籍善本书目编委会编，上海古籍出版社 1994 年，1998 年。

明代书目题跋丛刊 冯惠民、李万健等选编，书目文献出版社 1994 年。

贩书经眼录 严宝善编录，浙江古籍出版社 1994 年。

北京图书馆藏北京石刻拓片目录 徐自强主编，王巽文、冀亚平编，北京图书馆出版社 1994 年。

清代内府刻书目录解题 故宫博物院图书馆、辽宁省图书馆编撰，紫禁城出版社 1995 年。

天禄琳琅书目 天禄琳琅书目后编 绛云楼题跋 绣谷亭薰习录 拜经楼藏书题跋记（清人书目题跋丛刊十）（清）于敏中等撰，（清）彭元瑞等撰，（清）钱谦益撰，（清）吴焯撰，（清）吴寿旸撰，中华书局 1995 年。

＊香港学海书楼历史文献 香港学海书楼历年讲学提要汇辑 香港学海书楼藏广东文献书籍目录 邓又同编，香港学海书楼 1995 年。

北京图书馆藏石刻叙录 徐自强主编，北京图书馆出版社 1996 年。

蒙元版刻综录 潘国允、赵坤娟编，内蒙古大学出版社 1996 年。

北京图书馆藏甲骨文书籍提要 刘一曼、郭振录、徐自强编著，北京图书馆出版社 1996 年。

续修四库全书总目提要 中国科学院图书馆整理，齐鲁书社 1996 年。

中国文言小说总目提要 宁稼雨著，齐鲁书社 1996 年。

清代目录提要 来新夏著，齐鲁书社 1996 年。

日本见藏稀见中国地方志书录 崔建英编，北京图书馆出版社 1996 年。

古佚书辑本目录附考证 孙启治、陈建华编撰，中华书局 1997 年，上海古籍出版社 2009 年。

二十二种大藏经通检 童玮编，中华书局 1997 年。

中国古籍善本书目（集部） 中国古籍善本书目编委会编，上海古籍出版社 1997 年，1998 年。

钦定四库全书总目 （清）纪昀等撰，四库全书研究所整理中华书局 1997 年。

苏溪渔隐读书谱 （清）耿文光撰，北京图书馆出版社 1997 年。

书林清话　附书林余话（新世纪万有文库·传统文化书系）（清）叶德辉著，刘发、王申、王之江点校，辽宁教育出版社 1998 年。

叶德辉书话 （清）叶德辉著，李庆西标校，浙江人民出版社 1998 年。

书目答问二种（中国近代学术名著丛书）（清）张之洞著，陈居渊编，朱维铮校，生活·读书·新知三联书店 1998 年。

明代刊工姓名索引 李国庆编纂，上海古籍出版社 1998 年。

湖北省图书馆馆藏古籍稿本提要 阳海清主编，华中理工大学出版社 1998 年。

中国所藏高丽古籍综录（韩国研究丛书之十） 黄建国、金初昇主编，汉语大词典出版社 1998 年。

重整内阁大库残本书影 故宫博物院文献馆编，江苏广陵古籍刻印社 1998 年。

明代版刻图释 周心慧主编，学苑出版社 1998 年。

北京图书馆古籍善本书目 北京图书馆编，北京图书馆出版社 1998 年。

北京大学图书馆藏古籍善本书目 北京大学图书馆编，北京大学出版社 1999 年。

中国国家图书馆古籍珍品图录 任继愈主编，北京图书馆出版社 1999 年。

红楼梦版刻图录 江苏广陵古籍刻印社编，江苏广陵古籍刻印社 1999 年。

书目答问补正（书目书话丛书）（清）张之洞著，范希曾补正，高路明点校，北京燕山出版社 1999 年，

2008 年。

书林清话外二种（书目书话丛书）（清）叶德辉撰，紫石点校，北京燕山出版社 1999 年，2008 年。

书林清话　书林余话（旧籍新刊）（清）叶德辉著，岳麓书社 1999 年。

书林清话（21 世纪文库）（清）叶德辉著，延边人民出版社 1999 年。

宋元书刻牌记图录　林申清编著，北京图书馆出版社 1999 年。

新编道藏目录　钟肇鹏编著，北京图书馆出版社 1999 年。

宋人别集叙录　祝尚书著，中华书局 1999 年。

四库全书总目提要　（清）永瑢、（清）纪昀主编，海南出版社 1999 年。

四库全书总目提要　（清）纪昀总纂，河北人民出版社 2000 年。

越缦堂读书记　（清）李慈铭撰，由云龙辑，上海书店出版社 2000 年。

＊**香港中文大学图书馆古籍善本书录**　香港中文大学图书馆系统编，香港中文大学出版社 1999 年，2001 年增订版。

＊**何东图书馆馆藏中国古籍展览目录**　澳门中央图书馆主编，澳门特别行政区政府文化局、澳门中央图书馆 2000 年。

＊**翁方纲纂四库提要稿**　（清）翁方纲纂，澳门中央图书馆、上海图书馆 2000 年。

敦煌遗书总目索引新编　敦煌研究院编，中华书局 2000 年。

铁琴铜剑楼藏书目录　（清）瞿镛编纂，瞿果行标点、瞿凤起复校，上海古籍出版社 2000 年。

上海图书馆馆藏家谱提要　上海图书馆编，上海古籍出版社 2000 年。

书目答问补正　范希曾编，方菲点校整理，江苏古籍出版社 2000 年。

宋元旧本书经眼录　（清）莫友芝编，北京图书馆出版社 2000 年，2001 年。

宋元版刻图释　陈坚、马文大辑，学苑出版社 2000 年。

清代敕修书籍御制序跋暨版式留

真 朱赛虹编，北京图书馆出版社2001年。

中国拍卖古籍文献目录 姜寻编，上海书店出版社2001年。

书目答问补正（蓬莱阁丛书 世纪文库）（清）张之洞著，范希曾补正，徐鹏导读，上海古籍出版社2001年，2010年，2011年。

玉函山房藏书簿录 （清）马国翰编撰，北京图书馆出版社2001年。

朱修伯批本四库简明目录 （清）朱学勤标注，北京图书馆出版社2001年。

＊**香港中文大学图书馆古籍善本书录** 香港中文大学图书馆系统编；王世伟、陈秉仁、周秋芳主编；林炽荣修订，香港中文大学出版社2001年。

＊**中国教会文献目录：上海市档案馆珍藏资料** 上海市档案馆、美国旧金山大学利玛窦中西文化历史研究所合编，马长林、吴小新主编，上海古籍出版社2002年。

江西公藏谱牒目录提要 梁洪生著，江西教育出版社2002年。

海源阁书目五种 （清）杨绍和等撰，王绍曾、崔国光等整理订补，齐鲁书社2002年。

中国历史博物馆藏普通古籍目录 中国历史博物馆图书资料信息中心编，北京图书馆出版社2002年。

北京师范大学图书馆古籍善本书目 北京师范大学图书馆古籍部编，北京图书馆出版社2002年。

全明分省分县刻书考 杜信孚编，线装书局2002年。

珍本古籍文献举要 姜亚沙编，北京图书馆出版社2002年。

忏玉楼丛书提要 吴克岐辑，北京图书馆出版社2002年。

小说书坊录 王清原、牟仁隆、韩锡铎编纂，北京图书馆出版社2002年。

续四库提要三种 胡玉缙著，吴格整理，上海书店出版社2002年。

蛾术轩箧存善本书录 王欣夫著，鲍正鹄、徐鹏标点整理，上海古籍出版社2002年。

道藏书目 潘雨廷编，上海古籍出版社2003年。

明清藏书目三种 （清）钱谦益等

撰，北京图书馆出版社 2003 年。

中国丛书题识 施廷镛编著，北京图书馆出版社 2003 年。

全蜀艺文志 （明）杨慎编，线装书局 2003 年。

宋版书考录 （清）黄丕烈、王国维等撰，北京图书馆出版社 2003 年。

铁琴铜剑楼书影（珍稀古籍书影丛刊之一） 瞿启甲编，北京图书馆出版社 2003 年。

盋山书影（珍稀古籍书影丛刊之二） 南京国学图书馆编，北京图书馆出版社 2003 年。

涉园所见宋版书影·文禄堂书影·宋元书式（珍稀古籍书影丛刊之三） 陶湘等编，北京图书馆出版社 2003 年。

嘉业堂善本书影 故宫善本书影（珍稀古籍书影丛刊之四） 刘承幹等编，北京图书馆出版社 2003 年。

续修四库全书总目录索引 《续修四库全书》编委会、复旦大学图书馆古籍部编，上海古籍出版社 2003 年。

宋元本行格表 （清）江标撰，广陵书社 2003 年。

汉籍善本考 ［日］岛田翰撰，北京图书馆出版社 2003 年。

稿本中国古籍善本书目书名索引 天津图书馆编，齐鲁书社 2003 年。

中国丛书综录续编 施廷镛编著，北京图书馆出版社 2003 年。

中国农业古籍目录 中国农业科学院、南京农业大学、中国农业遗产研究室编，北京图书馆出版社 2003 年。

山东师范大学图书馆馆藏古籍书目 张宗茹、王恒柱编纂，齐鲁书社 2003 年。

新订清人诗学书目 张寅彭辑著，上海古籍出版社 2003 年。

近代译书目 （清）王韬等著，北京图书馆编，北京图书馆出版社 2003 年。

香港所藏古籍书目 贾晋华主编，上海古籍出版社 2003 年。

长江流域历史地志书目提要 白国安等主编，湖北科学技术出版社 2003 年。

＊**香港大学冯平山图书馆藏善本**

书录 香港大学冯平山图书馆编，李直方、张丽娟增补，尹耀全、陈伟明、林柔云编辑，香港大学出版社2003年。

历代珍稀版本经眼图录 吴希贤辑汇，中国书店2003年。

清代文集篇目分类索引 王重民、杨殿珣编，北京图书馆出版社2003年。

美国俄亥俄州立大学图书馆中文古籍书录 李国庆著，广西师范大学出版社2003年。

释家艺文提要 周叔迦著，北京古籍出版社2004年。

留真谱（珍稀古籍书影印刊之五）（清）杨守敬编，北京图书馆出版社2004年。

宋人总集叙录 祝尚书著，中华书局2004年。

中国古代小说总目 石昌渝主编，山西教育出版社2004年。

美国国会图书馆藏中文古地图叙录 李孝聪编著，文物出版社2004年。

四库全书中绍兴人著录提要 绍兴县地方志编纂委员会编，中华书局2004年。

中国少数民族古籍总目提要·白族卷 国家民委全国少数民族古籍整理研究室编，中国大百科全书出版社2004年。

内蒙古自治区线装古籍联合目录 何远景主编，北京图书馆出版社2004年。

书目答问校补 （清）张之洞著，吕幼樵校补，张新民审补，贵州人民出版社2004年。

苏州图书馆馆藏善本提要·经部 苏州图书馆编，凤凰出版社2004年。

成都图书馆馆藏善本书目 成都图书馆编著，四川大学出版社2004年。

成都市古籍联合目录 成都图书馆编著，四川大学出版社2004年。

西谛书目（现代图书版本与收藏丛刊） 北京图书馆编，北京图书馆出版社2004年。

清代禁毁书目题注 施廷镛编著，北京图书馆出版社2004年。

湖北省图书馆藏古籍善本图录（湖北省图书馆百年馆庆系列丛书）　万群华、胡银仿主编，湖北省图书馆编，北京图书馆出版社2004年。

中华大藏经总目　中华大藏经编辑局编，中华书局2004年。

武汉图书馆馆藏古籍善本书志·第1辑　韩兆海、张颖主编，湖北人民出版社2004年。

古籍珍稀版本知见录　施廷镛编著，北京图书馆出版社2005年。

访书余录（珍稀古籍书影丛刊之六）　［日］和田维四郎编，北京图书馆出版社2005年。

温州地方文献联合目录　郑笑笑主编，北京图书馆出版社2005年。

梁氏饮冰室藏书目录　国立北平图书馆编，北京图书馆出版社2005年。

柏克莱加州大学东亚图书馆中文古籍善本书志　柏克莱加州大学东亚图书馆编，上海古籍出版社2005年。

温州经籍志（温州文献丛书）（清）孙诒让撰，潘猛补校补，上海社会科学院出版社2005年。

中国古代小说总目提要　朱一玄等编著，人民文学出版社2005年。

吐鲁番文书总目·日本收藏卷（武汉大学学术丛书）　陈国灿、刘安志主编，武汉大学出版社2005年。

四库及续修四库医书总目　刘时觉编，中国中医药出版社2005年。

翁方纲纂四库提要稿　（清）翁方纲纂，吴格整理，上海科学技术文献出版社2005年。

西谛书话（中国文库．第2辑，综合·普及类）　郑振铎著，生活·读书·新知三联书店2005年。

中国丛书知见录　施廷镛编著，施锐等整理，北京图书馆出版社2005年。

汉艺文志考证（中华再造善本）（宋）王应麟撰，北京图书馆出版社2006年。

明代闵凌刻套印本图录　王荣国、王筱雯、王清原主编，广陵书社2006年。

八旗艺文编目（满族研究书系）　恩华纂辑，关纪新整理，辽宁民族出版社2006年。

大连图书馆藏少数民族古籍图书综录 杨丰陌、张本义主编，辽宁民族出版社2006年。

南平市古籍文献联合目录 林碧英主编，南平市图书馆编，海潮摄影艺术出版社2006年。

明别集版本志 崔建英辑，贾卫民、李晓亚整理，中华书局2006年。

梵蒂冈图书馆所藏汉籍目录 ［法］伯希和编，［日］高田时雄补编，郭可译，中华书局2006年。

中国农学书录 王毓瑚编著，中华书局2006年。

中国少数民族古籍集解 张公瑾主编，《中国少数民族古籍集解》编委会编纂，云南教育出版社2006年。

《四库全书》提要稿辑存（《四库全书》研究资料丛刊） 张升编，北京图书馆出版社2006年。

中国少数民族古籍总目提要·东乡族卷、裕固族卷、保安族卷 国家民族事务委员会全国少数民族古籍整理研究室编写，中国大百科全书出版社2006年。

文津阁本四库全书提要 《四库全书》出版工作委员会编，商务印书馆2006年。

卷庵书跋（中国历代书目题跋丛书.第2辑） 叶景葵著，上海古籍出版社2006年。

劫中得书记（中国历代书目题跋丛书.第2辑） 郑振铎著，上海古籍出版社2006年。

著砚楼书跋（中国历代书目题跋丛书.第2辑） 潘景郑著，上海古籍出版社2006年。

读易提要（当代易学研究丛刊） 潘雨廷著，上海古籍出版社2006年。

上海图书馆藏明清名家手稿 上海图书馆编，上海古籍出版社2006年。

潍坊古籍书目 栗祥忠、戴维政主编，北京图书馆出版社2006年。

文禄堂访书记（中国历代书目题跋丛书.第2辑） 王文进著，柳向春标点，上海古籍出版社2006年。

＊**澳门大学图书馆古籍特藏图录** 澳门大学图书馆编，澳门大学2006年。

祁阳陈澄中旧藏善本古籍图录 中国国家图书馆、上海图书馆、中国嘉德国际拍卖有限公司编，上海古籍出版社 2006 年。

章氏四当斋藏书目 顾廷龙编，北京图书馆出版社 2007 年。

书目答问 （清）张之洞著，首都师范大学出版社 2007 年。

书目答问补正 （清）张之洞著，范希曾补正，广陵书社 2007 年。

书林清话 附书林余话：图文本 （清）叶德辉著，广陵书社 2007 年。

贵州省古籍联合目录 陈琳主编，贵州人民出版社 2007 年。

双行精舍书跋辑存 王献唐著，青岛出版社 2007 年。

山西省图书馆古籍善本书目（文源丛书） 山西省图书馆编，山西人民出版社 2007 年。

郭象升藏书题跋（文源丛书） 袁长江主编，山西省图书馆编，山西古籍出版社 2007 年。

大藏经总目提要．经藏 陈士强著，上海古籍出版社 2007 年。

四库系列丛书目录·索引 复旦大学图书馆古籍部编，上海古籍出版社 2007 年。

读书敏求记校证（中国历代书目题跋丛书．第 2 辑） （清）钱曾撰，管庭芬、章珏校证，佘彦焱标点，上海古籍出版社 2007 年。

拜经楼藏书题跋记（中国历代书目题跋丛书．第 2 辑） （清）吴寿旸撰，郭立暄标点，上海古籍出版社 2007 年。

思适斋书跋（中国历代书目题跋丛书．第 2 辑）
（清）顾广圻撰，黄明标点，上海古籍出版社 2007 年。

滂喜斋藏书记 宝礼堂宋本书录（中国历代书目题跋丛书．第 2 辑） （清）潘祖荫著，潘宗周编，佘彦焱、柳向春标点，上海古籍出版社 2007 年。

艺风藏书记（中国历代书目题跋丛书．第 2 辑） 缪荃孙著，黄明、杨同甫标点，上海古籍出版社 2007 年。

天禄琳琅书目 天禄琳琅书目后编（中国历代书目题跋丛书．第 2 辑） （清）于敏中等著，（清）彭元瑞等著，徐德明标点，上海古籍出版社2007年。

四库存目标注（山东大学文史哲研究院专刊．第3辑） 杜泽逊撰，程远芬编，上海古籍出版社2007年。

吐鲁番文书总目．欧美收藏卷 荣新江主编，杨富学等编纂，武汉大学出版社2007年。

中国少数民族古籍总目提要·土族卷、撒拉族卷 张公瑾主编，国家民族事务委员会全国少数民族古籍整理研究室编，中国大百科全书出版社2007年。

中国少数民族古籍总目提要·锡伯族卷 张公瑾主编，贺忠德分册主编，中国大百科全书出版社2007年。

日藏汉籍善本书录 严绍璗编著，中华书局2007年。

郑堂读书记 （清）周中孚撰，北京图书馆出版社2007年。

历代著录画目正续编 ［美］福开森、容庚编，国家图书馆出版社2007年。

中国散藏敦煌文献分类目录（国家图书馆藏敦煌研究资料丛刊） 申国美编，北京图书馆出版社2007年。

地方志书目文献丛刊·书名索引 骈宇骞编，北京图书馆出版社2007年。

＊七略别录佚文 七略佚文 （汉）刘向、（汉）刘歆撰，（清）姚振宗辑录，邓骏捷校补，澳门大学出版中心2007年，上海古籍出版社2008年。

宋元旧本书经眼录 郘亭书画经眼录 （清）莫友芝著，张剑点校，中华书局2008年。

第一批国家珍贵古籍名录图录 中国国家图书馆、中国国家古籍保护中心编，国家图书馆出版社2008年。

西谛藏书善本图录（附西谛书目） 国家图书馆古籍馆编，中华书局2008年。

书目答问补正：批注本 （清）张之洞撰，范希曾补正，王伯祥批注，国家图书馆出版社2008年。

平津馆鉴藏书籍记 廉石居藏书记 孙氏祠堂书目 （清）孙星衍撰，焦桂美、沙莎标点，上海古籍出版社 2008 年。

持静斋书目　（清）丁日昌撰，路子强、王雅新标点，上海古籍出版社 2008 年。

书林清话　（清）叶德辉撰，李庆西标校，复旦大学出版社 2008 年。

书林清话：插图本（古籍版本基础知识丛书）（清）叶德辉撰，上海古籍出版社 2008 年。

书目答问补正：插图本（古籍版本基础知识丛书）（清）张之洞撰，范希曾补正，上海古籍出版社 2008 年。

明代版刻图典　赵前著，文物出版社 2008 年。

大藏经总目提要．文史藏　陈士强著，上海古籍出版社 2008 年。

晚清小说目录　刘永文编，上海古籍出版社 2008 年。

中国家谱总目　王鹤鸣主编，上海古籍出版社 2008 年。

地方经籍志汇编　贾贵荣、杜泽逊辑，北京图书馆出版社 2008 年。

郑堂读书记　（清）周中孚撰，黄曙辉、印晓峰标校，上海书店出版社 2009 年。

藏园订补郘亭知见传本书目　（清）莫友芝撰，傅熹年整理，中华书局 2009 年。

中国文化遗产研究院藏地方志书目　赫俊红主编，中国文化遗产研究院图书馆编，中华书局 2009 年。

仪顾堂书目题跋汇编（书目题跋丛书）（清）陆心源著，冯惠民整理，中华书局 2009 年。

宋元旧本书经眼录　持静斋藏书纪要　（清）莫友芝撰，邱丽玟、李淑燕点校，上海古籍出版社 2009 年。

中国古籍善本书目索引　南京图书馆编纂，上海古籍出版社 2009 年。

中国古籍总目·史部　中国古籍总目编纂委员会编，上海古籍出版社 2009 年。

中国古籍总目·丛书部　中国古籍总目编纂委员会编，中华书局 2009 年。

藏书题识　华延年室题跋　雁影斋题跋　（清）汪璐辑，（清）傅以礼撰，（清）李希圣撰，李慧、主父志波标点，上海古籍出版社 2009 年。

文选楼藏书记 （清）阮元撰，王爱亭、赵嫄点校，上海古籍出版社 2009 年。

书林清话（文津文库）（清）叶德辉著，耿素丽点校，国家图书馆出版社 2009 年。

八千卷楼书目 （清）丁立中编，国家图书馆出版社 2009 年。

汉文佛籍目录 宿白著，文物出版社 2009 年。

英藏法藏敦煌遗书研究按号索引（国家图书馆藏敦煌研究资料丛刊）申国美、李德范编，国家图书馆出版社 2009 年。

清末民国古籍书目题跋七种 程仁桃选编，国家图书馆出版社 2009 年。

历代史志书目丛刊 李万健、罗瑛辑，国家图书馆出版社 2009 年。

周叔弢古书经眼录 周叔弢撰，国家图书馆出版社 2009 年。

周叔弢批注楹书隅录 （清）杨绍和编撰，周叔弢批注，国家图书馆出版社 2009 年。

册府撷英：国家珍贵古籍特展图录（二〇〇九） 国家图书馆、国家古籍保护中心编，国家图书馆出版社 2009 年。

青岛市图书馆古籍书目 冷秀云主编，国家图书馆出版社 2009 年。

山东省珍贵古籍名录 山东省图书馆、山东省古籍保护中心编，齐鲁书社 2009 年。

山东省图书馆馆藏珍品图录 山东省图书馆编，齐鲁书社 2009 年。

中国古医籍书目提要 王瑞祥主编，中医古籍出版社 2009 年。

医籍叙录集 李茂如著，中医古籍出版社 2009 年。

浙江中医药古籍联合目录 胡滨、鲍晓东主编，中医古籍出版社 2009 年。

中华典籍聚珍：国家珍贵古籍特展图录 国家图书馆古籍馆编，浙江古籍出版社 2009 年。

天津图书馆古籍善本图录 天津图书馆编著，天津古籍出版社 2009 年。

河南省回族古籍总目提要 河南

省民族事务委员会编纂，中州古籍出版社2009年。

正史汇目 郑鹤声著，天津古籍出版社2009年。

曲海总目提要 俞为民、孙蓉蓉编，黄山书社2009年。

***北山汲古：利氏北山堂捐赠中国古籍善本** 香港中文大学文物馆编，香港中文大学文物馆2009年。

中国古籍总目·子部 中国古籍总目编纂委员会编，上海古籍出版社2010年。

曝书亭序跋潜采堂宋元人集目录竹垞行笈书目 （清）朱彝尊撰，杜泽逊、崔晓新点校，上海古籍出版社2010年。

潜研堂序跋 竹汀先生日记钞 十驾斋养新录摘抄 （清）钱大昕撰，程远芬点校，上海古籍出版社2010年。

天一阁书目天一阁碑目 （清）范邦甸等撰，江曦、李婧点校，上海古籍出版社2010年。

浙江采集遗书总录 （清）沈初等撰，杜泽逊、何灿点校，上海古籍出版社2010年。

郎园读书志 （清）叶德辉撰，杨洪升点校，上海古籍出版社2010年。

西班牙图书馆中国古籍书志 马德里自治大学东亚研究中心编，上海古籍出版社2010年。

增订丛书举要 杨守敬原编，国家图书馆出版社2010年。

知不足斋古籍序跋题记辑录 季秋华编辑，国家图书馆出版社2010年。

地方经籍志汇编书名索引 骈宇骞、宋志英编，国家图书馆出版社2010年。

藏书记：图文本 （明）祁承㸁等撰，广陵书社2010年。

增订书目答问补正 （清）张之洞撰，范希曾补正，孙文泱增订，中华书局2011年。

书目答问汇补 来新夏、韦力、李国庆汇补，中华书局2011年。

书目答问补订（湖北省社会科学院文库） （清）张之洞撰，范希曾补，徐扬杰订，湖北人民出版社2011年。

三十五名艺文经籍志考补萃编（第1—4卷） 王承略、刘心明编，清华大学出版社2011年。

温州经籍志（孙诒让全集） （清）孙诒让著，潘猛补点校，中华书局2011年。

清代诗文集汇编总目录·索引 上海古籍出版社编，上海古籍出版社2011年。

七录辑证 任莉莉著，上海古籍出版社2011年。

美国国会图书馆藏中文善本书续录 范邦瑾编，上海古籍出版社2011年。

北京师范大学图书馆藏古籍珍品鉴赏·定级图录 杨健主编，国家图书馆出版社2011年。

保定市图书馆古籍善本书目 王大琳主编，国家图书馆出版社2011年。

纪晓岚删定《四库全书总目》稿本 （清）永瑢、纪昀等撰，国家图书馆出版社2011年。

十堰市古籍联合书目 康安宇、孙代峰编，国家图书馆出版社2011年。

雪域宝典：西藏自治区入选第一、二、三批国家珍贵古籍名录古籍图录 努木主编，国家图书馆出版社2011年。

钱遵王读书敏求记校证 （清）钱曾撰，（清）管庭芬、章钰校证，中国书店2011年。

顾颉刚文库古籍书目 顾洪、张顺华编，中华书局2011年。

金石类

石鼓读 （清）吴东发撰，慎初堂1926年。

金史索（万有文库） （清）马云鹏、马云鹤编，商务印书馆1929年。

云南金石目略初稿 李根源著，曲石精庐1935年。

寰宇访碑录（万有文库） （清）孙星衍、邢澍著，商务印书馆1935年。

金石录补（丛书集成初编） （清）叶奕苞撰，商务印书馆1935年。

金石录补续跋（丛书集成初编） （清）叶奕苞撰，商务印书馆

1935年。

籀史（丛书集成初编）（宋）翟耆年撰，商务印书馆1935年。

古刻丛钞（两种）（丛书集成初编）（明）陶宗仪撰，（清）孙星衍重编，商务印书馆1936年。

叶氏菉竹堂碑目（丛书集成初编）（明）叶盛撰，商务印书馆1936年。

六一题跋（丛书集成初编）（宋）欧阳修撰，商务印书馆1936年。

宝刻类编（丛书集成初编）（宋）佚名撰，商务印书馆1936年。

石鼓文音释（丛书集成初编）（明）杨慎撰，商务印书馆1936年。

周秦刻石释音（丛书集成初编）（元）吾丘衍撰，商务印书馆1936年。

金石古文（丛书集成初编）（明）杨慎撰，商务印书馆1936年。

中州金石记（丛书集成初编）（清）毕沅撰，商务印书馆1936年。

关中金石记（丛书集成初编）（清）毕沅撰，商务印书馆1936年。

江宁金石待访目（丛书集成初编）（清）严观撰，商务印书馆1936年。

湖北金石诗（丛书集成初编）（清）严观撰，商务印书馆1936年。

泾川金石记（丛书集成初编）（清）赵绍祖撰，商务印书馆1936年。

南汉金石志（丛书集成初编）（清）吴兰修撰，商务印书馆1936年。

宝铁斋金石文跋尾（丛书集成初编）（清）韩崇撰，商务印书馆1936年。

鲍臆园手札（丛书集成初编）（清）鲍康著，商务印书馆1936年。

陈簠斋笔记（附手札）（丛书集成初编）（清）陈介祺著，商务印书馆1936年。

滇南古金石录（丛书集成初编）（清）阮福撰，商务印书馆1936年。

吴郡金石目（丛书集成初编）（清）程祖庆撰，商务印书馆1936年。

金石存（丛书集成初编）（清）吴玉搢撰，商务印书馆1936年。

中州金石目（附补遗）（丛书集成

初编）（清）姚晏记，商务印书馆1936年。

鼎录（丛书集成初编） 陈·虞荔撰，商务印书馆1936年。

考古图释文（丛书集成初编）（明）张九成撰，商务印书馆1936年。

绍兴内府古器评（丛书集成初编）（宋）张抡撰，商务印书馆1936年。

续考古图（丛书集成初编） （宋）佚名撰，商务印书馆1936年。

宣德鼎彝谱（丛书集成初编）（明）吕震等撰，商务印书馆1936年。

从古堂款识学（丛书集成初编）（清）徐同柏考释，商务印书馆1936年。

积古斋藏器目（丛书集成初编）（清）阮元撰，商务印书馆1936年。

清仪阁藏器目（丛书集成初编）（清）张廷济撰，商务印书馆1936年。

周无专鼎铭考（丛书集成初编）（清）罗士林撰，商务印书馆1936年。

两罍轩藏器目（丛书集成初编）（清）吴云编，商务印书馆1936年。

爱吾鼎斋藏器目（丛书集成初编）（清）李璋煜编，商务印书馆1936年。

簠斋藏器目（丛书集成初编）（清）陈介祺编，商务印书馆1936年。

簠斋藏器目第二本（丛书集成初编）（清）陈介祺编，商务印书馆1936年。

嘉应簃藏器目（丛书集成初编）（清）刘喜海编，商务印书馆1936年。

石泉书屋藏器目（丛书集成初编）（清）李佐吾编，商务印书馆1936年。

怀米山房藏器目（丛书集成初编）（清）曹载奎编，商务印书馆1936年。

愙斋藏器目（丛书集成初编）（清）吴大澄编，商务印书馆1936年。

梅花草庵藏器目（丛书集成初编）（清）丁彦臣编，商务印书馆1936年。

木庵藏器目（丛书集成初编）（清）程振甲编，商务印书馆1936年。

平安馆藏器目（丛书集成初编）（清）叶志铣编，商务印书馆1936年。

双虞壶斋藏器目（丛书集成初编）（清）吴式芬撰，商务印书馆1936年。

选青阁藏器目（丛书集成初编）（清）王锡棨撰，商务印书馆1936年。

簠斋传古别录（丛书集成初编）（清）陈介祺撰，商务印书馆1936年。

语石（国学基本丛书）（清）叶昌炽著，商务印书馆1936年，1939年。

古墨斋金石跋（丛书集成初编）（清）赵绍祖辑，商务印书馆1936年。

汉石例（丛书集成初编）（清）刘宝楠撰，商务印书馆1936年。

志铭广例（丛书集成初编）（清）梁玉绳撰，商务印书馆1936年。

汇堂摘奇（丛书集成初编）（明）王佐撰，商务印书馆1936年。

国山碑考（丛书集成初编）（清）吴骞撰，商务印书馆1936年。

嵩洛访碑日记（丛书集成初编）（清）黄易撰，商务印书馆1936年。

汉延熹西岳华山碑考（丛书集成初编）（清）阮元撰，商务印书馆1936年。

苏斋唐碑选（丛书集成初编）（清）翁方纲撰，商务印书馆1936年。

石墨镌华（丛书集成初编）（明）赵崡撰，商务印书馆1936年。

寰宇访碑录（丛书集成初编）（清）孙星衍、邢澍著，商务印书馆1937年。

宝刻丛编（丛书集成初编）（宋）陈思纂，商务印书馆1937年。

汉射阳石门画像汇考（丛书集成初编）（清）张宝德辑，商务印书馆1937年。

石门碑醳（丛书集成初编）（清）王森文撰，商务印书馆1937年。

元魏荥阳郑文公摩崖碑跋（丛书

集成初编）（清）诸可宝撰，商务印书馆 1937 年。

积古斋钟鼎彝器款识（丛书集成初编）（清）阮元撰，商务印书馆 1937 年。

金石订例（丛书集成初编）（清）鲍振方撰，商务印书馆 1937 年。

金石例补（丛书集成初编）（清）郭麐撰，商务印书馆 1937 年。

金石要例（丛书集成初编）（清）黄宗羲撰，商务印书馆 1937 年。

汉魏六朝墓铭纂例（丛书集成初编）（清）李富孙撰，商务印书馆 1937 年。

汉魏六朝唐代墓志金石例（丛书集成初编）（清）吴镐撰，商务印书馆 1937 年。

钱录（丛书集成初编）（清）梁诗正等奉敕撰，商务印书馆 1937 年。

钱币考（丛书集成初编）（清）佚名撰，（清）张廷济校注，商务印书馆 1937 年。

雍州金石记（附记余）（丛书集成初编）（清）朱枫撰，商务印书馆 1939 年。

京畿金石考（丛书集成初编）（清）孙星衍撰，商务印书馆 1939 年。

百砖考（丛书集成初编）（清）吕佺孙撰，商务印书馆 1939 年。

日本金石年表（丛书集成初编）［日］西田直养撰，商务印书馆 1939 年。

泉志（丛书集成初编）（宋）洪遵著，商务印书馆 1939 年。

钱法纂要（丛书集成初编）（明）丘濬编，商务印书馆 1939 年。

癖谈（丛书集成初编）（清）蔡云撰，商务印书馆 1939 年。

舆地碑记目（丛书集成初编）（宋）王象之撰，商务印书馆 1939 年。

蜀碑记补（附辨伪考异）（丛书集成初编）（宋）王象之撰，（清）李调元补编，（清）胡凤丹考校，商务印书馆 1939 年。

石刻铺叙（丛书集成初编）（宋）曾宏父纂述，商务印书馆 1939 年。

寒山堂金石林时地考（丛书集成初编）（明）赵均撰，商务印书馆

1939 年。

唐昭陵石迹考略（附谒唐昭陵记）（丛书集成初编）（清）林侗撰，商务印书馆 1939 年。

石刻题跋索引 杨殿珣著，商务印书馆 1941 年，1957 年。

古钱年号索引 卫聚贤著，中央银行经济研究室 1942 年。

十六长乐堂古器款识考 （清）钱坫撰，中国书店 1959 年，1991 年，2008 年。

希古楼金石萃编（嘉业堂金石丛书） 刘承幹编撰，文物出版社 1981 年。

海东金石苑（嘉业堂金石丛书）（清）刘喜海编撰，刘承幹校订，文物出版社 1981 年。

闽中金石志（嘉业堂金石丛书）（清）冯登府编撰，刘承幹校订，文物出版社 1981 年。

八琼室金石补正（嘉业堂金石丛书）（清）陆增祥撰，陆继辉校录，刘承幹复校，文物出版社 1981 年，1985 年。

邠州石室录（嘉业堂金石丛书） 叶昌炽编，刘承幹校订，文物出版社 1981 年。

金文著录简目 孙稚雏编，中华书局 1981 年。

两浙金石志 （清）阮元编、（清）阮福补遗，江苏广陵古籍刻印社 1984 年。

历代钟鼎彝器款识 （宋）薛尚功撰，辽沈书社 1985 年。

金石录校证（中国书学丛书）（宋）赵明诚撰，金文明校证，上海书画出版社 1985 年，广西师范大学出版社 2005 年。

啸堂集古录（宋人著录金文丛刊）（宋）王俅撰，中华书局 1985 年。

钟鼎款识（宋人著录金文丛刊）（宋）王厚之辑，中华书局 1985 年。

金石萃编 （清）王昶辑编，中国书店 1985 年。

攈古录金文 （清）吴式芬辑录，中国书店 1985 年，2011 年。

历代钟鼎彝器款识法帖（宋人著录金文丛刊）（宋）薛尚功撰，中华书局 1986 年。

绍兴内府古器评（宋人著录金文丛

刊）（宋）张抡撰，中华书局1986年。

铁云藏货 （清）刘鹗撰，中华书局1986年。

语石 （清）叶昌炽撰，上海书店1986年。

金石萃编 续编 补正 （清）王昶辑，方履篯补正，中国书店1986年。

考古图 续考古图 考古图释文（宋人著录金文丛刊）（宋）吕大临、赵九成撰，中华书局1987年。

山右石刻丛编（三晋古籍丛书）（清）胡聘之撰，山西人民出版社1988年。

山东考古录 （清）顾炎武、叶圭绶撰，江苏广陵古籍刻印社1988年。

江西考古录 （清）王谟撰，江苏广陵古籍刻印社1988年。

钱志新编 （清）张崇懿撰，江苏广陵古籍刻印社1989年。

钱录 （明）梁诗正、于敏中撰，天津市古籍书店1989年。

增广钟鼎篆韵（北京图书馆古籍珍本丛刊）（元）杨钧撰，书目文献出版社1989年，北京图书馆出版社2000年。

集钟鼎古文韵选（北京图书馆古籍珍本丛刊）（明）释道泰撰，书目文献出版社1989年，北京图书馆出版社2000年。

钦定钱录 （清）纪昀等编纂，三秦出版社1990年。

古今钱略 （清）倪模撰，江苏广陵古籍刻印社1990年。

宣和博古图 （宋）王黼撰，江苏广陵古籍刻印社1991年。

千甓亭古砖图释 （清）陆心源辑，中国书店1991年。

古泉汇 （清）李佐贤撰，江苏广陵古籍刻印社1991年。

西域考古录 （清）俞浩撰，江苏广陵古籍刻印社1991年。

西清古鉴（外二种）（四库艺术丛书）（清）梁诗正等撰，上海古籍出版社1991年。

钱录（外十五种）（四库艺术丛书）（清）梁诗正等撰，上海古籍出版社1992年。

顾炬钱谱辑佚（中国钱币文献丛书第一辑）（南朝梁）顾炬撰，邹志谅辑，上海古籍出版社 1992—1993 年。

泉志（中国钱币文献丛书第一辑）（宋）洪遵撰，上海古籍出版社 1992—1993 年。

论币所起（中国钱币文献丛书第一辑）（宋）罗泌撰，上海古籍出版社 1992—1993 年。

货泉沿革（中国钱币文献丛书第一辑）（宋）佚名撰，姚朔民整理，上海古籍出版社 1992—1993 年。

钱币谱（中国钱币文献丛书第一辑）（元）费著撰，上海古籍出版社 1992—1993 年。

钱币考（中国钱币文献丛书第一辑）（元）马端临撰，上海古籍出版社 1992—1993 年。

钱谱（中国钱币文献丛书第一辑）（明）董遹编，上海古籍出版社 1992—1993 年。

钱通（中国钱币文献丛书第一辑）（明）胡我琨撰，上海古籍出版社 1992—1993 年。

钱神志（中国钱币文献丛书第二辑）（明）李世熊编撰，上海古籍出版社 1992—1993 年。

钱录（中国钱币文献丛书第三辑）（清）张端木等撰，上海古籍出版社 1992—1993 年。

货泉备考（中国钱币文献丛书第三辑）（清）益斋主人撰，上海古籍出版社 1992—1993 年。

历代钟官图经（中国钱币文献丛书第三辑）（清）陈莱孝撰，上海古籍出版社 1992—1993 年。

古金待问录（中国钱币文献丛书第三辑）（清）朱枫辑，上海古籍出版社 1992—1993 年。

古金待问续录（中国钱币文献丛书第三辑）（清）朱枫辑，上海古籍出版社 1992—1993 年。

钦定钱录（中国钱币文献丛书第四辑）（清）梁诗正等撰，上海古籍出版社 1992—1993 年。

选钱斋笔记（中国钱币文献丛书第四辑）（清）吴钧撰，上海古籍出版社 1992—1993 年。

古金录（中国钱币文献丛书第四辑）（清）万光炜辑，上海古籍出版社 1992—1993 年。

钱录（外十五种）（四库艺术丛书）（清）梁诗正等撰，上海古籍出版社 1992 年。

吉金的见录（中国钱币文献丛书第五辑）（清）尚龄辑，上海古籍出版社 1992—1993 年。

钱币考（中国钱币文献丛书第五辑）（清）佚名撰，张廷济校注，上海古籍出版社 1992—1993 年。

清仪阁泉拓（中国钱币文献丛书第五辑）（清）张廷济辑，上海古籍出版社 1992—1993 年。

泉币图说（中国钱币文献丛书第五辑）（清）吴文炳、吴鸾纂辑，上海古籍出版社 1992—1993 年。

张叔未古泉拓本（中国钱币文献丛书第五辑）（清）张廷济辑，上海古籍出版社 1992—1993 年。

清仪阁钱谱（中国钱币文献丛书第六辑）（清）张廷济编，上海古籍出版社 1992—1993 年。

古今钱略（中国钱币文献丛书第七辑）（清）倪模撰，上海古籍出版社 1992—1993 年。

钱式图（中国钱币文献丛书第八辑）（清）谢堃辑，上海古籍出版社 1992—1993 年。

钱志新编（中国钱币文献丛书第八辑）（清）张崇懿校辑，上海古籍出版社 1992—1993 年。

便览宝泉志（中国钱币文献丛书第八辑）（清）小谪仙手订，上海古籍出版社 1992—1993 年。

新莽货布范（中国钱币文献丛书第八辑）（清）刘喜海辑，上海古籍出版社 1992—1993 年。

泉苑菁华（中国钱币文献丛书第八辑）（清）刘喜海撰，上海古籍出版社 1992—1993 年。

癖谈（中国钱币文献丛书第八辑）（清）蔡云撰，上海古籍出版社 1992—1993 年。

泉布统志（中国钱币文献丛书第九辑）（清）孟麟撰，上海古籍出版社 1992—1993 年。

泉史（中国钱币文献丛书第十辑）（清）盛大士撰，上海古籍出版社 1992—1993 年。

晴韵馆收藏古钱述记（中国钱币文献丛书第十辑）（清）金锡鬯撰，上海古籍出版社 1992—1993 年。

货布文字考（中国钱币文献丛书第十一辑）（清）马昂考释，上海古籍出版社 1992—1993 年。

退庵钱谱（中国钱币文献丛书第十一辑）（清）夏荃撰，上海古籍出版社 1992—1993 年。

选青小笺（中国钱币文献丛书第十一辑）（清）许元恺编释，上海古籍出版社 1992—1993 年。

平安馆泉拓（中国钱币文献丛书第十一辑）（清）叶志诜辑，上海古籍出版社 1992—1993 年。

两轩古泉拓本（中国钱币文献丛书第十二辑）（清）吴云辑，沈云考释，上海古籍出版社 1992—1993 年。

吉金志存（中国钱币文献丛书第十二辑）（清）李光庭辑，上海古籍出版社 1992—1993 年。

制钱通考（中国钱币文献丛书第十二辑）（清）唐与崑纂辑，上海古籍出版社 1992—1993 年。

古泉丛话（中国钱币文献丛书第十二辑）（清）戴熙撰，容庚校本，上海古籍出版社 1992—1993 年。

潘氏泉谱（中国钱币文献丛书第十二辑）（清）潘仕成辑，上海古籍出版社 1992—1993 年。

毗陵出土孝建四铢拓本（中国钱币文献丛书第十二辑）（清）吕佺孙辑，上海古籍出版社 1992—1993 年。

红藕花轩泉品（中国钱币文献丛书第十三辑）（清）马国翰撰，上海古籍出版社 1992—1993 年。

观古阁泉拓（中国钱币文献丛书第十四辑）（清）鲍康辑，上海古籍出版社 1992—1993 年。

古泉汇（中国钱币文献丛书第十六辑）（清）李佐贤等编，上海古籍出版社 1992—1993 年。

续泉汇（中国钱币文献丛书第十六辑）（清）鲍康、李佐贤编，上海古籍出版社 1992—1993 年。

铲迹暗所藏空首币目录（中国钱币文献丛书第十七辑）（清）杨继震编，上海古籍出版社 1992—1993 年。

硕庭泉范册（中国钱币文献丛书第十七辑）（清）潘志万辑，上海古籍出版社 1992—1993 年。

差不贫于古斋论钱杂稿（中国钱

币文献丛书第十七辑）（清）杨继震撰，上海古籍出版社 1992—1993 年。

古泉丛考（中国钱币文献丛书第十七辑）（清）徐士銮辑，上海古籍出版社 1992—1993 年。

巽斋所藏钱录（中国钱币文献丛书第十七辑）（清）费锡申辑，上海古籍出版社 1992—1993 年。

簠斋六泉十布拓本（中国钱币文献丛书第十七辑）（清）陈介祺撰，上海古籍出版社 1992—1993 年。

簠斋泉简录（中国钱币文献丛书第十七辑）（清）陈介祺撰，沈津标点，上海古籍出版社 1992—1993 年。

簠斋齐法化范集（中国钱币文献丛书第十七辑）（清）陈介祺辑，上海古籍出版社 1992—1993 年。

泉货汇考（中国钱币文献丛书第十八辑）（清）王锡棨撰，上海古籍出版社 1992—1993 年。

古泉薮（中国钱币文献丛书第十九辑）（清）李宝台手拓，杨守敬编，上海古籍出版社 1992—1993 年。

古泉杂咏（中国钱币文献丛书第二十辑）（清）叶德辉撰，上海古籍出版社 1992—1993 年。

古泉拓本（中国钱币文献丛书第二十辑）（清）江标辑，上海古籍出版社 1992—1993 年。

古今钱文考略（中国钱币文献丛书第二十辑）（清）酉州山人撰，上海古籍出版社 1992—1993 年。

癖泉臆说（中国钱币文献丛书第二十辑）（清）高焕文撰，上海古籍出版社 1992—1993 年。

楚金爰考（中国钱币文献丛书第二十辑）（清）龚心铭撰，上海古籍出版社 1992—1993 年。

谈泉杂录（中国钱币文献丛书第二十辑）（清）高焕文撰，上海古籍出版社 1992—1993 年。

泉货珍奇录（中国钱币文献丛书第二十辑）（清）高焕文辑，上海古籍出版社 1992—1993 年。

陶斋泉拓（中国钱币文献丛书第二十辑）（清）端方辑，上海古籍出版社 1992—1993 年。

古泉精选（中国钱币文献丛书第二十辑）（清）王懿荣辑，上海古籍出版社 1992—1993 年。

北京图书馆藏画像拓本汇编 北京图书馆善本部金石组编，冀亚平主编，北京图书馆出版社 1993 年。

顾烜钱谱辑佚 货泉沿革志 论币所起 钱币考 钱币谱 钱谱 钱通 （南朝梁）顾烜等撰，上海古籍出版社 1994 年。

陈介祺批校古泉汇（附续泉汇） （清）李佐贤撰、（清）陈介祺等编，书目文献出版社 1994 年。

古泉汇考 （清）翁树培撰，书目文献出版社 1994 年。

古泉汇考（中国公共图书馆古籍文献珍本汇刊） 全国公共图书馆古籍文献编委会汇编，中华全国图书馆文献缩微复制中心 1994 年。

语石 语石异同评（考古学专刊丙种第四号） （清）叶昌炽撰，柯昌泗评，陈公柔、张明善点校，中华书局 1994 年。

集古录（外六种） （四库艺术丛书）（宋）欧阳修等撰，上海古籍出版社 1995 年。

古刻丛钞（外十二种）（四库艺术丛书）（明）陶宗仪等撰，上海古籍出版社 1995 年。

来斋金石刻考略（四库艺术丛书）（清）林侗等撰，上海古籍出版社 1995 年。

历代钟鼎彝器款识法帖 （宋）薛尚功撰，中国书店 1996 年。

钱币图说 （清）吴文炳编，中国书店 1996 年。

积古斋钟鼎彝器款识 （清）阮元编，中国书店 1996 年。

金石索（海内古籍孤本稀见本选刊）（清）冯云鹏、冯云鹓辑，书目文献出版社 1996 年。

文石堂重刊曹氏吉金图 （清）曹秋舫辑，江苏广陵古籍刻印社 1997 年。

北京图书馆藏青铜器全形拓片集 北京图书馆编，北京图书馆出版社 1997 年。

中国国家图书馆藏青铜器全形拓片精品集（中华再造善本试制） 国家图书馆善本部编，北京图书馆出版社 2001 年。

墓志精华三十八种 北京图书馆出版社编，北京图书馆出版社

2001 年。

金石录（中华再造善本）（宋）赵明诚撰，北京图书馆出版社 2002 年。

啸堂集古录（中华再造善本）（宋）王俅撰，北京图书馆出版社 2003 年。

三代秦汉两宋（隋唐元附）金文著录表 王国维、罗福颐编，北京图书馆出版社 2003 年。

金石萃编校补 罗尔纲校补，中华书局 2003 年。

历代钟鼎彝器款识法帖（雕版珍本选粹）（宋）薛尚功撰，线装书局 2003 年。

泊如斋重修考古图 （宋）吕大临编撰，北京图书馆出版社 2003 年。

清代金文著录表 王国维、罗福颐编，北京图书馆出版社 2003 年。

贞松堂集古遗文 罗振玉编，北京图书馆出版社 2003 年。

汉武梁祠画像考 （清）瞿中溶著，北京图书馆出版社 2004 年。

金文历朔疏证 吴其昌著，北京图书馆出版社 2004 年。

至大重修宣和博古图录（中华再造善本）（宋）王黼等撰，北京图书馆出版社 2005 年。

簠斋金文考 （清）陈介祺著，陈继揆整理，文物出版社 2005 年。

簠斋金文题识 （清）陈介祺著，陈继揆整理，文物出版社 2005 年。

蒙古学金石文编题录 莎日娜主编，内蒙古大学出版社 2005 年。

宣德彝器图谱 （明）吕震等撰，中国书店出版社 2006 年。

宋代著录石刻纂注 刘昭瑞编著，北京图书馆出版社 2006 年。

河洛墓刻拾零 赵君平、赵文成编，国家图书馆出版社 2007 年。

金石全例（外一种） （清）朱记荣辑，国家图书馆出版社 2008 年。

国家图书馆章钰藏拓题跋集录 冀亚平编，国家图书馆出版社 2008 年。

历代陶文研究资料选刊续编 贾贵荣、张爱芳选编，北京图书馆出版社 2009 年。

秦汉石刻题跋辑录 容媛辑录，上海古籍出版社 2009 年。

金石录（齐鲁文化经典文库）（宋）赵明诚著，刘晓东、崔燕南点校，齐鲁书社 2009 年。

籀史（中华再造善本续编）（宋）翟耆年撰，国家图书馆出版社 2009 年。

宝刻丛编（中华再造善本续编）（宋）陈思辑，国家图书馆出版社 2009 年。

宝刻类编（中华再造善本续编）（宋）佚名撰，国家图书馆出版社 2009 年。

西清古鉴（中华再造善本续编）（清）梁诗正、蒋溥等纂修，国家图书馆出版社 2010 年。

南汉金石志补征（广州史志丛书）（清）吴兰修辑，（清）梁廷枏辑，陈鸿钧、黄兆辉补征，广东人民出版社 2010 年。

重修宣和博古图 （宋）王黼编纂，广陵书社 2010 年。

千甓亭古砖图释 （清）陆心源辑，浙江古籍出版社 2011 年。

赵绍祖金石学三种（安徽古籍丛书）（清）赵绍祖撰，牛继清、赵敏点校，黄山书社 2011 年。

史料汇编类

蒙古史料校注 王国维撰，清华学校研究院 1926 年。

中西交通史料汇编（辅仁大学丛书） 张星烺著，辅仁大学图书馆 1930 年。

明清史料·甲编 “中央研究院”历史语言研究所编，“中央研究院”历史语言研究所 1931 年，北京图书馆出版社 2008 年。

近代中国外交史资料辑要 蒋廷黻编，商务印书馆 1931 至 1934 年。

满清入关前与高丽交涉史料（国学文库） 国立北平历史博物馆编，文殿阁书庄 1932 年，1933 年。

清季外交史料附图 王亮编，外交史料编纂处 1933 年，书目文献出版社 1987 年。

同治重修圆明园史料 中国营造学社编，中国营造学社 1933 年。

满洲秘档 金梁编，1933 年金氏自刊。

清初史料四种 谢国桢辑，北平图书馆 1933 年。

清代燕都梨园史料 张江裁辑，邃雅斋 1934 年。

史料丛编 罗振玉辑，库籍整理处 1935 年。

明清史料·乙编 "中央研究院"历史语言研究所编，"中央研究院"历史语言研究所 1935 年，北京图书馆出版社 2008 年。

中国机械工程史料 刘仙洲编，国立清华大学出版事务所 1935 年。

明清天坛史料 单士元编，中国营造学社 1935 年。

明清史料·丙编 "中央研究院"历史语言研究所编，"中央研究院"历史语言研究所 1936 年，北京图书馆出版社 2008 年。

中国社会史料丛钞 瞿宣颖编，商务印书馆 1937 年，1938 年。

清代西藏史料丛刊（第 1 集） 吴丰培著，国立北平研究院史学研究会 1937 年。

契丹交通史料七种（国学文库）（宋）曾公亮等著，文殿阁书庄 1937 年。

清代燕都梨园史料续编 张江裁辑，松筠阁书店 1937 年。

历代征倭文献考 王婆楞著，正中书局 1940 年，1945 年。

近代国难史丛抄 阿英编，潮锋出版社 1940 至 1941 年。

中华民族御侮自卫文献 王德亮著，交通书局 1944 年。

中华民国开国前革命文献 陆曼炎编，名山出版公司 1944 年。

明清史料·丁编 中国科学院编，商务印书馆 1951 年，北京图书馆出版社 2008 年。

回民起义（中国近代史资料丛刊） 中国史学会编，神州国光社 1952 年。

捻军（中国近代史资料丛刊） 中国史学会编，神州国光社 1153 年。

明末农民起义史料 郑天挺等编，中华书局 1954 年，1957 年。

宋景诗起义史料 郑天挺、孙钺等编，中华书局 1954 年，1960 年。

太平天国史料 金毓黻等编，刘钧仁、王会庵点校，中华书局 1955 年，1959 年。

明初农民起义资料辑录 谢国桢编,新知识出版社 1956 年，上海人民出版社 1957 年。

捻军史料丛刊 江世荣编,商务印书馆 1957—1958 年。

戊戌变法档案史料 国家档案局明清档案馆编，中华书局 1958 年，1959 年。

捻军资料别集 谢崇桢编,上海人民出版社 1958 年。

金钱会资料 谢崇桢编,上海人民出版社 1958 年。

上海小刀会起义史料汇编 上海社会科学院历史研究所编，上海人民出版社 1958 年。

宋人轶事汇编 丁传靖辑，商务印书馆 1958 年，中华书局 1981 年。

宋景诗档案史料 国家档案局明清档案馆编，中华书局 1959 年。

清实录经济资料辑要 南开大学历史系编，中华书局 1959 年。

湘西土司辑略 谢华编撰，中华书局 1959 年。

义和团档案史料 国家档案局明清档案馆编，中华书局 1959 年。

三元里人民抗英斗争史料 广东省文史研究馆编，中华书局 1959 年，1978 年。

清代地震档案史料 国家档案局明清档案馆编，中华书局 1959 年。

中国哲学史资料选辑（两汉之部） 中国科学院哲学研究所中国哲学史室编，中华书局 1960 年，1982 年。

太平天国史料丛编简辑 太平天国历史博物馆编，中华书局上海编辑所 1961 至 1963 年。

陶渊明卷下编（古典文学研究资料汇编） 北京大学中文系文学史教研室教师、五六级四班同学编，中华书局 1961 年，1965 年。

陶渊明卷上编（古典文学研究资料汇编） 北京大学中文系、北京师范大学中文系教师同学编，中华书局 1962 年，1965 年。

太平天国革命在广西调查资料汇编 广西僮族自治区通志馆编，广西僮族自治区人民出版社 1962 年。

白居易资料汇编（古典文学研究资料汇编） 陈友琴编，中华书局 1962 年，1986 年。

陆游卷（古典文学研究资料汇编）

孔凡礼、齐治平编，中华书局1962年。

中国哲学史资料选辑（宋元明之部） 中国科学院哲学研究所中国哲学史室编，中华书局1962年，1982年。

中国哲学史资料选辑（清代之部） 中国科学院哲学研究所中国哲学史室编，中华书局1962年。

柔然资料辑录（中国科学院历史研究所资料丛编） 中国科学院历史研究所史料编纂组编，中华书局1962年。

孽海花资料 魏绍昌编，中华书局1962年，上海古籍出版社1982年。

中国运河史料选辑 朱偰编，中华书局1962年。

红楼梦卷（古典文学研究资料汇编） 一粟编，中华书局，1963年，1985年。

吕氏春秋中的音乐史料 吉联抗辑译，上海文艺出版社1963年，1978年。

宋代农民战争史料汇编 苏金源、李春圃编，中华书局1963年。

义和团运动史料丛编 北京大学历史系中国近现代史教研室编，中华书局1964年。

杜甫卷（上编唐宋之部）（古典文学研究资料汇编） 华文轩等编，中华书局1964年，1982年。

杨万里范成大资料汇编（古典文学研究资料汇编） 湛之编，中华书局1964年，1985年。

柳宗元卷（古典文学研究资料汇编） 吴文治编，中华书局1964年。

中国哲学史资料选辑（先秦之部） 中国科学院哲学研究所中国哲学史室编，中华书局1964年，1984年。

中国哲学史资料简编（宋元明部分） 中国科学院哲学研究所中国哲学史组、北京大学哲学系中国哲学史教研室编，中华书局1972年。

中国哲学史资料简编（清代近代部分） 中国科学院哲学研究所中国哲学史组、北京大学哲学系中国哲学史教研室编，中华书局1972年。

中国哲学史资料简编（两汉、隋唐部分） 中国科学院哲学研究所中国哲学史组、北京大学哲学系中国哲学史教研室编，中华书局

1973年。

中国哲学史资料简编（先秦部分） 中国科学院哲学研究所中国哲学史组、北京大学哲学系中国哲学史教研室编，中华书局1973年。

关于江宁织造曹家档案史料 故宫博物院明清档案部编，中华书局1975年。

两宋农民战争史料汇编 何竹淇编，中华书局1976年。

水浒资料汇编（古典文学研究资料汇编） 马蹄疾编，中华书局1977年，1980年。

中西交通史料汇编 张星烺编注，朱杰勤校订，中华书局1977至1979年，2003年。

黄庭坚和江西诗派卷（古典文学研究资料汇编） 傅璇琮编著，中华书局1978年。

太平天国革命时期广西农民起义资料 本书编辑组编，中华书局1978年。

清代档案史料丛编 故宫博物院明清档案部、中国第一历史档案馆编，中华书局1978至1990年。

清代中俄关系档案史料选编 中国第一历史档案馆、故宫博物院明清档案部编，中华书局1979至1981年。

清末筹备立宪档案史料 故宫博物院明清档案部编，中华书局1979年。

康雍乾时期城乡人民反抗斗争资料 中国人民大学清史研究室、档案系中国政治史教研室合编，中华书局1979年。

太平天国史料专辑（中华文史论丛增刊） 董蔡时等主编，上海古籍出版社1979年。

太平天国文书汇编 太平天国历史博物馆编，中华书局1979年。

太平天国资料汇编 太平天国历史博物馆编，中华书局1979至1980年。

唐五代农民战争史料汇编 张泽咸编，中华书局1979年。

三曹资料汇编（古典文学研究资料汇编） 河北师范学院中文系古典文学教研组编，中华书局1980年。

魏晋南北朝农民战争史料汇编 张泽咸、朱大渭编，中华书局

1980年。

隋末农民战争史料汇编 王永兴编，中华书局1980年。

朝鲜李朝实录中的中国史料 吴晗辑，中华书局1980年。

明清史资料 郑天挺主编，天津人民出版社1980年。

八国联军在天津（义和团资料丛编） 天津社会科学院历史研究所撰，齐鲁书社1980年。

清史资料 中国社会科学院历史研究所清史研究室编，中华书局1980至1989年。

春秋战国音乐史料 吉联抗辑译，上海文艺出版社1980年。

中国古籍中有关菲律宾资料汇编 中山大学东南亚历史研究所编，中华书局1980年。

山东教案史料（义和团资料丛编） 廉立之、王守中编，齐鲁书社1980年。

山东义和团案卷（近代史资料专刊） 中国社会科学院近代研究所近代史资料编辑室编，齐鲁书社1980年。

郑和下西洋资料汇编 郑鹤声、郑一钧编，齐鲁书社1980年。

曲阜孔府档案史料选编 曲阜县文管会等编辑，齐鲁书社1980至1988年。

秦汉音乐史料 吉联抗著，上海文艺出版社1981年。

元明清三代禁毁小说戏曲史料 王利器辑录，上海古籍出版社1981年。

水浒传资料汇编 朱一玄、刘毓忱编，百花文艺出版社1981年。

清代海河滦河洪涝档案史料 水利水电科学研究院水利史研究室编，中华书局1981年。

中国佛教思想资料选编（第一卷） 石峻、楼宇烈、方立天、许抗生、乐寿明编，中华书局1981年，1991年。

东北义和团档案史料（东北文史丛书） 辽宁省档案馆、辽宁社会科学院历史研究所选编，辽宁人民出版社1981年。

魏晋南北朝音乐史料 吉联抗辑译，上海文艺出版社1982年。

孔府档案选编 中国社会科学近代史研究所中华民国研究室、山东省曲阜文物管理委员会编，中华书局1982年。

少林寺资料集 无谷、刘志学编，书目文献出版社1982年。

清代地租剥削形态（乾隆刑科题本租佃关系史料之二） 中国第一历史档案馆、中国社会科学院历史研究所合编，中华书局1982年。

清末海军史料 张侠等合编，海洋出版社1982年。

秦汉农民战争史料汇编 安作璋编，中华书局1982年。

灵渠文献粹编 唐兆民编，中华书局1982年。

清代农民战争史资料选编 中国人民大学历史系、中国第一历史档案馆编，中国人民大学出版社1983至1991年。

中国佛教思想资料选编（第二卷） 石峻、楼宇烈、方立天、许抗生、乐寿明编，中华书局1983年，1991年。

韩愈资料汇编（古典文学研究资料汇编） 吴文治编，中华书局1983年。

三国演义资料汇编 朱一玄、刘毓忱编，百花文艺出版社1983年。

中国无神论资料选编（先秦编） 王友三编，顾曼君、马俊南注，中华书局1983年。

自立会史料集 杜迈之辑，岳麓书社1983年。

吴煦档案选编 中国太平天国历史博物馆编，江苏人民出版社1983至1984年。

天地会（清史资料丛刊） 中国人民大学清史研究所、中国第一历史档案馆编，中国人民大学出版社1983至1988年。

清代的矿业（清史资料丛刊） 中国人民大学清史研究所、档案系中国政治制度史研究室合编，中华书局1983年。

康熙统一台湾档案史料选辑 厦门大学台湾研究所、中国第一历史档案馆编，福建人民出版社1983年。

儒林外史研究资料 李汉秋辑校，上海古籍出版社1984年。

宋末四川战争史料选编 张昭曦、唐唯目编撰，四川人民出版社1984年。

三姓副都统衙门满文档案译编 辽宁省档案馆编，辽沈书社1984年。

清代藏事辑要（西藏研究丛刊） 张其勤辑，吴丰培增辑，西藏人民出版社1984年。

清代藏事辑要续编（西藏研究丛刊） 吴丰培辑，西藏人民出版社1984年。

清代四川财政史料（上） 鲁子健编，四川省社会科学院出版社1984年。

袁崇焕资料辑录（桂苑书林丛书） 阎崇年、俞三乐辑，广西民族出版社1984年。

反洋教书文揭帖选（义和团资料丛编） 王明伦选编，齐鲁书社1984年。

中日关系史资料汇编 汪向荣、夏应元编，中华书局1984年。

李清照资料汇编（古典文学研究资料汇编） 褚斌杰、孙崇恩、荣宪宾编，中华书局1984年。

少林寺资料集续编 无谷、姚远编，书目文献出版社1984年。

明代哈密吐鲁番资料汇编（新疆历史研究资料丛书） 陈高华编，新疆人民出版社1984年。

明代辽东档案汇编 辽宁省档案馆、辽宁省社会科学院历史研究所汇编，辽沈书社1985年。

明代西域史料辑要（古籍珍本丛书） 吴丰培主编，中央民族学院图书馆编，天津古籍出版社1985年。

金瓶梅资料汇编（中国古典小说名著资料丛刊） 朱一玄编，南开大学出版社1985年，2002年。

红楼梦资料汇编（中国古典小说名著资料丛刊） 朱一玄编，南开大学出版社1985年，2001年。

中国无神论资料选编（两汉编） 王友三编，顾曼君、马俊南注，中华书局1985年。

清入关前史料选辑 潘喆等编，中国人民大学出版社1985年，1989年。

四川教案与义和拳档案 四川省档案馆编，四川人民出版社1985年。

明清徽商资料选编 张海鹏、王廷元编，黄山书社1985年。

元代农民战争史料汇编 杨讷、陈高华等编，中华书局1985年。

盛京刑部原档（清太宗崇德三至崇德四年） 中国人民大学清史研究所编，中国第一历史档案馆译，群众出版社1985年。

＊**明实录中之天文资料** 何丙郁、赵令扬编，香港大学中文系1986年。

义和团运动史事要录 李文海等编，齐鲁书社1986年。

汤显祖研究资料汇编 毛效编，上海古籍出版社1986年。

金瓶梅资料汇录 方铭编，黄山书社1986年。

隋唐五代音乐史料 吉联抗辑译，上海文艺出版社1986年。

宋明音乐史料 吉联抗辑译，上海文艺出版社1986年。

辽金音乐史料 吉联抗辑译，上海文艺出版社1986年。

清人文集地理类汇编 谭其骧主编，浙江人民出版社1986至1990年。

三苏坟资料汇编 郏县档案馆编，河南大学出版社1986年。

中国古籍中有关柬埔寨资料汇编 陆峻岭、周绍泉编注，中华书局1986年。

宋代吐蕃史料集（一） 汤开建、刘建丽辑校，四川民族出版社1986年。

丝绸之路资料汇抄（中国文献珍本丛书） 中华全国图书馆文献缩微复制中心编，书目文献出版社1986年。

科布多史料辑存（中国文献珍本丛书） 吴丰培编，书目文献出版社1986年。

清季外交史料 （清）王彦威纂辑，王亮编，王敬立校，书目文献出版社1987年。

金瓶梅资料汇编（古典文学研究资料汇编） 黄霖编，中华书局1987年。

雍乾两朝镶红旗档 关嘉录译，佟永功校，辽宁人民出版社1987年。

清实录准噶尔史料摘编 《准噶尔史略》编写组编，新疆人民出版社1987年。

广西少数民族地区碑文、契约资料集（国家民委民族问题五种丛书·中国少数民族社会历史调查资料丛刊） 广西壮族自治区编辑组编，广西民族出版社1987年。

中国佛教思想资料选编（第三卷） 石峻、楼宇烈、方立天、许抗生、乐寿明编，中华书局1987至1990年，1991年。

明清史料戊编 台湾“中研院”历史语言研究所编，中华书局1987年。

明清史料己编 台湾“中研院”历史语言研究所编，中华书局1987年。

明清史料庚编 台湾“中研院”历史语言研究所编，中华书局1987年。

明清史料辛编 台湾“中研院”历史语言研究所编，中华书局1987年。

隋唐五代经济史料汇编校注（第一编） 王永兴编撰，中华书局1987年。

明清佛山碑刻文献经济资料 广东省社科院历史所中国古代史研究室等编，广东人民出版社1987年。

郑成功满文档案资料选译（清代台湾档案史料丛刊） 厦门大学台湾研究所、中国第一历史档案馆编辑部主编，中国第一历史档案馆满文部选译，福建人民出版社1987年。

龟兹史料 新疆大学图书馆编，吴平凡、朱英荣辑，新疆大学出版社1987年。

秦良玉史料集成 秦良玉史料研究编纂委员会编，四川大学出版社1987年。

清代燕都梨园史料（正续编） 张次溪编纂，吴启文等点校，中国戏剧出版社1988年。

崇德三年满文档案译编 季永海、刘景宪译，辽沈书社1988年。

清代淮河流域洪涝档案史料（清代江河洪涝档案史料丛书） 水利电力部水管司、水利水电科学研究院编，中华书局1988年。

清代珠江韩江洪涝档案史料（清代江河洪涝档案史料丛书） 水利电力部水管司、水利水电科学研究院编，中华书局1988年。

中国无神论资料选编（魏晋南北朝编） 王友三编，顾曼君、马俊南注，中华书局1988年。

匈奴史料汇编 林干编，中华书局1988年。

清代土地占有关系与佃农抗租斗争（乾隆刑科题本租佃关系史料之二） 中国第一历史档案馆、中国社会科学院历史研究所合编，中华书局 1988 年。

东北古史资料丛编（先秦两汉三国卷） 冯继钦、东郭士等编，辽沈书社 1989 年。

东北古史资料丛编（两晋—隋卷） 孙进已等编，辽沈书社 1989 年。

元代白莲教资料汇编 杨讷编，中华书局 1989 年。

中日战争（中国近代史资料丛刊续编） 戚其章主编，中华书局 1989 至 1996 年。

清末川滇边务档案史料 四川省民族研究所《清末川滇边务档案史料》编辑组编，中华书局 1989 年。

清代的旗地（清史资料丛刊） 中国人民大学清史研究所、档案系中国政治制度史教研究室合编，中华书局 1989 年。

唐文云南史料辑抄 袁任远、赵鸿昌辑，云南人民出版社 1989 年。

琵琶记资料汇编 侯百朋编，书目文献出版社 1989 年。

中国地方志民俗资料汇编 西北卷 丁世良、赵放主编，书目文献出版社 1989 年，北京图书馆出版社 1997 年。

中国地方志民俗资料汇编 华北卷 丁世良、赵放主编，书目文献出版社 1989 年，北京图书馆出版社 1997 年。

中国地方志民俗资料汇编 东北卷 丁世良、赵放主编，书目文献出版社 1989 年，北京图书馆出版社 1997 年。

西游记研究资料 刘荫柏编，上海古籍出版社 1990 年。

魏晋南北朝文学史参考资料 北京大学中国文学史教研室选注，中华书局 1990 年。

先秦文学史参考资料 北京大学中国文学史教研室选注，中华书局 1990 年。

两汉文学史参考资料 北京大学中国文学史教研室选注，中华书局 1990 年。

回族和中国伊斯兰教古籍资料汇编 张秀峰、马塞北选辑整理，宁夏少数民族古籍出版规划小组办公室编，天津古籍出版社 1990 年。

中国哲学史资料选辑（魏晋隋唐之部） 中国社会科学院哲学研究所中国哲学史研究室编，中华书局 1990 年。

满文老档 中国第一历史档案馆、中国社会科学院历史研究所译注，中华书局 1990 年。

掌故丛编 故宫博物院掌故部编，江苏广陵古籍刻印社 1990 年。

中国海关密档———赫德、金登干函电汇编 陈霞飞主编，中国第二历史档案馆、中国社会科学院近代史研究所编，中华书局 1990 至 1996 年。

清政府镇压太平天国档案史料 中国第一历史档案馆编，社会科学文献出版社 1990 至 2001 年。

义和团档案史料续编 中国第一历史档案馆编辑部编，中华书局 1990 年。

中国古典小说美学资料汇粹 孙逊、孙菊园编，上海古籍出版社 1991 年。

道教史资料 中国道教协会研究室编，上海古籍出版社 1991 年。

中国地方志民俗资料汇编 西南卷 丁世良、赵放主编，书目文献出版社 1991 年，北京图书馆出版社 1997 年。

中国地方志民俗资料汇编 中南卷 丁世良、赵放主编，书目文献出版社 1991 年，北京图书馆出版社 1997 年。

秦少游家谱学术资料选辑校注 秦子卿编选校注，江苏广陵古籍刻印社 1991 年。

清代长江流域西南国际河流洪涝档案史料（清代江河洪涝档案史料丛书） 水利电力部水管司、科技司、水利水电科学研究院编，中华书局 1991 年。

中国佛教思想资料选编（第四卷） 楼宇烈编，中华书局 1992 年。

鸦片战争档案史料 中国第一历史档案馆编，天津古籍出版社 1992 年。

宋代词学资料汇编 张惠民编，汕头大学出版社 1993 年。

清代黄河流域洪涝档案史料（清代江河洪涝档案史料丛书） 水利电力部水管司、科技司、水利水电科学研究院编，中华书局1993年。

盛京内务府粮庄档案汇编　辽宁省档案馆编译，辽沈书社1993年。

清代中琉关系档案选编　中国第一历史档案馆编，中华书局1993至2000年。

＊**清末议订中外商约交涉：盛宣怀往来函电稿**（香港中文大学中国文化研究所史料丛刊）　王尔敏、陈善伟编，香港中文大学出版社1993年。

＊**清季外交因应函电资料**（香港中文大学中国文化研究所史料丛刊）　吴伦霓霞、王尔敏合编，香港中文大学中国文化研究所、台北"中央研究院"近代史研究所1993年。

乾隆朝惩办贪污档案选编　俞炳坤、张书才主编，中国第一历史档案馆编，中华书局1994年。

中国载籍中南亚史料汇编　北京大学南亚研究所编，上海古籍出版社1994年。

清代东北阿城汉文档案选编　东北师范大学明清史研究所、中国第一历史档案馆合编，中华书局1994年。

唐人轶事汇编　周勋初主编，上海古籍出版社1995年，2006年。

明实录北京史料　赵其昌主编，北京古籍出版社1995年。

中法战争（中国近代史资料丛刊续编）　张振鹍主编，中华书局1995至2002年。

中国地方志民俗资料汇编　华东卷　丁世良、赵放主编，书目文献出版社1995年。

清末教案（中国近代史资料丛刊续编）　中国第一历史档案馆、福建师范大学历史系合编，中华书局1996至2000年。

小说旧闻钞（鲁迅古小说研究著作四种）　鲁迅校录，齐鲁书社1997年。

纂修四库全书档案（清代档案史料）　中国第一历史档案馆编，上海古籍出版社1997年。

魏晋南北朝隋唐史资料（第十五辑）　武汉大学魏晋南北朝唐史研究室编，武汉大学出版社1997年。

＊**盛宣怀实业朋僚函稿**（香港中文大学中国文化研究所史料丛刊）　王尔敏、吴伦霓霞合编，香港中文大学中国文化研究所1997年。

清代辽河、松花江、黑龙江流域洪涝档案史料　清代浙闽台地区

诸流域洪涝档案史料（清代江河洪涝档案史料丛书） 水利电力部水管司、科技司、水利水电科学研究院编，中华书局1998年。

旧上海史料汇编 上海通社编，北京图书馆出版社1998年。

儒林外史资料汇编 朱一玄、刘毓忱编，南开大学出版社1998年。

稀见清世史料并考释 王庆成编撰，武汉出版社1998年。

清代上海房地契档案汇编（上海档案史料丛编） 上海市档案馆编，上海古籍出版社1999年。

国家图书馆藏琉球资料汇编 黄润华、薛英编，北京图书馆出版社2000年，2003年。

历代石刻史料汇编 国家图书馆善本金石组编，北京图书馆出版社2000年。

工部局董事会会议录 上海市档案馆编，上海古籍出版社2001年。

李商隐资料汇编（古典文学研究资料汇编） 刘学锴、余恕诚、黄世中编，中华书局2001年。

秦观资料汇编（古典文学研究资料汇编） 周义敢、周雷编，中华书局2001年。

国家图书馆藏琉球资料续编 北京图书馆出版社编，北京图书馆出版社2002年。

同文汇考中朝史料（长白丛书） 赵兴元等选编，吉林文史出版社2002年。

雍正朝内阁六科史书·吏科 中国第一历史档案馆编，广西师范大学出版社2002年。

古籍中的大理（苍洱文苑丛书） 大理白族自治州王陵调查课题组编，云南民族出版社2003年。

养心殿造办处史料辑览（第1辑·雍正朝） 朱家溍选编，紫禁城出版社2003年。

清中前期西洋天主教在华活动档案史料 中国第一历史档案馆编，中华书局2003年。

中国古籍中有关缅甸资料汇编 余定邦、黄重言编，中华书局2003年。

先秦秦汉魏晋南北朝石刻文献全编 国家图书馆善本金石组编，北京图书馆出版社2003年。

隋唐五代石刻文献全编 国家图书馆善本金石组编，北京图书馆出版社 2003 年。

宋代石刻文献全编 国家图书馆善本金石组编，北京图书馆出版社 2003 年。

辽金元石刻文献全编 国家图书馆善本金石组编，北京图书馆出版社 2003 年。

明清石刻文献全编 国家图书馆善本金石组编，北京图书馆出版社 2003 年。

（清末）时事采新汇选 国家图书馆分馆编选，北京图书馆出版社 2003 年。

古傩史料·湖北地方志卷 袁艳梅主编，中央民族大学出版社 2003 年。

吐蕃文献选读 陈践、王尧译注，四川民族出版社 2003 年。

清季民国康区藏族文献辑要 赵心愚、秦和平编，四川民族出版社 2003 年。

《清实录》新疆资料辑录·光绪朝宣统朝卷 新疆社会科学院历史研究所编，新疆大学出版社 2003 年。

宋辽金元正史订补文献汇编（二十四史订补） 徐蜀编，北京图书馆出版社 2004 年。

隋唐五代正史订补文献汇编（二十四史订补） 徐蜀编，北京图书馆出版社 2004 年。

魏晋南北朝正史订补文献汇编（二十四史订补） 徐蜀编，北京图书馆出版社 2004 年。

《明史》订补文献汇编（二十四史订补） 徐蜀编，北京图书馆出版社 2004 年。

两汉书订补文献汇编（二十四史订补） 徐蜀编，北京图书馆出版社 2004 年。

《史记》订补文献汇编（二十四史订补） 徐蜀编，北京图书馆出版社 2004 年。

中国思想史参考资料集·隋唐至清卷（清华大学专门史系列教材） 刘国忠、黄振萍主编，清华大学出版社 2004 年。

中外旧约章大全：1689 ~ 1902. 第 1 分册（中国海关历史学术研究丛书） 陈帼培主编，中国海关出版社 2004 年。

清代外务部中外关系档案史料丛编·中西关系卷　中国第一历史档案馆等编，中华书局2004年。

清代外务部中外关系档案史料丛编·中葡关系卷（清代外务部中外关系档案史料丛编）　中国第一历史档案馆等编，中华书局2004年。

中国历代民族法律典籍："二十五史"有关少数民族法律史料辑要　方慧编著，民族出版社2004年。

明代社会经济史料选编：校勘本　谢国桢选编，牛建强等校勘，福建人民出版社2004年。

《滇系》云南经济史料辑校（云南省社会科学院研究文库）　王文成辑，江燕等点校，中国书籍出版社2004年。

中国历代屯垦资料选注　新疆生产建设兵团毛泽东屯垦思想研究会编，新疆人民出版社2004年。

汉冶萍公司（盛宣怀档案资料选辑）　陈旭麓、顾廷龙、汪熙主编，上海人民出版社2004年。

两宋货币史料汇编（中国钱币史丛书甲种本之十四）　汪圣铎编，中华书局2004年。

中国出版史料（古代部分）　宋原放主编，王有明辑注，湖北教育出版社2004年。

中国出版史料（近代部分）　宋原放主编，汪家熔辑注，湖北教育出版社2004年。

邸抄　（清）佚名撰，北京图书馆出版社2004年。

元代画家史料汇编　陈高华编著，杭州出版社2004年。

锡伯族古籍资料辑注　贺灵、佟克力辑注，新疆人民出版社2004年。

清代西迁新疆察哈尔蒙古满文档案全译　博尔塔拉蒙古自治州史志办编，新疆人民出版社2004年。

历代边事资料辑刊　北京图书馆出版社古籍影印室辑，北京图书馆出版社2005年。

《永乐大典》研究资料辑刊　张升编，北京图书馆出版社2005年。

明清宫藏地震档案　中国地震局、中国第一历史档案馆编，地震出版社2005年。

广东旧志瘟疫史料辑录与研究　刘正刚、刘波编，广东人民出版社

2005年。

东北农业经济史料集成 郑毅主编，吉林文史出版社2005至2007年。

中国思想史参考资料集·先秦魏晋至南北朝卷（清华大学专门史系列教材） 彭林、黄朴民主编，清华大学出版社2005年。

中国思想史参考资料集·晚清至民国卷（清华大学专门史系列教材） 蔡乐苏主编，清华大学出版社2005年。

隋唐五代小说研究资料 程国赋编著，上海古籍出版社2005年。

温州古代经济史料汇编（温州文献丛书） 俞光编，上海社会科学院出版社2005年。

明清之际温州史料集 陈光熙著，上海社会科学院出版社2005年。

中国民族史料汇编 潘光旦编著，天津古籍出版社2005年。

清代有关曹雪芹红楼梦资料 郭诚等撰，中国环境科学出版社2005年。

觅籍阅史看白国：白子国研究古籍文献选编（弥渡文苑丛书） 弥渡县"白子国研究"课题组编，云南民族出版社2005年。

辛弃疾资料汇编（古典文学研究资料汇编） 辛更儒编，中华书局2005年。

绍兴县馆藏清代档案集萃（绍兴县馆藏历史档案精品丛书） 绍兴县馆藏历史档案精品丛书编纂委员会编，中华书局2005年。

突厥稀见史料辑成：正史外突厥文献集萃 薛宗正辑注，新疆人民出版社2005年。

《清实录》江西资料汇编 邵鸿主编，万芳珍等编，江西人民出版社2005年。

明实录朝鲜资料辑录 刘菁华等选编，巴蜀书社2005年。

中国社会思想史资料选辑.先秦卷 陆学艺、王处辉主编，王处辉、周一骑、胡翼鹏选编，广西人民出版社2005年。

郑和下西洋资料汇编：增编本 郑鹤声、郑一均编，海洋出版社2005年。

清代奏折汇编：农业·环境 葛全胜主编，中国科学院地理科学与资源研究所、中国第一历史档案馆编，商务印书馆 2005 年。

国家图书馆藏西夏文献中汉文文献释录（国家图书馆善本特藏学术文库） 林世田主编，北京图书馆出版社 2005 年。

青海蒙古族史料集 何玲、张照云编，青海人民出版社 2005 年。

青海撒拉族史料集（青海少数民族古籍丛书） 韩建业编，青海人民出版社 2005 年。

清代军机处电报档汇编（国家清史编纂委员会·档案丛刊） 中国第一历史档案馆编，中国人民大学出版社 2005 年。

清末民初藏事资料选编：1876—1919（《西藏通史》资料丛刊） 卢秀璋主编，中国藏学出版社 2005 年。

清末民初宪政史料辑刊 （清）宪政编查馆等编，北京图书馆出版社影印室辑，北京图书馆出版社 2005 年。

清代外务部中外关系档案史料丛编．中英关系卷 中国第一历史档案馆等编，中华书局 2006—2009 年。

津海关密文解译：天津近代历史记录 天津海关、天津市档案局编译，中国海关出版社 2006 年。

青海土族史料集（青海少数民族古籍丛书） 米海萍、乔生华辑，青海人民出版社 2006 年。

中国南方回族古籍资料选编补遗（中国南方回族古籍丛书） 马建钊、张菽晖主编，民族出版社 2006 年。

《全唐诗》经济资料辑释与研究 卢华语主编，重庆出版社 2006 年。

方志所见文学资料辑释 张廷银辑释，北京图书馆出版社 2006 年。

正史佛教资料类编 杜斗城辑编，甘肃文化出版社 2006 年。

中国社会思想史资料选辑．秦汉魏晋南北朝隋唐卷 陆学艺、王处辉主编，王处辉、宣朝庆、胡翼鹏选编，广西人民出版社 2006 年。

刘贲文献汇编 谢汉强编注，广西人民出版社 2006 年。

明清皇宫黄埔秘档图鉴 李国荣、李和民主编，广州暨南大学出版社 2006 年。

明清小说资料选编 朱一玄著，南开大学出版社 2006 年。

香山明清档案辑录 中山市档案局（馆），中国第一历史档案馆编，上海古籍出版社 2006 年。

中琉历史关系档案·顺治朝 康熙朝 雍正朝 中国第一历史档案馆编，中国档案出版社 2006 年。

张孝祥资料汇编（古典文学研究资料汇编） 宛新彬编，中华书局 2006 年。

吴文英资料汇编（古典文学研究资料汇编） 马志嘉、章心绰编，中华书局 2006 年。

杜牧资料汇编（古典文学研究资料汇编） 张金海编，中华书局 2006 年。

明代蒙古汉籍史料汇编 薄音湖、王雄编辑点校，内蒙古大学出版社 2006 年。

中国状元殿试卷大全 邓洪波、龚抗云编著，上海教育出版社 2006 年。

古代榜文告示汇存 杨一凡、王旭编，社会科学文献出版社 2006 年。

清代以来天津土地契证档案选编（天津通史资料丛书万新平主编） 刘海岩主编，天津古籍出版社 2006 年。

清代外务部中外关系档案史料丛编．中英关系路矿实业 中国第一历史档案馆，北京大学、澳大利亚拉筹伯大学编，中华书局 2006 年。

湘报．一～一七七（中国近代期刊汇刊．第 2 辑） 《湘报》报馆编，中华书局 2006 年。

民报（中国近代期刊汇刊．第 2 辑） 《民报》报馆编，中华书局 2006 年。

康区藏族社会珍稀资料辑要 赵心愚、秦和平、王川编，巴蜀书社 2006 年。

厦门典藏契约文书（厦门市博物馆研究丛书） 陈娟英、张仲淳编著，福建美术出版社 2006 年。

清代中哈关系档案汇编．1 邢永福、哈·阿布赛依托娃主编，中国第一历史档案馆、哈萨克斯坦东方学研究所编，中国档案出版社 2006 年。

中琉历史关系档案·乾隆朝 中国第一历史档案馆编，中国档案出版社 2006 年。

清代台湾自然灾害史料新编（台海研究丛书） 徐泓主编，福建人民出版社 2007 年。

冯梦龙研究资料汇编（苏州历史文化名人资料汇编） 杨晓东编著，广陵书社 2007 年。

金圣叹研究资料汇编（苏州历史文化名人资料汇编） 孙中旺编著，广陵书社 2007 年。

伍子胥史料新编（苏州历史文化名人资料汇编） 吴恩培编著，广陵书社 2007 年。

中国社会思想史资料选辑．晚清卷 陆学艺、王处辉主编，刘集林、杨维灵选编，广西人民出版社 2007 年。

中国航海史基础文献汇编．第 1 卷：正史卷 孙光圻主编，中国航海史基础文献汇编编委会编，海洋出版社 2007 年。

明人笔记中的戏曲史料 吴晟辑注，江西人民出版社 2007 年。

湖北回族古籍资料辑要 答振益主编，湖北省民族宗教事务委员会编，宁夏人民出版社 2007 年。

明清民国海原史料汇编（海原史地资料丛书之三） 刘华编校，宁夏人民出版社 2007 年。

元遗山金元史述类编 降大任、魏绍源、狄宝心编，山西古籍出版社 2007 年。

明末江阴守城纪事 徐华根编，上海古籍出版社 2007 年。

郑观应档案名人手札 上海图书馆、澳门图书馆编，上海古籍出版社 2007 年。

中国民族史料汇编．《明史》之部 潘光旦编著，潘乃穆等整理，天津古籍出版社 2007 年。

二十四史魏晋南北朝时期西域史料汇编 陈世明、孟楠、高健编，新疆大学出版社 2007 年。

敦煌西域文献旧照片合校（国家图书馆藏敦煌研究资料丛刊） 李德范编著，北京图书馆出版社 2007 年。

《清实录》新疆资料辑录．同治朝卷 新疆社会科学院历史研究所编，周轩、修仲一整理订补，新疆大学出版社 2007 年。

清三通与续通考新疆资源辑录

(新疆中亚教学科研资料丛书) 高健、李芳主编，新疆大学出版社2007年。

北京先农坛史料选编 陈旭、董纪平主编，《北京先农坛史料选编》编纂组编，学苑出版社2007年。

妈祖文献史料汇编．第1辑，档案卷 蒋维锬、周金琰辑纂，中华妈祖文化交流协会等编，中国档案出版社2007年。

梅尧臣资料汇编（中国文学研究资料汇编） 周义敢、周雷编，中华书局2007年。

张耒资料汇编（古典文学研究资料汇编） 周义敢、周雷编，中华书局2007年。

清代外务部中外关系档案史料丛编．中英关系卷（第二册 留学办校） 中国第一历史档案馆北京大学，澳大利亚拉筹伯大学编，中华书局2007年。

译书公会报（中国近代期刊汇刊） 译书公会报报馆编，中华书局2007年。

绍兴县馆藏契约档案选集（绍兴县馆藏历史档案精品丛书） 绍兴县馆藏历史档案精品丛书编纂委员会编，中华书局2007年。

李白资料汇编．唐宋之部（古典文学研究资料汇编） 金涛声、朱文彩编，中华书局2007年。

清末民国财政史料辑刊 北京图书馆出版社影印室辑，北京图书馆出版社2007年。

清代文字狱史料汇编 北京图书馆出版社古籍影印室辑，北京图书馆出版社2007年。

《资治通鉴》边少民族史料汇编 王世威编，北京图书馆出版社2007年。

明清内阁大库史料合编 古籍影印室辑，国家图书馆出版社2008年。

清宫恭王府档案总汇．奕䜣秘档 中国第一历史档案馆、文化部恭王府管理中心编，国家图书馆出版社2008年。

《文献丛编》全编 故宫博物院编，北京图书馆出版社2008年。

《清实录》新疆资料辑录．道光朝卷 新疆社会科学院历史研究所编，新疆大学出版社2008年。

《清实录》新疆资料辑录．咸丰朝卷 新疆社会科学院历史研究所编，新疆大学出版社 2008 年。

司马相如资料汇编（古典文学研究资料汇编） 踪凡编，中华书局 2008 年。

晁补之资料汇编（古典文学研究资料汇编） 周义敢、周雷编，中华书局 2008 年。

苏舜钦资料汇编（古典文学研究资料汇编） 周义敢、周雷编，中华书局 2008 年。

清代外务部中外关系档案史料丛编·中英关系卷（第三册 通商贸易） 中国第一历史档案馆、北京大学、澳大利亚拉筹伯大学编，中华书局 2008 年。

圣号论衡：晚清《万国公报》基督教“圣号论争”文献汇编 李昌炽主编，上海古籍出版社 2008 年。

上海图书馆藏盛宣怀档案萃编 上海图书馆编，上海古籍出版社 2008 年。

外国人著清史八种 殷梦霞，李强选编，国家图书馆出版社 2008 年。

清宫恭王府档案总汇：和珅秘档 中国第一历史档案馆、文化部恭王府管理中心编，国家图书馆出版社 2009 年。

清宫恭王府档案总汇：永璘秘档 中国第一历史档案馆、文化部恭王府管理中心编，国家图书馆出版社 2009 年。

稀见明清经济史料丛刊·第一辑 于浩辑，国家图书馆出版社 2009 年。

曾巩资料汇编 李震编，中华书局 2009 年。

清代外务部中外关系档案史料丛编·中英关系卷（第四册 交聘往来） 中国第一历史档案馆、北京大学、澳大利亚拉筹伯大学编，中华书局 2009 年。

清代外务部中外关系档案史料丛编·中英关系卷（第五册 综合） 中国第一历史档案馆、北京大学、澳大利亚拉筹伯大学编，中华书局 2009 年。

突厥第二汗国汉文史料编年辑考（北大民族史文库） 吴玉贵著，中华书局 2009 年。

黄遵宪题批日人汉籍 郭真义、郑

海麟编著，中华书局2009年。

儒经“圣经”说 李申选编、标点，国家图书馆出版社2009年。

儒教报应论 李申选编、标点，国家图书馆出版社2009年。

儒教、孔教、圣教、三教称名说 李申选编、标点，国家图书馆出版社2009年。

儒经敬天说 李申选编、标点，国家图书馆出版社2009年。

中国古代侠义复仇史料萃编 王立、刘卫英编，齐鲁书社2009年。

西王母文化研究集成．文献资料卷 迟文杰主编，广西师范大学出版社2009年。

明实录山西史料汇编 张梅秀辑录，三晋出版社2009年。

虞舜大典．古文献卷 万里、刘范弟辑录点校，岳麓书社2009年。

国风报（中国近代期刊汇刊） 国风报馆编，中华书局2009年。

历代四书序跋题记资料汇编 顾宏义、戴扬本等编，上海古籍出版社2010年。

湘学报 （清）江标等编，湖南师范大学出版社2010年。

宋集序跋汇编（中国文学研究典籍丛刊） 祝尚书编，中华书局2010年。

西游记资料汇编（古典文学研究资料汇编） 蔡铁鹰编，中华书局2010年。

中琉历史关系档案·乾隆朝 中国第一历史档案馆编，中华书局2011年。

《清实录》与清档案中的广东少数民族史料汇编 练铭志、张菽晖主编，广东人民出版社2011年。

《册府元龟》唐史资料辑录 周绍良辑录，国家图书馆出版社2011年。

长沙野史类钞．古人笔记 陈泽珲主编，岳麓书社2011年。

长沙野史类钞．耆旧文存 陈泽珲主编，岳麓书社2011年。

李白与巴蜀资料汇编 丁稚鸿等编著，巴蜀书社2011年。

《乾隆帝起居注》巡幸盘山史料 常建华辑，天津古籍出版社2011年。

《清高宗实录》巡幸盘山史料 白新良辑，天津古籍出版社 2011 年。

清代四川巴县衙门咸丰朝档案选编 四川省档案局编，上海古籍出版社 2011 年。

姜夔资料汇编 贾文昭编，中华书局 2011 年。

中国国家图书馆藏清宫昇平署档案集成 中国国家图书馆编，中华书局 2011 年。

子　部

总　类

子书二十八种　育文书局辑，育文书局1911年。

六子全书　顾春辑，右文社1914年。

百子全书（新编小四库）　扫叶山房1919年，浙江人民出版社1984年，浙江古籍出版社1998年。

子书四十八种　五凤楼主人辑，五凤楼1920年。

诸子平议补录　（清）俞樾撰，李天根辑，双流李氏念劬堂1924年，中华书局1956年。

百子精华类钞　安西华编，中华印书局1932年。

诸子集成　国学整理社编，世界书局1935年，1936年，中华书局1954年，1996年，2006年，上海书店出版社1986年，1996年。

诸子学派要诠　王蘧常著，中华书局1936年，中华书局、上海书店1987年。

评注诸子菁华录　张之纯评注，商务印书馆1939年。

周秦诸子斠注十种　陈乃乾辑，中国学会，民国间刊行。

诸子平议　（清）俞樾撰，中华书局1954年。

诸子平议　诸子平议补录（清）俞樾、李玉根撰，中华书局1959年。

诸子新笺　高亨撰，山东人民出版社1961年，齐鲁书社1980年。

道藏子目引得　佛藏子目引得　洪业、聂崇岐等编，上海古籍出版社1986年，1988年。

淮南子通检春秋繁露通检 中法汉学研究所编，上海古籍出版社1986年。

吕氏春秋通检 论衡通检 中法汉学研究所编，上海古籍出版社1986年，1988年。

二十二子 （明）吴勉学辑，上海古籍出版社1986年，1995年。

邓析子 慎子 尹文子 鹖冠子（诸子百家丛书） （春秋）邓析撰，（战国）慎到撰，（战国）尹文撰，（战国）鹖冠子撰，东（汉）仲长统校定，（宋）陆佃解，上海古籍出版社1990年。

鬻子 公孙龙子 鬼谷子 子华子（诸子百家丛书） 旧题（周）鬻熊、（周）公孙龙、（周）程本撰，（唐）逄行注，上海古籍出版社1990年。

诸子文粹 （清）李宝编纂，岳麓书社1991年。

白话鬼谷子 白话黄石公三略（古典名著今译读本） 徐德欢、陈中琼译注，岳麓书社1995年。

新编白话诸子集成 建秋、爱学主编，中国工商联合出版社1996年。

诸子百家经典集粹 中外名人研究中心编纂，黄山书社1997年。

四库全书子部精要 金沛霖主编，天津古籍出版社1998年。

续百子全书 钟肇鹏选编，北京图书馆出版社1998年。

庄子 老子 韩非子（少儿读经典）青少年人文素质教育读本 庞大岳主编，湖北少年儿童出版社2004年。

诸子百论（中国古典名著时尚读本） 王立群等选释，中国青年出版社2004年。

老子 庄子 易传（中华古诗文经典诵读丛书） 刘文华总编纂，陈松青译注，中南大学出版社2004年。

诸子集成 陈志坚主编，北京燕山出版社2008年。

荀子墨子韩非子：珍藏版 （战国）荀况、墨翟、韩非著，吉林出版集团有限责任公司2010年。

鬼谷子列子淮南子：珍藏版 （战国）鬼谷子、列御寇，（西汉）刘安著，吉林出版集团有限责任公司2010年。

老子孙子兵法 饶尚宽、骈宇骞译注，中华书局2010年。

诸子集成 王东编著，北京燕山出版社2010年。

诸子文选解读 郑明璋著，天津古籍出版社2011年。

诸子百家：全新校勘珍藏版 徐寒主编，中国书店2011年。

儒家类

俟解（船山遗书）（清）王夫之著，泰东图书局1922年。

孔子改制考 （清）康有为撰，万木草堂1922年，台湾商务印书馆1968年，上海书店1992年。

（标点注解）扬子法言（诸子研究） 支伟成编，泰东图书局1923年，1926年，大中书局1934年，台湾文听阁图书公司2010年。

戴氏三种 （清）戴震著，朴社1924年，1934年。

孔子家语 （魏）王肃注，张绵周标点，邓元初校阅，源记书庄1925年，大中书局1932年。

（新式标点）荀子集解 （清）王先谦集解，扫叶山房1925年。

荀子（万有文库） 叶绍钧选注，商务印书馆1925年，1932年，1937年，1939年，1947年。

（新式标点）说苑 （汉）刘向著，大陆图书公司1925年。

（新式标点）扬子法言 唐志孝标点，扫叶山房1925年，1929年。

明夷待访录 （清）黄宗羲著，罗经标点，梁溪图书馆1925年。

（言文对照）幼学琼林读本 （清）程允升著，（清）邹圣脉增补，沈元起译白，大达图书供应社1925年，广益书局1947年，1948年。

（绘图）龙文鞭影（初集） （明）萧良有纂辑，杨臣诤增订，李恩绶校补，嵩山居士校阅，鸿文书局1925年，1937年。

（评注标点）孔子家语读本（十子全书） 陈和祥注，秦同培辑校，世界书局1926年。

（评注标点）荀子读本（十子全书） 陈和祥评注，秦同培辑校，世界书局1926年。

(评注标点)扬子法言读本（十子全书） 陈和祥评注，秦同培辑校，世界书局1926年。

新论 （南朝梁）刘勰著，黄素标点，泰东图书局1926年，1929年。

(新式标点)文中子 （隋）王通著，（宋）阮逸注释，陈益标点，扫叶山房1926年。

朱子小学（青年德育丛书）（宋）朱熹著，青年协会书报部校订，青年协会书局1926年。

传习录（学生国学丛书）（明）王守仁著，（明）徐爱、钱德洪编订，叶绍钧点注，商务印书馆1927年，1933年。

新序说苑（万有文库）（汉）刘向著，庄适选注，商务印书馆1927年，1929年，1937年。

荀子集解（万有文库）（清）王先谦注释，商务印书馆1929年，1936年，1939年简编版。

(新式标点)王阳明先生学说 （明）徐爱、钱德洪撰集，阳明学社标点，阳明学社1929年。

明夷待访录 （清）黄宗羲著，（清）顾炎武编点，大新书局1929年，大中书局1933年。

近思录集注（万有文库 国学基本丛书选印）（宋）朱熹、吕祖谦辑，（清）江永集注，商务印书馆1930年，1933年，1934年，1935年，上海书店1987年。

说苑引得（引得特刊） 哈佛燕京学社引得编纂处编，哈佛燕京学社引得编纂处1931年。

王文成公训示八则 （明）王守仁著，弘化社1931年。

(言文对照、新式标点)幼学白话句解 吴谷民演译，碧梧山庄1931年。

(新式标点)孔子家语 （魏）王肃注，张绵周标点，新文化书社1933年，1934年，1935年，启智书局1934年。

治家格言绎义 （清）朱用纯著，（清）戴笠青绎义，明德书局1933年，1938年。

(再增国语解释)幼学琼林读本 叶玉麟增著，广益书局1933年，1936年。

盐铁论（国学基本丛书）（汉）桓宽著，林振翰校释，商务印书馆

1933 年，1934 年。

＊**千字文批注** 蒋守诚集注，台湾瑞成书局 1933 年，竹林书局 1999 年。

近思录（中国学术基本丛书）（宋）朱熹、吕祖谦辑，（清）江永集注，会文堂新记书局 1934 年，1935 年。

（新式标点）孔子家语 （魏）王肃注，朱益明标点，惟公校阅，大达图书供应社 1934 年，1935 年，广益书局 1937 年。

盐铁论（附考证）（万有文库）（汉）桓宽著，（清）张敦仁考证，商务印书馆 1934 年，1936 年，1939 年。

孔学三种 苏渊雷校辑，世界书局 1935 年，1936 年。

项氏家说（附录）（丛书集成初编）（宋）项安世撰，商务印书馆 1935 年。

（白话译解）荀子 叶玉麟译解，朱太忙校阅，大达图书供应社 1935 年，广益书局 1936 年。

张子全书（万有文库）（宋）张载著，（宋）朱熹注，商务印书馆 1935 年。

（铜板）小学集注 （宋）朱熹辑，（明）陈选注，大达图书供应社 1935 年。

（标点评注）近思录（国学基础丛书）（宋）朱熹等辑，（清）江永集注，周郁浩标点，沈世荣校阅，大达图书供应社 1935 年，广益书局 1935 年。

（初学实用）幼学琼林（增附英语入门） （清）程允升原著，（清）邹圣脉增补，嵩山居士校阅，鸿文书局 1935 年，1937 年。

小儿语（丛书集成初编）（明）吕得胜撰，商务印书馆 1936 年。

续小儿语（丛书集成初编）（明）吕坤撰，商务印书馆 1936 年。

养正类编（丛书集成初编）（清）张伯行撰，商务印书馆 1936 年。

小学集解（丛书集成初编）（清）张伯行撰，商务印书馆 1936 年。

程氏家塾读书分年日程（附纲领）（丛书集成初编）（元）程端礼撰，商务印书馆 1936 年。

孔子家语（四部丛刊）（魏）王肃注，商务印书馆 1936 年。

孔子家语（四部备要）（魏）王肃注，中华书局1936年。

荀子（四部丛刊）（战国）荀况撰，（唐）杨倞注，商务印书馆1936年。

荀子（四部备要）（战国）荀况撰，（唐）杨倞注，中华书局1936年。

孔丛子（四部丛刊）（汉）孔鲋撰，商务印书馆1936年。

孔丛子（四部备要）（汉）孔鲋撰，中华书局1936年。

新语（四部备要）（汉）陆贾撰，中华书局1936年。

新书（四部备要）（汉）贾谊撰，中华书局1936年。

盐铁论（四部丛刊）（汉）桓宽撰，商务印书馆1936年。

盐铁论（四部备要）（汉）桓宽撰，（清）王先谦集注，中华书局1936年。

新序（四部丛刊）（汉）刘向撰，商务印书馆1936年。

说苑（四部丛刊）（汉）刘向撰，商务印书馆1936年。

说苑（四部备要）（汉）刘向撰，中华书局1936年。

扬子法言（四部丛刊）（汉）扬雄撰，（晋）李轨注，商务印书馆1936年。

扬子法言（四部备要）（汉）扬雄撰，（晋）李轨注，中华书局1936年。

桓子新论（四部备要）（汉）桓谭撰，（清）孙冯翼辑，中华书局1936年。

潜夫论（四部丛刊）（汉）王符撰，商务印书馆1936年。

潜夫论（四部备要）（汉）王符撰，（清）汪继培笺，中华书局1936年。

申鉴（四部丛刊）（汉）荀悦撰，（明）黄省曾注，商务印书馆1936年。

申鉴（四部备要）（汉）荀悦撰，中华书局1936年。

徐干中论（四部丛刊）（汉）徐干撰，商务印书馆1936年。

文中子中说（四部丛刊）（隋）王通撰，（宋）阮逸注，商务印书馆1936年。

中说（四部备要）（隋）王通撰，（宋）阮逸注，中华书局1936年。

周子通书（四部备要）（宋）周敦颐撰，中华书局1936年。

张子全书（四部备要）（宋）张载撰，中华书局1936年。

二程全书六种（四部备要）（宋）程颐、（宋）程颢撰，（宋）朱熹等辑，中华书局1936年。

朱子大全（四部备要）（宋）朱熹著，中华书局1936年。

象山全集（四部备要）（宋）陆九渊撰，中华书局1936年。

阳明全集（四部备要）（明）王守仁撰，中华书局1936年。

明夷待访录（四部备要）（清）黄宗羲撰，中华书局1936年。

近思录集注（四部备要）（清）江永著，中华书局1936年。

小学集注（四部备要）（宋）朱熹撰，（明）陈选集注，中华书局1936年。

性理精义（四部备要）（清）李光地等辑，中华书局1936年。

五种遗规（四部备要）（清）陈宏谋辑，中华书局1936年。

宋四子抄释（丛书集成初编）（明）吕柟撰，商务印书馆1936年。

二程粹言（丛书集成初编）（宋）杨时编辑，商务印书馆1936年。

二程语录（丛书集成初编）（宋）朱熹辑，商务印书馆1936年。

近思录（丛书集成初编）（宋）朱熹编，（清）张伯行集解，商务印书馆1936年。

续近思录（丛书集成初编）（清）张伯行集解，商务印书馆1936年。

广近思录（丛书集成初编）（清）张伯行辑，商务印书馆1936年。

朱子学的（丛书集成初编）（明）丘濬编辑，商务印书馆1936年。

朱子学归（丛书集成初编）（清）郑端辑，商务印书馆1936年。

朱子语类辑略（丛书集成初编）（清）张伯行辑，商务印书馆1936年。

正蒙会稿（丛书集成初编）（明）刘玑撰，商务印书馆1936年。

困知记（丛书集成初编）（明）罗钦顺撰，商务印书馆1936年。

学蔀通辨（丛书集成初编）（明）陈建撰，商务印书馆1936年。

居业录（丛书集成初编）（明）胡居仁撰，商务印书馆1936年。

梅峰语录（丛书集成初编）（明）赵仲全撰，商务印书馆1936年。

潜室札记（丛书集成初编）（清）刁包撰，商务印书馆1936年。

绎志（附札记）（丛书集成初编）（清）胡承诺撰，商务印书馆1936年。

读书说（附年谱）（丛书集成初编）（清）胡承诺撰，商务印书馆1936年。

常语笔存（丛书集成初编）（清）汤斌撰，商务印书馆1936年。

陆桴亭思辨录辑要（丛书集成初编）（清）陆世仪撰，商务印书馆1936年。

松阳钞存（丛书集成初编）（清）陆陇其撰，商务印书馆1936年。

问学录（丛书集成初编）（清）陆陇其撰，商务印书馆1936年。

学术辨（丛书集成初编）（清）陆陇其撰，商务印书馆1936年。

质孔说（丛书集成初编）（清）周梦颜辑，商务印书馆1936年。

困学录集粹（丛书集成初编）（清）张伯行撰，商务印书馆1936年。

学规类编（丛书集成初编）（清）张伯行撰，商务印书馆1936年。

新序（丛书集成初编）（汉）刘向撰，商务印书馆1936年。

荀子（附校勘·补遗）（丛书集成初编）（周）荀况著，（唐）杨倞注，商务印书馆1936年。

孔丛子（丛书集成初编）（周）孔鲋著，商务印书馆1936年。

（标点注解）孔子家语（魏）王肃注，张绵周标点，达文书店1936年。

（新式标点）孔子家语（魏）王肃注，殷芷沅标点，朱公振评注，文新出版社1936年。

孔子集语集解（清）孙星衍著，叶慧晓校，广益书局1936年。

荀子集解 叶昀校，广益书局1936年。

荀注订补（国学小丛书） 钟泰著，商务印书馆1936年。

荀子柬释 梁启雄著，商务印书馆1936年，（台湾）商务印书馆1965年，河洛图书出版社1974年，文听阁图书公司2010年。

荀子精华（中国文学精华） 中华书局编辑，中华书局1936年，1941年。

贾子新书集解 王心湛校，广益书局1936年。

扬子法言集解 王心湛校，广益书局1936年。

文中子集解 王心湛校，广益书局1936年。

赤山会约（丛书集成初编） （明）萧雍撰，商务印书馆1936年。

稽山会约（丛书集成初编） （明）萧良榦撰，商务印书馆1936年。

水西会条（丛书集成初编） （明）查铎撰，商务印书馆1936年。

楚中会条（丛书集成初编） （明）查铎撰，商务印书馆1936年。

证人社约（丛书集成初编） （明）刘宗周撰，商务印书馆1936年。

少仪外传（丛书集成初编） （宋）吕祖谦撰，商务印书馆1936年。

（绘图）龙文鞭影 李晖吉、徐瓒纂辑，钱黎民重校，嵩山居士校阅，鸿文书局1936年。

（新增）幼学琼林白话注解 （清）程允升原著，（清）邹圣脉增补，费恕皆编演，沈继先校，群学社书局1936年，1941年。

重增幼学故事琼林白话句解 （清）程允升撰，邹圣脉增补，上海大文书局1936年，天津古籍书店1985年，1987年。

三字经 （宋）王应麟编，贺兴思注解，大新图书局1936年。

（白话注解）幼学故事琼林 （清）程允升著，（清）邹圣脉增补，朱鑫伯注解，沈鹤记书局1936年。

（言文对照）幼学故事琼林 （清）程允升原著，邹圣脉增补，谢梅林、邹可庭参订，石韫玉重校，广益书局1936年，中国书店1986年，上海书店1989年。

辨惑编（丛书集成初编） （元）谢应芳撰，商务印书馆1937年。

论学三说（丛书集成初编） （清）

黄与坚撰，商务印书馆 1937 年。

濂洛关闽书（丛书集成初编）（清）张伯行集解，商务印书馆 1937 年。

北溪字义（附补遗·严陵讲义）（丛书集成初编）（宋）陈淳撰，（宋）王隽辑，商务印书馆 1937 年。

研几图（丛书集成初编）（宋）王柏撰，商务印书馆 1937 年。

迩言（丛书集成初编）（宋）刘炎撰，商务印书馆 1937 年。

廉矩（丛书集成初编）（明）王文禄撰，商务印书馆 1937 年。

箴友言（丛书集成初编）（清）赵青藜撰，商务印书馆 1937 年。

侯城杂诫（丛书集成初编）（明）方孝孺撰，商务印书馆 1937 年。

薛子道论（丛书集成初编）（明）薛瑄撰，商务印书馆 1937 年。

准斋杂说（丛书集成初编）（宋）吴如愚撰，商务印书馆 1937 年。

存性编（丛书集成初编）（清）颜元撰，商务印书馆 1937 年。

存学编（丛书集成初编）（清）颜元撰，商务印书馆 1937 年。

新书（丛书集成初编）（汉）贾谊撰，商务印书馆 1937 年。

董子文集（丛书集成初编）（汉）董仲舒撰，商务印书馆 1937 年。

说苑（丛书集成初编）（汉）刘向撰，商务印书馆 1937 年。

潜夫论（丛书集成初编）（汉）王符撰，（清）汪继培笺，商务印书馆 1937 年。

申鉴（附札记）（丛书集成初编）（汉）荀悦撰，商务印书馆 1937 年。

世纬（丛书集成初编）（明）袁袠著，商务印书馆 1937 年。

孔丛子（万有文库） 秦·孔鲋著，（宋）宋咸注，商务印书馆 1937 年。

孔子家语疏证（万有文库 国学基本丛书选印）（清）陈士珂辑，商务印书馆 1937 年，1939 年，1941 年，上海书店 1987 年。

松阳讲义（万有文库）（清）陆陇其著，商务印书馆 1937 年。

（节本）荀子（中学国文补充读本） 叶绍钧选注，商务印书馆 1937 年。

新语（万有文库）（汉）陆贾著，商务印书馆1937年，1939年。

说苑（万有文库）（汉）刘向著，杨以漟校，商务印书馆1937年。

新序（万有文库）（汉）刘向著，商务印书馆1937年，1939年简编版。

周子全书（万有文库）（宋）周敦颐著，商务印书馆1937年。

周濂溪集（国学基本丛书）（宋）周敦颐著，商务印书馆1937年。

二程语录（国学基本丛书）（宋）朱熹编，（清）张伯行订，商务印书馆1937年。

近思录（国学基本丛书）（宋）朱熹、吕祖谦辑，（清）张伯行集解，（清）尹会一参订，商务印书馆1937年。

续近思录（国学基本丛书）（宋）朱熹著，（清）张伯行集解，商务印书馆1937年。

朱子语类（万有文库）（清）张伯行辑订，商务印书馆1937年，1939年。

帝范（丛书集成初编）（唐）李世民著，商务印书馆1937年。

幼学故事琼林（清）程允升著，（清）邹圣脉增补，国学整理社1937年，1946年。

（注音注解言文对照）三字经 钱释云编注，三民图书公司1937年，1938年。

童蒙训（万有文库）（宋）吕本中著，商务印书馆1937年，1939年。

小学集解（国学基本丛书）（清）张伯行纂辑，商务印书馆1937年。

平书订（丛书集成初编）（清）李塨著，商务印书馆1937年。

小学稽业（丛书集成初编）（清）李塨撰，商务印书馆1937年。

教童子法（丛书集成初编）（清）王筠撰，商务印书馆1937年。

（言文对照详细注释）幼学句解（国学入门丛书）（清）程允升原著，（清）邹圣脉增补，周祖芬增订，春江书局1938年。

（新增白话句解）幼学琼林（清）程允升原著，（清）邹圣脉补订，李汉文校订，国学书局1938年。

放翁家训（丛书集成初编）（宋）陆游撰，商务印书馆1939年。

黑心符（丛书集成初编）（唐）于义方撰，商务印书馆 1939 年。

袁氏世范（丛书集成初编）（宋）袁采撰，商务印书馆 1939 年。

家训笔录（丛书集成初编）（宋）赵鼎著，商务印书馆 1939 年。

庭帏杂录（丛书集成初编）（明）袁衷等录，（明）钱晓订，商务印书馆 1939 年。

郑氏规范（丛书集成初编）（元）郑太和撰，商务印书馆 1939 年。

许云邨贻谋（丛书集成初编）（明）许相卿著，商务印书馆 1939 年。

家诫要言（丛书集成初编）（明）吴麟征撰，商务印书馆 1939 年。

庞氏家训（丛书集成初编）（明）庞尚鹏撰，商务印书馆 1939 年。

温氏母训（丛书集成初编）（明）温以介述，商务印书馆 1939 年。

训子言（丛书集成初编）（明）袁黄撰，商务印书馆 1939 年。

杨忠愍公遗笔（丛书集成初编）（明）杨继盛撰，商务印书馆 1939 年。

药言（丛书集成初编）（明）姚舜牧撰，商务印书馆 1939 年。

聪训斋语（丛书集成初编）（清）张英撰，商务印书馆 1939 年。

德星堂家订（丛书集成初编）（清）许汝霖撰，商务印书馆 1939 年。

恒产琐言（丛书集成初编）（清）张英撰，商务印书馆 1939 年。

蒋氏家训（丛书集成初编）（清）蒋伊撰，商务印书馆 1939 年。

孝友堂家规（丛书集成初编）（清）孙奇逢撰，商务印书馆 1939 年。

孝友堂家训（丛书集成初编）（清）孙奇逢撰，商务印书馆 1939 年。

谕俗文（丛书集成初编）（宋）真德秀述，商务印书馆 1939 年。

存人编（丛书集成初编）（清）颜元撰，商务印书馆 1939 年。

颜习斋先生辟异录（丛书集成初编）（清）钟錂撰，商务印书馆 1939 年。

白鹿书院教规（丛书集成初编）

（宋）朱熹撰，商务印书馆 1939 年。

程董二先生学则（丛书集成初编）（宋）饶鲁辑，商务印书馆 1939 年。

初学备忘（丛书集成初编）（清）张履祥撰，商务印书馆 1939 年。

读书十六观补（丛书集成初编）（明）吴恺撰，商务印书馆 1939 年。

教习堂条约（丛书集成初编）（清）徐乾学撰，商务印书馆 1939 年。

学校问（丛书集成初编）（清）毛奇龄撰，商务印书馆 1939 年。

调燮类编（丛书集成初编）（宋）赵希鹄著，商务印书馆 1939 年。

先正读书诀（丛书集成初编）（清）周永年辑，商务印书馆 1939 年。

存治编（丛书集成初编）（清）颜元著，商务印书馆 1939 年。

拟太平策（丛书集成初编）（清）李塨著，商务印书馆 1939 年。

公是弟子记（附录）（丛书集成初编）（宋）刘敞撰，商务印书馆 1939 年。

元城语录解（附行录解·脱文）（丛书集成初编）（明）王崇庆解，（明）崔铣编行录，（清）钱培名补脱文，商务印书馆 1939 年。

明夷待访录（丛书集成初编）（清）黄宗羲著，商务印书馆 1939 年。

渔樵对问（丛书集成初编）（宋）邵雍著，商务印书馆 1939 年。

晁氏儒言（丛书集成初编）（宋）晁说之著，商务印书馆 1939 年。

上蔡先生语录（丛书集成初编）（宋）谢良佐语，（宋）朱熹编，商务印书馆 1939 年。

明本释（丛书集成初编）（宋）刘荀撰，商务印书馆 1939 年。

至书（丛书集成初编）（宋）蔡沈撰，商务印书馆 1939 年。

东莱吕紫薇师友杂志（丛书集成初编）（宋）吕本中撰，商务印书馆 1939 年。

紫薇杂说（丛书集成初编）（宋）吕本中撰，商务印书馆 1939 年。

白沙语要（丛书集成初编）（明）陈献章撰，商务印书馆 1939 年。

枫山章先生语录（附考异）（丛书集成初编）（明）章懋撰，商务印书馆 1939 年。

薛文清公读书录（丛书集成初编）（明）薛瑄撰，商务印书馆 1939 年。

白水质问（丛书集成初编）（明）徐榜撰，商务印书馆 1939 年。

二谷读书记（丛书集成初编）（明）侯一元撰，商务印书馆 1939 年。

适园语录（丛书集成初编）（明）陆树声撰，商务印书馆 1939 年。

水西答问（丛书集成初编）（明）翟台撰，商务印书馆 1939 年。

水西会语（丛书集成初编）（明）查铎撰，商务印书馆 1939 年。

惜阴书院绪言（丛书集成初编）（明）翟台撰，商务印书馆 1939 年。

潜夫论（国学基本丛书）（汉）王符著，（清）汪继培笺注，商务印书馆 1939 年，1940 年。

朱柏庐先生家训白话衍义　朱凤鸣注释，1939 年自刊。

赤山会语（丛书集成初编）（明）萧雍撰，商务印书馆 1939 年。

读书些子会心（丛书集成初编）（明）朱苞撰，商务印书馆 1939 年。

颜习斋先生言行录（丛书集成初编）（清）钟錂纂，商务印书馆 1939 年。

健余札记（丛书集成初编）（清）尹会一撰，商务印书馆 1939 年。

论学（丛书集成初编）（清）李塨撰，商务印书馆 1939 年。

圣经学规纂（丛书集成初编）（清）李塨撰，商务印书馆 1939 年。

星阁正论（丛书集成初编）（清）赵青藜撰，商务印书馆 1939 年。

绪言（丛书集成初编）（清）戴震撰，商务印书馆 1939 年。

业儒臆说（丛书集成初编）（清）陶圻撰，商务印书馆 1939 年。

子贯附言（丛书集成初编）（清）胡元晖撰，商务印书馆 1939 年。

郝雪海先生笔记（丛书集成初编）（清）郝浴撰，商务印书馆 1939 年。

论学俚言（丛书集成初编）（清）萧继炳著，商务印书馆 1939 年。

王学质疑（附录）（丛书集成初

编）（清）张烈撰，商务印书馆1939年。

孔子家语疏证（丛书集成初编）（清）陈士珂辑，商务印书馆1939年。

曾子十篇（丛书集成初编）（清）阮元注释，商务印书馆1939年。

陆子（丛书集成初编）（汉）陆贾撰，商务印书馆1939年。

法言（丛书集成初编）（汉）扬雄撰，商务印书馆1939年。

中论（附札记）（丛书集成初编）（汉）徐幹撰，商务印书馆1939年。

吾师录（丛书集成初编）（明）黄淳耀撰，商务印书馆1939年。

拙斋学测（丛书集成初编）（明）萧良幹著，商务印书馆1939年。

周生烈子（丛书集成初编）（魏）周生烈纂，（清）张澍抄，商务印书馆1940年。

傅子（丛书集成初编）（晋）傅玄撰，商务印书馆1940年。

中说（丛书集成初编）（隋）王通著，商务印书馆1940年。

荀子（三通小丛书）靳海风注，三通书局1940年。

孔子训语类释 胡毓寰著，商务印书馆1940年，1941年。

曾子十篇（国学基本丛书）（周）曾参著，（清）阮元注释，商务印书馆1941年。

正学养蒙三字经注解（宋）王应麟撰，江谦增订，印光审定，法云印经会1941年。

濂洛关闽书（国学基本丛书）（清）张伯行集解，商务印书馆1941年。

（精校仿宋版）幼学故事琼林（清）程允升著，（清）邹圣脉增补，通俗图书刊行社1941年。

（详注）幼学琼林读本（清）程允升著，邹圣脉增补，朱惟公校勘，广益书局1941年。

王文成公传习录（明）徐爱著，国民政府军事委员会委员长侍从室1942年。

（精校仿宋版）幼学故事琼林（清）程允升著，（清）邹圣脉增补，上海书店1942年。

（言文对照白话注解）幼学故事琼林 杨馁编注，商务印书馆 1942 年。

申鉴（经世丛书）（汉）荀悦著，王丹岑点注，两间书屋 1943 年。

周子通书 （宋）周敦颐著，朱熹注，王丹岑补注，两间书屋 1943 年。

（言文对照详细注解）幼学琼林故事读本 （清）程允升著，（清）邹圣脉增补，曹国锋标点，王天恨校正，国学研究社 1943 年。

（新增精校白话注解）幼学琼林 （清）程允升原著，（清）邹圣脉增补，谢梅林、邹可庭参订，新亚书店 1943 年。

（新增白话注解）幼学琼林 （清）程允升著，（清）邹圣脉增补，曹本译注，艺海书店 1943 年。

朱子治家格言新解 倪正和释，大雄书局 1944 年。

（详细注解新式标点）幼学琼林 （清）程允升著，（清）邹圣脉增补，亚光书局 1944 年。

潜夫论通检（中法汉学研究所通检丛刊） 中法汉学研究所编，中法汉学研究所 1945 年。

孔子遗教要义（刑氏十一种丛书） 刑振基著，自刊，1945 年。

新序通检（中法汉学研究所通检丛刊） 中法汉学研究所编，中法汉学研究所 1946 年。

申鉴通检（中法汉学研究所通检丛刊） 中法汉学研究所编，中法汉学研究所 1947 年。

阳明致良知学（阳复斋丛刊）（明）王守仁著，江谦辑，灵峰正眼印经会 1948 年。

（铜版）小学集注 朱鉴校阅，广益书局 1948 年。

（新增）幼学琼林白话注解 高馨山注，上海锦章书局 1948 年。

传习录 （明）徐爱、钱德洪辑，民国间印行。

李二曲先生语要 王心敬汇辑，民国间印行。

（言文对照详细注释）幼学句解 （清）程允升著，（清）钱元龙釐定，三民图书公司民国间印行。

荀子读本（学生国学读本） 谭正璧编，中华书局 1949 年。

荀子引得 引得编纂处编，燕京大学哈佛燕京学社引得编纂处 1950 年，上海古籍出版社 1986 年，1988 年。

明夷待访录 （清）黄宗羲撰，古籍出版社 1955 年。

思问录　俟解 （清）王夫之撰，王伯祥点校，古籍出版社 1956 年，中华书局 1959 年，1983 年。

荀子简释（新编诸子集成续编） 梁启雄撰，古籍出版社 1956 年，1957 年，台湾华正书局 1974 年，中华书局 1983 年，台湾木铎出版社 1983 年。

黄书　噩梦 （清）王夫之撰，王伯祥点校，古籍出版社 1956 年，中华书局 1959 年，1983 年。

张子正蒙注 （清）王夫之撰，章锡琛点校，古籍出版社 1956 年，中华书局 1959 年。

原善　孟子字义疏证 （清）戴震撰，章锡琛点校，中华书局 1956 年。

大同书 （清）康有为撰，周振甫、方渊点校，古籍出版社 1956 年，中华书局 1959 年。

四存编 （清）颜元撰，王星贤标点，古籍出版社 1957 年，中华书局 1959 年。

周秦名家三子校诠 王启湘校诠，古籍出版社 1957 年。

盐铁论要释 （汉）桓宽撰，杨树达注，科学出版社 1957 年，中华书局 1963 年。

盐铁论读本 （汉）桓宽撰，郭沫若校订，科学出版社 1957 年，上海人民出版社 1975 年。

仁学 （清）谭嗣同撰，中华书局上海编辑所编，中华书局上海编辑所 1958 年，中华书局 1962 年，辽宁人民出版社 1994 年。

***王阳明传习录注释** 于清远撰，台湾黄埔出版社 1958 年。

盐铁论校注（新编诸子集成） （汉）桓宽撰，王利器校注，古典文学出版社 1958 年，天津古籍出版社 1983 年，中华书局 1992 年定本，1996 年。

訄书 章炳麟著，古典文学出版社 1958 年。

孔子改制考 （清）康有为撰，中华书局 1958 年。

荀子选 方孝博选注，人民文学出

版社 1958 年。

说苑斠补 （汉）刘向编，刘文典校补，云南人民出版社 1959 年。

明道编 （明）黄绾撰，刘厚祜、张岂之标点，中华书局 1959 年。

＊**荀子斠证** 阮廷卓撰，自刊 1959 年。

＊**千字文注解** （南朝梁）周兴嗣撰，蒋守诚注解，香港锦华出版社 1960 年。

授衣广训（中国古代版画丛刊）（清）董诰等辑，孙尔准等纂，中华书局上海编辑所 1960 年，1988 年。

＊**盐铁论校注札记** 王利器校注，王佩诤札记，台湾世界书局 1962 年。

＊**荀子** 叶衡选注，（台湾）商务印书馆 1964 年。

＊**荀子校释** 赵海金注，自刊 1964 年。

＊**荀子白话句解** 叶玉麟译注、丁志坚校，台湾华联出版社 1967 年。

＊**新译荀子读本** 王忠林撰，台湾三民书局 1972 年，二版 2009 年。

荀子简注 章诗同注，上海人民出版社 1974 年。

盐铁论 （汉）桓宽撰，上海人民出版社 1974 年。

＊**贾子新书校释** 祁玉章校释，自刊 1974 年。

＊**荀子今注今译** 熊公哲注译，（台湾）商务印书馆 1975 年，新版 2010 年。

张子正蒙注 （清）王夫之撰，中华书局 1975 年。

＊**新序今注今译** （汉）刘向撰，卢元骏注译，（台湾）商务印书馆 1975，再版 2005 年，天津古籍出版社 1987 年。

＊**荀子约注** 梁启雄注，台湾世界书局 1977 年。

＊**说苑今注今译** （汉）刘向撰，卢元骏注译，（台湾）商务印书馆 1977 年，天津古籍出版社 1988 年。

潜夫论 （汉）王符撰，（清）汪继培笺，上海古籍出版社 1978 年，中华书局 1979 年，1997 年。

＊**荀子新注** 北京大学《荀子》注释组注，中华书局 1979 年，台湾里

仁书局 1983 年。

＊**荀子集释** 李涤生注，台湾学生书局 1979 年。

＊**徐幹中论校证** 梁荣茂撰，台湾牧童出版社 1980 年。

声律启蒙 （清）车万育撰，夏大观笺、聂铣敏重订，成都古籍书店 1981 年，1987 年。

＊**刘向新序纂注** 武井骥注，台湾广文书局 1981 年。

声律启蒙（附笠翁对韵） （清）车万育撰，武汉市古籍书店 1982 年。

新编增广贤文 湖南教育出版社编，湖南教育出版社 1982 年。

北溪字义 （宋）陈淳著，熊国桢、高流水点校，中华书局 1983 年。

＊**王阳明传习录详注集评** 陈荣捷注评，台湾学生书局 1983 年。

盐铁论简注 马非百注，中华书局 1984 年。

荀子诂译 杨柳桥注译，齐鲁书社 1985 年，2009 年，台湾仰哲出版社 1987 年。

说苑疏证 （汉）刘向撰，赵善诒疏证，华东师范大学出版社 1985 年。

訄书原刻手写底本 章炳麟著，上海古籍出版社 1985 年。

康有为大同书手稿 上海博物馆、天津图书馆供稿，江苏古籍出版社 1985 年。

潜夫论笺校正（新编诸子集成） （汉）王符著，（清）汪继培笺，彭铎校正，中华书局 1985 年。

笠翁对韵新注（古籍选读丛书） 艾荫范、解保勤注，书目文献出版社 1985 年。

新语校注 王利器校注，中华书局 1986 年，台湾明文书局 1987 年。

朱子语类（理学丛书） （宋）黎靖德编，王星贤点校，中华书局 1986 年，1999 年。

蒙学三种 天津市古籍书店编，天津市古籍书店 1986 年。

三字经（传统蒙学丛书） （宋）王应麟撰，陈戍国、喻清点校，岳麓书社 1986 年。

龙文鞭影（传统蒙学丛书） （明）萧良有撰，（清）李晖吉、徐潜续编，杨臣诤增订、戴濂点校，岳麓书社 1986 年。

幼学琼林（传统蒙学丛书）（明）程登吉撰，（清）邹圣脉增补，胡遐之点校，岳麓书社 1986 年，2000 年。

声律启蒙（传统蒙学丛书）（清）车万育撰，黄熙年点校，岳麓书社 1987 年。

重订增广贤文（传统蒙学丛书）（清）周希陶撰，喻岳衡点校，岳麓书社 1987 年。

千字文（传统蒙学丛书）（南朝梁）周兴嗣次韵，（宋）胡寅编纂，周艺点校，岳麓书社 1987 年。

申鉴通检　潜夫论通检　中法汉学研究所编，上海古籍出版社 1987 年。

关学编（附续编）（理学丛书）（明）冯从吾撰，陈俊民、徐兴海点校，中华书局 1987 年。

说苑校证（中国古典文学基本丛书）（汉）刘向撰，向宗鲁校证，中华书局 1987 年，2000 年。

法言义疏（新编诸子集成）　汪荣宝撰，陈仲夫点校，中华书局 1987 年，1997 年。

思辨录辑要　（明）陆世仪撰，（清）张伯行辑，江苏广陵古籍刻印社 1987 年。

三字经简注　齐令辰注，宝文堂书社 1988 年。

三字经　百家姓　千字文　吴蒙标点，上海古籍出版社 1988 年，1997 年。

宋版扬子法言　（汉）扬雄撰，巴蜀书社 1988 年。

荀子集解（新编诸子集成第一辑）（清）王先谦撰，沈啸寰、王星贤点校，中华书局 1988 年，1997 年。

鉴略妥注（中国古代教育文献丛书）（明）李廷机撰，何孝积标点，岳麓书社 1988 年。

五字鉴（传统蒙学丛书）（明）李廷机撰，何孝积点校，岳麓书社 1988 年，2002 年。

幼学故事琼林　（明）程登吉撰，群乐、龙飞改编，复旦大学出版社 1988 年。

读书作文谱（中国古代教育文献丛书）（清）唐彪辑撰，白莉民等点校，岳麓书社 1989 年。

千金裘（中国古代教育文献丛书）（清）蒋义彬编纂，润谱等点校，岳麓书社 1989 年。

千字文句解 言平注释，江西人民出版社 1989 年。

新序疏证 （汉）刘向撰，赵善诒疏证，华东师范大学出版社 1989 年。

荀子（诸子百家丛书）（战国）荀况撰，（唐）杨倞注，上海古籍出版社 1989 年，1994 年。

贾谊新书 扬子法言（诸子百家丛书）（汉）贾谊、（汉）扬雄撰，上海古籍出版社 1989 年，1991 年。

龙文鞭影 （明）萧良有撰，李祚唐点校，上海古籍出版社 1990 年。

白话龙文鞭影（中国传统文化丛书）（明）萧良有撰，贺猛等编译，三秦出版社 1990 年。

白话幼学琼林（中国传统文化丛书）（明）程登吉撰，王黎雅译，三秦出版社 1990 年，2003 年。

三字经 百家姓 千字文 笠翁对韵 北京古籍出版社编，北京古籍出版社 1990 年，1992 年。

幼学故事琼林 （明）程登吉撰，王士毅新注，广西人民出版社 1990 年。

朱子家训 （清）朱用纯撰，李牧华注解，甘肃人民出版社 1990 年。

千字文 （南朝梁）周兴嗣次韵，李牧华注解，甘肃人民出版社 1990 年。

申鉴 中论 傅子（诸子百家丛书）（汉）荀悦撰，（魏）徐幹撰，（晋）傅玄撰，黄省曾注，上海古籍出版社 1990 年，1995 年。

孔丛子 曾子全书 子思子全书（诸子百家丛书） 旧题秦·孔鲋撰，（宋）汪晫编，上海古籍出版社 1990 年，1995 年。

新序 说苑（诸子百家丛书）（汉）刘向撰，上海古籍出版社 1990 年，1995 年。

新语 潜夫论（诸子百家丛书）（汉）陆贾、（汉）王符撰，上海古籍出版社 1990 年，1995 年。

傅山荀子淮南子评注手稿二种（明）傅山评注，吴连城释文，上海古籍出版社 1990 年。

孔子家语（诸子百家丛书）（魏）王肃编撰，上海古籍出版社1990年，1995年。

盐铁论（诸子百家丛书）（汉）桓宽撰，张之象注，上海古籍出版社1990年，1991年。

三字经训诂（宋）王应麟撰，（清）王相训诂，中国书店1991年。

百家姓考略（清）王相笺注，中国书店1991年。

千字文释义（南朝梁）周兴嗣次韵，（清）汪啸尹纂集，中国书店1991年。

三字经 百家姓 千字文 王云珠注释，齐鲁书社1991年。

三字经 百家姓 千字文 神童诗 刘笃龄译注，上海书店出版社1991年，1992年。

声律启蒙 笠翁对韵 魏山、鲁子渊校注，巴蜀书社1991年。

幼学故事琼林译注（清）程允升撰，邹圣脉增补，叶光大译注，贵州人民出版社1991年。

座右铭赘语（清）彭世昌撰，郑麦等点校，江西人民出版社1991年。

马王堆汉墓帛书《德行》校释 魏启鹏著，巴蜀书社1991年。

劝学篇 劝学篇书后（清）张之洞等著，冯天瑜、肖川点注，湖北人民出版社1991年。

孔子家语（魏）王肃编撰，朱端强注，中州古籍出版社1991年。

王符潜夫论译注（陇右文献丛书）（汉）王符撰，胡大浚等译注，甘肃人民出版社1991年。

朱子四书语类（诸子百家丛书）（宋）朱熹撰，上海古籍出版社1991年。

朱子七经语类（诸子百家丛书）（宋）朱熹撰，上海古籍出版社1991年。

五字鉴（清）邹梧冈撰，三环出版社1992年。

姓氏寻源（清）张澍撰，赵振兴点校，岳麓书社1992年。

三字经 马辛民、艾俊川译注，接力出版社1992年。

百家姓 书目文献出版社编，书目文献出版社1992年。

幼学琼林（中国历代儿童启蒙经典译注） 马辛民、艾俊川译注，接力出版社1992年。

幼学故事琼林 （明）程登吉撰，（清）邹圣脉增补，谷玉点校，上海古籍出版社1992年。

龙文鞭影新注 （明）萧良有撰，林邦钧注，北京师范大学出版社1992年。

幼学琼林新注 （明）程登吉撰，（清）邹圣脉增补，胡云富等注，北京师范大学出版社1992年。

象山语录 阳明传习录（诸子百家丛书） （宋）陆九渊撰，（明）王守仁撰，上海古籍出版社1992年，1995年，上海古籍出版社2000年。

荆公论议 张子正蒙（诸子百家丛书） （宋）王安石撰，（宋）张载撰，上海古籍出版社1992年。

太极图说 通书 观物篇（诸子百家丛书） （宋）周敦颐、（宋）邵雍撰，上海古籍出版社1992年。

传习录全译 （明）王守仁撰，鲍希福译注，巴蜀书社1992年。

荀子白话今译（先秦诸子今译丛书） （战国）荀况撰，王森译注，中国书店1992年。

法言注 （汉）扬雄撰，韩敬注，中华书局1992年。

朱子诸子语类（诸子百家丛书） （宋）朱熹撰，上海古籍出版社1992年。

朱子性理语类（诸子百家丛书） （宋）朱熹撰，上海古籍出版社1992年，1995年。

＊**知行的智慧：王阳明传习录新译** 守屋洋撰、施冰心译，台湾稻田出版公司1992年。

龙文鞭影译评（中国古代传统蒙学助读系列） 杨立武、罗波编，巴蜀书社1993年。

白话孝子图 （清）张之洞撰，郭昕、胡青译释，民族出版社1993年。

千家诗 神童诗 续神童诗 李宗为等校注讲析，上海古籍出版社1993年，1995年。

千字文（绘图文白对照启蒙教育丛书） 田阳、李淼译文，吉林文史出版社1993年。

朱子格言精义 （宋）朱熹撰，朱杰人编，上海书店出版社1993年。

崇正辩　斐然集（理学丛书）（宋）胡寅撰，容肇祖点校，中华书局1993年。

御纂性理精义（古典善本精义丛书）（清）圣祖玄烨编撰，学苑出版社1993年。

孔子家语（名典现代版文库）（魏）王肃编，白罗解读，黄山书社1993年。

嘉言抄　治兵语录 （清）曾国藩撰，梁启超、蔡锷选编，岳麓书社1993年。

康熙几暇格物编译注 （中国古代科技名著译注丛书）（清）爱新觉罗·玄烨撰，李迪译注，上海古籍出版社1993年。

续近思录（诸子百家丛书）（清）张伯行撰，上海古籍出版社1994年。

论衡索引　程湘清、杨克定等编，中华书局1994年。

近思录（诸子百家丛书）（宋）朱熹、吕祖谦编撰，上海古籍出版社1994年。

尊隐（中国启蒙思想文库）（清）龚自珍撰，康沛竹选注，辽宁人民出版社1994年。

新序全译（中国历代名著全译丛书）（汉）刘向撰，李华年译注，贵州人民出版社1994年。

幼学琼林（蒙学精华丛书）（明）程登吉撰，（清）邹圣脉增补，冯毅点校，北岳文艺出版社1994年，1996年。

朱子家训（蒙学精华丛书）　石世校订，北岳文艺出版社1994年，1996年。

增广贤文（蒙学精华丛书）　冯毅点校，北岳文艺出版社1994年，1996年。

三字经（绘图文白对照启蒙教育丛书）　杨志琨、何明珍译文，吉林文史出版社1994年。

神童诗（绘图文白对照启蒙教育丛书）　王不语、余竹译注，吉林文史出版社1994年。

增广贤文（中国传统文化精品丛书）　王璞注，陕西人民出版社1994年，1995年。

三字经　百家姓　千字文　弟子

规（中国传统文化精品丛书） 大平注，陕西人民出版社 1994 年。

庭训格言（范帝良臣处世兴邦策言录）（清）康熙撰，查洪德注译，中州古籍出版社 1994 年。

闺范（中国古代版画丛刊二编）（明）吕坤撰，上海古籍出版社 1994 年。

格言联璧 （清）金缨校注，湖北人民出版社 1994 年。

孔圣家语图（中国古代版画丛刊二编）（明）吴嘉谟集校，上海古籍出版社 1994 年。

＊**千字文今解** 乔衍管撰，台湾新生报出版部 1995 年。

三字经（中华幼学文库） 涂宗涛编校，南开大学出版社 1995 年。

小四书全译 （宋）方逢辰等撰，彭学云等译注，中国致公出版社 1995 年。

龙文鞭影（蒙学经典） 徐迅编，经济日报出版社 1995 年。

增广贤文（蒙学经典） 殷含编注，经济日报出版社 1995 年。

三字经 千字文 朱子家训 幼学琼林（蒙学经典） 徐仁诚注译，经济日报出版社 1995 年。

增广贤文（中国传统文化读本） 张兆裕编著，北京燕山出版社 1995 年。

荀子（十大古典哲学名著）（战国）荀况撰，耿芸标校，上海古籍出版社 1995 年。

荀子译注（中华古籍译注丛书）（战国）荀况撰，张觉译注，上海古籍出版社 1995 年，1996 年。

＊**新译新语读本** 王毅撰，黄俊郎校阅，台湾三民书局 1995 年，二版 2008 年。

＊**新译盐铁论** 卢烈红撰，黄志民校阅，台湾三民书局 1995 年。

＊**新译明夷待访录** 李广柏译，李振兴校阅，台湾三民书局 1995 年。

＊**新译新序读本** 叶幼明撰，黄沛荣校阅，台湾三民书局 1996 年。

＊**新译孔子家语** 羊春秋撰，周凤五校阅，台湾三民书局 1996 年，二版 2008 年。

荀子译注（中华文化传统丛书） 孙晓春译注，辽宁民族出版社

1996 年。

龙文鞭影 （明）杨臣诤、萧良有撰，吕平编，新疆青少年出版社 1996 年。

声律启蒙　训蒙骈句 （清）车万育、（清）司守谦撰，木子编，新疆青少年出版社 1996 年。

百家姓　三字经　千字文　弟子规 （宋）佚名等撰，木子编，新疆青少年出版社 1996 年。

朱子家训　增广贤文 （清）朱用纯等撰，木子编，新疆青少年出版社 1996 年。

幼学琼林 （明）程登吉撰，吕平编，新疆青少年出版社 1996 年。

百家姓（蒙学精华丛书）　李汉成编注，北岳文艺出版社 1996 年。

千字文（蒙学精华丛书）　白平校注，北岳文艺出版社 1996 年。

增广贤文溯源　朱子家训译释（蒙学丛书）　梅山、梅溪注，江西人民出版社 1996 年。

白话幼学琼林（蒙学丛书）　邓志瑗、邓刚译注，江西人民出版社 1996 年。

三字经（中国传统文化精品丛书）　大平注，陕西人民出版社 1996 年。

增广贤文　老学究语（中国传统文化精品丛书）　王璞注，陕西人民出版社 1996 年。

图鉴少年进德录 （清）丁福保编纂，宁波等整理，齐鲁书社 1996 年。

＊**新译说苑读本**　左松超撰，台湾三民书局 1996 年。

＊**新译说苑读本**　罗少卿撰，周凤五校阅，台湾三民书局 1996 年，二版 2009 年。

＊**新译申鉴读本**　林家骊、周明初撰，周凤五校阅，台湾三民书局 1996 年。

孔子集语译注（中国古代名著今译丛书）（春秋）孔丘撰，薛安勤注译，吉林文史出版社 1996 年。

＊**盐铁论译注**　王贞珉译注，台湾建宏出版社 1997 年。

三字经（中华启蒙经典丛书）（宋）王应麟编，李佐丰等注，华龄出版社 1997 年，北京广播学院出版社 1997 年。

增广贤文（中华启蒙经典丛书）（明）佚名编，华龄出版社1997年。

幼学琼林（中华启蒙经典丛书）（明）程登吉编，华龄出版社1997年，2002年。

三字经 百家姓 千字文 李佐丰、张书岩、胡双宝注，北京广播学院出版社1997年。

千字文新译 武锦华等编，中国书店1997年。

女儿经新译 冉秀红等编译，中国书店1997年。

孔子家语（新世纪万有文库） 廖名春、邹新明点校，辽宁教育出版社1997年。

荀子补正 骆瑞鹤补正，武汉大学出版社1997年。

荀子（新世纪万有文库）（战国）荀况撰，廖名春、邹新明点校，辽宁教育出版社1997年。

新序详注 （汉）刘向编，赵仲邑注，中华书局1997年。

朱子语类 （宋）黎靖德编，杨绳其、周娴君点校，岳麓书社1997年。

圣门十六子书 （清）冯云鹓辑，北京图书馆出版社1997年。

＊**新译潜夫论** 彭炳成撰，陈满铭校阅，台湾三民书局1998年。

＊**新译新书读本** 饶东原撰，黄沛荣校阅，台湾三民书局1998年。

＊**荀子译注** 王庆元、蔡世骥、郭齐智译注，台湾建安出版社1998年。

＊**荀子译注** 李佐丰译注，台湾建安出版社1998年。

＊**荀子新释** 叶玉麟撰，台湾大夏出版社1998年。

白话荀子（中国传统文化丛书）孙安邦译，三秦出版社1998年。

问辨录（中州文献丛书）（明）高拱撰，岳金西、岳天雷校注，中州古籍出版社1998年。

仁学（醒狮丛书）（清）谭嗣同撰，印永清评注，中州古籍出版社1998年。

大同书（醒狮丛书）（清）康有为撰，李似珍评注，中州古籍出版社1998年。

劝学识字（古代幼学启蒙经典丛

书）（宋）王应麟撰，黄秉泽校注，齐鲁书社 1998 年。

历史名物（古代幼学启蒙经典丛书）（宋）方逢辰撰，唐子恒校注，齐鲁书社 1998 年。

诗韵声律（古代幼学启蒙经典丛书）（清）李渔等编撰，高彦诏校注，齐鲁书社 1998 年。

格言铭训（古代幼学启蒙经典丛书）（清）朱用纯等编撰，王晓蓓校注，齐鲁书社 1998 年。

杂字俗谈（古代幼学启蒙经典丛书）（清）蒲松龄撰，李国庆校注，齐鲁书社 1998 年。

闺范图说 （明）吕坤撰，学苑出版社 1998 年。

劝学篇（醒狮丛书）（清）张之洞撰，李忠兴评注，中州古籍出版社 1998 年。

幼学琼林（蒙学丛书）（明）程登吉编，邹圣脉增补，江兴祐、陆忠发注释，浙江古籍出版社 1998 年。

帝范（帝学通鉴）（唐）李世民撰，张玉龄释译，远方出版社 1998 年。

帝学（帝学通鉴）（宋）范祖禹撰，杨淮、杨洹释译，远方出版社 1998 年。

龙文鞭影（百部中国古典名著）（明）萧良有撰，林家骊校注，浙江古籍出版社 1999 年。

曾国藩家训 （清）曾国藩撰，王澧华、向志柱注释，岳麓书社 1999 年。

朱柏庐先生治家格言 （清）黄自元撰，黄山书社 1999 年。

太极图　通书全译（中国古代哲学名著全译丛书）（宋）周敦颐撰，李申译注，巴蜀书社 1999 年。

荀子 （战国）荀况撰，祝鸿杰注释，浙江古籍出版社 1999 年。

法言全译（中国古代哲学名著全译丛书） 韩敬译注，巴蜀书社 1999 年。

* **千字文注解：中国文化常识小百科** 潘国森，香港明报出版社有限公司 1999 年。

中论校注 （汉）徐幹撰，徐湘霖校注，巴蜀书社 2000 年。

白话孔子集语（中国传统文化丛

书）（清）孙星衍辑，黄怀信译注，三秦出版社2000年。

船山思问录（天地人丛书）（清）王夫之撰，严寿澂导读，上海古籍出版社2000年。

周子通书（天地人丛书）（宋）周敦颐撰，徐洪兴导读，上海古籍出版社2000年。

张子正蒙（天地人丛书）（宋）张载撰，（清）王夫之注，汤勤福导读，上海古籍出版社2000年。

朱子晚年全论（理学丛书）（清）李绂撰，段景莲整理，中华书局2000年。

朱子近思录（天地人丛书）（宋）朱熹、吕祖谦撰，严佐之导读，上海古籍出版社2000年。

三字经　百家姓　千字文（中国古典文学名著袖珍文库）佚名撰，四川文艺出版社2000年。

养正集语（儒林宝训丛书）（明）涂时相撰，杨居让、任越美注译，三秦出版社2000年。

养正图解　（明）焦竑编撰，北京图书馆出版社2000年。

訄书详注　章炳麟著，徐复注，上海古籍出版社2000年。

＊**传习录注疏**　邓艾民撰，台湾法严出版社2000年。

＊**千字文解义注音**　李勉撰，台湾人文出版社2001年。

＊**千字文读本**　施沛林撰，台湾大正出版社2001年。

三字经　百家姓　千字文　千家诗（上古版中华名著袖珍本）（宋）王应麟等编，上海古籍出版社2001年。

百家姓　三字经　千字文　弟子规（中华传世名著精华丛书）李捷译注，书海出版社2001年。

声律启蒙　幼学琼林（中华传世名著精华丛书）琮琼译注，书海出版社2001年。

增广贤文　（清）佚名编纂，李捷译注，书海出版社2001年。

朱子家训　增广贤文（中华传世名著精华丛书）李捷译注，书海出版社2001年。

养正图解　（明）焦竑撰，柯夫、倩青点校注译，中国言实出版社

2001 年。

增广贤文（插图全译） （清）周希陶撰，九州出版社 2001 年。

近思录（智慧果丛书） （宋）朱熹、吕祖谦撰，陈永革注评，江苏古籍出版社 2001 年，2002 年。

传习录（智慧果丛书） （明）王阳明撰，阎韬注评，江苏古籍出版社 2001 年，2002 年。

荀子（中华传世名著精华丛书） 谢丹、书田译注，书海出版社 2001 年。

新序校释 （汉）刘向编著，石光瑛校释、陈新整理，中华书局 2001 年，2009 年。

＊**说苑集证** 左松超撰，台湾“国立”编译馆 2001 年。

中国文化启蒙三字经（图文本三字经系列） 顾静注释讲解，上海古籍出版社 2002 年。

劝学篇（近代文献丛刊） （清）张之洞撰，张敏点校，上海书店出版社 2002 年。

增广贤文 朱子家训 幼学琼林（中国历代文化丛书） （清）佚名、（明）朱柏庐、程登吉撰，华龄出版社 2002 年。

增广贤文 （清）佚名撰，唐仲山译注，青海人民出版社 2002 年。

曾国藩教子书 （清）曾国藩撰，钟叔河选辑，岳麓书社 2002 年。

左宗棠教子书 喻岳衡选辑，岳麓书社 2002 年。

盐铁论（中华再造善本续编试制） （汉）桓宽撰，北京图书馆出版社 2002 年。

荀子（中华再造善本） （唐）杨倞注，北京图书馆出版社 2002 年。

张子语录（中华再造善本） （宋）张载撰，北京图书馆出版社 2002 年。

新序（中华再造善本） （汉）刘向撰，北京图书馆出版社 2003 年。

说苑（中华再造善本） （汉）刘向撰，北京图书馆出版社 2003 年。

纂图分门类题五臣注扬子法言（中华再造善本） （汉）扬雄撰，（晋）李轨等注，北京图书馆出版社 2003 年。

新编孔子家语句解（中华再造善

本） 佚名撰，北京图书馆出版社2003年。

中说（中华再造善本） （宋）阮逸注，北京图书馆出版社2003年。

河南程氏遗书附录（中华再造善本） 佚名撰，北京图书馆出版社2003年。

吕氏乡约　乡仪（中华再造善本）（宋）吕大钧撰，北京图书馆出版社2003年。

龟山先生语录（中华再造善本）（宋）杨时撰，北京图书馆出版社2003年。

袁氏世范（中华再造善本） （宋）袁采撰，北京图书馆出版社2003年。

晦庵先生语录大纲领（中华再造善本） 佚名撰，北京图书馆出版社2003年。

丽泽论说集录（中华再造善本）（宋）吕祖俭辑，北京图书馆出版社2003年。

辨亡论：卷轴装（中华再造善本试制） （晋）陆机著，北京图书馆出版社2003年。

世范（外四种）（古人云丛书）（宋）袁采等撰，岳麓书社2003年。

省心录（外三种）（古人云丛书）（宋）林逋等撰，岳麓书社2003年。

劝忍百箴（外三种） （古人云丛书） （元）许名奎等撰，岳麓书社2003年。

小儿语（外八种）（古人云丛书）（明）吕得胜等撰，岳麓书社2003年。

醉古堂剑扫（外三种）（古人云丛书） （明）陆绍珩等撰，岳麓书社2003年。

传世言（外一种）（古人云丛书）（清）金兰生等撰，岳麓书社2003年。

一法通（外二种）（古人云丛书）（清）吴獬等撰，岳麓书社2003年。

格言联璧 （清）金缨编撰，陈焕良注译，岳麓书社2003年。

御制资政要览 （清）爱新觉罗·福临撰，广陵书社2003年。

＊**千字文**（传统蒙学丛书 （梁）周兴嗣等编纂，香港天地图书有限公司2003年。

孔子集语译注（二十二子详注全译） 韩格平、董莲池主编，孟庆祥、孟繁红译注，黑龙江人民出版社2003年。

荀子译注（二十二子详注全译） 韩格平、董莲池主编，高长山译注，黑龙江人民出版社2003年。

扬子法言译注（二十二子详注全译） 李守奎、洪玉琴译注，黑龙江人民出版社2003年。

文中子中说译注（二十二子详注全译） 郑春颖译注，黑龙江人民出版社2003年。

贾谊新书译注（二十二子详注全译） 于智荣译注，黑龙江人民出版社2003年。

孔丛子（中华再造善本） （汉）孔鲋撰，（宋）宋咸注，北京图书馆出版社2004年。

周子通书训义（中华再造善本） （元）保八撰，北京图书馆出版社2004年。

诸儒鸣道（中华再造善本） 佚名撰，北京图书馆出版社2004年。

传习录（智慧之门系列） （明）王守仁撰，于自力等注译，中州古籍出版社2004年，2008年。

近思录（智慧之门系列 钱选国学名著） （宋）朱熹著，吕祖廉编，查洪德注译，中州古籍出版社2004年，2008年，首都经济贸易大学出版社2007年。

中论（中国文化与文明） （汉）徐幹著，［澳］梅约翰译，外文出版社2004年。

孔子家语：珍藏版（中国传统文化经典文库） （魏）王肃著，乙力编，兰州大学出版社2004年。

荀子：珍藏本（中华古典名著文库少年版） 雪岗选评，中国少年儿童出版社2004年。

中国历代家训观止 卢正言主编，学林出版社2004年。

中国古代圣贤家训：珍藏版（中国传统文化经典文库） 乙力编，兰州大学出版社2004年。

康熙教子庭训格言 （清）康熙著，唐汉译注，中国社会科学出版社2004年。

曾国藩家训 （清）曾国藩著，革文军编著，中国纺织出版社2004年。

颜氏家训　朱子家训（中国家庭基本藏书）　程燕青译注，山西古籍出版社2004年。

养正图解　（明）焦竑著，何新波译注，湖南美术出版社2004年。

百家姓　三字经　千字文　弟子规　增广贤文（中国传统文化经典诵读）　刘海清评析，湖北辞书出版社2004年。

三字经（中国古代蒙学精品汇编）（宋）王应麟著，气象出版社2004年。

增广贤文（双色版国文珍品文库）郭俊峰、张菲洲译注，吉林文史出版社2004年，2009年。

百家姓（中国古代蒙学精品汇编）（宋）佚名著，气象出版社2004年。

弟子规（中国古代蒙学精品汇编）（清）李毓秀著，气象出版社2004年。

千字文（中国古代蒙学精品汇编）（南朝梁）周兴嗣著，气象出版社2004年。

蒙学六种：三字经　百家姓　千字文　增文贤文　幼学琼林　格言联璧（中国家庭基本藏书）　曹黎光译注，山西古籍出版社2004年。

三字经·百家姓（中国传统文化精华）　钟雷主编，哈尔滨出版社2004年。

四字鉴略（插图本中国文化启蒙丛书）　张万钧注解，中州古籍出版社2004年。

增广贤文（插图本中国文化启蒙丛书）　白岭注解，中州古籍出版社2004年。

三字经（插图本中国文化启蒙丛书）　王永宽注解，中州古籍出版社2004。

龙文鞭影（插图本中国文化启蒙丛书）　卫绍生、陆秋玲注评，中州古籍出版社2004年。

三字经（世界儿童道德教育丛书）（宋）王应麟原著，教育科学出版社2004年。

千家诗　千字文　三字经　百家姓　乔万民编著，天津古籍出版社2004年。

千字文（插图本中国文化启蒙丛书）　范志亭、赵兰亭注解，中州古籍出版社2004年。

百家姓（插图本中国文化启蒙丛书） 张新斌评注解，中州古籍出版社2004年。

朱子家训 千字文：珍藏版（中国传统文化经典文库） （清）朱用纯，（南朝梁）周兴嗣编，乙力编，兰州大学出版社2004年。

声律启蒙（中国传统文化启蒙丛书） （清）车万育撰，青岛出版社2004年。

三字经百家姓千字文弟子规：全本：拼音．注释．今译．诵读本（中国传世经典文库．第1辑） 董志英、禾火注译，北京燕山出版社2004年。

＊**新译传习录** （明）王阳明撰，李生龙译，台湾三民书局2004年，二版2009年。

校正刘向说苑（中华再造善本） （汉）刘向撰，北京图书馆出版社2005年。

小学书（中华再造善本） （宋）朱熹撰，何士信辑，北京图书馆出版社2005年。

朱子成书（中华再造善本） （元）黄瑞节辑，北京图书馆出版社2005年。

慈溪黄氏日抄分类 古今纪要（中华再造善本） （宋）黄震撰，北京图书馆出版社2005年。

大学衍义 （宋）真德秀撰，徐德明、余奎元点校，福建教育出版社2005年。

百家姓（儿童国学教育精选） 李杰主编，黑龙江科学技术出版社2005年。

三字经（儿童国学教育精选） 李杰主编，黑龙江科学技术出版社2005年。

孔子家语（中华传世名著精华本） 陈渔、夏雨虹主编，吉林人民出版社2005年。

三字经百家姓（中华传世名著精华本） 陈渔，夏雨虹主编，吉林人民出版社2005年。

朱子家训增广贤文（中华传世名著精华本） 陈渔、夏雨虹主编，吉林人民出版社2005年。

弟子规笠翁对韵（中华文化经典诵读课本） 刘孝听编著，华文出版社2005年。

童蒙须知韵语（儿童启蒙教育丛书） （清）万斛泉著，青岛出版社

2005年。

弟子规（儿童启蒙教育丛书）（清）李毓秀撰，青岛出版社2005年。

朱子治家格言（儿童启蒙教育丛书）（清）朱柏庐著，青岛出版社2005年。

弟子规（儿童读经系列） 周月明编注，经纬文化有限公司图，天地出版社2005年。

三字经（儿童读经系列） 周月明编注，经纬文化有限公司图，天地出版社2005年。

朱子家训（儿童读经系列） 周月明编注，经纬文化有限公司图，天地出版社2005年。

三字经（三元启蒙丛书） 郭丹等选编，四川少年儿童出版社2005年。

百家姓（三元启蒙丛书） 郭丹等编选，四川少年儿童出版社2005年。

千字文（三元启蒙丛书） 郭丹等选编，四川少年儿童出版社2005年。

百家姓（中国传统文化经典·青少版） 鹏羽主编，天津人民美术出版社2005年。

三字经百家姓千字文（中华蒙学读本） 张圣洁、贾会琴主编，线装书局2005年。

三字经与中国民俗画：汉英对照 五洲传播出版社编，雪岗、杨阳译，五洲传播出版社2005年。

百家姓（传统蒙学丛书） 王践笺注，岳麓书社2005年。

千家诗（传统蒙学丛书） 陈蒲清等评注，岳麓书社2005年。

三字经千字文（传统蒙学丛书） 王践评注，岳麓书社2005年。

增广贤文弟子规朱子家训（传统蒙学丛书） 湘子译注，岳麓书社2005年。

三字经千字文百家姓（中小学新课标必读丛书） 郑民、林敏译注，浙江人民出版社2005年。

千字文（中国文化经典诵读故事．第1辑） 文景编著，中国人口出版社2005年。

弟子规（中华儿童古典启蒙教育丛书．第1辑） 文景编著，中国人口出版社2005年。

百家姓（中国文化经典诵读故事．第1辑） 文景编著，中国人口出版社 2005 年。

增广贤文（中华儿童古典启蒙教育丛书．第 1 辑） 文景编著，中国人口出版社 2005 年。

三字经（中华儿童古典启蒙教育丛书．第 1 辑） 文景编著，中国人口出版社 2005 年。

声律启蒙（中国文化经典诵读故事．第 1 辑） 文景编著，中国人口出版社 2005 年。

三字经百家姓千字文蒙学（中华经典诵读工程丛书） 北京四海经典文化传播中心编，中华书局 2005 年。

弟子规龙文鞭影（中华经典诵读工程丛书） 北京四海经典文化传播中心编，中华书局 2005 年。

声律启蒙笠翁对韵（中华经典诵读工程丛书） 北京四海经典文化传播中心编，中华书局 2005 年。

三字经百家姓（语文新课标必读丛书） 王文书编，中国物资出版社 2005 年。

百家姓 周晖校注，中国书店 2005 年。

千字文 钱律进校注，中国书店 2005 年。

三字经 钱律进校注，中国书店 2005 年。

三字经（三元启蒙丛书） 郭丹等编选，四川少年儿童出版社 2005 年。

百家姓（三元启蒙丛书） 郭丹等编选，四川少年儿童出版社 2005 年。

千字文（三元启蒙丛书） 郭丹等编选，四川少年儿童出版社 2005 年。

三字经（蒙学非常经典）（宋）王应麟著，赵春香主编，华语教学出版社 2005 年。

千字文（蒙学非常经典）（南朝梁）周兴嗣著，赵春香主编，华语教学出版社 2005 年。

朱子家训小儿语（蒙学非常经典）（明）朱柏庐、吕得胜著，赵春香主编，华语教学出版社 2005 年。

百家姓（蒙学非常经典） 赵春香主编，华语教学出版社 2005 年。

幼学琼林：精选版（蒙学非常经典）（明）程登吉著，赵春香主编，华语教学出版社 2005 年。

声律启蒙（蒙学非常经典） （清）车万育著，赵春香主编，华语教学出版社 2005 年。

颜氏家训：精选版（蒙学非常经典） （北齐）颜之推著，赵春香主编，华语教学出版社 2005 年。

＊**新译近思录** （宋）朱熹撰，张京华译，台湾三民书局 2005 年。

弟子规（蒙学非常经典） （清）李毓秀著，赵春香主编，华语教学出版社 2005 年。

孔子家训：精选版（蒙学非常经典） （春秋）孔子著，赵春香主编，华语教学出版社 2005 年。

蒙学八篇（课外必读推荐丛书．第 3 辑，古代诗词曲名篇选编） 王引兰、郭恒礼译解，北京燕山出版社 2005 年。

简帛文献《五行》笺证（二十世纪出土简帛文献校释及研究丛书） 魏启鹏撰，中华书局 2005 年。

荀子校释（中华要籍集释丛书） （战国）荀况著，王天海校释，上海古籍出版社 2005 年。

三字经 百家姓 千字文（中国古典名著精品书系） 刘泰丰主编，军事谊文出版社 2005 年。

＊**孔子家语通解**（齐鲁文化经典文库） 杨朝明主编，台湾万卷楼图书公司 2005 年，齐鲁书社 2009 年。

纂图互注荀子（中华再造善本） （唐）杨倞注，北京图书馆出版社 2006 年。

西山先生真文忠公读书记（中华再造善本） （宋）真德秀撰，北京图书馆出版社 2006 年。

泳斋近思录衍注（中华再造善本） （宋）朱熹、吕祖谦撰，（宋）杨伯嵒衍注，北京图书馆出版社 2006 年。

真文忠公政经（中华再造善本） （宋）真德秀撰，北京图书馆出版社 2006 年。

近思录集解（中华再造善本） （宋）叶采撰，北京图书馆出版社 2006 年。

类编标注文公先生经济文衡（中华再造善本） （宋）滕珙辑，北京图书馆出版社 2006 年。

潜室陈先生木钟集（中华再造善

本）（宋）陈埴撰，北京图书馆出版社 2006 年。

百家姓（儿童国学启蒙丛书）宋智秀主编，吉林文史出版社 2006 年。

千字文（儿童国学启蒙丛书） 宋智秀主编，吉林文史出版社 2006 年。

弟子规（儿童国学启蒙丛书） 宋智秀主编，吉林文史出版社 2006 年。

中华启蒙书 （宋）王应麟等原著，彭书淮编译，蓝天出版社 2006 年。

弟子规 戴先辉译校，花城出版社 2006 年。

声律启蒙 笠翁对韵（新私塾：国学精粹儿童启蒙教育诵读本．第 2 辑）（清）车万育著，（清）李渔著，哈尔滨出版社 2006 年。

朱子家训增广贤文（新私塾：国学精粹儿童启蒙教育诵读本．第 2 辑）（清）朱用纯著，（清）佚名编，哈尔滨出版社 2006 年。

幼学琼林（新私塾：国学精粹儿童启蒙教育诵读本．第 1 辑） （明）程允升著，哈尔滨出版社 2006 年。

百家姓（新私塾：国学精粹儿童启蒙教育诵读本．第 1 辑） （宋）佚名编，哈尔滨出版社 2006 年。

三字经千字文（新私塾：国学精粹儿童启蒙教育诵读本．第 2 辑）（宋）王应麟著，（南朝梁）周兴嗣撰，哈尔滨出版社 2006 年。

三字经百家姓（中国传统文化精华） 李杰主编，哈尔滨出版社 2006 年。

幼学琼林（校本课程经典读物选编，第 1 辑） （明）程登吉编著，（清）邹圣脉增补，薛冬凤主编，国际文化出版公司 2006 年。

《荀子》选评（新世纪古代哲学经典读本） 惠吉兴撰，上海古籍出版社 2006 年。

国学启蒙四书 易行编注，线装书局 2006 年，2008 年。

程书分类 （宋）程颢、程颐著，［朝］宋时烈编，［韩］徐大源点校，上海辞书出版社 2006 年。

三字经百家姓千字文弟子规治家格言（儿童经典诵读丛书） 董自厚主编，凤凰出版社 2006 年。

朱子家训增广贤文（蓝猫国学馆）

程郁缀主编，二十一世纪出版社2006年。

千字文（蓝猫国学馆） 程郁缀主编，二十一世纪出版社2006年。

三字经弟子规（蓝猫国学馆） 程郁缀主编，二十一世纪出版社2006年。

五字鉴（蓝猫国学馆） 程郁缀主编，二十一世纪出版社2006年。

三字经：彩图版 （宋）王应麟等著，宁远编，新疆青少年出版社2006年。

荀子校注（古典名著标准读本）（战国）荀况原著，张觉校注，岳麓书社2006年。

幼学琼林（新版传统蒙学丛书喻岳衡主编） （明）程允升著，曹日升等译注，岳麓书社2006年。

荀子（智慧之门） 安继民译注，中州古籍出版社2006年，2008年。

弟子规（儿童国学启蒙教育读本） 郭静编，云南美术出版社2006年。

三字经（儿童国学启蒙教育读本）郭静编，云南美术出版社2006年。

颜子语录：中英文本 徐修姝今译，宋雪梅英译，山东友谊出版社2006年。

曾子语录：中英文本 徐修姝今译，宋雪梅英译，山东友谊出版社2006年。

劝忍百箴（中国传统文化精华．第2辑） （元）许名奎著，陕西旅游出版社2006年。

百家姓（课外阅读小书架） 王春梅主编，内蒙古人民出版社2006年。

三字经（课外阅读小书架） 王春梅主编，内蒙古人民出版社2006年。

弟子规（插图本中国文化启蒙丛书） （清）李毓秀著，（清）贾有仁修订，卫绍生注解，中州古籍出版社2006年。

弟子规 弟子职 朱子治家格言（国学经典少儿读本） 高秀昌主编，卫绍生注解，中州古籍出版社2006年。

千字文 百家姓 千家诗（国学经典少儿读本） 高秀昌主编，刘德杰注解，中州古籍出版社2006年。

三字经　孝经（国学经典少儿读本）　高秀昌主编，王永宽注解，中州古籍出版社 2006 年。

增广贤文（国学经典少儿读本）　高秀昌主编，葛培岭注解，中州古籍出版社 2006 年。

幼学琼林（插图本中国文化启蒙丛书）（明）程登吉著，（清）邹圣脉增补，吴效华、刘洪霞注解，中州古籍出版社 2006 年。

百家姓（儿童必备中国传统文化启蒙读本）　张慧敏编选，北方妇女儿童出版社 2006 年。

弟子规（儿童必备中国传统文化启蒙读本）　戈艳娟编选，北方妇女儿童出版社 2006 年。

千字文（儿童必备中国传统文化启蒙读本）　刘莉编选，北方妇女儿童出版社 2006 年。

三字经（儿童必备中国传统文化启蒙读本）　史秀娟、刘春萌编选，北方妇女儿童出版社 2006 年。

增广贤文（儿童必备中国传统文化启蒙读本）　王曼丽、斌华编选，北方妇女儿童出版社 2006 年。

三字经　百家姓　千字文（注音版儿童经典启蒙诵读本）　佳柠、林伊注释，北方妇女儿童出版社 2006 年。

近思录（文华丛书）（宋）朱熹、吕祖谦编，广陵书社 2006 年。

《朱子语类》选评（新世纪古代哲学经典读本）　朱义禄撰，上海古籍出版社 2006 年。

百家姓（儿童必读国学启蒙）　谷更有编著，中国人口出版社 2006 年。

弟子规（儿童必读国学启蒙）　谷更有编著，中国人口出版社 2006 年。

千字文（儿童必读国学启蒙）　谷更有编著，中国人口出版社 2006 年。

三字经（儿童必读国学启蒙）　谷更有编著，中国人口出版社 2006 年。

增广贤文（儿童必读国学启蒙）　谷更有编著，中国人口出版社 2006 年。

三字经（国学今读大书院）（宋）王应麟著，魏明世编译，蓝天出版社 2006 年。

中国启蒙经典 郑京水主编，福建教育出版社 2007 年。

传统蒙学必读：三字经 百家姓 千字文 增广贤文 声律启蒙（建设社会主义新农村．新农民书架） 梁光华、陈立军编注，贵州科技出版社 2007 年。

弟子规（国学经典诵读本） （清）李毓秀原著，李新路编，河南人民出版社 2007 年。

三字经（国学经典诵读本） （宋）王应麟原著，李新路编，河南人民出版社 2007 年。

中华蒙学精粹（国学经典） （宋）王应麟等原著，陈才俊、毕慕科注译，海潮出版社 2007 年。

小儿语 幼学琼林（国学今读大书院） （明）吕得胜、（明）程登吉著，于童蒙编译，哈尔滨出版社 2007 年。

三字经 百家姓：彩图版（中国传统文化精华） 钟雷主编，哈尔滨出版社 2007 年。

千家诗 增广贤文：彩图版（中国传统文化精华） 崔钟雷主编，哈尔滨出版社 2007 年。

近思录详注集评（陈荣捷朱子学论著丛刊） 陈荣捷著，华东师范大学出版社 2007 年。

千字文（蒙学教育经典读物．第 2 辑） 崔钟雷主编，吉林摄影出版社 2007 年。

三字经（蒙学教育经典读物．第 1 辑） 崔钟雷主编，吉林摄影出版社 2007 年。

增广贤文（蒙学教育经典读物．第 2 辑） 崔钟雷主编，吉林摄影出版社 2007 年。

增广贤文（国学今读大书院） 佚名著，魏明世编译，蓝天出版社 2007 年。

传习录（国学今读大书院） （明）王阳明原著，王学典编译，蓝天出版社 2007 年。

三字经 百家姓 千字文 弟子规（古代典籍精编家藏书系） 张凤娟主编，内蒙古人民出版社 2007 年。

增广贤文 幼学琼林 朱子家训（古代典籍精编家藏书系） 张凤娟主编，内蒙古人民出版社 2007 年。

百家姓：最新图文普及版（青少

年快读中华传统文化书系） 钱唐老儒主编，内蒙古文化出版社2007年。

声律启蒙　弟子规　幼学琼林：精美插图本（国学大书院）（清）车万育著，（清）李毓秀著，（明）程登吉著，赵卫华译注，三秦出版社2007年。

朱子家训　颜氏家训　孔子家语：精美插图本（国学大书院）（明）朱用纯著，（北齐）颜之推著，（魏）王肃著，金源编译，三秦出版社2007年。

三字经：精美插图本（国学大书院）（宋）王应麟著，丁军杰编译，三秦出版社2007年。

近思录（中国家庭基本藏书．笔记杂著卷）（宋）朱熹、吕祖谦编订，王华宝译注，山西古籍出版社2007年。

弟子规　三字经（语文新课标必读：学生课外阅读文库） 安智峰编，陕西旅游出版社2007年。

三字经：附百家姓、千字文 顾静注解，上海古籍出版社2007年。

传习录（钱选国学名著）（明）王守仁著，崔存明注，首都经济贸易大学出版社2007年。

三字经　百家姓　千字文（中国传统文化经典读本）（宋）王应麟等撰，邓启铜注释，云南大学出版社2007年。

声律启蒙　笠翁对韵（中国传统文化经典读本）（清）车万育、（清）李渔著，诸世能、朱远华注释，云南大学出版社2007年。

幼学琼林（中国传统文化经典读本）（明）程登吉编，诸泉点校，云南大学出版社2007年。

弟子规：彩图注音版（中华儿童启蒙经典） 纪江红主编，云南教育出版社2007年。

千字文（中华儿童启蒙经典：彩图注音版） 刘娟编撰，云南教育出版社2007年。

三字经（中华儿童启蒙经典：彩图注音版） 杜富中编撰，云南教育出版社2007年。

增广贤文：彩图注音版（中华儿童启蒙经典） 纪江红主编，云南教育出版社2007年。

声律启蒙·笠翁对韵：彩图注音

版（中华儿童启蒙经典）　纪江红主编，云南教育出版社2007年。

唐浩明评点梁启超辑曾国藩嘉言钞　唐浩明评点，岳麓书社2007年。

弟子规（经典诵读系列）　张润秀、孙如琨编著，浙江少年儿童出版社2007年。

百家姓（经典诵读系列）　骆秀峻等编著，浙江少年儿童出版社2007年。

三字经（经典诵读系列）　骆蔓，林荫编著，浙江少年儿童出版社2007年。

三字经　千字文：汉英对照（宋）王应麟，（南朝梁）周兴嗣著，孟凡君、彭发胜译注，中国对外翻译出版公司2007年。

百家姓　千字文（国学今读大书院）（南朝梁）周兴嗣等撰，肖克强编，中国纺织出版社2007年。

荀子（国学今读大书院）　王学典编译，中国纺织出版社2007年。

三字经　百家姓　千字文：插图版（中国传统文化精华）　肖铁宝编，中国画报出版社2007年。

百家姓（中国传统文化启蒙经典）（宋）佚名编，余晗编写，中国少年儿童出版社2007年。

弟子规（中国传统文化启蒙经典）（清）李毓秀编，劼然编写，中国少年儿童出版社2007年。

千字文（中国传统文化启蒙经典）（南朝梁）周兴嗣编，孙晶编写，中国少年儿童出版社2007年。

三字经（中国传统文化启蒙经典）（宋）王应麟编，张兮兮编写，中国少年儿童出版社2007年。

幼学琼林（中国传统文化启蒙经典）（明）程登吉编，劼然编写，中国少年儿童出版社2007年。

增广贤文（中国传统文化启蒙经典）（明）佚名编，余晗编写，中国少年儿童出版社2007年。

三字经百家姓　千字文（中国古典文学精华．第2辑）　肖铁宝改编，中国画报出版社2007年。

三字经（中国少年儿童成长必读：注音版）　陈玉健主编，中国戏剧出版社2007年。

千字文（中国少年儿童成长必读：注音版）　陈玉健主编，中国戏剧出版社2007年。

弟子规（中国少年儿童成长必读：注音版） 陈玉健主编，中国戏剧出版社2007年。

百家姓（中国少年儿童成长必读：注音版） 陈玉健主编，中国戏剧出版社2007年。

三字经百家姓千字文（中国传统文化大系）中国戏剧出版社2007年。

荀子（中华经典藏书） 安小兰译注，中华书局2007年。

＊**《新序》校证（上中下）**（古典文献研究辑刊） （汉）刘向撰，陈茂仁撰，台湾花木兰文化出版社2007年。

三字经百家姓千字文 胡晓旭评注，上海辞书出版社2008年。

潜夫论校注（古典名著标准读本）（汉）王符著，张觉校注，岳麓书社2008年。

唐浩明评点曾国藩语录 唐浩明编撰，岳麓书社2008年。

龙文鞭影 （明）萧良有著，喻岳衡、喻美灵校注，岳麓书社2008年。

千字文 程怀灵主编，北京燕山出版社2008年。

三字经 程怀灵主编，北京燕山出版社2008年。

声律启蒙：全本 程怀灵主编，北京燕山出版社2008年。

百家姓 程怀灵主编，北京燕山出版社2008年。

笠翁对韵增广贤文 许卫全注释，凤凰出版社2008年。

劝学篇（戊戌前后的痛与梦）（清）张之洞著，广西师范大学出版社2008年。

蒙学六种：三字经百家姓千字文增文贤文幼学琼林格言联璧 吕晓庄校注，三晋出版社2008年。

荀子 孙安邦译注，三晋出版社2008年。

近思录：足本 （宋）朱熹、（宋）吕祖谦编订，王华宝译，三晋出版社2008年。

三字经百家姓千字文 田姝选编，光明日报出版社2008年。

潜夫论 （汉）王符著，王健注说，河南大学出版社2008年。

孔子家语 杨朝明注说，河南大学出版社2008年。

荀子 杨朝明注说，河南大学出版社，2008年。

千字文 （南朝梁）周兴嗣著，河南人民出版社2008年。

增广贤文 李新路编，河南人民出版社2008年。

扬子法言 新论 （汉）扬雄、（汉）桓谭撰，时代文艺出版社2008年。

子思子全书 （宋）汪晫撰，时代文艺出版社2008年。

贾谊新书 （汉）贾谊著，时代文艺出版社2008年。

孔子家语 （魏）王肃注，时代文艺出版社2008年。

孔子集语 （清）孙星衍编，时代文艺出版社2008年。

大同书 （清）康有为著，时代文艺出版社2008年。

荀子 （周）荀况著，时代文艺出版社2008年。

幼学琼林弟子规：插图本 （明）程登吉、李毓秀等著，万卷出版公司2008年。

孔子家语颜氏家训 （魏）王肃等著，万卷出版公司2008年。

近思录：精解典藏版 （宋）朱熹、（宋）吕祖谦编选，中国三峡出版社2008年。

中说 （隋）王通撰，时代文艺出版社2008年。

三字经百家姓千字文弟子规 李逸安译注，中华书局2009年，2010年，2011年。

潘子求仁录辑要 （清）潘平格撰，钟哲点校，中华书局2009年。

新辑本桓谭新论 （汉）桓谭撰，朱谦之校辑，中华书局2009年。

孔丛子（中华经典藏书） 王钧林、周海生译注，中华书局2009年。

孔子家语（中华经典藏书） 王国轩、王秀梅译注，中华书局2009年。

曾子 子思子（中华经典藏书） 陈桐生译注，中华书局2009年。

申鉴（中华再造善本续编） （汉）荀悦撰，国家图书馆出版社

2009 年。

读书录（中华再造善本续编）（明）薛瑄撰，国家图书馆出版社 2009 年。

小学五书（中华再造善本续编）（宋）张时举编，国家图书馆出版社 2009 年。

黄梨洲先生明夷待访录（中华再造善本续编）（清）黄宗羲撰，国家图书馆出版社 2009 年。

《千字文》全解 （南朝梁）周兴嗣原著，李小龙注解，人民文学出版社 2009 年。

《三字经》全解 （宋）王应麟原著，毛春晖注解，人民文学出版社 2009 年。

《百家姓》精解 刘清滢注解，人民文学出版社 2009 年。

《弟子规》全解 （清）李毓秀、贾存仁原著，房春草注解，人民文学出版社 2009 年。

《笠翁对韵》精解 （清）李渔原著，赵锐注解，人民文学出版社 2009 年。

《幼学琼林》精解 （明）程登吉原著，王诒卿注解，人民文学出版社 2009 年。

三字经百家姓千字文 （宋）王应麟等编撰，齐鲁书社 2009 年。

弟子规弟子职朱子治家格言 刘国建主编，中州古籍出版社 2009 年。

弟子规 阆中市传统文化教育工作领导小组办公室编，三秦出版社 2009 年。

＊**法言义疏** 汪荣宝撰，台湾文听阁图书公司 2010 年。

＊**盐铁论新诠** 剑鸣庐主人撰，台湾文听阁图书公司 2010 年。

＊**盐铁论集释** 徐德培撰，台湾文听阁图书公司 2010 年。

＊**白话译解荀子** 叶玉麟撰，台湾文听阁图书公司 2010 年。

幼学琼林 （明）程登吉编，邓启铜、诸泉点校，东南大学出版社 2010 年。

五字鉴 （明）李廷机编，邓启铜、陈作明点校，东南大学出版社 2010 年。

龙文鞭影 （明）萧良有撰，邓启

铜点校，东南大学出版社 2010 年。

声律启蒙笠翁对韵 （清）车万育、（清）李渔著，邓启铜注释，东南大学出版社 2010 年。

三字经百家姓千字文 （宋）王应麟、（宋）佚名、（南朝梁）周兴嗣撰，东南大学出版社 2010 年。

三字经全集 （宋）王应麟原著，海潮出版社 2010 年。

大学衍义 （宋）真德秀撰，朱人求点校，华东师范大学出版社 2010 年。

公是先生弟子记刍言 （宋）刘敞、（宋）崔敦礼著，黄曙辉点校，华东师范大学出版社 2010 年。

弟子规千字文增广贤文 （清）李毓秀等著，吉林出版集团有限责任公司 2010 年。

三字经百家姓千家诗 曹金洪主编，吉林出版集团有限责任公司 2010 年。

增广贤文幼学琼林弟子规 《国学典藏书系》丛书编委会主编，吉林出版集团有限责任公司 2010 年。

三字经百家姓千字文仪礼声律启蒙：珍藏版 《国学典藏书系》丛书编委会主编，吉林出版集团有限责任公司 2010 年。

朱子家训增广贤文 （明）朱柏庐等著，内蒙古人民出版社 2010 年。

百家姓三字经千字文弟子规 （清）李毓秀等著，内蒙古人民出版社 2010 年。

荀子全书解读 （战国）荀况著，内蒙古人民出版社 2010 年。

近思录全书解读 （宋）朱熹、吕祖廉著，内蒙古人民出版社 2010 年。

孔子家语全书解读 （魏）王肃著，内蒙古人民出版社 2010 年。

传习录全书解读 （明）王守仁著，内蒙古人民出版社 2010 年。

万木草堂口说：外三种 （清）康有为著，姜义华、张荣华编校，中国人民大学出版社 2010 年。

千字文百家姓千家诗 刘国建主编，中州古籍出版社 2010 年。

增广贤文 刘国建主编，中州古籍出版社 2010 年。

格言联璧（国学经典） （清）金缨

编，张英华注译，中州古籍出版社2010年。

三字经　百家姓　千字文　王永宽注译，中州古籍出版社2010年。

龙文鞭影　刘国建主编，中州古籍出版社2010年。

龙文鞭影（国学经典）　张万钧、韩富荣注译，中州古籍出版社2010年。

庭训格言（国学经典）（清）康熙撰，陈生玺、贾乃谦注译，中州古籍出版社2010年。

幼学琼林（国学经典）　李正辉注译，中州古籍出版社2010年。

弟子规　（清）李毓秀编，张志萍注评，上海古籍出版社2010年。

荀子　（唐）杨倞注，东方朔导读，王鹏整理，上海古籍出版社2010年。

近思录　（宋）朱熹、吕祖谦编，严佐之导读，程水龙整理，上海古籍出版社2010年。

三字经百家姓　尚文编注，广西师范大学出版社2010年。

传习录　（明）王守仁著，广陵书社2010年。

近思录集释　（宋）　朱熹、（宋）吕祖谦纂，张京华辑校，岳麓书社2010年。

潜书校释（明清思想经典丛书）（明）唐甄撰，黄敦兵校释，岳麓书社2010年。

孔子改制考　（清）康有为撰，姜义华、张荣华编校，中国人民大学出版社2010年。

《扬子法言》今读　纪国泰著，巴蜀书社2010年。

潜夫论　（汉）王符著，北京燕山出版社2010年。

孔丛子　秦·孔鲋编著，北京燕山出版社2010年。

曾子子思子　（春秋）曾参、（战国）孔伋著，北京燕山出版社2010年。

千字文　（南朝梁）周兴嗣编撰，王慧译注，浙江古籍出版社2010年。

弟子规　（清）李毓秀编撰，王慧译注，浙江古籍出版社2010年。

百家姓　（宋）无名氏编撰，李利

忠译注，浙江古籍出版社 2010 年。

三字经 （宋）王应麟编撰，高亚鸣译注，浙江古籍出版社 2010 年。

幼学琼林 董自厚主编，凤凰出版社 2010 年。

千字文弟子规 邹斌编著，线装书局 2010 年。

三字经百家姓 邹斌编注，线装书局 2010 年。

增广贤文 邹斌编译，线装书局 2010 年。

中说译注 张沛撰，上海古籍出版社 2011 年。

近思录（中华思想经典）（宋）朱熹、（宋）吕祖谦撰，斯彦莉译注，中华书局 2011 年。

明夷待访录（中华思想经典）（明）黄宗羲著，段志强译注，中华书局 2011 年。

说苑校理 新序校理 （汉）刘向编，朱季海撰，中华书局 2011 年。

无欺录 （清）朱柏庐著，王广成标点，上海人民出版社 2011 年。

三字经 百家姓 （宋）王应麟撰，王践评注，岳麓书社 2011 年。

幼学琼林 （明）程登吉撰，曹日升、谢胜文译注，岳麓书社 2011 年。

声律启蒙 （清）车万育等著，徐哲兮校注，岳麓书社 2011 年。

千字文 千家诗 （南朝梁）周兴嗣等编纂，王践等评注，岳麓书社 2011 年。

幼学琼林 （明）程登吉撰，岳麓书社 2011 年。

《声律启蒙》《笠翁对韵》解读 刘勇著，天津古籍出版社 2011 年。

《弟子规》《孝经》解读 张学强、李爱民著，天津古籍出版社 2011 年。

《增广贤文》解读 李正堂著，天津古籍出版社 2011 年。

《龙文鞭影》解读 张海良编，天津古籍出版社 2011 年。

幼学琼林 （明）程登吉著，浙江古籍出版社 2011 年。

笠翁对韵 （清）李渔著，朱子云评注浙江古籍出版社 2011 年。

关学编注释 （明）冯从吾撰，乌志鸿注，三秦出版社2011年。

三字经百家姓 崔钟雷主编，凤凰出版社2011年。

弟子规千字文 崔钟雷主编，凤凰出版社2011年。

申鉴中论选译 张涛、傅根清译注，凤凰出版社2011年。

新序说苑选译 曹亦冰译注，凤凰出版社2011年。

盐铁论选译 孙香兰、刘光胜译注，凤凰出版社2011年。

荀子选译（古代文史名著选译丛书） 雪克、王云路译注，凤凰出版社2011年。

新书（历代名著精选集） （汉）贾谊著，王洲明注评，凤凰出版社2011年。

三字经 百家姓 千字文 弟子规 段干木明译注，黄山书社2011年。

幼学琼林 （明）程登吉撰，魏红延译注，黄山书社2011年。

中国书院学规集成 邓洪波主编，中西书局2011年。

潜书（中国思想史资料丛刊）（清）唐甄著，吴泽民编校，中华书局2011年。

孔丛子校释（新编诸子集成续编）傅亚庶撰，中华书局2011年。

孔子家语（中华经典名著全本全注全译丛书） 王国轩、王秀梅译注，中华书局2011年。

荀子（中华经典名著全本全注全译丛） 方勇、李波译注，中华书局2011年。

兵家类

孙子浅说 蒋百里、刘邦骥著，教育书店1915年。

赵注孙子十三篇 （明）赵本学注，武学书馆1920年，武学书局1923年。

李卫公兵词选 （唐）李靖著，刁广孚编，武学书馆1922年。

（增补）曾胡治兵语录（力行要览）（清）曾国藩、胡润之著，蒋介石编，力行要览发行所1924年，中央训练团1943年。

（新式标点）七子兵略 陈玖学评

注，陈益标点，扫叶山房书局 1926 年，1929 年。

(新式标点) 孙子十家注 十大家注，袁韬壶标点，扫叶山房 1926 年。

(评注标点) 孙子读本 秦同培编，陈和祥评注，世界书局 1926 年。

(标点注解) 孙子兵法史证 支伟成编，泰东图书局 1926 年，1934 年。

＊赵注孙子十三篇 赵虚舟注释，香港振武书局 1927 年。

＊孙子释证 （春秋）孙武撰，刘文垕释证，宽于一天下室 1928 年，中国书店 1996 年，台湾文听阁图书 2010 年。

纪效新书练兵实纪合编（黄埔丛书）（明）戚继光著，国民革命军总司令部办公厅 1929 年。

孙吴司马兵法 佚名编，南京军用图书社 1932 年。

评注七子兵略 陈玖学评注，武学书馆 1932 年。

读史兵略 （清）胡林翼纂，中央政治学校（印）1932 年。

增补曾胡治兵语录注释 蒋介石编，军事委员会政治部（印）1932 年。

(新编) 胡林翼军政语录（力行要览）（清）胡林翼著，蒋介石纂，力行要览发行所 1932 年，豫鄂皖三省剿匪总司令部 1932 年。

自卫新知（原名：洴澼百金方）（国民军事丛书）（清）袁宫桂著，国民政府军事委员会委员长南昌行营 1933 年，中国文化学会 1934 年。

练兵实纪（力行要览 国民军事丛书 国学基本丛书）（明）戚继光著，力行要览发行所 1933 年，军事委员会委员长南昌行营 1934 年，中华书局 1935 年，商务印书馆 1937 年。

影印明本武经七书直解 北京陆军印刷所 1933 年。

自卫新知 廉济录 （清）袁宫桂、陆曾禹著，1933 年。

兵经（国民军事丛书）（明）揭暄著，陈无闷补校，中国文化学会 1934 年。

(注释) 自卫新知 （清）袁宫桂（原题：惠麓酒民）著，包超然等注释，王小逸等校勘，大公书店 1934 年。

手抄戚继光语录 蒋介石抄，中央空军学校 1934 年，1936 年。

（新注）孙子兵法直讲 （清）陈任旸讲，齐廉注，军学编译社 1935 年，1940 年，台湾世界兵学社 1951 年。

自卫新知摘要 军事委员会委员长南昌行营编，中华书局 1935 年。

自卫新知（2） （清）袁宫桂（原题：惠麓酒民）著，军事委员会委员长行营政治训练处 1935 年。

自卫新知（卷十三） （清）袁宫桂（原题：惠麓酒民）著，六潄居士重订，军事委员会委员长行营政治训练处 1935 年。

自卫新知撮要 （清）袁宫桂（原题：惠麓酒民）著，河南省政府 1935 年。

戚继光治兵语录白话解 贾赫编，军学编译社 1935 年。

孙子十三篇 佚名辑，峨眉军官训练团 1935 年。

塞语（丛书集成初编）（明）尹畊撰，商务印书馆 1936 年。

乡约（丛书集成初编）（明）尹畊撰，商务印书馆 1936 年。

孙子集注（四部丛刊）（周）孙武著，商务印书馆 1936 年。

孙子（四部备要）（周）孙武著，（汉）曹操等注，（宋）吉天保辑，（清）孙星衍、吴人骥同校，中华书局 1936 年。

六韬（四部丛刊）（周）吕望撰，商务印书馆 1936 年。

吴子（四部丛刊）（周）吴起撰，商务印书馆 1936 年。

吴子（四部备要）（周）吴起撰，中华书局 1936 年。

司马法（四部丛刊）（周）司马穰苴撰，商务印书馆 1936 年。

司马法（四部备要）（周）司马穰苴撰，中华书局 1936 年。

虎钤经（丛书集成初编）（宋）许洞撰，商务印书馆 1936 年。

救命书（丛书集成初编）（明）吕坤撰，商务印书馆 1936 年。

练兵实纪（附杂集）（丛书集成初

编）（明）戚继光撰，商务印书馆1936年。

草庐经略（丛书集成初编） 商务印书馆1936年。

火攻挈要（附火攻诸器图）（丛书集成初编） ［德］汤若望授，（清）焦勖述，商务印书馆1936年。

孙吴兵法 大众书局编，大众书局1936年。

孙子兵法集解 （清）孙星衍著，叶慧晓校，广益书局1936年。

孙子兵法新诠 叶慕然著，广州美华书店1936年。

孙子兵法简释 吴石著，兵学研究会1936年。

（白话译解）孙子兵法 （春秋）孙武撰，（清）孙星衍校，叶玉麟选译，广益书局1936年，1943年，香港万象书店1949年，台湾文听阁图书公司2010年。

孙子兵法（英汉对照） 郑麐编译，上海世界书局1936年。

孙子（丛书集成初编）（周）孙武著，（曹魏）魏武帝注，商务印书馆1937年。

孙子十家注（丛书集成初编）（宋）吉天保辑，（清）孙星衍、吴人骥校，商务印书馆1937年。

孙子叙录（丛书集成初编）（清）毕以珣撰，商务印书馆1937年。

孙子遗说（丛书集成初编）（清）郑友贤撰，商务印书馆1937年。

尉缭子（丛书集成初编）（周）尉缭撰，商务印书馆1937年。

吴子（丛书集成初编）（周）吴起著，商务印书馆1937年。

卫公兵法辑本（附考证）（丛书集成初编）（唐）李靖撰，（清）汪宗沂辑，商务印书馆1937年。

神机制敌太白阴经（丛书集成初编）（唐）李筌撰，商务印书馆1937年。

何博士备论（丛书集成初编）（宋）何去非撰，商务印书馆1937年。

九贤秘典（丛书集成初编） 商务印书馆1937年。

乾坤大略（附补遗）（丛书集成初编）（清）王余佑撰，商务印书馆1937年。

补汉兵志（并注）（丛书集成初编）（宋）钱文子撰，商务印书馆1937年。

补晋兵志（丛书集成初编）（清）钱仪吉撰，商务印书馆1937年。

莅戎要略（丛书集成初编）（明）戚继光撰，商务印书馆1937年。

自卫新知摘要（清）袁宫桂（原题：惠麓酒民）著，蒋介石编，江苏省政府（印）1937年。

自卫新知（清）袁宫桂（原题：惠麓酒民）著，庐山暑期训练团1937年。

自卫新知（中）（清）袁宫桂（原题：惠麓酒民）著，军事委员会委员长行营政治训练处1937年。

戚继光语录 蒋介石抄录，庐山暑期训练团1937年，青年书店1940年。

中国十大家兵书 鲁元选辑，中央陆军军官学校第一分校第十四期学生第三总队1938年。

兵略史解 张万瑞编，武学书馆1938年。

（增补）曾胡治兵语录白话解 蔡锷编辑，蒋介石增补，贾赫解，军学编译社1938年，1941年。

武经七书直解 刘寅解，中央陆军军官学校（印）1939年。

＊**孙子章句训义（增订新战史例）** 钱基博著，精忠柏石室1939年，商务印书馆1947年，台湾文听阁图书公司2010年，上海古籍出版社2011年。

孙子十家注（国学基本丛书）（清）孙星衍、吴人骥同校，商务印书馆1939年，1940年。

（评注）孙子兵法十三篇 陈玖学评注，大东书局1939年。

读孙子十三篇阵中笺释 朱怀冰著，青年书店1939年。

孙子兵法精义 黄萍荪编，新阵地出版社1939年。

戚继光先生语录（明）戚继光著，蒋介石手辑，中央训练团1939年。

黄石公三略（丛书集成初编）（汉）黄石公著，商务印书馆1939年。

素书（丛书集成初编）（汉）黄石公撰，商务印书馆1939年。

武侯八阵兵法辑略（附用陈杂录）（丛书集成初编）（清）汪宗沂辑，韬庐子述，商务印书馆 1939 年。

新书（丛书集成初编）（汉）诸葛亮撰，商务印书馆 1939 年。

八阵图合变说（丛书集成初编）（明）龙正撰，商务印书馆 1939 年。

守城录（丛书集成初编）（宋）陈规、汤璹撰，商务印书馆 1939 年。

阵纪（丛书集成初编）（明）何良臣撰，商务印书馆 1939 年。

学射录（丛书集成初编）（清）李塨著，商务印书馆 1939 年。

手臂录（丛书集成初编）（清）吴殳著，商务印书馆 1939 年。

孙子兵法新注 刘邦骥原作，刘药耘编选，八一三印刷所（印）1940 年。

古代兵经 薛岳著，第九战区司令长官司令部（印）1940 年，

古代兵经 大同书店编，大同书店 1940 年。

孙子新诠 陈华元著，商务印书馆 1940 年，1945 年。

胡文忠公语录 惕斋抄录，军事委员会政治部编，军事委员会政治部 1940 年。

（新译）孙子兵法 冯家勋译述，军民书店 1941 年。

孙子兵法校释 陈启天著，国魂书店 1941 年（中国文化研究所丛书），中华书局 1944 年，1947 年。

论语兵学 李慎之注释，军学编译社 1941 年，1944 年。

（增补）曾胡治兵语录注释 费怒春注释，青年书店 1941 年。

（增订）武经注解 军学编译社校，军学编译社 1942 年。

孙子十三篇句解 吕兴周注释，合涧健华供应社 1942 年。

孙子兵法十三篇 韩一青注释，大东书局 1942 年。

孙子兵法今释 覃孝方著，复兴书局 1943 年。

二十世纪孙子注解 苏荫森注解，武学书局 1943 年。

戚继光治兵语录解释 贾赫注释，军学编译社 1943 年。

(增补) 曾胡治兵语录白话句解 蔡锷编著，蒋介石增补，吉世林注解，武学印书馆 1946 年。

(白话) 孙子兵法读本 叶玉麟选译，广益书局 1947 年。

中国兵学大全（军事丛书） 军人文库编辑委员会著，拔提书局 1947 年。

素书注（法轮小丛书）（宋）张商英注释，大法轮书局 1948 年。

吴子兵法表解 民国间印行。

中国兵学通论（原名：草庐经略）（明）无名氏著，陆达节标点，第七战区编纂委员会编，新建设出版社民国间印行。

廿一史战略考 （清）茅止生编，民国间印行。

曾胡治兵白话句解 蔡锷辑注，民国间印行。

今译新编孙子兵法 郭化若编译，人民出版社 1957 年，中华书局 1962 年，（香港）三联书店 1962 年。

武经总要前集（中国古代版画丛刊）（宋）曾公亮编，中华书局上海编辑所 1959 年，1988 年。

孙子集校 杨炳安校，中华书局 1959 年，（香港）中华书局 1960 年，1972 年。

宋本十一家注孙子 （魏）曹操等注，中华书局上海编辑所 1961 年，上海古籍出版社 1978 年，2003 年。

十一家注孙子 （春秋）孙武撰，（魏）曹操等注，郭化若译，中华书局上海编辑所 1962 年，上海古籍出版社 1978 年。

孙子今译 郭化若译，中华书局上海编辑所 1962 年，上海人民出版社 1977 年，上海古籍出版社 1978 年。

孙子《用间篇》今译 郭化若著，群众出版社 1962 年。

＊**孙子十三篇语文读本** 姚季农撰，（台湾）商务印书馆 1968 年。

＊**孙子兵法评注** 李天豪撰，台湾中华出版社 1969 年，泰华堂出版社 1983 年。

＊**孙子今注今译** 魏汝霖撰，（台湾）商务印书馆 1972 年。

＊**孙子斠补** 郑良树撰，台湾学生书局 1974 年。

＊**司马法今注今译** 刘仲平撰，（台湾）商务印书馆 1975 年。

＊**尉缭子今注今译** 刘仲平撰，（台湾）商务印书馆 1975 年。

＊**黄石公三略今注今译** 魏汝霖撰，（台湾）商务印书馆 1975 年。

＊**唐太宗李卫公问对今注今译** 曾振撰，（台湾）商务印书馆 1975 年。

孙膑兵法（银雀山汉墓竹简） 银雀山汉墓竹简整理小组编，文物出版社 1975 年。

孙子兵法（银雀山汉墓竹简） 银雀山汉墓竹简整理小组编，文物出版社 1976 年。

＊**武经七书** 孙一之译述，台湾星光出版社 1976 年。

＊**太公六韬今注今译** 徐培根撰，（台湾）商务印书馆 1976 年。

＊**吴子今注今译** 傅绍杰撰，（台湾）商务印书馆 1976 年。

孙子兵法新注（中国古典名著译注丛书） 中国人民解放军军事科学院战争理论研究部《孙子》注释小组注，中华书局 1977 年，1991 年，2005 年。

尉缭子注译 华陆综注译，中华书局 1979 年。

尉缭子校注 钟兆华校注，中州书画社 1982 年。

＊**吴起兵法今译** 齐光注，（香港）中华书局 1982 年。

李卫公问对校注 吴如嵩、王显臣校注，中华书局 1983 年。

孙子译注（诸子译注丛书） 春秋·孙武撰，郭化若译注，上海古籍出版社 1984 年，2003 年，2006 年。

孙膑兵法校理（新编诸子集成第一辑） 张震泽校理，中华书局 1984 年，1990 年。

阵纪注释（中国古代军事著述选读） （明）何良臣撰，陈秉才点注，军事科学出版社 1984 年。

＊**孙子兵法白话解析** 一也编译，台湾常春树出版社 1984 年。

百战奇略译注 韩金坡等译注，陕西人民出版社 1985 年。

孙子兵法今译 唐满先译注，江西人民出版社 1985 年。

＊**孙子兵法：精简白话文本**（博益古典宝库） 孙武原著，徐瑜编

撰，香港博益出版集团：小太阳有限公司 1985 年。

孙膑兵法译注 傅振伦译注，巴蜀书社 1986 年。

武经七书注译 《中国军事史》编写组注释，解放军出版社 1986 年，1991 年。

＊**孙子兵法绎论** 王政撰，台湾明文书局 1986 年。

纪效新书练兵实纪总说（中国古代兵法通俗读物）（明）戚继光撰，邹经译注，解放军出版社 1987 年。

百战奇略注译 （明）刘基撰，赵洪顺、韩春恒注译，春风文艺出版社 1987 年。

＊**孙子新校解** 柳元麟撰，台湾世界兵学社 1987 年。

纪效新书（中华武术文库古籍部）（明）戚继光撰，马明达点校，人民体育出版社 1988 年。

孙吴兵法注释（中国古代文化要览小丛书） 齐光注释，北京古籍出版社 1988 年。

孙子兵法导读（中华文化要籍导读丛书） 黄葵著，巴蜀书社 1989 年，1996 年。

素书译注（中国古代军事著述选读）（汉）黄石公撰，杨素寰译注，军事科学出版社 1989 年。

武经七书汇解 （清）朱墉撰，中州古籍出版社 1989 年。

孙子（诸子百家丛书）（战国）孙武撰，（魏）曹操等注，上海古籍出版社 1989 年，1991 年。

握奇经 六韬 司马法吴子 尉缭子（诸子百家丛书） 旧题（先秦）风后撰，（周）吕望撰，（春秋）司马穰苴撰，（战国）吴起撰，（战国）尉缭撰，（汉）公孙弘解，（晋）马隆述赞，上海古籍出版社 1990 年，1995 年。

兵镜类编 （清）李蕊撰，江苏广陵古籍刻印社 1990 年。

＊**孙子校释**（孙子兵法大全系列丛书） 吴九龙主编，军事科学出版社 1990 年，台湾立青文教基金会 1992 年。

三十六计白话通解 冯殿忠编，中州古籍出版社 1991 年。

孙子兵法白话通解 翟轩编译，中州古籍出版社 1992 年。

孙膑兵法译注　李均朋译注，河北人民出版社 1992 年。

白话黄石公兵法　尉缭子兵法　黄颇注，中州古籍出版社 1992 年。

孙子集成　谢祥皓、刘申宇主编，齐鲁书社 1993 年。

＊**孙子释义**　钮国平、王福成撰，台湾复汉出版社 1993 年。

白话三十六计　张少雄、民辉译注，岳麓书社 1994 年，2002 年。

＊**孙子兵法简释**　唐礼撰，台湾大社会文化事业出版社 1994 年。

白话百战奇略　（明）刘基撰，张文才译注，岳麓书社 1995 年。

白话诸葛亮兵法（古典名著今译读本）（三国蜀）诸葛亮撰，毛元佑译注，岳麓书社 1995 年。

白话尉缭子（古典名著今译读本）邓林译注，岳麓书社 1995 年。

孙子（十大古典哲学名著）（魏）曹操等注，袁啸波点校，上海古籍出版社 1995 年。

＊**孙子十三篇辑校辨正**　黄伟博撰，台湾复文图书出版社 1995 年。

＊**新译吴子读本**　王云路撰，台湾三民书局 1996 年，二版 2009 年。

＊**新译司马法**　王云路撰，台湾三民书局 1996 年。

＊**新译尉缭子**　张金泉撰，台湾三民书局 1996 年。

纪效新书　（明）戚继光撰，盛冬铃点校，中华书局 1996 年。

孙子兵法　（春秋）孙武撰，三秦出版社 1996 年。

武经集要　（清）徐亦撰，中国书店 1996 年。

白话评注绘图本《百战奇略》　杨扬评解校补，姚炜简注今译，陶尚义绘图设计，书目文献出版社 1996 年。

＊**新译李卫公问对**　邬锡非撰，台湾三民书局 1996 年。

＊**新译孙子读本**　吴仁杰撰，台湾三民书局 1996 年。

＊**孙子兵法今注今译**　张大同撰，台湾将门文物出版公司 1996 年。

＊**新译三略读本**　傅杰译，台湾三民书局 1997，2011 年。

孙膑兵法今译　李丹、柴挺进译，中国书店 1997 年。

戚继光兵法　（明）戚继光撰，赵海军评注，岳麓书社 1997 年。

白话武经七书（古典名著今译读本）　黄朴民译注，岳麓书社 1997 年。

宋本十一家孙子注　（春秋）孙武撰，（魏）曹操等注，江苏广陵古籍刻印社 1998 年，2001 年。

孙子兵法全译（中国古典名著普及丛书）（春秋）孙武撰，田昌五译注，齐鲁书社 1998 年。

孙子兵法（插图注解中国古典诗文十大名著）（春秋）孙武撰，（魏）曹操等注，王健整理，三秦出版社 1998 年。

* **孙子十家注诠译本**　盛瑞裕、李崇兴、汪超宏撰，台湾建宏出版社 1998 年。

* **黄石公白话三略**　宫玉振撰，台湾正展出版公司 1998 年。

（竹简）孙子兵法　（春秋）孙武著，张友清书，北京图书馆出版社 1999 年。

孙子兵法（国文珍品文库）　春秋・孙武撰，马一夫译评，吉林文史出版社 1999 年，2009 年。

六韬　三略译注（中国古籍译注丛书　诸子译注丛书）　唐书文译注，上海古籍出版社 1999 年，2006 年。

十一家注孙子校理（新编诸子集成）（春秋）孙武撰，（魏）曹操等注，杨丙安校理，中华书局 1999 年。

武经七书新译　林伊夫等注译，齐鲁书社 1999 年。

三十六计（国文珍品文库）　赵立、王世英译评，吉林文史出版社 1999 年，2001 年，2009 年。

* **白话六韬**　孔德骐、胡剑英撰，台湾正展出版公司 1999 年。

白话孙子兵法　黄朴民注译，岳麓书社 2001 年。

纪效新书（十四卷本）（戚继光研究丛书）（明）戚继光撰，范中义校释，中华书局 2001 年。

纪效新书（十八卷本）（戚继光研究丛书）（明）戚继光撰，曹文明、吕颖慧校释，中华书局 2001 年。

练兵实纪（戚继光研究丛书）（明）戚继光撰，邱心田校释，中华书局 2001 年。

孙子兵法（智慧果丛书）（春秋）孙武撰，余日昌注评，江苏古籍出版社 2002 年。

孙子兵法 （春秋）孙武撰，广陵书社编，广陵书社 2002 年。

孙膑兵法新译 李兴斌、邵斌注译，齐鲁书社 2002 年。

孙子兵法 林鲤主编，甘肃文化出版社 2002 年。

孙膑兵法解读 杨玲编著，军事科学出版社 2002 年。

孙子参同（中华再造善本续编试制）（明）闵于忱辑，北京图书馆出版社 2002 年。

耕余剩技（中华再造善本续编试制）（明）程宗猷撰，北京图书馆出版社 2002 年。

太白阴经全解 （唐）李筌撰，岳麓书社 2003 年。

十一家注孙子（中华再造善本）（春秋）孙武著，（汉）曹操、（唐）杜牧等注，北京图书馆出版社 2003，2010 年。

孙子译注（二十二子详注全译）蒋玉斌译注，黑龙江人民出版社 2003 年。

白话孙子兵法 三十六计（传统文化经典读本） 周书德等编著，三秦出版社 2003 年。

＊**新译六韬读本** 邬锡非撰，台湾三民书局 2003 年，二版 2009 年

＊**孙子兵法** 姜国柱、肖冬松编著，（香港）中华书局 2003 年，中华书局 2011 年。

素书 （汉）黄石公原著，刘泗编译，经济日报出版社 2004 年。

孙子兵法：永恒的处世韬略（处世三奇书）（春秋）孙武著，富杰评注，中国商务出版社 2004 年。

孙子兵法（中国传统文化经典诵读） 曾晓峰、曾俊伟评析，湖北辞书出版社 2004 年。

三十六计（智慧之门系列） 刘国建注释，中州古籍出版社 2004 年，2008 年。

孙子兵法（智慧之门系列） 春秋·孙武著，刘国建、熊彦宾注译，

中州古籍出版社2004年，2009年。

孙子兵法：注·释·解·译 王垂芳著，汉语大词典出版社2004年。

孙子兵法（双色版国文珍品文库）（春秋）孙武著，马一夫译评，吉林文史出版社2004年。

三十六计（双色版国文珍品文库）赵立译评，吉林文史出版社2004年。

太白阴经全解 张文才、王陇译注，岳麓书社2004年。

孙子兵法 马俊英主编，中国文史出版社2004年。

孙子兵学大典 邱复兴主编，北京大学出版社2004年。

孙子兵法与三十六计（春秋）孙武著，张青译注，天津古籍出版社2004年。

百战奇略：珍藏版（中国传统文化经典文库）（明）刘基著，乙力编，兰州大学出版社2004年。

诸葛亮兵法：珍藏版（中国传统文化经典文库）（曹魏）诸葛亮著，乙力编，兰州大学出版社2004年。

三十六计（中国传统文化精华）钟雷主编，哈尔滨出版社2004年。

孙子兵法（中国传统文化精华）钟雷主编，哈尔滨出版社2004年。

《孙子兵法》选评（新世纪古代哲学经典读本） 黄朴民著，上海古籍出版社2004年。

孙子兵法（中华五千年．第2辑）（春秋）孙武著，艳齐校订，中央民族大学出版社2004年。

孙子兵法 纪江红主编，北京出版社2005年。

三十六计（中华传世名著精华本）陈渔、夏雨虹主编，吉林人民出版社2005年。

白话武经七书 陈济康、吴建华编著，解放军出版社2005年。

孙子兵法：彩色图文本 黄朴民、高润浩编撰，岳麓书社2005年。

秘本文武八段图说（武功秘笈丛书．第1辑） 邓钟山著，范克平整理，山西科学技术出版社2005年。

秘本浑元阴阳五行手图说（武功秘笈丛书．第1辑） 邓钟山著，范克平整理，山西科学技术出版社

2005年。

秘本虎啸金钟罩图说（武功秘笈丛书．第1辑） 邓钟山著，范克平整理，山西科学技术出版社2005年。

兵法精典新解：孙子吴子尉缭子司马法 褚玉兰、张大同编著，山东大学出版社2005年。

孙子兵法三十六计（中小学生新课标必读丛书） 林敏译注，浙江人民出版社2005年。

刘伯温兵法 （明）刘基著，刘泗注译，中国档案出版社2005年。

孙子兵法详解（古典名著标准读本）（春秋）孙武著，黄朴民、高润浩撰，岳麓书社2005年。

百战奇略 覃兴华、索烨丹译注，中国社会出版社2005年。

孙子兵法 邱崇丙编著，中国社会出版社2005年。

孙膑兵法 （战国）孙膑著，王丽华、贾广瑞译注，中国社会出版社2005年。

吴子兵法 （战国）吴起原著，邱崇丙译注，中国社会出版社2005年。

素书（中华大方略全书）（秦）黄石公原典，曹冈解译，内蒙古人民出版社2005年，2006年。

孙子兵法（中华大方略全书）（春秋）孙武原典，（三国魏）曹操注评，内蒙古人民出版社2005年，2006年。

吴子兵法（中华大方略全书）（战国）吴起原典，曹冈解译，内蒙古人民出版社2005年，2006年。

孙膑兵法（中华大方略全书）（春秋）孙膑原典，（三国魏）曹操注评，内蒙古人民出版社2005年，2006年。

孙子兵法智谋三百（双色图文传世经典） 陈国庆主编，安徽人民出版社2005年。

姜太公韬略全书（中华大方略全书）（商周）吕尚原典，曹冈解译，内蒙古人民出版社2005年，2006年。

三十六计（中华大方略全书） 佚名著，曹冈译，内蒙古人民出版社2005年，2006年。

乾坤大略（中华大方略全书）（明）刘余佑著，曹冈译，内蒙古人民出版社 2005 年，2006 年。

孙子兵法（中国古典文化精华）（春秋）孙武著，吴兆基注译，时代文艺出版社 2005 年。

孙子兵法（课外必读推荐丛书．第 2 辑，古代民俗神话故事选编）（春秋）孙武著，鲁建荣注译，北京燕山出版社 2005 年。

三十六计（课外必读推荐丛书．第 2 辑，古代民俗神话故事选编） 王福应注译，北京燕山出版社 2005 年。

孙子兵法与三十六计（中国古典名著精品书系） 刘泰丰主编，（春秋）孙武著，军事谊文出版社 2005 年。

孙子兵法（国学今读大书院）（春秋）孙武著，陈书凯编著，蓝天出版社 2006 年。

孙子兵法（儿童国学启蒙丛书） 宋智秀主编，吉林文史出版社 2006 年。

三十六计（儿童国学启蒙丛书） 郭晓雯编，吉林文史出版社 2006 年。

中国古典武学秘籍录 马力编，人民体育出版社 2006 年。

孙子兵法：名师伴读版（语文新课标必读丛书．第 5 辑）（春秋）孙武原著，刘磊主编，周丽杰译，光明日报出版社 2006 年。

孙子兵法（中国传统文化精华）（春秋）孙武著，哈尔滨出版社 2006 年。

三十六计（国学今读大书院） 佚名著，陈书凯编著，蓝天出版社 2006 年。

孙子兵法与三十六计（青少年快读历史书系）（春秋）孙武等著，内蒙古文化出版社 2006 年。

孙子兵法（新私塾：国学精粹儿童启蒙教育诵读本．第 2 辑）（春秋）孙武著，哈尔滨出版社 2006 年。

三十六计（中国传统文化精华） 李杰主编，哈尔滨出版社 2006 年。

三十六计（新私塾：国学精粹儿童启蒙教育诵读本．第 2 辑） 南朝·佚名著，哈尔滨出版社 2006 年。

精注精译中华传世兵书全集（中华典籍珍藏书系） 徐寒编，线装书局 2006 年。

三十六计：彩图版 黄平之译注，新疆青少年出版社2006年。

孙子兵法：彩图版 （春秋）孙武著，蒲友俊译注，新疆青少年出版社2006年。

《孙子兵法》研读本（森林公安高等教育系列教材） 夏青编著，中国林业出版社2006年。

孙子兵法孙膑兵法（中华经典藏书） 骈宇骞等译注，中华书局2006年。

孙子兵法与三十六计（经典阅读文库） 李薇主编，延边人民出版社2006年。

三十六计（中国传统文化精华．第3辑） 上古真人著，陕西旅游出版社2006年。

孙子兵法（中国传统文化精华．第3辑） （春秋）孙武著，陕西旅游出版社2006年。

孙子兵法（国学经典少儿读本） 高秀昌主编，刘国建注解，中州古籍出版社2006年。

孙子兵法 （春秋）孙武撰，（三国魏）曹操原注，郭化若译，上海古籍出版社2006年。

三十六计（儿童必备中国传统文化启蒙读本） 公岩杰编选，北方妇女儿童出版社2006年。

孙子兵法与三十六计：新世纪普及版 （春秋）孙武等原著，任浩之、石恺编撰，当代世界出版社2006年。

《孙子兵法》注译 朱成虎、刘春志主编，国防大学出版社2006年。

＊**孙子兵法** 伍怀璞，香港世界出版社2006年。

＊**孙子兵法评注**（中国文史经典讲堂） 杨义主编，刘跃进副主编，马银琴评述、注释，（香港）三联书店2006年，岳麓书社2006年。

三十六计：彩图版（中国传统文化精华） 钟雷主编，哈尔滨出版社2007年。

孙子兵法：彩图版（中国传统文化精华） 李杰主编，（春秋）孙武著，哈尔滨出版社2007年。

孙子兵法全集（国学经典） 春秋·孙武原著，陈才俊、陈义杰注译，海潮出版社2007年。

《孙子兵法》读本 姚有志主编，广西师范大学出版社2007年。

孙子兵法解读（中华古典珍品书坊） 孙武原著，谢灵解读，黄山书社 2007 年。

三十六计解读（中华古典珍品书坊） 谢灵译著，黄山书社 2007 年。

三十六计（图说天下·国学书院系列．第 1 辑） 《图说天下·国学书院系列》编委会编，吉林出版集团有限责任公司 2007 年。

孙子兵法（图说天下·国学书院系列．第 1 辑） 《图说天下·国学书院系列》编委会编，吉林出版集团有限责任公司 2007 年。

六韬三略（国学今读大书院） （周）姜尚、（汉）黄石公原著，王学典编译，蓝天出版社 2007 年。

孙子兵法　三十六计（古代典籍精编家藏书系） 张凤娟主编，内蒙古人民出版社 2007 年。

孙子兵法　三十六计：精美插图本（国学大书院） （春秋）孙武等著，陈伶注释，三秦出版社 2007 年。

六韬三略　百战奇略：精美插图本（国学大书院） （汉）黄石公著，（明）刘基著，陈伶编译，三秦出版社 2007 年。

白话兵经：《孙子兵法》注译　元江注译，陕西人民出版社 2007 年。

孙子兵法　孙膑兵法：德文　（春秋）孙武著，（战国）孙膑著，钟英杰译，外文出版社 2007 年。

孙子兵法　孙膑兵法：英文　（春秋）孙武著，（战国）孙膑著，林戊荪译，外文出版社 2007 年。

孙子兵法：汉英对照　（春秋）孙武著，杭州中纺技术开发有限公司编，西泠印社出版社 2007 年。

三十六计　皮民辉编注，岳麓书社 2007 年。

孙子兵法三十六计（中国传统文化经典读本）（春秋）孙武著，（明）佚名著，邓启铜注释，云南大学出版社 2007 年。

三十六计全书（国学新读大讲堂） 佚名原著，司马哲编著，中国长安出版社 2007 年。

孙子兵法全书（国学新读大讲堂） （春秋）孙武原著，司马哲编著，中国长安出版社 2007 年。

孙子兵法（国学书院） （春秋）孙

武著，刘仁译注，中国纺织出版社2007年。

三十六计：译注本（中国古典文学精华） 佚名著，刘少雄主编，中国戏剧出版社2007年。

孙子兵法：译注本（中国古典文学精华）（春秋）孙武著，刘少雄主编，中国戏剧出版社2007年。

孙子兵法与三十六计（世界古典文化经典：珍藏版） 程小军主编，中国戏剧出版社2007年。

孙子兵法三十六计（中国传统文化大系）（春秋）孙武著，中国戏剧出版社2007年。

六韬·鬼谷子（中华经典藏书） 曹胜高、安娜译注，中华书局2007年。

孙子译注（中国古典名著译注全书） 李零译注，中华书局2007年，2009年，（香港）中华书局2010年。

武经七书 骈宇骞等译注，中华书局2007年。

三十六计（国学经典解读系列） 郑春兴、王建国编译，中原农民出版社2007年。

孙子兵法（国学经典解读系列）（春秋）孙武原著，郑春兴、王建国编著，中原农民出版社2007年。

兵书经典集成：白话全彩图本（国学基础书系） 杨和强等注译，重庆出版社2007年。

三十六计（典藏书籍） 徐寒主编，大众文艺出版社2007年。

孙子兵法（典藏书籍） 徐寒主编，大众文艺出版社2007年。

孙子兵法 （春秋）孙武著，北京出版社2008年。

百战奇法 （宋）无名氏撰，刘彦强校释，宁夏人民出版社2008年。

图读孙子兵法 （春秋）孙武原著，李庆山译注，上海辞书出版社2008年。

孙子兵法　孙膑兵法 刘国建、戴庞海注译，中州古籍出版社2008年。

名家注评孙子兵法与三十六计 邹德金主编，天津古籍出版社2008年。

孙子兵法：图文本 （春秋）孙武著，余日昌注评，凤凰出版社

2008 年。

孙子兵法尉缭子鬼谷子 任浩、白松青译注，三晋出版社 2008 年。

三十六计 陈相灵、王晓枫评注，三晋出版社 2008 年。

孙子兵法 （春秋）孙武著，光明日报出版社 2008 年。

孙子兵法 赵国华注说，河南大学出版社 2008 年。

揭子兵法 （明）揭暄著，揭晓编，军事科学出版社 2008 年。

六韬　阴符经　黄帝阴符经　刀剑录（中国古代文化全阅读）（周）姜尚等撰，时代文艺出版社 2008 年。

孙子兵法三十六计 （春秋）孙武等著，万卷出版公司 2008 年。

六韬三略：插图本 太公望、黄石公等著，万卷出版公司 2008 年。

十六策 蜀（汉）诸葛亮著，中国三峡出版社 2008 年。

孙子兵法 蒲友俊注评，巴蜀书社 2008 年。

《孙子兵法》全解 郑永吉注解，人民文学出版社 2009 年，2010 年。

孙子兵法译注　孙膑兵法译注（齐鲁文化经典文库） 田昌五译注，李兴斌、邵斌译注，齐鲁书社 2009 年。

三十六计新解：插图本 李兴斌著，齐鲁书社 2009 年。

司马法集解（中华再造善本续编）（明）阎禹锡辑，国家图书馆出版社 2009 年。

武经七书（中华再造善本续编） 佚名撰，国家图书馆出版社 2009 年。

＊**白话本孙子** 梁一群撰，台湾新潮社文化事业公司 2010 年。

孙子兵法（时代经典文库） 春秋·孙武著，刘国华评注，安徽文艺出版社 2010 年。

孙子兵法三十六计（中国传统文化经典书系）（春秋）孙武、（明）佚名著，邓启铜注释，东南大学出版社 2010 年。

素书全集 （秦）黄石公原著，海潮出版社 2010 年。

孙子兵法三十六计：珍藏版 《国学典藏书系》丛书编委会主编，吉林出版集团有限责任公司2010年。

六韬三略　《国学典藏书系》丛书编委会主编，吉林出版集团有限责任公司2010年。

图解黄石公素书：经典插图本全彩珍藏版　（秦汉）黄石公原著，九州出版社2010年。

三十六计　（南朝宋）檀道济著，内蒙古人民出版社2010年。

孙子兵法　（春秋）孙武著，内蒙古人民出版社2010年。

素书全书　（秦）黄石公著，内蒙古人民出版社2010年。

孙膑兵法全书解读　（战国）孙膑著，内蒙古人民出版社2010年。

刘伯温兵法全书解读　（明）刘伯温著，内蒙古人民出版社2010年。

诸葛亮兵法全书解读　（曹魏）诸葛亮著，内蒙古人民出版社2010年。

素书全集　（汉）黄石公著，张坤解译，新世界出版社2010年。

三十六计　禹谦注译，中华书局2010年。

尉缭子　吴子　徐勇注译，中州古籍出版社2010年。

兵经百字　唐李问对　戴庞海、阎睿、周媛注译，中州古籍出版社2010年。

宋本武经七书　（春秋）孙武等著，广陵书社2010年。

孙膑兵法　（战国）孙膑著，北京燕山出版社2010年。

三十六计与孙子兵法　（春秋）孙武著，王丙杰主编，北京燕山出版社2010年，2011年。

孙子兵法　（春秋）孙武著，黄山书社2010年。

武备志略（义乌丛书）　（清）傅禹著，上海古籍出版社2010年。

三十六计　陈涛译注，线装书局2010年。

孙子兵法　陈涛译注，线装书局2010年。

孙子兵法　陈曦译注，中华书局2011年。

孙子兵法（中文波斯文对照）　（春秋）孙武著，胡赛尼译，宁夏人民出版社2011年。

射史（中华再造善本续编）（明）程宗猷撰，国家图书馆出版社2011年。

孙子兵法　（春秋）孙武著，黄葵译注，浙江古籍出版社2011年。

孙子新议　张秦麓编著，三秦出版社2011年。

三十六计　李明阳译注，黄山书社2011年。

孙子兵法　李明阳译注，黄山书社2011年。

* **孙子兵法**　钟芒主编，骈宇骞编译，（香港）中华书局2011年。

法家类

（标点注解）管子通释（诸子研究）　支伟成编，上海泰东书局1924年。

管子校正　（清）戴望校正，陶东勤点校，源记书社1925年，大中书局1931年。

（新式标点）韩非子集解　（清）王先慎注释，黄步青标点，扫叶山房1925年，1926年。

管子（万有文库）　唐敬杲选注，商务印书馆1926年，1930年，1931年，1933年，1934年。

（评注标点）管子读本（十子全书）　陈和祥评注，秦同培辑校，世界书局1926年。

韩非子（万有文库）　唐敬杲选注，商务印书馆1926年，1930年，1934年，1947年。

（评注标点）韩非子读本（十子全书）　陈和祥评注，秦同培辑校，世界书局1926年。

（标点注解）商君书之研究（诸子研究）　支伟成编，泰东图书局1927年。

慎子三种合帙　陈乃乾辑，中国学会1928年。

邓析子五种合帙　陈乃乾辑，中国学会1929年。

韩非子集解（万有文库）（清）王先慎著，商务印书馆1930年，1933年，1936年，1939年。

管子（附校正）（万有文库）（清）戴望校正，商务印书馆1933年，1934年。

管子之研究 支伟成编点，泰东图书局 1934 年。

＊**商君书校释**（学生国学丛书） 陈启天校释，商务印书馆 1935 年，（台湾）商务印书馆 1969 年，文听阁图书公司 2010 年。

慎子校正（国学小丛书） 王思睿著，商务印书馆 1935 年。

邓析子校正（国学小丛书） 王恺銮校，商务印书馆 1935 年。

＊**商君书集解** 王心湛校勘，广益书局 1936 年，台湾文听阁图书公司 2010 年。

韩非子精华（中国文学精华） 中华书局编辑，中华书局 1936 年，1941 年。

管子（四部丛刊） （周）管仲撰，（唐）房玄龄注，商务印书馆 1936 年。

管子（四部备要） （周）管仲撰，（唐）房玄龄注，中华书局 1936 年。

管子集解 叶昀校，大达图书馆书社 1936 年。

管子精华（中国文学精华） 中华书局编辑，中华书局 1936 年，1941 年。

慎子（四部丛刊） （周）慎到撰，商务印书馆 1936 年。

慎子（四部备要） （周）慎到撰，中华书局 1936 年。

邓析子（四部丛刊） （周）邓析撰，商务印书馆 1936 年。

邓析子（四部备要） （周）邓析撰，中华书局 1936 年。

商子（四部丛刊） （周）商鞅撰，商务印书馆 1936 年。

商君书（四部备要） 秦·商鞅撰，中华书局 1936 年。

韩非子（四部丛刊） （周）韩非撰，商务印书馆 1936 年。

韩非子（四部备要） （周）韩非撰，中华书局 1936 年。

商君书（万有文库） 严万里校，商务印书馆 1937 年，1939 年。

节本韩非子（中学国文补充读本） 唐敬杲选注，商务印书馆 1937 年。

（白话译解）韩非子 叶玉麟选译，广益书局 1937 年。

弟子职正音（丛书集成初编）

（清）王筠撰，商务印书馆 1937 年。

弟子职注（丛书集成初编）（清）孙同元撰，商务印书馆 1937 年。

弟子职集解（丛书集成初编）（清）庄述祖著，商务印书馆 1937 年。

管子今诠 石一参著，商务印书馆 1938 年，1939 年。

商子（丛书集成初编）（周）商鞅著，商务印书馆 1939 年。

慎子（附逸文）（丛书集成初编）（周）慎列著，商务印书馆 1939 年。

慎子集说（国学小丛书） 蔡汝堃编著，商务印书馆 1940 年。

韩非子校释（大学用书） 陈启天编，中华书局 1940 年，1941 年。

管子 （唐）房玄龄注，正中书局 1944 年，1947 年。

韩非子集释删要 陈奇猷著，辅仁大学 1947 年。

＊**商君书解诂定本**（国立中山大学丛书） 朱师辙著，国立中山大学出版组 1948 年，古籍出版社 1956 年，1957 年，台湾华正书局 1975 年，鼎文书局 1979 年，世界书局 2009 年，文听阁图书公司 2010 年。

管子集校 郭沫若等著，科学出版社 1956 年，人民出版社 1984 年。

韩非子集释 陈奇猷校注，中华书局上海编辑所 1958 年，1962 年，上海人民出版社 1974 年，台湾河洛图书出版社 1974 年，华正书局 1977 年，国家出版社 1982 年，上海古籍出版社 2000 年。

＊**增订韩非子校释** 陈启天撰，台湾中华丛书编审委员会 1958 年，（台湾）商务印书馆 1969 年。

韩子浅解 梁启雄著，中华书局 1960 年，1985 年，2009 年。

管子地员篇校释 夏纬瑛校译，中华书局 1958 年，农业出版社 1963 年，1981 年。

韩非子集释补 陈奇猷校注，中华书局 1961 年。

韩非子选 王焕镳选注，上海人民出版社 1965 年，1974 年。

＊**邓析子校正** 王恺銮撰，（台湾）商务印书馆 1965 年。

＊**韩非子白话句解** 叶玉麟撰，台湾五洲出版社 1967 年，文听阁图书

公司2010年。

＊**管子引得** 庄为斯编，台湾成文出版社1971年。

韩非子 （战国）韩非撰，上海人民出版社1974年。

商君书 （战国）商鞅等撰，章诗同注，上海人民出版社1974年。

商君书注译 高亨注译，中华书局1974年。

＊**韩非子翼毳** 太田方撰，台湾新文丰出版公司1978年。

管子注译 赵守正注译，广西人民出版社1982年，1987年。

韩非子校注 （战国）韩非撰，《韩非子》校注组校注，周勋初修订，江苏人民出版社1982年，上海古籍出版社1989年，1994年，凤凰出版社2009年修订本。

韩非子索引 周钟灵、施孝适、许惟贤主编，中华书局1982年。

＊**韩非子今注今译** 邵增桦撰，（台湾）商务印书馆1982年，2009年。

商君书论农政四篇注释 马宗申注释，农业出版社1985年。

商君书锥指（新编诸子集成） 蒋礼鸿著，中华书局1986年。

＊**商君书今注今译** 贺凌虚撰，（台湾）商务印书馆1987年，1992年。

＊**管子今注今译** 李勉撰，（台湾）商务印书馆1988年，1990年。

管子（诸子百家丛书） （唐）房玄龄注，（明）刘绩增注，上海古籍出版社1989年，1994年。

商君书 尸子（诸子百家丛书） （战国）商鞅、（战国）尸佼撰，（清）汪继培辑，上海古籍出版社1989年，1991年。

商君书（古典名著普及文库） （战国）商鞅撰，张觉点校，岳麓书社1990年。

韩非子全译（中国历代名著全译丛书） （战国）韩非撰，张觉译注，贵州人民出版社1992年。

＊**韩非子释评** 朱守亮撰，台湾五南图书出版公司1992年。

＊**韩非子浅释** 秋圃撰，台湾国家出版社1992年。

商君书全译（中国历代名著全译丛

书）（战国）商鞅撰，张觉译注，贵州人民出版社 1993 年。

白话商君书　白话韩非子（古典名著今译读本）（秦）商鞅撰，张觉译，（战国）韩非撰，李传书译，岳麓书社 1994 年。

韩非子白话今译（先秦诸子今译丛书）　李亚东译注，中国书店 1994 年，1997 年。

＊**新译管子读本（上下）**　汤孝纯撰，台湾三民书局 1995 年，2006 年。

韩非子（十大古典哲学名著）（战国）韩非撰，姜俊俊标校，上海古籍出版社 1995 年。

韩非子（中国传统文化读本）（战国）韩非撰，郑之声、江涛编，北京燕山出版社 1995 年。

＊**新译商君书**　贝远辰撰，陈满铭校阅，台湾三民书局 1996 年，2011 年。

管子校释　（春秋）管仲撰，颜昌峣著，夏剑钦、边仲仁点校，岳麓书社 1996 年。

＊**新译邓析子**　徐忠良撰，刘福增校阅，台湾三民书局 1997 年。

韩非子（新世纪万有文库）（战国）韩非撰，秦惠彬点校，辽宁教育出版社 1997 年。

管子（新世纪万有文库）　梁运华点校，辽宁教育出版社 1997 年。

＊**新译韩非子**　傅武光、赖炎元撰，台湾三民书局 1997 年，2007 年。

＊**韩非子译注**　曹道衡、沈玉成、郭志译注，台湾建安出版社 1997 年。

＊**韩非子译注**　萧德铣译注，台湾建安出版社 1998 年。

白话管子（中国传统文化丛书）　张玉良等译，三秦出版社 1998 年。

韩非子集解（新编诸子集成）（清）王先慎撰，钟哲点校，中华书局 1998 年，2003 年。

韩非子（华夏迷你文库）（战国）韩非撰，任峻华注释，华夏出版社 2000 年。

管子（华夏迷你文库）（春秋）管仲撰，孙波注释，华夏出版社 2000 年。

＊**韩非子释译（上中下）**　张觉

撰，台湾古籍出版公司 2002 年。

管子译注（二十二子详注全译）韩格平、董莲池主编，刘柯、李克和译注，黑龙江人民出版社 2003 年。

商君书译注（二十二子详注全译）韩格平、董莲池主编，石磊、董昕译注，黑龙江人民出版社 2003 年。

韩非子译注（二十二子详注全译）刘乾先等译注，黑龙江人民出版社 2003 年。

韩非子（国文珍品文库）（战国）韩非著，盛广智译评，吉林文史出版社 2004 年。

韩非子精粹解读（中学生文化素质提高丛书） 陈才编，中华书局 2004 年。

韩非子（中国古典名著文库少年版：珍藏本） 赵沛选评，中国少年儿童出版社 2004 年。

管子（中华再造善本）（唐）房玄龄注，北京图书馆出版社 2004 年。

吏学指南（中华再造善本）（元）徐元瑞撰，北京图书馆出版社 2004 年。

管子校注（新编诸子集成） 黎翔凤撰，梁运华整理，中华书局 2004 年。

韩非子解读（国学经典解读丛书）张富祥著，泰山出版社 2004 年。

《韩非子》选评（新世纪古代哲学经典读本） 张觉撰，上海古籍出版社 2004 年。

韩非子经典选读 王兆麟编著，中国文联出版社 2005 年。

棠阴比事（中华再造善本）（宋）桂万荣撰，北京图书馆出版社 2005 年。

刑统赋（中华再造善本）（宋）傅霖撰，（元）郄［方框］韵释，北京图书馆出版社 2006 年。

宋提刑洗冤集录（中华再造善本）（宋）宋慈撰，北京图书馆出版社 2005 年。

管子四篇诠释：稷下道家代表作解析（道典诠释书系）陈鼓应著，商务印书馆 2006 年。

管子新注 姜涛著，齐鲁书社 2006 年，2009 年。

商君书校注（古典名著标准读本）张觉校注，（战国）商鞅原著，岳麓书社 2006 年。

商君书韩非子 （战国）商鞅著，（战国）韩非著，张觉点校，岳麓书社 2006 年。

韩非子校注（古典名著标准读本）（战国）韩非原著，张觉校注，岳麓书社 2006 年。

商君书：汉英对照（大中华文库）（战国）商鞅著，［荷］戴闻达（Duyvendak，J. J. L.）英译，高亨今译，商务印书馆 2006 年。

韩非子译注（诸子译注丛书） 张觉等撰，上海古籍出版社 2007 年。

韩非子（中华经典藏书） 陈秉才译注，中华书局 2007 年。

韩非子 李维新等注译，中州古籍出版社 2008 年。

韩非子 贾桂梓译注，三晋出版社 2008 年。

韩非子 赵沛注说，河南大学出版社 2008 年。

申子（中国古代文化全阅读）（战国）申不害撰，时代文艺出版社 2008 年。

管子（中国古代文化全阅读）（春秋）管仲著，时代文艺出版社 2008 年。

韩非子（中国古代文化全阅读）（战国）韩非著，时代文艺出版社 2008 年。

管子（中华经典藏书） 李山译注，中华书局 2009 年。

商君书（中华经典藏书） 石磊译注，中华书局 2009 年。

商君书新校正（中华再造善本续编）（清）严万里撰，国家图书馆出版社 2009 年。

韩非子 （战国）韩非子原著，盛广智译评，吉林文史出版社 2009 年。

＊**头注韩非子定本** 池田四郎次郎撰，台湾文听阁图书公司 2010 年。

＊**商君书笺正** 简书撰，台湾文听阁图书公司 2010 年。

＊**商君书斠诠** 王时润撰，台湾文听阁图书公司 2010 年。

＊**标点批注商君书** 支伟成撰，台湾文听阁图书公司 2010 年。

＊**邓析子校录** 马叙伦撰，台湾文听阁图书公司 2010 年。

＊标点批注管子通释 支伟成撰，台湾文听阁图书公司 2010 年。

＊慎子校正 王斯睿撰，商务印书馆 1935 年，台湾文听阁图书公司 2010 年。

韩非子 （战国）韩非著，内蒙古人民出版社 2010 年。

管子全书解读 （春秋）管仲著，内蒙古人民出版社 2010 年。

韩非子（中华经典名著全本全注全译丛书） 高华平、王齐洲、张三夕译注，中华书局 2010 年。

管子 姚晓娟、汪银峰注译，中州古籍出版社 2010 年。

韩非子校疏 张觉撰，上海古籍出版社 2010 年。

商君书 （战国）商鞅著，北京燕山出版社 2010 年。

韩非子 （战国）韩非著，蒋重跃注评，凤凰出版社 2010 年。

韩非子 高小慧、陈才编著，中华书局 2011 年。

商君书 石磊译注，中华书局 2011 年。

管子选译（古代文史名著选译丛书） 缪文远、缪伟译注，凤凰出版社 2011 年。

韩非子选译（古代文史名著选译丛书） 刘乾先、张在义译注，凤凰出版社 2011 年。

墨家类

墨子新释 尹桐阳著，湖南驻衡第五联合县立中学校 1914 年。

墨子间诂笺 张纯一著，定庐 1922 年，台湾新文丰出版公司 1975 年。

墨经校释（饮冰室专集） 梁启超著，商务印书馆 1922 年，1923 年，1924 年，1926 年，1933 年，中华书局 1936 年，1941 年，台湾中华书局 1960 年，台湾新文丰出版公司 1975 年。

墨辩解故（晨光社丛书） 伍非百著，中国大学出版部 1923 年。

（标点注解）墨子综释（诸子研究） 支伟成编，泰东图书局 1925 年，1927 年，1934 年。

（新式标点）墨子注 （清）毕沅释，陈益标点，扫叶山房 1925 年，

1928 年。

墨子（万有文库）　唐敬杲选注，商务印书馆 1926 年，1930 年，1933 年，1944 年，1945 年，1947 年。

（评注标点）墨子读本（十子全书）　陈和祥评注，秦同培辑校，世界书局 1926 年。

（新式标点）墨子　许啸天整理，胡翼云校，群学社 1926 年，1930 年。

（新式标点）墨子考证　许啸天整理，胡翼云校阅，群学社 1926 年，1928 年。

（标点评注）墨子读本　文瑞楼编辑部标点，朱公振评注，文瑞楼书局 1926 年。

墨经新释　邓高镜编，商务印书馆 1931 年，1933 年。

墨子间诂（万有文库）　（清）孙诒让著，商务印书馆 1931 年，1935 年，1936 年，1939 年简编版。

墨子集解　张纯一注，医学书局 1932 年，成都古籍书店 1988 年。

墨经易解（国立武汉大学丛书）　谭介甫解，商务印书馆 1935 年。

墨辩疏证（国学小丛书）　范耕研著，商务印书馆 1935 年。

（仿古字版）墨子集解（修正本）　张纯一注，世界书局 1936 年。

墨子集解　王心湛校，广益书局 1936 年。

墨子辩经讲疏　顾惕生著，至诚山庐 1936 年。

墨子精华（中国文学精华）　中华书局编辑，中华书局 1936 年，1941 年。

墨子（四部丛刊）　（周）墨翟撰，商务印书馆 1936 年。

墨子（四部备要）　（周）墨翟撰，（清）毕沅校注，中华书局 1936 年。

节本墨子（中学国文补充）　唐敬杲选注，商务印书馆 1937 年。

（白话译解）墨子　叶玉麟选译，叶昀校勘，广益书局 1937 年。

墨子（附篇目考）（丛书集成初编）　（周）墨翟著，（清）毕沅校注，商务印书馆 1939 年。

（新注）墨子精选读本　张默生选注，东方书社 1945 年。

墨子引得（引得特刊）　哈佛燕京

学社引得编纂处编，燕京大学哈佛燕京学社引得编纂处1948年，香港中文大学图书馆1980年据1961东方学研究日本委员会影印1948北平燕京大学引得编纂处版影印，上海古籍出版社1986年，1988年。

新校正墨经注 徐廷荣注，自刊民国间印行。

墨子间诂 （清）孙诒让撰，中华书局1954年，上海书店出版社1986年，1992年。

墨子城守各篇简注（新编诸子集成第一辑） 岑仲勉著，中华书局1958年，1987年。

墨经校诠 高亨著，科学出版社1958年，台湾乐天出版社1973年。

墨辩发微（武汉大学百年经典） 谭戒甫著，科学出版社1958年，中华书局1964年，武汉大学出版社2006年。

＊**墨经鼺解** 倪文钊撰，自刊1964年。

＊**墨子今注今译** 李渔叔撰，（台湾）商务印书馆1974年，2007年。

＊**墨经易解** 谭戒甫撰，台湾成文出版社1977年，新文丰出版公司1981年。

＊**墨子小取篇集证及其辩学** 姚振黎撰，台湾文史哲出版社1978年。

＊**墨子校注** 吴毓江校注，台湾广文书局1978年。

墨经分类译注 谭戒甫编译，中华书局1981年，1984年。

＊**墨子：精简白话文本** 墨子原著者，周富美编撰，香港博益出版集团1985年。

墨子间诂（新编诸子集成） （清）孙诒让撰，孙以楷点校，中华书局1986年。

墨子校释 王焕镳、朱渊等释，浙江古籍出版社1987年。

墨子（诸子百家丛书） 旧题（战国）墨翟撰，上海古籍出版社1989年。

墨子菁华（中学生文库） （战国）墨翟撰，夏景森选注，上海教育出版社1989年，2001年。

白话墨子（古典名著今译读本） 梅季、林金保译，岳麓书社1991年。

墨经训释 姜宝昌著，齐鲁书社1993年，2009年。

墨子全译（中国历代名著全译丛书）（战国）墨翟撰，周才珠、齐瑞端译注，贵州人民出版社1995年。

墨子（十大古典哲学名著）（清）毕沅校注，吴旭民标点，上海古籍出版社1995年，1997年。

＊**墨子译注** 刘文忠、马玉梅、李永昶译注，台湾建安出版社1997年。

墨子（新世纪万有文库） 朱越利点校，辽宁教育出版社1997年。

墨子全译（中国古代哲学名著全译丛书） 孙以楷、甄长松译注，巴蜀书社2000年。

墨子间诂（新编诸子集成）（清）孙诒让撰，孙启治点校，中华书局2001年，2009年。

墨子（中华传世名著精华丛书）戴红贤译注，书海出版社2001年。

墨子大全（第一编） 任继愈、李广星主编，北京图书馆出版社2002年。

墨子大全（第二编） 任继愈、李广星主编，北京图书馆出版社2003年。

墨子译注（二十二子详注全译）辛凤志、蒋玉斌译注，黑龙江人民出版社2003年。

墨子科技真言 王裕安编，北京图书馆出版社2004年。

《墨子》选评（新世纪古代哲学经典读本） 李妙根撰，上海古籍出版社2005年。

墨子集诂（中华要籍集释丛书）王焕镳撰，上海古籍出版社2005年。

墨子大全（第三编） 任继愈、李广星主编，北京图书馆出版社2005年。

墨经校解 雷一东著，齐鲁书社2006年。

墨子校注（新编诸子集成） 吴毓江撰，孙启治点校，中华书局2006年。

墨子（国学今读大书院）（战国）墨翟原著，王学典编译，中国纺织出版社2007年。

墨子（中华古典名著文库少年版：

珍藏本） 刘保贞编著，中国少年儿童出版社 2007 年。

墨子（中华经典藏书） 李小龙译注，中华书局 2007 年，2011 年。

墨子 高秀昌注译，中州古籍出版社 2008 年。

墨子 里望、徐翠兰译注，三晋出版社 2008 年。

墨子 苏凤捷、程梅花注说，河南大学出版社 2008 年。

墨子随巢子 （战国）墨翟、（周）随巢子著，时代文艺出版社 2008 年。

墨子 武振玉、彭飞注评，凤凰出版社 2009 年。

墨子（中华再造善本续编） 佚名撰，国家图书馆出版社 2009 年。

墨子全书 （战国）墨子著，叶舟编著，内蒙古人民出版社 2010 年。

墨子（中华经典名著全本全注全译） 方勇译注，中华书局 2011 年。

墨子正读 王讃源主编，上海科学技术文献出版社 2011 年。

墨子选译 刘继华译注，凤凰出版社 2011 年。

农家类

齐民要术（万有文库）（北魏）贾思勰著，商务印书馆 1930 年，1936 年。

农政全书（万有文库）（明）徐光启著，商务印书馆 1930 年，燕京道区增产指导委员会 1942 年。

探春历记（丛书集成初编）（汉）东方朔撰，商务印书馆 1936 年。

齐民要术（四部丛刊）（后魏）贾思勰撰，商务印书馆 1936 年。

齐民要术（四部备要）（后魏）贾思勰撰，中华书局 1936 年。

农桑辑要（四部备要）（元）司农司撰，中华书局 1936 年。

农桑辑要（丛书集成初编）（元）司农司撰，商务印书馆 1936 年。

农桑衣食撮要（丛书集成初编）（元）鲁明善撰，商务印书馆 1936 年。

耒耜经（丛书集成初编）（唐）陆

龟蒙撰，商务印书馆 1936 年。

农说（丛书集成初编）（明）马一龙撰，商务印书馆 1936 年。

沈氏农书（丛书集成初编）（明）沈氏撰，（清）钱尔复订，商务印书馆 1936 年。

老圃良言（丛书集成初编）（明）巢鸣盛述，商务印书馆 1936 年。

蚕经（丛书集成初编）（明）黄省曾撰，商务印书馆 1936 年。

蚕书（丛书集成初编）（宋）秦观撰，商务印书馆 1936 年。

广蚕桑说辑补（丛书集成初编）（清）沈公练撰，（清）仲昂庭辑补，商务印书馆 1936 年。

蠕范（丛书集成初编）（清）李元撰，商务印书馆 1937 年。

理生玉经镜稻品（丛书集成初编）（明）黄省曾撰，商务印书馆 1937 年。

种树书（附农桑撮要）（丛书集成初编）（唐）郭橐驼撰，商务印书馆 1937 年。

种树书（丛书集成初编）（元）俞宗本撰，商务印书馆 1937 年。

种芋法（丛书集成初编）（明）黄省曾撰，商务印书馆 1937 年。

农书（万有文库）（元）王祯著，商务印书馆 1937 年，1939 年。

计然万物录（丛书集成初编）（清）茆泮林辑，商务印书馆 1939 年。

齐民要术（附杂说）（丛书集成初编）（后魏）贾思勰撰，商务印书馆 1939 年。

农书（丛书集成初编）（宋）陈敷撰，商务印书馆 1939 年。

耕织图诗（附录）（丛书集成初编）（宋）楼璹撰，商务印书馆 1939 年。

区种十种　王毓瑚辑，财政经济出版社 1955 年。

湖蚕述裨农最要蚕桑萃编　（清）汪日桢著，中华书局 1956 年。

氾胜之书今释　石声汉释，科学出版社 1956 年。

农政全书　（明）徐光启撰，中国农业遗产研究室校，中华书局 1956 年。

陈敷农书　（宋）陈敷撰，中华书局 1956 年。

沈氏农书 （明）佚名撰，（清）张履祥辑补，陈恒力点校，中华书局1956年，农业出版社1959年。

农雅 （清）倪倬辑，中华书局1956年。

农学合编 （清）杨巩编，中华书局1956年，农业出版社1963年。

王祯农书 （元）王祯撰，中华书局1956年。

授时通考 （清）鄂尔泰等奉敕撰，弘昼等纂修，中华书局1956年，农业出版社1963年。

农候杂占 （清）梁章钜撰，中华书局1956年。

蚕桑萃编 （清）卫杰撰，中华书局1956年。

湖蚕述 （清）汪日桢撰，中华书局1956年。

裨农最要 （清）陈开沚撰，中华书局1956年，农业出版社1958年。

养余月令 （明）戴羲辑，中华书局1956年，农业出版社1960年。

中氏春秋上农等四篇校释（中国古农书丛刊） 夏纬瑛校释，中华书局1956年，农业出版社1961年，1979年第2版。

秦晋农言 王毓瑚辑，中华书局1957年。

齐民要术今释 石声汉校释，科学出版社1957至1958年，中华书局2009年修订本。

农言著实注释（西北农学院古农学研究室丛书）（清）杨一臣、杨秀沅撰，翟允整理，陕西人民出版社1957年。

氾胜之书辑释 万国鼎辑释，中华书局1957年，农业出版社1980年。

农圃便览 （清）丁宜曾撰，王毓瑚点校，中华书局1957年。

胡氏治家略农事编 （清）胡炜撰，童一中节录，中华书局1958年。

便民图纂（中国古农书丛刊）（明）邝璠撰，石声汉、康成懿校注，农业出版社1959年，1982年。

救荒本草（中国古代版画丛刊）（明）朱橚编，中华书局上海编辑所1959年，1988年。

便民图纂（中国古代版画丛刊）（明）邝璠撰，中华书局上海编辑所1959年，1988年。

梭山农谱（中国古农书丛刊）（清）刘应棠撰，王毓瑚校注，农业出版社1960年。

蚕桑辑要（中国古农书丛刊）（清）沈秉成撰，郑辟疆校注，农业出版社1960年。

广蚕桑说辑补（中国古农书丛刊）（清）沈练撰仲，昂庭辑补，郑辟疆、郑宗元校注，农业出版社1960年。

农桑衣食撮要（中国农书丛刊）（元）鲁明善撰，王毓瑚点校，农业出版社1962年，1979年。

郡县农政 （清）包世臣撰，王毓瑚点校，农业出版社1962年。

豳风广义（中国古农书丛刊）（清）杨屾撰，郑辟疆、郑宗元校，农业出版社1962年。

野蚕录（中国古农书丛刊）（清）王元辑，郑辟疆校，农业出版社1962年。

种树书（中国古农书丛刊）（明）俞宗本撰，康成懿校注，辛树帜校阅，农业出版社1962年。

种艺必用（中国古农书丛刊）（宋）吴怿撰，（元）张福补遗，胡道静校录，农业出版社1963年。

陈敷农书校注 （宋）陈敷撰，万国鼎校注，农业出版社1965年。

齐民要术选释 大寨大队理论组、昔阳县贫下中农、北京大学生物系注释，科学出版社1975年。

田家五行选释 江苏省建湖县《田家五行》选释小组选释，中华书局1976年。

农政全书校注 （明）徐光启撰，石声汉校注，西北农学院古农学研究室整理，上海古籍出版社1979年。

筑圩图说及筑圩法（中国农书丛刊）（明）耿橘、（清）孙峻撰，汪家伦整理，农业出版社1980年。

临海水土异物志辑校（中国农书丛刊）（东吴）沈莹撰，张崇根辑校，农业出版社1981年，1988年。

先秦农家言四篇别释（中国农书丛刊） 王毓瑚著，农业出版社1981年。

王祯农书 （元）王祯撰，王毓瑚校，农业出版社1981年。

授时通考辑要（中国农学普及丛

书） 伊钦恒辑释，农业出版社 1981 年。

农桑经校注（中国农书丛刊）（清）蒲松龄撰，李长年校注，农业出版社 1982 年，台湾明文书局 1984 年。

农桑辑要校注（中国农书丛刊） 西北农学院古农研究室整理，石声汉校注，农业出版社 1982 年，台湾明文书局 1984 年。

齐民要术校释（中国农书丛刊）（北魏）贾思勰撰，缪启愉校释，缪桂龙参校，农业出版社 1982 年，台湾明文书局 1986 年。

柞蚕三书（中国农书丛刊）（清）韩梦周等撰，杨洪江、华德公校注，农业出版社 1983 年。

补农书校释（中国农书丛刊）（清）张履祥辑补，陈恒力校释，王达参校增订，农业出版社 1983 年。

营田辑要校释（中国农书丛刊）（清）黄辅辰编撰，马宗申校释，农业出版社 1984 年。

齐民要术（饮食类）（中国烹饪古籍丛刊）（北魏）贾思勰撰，石声汉今释，中国商业出版社 1984 年。

齐民要术 （北魏）贾思勰撰，（清）陆心源辑，江苏广陵古籍刻印 1987 年，2001 年。

湖蚕述注释（中国农书丛刊）（清）汪日桢撰，蒋猷龙注释，农业出版社 1987 年。

元刻农桑辑要校释（中国农书丛刊）（元）大司农司编撰，缪启愉校释，农业出版社 1988 年。

农言著实评注（中国农书丛刊）（清）杨一臣撰，翟允整理、石声汉校阅，农业出版社 1989 年。

东鲁王氏农书译注（中国古代科技名著译注丛书）（元）王祯撰，缪启愉译注，上海古籍出版社 1994 年。

齐民要术白话全译 （北魏）贾思勰撰，梁乐等译，巴蜀书社 1995 年。

广蚕说辑补 （清）沈练撰，仲学辂辑补，中国书店 1996 年。

野菜博录 （明）鲍山撰，中国书店 1996 年。

御制耕织图 （清）焦秉贞绘，中国书店 1998 年，线装书局 2003 年。

耕织图 （清）焦秉贞绘，北京图书馆出版社1999年，2000年。

齐民四术 （清）包世臣撰，潘竟翰点校，中华书局2001年。

农桑辑要（中华再造善本）（元）司农司撰，北京图书馆出版社2005年。

农桑辑要译注（中国古代科技名著译注丛书）（元）大司农司编撰，马宗申译注，上海古籍出版社2008年。

齐民要术译注（中国古代科技名著译注丛书　齐鲁文化经典文库）（北魏）贾思勰著，缪启愉、缪桂龙撰，上海古籍出版社2006年，2009年，齐鲁书社2009年。

东鲁王氏农书译注（中国古代科技名著译注丛书　齐鲁文化经典文库）（元）王祯撰，缪启愉、缪桂龙译注，上海古籍出版社2008年，齐鲁书社2009年。

农书　蚕书　耕织图诗（中华再造善本续编）（宋）陈敷、（宋）秦观、（宋）楼璹撰，国家图书馆出版社2009年。

农政全书 （明）徐光启撰，石声汉点校，上海古籍出版社2011年。

医家类

黄氏医书八种 （清）黄坤载编，广益书局1915年，锦章书局1955年。

鼠疫约编 （清）郑奋扬参订，联兴印务局1918年。

＊**博济仙方** 陈绍修编，香港五经印刷所1918年。

麻症集成 （清）朱载扬辑著，浙江体育学校1919年，奉天李湛章号1925年。

（前清御医）陈莲舫医案秘钞 （清）陈莲舫著，董韵笙校，中华图书集成公司1921年。

幼科金针 （明）秦景明编著，吴果超校，中医书局1923年，1936年。

辨药指南 （清）贾所学著，潘衎校订，中华新教育社1923年。

血证论（中西汇通医书五种）（清）唐宗海编著，秦伯未重校，大达图书公司1924年，千顷堂书局1935年，上海中国医学研究会1935

年，中国文学书局 1937 年，育才书局 1946 年，广益书局 1947 年。

伤寒论浅注补正（中西汇通医书五种）（清）唐容川著，秦伯未校，大达图书公司 1924 年，千顷堂书局 1935 年，上海中国医学研究会 1935 年，中国文学书局 1937 年，育才书局 1946 年，广益书局 1947 年。

金匮要略浅注补正（中西汇通医书五种）（汉）张仲景著，（清）陈修园浅注，（清）唐容川补正，秦伯未重校，大达图书公司 1924 年，千顷堂书局 1935 年，上海中国医学研究会 1935 年，中国文学书局 1937 年，育才书局 1946 年，广益书局 1947 年。

医经精义（中西汇通医书五种）（清）唐容川著，秦伯未重校，大达图书公司 1924 年，千顷堂书局 1935 年，上海中国医学研究会 1935 年，中国文学书局 1937 年，育才书局 1946 年，广益书局 1947 年。

本草问答（中西汇通医书五种）（清）唐容川编著，王有声断句，濮文彬校，大达图书公司 1924 年，千顷堂书局 1935 年，上海中国医学研究会 1935 年，中国文学书局 1937 年，育才书局 1946 年，广益书局 1947 年。

刺疔捷法 （清）张镜撰，自刊 1926 年。

刺疔捷法大全 （清）应吕笙著，避嚣庐主扬氏重编，无丽印刷公司 1926 年。

幼科易知录 （清）吴溶堂著，秦伯未校，中医书局 1927 年。

寿世新编 （清）万潜斋著，聂云台鉴定，鉴定者刊 1927 年，乐中印书会 1945 年。

汤头歌诀续编 （清）郑思聪著述，潘衍校订，中华新教育社 1927 年。

清代名医医案精华 秦伯未编，新中医社 1928 年，秦氏医室 1928 年，1933 年。

本草图解 （清）李中梓著，潘衍校订，中华新教育社 1928 年，1932 年。

逸仙医案（后附方药玄机）（六一草堂医学丛书）（清）雷逸仙等著，龚香圃编校，六一草堂 1929 年。

外科真诠 （清）邹岳著，（清）沈振瑞校，中医书局 1929 年。

达生编（附福幼编） 释印光编，自刊1929年。

清代名医医话精华 秦伯未编，方公溥参校，秦氏医室1929年，1933年。

金匮要略直解 （清）程林注，秦伯未校，中医书局1930年。

国术点穴秘诀·伤穴治法合刊（附正骨止血法） （清）梅占春编，务本书药社1930年。

（重订）胎产秘书（附保婴要诀、经验各方） （清）翁元钧、李启贤校，中医书局1930年。

治瘖全书 （清）董西园著，陈仪廷校，中医书局1930年。

本草纲目（万有文库）（明）李时珍著，（清）张绍棠重订，商务印书馆1930年，1933年。

＊**本草纲目** （明）李时珍撰，（香港）商务印书馆1930年，1965年，1972年，1974年。

（增订）验方新编 （清）鲍相璈编，（清）张绍棠增订，商务印书馆1931年。

黄帝素问（万有文库）（唐）王冰著，林亿等校正，商务印书馆1931年。

喉科合璧 （清）西园郑氏、许佐廷、张善吾著，明明子辑，1931年。

伤寒论今释 陆渊雷著，陆渊雷医室1931年，1940年订正再版，人民卫生出版社1955年，台湾文光图书公司1961年。

（校正断句）伤寒六书 （明）陶华著，秦伯未校，中医书局1931年。

（古本影印）卫生要术 （清）潘霨伟著，益新书局1931年。

伤寒纲要 （清）孟承意著，秦伯未重订，中医书局1931年。

重校正续伤寒补天石 （明）戈维城著，秦伯未重校，中医书局1932年。

王叔和脉诀 （晋）王叔和著，潘衍校，中华新教育社1932年，1938年。

历代名医脉诀精华 （清）蒋廷锡编，东山居士校，千顷堂书局1932年。

绛雪丹书 （明）赵贞观著，北平

美大图书馆 1932 年。

温病指南（王氏医学丛书）（清）王馥原著，王慎轩重订，苏州国医书社 1932 年。

（重校）顾氏医贯（明）赵献可著，秦伯未重校，中医书局 1932 年。

诊余举隅录（王氏医学丛书）（清）陈菊生著，王慎轩校正，苏州国医书社 1933 年。

公余医录抄（清）刘绍熙编，民福公司 1933 年。

幼科指南家传秘方（王氏医学丛书）（明）万密斋撰，王南山、王景贤校，苏州国医书社 1933 年。

伤寒时方歌诀评注（王氏医学丛书）（清）俞根初制方，周越铭韵次，何秀山注释，王慎轩评按，国医书社 1933 年。

曾女士医学全书（王氏医学丛书）（清）曾伯渊著，王慎轩重订，王南山校，中国医学研究社 1933 年。

（增订）太乙神针·备急灸方合编（清）佚名氏著，（宋）闻人耆年编，弘化社 1934 年。

宋元明清名医类案（正、续编） 姚若琴、徐衡之编，陆渊雷校，国医印书馆 1934 年。

清代名医医案大全 姚若琴、徐衡之编，陆渊雷校，三民图书公司 1934 年，1936 年。

洄溪医案（清）徐大椿著，（清）王孟英评注，（清）李鸿庆圈点，姚若琴、徐衡之主编，陆渊雷校，三民图书公司 1934 年，1936 年。

叶天士医案存真（清）叶桂著，（清）周学海评点，姚若琴、徐衡之主编，陆渊雷校，谢利恒审定，三民图书公司 1934 年，1936 年。

寓意草注释（清）喻昌著，（清）谢甘澍注释，（清）黄杏村评点，姚若琴、徐衡之编，谢观审、陆渊雷校，三民图书公司 1934 年。

时病分证表（清）雷少逸著，彭光卿辑，中医书局 1934 年。

四明宋氏家传产科全书秘本（附秘方及方评）（清）宋博川著，冯绍蘧增编，中西书店 1934 年。

尤氏喉科（国医丛刊）（清）锡山尤氏著，东山居士校，千顷堂书局 1934 年。

本草再新（王氏医学丛书）（清）叶天士著，（清）陈念祖评按，王慎轩校正，苏州国医书社1934年。

分经药性赋（清）潘宗元著，沈懿甫校订，中医书局1934年，1955年。

汤头歌诀（附经络歌诀）（清）汪昂著，商务印书馆1934年，1948年，中华新教育社1935年，春明书店1943年。

伤寒证治条例（王氏传家秘本）（清）王桔泉著，张少泉校，中西医药书局1935年。

黄帝内经太素（附遗文·内经明堂·附录）（丛书集成初编）（隋）杨上善注，商务印书馆1935年。

侣山堂类辨（国医丛刊）（清）张隐庵撰述，东山居士校正上海千顷堂书局1935年。

黄帝素问灵枢经（国学基本丛书）（唐）王冰注，商务印书馆1935年。

灵枢经（国医基本丛书）商务印书馆1935年。

伤寒论改正并注 陈逊斋著，陈逊斋诊所1935年。

金匮要略今释 陆渊雷著，沈本琰参校，自刊1935年，1940年，1948年。

临证简诀（医学文库）（清）九峰老人著，国医出版合作社1935年。

脉经（万有文库）（西晋）王叔和著，商务印书馆1935年。

太素脉诀（明）张太素著，东山居士校，千顷堂书局1935年。

温热经纬（清）王孟英编，秦伯未校，中医书局1935年。

药名汇考（清）虞哲夫编，东山居士校，千顷堂书局1935年。

本草经新注 阮其煜等著，中国医药学社编校，千顷堂书局1935年。

（古今名医）奇病治法三百种 陈景岐编，谭孝先校，大通图书社1935年。

重订孙真人海上方（王氏医学小丛书）（唐）孙思邈著，王南山校，国医编译馆1935年。

黄帝内经（四部丛刊）（唐）王冰注，商务印书馆1936年。

内经素问（四部备要）（唐）王冰注，（宋）林亿等校正，中华书局1936年。

灵枢经（四部丛刊）（宋）史崧音释，商务印书馆1936年。

灵枢经（四部备要） 中华书局1936年。

难经集注（四部丛刊）（周）秦越人著，（明）王九思等注，商务印书馆1936年。

难经集注（四部备要）（周）秦越人著，（明）王九思等注，中华书局1936年。

金匮要略方论（四部丛刊）（汉）张仲景撰，（晋）王叔和集，（宋）林亿等编，商务印书馆1936年。

金匮要略（四部备要）（汉）张仲景撰，中华书局1936年。

伤寒论（四部丛刊）（汉）张机撰，（晋）王叔和编，（金）成无己注，商务印书馆1936年。

伤寒论（四部备要）（汉）张仲景撰，中华书局1936年。

脉经（四部丛刊）（晋）王叔和撰，（宋）林亿等编，商务印书馆1936年。

政和备用本草（四部丛刊）（宋）唐慎微撰，商务印书馆1936年。

神农本草经（四部备要）（魏）吴普等著，（清）孙星衍、冯孙翼同辑，中华书局1936年。

宋徽宗圣济经（丛书集成初编）（宋）吴禔注，商务印书馆1936年。

格致余论（丛书集成初编）（元）朱震亨撰，商务印书馆1936年。

云岐子保命集论类要（丛书集成初编）（元）张璧著，商务印书馆1936年。

阴症略例（丛书集成初编）（元）王好古撰，商务印书馆1936年。

窦太师流指要赋（丛书集成初编）（元）窦默撰，商务印书馆1936年。

外科精义（丛书集成初编）（元）齐德之撰，商务印书馆1936年。

女科（丛书集成初编）（清）傅山撰，商务印书馆1936年。

产后编（丛书集成初编）（清）傅山撰，商务印书馆1936年。

海藏瘢论萃英（丛书集成初编）（元）王好古撰，商务印书馆1936年。

田氏保婴集（丛书集成初编） 撰人不详，商务印书馆1936年。

种痘心法（丛书集成初编）（清）朱奕梁撰，商务印书馆1936年。

种痘指掌（丛书集成初编）撰人不详，商务印书馆1936年。

本草思辨录（珍本医书集成）（清）周伯度著，世界书局1936年。

医门普度瘟疫论（中国医学大成）（明）吴又可著，（清）孔以立、（清）龚绍林评注，大东书局1936年。

阴证略例（中国医学大成）（元）王好古编，大东书局1936年。

（仿宋古本）急救奇痧方（清）陈修园著，刘藩校，大文书局1936年。

伏阴论（中国医学大成）（清）田云槎著，大东书局1936年。

瘟疫霍乱答问·霍乱审证举要（中国医学大成）（清）陈蛰庐撰、连文仲述，大东书局1936年。

何氏虚劳心传（中国医学大成）（清）何嗣宗撰著，（清）王铁山校定，大东书局1936年。

理虚元鉴（中国医学大成）（清）绮石著，（清）何怀祖、华宾旭集订，大东书局1936年。

慎柔五书（中国医学大成）（清）胡慎柔撰述，（清）石瑞章订正，（清）周学海评注，大东书局1936年。

虚损启微（中国医学大成）（清）洪辑菴撰，大东书局1936年。

外科医镜（中国医学大成）（清）张贞菴撰，曹炳章圈点，大东书局1936年。

重订灵兰要览·肯堂医话（中国医学大成）（明）王肯堂原著，（明）殷仲春订正，（清）顾金寿评点，大东书局1936年。

读医随笔（中国医学大成）（清）周澄之原著，大东书局1936年。

研经言（清）莫枚士原著，大东书局1936年。

（仿宋古本）灵枢素问集注（清）陈修园编，刘藩校，大文书局1936年。

甲乙经（中国医学大成）（晋）皇甫谧著，大东书局1936年。

黄帝内经素问辑注（中国医学大成）（清）张隐庵集注，大东书局1936年。

(仿宋古本)图注难经脉决 （晋）王叔和著，刘藩校勘，大文书局1936年。

张长沙原文读本 （汉）张机著，南宗景校刊，南宗景医药事务所1936年。

张卿子伤寒论（中国医学大成）（汉）张仲景原著，（晋）王叔和撰次，（宋）成无己注释，（清）张卿子参订，大东书局1936年。

(张注)伤寒论集注 张志聪注释，高世栻纂集，侯悔斋校订，校经山房书局1936年。

伤寒来苏集（中国医学大成）（汉）张仲景原文，（清）柯韵伯编著，大东书局1936年。

伤寒贯珠集（中国医学大成）（清）尤在泾注，（清）朱淘性校，大东书局1936年。

(增订)医宗金鉴 （清）吴谦等纂修，侯悔斋校，校经山房书局1936年。

金匮发微 （汉）张仲景著，曹家达注，医学书局1936年。

沈注金匮要略（中国医学大成）（清）沈目南编注，大东书局1936年。

巢氏诸病源候总论（中国医学大成）（隋）巢元方原著，大东书局1936年。

儒门事亲（中国医学大成）（金）张从正撰，（明）吴勉学校，大东书局1936年。

重订诊家直诀（中国医学大成）（清）周学海著，大东书局1936年。

玉函经（中国医学大成）（唐）杜光庭著，（宋）崔嘉彦评注，（清）程云来校，大东书局1936年。

脉说（中国医学大成）（清）叶子雨著，大东书局1936年。

重订太素脉秘诀（中国医学大成）（明）张太素著，（清）刘伯祥注，大东书局1936年。

临症验舌法·素舌辨症新法（中国医学大成）（清）杨雪峰、刘恒瑞著，大东书局1936年。

舌辨 （清）王孟英著，吴克潜注，大众书局1936年。

望诊遵经（中国医学大成）（清）汪广菴著，大东书局1936年。

增订太乙神针(附备急灸方、针灸择日编) （清）佚名氏著，宏善书局 1936 年。

（仿宋古本）针灸大成 （明）杨继洲著，章廷珪重增，大文书局 1936 年。

巢氏宣导法（中国医学大成）（隋）巢元方著，（清）廖平辑撰，曹炳章续辑，大东书局 1936 年。

程杏轩医案（中国医学大成）（清）程杏轩著，（清）陈安波评注，大东书局 1936 年。

吴鞠通医案（中国医学大成）（清）吴鞠通著，大东书局 1936 年。

张畹香医案（中国医学大成）（清）张畹香著，大东书局 1936 年。

孙文垣医案（中国医学大成）（明）孙泰来、孙明来编，大东书局 1936 年。

医暇卮言（中国医学大成）（清）程林编撰，大东书局 1936 年。

脉因证治（中国医学大成）（元）朱丹溪著，大东书局 1936 年。

医药举要（中国医学大成）（清）徐镛辑，（清）张声驰校，大东书局 1936 年。

医原（中国医学大成）（清）石寿棠撰，大东书局 1936 年。

韩氏医通（中国医学大成）（明）韩懋著，大东书局 1936 年。

症因脉治（中国医学大成）（明）秦景明著，（清）秦之桢辑，大东书局 1936 年。

周慎斋遗书（中国医学大成）（明）周慎斋著，（清）王琢崖评注，大东书局 1936 年。

伤寒九十论（中国医学大成）（宋）许叔微著，（清）贾其寿校，大东书局 1936 年。

伤寒明理论（中国医学大成）（宋）成无己著，（清）张卿子参订，（明）吴勉学评注，大东书局 1936 年。

伤寒补例（中国医学大成）（清）周学海撰，大东书局 1936 年。

伤寒兼证析义（中国医学大成）（清）张飞畴撰，大东书局 1936 年。

温病条辨 （清）吴瑭著，侯悔斋校订，校经山房书局 1936 年。

温热逢源 （清）柳宝诒著，大东书局 1936 年。

张氏温暑医旨（中国医学大成）

（清）张畹香著，大东书局1936年。

温证指归（中国医学大成）（清）周杓元著，大东书局1936年。

增订叶评伤暑全书（中国医学大成）（明）张凤逵著，（清）叶子雨增评，大东书局1936年。

女科切要（中国医学大成）（清）吴立本纂辑，大东书局1936年。

重订产孕集（中国医学大成）（清）张曜孙原著，（清）包兴言重订，大东书局1936年。

盘珠集胎产症治（中国医学大成）（清）施澹宁、（清）严西亭、（清）洪缉菴编，大东书局1936年。

胎产指南（中国医学大成）（清）单南山著，大东书局1936年。

幼科直言（中国医学大成）（清）孟介石著，大东书局1936年。

正体类要（中国医学大成）（明）薛已撰，大东书局1936年。

重订囊秘喉书（中国医学大成）（清）杨龙九著，（清）张汝伟评点，大东书局1936年。

银海指南（中国医学大成）（清）顾锡著，大东书局1936年。

一草亭目科全书·异授眼科（中国医学大成）（清）邓苑选，（清）胡芝樵著，大东书局1936年。

神农本草经读（清）陈修园著，刘藩校，大文书局1936年。

神农本草经（中国医学大成）（魏）吴普述，（清）孙星衍、（清）孙冯翼辑，大东书局1936年。

重刊本草衍义（中国医学大成）（宋）寇宗奭著，大东书局1936年。

本草从新（清）吴仪洛著，校经山房书局1936年，大文书局1936年。

国医药物学（本草精华）（清）赵海仙著，糜雪亭订正，萧熙、张达玉校，校经山房书局1936年。

古今医方集成 吴克潜编，大众书局1936年。

增订十药神书（中国医学大成）（元）葛乾孙著，大东书局1936年。

叶天士秘方大全（清）叶天士著，中央书局1936年。

华佗神医秘方大全（医药丛书）（汉）华佗撰，姚若琴重校，春江书局1936年。

秘传证治要诀（丛书集成初编）（明）戴原礼述，商务印书馆1937年。

慎疾刍言（丛书集成初编）（清）徐灵胎撰，商务印书馆1937年。

医经溯洄集（丛书集成初编）（明）王履撰，商务印书馆1937年。

医先（丛书集成初编）（明）王文禄撰，商务印书馆1937年。

脉诀刊误（附录）（丛书集成初编）（元）戴启宗撰，商务印书馆1937年。

伤寒总病论（附札记）（丛书集成初编）（宋）庞安时撰，商务印书馆1937年。

新编张仲景伤寒发微论（丛书集成初编）（宋）许叔微述，商务印书馆1937年。

新编张仲景伤寒百证歌（丛书集成初编）（宋）许叔微述，商务印书馆1937年。

伤寒论翼（丛书集成初编）（清）柯琴纂，商务印书馆1937年。

素问玄机原病式（丛书集成初编）（金）刘完素述，商务印书馆1937年。

素问病机气宜保命集（丛书集成初编）（金）刘完素述，商务印书馆1937年。

神农本草经（丛书集成初编）（魏）吴普等述，（清）孙星衍、（清）孙冯翼辑，商务印书馆1937年。

石药尔雅（丛书集成初编）（唐）梅彪辑，商务印书馆1937年。

本草衍义（丛书集成初编）（宋）寇宗奭撰，商务印书馆1937年。

刘涓子鬼遗方（丛书集成初编）（南齐）龚庆宣著，商务印书馆1937年。

秘制大内清宁丸方（丛书集成初编）（清）孙星衍辑，商务印书馆1937年。

千金宝要（丛书集成初编）（唐）孙思邈撰，（宋）陈恩节辑，商务印书馆1937年。

怪疴单（丛书集成初编）（元）朱震亨撰，商务印书馆1937年。

活法机要（丛书集成初编）（元）朱震亨撰，商务印书馆1937年。

局方发挥（丛书集成初编）（元）朱震亨撰，商务印书馆 1937 年。

杂类名方（丛书集成初编）（元）杜思敬著，商务印书馆 1937 年。

服盐药法（丛书集成初编）（清）孙星衍撰，商务印书馆 1937 年。

素女方（丛书集成初编） 撰人不详，商务印书馆 1937 年。

治蛊新方（丛书集成初编）（清）路顺德撰，（清）缪福照重订，商务印书馆 1937 年。

摄生消息论（丛书集成初编）（元）丘处机撰，商务印书馆 1937 年。

延寿第一绅言（丛书集成初编）（宋）愚谷老人撰，商务印书馆 1937 年。

食色绅言（丛书集成初编）（明）龙遵叙著，商务印书馆 1937 年。

市隐庐医学杂著（中国医学大成）（清）王严士原著，大东书局 1937 年。

叶选医衡（中国医学大成）（清）叶天士著辑，（清）顾渭川重校，大东书局 1937 年。

知医必辨（中国医学大成）（清）李冠仙原著，大东书局 1937 年。

医学读书记 （清）尤在泾原著，大东书局 1937 年。

医学源流论·慎疾刍言（中国医学大成）（清）徐灵胎著，大东书局 1937 年。

医学纲目 （明）楼全善编，世界书局 1937 年。

李士材医宗必读 （明）李中梓著，陆士谔主编，世界书局 1937 年。

小儿卫生总微论方（中国医学大成）南（宋）佚名著，大东书局 1937 年。

活幼心书（中国医学大成）（元）曾世荣编撰，大东书局 1937 年。

慈幼新书（中国医学大成）（明）程凤雏著，大东书局 1937 年。

儿科醒（国医丛刊）（清）芝屿樵客著，东山居士校，千顷堂书局 1937 年。

麻科活人全书 （清）谢璞斋辑述，朱绳先批评，千顷堂书局 1937 年。

口齿类要（中国医学大成）（明）

薛已著，大东书局 1937 年。

尤氏喉科秘书·咽喉脉证通论（中国医学大成）（清）尤乘撰，（清）许梿校，大东书局 1937 年。

喉舌备要秘旨·包氏喉症家宝（中国医学大成）阙名著，（清）包三穗述，大东书局 1937 年。

邹润安本经疏证（基本医书集成）（清）邹润安著，世界书局 1937 年。

本草备要 （清）汪昂著，王漱碧校订，中央书店 1937 年。

刘涓子鬼遗方（中国医学大成）（南朝齐）龚庆宣撰，大东书局 1937 年。

医方考（中国医学大成）（明）吴鹤皋著，大东书局 1937 年。

经验各种秘方辑要 （清）王松堂编辑，道德书局 1937 年。

圣济总录纂要（中国医学大成）（清）程云来纂辑，大东书局 1937 年。

温热暑疫全书（中国医学大成）（清）周禹载著，（清）薛生白、（清）吴正功重校，大东书局 1937 年。

伏气解·伏邪新书（中国医学大成）（清）叶子雨、（清）刘吉人著，裘吉生校，大东书局 1937 年。

南病别鉴（中国医学大成）（清）叶香岩、（清）薛生白、（清）薛望公著，大东书局 1937 年。

温热病指南集 （清）陈平伯撰述，（清）江白仙鉴定，（清）钱愚庵、顾观光评校，大东书局 1937 年。

（仿宋古本）御纂医宗金鉴（外科） 刘藩校正，大文书局 1937 年。

伤寒六经辨证治法（中国医学大成）（清）沈目南编注，大东书局 1937 年。

伤寒论新解 （汉）张仲景著，潘澄濂注，大众书局 1937 年。

伤寒新释 陈拔群著，黎寿昌校，涵煦庐医书出版部 1937 年。

对山医话（中国医学大成）（清）毛对山著，曹炳章补编，大东书局 1937 年。

客尘医话（中国医学大成）（清）计寿乔著，大东书局 1937 年。

冷庐医话（中国医学大成）（清）陆定圃著，大东书局 1937 年。

柳洲医话·爴塘医话（中国医学大成）（清）魏玉横、（清）张景焘著，（清）王士雄编，大东书局1937年。

潜斋医话（中国医学大成）（清）王士雄著，大东书局1937年。

友渔斋医话（中国医学大成）（清）黄退庵著，大东书局1937年。

医学心悟（中国医学大成）（清）程钟龄原著，大东书局1937年。

瘟疫论（中国医学大成）（明）吴有性著，年偶斋评注，大东书局1937年。

羊毛瘟论（中国医学大成）（清）随万宁著，大东书局1937年。

增订瘟疫明辨（中国医学大成）（清）戴天章著，周禹锡增订，大东书局1937年。

疟疾论（中国医学大成）（清）韩善征著，大东书局1937年。

重订随息居霍乱论（中国医学大成）（清）王士雄著，大东书局1937年。

痧胀玉衡（中国医学大成）（清）郭右陶著，大东书局1937年。

鼠疫抉微（中国医学大成）（清）余伯陶著，大东书局1937年。

痰火点雪（中国医学大成）（明）龚居中著，曾师诚参校，大东书局1937年。

外科正宗（中国医学大成）（明）陈实攻著，（清）许辛木订，（清）徐灵胎评，曹炳章校，大东书局1937年。

经效产宝（中国医学大成）（唐）昝殷著，大东书局1937年。

校注妇人良方（中国医学大成）（宋）陈自明著，（明）薛立斋校注，大东书局1937年。

重刊金匮玉函经二注（中国医学大成）（宋）赵以德衍义，（清）周扬俊补注，（清）李春泉重刊，（清）叶万青参校，大东书局1937年。

金匮要略心典（中国医学大成）（汉）张仲景著，（清）尤在泾注，大东书局1937年。

金匮翼（中国医学大成）（清）尤在泾著，大东书局1937年。

医林改错（中国医学大成）（清）王清任著，大东书局1937年。

辨证奇闻 （清）钱镜湖著，周郁浩、严士云重校，广益书局 1937 年。

医灯续焰（中国医学大成）（明）王绍隆著，（清）潘楫注，大东书局 1937 年。

脉经（中国医学大成）（晋）王叔和著，大东书局 1937 年。

眉寿堂方案选存（中国医学大成）（清）叶桂著，郭维濬纂，大东书局 1937 年。

徐批叶天士晚年方案真本（中国医学大成）（清）叶桂著，（清）张筱林参校，徐灵胎评批，大东书局 1937 年。

三家医案合刻（中国医学大成）（清）叶桂、缪宜亭、薛生白著，大东书局 1937 年。

何澹安医案（中国医学大成）（清）何澹安著，大东书局 1937 年。

邵兰荪医案（中国医学大成）（清）邵兰荪著，（清）史介生评注，大东书局 1937 年。

江瓘名医类案（基本医书集成）（明）江瓘著，世界书局 1937 年。

王孟英医案 （清）王士雄著，陆士谔编校，世界书局 1937 年。

雷公炮制药性赋 （清）江忍庵校勘，广益书局 1937 年，1953 年。

笔花医镜 （清）江笔华著，周郁浩校，广益书局 1938 年。

崔真人脉诀详解 （宋）崔嘉彦著，（清）潘楫注，潘衍校，中华新教育社 1938 年。

针灸素难要旨 （明）高武原著，［日］冈本一抱子重订，大东书局 1938 年。

增补评注温病条辨 （清）吴鞠通原著，（清）叶子雨、王士雄评注，大东书局 1938 年。

痧科全书·痰疠法门（中国医学大成）（清）梁柘轩、（清）李子毅著，大东书局 1938 年。

女科经纶（中国医学大成）（清）肖赓六著，大东书局 1938 年。

幼幼集成（中国医学大成）（清）陈复正辑订，大东书局 1938 年。

原瘄要论·麻疹备要方论（中国医学大成）（清）袁氏撰编、吴砚丞著，大东书局 1938 年。

增广验方新编（万病自疗） 江忍庵校勘，广益书局1938年，1953年。

黄帝内经素问校义（丛书集成初编）（清）胡澍撰，商务印书馆1939年。

华氏中藏经（丛书集成初编）（汉）华佗撰，（明）鲍士奇校，商务印书馆1939年。

类证活人书（附释音·辨误·药性）（丛书集成初编）（宋）朱肱撰，商务印书馆1939年。

内外伤辨（丛书集成初编）（金）李杲撰，商务印书馆1939年。

学医随笔（丛书集成初编）（宋）魏了翁撰，商务印书馆1939年。

医经正本书（附札记）（丛书集成初编）（宋）程迥撰，商务印书馆1939年。

丹溪先生心法（附录）（丛书集成初编）（元）朱震亨撰，商务印书馆1939年。

伤寒九十论（丛书集成初编）（宋）许叔微撰，商务印书馆1939年。

伤寒微旨论（丛书集成初编）（宋）韩祗和撰，商务印书馆1939年。

伤寒明理论（丛书集成初编）（金）成无己撰，商务印书馆1939年。

伤寒标本心法类萃（丛书集成初编）（金）刘完素著，商务印书馆1939年。

伤寒直格论（丛书集成初编）（金）刘完素编，葛雍编，商务印书馆1939年。

伤寒心要（丛书集成初编）（元）镏洪撰，商务印书馆1939年。

伤寒一提金（丛书集成初编）（明）陶华述，商务印书馆1939年。

刘河间伤寒医鉴（丛书集成初编）（元）马宗素著，商务印书馆1939年。

伤寒证脉药截江纲（丛书集成初编）（明）陶华述，商务印书馆1939年。

伤寒家秘的本（丛书集成初编）（明）陶华述，商务印书馆1939年。

伤寒琐言（丛书集成初编）（明）

陶华述，商务印书馆 1939 年。

东车槌法（丛书集成初编）（明）陶华述，商务印书馆 1939 年。

伤寒明理续论（丛书集成初编）（明）陶华述，商务印书馆 1939 年。

脾胃论（丛书集成初编）（金）李杲撰，商务印书馆 1939 年。

产育宝庆集（丛书集成初编）（宋）郭稽中纂，商务印书馆 1939 年。

卫生家宝产科备要（丛书集成初编）（宋）朱端章编，商务印书馆 1939 年。

颅囟经（丛书集成初编） 撰人不详，商务印书馆 1939 年。

小儿药证真诀（丛书集成初编）（宋）钱乙撰，商务印书馆 1939 年。

旅舍备要方（丛书集成初编）（宋）董汲撰，商务印书馆 1939 年。

苏沈良方（丛书集成初编）（宋）苏轼、（宋）沈括撰，商务印书馆 1939 年。

增广太平惠民和剂局方（丛书集成初编）（宋）陈师文等编，商务印书馆 1939 年。

洪氏集验方（丛书集成初编）（宋）洪遵撰，商务印书馆 1939 年。

全生指迷方（丛书集成初编）（宋）王贶著，商务印书馆 1939 年。

史载之方（丛书集成初编）（宋）史堪撰，商务印书馆 1939 年。

兰室秘藏（丛书集成初编）（金）李杲撰，商务印书馆 1939 年。

证治要诀类方（丛书集成初编）（明）戴原礼辑，商务印书馆 1939 年。

国医伤寒新解 （汉）张仲景著，王趾周注解，中西医学研究社 1939 年。

黄帝内经素问注解 孙沛注，北平实善社 1939 年。

十药神书 （元）葛乾孙编，（明）潘霨重校增注，江苏省立苏州图书馆 1939 年。

新编金匮要略方论（丛书集成初编）（汉）张仲景述，（晋）王叔和集，商务印书馆 1940 年。

一草亭目科全书（丛书集成初编）（清）邓苑纂，商务印书馆 1940 年。

尤氏喉科秘本（附方）（丛书集成

初编）（清）尤乘著，商务印书馆1940年。

咽喉脉证通论（丛书集成初编）撰人不详，商务印书馆1940年。

（图表注释）伤寒论新义 余无言著，中华书局1940年。

傅青主男女科 （明）傅青主著，严星桥重校，广益书局1940年。

外科选要（中国医学大成）（清）唐黉著，曹炳章圈校，大东书局1940年。

外科全生集（中国医学大成）（清）王洪绪著，（清）潘器之编，（清）马培之评，（清）陶阶臣批，大东书局1940年。

珍珠囊补遗药性赋·雷公炮制药性解（中国医学大成）（明）李明元、李中梓著，（清）王晋之重订，大东书局1940年。

医药汤头歌诀 （清）汪昂著，范凤源批注，范凤源电化实验室1940年。

柳选四家医案（江阴柳氏医学丛书）（清）柳宝治辑，姚若琴编，春江书局1941年。

本草备要（仿宋古本） （清）汪昂著，大文宝记书局1941年。

温热标准捷效 （清）吕田集录，聂云台增订，医学书局1941年。

时病学 （清）雷少逸著，中国医药文化服务社1942年。

御纂医宗金鉴（内科） （清）吴谦等编著，广益书局，1943年。

汤头歌诀 （清）汪昂编，徐衡之、姚若琴校订，三民图书公司1946年。

（古本）康平伤寒论 余云岫、范行准鉴定，叶桔泉校，友助医学社1947年。

（增订）汤头歌诀 （清）汪昂著，胡安邦增批，中央书店1947年。

（仿宋足本）绘图本草备要 （清）汪昂著，洪子良校，广益书局1948年。

精校竹林女科 （清）叶其蓁编，海左书局，民国间印行。

汤头歌诀（附经络歌诀） （清）汪昂撰，谢观等校，商务印书馆1950年。

雷公炮制药性赋解 （金）李杲

撰，（明）李中梓编，商务印书馆1950年。

增补针灸大成　（明）杨继洲纂，（清）章廷珪重修，建文书局1952年。

金匮要略新义（图表注释金匮要略新义）（科学整理医籍）　余无言编，新医书局1952年。

公余医录五种　（清）陈修园撰，锦章书局1952年。

＊**增批本草备要**　香港水经堂书局1952年。

叶天士女科全书　（清）叶天士撰，广益书局1953年。

中西汇通医书五种（中西汇通医书五种）（清）唐容川撰，秦伯未重校，广益书局1953年，锦章书局1955年。

笔花医镜　（清）江涵暾编撰，广益书局1953年，上海科学技术出版社1958年，1959年，科技卫生出版社1958年。

温病条辨　（清）吴塘撰，广益书局1953年，锦章书局1954年，中医书局1955年，人民卫生出版社1955年，四川人民出版社1957年。

科学注解本草概要　（清）张赞臣撰，千顷堂书局1953年，上海卫生出版社1956年。

本草从新（增注本草从新）　（清）吴仪洛撰，广益书局1953年，锦章书局1955年，上海卫生出版社1957年，上海科学技术出版社1958年，1959年，科技卫生出版社1958年，中国书店1985年。

傅青主男女科　（清）傅山撰，广益书局1953年，锦章书局1954年，中国书店1985年。

增图考释推拿法　（清）夏宇祥撰，许敬舆增释，中医书局1953年。

汤头歌诀（重校汤头歌诀）　（清）汪昂编撰，广益书局1953年，建文书局1954年，中央书局1954年。

图注难经脉诀（附李濒湖脉学）（晋）王叔和撰，（明）张世贤注，广益书局1953年，锦章书局1954年，建文书局1954年。

医宗金鉴（内外科）（清）吴谦等撰，胡协寅校，广益书局1953年。

医宗金鉴（内外科）　浦祖明校勘，建文书局1953年，1954年。

医方一盘珠（增补医方一盘珠全

集）（清）洪金鼎编撰，锦章书局1954年。

万病回春（增补万病回春）（明）龚廷贤编，锦章书局1954年。

温疫论补注（明）吴又可撰，（清）郑重光补注，锦章书局1954年。

银海精微（唐）孙思邈辑，锦章书局1954年。

医宗说约（清）蒋仲芳纂述，锦章书局1954年。

时病论（校正时病论）（清）雷丰撰，锦章书局1954年，人民卫生出版社1956年，人民卫生出版社1964年，1994年，中国书店1986年。

本草神农本草（神农本草经读）（清）陈修园撰，锦章书局1954年。

本草备要（清）汪昂编，建文书局1954年，中央书店1954年，锦章书局1954年，商务印书馆1955年，人民卫生出版社1963年。

本草纲目求真（附脉理求真）（清）黄宫绣撰，秦鉴泉鉴定，锦章书局1954年。

张隐庵伤寒论集注（伤寒集注）（清）张隐庵编注，高士宗纂集，锦章书局1954年。

走马急疳治疗奇方（宋）滕伯祥撰，中医书局1954年。

雷公药性赋解（明）李中梓撰，建文书局1954年。

雷公药性赋解（增补雷公药性赋解）（金）李杲，（明）李中梓编，锦章书局1954年。

伤寒舌鉴（张氏医书七种）（清）张登撰，锦章书局1954年，上海卫生出版社1958年，科技卫生出版社1959年。

校正李濒湖脉学（附奇经考）（明）李时珍撰，锦章书局1954年，1955年。

大字断句汤头歌诀（清）汪昂编撰，锦章书局1954年，1955年，中国书店1985年。

汪氏汤头歌诀新注 李盎春著，秦伯未校，中医书局1954年。

叶天士女科（叶天士女科诊治秘方）（清）叶天士撰，锦章书局1954年。

四明宋氏女科秘书 （明）宋林皋撰，中医书局 1954 年。

针灸易学（绘图针灸易学） （清）李守先撰，锦章书局 1954 年。

本草纲目索引 商务印书馆编，商务印书馆 1954 年。

小儿推拿广意（校正幼科三种）（清）熊应雄辑，陈世凯订，锦章书局 1954 年。

增补医林状元寿世保元 （明）龚廷贤撰，建文书局 1954 年。

医方捷径 罗必炜编著，锦章书局 1954 年。

寿世保元（精校圈句增补寿世保元） （明）龚廷贤编，锦章书局 1954 年，上海科学技术出版社 1959 年，1991 年。

幼科铁镜（校正幼科三种）（清）夏鼎撰，锦章书局 1954 年，上海卫生出版社 1958 年，科技卫生出版社 1958 年，1959 年，江苏广陵古籍刻印社 1980 年，2002 年。

幼幼集成（增补幼幼集成） （清）陈复正撰，锦章书局 1954 年，上海卫生出版社 1956 年。

幼科秘诀 苏州陈氏著，中医书局 1954 年。

针灸大成 （明）杨继洲撰，锦章书局 1954 年，建文书局 1955 年，人民卫生出版社 1955 年，1991 年。

校正外科正宗 （明）陈实功撰，（清）徐灵胎评，锦章书局 1954 年。

外科全生集（马评王氏外科症治全生集）（清）王洪绪编，（清）马培之评，锦章书局 1954 年。

眼科百问（增补眼科百问） （清）王行冲辑，锦章书局 1954 年。

牛经大全（绘图本） （明）喻本元、（明）喻本亨撰，锦章书局 1954 年。

牛马经 （明）喻本元、（明）喻本亨撰，建文书局 1954 年，锦章书局 1954 年。

医学三字经 （清）陈修园撰，锦章书局 1954 年，上海卫生出版社 1956 年，人民卫生出版社 1956 年，上海科学技术出版社 1958 年，1979 年，科技卫生出版社 1958 年。

医林改错（绘图医林改错）（清）王清任编撰，锦章书局 1954 年，上海卫生出版社 1956 年，上海科学技术出版社 1966 年。

脉经 （晋）王叔和撰，商务印书馆 1954 年，上海科学技术出版社 1959 年，中国书店 1997 年。

本草纲目 （明）李时珍撰，锦章书局 1954 年，中国书店 1988 年，1996 年。

＊**伤寒论新注：附针灸治疗法** （汉）张机撰，承澹盦注解，朱襄君参订，香港邵华文化服务社 1955 年，江苏人民出版社 1956 年。

医学心悟 （清）程国彭撰，人民卫生出版社 1955 年，1963 年，上海科学技术出版社 1990 年，1992 年。

本经逢源（张氏医书七种） （清）张璐纂述，锦章书局 1955 年，四川人民出版社 1957 年，上海科学技术出版社 1959 年。

张氏医通 （清）张璐纂述，锦章书局 1955 年，上海科学技术出版社 1963 年。

历代名医蒙求 （宋）周守忠撰，人民卫生出版社 1955 年。

元亨疗马集（附牛驼经） （明）喻本元、喻本亨撰，锦章书局 1955 年。

诸病源候论 （隋）巢元方撰，人民卫生出版社 1955 年。

素问灵枢合注 （清）张隐庵、马元台编，锦章书局 1955 年。

内经知要 （明）李念莪辑，（清）薛雪补注，商务印书馆 1955 年。

内经知要讲义 （明）李念莪辑，钱荣光注释，锦章书局 1955 年。

新辑宋本伤寒论 （汉）张仲景撰，重庆人民出版社 1955 年。

黄帝内经素问 （唐）王冰注，（宋）林亿校正，孙兆改误，商务印书馆 1955 年，人民卫生出版社 1956 年。

黄帝内经太素 （隋）杨上善撰注，（清）萧延平校注，人民卫生出版社 1955 年。

本草经集注（中国古典医学丛刊） （梁）陶弘景撰，群联出版社 1955 年。

神农本草经 （魏）吴普等述，（清）孙星衍、孙冯翼辑，商务印书馆 1955 年。

神农本草经 （清）顾观光重辑，人民卫生出版社 1955 年。

金匮要略今释 陆渊雷编著，人民卫生出版社 1955 年。

外科启玄 （明）申斗垣撰，人民卫生出版社 1955 年。

幼科指南 （明）周慎斋撰，锦章书局 1955 年。

幼科三种（校正幼科三种）（清）佚名辑，锦章书局 1955 年。

理瀹骈文（外治医说） （清）吴师机撰，人民卫生出版社 1955 年。

备急灸法 （宋）闻人耆年编，人民卫生出版社 1955 年。

新刊补注铜人腧穴针灸图经 （宋）王惟一撰，人民卫生出版社 1955 年。

循经考穴编（中国古典医学丛刊）不著撰者，群联出版社 1955 年，上海科学技术出版社 1959 年。

厘正按摩要术 （清）张振鋆辑，人民卫生出版社 1955 年，中国书店 1986 年，中医古籍出版社 2000 年。

嵩崖尊生 （明）景冬阳编，锦章书局 1955 年。

云岐子论经络迎随补泻法 （元）杜思敬节辑，人民卫生出版社 1955 年。

针经节要（济生拔粹方卷第一） （元）杜思敬节辑，人民卫生出版社 1955 年。

针经摘英集（济生拔粹方卷第三） （元）杜思敬节辑，人民卫生出版社 1955 年。

幼科金针 （明）秦景明撰，（明）吴果超校订，中医书局 1955 年。

秘传常山杨敬斋针灸全书（中国古典医学丛刊）（明）陈言撰，群联出版社 1955 年。

外科真诠 （清）邹五峰撰，中医书局 1955 年。

外科大成（精校外科大成） （清）祁广生辑撰，锦章书局 1955 年，上海卫生出版社 1957 年，科技卫生出版社 1958 年，1959 年。

伤科补要 （清）钱秀昌撰，千顷堂书局 1955 年，上海卫生出版社 1957 年。

小儿药证直诀 （宋）钱乙撰，（宋）阎季忠编纂，人民卫生出版社 1955 年。

竹林女科（精校竹林女科） （清）

叶其蓁编，锦章书局1955年。

经效产宝 （唐）昝殷撰，人民卫生出版社1955年。

史氏重订敖氏伤寒金镜录 （元）杜清碧编，史介生重订，新医书局1955年，上海卫生出版社1956年，上海科学技术出版社1959年。

伤寒明理论 （宋）成无己撰，商务印书馆1955年，上海卫生出版社1957年，科技卫生出版社1959年。

伤寒温疫条辨（寒温条辨） （清）杨玉衡撰，锦章书局1955年。

金匮玉函经 （汉）张机撰，（晋）王叔和集，（宋）林亿等编，人民卫生出版社1955年。

新编金匮要略方论 （汉）张机述，（晋）王叔和集，商务印书馆1955年。

本草纲目拾遗 （清）赵学敏辑，商务印书馆1955年，人民卫生出版社1957年。

秘传证治要诀及类方 （明）戴原礼撰，商务印书馆1955年。

伤寒论（新辑宋本） （汉）张仲景撰，重庆市中医学会编注，重庆人民出版社1955年，人民出版社1959年。

注解伤寒论 （汉）张仲景撰，（晋）王叔和撰次，（宋）成无己注，（明）汪济川校，商务印书馆1955年，人民卫生出版社1956年，1962年，1994年。

葛洪肘后备急方 （晋）葛洪撰，（南朝梁）陶弘景增补，（金）杨用道再补，商务印书馆1955年，人民卫生出版社1956年。

千金翼方 （唐）孙思邈撰，（宋）林亿等校正，人民卫生出版社1955年，1982年。

备急千金要方 （唐）孙思邈撰，人民卫生出版社1955年，1982年。

宋人医方三种 （宋）史堪等撰，商务印书馆1955年。

辨证奇闻 （清）钱镜湖编，锦章书局1955年。

石室秘录（精校石室秘录） （清）陈士铎编撰，锦章书局1955年。

时病分证表 （清）雷丰撰，彭荣光辑，中医书局1955年。

温热经纬 （清）王士雄编，锦章

书局 1955 年。

类证活人书 （宋）朱肱撰，商务印书馆 1955 年。

外台秘要 （唐）王焘撰，人民卫生出版社 1955 年，2000 年。

灵枢经 （明）吴勉学校，商务印书馆 1955 年，人民卫生出版社 1956 年。

女科秘方 （清）萧山竹林寺僧著，周歧隐校正，中医书局 1955 年。

谦外斋外科医案 （清）高锦庭撰，中医书局 1955 年。

临证指南医案（增补临证指南医案） （清）叶天士撰，（清）徐灵胎评注，锦章书局 1955 年，上海卫生出版社 1958 年，上海科学技术出版社 1959 年，1991 年。

医方集解（增批医方集解） （清）汪昂撰，锦章书局 1955 年，上海卫生出版社 1957 年，上海科学技术出版社 1959 年，1979 年。

伤寒论评释 阎德润评释，人民卫生出版社 1955 年。

难经集注 （明）王九思等撰，商务印书馆 1955 年，人民卫生出版社 1956 年，1963 年。

医宗必读 （明）李中梓撰，锦章书局 1955 年，上海卫生出版社 1957 年，科学卫生出版社 1959 年，中国书店 1985 年，1987 年，上海科学技术出版社 1987 年。

千金翼方 （唐）孙思邈撰，锦章书局 1955 年，中医古籍出版社 1997 年。

新修本草（中国古典医学丛刊）（唐）苏敬等撰，群联出版社 1955 年，上海卫生出版社 1957 年，上海科学技术出版社 1959 年，1961 年。

格致余论 （元）朱震亨撰，人民卫生出版社 1956 年，江苏广陵古籍刻印社 1982 年。

珍珠囊补遗药性赋　雷公炮制药性解合编 （金）李杲、（明）李士材撰，（清）王晋三重订，上海卫生出版社 1956 年。

华氏中藏经 （汉）华佗撰，商务印书馆 1956 年。

内经知要 （明）李念莪辑，（清）薛雪补注，人民卫生出版社 1956 年。

素问玄机原病式 （金）刘完素

撰，人民卫生出版社 1956 年。

神农本草经百种录　（清）徐大椿编撰，人民卫生出版社 1956 年。

三指禅　（清）周学霆撰，人民卫生出版社 1956 年，中国书店 1991 年，中国中医药出版社 1992 年。

串雅内编　（清）赵学敏编，人民卫生出版社 1956 年，1960 年。

伤寒论类方　（清）徐大椿编撰，人民卫生出版社 1956 年。

汤头歌诀（正续集）　（清）汪昂撰，严苍山增辑，上海卫生出版社 1956 年，科技卫生出版社 1958 年，1959 年。

刘涓子鬼遗方　（南朝齐）龚庆宣编，人民卫生出版社 1956 年。

传信适用方　（宋）吴彦夔撰，人民卫生出版社 1956 年。

局方发挥　（元）朱震亨撰，人民卫生出版社 1956。

苏沈良方　（宋）苏轼、沈括撰，人民卫生出版社 1956 年。

济生方　（宋）严用和撰，人民卫生出版社 1956 年。

校注妇人良方　（宋）陈自明撰，（明）薛已校注，上海卫生出版社 1956 年，上海科学技术出版社 1990 年。

曹氏伤寒金匮　发微合刊　（汉）张仲景撰，曹颖甫注，千顷堂书局 1956 年，上海卫生出版社 1956 年。

张卿子伤寒论（附伤寒明理论）（汉）张机、（宋）成无已、（清）周学海撰，　（明）吴勉学评注，（清）张卿子参订，上海卫生出版社 1956 年，上海科学技术出版社 1990 年，1992 年。

脉诀考证　（明）李时珍撰，人民卫生出版社 1956 年。

脉经　（晋）王叔和撰，林亿校正，人民卫生出版社 1956 年，1962 年。

重订通俗伤寒论（徐荣斋整理祖国医学文献）（清）俞根初撰，徐荣斋重订，新医书局 1956 年，上海卫生出版社 1956 年，科技卫生出版社 1959 年。

伤寒尚论辨似　（清）高雪山撰，新医书局 1956 年，上海卫生出版社 1956 年，科技卫生出版社 1959 年。

汤液本草　（元）王好古撰，人民

卫生出版社1956年，人民卫生出版社1987年，1987年。

伤寒来苏集 （汉）张仲景撰，（清）柯韵伯编注，上海卫生出版社1956年，大东书局1956年。

伤寒贯珠集 （清）尤在泾注，（清）朱陶性校，上海卫生出版社1956年，上海科学技术出版社1959年，1978年。

阴证略例 （元）王好古撰，商务印书馆1956年。

许叔微伤寒论著三种 （宋）许叔微撰，上海商务印书馆1956年。

伤寒总病论（附黄丕烈札记） （宋）庞安时撰，商务印书馆1956年。

此事难知 （金）李杲撰，（元）王好古编，人民卫生出版社1956年。

卫生家宝产科备要 （宋）朱端章编，人民卫生出版社1956年。

外科证治全生集 （清）王维德撰，人民卫生出版社1956年。

外科证治全生集 （清）王洪绪撰，潘器之编，吴庚生订，马培之评，陶阶臣批，上海卫生出版社1956年。

颅囟经 （宋）不著撰人，人民卫生出版社1956年。

奇经八脉考 （明）李时珍撰，人民卫生出版社1956年。

针灸集成 （清）廖润鸿编撰，人民卫生出版社1956年，中国书店1986年。

炮炙大法 （明）缪希雍撰，人民卫生出版社1956年。

校注十四经发挥 （元）滑伯仁撰，承澹盦校注，上海卫生出版社1956年。

内功图说 （清）王祖源编，人民卫生出版社1956年。

小儿推拿广意 （清）熊应雄辑，人民卫生出版社1956年。

时方歌括　时方妙用 （清）陈修园撰，人民卫生出版社1956年，1964年，中国书店1987年。

濒湖脉学　奇经八脉考　脉诀考证 （明）李时珍撰，人民卫生出版社1956年。

格致余论 （元）朱震亨撰，人民卫生出版社1956年。

医经溯洄集 （元）王履编，人民

卫生出版社 1956 年。

金匮要略释义 黄树曾编，人民卫生出版社 1956 年，1959 年。

本草品汇精要 （明）刘文泰等纂，商务印书馆 1956 年，人民卫生出版社 1964 年，1982 年。

针灸甲乙经 （晋）皇甫谧撰，（宋）林亿等校，人民卫生出版社 1956 年，1982 年。

重楼玉钥（中药喉科） （清）郑梅涧撰，人民卫生出版社 1956 年，1982 年。

喉白阐微 （清）郑若溪撰，安徽人民出版社 1956 年。

外科精义 （元）齐德之撰，人民卫生出版社 1956 年。

外科正宗 （明）陈实功撰，张印生、韩学杰点校，人民卫生出版社 1956 年，1983 年，中医古籍出版社 1999 年。

十药神书 （元）葛可久撰，（清）陈修园注，人民卫生出版社 1956 年。

卫济宝书 （宋）东轩居士撰，人民卫生出版社 1956 年。

疫疹一得 （清）余霖撰，人民卫生出版社 1956 年。

温热经纬 （清）王孟英撰，人民卫生出版社 1956 年，中医书局 1955 年。

外科全生集 （清）王洪绪撰，潘器之编，马培之评，陶阶臣批，上海卫生出版社 1956 年。

难经本义 （元）滑寿撰，商务印书馆 1956 年，1983 年，人民卫生出版社 1963 年。

金匮要略方论 （汉）张仲景撰，（宋）林忆校订，人民卫生出版社 1956 年，1994 年。

高注金匮要略 （汉）张仲景撰，（清）高学山注，上海卫生出版社 1956 年，科技卫生出版社 1959 年。

金匮要略心典 （汉）张仲景原文，（清）尤在泾纂注，上海卫生出版社 1956 年，科技卫生出版社 1958 年，1959 年，上海科学技术出版社 1992 年。

增补内经拾遗方论 （宋）骆龙吉撰，（明）刘裕德、朱练订补，（清）林儒校正，上海卫生出版社 1957 年，上海科学技术出版社 1958

年，1959 年，科技卫生出版社 1958 年。

仙授理伤续断秘方 （唐）兰道人撰，人民卫生出版社 1957 年。

仁术便览 （明）张洁编撰，商务印书馆 1957 年。

兰室秘藏 （金）李杲撰，人民卫生出版社 1957 年。

脾胃论 （金）李杲撰，人民卫生出版社 1957 年。

麻科活人全书 （清）谢玉琼编撰，朱祝棠评注，上海卫生出版社 1957 年，科学技术出版社 1959 年，1962 年。

医学举要 （清）徐玉台辑，上海卫生出版社 1957 年。

瘟疫明辨 （清）戴麟郊撰，上海卫生出版社 1957 年，科技卫生出版社 1959 年，上海科学技术出版社 1990 年。

医家四要 （清）程曦等纂，上海卫生出版社 1957 年，科技卫生出版社 1958 年，上海科学技术出版社 1963 年。

医学举要 （清）徐玉台辑述，上海卫生出版社 1957 年，科技卫生出版社 1958 年。

医门补要 （清）赵濂撰，上海卫生出版社 1957 年，科技卫生出版社 1959 年。

外科理例 （明）汪机编，商务印书馆 1957 年。

白喉条辨 （清）陈葆善撰，人民卫生出版社 1957 年。

章太炎医论 （清）章太炎撰，人民卫生出版社 1957 年。

痧喉正义 （清）张振鋆纂辑，上海卫生出版社 1957 年，科技术卫生出版社 1959 年。

痧胀玉衡 （清）郭志邃撰，上海卫生出版社 1957 年。

幼科释谜 （清）沈金鳌辑撰，上海卫生出版社 1957 年，科技卫生出版社 1959 年。

焦氏喉科枕秘 （清）金德鉴编，上海卫生出版社 1957 年，科技卫生出版社 1958 年，1959 年。

重订铜人腧穴针灸图经 黄竹斋重订，人民卫生出版社 1957 年。

一草亭目科全书异授眼咽喉经验

秘传　（清）程永培校刊，商务印书馆1957年。

咽喉脉症通论尤氏喉科秘书　（清）尤乘编撰，（清）许楔校订，上海卫生出版社1957年，上海科学技术出版社1959年。

柳选四家医案　（清）尤在泾等撰，（清）柳宝诒选评，上海卫生出版社1957年。

温热暑疫全书　（清）周扬俊辑述，上海卫生出版社1957年，科技卫生出版社1959年。

幼科推拿秘书　（清）骆如龙撰，上海卫生出版社1957年，科技卫生出版社1959年。

杨敬斋针灸全书　（明）陈言撰，上海卫生出版社1957年。

女科经纶　（清）萧赓六纂撰，上海卫生出版社1957年，上海科学技术出版社1959年，1962年。

女科　产后编　（清）傅山撰，商务印书馆1957年。

傅青主女科　（清）傅山撰，上海卫生出版社1957年，科技卫生出版社1959年，上海人民出版社1978年，上海科学技术出版社1991年。

本经疏证（附本经续疏、本经序疏要）　（清）邹澍撰，上海卫生出版社1957年。

类经　（明）张介宾编撰，人民卫生出版社1957年，1965年，2000年。

本草衍义　（宋）寇宗奭撰，商务印书馆1957年。

重修政和经史证类备用本草　（宋）唐慎微撰，人民卫生出版社1957年。

黄帝内经灵枢集注　（清）张隐庵集注，上海卫生出版社1957年，科技卫生出版社1958年，上海科学技术出版社1959年。

元亨疗马集　（明）喻本元、喻本亨撰，金重冶、谢成侠等点校，中华书局1957年。

医宗金鉴　（清）吴谦等编，人民卫生出版社1957年，1980年。

证治准绳　（明）王肯堂辑，上海卫生出版社1957至1959年。

伤寒论条辨　（明）方有执编撰，人民卫生出版社1957年，四川人民出版社1957年。

伤寒论集注 黄竹斋集注，人民卫生出版社 1957 年。

伤寒辨证 （清）陈尧道撰，人民卫生出版社 1957 年。

伤寒指掌 （清）吴坤安撰，邵仙根评，上海卫生出版社 1957 年，科技卫生出版社 1959 年。

伤寒溯源集 （清）钱潢撰，上海卫生出版社 1957 年。

伤寒六经辨证治法 （清）沈明宗编注，上海卫生出版社 1957 年，科技卫生出版社 1959 年，上海三联书店 1990 年。

本草纲目 （明）李时珍撰，王育杰整理，人民卫生出版社 1957 年，1999 年。

本草便读 （清）张秉成撰，上海卫生出版社 1957 年，上海科学技术出版社 1959 年，科技卫生出版社 1959 年。

本草经解 （清）叶天士撰，上海卫生出版社 1957 年，科技卫生出版社 1958 年。

金匮要略方论集注 黄竹斋编，人民卫生出版社 1957 年。

名医类案 （明）江瓘编撰，（清）魏玉璜重订，人民卫生出版社 1957 年。

续名医类案 （清）魏之琇编撰，李定源等重校，人民卫生出版社 1957 年，1982 年。

王氏医案绎注 （清）王孟英撰，石念祖注，商务印书馆 1957 年。

伤寒论类方汇参 左季云编著，人民卫生出版社 1957 年。

瑞竹堂经验方 （元）沙图穆苏撰，上海卫生出版社 1957 年。

仙传外科集验方 （明）杨清叟撰，人民卫生出版社 1957 年。

秘传外科方 （明）赵宜真撰，人民卫生出版社 1957 年。

察病指南 （宋）施挂堂撰，上海卫生出版社 1957 年，上海三联书店 1990 年。

四诊抉微 （清）林之翰编撰，人民卫生出版社 1957 年。

三因极一病证方论 （宋）陈言撰，人民卫生出版社 1957 年。

医门法律 （清）喻昌撰，上海卫生出版社 1957 年，科技卫生出版社

1959年。

医醇剩义 （清）费伯雄编撰，上海卫生出版社1957年，科技卫生出版社1959年。

古今医彻 （清）怀抱奇撰，上海卫生出版社1957年，科技卫生出版社1958年。

医学从众录 （清）陈修园编撰，上海卫生出版社1957年，科技卫生出版社1958年，上海科学技术出版社1963年，1991年。

医林绳墨 （明）方隅撰，（明）方谷校正，商务印书馆1957年。

风劳臌膈四大证治 （清）姜天叙撰，江苏人民出版社1957年。

伤寒论浅注方论合编 （清）陈念祖撰，严岳莲辑、严式诲校补，四川人民出版社1957年。

伤寒论语释 任应秋编著，上海卫生出版社1987年，科技卫生出版社1958年。

金镜内台方议 （明）许宏撰集，（清）程永培校订，上海卫生出版社1957年，上海科学技术出版社1959年，江苏科学技术出版社1985年。

正体类要 （明）薛己撰，上海卫生出版社1957年，上海科学技术出版社1959年。

金匮翼 （清）尤在泾撰，上海卫生出版社1957年，上海科学技术出版社1959年，1992年，中医古籍出版社2003年。

司牧安骥集 （唐）李石等撰，谢成侠点校，中华书局1957年。

兰台轨范 （清）徐灵胎撰，上海卫生出版社1958年，科技卫生出版社1959年。

景岳全书 （明）张介宾撰，上海卫生出版社1958年，上海科学技术出版社1959年，1961年。

董汲医学论著三种 （宋）董汲撰，商务印书馆1958年。

普济方 （明）朱橚等编，人民卫生出版社1958至1960年。

寓意草 （清）喻嘉言撰，上海卫生出版社1958年，科技卫生出版社1959年。

儒门事亲 （金）张子和撰，上海卫生出版社1958年，上海科学技术出版社1959年。

成方切用 （清）吴仪洛辑，上海科学技术出版社1958年，1991年，科学技术文献出版社1996年。

慎柔五书 （明）胡慎柔撰述，上海卫生出版社1958年。

红炉点雪 （明）龚居中辑撰，科技卫生出版社1958年，1961年，上海卫生出版社1958年。

先醒斋医学广笔记 （明）缪希雍撰，上海卫生出版社1958年。

济阴纲目 （明）武之望辑撰，（清）汪淇笺释，科技卫生出版社1958年。

原机启微 （元）倪维德撰，（明）薛己校补，上海卫生出版社1958年。

增补评注温病条辨 （清）吴瑭撰，王士雄选评，科学技术出版社1958年。

增补评注温病条辨 （清）吴鞠通撰，（清）王孟英等评注，上海卫生出版社1958年，1959年，上海科学技术出版社1958年，科技卫生出版社1958年，1959年。

理虚元鉴 （明）绮石撰，（清）柯怀祖、华曦订正，上海卫生出版社1958年，上海科学技术出版社1959年。

血证论 （清）唐容川撰，上海卫生出版社1958年，科技卫生出版社1958年，1961年。

诊宗三昧 （清）张登编，上海卫生出版社1958年，1959年。

脉因证治 （元）朱丹溪撰，上海卫生出版社1958年，科技卫生出版社1958年，1959年，上海科学技术出版社1986年，1992年。

脉诀刊误 （元）戴起宗撰，上海卫生出版社1958年，科技卫生出版社1958年。

诊家枢要 （元）滑寿撰，上海卫生出版社1958年，科技卫生出版社1959年，1962年，广陵古籍刻印社1984年。

药性歌括四百味 （明）龚廷贤撰，上海卫生出版社1958年。

救伤秘旨 跌损妙方 （明）异远真人撰，（清）赵廷海辑，上海卫生出版社1958年，科技卫生出版社1958年。

陈氏小儿病源痘疹方论 （金）陈文中撰，商务印书馆1958年。

珍珠囊补遗药性赋 （金）李杲编，上海科学技术出版社 1958 年。

成方便读 （清）张秉成编撰，科技卫生出版社 1958 年。

江氏伤科方书 （清）江考卿撰，科技卫生出版社 1958 年。

太平圣惠方 （宋）王怀隐等编，人民卫生出版社 1958 年。

金匮要略简释 秦伯未编，人民卫生出版社 1958 年。

金匮释义 南京中医学校金匮教研组编，江苏人民出版社 1958 年，1959 年。

金匮要略通俗讲话 何任编，科技卫生出版社 1958 年。

金匮要略浅注 （清）陈修园集注，科技卫生出版社 1958 年，1959 年，中国书店 1985 年。

要药分剂 （清）沈金鳌辑撰，上海卫生出版社 1958 年，科技卫生出版社 1959 年。

本草述钩元 （清）杨时泰辑，科技卫生出版社 1958 年，1959 年。

得配本草 （清）严西亭、施澹、洪缉庵同纂，科技卫生出版社 1958 年，上海科学技术出版社 1959 年，1994 年。

伤寒论释义 江苏省中医学校伤寒教研组编注，江苏人民出版社 1958 年。

古今医鉴 （明）龚信纂辑，（明）龚廷贤续编、王肯堂订补，商务印书馆 1958 年。

相牛心镜要览（敦善闲原本） （清）黄绣谷撰，畜牧兽医出版社 1958 年。

素问灵枢类纂约注 （清）汪昂纂辑，上海卫生出版社 1958 年，上海科学技术出版社 1959 年。

古本难经阐注 （周）秦越人撰，（清）丁锦注，上海卫生出版社 1958 年，科技卫生出版社 1959 年。

妇科玉尺 （清）沈金鳌撰，上海卫生出版社 1958 年，科技卫生出版社 1963 年。

小儿药证直诀笺正 （宋）钱仲阳撰，（宋）阎季忠编纂，张山雷笺证，上海卫生出版社 1958 年。

针灸大全 （明）徐凤编，人民卫生出版社 1958 年。

针灸素难要旨 （明）高武撰述，上海卫生出版社 1958 年，科技卫生出版社 1959 年。

小儿推拿方脉活婴秘旨全书 （明）龚云林撰，江苏人民出版社 1958 年。

伤寒医诀串解伤寒真方歌括 （清）陈修园撰，科技卫生出版社 1958 年。

证治汇补 （清）李用粹编撰，上海卫生出版社 1958 年，科技卫生出版社 1958 年。

南病别鉴 （清）叶天士等撰，（清）宋兆淇辑，上海卫生出版社 1958 年。

小儿卫生总微论方（中医古籍整理丛书）（宋）不著撰者，上海卫生出版社 1958 年，科技卫生出版社 1959 年，上海科学技术出版社 1990 年，1992 年。

审视瑶函 （明）傅仁宇撰，上海卫生出版社 1958 年，科技卫生出版社 1959 年，上海人民出版社 1977 年。

随息居重订霍乱论 （清）王士雄编纂，（清）王孟英等评注，科技卫生出版社 1958 年。

沈氏女科辑要笺证 （清）沈尧封辑撰，张山雷笺证，上海卫生出版社 1958 年，科技卫生出版社 1959 年。

冷庐医话 （清）陆以湉撰，上海卫生出版社 1958 年，上海科学技术出版社 1959 年。

疡科全书 （清）梁希曾撰，科技卫生出版社 1958 年，上海科学技术出版社 1959 年。

黄帝内经素问白话解 山东省中医研究所主编，人民卫生出版社 1958 年。

伤寒论简明释义 河北中医学院编，河北人民出版社 1958 年。

医宗己任编 （清）高鼓峰等撰，王汝谦注，上海卫生出版社 1958 年，科技卫生出版社 1959 年。

金匮玉函经二注 （明）赵以德衍义，（清）周扬俊补注，上海卫生出版社 1958 年，科技卫生出版社 1959 年，人民卫生出版社 1990 年，上海科学技术出版社 1959 年，1990 年，1992 年。

伤寒论纲目 （清）沈金鳌辑，上

海卫生出版社 1958 年，科技卫生出版社 1959 年。

伤寒论辨证广注　（清）汪琥辨注，上海卫生出版社 1958 年，科技卫生出版社 1959 年。

类经图翼（附类经附翼）（明）张介宾撰，人民卫生出版社 1958 年，1965 年，1985 年。

症因脉治　（明）秦景明纂撰，（清）秦皇士辑，科技卫生出版社 1958 年，1964 年。

博济方　（宋）王衮撰，商务印书馆 1959 年，上海中医学院中医文献研究所主编，上海三联书店 1990 年。

太平惠民和剂局方　（宋）太平惠民和剂局编，人民卫生出版社 1959 年。

普济本事方　（宋）许叔微述，上海科学技术出版社 1959 年，1978 年。

黄帝内经素问译释　南京中医学院医经教研组编，上海科学技术出版社 1959 年。

金匮要略译释　南京中医学院金匮教研组编，江苏人民出版社 1959 年。

金匮简明释义　河北中医学院编，河北人民出版社 1959 年。

作寒论语译　中医研究院编，人民卫生出版社 1959 年，1974 年第 2 版。

伤寒论译释　（汉）张仲景撰，陈亦人主编，南京中医学院编译，上海科学技术出版社 1959 年，1992 年。

仲景伤寒补亡论　（宋）郭雍撰，上海科学技术出版社 1959 年。

丹溪心法　（元）朱震亨撰，上海科学技术出版社 1959 年，中国书店 1986 年。

医贯　（明）赵献可撰，人民卫生出版社 1959 年，上海书店 1979 年。

疗马集　（清）周海蓬编撰，于船校，农业出版社 1959 年。

养耕集　（清）傅述凤、傅善苌撰，江西省农业厅中兽医实验所整理，江苏人民出版社 1959 年。

痊骥通玄论　（元）卞管勾集注，中国农业科学院中兽医研究所校订，甘肃人民出版社 1959 年。

司牧安骥集（中国古农书丛刊）（唐）李石等编撰，邹介正、马孝劬校注，农业出版社 1959 年，中国农业出版社 2001 年。

神农本草经读 （清）陈修园撰，人民卫生出版社 1959 年。

内经辑要 南京中医学院医经教研组编，科技卫生出版社 1959 年。

本草求真 （清）黄宫绣纂，科技卫生出版社 1959 年，人民卫生出版社 1987 年。

滇南本草（第一卷） （明）兰茂撰，云南省卫生厅整理，云南人民出版社 1959 年。

伤寒论方解 中国医学科学院江苏分院中医研究所编著，江苏人民出版社 1959 年。

素问病机气宜保命集 （金）刘完素撰，人民卫生出版社 1959 年。

伤寒明理论 （宋）成无己撰，（明）吴学勉校阅，上海科学技术出版社 1959 年，1992 年。

痧胀玉衡 （清）郭志邃撰，科技卫生出版社 1959 年。

女科要旨 （清）陈修园撰，人民卫生出版社 1959 年。

解围元薮 （明）沈之问辑，上海科学技术出版社 1959 年。

医学发明 （金）李杲撰，人民卫生出版社 1959 年。

疯门全书 （清）萧晓亭撰，科技卫生出版社 1959 年，上海科学技术出版社 1959 年。

类证治裁 （清）林佩琴编撰，上海科学技术出版社 1959 年。

温热逢源 （清）柳宝诒撰，人民卫生出版社 1959 年，上海科学技术出版社 1990 年。

幼科发挥 （明）万全撰，人民卫生出版社 1959 年。

针灸资生经 （宋）王执中编撰，上海科学技术出版社 1959 年。

救伤秘旨跌损妙方 （明）异远真人撰，（清）赵廷海辑，上海科学技术出版社 1959 年，上海科学技术出版社 1986 年。

传信方集释 （唐）刘禹锡撰，冯汉镛集释，上海科学技术出版社 1959 年。

伤寒医诀串解伤寒真方歌括

（清）陈修园撰，科技卫生出版社1959年。

一草亭目科全书异授眼科 （明）邓苑撰，（清）胡芝樵校订，科技卫生出版社1959年。

针灸问对 （明）汪机编撰，上海科学技术出版社1959年。

外科传薪集 （清）马培之编，人民卫生出版社1959年。

伤寒来苏集（中国医学大成）（清）柯琴编撰，赵辉贤校注，上海科学技术出版社1959年，1992年。

医学问对 （清）高上池撰，（清）王旭高注，科技卫生出版社1959年。

望诊遵经 （清）汪宏辑撰，科技卫生出版社1959年。

脉理求真 （清）黄宫绣撰，人民卫生出版社1959年。

药性歌括四百味 （明）龚廷贤撰，上海科学技术出版社1959年。

古今医案按 （清）俞震纂辑，上海科学技术出版社1959年。

增订伪药条辨 （清）郑肖岩辑撰，曹炳章增订，上海科学技术出版社1959年。

清太医院配方 河北省中医研究院编校，河北人民出版社1959年。

清代名医医案精华 秦伯未编纂，陈钟颖、丁仁甫标点，上海科学出版技术出版社1959年，1981年，1999年。

卫生宝鉴 （元）罗天益撰，商务印书馆1959年，人民卫生出版社1963年，1987年。

慎齐遗书 （清）周慎齐撰，上海科学技术出版社1959年。

杏轩医案（初集、续集、辑录） （清）程文囿撰，安徽省卫生厅校订，安徽人民出版社1959年，1960年。

奇效良方 （明）方贤撰，商务印书馆1959年。

医门法律 （清）喻昌撰，徐复霖点校，上海科学技术出版社1959年，1983年，海南国际新闻出版中心1995年。

柳选四家医案 （清）尤在泾等原著，（清）柳宝诒选评，上海科学技术出版社1959年。

＊**本草备要** （清）汪讱庵著，香港医林出版社 1960 年。

医学刍言（中医临证指要）（清）王旭高撰，北京中医学院诊断教研组整理，人民卫生出版社 1960 年。

形色外诊简摩 （清）周学海撰，人民卫生出版社 1960 年，江苏广陵古籍刻印社 1984 年。

女科正宗 （清）何松庵、浦天球撰，王满城整理，河北人民出版社 1960 年。

伤寒百问歌 （宋）钱闻礼撰，人民卫生出版社 1960 年。

女科歌诀 （清）邵登瀛撰，人民卫生出版社 1960 年。

临症验舌法察舌辨症新法 （清）杨云峰、（清）刘恒瑞撰，人民卫生出版社 1960 年。

银海指南 （清）顾锡撰，人民卫生出版社 1960 年。

本草思辨录 （清）周严撰，人民卫生出版社 1960 年。

医学指归 （清）赵术堂编，上海科学技术出版社 1960 年，江苏广陵古籍刻印社 1984 年。

药性三字经 （清）袁凤鸣撰，河北省中医研究院编校，河北人民出版社 1960 年。

桂林古本伤寒杂病论 （汉）张机述，广西僮族自治区人民出版社 1960 年。

吴鞠通医案 （清）吴瑭撰，人民卫生出版社 1960 年，上海科学技术出版社 1990 年。

种福堂公选良方 （清）叶天士撰，华岫云编，人民卫生出版社 1960 年，1982 年。

牛经备要医方（中国古农书丛刊）（清）沈莲舫编，农业出版社 1960 年。

伤寒杂病论（桂林古本） （汉）张仲景述，（清）罗哲初手抄，广西人民出版社 1960 年，1980 年。

吴普本草 （魏）吴普撰，芜湖医学专科学校 1961 年，人民卫生出版社 1987 年。

顾松园医镜 （清）顾松园撰，河南人民出版社 1961 年。

濒湖脉学白话解 （明）李时珍撰，北京中医学院诊断教研组编，人民卫生出版社 1961 年，1986 年。

外证医案汇编 （清）余听鸿编辑，科技卫生出版社 1961 年。

药性赋增注 （宋）李东垣撰，南通市中医院编，江苏人民出版社 1961 年，1976 年。

麻黄汤六十五方释义 吴考槃编，江苏人民出版社 1961 年。

金匮要略浅释 山东中医学院编，山东人民出版社 1961 年。

难经汇注笺正 张山雷编，上海科学技术出版社 1961 年。

针灸聚英（又名针灸聚英发挥）（明）高武纂集，科技卫生出版社 1961 年。

外科证治全书（中医古籍整理丛书）（清）许克昌、毕法辑，人民卫生出版社 1961 年，1987 年。

婴童百问 （明）鲁伯嗣撰，人民卫生出版社 1961 年，上海古籍书店 1985 年。

幼幼集成 （清）陈复正辑订，刘勷校正，上海科学技术出版社 1962 年，1992 年。

伤科汇纂 （清）胡廷光编，人民卫生出版社 1962 年。

灵枢经白话解 陈璧琉、郑卓人编，人民卫生出版社 1962 年。

药性歌括四百味白话解 北京中医学院中药方剂教研组编，人民卫生出版社 1962 年。

医学问答 （清）梁玉瑜传，陶保廉录辑，甘肃人民出版社 1962 年。

（补辑）新修本草 （唐）苏敬等撰，尚志钧辑校，芜湖医学专科学校 1962 年，皖南医学院科研处 1981 年。

灵枢经语释 山东中医学院编，山东人民出版社 1962 年。

谢映庐医案（附一得集） （清）谢映庐撰，科技卫生出版社 1962 年。

杂病源流犀烛 （清）沈金鳌撰，科技卫生出版社 1962 年。

牛经切要 佚名撰，于船、张克家点校，农业出版社 1962 年。

未刻本叶氏医案 （清）叶天士撰，程门雪校，科技卫生出版社 1963 年。

余听鸿医案 （清）余听鸿撰，上海科学技术出版社 1963 年。

张聿青医案 （清）张聿青撰，上海科学技术出版社 1963 年。

温病条辨白话解 （清）吴瑭著，浙江中医学院编译，人民卫生出版社 1963 年，1979 年。

内经知要 （明）李念莪辑注，（清）薛雪补注，谢观重订，人民卫生出版社 1963 年。

灵枢经 刘衡如校，人民卫生出版社 1963 年，1964 年。

金匮要略释义（中医临床参考丛书） 湖北中医学院主编，上海科学技术出版社 1963 年，1978 年，上海人民出版社 1973 年。

神农本草经 （曹魏）吴普等述，（清）孙星衍、孙冯翼辑，人民卫生出版社 1963 年。

重编校正元亨疗马牛驼经全集（中国古农书丛刊） （明）喻本元、喻本亨撰，中国农业科学院中兽医研究所重编校正，农业出版社 1963 年，1979 年。

寿世新编选录 （清）万潜斋撰，丁德甫校订，湖北省卫生厅中医处编，湖北人民出版社 1963 年。

素问经注节解 （清）姚止庵撰，人民卫生出版社 1963 年。

长沙方歌括 （清）陈修园撰，上海科学技术出版社 1963 年。

金匮方歌括 （清）陈修园撰，上海科学技术出版社 1963 年，1993 年。

医效秘传 （清）叶天士述，（清）吴金寿校，上海科学技术出版社 1963 年，1994 年。

华氏中藏经 （汉）华佗撰，（清）孙星衍校，人民卫生出版社 1963 年。

黄帝内经素问 人民卫生出版社校，人民卫生出版社 1963 年。

世医得效方 （元）危亦林编撰，上海科学技术出版社 1964 年，1991 年。

孟河费氏医案 （清）费伯雄、费绳甫撰，上海科学技术出版社 1964 年。

* **伤寒论歌诀** 钱闻礼著，香港太平书局 1964 年。

* **伤寒评注** 谭次仲著，香港实用出版社 1965 年。

罗氏会约医镜 （清）罗国纲编，

人民卫生出版社 1965 年。

续编医学三字经 （清）胥紫来撰，科技卫生出版社 1965 年。

王旭高医案 （清）王旭高撰，上海科学技术出版社 1965 年。

寿石轩医案 （清）赵海仙撰，江苏人民出版社 1965 年。

柳宝诒医案 （清）柳宝诒撰，张耀卿整理，人民卫生出版社 1965 年。

黄帝内经太素 （隋）杨上善撰注，人民卫生出版社 1965 年。

医学正传 （明）虞抟编，人民卫生出版社 1965 年。

辨证录 （清）陈士铎撰，人民卫生出版社 1965 年。

柯氏伤寒论翼笺正（李培生医书四种）（清）柯琴撰，李培生编著，人民卫生出版社 1965 年，1986 年，2009 年。

王旭高医书六种 （清）王泰林撰，陆晋笙订正，上海科学技术出版社 1965 年。

诊家正眼 （明）李中梓撰述，（清）尤乘增补，上海科学技术出版社 1966 年。

温热经纬 （清）王士雄撰，杨照藜等评，人民卫生出版社 1966 年。

养耕集校注 （清）傅述凤手撰，杨宏道重编校注，农业出版社 1966 年。

＊**增注本草从新** （清）吴仪洛原著，严星桥重校，香港大南出版社 1970 年。

＊**本草求真** （清）黄宫绣著，香港新文书店 1970 年。

＊**内经入门** 得初增注，香港广智书局 1970 年，香港艺美图书公司 1975 年。

＊**新编伤寒论** （汉）张机撰，河北中医学院编，（香港）商务印书馆 1970 年。

＊**本草纲目拾遗** （清）赵学敏辑，（香港）商务印书馆 1971 年。

＊**金匮玉函经二注** （汉）张机著，（元）赵以德衍义，（清）周扬俊补注，（香港）商务印书馆 1971 年。

＊**注解伤寒论** （汉）张仲景著，（晋）王叔和撰次，（金）成无已

注，（明）汪济川校，香港医药卫生出版社 1972 年。

＊**金匮诠释**　庞炽南著，香港仲景国医学会 1972 年。

本草纲目（校点本）　（明）李时珍撰，人民卫生出版社 1975 年。

＊**伤寒论语译**　徐济仁撰，台湾文光图书公司 1975 年。

本草从新（中医古籍整理丛书）（清）吴仪洛辑，窦钦鸿、曲京峰点校，人民卫生出版社 1975 年，1990 年。

滇南本草（第四卷）　（明）兰茂撰，本书整理组整理，云南人民出版社 1975 年。

药鉴　（明）杜文燮编，焦耿芳校，上海人民出版社 1975 年。

金匮要略心典　（清）尤在泾纂注，上海中医学院中医基础理论教研组校注，上海人民出版社 1975 年。

伤寒论　（汉）张机述，上海中医学院中医基础理论教研组校注，上海人民出版社 1976 年，上海科学技术出版社 1983 年。

滇南本草（第二卷）　（明）兰茂撰，本书整理组整理，云南人民出版社 1977 年。

伤寒论　湖北中医学院主编，人民卫生出版社 1978 年。

滇南本草（第三卷）　（明）兰茂撰，本书整理组整理，云南人民出版社 1978 年。

医学启源　（金）张元素撰，任应秋点校，人民卫生出版社 1978 年，海南国际新闻出版中心 1995 年。

伤寒论方解　江苏省中医研究所编著，江苏科学技术出版社 1978 年。

内经释义（中医临床参考丛书）北京中医学院主编，上海科学技术出版社 1978 年。

＊**伤寒论精简读本**　姜佐景编，台湾昭人出版社 1979 年。

针灸甲乙经校释　（晋）皇甫谧编撰，山东中医学院校释，人民卫生出版社 1979 年。

药性蒙求　（清）张仁锡辑，上海书店 1979 年。

何元长先生医案　（清）何元长撰，上海书店 1979 年。

尚友堂医案　（清）方略撰，上海

书店1979年。

潜村医案 （清）杨云峰撰，上海书店1979年。

明医杂著 （明）王纶撰，上海书店1979年。

五十二病方（马王堆汉墓帛书）马王堆汉墓帛书整理小组编，文物出版社1979年。

导引图（马王堆汉墓帛书）马王堆汉墓帛书整理小组编，文物出版社1979年。

程茂先医案 （明）程从周撰，上海书店1979年。

难经校释 南京中医学校校释，人民卫生出版社1979年。

医衡 （清）沈时誉撰，上海书店1979年。

＊**伤寒论阶梯** 叶心铭注，叶橘泉校，香港医药卫生出版社1979年。

＊**黄帝内经素问新释** 吴家镜撰，台湾正言出版社1980年，再版1986年。

＊**张卿子伤寒论** （汉）张仲景、(金)成无已原著，（明）吴勉学评注，(明）张卿子参订，香港宏业书局1980年。

法古录 （清）鲁永斌撰，上海书店1980年。

黄帝素问直解 （清）高士宗撰，于天星按，科学技术文献出版社1980年，1982年第2版，1998年第3版。

难经 （战国）秦越人撰，陕西省中医研究所文献医史研究会1980年。

金匮要略释义（西医学习中医试用教材） 尚坦之、毛翼楷主编，李正公、徐鸿达协编，甘肃人民出版社1980年。

金匮要略选读 成都中医学院主编，上海科学出版社1980年。

本草经疏 （明）缪希雍撰，江苏广陵古籍刻印社1980年，1984年。

簳山草堂医案 （清）何书田撰，上海书店1980年。

鸕鹚会约 （清）佚名撰，上海书店1980年。

血证论评释 （清）唐容川撰，裴正学主编，卯新民助编，人民卫生出版社1980年。

摄生众妙方　（明）张时彻辑，江苏广陵古籍刻印社1980年。

脉诀汇辨　（清）李延是撰，上海书店1980年。

脉如　（清）郭治撰，上海书店1980年。

伤寒谱　（清）沈凤辉集注，上海书店1980年。

重订严氏济生方　（宋）严用和撰，浙江省中医研究所文献组、湖州中医院整理，人民卫生出版社1980年。

金匮钩玄　（元）朱震亨编，人民卫生出版社1980年。

伤寒集验　（明）陈文治撰，上海书店1980年。

活兽慈舟校注　（清）李南晖撰，四川省畜牧兽医研究所校注，四川人民出版社1980年。

景金大定平水新刊补注铜人俞穴针穴图经　（宋）王惟一编修，江苏广陵古籍刻印社1980年。

秦氏幼科折衷　（明）秦昌遇编，上海书店1980年。

咽喉秘集　（清）吴张氏撰，谭克陶、李执中整理，湖南科学技术出版社1980年。

外科集验方　（明）周文采辑，上海书店1980年。

痧科捷径　（清）时世瑞集，上海书店1980年。

心印绀珠经　（明）李汤卿撰，上海书店1980年，中医古籍出版社1985年。

医四书　（明）许兆祯撰，上海书店1980年。

医便　（明）王三才等辑，上海书店1980年。

奇效医述　（明）聂尚恒撰，上海书店1980年，中医古籍出版社1984年。

理虚元鉴（中医古籍小丛书）（明）绮石撰，王新华校注，江苏科学技术出版社1981年。

万氏秘传片玉心书　（明）万全撰，罗田县卫生局校注，湖北人民出版社1981年。

幼幼新书　（宋）刘昉撰集，（明）陈履端编订，中医古籍出版社1981年。

养生随笔 （清）曹庭栋撰，上海书店出版社1981年，1989年。

黄帝虾蟆经（中医珍本丛书） 不著撰人，中医古籍出版社1981年。

牛医金鉴 邹介正评注，陈明增、牛家藩参校，农业出版社1981年。

难经正义 （清）叶霖撰，吴考盘点校，上海科学技术出版社1981年。

感证集腋 （清）茅钟盈辑，上海书店1981年。

内照法 （汉）华佗撰，彭静山点评，辽宁人民出版社1981年，1982年。

杂症总诀 （清）何书田撰，上海书店1981年。

脉确 （清）黄琳撰，中医古籍出版社1981年。

香岩诊案 （清）叶桂撰，上海书店1981年。

伤寒辨类 （清）何元长撰，上海书店1981年。

新修本草 （唐）苏敬等撰，尚志钧辑校，安徽科学技术出版社1981年。

何鸿舫医方墨迹 （清）何鸿舫撰，上海书店1981年。

汤头歌诀新义 （清）汪昂撰，高体三等释义，河南科学技术出版社1981年。

穷乡便方 （明）不著撰人，中医古籍出版社1981年，1987年。

慈禧光绪医方选议 陈可冀等主编，中华书局1981年，1990年。

医方类聚（校点本） ［朝］金礼蒙等编，浙江省中医研究所、湖州中医院点校，人民卫生出版社1981—1982年。

质疑录（中医古籍小丛书） （明）张景岳撰，王新华点校，江苏科学技术出版社1981年。

奇症汇（珍本医籍丛刊） （清）沈源撰，魏淑敏、于枫点校，中医古籍出版社1981年，1991年。

风外伤辨（中医古籍小丛书） （金）李杲撰，丁光迪校注，江苏科学技术出版社1982年。

绛雪园古方选注 （清）王子接注，李飞点校，上海科学技术出版社1982年。

回春录新诠 （清）王孟英撰，周振鸿重按，湖南科学技术出版社1982年。

瑞竹堂经验方 （元）萨谦斋撰，浙江省中医研究所文献组、湖州中医院重订，人民卫生出版社1982年。

医话医论荟要 中医研究院广安门医院编，人民卫生出版社1982年。

伤寒大白 （清）秦之桢撰，人民卫生出版社1982年。

宋本伤寒论校注 朱佑武校注，湖南科学技术出版社1982年。

侣山堂类辨（中医古籍小丛书）（清）张志聪撰，王新华点注，江苏科学技术出版社1982年。

本草纲目附方分类选编 陕西省中医药研究院编，人民卫生出版社1982年。

本草纲目 （明）李时珍撰，刘衡如点校，人民卫生出版社1982年。

十剂表本草纲目别名录 （清）包诚、耿世珍辑录，中医古籍出版社1982年。

本草害利 （清）凌奂撰，中医古籍出版社1982年。

康治本伤寒论 （汉）张仲景撰，［日］户上玄斐编，中医古籍出版社1982年。

黄帝内经素问校释 山东中医学院、河北医学院校释，人民卫生出版社1982年。

灵枢经校释 河北医学院校释，人民卫生出版社1982年，1998年。

神农本草经读（新校注陈修园医书 中医经典必读·陈修园医书系列）（清）陈修园撰，肖钦朗校注，福建科学技术出版社1982年，2007年。

神农本草经 （清）黄𡌴编，中医古籍出版社1982年。

女科要旨 （清）陈修园撰，俞育元校注，福建科学技术出版社1982年。

六因条辨 （清）陆子贤撰，山东中医学院文献研究室点校，山东科学技术出版社1982年。

医碥 （清）何梦瑶辑，上海科学技术出版社1982年。

医学见能 （清）唐容川撰，秦伯未批校，李融之点校，上海科学技术出版社1982年。

医学见能 （清）唐容川撰，秦伯未批校，王凤岐、吴大真点校，甘肃人民出版社1982年。

明医指掌 （明）皇甫中、王肯堂撰，人民卫生出版社1982年。

串雅兽医方（中国农书丛刊）（清）赵学敏编撰，于船等校注，农业出版社1982年。

妇人良方 （宋）陈自明编，（明）薛己校注，江苏广陵古籍刻印社1982年。

外科精要 （宋）陈自明编，（明）薛己校注，人民卫生出版社1982年。

伤寒直格伤寒标本心法类萃 （金）刘完素撰，人民卫生出版社1982年。

颐身集内功图说 （元）丘处机等编撰，（清）潘霨辑，人民卫生出版社1982年。

金针梅花诗钞 （清）周树冬撰，周楣声重订，安徽科学技术出版社1982年。

产鉴注释 （明）王化贞撰，张磊等注释，河南科学技术出版社1982年。

医醇剩义（中国古籍小丛书）（清）费伯雄撰，王新华点校，江苏科学技术出版社1982年。

十药神书注解（新校注陈修园医书）（元）葛可久撰，赵正山校注，俞慎初等审阅，福建科学技术出版社1982年。

丹溪手镜 （元）朱丹溪撰，冷方南、王齐南点校，人民卫生出版社1982年。

何嗣宗医案（何氏历代医学丛书）（清）何炫撰，何时希编校，上海中医研究所辑学林出版社1982年。

医学实在易（新校注陈修园医书）（清）陈修园撰，林朗晖校注、俞慎初等审阅，福建科学技术出版社1982年。

内外伤辨（中医古籍小丛书）（金）李杲撰，丁光迪校注，江苏科学技术出版社1982年。

丹溪先生医著四种 （元）朱震亨撰，江苏广陵古籍刻印社1982年。

＊**伤寒论索引** 张顺晶撰，自刊1983年。

医学读书记（中医古籍小丛书）（清）尤怡撰述，王新华点校，江苏科学技术出版社1983年。

丹溪治法心要 （元）朱震亨撰，人民卫生出版社1983年。

王氏医存（中医古籍小丛书）（清）王燕昌述撰，王新华点注，江苏科学技术出版社1983年。

神灸经论 （清）吴亦鼎编辑，中医古籍出版社1983年。

铜人针灸经（当归草堂医学丛书）（宋）不著撰人，江苏广陵古籍刻印社1983年。

外科发挥外科枢要疠疡机要正体类要口齿类要（薛氏医案选）（明）薛己撰，人民卫生出版社1983年。

小儿药证直诀（中医古籍小丛书）（宋）钱乙撰，王萍芬、张克林点注，江苏科学技术出版社1983年。

婴童类萃 （明）王大纶撰，人民卫生出版社1983年。

尤氏喉科（中医古籍小丛书）（清）尤存隐撰述，干祖望校注，江苏科学技术出版社1983年。

轩岐救正论（中医珍本丛书）（明）萧京撰，中医古籍出版社1983年。

陈素庵妇科补解 （宋）陈素庵撰，（明）陈文昭补解，上海中医学会妇科会文献组整理，上海科学技术出版社1983年。

女科百问（中医古籍善本丛刊）（宋）齐仲甫撰，上海古籍书店1983年。

疡科心得集（中医古籍小丛书）（清）高秉钧撰，徐福松点注，江苏科学技术出版社1983年。

青囊秘诀（中医外科专著）（清）傅山撰，何高民校考，山西人民出版社1983年。

新刻注释马牛驼经大全集（中国农学珍本丛刊）（清）郭怀西注释，安徽省农业科学院畜牧兽医研究所整理，农业出版社1983年。

医述 （清）程杏轩撰，章树林等校订，安徽科学技术出版社1983年，1990年。

医学摘粹 （清）庆云阁撰，彭静山点校，上海科学技术出版社1983年。

勿听子俗解八十一难经（中医珍本丛书）（明）熊宗立撰，中医古籍出版社1983年。

素问玄机原病式 （金）刘完素撰，曹公寿、宗全和注释，人民卫生出版社1983年。

元亨疗马集 许序注释，于船审定，郭光纪、荆允正注释，山东科学技术出版社1983年。

万氏妇人科 （明）万全撰，罗田县卫生局校注，湖北人民出版社1983年，湖北科学技术出版社1984年。

医家心法（中医古籍小丛书）（清）高鼓峰撰，王新华点校，江苏科学技术出版社1983年。

医学真传（中医古籍小丛书）（清）高世栻撰，王新华点注，江苏科学技术出版社1983年。

医原（中医古籍小丛书）（清）石寿棠撰，王新华点校，江苏科学技术出版社1983年。

琉球百问（中医古籍小丛书）（清）曹仁伯撰，顾咏源、江一平点校，江苏科学技术出版社1983年。

邯郸遗稿 （明）赵养葵撰，《浙江中医杂志》编辑部点校，浙江科学技术出版社1983年，1984年。

读医随笔（中医古籍小丛书）（清）周学海撰，王新华点校，江苏科学技术出版社1983年。

古今名医方论（中医学古籍小丛书）（清）罗美著，王新华点注，江苏科学技术出版社1983年。

薛氏医案选 （明）薛己撰，人民卫生出版社1983年。

吴医汇讲 （清）唐笠山纂辑，丁光迪点校，上海科学技术出版社1983年。

先醒斋医学广笔记（中医古籍小丛书）（明）缪希雍撰，王新华点注，江苏科学技术出版社1983年。

大小诸证方论（傅山医学著作研究丛书）（清）傅山撰，何高民校订，山西人民出版社1983年。

傅山验方秘方辑（傅山医学著作研究丛书）何高民辑，山西人民出版社1983年。

御药院方 （元）许国祯撰，中医古籍出版社1983年。

伤寒医诀串解 （清）陈修园撰，

俞长荣校注，福建科学技术出版社1983年。

侣山堂类辨　医学真传　（清）张志聪、高世栻撰，人民卫生出版社1983年。

补辑肘后方　（晋）葛洪撰，（南朝梁）陶弘景增补，（金）杨用道再补、尚志钧辑校，安徽科学技术出版社1983年，1996年。

小品方辑校　（晋）陈延之撰，高文铸辑校，天津科学技术出版社1983年。

伤寒论诠解　刘渡舟、傅士垣编，天津科学技术出版社1983年。

伤寒挈要　刘渡舟编著，人民卫生出版社1983年。

金匮要略浅释　郑艺文著，湖南科学技术出版社1983年。

医旨绪余（中医古籍小丛书）（明）孙一奎撰辑，丁光迪点注，江苏科学技术出版社1983年。

岭南卫生方（中医珍本丛书）（宋）李璆、张致远辑，（元）释继洪纂修，中医古籍出版社1983年。

类编朱氏集验医方　（宋）朱佐编集，人民卫生出版社1983年。

女科经论（中医古籍小丛书）（清）萧埙编撰，陈丹华点注，江苏科学技术出版社1983年，1986年。

增评柳选四家医案（江苏中医集存）（清）尤在泾等撰，（清）柳宝诒等选评，许履和、徐福松整理，江苏科学技术出版社1983年。

＊伤寒论注释　奚复一撰，自刊1984年。

喻嘉言医学三书　（清）喻嘉言撰，万友生校注，江西人民出版社1984年。

形色外诊简摩（中医古籍小丛书）（清）周学海撰，金一飞校注，江苏科学技术出版社1984年。

灵素集注节要（新校注陈修园医书）（清）陈修园集注，傅瘦生、赖雷成校注，福建科学技术出版社1984年。

金匮要略诠解　刘渡舟著，天津科学技术出版社1984年。

内经素问吴注　（明）吴昆注，山东中医学院中医文献研究室点校，山东科学技术出版社1984年。

灵枢经脉翼（中医珍本丛书）（明）夏英编绘，中医古籍出版社1984年。

本草诗笺（广陵医籍丛刊）（清）朱钤撰，江苏广陵古籍刻印社1984年。

法古录（中国医学珍本丛书）（清）鲁永斌辑，上海科学技术出版社1984年。

伤寒六书纂要辨疑（中医珍本丛书）（明）童养学纂辑，中医古籍出版社1984年。

伤寒海底眼（何氏历代医学丛书）（明）何渊撰，何时希编校，学林出版社1984年。

伤寒论析要（中医学丛书） 阎洪臣编，吉林人民出版社1984年。

脉理会参（广陵医籍丛刊）（清）余之儁撰，江苏广陵古籍刻印社1984年，上海科学技术出版社1991年。

诊家正眼（中医古籍小丛书）（明）李中梓撰述，（清）尤乘增补，陈子德点校，江苏科学技术出版社1984年。

时方歌括（新校注陈修园医书 中医经典必读．陈修园医书系列）（清）陈修园撰，黄大理校注，福建科学技术出版社1984年，2007年。

儒门事亲校注 （金）张从正撰，张海岑等校注，河南科学技术出版社1984年。

简明医彀（中医古籍整理丛书）（明）孙志宏撰，余瀛鳌等点校，人民卫生出版社1984年。

万氏家传伤寒摘锦 （明）万全撰，罗田县万密斋医院校注，湖北科学技术出版社1984年，湖北科学技术出版社1985年，1986年。

傅青主女科校释（傅山医学著作研究丛书）（清）傅山撰，何高民校注，山西人民出版社1984年，中医古籍出版社1992年。

傅青主男科注释 （清）傅山撰，沈宗国、唐肖洪注释，福建科学技术出版社1984年。

知医必辨（中医古籍小丛书）（清）李冠仙撰，王新华点校，江苏科学技术出版社1984年。

医学一贯（广陵医籍丛刊）（清）王莘农撰，江苏广陵古籍刻印社1984年。

治病要言（何氏历代医学丛书）（清）何元长撰，何时希编校，学林出版社 1984 年。

研经言（中医古籍小丛书）（清）莫枚士撰，王新华校注，江苏科学技术出版社 1984 年。

慎疾刍言（中医古籍小丛书）（清）徐灵胎撰，孟景春点校，江苏科学技术出版社 1984 年。

外经微言（中医珍本丛书）（清）陈士铎述，中医古籍出版社 1984 年。

新刻马书（中国农书丛刊）（明）杨时乔等纂，吴学聪点校，农业出版社 1984 年。

难经经释（广陵医籍丛刊）（战国）秦越人撰，（清）徐大椿释，江苏广陵古籍刻印社 1984 年。

医学求是（中医古籍小丛书）（清）吴达撰，王新华注点，江苏科学技术出版社 1984 年。

医说（中国医学珍本丛书）（宋）张杲撰，（明）俞弁续撰，上海中医文献研究所古籍研究室编，上海科学技术出版社 1984 年。

万氏秘传外科心法　（明）万全撰，罗田县万密斋医院校注，湖北科学技术出版社 1984 年。

珍本女科医书辑佚八种　何时希编校，学林出版社 1984 年。

妇人规　（明）张景岳撰，罗元恺点注，广东科学技术出版社 1984 年。

幼科类萃（中医珍本丛书）（明）王銮撰，中医古籍出版社 1984 年。

幼科要略（周氏医学丛书）（清）叶桂撰，（清）周学海注，江苏广陵古籍刻印社 1984 年。

小儿药证直诀类证释义　（宋）钱乙撰，俞景茂编释，贵州人民出版社 1984 年。

理瀹骈文（又名外汉医说）（清）吴师机撰，赵辉贤注释，人民卫生出版社 1984 年。

针灸内篇（中医珍本丛书）（清）江上外史编，中医古籍出版社 1984 年。

罗遗编（中医珍本丛书）（清）陈廷铨编，中医古籍出版社 1984 年。

万氏家传养生四要　（明）万全撰，罗田县万密斋医院校注，湖北科学技术出版社 1984 年。

眼科阐微（附眼科秘诀）（中医古籍小丛书）（清）马云从撰，陆绵绵点注，江苏科学技术出版社 1984 年。

秘传眼科七十二症全书（中医珍本丛书）（明）袁学渊编纂，中医古籍出版社 1984 年。

喉科杓指（广陵医籍丛刊）（清）包永泰撰，江苏广陵古籍刻印社 1984 年。

四海同春国医宗旨（中国医学珍本丛书）（明）朱栋隆、梁学孟撰，上海中医文献研究所古籍研究室选，上海科学技术出版社 1984 年。

丹台玉案（中国医学珍本丛书）（明）孙文胤撰，上海中医文献研究所古籍研究室选、金寿山编选，上海科学技术出版社 1984 年。

医经小学（广陵医籍丛刊）（清）刘纯撰，江苏广陵古籍刻印社 1984 年。

虚劳心传（何氏历代医学丛书）（清）何炫撰，何时希编校，学林出版社 1984 年。

何氏虚劳心传（中医古籍小丛书）（清）何炫编撰，张浩良校注，江苏科学技术出版社 1984 年。

杂症总诀（何氏历代医学丛书）（清）何书田撰，何时希编校，学林出版社 1984 年。

慈航集三元普济方（广陵医籍丛刊）（清）王於圣撰，（清）史兰圃订，江苏广陵古籍刻印社 1984 年。

医经秘旨（中医古籍小丛书）（明）盛寅撰，张挹芳点校，江苏科学技术出版社 1984 年。

推求师意（中医古籍小丛书）（明）戴思恭撰，左言富点校，江苏科学技术出版社 1984 年。

何书田医著四种（何氏历代医学丛书）（清）何其伟撰，何时希校注，学林出版社 1984 年。

脉经校释（晋）王叔和撰，福州市人民医院校释，人民卫生出版社 1984 年。

伤寒辨类（何氏历代医学丛书）（清）何元长撰，何时希编校，学林出版社 1984 年。

祖剂（附云起堂诊籍）（中医古籍善本丛刊）（明）施沛撰，上海古籍书店1984年。

东垣试效方（中国医学珍本丛书）（金）李杲撰，上海中医文献研究所古籍研究室选，上海科学技术出版社1984年。

杂症歌括（何氏历代医学丛书）（清）何书田撰，何时希编校，学林出版社1984年。

何鸿舫先生手书方笺册（何氏历代医学丛书）（清）何鸿舫处方，程门雪鉴定、何时希编校，学林出版社1984年。

伤寒论类方（中医古籍小丛书）（清）徐灵胎撰，李铁君校注，江苏科学技术出版社1984年。

伤寒方论（中医珍本丛书）（清）不著撰人，中医古籍出版社1984年。

食疗本草 （唐）孟诜、张鼎撰，谢海洲等辑，人民卫生出版社1984年。

针灸大成校释 （明）杨继洲撰，黑龙江省祖国医药研究所校释，人民卫生出版社1984年，1991年。

大武经校注（中国农书丛刊） 湖南省常德县畜牧水产局《大武经》校注小组校注，农业出版社1984年。

舌鉴辨正（中国珍本丛书）（清）梁玉瑜传，（清）陶保廉录，中医古籍出版社1985年，1991年。

伤寒真方歌括（新校注陈修园医书）（清）陈念祖撰，陈竹友校注，福建科学技术出版社1985年。

傅山医学手稿（傅山医学著作研究丛书）（清）傅山撰，何高民校考，山西人民出版社1985年。

医方考（中医古籍小丛书）（明）吴昆编撰，李飞校注，江苏科学技术出版社1985年。

伤寒源流（中医珍本丛书）（清）陶憺庵撰，中医古籍出版社1985年。

伤寒纂要（何氏历代医学丛书）（清）何汝阈撰，何时希编校，学林出版社1985年。

仁术便览 （明）张洁选集，人民卫生出版社1985年。

竹簳山人医案（何氏历代医学丛书）（清）何书田撰，何时希校辑，学林出版社1985年，上海中医学院出版社1989年。

丹溪治法心要 （元）朱震亨撰，张奇文等校注，山东科学技术出版社1985年。

内科摘要（中医古籍小丛书）（明）薛己撰，陈松育点校，江苏科学技术出版社1985年。

何端叔医案（何氏历代医学丛书）（清）何昌龄撰，何时希编校，学林出版社1985年。

温病浅说温氏医案（中医珍本丛书）（清）温载之撰，中医古籍出版社1985年。

王孟英温热医案类编 （清）王孟英撰，张景捷类编，河南科学技术出版社1985年。

医经溯洄集（中医古籍小丛书）（元）王履编撰，左言富点注，江苏科学技术出版社1985年。

难经经释（中医古籍小丛书）（清）徐大椿撰，王自强校注，江苏科学技术出版社1985年。

素问玄机原病式（中医古籍小丛书）（金）刘完素撰，孙桐校注，江苏科学技术出版社1985年。

中藏经（中医古籍小丛书）（汉）华佗撰，吴昌国校注，江苏科学技术出版社1985年。

难经经释　难经经释补正（中医基础丛书）（清）徐大椿撰，廖平补正，中国书店1985年。

温病指南（中医珍本丛书）（清）娄杰辑，中医古籍出版社1985年。

医学入门万病衡要（中医珍本丛书）（清）洪正立编，中医古籍出版社1985年。

温病合编（中医珍本丛书）（清）石寿棠编，中医古籍出版社1985年。

方症今要（中医珍本丛书）（清）佚名编撰，中医古籍出版社1985年。

医略（中医珍本丛书）（清）钱一桂撰，中医古籍出版社1985年。

妇人大全良方（中医古籍整理丛书）（宋）陈自明撰，人民卫生出版社1985年。

杏苑生春（中医珍本丛书）（明）芮经编，中医古籍出版社1985年。

医验大成（珍本医籍丛刊）（明）秦昌遇撰，中医古籍出版社1985年。

外科集验方（中医珍本丛书）（明）周文采编，中医古籍出版社1985年。

外科精义（中医古籍小丛书）（元）齐德之编撰，徐福松校注，江苏科学技术出版社1985年。

寿世青编（中医基础丛书）（清）尤乘编，李锦章校订，中国书店1985年。

活幼口议（中医珍本丛书）（元）曾世荣撰，中医古籍出版社1985年。

雷公炮炙论（中医古籍小丛书）（南朝宋）雷敩撰，（清）张骥补辑，施仲安校注，江苏科学技术出版社1985年。

太平惠民和剂局方（中医临床必读丛书）（宋）太平惠民和剂局编，刘景源点校，人民卫生出版社1985年，2007年。

活幼心书（中医基础丛书）（元）曾世荣撰，中国书店1985年。

炮炙大法（明）缪希雍撰述，（明）庄继光录校，胡晓峰校注，中国书店1985年，1992年。

孙思邈保健著作五种（唐）孙思邈撰，西北大学图书馆古籍部选辑标点，西北大学出版社1985年。

千金食治　食疗方（中国烹饪古籍丛刊）（唐）孙思邈撰，吴受琚注释，（元）忽思慧撰，任应秋、吴受琚笺注，中国商业出版社1985年。

寿亲养老新书（宋）陈直、（元）邹铉撰，广东省老年人体育协会、中山医科大学老年人体育协会点校注释，广东高等教育出版社1985年，中国书店1986年，上海古籍出版社1990年。

食物本草（中医珍本丛书）（元）李杲编辑，（明）李时珍参订，中医古籍出版社1985年，中国医药科技出版社1990年。

明抄本十四经络歌诀图（明）无名氏编，西北大学出版社1985年。

针灸问对（中医古籍小丛书）（明）汪机编撰，仇裕丰、李子瑶点校，江苏科学技术出版社1985年。

脉度运行考（清）疑灵素凡吏、慕灵素女史撰，彭静山校注，辽宁科学技术出版社1985年。

采艾编翼（中医珍本丛书）（清）叶茶山辑，中医古籍出版社1985年。

绘图针灸易学（中医基础丛书）（清）李守先撰，中国书店1985年。

格致余论（中医古籍小丛书）（元）朱震亨撰，毛俊同点校，江苏科学技术出版社1985年。

医医病书（中医古籍小丛书）（清）吴鞠通撰，沈凤阁校注，江苏科学技术出版社1985年。

医衡（中医古籍善本丛刊）（清）沈时誉撰，上海古籍书店1985年。

杂病源（中医古籍小丛书）（清）徐灵胎撰，孟景春点校，江苏科学技术出版社1985年。

明医杂著（中医古籍小丛书）（明）王纶撰，（明）薛己注，王新华点校，江苏科学技术出版社1985年。

慎柔五书（中医古籍小丛书）（明）胡慎柔撰，沈凤阁点注，江苏科学技术出版社1985年。

疫疹一得（中医古籍小丛书）（清）余霖撰，沈凤阁校注，江苏科学技术出版社1985年。

伤寒论浅注（中医基础丛书）（清）陈念祖撰，中国书店1985年。

吴鞠通医案（中医古籍整理丛书）（清）吴瑭撰，王绪点校，人民卫生出版社1985年。

孟河四家医集　张穴凯等编纂，江苏科学技术出版社1985年。

韩氏医通（中医古籍小丛书）（明）韩𢘅撰，张浩良校注，江苏科学技术出版社1985年。

妙一斋医学正印种子编（珍本医籍丛刊）（明）岳甫嘉撰，中医古籍出版社1985年。

伤寒论类要注疏　徐大桂著，杜兆雄点校，安徽科学技术出版社1985年。

阴证略例（中医古籍小丛书）（元）王好古撰，左言富点校，江苏科学技术出版社1985年。

此事难知（中医古籍小丛书）（元）王好古编撰，项平校注，江苏科学技术出版社1985年。

医林改错注释　（清）王清任撰，陕西省中医研究院注释，人民卫生出版社1985年。

内经知要（中医基础丛书）（明）李念莪辑注，中国书店1985年。

醉花窗医案 （清）王堉撰，山西省中医研究所中基研究室继承小组整理，山西人民出版社 1985 年，山西科学技术出版社 1993 年。

重庆堂随笔（中医古籍小丛书）（清）王学权撰，施仁潮、蔡定芳点校，江苏科学技术出版社 1986 年。

万氏家传保命歌括 （明）万全撰，罗田县万密斋医院校注，湖北科学技术出版社 1986 年。

仁斋小儿方论（新校注杨仁斋医书）（宋）杨士瀛撰，王致谱校注，福建科学技术出版社 1986 年。

金镜内台方议 （明）许宏撰，王之凯、吴学章点校，人民卫生出版社 1986 年。

伤寒温疫条辩 （清）杨璇撰，徐国仟等点校，中国书店 1986 年，1996 年，人民卫生出版社 1986 年。

医学三字经（中医基础丛书）（清）陈念祖撰，陶晓华校注，中国书店 1986 年，1993 年。

刘涓子鬼遗方（中医古籍整理丛书）（晋）刘涓子撰，（南朝齐）龚庆宣编，于文忠点校，人民卫生出版社 1986 年。

名医别录（中医古籍整理丛书）（梁）陶弘景集，尚志钧辑校，人民卫生出版社 1986 年。

兰室秘藏（中医基础丛书）（金）李杲撰，中国书店 1986 年。

兰室秘藏 （金）李杲撰，赵立岩点校，中医古籍出版社 1986 年。

证因方论集要（中医珍本丛书）（清）汪汝麟撰，中医古籍出版社 1986 年。

灵验良方汇编（珍本医籍丛刊）（清）田间来是庵辑，王国柱、付昕点校，中医古籍出版社 1986 年。

奇方类编（珍本医籍丛刊）（清）吴世昌、王远辑，朱定华、曹秀芳点校，中医古籍出版社 1986 年。

小儿药证直诀译注 （宋）钱乙撰，孙华士译注，山西科学教育出版社 1986 年。

万氏家传幼科发挥 （明）万全撰，罗田县万密斋医院校注，湖北科学技术出版社 1986 年。

万氏家藏育婴秘诀 （明）万全撰，罗田县万密斋医院校注，湖北科学技术出版社 1986 年。

万氏家传幼科指南心法 （明）万全撰，罗田县万密斋医院校注，湖北科学技术出版社1986年。

万氏家传广嗣纪要 （明）万全撰，罗田县万密斋医院校注，湖北科学技术出版社1986年。

增订幼科类萃 （明）王銮撰，何世英主编，天津科学技术出版社1986年。

针灸节要（中医古籍善本丛刊）（明）高武撰，上海书店1986年。

十四经发挥校注 （元）滑寿撰，菇古香、薛凤奎、李德新校注，上海科学技术出版社1986年。

子午流注针经 （金）阎明广编撰，李鼎、李磊校订，上海中医学院出版社1986年。

动工按摩秘诀（珍本医籍丛刊）（清）汪启贤、汪启圣辑，傅景华点校，中医古籍出版社1986年。

扶寿精方（中医珍本丛书）（明）吴旻辑，（明）王来贤续编，中医古籍出版社1986年。

肯堂医论灵兰要览（中医基础丛书）（明）王肯堂撰，中国书店1986年。

寿世编 （清）青浦诸君子辑，张慧芳点校，中医古籍出版社1986年。

寿世传真（珍本医籍丛书）（清）徐文弼编，吴林鹏点校，中医古籍出版社1986年。

全生指迷方洪氏集验方（中医古籍整理丛书）（宋）王贶撰，（宋）洪遵撰，李士懋、花金芳点校，人民卫生出版社1986年。

赤水玄珠全集（中国古籍整理丛书）（明）孙一奎撰，凌天翼点校，人民卫生出版社1986年，科学出版社1998年。

刘纯医学全书 （明）刘纯撰，史常永点校，人民卫生出版社1986年。

疫证治例（中医珍本丛书）（清）朱增籍撰，中医古籍出版社1986年。

诚书（珍本医籍丛刊）（清）谈金章撰，王琦、郑启仲点校，中医古籍出版社1986年。

万育仙书（中医珍本丛书）（清）曹无极撰，中医古籍出版社1986年。

女科百问（中医基础丛书）（宋）齐仲甫撰，中国书店1986年。

灵素节注类编（医门棒喝三集）（中医古籍珍本）（清）章虚谷编注，方春阳、孙芝斋点校，浙江科学技术出版社1986年。

黄帝内经灵枢译释 南京中医学院中医系编，上海科学技术出版社1986年。

黄帝素灵类选校勘 吴考岁编纂，人民卫生出版社1986年。

金匮诠释 金寿山著，上海中医学院出版社1986年。

本草秘录（民间收藏中医古籍珍本丛书）（清）陈士铎撰述，金以谋订梓，何高民校订，山西科学教育出版社1986年。

本草乘雅半偈 （明）卢之颐撰，冷方南、王齐南点校，人民卫生出版社1986年。

集验背疽方 （宋）李迅撰，赵正山校注，福建科学技术出版社1986年。

集验方 （北周）姚僧垣撰，高文铸辑校，天津科学技术出版社1986年。

脉语（中医古籍善本丛刊）（明）吴崑撰，上海书店1986年。

李时珍濒湖集简方 （明）李时珍撰，张梁森重订，湖北科学技术出版社1986年。

时方妙用（新校注陈修园医书 中医经典必读．陈修园医书系列）（清）陈修园撰，杨护生校注，福建科学技术出版社1986年，2007年。

增补叶天士医案 （清）叶桂撰，陆士谔辑，江苏广陵古籍刻印社1986年。

古今医案按选（中医基础丛书）（清）王孟英选，中国书店1986年。

杏轩医案并按 （清）程杏轩撰，李济仁、胡剑北按注，安徽科学技术出版社1986年。

孙真人海上方 千金宝要（中医古籍整理丛书）（唐）孙思邈撰，（宋）郭思撰，苏礼、杨承祖点校，人民卫生出版社1986年。

医门棒喝三集（中医古籍珍本）（清）章楠编注，方春阳、孙芝斋点校，浙江科学技术出版社1986年。

医门八法 （清）刘鸿恩撰，河南省开封市卫生局、尉氏县卫生局点校，中医古籍出版社 1986 年。

王旭高临证医案（中医古籍整理丛书）（清）王旭高撰，张殿民、史兰华点校，人民卫生出版社 1987 年。

归砚录（王孟英医书全集）（清）王士雄著，方春阳、楼羽刚点校，中医古籍出版社 1987 年。

折肱漫录（中医古籍小丛书）（明）黄承费撰述，陈趾麟点校，江苏科学技术出版社 1987 年。

医方论（珍本医籍丛刊）（清）费伯雄撰，李铁君点校，中医古籍出版社 1987 年，1993 年。

删订医方汤头歌诀（何氏历代医学丛书）（清）何书田编撰，何时希编校，学林出版社 1987 年。

祖剂（中医古籍整理丛书）（明）施沛撰，达美君点校，人民卫生出版社 1987 年。

众妙仙方（中医珍本丛书）（明）冯时可撰，中医古籍出版社 1987 年。

菉竹堂集验方（珍本医籍丛刊）（明）罗浮山人集，齐馨、曹颖点校，中医古籍出版社 1987 年，2000 年。

急救良方（珍本医籍丛刊）（明）张时彻辑，康维点校，中医古籍出版社 1987 年。

难经本义（中医古籍小丛书）（元）滑寿撰，王自强校注，江苏科学技术出版社 1987 年。

医门棒喝（初集医论）（珍本医籍丛刊）（清）章楠撰，文杲、晋生点校，中医古籍出版社 1987 年，1999 年。

相牛心镜要览今释（中国农书丛刊）（清）黄绣谷撰，邹介正注释，农业出版社 1987 年。

疡医大全（中医古籍整理丛书）（清）顾世澄撰，凌云鹏点校，人民卫生出版社 1987 年。

疡科会粹（中医古籍整理丛书）（清）孙震元撰，崔扫尘点校，人民卫生出版社 1987 年。

妇科冰鉴（春湖医珍）（清）柴得华撰，王者悦主编，古籍出版社 1987 年。

温热暑疫两种（何氏历代医学丛书）（清）何平子撰，何时希编校，学林出版社 1987 年。

松峰说疫（中医古籍整理丛书）

（清）刘奎撰，张灿玾等点校，人民卫生出版社 1987 年。

医理（珍本医籍丛刊）（清）余国佩撰，边玉麟、夏学传点校，中医古籍出版社 1987 年。

慎斋遗书（中医古籍小丛书）（明）周子干撰，孟景春点注，江苏科学技术出版社 1987 年。

苍生司命（中医珍本丛书）（明）虞抟撰，中医古籍出版社 1987 年。

鸡峰普济方（中国医学珍本丛书）（宋）张锐编撰，上海中医文献研究所古籍研究室选，上海科学技术出版社 1987 年。

本草易读（中国古籍整理丛书）（清）汪昂撰，吕广振等点校，人民卫生出版社 1987 年。

本草经 曹元宇辑注，上海科学技术出版社 1987 年。

历代医学名著序集评释 叶怡庭编，上海科学技术出版社 1987 年。

医学纲目（中医古籍整理丛书）（明）楼英编撰，高登瀛、鲁兆麟点校，人民卫生出版社 1987 年。

针灸逢源（中国医学珍本丛书）（清）李学川撰，上海科学技术出版社 1987 年。

针灸大全（中医古籍整理丛书）（明）徐凤撰，郑魁山、黄幼民点校，人民卫生出版社 1987 年。

类修要诀（珍本医籍丛刊）（明）胡文焕编，孙春芳点校，中医古籍出版社 1987 年。

黄帝明堂经辑校 黄龙祥辑校，中国医药科技出版社 1987 年。

目经大成（珍本医籍丛刊）（清）黄庭镜撰，卢丙辰、张邓民点校，中医古籍出版社 1987 年。

岭南儿科双璧 （清）程康圃、杨鹤龄撰，邓铁涛等点校，广东高等教育出版社 1987 年，2002 年。

医学三字经（新校注陈修园医书 中医经典必读．陈修园医书系列）（清）陈修园撰，王履康校注，福建科学技术出版社 1987 年，2007 年。

医学从众录（新校注陈修园医书）（清）陈修园撰，林颖校，福建科学技术出版社 1987 年。

灵兰要览（中国古籍小丛书）（明）王肯堂撰，江一平、戴祖铭点校，江苏科学技术出版社 1987 年。

形色外诊简摩（中医古籍整理丛书）（清）周学海撰，肖珙等点校，人民卫生出版社 1987 年。

调疾饮食辩（珍本医籍丛刊）（清）章穆纂，中医古籍出版社 1987 年。

* **伤寒论诠释** 吴国定撰，台湾昭人出版社 1988 年。

医学指归（中医古籍整理丛书）（清）赵术堂撰，伊广谦点校，人民卫生出版社 1988 年。

马王堆医书考注 周一谋、萧佐桃主编，上海科学技术出版社 1988 年。

敦煌古医籍考释 马继兴主编，江西科学技术出版社 1988 年。

本草蒙筌（中医古籍整理丛书）（明）陈嘉谟撰，王淑民等点校，人民卫生出版社 1988 年。

图经本草 （宋）苏颂撰，胡乃长、王致谱辑注，福建科学技术出版社 1988 年。

杨氏家藏方（中医古籍整理丛书）（宋）杨倓撰，于文忠等点校，人民卫生出版社 1988 年。

幼幼集成（中医古籍整理丛书）（清）陈复正辑订，蔡景高、叶奕扬点校，人民卫生出版社 1988 年。

保幼新编（珍本医籍丛刊）（明）无忌撰，王亚芬点校，中医古籍出版社 1988 年。

针灸天赋（中医珍本丛书）（明）辑者不详，中医古籍出版社 1988 年。

针灸六赋（中医珍本丛书）（明）辑者不详，中医古籍出版社 1988 年。

陆地仙经（珍本医籍丛刊）（清）马齐等撰，王雅菊点校，中医古籍出版社 1988 年。

理虚元鉴虚损启微（中医古籍整理丛书）（明）汪绮石撰，（清）洪吉庵撰，谭克陶、方施化点校，人民卫生出版社 1988 年。

养老奉亲书 （宋）陈直撰，陈可冀、李春生订正评注，上海科学技术出版社 1988 年，1991 年。

孔氏医案 （清）孔继菼撰，张奇文、刘德泉校评，山东科学技术出版社 1988 年。

宋元明清名医类案（正、续编）

徐衡之、姚若琴编，天津市古籍书店 1988 年。

重编医经小学（中医珍本丛书）（明）不著撰人编撰，中医古籍出版社 1988 年，1991 年。

医方集宜（中国医学珍本丛书）（明）丁凤辑，上海中医文献研究所古籍研究室选编，上海科学技术出版社 1988 年。

类证治裁（中医古籍整理丛书）（清）林佩琴编撰，刘荩文主校，人民卫生出版社 1988 年。

胎产心法（中医古籍整理丛书）（清）阎纯玺撰，田代华、郭君双点校，人民卫生出版社 1988 年。

女科辑要 （清）沈尧封辑，李广文等点校，人民卫生出版社 1988 年。

妇科秘书八种（珍本医籍丛刊）（清）陈佳园等编撰，竹剑平等点校，中医古籍出版社 1988 年。

名方类证医书大全（明清中医珍善孤本精选）（明）熊宗立撰，上海科学技术出版社 1988 年。

仙传外科秘方（珍本医籍丛刊）（元）杨清叟撰，（明）赵宜真集，叶圣洁、孙仲谋点校，中医古籍出版社 1988 年，人民卫生出版社 1991 年。

增广和剂局方药性总论（珍本医籍丛刊）（元）不著撰人，郝近大点校，中医古籍出版社 1988 年，2000 年。

寓意草评注 （清）喻嘉言撰，钟新渊评注，上海科学技术出版社 1988 年。

增辑汤头歌诀（正续集）（清）汪昂撰，严云增辑、严世芸等整理，上海科学技术出版社 1988 年。

百试百验神效奇方（珍本医籍丛刊）（清）撰人不详，陈能进、李琳点校，中医古籍出版社 1988 年，1997 年。

神仙济世良方（珍本医籍丛刊）（清）柏鹤亭等集，康维点校，中医古籍出版社 1988 年，1997 年。

家用良方（珍本医籍丛刊）（清）龚自璋辑，王唯一等点校，中医古籍出版社 1988 年。

经验丹方汇编（珍本医籍丛刊）（清）钱峻辑，赵宝朋点校，中医古籍出版社 1988 年。

四诊秘录 （清）欣澹庵撰，朱世纯等整理，安徽科学技术出版社1988年。

医灯续焰 （清）潘楫撰，杨维益点校，人民卫生出版社1988年。

濒湖脉学译注 （明）李时珍撰，程宝书、王其芳译注，中医古籍出版社1988年，1991年。

内经述（中医珍本丛刊）（清）方本恭述，中医古籍出版社1988年，1991年。

古本康平伤寒论 （汉）张仲景撰，湖南科学技术出版社1988年。

医学入门 （明）李梴撰，邓必隆等校注，江西科学技术出版社1988年。

东医寿世保元（中国少数民族古籍丛书）（清）李济马撰，金风寿点注，延边大学出版社1988年。

徐大椿医书全集 （清）徐大椿撰，北京市卫生干部进修学院中医部编校，人民卫生出版社1988年。

新刻注释马牛驼经大全集（中国农书丛刊）（清）郭怀西注释，许长乐校正，农业出版社1988年。

活人慈航 （清）郑玉成纂辑，甘肃中医学院图书馆1989年，中医古籍出版社1998年。

三补简便验方（珍本医籍丛刊）（明）王象晋撰，齐馨点校，中医古籍出版社1989年。

医理真传 （清）郑钦安撰，唐步祺阐释，巴蜀书社1989年。

仙方合集（中医珍本丛书）（清）贾山亭辑，中医古籍出版社1989年。

理伤续断方点校 （唐）蔺道人撰，韦以宗点校，广西民族出版社1989年。

理伤续断方 （唐）蔺道人撰，王育学点校，辽宁科学技术出版社1989年。

仁斋直指方论（新校注杨仁斋医书）（宋）杨士瀛撰，盛维忠等校注，福建科学技术出版社1989年，1994年。

理瀹外治方要 （清）吴尚先撰，江苏广陵古籍刻印社1989年。

本草分经（明清中医珍善孤本精选）（清）姚澜撰，上海科学技术出版社1989年。

黄帝内经灵枢校注语译 郭霭春著，天津科学技术出版社1989年，1991年，贵州教育出版社2010年。

医经余论（附杏林余兴）（广陵医籍丛刊）（清）罗浩撰，江苏广陵古籍刻印社1989年。

愿体医话良方 （清）史典撰，江苏广陵古籍刻印社1989年。

龙门石窟药方（珍贵中医珍原始文献）贾志宏、任邦定校注，河南科学技术出版社1989年。

韩氏医通（中医古籍整理丛书）（明）韩悉撰，丁光迪点校，人民卫生出版社1989年。

王孟英医案 （清）王士雄撰，陆芷青、刘时觉点校，上海科学技术出版社1989年。

伤寒总病论（中医古籍整理丛书）（宋）庞安时撰，邹德琛、刘华生点校，人民卫生出版社1989年。

秘传证治要诀及类方（中医古籍整理丛书）（明）戴原礼撰，沈凤阁点校，人民卫生出版社1989年。

西方子明堂灸经灸膏肓腧穴法（宋）庄绰编，李鼎、吴自东校注，上海中医学院出版社1989年。

外科正宗 （明）陈实功撰，裘钦豪等点校，上海科学技术出版社1989年。

喉科指掌（中医古籍整理丛书）（清）张宗良撰，熊大经点校，人民卫生出版社1989年。

外科证治全生 （清）王维德撰，孟然点校，人民卫生出版社1989年。

辨证录（中医古籍整理丛书）（清）陈士铎撰，王永谦等点校，人民卫生出版社1989年，1996年。

医略（广陵医籍丛刊）（清）蒋宝素撰，李永福校刊，江苏广陵古籍刻印社1989年。

医学原始（明清中医珍善孤本精选）（清）王宏翰撰，上海科学技术出版社1989年。

温疫萃言 （清）林之翰纂述，宋立人点校，上海科学技术出版社1989年。

辨证奇闻评注 （清）陈士铎撰，施洪耀编注，上海科学普及出版社1989年。

辨症玉函（明清中医珍善孤本精选）（清）陈士铎撰，上海科学技术出版社 1989 年。

问斋医案（中医古籍整理丛书）（清）蒋宝素撰，黄初贵、覃业姣点校，人民卫生出版社 1989 年。

广陵医案太乙神针金疮铁扇散方（清）汪廷元撰，（清）杜文澜撰，江苏广陵古籍刻印社 1989 年。

卫济宝书集验背疽方（中医古籍整理丛书）（宋）东轩居士撰，（宋）李迅撰，李正山点校，人民卫生出版社 1989 年。

小儿推拿广意（中医古籍整理丛书）（清）熊应雄辑，毕永升、张素芳点校，人民卫生出版社 1989 年。

寿养丛书　（明）胡文焕校刊，傅景华重编，中医古籍出版社 1989 年。

养生类纂　类修要诀　（宋）周守忠纂集，（明）胡文焕辑，韩靖华、孙炜华点校，上海中医学院出版社 1989 年。

养生月览（中国古籍整理丛书）（宋）周守忠编撰，薛凤奎、李文彬点校，人民卫生出版社 1989 年。

小儿推拿直录（中医珍本丛书）（清）钱稌村辑，中医古籍出版社 1989 年。

＊**黄帝内经今释**　陈九如撰，台湾正中书局 1990 年。

内外功图说辑要（气功养生丛书）席裕康纂辑，上海古籍出版社 1990 年。

太平御览（养生）　苏沈良方（养生类）　保生要录　摄生消息论（气功养生丛书）（宋）李昉等编，（宋）苏轼，（元）丘处机撰，（元）邹铉续增，上海古籍出版社 1990 年。

养生类要（气功养生丛书）（明）吴正伦辑，上海古籍出版社 1990 年。

伤寒总病论（历代中医珍本集成）（宋）庞安时撰，上海三联书店 1990 年。

伤寒补亡论（历代中医珍本集成）（宋）郭雍撰，上海三联书店 1990 年，中国书店 1992 年。

重刊金匮玉函经二注（中国医学大成）（宋）赵义德衍义，（清）沈目南编注，上海科学技术出版社 1990 年，1992 年。

厘正按摩要术（中医古籍整理丛书）（清）张振鋆辑，曲祖贻点校，人民卫生出版社 1990 年。

增评伤暑全书（中国医学大成）（清）张凤逵撰，（清）叶子雨增评，上海科学技术出版社 1990 年。

钱氏儿科案疏保赤新书（历代中医珍本集成）（宋）钱乙撰，恽树珏撰，张山雷疏注、何光华补注，上海三联书店 1990 年。

溪单方选溪外治方选（历代中医珍本集成）陆晋笙辑，上海三联书店 1990 年。

素问摄生类养生论养性延命录备急千金要方·养性千金翼方·养生（气功养生丛书）（曹魏）嵇康、（南朝梁）陶弘景、（唐）孙思邈等撰，上海古籍出版社 1990 年。

尤氏喉科秘书咽喉脉证通论（中医基础丛书）（清）尤乘撰，（清）许梿校订，中国书店 1985 年，上海科学技术出版社 1990 年，1992 年。

周慎斋遗书医原三卷（中国医学大成）（明）周慎斋撰述，（清）石寿棠撰，上海科学技术出版社 1990 年，1992 年。

阴证略例温证指归（历代中医珍本集成）（元）王好古撰，（清）周魁撰，上海三联书店 1990 年。

活幼心书幼科直言（中国医学大成）（元）曾世荣撰，（清）孟介石编撰，上海科学技术出版社 1990 年，1992 年。

神应经扁鹊神应针灸玉龙经（珍本医籍丛刊）（明）陈会撰，（元）王国瑞撰，刘瑾补辑、李宁点校，中医古籍出版社 1990 年，2000 年。

调燮类编（中医古籍整理丛书）撰者不详，张珍玉等点校，人民卫生出版社 1990 年。

新编西方子明堂灸经（中医古籍整理丛书）（宋）西方子撰，方吉庆等点校，人民卫生出版社 1990 年。

奇经八脉考校注（明）李时珍撰辑，王罗珍、李鼎校注，上海科学技术出版社 1990 年。

经穴解（中医古籍整理丛书）（清）岳含珍撰，张灿玾、栅长华点校，人民卫生出版社 1990 年。

慈幼新书（中国医学大成）（明）程凤雏辑，上海科学技术出版社 1990 年，上海三联书店 1990 年。

婴儿论（明清中医珍善孤本精选）（清）周士祢撰，陈熠编选，上海科学技术出版社 1990 年。

外科精义（中医古籍整理丛书）（元）齐德之撰，裘钦享点校，人民卫生出版社 1990 年。

口齿类要（中国医学大成）（明）薛己撰，上海科学技术出版社 1990 年，1992 年。

小儿卫生总微论方（中医古籍整理丛书）（宋）不著撰者，吴康健点校，人民卫生出版社 1990 年，1991 年。

史载之方（历代中医珍本集成）（宋）史堪撰，上海三联书店 1990 年。

伤寒六书（中医古籍整理丛书）（明）陶节庵撰，黄瑾明、傅锡钦点校，人民卫生出版社 1990 年。

金匮要略校注（中医古籍整理丛书）（汉）张仲景撰，何任主编，人民卫生出版社 1990 年。

神农本草经（中国医学大成）（魏）吴普述，上海科学技术出版社 1990 年。

黄帝内经太素四诊补证（历代中医珍本集成）（隋）杨上善撰注，上海三联书店 1990 年。

巢氏诸病源候总论（中国医学大成）（隋）巢元方撰，上海科学技术出版社 1990 年，1992 年。

古今医鉴（明）龚信纂辑，（明）龚廷贤续编，王立等校注，江西科学技术出版社 1990 年。

叶选医衡（中国医学大成）（清）叶天士选定，上海科学技术出版社 1990 年，1992 年。

良方集腋（中医古籍整理丛书）（清）谢元庆编，张志华、沈舒文点校，人民卫生出版社 1990 年。

圣济总录纂要（中国医学大成）（清）程云来纂辑，上海科学技术出版社 1990 年，1992 年。

增补神效集（珍本医籍丛刊）（清）佚名撰，刘宏伟、张瑞贤点校，中医古籍出版社 1990 年。

程杏轩医案三集（中国医学大成）（清）程杏轩撰，上海科学技术出版社 1990 年，1992 年。

成方便读（中医古籍小丛书）（清）张秉成编撰，李飞、瞿融点注，江苏科学技术出版社 1990 年。

秘方集验（珍本医籍丛刊）（清）王梦兰纂集，王玉英、王作林点校，中医古籍出版社 1990 年。

奇效简便良方 （清）丁尧臣撰，谢耀汉、林晶点校，学苑出版社1990年。

幼科折衷（珍本医籍丛刊）（明）秦昌遇编撰，俞景茂点校，中医古籍出版社1990年，2000年。

徐评外科正宗（中国医学大成）（明）陈实功撰，（清）徐灵胎评，上海科学技术出版社1990年，1992年。

一草亭目科全书 异授眼科 银海指南（中国医学大成）（清）邓苑等撰，上海科学技术出版社1990年，1992年。

程松崖眼科（历代中医珍本集成）（明）程玠撰，上海三联书店1990年。

咳论经旨（历代中医珍本集成）（清）凌德辑，上海三联书店1990年。

正体类要 外科证治全集 外科选要 外科医镜 疬科全书 痰疬法门（中国医学大成）（明）薛己等撰，上海科学技术出版社1990年，1992年。

产育宝庆集（历代中医珍本集成）（宋）郭稽中纂，上海三联书店1990年。

盘珠集胎产症治 胎产指南 重订产孕集 女科切要（中国医学大成）（清）施澹宁等辑，上海科学技术出版社1990年。

女科秘诀大全（历代中医珍本集成）（清）陈莲舫编，上海三联书店1990年。

血证论（中医古籍整理丛书 中医临床必读丛书）（清）唐宗海撰，魏武英、曹健生点校，人民卫生出版社1990年，2005年。

研经言（中医古籍整理丛书）（清）莫枚士述，王绪鳌、毛雪静点校，人民卫生出版社1990年。

温疫论（中医古籍整理丛书）（明）吴有性撰，孟树江、杨进点校，人民卫生出版社1990年。

医案摘奇（历代中医珍本集成）（清）傅松元、张士骧撰，上海三联书店1990年。

鲟溪医案选摘要（历代中医珍本集成）陆泳辑，上海三联书店1990年。

潜斋医话（中国医学大成）（清）王士雄纂辑，上海科学技术出版社1990年，1992年。

清代名医医话精华（历代中医珍本

集成） 秦伯未编，上海三联书店1990年。

南病别鉴　痧胀玉衡　疟疾论　湿热时疫治疗法（中国医学大成）（清）叶香岩等撰，上海科学技术出版社1990年，1992年。

医方考（附《脉语》）（中医古籍整理丛书）（明）吴昆撰，傅衍魁等点校，人民卫生出版社1990年。

重订灵兰要览　肯堂医论　知医必辨　研经言（中国医学大成）（明）王肯堂等撰，上海科学技术出版社1990年，1992年。

世医得效方（中医古籍整理丛书）（元）危亦林撰，王育学点校，人民卫生出版社1990年，中国中医药出版社1996年。

验方新编（中医古籍整理丛书）（清）鲍相璈编辑、梅启照增辑，周光优等点校，人民卫生出版社1990年。

局方发挥（历代中医珍本集成）（元）朱震亨撰，上海三联书店1990年。

女科仙方（珍本医籍丛刊）（清）傅山撰，刘国正点校，中医古籍出版社1990年。

罗谦甫治验案（历代中医珍本集成）（元）罗天益撰，上海三联书店1990年。

眉寿堂方案选存　徐批叶天士晚年方案真本（中国医学大成）（清）叶天士撰，（清）徐灵胎评批，上海科学技术出版社1990年。

证治心传（历代中医珍本集成）（明）袁班辑，上海三联书店1990年。

（重订）石室秘录评述（清）陈士铎撰，程丑夫评述，湖南科学技术出版社1990年。

医灯续焰（中国医学大成）（清）潘楫撰，上海科学技术出版社1990年。

脉说　望诊遵经　重订诊家直诀　临症验舌法　察舌辨症新法　脉学辑要评（中国医学大成）（清）叶子雨等撰，上海科学技术出版社1990年，1992年。

摄养枕中方（历代中医珍本集成）（唐）孙思邈撰，上海三联书店1990年。

伤寒论语译（中医古籍整理丛书）

刘渡舟主编，毛雨泽编写，人民卫生出版社1990年。

中藏经校注（中医古籍整理丛书） 李聪甫主编，人民卫生出版社1990年。

疯门全书（中医古籍整理丛书） （清）萧晓亭撰，赵石麟、王怡点校，人民卫生出版社1990年。

症因脉治（中国医学大成） （明）秦景明纂撰，（明）秦之桢辑，冷方南、王齐南点校，上海科学技术出版社1990年，1992年。

症因脉治 （明）秦景明纂撰，（明）秦之桢辑，冷方南、王齐南点校，上海科学技术出版社1990年。

素女方（历代中医珍本集成） 陆成一编，上海三联书店1990年。

圣济经（中医古籍整理丛书） （宋）徽宗撰，吴禔注、刘淑清点校，人民卫生出版社1990年。

集验背疽方（历代中医珍本集成） （宋）李迅撰，上海三联书店1990年。

伤寒贯珠集伤寒六经辨证治法（中国医学大成） （清）尤在泾注，（清）沈目南编注，上海科学技术出版社1990年，1992年。

重刊本草衍义　药征　药征续编（中国医学大成） （宋）寇宗奭、［日］吉益东洞、［日］村井杶撰，上海科学技术出版社1990年，1992年。

医津一筏（历代中医珍本集成） （清）江之兰撰，上海三联书店1990年。

本草衍义（中医古籍整理丛书） （宋）寇宗奭撰，颜正华等点校，人民卫生出版社1990年。

难经校注（中医古籍整理丛书） 凌耀星主编，人民卫生出版社1991年。

洞天奥旨（明清中医临证小丛书） （清）陈士铎撰，柳长华等点校，中国中医药出版社1991年，2006年。

医林改错（中医古籍整理丛书） （清）王清任撰，李天德、张学文点校，人民卫生出版社1991年，2005年。

伤寒论校注（中医古籍整理丛书） 刘渡舟主编，人民卫生出版社1991年。

证治百问（中国医学珍本丛书）

（清）刘默撰，上海中医文献研究所古籍研究室选，上海科学技术出版社 1991 年。

石室秘录（明清中医临证小丛书）（清）陈士铎撰，张灿理等点校，中国中医药出版 1991 年。

万氏济世良方（珍本医籍丛刊）（明）万表集，齐馨、永清点校，中医古籍出版社 1991 年。

万病验方（订补简易备验方）（珍本医籍丛刊）（明）胡正心、（明）胡正言编辑，广诗等点校，中医古籍出版社 1991 年。

医方捷径指南全书（珍本医籍丛刊）（明）王宗显撰，陈湘萍等点校，中医古籍出版社 1991 年。

倚云轩医话医案集 （清）方耕霞撰，江一平、张耀宗辑校，人民卫生出版社 1991 年。

女科秘诀大全 （清）陈莲舫撰，杜杰慧等点校，中国妇女出版社 1991 年，北京日报出版社 1991 年。

跌打损伤回生集（珍本医籍丛刊）（清）胡青崖辑，王焕旗辑，丁继华、单文钵点校，中医古籍出版社 1991 年。

外科证治秘要（珍本医籍丛刊）（清）王旭高编撰，许履和、徐福宁整理，中医古籍出版社 1991 年。

古单方（珍本医籍丛刊）（明）王鏊辑，刘正哲点校，中医古籍出版社 1991 年。

古今医统大全（中医古籍整理丛书）（明）徐春甫编集，崔仲平、王螺廷主校，人民卫生出版社 1991 年。

验方新编 （清）鲍相璈撰，周喜民等整理，天津科学技术出版社 1991 年。

医学读书记（中医古籍整理丛书）（清）尤怡撰，傅幼荣点校，人民卫生出版社 1991 年。

济世神验良方（珍本医籍丛刊）（清）佚名编撰，广诗、文正点校，中医古籍出版社 1991 年。

四科简效方 （清）王士雄撰，杨杰英、陈振南点校，中医古籍出版社 1991 年。

经验良方大全 （清）黄伯垂撰，王孟英续编，哈尔滨出版社 1991 年。

集验良方（珍本医籍丛刊）（清）

年希尧辑，刘振远、才惠珍点校，中医古籍出版社 1991 年。

证治准绳（一杂病） （明）王肯堂辑，倪和宪点校，人民卫生出版社 1991 年。

证治准绳（二类方） （明）王肯堂辑，彭怀仁点校，人民卫生出版社 1991 年，2001 年。

新编集成马医方牛医方校释 郭光纪校释，农业出版社 1991 年。

痊骥通玄论 （元）卞管勾集注，郭光纪等注释，农业出版社 1991 年。

黄帝内经素问译释 孟景春、王新华主编，上海科学技术出版社 1991 年。

是斋百一选方（两宋名家方书精选）（宋）王璆辑，刘耀等点校，上海中医药大学出版社 1991 年，2003 年。

小品方辑录笺注 （南朝宋）陈延之撰，汤万春辑注，安徽科学技术出版社 1991 年。

小儿药证直诀（中医古籍整理丛书）（宋）钱乙撰，（宋）阎孝忠编集，张岬灿、郭君双点校，人民卫生出版社 1991 年。

针方六集校释 （明）吴昆撰，施士生校释，中国医药科技出版社 1991 年。

明代万密斋儿科全书 （明）万全著，安邦煜、张牧寒编著，中医古籍出版社 1991 年，2007 年。

眼科奇书（珍本医籍丛刊）（清）佚名撰，中医古籍出版社 1991 年。

道藏气功要集 洪丕谟辑，上海书店出版社 1991 年。

寿世秘典 （清）丁其誉纂，中医古籍出版社 1991 年。

石成金长生秘诀 （清）石成金撰，周一谋选注，岳麓书社 1991 年。

经络全书经络考经络汇编（珍本医籍丛刊）（明）徐曾等撰，（明）张三锡纂，（明）翟良纂，李生绍等点校，中医古籍出版社 1991 年。

种杏仙方鲁府禁方（珍本医籍丛刊）（明）龚廷贤撰，王志洁点校，中医古籍出版社 1991 年。

四明心法四明医案（中医古籍整理丛书）（清）高鼓峰撰，周次清点校，人民卫生出版社 1991 年。

针灸易学（中医古籍整理丛书）（清）李守先撰，董晋宝点校，人民卫生出版社 1991 年。

医方集解（清）汪昂撰辑，叶显纯点校，上海科学技术出版社 1991 年。

妇人良方校注补遗（宋）陈自明撰，（明）熊宗立补遗，（明）薛己校注，余瀛鳌等点校，上海科学技术出版社 1991 年。

景岳全书（明）张介宾撰，赵立勋主校，人民卫生出版社 1991 年。

扁鹊心书（珍本医籍丛刊）（宋）窦材辑，李晓露、于振宣点校，中医古籍出版社 1992 年。

种福堂公选良方（中医古籍整理丛书）（清）叶天士撰，（清）华岫云编，张浩良点校，人民卫生出版社 1992 年。

御药院方（中医古籍整理丛书）（元）许国桢编撰，王淑民、关雪点校，人民卫生出版社 1992 年。

伤寒辨证（中医古籍整理丛书）（清）陈尧道撰，李明廉点校，人民卫生出版社 1992 年。

黄帝内经素问校注（中医古籍整理丛书）郭霭春主编，吴仕骥等编写，人民卫生出版社 1992 年。

黄帝内经素问语译（中医古籍整理丛书）郭霭春主编，吴仕骥等编写，人民卫生出版社 1992 年。

诸病源候论校注（中医古籍整理丛书）（隋）巢元方撰，丁光迪等校注，人民卫生出版社 1992 年，海南国际新闻出版中心 1995 年。

证治准绳（三伤寒）（明）王肯堂辑，宋立人点校，人民卫生出版社 1992 年。

经验良方全集（清）姚俊辑，刘国正、杜宝俊点校，中国医药科技出版社 1992 年。

集验良方（清）梁文科辑，耕夫、孟锐点注，中国中医药出版社 1992 年。

急救危症简便验方（清）胡其重集，汪锡光增编，刘振远、康晓梅点校，中国医药科技出版社 1992 年。

回生集（珍本医籍丛刊）（清）陈杰撰，陈振南、杨杰英点校，中医古籍出版社 1992 年。

秘传奇方（珍本医籍丛刊）（清）佚名氏辑，朱定华、金立点校，中医古籍出版社 1992 年。

华陀神方（汉）华陀撰，（唐）孙思邈编集，杨金生等点校，中医古籍出版社 1992 年。

奇效简便良方（珍本医籍丛刊）（清）丁尧臣辑，庆诗、王力点校，中医古籍出版社 1992 年。

广瘟疫论（清）戴天章撰，刘祖贻、唐承安点校，人民卫生出版社 1992 年。

洞天奥旨（珍本医籍丛刊）（清）陈士铎撰，孙光荣等点校，中医古籍出版社 1992 年。

医门八法（河南古籍珍本丛书）（清）刘鸿恩撰，中州古籍出版社 1993 年。

随息居重订霍乱论（中医古籍整理丛书）（清）王士雄纂，陈明见点校，人民卫生出版社 1993 年。

四诊抉微（实用中医古籍丛书）（清）林之瀚撰，吴仕骥点校，天津科学技术出版社 1993 年。

小品方新辑（南朝宋）陈延之撰，祝新年辑校，上海中医学院出版社 1993 年，中国中医药出版社 1995 年。

汤头歌诀（清）汪昂撰，黄斌校注，中国书店 1993 年。

汤头歌诀（实用中医古籍丛书）（清）汪昂撰，李恩玲点校，天津科学技术出版社 1993 年。

黑神丸仙方（珍本医籍丛刊）（清）佚名撰，胡崇厚点校，中医古籍出版社 1993 年。

万金至宝（珍本医籍丛书）（清）尚宗康编，草茹点校，中医古籍出版社 1993 年。

良朋汇集经验神方（珍本医籍丛刊）（清）孙伟撰，齐馨点校，中医古籍出版社 1993 年。

经验选秘（珍本医籍丛刊）（清）胡增彬辑，朱定华、严康维点校，中医古籍出版社 1993 年。

医经溯洄集（中医古籍整理丛书）（元）王履撰，章升懋点校，人民卫生出版社 1993 年。

问斋医案（清）蒋宝素撰，杨虎点校，上海中医学院出版社 1993 年。

证治准绳（四疡医） （明）王肯堂辑，施仲安点校，人民卫生出版社 1993 年。

证治准绳（五幼科） （明）王肯堂辑，陈立行点校，人民卫生出版社 1993 年，2001 年。

证治准绳（六女科） （明）王肯堂辑，臧载阳点校，人民卫生出版社 1993 年。

活人书（中医古籍整理丛书）（宋）朱肱撰，万友生等点校，人民卫生出版社 1993 年。

东垣医集（中医古籍整理丛书）（金）李东垣撰，丁光迪、文魁编校，人民卫生出版社 1993 年。

冷庐医话考注 （清）陆以湉撰，朱伟常考注，上海中医学院出版社 1993 年。

证类本草（重修政和经史证类备急本草） （宋）唐慎微撰，尚志钧点校，华夏出版社 1993 年，2001 年。

本草备要（实用中医古籍丛书）（清）汪昂撰，王效菊点校，天津科学技术出版社 1993 年。

金匮要略方论 （汉）张仲景撰，文棣校注，中国书店 1993 年。

伤寒论 （汉）张仲景撰，文棣校注，中国书店 1993 年。

外台秘要方 （唐）王焘撰，高文铸校注，华夏出版社 1993 年。

千金方（实用中医经典名著）（唐）孙思邈撰，刘更生等点校，华夏出版社 1993 年。

救伤秘旨跌损妙方 （明）异远真人编撰，（清）赵廷海辑撰，胡岳点校，中国书店 1993 年。

食疗本草译注（中国古代科技名著译注丛书） （唐）孟诜撰，郑金生、张同君译注，上海古籍出版社 1993 年。

寿世青编 （清）尤乘编撰，杜晓玲校注，中国书店 1993 年。

针灸摘要（珍本医籍丛刊） （清）佚名氏辑，陈湘萍、郭文瑞点校，中医古籍出版社 1993 年。

身经通考（珍本医籍丛刊） （清）李潆撰，李生绍等点校，中医古籍出版社 1993 年。

温热论注评 （清）叶天士撰，魏汉奇、袁宝庭注评，中医古籍出版社1993年。

万病回春（实用中医古籍丛书）（明）龚廷贤撰，朱广仁点校，天津科学技术出版社1993年。

蠢子医（中医古籍整理丛书）（清）龙之章撰，李维贤、刘万山点校，人民卫生出版社1993年。

医学心悟杂症要义（清）程国彭撰，朱序东、朱仪亭编，中医古籍出版社1993年。

女科切要（珍本医籍丛刊）（清）吴本立撰，佘德友点校，中医古籍出版社1993年。

傅山男女科全集（傅徵君全集）张克敏、金富校订，山西科学技术出版社1993年。

针灸大成（实用中医古籍丛书）（明）杨继洲撰，孙外主点校，天津科学技术出版社1993年，2000年。

外科正宗（实用中医古籍丛书）（明）陈实功撰，刘忠恕、张若兰点校，天津科学技术出版社1993年。

医学三字经（清）陈念祖撰，李占永等点校，中医古籍出版社1993年。

辨证奇闻（珍本医籍丛刊）（清）陈士铎述，文守江辑，王树芬等点校，中医古籍出版社1993年。

竹林寺女科二种（珍本医籍丛刊）（清）竹林寺僧人撰，由昆等点校，中医古籍出版社1993年。

家居医录二种（明）薛己撰，中医古籍出版社1993年。

温热暑疫全书（清）周扬俊辑述，赵旭初点校，上海中医药大学出版社1993年。

古今名医汇萃（清）罗美撰，伊广谦、张慧芳点校，中医古籍出版社1993年。

意气功详解·五养秘诀 徐蜀点校，书目文献出版社1993年。

中国传统养生学二种 王红、王燕点校，书目文献出版社1993年。

医碥（中医古籍整理丛书）（清）何梦瑶撰，邓铁涛、刘纪莎点校，人民卫生出版社1994年。

一见知医（珍本医籍丛刊）（清）保真居士辑，杨杰英、陈振南点校，中医古籍出版社1994年。

温病条辨（清）吴瑭撰，文棣校

注，中国书店 1994 年。

救生集（珍本医籍丛刊）（清）虚白主人编，王力等点校，中医古籍出版社 1994 年。

惠直堂经验方（珍本医籍丛刊）（清）陶承熹辑，伊广谦、张慧芳点校，中医古籍出版社 1994 年。

脏腑标本虚实寒热用药式校释（金）张元素撰，吴风全等校释，中医古籍出版社 1994 年。

摄生众妙方（珍本医籍丛刊）（明）张时彻辑，张树生点校，中医古籍出版社 1994 年。

雷公药对 （北齐）徐之才撰，安徽科学技术出版社 1994 年。

本草纲目 （明）李时珍撰，陈贵廷等点校，中医古籍出版社 1994 年，1997 年。

本草纲目（中国古代养生疗疾八大巨著）（明）李时珍撰，俞炽阳等译，重庆大学出版社 1994 年，1995 年。

金匮要略广注校诠 （清）李彣著，宋书功主编，人民卫生出版社 1994 年，海南出版社 2010 年。

黄帝内经灵枢注证发微（中医古籍整理丛书）（明）马莳撰，田代华主校、刘更生、郭瑞华点校，人民卫生出版社 1994 年，1998 年。

人身通考（中医古籍整理丛书）（清）周振武撰，杨维益点校，人民卫生出版社 1994 年。

内经知要 （明）李中梓辑注，文棣校注，中国书店 1994 年。

子和医集 （金）张从正撰，邓铁涛等编校，人民卫生出版社 1994 年。

霉疮秘录（中医古籍校注释译丛书）（明）陈司成撰，高丹枫注释，陈辉译，学苑出版社 1994 年，1996 年。

勉学堂针灸集成（中医古籍整理丛书）（清）廖润鸿编，沈爱学、包黎恩点校，人民卫生出版社 1994 年。

食物本草（中医古籍整理丛书）（明）姚可成汇辑，达美君、楼绍来点校，人民卫生出版社 1994 年。

医门补要（中医古籍整理丛书）（清）赵濂撰，职延广点校，人民卫生出版社 1994 年。

福寿丹书（珍本医籍丛刊）（明）龚居中编，广诗等点校，中医古籍出版社 1994 年。

伤寒补亡论（中医古籍整理丛书）（宋）郭雍撰，聂惠民点校，人民卫生出版社 1994 年。

疡医大全（明清中医名著丛刊）（清）顾世澄编撰，叶川、夏之秋校注，中国中医药出版社 1994 年。

横泖病鸿医案选精（何氏历代医学丛书）（清）何鸿舫撰，上海科学技术出版社 1994 年。

医宗金鉴（明清中医名著丛刊）（清）吴谦等编，阎志安、何源校注，中国中医药出版社 1994 年。

难经（中国古代异库奇书）（战国）秦越人撰，（元）滑寿注释，陈虹、倪泰一译，西南师范大学出版社 1994 年。

医方捷径（何氏历代医学丛书续编）（明）何继充增编，何明希校编，上海科学技术出版社 1994 年。

何氏伤寒二种（何氏历代医学丛书续编）（清）何汝阈、何元长撰，何时希编校，上海科学技术出版社 1994 年。

清代名医何书田医案（何氏历代医学丛书）（清）何书田撰，何时希校辑，上海科学技术出版社 1994 年。

中藏经（汉）华佗撰，中国书店 1995 年。

伤寒贯珠集（传世藏书）（清）尤在泾注，何清湖点校，海南国际新闻出版中心 1995 年。

阴证略例（传世藏书）（元）王好古撰，解发良点校，海南国际新闻出版中心 1995 年。

温疫论补注（中医古籍整理丛书）（明）吴有性撰，（清）郑重光补注，郭谦亨、孙守才点校，人民卫生出版社 1995 年。

格致余论（传世藏书）（元）朱震亨撰，宋含平点校，海南国际新闻出版中心 1995 年。

妇科冰鉴（珍本医籍丛书）（清）柴得华撰，王耀廷等点校，中医古籍出版社 1995 年。

难经本义（中医古籍整理丛书）（元）滑寿撰，傅贞亮、张崇孝点校，人民卫生出版社 1995 年。

华氏中藏经（传世藏书）（汉）华

佗撰，（清）孙星衍校，蒋文明点校，海南国际新闻出版中心 1995 年。

银海精微（传世藏书）（唐）孙思邈撰，王维贤、谢立科点校，海南国际新闻出版中心 1995 年。

类证活人书（传世藏书）（宋）朱肱撰，路振平点校，海南国际新闻出版中心 1995 年。

兰室秘藏（传世藏书）（金）李杲撰，蔡铁如点校，海南国际新闻出版中心 1995 年。

医学发明（传世藏书）（金）李杲撰，李佑生、伍大华点校，海南国际新闻出版中心 1995 年。

济阴纲目（传世藏书）（明）武之望辑撰，潘远根、旷惠桃整理，海南国际新闻出版中心 1995 年。

温疫论（传世藏书）（明）吴有性撰，黄明舫、喻桂华点校，海南国际新闻出版中心 1995 年。

正体类要（传世藏书）（明）薛己撰，仇湘中、蒋益兰整理，海南国际新闻出版中心 1995 年。

医经溯洄集（传世藏书）（元）王履编撰，刘志龙点校，海南国际新闻出版中心 1995 年。

肘后备急方（传世藏书）（晋）葛洪撰，蔡铁如点校，海南国际新闻出版中心 1995 年。

明清验方三种（明清中医临证小丛书） 邱金麟、王凤兰校注，中国中医药出版社 1995 年。

千金翼方诠译 （唐）孙思邈撰，钱超尘主编，本书译注组译注，学苑出版社 1995 年。

药王全书 （唐）孙思邈撰，张作记辑注，华夏出版社 1995 年。

外台秘要（传世藏书）（唐）王焘撰，蔡铁如整理，海南国际新闻出版中心 1995 年。

普济本事方（传世藏书）（宋）许叔微撰，何耀荣点校，海南国际新闻出版中心 1995 年。

易简方（中医古籍整理丛书）（宋）王硕撰，巢因慈点校，人民卫生出版社 1995 年。

名家跌打损伤真传（珍本医籍丛书）（清）沈元善等编撰，丁继华等点校，中医古籍出版社 1995 年。

厘正按摩要术 （清）张振鋆编纂，

盛维忠、李桂荣校注，中国中医药出版社 1995 年，2005 年。

针灸甲乙经（传世藏书）（晋）皇甫谧撰，章威、严洁点校，海南国际新闻出版中心 1995 年。

小儿药证直诀（传世藏书）（宋）钱乙撰，贺双腾、卜献春点校，海南国际新闻出版中心 1995 年。

理瀹骈文（传世藏书）（清）吴师机撰，何清湖、谢林点校，海南国际新闻出版中心 1995 年。

幼幼集成（传世藏书）（清）陈复正辑订，黄政德点校，海南国际新闻出版中心 1995 年。

重楼玉钥（传世藏书）（清）郑梅涧撰，段晓慧点校，海南国际新闻出版中心 1995 年。

温病八大名著 宋乃光、李瑞、赵自强主编校，中国中医药出版社 1995 年，1996 年。

医林改错（传世藏书）（清）王清任撰，王明辉点校，海南国际新闻出版中心 1995 年。

医林改错（明清中医临证小丛书）（清）王清任撰，李占永、岳雪莲校注，中国中医药出版社 1995 年，1998 年。

神农本草经辑注（中医古籍整理丛书） 马继兴主编，人民卫生出版社 1995 年。

医宗必读（中医古籍整理丛书）（明）李中梓撰，邹高祈点校，人民卫生出版社 1995 年。

医宗必读（传世藏书）（明）李中梓撰，蒋士生等点校，海南国际新闻出版中心 1995 年。

医学纲目（传世藏书）（明）楼英编撰，司银楚点校，海南国际新闻出版中心 1995 年。

医宗金鉴（传世藏书）（清）吴谦等编，周慎等点校，海南国际新闻出版中心 1995 年。

丹溪心法（传世藏书）（元）朱震亨撰，刘志龙、宋含平点校，海南国际新闻出版中心 1995 年。

痧胀玉衡（中医古籍整理丛书）（清）郭志邃撰，刘玉书点校，人民卫生出版社 1995 年。

外科正宗（传世藏书）（明）陈实功撰，谭新华、何清湖点校，海南国际新闻出版中心 1995 年。

石室秘录（传世藏书）（清）陈士铎编述，程丑夫、谭圣娥点校，海南国际新闻出版中心 1995 年。

血证论（传世藏书）（清）唐容川撰，周慎整理，海南国际新闻出版中心 1995 年。

卫生宝鉴（传世藏书）（元）罗天益撰，李点点校，海南国际新闻出版中心 1995 年。

杂病准绳（传世藏书）（明）王肯堂撰，喻正科、彭楚湘点校，海南国际新闻出版中心 1995 年。

明医杂著（中医古籍整理丛书）（明）王纶撰，沈凤阁点校，人民卫生出版社 1995 年。

审视瑶函（传世藏书）（明）傅仁宇撰，谢立科整理，海南国际新闻出版中心 1995 年。

疫疹一得（传世藏书）（清）余霖撰，谭圣娥、程丑夫点校，海南国际新闻出版中心 1995 年。

张氏医通（明清中医名著丛刊）（清）张璐撰，李静芳、建一校注，中国中医药出版社 1995 年。

温热经纬（传世藏书）（清）王士雄撰，蒋文明、刘宁飞点校，海南国际新闻出版中心 1995 年。

广瘟疫论（传世藏书）（清）戴天章撰，喻桂华、黄明舫点校，海南国际新闻出版中心 1995 年。

医学心悟（传世藏书）（清）程国彭撰，刘炳午、韩育明点校，海南国际新闻出版中心 1995 年。

医学三字经（传世藏书）（清）陈修园撰，黄江波点校，海南国际新闻出版中心 1995 年。

＊**黄帝内经素问新解** 陈太羲、庄宏达撰，台湾中国医药研究所 1995 年。

医学从众录 （清）陈修园编撰，仲书、志环点校，山西科学技术出版社 1996 年。

医学从众录（明清中医临证小丛书）（清）陈念祖撰，金香兰校注，中国中医药出版社 1996 年。

本经逢原（明清中医临证小丛书）（清）张璐撰，赵小青、裴晓峰校注，中国中医药出版社 1996 年。

疫疹一得（中医古籍整理丛书）（清）余师愚撰，郭谦亨、孙守才点校，人民卫生出版社 1996 年。

郑钦安医书阐释 （清）郑钦安撰，唐步祺阐释，巴蜀书社 1996 年，2004 年，2006 年。

太素心法便览 （明）宋培撰，中医古籍出版社 1996 年。

痰火点雪（中医古籍整理丛书）（明）龚居中撰，傅国治、王庆文点校，人民卫生出版社 1996 年。

妇科玉尺（中医古籍名著丛书）（清）沈金鳌撰，张慧芳、王亚芬点校，中医古籍出版社 1996 年。

外科症治全生集 （清）王洪绪编，中国书店 1996 年。

外科症治全生集（明清中医临证小丛书）（清）王洪绪撰，夏羽秋校注，中国中医药出版社 1996 年。

万密斋医学全书（明清名医全书大成）（明）万全撰，傅沛藩编著，中国中医药出版社 1996 年，2001 年。

叶天士医学全书（明清名医全书大成）（清）叶天士撰，可嘉校注，中国中医药出版社 1996 年。

古今医统大全（中医珍本丛书）（明）徐春甫撰，中医古籍出版社 1996 年。

新刊医学集成 （明）傅滋编，中医古籍出版社 1996 年。

万密斋医学全书（明清名医著作大成）（明）万全撰，张海凌校注，中国中医药出版社 1996 年。

李时珍医学全书（明清名医全书大成）（明）李时珍撰，夏魁周等校注，中国中医药出版社 1996 年，2001 年。

王旭高医学遗书六种（中医古籍校注释译丛书）（清）王旭高撰，褚玄仁辑，学苑出版社 1996 年，2001 年。

济世全书 （清）汪启贤、汪启圣辑，中医古籍出版社 1996 年。

医法青篇 （清）陈璞、陈玠撰，中医古籍出版社 1996 年。

医学纲目（明清中医名著丛刊）（明）楼英编撰，阿静等校注，中国中医药出版社 1996 年。

医贯（中医古籍校注释译丛书）（明）赵献可撰，陈永萍校注，学苑出版社 1996 年，2002 年，2005 年。

神农本草经 （魏）吴普等述，（清）孙星衍等辑，科学技术文献出版社 1996 年。

本草新编（明清中医临证小丛书）（清）陈士铎撰，柳长华、徐春波校注，中国中医药出版社1996年。

山居本草（清）程履新撰，中医古籍出版社1996年。

保童秘要（金）刘完素撰，李仁述编，上海中医药大学出版社1996年。

针灸甲乙经校注（中医古籍整理丛书）（晋）皇甫谧撰，张灿玾、徐国仟主编，人民卫生出版社1996年。

胎产指南盘珠集胎产症治（中医古籍整理丛书）（清）单南山撰，（清）施雯、严洁、洪炜撰，叶青点校，人民卫生出版社1996年。

黄帝内经素问灵枢经（唐）王冰注，中国书店1996年。

温热经纬（明清中医临证小丛书）（清）王士雄撰，达美君等校注，中国中医药出版社1996年。

医学心悟（明清中医临证小丛书）（清）程国彭撰，阎志安、徐文兵校注，中国中医药出版社1996年。

补注瘟疫论（清）吴有性撰，（清）洪天锡补注，中国书店1996年。

血证论（明清中医临证小丛书）（清）唐容川撰，金香兰校注，中国中医药出版社1996年。

血证论（清）唐宗海撰，仲书点校，山西科学技术出版社1996年。

女科正宗（清）何涛等撰，中医古籍出版社1996年。

胎产心法（清）阎纯玺撰，中国书店1996年。

医学脉灯　脉微（明）施沛等撰，中医古籍出版社1996年。

增辑验方新编（清）鲍相璈编，中国书店1996年。

济阴纲目（中医古籍整理丛书）（明）武之望编，李明廉主校，人民卫生出版社1996年。

济阴济阳纲目（明清中医名著丛刊）（明）武之望撰，苏礼等校注，中国中医药出版社1996年。

经方例释（明清中医临证小丛书）（清）莫枚士撰，张印生、韩学杰校注，中国中医药出版社1996年。

经验积玉奇方（明）艾应期撰，中医古籍出版社1996年。

孙真人千金方（中医古籍整理丛

书）（唐）孙思邈撰，李景荣等校订，人民卫生出版社 1996 年。

太平惠民和剂局方 （宋）太平惠民和剂局编，陈庆平等校注，中国中医药出版社 1996 年。

伤寒论校注语译 郭霭春、张海玲编译，天津科学技术出版社 1996 年。

本草纲目 （明）李时珍撰，李若溪、大车编，重庆大学出版社 1996 年。

本草从新 （清）吴仪洛撰，郭薇、赵秋玉整理，红旗出版社 1996 年。

＊**脉经新解（上下）** 陈钦铭撰，台湾“国立”中国医药研究所 1996 年。

读医随笔（明清中医临证小丛书）（清）周学海撰，阎志安校注，中国中医药出版社 1997 年。

类经（明清中医名著丛刊）（明）张介宾编撰，郭洪耀、吴少祯校注，中国中医药出版社 1997 年。

本草崇原集说（中医古籍整理丛书）（清）仲昴庭纂集，孙多善点校，人民卫生出版社 1997 年。

千金翼方（中国医学名著）（唐）孙思邈撰，彭建中、魏嵩有点校，辽宁科学技术出版社 1997 年。

济阴纲目（中国医学名著）（明）武之望撰，肖诗鹰、吴萍点校，辽宁科学技术出版社 1997 年。

温疫论（中国医学名著）（明）吴有性撰，图娅点校，辽宁科学技术出版社 1997 年。

清太医院配方 河北省中医研究院编校，王立山等修订，河北科学技术出版社 1997 年。

格致余论（中国医学名著）（元）朱震亨撰，石学文点校，辽宁科学技术出版社 1997 年。

续名医类案（中医古籍整理丛书）（清）魏之琇编，黄汉儒点校，人民卫生出版社 1997 年。

古今医案按（中国医学名著）（清）俞震等辑，袁钟、图娅点校，辽宁科学技术出版社 1997 年。

王孟英医案（明清中医临证小丛书）（清）王士雄撰，达美君校注，中国中医药出版社 1997 年。

医方集解（中国医学名著）（清）汪昂撰，张莉莎点校，辽宁科学技术出版社 1997 年。

医方集解（实用中医古籍丛书）（清）汪昂撰，王云凯等点校，天津科学技术出版社 1997 年。

医方集解（明清中医临证小丛书）（清）汪昂撰，鲍玉琴、杨德利校注，中国中医药出版社 1997 年。

药性歌括四百味今释（中医入门必读系列）（明）龚廷贤著，郭翠华注释，三秦出版社 1997 年。

古今名医汇萃（明清中医临证小丛书）（清）罗美撰，杨德力、鲍玉琴校注，中国中医药出版社 1997 年。

濒湖脉学（中医古籍校注释译丛书）（明）李时珍编撰，陈辉注译，学苑出版社 1997 年。

医灯续焰（明清中医临证小丛书）（清）潘楫撰，何源校注，中国中医药出版社 1997 年。

傅青主女科（中国医学名著）（清）傅山撰，图娅点校，辽宁科学技术出版社 1997 年。

女科经纶（明清中医临床小丛书）（清）萧埙撰，姜典华校注，中国中医药出版社 1997 年。

类证治裁（明清中医临证小丛书）（清）林佩琴编撰，孔立校注，中国中医药出版社 1997 年。

类证治裁 （清）林佩琴编撰，钱晓云点校，上海中医药大学出版社 1997 年。

医学心悟（中国医学名著）（清）程国彭撰，图娅点校，辽宁科学技术出版社 1997 年。

温热经纬（中国医学名著）（清）王士雄撰，图娅点校，辽宁科学技术出版社 1997 年。

温热经纬（中医古籍校注释译丛书）（清）王士雄撰，陈辉、王怡注释，学苑出版社 1997 年，2002 年。

审视瑶函（中国医学名著）（明）傅仁宇撰，图娅点校，辽宁科学技术出版社 1997 年。

幼幼集成（中国医学名著）（清）陈复正撰，图娅点校，辽宁科学技术出版社 1997 年。

重楼玉钥（中国医学名著）（清）郑梅涧撰，谢路山点校，辽宁科学技术出版社 1997 年。

外科正宗（中国医学名著）（明）

陈实功撰，韩平点校，辽宁科学技术出版社 1997 年。

徐评外科正宗校注（中医古籍校注释译丛书）（明）陈实功撰，（清）徐大椿评、许楣订，戴祖铭校注，学苑出版社 1997 年。

针灸甲乙经（中国医学名著）（晋）皇甫谧撰，王晓兰点校，辽宁科学技术出版社 1997 年。

针灸聚英（明清中医临证小丛书）（明）高武撰，闫志安校注，中国中医药出版社 1997 年。

寿世保元（中国医学名著）（明）龚廷贤撰，袁钟点校，辽宁科学技术出版社 1997 年。

沈氏尊生书（明清中医名著丛刊）（清）沈金鳌撰，田思胜等校，中国中医药出版社 1997 年。

小儿药证直诀（中国医学名著）（宋）钱乙撰，图娅点校，辽宁科学技术出版社 1997 年。

金匮要略方论本义（中医古籍整理丛书）（清）魏荔彤撰，杜雨茂等点校，人民卫生出版社 1997 年。

金匮要略心典（中国医学名著）（清）尤怡撰，高春媛点校，辽宁科学技术出版社 1997 年。

医林改错（中国医学名著）（清）王清任撰，石学文点校，辽宁科学技术出版社 1997 年。

海药本草（中医古籍整理丛书）（五代）李珣撰，尚志钧辑校，人民卫生出版社 1997 年。

神农本草经疏（明清中医名著丛刊）（明）缪希雍撰，夏魁周、赵瑗校注，中国中医药出版社 1997 年。

黄帝内经素问（中国医学名著）（唐）王冰撰注，鲁兆麟主校，辽宁科学技术出版社 1997 年。

诸病源候论（中国医学名著）（隋）巢元方撰，黄作阵点校，辽宁科学技术出版社 1997 年。

古今医鉴（明清中医临证小丛书）（明）龚信纂辑，达美君等校注，中国中医药出版社 1997 年。

证治准绳（明清中医名著丛刊）（明）王肯堂撰，吴唯等校注，中国中医药出版社 1997 年。

丹溪心法（中国医学名著）（元）朱震亨撰，彭建中点校，辽宁科学技术出版社 1997 年。

黄帝内经灵枢（中医古籍名著丛书） 李生绍、陈心智点校，中医古籍出版社 1997 年。

备急千金要方校释（中医古籍整理丛书） （唐）孙思邈撰，李景荣等校释，人民卫生出版社 1997 年，1998 年。

古代针灸医案释按 田从豁编，上海中医药大学出版社 1997 年。

备急千金要方（中国医学名著）（唐）孙思邈撰，鲁兆麟主校，辽宁科学技术出版社 1997 年。

难经集注（中国医学名著） （明）王九思等撰，彭建中、魏富有点校，辽宁科学技术出版社 1997 年。

黄帝内经素问（中医古籍名著丛书） 傅景华、陈心智点校，中医古籍出版社 1997 年。

素问玄机原病式（中国医学名著）（金）刘完素撰，石学文点校，辽宁科学技术出版社 1997 年。

本草汇言 （明）倪朱谟，中医古籍出版社 1997 年。

本草权度 （明）黄济之撰，中医古籍出版社 1997 年。

分部本草妙用 （明）顾逢伯撰，中医古籍出版社 1997 年。

本草备要（中国医学名著） （清）汪昂辑撰，陈赞育点校，辽宁科学技术出版社 1997 年，中国中医药出版社 1998 年。

得配本草（明清中医临证小丛书）（清）严洁等撰，姜典华等校注，中国中医药出版社 1997 年。

金匮要略（中医古籍名著丛书）（汉）张仲景撰，于志贤、张智基点校，中医古籍出版社 1997 年。

灵枢经（中国医学名著） （唐）王冰撰注，彭建中点校，辽宁科学技术出版社 1997 年。

黄帝八十一难经纂图句解 （宋）李駉撰，王立点校，人民卫生出版社 1997 年。

医学研悦（明清中医临证小丛书）（明）李盛春等编辑，田思胜校注，中国中医药出版社 1997 年。

医宗金鉴（中国医学名著） （清）吴谦等撰，石学文点校，辽宁科学技术出版社 1997 年。

伤寒论本义（中医古籍名著丛书）（清）魏荔彤，赛西娅等点校，中医古籍出版社 1997 年。

温病条辨（中国医学名著）（清）吴瑭撰，图娅点校，辽宁科学技术出版社 1997 年。

伤寒论（中医古籍名著丛书）（汉）张仲景撰，厉畅、梁丽娟点校，中医古籍出版社 1997 年。

太平惠民和剂局方（中国医学名著）（宋）太平惠民和剂局编，彭建中等点校，辽宁科学技术出版社 1997 年。

注解伤寒论（中国医学名著）（汉）张仲景撰，王叔和撰次，成无己注，高春媛点校，辽宁科学技术出版社 1997 年。

明医指掌（明清中医临证小丛书）（明）皇甫中撰，张印生校注，中国中医药出版社 1997 年，2006 年。

脾胃论（中国医学名著）（金）李杲撰，彭建中点校，辽宁科学技术出版社 1997 年。

儒门事亲（中国医学名著）（金）张从正撰，张宝春点校，辽宁科学技术出版社 1997 年。

济阴纲目（明清中医临证小丛书）（明）武之望撰，（清）汪淇笺释，张黎临、王清校注，中国中医药出版社 1998 年。

吴鞠通医案（明清中医临证小丛书）（清）吴瑭撰，李宗一等校注，中国中医药出版社 1998 年。

汤头歌诀方解（中医入门必读系列）（清）汪昂撰，田树仁注解，三秦出版社 1998 年，2002 年。

串雅全书（明清中医临证小丛书）（清）赵学敏撰，何源等校注，中国中医药出版社 1998 年，2006 年。

喻选古方试验（珍本医籍丛刊）（清）喻嘉言撰，陈湘萍点校，中医古籍出版社 1998 年。

秘传证治要诀及类方（明清中医临证小丛书）（明）戴原礼撰，才维秋等校注，中国中医药出版社 1998 年。

金匮方歌括释解（中医入门必读系列）（清）陈修园撰，董正华、杨轶释解，三秦出版社 1998 年，2001 年。

圣济总录精华本（历代中医名著精华丛书）（宋）徽宗敕撰，程林纂辑，余瀛鳌编选，科学出版社 1998 年。

千金方　（唐）孙思邈撰，刘清国

等主校，中国中医药出版社1998年。

回回药方 佚名撰，学苑出版社1998年。

崇陵病案 （清）力钧撰，学苑出版社1998年。

医宗必读（明清中医临证小丛书）（明）李中梓撰，顾宏平校注，中国中医药出版社1998年。

素问释义（黄帝内经注释丛书）（清）张琦撰，王洪图点校，科学技术文献出版社1998年。

小儿药证直诀（中医古典名著精品丛书）（宋）钱乙撰，（宋）阎孝忠编次，赵安民、邓少伟注译，中国医药科技出版社1998年。

周氏经络大全注释 （清）周孔四撰，余茂基注释，上海科学技术出版社1998年。

子午流注针经针经指南合注（金）何若愚、阎明广，（元）窦汉卿撰，李鼎、王罗珍、李磊评注，上海科学技术出版社1998年。

勉学堂针灸集成（明清中医临证小丛书）（清）廖润鸿编撰，赵小明校注，中国中医药出版社1998年。

温热病证治精华 张奇文编，人民卫生出版社1998年。

千金翼方校释（中医古籍整理丛书）（唐）孙思邈撰，李景荣等校释，人民卫生出版社1998年。

外台秘要精华本（历代中医名著精华丛书）（唐）王焘撰，余瀛鳌编选，科学出版社1998年。

素问病机气宜保命集（中医古籍名著丛书）（金）刘完素撰，鲍晓东校注，中医古籍出版社1998年。

伤寒来苏集（明清中医临证小丛书）（清）柯琴撰，王晨校注，中国中医药出版社1998年。

读素问钞（中医古籍整理丛书）（元）滑寿撰，（明）汪机续注，王绪鳌、毛雪静点校，人民卫生出版社1998年。

删补颐生微论（明清中医临证小丛书）（明）李中梓撰，包来发、郑贤国校注，中国中医药出版社1998年。

郑氏家传女科万金方（珍本医籍丛刊）（清）郑元良撰，何清湖等点校，中医古籍出版社1998年。

医学心悟 （清）程国彭撰，费伯

雄批注，费季翔校勘，安徽科学技术出版社 1998 年。

不居集（中医古籍整理丛书）（清）吴澄撰，何传毅等点校，人民卫生出版社 1998 年。

古今医统大全精华本（历代中医名著精华丛书）（明）徐春甫撰，余瀛鳌等编选，科学出版社 1998 年。

敦煌医药文献辑校（敦煌文献分类录校丛刊） 马继兴、王淑民等辑校，江苏古籍出版社 1998 年，1999 年。

景岳全书（历代中医名著精华丛书）（明）张景岳撰，余瀛鳌等编选，科学出版社 1998 年。

先醒斋医学广笔记（明清中医临证小丛书）（明）缪希雍撰，盛燕江校注，中国中医药出版社 1998 年。

古今医案按（明清中医临证小丛书）（清）俞震纂辑，达美君等校注，中国中医药出版社 1998 年。

用药珍珠囊 （金）李杲撰，（明）熊宗立编撰，王今觉点校、辑补，中国医药科技出版社 1998 年。

症因脉治（明清中医临证小丛书）（明）秦昌遇撰，（明）秦之桢辑，王晨点校，中国中医药出版社 1998 年。

濒湖脉学白话解（中医歌诀白话解丛书）（明）李时珍撰，北京中医药大学中医基础教研室编，刘文龙等编写，人民卫生出版社 1999 年。

医林改错（实用中医古籍丛书）（清）王清任撰，欧阳兵、张成博点校，天津科学技术出版社 1999 年。

证治汇补（明清中医临证小丛书）（清）李用粹编撰，吴唯校注，中国中医药出版社 1999 年。

医学心悟（实用中医古籍丛书）（清）程国彭撰，田代华等点校，天津科学技术出版社 1999 年。

冷庐医话（珍本医籍丛刊）（清）陆以湉撰，吕志连点校，中医古籍出版社 1999 年。

医学纲目（中国古代养生疗疾八大巨著）（明）楼英编撰，倪泰一等选译，重庆大学出版社 1999 年。

医宗必读（实用中医古籍丛书）（明）李中梓撰，王卫等点校，天津科学技术出版社 1999 年。

历代宫廷秘藏医方全书 张存悌、刘迪主编，辽宁科学技术出版社

1999 年。

图注本草原始 （清）李中立撰，中医古籍出版社 1999 年。

本草纲目精译（中医经典名著精译丛书）（明）李时珍撰，俞小平、黄志杰主编，科学技术文献出版社 1999 年。

李中梓医学全书（明清名医全书大成）（明）李中梓撰，包来发主编，中国中医药出版社 1999 年。

张璐医学全书（明清名医全书大成）（清）张璐撰，张民庆主编，中国中医药出版社 1999 年，2001 年。

薛立斋医学全书（明清名医全书大成）（明）薛己撰，盛维忠编，中国中医药出版社 1999 年，2001 年。

汪石山医学全书（明清名医全书大成）（明）汪机撰，高尔鑫编，中国中医药出版社 1999 年，2001 年。

王肯堂医学全书（明清名医全书大成）（明）王肯堂撰，陆拯主编，中国中医药出版社 1999 年，2001 年。

汪昂医学全书（明清名医全书大成）（清）汪昂撰，项长生编，中国中医药出版社 1999 年，2001 年。

张志聪医学全书（明清名医全书大成）（清）张志聪撰，郑林主编，中国中医药出版社 1999 年，2001 年。

缪希雍医学全书（明清名医全书大成）（明）缪希雍撰，任春荣编，中国中医药出版社 1999 年，2001 年。

尤在泾医学全书（明清名医全书大成）（清）尤怡撰，孙中堂编，中国中医药出版社 1999 年，2001 年。

刘纯医学全书（明清名医全书大成）（明）刘纯撰，姜典华主编，中国中医药出版社 1999 年。

陈修园医学全书（明清名医全书大成）（清）陈修园撰，林慧光主编，中国中医药出版社 1999 年，2001 年。

黄元御医学全书（明清名医全书大成）（清）黄元御撰，孙洽熙主编，中国中医药出版社 1999 年。

陆懋修医学全书（明清名医全书大成）（清）陆懋修撰，王璟主编，中国中医药出版社 1999 年。

喻嘉言医学全书（明清名医全书大

成）（清）喻嘉言撰，陈熠主编，中国中医药出版社 1999 年，2001 年。

徐灵胎医学全书（明清名医全书大成）（清）徐大椿撰，刘洋编，中国中医药出版社 1999 年，2001 年。

武之望医学全书（明清名医全书大成）（清）武之望撰，苏礼编，中国中医药出版社 1999 年，2001 年。

吴昆医学全书（明清名医全书大成）（明）吴昆撰，郭君双编，中国中医药出版社 1999 年，2001 年。

金元四大家医学全书 天津科学技术出版社总纂，天津科学技术出版社 1999 年。

千金翼方校注 （唐）孙思邈撰，朱邦贤等校注，上海古籍出版社 1999 年。

备急千金要方 （唐）孙思邈撰，魏启亮、郭瑞华点校，中医古籍出版社 1999 年。

活幼心书（实用中医古籍丛书）（元）曾世荣撰，田代华等点校，天津科学技术出版社 1999 年。

针灸聚英（实用中医古籍丛书）（明）高武撰，谭奇纹等点校，天津科学技术出版社 1999 年。

针灸聚英（中医古籍名著丛书）（明）高武撰，高俊雄等点校，中医古籍出版社 1999 年。

养生类纂 （明）周守中编，（明）胡文焕校阅，中国书店 1999 年。

厘正按摩要术（实用中医古籍丛书）（清）张振鋆撰，张成博、欧阳兵点校，天津科学技术出版社 1999 年。

兰室秘藏（实用中医古籍丛书）（金）李杲撰，刘更生、臧守虎点校，天津科学技术出版社 2000 年。

时方歌括时方妙用新解 （清）陈修园撰，杨文潮主编，三秦出版社 2000 年。

寿世保元 （明）龚廷贤撰，鲁兆林等点校，人民卫生出版社 2000 年。

小儿药证直诀（实用中医古籍丛书）（宋）钱乙撰，杨金萍、于建芳点校，天津科学技术出版社 2000 年。

傅青主女科白话解（中医入门必读系列）（清）傅山撰，杨鉴冰、王宗柱译解，三秦出版社 2000 年。

医学真传（实用中医古籍丛书）

（清）高世栻撰，宋咏梅、李圣兰点校，天津科学技术出版社 2000 年。

格致余论（实用中医古籍丛书）（元）朱震亨撰，刘更生点校，天津科学技术出版社 2000 年。

肘后备急方（实用中医古籍丛书）（晋）葛洪撰，王均宁点校，天津科学技术出版社 2000 年。

金匮要略（中医药学高级丛书）陈纪藩主编，人民卫生出版社 2000 年。

黄帝内经太素（黄帝内经注释丛书）（隋）杨上善撰注，萧延平校正，王洪图、李云点校，科学技术文献出版社 2000 年。

新镌本草炮制药性赋（明）龚信纂辑，中医古籍出版社 2000 年。

回回药方考释（中外交通史籍丛刊）宋岘考释，中华书局 2000 年。

妙一斋医学正印种子编（实用中医古籍丛书）（明）岳甫嘉撰，郭瑞华点校，天津科学技术出版社 2000 年。

症因脉治（中医古籍名著丛书）（明）秦昌遇纂撰，（明）秦之桢辑，张慧芳、杨建宇点校，中医古籍出版社 2000 年。

伤寒杂病论（汉）张仲景撰，刘世恩、毛绍芳注释，华龄出版社 2000 年。

仲景全书（汉）张机撰，中医古籍出版社 2001 年。

雷公炮炙论通解（中医入门必读系列）（南朝宋）雷敩撰，顿宝生、王盛民主编，三秦出版社 2001 年。

救急易方（明）赵秀敏撰，中医古籍出版社 2001 年。

温病条辨通解（中医入门必读系列）（清）吴瑭撰，刘国强、孙守才、李长秦注，三秦出版社 2001 年。

高淑濂胎产方案（清）高淑濂撰，王光辉等点校，中医古籍出版社 2001 年。

厘正按摩要术（中医药典籍与学术流派研究丛书）（明）周岳甫撰清，（清）张振鋆纂辑，锐声注译，学苑出版社 2001 年。

修真秘要（外五种） 钱塘等校正，远方出版社 2001 年。

王孟英医学全书（明清名医全书大

成）（清）王士雄撰，盛增秀编著，中国中医药出版社 2001 年。

吴鞠通医学全书（明清名医全书大成）（清）吴瑭撰，李刘坤编，中国中医药出版社 2001 年。

医宗金鉴 （清）吴谦等编，人民卫生出版社 2001 年。

是乃仁术医方集 （清）糜世俊编，皓山氏增补，中医古籍出版社 2001 年。

太乙仙制本草药性大全 （明）王文洁撰，中医古籍出版社 2001 年。

本草从新（中医古籍名著文库）（清）吴仪洛撰，朱建平、吴文清点校，中医古籍出版社 2001 年。

食物本草（中华再造善本试制）（明）佚名撰，北京图书馆出版社 2001，2007 年。

本草纲目 （明）李时珍撰，尚志钧、任何校注，安徽科学技术出版社 2001 年。

千金方（历代中医名著文库）（唐）孙思邈撰，张瑞贤校，华夏出版社 2001 年。

外台秘要方（历代中医名著文库）（唐）王焘撰，吴为等校，华夏出版社 2001 年。

伤寒正医录 （清）邵成平编，中医古籍出版社 2001 年。

家藏蒙筌 （清）王世钟撰，中医古籍出版社 2001 年。

黄帝内经素问直解（中医古籍校注释译丛书）（清）高士宗撰，孙国中、方向红点校，学苑出版社 2001 年，2002 年。

难经通解（中医入门必读系列）（战国）秦越人撰，张登本撰，三秦出版社 2001 年。

神农本草经疏（中医古籍名著文库）（明）缪希雍撰，郑金生校注，中医古籍出版社 2001 年。

三朝名医方论（中医古籍名著文库） 姚乃礼主编，郝恩恩编，中医古籍出版社 2001 年。

金匮要略通解（中医入门必读系列）（汉）张仲景撰，董正华、杨铁主编，三秦出版社 2001 年。

＊**伤寒论精选读本** 李培生撰，台湾知音出版社 2002 年。

神农本草经校注（中医古籍校注释

译丛书）（清）杨爽辑，杨鹏举校注，学苑出版社2002年。

医门法律（明清中医临证小丛书）（清）喻昌撰，张晓梅等校注，中国中医药出版社2002年。

医门法律（中医古籍名著文库）（清）喻昌撰，赵俊峰点校，中医古籍出版社2002年。

四诊抉微（明清中医临证小丛书）（清）林之翰编撰，李占永等校注，中国中医药出版社2002年。

中医养生诊疗三字经（图文本三字经系列）（清）陈念祖撰，张如青注释讲解，上海古籍出版社2002年。

本草单方（中医古籍校注释译丛书）（明）缪仲淳撰，李顺保编，学苑出版社2002年。

＊**中医基础理论提要·内经选读** 洪敦耕编著，香港天地图书有限公司2002年。

局方发挥（元）朱震亨撰，胡春雨、马湃点校，天津科学技术出版社2003年。

医学从众录（实用中医古籍丛书）（清）陈念祖撰，何永、韩文霞点校，天津科学技术出版社2003年。

黄帝内经集注（清）张志聪集注，方春阳等点校，浙江古籍出版社2003年。

灵枢经新识 陈国印编著，中医古籍出版社2003年。

黄帝内经素问译注（中医经典白话珍藏本）牛兵占、肖正权主编，中医古籍出版社2003年。

金匮要略注释（中医经典白话珍藏本）吕志杰编，中医古籍出版社2003年。

传信尤易方（明）曹金撰，中医古籍出版社2003年。

如宜妙济回生捷录（明）黄廉斋撰，中医古籍出版社2003年。

内经选读指要 苏颖、张焱、李霞编著，吉林科学技术出版社2003年。

黄帝内经素问译注（二十二子详注全译）崔为译注，黑龙江人民出版社2003年。

黄帝内经灵枢译注（二十二子详注全译）苏颖译注，黑龙江人民出版社2003年。

黄帝内经素问注证发微（中医古籍校注释译丛书．黄帝内经素问名家评注选刊）（明）马莳注证，孙国中、方向红点校，学苑出版社 2003 年。

刘涓子鬼遗方（中华再造善本）（南朝齐）龚庆宣撰，北京图书馆出版社 2003 年。

草衍义（中华再造善本）（宋）寇宗奭撰，北京图书馆出版社 2003 年。

伤寒要旨　药方（中华再造善本）（宋）李柽撰，北京图书馆出版社 2003 年，2010 年。

洪氏集验方（中华再造善本）（宋）洪遵辑，北京图书馆出版社 2003 年。

伤寒明理论方论（中华再造善本）（金）成无已撰，北京图书馆出版社 2003 年。

黄帝内经素问（中华再造善本）（唐）王冰注，（宋）林亿等校正，孙兆改误，北京图书馆出版社 2004 年，2010 年。

新刊王氏脉经（中华再造善本）（晋）王叔和撰，（宋）林亿等校定，北京图书馆出版社 2004 年。

重刊巢氏诸病源候总论（中华再造善本）（隋）巢元芳撰，北京图书馆出版社 2004 年。

重刊孙真人备急千金要方（中华再造善本）（唐）孙思邈撰，北京图书馆出版社 2004 年。

重修政和经史证类备用本草（中华再造善本）（宋）唐慎微撰，寇宗奭衍义，北京图书馆出版社 2004 年。

张仲景注解伤寒百证歌（中华再造善本）（宋）许叔微撰，北京图书馆出版社 2004 年。

卫生家宝产科备要（中华再造善本）（宋）朱端章撰，北京图书馆出版社 2004 年。

经史证类备急本草（中华再造善本）（宋）唐慎微撰，北京图书馆出版社 2004 年。

喉症全科紫珍集（实用中医古籍丛书）（清）朱翔宇集，郭君双等点校，天津科学技术出版社 2004 年。

疡科心得集（实用中医古籍丛书）（清）高秉钧撰，田代华、田鹏点校，天津科学技术出版社 2004 年。

《医宗金鉴·外科心法要诀》白话

解 陈培丰编，人民卫生出版社2004年。

《外科理例》新释 孙振杰等编著，中医古籍出版社2004年。

《医宗金鉴·杂病心法要诀》白话解 史亦谦主编，浙江中医学院编，人民卫生出版社2004年。

原幼心法（中医古籍珍稀抄本精选）（明）彭用光撰，王海丽点校，上海科学技术出版社2004年。

幼科医验（中医古籍珍稀抄本精选）（明）秦昌遇辑，张志枫点校，上海科学技术出版社2004年。

《医宗金鉴·幼科心法要诀》白话解 刘弼臣、孙华士编，人民卫生出版社2004年。

幼科金鉴刘氏临证发挥 刘弼臣编著，中国医药科技出版社2004年。

《医宗金鉴·妇科心法要诀》白话解 钱俊华主编，浙江中医学院编，人民卫生出版社2004年。

黄帝内经集解·灵枢 龙伯坚、龙式昭编著，天津科学技术出版社2004年。

黄帝内经集解·素问 龙伯坚、龙式昭编著，天津科学技术出版社2004年。

内经选读 烟建华主编，学苑出版社2004年。

内经选读（易学助考口袋丛书）唐雪梅、翟玉祥编著，中国中医药出版社2004年。

白话黄帝内经 谢华编著，中医古籍出版社2004年。

养生四书（古籍今读精华系列）陶国良等译注，崇文书局2004年。

温病条辨集注与新论（清）吴鞠通著，李顺保编注，学苑出版社2004年。

注解伤寒论（汉）张仲景著，（金）成无已注，人民卫生出版社2004年。

温热经纬（中医古籍校注释译丛书）（清）王士雄著，林霖注释，王怡句读，学苑出版社2004年。

温疫论译注（中医古籍名著精粹）（明）吴又可原著，曹东义、杜省乾编著，中医古籍出版社2004年。

金匮要略（易学助考口袋丛书）

蒋明，王忠山编著，中国中医药出版社2004年。

薛氏济阴万金书（中医古籍珍稀抄本精选）（宋）薛古愚撰，（明）郑敷政编撰，杨悦娅点校，上海科学技术出版社2004年。

资生集（中医古籍珍稀抄本精选）（清）无名氏撰，郭永洁校注，上海科学技术出版社2004年。

难经译注　牛兵占主编，中医古籍出版社2004年。

难经白话解　王洪图主编，人民卫生出版社2004年。

黄帝内经素问白话解　王洪图主编，人民卫生出版社2004年。

黄帝内经灵枢白话解　王洪图主编，人民卫生出版社2004年。

素问次注集疏　［日］山田业广著，郭秀梅、［日］冈田研吉、［日］加藤久幸点校，学苑出版社2004年。

黄帝内经素问探源　韩永贤编著，中医古籍出版社2004年。

王仲奇医案　李冠仙医案　程磐基医案（中医古籍珍稀抄本精选）（清）王金杰等撰，孙劲松等点校，上海科学技术出版社2004年。

顾氏医案　费绳甫先生医案　王九锋医案（中医古籍珍稀抄本精选）（清）顾文垣等撰，颜新等点校，上海科学技术出版社2004年。

沈俞医案合钞　陈莲舫先生医案　退庵医案（中医古籍珍稀抄本精选）（清）沈又彭等撰，陈晓等点校，上海科学技术出版社2004年。

邵氏方案　临症经应录（中医古籍珍稀抄本精选）（清）邵杏泉等撰，张苇航等点校，上海科学技术出版社2004年。

剑慧草堂医案　孤鹤医案（中医古籍珍稀抄本精选）（清）卧云山人等撰，包来发点校，上海科学技术出版社2004年。

慎五堂治验录（中医古籍珍稀抄本精选）（清）钱艺撰，钱雅乐等辑，杨杏林点校，上海科学技术出版社2004年。

潜斋医话　归砚录（实用中医古籍丛书）（清）王士雄原著，刘更生、林绍志点校，天津科学技术出版社2004年。

贯唯集　叶天士曹仁伯何元长医案（中医古籍珍稀抄本精选）（清）通意子等撰，邓加成等点校，上海科学技术出版社2004年。

旌孝堂医案　江泽之医案　王应震要诀（中医古籍珍稀抄本精选）（清）赵履鳌等撰，叶进等点校，上海科学技术出版社2004年。

临诊医案　汪艺香先生医案　徐养恬方案（中医古籍珍稀抄本精选）（清）张骧孙等撰，招萼华等点校，上海科学技术出版社2004年。

医方絜度　吴氏医方汇编　诊验医方歌括（中医古籍珍稀抄本精选）（清）钱敏捷等撰，王兴伊等点校，上海科学技术出版社2004年。

一见能医　济世珍宝（中医古籍珍稀抄本精选）（清）朱时进等撰，陈熠等点校，上海科学技术出版社2004年。

竹亭医案（中医古籍珍稀抄本精选）（清）孙采邻撰，赵善祥点校，上海科学技术出版社2004年。

医通祖方　药论　丁甘仁先生家传珍方（中医古籍珍稀抄本精选）（清）张璐等著，童舜华等点校，上海科学技术出版社2004年。

陈莘田外科方案　疡科指南医案　临证一得方书　爱月庐医案（中医古籍珍稀抄本精选）（清）陈莘田等撰，陈守鹏等校注，上海科学技术出版社2004年。

考证病源　儒医心镜　王乐亭指要（中医古籍珍稀抄本精选）（明）刘全德等撰，黄素英等点校，上海科学技术出版社2004年。

伤寒经解　脉理集要　脉学类编　温病辨症（中医古籍珍稀抄本精选）（清）姚球等著，查炜等点校，上海科学技术出版社2004年。

喻嘉言医学三书　（清）喻嘉言原著，蒋力生等校注，中医古籍出版社2004年。

新校注陈修园医书（第四辑）（清）陈念祖著，王履康等校注，福建科学技术出版社2004年。

药王千金方　（唐）孙思邈原著，高文柱主编，华夏出版社2004年。

针灸医籍选读（21世纪高等中医药院校教学辅导丛书）　吴富东主

编，科学出版社2004年。

《医宗金鉴·四诊心法要诀》白话解 何任、郑红斌、何若苹编，人民卫生出版社2004年。

《医宗金鉴·伤寒心法要诀》白话解 郝万山主编，人民卫生出版社2004年。

增订伪药条辨（民国名医著作精华） 曹炳章编著，刘德荣点校，福建科学技术出版社2004年。

药性赋新编 汪毅、司晓雯主编，贵州科技出版社2004年。

《本草品汇精要》校注研究本 （明）刘文泰等撰，曹晖校注，华夏出版社2004年。

本草纲目：金陵版排印本 （明）李时珍著，王育杰整理，人民卫生出版社2004年。

本草纲目 （明）李时珍著，人民卫生出版社2004年。

新修本草：辑复修订本 （唐）苏敬等撰，尚志钧辑复，安徽科学技术出版社2004年。

滇南本草 （明）兰茂著，于兰馥等整理，云南科技出版社2004年。

本草纲目（白话精译）：彩色图文版 （明）李时珍著，良石编译，内蒙古科学技术出版社2004年。

神农本草经：珍藏版（中国传统文化经典文库） （清）顾观光辑，乙力编，兰州大学出版社2004年。

司牧安骥集语释 （唐）李石等编著，裴耀卿注释，中国农业出版社2004年。

成无己医学全书（唐宋金元名医全书大成） （金）成无己著，张国骏主编，中国中医药出版社2004年。

金匮要略 张家礼主编，中国中医药出版社2004年。

王好古医学全书（唐宋金元名医全书大成） （元）王好古著，盛增秀主编，中国中医药出版社2004年。

医宗说约（明清中医临证小丛书） （清）蒋示吉撰，王道瑞等校注，中国中医药出版社2004年。

苍生司命（明清中医临证小丛书） （明）虞抟撰，王道瑞等校注，中国中医药出版社2004年。

脉贯（明清中医临证小丛书） （清）王贤著，王道瑞等校注，中国中医药出版社2004年。

＊**本草纲目白话精解全书** 俞小平、黄志杰主编，台湾薪传出版社2004年。

日华子本草日华子集 （五代）吴越撰，（五代）韩保昇撰，尚志钧辑释，安徽科学技术出版社2005年。

重订广温热论（民国名医著作精华）（清）戴天章著，何廉臣重订，张家玮点校，福建科学技术出版社2005年。

中风斠诠（民国名医著作精华）张山雷撰，吴文清点校，福建科学技术出版社2005年。

黄帝内经养生图典：法文 周春才、韩亚洲编绘，海豚出版社2005年。

黄帝内经养生图典：德文 韩亚洲、周春才编绘，海豚出版社2005年。

活解黄帝内经·灵枢（老中医白话讲经） 刘观涛、刘屹松、石向前译著，军事医学科学出版社2005年。

活解黄帝内经·素问（老中医白话讲经） 刘观涛、刘屹松、石向前译著，军事医学科学出版社2005年。

活解金匮要略（老中医白话讲经）刘观涛、刘屹松、石向前译著，军事医学科学出版社2005年。

活解伤寒论（老中医白话讲经）刘观涛、刘屹松、石向前译著，军事医学科学出版社2005年。

活解温病条辨（老中医白话讲经）刘观涛、刘屹松、石向前译著，军事医学科学出版社2005年。

新版安士全书校注 （清）周安士著，曾琦云校注，内蒙古人民出版社2005年。

本草纲目通俗读本 崔述生、张浩编著，内蒙古文化出版社2005年。

精编黄帝内经 谢华编著，内蒙古文化出版社2005年。

黄帝内经素问（中医临床必读丛书） 田代华编，人民卫生出版社2005年。

素问病机气宜保命集（中医临床必读丛书） （金）刘完素著，孙洽熙、孙峰整理，人民卫生出版社2005年。

素问玄机原病式（中医临床必读丛书）（金）刘完素撰，孙洽熙、孙峰整理，人民卫生出版社2005年。

灵枢经（中医临床必读丛书）　田代华、刘更生整理，人民卫生出版社 2005 年。

伤寒论（中医临床必读丛书）（汉）张仲景述，（晋）王叔和撰次，钱超尘、郝万山整理，人民卫生出版社 2005 年。

金匮要略（中医临床必读丛书）（汉）张仲景撰，何任、何若苹整理，人民卫生出版社 2005 年。

医贯（中医临床必读丛书）（明）赵献可著，郭君双整理，人民卫生出版社 2005 年。

儒门事亲（中医临床人才必读丛书）（金）张子和撰，邓铁涛、赖畴整理，人民卫生出版社 2005 年。

类证治裁（中医临床必读丛书）（清）林珮琴撰，李德新整理，人民卫生出版社 2005 年。

兰室秘藏（中医临床必读丛书）（金）李东垣撰，文魁、丁国华整理，人民卫生出版社 2005 年。

理虚元鉴（中医临床必读丛书）（明）汪绮石撰，谭克陶、周慎整理，人民卫生出版社 2005 年。

名医类案（中医临床必读丛书）（明）江瓘原著，苏礼等整理，人民卫生出版社 2005 年。

丹溪心法（中医临床必读丛书）（元）朱震亨撰，王英等整理，人民卫生出版社 2005 年。

格致余论（中医临床必读丛书）（元）朱震亨撰，施仁潮整理，人民卫生出版社 2005 年。

温病条辨（中医临床必读丛书）（清）吴瑭著，南京中医药大学温病学教研室整理，人民卫生出版社 2005 年。

温热经纬（中医临床必读丛书）（清）王孟英编著，南京中医药大学温病学教研室整理，人民卫生出版社 2005 年。

温病条辨白话解　（清）吴瑭著，苏云放编，人民卫生出版社 2005 年。

脾胃论（中医临床必读丛书）（金）李东垣撰，文魁、丁国华整理，人民卫生出版社 2005 年。

本草备要（中医临床必读丛书）（清）汪昂撰，郑金生整理，人民卫生出版社 2005 年。

黄帝内经太素校注（中医古籍整理

丛书） 李克光、郑孝昌主编，王旨富等编，人民卫生出版社 2005 年。

黄帝内经太素语译（中医古籍整理丛书） 李克光、郑孝昌主编，人民卫生出版社 2005 年。

黄帝内经素问：新校版（中医经典诵读丛书） 任庭革点校，人民军医出版社 2005 年。

脉经：新校版（中医经典诵读丛书） （晋）王叔和原著，张帆点校，人民军医出版社 2005 年。

温病条辨：新校版（中医经典诵读丛书） （清）吴瑭著，卢红蓉编校，人民军医出版社 2005 年。

针灸甲乙经：新校版（中医经典诵读丛书） （晋）皇甫谧原著，王军点校，人民军医出版社 2005 年。

《医学三字经》白话解（中医传世歌诀白话解丛书） （清）陈修园原著，辛瑛注解，人民军医出版社 2005 年。

傅山临证医书合编 （清）傅山著，韩飞等辑校，山西科学技术出版社 2005 年。

伤寒直指（中医古籍孤本精选） （清）强健著，吉文辉、王大妹点校，上海科学技术出版社 2005 年。

医学六要（中医古籍孤本精选） （明）张三锡编纂，王大妹、陈守鹏校，上海科学技术出版社 2005 年。

曹沧洲医案（中医古籍孤本精选） （清）曹沧洲撰，刘学华点校，上海科学技术出版社 2005 年。

本草经考注（中医古籍孤本精选） ［日］森立之撰，张敏、李婷点校，上海科学技术出版社 2005 年。

本草汇言（中医古籍孤本精选） （明）倪朱谟编著，戴慎、陈仁寿、虞舜点校，上海科学技术出版社 2005 年。

御制本草品汇精要（中医古籍孤本精选） （明）刘文泰等原著，陈仁寿、杭爱武点校，上海科学技术出版社 2005 年。

温州近代医书集成（温州文献丛书） 刘时觉主编，上海社会科学院出版社 2005 年。

丹溪逸书 （元）朱震亨著，刘时觉、薛轶燕编，上海中医药大学出版社 2005 年。

傅青主女科新解（中医古籍校注释译丛书） （明）傅山原著，肖进顺编著，学苑出版社 2005 年。

金匮玉函经（中医古籍校注释译丛书） （汉）张仲景著，李顺保校注，学苑出版社 2005 年。

金匮玉函要略私讲（中医药典籍与学术流派研究丛书） ［日］伊泽裳轩撰，郭秀梅等校，学苑出版社 2005 年。

历代针灸经典歌赋详注（中医古籍校注释译丛书） 王晓龙、史俊清主编，学苑出版社 2005 年。

《汉方医学指南》校释（国家中医药管理局民族医药文献整理丛书） 许香兰编，延边人民出版社 2005 年。

《东洋医学要论》校译（国家中医药管理局民族医药文献整理丛书） 朴仁范编，延边人民出版社 2005 年。

《东医寿世保元》校释（国家中医药管理局民族医药文献整理丛书） ［朝］李济马撰，玄哲男编，延边人民出版社 2005 年。

《乡药集成方》（76—85 卷）**校释**（国家中医药管理局民族医药文献整理丛书） ［朝］俞孝通等撰，朴明杰编，延边人民出版社 2005 年。

《济众新编》校释（国家中医药管理局民族医药文献整理丛书） ［朝］康命吉撰，朴志贤编，延边人民出版社 2005 年。

老老恒言（古人云丛书） （清）曹庭栋著，岳麓书社 2005 年。

马王堆导引术 周世荣编著，岳麓书社 2005 年。

《伤寒论》新释 王庆国主编，中国中医药出版社 2005 年。

陈无择医学全书（唐宋金元名医全书大成） （宋）陈言著，王象礼主编，中国中医药出版社 2005 年。

陈自明医学全书（唐宋金元名医全书大成） （宋）陈自明著，盛维忠主编，中国中医药出版社 2005 年。

鲁府禁方（明清中医临证小丛书） （明）龚廷贤编，张慧芳、伊广谦点校，中国中医药出版社 2005 年。

内经知要（明清中医临证小丛书） （明）李中梓编著，陆鸿元、包来发校注，中国中医药出版社 2005 年。

钱乙、刘昉医学全书（唐宋金元名医全书大成） （宋）钱乙、刘昉著，李志庸主编，中国中医药出版社2005年。

万病回春（明清中医临证小丛书）（明）龚廷贤著，李秀芹校注，中国中医药出版社2005年。

证治汇补（明清中医临证小丛书）（清）李用粹编著，吴唯校注，中国中医药出版社2005年。

中医经典必读 国家中医药管理局科教司组织编写，中国中医药出版社2005年。

太医院秘藏膏丹丸散方剂（明清中医临证小丛书） 清代太医院编，伊广谦、张慧芳点校，中国中医药出版社2005年。

脉学名著十二种 （明）滑寿等著，郝恩恩等校注，中医古籍出版社2005年。

女子丹法汇编 蒲团子校辑，张莉琼整理，中医古籍出版社2005年。

吴氏本草经（中医古籍名著集粹）（魏）吴普撰，尚志钧辑，中医古籍出版社2005年。

本草述校注（中医古籍名著集粹）（清）刘若金原著，郑怀林等校注，中医古籍出版社2005年。

本草汇言 （明）倪朱谟撰，郑金生等点校，中医古籍出版社2005年。

五十二病方注补译（原始中医治疗学） 严健民编著，中医古籍出版社2005年。

本草纲目（中国古典文化精华）（明）李时珍著，吴兆基、吴春华译，时代文艺出版社2005年。

黄帝内经·素问：汉英对照（大中华文库） 李照国英译，刘希茹今译，世界图书出版西安公司2005年。

御纂医宗金鉴 （清）吴谦、（清）刘裕铎总修，江苏科学技术出版社2005年。

医方小品（中医古籍孤本大全）（清）宋良弼著，薛清录、刘国正选编，中医古籍出版社2005年。

新编备急管见大全良方（中医古籍孤本大全）（宋）陈自明撰，薛清录等选编，中医古籍出版社2005年。

慈惠小编（中医古籍孤本大全）（清）钱守和、（清）吴焕纂辑，薛清录等选编，中医古籍出版社2005年。

方症会要（中医古籍孤本大全）（清）吴迈撰，薛清录等选编，中医古籍出版社 2005 年。

指南后论（中医古籍孤本大全）佚名著，薛清录等选编，中医古籍出版社 2005 年。

方脉举要（中医古籍孤本大全）（宋）刘开撰，薛清录等选编，中医古籍出版社 2005 年。

银海精微补（中医古籍孤本大全）（清）赵双璧撰，薛清录等选编，中医古籍出版社 2005 年。

亟斋急应奇方（中医古籍孤本大全）（清）亟斋居士编，薛清录等选编，中医古籍出版社 2005 年。

百病问付辨疑（中医古籍孤本大全）（明）张昶纂辑，薛清录等选编，中医古籍出版社 2005 年。

玉笥龙瑞方（中医古籍孤本大全）（明）黄建中著，薛清录等选编，中医古籍出版社 2005 年。

医林正宗（中医古籍孤本大全）（明）饶鹏纂，薛清录等选编，中医古籍出版社 2005 年。

女科心法（中医古籍孤本大全）（清）郑钦谕撰，薛清录等选编，中医古籍出版社 2005 年。

传悟灵济录（中医古籍孤本大全）（清）张衍恩编撰，薛清录等选编，中医古籍出版社 2005 年。

外科经验精要方（中医古籍孤本大全）（明）张翼著，薛清录等选编，中医古籍出版社 2005 年。

医略正误概论（中医古籍孤本大全）（明）李象著，薛清录等选编，中医古籍出版社 2005 年。

婺源余先生医案（中医古籍孤本大全）（清）余国佩著，薛清录等选编，中医古籍出版社 2005 年。

瘟疫发源（中医古籍孤本大全）（清）马印麟纂，（清）张廷璧校注，薛清录等选编，中医古籍出版社 2005 年。

圣散子方（中医古籍孤本大全）（宋）苏轼撰，薛清录等选编，中医古籍出版社 2005 年。

彻腾八编内镜（中医古籍孤本大全）（清）刘思敬撰，薛清录等选编，中医古籍出版社 2005 年。

薛立斋先生内科医案摘要（中医古籍孤本大全）（明）薛己撰，（明）应麐删校，薛清录等选编，中医古籍出版社 2005 年。

金匮翼（明清中医临证小丛书）（清）尤怡著，许有玲校注，中国中医药出版社 2005 年。

注解伤寒论：新校版（中医经典诵读丛书）（汉）张仲景著，王勇点校，人民军医出版社 2005 年。

医宗必读（明清中医临证小丛书）（明）李中梓著，顾宏平校注，中国中医药出版社 2005 年。

删补颐生微论（明清中医临证小丛书）（明）李中梓撰，包来发、郑贤国校注，中国中医药出版社 2005 年。

血证论（明清中医临证小丛书）（清）唐容川著，金香兰校注，中国中医药出版社 2005 年。

本草单方（明）缪仲淳编撰，李顺保校注，学苑出版社 2005 年。

濒湖脉学（中医古籍校注释译丛书）（明）李时珍编著，陈辉注释，学苑出版社 2005 年。

新刊仁斋直指方论　小儿方论　医脉真经　伤寒类书活人总括（中华再造善本）（宋）杨士瀛撰，北京图书馆出版社 2005 年。

三因极一病证方论（中华再造善本）（宋）陈言撰，北京图书馆出版社 2005 年。

医说（中华再造善本）（宋）张杲撰，北京图书馆出版社 2006 年。

本外台秘要方（中华再造善本）（唐）王焘撰，北京图书馆出版社 2006 年。

新编金匮方论（中华再造善本）（汉）张机撰，（晋）王叔和辑，（宋）林亿等诠次，北京图书馆出版社 2005 年。

新刊黄帝内经灵枢（中华再造善本）佚名撰，北京图书馆出版社 2005 年。

伤寒论注解（中华再造善本）（金）成无已撰，北京图书馆出版社 2005 年。

新刊河间刘守真伤寒直格（中华再造善本）（金）刘完素撰，（元）葛雝编校，北京图书馆出版社 2005 年。

永类钤方（中华再造善本）（元）李仲南撰，北京图书馆出版社 2005 年。

世医得效方（中华再造善本）

（元）危亦林撰，北京图书馆出版社 2005 年。

新编妇人大全良方（中华再造善本）（宋）陈自明撰，北京图书馆出版社 2005 年。

针灸四书（中华再造善本）（南唐）何若愚等撰，北京图书馆出版社 2005 年。

＊**伤寒论通检** 段逸山编著，台湾文兴出版公司 2006 年。

张氏医通（中医临床必读丛书）（清）张璐著，王兴华等整理，人民卫生出版社 2006 年。

宋元明清名医类案 武进等主编，湖南科学技术出版社 2006 年。

伤寒论读本（基层中医临床医生学习与提高丛书．中医四部经典解读）杨殿兴、傅元谋主编，何丽清等编，化学工业出版社 2006 年。

黄帝内经读本（基层中医临床医生学习与提高丛书） 马烈兴主编，化学工业出版社 2006 年。

金匮要略读本（基层中医临床医生学习与提高丛书．中医四部经典解读） 张家礼主编，张家礼、江泳编者，化学工业出版社 2006 年。

本草纲目（华夏实用养生保健精萃）（明）李时珍著，梁晓翠主编，内蒙古人民出版社 2006 年。

理瀹骈文（中医经典诵读丛书）（清）吴师机撰，王军、曹建春点校，人民军医出版社 2006 年。

诸病源候论：新校版（中医经典诵读丛书）（隋）巢元方著，刘晓峰点校，人民军医出版社 2006 年。

黄帝内经灵枢经：新校版（中医经典诵读丛书） 任廷革点校，人民军医出版社 2006 年。

难经本义：新校版（中医经典诵读丛书）（元）滑寿著，张彦红校，人民军医出版社 2006 年。

幼科发挥（中医临床必读丛书）（明）万全著，何永整理，人民卫生出版社 2006 年。

女科经纶（中医临床必读丛书）（清）萧壎纂著，朱定华整理，人民卫生出版社 2006 年。

秘传证治要诀及类方（中医临床必读丛书）（明）戴元礼撰，王英等整理，人民卫生出版社 2006 年。

外科证治全生集（中医临床必读丛书）（清）王维德撰，胡晓峰整理，人民卫生出版社 2006 年。

伤科汇纂（中医临床必读丛书）（清）胡廷光编，胡晓峰整理，人民卫生出版社 2006 年。

幼幼集成（中医临床必读丛书）（清）陈复正编撰，杨金萍等整理，人民卫生出版社 2006 年。

银海精微（中医临床必读丛书）（明）佚名氏撰，郑金生整理，人民卫生出版社 2006 年。

针灸大成（中医临床必读丛书）（明）杨继洲原著，靳贤补辑重编，黄龙祥整理，人民卫生出版社 2006 年。

杂病源流犀烛（中医临床必读丛书）（清）沈金鳌撰，田思胜整理，人民卫生出版社 2006 年。

活幼心书（中医临床必读丛书）（元）曾世荣撰，田代华整理，人民卫生出版社 2006 年。

医学心悟（中医临床必读丛书）（清）程国彭撰，田代华整理，人民卫生出版社 2006 年。

老老恒言（中医临床必读丛书）（清）曹廷栋撰，王振国、刘瑞霞整理，人民卫生出版社 2006 年。

针灸聚英（中医临床必读丛书）（明）高武纂集，黄龙祥整理，人民卫生出版社 2006 年。

济阴纲目（中医临床必读丛书）（明）武之望撰著，李明廉等整理，人民卫生出版社 2006 年。

疡科心得集（中医临床必读丛书）（清）高秉钧著，田代华整理，人民卫生出版社 2006 年。

秘传眼科龙木论（中医临床必读丛书）接传红、高健生整理，人民卫生出版社 2006 年。

外科发挥（中医临床必读丛书）（明）薛己著，胡晓峰整理，人民卫生出版社 2006 年。

证治汇补（中医临床必读丛书）（清）李用粹编撰，竹剑平等整理，人民卫生出版社 2006 年。

石室秘录（中医临床必读丛书）（清）陈士铎撰，王树芬、裘俭整理，人民卫生出版社 2006 年。

慎柔五书（中医临床必读丛书）（明）胡慎柔撰，郑金生整理，人民卫生出版社 2006 年。

重楼玉钥（中医临床必读丛书）（清）郑梅涧撰，郭君双整理，人民卫生出版社 2006 年。

医宗金鉴（中医临床必读丛书）（清）吴谦等编，郑金生整理，人民卫生出版社 2006 年。

妇人大全良方（中医临床必读丛书）（宋）陈自明撰，王咪咪整理，人民卫生出版社 2006 年。

医方集解（中医临床必读丛书）（清）汪昂著，苏礼等整理，人民卫生出版社 2006 年。

临证指南医案（中医临床必读丛书）（清）叶天士撰，苏礼等整理，人民卫生出版社 2006 年。

外科精义（中医临床必读丛书）（元）齐德之撰，胡晓峰整理，人民卫生出版社 2006 年。

竹林寺女科秘传（中医临床必读丛书）（清）竹林寺僧撰，董少萍整理，人民卫生出版社 2006 年。

针灸甲乙经（中医临床必读丛书）（晋）皇甫谧编集，黄龙祥整理，人民卫生出版社 2006 年。

小儿药证直诀（中医临床必读丛书）（宋）钱乙著，郭君双整理，人民卫生出版社 2006 年。

医醇賸义（中医临床必读丛书）（清）费伯雄著，王鹏、王振国整理，人民卫生出版社 2006 年。

张聿青医案（中医临床必读丛书）（清）张乃修著，苏礼等整理，人民卫生出版社 2006 年。

金匮钩玄（中医临床必读丛书）（元）朱震亨著，竹剑平等整理，人民卫生出版社 2006 年。

重订医学衷中参西录（中医临床必读丛书） 张锡纯著，柳西河等重订，人民卫生出版社 2006 年。

眼科金镜（中医临床必读丛书）（清）刘耀先辑著，韦企平、郑金生整理，人民卫生出版社 2006 年。

医门法律（中医临床必读丛书）（清）喻昌著，史欣德整理，人民卫生出版社 2006 年。

症因脉治（中医临床必读丛书）（明）秦景明撰，（清）秦皇士补辑，郭霞珍等整理，人民卫生出版社 2006 年。

口齿类要　喉科秘诀（中医临床必读丛书）（明）薛己撰，（清）破头黄真人撰，宋咏梅、郭君双整理，人民卫生出版社 2006 年。

审视瑶函（中医临床必读丛书）（明）傅仁宇纂辑，（明）傅维藩编集，郭君双、赵艳整理，人民卫生出版社2006年。

医宗必读（中医临床必读丛书）（明）李中梓著，郭霞珍等整理，人民卫生出版社2006年。

仙授理伤续断秘方（中医临床必读丛书．各科著作．骨伤科）（唐）蔺道人著，胡晓峰整理。

正体类要（明）薛己著，丁继华、王宏整理，人民卫生出版社2006年。

目经大成（中医临床必读丛书）（清）黄庭镜著，李怀芝等整理，人民卫生出版社2006年。

笔记杂著医事别录 陶御风主编，人民卫生出版社2006年。

傅青主女科（中医临床必读丛书）（清）傅山著，欧阳兵整理，人民卫生出版社2006年。

永类钤方（中医临床必读丛书）（元）李仲南撰，王均宁等整理，人民卫生出版社2006年。

医学三字经白话解（中医歌诀白话解丛书）（清）陈念祖撰，高学敏等编著，人民卫生出版社2006年。

医方类聚：重校本 ［朝］金礼蒙等撰，盛增秀等校，人民卫生出版社2006年。

濒湖脉学白话解（中医歌诀白话解丛书）（明）李时珍撰，刘文龙等编著，人民卫生出版社2006年。

医学入门（明）李梃编撰，田代华等整理，人民卫生出版社2006年。

世医得效方（元）危亦林撰，田代华等整理，人民卫生出版社2006年。

金匮要略简释（现代著名老中医名著重刊丛书．第3辑） 秦伯未编著，人民卫生出版社2006年。

汤头歌诀白话解（中医歌诀白话解丛书）（清）汪昂著，李庆业等编著，人民卫生出版社2006年。

金匮方歌括白话解（中医歌诀白话解丛书）（清）陈修园著，尉中民等编著，人民卫生出版社2006年。

药性歌括四百味白话解（中医歌诀白话解丛书）（明）龚廷贤著，高学敏等编著，人民卫生出版社2006年。

长沙方歌括白话解（中医歌诀白话解丛书）（清）陈修园著，聂惠民等编著，人民卫生出版社2006年。

明清医话精选 郭博信主编，山西科学技术出版社2006年。

伤寒贯珠集 （清）尤在泾编注，郭建华等点校，山西科学技术出版社2006年。

汤头钱数抉微 （清）章纳川著，张秀莹等点校，山西科学技术出版社2006年。

医宗必读 （明）李中梓著，杜寿龙等点校，山西科学技术出版社2006年。

医门法律 （清）喻嘉言著，韩飞等点校，山西科学技术出版社2006年。

寿世保元 （明）龚廷贤撰，韩飞等点校，山西科学技术出版社2006年。

本草纲目：白话本（中华典籍珍藏书系）（明）李时珍著，徐寒主编，中国三峡出版社2006年。

黄帝内经灵枢译释 孟景春、王新华主编，南京中医药大学编著，上海科学技术出版社2006年。

医方辨难大成：标点本 （清）无名氏撰，马茹人、王荣根、邓丽娟标点，上海中医药大学出版社2006年。

中医珍稀抄本三种 段逸山主编，上海中医药大学出版社2006年。

严用和医学全书（唐宋金元名医全书大成）（宋）严用和著，王道瑞、申好真主编，中国中医药出版社2006年。

王焘医学全书（唐宋金元名医全书大成）（唐）王焘著，张登本主编，孙理军等编，中国中医药出版社2006年。

朱丹溪医学全书（唐宋金元名医全书大成）（元）朱震亨著，田思胜等主编，中国中医药出版社2006年。

张子和医学全书（唐宋金元名医全书大成）（金）张子和著，徐江雁、许振国主编，中国中医药出版社2006年。

危亦林医学全书（唐宋金元名医全书大成）（元）危亦林著，许敬生主编，中国中医药出版社2006年。

杨士瀛医学全书（唐宋金元名医全

书大成）（宋）杨士瀛著，林慧光主编，王怡权等编，中国中医药出版社2006年。

伤寒来苏集（明清中医临证小丛书）（清）柯琴撰，王晨等校注，中国中医药出版社2006年。

王冰医学全书（唐宋金元名医全书大成）（唐）王冰著，张登本、孙理军主编，中国中医药出版社2006年。

张元素医学全书（唐宋金元名医全书大成）（金）张元素著，郑洪新主编，中国中医药出版社2006年。

许叔微医学全书（唐宋金元名医全书大成）（宋）许叔微著，刘景超、李具双主编，中国中医药出版社2006年。

朱肱、庞安时医学全书（唐宋金元名医全书大成）（宋）朱肱、（宋）庞安时著，田思胜主编，王军强等编，中国中医药出版社2006年。

刘完素医学全书（唐宋金元名医全书大成）（金）刘完素著，宋乃光主编，中国中医药出版社2006年。

李东垣医学全书（唐宋金元名医全书大成）（金）李杲著，张年顺等主编，中国中医药出版社2006年。

秘传证治要诀及类方（明清中医临证小丛书）（明）戴原礼著，才维秋等校注，中国中医药出版社2006年。

罗天益医学全书（唐宋金元名医全书大成）（元）罗天益著，许敬生主编，中国中医药出版社2006年。

寿世保元（经典医学名著）（明）龚廷贤编撰，孙玉信、朱平生点校，第二军医大学出版社2006年。

世医得效方（经典医学名著）（元）危亦林原著，许敬生、王晓田点校，第二军医大学出版社2006年。

景岳全书（经典医学名著）（明）张介宾著，孙玉信、朱平生主校，第二军医大学出版社2006年。

临证指南医案（经典医学名著）（清）叶天士原著，孙玉信、赵国强主校，第二军医大学出版社2006年。

仁斋直指方论（经典医学名著）（宋）杨士瀛原著，孙玉信、朱平生主编，第二军医大学出版社2006年。

张氏医通（经典医学名著）（清）张璐原著，孙玉信、王晓田主校，第二军医大学出版社 2006 年。

黄帝外经浅释 张岫峰、冯明清、刘淑华主编，第二军医大学出版社 2006 年。

郑钦安医书阐释 （清）郑钦安原著，唐步祺阐释，巴蜀书社 2006 年。

孟河四家医集 （清）费伯雄等著，朱雄华等编纂，东南大学出版社 2006 年。

傅青主医学（中医药典籍与学术流派研究丛书）（清）傅山著，郭芳注译，学苑出版社 2006 年。

黄帝内经素问新编 陈国印编著，中医古籍出版社 2006 年。

本草正义（民国名医著作精华）张山雷著，程东旗点校，福建科学技术出版社 2006 年。

十二经方议秘要 （清）陶思渠撰著，刘德荣、肖林榕、俞宜年校注，福建科学技术出版社 2006 年。

新刊黄帝内经素问（中华再造善本）（唐）王冰注，（宋）林亿等校正，孙兆改误，北京图书馆出版社 2006 年。

新刊补注释文黄帝内经素问（中华再造善本）（唐）王冰注，（宋）林亿等校正，孙兆改误，北京图书馆出版社 2006 年。

新刊素问入式运气论奥（中华再造善本）（宋）刘温舒撰，北京图书馆出版社 2006 年。

本草衍义（中华再造善本）（宋）寇宗奭撰，北京图书馆出版社 2006 年。

太平惠民和剂局方（中华再造善本）（宋）陈师文等撰，北京图书馆出版社 2006 年。

济生拔粹方（中华再造善本）（元）杜思敬编，北京图书馆出版社 2006 年。

群经见智录（民国名医著作精华）恽铁樵著，张家玮点校，福建科学技术出版社 2006 年，2007 年。

脉学正义（民国名医著作精华）张山雷著，崔京艳点校，福建科学技术出版社 2006 年。

伤寒杂病论译释 强志鹏、时吉萍编著，甘肃文化出版社 2006 年。

本草纲目白话精译：彩色图文珍藏版 （明）李时珍著，御史编译，北京科学技术出版社2006年。

傅青主女科新解（中医古籍校注释译丛书）（明）傅山原著，肖进顺编著，学苑出版社2006年。

伤寒温疫条辨（中医古籍校注释译丛书）（清）杨璇著，李顺保、李剑虹、吴彦萍校注，学苑出版社2006年。

曹存心医学全书（中医古籍校注释译丛书）（清）曹存心著，褚玄仁辑注，学苑出版社2006年。

眼科普济方新编（眼科古籍新编丛书）（明）朱棣编纂，肖国士、谢康明主编，学苑出版社2006年。

《黄帝内经太素》新校注：日本仁和寺原抄古卷子本 （唐）杨上善撰注，钱超尘、李云校正，学苑出版社2006年。

药性通考 （清）太医院著，李顺保校注，学苑出版社2006年。

黄帝内经灵枢集注（黄帝内经名家评注选刊）（清）张志聪著，孙国中、方向红点校，学苑出版社2006年。

脉经新译 （晋）王叔和撰，韩永贤新译，学苑出版社2006年。

妇人大全良方 （宋）陈自明撰，王学军等校注，山西科学技术出版社2006年。

郑寿全医学三书 （清）郑寿全著，鲁瑛等校注，山西科学技术出版社2006年。

长沙方歌括（中医歌括注释丛书）（清）陈修园原著，武跃进校注，上海中医药大学出版社2006年。

医学三字经（中医歌括注释丛书）（清）陈修园原著，武跃进校注，上海中医药大学出版社2006年。

濒湖脉学（中医歌括注释丛书）（明）李时珍原著，王泽玉校注，上海中医药大学出版社2006年。

四诊心法要诀（中医歌括注释丛书）（清）吴谦等原著，熊丽辉校注，上海中医药大学出版社2006年。

金匮方歌括（中医歌括注释丛书）（清）陈修园原著，武跃进、赵宏岩校注，上海中医药大学出版社2006年。

汤头歌诀（中医歌括注释丛书）

(清) 汪昂原著，粟栗校注，上海中医药大学出版社 2006 年。

药性歌括四百味（中医歌括注释丛书）（明）龚廷贤原著，闫桂银校注，上海中医药大学出版社 2006 年。

敦煌佛儒道相关医书释要（敦煌学研究文库） 李应存、史正刚著，民族出版社 2006 年。

黄帝内经：白话全彩图本（国学基础书系） 倪泰一、易洪波编译，重庆出版社 2006 年。

本草纲目 （明）李时珍著，倪泰一等编译，重庆出版社 2006 年。

药性论：辑释本 （唐）甄权撰，尚志钧辑释，安徽科学技术出版社 2006 年。

黄帝内经（中国古典文学名著宝库：诠释古典珍藏版） 中国戏剧出版社 2006 年。

金匮要略方论（中医经典必读丛书）（汉）张仲景述，（晋）王叔和集，李玉清等点校，中国中医药出版社 2006 年。

王孟英医案（明清中医临证小丛书）（清）王士雄著，陆士谔辑，达美君等校注，中国中医药出版社 2006 年。

伤寒论（中医经典必读丛书）（汉）张仲景述，（晋）王叔和撰次，杨金萍等点校，中国中医药出版社 2006 年。

勉学堂针灸集成（明清中医临证小丛书）（清）廖润鸿编撰，赵小明校注，中国中医药出版社 2006 年。

灵枢经（中医经典必读丛书） 刘更生校注，中国中医药出版社 2006 年。

吴鞠通医案（明清中医临证小丛书）（清）吴瑭著，李宗一、郭莉莉校注，中国中医药出版社 2006 年。

黄帝内经素问（中医经典必读丛书） 何永、马君、何敬华整理，中国中医药出版社 2006 年。

温病条辨（中医经典必读丛书）（清）吴瑭著，宋咏梅等点校，中国中医药出版社 2006 年。

滑寿医学全书（唐宋金元名医全书大成） 李玉清、齐冬梅主编，中国中医药出版社 2006 年。

先醒斋医学广笔记（明清中医临证

小丛书）（明）缪希雍著，盛燕江校注，中国中医药出版社 2006 年。

本草纲目：彩图版　（明）李时珍著，李炳文主编，天津古籍出版社 2006 年。

＊**神农本草经通检**　段逸山编，台湾文兴出版公司 2006 年。

＊**神农本草经注论**　孙子云撰，台湾文兴出版公司 2006 年。

＊**伤寒论今释（上下）**　陆渊雷撰，台湾文兴出版公司 2007 年。

温病大成．第 1 部　曹洪欣主编，王致谱分册主编，福建科学技术出版社 2007 年。

温病大成．第 2 部　曹洪欣主编，张志斌分册主编，福建科学技术出版社 2007 年。

丁甘仁医书二种（民国江南医家著作选粹）（清）丁甘仁著，晏飞、张应文点校，福建科学技术出版社 2007 年。

金匮发微（民国江南医家著作选粹）曹家达注，汤晓龙点校，福建科学技术出版社 2007 年。

女科秘诀大全（民国江南医家著作选粹）（清）陈莲舫原著，邸若虹点校，福建科学技术出版社 2007 年。

长沙方歌括（中医经典必读．陈修园医书系列）（清）陈修园著，俞慎初等校注，福建科学技术出版社 2007 年。

曹氏伤寒发微（民国江南医家著作选粹）曹家达注，汤晓龙点校，福建科学技术出版社 2007 年。

太平惠民和剂局方精要（中医古籍临床新用丛书）（宋）太医局编，陈师文等校正，柴金苗、张东波主编，贵州科技出版社 2007 年。

古今医鉴精要（中医古籍临床新用丛书）（明）龚信纂辑，（明）龚廷贤续编，（明）王肯堂订补，张瑞卿、王旭主编，贵州科技出版社 2007 年。

验方新编精要（中医古籍临床新用丛书）（清）鲍相璈原著，李培硕、崔轶凡主编，贵州科技出版社 2007 年。

古今图书集成医部全录精要（中医古籍临床新用丛书）（清）陈梦雷等原著，王千怀、张波主编，贵州科技出版社2007年。

神农本草经（国学今读大书院）（清）顾观光等著，于童蒙编译，哈尔滨出版社2007年。

脾胃论集要（中医古籍新点新校新参考系列）（金）李杲原著，余瀛鳌等编选，辽宁科学技术出版社2007年。

外台秘要集要（中医古籍新点新校新参考系列）（唐）王焘原著，余瀛鳌等编选，辽宁科学技术出版社2007年。

医学衷中参西录新选（中医古籍新点新校新参考系列）（清）张锡纯原著，田思胜主编，余瀛鳌等编选，辽宁科学技术出版社2007年。

证治准绳集要（中医古籍新点新校新参考系列）（明）王肯堂原著，余瀛鳌等编选，辽宁科学技术出版社2007年。

普济方集要（中医古籍新点新校新参考系列）（明）朱橚原著，田思胜、王培军主编，余瀛鳌等编选，辽宁科学技术出版社2007年。

古今医统大全集要（中医古籍新点新校新参考系列）（明）徐青甫原著，王培军主编，余瀛鳌等编选，辽宁科学技术出版社2007年。

景岳全书集要（中医古籍新点新校新参考系列）（明）张介宾著，马梅青主编，余瀛鳌等编选，辽宁科学技术出版社2007年。

医宗金鉴心法集要（中医古籍新点新校新参考系列）（清）吴谦等原著，余瀛鳌等编选，辽宁科学技术出版社2007年。

本草纲目（古代典籍精编家藏书系）（明）李时珍著，张凤娟主编，内蒙古人民出版社2007年。

《医林改错》白话解（中医传世经典白话解丛书）（清）王清任原著，郭霞珍等注评，人民军医出版社2007年。

古今名医方论白话解（中医传世经典白话解丛书）（清）罗美著，马淑然注评，人民军医出版社2007年。

傅青主女科（中医古籍必备丛书）（清）傅山原著，张会珍点校，人民军医出版社2007年。

长沙方歌括（中医古籍必备丛书）（清）陈修园原著，包素珍等点校，人民军医出版社 2007 年。

金匮方歌括（中医古籍必备丛书）（清）陈修圆原著，包素珍、郑小伟点校，人民军医出版社 2007 年。

本草备要（中医古籍必备丛书）（清）汪昂原著，张一昕点校，人民军医出版社 2007 年。

丹溪心法（中医古籍必备丛书）（元）朱震亨原著，赵建新点校，人民军医出版社 2007 年。

医门法律：新校版（中医经典诵读丛书）（清）喻昌原著，张星平、黄刚点校，人民军医出版社 2007 年。

南宋珍稀本草三种 （宋）王介等撰，郑金生整理，人民卫生出版社 2007 年。

内经知要（中医临床必读丛书）（明）李中梓辑注，胡晓峰整理，人民卫生出版社 2007 年。

笔花医镜（中医临床必读丛书）（清）江涵暾撰，梁慧凤整理，人民卫生出版社 2007 年。

中藏经（中医临床必读丛书） 谭春雨整理，人民卫生出版社 2007 年。

先醒斋医学广笔记（中医临床必读丛书）（明）缪希雍著，王淑民整理，人民卫生出版社 2007 年。

外科正宗（中医临床必读丛书）（明）陈实功著，胡晓峰整理，人民卫生出版社 2007 年。

三因极一病证方论（中医临床必读丛书）（宋）陈言著，王咪咪整理，人民卫生出版社 2007 年。

医方集解注释 （清）汪昂原著，连建伟、郭海峰注释，人民卫生出版社 2007 年。

验方新编（中医临床必读丛书）（清）鲍相璈纂辑，（清）梅启照增辑，苏礼等整理，人民卫生出版社 2007 年。

温疫论（中医临床必读丛书）（明）吴有性著，张志斌整理，人民卫生出版社 2007 年。

伤寒总病论（中医临床必读丛书）（宋）庞安时著，王鹏、王振国整理，人民卫生出版社 2007 年。

时方妙用（中医临床必读丛书）（清）陈修园著，王鹏、王振国整理，人民卫生出版社 2007 年。

经效产宝　女科辑要（中医临床必

读丛书）（唐）昝殷撰，（清）沈尧封辑，朱定华整理，人民卫生出版社 2007 年。

寿亲养老新书（中医临床必读丛书）（宋）陈直原著，（元）邹铉增续，黄瑛整理，人民卫生出版社 2007 年。

时病论（中医临床必读丛书）（清）雷丰著，方力行整理，人民卫生出版社 2007 年。

脉经（中医临床必读丛书）（晋）王叔和撰，贾君、郭君双整理，人民卫生出版社 2007 年。

明医杂著（中医临床必读丛书）（明）王纶撰，（明）薛己注，王振国、董少萍整理，人民卫生出版社 2007 年。

丁甘仁医案（中医临床必读丛书）（清）丁甘仁著，苏礼等整理，人民卫生出版社 2007 年。

串雅内外编（中医临床必读丛书）（清）赵学敏纂辑，（清）吴庚生补注，郑金生、纪征瀚整理，人民卫生出版社 2007 年。

兰台轨范（中医临床必读丛书）（清）徐大椿撰，王咪咪整理，人民卫生出版社 2007 年。

针灸资生经　针经摘英集（中医临床必读丛书）（宋）王执中编著，（元）杜思敬辑，黄龙祥、黄幼民整理，人民卫生出版社 2007 年。

得配本草（中医临床必读丛书）（清）严洁、（清）施雯、（清）洪炜同纂，郑金生整理，人民卫生出版社 2007 年。

医方考（中医临床必读丛书）（明）吴昆著，张宽等整理，人民卫生出版社 2007 年。

古今医案按（中医临床必读丛书）（清）余震纂辑，苏礼等整理，人民卫生出版社 2007 年。

万病回春（中医临床必读丛书）（明）龚廷贤撰，张效霞整理，人民卫生出版社 2007 年。

本草原始（中医临床必读丛书）（明）李中立撰绘，郑金生等整理，人民卫生出版社 2007 年。

成方切用（中医临床必读丛书）（清）吴仪洛撰，史欣德整理，人民卫生出版社 2007 年。

遵生八笺（中医临床必读丛书）（明）高濂著，王大淳等整理，人民卫生出版社2007年。

景岳全书（中医临床必读丛书）（明）张介宾著，李继明等整理，人民卫生出版社2007年。

内外伤辨惑论（中医临床必读丛书）（金）李东垣撰，李一鸣整理，人民卫生出版社2007年。

温热论 湿热论（中医临床必读丛书）（清）叶桂撰，（清）薛雪著，张志斌整理，人民卫生出版社2007年。

诊家枢要 濒湖脉学（中医临床必读丛书）（元）滑寿编纂，（明）李时珍撰，贾君、郭双君整理，人民卫生出版社2007年。

白话黄帝内经：精美插图本（国学大书院）吴茹芝等编译，三秦出版社2007年。

白话本草纲目：精美插图本（国学大书院）（明）李时珍著，三秦出版社2007年。

藏府经穴指掌图 十四经合参评注（明）施沛、（明）张权编，李鼎评注，兰凤利、李恒校录，上海科学技术出版社2007年。

中藏经（中医十大经典）（汉）华佗撰，农汉才点校，学苑出版社2007年。

医籍考［日］丹波元胤著，郭秀梅、［日］冈田研吉整理，学苑出版社2007年。

伤寒论（中医十大经典）（汉）张仲景著，（晋）王叔和撰次，杨鹏举等注释，学苑出版社2007年。

金匮要略（中医十大经典）（汉）张仲景著，（宋）林亿校正，杨鹏举等注释，学苑出版社2007年。

订正伤寒论演义（汉）张仲景原著，（清）吴谦订正，李长青演义，学苑出版社2007年。

脉经（中医十大经典）（晋）王叔和撰，梁亚奇校注，学苑出版社2007年。

中医火神派三书：《医理真传》《医法圆通》《伤寒恒论》（清）郑钦安著，周鸿飞点校，学苑出版社2007年。

温病学进阶三书：《温病合编》《温热经纬》《温热论笺正》（清）石寿棠、（清）王士雄、陈光淞著，周鸿飞点校，学苑出版社2007年。

针灸甲乙经（中医十大经典） （晋）皇甫谧撰，刘聪校注，学苑出版社2007年。

神农本草经（中医十大经典） （清）顾观光辑，杨鹏举校注，学苑出版社2007年。

黄帝内经太素（中医十大经典） （唐）杨上善撰注，李云点校，学苑出版社2007年。

订正金匮要略演义 （汉）张仲景原著，（清）吴谦订正，李长青演义，学苑出版社2007年。

黄帝八十一难经（中医十大经典） （战国）扁鹊撰，高丹枫、王琳校注，学苑出版社2007年。

宋太医局诸科程文格注释 李顺保校注，学苑出版社2007年。

黄帝内经：放在枕边的实用生活全书（家庭健康生活） 刘彬编著，延边人民出版社2007年。

本草纲目：放在枕边的实用生活全书（家庭健康生活） 刘彬编著，延边人民出版社2007年。

千金方：放在枕边的实用生活全书（家庭健康生活） 刘彬编著，延边人民出版社2007年。

医心方：放在枕边的实用生活全书（家庭健康生活） 刘彬编著，延边人民出版社2007年。

细说黄帝内经：白话全译本 徐芹庭著，新世界出版社2007年。

乳病珍本集腋 楼丽华主编，浙江科学技术出版社2007年。

养生经 （元）丘处机等原典，季羽译注，中国纺织出版社2007年。

王九峰医案（中医经典文库） （清）王九峰著，江一平等校注，中国中医药出版社2007年。

温热经纬（中医经典文库） （清）王士雄撰，达美君等校注，中国中医药出版社2007年。

女科经纶（中医经典文库） （清）萧壎著，姜典华校注，中国中医药出版社2007年。

金匮要略广注（中医经典文库） （清）李彣著，杜晓玲校注，中国中医药出版社2007年。

读医随笔（中医经典文库） （清）周学海著，闫志安、周鸿艳校注，中国中医药出版社2007年。

医方考（中医经典文库） （明）吴

昆编著，洪青山校注，中国中医药出版社 2007 年。

理瀹骈文：外治医说（中医经典文库）（清）吴尚先著，张年顺等编校，中国中医药出版社 2007 年。

本经逢原（中医经典文库）（清）张璐撰，赵小青等校注，中国中医药出版社 2007 年。

针灸聚英（中医经典文库）（明）高武著，闫志安等校注，中国中医药出版社 2007 年。

本草纲目拾遗（中医经典文库）（清）赵学敏著，闫志安、肖培新校注，中国中医药出版社 2007 年。

古今医鉴（中医经典文库）（明）龚信纂辑，达美君等校注，中国中医药出版社 2007 年。

医学三信编（中医经典文库）（清）毛世洪撰，王忠云校注，中国中医药出版社 2007 年。

医学从众录（中医经典文库）（清）陈念祖著，金香兰校注，中国中医药出版社 2007 年。

黄帝素问宣明论方（中医经典文库）（金）刘完素著，宋乃光校注，中国中医药出版社 2007 年。

绛雪园古方选注（中医经典文库）（清）王子接著，李飞、武丹丹、黄琼磁校注，中国中医药出版社 2007 年。

重辑严氏济生方（中医经典文库）（宋）严用和撰，王道瑞、申好真重辑，中国中医药出版社 2007 年。

医方集解（中医经典文库）（清）汪昂著，鲍玉琴、杨德利校注，中国中医药出版社 2007 年。

卫生宝鉴（中医经典文库）（元）罗天益著，许敬生校注，中国中医药出版社 2007 年。

三因极一病证方论（中医经典文库）（宋）陈无择著，王象礼等校注，中国中医药出版社 2007 年。

妇人大全良方（中医经典文库）（宋）陈自明著，盛维忠校注，中国中医药出版社 2007 年。

辨证录（中医经典文库）（清）陈士铎著，王小芸等校注，中国中医药出版社 2007 年。

内外伤辨惑论（中医经典文库）（金）李东垣著，张年顺校注，中国中医药出版社 2007 年。

素问玄机原病式（中医经典文库）

（金）刘完素著，宋乃光点校，中国中医药出版社 2007 年。

伤寒明理论（中医经典文库）（金）成无己著，张国骏校注，中国中医药出版社 2007 年。

医学读书记（中医经典文库）（清）尤怡著，陆小左、李庆和、孙中堂校注，中国中医药出版社 2007 年。

素问病机气宜保命集（中医经典文库）（金）刘完素著，宋乃光校注，中国中医药出版社 2007 年。

兰室秘藏（中医经典文库）（金）李东垣著，张年顺校注，中国中医药出版社 2007 年。

医学启源（中医经典文库）（金）张元素著，郑洪新校注，中国中医药出版社 2007 年。

脾胃论（中医经典文库）（金）李东垣著，张年顺校注，中国中医药出版社 2007 年。

汤头歌诀（中医经典文库）（清）汪昂著，项长生校注，中国中医药出版社 2007 年。

幼科发挥（中医经典文库）（明）万全著，傅沛藩校注，中国中医药出版社 2007 年。

分类草药性新编（清）无名氏原著，邬家林、谢宗万新编，中医古籍出版社 2007 年。

伤科集成：续集 丁继华主编，中医古籍出版社 2007 年。

张仲景全书（汉）张机等撰，刘世恩等主编，中医古籍出版社 2007 年。

伤寒论译注（中医经典白话珍藏本）（汉）张机撰，边正方、边玉麟、边玉凤著，中医古籍出版社 2007 年。

救荒本草校释与研究（中医古籍名著集粹）（明）朱橚原著，王家葵等校注，中医古籍出版社 2007 年。

绍兴本草校注（宋元本草名著集成）南（宋）王继先等撰，尚志钧校注，中医古籍出版社 2007 年。

济众新编释［朝］康命吉撰，孙振杰主编，中医古籍出版社 2007 年。

中华泌尿男科学古典集成 樊友平等主编，中医古籍出版社 2007 年。

重订医门揽要（明）兰茂原著，

（清）管暄、（清）管濬校，楚更五、李平整理主编，中医古籍出版社 2007 年。

吴鞠通医书合编 （清）吴瑭著，严冰主编，中医古籍出版社 2007 年。

医医病书点注 （清）吴瑭著，卜开初点注，中医古籍出版社 2007 年。

本草纲目：精华本（家庭书架．品质生活）（明）李时珍著，《家庭书架》编委会编著，北京出版社 2007 年。

新编实用本草纲目 张英、张全编著，国家图书馆出版社 2008 年。

图解本草纲目（中医药养生宝典）（明）李时珍著，雷子、林静编著，中医古籍出版社 2008 年。

合阴阳 素女经 养性延命录 马王堆帛书整理小组等编，时代文艺出版社 2008 年。

明医杂著 （明）王纶撰，时代文艺出版社 2008 年。

伤寒论 （汉）张机著，时代文艺出版社 2008 年。

备急千金要方 （唐）孙思邈撰，时代文艺出版社 2008 年。

神农本草经 （魏）吴普等著，时代文艺出版社 2008 年。

金匮要略方论 （汉）张机著，时代文艺出版社 2008 年。

针灸大成 （明）杨继洲撰，时代文艺出版社 2008 年。

濒湖脉学 脾胃论 （明）李时珍、（金）李杲著，时代文艺出版社 2008 年。

难经 瘟疫论 旧题秦越人、（明）吴有性撰，时代文艺出版社 2008 年。

灵枢经 （宋）史崧重编，时代文艺出版社 2008 年。

素问 （唐）王冰编次，时代文艺出版社 2008 年。

黄帝内经：插图本 黄帝等著，万卷出版公司 2008 年。

汤液本草（中医经典文库）（元）王好古著，竹剑平主校，中国中医药出版社 2008 年。

伤寒来苏集（中医经典文库）（清）柯琴撰，王晨等校注，中国中医药出版社 2008 年。

格致余论局方发挥金匮钩玄（中医经典文库）（元）朱丹溪撰，刘学义校注，中国中医药出版社 2008 年。

医学三字经（中医经典文库）（清）陈修园撰，林慧光校注，中国中医药出版社 2008 年。

勉学堂针灸集成（中医经典文库）（清）廖润鸿编撰，赵小明校注，中国中医药出版社 2008 年。

齐氏医案（中医经典文库）（清）齐秉慧撰，姜兴俊、毕学琦校注，中国中医药出版社 2008 年。

鲁府禁方（中医经典文库）（明）龚廷贤编，张慧芳、伊广谦点校，中国中医药出版社 2008 年。

王孟英医案（中医经典文库）（清）王士雄著，达美君等点校，中国中医药出版社 2008 年。

丹溪心法（中医经典文库）（元）朱丹溪著，田思胜校注，中国中医药出版社 2008 年。

医旨绪余（中医经典文库）（明）孙一奎撰，韩学杰、张印生校注，中国中医药出版社 2008 年。

医理真传（中医经典文库）（清）郑寿全著，于永敏校注，中国中医药出版社 2008 年。

针灸大成（中医经典文库）（明）杨继洲著，夏魁周点校，中国中医药出版社 2008 年。

串雅全书（中医经典文库）（清）赵学敏著，中国中医药出版社 2008 年。

本草备要（中医经典文库）（清）汪昂编撰，中国中医药出版社 2008 年。

临证指南医案（中医经典文库）（清）叶天士撰，艾军等点校，中国中医药出版社 2008 年。

太医院秘藏膏丹丸散方剂（中医经典文库）（清）太医院编，伊广谦、张慧芳点校，中国中医药出版社 2008 年。

证治针经（中医经典文库）（清）郭诚勋编撰，中国中医药出版社 2008 年。

证治汇补（中医经典文库）（清）李用粹编著，吴唯校注，中国中医药出版社 2008 年。

小儿药证直诀（中医经典文库）

（宋）钱乙著，李志庸校注，中国中医药出版社 2008 年。

得配本草（中医经典文库）（清）严洁等著，姜典华等点校，中国中医药出版社 2008 年。

本草求真（中医经典文库）（清）黄宫绣著，王淑民校注，中国中医药出版社 2008 年。

石室秘录（中医经典文库）（清）陈士铎著，张灿玾点校，中国中医药出版社 2008 年。

柳选四家医案（中医经典文库）（清）柳宝诒选评，中国中医药出版社 2008 年。

本草新编（中医经典文库）（清）陈士铎著，柳长华、徐春波校注，中国中医药出版社 2008 年。

古今医案按（中医经典文库）（清）俞震纂辑，达美君等校注，中国中医药出版社 2008 年。

脉因证治（中医经典文库）（元）朱丹溪著，阎平校注，中国中医药出版社 2008 年。

随息居重订霍乱论（中医经典文库）（清）王孟英著，施仁潮主校，中国中医药出版社 2008 年。

诊家正眼（中医经典文库）（明）李中梓撰，包来发校注，中国中医药出版社 2008 年。

症因脉治（中医经典文库）（明）秦昌遇著，中国中医药出版社 2008 年。

此事难知（中医经典文库）（元）王好古著，江凌圳主校，中国中医药出版社 2008 年。

阴证略例（中医经典文库）（元）王好古著，王英主校，中国中医药出版社 2008 年。

兰台轨范（中医经典文库）（清）徐灵胎著，刘洋、刘惠杰校注，中国中医药出版社 2008 年。

医学源流论（中医经典文库）（清）徐灵胎著，刘洋校注，中国中医药出版社 2008 年。

伤寒贯珠集（中医经典文库）（清）尤在泾编注，黄海波等校注，中国中医药出版社 2008 年。

类证治裁（中医经典文库）（清）林珮琴编著，中国中医药出版社 2008 年。

本草崇原（中医经典文库）（明）张志聪著，中国中医药出版社

2008年。

经验良方全集（中医经典文库）（清）姚俊辑，陈湘平、由昆校注，中国中医药出版社2008年。

寓意草（中医经典文库）（清）喻昌撰，艾军等校注，中国中医药出版社2008年。

急救广生集（中医经典文库）（清）程鹏程辑，张静生等点校，中国中医药出版社2008年。

医方选要（中医经典文库）（明）周文采编集，中国中医药出版社2008年。

医学答问（中医经典文库）（清）梁玉瑜传，中国中医药出版社2008年。

素女经：全彩典藏图本（战国）无名氏著，中央编译出版社2008年。

黄帝内经 姚春鹏译注，中华书局2009年，2010年。

针灸甲乙经校释 南京中医学院校释，人民卫生出版社2009年。

难经校释 南京中医学院校释，人民卫生出版社2009年。

灵枢经校释 河北医学院校释，人民卫生出版社2009年。

脉经校释 福州市人民医院校释，人民卫生出版社2009年。

黄帝内经素问校释 山东中医学院、河北医学院校释，人民卫生出版社2009年。

诸病源候论校释 南京中医学院校释，人民卫生出版社2009年。

伤科集成 丁继华主编，人民卫生出版社2009年。

本草经述义 赵桐著，人民卫生出版社2009年。

伤寒述义 赵桐著，人民卫生出版社2009年。

金匮述义 赵桐著，人民卫生出版社2009年。

金匮要略 叶进主编，人民卫生出版社2009年。

内经 翟双庆主编，人民卫生出版社2009年。

金匮释要 陈仁旭主编，人民卫生出版社2009年。

针灸大成校释（明）杨继洲著，

张缙主编，人民卫生出版社2009年。

黄帝内经太素研究大成 钱超尘主编，北京出版社2009年。

本草蒙筌 （明）陈嘉谟撰，张印生等主校，中医古籍出版社2009年。

苏沈内翰良方 （宋）沈括、（宋）苏轼撰，宋珍民、李恩君校，中医古籍出版社2009年。

黄帝内经素问考证新释 申洪砚、周海平编著，中医古籍出版社2009年。

嘉祐本草辑复本 （宋）掌禹锡等撰，尚志钧辑复，中医古籍出版社2009年。

黄帝内经灵枢译注 牛兵占主编，中医古籍出版社2009年。

脉经译注 牛兵占主编，中医古籍出版社2009年。

千金要方集要（中医古籍新点新校新参考系列）（唐）孙思邈原著，余瀛鳌等编选，辽宁科学技术出版社2009年。

活人书（中医经典文库）（宋）朱肱著，梁海涛等点校，中国中医药出版社2009年。

难经本义（中医经典文库）（元）滑寿著，中国中医药出版社2009年。

金匮要略心典（中医经典文库）（清）尤怡著，中国中医药出版社2009年。

外科症治全生集（中医经典文库）（清）王洪绪原著，中国中医药出版社2009年。

医法圆通（中医经典文库）（清）郑寿全著，中国中医药出版社2009年。

明医杂著（中医经典文库）（明）王纶撰，吴承艳校注，中国中医药出版社2009年。

外治寿世方（中医经典文库）（清）邹存淦著，中国中医药出版社2009年。

世医得效方（中医经典文库）（元）危亦林著，戴铭等校注，中国中医药出版社2009年。

孙思邈医学全书 （唐）孙思邈著，张印生、韩学杰主编，中国中医药出版社2009年。

黄帝内经 罗希文主编，中国中医药出版社2009年。

济阴纲目（中医经典文库）（明）武之望著，中国中医药出版社2009年。

黄帝内经素问（用耳朵学中医系列丛书）中国中医药出版社2009年。

灵枢经（用耳朵学中医系列丛书）中国中医药出版社2009年。

金匮要略方论（用耳朵学中医系列丛书）（汉）张仲景著，中国中医药出版社2009年。

伤寒论（用耳朵学中医系列丛书）（汉）张仲景著，中国中医药出版社2009年。

医学研悦（中医经典文库）（明）李盛春等编辑，田思胜等校注，中国中医药出版社2009年。

广瘟疫论（中医经典文库）（清）戴天章著，彭丽坤、陈仁寿点校，中国中医药出版社2009年。

幼科释谜（中医经典文库）（清）沈金鳌辑著，李晓林、刘宏校注，中国中医药出版社2009年。

医贯（中医经典文库）（明）赵献可著，晏婷婷校注，中国中医药出版社2009年。

伤寒论条辨（新安医学名著丛书）（明）方有执撰，储全根、李董男校注，中国中医药出版社2009年。

伤寒论后条辨读伤寒论赘余（新安医学名著丛书）（清）程应旄撰，王旭光、汪沪双校注，中国中医药出版社2009年。

医旨绪余（中医经典文库）（明）孙一奎撰，韩学杰、张印生校注，中国中医药出版社2009年。

孙文垣医案（新安医学名著丛书）（明）孙一奎撰，许霞、张玉才校注，中国中医药出版社2009年。

医学原理（新安医学名著丛书）（明）汪机撰，储全根、万四妹校注，中国中医药出版社2009年。

本草备要（新安医学名著丛书）（清）汪昂撰，王德群等校注，中国中医药出版社2009年。

杏轩医案（新安医学名著丛书）（清）程杏轩撰，储全根、李董男校注，中国中医药出版社2009年。

医方集解（新安医学名著丛书）（清）汪昂撰，方向明校注，中国中医药出版社 2009 年。

老老余编养生余录（新安医学名著丛书）（明）徐春甫编著，汪沪双校注，中国中医药出版社 2009 年。

医说（新安医学名著丛书）（宋）张杲撰，王旭光、张宏校注，中国中医药出版社 2009 年。

伤寒论条辨续注（新安医学名著丛书）（明）方有执撰，黄金玲、桑方方校注，中国中医药出版社 2009 年。

医学心悟（新安医学名著丛书）（清）程国彭撰，王键、郜峦校注，中国中医药出版社 2009 年。

医碥（新安医学名著丛书）（清）何梦瑶撰，吴昌国校注，中国中医药出版社 2009 年。

四圣心源 （清）黄元御著，孙洽熙校注，中国中医药出版社 2009 年。

望诊遵经（新安医学名著丛书）（清）汪宏撰，陈雪功、张红梅校注，中国中医药出版社 2009 年。

黄帝内经 杨永杰、龚树全主编，线装书局 2009 年。

达摩易筋经 严蔚冰编著，上海古籍出版社 2009 年。

医法圆通 （清）郑钦安著，周鸿飞点校，学苑出版社 2009 年。

本草纲目：双色版精编插图 （明）李时珍原著，北方妇女儿童出版社 2010 年。

汤头歌诀：精编插图双色版 （清）汪昂编著，北方妇女儿童出版社 2010 年。

伤寒瘟疫条辨 （清）杨璿撰，王致谱点校，福建科学技术出版社 2010 年。

重订广温热论 （清）戴天章撰，俞鼎芬、王致谱点校，福建科学技术出版社 2010 年。

温热湿热集论 （清）叶桂、（清）薛雪、（清）王士雄著，张志斌、刘悦点校，福建科学技术出版社 2010 年。

温疫论广翼 （明）吴有性、（清）戴天章、（清）蒋示吉著，张志斌、农汉才、郑金生点校，福建科学技术出版社 2010 年。

温病条辨 （清）吴瑭著，张志斌点校，福建科学技术出版社

2010 年。

时病论 （清）雷丰著，杨梅香、郑金生点校，福建科学技术出版社 2010 年。

黄帝内经素问校注语译 郭霭春编著，贵州教育出版社 2010 年。

全注全译黄帝八十一难经 孙理军主编，贵州教育出版社 2010 年。

全注全译金匮要略 （汉）张仲景著，董政华、杨轶主编，贵州教育出版社 2010 年。

全注全译伤寒论 （汉）张仲景著，张景明、陈震霖主编，贵州教育出版社 2010 年。

全注全译温病条辨 （清）吴鞠通著，李长秦、孙守才主编，贵州教育出版社 2010 年。

周慎斋医学全书 （明）周之干著，武国忠点校，海南出版社 2010 年。

医学三字经 （清）陈修园著，金盾出版社 2010 年。

本草纲目全书 （明）李时珍著，内蒙古人民出版社 2010 年。

黄元御读伤寒：《伤寒悬解》《伤寒说意》 （清）黄元御著，李玉宾主校，人民军医出版社 2010 年。

医家四要 （清）程曦、（清）江诚、（清）雷大震纂，唐文吉、唐文奇点校，人民军医出版社 2010 年。

女科经纶 （清）萧壎原著，姚颖玉点校，人民军医出版社 2010 年。

绛雪丹书 （明）赵贞观原著，陈伟然点校，人民军医出版社 2010 年。

冷庐医话 （清）陆以湉原著，张暖点校，人民军医出版社 2010 年。

经方例释 （清）莫枚士原著，吴艳萍、卢月英点校，人民军医出版社 2010 年。

读医随笔 （清）周学海原著，杨洪霞点校，人民军医出版社 2010 年。

医法圆通：临床一方多用的奥秘 （清）郑寿全著，张家玮主校，人民军医出版社 2010 年。

本草三家合注 （清）郭汝聪纂集，（清）张隐庵、（清）叶天士、（清）陈修园注，韩飞等校注，山西科学技术出版社 2010 年。

《杂病广要》释义　（明）胡文焕原撰，周德生、张超君、陈新宇编著，山西科学技术出版社2010年。

《三指禅》释义　（明）胡文焕原撰，周德生、刘东亮编著，山西科学技术出版社2010年。

《女科经论》释义　（明）胡文焕原撰，周德生、周俊编著，山西科学技术出版社2010年。

《养生导引秘籍》释义　（明）胡文焕原撰，黄雄、崔晓艳、吴宗劲编著，山西科学技术出版社2010年。

类证治裁　（清）林珮琴编著，张克敏等勘校，山西科学技术出版社2010年。

医案摘奇雪雅堂医案　（清）傅松元著，（清）张士骧著，吴海新等校注，山西科学技术出版社2010年。

沈氏女科辑要笺疏　（清）沈又彭等编，常思娟等校注，山西科学技术出版社2010年。

伤寒总病论伤寒微旨论伤寒明理续论　（宋）庞安时撰，（宋）韩祇和撰，（明）陶华撰，李殿义等校注，山西科学技术出版社2010年。

察病指南丹溪脉诀指掌三指禅　（宋）施发撰，（元）朱振亨撰，（清）周学霆撰，叶宏等校注，山西科学技术出版社2010年。

医津一筏　医经读内经辨言　（清）江之兰撰，（清）沈又彭撰，（清）俞樾著，胡跃文等校注，山西科学技术出版社2010年。

河间六书　（金）刘完素著，张克敏、宋志萍、刘雅玲主编，山西科学技术出版社2010年。

张氏医通　（清）张璐撰，胡双元等校注，山西科学技术出版社2010年。

景宋本脉经　（晋）王叔和撰著，陈居伟校注，学苑出版社2010年。

四诊秘录　（清）欣澹庵原著，朱世纯等整理，学苑出版社2010年。

脉理求真　脉诊便读　（清）黄宫绣著，张秉成编撰，张效霞、田静峰校注，学苑出版社2010年。

订正太素脉秘诀　（明）张太素著，赵怀舟、王小芸、葛敬生点校，学苑出版社2010年。

望色启微　（明）蒋示吉口述，王咪咪点校，学苑出版社2010年。

形色外诊简摩 （清）周学海撰，王小芸等校注，学苑出版社2010年。

扁鹊心书 （宋）窦材撰，赵宇宁、江南、郭智晓点校，学苑出版社2010年。

内经博义 （清）罗东逸著，孙国中、方向红点校，学苑出版社2010年。

本草便读 （清）张秉成编撰，张效霞校注，学苑出版社2010年。

成方便读 （清）张秉成撰，张效霞、杜鹃校注，学苑出版社2010年。

精校医方一盘珠 （清）洪金鼎著，张金鑫校注，学苑出版社2010年。

本草求真 （清）黄宫绣编著，刘理想、潘秋平校注，学苑出版社2010年。

四诊抉微 （清）林之翰撰，王小芸等校注，学苑出版社2010年。

望诊遵经 （清）汪宏著，王小芸、赵怀舟、张玲校注，学苑出版社2010年。

内经评文 （清）周学海著，孙国中、方向红点校，学苑出版社2010年。

景岳全书译注 （明）张介宾原著，王大淳主编，王志坦等译注，中国人民大学出版社2010年。

金匮要略心典译注 （汉）张仲景原著，张清苓主编，中国人民大学出版社2010年。

脉经语释译注　濒湖脉学译注 （晋）王叔和原著，（明）李明珍原著，王洪琦主编，吴承玉等主编，中国人民大学出版社2010年。

中藏经译注　素问玄机原病式译注 （汉）华佗原著，（金）刘完素原著，孙光荣主编，袁思芳主编，中国人民大学出版社2010年。

脾胃论译注　刘涓子鬼遗方译注 （金）李东垣原著，（南朝齐）龚庆宣原著，王庆其主编、译注，陈彤云主编，中国人民大学出版社2010年。

黄帝内经素问 崔应珉、王淼注译，中州古籍出版社2010年。

温病条辨 （清）吴瑭著，孙志波点校，中医古籍出版社2010年。

新编宋本仲景全书 （汉）张仲景

原著，秦恩甲整理，中医古籍出版社2010年。

仲景全书之伤寒论金匮要略方论 （汉）张仲景著，张新勇点校，中医古籍出版社2010年。

脉如 （清）郭元峰著，郑蓉校注，中医古籍出版社2010年。

洗髓经 严蔚冰整理，上海古籍出版社2010年。

金匮要略译注 （汉）张仲景著，刘霭韵译注，上海古籍出版社2010年。

格致余论（义乌丛书）（元）朱震亨撰，上海古籍出版社2010年。

局方发挥（义乌丛书）（元）朱震亨撰，上海古籍出版社2010年。

丹溪先生胎产秘书（义乌丛书）（元）朱震亨撰，上海古籍出版社2010年。

黄帝内经 鲍良红点评，广陵书社2010年。

黄帝内经 刘毅编著，北京燕山出版社2010年。

本草纲目 （明）李时珍著，北京燕山出版社2010年。

难经 神农本草经 《用耳朵学中医系列丛书》编委会编，中国中医药出版社2010年。

温疫论 （明）吴又可著，何永校注，中国医药科技出版社2011年。

黄帝内经 郝易整理，中华书局2011年。

黄帝内经 姚春鹏评注，中华书局2011年。

养性延命录摄生消息论（中华养生经典）（梁）陶弘景、（元）丘处机撰，王文宏、崔志光评注，中华书局2011年。

修龄要指（中华养生经典）（明）冷谦撰，郑红斌、刘苏娅评注，中华书局2011年。

老老恒言（中华养生经典）（清）曹庭栋撰，黄作阵等评注，中华书局2011年。

食疗本草（中华养生经典）（唐）孟诜、张鼎撰，尹德海评注，中华书局2011年。

东坡养生集（中华养生经典）（明）王如锡辑，章原评注，中华书局2011年。

重广补注黄帝内经素问（中华再造善本续编）（唐）王冰注，（宋）林亿等校正，（宋）孙兆改误，国家图书馆出版社2011年。

活法机要　怪疴单（义乌丛书）（元）朱震亨撰，上海古籍出版社2011年。

医学发明（义乌丛书）（元）朱震亨撰，上海古籍出版社2011年。

丹溪先生金匮钩玄（义乌丛书）（元）朱震亨撰，上海古籍出版社2011年。

丹溪先生心法（义乌丛书）（元）朱震亨撰，上海古籍出版社2011年。

增订医学正旨择要（清）陈雍编，楚更五、李平主编，中医古籍出版社2011年。

黄帝内经：全新校勘精注今译版　徐寒主编，中国书店2011年。

黄帝内经：译文注释版　曹金洪主编，北京燕山出版社2011年。

《普济本事方》发微　朱步先著，人民卫生出版社2011年。

中医临床必读丛书合订本．方书卷　苏礼等整理，人民卫生出版社2011年。

中医临床必读丛书合订本．本草卷　郑金生等整理，人民卫生出版社2011年。

中医临床必读丛书合订本．医案医话医论卷　苏礼等整理，人民卫生出版社2011年。

历代养生家颐养精要：清代养生家名著摘锦　周贻谋编著，人民卫生出版社2011年。

金匮要略　陈纪藩主编，人民卫生出版社2011年。

中医临床必读丛书合订本．针灸卷　黄龙祥等整理，人民卫生出版社2011年。

中医临床必读丛书合订本．医经·理论·诊法卷　田代华等整理，人民卫生出版社2011年。

医宗金鉴（清）吴谦等编，郑金生整理，人民卫生出版社2011年。

中医临床必读丛书合订本．临证各科卷　王英等整理，人民卫生出版社2011年。

本草纲目家庭读本（明）李时珍

著，庞德湘主编，中国中医药出版社2011年。

《黄帝内经·素问》注评 中医研究院研究生班编著，中国中医药出版社2011年。

《伤寒论》注评 中医研究院研究生班编著，中国中医药出版社2011年。

《黄帝内经·灵枢》注评 中医研究院研究生班编著，中国中医药出版社2011年。

《金匮要略》注评 中医研究院研究生班编著，中国中医药出版社2011年。

重订王孟英医案 盛增秀主编，中国中医药出版社2011年。

朱丹溪医案评析 孙曼之著，中国中医药出版社2011年。

吴氏医验录全集 （清）吴楚著，李鸿涛等校注，中国中医药出版社2011年。

《内经》精要汇编 徐荣斋编著，中国中医药出版社2011年。

重订通俗伤寒论 （清）俞根初著，徐荣斋重订，中国中医药出版社2011年。

医家秘奥 （明）周慎斋著，任启松、黄小龙校注，中国中医药出版社2011年。

慎柔五书 （明）胡慎柔撰述，任启松、黄小龙校注，中国中医药出版2011年。

时病论（中医经典文库）（清）雷丰著，中国中医药出版社2011年。

温疫论（中医经典文库）（明）吴有性著，中国中医药出版社2011年。

中医经典国学名篇选编 李俊伟主编，中国中医药出版社2011年。

中医经典要文便读 吕光耀、安冬青主编，中国中医药出版社2011年。

嵩厓尊生 （清）景日昣著，赵宝峰点校，中国中医药出版社2011年。

轩岐救正论 （明）萧京著，刘德荣、陈玉鹏校注，线装书局2011年。

＊**黄帝内经** 钟芒主编，姚春鹏编译，（香港）中华书局2011年。

＊**黄帝内经白话详解** 郑红斌主编，台湾大展出版社 2011 年。

天文算法类

算经十书（万有文库）（清）戴震校，商务印书馆 1930 年。

海岛算经（丛书集成初编）（晋）刘徽撰，（唐）李淳风等注释，商务印书馆 1933 年。

测量异同（丛书集成初编）（明）徐光启撰，商务印书馆 1933 年。

勾股义（丛书集成初编）（明）徐光启撰，商务印书馆 1933 年。

数理精蕴（万有文库）清圣祖敕编，商务印书馆 1935 年，1936 年。

澹宁斋算稿 （清）王积沂著，绮春阁书庄 1935 年。

测圆海镜细草（丛书集成初编）（元）李治撰，商务印书馆 1935 年。

算迪（丛书集成初编）（清）何梦瑶撰，商务印书馆 1935 年。

周髀算经（四部丛刊）（汉）赵君卿注，（北周）甄鸾重述，（唐）李淳风等注释，商务印书馆 1936 年。

周髀算经（四部备要）（汉）赵爽注，中华书局 1936 年。

九章算术（四部丛刊）（魏）刘徽注，（唐）李淳风等注释，商务印书馆 1936 年。

长术辑要（四部备要）（清）汪日桢撰，中华书局 1936 年。

九章算术（附音义）（丛书集成初编）（晋）刘徽注，（唐）李淳风注，（唐）李籍音义，商务印书馆 1936 年。

详解九章算法（附纂类）（丛书集成初编）（宋）杨辉撰，商务印书馆 1936 年。

详解九章算法札记（丛书集成初编）（清）宋景昌撰，商务印书馆 1936 年。

数书九章（附考）（丛书集成初编）（宋）秦九韶撰，商务印书馆 1936 年。

数书九章札记（丛书集成初编）（清）宋景昌撰，商务印书馆 1936 年。

益古演段（丛书集成初编）（元）李治撰，商务印书馆 1936 年。

丁巨算法（丛书集成初编）（元）丁巨撰，商务印书馆1936年。

算法通变本末（丛书集成初编）（宋）杨辉编，商务印书馆1936年。

乘除通变算宝（丛书集成初编）（宋）杨辉撰，商务印书馆1936年。

法算取用本末（丛书集成初编）（宋）杨辉、（宋）史仲荣编，商务印书馆1936年。

透帘细草（丛书集成初编） 撰人不详，商务印书馆1936年。

外切密率（丛书集成初编）（清）戴煦撰，商务印书馆1936年。

浑盖通宪图说（丛书集成初编）（明）李之藻撰，商务印书馆1936年。

六经天文编（丛书集成初编）（宋）王应麟撰，商务印书馆1936年。

星经（丛书集成初编）（汉）甘宁、石申撰，商务印书馆1936年。

星象考（丛书集成初编）（宋）邹淮撰，商务印书馆1936年。

交食经（附日食一贯歌·月食一贯歌）（丛书集成初编）（清）张宷臣指授，（清）欧阳斌元著法，商务印书馆1936年。

戊申立春考证（丛书集成初编）（明）邢云路撰，商务印书馆1936年。

正朔考（丛书集成初编）（宋）魏了翁撰，商务印书馆1936年。

古今律历考（丛书集成初编）（明）邢云路撰，商务印书馆1936年。

晓庵新法（丛书集成初编）（清）王锡阐著，商务印书馆1936年。

春秋夏正（丛书集成初编）（清）胡天游撰，商务印书馆1936年。

天步真原（丛书集成初编）（清）薛凤祚撰，商务印书馆1936年。

推步法解（丛书集成初编）（清）江永撰，商务印书馆1936年。

数学（丛书集成初编）（清）江永撰，商务印书馆1936年。

太岁超辰表（丛书集成初编）（清）汪日桢撰，商务印书馆1936年。

周髀算经（附音义）（丛书集成初编）（汉）赵爽注，（北周）甄鸾重述，（唐）李淳风注，（唐）李籍音义，商务印书馆 1937 年。

周髀算经述（丛书集成初编）（清）冯经撰，商务印书馆 1937 年。

弧矢算术细草（丛书集成初编）（清）李锐撰，商务印书馆 1937 年。

勾股截积和较算术（丛书集成初编）（清）罗士琳撰，商务印书馆 1937 年。

算略（丛书集成初编）（清）冯经撰，商务印书馆 1937 年。

务民义斋算学（丛书集成初编）（清）徐有壬撰，商务印书馆 1937 年。

杨辉算法札记（丛书集成初编）（清）宋景昌撰，商务印书馆 1937 年。

新仪象法要（丛书集成初编）（宋）苏颂撰，商务印书馆 1937 年。

数学九章（国学基本丛书）（宋）秦九韶著，商务印书馆 1937 年。

四元玉鉴细草（万有文库）（元）朱士杰著，罗士琳补草，商务印书馆 1937 年。

数书九章札记（国学基本丛书）（清）宋景昌著，商务印书馆，1937 年。

中西经星同异考（万有文库）（清）梅文鼎著，商务印书馆 1937 年。

孙子算经（丛书集成初编）（唐）李淳风撰，商务印书馆 1939 年。

数术记遗（丛书集成初编）（汉）徐岳著，商务印书馆 1939 年。

五曹算经（丛书集成初编）（唐）李淳风注释，商务印书馆 1939 年。

夏侯阳算经（丛书集成初编）（隋）夏侯阳著，商务印书馆 1939 年。

五经算术（丛书集成初编） 北（周）甄鸾撰，（唐）李淳风等注释，商务印书馆 1939 年。

张丘建算经（丛书集成初编）（北周）甄鸾注，商务印书馆 1939 年。

缉古算经（附细草）（丛书集成初编）（唐）王孝通撰并注，（清）张敦仁细草，商务印书馆 1939 年。

田亩比类乘除捷法（丛书集成初编）（宋）杨辉集，商务印书馆 1939 年。

续古摘奇算法（丛书集成初编）（宋）杨辉集，商务印书馆 1939 年。

对数简法（丛书集成初编）（清）戴煦撰，商务印书馆 1939 年。

续对数简法（丛书集成初编）（清）戴煦撰，商务印书馆 1939 年。

假数测圆（丛书集成初编）（清）戴煦撰，商务印书馆 1939 年。

中西经星同异考（丛书集成初编）（清）梅文鼎撰，商务印书馆 1939 年。

二仪铭补注（丛书集成初编）（清）梅文鼎撰，商务印书馆 1939 年。

历学答问（丛书集成初编）（清）王锡阐撰，商务印书馆 1939 年。

历学疑问补（丛书集成初编）（清）梅文鼎撰，商务印书馆 1939 年。

五星行度解（丛书集成初编）（清）王锡阐撰，商务印书馆 1939 年。

周髀算经　（汉）赵爽注，（北周）甄鸾重述，商务印书馆 1955 年。

春秋历学三种　（清）王韬撰，曾次亮点校，中华书局 1969 年。

勾股举隅释义　（清）梅文鼎撰，胡术五等编译，安徽出版社 1959 年。

嘉量算经　（明）朱载堉撰，上海书店 1979 年。

九章算术注释　白尚恕注释，科学出版社 1983 年。

＊**九章算经点校**　钱宝琮撰，台湾九章出版社 1984 年。

测圆海镜今译　（元）李治撰，白尚恕译、钟善基校，山东教育出版社 1985 年。

算法纂要校释　（明）程大位撰，李培业校释，安徽教育出版社 1986 年。

古经天象考　（清）雷学淇撰，江苏广陵古籍刻印社 1989 年。

管窥辑要　（清）黄鼎辑，江苏广陵古籍刻印社 1990 年。

诸天讲（康有为学术著作选）（清）康有为撰，楼宇烈整理，中华书局 1990 年。

九章算术汇校本　郭书春汇校，辽宁教育出版社 1990 年，辽宁教育出版社、台湾九章出版社 2004 年增补本。

九章算术今解 肖作政编译，辽宁人民出版社 1990 年。

九章算术今译 白尚恕译，山东教育出版社 1990 年。

历法大典（中国笔记小说文库续编）（清）蒋廷锡等编，上海文艺出版社 1993 年。

协纪辨方书（中华方术典籍丛刊）（清）梅瑴成等编写，刘道超译注，广西人民出版社 1993 年。

敦煌天文历法文献辑校（敦煌文献分类录校丛刊）邓文宽辑校，江苏古籍出版社 1996 年，1999 年。

张家山汉简算术书注释 彭浩辑注，科学出版社 2001 年。

＊**九章算术校证** 李继闵撰，台湾九章出版社 2002 年。

中国三千年气象记录总集 张德二主编，凤凰出版社 2004 年。

周髀算经（中华再造善本）（汉）赵君卿注，（北周）甄鸾重述，（唐）李淳风等注释，北京图书馆出版社 2004 年。

孙子算经（中华再造善本）（唐）李淳风等注释，北京图书馆出版社 2004 年。

张丘建算经（中华再造善本）（北周）甄鸾注，（唐）李淳风等注释，（唐）刘孝孙细草，北京图书馆出版社 2004 年。

九章算经（中华再造善本）（魏）刘徽注，（唐）李淳风等注释，北京图书馆出版社 2005 年。

六经天文编（中华再造善本）（宋）王应麟撰，北京图书馆出版社 2006 年。

四元玉鉴：汉英对照（大中华文库.第 2 辑）（元）朱世杰著，郭书春今译，陈在新英译，郭金海整理，辽宁教育出版社 2006 年。

律历融通校注 （明）朱载堉著，刘勇、唐继凯校注，中国文联出版社 2006 年。

九章算术：白话译解插图全本 （汉）张苍等辑撰，曾海龙译释，重庆大学出版社 2006 年。

四元玉鉴校证 （元）朱世杰原著，李兆华校证，科学出版社 2007 年。

新仪象法要译注（中国古代科技名著译注丛书）（宋）苏颂著，陆敬严、钱学英译注，上海古籍出版社

2007 年。

九章算术译注 郭书春译注，上海古籍出版社 2009 年。

崇祯历书 （明）徐光启编纂，上海古籍出版社 2009 年。

历代长术辑要（中华再造善本续编）（清）汪日桢撰，国家图书馆出版社 2009 年。

方星图解（中华再造善本续编）［意］闵明我撰，国家图书馆出版社 2010 年。

沈钦裴四元细草今译 （清）沈钦裴原著，刘洪元今译，东北大学出版社 2010 年。

回回历法（中华再造善本续编） 佚名撰，国家图书馆出版社 2011 年。

术数类

李笠翁闺房秘术 （清）李渔著，惕盦主人编辑，大通图书社 1924 年。

相理衡真（相法汇刊） 秦慎安校，文明书局 1925 年，1930 年。

神骨冰鉴　白鹤仙数（相法汇刊） 秦慎安校，文明书局 1925 年，1930 年。

神相全编（相法汇刊）（宋）陈抟秘传，（明）袁忠彻订，秦慎安校，文明书局 1925 年，1930 年。

神相水镜集（相法汇刊）（清）范文园著，秦慎安校，文明书局 1925 年，1930 年。

神相铁关刀（相法汇刊） 秦慎安校，文明书局 1925 年。

太清神鉴（相法汇刊） 秦慎安校，文明书局 1925 年，1930 年。

演禽三世相法（相法汇刊）（唐）袁天纲选，秦慎安校，文明书局 1925 年，1930 年。

照胆经（相法汇刊） 秦慎安校，文明书局 1925 年，1930 年。

麻衣相法（相法汇刊） 秦慎安校，文明书局 1925 年，1930 年。

柳庄相法（相法汇刊） 秦慎安校，文明书局 1925 年，1930 年。

卜易指南（占卜汇刊） 秦慎安校，文明书局 1925 年。

灵棋经（占卜汇刊） 秦慎安校，文明书局 1925 年。

易隐（占卜汇刊） 秦慎安校，文明书局1925年。

增删卜易（占卜汇刊） 秦慎安校，文明书局1925年。

六壬鬼撮脚 秦慎安校，文明书局1925年。

六壬眎斯 秦慎安校，文明书局1925年。

六壬寻原 秦慎安校，文明书局1925年。

六壬指南 秦慎安校，文明书局1925年。

牙牌神数（占卜汇刊） 秦慎安校，文明书局1925年。

奇门元灵经（占卜汇刊） 秦慎安校，文明书局1925年。

奇门遁甲统宗 秦慎安校，文明书局1925年。

奇门五总龟（占卜汇刊） 秦慎安校，文明书局1925年。

梅花易数 （宋）邵雍著，秦慎安校，文明书局1925年。

河洛理数 （宋）陈抟著，（宋）邵雍述，秦慎安校，文明书局1926年，1929年。

董公选要览 （明）董潜著，秦慎安校，文明书局1926年，1929年。

星平会海 秦慎安校，文明书局1926年，1929年。

张果星宗 秦慎安校，文明书局1926年。

三命通会 秦慎安校，文明书局1926年。

滴天髓 穷通宝鉴 秦慎安校，文明书局1926年，1929年。

阴阳二宅全书 秦慎安校，文明书局1926年。

阳宅大全 秦慎安校，文明书局1926年。

阳宅紫府宝鉴 秦慎安校，文明书局1926年。

平砂玉尺经 秦慎安校，文明书局1926年。

罗经透解 秦慎安校，文明书局1926年。

罗经解定 秦慎安校，文明书局1926年。

穿透真传 （清）张九仪著，秦慎

安校，文明书局 1926 年。

地理录要 蒋平阶、郑熊等著，秦慎安校，文明书局 1926 年。

地理末学 秦慎安校，文明书局 1926 年。

地理正宗 秦慎安校，文明书局 1926 年。

地理知半金籁秘 秦慎安校，文明书局 1926 年。

乾坤法窍 （清）范宣宾集，秦慎安校，文明书局 1926 年。

郭璞葬经 水龙经 秦慎安校，文明书局 1926 年。

珠神真经 （宋）吴景鸾著，文明书局 1928 年。

神峰通考 秦慎安校，文明书局 1929 年。

渊海子平 子平真诠 秦慎安校，文明书局 1929 年。

精选命理约言 （清）陈之遴（素庵）著，韦大可（千里）选，韦千里刊 1933 年，韦氏命苑 1935 年，千顷堂书局 1941 年。

麻衣相法 归采臣标点，大新图书社 1934 年，1935 年。

滴天髓辑要 （清）陈素庵辑订，乾乾书社 1936 年。

子平真诠评注 （清）沈孝瞻著，徐乐吾评注，乾乾书社 1936 年。

李笠翁行乐秘术 （清）李渔著，惕盦主人编，大通图书社 1936 年。

葬学 （晋）郭朴著，高星权校，1936 年。

太玄经（四部丛刊） （汉）扬雄撰，（晋）范望注，商务印书馆 1936 年。

集注太玄（四部备要） （宋）司马光撰，中华书局 1936 年。

易林注（四部丛刊） （汉）焦延寿撰，商务印书馆 1936 年。

易林（四部备要） （汉）焦延寿撰，中华书局 1936 年。

皇极经世书绪言（四部备要）（宋）邵雍撰，中华书局 1936 年。

翼玄（丛书集成初编） （宋）张行成撰，商务印书馆 1936 年。

丙丁龟鉴（丛书集成初编） （宋）柴望辑，商务印书馆 1936 年。

随笔兆（丛书集成初编）（宋）洪迈撰，商务印书馆 1936 年。

稽瑞（丛书集成初编）（唐）刘赓撰，商务印书馆 1936 年。

灵棋经（丛书集成初编）（汉）东方朔撰，商务印书馆 1936 年。

乙巳占（丛书集成初编）（唐）李淳风撰，商务印书馆 1936 年。

字触（丛书集成初编）（清）周亮工辑，商务印书馆 1936 年。

焦氏易林（丛书集成初编）（汉）焦延寿撰，商务印书馆 1937 年。

人伦大统赋（丛书集成初编）（金）张行简撰，（元）薛延年注，商务印书馆 1937 年。

（评注）渊海子平 星相研究社编，春明书店 1938 年。

出行宝镜（丛书集成初编） 商务印书馆 1939 年。

元包数总义（丛书集成初编）（宋）张行成述，商务印书馆 1939 年。

元包经传（丛书集成初编） 后（周）卫元嵩述，（唐）苏源明传，李江注，商务印书馆 1939 年。

麻衣道者正易心法（丛书集成初编）（宋）陈抟受并消息，商务印书馆 1939 年。

五行大义（丛书集成初编）（隋）萧吉撰，商务印书馆 1939 年。

潜虚（附发微论）（丛书集成初编）（宋）司马光著，（宋）张敦实论述，商务印书馆 1939 年。

潜虚解（丛书集成初编）（清）焦袁熹撰，商务印书馆 1939 年。

潜虚述义（附录·考异）（丛书集成初编）（宋）司马光著，（清）苏天木撰，商务印书馆 1939 年。

大六壬苗公射覆鬼撮脚（丛书集成初编） 撰人不详，商务印书馆 1939 年。

景祐六壬神定经（丛书集成初编）（宋）杨维德撰，商务印书馆 1939 年。

天文占验（丛书集成初编） 撰人不详，商务印书馆 1939 年。

通占大象历星经（丛书集成初编） 撰人不详，商务印书馆 1939 年。

土牛经（丛书集成初编）（宋）向孟撰，商务印书馆 1939 年。

相雨书（丛书集成初编）（唐）黄子发撰，商务印书馆 1939 年。

云气占候篇（丛书集成初编）（清）韬庐子（汪宗沂）撰，商务印书馆 1939 年。

占验录（丛书集成初编）（明）周履靖辑，商务印书馆 1939 年。

四字经（丛书集成初编）（唐）德行禅师著，商务印书馆 1939 年。

李虚中命书（丛书集成初编）（唐）李虚中注，商务印书馆 1939 年。

珞琭子三命消息赋注（丛书集成初编）（宋）徐子平撰，商务印书馆 1939 年。

珞琭子赋注（丛书集成初编）（宋）释昙莹撰，商务印书馆 1939 年。

乾元秘旨（丛书集成初编）（清）舒继英撰，商务印书馆 1939 年。

三命指迷赋（丛书集成初编）（宋）珞琭子著，岳珂补注，商务印书馆 1939 年。

太清神鉴（丛书集成初编）后（周）王朴撰，商务印书馆 1939 年。

秘传水龙经（丛书集成初编）（清）蒋平阶辑，商务印书馆 1939 年。

梦占逸旨（丛书集成初编）（明）陈士元撰，商务印书馆 1939 年。

纪梦编年（附续编）（丛书集成初编）（清）释成鹫著，商务印书馆 1939 年。

阳宅辟谬（丛书集成初编）（清）梅漪老人（梅文田）撰，商务印书馆 1939 年。

（增补）渊海子平评注（宋）徐升编，广益书局 1948 年。

天竺灵签（中国古代版画丛刊）郑振铎编，中华书局上海编辑所 1958 年，1988 年。

太玄校释（汉）扬雄撰，郑万耕校释，北京师范大学出版社 1989 年。

太玄经（诸子百家丛书）（汉）扬雄撰，（晋）范望注，上海古籍出版社 1990 年，1995 年。

焦氏易林注 尚秉和注，中国书店 1990 年。

奇门遁甲白话精粹 奇行编译，广西民族出版社 1991 年。

宋钞本洪范政鉴 （宋）赵祯撰，书目文献出版社 1992 年。

白话三玄 孔泽人编译，中州古籍出版社 1992 年。

梦林玄解 （晋）葛洪撰，（明）陈士元增删，叶明鉴编译，朝华出版社 1993 年。

邵子神数 （宋）邵雍撰，杜群喜编校，董珏澹校理，中州古籍出版社 1993 年。

梅花易数白话解 （宋）邵雍撰，刘光本、周荣益译，山东人民出版社 1993 年，中国广播电视出版社 2005 年。

麻衣评释 （宋）麻衣道者撰，张星、杨键译，华语教学出版社 1993 年。

秘藏大六壬大全 （明）郭载騋撰，西北大学出版社 1993 年。

太清神鉴 （明）刘伯温撰，和平译，云南美术出版社 1993 年。

白话解说术数精华 李克和、吴宝祥译，岳麓书社 1993 年。

奇门遁甲注评（中国神秘文化精品研究） 刘道超、周荣益注评，广西民族出版社 1993 年。

卜筮全书（中国古代术数研究丛书） （明）易卜老人撰，郭小民点校，中州古籍出版社 1994 年。

南极神数（丛书集成术数全书）（唐）果老撰，吾道子评，中州古籍出版社 1994 年。

滴天髓（中国古代术数全书）（明）刘伯温撰，郭耀宗点校，中州古籍出版社 1994 年。

子平真诠评注（中国古代术数全书） （清）沈孝瞻撰，徐乐吾评注，孙正治点校，中州古籍出版社 1994 年。

卜筮正宗（中国古代术数全书）（清）王洪绪撰，李慧霞点校，中州古籍出版社 1994 年。

命理探源（中华断易精萃） （清）袁树珊撰，郭耀宗点校，中州古籍出版社 1994 年。

奇门五总龟通书大全（中国古代术数全书） （宋）池本理注，刘宏斌编著，中州古籍出版社 1994 年。

神峰通考（中华稀见易学术数丛书） （明）张楠撰，邵伟华点校，兰州大学出版社 1995 年。

张果星宗（中华稀见易学术数丛书）（明）陆位撰，邵伟华编，兰州大学出版社 1995 年。

沈氏玄空学（术数丛书）（清）沈竹礽撰，广州出版社 1995 年。

太玄校注（华中师范大学出版基金丛书）（汉）扬雄撰，刘韶军校注，华中师范大学出版社 1996 年。

太玄集注（新编诸子集成）（汉）扬雄撰，（宋）司马光集注，刘韶军点校，中华书局 1998 年。

洪范政鉴（中华再造善本试制）（宋）赵祯撰，北京图书馆出版社 2001 年。

景祐乾象新书（中华再造善本）（宋）杨惟德等撰，北京图书馆出版社 2003 年。

六甲天元气运钤（中华再造善本）佚名撰，北京图书馆出版社 2003 年。

太玄经（中华再造善本）（汉）扬雄撰，（晋）范望、（宋）司马光等注，北京图书馆出版社 2004 年。

元包经传（中华再造善本）（北周）卫元嵩撰，（唐）苏源明传，（唐）李江注，北京图书馆出版社 2004 年。

洪范政鉴（中华再造善本）（宋）赵祯撰，北京图书馆出版社 2004 年。

三历撮要（中华再造善本）佚名撰，北京图书馆出版社 2004 年。

新编历法集成（中华再造善本）（元）何士泰辑，北京图书馆出版社 2004 年。

新雕注疏珞琭子三命消息赋（中华再造善本）（宋）李仝注，东方明疏，北京图书馆出版社 2004 年。

敦煌写本相书校录研究（敦煌学研究文库）郑柄林、王晶波著，民族出版社 2004 年。

六壬神课金口诀心髓指要（稀见古籍版本丛书）米鸿宾校注，北京古籍出版社 2004 年。

邵子观物篇渔樵问对（中华再造善本）（宋）祝泌撰，北京图书馆出版社 2005 年。

增注周易神应六亲百章海底眼前集 后集（中华再造善本）（宋）王鼒撰，何侁重编，北京图书馆出版社 2005 年。

焦氏易林注（汉）焦延寿著，尚秉和注，常秉义点校，光明日报出版社2005年。

焦氏易诂 尚秉和著，常秉义点校，光明日报出版社2005年。

开元占经 （唐）瞿昙悉达撰，常秉义点校，中央编译出版社2006年。

玉灵聚义（中华再造善本） （元）陆森撰，北京图书馆出版社2006年。

河洛理数（《故宫珍本丛刊》精选整理本丛书） （宋）陈抟著，（宋）邵雍述，李峰整理，海南出版社2007年。

四库全书术数二集·太乙金镜式经 御定星历考原 禽星易见 谢路军主编，郑同点校，华龄出版社2007年。

四库全书术数二集·六壬大全 谢路军主编，郑同点校，华龄出版社2007年。

四库全书术数二集·遁甲演义 卜法详考 谢路军主编，郑同点校，华龄出版社2007年。

鲁班经 （明）午荣汇编，易金木译注，华文出版社2007年。

增广校正梅花易数 （宋）邵雍著，李一忻点校，郑同增订，九州出版社2007年。

敦煌写本宅经葬书校注（敦煌学研究文库） 金身佳编著，民族出版社2007年。

鲁班经 （明）午荣编，张庆澜、罗玉平译注，重庆出版社2007年。

皇极经世书 （宋）邵雍著，卫绍生校注，中州古籍出版社2007年。

宅经 灵城精义 葬书 旧题黄帝等撰，时代文艺出版社2008年。

图解玉管照神局 （南唐）宋齐邱原著，程子和点校，华龄出版社2010年。

图解太乙金镜式经 （唐）王希明原著，程子和点校，华龄出版社2010年。

图解星学大成断命秘本 （明）万民英原著，程子和点校，华龄出版社2010年。

京氏易精粹 郑同点校，华龄出版社2010年。

图解葬书 （晋）郭璞原著，程子和点校，华龄出版社2010年。

五行精纪 （宋）廖中著，郑同点校，华龄出版社2010年。

增补星平会海全书 （明）霞阳水中龙编集，郑同点校，华龄出版社2010年。

河洛理数 （宋）陈抟撰，柯誉整理，九州出版社2010年。

焦氏易林注 （汉）焦延寿著，王鹤鸣、殷子和整理，九州出版社2010年。

水镜神相 （清）右髻道人著，金志文译注，世界知识出版社2010年。

阳宅爱众篇 （清）张觉正著，金志文译注，世界知识出版社2010年。

三元总录 （明）柳洪泉著，金志文译注，世界知识出版社2010年。

神相铁关刀 佚名著，金志文译注，世界知识出版社2010年。

地理啖蔗录 （清）袁守定著，金志文译注，世界知识出版社2010年。

柳庄神相 （明）袁柳庄著，金志文译注，世界知识出版社2010年。

绘图地理五诀 （清）赵玉材原著，金志文译注，世界知识出版社2010年。

八宅明镜 （唐）杨筠松著，金志文译注，世界知识出版社2010年。

图解麻衣神相 （宋）麻衣道者原著，金志文译注，世界知识出版社2010年。

新命理探原 （清）袁树珊著，郑同点校，北京燕山出版社2010年。

命谱 （清）袁树珊著，郑同点校，北京燕山出版社2010年。

大六壬探原 （清）袁树珊著，郑同点校，北京燕山出版社2010年。

述卜筮星相学 （清）袁树珊著，郑同点校，北京燕山出版社2010年。

选吉探原 （清）袁树珊著，郑同点校，北京燕山出版社2010年。

中西相人探原 （清）袁树珊著，郑同点校，北京燕山出版社2010年。

＊**皇极数**（心一堂术数珍本古籍丛刊），香港心一堂有限公司2010年。

艺术类

艺舟双楫（万有文库）（清）包世臣著，古今书室 1915 年，1919 年，有正书局 1916 年，1924 年，古今图书店 1924 年，文艺书社 1924 年，商务印书馆 1929 年，1934 年，1935 年。

广艺舟双楫（万有文库）（清）康有为著，广艺书局 1916 年，商务印书馆 1937 年，1939 年简编本。

书镜（原名：广艺舟双楫）（清）康有为著，广智书局 1916 年，长兴书局 1918 年。

天下有山堂墨竹兰石谱（清）汪体斋述，学海图书馆 1917 年。

象棋秘诀（知己知彼　百战百胜）（明）空空道人著，曲阿山人重订，云记书局 1920 年。

王氏书画苑（明）王世贞、詹景凤辑，泰东图书局 1922 年。

胡氏书画考三种（清）胡敬撰，中国书画保存会 1924 年。

象棋梅花谱（清）王再越著，文明书局 1926 年，1929 年，1935 年。

论画辑要　马克明辑，商务印书馆 1928 年。

书法正传（万有文库）（清）冯武编，商务印书馆 1930 年，1933 年，1934 年，1939 年简编版。

图绘宝鉴（万有文库）（元）夏文彦著，商务印书馆 1930 年，1933 年，1934 年。

翁阿宝真斋法书赞评校（清）翁方纲、何绍基著，中华图书馆协会 1932 年。

冷雪盦知见印谱录目　李文裿编，青梅书店 1933 年。

任渭长先生画传四种（清）任熊著，中西书局 1933 年。

国朝画征录（清）张浦山著，神州国光社 1934 年。

山谷题跋（丛书集成初编）（宋）黄庭坚撰，商务印书馆 1936 年。

魏公题跋（丛书集成初编）（宋）苏颂撰，商务印书馆 1936 年。

晦庵题跋（丛书集成初编）（宋）朱熹撰，商务印书馆 1936 年。

无咎题跋（丛书集成初编）（宋）晁补之撰，商务印书馆 1936 年。

益公题跋（丛书集成初编）（宋）周必大撰，商务印书馆1936年。

水心题跋（丛书集成初编）（宋）叶适撰，商务印书馆1936年。

西山题跋（丛书集成初编）（宋）真德秀撰，商务印书馆1936年。

止斋题跋（丛书集成初编）（宋）陈傅良撰，商务印书馆1936年。

后村题跋（丛书集成初编）（宋）刘克庄撰，商务印书馆1936年。

石门题跋（丛书集成初编）（宋）释德洪撰，商务印书馆1936年。

文山题跋（丛书集成初编）（宋）文天祥撰，商务印书馆1936年。

遗山题跋（丛书集成初编）（元）元好问著，商务印书馆1936年。

东坡题跋（丛书集成初编）（宋）苏轼撰，商务印书馆1936年。

元丰题跋（丛书集成初编）（宋）曾巩撰，商务印书馆1936年。

法帖通解（丛书集成初编）（宋）秦观撰，商务印书馆1936年。

海岳题跋（附宝章待访录）（丛书集成初编）（宋）米芾撰，商务印书馆1936年。

淮海题跋（丛书集成初编）（宋）秦观撰，商务印书馆1936年。

放翁题跋（丛书集成初编）（宋）陆游著，商务印书馆1936年。

鹤山题跋（丛书集成初编）（宋）魏了翁撰，商务印书馆1936年。

兰亭考（丛书集成初编）（宋）桑世昌集，商务印书馆1936年。

兰亭续考（丛书集成初编）（宋）俞松集，商务印书馆1936年。

法帖神品目（丛书集成初编）（明）杨慎撰，商务印书馆1936年。

法帖释文（丛书集成初编）（宋）刘次庄撰，商务印书馆1936年。

铁函斋书跋（丛书集成初编）（清）杨宾撰，商务印书馆1936年。

苏斋题跋（丛书集成初编）（清）翁方纲撰，商务印书馆1936年。

苏米斋兰亭考（丛书集成初编）（清）翁方纲撰，商务印书馆1936年。

墨薮（丛书集成初编）（唐）韦续纂，商务印书馆1936年。

春雨杂述（丛书集成初编）（明）解缙撰，商务印书馆 1936 年。

书谱（丛书集成初编）（唐）孙过庭著，商务印书馆 1936 年。

续书谱（丛书集成初编）（宋）姜夔撰，商务印书馆 1936 年。

法书通释（丛书集成初编）（明）张绅编，商务印书馆 1936 年。

安吴论书（丛书集成初编）（清）包世臣撰，商务印书馆 1936 年。

法书要录（丛书集成初编）（唐）张彦远集，商务印书馆 1936 年。

书学捷要（丛书集成初编）（清）朱履贞纂述，商务印书馆 1936 年。

法书要录（丛书集成初编）（唐）张彦员集，商务印书馆 1936 年。

宝真斋法书赞（丛书集成初编）（宋）岳珂撰，商务印书馆 1936 年。

海岳名言（丛书集成初编）（宋）米芾撰，商务印书馆 1936 年。

翰墨志（丛书集成初编）（宋）高宗撰，商务印书馆 1936 年。

宣和书谱（丛书集成初编） 撰人不详，商务印书馆 1936 年。

竹谱详录（丛书集成初编）（元）李衎述，商务印书馆 1936 年。

梅花喜神谱（丛书集成初编）（宋）宋伯仁撰，商务印书馆 1936 年。

天形道貌（丛书集成初编）（明）周履靖撰，商务印书馆 1936 年。

春谷嘤翔（丛书集成初编）（明）周履靖撰，商务印书馆 1936 年。

九畹遗容（丛书集成初编）（明）周履靖撰，商务印书馆 1936 年。

淇园肖影（丛书集成初编）（明）周履靖撰，商务印书馆 1936 年。

罗浮幻质（丛书集成初编）（明）周履靖撰，商务印书馆 1936 年。

画梅题记（丛书集成初编）（清）朱方蔼撰，商务印书馆 1936 年。

题画诗（丛书集成初编）（清）恽格撰，商务印书馆 1936 年。

天慵庵笔记（丛书集成初编）（清）方士庶撰，商务印书馆 1936 年。

松壶画赘（丛书集成初编）（清）钱杜撰，商务印书馆 1936 年。

小山画谱（丛书集成初编）（清）邹一桂撰，商务印书馆1936年。

山静居画论（丛书集成初编）（清）方熏撰，商务印书馆1936年。

松壶画忆（丛书集成初编）（清）钱杜撰，商务印书馆1936年。

古画品录（丛书集成初编）南齐·谢赫撰，商务印书馆1936年。

后画品（丛书集成初编）（唐）释彦悰撰，商务印书馆1936年。

续画品录（丛书集成初编）（唐）李嗣真撰，商务印书馆1936年。

续画品（丛书集成初编）陈·姚最撰，商务印书馆1936年。

历代名画记（丛书集成初编）（唐）张彦远撰，商务印书馆1936年。

画史（丛书集成初编）（宋）米芾撰，商务印书馆1936年。

图画见闻志（丛书集成初编）（宋）郭若虚撰，商务印书馆1936年。

宣和画谱（丛书集成初编）撰人不详，商务印书馆1936年。

绘妙（丛书集成初编）（明）茅一相撰，商务印书馆1936年。

读画录（丛书集成初编）（清）周亮工撰，商务印书馆1936年。

画友诗（丛书集成初编）（清）赵彦修撰，商务印书馆1936年。

明画录（丛书集成初编）（清）徐沁撰，商务印书馆1936年。

墨梅人名录（丛书集成初编）（清）童翼驹辑，商务印书馆1936年。

羯鼓录（丛书集成初编）（唐）南卓撰，商务印书馆1936年。

乐府杂录（丛书集成初编）（唐）段安节撰，商务印书馆1936年。

碣石调幽兰（丛书集成初编）陈·邱公明撰，商务印书馆1936年。

绿绮新声（丛书集成初编）（明）徐时琪撰，商务印书馆1936年。

投壶仪节（丛书集成初编）（明）汪禔编辑，商务印书馆1936年。

丸经（丛书集成初编）（明）周履靖校，商务印书馆1936年。

五木经（丛书集成初编）（唐）李翱撰，（唐）元革注，商务印书馆1936年。

芥子园画谱（铜版影印） 中央书店1936年。

（足本）芥子园画谱全集 国学整理社1936年。

橘中秘象棋谱（金鹏十八变）（明）朱晋桢编，中国文学书局1936年。

书法正传 国绘宝鉴（清）冯武、（元）夏文彦著，国学整理社1937年。

画论丛刊 于海晏辑，中华印书局1937年。

钤山堂书画记（丛书集成初编）（明）文嘉撰，商务印书馆1937年。

好古堂家藏书画记（丛书集成初编）（清）姚际恒撰，商务印书馆1937年。

董华亭书画录（丛书集成初编）（清）青浮山人辑，商务印书馆1937年。

张忆娘簪花图卷题咏（丛书集成初编）（清）江标辑，商务印书馆1937年。

墨缘汇观录（丛书集成初编）（清）安岐录，商务印书馆1937年。

书画说铃（丛书集成初编）（清）陆时化撰，商务印书馆1937年。

姑溪题跋（丛书集成初编）（宋）李之仪撰，商务印书馆1937年。

书史（丛书集成初编）（宋）米芾撰，商务印书馆1937年。

淳化阁帖释文（丛书集成初编）（清）乾隆间奉敕撰，商务印书馆1937年。

频罗庵论书（丛书集成初编）（清）梁同书撰，商务印书馆1937年。

书法粹言（丛书集成初编）（明）汪挺录，商务印书馆1937年。

书法雅言（丛书集成初编）（明）项穆纂，商务印书馆1937年。

古今画鉴（丛书集成初编）（元）汤垕撰，商务印书馆1937年。

画说（丛书集成初编）（明）莫是龙撰，商务印书馆1937年。

杂评（丛书集成初编） 撰人不详，商务印书馆1937年。

画品（丛书集成初编）（明）杨慎著，商务印书馆1937年。

中麓画品（丛书集成初编）（明）李开先著，商务印书馆1937年。

图绘宝鉴（附补遗）（丛书集成初编）（元）夏文彦撰，商务印书馆1937年。

琴言十则（附指法补）（丛书集成初编）（元）吴澄撰，商务印书馆1937年。

琴操（丛书集成初编）（汉）蔡邕著，商务印书馆1937年。

名画神品目（丛书集成初编）（明）杨慎撰，商务印书馆1939年。

秦玺始末（丛书集成初编）（明）沈德符撰，商务印书馆1939年。

续三十五举（丛书集成初编）（清）桂馥撰，商务印书馆1939年。

印章集说（丛书集成初编）（明）文彭述，商务印书馆1939年。

再续三十五举（丛书集成初编）（清）姚晏撰，商务印书馆1939年。

篆学指南（丛书集成初编）（明）赵宧光撰，商务印书馆1939年。

广川书跋（丛书集成初编）（宋）董逌撰，商务印书馆1939年。

学古编（丛书集成初编）（元）吾丘衍撰，商务印书馆1939年。

古今印史（丛书集成初编）（明）徐官撰，商务印书馆1939年。

书法离钩（丛书集成初编）（明）潘之淙撰，商务印书馆1939年。

德隅斋画品（丛书集成初编）（宋）李荐撰，商务印书馆1939年。

广川画跋（丛书集成初编）（宋）董逌撰，商务印书馆1939年。

画跋（丛书集成初编）（清）恽格撰，商务印书馆1939年。

绘林题识（丛书集成初编）（明）汪显节编，商务印书馆1939年。

韩氏山水纯全集（丛书集成初编）（宋）韩拙撰，商务印书馆1939年。

六如画谱（丛书集成初编）（明）唐寅辑，商务印书馆1939年。

画论（丛书集成初编）（宋）郭若虚撰，商务印书馆1939年。

丹青志（丛书集成初编）（明）王穉登撰，商务印书馆1939年。

海岳志林（丛书集成初编）（明）毛凤苞辑，商务印书馆1939年。

画禅（丛书集成初编）（明）释莲儒撰，商务印书馆1939年。

文湖州竹派（丛书集成初编）（元）吴镇撰，商务印书馆1939年。

诸家藏书簿（丛书集成初编）（清）李调元辑，商务印书馆1939年。

书画史（丛书集成初编）（明）陈继儒撰，商务印书馆1939年。

文待诏题跋（丛书集成初编）（明）文征明撰，商务印书馆1939年。

绛帖平（丛书集成初编）（宋）姜夔撰，商务印书馆1939年。

法帖谱系（丛书集成初编）（宋）曹士冕撰，商务印书馆1939年。

凤墅残帖释文（丛书集成初编）（清）钱大昕撰，商务印书馆1939年。

闲者轩帖考（丛书集成初编）（清）孙承泽述，商务印书馆1939年。

湛园题跋（丛书集成初编）（清）姜宸英撰，商务印书馆1939年。

隐绿轩题识（丛书集成初编）（清）陈奕禧撰，商务印书馆1939年。

赏延素心录（丛书集成初编）（清）周二学撰，商务印书馆1939年。

装潢志（丛书集成初编）（清）周嘉胄撰，商务印书馆1939年。

寓意编（丛书集成初编）（明）都穆撰，商务印书馆1939年。

角力记（丛书集成初编）（宋）调露子著，商务印书馆1939年。

啸旨（丛书集成初编）（唐）孙广著，商务印书馆1939年。

芥子园画谱（铜版影印） 储菊人校订，中央书店1942年。

芥子园画谱全集（金属版影印） 王安节摹绘，广华书局1947年。

乐府传声 （清）徐大椿著，群学会，有正书局民国间印行。

画苑秘籍 （清）吴辟疆辑，吴氏画山楼民国间印行。

橘中秘象棋谱 （明）朱晋桢撰，

育才书局 1950 年。

园冶 （明）计成撰，城市建设出版社 1957 年。

梅花谱 （清）王再越撰，屠景明改编，上海文化出版社 1958 年。

山水诀 山水论（中国画论丛书）（唐）王维撰，王森然标点注释，人民美术出版社 1959 年。

古画品录 续画品录（中国画论丛书）（南朝齐）谢赫，（南朝陈）姚最撰，王伯敏标点注释，人民美术出版社 1959 年。

画鉴（中国画论丛书）（元）汤垕撰，马彩标点注译，邓以蛰标阅，人民美术出版社 1959 年。

绘宗十二忌 写山水诀（中国画论丛书）（元）饶自然，（元）黄公望撰，邓以蛰、马彩标点注译，人民美术出版社 1959 年。

石涛画语录（中国画论丛书）（清）道济撰，俞剑华标点注释，人民美术出版社 1959 年。

山静居画论（中国画论丛书）（清）方薰撰，郑拙庐标点注释，人民美术出版社 1959 年。

芥舟学画编（中国画论丛书）（清）沈宗骞述，（清）齐振林写，史怡公标点注释，人民美术出版社 1959 年。

元明戏曲叶子（中国古代版画丛刊）（明）佚名编绘，中华书局上海编辑所编辑，中华书局上海编辑所 1960 年，1988 年。

太音大全集（中国古代版画丛刊）（明）袁钧哲编，中华书局上海编辑所 1961 年，1988 年。

无双谱（中国古代版画丛刊）（清）金古良绘，中华书局上海编辑所 1961 年，1988 年。

白岳凝烟（中国古代版画丛刊）（清）吴镕绘，刘功臣刻，中华书局上海编辑所 1961 年，1988 年。

酣酣斋酒牌（中国古代版画丛刊）（明）佚名撰，中华书局上海编辑所 1961 年，1988 年。

笔法记（中国画论丛书）（五代）荆浩撰，王伯敏标点注释，邓以蛰校阅，人民美术出版社 1963 年。

历代名画记（中国美术论著丛刊）（唐）张彦远撰，范祥雍点校，人民美术出版社 1963 年。

画继　画继补遗（中国美术论著丛刊）（宋）邓椿、（元）庄肃撰，黄苗子点校，人民美术出版社1963年。

图画见闻志（中国美术论著丛刊）（宋）郭若虚撰，黄苗子点校，人民美术出版社1963年。

孙过庭书谱笺证　（唐）孙过庭撰，朱建新笺证，中华书局1963年，上海古籍出版社1963年，1982年。

历代名画记　（唐）张彦远撰，俞剑华注释，上海人民美术出版社1964年。

图画见闻志　（宋）郭若虚撰，俞剑华注释，上海人民美术出版社1964年，香港南通图书公司1973年，江苏美术出版社2007年。

宣和画谱（中国画论丛书）　俞剑华标点注释，人民美术出版社1964年。

寺塔记　益州名画录　元代画塑记（中国美术论著丛刊）（唐）段成式等撰，秦岭云点校，人民美术出版社1964年。

书史会要　（明）陶宗仪撰，上海书店1979年。

书谱译注（书法理论丛书）（唐）孙虔礼撰，马国权译注，上海书画出版社1980年。

红楼梦人物图　（清）改琦绘，上海书店1980年。

广艺舟双楫注（书法理论丛书）（清）康有为撰，崔尔平注，上海书画出版社1981年。

草字汇　（清）石梁编，上海古籍书店1981年，1987年。

橘中秘（《成都棋苑》象棋丛刊）（明）朱晋桢撰，《成都棋苑》编辑委员会1981年，1984年。

古今围棋名局汇选　沈子丞编，文物出版社1981年。

益州名画录（中国历代画论画史选注）（宋）黄休复撰，何韫若、林孔翼注，四川人民出版社1982年。

画筌（中国古代画论选注）（清）笪重光撰，吴思雷注，四川人民出版社1982年。

芥子园画传　（清）诸升等编绘，中国书店1982年，1984年。

芥子园画谱　（清）王概等编绘，上海书店出版社1982年，2003年。

唐诗画谱 （明）黄凤池辑，上海古籍出版社 1982 年，1988 年。

唐诗画谱 （明）黄凤池等辑，文物出版社 1982 年。

学书迩言 杨守敬著，陈上岷整理，文物出版社 1982 年。

二百名人题跋历代名画大成 （明）顾炳纂，书目文献出版社 1983 年。

画家三昧 （清）竹禅绘，中国书店 1983 年。

书法正传　图绘宝鉴 （清）冯武、（元）夏文彦撰，中国书店 1983 年。

篆刻针度 （清）陈自耕撰，中国书店 1983 年。

诗画舫（中国历代书画丛书）（明）唐寅绘，中国书店 1983 年，1995 年。

简明竹谱 （清）蒋最峰绘，中国书店 1983 年。

山水画论 （清）沈宗骞撰，张辉注译，陕西人民美术出版社 1983 年。

黄仲则书法篆刻 （清）黄仲则撰，黄葆树编，上海书画出版社 1983 年。

二百兰亭斋古铜印存 （清）吴云编，西泠出版社 1983 年，1993 年。

顾氏画谱 （明）顾炳摹辑，文物出版社 1983 年。

适情雅趣 （明）徐芝选，徐家亮诠注，北京出版社 1983 年。

北京民间风俗百图 （清）佚名绘，书目文献出版社 1983 年。

书史会要 （明）陶宗仪撰，上海书店 1984 年。

晚笑堂画传 （清）上官周编绘，中国书店 1984 年，1994 年。

画学简明 （清）郑绩撰，中国书店 1984 年。

佩文斋书画谱 （清）王原祁等编，中国书店 1984 年。

红楼梦图咏 （清）改琦绘，月楼轩刻，中国书店 1984 年。

写竹简明法 （清）蒋和辑，文物出版社 1984 年。

颐园论画（中国画法入门）（清）松年撰，关和璋注评，内蒙古人民出版社 1984 年。

增订草字汇 （清）古梁编，武汉市古籍书店 1984 年。

法书要录（中国美术论著丛刊）（唐）张彦远撰，范祥雍点校，人民美术出版社 1984 年。

宣和书谱（中国书学丛书）（宋）佚名撰，顾逸点校，上海书画出版社 1984 年。

承晋斋积闻录（中国书学丛书）（清）梁巘撰，洪丕谟点校，上海书画出版社 1984 年。

＊**明画录**（明代传记丛刊）（清）徐沁撰，台湾明文书局，1985 年。

书法正传（中国书学丛书）（清）冯武编撰，崔尔平点校，上海书画出版社 1985 年。

画山水序（中国画论丛书）（南朝宋）宗炳、王微撰，陈传奇译解，吴焯校订，人民美术出版社 1985 年。

绘事微言（中国美术论著丛刊）（明）唐志契撰，王伯敏点校，人民美术出版社 1985 年。

篆书偏旁歌诀 （明）朱之蕃原本，黄山书社 1985 年。

珊瑚网 （明）汪砢玉撰，成都古籍书店 1985 年。

小石山房印谱 （清）顾湘、顾浩编，中国书店 1985 年，1996 年。

十钟山房印举 （清）陈介祺编，中国书店 1985 年，1994 年。

丁丑劫余印存 丁鹤庐等编，上海书店 1985 年，1999 年。

篆法辨诀 （元）应在撰，韩天衡重订，上海书店出版社 1985 年，1999 年，2002 年。

唐朝名画录（中国历代画论画史选注）（唐）朱景玄撰，温肇桐注，四川美术出版社 1985 年。

图画见闻志 （宋）郭若虚撰，邓白注，四川美术出版社 1986 年。

傅山论书画 （明）傅山撰，侯文正辑注，山西人民出版社 1986 年。

汉溪书法通解校证（中国书学丛书）（清）戈守智编撰，沈培方校证，上海书画出版社 1986 年。

法书要录 （唐）张彦远撰，洪丕谟点校，上海书画出版社 1986 年。

缪篆分韵 （清）桂馥编，上海书店出版社 1986 年，1999 年。

芥子园画谱（四集）（清）王概等编，上海书店出版社 1986 年，1999 年。

烟客题跋（清）王时敏撰，李玉棻校，上海人民美术出版社 1986 年。

一角编（中国画学丛书）（清）周二学撰，薛永年点校，上海人民美术出版社 1986 年。

冬心先生题画记（中国画学丛书）（清）金农撰，张安治点校，上海人民美术出版社 1986 年。

书谱·书谱译注（书法·书法论著丛书）（唐）孙过庭撰，马永强注译，河南美术出版社 1986 年。

韬略元机（清）王相、张自文等汇选，屠景明诠注，人民体育出版社 1986 年。

象棋古谱韬略元机（象棋古谱精编丛书）（清）王相、张自文等汇选，屠景明诠注，人民体育出版社 1986 年，1998 年。

百局象棋谱（清）三乐居士编，芦台、李濱改编，河南科学技术出版社 1986 年，2003 年。

橘中秘（象棋古典丛书）（明）朱晋桢撰，唐博渊校订，蜀蓉棋艺出版社 1986 年。

竹香斋象戏谱（初集）（中国象棋古典丛书）（清）张乔栋撰，裘望禹诠注，杨明忠校，蜀蓉棋艺出版社 1986 年。

竹香斋象戏谱（二集）（中国象棋古典丛书）（清）张乔栋撰，裘望禹诠注，杨明忠校，蜀蓉棋艺出版社 1986 年。

橘中秘（明）朱晋桢辑，天津市古籍书店 1987 年。

橘中秘新注（明）朱晋桢撰，杨官注，人民体育出版社 1987 年。

海岳名言评注（书法理论丛书）（宋）米芾撰，洪丕谟评注，上海书画出版社 1987 年。

南北书法论　北碑南帖论注（书法理论丛书）（清）阮元撰，华人德注，上海书画出版社 1987 年。

小鸥波馆画著五种（清）潘曾莹撰，上海书店 1987 年。

双虞壶斋印存（中国历代印谱丛书）（清）吴式芬编，上海书店 1987 年。

伏庐藏印（中国历代印谱丛书） 陈汉第编，上海书店出版社 1987 年，1999 年。

秦汉鸟虫篆印选 韩天衡编，上海书店 1987 年。

挥毫自在 （清）林琴石编，中国书店 1987 年。

橘中新趣 胡兰孙评注，中国书店 1987 年。

弈理指归图 （清）施定庵撰，钱长泽重编，中国书店 1987 年。

弈理指归续编 （清）施定庵撰，中国书店 1987 年。

问秋吟社弈评 汪云峰辑评，中国书店 1987 年。

摘星谱 （清）胡陶轩辑，中国书店 1987 年。

清代画论四篇语译 黄复盛编译，江苏美术出版社 1987 年。

南田画跋（中国画论文库）（清）恽格撰，朱季海、施立华校勘，上海人民美术出版社 1987 年。

石涛画谱（中国历代画论画史选注）（清）石涛著，刘长久校注，四川美术出版社 1987 年。

梅花新编 （清）王再越撰，屠景明改编，上海文化出版社 1987 年。

兼山堂棋谱（围棋古谱集粹）（清）徐星友辑评，王太璞等整理校勘，安徽科学技术出版社 1987 年。

血泪篇（围棋古谱集粹） 王太璞等整理校勘，安徽科学技术出版社 1987 年。

竹香斋象戏谱（三集）（中国象棋古典丛书）（清）张乔栋撰，朱鹤洲等诠注，蜀蓉棋艺出版社 1987 年。

忘忧清乐集（中国古典围棋丛书）（宋）李逸民撰，孟秋校勘，蜀蓉棋艺出版社 1987 年。

百局象棋谱（象棋古典丛书）（清）三乐居士编，蒋权等诠注，蜀蓉棋艺出版社 1987 年。

适情雅趣（中国象棋古典丛书）（明）徐芝精选，蒋权等诠注，蜀蓉棋艺出版社 1988 年。

金鹏十八变（中国象棋古典丛书）（明）徐芝精选，李澂改编，蜀蓉棋艺出版社 1988 年。

新编梅花谱 （清）王再越撰，蜀蓉棋艺出版社 1988 年。

蕉窗逸品（中国象棋古典丛书）（清）顾舜臣编撰，裘望禹等诠订，蜀蓉棋艺出版社1988年。

棋经十三篇校注 （宋）张靖撰，李毓珍校注，蜀蓉棋艺出版社1988年。

心武残编新编（象棋研究丛书）（清）薛丙辑撰，金启昌、李中健改编，黑龙江人民出版社1988年。

百局象棋谱 （清）三乐居士撰，董志新集注，辽宁科学技术出版社1988年。

弈程 （清）张又村辑，中国书店1988年。

陈子仙百局棋谱 上海撰易堂编，中国书店1988年。

弈萃官子 （清）卞立言编，中国书店1988年。

餐菊斋棋评 （清）周鼎撰，中国书店1988年。

玄玄棋经新解 （元）严德甫等编，王汝南解说，人民体育出版社1988年。

百局象棋谱新编（象棋古谱丛书）（清）三乐居士撰，徐家亮、苏德龙诠注改编，人民体育出版社1988年。

渊深海阔象棋谱（象棋古谱精编丛书 中国象棋古典丛书）（清）陈文乾等辑，刘国斌、朱宝位诠注，人民体育出版社1988年，2001年，蜀蓉棋艺出版社1988年。

宋本东观余论 （宋）黄伯思撰，中华书局1988年。

芥子园画谱（山水初集） （清）王安节绘，天津古籍出版社1988年。

寒松阁谈艺琐录（中国画学丛书）（清）张鸣珂撰，丁羲元点校，上海人民美术出版社1988年。

顾氏画谱（中国古代版画丛刊）（明）顾炳摹辑，上海古籍出版社1988年。

诗余画谱（中国古代版画丛刊二编）（明）汪氏辑，上海古籍出版社1988年，1994年。

忘忧清乐集（中国围棋古谱大系）（宋）李逸民编，林勉、林益良校注，上海书店出版社1988年，上海文化出版社1996年。

秘殿珠林石渠宝笈合编 （清）张

照等编，上海书店出版社 1988 年。

瀫秋馆印存（中国历代印谱丛书）（清）陈宝琛编，上海书店出版社 1988 年，1999 年。

赫连泉馆古印存（中国历代印谱丛书）罗振玉编，上海书店出版社 1988 年，1999 年。

费晓楼仕女画谱 （清）费晓楼绘，上海书店出版社 1988 年。

明鲁般营造正式 佚名撰，上海科学技术出版社 1988 年。

十六金符斋印存（中国历代印谱丛书）（清）吴大澂编，上海书店出版社 1989 年。

吉金斋古铜印谱（中国历代印谱丛书）（清）何昆玉编，上海书店出版社 1989 年。

魏石经室古玺印景（中国历代印谱丛书）（清）周季木编，上海书店出版社 1989 年。

齐鲁古印攈（中国历代印谱丛书）（清）高庆龄藏辑，上海书店出版社 1989 年。

续齐鲁古印攈（中国历代印谱丛书）（清）郭申堂编，上海书店出版社 1989 年。

艺舟双楫广艺舟双楫疏证 （清）包世臣、康有为撰，祝嘉编，巴蜀书社 1989 年。

受三子谱（中国古典围棋丛书）（明）过百龄撰，过惕生整理，蜀蓉棋艺出版社 1989 年。

烂柯神机（中国象棋古典丛书）（清）于国柱撰，杨明忠、冯锦诸诠注，蜀蓉棋艺出版社 1989 年。

书概评注 （清）刘熙载撰，金学智评注，上海书画出版社 1990 年，2007 年。

历代画史汇传 （清）彭蕴璨编，江苏广陵古籍刻印社 1990 年。

正续汉印分韵 （清）袁予三、谢景卿编撰，天津市古籍书店 1990 年。

芥子园画谱（梅兰竹菊） （清）王概等编，天津古籍书店编，天津市古籍出版社 1990 年，1995 年。

芥子园画谱（草虫翎毛） （清）王概等编，天津古籍书店编，天津古籍出版社 1990 年，1995 年。

芥子园画谱（山水） （清）王概

等编，天津古籍书店编，天津古籍出版社1990年，1995年。

芥子园画谱（人物集） （清）王概等编，天津古籍书店编，天津古籍出版社1990年，1995年。

草字汇 （清）石梁编，中州古籍出版社1990年，1997年。

簠斋古印集 （清）陈介祺编，中国书店1990年。

刘熙载书概笺注 王大亨、欧阳恒忠笺注，广西师范大学出版社、漓江出版社1990年。

过云楼书画记　过云楼续书画记（江苏地方文献丛书） （清）顾文彬、顾麟士撰，顾荣木、汪葆楫点校，江苏古籍出版社1990年，1999年。

琴操（中国古代音乐文献丛刊）（汉）蔡邕撰，吉联抗辑，人民音乐出版社1990年。

古乐书佚文辑注（中国古代音乐文献丛刊）吉联抗辑注，人民音乐出版社1990年。

心武残编（中国象棋古典丛书）（清）薛丙辑撰，蒋权等诠注，蜀蓉棋艺出版社1990年。

心武残篇象棋谱（象棋古谱丛书）（清）薛丙辑撰，李濙诠注改编，苏德龙校阅，人民体育出版社1990年。

夷门广牍 （明）周履靖辑，书目文献出版社1990年。

施襄夏棋诀图解 过惕生、孔凡章图释，范孙操整理，人民体育出版社1990年。

共墨斋汉印谱（中国历代印谱丛书） （清）周铣诒、周銮诒藏辑，上海书店出版社1991年。

玺印集林（中国历代印谱丛书）林树臣编，上海书店出版社1991年。

书法秘诀 （清）佚名撰，杜锡五校定，中国书店1991年，1996年。

十竹斋书画谱 （明）胡正言撰并绘，中国书店1991年，2001年。

诗书画汇辨 （清）吴霭撰，江苏广陵古籍刻印社1991年。

珊瑚网名画题跋　珊瑚网法书题跋 （明）汪砢玉撰，文物出版社1991年，1992年。

珊瑚木难　赵氏铁网珊瑚（四库

艺术丛书）（明）朱存理等编，上海古籍出版社 1991 年。

石渠宝笈（四库艺术丛书）（清）张照、梁诗正等编，上海古籍出版社 1991 年。

六艺之一录（外二种）（四库艺术丛书）（清）倪涛等撰，上海古籍出版社 1991 年。

墨池琐录（外十三种）（四库艺术丛书）（明）杨慎撰，上海古籍出版社 1991 年。

古画品录（外二十一种）（四库艺术丛书）（南齐）谢赫等撰，上海古籍出版社 1991 年。

佩文斋书画谱　秘殿珠林（四库艺术丛书）（清）孙岳颁、（清）张照、（清）梁诗正等撰，上海古籍出版社 1991 年。

式古堂书画汇考　南宋院画录（四库艺术丛书）（清）卞永誉、（清）厉　鹗辑，上海古籍出版社 1991 年。

庚子销夏记（外三种）（四库艺术丛书）（清）孙承泽等撰，上海古籍出版社 1991 年。

珊瑚网（四库艺术丛书）（明）汪砢玉编，上海古籍出版社 1991 年。

书学捷要　（清）朱履贞辑，天津市古籍书店 1991 年。

四子谱（中国古典围棋丛书）（明）过百龄撰，杜维新、赖成美校勘，蜀蓉棋艺出版社 1991 年。

蕉竹斋象棋谱（象棋古谱丛书）蒋权、朱鹤洲诠注，人民体育出版社 1991 年。

湖涯集象棋谱　朱鹤洲、蒋权诠注，河南科学技术出版社 1991 年。

湖涯集象棋谱（象棋古典丛书）杨明忠等诠注，蜀蓉棋艺出版社 1992 年。

印商　（清）林霔编，中国书店 1992 年。

刘熙载书法论注（中国古代书论丛书）（清）刘熙载撰，孙原平选注，江苏美术出版社 1992 年。

扬州八怪题画录（扬州八怪研究资料丛书）蒋华编，江苏美术出版社 1992 年。

书谱解说　（唐）孙过庭撰，冯亦吾注释，国际文化出版公司 1992 年。

书苑菁华（外十二种）（四库艺术

丛书）（宋）陈思等撰，上海古籍出版社 1992 年。

画史（外十一种）（四库艺术丛书）（宋）米芾等撰，上海古籍出版社 1992 年。

清河书画舫（外四种）（四库艺术丛书）（明）张丑撰，上海古籍出版社 1992 年。

琴史（外十种）（四库艺术丛书）（宋）朱长文编，上海古籍出版社 1992 年。

赖古堂印谱 （清）周亮工编，上海古籍出版社 1992 年。

明清名人刻印精品汇存 葛昌楹、胡淦编，上海古籍出版社 1992 年。

飞鸿堂印谱 （清）汪启淑编，上海古籍出版社 1992 年。

学山堂印谱 （明）张灏编，上海古籍出版社 1992 年。

赵之琛印谱（明清篆刻家印谱丛书）（清）赵之琛篆刻，上海书店出版社 1992 年。

钱松印谱（明清篆刻家印谱丛书）（清）钱松篆刻，上海书店出版社 1992 年。

丁敬印谱（明清篆刻家印谱丛书）（清）丁敬篆刻，上海书店出版社 1992 年。

黄士陵印谱（明清篆刻家印谱丛书）（清）黄士陵篆刻，上海书店出版社 1993 年。

徐三庚印谱（明清篆刻家印谱丛书）（清）徐三庚篆刻，上海书店出版社 1993 年。

习字秘诀 （清）蒋和撰，广西美术出版社 1993 年。

橘中秘（象棋千古名谱）（明）朱晋桢辑，谢侠逊编订，海南出版社 1993 年。

适情雅趣（象棋千古名谱）（明）徐芝选，谢侠逊译校，海南出版社 1993 年。

梅花谱（象棋千古名谱）（清）王再越撰，谢侠逊译校，海南出版社 1993 年。

竹香斋（象棋千古名谱）（清）张乔栋辑撰，海南出版社 1993 年。

象棋古局今诠（象棋自学与训练丛书） 锡辚、赵为辑选，北京出版社 1993 年。

折梅笺　牌经　马吊脚例（冯梦龙全集）（明）冯梦龙汇辑，上海古籍出版社1993年。

绛帖平（外七种）（四库艺术丛书）（宋）姜夔等撰，上海古籍出版社1994年。

梅花喜神谱（中国古代版画丛刊二编）（宋）宋伯仁编绘，上海古籍出版社1994年。

唐诗画谱（中国古代版画丛刊二编）（明）黄凤池辑，上海古籍出版社1994年。

名山图（中国古代版画丛刊二编）（明）墨绘斋摹，上海古籍出版社1994年。

古歙山川图（中国古代版画丛刊二编）（清）吴逸绘，上海古籍出版社1994年。

太平山水图画（中国古代版画丛刊二编）（清）张万选编，萧云从绘，上海古籍出版社1994年。

烂柯神机（象棋千古名谱）（清）于国柱撰，海南国际新闻出版中心1994年。

古今楹联汇刻（清）吴隐摹集，中国书店1994年。

芥子园画传（中国历代书画丛书）（清）诸升等编绘，中国书店1995年，1996年。

草字汇（清）石梁编，上海书店出版社1995年。

欧斋石墨题跋　朱翼盦著，北京图书馆出版社1995年。

新编梅花谱（清）王再越撰，程明松改编，蜀蓉棋艺出版社1995年，2001年。

无双谱（中国古代版画精品系列丛书）（清）金古良绘，河北美术出版社1996年。

无双谱（清）金古良撰并绘，中国书店1996年。

书史会要（明）陶宗仪撰，中国书店1996年。

墨林今话（清）蒋宝龄撰，中国书店1996年。

选学斋书画寓目笔记　崇彝辑，中国书店1996年。

琴学练要（清）王善辑，中国书店1996年，2002年。

春草堂琴谱（清）曹尚絅撰，中国书店1996年，2002年。

十一弦馆琴谱 （清）张瑞删订，（清）刘鹗辑，中国书店 1996 年，2002 年。

明刊孤本画法大成 （明）朱寿镛、朱颐厓撰，线装书局 1996 年。

黄牧甫印影 （清）黄牧甫篆刻，戴山青编，荣宝斋出版社 1996 年。

汉铜印原 （清）汪启淑编，西泠印社 1996 年。

梅花喜神谱 （宋）宋伯仁撰，中国书店 1997 年。

陈老莲木刻画 （明）陈洪绶绘，首都图书馆编，学苑出版社 1997 年。

清殿版画汇刊 刘托、孟白主编，学苑出版社 1998 年。

百美新咏图传 （清）王翙撰，中国书店 1998 年。

唐传兰亭序帖疏证 李长路著，北京图书馆出版社 1998 年。

琴学入门 （清）张鹤辑，中国书店 1998 年，2002 年。

德音堂琴谱 （清）汪天荣辑、（清）吴之振鉴定，中国书店 1998 年，2002 年。

飞鸿堂印谱 （清）汪启淑编，江苏广陵古籍刻印社 1998 年。

续百家姓印谱（中华姓氏文化）（清）吴大澂编，胡琦峻增补，中国物资出版社 1998 年。

韬略元机象棋谱（象棋古谱精编丛书）（清）王相、张自文等汇选，屠景明诠注，人民体育出版社 1998 年。

两垒轩印考漫存（中国历代印谱丛书）（清）吴云编，上海书店出版社 2000 年。

竹香斋象戏谱（中国象棋古谱大系）（清）张乔栋辑，上海文化出版社 2000 年。

图画见闻志　画继（中国书画论丛书）（宋）郭若虚、（宋）邓椿撰，米田水译注，湖南美术出版社 2000 年。

唐诗五言画谱 （明）黄凤池编，北京图书馆出版社 2000 年。

芥子园画传 （清）王概等编，北京图书馆出版社 2000 年。

费晓楼百美画谱 （清）费晓楼编，学苑出版社 2000 年。

写竹简明法（中国善本丛帖集刊）（清）蒋和撰，北京古籍出版社2000年。

梅花画谱（中国善本画谱集刊）（宋）宋伯仁等集，北京古籍出版社2001年。

陈章侯水浒叶子　（明）陈洪绶绘，北京图书馆出版社2001年。

红楼梦图咏（安徽省图书馆馆藏古籍珍本）（清）改琦绘，武念祖等著，黄山书社2001年。

历代名画记　图画见闻志（新世纪万有文库）（唐）张彦远、（宋）郭善虚撰，周晓薇、王其祎点校，辽宁教育出版社2001年。

百局象棋谱（中国象棋古谱大系）（清）三乐居士编，杨明忠、陶诒谟诠注，上海文化出版社2001年。

橘中秘象棋谱（象棋古谱精编丛书）（明）朱晋桢撰，杨官璘诠注，人民体育出版社2001年。

象棋经典古局鉴赏　崔鸿传编撰，蜀蓉棋艺出版社2001年。

忘忧清乐集（中华再造善本试制）（宋）李逸民编，北京图书馆出版社2001年。

圣迹图（中华再造善本试制）（清）陈尹绘，北京图书馆出版社2001年。

水浒人物全图（中华再造善本试制）（清）孙石绘，北京图书馆出版社2001年。

北京民间生活百图（中华再造善本试制）（清）佚名绘，北京图书馆出版社2001年。

芥子园画谱　吴蓬临本，吴蓬、杨为国编，广西师范大学出版社2002年。

林皋印谱　（清）林皋篆，常熟市博物馆编，上海书店出版社2002年。

红楼梦谱　（清）寿芝撰，北京图书馆出版社2002年。

红楼梦图咏（书韵楼丛刊）（清）改琦绘，上海古籍出版社2002年，2003年。

历代名画记译注　［日］冈村繁著，俞慰刚译，上海古籍出版社2002年。

真迹日录　（明）张丑撰，北京图书馆出版社2002年。

水浒人物像赞　水浒故事画传（书韵楼丛刊）（明）杜堇、佚名绘，上海古籍出版社 2002 年，2003 年。

聊斋志异图咏（书韵楼丛刊）（清）佚名绘，上海古籍出版社 2002 年，2003 年。

聊斋志异图咏插图全编　广陵书社编，广陵书社 2002 年。

五知斋琴谱　（清）周子安撰，中国书店 2002 年。

书苑菁华　（宋）陈思编纂，北京图书馆出版社 2003 年。

百梅图谱（中国善本画谱集刊）（元）王冕等辑，北京古籍出版社 2003 年。

顾氏画谱　（明）顾炳绘，广陵书社 2003 年。

御制圆明园图咏　（清）爱新觉罗·弘历撰，广陵书社 2003 年。

御制避暑山庄图咏　（清）爱新觉罗·玄晔、爱新觉罗·弘历撰，沈喻绘图，广陵书社 2003 年。

兰亭续考（中华再造善本）（宋）俞松辑，北京图书馆出版社 2003 年。

书苑菁华（中华再造善本）（宋）陈思辑，北京图书馆出版社 2003 年。

图画见闻志（中华再造善本）（宋）郭若虚撰，北京图书馆出版社 2003 年。

北京民间风俗百图（珍藏版）（清）佚名绘，王克友、王宏印、许海燕译，北京图书馆出版社 2003 年。

忘忧清乐集（雕版珍本选粹）（宋）李逸民编，线装书局 2003 年。

唐景崧《谜拾》注　（清）唐景崧著，文永泽、文丽注，广西民族出版社 2003 年。

书画萃苑（辽宁省图书馆孤本善本丛刊．第 1 辑）（明）怀褐山人编辑，线装书局 2003 年。

忘忧清乐集（中华再造善本）（宋）李逸民撰，北京图书馆出版社 2004 年。

东观余论（中华再造善本）（宋）黄伯思撰，北京图书馆出版社 2004 年。

围棋圣经　（元）晏天章、严德甫著，新疆人民出版社 2004 年，团结出版社 2005 年。

唐诗画谱 （明）黄凤池编，（明）蔡元勋等绘，山东画报出版社 2004 年。

红楼梦图咏 （清）改琦绘，张问陶、王希廉等题咏，北京图书馆出版社 2004 年。

芥子园画传·1：山水 （清）王概编，人民美术出版社 2004 年。

芥子园画传·2：梅兰竹菊 （清）王蓍、王概、王臬编，人民美术出版社 2004 年。

清人论画（中国书画论丛书） 潘运告主编，湖南美术出版社 2004 年。

中国古代画论类编（修订版） 俞剑华编著，人民美术出版社 2004 年。

诗余画谱（中国古版画丛书）（明）汪氏编，张宏宇整理，河南大学出版社 2004 年。

古典文学版画（中国古版画丛书）张满弓编著，河南大学出版社 2004 年。

唐诗画谱（中国古版画丛书）（明）黄凤池编，张宏宇整理，河南大学出版社 2004 年。

（清）孙温绘全本红楼梦 （清）孙温绘，刘广堂主编，周汝昌题诗，作家出版社 2004 年。

红楼梦图咏 （清）改琦绘，北京图书馆出版社 2004 年。

唐诗画谱 （明）黄凤池编，（明）蔡元勋等绘，山东画报出版社 2004 年。

汉碑范 （清）张祖翼书，北京图书馆出版社 2004 年。

广艺舟双楫（中国书法艺术名著普及丛刊） （清）康有为著，孙玉祥、李宗玮解析，北京图书馆出版社 2004 年。

艺舟双楫（中国书法艺术名著普及丛刊） （清）包世臣著，李宗玮解析，北京图书馆出版社 2004 年。

书谱译注 （唐）孙过庭撰，党丕经译注，三秦出版社 2004 年。

中国象棋古谱（墨香斋藏书大系）陈祖德、王汝南主编，甘肃文化出版社 2004 年。

中国围棋古谱（墨香斋藏书大系）

陈祖德、王汝南主编，甘肃文化出版社2004年。

清内府书画编纂稿 佚名编，北京图书馆出版社2005年。

画禅室随笔（国学书库·书画论丛）（明）董其昌著，屠友祥校注，江苏教育出版社2005年。

芥子园画传·第3集：花卉翎毛·巢勋临本 沈心友编，人民美术出版社2005年。

芥子园画传·第4集：人物·巢勋临本 沈心友编，人民美术出版社2005年。

酒牌（清）陈洪绶等编绘，栾保群解说，山东画报出版社2005年。

唐诗画谱说解（明）黄凤池等编绘，吴企明、阎昭典评解，齐鲁书社2005年。

清刻红楼梦图咏（老资料丛书·中国古代艺术书籍精选）（清）改琦绘，天津人民美术出版社编，天津人民美术出版社2005年。

中国历代园林图文精选·第4辑 杨光辉编注，同济大学出版社2005年。

卧云楼琴谱（中国古代琴书汇刊）（清）马兆辰辑，中国书店2005年。

蓼怀堂琴谱（中国古代琴书汇刊）（清）云志高编订，中国书店2005年。

大还阁琴谱（中国古代琴书汇刊）（明）徐上瀛著，中国书店2005年。

蕉庵琴谱（中国古代琴书汇刊）（清）秦维瀚撰，中国书店2005年。

松弦馆琴谱（中国古代琴书汇刊）（明）严澂编撰，中国书店2005年。

枯木禅琴谱（中国古代琴书汇刊）（清）释空尘著，中国书店2005年。

藏春坞琴谱（中国古代琴书汇刊）（明）郝宁辑，中国书店2005年。

立雪斋琴谱（中国古代琴书汇刊）（清）汪绂辑，中国书店2005年。

二香琴谱（中国古代琴书汇刊）（清）蒋文勋著，中国书店2005年。

梅庵琴谱（中国古代琴书汇刊）（清）王宾鲁著，中国书店2005年。

研露楼琴谱（中国古代琴书汇刊）（清）崔应阶选定，中国书店2005年。

庆赏昇平（中华再造善本续编试

制）　佚名撰，北京图书馆出版社 2005 年，2007 年。

梅花喜神谱（中华再造善本）（宋）宋伯仁绘并辑，北京图书馆出版社 2005 年，2008 年。

图绘宝鉴（中华再造善本）（元）夏文彦撰，北京图书馆出版社 2005 年。

画继（中华再造善本）（宋）邓椿撰，北京图书馆出版社 2006 年。

太平山水图画（中华再造善本续编试制）（清）萧云从绘，北京图书馆出版社 2006 年。

书画记　（清）吴其贞编，人民美术出版社 2006 年。

竹谱详录　（元）李衎著，吴庆峰、张金霞整理，山东画报出版社 2006 年。

广艺舟双楫注：详注插图本（清）康有为著，崔尔平校注，上海书画出版社 2006 年。

微言秘旨订（中国古代琴书汇刊）（明）尹尔滔撰辑，孙淦重订，中国书店 2006 年。

风宣玄品（中国古代琴书汇刊）（明）朱厚爝撰辑，中国书店 2006 年。

宋词画谱　（明）汪氏编，綦维整理，山东画报出版社 2006 年。

苦瓜和尚画语录　（清）石涛著，周远斌点校、纂注，山东画报出版社 2006 年。

词情画意　（明）汪士铨编，黄勇注，京华出版社 2006 年。

诗情画意　（明）黄凤池编，黄勇注，京华出版社 2006 年。

孙过庭书谱浅释　（唐）孙过庭著，李印良释，白山出版社 2006 年。

＊**书谱**　（唐）孙过庭著，岑寂秋注译，香港天良文化事业有限公司 2006 年。

芥子园画传　（清）王概等编，天津古籍出版社编，天津古籍出版社 2006 年。

石涛画语录（中国历代书学画论丛书）　窦亚杰编注，西泠印社出版社 2006 年。

芥子园画谱（中华传统文化经典）（清）沈心友临本，王概编，线装书局 2006 年。

唐诗宋词画谱（中华传统文化经典）（明）黄凤池编，线装书局2006年。

竹香斋象棋谱（清代四大象棋名谱）（清）张乔栋、张景煦汇辑，陆曙光诠注、改编，李浭义校订，河南科学技术出版社2007年。

《书谱》译注 （唐）孙过庭著，马永强译注，河南美术出版社2007年。

中国历代书论选 潘运告编注，湖南美术出版社2007年。

中国历代画论选 潘运告编注，湖南美术出版社2007年。

石涛画语录（俞剑华中国绘画史论研究丛书）（清）石涛著，俞剑华注释，江苏美术出版社2007年。

历代名画记（俞剑华中国绘画史论研究丛书）（唐）张彦远著，俞剑华注释，江苏美术出版社2007年。

宣和画谱（俞剑华中国绘画史论研究丛书） 俞剑华注译，江苏美术出版社2007年。

中国历代画论：掇英·类编·注释·研究 周积寅编著，江苏美术出版社2007年。

画禅室随笔 （明）董其昌著，周远斌点校、纂注，山东画报出版社2007年。

太音大全集 （明）袁均哲辑，中国书店出版社2007年。

梧冈琴谱 （明）黄献辑，中国书店出版社2007年。

杏庄太音补遗 杏庄太音续谱 （明）肖鸾辑，中国书店出版社2007年。

《画语录》注译与石涛画论研究 王宏印著译，北京图书馆出版社2007年。

书谱注释 （唐）孙过庭撰，沙孟海注释，上海古籍出版社2008年。

芥子园画传·竹谱 （清）王概等编，国家图书馆编，浙江古籍出版社2008年。

芥子园画传·兰谱 （清）王概等编，国家图书馆编，浙江古籍出版社2008年。

芥子园画传·菊谱 （清）王概等编，国家图书馆编，浙江古籍出版社2008年。

芥子园画传·梅谱 （清）王概等编，国家图书馆编，浙江古籍出版社2008年。

芥子园画传·草虫花卉谱 （清）王概等编，国家图书馆编，浙江古籍出版社2008年。

芥子园画传·翎毛花卉谱 （清）王概等编，国家图书馆编，浙江古籍出版社2008年。

御制避暑山庄三十六景诗 （清）康熙帝、乾隆帝著，天津古籍出版社2008年。

宋词画谱 （明）汪氏编，北京图书馆出版社2008年。

唐诗五言画谱 （明）黄凤池编，北京图书馆出版社2008年。

书谱序注疏 （唐）孙过庭撰，周士艺注疏，上海古籍出版社2009年。

萧云从太平山水图画 （清）萧云从绘，上海古籍出版社2009年。

珊瑚木难（中华再造善本续编）（明）朱存理辑，国家图书馆出版社2009年。

书法钩玄（中华再造善本续编）（元）苏霖撰，国家图书馆出版社2009年。

程氏墨苑（中华再造善本续编）（明）程大约撰，国家图书馆出版社2009年。

庚子销夏记（中华再造善本续编）（清）孙承泽撰，国家图书馆出版社2009年。

凌烟阁图（中华再造善本续编）（清）刘源绘，国家图书馆出版社2009年。

印存玄览（中华再造善本续编）（明）胡正言篆刻并辑，国家图书馆出版社2009年。

读画录（中华再造善本续编）（清）周亮工撰，国家图书馆出版社2010年。

绘事发微（中华再造善本续编）（清）唐岱撰，国家图书馆出版社2010年。

南宋院画录（中华再造善本续编）（清）厉鹗撰，国家图书馆出版社2010年。

耕织图（中华再造善本续编）（清）焦秉贞绘，国家图书馆出版社2010年。

古歙山川图（中华再造善本续编）（清）吴逸绘，国家图书馆出版社2010年。

赖古堂印谱（中华再造善本续编）（清）周亮工辑，国家图书馆出版社2010年。

阳关三叠（中华再造善本续编）（清）俞宗撰，国家图书馆出版社2010年。

弦索十三套琵琶谱（中华再造善本续编）佚名撰，国家图书馆出版社2010年。

忘忧清乐集 （宋）李逸民著，孟秋校勘，成都时代出版社2010年。

桃花泉弈谱 （清）范西屏著，丁开明校勘，成都时代出版社2010年。

四子谱 （明）过百龄著，杜维新校勘，成都时代出版社2010年。

水浒叶子 （明）陈洪绶绘，人民美术出版社2010年。

东观余论 （宋）黄伯思编著，李萍点校，人民美术出版社2010年。

冬心画谱 （清）金农著，王其和点校、纂注，山东画报出版社2010年。

林泉高致 （宋）郭熙著，周远斌点校、纂注，山东画报出版社2010年。

太和正音谱笺评 （明）朱权著，姚品文点校笺评，中华书局2010年。

棋经十三篇（中华生活经典）（宋）张学士著，诸葛潜潜编著，中华书局2010年。

书法雅言（中华生活经典）（明）项穆著，李永忠编著，中华书局2010年。

琴史（中华生活经典）（宋）朱长文著，林晨编著，中华书局2010年。

林泉高致（中华生活经典）（宋）郭思编，杨伯编著，中华书局2010年。

玉华洞胜景图 （明）萧慈绘图，上海古籍出版社2010年。

芥子园画传．人物卷 （清）王概等编，线装书局2010年。

芥子园画传．花卉翎毛卷 （清）王概等编，线装书局2010年。

芥子园画传．兰竹梅菊卷 （清）王概等编，线装书局2010年。

芥子园画传．山水卷 （清）王概等编，线装书局2010年。

广川画跋（中华再造善本续编）（宋）董逌撰，国家图书馆出版社2011年。

新刻文会堂琴谱（中华再造善本续编）（明）胡文焕撰，国家图书馆出版社2011年。

印典（中华生活经典）（清）朱象贤著，方小壮编著，中华书局2011年。

庚子销夏记　江村销夏录（古代书画著作选刊）（清）孙承泽撰，（清）高士奇撰，余彦焱点校，上海古籍出版社2011年。

清河书画舫（古代书画著作选刊）（明）张丑撰，徐德明点校，上海古籍出版社2011年。

平生壮观（古代书画著作选刊）（清）顾复著，林虞生点校，上海古籍出版社2011年。

过云楼书画记　岳雪楼书画记（古代书画著作选刊）（清）顾文彬撰，（清）孔广陶撰，柳向春点校，上海古籍出版社2011年。

宋词画谱　（明）宛陵汪氏辑印，广陵书社2011年。

宋词画谱　（明）汪氏编，国家图书馆出版社2011年。

芥子园画谱　（清）沈心友等编绘，中州古籍出版社2011年。

三希堂画宝　（清）九思斋主编，中州古籍出版社2011年。

晚笑堂竹庄画传　（清）上官周撰，天津古籍出版社2011年。

历代名画记图画见闻志选译（古代文史名著选译丛书）（唐）张彦远、（宋）郭若虚撰，周晓薇、赵望秦注译，凤凰出版社2011年。

谱录类

植物名实图考（附植物名实图考长编）（万有文库）（清）吴其浚著，商务印书馆1919年，1933年，1936年。

广群芳谱（万有文库）（清）汪灏等编，商务印书馆1935年。

（新式标点）随园食单　（清）袁枚编撰，曹鹄雏标点，东方文学社1935年。

菊谱（丛书集成初编）（明）黄省曾撰，商务印书馆1936年。

桔录（丛书集成初编）（宋）韩彦直撰，商务印书馆1936年。

兰谱奥法（丛书集成初编）（明）周履靖校正，商务印书馆1936年。

荔枝谱（丛书集成初编）（宋）蔡襄述，商务印书馆1936年。

岭南荔枝谱（丛书集成初编）（清）吴应逵撰，商务印书馆1936年。

梅品（丛书集成初编）（宋）张功甫撰，商务印书馆1936年。

本心斋蔬食谱（丛书集成初编）（宋）陈达叟撰，商务印书馆1936年。

虎荟（丛书集成初编）（明）陈继儒撰，商务印书馆1936年。

山家清供（丛书集成初编）（宋）林洪著，商务印书馆1936年。

饮食须知（丛书集成初编）（元）贾铭撰，商务印书馆1936年。

酒史（丛书集成初编）（明）冯时化撰，商务印书馆1936年。

糖霜谱（丛书集成初编）（宋）王灼撰，商务印书馆1936年。

北苑别录（丛书集成初编）（宋）赵汝砺撰，商务印书馆1936年。

茶董补（丛书集成初编）（明）陈继儒辑，商务印书馆1936年。

茶疏（丛书集成初编）（明）许次纾撰，商务印书馆1936年。

茶寮记（丛书集成初编）（明）陆树声撰，商务印书馆1936年。

茶录（丛书集成初编）（宋）蔡襄撰，商务印书馆1936年。

东溪试茶录（丛书集成初编）（宋）宋子安撰，商务印书馆1936年。

墨记（丛书集成初编）（宋）何薳撰，商务印书馆1936年。

墨经（丛书集成初编）（宋）晁贯之著，商务印书馆1936年。

墨史（丛书集成初编）（元）陆友撰，商务印书馆1936年。

茶具图赞（丛书集成初编）（明）茅一相撰，商务印书馆1936年。

纪听松庵竹炉始末（丛书集成初编）（清）邹炳泰撰，商务印书馆1936年。

燕几图（丛书集成初编）（宋）黄

长睿撰，商务印书馆 1936 年。

游具雅编（丛书集成初编）（明）屠隆撰，商务印书馆 1936 年。

观石录（丛书集成初编）（清）高兆撰，商务印书馆 1936 年。

石谱（丛书集成初编）（清）诸九鼎撰，商务印书馆 1936 年。

云林石谱（丛书集成初编）（宋）杜绾撰，商务印书馆 1936 年。

长物志（丛书集成初编）（明）文震亨撰，商务印书馆 1936 年。

艮岳记（丛书集成初编）（宋）张淏撰，商务印书馆 1936 年。

木棉谱（丛书集成初编）（清）褚华撰，商务印书馆 1937 年。

北墅抱瓮录（丛书集成初编）（清）高士奇撰，商务印书馆 1937 年。

曹州牡丹谱（丛书集成初编）（清）余鹏年撰，商务印书馆 1937 年。

洛阳牡丹记（丛书集成初编）（宋）欧阳修撰，商务印书馆 1937 年。

牡丹荣辱志（丛书集成初编）（宋）丘璿撰，商务印书馆 1937 年。

学圃杂疏（丛书集成初编）（宋）王世懋撰，商务印书馆 1937 年。

养小录（丛书集成初编）（清）顾仲撰，商务印书馆 1937 年。

香谱（丛书集成初编）（宋）洪刍撰，商务印书馆 1937 年。

勇卢闲话（丛书集成初编）（清）赵之谦撰，商务印书馆 1937 年。

浮梁陶政志（丛书集成初编）（清）吴允嘉述，商务印书馆 1937 年。

瓶花谱（丛书集成初编）（明）张谦德撰，商务印书馆 1937 年。

瓶史（丛书集成初编）（明）袁宏道著，商务印书馆 1937 年。

古奇器录（丛书集成初编）（明）陆深撰，商务印书馆 1937 年。

桐谱（丛书集成初编）（宋）陈翥撰，商务印书馆 1939 年。

竹谱（丛书集成初编）（晋）戴凯之撰，商务印书馆 1939 年。

海棠谱（丛书集成初编）（宋）陈

思撰，商务印书馆1939年。

菊谱（丛书集成初编）（宋）刘蒙撰，商务印书馆1939年。

（石湖）菊谱（丛书集成初编）（宋）范成大撰，商务印书馆1939年。

史老圃菊谱（丛书集成初编）（宋）史正志撰，商务印书馆1939年。

（石湖）梅谱（丛书集成初编）（宋）范成大撰，商务印书馆1939年。

扬州芍药谱（丛书集成初编）（宋）王观撰，商务印书馆1939年。

玉蕊辨证（丛书集成初编）（宋）周必大撰，商务印书馆1939年。

闽中海错疏（丛书集成初编）（明）屠本畯疏，（明）徐𤊹补疏，商务印书馆1939年。

然犀志（丛书集成初编）（清）李调元撰，商务印书馆1939年。

蟹谱（丛书集成初编）（宋）傅肱撰，商务印书馆1939年。

异鱼图赞（丛书集成初编）（明）杨慎撰，商务印书馆1939年。

异鱼图赞补（丛书集成初编）（明）胡世安撰，商务印书馆1939年。

异鱼赞闰集（丛书集成初编）（明）胡世安撰，商务印书馆1939年。

鱼经（丛书集成初编）（明）黄省曾著，商务印书馆1939年。

兽经（丛书集成初编）（明）黄省曾撰，商务印书馆1939年。

蠙衣生马记（丛书集成初编）（明）郭子章辑，商务印书馆1939年。

文房四谱（丛书集成初编）（宋）苏易简撰，商务印书馆1939年。

笔史（丛书集成初编）（清）梁同书撰，商务印书馆1939年。

文具雅编（丛书集成初编）（明）屠龙撰，商务印书馆1939年。

笺纸谱（丛书集成初编）（元）费著撰，商务印书馆1939年。

金粟笺说（丛书集成初编）（清）张燕昌撰，商务印书馆1939年。

漫堂墨品（丛书集成初编）（清）宋荦撰，商务印书馆1939年。

墨法集要（丛书集成初编）（明）沈继孙撰，商务印书馆 1939 年。

墨志（丛书集成初编）（明）麻三衡撰，商务印书馆 1939 年。

雪堂墨品（丛书集成初编）（清）张仁熙撰，商务印书馆 1939 年。

辨歙砚说（丛书集成初编）（宋）洪适辑，商务印书馆 1939 年。

端溪砚谱（丛书集成初编）（宋）叶樾订，商务印书馆 1939 年。

歙砚说（丛书集成初编）（宋）洪适辑，商务印书馆 1939 年。

歙州砚谱（丛书集成初编）（宋）唐积撰，商务印书馆 1939 年。

砚史（丛书集成初编）（宋）米芾撰，商务印书馆 1939 年。

花镜　（清）陈淏子辑，中华书局 1956 年。

植物名实图考　（清）吴其浚撰，商务印书馆 1957 年，1959 年，中华书局 1963 年，文物出版社 1992 年。

植物名实图考长编　（清）吴其濬撰，商务印书馆 1959 年。

花镜（中国农书丛刊）（清）陈淏子辑，伊钦恒校注，农业出版社 1962 年，1979 年。

王子若摹刻研史手牍（附研史年谱）（清）王日申撰，文物出版社编，文物出版社 1962 年。

＊**茶经白话浅释**　林荆南撰，台湾区制茶工业同业公会 1976 年。

端溪砚史　（清）吴兰修撰，上海书店 1979 年。

砚小史　（清）朱栋撰，上海书店 1980 年。

食品集　（明）吴禄辑，中国书店 1980 年。

桐谱校注（中国农书丛刊）（宋）陈翥撰，潘法连校注，农业出版社 1981 年，1983 年。

牡丹史　（明）薛凤翔撰，李冬生点注，安徽人民出版社 1983 年。

陆羽茶经译注　（唐）陆羽撰，傅树勤、欧阳勋译注，湖北人民出版社 1983 年。

随息居饮食谱（中医古籍小丛书）（清）王士雄撰，窦国祥校注，江苏科学技术出版社 1983 年。

髹饰录解说：中国传统漆工艺研究

（明）黄成撰，王世襄解说，文物出版社1983年，1998年增订本。

养小录（中国烹饪古籍丛刊）（清）顾仲撰，邱庞同注释，中国商业出版社1984年。

中馈录（中国烹饪古籍丛刊）（清）曾懿撰，陈光新注释，中国商业出版社1984年。

醒园录（中国烹饪古籍丛刊）（清）李化楠撰，侯汉初、熊四智注释，中国商业出版社1984年。

素食说略（中国烹饪古籍丛刊）（清）顾仲撰，邱庞同注释，中国商业出版社1984年。

随园食单（中国烹饪古籍丛刊）（清）袁枚撰，周三金等注释，中国商业出版社1984年。

易牙遗意（中国烹饪古籍丛刊）（元）韩奕撰，邱庞同注释，中国商业出版社1984年。

云林堂饮食制度集（中国烹饪古籍丛刊）（元）倪瓒撰，邱庞同编，中国商业出版社1984年。

重刊燕几图蝶几谱（附匡几图）（宋）黄伯思、（明）戈汕编，上海科学技术出版社1984年。

封泥汇编 吴幼潜辑，上海古籍书店1984年，1987年。

茶经语释（中国农业普及丛书）（唐）陆羽撰，蔡嘉德、吕维新注释，农业出版社1984年。

长物志校注 （明）文震亨撰，陈植校注，江苏科学技术出版社1984年。

随息居饮食谱（中国烹饪古籍丛刊）（清）王士雄撰，周三金注释，中国商业出版社1985年。

饮食须知（中国烹饪古籍丛刊）（元）贾铭撰，陶文台注释，中国商业出版社1985年。

饮膳正要（中医基础丛书）（元）忽思慧撰，中国书店1985年。

山家清供（中国烹饪古籍丛刊）（宋）林洪撰，乌克注释，中国商业出版社1985年。

食宪鸿秘（中国烹饪古籍丛刊）（清）朱彝尊撰，邱庞同注释，中国商业出版社1985年。

群芳谱诠释（中国农书丛刊）（明）王象晋纂辑，伊钦恒诠释，农业出版社1985年。

广群芳谱 （清）汪灏等撰，上海书店 1985 年。

范蠡养鱼经 中国水产学会中国渔业史研究会编，北京农业出版社 1986 年。

调鼎集（中国烹饪古籍丛书）（清）佚名撰，邢渤涛注释，中国商业出版社 1986 年，1987 年。

饮膳正要（中医古籍整理丛书）（元）忽思慧撰，刘玉书点校，人民卫生出版社 1986 年。

吴氏中馈录本心斋疏食谱（外四种）（中国烹饪古籍丛刊）（宋）浦江吴氏、陈达叟撰，孙世增、唐艮、吴国栋、姚振节注释，中国商业出版社 1987 年。

随息居饮食谱（中医古籍整理丛书）（清）王士雄撰，聂伯纯等点校，人民卫生出版社 1987 年。

墨缘汇观（朝鲜族古籍丛书）（清）安岐撰，张昌熙标注，延边大学出版社 1988 年。

饮食须知（中国古籍整理丛书）（元）贾铭撰，程绍恩等点校，人民卫生出版社 1988 年。

饮膳正要（中国烹饪古籍丛刊）（元）忽思慧撰，李春方译注，中国商业出版社 1988 年。

调鼎集（筵席菜肴编） （清）童岳荐编撰，张延年校注，中州古籍出版社 1988 年。

饮膳正要 （元）忽思慧撰，上海书店出版社 1989 年。

蔬园杂记（饮食部分）升庵外集（饮食部分）饮食绅言（中国烹饪古籍丛刊）（明）陆容撰，王仁湘注释，（明）杨慎、曹竑编，李希绪、张夔明注释（明）龙遵叙撰，陈光文注释，中国商业出版社 1989 年。

宋氏养生部（饮食部分） （明）宋诩撰，陶文台注释，中国商业出版社 1989 年。

鸡谱校释 汪子春校释，农业出版社 1989 年。

广群芳谱 （清）汪灏等编，张虎刚点校，河北人民出版社 1989 年。

汉魏六朝岭南植物志辑释 缪启愉、邱泽奇辑释，农业出版社 1990 年。

程氏墨苑 （明）程大约撰，中国书店 1990 年，1996 年。

封泥考略 （清）陈介祺、吴式芬辑，中国书店1990年。

饮膳正要（气功养生丛书）（元）忽思慧撰，上海古籍出版社1990年。

西清砚谱 （清）于敏中等编，上海书店出版社1991年，1993年。

涉园墨萃 （明）董康辑，中国书店1991年，1996年。

瀓秋馆藏古封泥（中国历代印谱丛书） 陈宝琛藏辑，上海书店出版社1991年。

古玉图谱 （宋）龙大渊撰，江苏广陵古籍刻印社1991年。

文房四谱（外十二种）（四库艺术丛书）（宋）苏易简等撰，上海古籍出版社1991年。

方氏墨谱 （明）方于鲁撰，中国书店1991年，1994年。

调鼎集（酒茶点心编） （清）童岳荐编撰，张延年校注，中州古籍出版社1991年。

马首农言注释 （清）祁寯藻撰，高恩广、胡辅华注释，农业出版社1991年，1999年。

佩文斋广群芳谱（外二十种）（四库艺术丛书）（清）汪灏等编，上海古籍出版社1992年。

墨缘汇观 （清）安歧撰，张增泰校注，江苏美术出版社1992年。

阳羡名陶录 （清）吴骞编，黄山书社1992年。

《景德镇陶录》详注 傅振伦著，孙彦整理，书目文献出版社1993年。

玉说汇编 寒冬虹、李娜华、孙彦标点，书目文献出版社1993年。

玉谱类编 （清）徐寿基等撰，江苏广陵古籍刻印社1993年。

清仪阁所藏古器物文 （清）张廷济辑，江苏广陵古籍刻印社1993年。

饮膳正要 （元）忽思慧撰，黄斌校注，中国书店1993年。

饮膳正要（中国古代版画丛刊二编）（元）忽思慧撰，上海古籍出版社1994年。

程氏墨苑（中国古代版画丛刊二编）（明）程大约编撰，上海古籍出版社1994年。

高凤翰砚史 （清）高凤翰编撰，上海书店出版社 1995 年。

文房肆考图说 （清）唐秉钧撰，书目文献出版社 1996 年。

李孝美墨谱 （宋）李孝美编，学苑出版社 1997 年。

古玉图考 （清）吴大澂编，江苏广陵古籍刻印社 1997 年。

簠斋藏镜 （清）陈介祺编，江苏广陵古籍刻印社 1997 年。

传世历代古尺图录 罗福颐著，江苏广陵古籍刻印社 1998 年。

阅微草堂砚谱 （清）纪晓岚编，江苏广陵古籍刻印社 1999 年。

素园石谱 （明）林有麟编，中国书店 1999 年。

饮膳正要 （元）忽思慧撰，中国文史出版社 1999 年。

随园食单 （清）袁枚撰，王英中标点、王英志校订，江苏古籍出版社 2000 年。

酒经（中华再造善本试制）（宋）朱翼中撰，北京图书馆出版社 2001 年。

茶经（中华再造善本试制）（唐）陆羽著，北京图书馆出版社 2001 年。

沈氏砚林（中华再造善本试制）国家图书馆编，北京图书馆出版社 2001 年。

茶经　续茶经 （唐）陆羽、（清）陆廷灿撰，北京古籍出版社 2001 年。

＊**陆羽茶经简易读本** 蔡荣章撰，台湾陆羽茶艺公司 2001 年。

饮膳正要（中华医籍经典注释）（元）忽思慧撰，杨柳竹、宁越峰注释，朱德礼校译，内蒙古科学技术出版社 2002 年。

鸽经 （清）张万钟撰，线装书局 2002 年。

酒经（中华再造善本）（宋）朱翼中撰，北京图书馆出版社 2004 年，2010 年。

方氏墨谱 （明）方于鲁撰，吴有祥整理，山东画报出版社 2004 年。

簠斋鉴古与传古 （清）陈介祺著，陈继揆整理，文物出版社 2004 年。

簠斋论陶 （清）陈介祺著，陈继揆整理，文物出版社 2004 年。

《茶经》译释 （唐）陆羽著，张芳赐等注译，云南科技出版社 2004 年。

中国茶典（中国茶文化丛书） 郭孟良编译，山西古籍出版社 2004 年。

茶典 （唐）陆羽等撰，鲍思陶校注，山东画报出版社 2004 年。

茶经续茶经：珍藏版（中国传统文化经典文库） （唐）陆羽、（清）陆廷灿著，乙力编，兰州大学出版社 2004 年。

随园食单：图文典藏版（中国古代才子书） （清）袁枚著，初志英编译，云南人民出版社 2004 年。

长物志图说（中国古代物质文化经典图说丛书） （明）文震亨著，海军、田君注释，山东画报出版社 2004 年。

茶经述评 吴觉农主编，中国农业出版社 2005 年。

中华茶书选辑 叶羽晴川主编，中国轻工业出版社 2005 年。

《饮流斋说瓷》译注 许之衡原著，叶喆民译注，紫禁城出版社 2005 年。

养小录（中国饮食文化丛书） （清）顾仲著，刘筑琴注译，三秦出版社 2005 年。

茶经　续茶经（中国饮食文化丛书） （唐）陆羽著、（清）陆廷灿著，志文注译，三秦出版社 2005 年。

随园食单（中国饮食文化丛书） （清）袁枚著，别曦注译，三秦出版社 2005 年。

饮食须知（中国饮食文化丛书） （元）贾铭著，刘烨注译，三秦出版社 2005 年。

随息居饮食谱（中国饮食文化丛书） （清）王士雄著，刘筑琴注译，三秦出版社 2005 年。

随园食单 （清）袁枚原典，李红译注，中国纺织出版社 2006 年。

食经 （清）袁枚等著，李三译注，中国纺织出版社 2006 年。

茶经 （唐）陆羽等著，卡卡译注，中国纺织出版社 2006 年。

调鼎集：清代食谱大观 （清）童岳荐编撰，张延年校注，中国纺织出版社2006年。

茶经续茶经 （唐）陆羽著，（清）陆廷灿著，云南人民出版社2006年。

兰花古籍撷萃 莫磊选编，中国林业出版社2006年。

中国陶瓷古籍集成 熊寥、熊微主编，上海文化出版社2006年。

梓人遗制图说（中国古代物质文化经典图说丛书）（元）薛景石著，郑巨欣注释，山东画报出版社2006年。

茶经：全彩色图文版 （唐）陆羽著，萧晴编译，中国市场出版社2006年。

随园食单：图文版 （清）袁枚著，王英中标点，王英志校订，凤凰出版社2006年。

《兰蕙同心录》诠释 （清）许鼐梅著，杨涤清、莫磊诠释，福建科学技术出版社2006年。

野食 （明）朱橚撰，程工校注，北京图书馆出版社2006年。

素园石谱 （明）林有麟著，广陵书社2006年。

茶经校注 （唐）陆羽撰，沈冬梅校注，中国农业出版社2006年，台湾宇河文化出版2009年。

随园食单：全彩版（一力经典文丛）（清）袁枚著，周立峰译，文汇出版社2006年。

茶经 （唐）陆羽著，凤凰出版社2007年。

茶经（国学今读大书院）（唐）陆羽、（清）陆廷灿著，彭书淮编译，蓝天出版社2007年。

野菜博录 （明）鲍山编，王承略点校、解说，山东画报出版社2007年。

饮食须知 （元）贾铭著，吴庆峰、张金霞整理，山东画报出版社2007年。

髹饰录图说（中国古代物质文化经典图说丛书）（明）黄成著，（明）杨明注，长北等译注，山东画报出版社2007年。

兰花古籍撷萃·第2集 莫磊选编，中国林业出版社2007年。

食物本草 （明）佚名撰，北京图书馆出版社 2007 年。

随园食单 （清）袁枚著，广陵书社 2008 年。

植物名实图考校释 （清）吴其濬原著，张瑞贤等校，中医古籍出版社 2008 年。

方氏墨谱 （明）方于鲁著，天津古籍出版社 2008 年。

文房四谱装潢志 （宋）苏易简、（明）周嘉胄撰，时代文艺出版社 2008 年。

砚笺墨史 （宋）高似孙、（元）陆友撰，时代文艺出版社 2008 年。

茶经陶说 （唐）陆羽、（清）朱琰著，时代文艺出版社 2008 年。

茶经续茶经：插图本 陆羽、陆廷灿著，万卷出版公司 2008 年。

长物志 （明）文震亨著，重庆出版社 2008 年。

茶经译注：外三种 （唐）陆羽等著，宋一明译注，上海古籍出版社 2009 年。

饮膳正要 （元）忽思慧撰，中国中医药出版社 2009 年。

瑶琨谱（中华再造善本续编）（清）姜绍书撰，国家图书馆出版社 2009 年。

长物志：彩色图文版 （明）文震亨著，金城出版社 2010 年。

茶经全书 （唐）陆羽原著，内蒙古人民出版社 2010 年。

陶说 （清）朱琰撰，杜斌校注，山东画报出版社 2010 年。

园冶图说 （明）计成著，赵农注释，山东画报出版社 2010 年。

匋雅 （清）寂园叟撰，杜斌校注，山东画报出版社 2010 年。

典趣笺谱 （清）周少白绘，星球地图出版社 2010 年。

香典 （明）周嘉胄、（宋）洪刍、陈敬撰，重庆出版社 2010 年。

梅兰竹菊谱 （宋）范成大等著，杨林坤等编著，中华书局 2010 年。

茶经 （唐）陆羽著，沈冬梅编著，中华书局 2010 年。

随园食单 （清）袁枚著，陈伟明编著，中华书局 2010 年。

酒谱（中华生活经典）（宋）窦苹

著，石祥译注，中华书局 2010 年。

茶经续茶经 （唐）陆羽撰，（清）陆廷灿续辑，郭孟良译，中州古籍出版社 2010 年。

酒经译注 （宋）李肱撰，宋一明、李艳译注，上海古籍出版社 2010 年。

茶经续茶经 （唐）陆羽、（清）陆廷灿著，黄山书社 2010 年。

饮膳正要 （元）忽思慧撰，广陵书社 2010 年。

饮膳正要（中华再造善本续编）（元）忽思慧撰，国家图书馆出版社 2011 年。

园冶 （明）计成著，李世葵、刘金鹏编著，中华书局 2011 年。

文房四谱 （宋）苏易简著，石祥编著，中华书局 2011 年。

牡丹谱 （宋）欧阳修等著，杨林坤编著，中华书局 2011 年。

宅经 王玉德、王锐编著，中华书局 2011 年。

酒经 （宋）朱肱著，高建新编著，中华书局 2011 年。

饮食须知 （元）贾铭撰，张如青、丁媛评注，中华书局 2011 年。

紫砂古籍今译 韩其楼编著，北京出版社 2011 年。

素园石谱 （明）林有麟撰，天津古籍出版社 2011 年。

茶经 （唐）陆羽著，中国茶叶博物馆等编著，上海古籍出版社 2011 年。

茶经 （唐）陆羽著，浙江古籍出版社 2011 年。

茶文观止：中国古代茶学导读 杨东甫、杨骥著，广西师范大学出版社 2011 年。

杂家杂纂类

唐新语 （唐）刘肃编，藜光社 1911 年。

梁氏笔记 （清）梁章钜撰，扫叶山房 1911 年。

金壶七墨 （清）黄钧宰撰，扫叶山房 1912 年。

茶余客话 （清）阮葵生著，商务印书馆 1914 年。

野语 （清）印南峰著，五洲书局1914年。

辍耕录 （元）陶宗仪著，个人刊1914年，泰东图书局1922年。

原李耳戴 （明）李中馥著，天益书局1914年。

蕉窗九录 （明）项元汴撰，西泠印社1914年。

筹笔轩读书日记 （清）林传甲著，吴树梅等校，上海商务印书馆1915年。

金圣叹西域风俗记·汤卿谋闲余笔话 （清）金圣叹著，汤传楹著，饮香茗斋1916年。

史瓠冈笔记 （清）史震林著，中华图书馆1916年。

清稗类钞 徐珂编纂，商务印书馆1917年，中华书局1984至1986年，2003年。

听雨轩笔记 （清）清凉道人著，商务印书馆1918年，1931年。

杨恭甫先生匡庐避暑日记 （清）杨恭甫著，中亚印书馆1918年。

格言联璧 （清）金缨辑，佛学书局1921年，1936年，佛学净业社流通部1929年，1930年，弘化社1933年。

曾国藩日记 （清）曾国藩著，（清）王启源编，陶乐勤点校，源记书庄1923年，大中书局1928年，1933年。

（水彩画）二十四孝图说 （元）郭居业辑，陈镜如音注，周湘绘图，文明书局1923年。

影梅盦忆语 （清）冒襄著，广益书局1923年，大东书局1931年，1933年，中央书店1935年。

曾国藩书札类钞 （清）曾国藩著，许啸天句读，群学社1924年，1931年。

（精校圈点）呻吟语 （明）吕坤著，（清）陈宏谋评，汤寿铭校，会文堂书局1924年，1926年。

千百年眼（笔记小说丛书）（明）张燧编，新文化书社1924年，1934年。

论衡 （汉）王充著，陶乐勤标点，梁溪图书馆1925年，1926年，新华书局1928年。

颜氏家训 （北齐）颜之推著，费有容点注，群学社1925年。

淮南子（万有文库） 沈雁冰选注，商务印书馆1926年，1931年，1933年，台湾文听阁图书公司2010年。

老学庵笔记 （宋）陆游撰，扫叶山房1926年。

曾文正公家训钞（青年德育丛书） 青年协会书报部校订，青年协会书局1926年。

吕氏春秋（万有文库） 庄适选注，商务印书馆1927年，1930年，1933年，1947年。

聪训斋语澄怀园语 （清）张英、张廷玉著，青年协会书报部1927年。

陶庵梦忆 （明）张岱著，俞平伯标点，朴社1927年，1932年。

公孙龙子释（万有文库） 金受申释，商务印书馆1928年，1930年，1933年，1935年。

杭俗遗风 （清）范祖述原著，洪如嵩补辑，六艺书局1928年。

论衡（万有文库） （汉）王充著，商务印书馆1929年，1934年，1937年。

袁了凡先生四训 （明）袁了凡著，佛学书局1929年，弘化社1937年。

日知录（万有文库） （清）顾炎武著，商务印书馆1929年，1939年简编版。

四部正讹 （明）胡应麟著，顾颉刚校，朴社1929年，1933年。

曾国藩读书记 （清）曾国藩著，许泽斋点注，群学社1929年。

天工开物（万有文库） （明）宋应星著，华通书局1930年，商务印书馆1933年，1936年，国学整理社（世界书局）1936年。

红兰逸乘（江苏省立苏州图书馆吴中文献小丛书） （清）张霞房辑，陈子彝刊1930年，江苏省立苏州图书馆1941年。

淮南鸿烈集解（万有文库） 刘文典著，商务印书馆1931年。

论衡（国学门径丛书） （汉）王充著，章衣萍标点，大东书局1931年，1932年。

放翁家训 （宋）陆游著，聂氏家言社1931年。

秋灯琐忆 （清）蒋坦著，周瘦鹃校阅，大东书局1931年。

两般秋雨盦随笔 （清）梁绍壬著，商务印书馆 1931 年。

四鉴录（丛书集成初编）（清）尹会一辑，商务印书馆 1931 年。

古书疑义举例（国学门径丛书）（清）俞樾著，张虫天标点，大东书局 1931 年，1932 年，1933 年。

工段营造录 （清）李斗著，中国营造学社 1931 年。

国治 （明）计成撰，朱启钤刊本 1931 年，城市建设出版社 1957 年。

古书辨伪四种（万有文库）（明）宋濂等著，商务印书馆 1931 年，1935 年。

白鹤轩集·志亲堂集（海南丛书）（清）韩锦云著，（清）林燕典著，海南书局 1931 年。

松溪小草·杨斋集（海南丛书）（清）王懋曾著，（清）王承烈著，海南书局 1931 年。

读书法（标点国学入门丛书）（清）张之洞著，文化学社 1931 年。

(新式标点) 论衡 （汉）王充著，启智书局 1932 年，大中书局 1932 年。

两般秋雨庵 （清）梁绍壬著，薛恨生标点，新文化书社 1932 年，1933 年。

渔洋夜谭 （清）王士禛（原题：渔洋山人）著，李同侯标点，百新书店 1932 年。

(新式标点) 滹南辨惑（国学门径丛书）（金）王若虚著，侯毓珩标点，大东书局 1932 年。

(新式标点) 曾国藩日记 （清）曾国藩著，（清）王启源编，启智书局 1932 年，1934 年。

求阙斋日记类钞 （清）曾国藩著，（清）王启源编，会文堂新记书局 1932 年。

封氏闻见记校证 （唐）封演撰，赵贞信校，燕京大学哈佛燕京学社引得编纂处 1933 年。

(新式标点) 论衡 （汉）王充著，何铭标点，新文化书社 1933 年，1934 年。

袁了凡先生训子书 （明）袁了凡著，明善书局 1933 年。

容斋随笔五集综合引得 燕京大学图书馆引得编纂处编，燕京大学图书馆引得编纂处 1933 年。

苏氏演义引得 侯毅编，燕京大学哈佛燕京学社引得编纂处 1933 年。

板桥杂记 （清）余怀著，大东书局 1933 年，中央书店 1946 年。

世说新语（万有文库）（南朝宋）刘义庆著，（南朝梁）刘孝标加注，新文化书社 1933 年，1934 年，商务印书馆 1935 年，1939 年简编版。

两般秋雨庵 （清）梁绍壬著，启智书局 1933 年，1935 年。

两般秋雨庵 （清）梁绍壬（原题：梁晋竹）著，陶乐勤点校，大中书局 1933 年。

梓人遗制（永乐大典本） （元）薛景石著，朱启钤校注，刘敦桢图释，中国营造学社 1933 年。

朱熹辨伪书语（辨伪丛刊）（宋）朱熹著，白寿彝编，朴社 1933 年。

呻吟语（中国学术基本丛书）（明）吕坤著，（清）陈宏谋评点，会文堂新记书局 1934 年，1935 年。

（新式标点）呻吟语 （明）吕坤著，潘公昭标点，沈世荣校阅，大达图书供应社 1934 年。

了凡四训 （明）袁了凡著，印光法师、尤雪行居士校，佛学书局 1934 年，1936 年，1939 年。

清嘉录（新式标点） 魏志成标点，大达图书供应社 1934 年。

浪迹续谈（笔记小说丛书）（清）梁章钜著，樊尔勤校阅，新文化书社 1934 年。

（新式标点）庸盦笔记（文学笔记说部）（清）薛福成著，朱太忙标点，大达图书供应社 1934 年。

鸥陂渔话（笔记小说丛书）（清）叶廷琯著，樊尔勤校阅，新文化书社 1934 年。

舌华录（笔记小说丛书）（明）曹臣（原题：曹荩之）著，新文化书社 1934 年。

（新式标点）板桥杂记 （清）郑燮著，薛恨生标点，新文化书社 1934 年。

浪迹丛谈（笔记小说丛书）（清）梁章钜著，何铭校阅，新文化书社 1934 年。

（新式标点）板桥杂记 （清）余怀（原题：余曼）著，陆随庵标点，周梦蝶校阅，大达图书供应社 1934 年。

(新式标点)两般秋雨盦随笔（文学笔记丛书）（清）梁绍壬著，许慕羲标点，大达图书供应社 1934 年。

香祖笔记（笔记小说丛书）（清）王士禛著，商务印书馆 1934 年，新文化书社 1934 年，启智书局 1935 年。

庚子交涉隅录（国学文库）（清）程德全著，李逊辑，1934 年。

(新式标点)陶庵梦忆 （明）张岱著，启智书局 1934 年，六艺书局。

(新式标点)曾文正公日记 （清）曾国藩著，（清）王启源编，新文化书社 1934 年。

(新式标点)曾文正公日记 （清）曾国藩著，朱太忙标点，大达图书供应社 1935 年，亚光书局 1942 年。

今世说（丛书集成初编）（清）王晫撰，商务印书馆 1935 年。

履斋示儿编(附校补)（丛书集成初编）（宋）孙奕撰，商务印书馆 1935 年。

渑水燕谈录（丛书集成初编）（宋）王闢之撰，商务印书馆 1935 年。

敬斋古今黈(附拾遗)（丛书集成初编）（元）李冶撰，商务印书馆 1935 年。

群书拾补（丛书集成初编）（清）卢文弨撰，商务印书馆 1935 年。

(新式标点)曾文正公家训 （清）曾国藩著，朱太忙标点，新文化书社 1934 年，大达图书供应社 1935 年。

五种遗规 （清）陈弘谋辑，经纬教育联合出版部 1935 年，拨提书店 1940 年，军事委员会委员长侍从室。

(新式标点)王充论衡 （汉）王充著，朱鉴标点，大达图书供应社 1935 年，新文化书社 1935 年。

论衡（学生国学丛书新中学文库）（汉）王充著，高苏垣集注，商务印书馆 1935 年，1947 年。

(新式标点)浪迹丛谈（文学笔记丛书） 周梦蝶标点，大达图书供应社 1935 年。

浪迹续谈（文学笔记丛书）（清）梁章钜著，朱太忙标点，大达图书供应社 1935 年。

唐语林（附校勘记）（万有文库）（宋）王谠著，商务印书馆 1935 年。

容斋随笔五集（万有文库）（宋）洪迈著，商务印书馆 1935 年，1937 年，1943 年。

梅花草堂笔谈（中国文学珍本丛书）（明）张大复著，阿英点校，上海杂志公司 1935 年。

紫桃轩杂缀（竹懒说部）（国学珍本文库）（明）李日华著，沈亚公校订，中央书店 1935 年。

文海披沙（文学笔记说部）（明）谢肇淛（原题：谢在杭）著，沈世荣标点，大达图书供应社 1935 年。

五杂俎（晚明笔记）（国学珍本文库）（明）谢肇淛著，章衣萍校订，中央书店 1935 年。

舌华录（文学笔记丛书） 朱鉴标点，胡协寅校，大达图书供应社 1935 年。

（新式标点）随园随笔 （清）袁枚著，大达图书供应社 1935 年，新文化书社 1936 年。

（新式标点）随园琐记 （清）袁祖志著，包祖同校，曹鹄雏标点，东方文学社 1935 年。

（新式标点）随园轶事 （清）敦复著，周郁浩标点，大达图书供应社 1935 年。

（新式标点）金壶七墨 （清）黄钧宰著，周云标点，大达图书供应社 1935 年，1936 年。

小窗幽记（国学珍本文库）（明）陈继儒（原题：陈眉公）著，中央书店 1935 年，1936 年。

（新式标点）秋灯琐忆 （清）蒋坦著，储菊人校，中央书店 1935 年。

（新式标点）庸闲斋笔记（文学札记说部）（清）陈其元（原题：陈子庄）撰，大达图书供应社 1935 年。

（新式标点）世说新语（文学笔记丛书） 刘（宋）刘义庆著，周梦蝶标点，胡协寅校阅，大达图书供应社 1935 年。

池北偶谈（文学笔记说部笔记丛书）（清）王士禛著，大达图书供应社 1935 年，新文化书社 1936 年。

香祖笔记 （清）王士禛著，周梦蝶标点，大达图书供应社 1935 年。

唐人辨伪集语（辨伪丛刊） 张西

堂辑点，朴社 1935 年。

困学纪闻（万有文库）（宋）王应麟著，（清）翁元圻注，商务印书馆 1935 年，国学整理社 1937 年。

十驾斋养新录（万有文库）（清）钱大昕著，商务印书馆 1935 年。

王荆公政事学说辑要 南昌印记印刷所编，南昌印记印刷所 1935 年。

林文忠公政书（万有文库）（清）林则徐著，上海商务印书馆 1935 年，国学整理社 1936 年。

雪涛小书（晚明笔记）（国学珍本文库）（明）江进之辑，章衣萍校订，中央书店 1935 年，1948 年。

见只编（丛书集成初编）（明）姚士麟撰，商务印书馆 1936 年。

古穰杂录（丛书集成初编）（明）李贤撰，商务印书馆 1936 年。

询刍录（丛书集成初编）（明）陈沂撰，商务印书馆 1936 年。

鹤山渠阳读书杂钞（丛书集成初编）（宋）魏了翁撰，商务印书馆 1936 年。

困学纪闻（四部备要）（宋）王应麟著，（清）翁元圻辑注，中华书局 1936 年。

日知录集释（四部备要）（清）顾炎武撰，（清）黄汝成集释，中华书局 1936 年。

十驾斋养新录（四部备要）（清）钱大昕撰，中华书局 1936 年。

东塾读书记（四部备要）（清）陈澧撰，中华书局 1936 年。

谗书（附校）（丛书集成初编）（唐）罗隐撰，（清）吴骞校，商务印书馆 1936 年。

两同书（丛书集成初编）（唐）罗隐撰，商务印书馆 1936 年。

宋景文杂说（丛书集成初编）（宋）宋祁撰，商务印书馆 1936 年。

因论（丛书集成初编）（唐）刘禹锡撰，商务印书馆 1936 年。

刍言（丛书集成初编）（宋）崔敦礼著，商务印书馆 1936 年。

子华子（丛书集成初编）（周）程本著，商务印书馆 1936 年。

潜溪邃言（丛书集成初编）（明）宋濂著，商务印书馆 1936 年。

本语（丛书集成初编）（明）高拱

撰，商务印书馆 1936 年。

三事溯真（丛书集成初编）（明）李豫亨撰，商务印书馆 1936 年。

观微子（丛书集成初编）（明）朱衮撰，商务印书馆 1936 年。

海沂子（丛书集成初编）（明）王文禄撰，商务印书馆 1936 年。

浑然子（丛书集成初编）（明）张翀撰，商务印书馆 1936 年。

封氏闻见记（丛书集成初编）(唐)封演撰，商务印书馆 1936 年。

兼明书（丛书集成初编）（五代）丘光庭撰，商务印书馆 1936 年。

云麓漫钞（丛书集成初编）（宋）赵彦卫撰，商务印书馆 1936 年。

席上腐谈（丛书集成初编）（宋）俞琰撰，商务印书馆 1936 年。

颍川语小（丛书集成初编）（宋）陈叔方撰，商务印书馆 1936 年。

续释常谈（丛书集成初编）（宋）龚熙正撰，商务印书馆 1936 年。

林下偶谈（丛书集成初编）（宋）吴子良撰，商务印书馆 1936 年。

爱日斋丛钞（丛书集成初编）撰人不详，商务印书馆 1936 年。

玉堂嘉话（丛书集成初编）（元）王恽撰，商务印书馆 1936 年。

菽园杂记（丛书集成初编）（明）陆容撰，商务印书馆 1936 年。

井观琐言（丛书集成初编）（明）郑瑗撰，商务印书馆 1936 年。

两山墨谈（丛书集成初编）（明）陈霆撰，商务印书馆 1936 年。

传疑录（丛书集成初编）（明）陆深撰，商务印书馆 1936 年。

俨山纂录（丛书集成初编）（明）陆深撰，商务印书馆 1936 年。

读书札记（丛书集成初编）（明）徐向志撰，商务印书馆 1936 年。

谭苑醍醐（丛书集成初编）（明）杨慎撰，商务印书馆 1936 年。

萩林伐山（丛书集成初编）（明）杨慎撰，商务印书馆 1936 年。

丹铅杂录（丛书集成初编）（明）杨慎撰，商务印书馆 1936 年。

丹铅续录（丛书集成初编）（明）杨慎撰，商务印书馆 1936 年。

俗言（丛书集成初编）（明）杨慎

撰，商务印书馆1936年。

真珠船（丛书集成初编）（明）胡侍撰，商务印书馆1936年。

篑斋杂著（丛书集成初编）（明）陆埛著，商务印书馆1936年。

古言类编（丛书集成初编）（明）郑晓撰，商务印书馆1936年。

群碎录（丛书集成初编）（明）陈继儒撰，商务印书馆1936年。

枕谭（丛书集成初编）（明）陈继儒撰，商务印书馆1936年。

卮林（附补遗）（丛书集成初编）（明）周婴撰，商务印书馆1936年。

吕锡侯笔记（丛书集成初编）（明）吕兆禧撰，商务印书馆1936年。

遯翁随笔（丛书集成初编）（清）祁骏佳撰，商务印书馆1936年。

菰中随笔（丛书集成初编）（清）顾炎武撰，商务印书馆1936年。

尗庐札记（丛书集成初编）（清）丁泰撰，商务印书馆1936年。

义府（丛书集成初编）（清）黄生撰，商务印书馆1936年。

订讹杂录（丛书集成初编）（清）胡鸣玉述，商务印书馆1936年。

剿说（丛书集成初编）（清）李调元撰，商务印书馆1936年。

识小编（丛书集成初编）（清）董丰垣撰，商务印书馆1936年。

鹿门子（丛书集成初编）（唐）皮日休撰，商务印书馆1936年。

尚书故实（丛书集成初编）（唐）李绰编，商务印书馆1936年。

唐摭言（丛书集成初编）（五代）王定保撰，商务印书馆1936年。

河南邵氏闻见后录（丛书集成初编）（宋）邵博撰，商务印书馆1936年。

春明退朝录（丛书集成初编）（宋）宋敏求撰，商务印书馆1936年。

老学庵笔记（丛书集成初编）（宋）陆游撰，商务印书馆1936年。

二老堂杂志（丛书集成初编）（宋）周必大撰，商务印书馆1936年。

曲洧旧闻（丛书集成初编）（宋）朱弁撰，商务印书馆1936年。

玉照新志（丛书集成初编）（宋）王明清撰，商务印书馆1936年。

挥麈录（前录·后录·三录·余话）（丛书集成初编）（宋）王明清辑，商务印书馆1936年。

闲燕常谈（丛书集成初编）（宋）董棻撰，商务印书馆1936年。

西塘集耆旧续闻（丛书集成初编）（宋）陈鹄录正，商务印书馆1936年。

续世说（丛书集成初编）（宋）孔平仲撰，商务印书馆1936年。

却扫编（丛书集成初编）（宋）徐度撰，商务印书馆1936年。

退斋笔录（丛书集成初编）（宋）侯延庆撰，商务印书馆1936年。

文昌杂录（附补遗）（丛书集成初编）（宋）庞元英撰，商务印书馆1936年。

北轩笔记（丛书集成初编）（元）陈世隆辑，商务印书馆1936年。

彭文宪公笔记（丛书集成初编）（明）彭时撰，商务印书馆1936年。

世说旧注（丛书集成初编）（明）杨慎辑，商务印书馆1936年。

停骖录摘抄（丛书集成初编）（明）陆深撰，商务印书馆1936年。

溪山余话（丛书集成初编）（明）陆深撰，商务印书馆1936年。

野记（丛书集成初编）（明）祝允明撰，商务印书馆1936年。

郑端简公吾学编余（丛书集成初编）（明）郑晓撰，商务印书馆1936年。

郑端简公今言类编（丛书集成初编）（明）郑晓撰，商务印书馆1936年。

先进遗风（丛书集成初编）（明）耿定向撰，商务印书馆1936年。

典故纪闻（丛书集成初编）（明）余继登撰，商务印书馆1936年。

宾退录（丛书集成初编）（明）赵善政撰，商务印书馆1936年。

近峰记略（丛书集成初编）（明）皇甫庸撰，商务印书馆1936年。

蔗山笔麈（丛书集成初编）（明）商辂撰，商务印书馆1936年。

居易录谈（附居易续谈）（丛书集成初编）（清）王士祯撰，商务印书馆1936年。

茶余客话（丛书集成初编）（清）阮葵生纂，商务印书馆1936年。

豪谱（丛书集成初编）（清）高承勋辑，商务印书馆1936年。

云杜故事（丛书集成初编）（清）易本烺撰，商务印书馆1936年。

天禄阁外史（丛书集成初编）（汉）黄宪撰，商务印书馆1936年。

昌黎杂说（丛书集成初编）（唐）韩愈撰，商务印书馆1936年。

朝野佥载（丛书集成初编）（唐）张鷟撰，商务印书馆1936年。

刘宾客嘉话录（丛书集成初编）（唐）韦绚述，商务印书馆1936年。

云仙杂记（丛书集成初编）（唐）冯贽撰，商务印书馆1936年。

阙史（丛书集成初编）（唐）高彦休撰，商务印书馆1936年。

金华子杂编（丛书集成初编）（南唐）刘崇远撰，（清）周广业校注，商务印书馆1936年。

中朝故事（丛书集成初编）五代·尉迟偓撰，商务印书馆1936年。

南部新书（丛书集成初编）（宋）钱易撰，商务印书馆1936年。

碧云騢（丛书集成初编）（宋）梅尧臣撰，商务印书馆1936年。

仇池笔记（丛书集成初编）（宋）苏轼撰，商务印书馆1936年。

济南先生师友谈记（丛书集成初编）（宋）李廌著，商务印书馆1936年。

南斋漫录（丛书集成初编）（宋）曾慥著，商务印书馆1936年。

后山丛谈（丛书集成初编）（宋）陈师道撰，商务印书馆1936年。

鸡肋编（附校勘记·续校）（丛书集成初编）（宋）庄季裕著，商务印书馆1936年。

蓼花洲闲录（丛书集成初编）（宋）高文虎撰，商务印书馆1936年。

游宦纪闻（丛书集成初编）（宋）张世南撰，商务印书馆1936年。

密斋笔记（续记）（丛书集成初编）（宋）谢采伯撰，商务印书馆1936年。

莘野纂闻（丛书集成初编）（明）伍余福述，商务印书馆1936年。

马氏日钞（丛书集成初编）（明）马愈撰，商务印书馆1936年。

石田杂记（丛书集成初编）（明）沈周撰，商务印书馆1936年。

寓圃杂记（丛书集成初编）（明）王锜撰，商务印书馆1936年。

双溪杂记（丛书集成初编）（明）王琼撰，商务印书馆1936年。

林泉随笔（丛书集成初编）（明）王纶著，商务印书馆1936年。

玉堂漫笔（丛书集成初编）（明）陆深撰，商务印书馆1936年。

春雨堂随笔（丛书集成初编）（明）陆深撰，商务印书馆1936年。

金台纪闻（丛书集成初编）（明）陆深撰，商务印书馆1936年。

燕闲录（丛书集成初编）（明）陆深撰，商务印书馆1936年。

愿丰堂漫书（丛书集成初编）（明）陆深撰，商务印书馆1936年。

长水日抄（丛书集成初编）（明）陆树声撰，商务印书馆1936年。

病榻寤言（丛书集成初编）（明）陆树声撰，商务印书馆1936年。

耄余杂识（丛书集成初编）（明）陆树声撰，商务印书馆1936年。

清暑笔谈（丛书集成初编）（明）陆树声撰，商务印书馆1936年。

复斋日记（丛书集成初编）（明）许浩撰，商务印书馆1936年。

蒹葭堂杂著摘抄（丛书集成初编）（明）陆楫撰，商务印书馆1936年。

西堂日记（丛书集成初编）（明）杨豫孙撰，商务印书馆1936年。

机警（丛书集成初编）（明）王文禄撰，商务印书馆1936年。

明良记（丛书集成初编）（明）杨仪述，商务印书馆1936年。

文昌旅语（丛书集成初编）（明）王文禄述，商务印书馆1936年。

佑山杂说（丛书集成初编）（明）冯汝弼撰，商务印书馆1936年。

北窗琐语（丛书集成初编）（明）余永麟撰，商务印书馆1936年。

笔麈（丛书集成初编）（明）莫是龙撰，商务印书馆1936年。

二酉委谭摘录（丛书集成初编）（明）王世懋撰，商务印书馆

1936年。

丘隅意见（丛书集成初编）（明）乔世宁撰，商务印书馆1936年。

谈辂（丛书集成初编）（明）张凤翼撰，商务印书馆1936年。

新知录摘钞（丛书集成初编）（明）刘仕义撰，商务印书馆1936年。

狂夫之言（丛书集成初编）（明）陈继儒撰，商务印书馆1936年。

太平清话（丛书集成初编）（明）陈继儒撰，商务印书馆1936年。

辟寒部（丛书集成初编）（明）陈继儒撰，商务印书馆1936年。

销夏部（丛书集成初编）（明）陈继儒撰，商务印书馆1936年。

偃曝余谈（丛书集成初编）（明）陈继儒撰，商务印书馆1936年。

珍珠船（丛书集成初编）（明）陈继儒撰，商务印书馆1936年。

读书镜（丛书集成初编）（明）陈继儒撰，商务印书馆1936年。

雨航杂录（丛书集成初编）（明）冯时可撰，商务印书馆1936年。

贤奕编（丛书集成初编）（明）刘元卿辑，商务印书馆1936年。

秋园杂佩（丛书集成初编）（清）陈贞慧撰，商务印书馆1936年。

戏瑕（丛书集成初编）（明）钱希言撰，商务印书馆1936年。

意见（丛书集成初编）（明）陈于陛撰，商务印书馆1936年。

崔鸣吾纪事（丛书集成初编）（明）崔嘉祥撰，商务印书馆1936年。

读书偶见（丛书集成初编）（清）吴骐撰，商务印书馆1936年。

广客谈（丛书集成初编）（元）徐显著，商务印书馆1936年。

桑榆漫志（丛书集成初编）（明）陶辅撰，商务印书馆1936年。

西轩客谈（丛书集成初编）撰人不详，商务印书馆1936年。

东皋杂钞（丛书集成初编）（清）董潮撰，商务印书馆1936年。

柳南随笔（正续）（丛书集成初编）（清）王应奎撰，商务印书馆1936年。

五山志林（丛书集成初编）（清）罗天尺撰，商务印书馆1936年。

西清笔记（丛书集成初编）（清）沈初撰，商务印书馆1936年。

忆书（丛书集成初编）（清）焦循撰，商务印书馆1936年。

桥西杂记（丛书集成初编）（清）叶名澧撰，商务印书馆1936年。

玉井山馆笔记（附旧游日记）（丛书集成初编）（清）许宗衡撰，商务印书馆1936年。

只麈谭（正续）（丛书集成初编）（清）胡承谱撰，商务印书馆1936年。

无事为福斋随笔（丛书集成初编）（清）韩泰华撰，商务印书馆1936年。

偊阳杂录（丛书集成初编）（清）章大来撰，商务印书馆1936年。

滇南忆旧录（丛书集成初编）（清）张泓撰，商务印书馆1936年。

漱华随笔（丛书集成初编）（清）严有禧撰，商务印书馆1936年。

省心录（丛书集成初编）（宋）林逋撰，商务印书馆1936年。

晁氏客语（丛书集成初编）（宋）晁说之撰，商务印书馆1936年。

栾城先生遗言（丛书集成初编）（宋）苏籀记，商务印书馆1936年。

西畴老人常言（丛书集成初编）（宋）何坦撰，商务印书馆1936年。

樵谈（丛书集成初编）（宋）许棐撰，商务印书馆1936年。

钱公良测语（丛书集成初编）（明）钱琦撰，商务印书馆1936年。

钱子语测（丛书集成初编）（明）钱琦撰，商务印书馆1936年。

慎言集训（丛书集成初编）（明）敖英辑，商务印书馆1936年。

四箴杂言（丛书集成初编）（明）何景明撰，商务印书馆1936年。

玉笑零音（丛书集成初编）（明）田艺蘅撰，商务印书馆1936年。

安得长者言（丛书集成初编）（明）陈继儒撰，商务印书馆1936年。

耻言（丛书集成初编）（明）徐祯稷撰，商务印书馆1936年。

古今药石（丛书集成初编）（明）

宋埙辑，商务印书馆 1936 年。

归有园尘谈（丛书集成初编）（明）徐学谟撰，商务印书馆 1936 年。

木几冗谈（丛书集成初编）（明）彭汝让撰，商务印书馆 1936 年。

呻吟语选（丛书集成初编）（明）吕坤撰，（清）阮承信，商务印书馆 1936 年。

薛方山纪述（丛书集成初编）（明）薛应旗撰，商务印书馆 1936 年。

仰子遗语（丛书集成初编）（明）胡宪仲撰，商务印书馆 1936 年。

郑敬中摘语（丛书集成初编）（明）郑心材撰，商务印书馆 1936 年。

荆园进语（丛书集成初编）（清）申涵光撰，商务印书馆 1939 年。

策枢（丛书集成初编）（明）王文禄撰，商务印书馆 1936 年。

拙斋十议（丛书集成初编）（明）萧良榦撰，商务印书馆 1936 年。

昭代经济言（丛书集成初编）（明）陈子壮编辑，商务印书馆 1936 年。

友论（丛书集成初编）［意］利玛窦集，商务印书馆 1936 年。

自警篇（丛书集成初编）（宋）赵善璙撰，商务印书馆 1936 年。

内功图说（丛书集成初编）（清）潘霨著，商务印书馆 1936 年。

畜德录（丛书集成初编）（明）陈沂撰，商务印书馆 1936 年。

耐俗轩新乐府（丛书集成初编）（清）申颋撰，商务印书馆 1936 年。

偶谭（丛书集成初编）（明）李鼎撰，商务印书馆 1936 年。

祈嗣真诠（丛书集成初编）（明）袁黄编，商务印书馆 1936 年。

善诱文（丛书集成初编）（宋）陈录编，商务印书馆 1936 年。

士大夫食时五观（丛书集成初编）（宋）黄庭坚撰，商务印书馆 1936 年。

娑罗馆清言（正续）（丛书集成初编）（明）屠隆撰，商务印书馆 1936 年。

辍耕录（丛书集成初编）（元）陶

宗仪撰，商务印书馆 1936 年。

蠡勺编（丛书集成初编）（清）凌扬藻撰，商务印书馆 1936 年。

游戏录（丛书集成初编）（清）程景沂辑，商务印书馆 1936 年。

鼌采馆清课（丛书集成初编）（明）费元禄撰，商务印书馆 1936 年。

屏居十二课（丛书集成初编）（明）黄东崖撰，商务印书馆 1936 年。

卧游录（丛书集成初编）（宋）吕祖谦撰，商务印书馆 1936 年。

岩栖幽事（丛书集成初编）（明）陈继儒撰，商务印书馆 1936 年。

怡情小录（丛书集成初编）（明）沈仕撰，（清）马大年录，商务印书馆 1936 年。

吕氏春秋（四部丛刊）（秦）吕不韦撰，（汉）高诱注，商务印书馆 1936 年。

吕氏春秋（四部备要）（秦）吕不韦撰，（汉）高诱注，（清）毕沅校，中华书局 1936 年。

淮南子（四部丛刊）（汉）刘安撰，商务印书馆 1936 年。

淮南子（四部备要）（汉）刘安撰，（汉）高诱注，中华书局 1936 年。

人物志（四部丛刊）（魏）刘邵撰，（后魏）刘昞注，商务印书馆 1936 年。

人物志（四部备要）（魏）刘邵撰，（凉）刘昞注，中华书局 1936 年。

颜氏家训（四部丛刊）（北齐）颜之推撰，商务印书馆 1936 年。

颜氏家训（四部备要）（北齐）颜之推著，（清）赵曦明注，（清）卢文弨补注，中华书局 1936 年。

论衡（四部丛刊）（汉）王充撰，商务印书馆 1936 年。

论衡（四部备要）（汉）王充撰，中华书局 1936 年。

风俗通义（四部丛刊）（汉）应劭撰，商务印书馆 1936 年。

风俗通义（四部备要）（汉）应劭撰，中华书局 1936 年。

古今注（四部备要）（晋）崔豹撰，中华书局 1936 年。

中华古今注（四部备要） 后（唐）马缟撰，中华书局1936年。

涧泉日记（丛书集成初编） （宋）韩淲撰，商务印书馆1936年。

吕氏春秋集解 王心湛校，广益书局1936年，台湾文听阁图书公司2010年。

鬼谷子新注（国学小丛书） 俞棪注，京华印书馆1936年，商务印书馆1937年，台湾文听阁图书公司2010年。

东塾读书记（万有文库） （清）陈澧著，商务印书馆1936年。

七修类稿（文学笔记丛书） （明）郎瑛著，桐庐主人标点，大达图书供应社1936年。

六砚斋笔记（国学珍本文库）（明）李日华著，沈亚公校订，中央书店1936年。

陶庵梦忆（中国文学珍本丛书）（明）张岱（原题：张宗子）著，张静庐点校，贝叶山房1936年。

（新式标点）庸盦笔记（笔记小说丛书） （清）薛福成著，鲍赓生标点，新文化书社1936年。

闲情偶寄（国学珍本丛书） （清）李渔，龚复初校阅，国学研究社1936年。

（新式标点）鹂砭轩质言（角智文学说部） （清）戴莲芬著，周去病标点，大达图书供应社1936年，广益书局1942年。

求阙斋读书录 （清）曾国藩著，周云标点，大达图书供应社1936年。

群芳清玩（国学珍本文库） （清）李玙编，沈亚公校订，中央书店1936年。

世说新语（四部丛刊） （南朝宋）刘义庆撰，（南朝梁）刘孝标注，商务印书馆1936年。

世说新语（四部备要） （南朝宋）刘义庆撰，（梁）刘孝标注，中华书局1936年。

续世说（四部备要） （宋）孔平仲撰，中华书局1936年。

公孙龙子（四部备要） （周）公孙龙撰，（宋）谢希深注，中华书局1936年。

鬼谷子（四部丛刊） （周）鬼谷子著，商务印书馆1936年。

鬼谷子（四部备要）（周）鬼谷子著，（梁）陶宏景注，中华书局1936年。

尸子（四部备要）（周）尸佼撰，（清）孙星衍辑，中华书局1936年。

辨物小志（丛书集成初编）（明）陈绛撰，商务印书馆1936年。

淮南鸿烈解（丛书集成初编）（汉）刘安撰，（汉）高诱注，商务印书馆1937年。

许慎淮南子注（丛书集成初编）（清）孙冯翼辑，商务印书馆1937年。

颜氏家训（附传·补遗·补正）（丛书集成初编）（北齐）颜之推撰，（清）赵曦明注，商务印书馆1937年。

长短经（丛书集成初编）（唐）赵蕤撰，（清）周广业校，商务印书馆1937年。

龙门子凝道记（丛书集成初编）（明）宋濂撰，商务印书馆1937年。

竹下寤言（丛书集成初编）（明）王文禄撰，商务印书馆1937年。

补衍（丛书集成初编）（明）王文禄撰，商务印书馆1937年。

观心约（丛书集成初编）（明）邹森撰，商务印书馆1937年。

闲说（丛书集成初编）（明）赵明伦撰，商务印书馆1937年。

麈史（丛书集成初编）（宋）王得臣撰，商务印书馆1937年。

廓然子五述（丛书集成初编）撰人不详，商务印书馆1937年。

蒙泉杂言（丛书集成初编）撰人不详，商务印书馆1937年。

古隽（丛书集成初编）（明）杨慎辑，商务印书馆1937年。

风俗通义（丛书集成初编）（汉）应劭撰，商务印书馆1937年。

古今注（丛书集成初编）（晋）崔豹撰，商务印书馆1937年。

酉阳杂俎（附续集）（丛书集成初编）（唐）段成式撰，商务印书馆1937年。

宋景文公笔记（丛书集成初编）（宋）宋祁撰，商务印书馆1937年。

东原录（丛书集成初编）（宋）龚鼎臣撰，商务印书馆1937年。

梦溪补笔谈（丛书集成初编）（宋）沈括撰，商务印书馆 1937 年。

梦溪续笔谈（丛书集成初编）（宋）沈括撰，商务印书馆 1937 年。

辨误录（丛书集成初编）（宋）吴曾撰，商务印书馆 1937 年。

寓简（附录）（丛书集成初编）（宋）沈作喆撰，商务印书馆 1937 年。

鹤山渠阳经外杂抄（丛书集成初编）（宋）魏了翁辑著，商务印书馆 1937 年。

芥隐笔记（丛书集成初编）（宋）龚颐正撰，商务印书馆 1937 年。

余冬序录摘抄内外篇（丛书集成初编）（明）何孟春撰，商务印书馆 1937 年。

炳烛偶钞（丛书集成初编）（清）陆锡熊撰，商务印书馆 1937 年。

卍斋璅录（丛书集成初编）（清）李调元撰，商务印书馆 1937 年。

炳烛篇（丛书集成初编）（清）李赓芸撰，商务印书馆 1937 年。

读书琐记（丛书集成初编）（清）凤应韶纂，商务印书馆 1937 年。

郑堂札记（丛书集成初编）（清）周中孚撰，商务印书馆 1937 年。

癸巳存稿（丛书集成初编）（清）俞正燮撰，商务印书馆 1937 年。

菉友肊说（附录）（丛书集成初编）（清）王筠撰，商务印书馆 1937 年。

武陵山人杂著（丛书集成初编）（清）顾观光撰，商务印书馆 1937 年。

寒秀草堂笔记（丛书集成初编）（清）姚衡撰，商务印书馆 1937 年。

大唐新语（丛书集成初编）（唐）刘肃撰，商务印书馆 1937 年。

四朝闻见录（附王大令保母帖题跋）（丛书集成初编）（宋）叶绍翁撰，商务印书馆 1937 年。

独醒杂志（附录）（丛书集成初编）（宋）曾敏行撰，商务印书馆 1937 年。

贵耳集（丛书集成初编）（宋）张端义撰，商务印书馆 1937 年。

列朝盛事（丛书集成初编）（明）王世贞撰，商务印书馆 1937 年。

四友斋丛说摘钞（丛书集成初编）

（明）何良俊撰，商务印书馆1937年。

凤洲杂编（丛书集成初编）（明）王世贞撰，商务印书馆1937年。

觚不觚录（丛书集成初编）（明）王世贞撰，商务印书馆1937年。

窥天外乘（丛书集成初编）（明）王世懋撰，商务印书馆1937年。

治世余闻（丛书集成初编）（明）陈洪谟撰，商务印书馆1937年。

继世纪闻（丛书集成初编）（明）陈洪谟撰，商务印书馆1937年。

闲中今古录摘钞（丛书集成初编）（明）黄溥撰，商务印书馆1937年。

悬笥琐探摘钞（丛书集成初编）（明）刘昌撰，商务印书馆1937年。

都公谭纂（丛书集成初编）（明）都穆撰，（明）陆采编次，商务印书馆1937年。

罪言（丛书集成初编）（明）马中锡撰，商务印书馆1937年。

前闻记（丛书集成初编）（明）祝允明撰，商务印书馆1937年。

庚巳编（丛书集成初编）（明）陆粲撰，商务印书馆1937年。

碧里杂存（丛书集成初编）（明）董谷撰，商务印书馆1937年。

东谷赘言（丛书集成初编）（明）敖英撰，商务印书馆1937年。

墅谈（丛书集成初编）（明）胡侍撰，商务印书馆1937年。

西园杂记（丛书集成初编）（明）徐咸撰，商务印书馆1937年。

留青日札摘抄（丛书集成初编）（明）田艺蘅撰，商务印书馆1937年。

春雨逸响（丛书集成初编）（明）田艺蘅撰，商务印书馆1937年。

鹖林子（附校伪·续校·补校）（丛书集成初编）（明）赵釴撰，商务印书馆1937年。

耳新（丛书集成初编）（明）郑仲夔撰，商务印书馆1937年。

百可漫志（丛书集成初编）（明）陈鼐撰，商务印书馆1937年。

半村野人闲谈（丛书集成初编）（明）姜南撰，商务印书馆1937年。

云蕉馆纪谈（丛书集成初编）

（明）孔迩述，商务印书馆1937年。

广阳杂记（丛书集成初编）（清）刘献廷撰，商务印书馆1937年。

鲊话（丛书集成初编）（清）佟世思撰，商务印书馆1937年。

吕语集粹（丛书集成初编）（清）尹会一辑，商务印书馆1937年。

蕉窗日记（丛书集成初编）（清）王豫撰，商务印书馆1937年。

西岩赘语（丛书集成初编）（清）申居郧撰，商务印书馆1937年。

修慝余编（丛书集成初编）（清）陈苌撰，商务印书馆1937年。

幽梦续影（丛书集成初编）（清）朱锡绶撰，商务印书馆1937年。

祛疑说（丛书集成初编）（宋）储泳撰，商务印书馆1939年。

艾子杂说（丛书集成初编）（宋）苏轼撰，商务印书馆1937年。

耕禄藁（丛书集成初编）（宋）胡锜撰，商务印书馆1937年。

冥寥子游（丛书集成初编）（明）屠隆撰，商务印书馆1937年。

文房四友除授集（丛书集成初编）（宋）郑清之等撰，商务印书馆1937年。

问答录（丛书集成初编）（宋）苏轼撰，商务印书馆1937年。

杂纂（丛书集成初编）（唐）李商隐撰，商务印书馆1937年。

东园丛说（丛书集成初编）（宋）李如篪撰，商务印书馆1937年。

隐居通议（丛书集成初编）（元）刘壎撰，商务印书馆1937年。

日损斋笔记（附录·考证）（丛书集成初编）（元）黄溍撰，商务印书馆1937年。

震泽长语（丛书集成初编）（明）王鏊撰，商务印书馆1937年。

钝吟杂录（丛书集成初编）（清）冯班撰，（清）何焯评，商务印书馆1937年。

对策（丛书集成初编）（清）陈鳣撰，商务印书馆1937年。

平书（丛书集成初编）（清）秦笃辉撰，商务印书馆1937年。

蠫补隅录（丛书集成初编）（清）蒋光煦撰，商务印书馆1937年。

风俗通姓氏篇（丛书集成初编）（汉）应劭纂，（清）张澍编辑补注，商务印书馆 1937 年。

格物粗谈（丛书集成初编）（宋）苏轼撰，商务印书馆 1937 年。

物类相感志（丛书集成初编）（宋）苏轼撰，商务印书馆 1937 年。

蕉窗九录（丛书集成初编）（明）项元汴著，商务印书馆 1937 年。

妮古录（丛书集成初编）（明）陈继儒撰，商务印书馆 1937 年。

筠轩清閟录（丛书集成初编）（明）董其昌著，商务印书馆 1937 年。

飞凫语略（丛书集成初编）（明）沈德符撰，商务印书馆 1937 年。

考槃余事（丛书集成初编）（明）屠降撰，商务印书馆 1937 年。

天壤阁杂记（丛书集成初编）（清）王懿荣撰，商务印书馆 1937 年。

韵石斋笔谈（丛书集成初编）（清）姜绍书撰，商务印书馆 1937 年。

前尘梦影录（丛书集成初编）（清）徐康撰，商务印书馆 1937 年。

七颂堂识小录（丛书集成初编）（清）刘体仁撰，商务印书馆 1937 年。

公孙龙子集解　陈柱著，商务印书馆 1937 年，台湾文听阁图书公司 2010 年。

公孙龙子斠释　张怀民著，中华国学会 1937 年，台湾文听阁图书公司 2010 年。

吕氏春秋汇校（光华大学丛书）蒋维乔等汇校，中华书局 1937 年。

焦氏笔乘（国学基本丛书）（明）焦竑著，商务印书馆 1937 年。

庸盦笔记（万有文库）（清）薛福成著，商务印书馆 1937 年。

古今事物考（国学基本丛书）（明）王三聘编辑，商务印书馆 1937 年。

群书拾补（国学基本丛书）（清）卢文弨著，商务印书馆 1937 年。

日知录补校（版本考略附）潘承弼著，自刊 1937 年。

吕氏春秋校证　杨明照校，燕京大学哈佛燕京学社 1938 年。

论衡校释　（汉）王充著，黄晖校

释，商务印书馆1938年，1939年，（台湾）商务印书馆1964年。

刘子斠注 杨明照注，燕京大学1938年，台湾文听阁图书公司2010年。

颍水遗编（丛书集成初编）（明）陈言、陈所学撰，商务印书馆1937年。

板桥杂记（丛书集成初编）（清）余怀撰，商务印书馆1939年。

二十二史感应录（丛书集成初编）（清）彭希涑撰，商务印书馆1939年。

厚德录（丛书集成初编）（宋）李元纲撰，商务印书馆1939年。

古今伪书考（丛书集成初编）（清）姚际恒著，商务印书馆1939年。

东宫备览（丛书集成初编）（宋）陈模撰，商务印书馆1939年。

宦游日记（丛书集成初编）（明）徐榜撰，商务印书馆1939年。

蠡海集（丛书集成初编）（明）王逵撰，商务印书馆1939年。

群物奇制（丛书集成初编）（明）周履靖辑，商务印书馆1939年。

于陵子（丛书集成初编）（周）陈仲子著，商务印书馆1939年。

论衡（丛书集成初编）（汉）王充撰，商务印书馆1939年。

仲长统论（丛书集成初编）（汉）仲长统撰，商务印书馆1939年。

桓子新论（丛书集成初编）（汉）桓谭著，商务印书馆1939年。

物理论（丛书集成初编）（晋）杨泉著，商务印书馆1939年。

金楼子（丛书集成初编）（梁）萧绎著，商务印书馆1939年。

刘子（丛书集成初编）（北齐）刘昼撰，（唐）袁孝政注，商务印书馆1939年。

聱隅子歔欷琐微论（丛书集成初编）（宋）黄晞撰，商务印书馆1939年。

思玄庸言（丛书集成初编）（明）桑悦撰，商务印书馆1939年。

凝斋笔语（丛书集成初编）（明）王鸿儒著，商务印书馆1939年。

空同子纂（丛书集成初编）（明）

李梦阳撰，商务印书馆 1939 年。

罗山杂言（丛书集成初编）（明）宋濂著，商务印书馆 1939 年。

后渠庸书（丛书集成初编）（明）崔铣著，商务印书馆 1939 年。

约言（丛书集成初编）（明）薛蕙撰，商务印书馆 1939 年。

拘虚晤言（丛书集成初编）（明）陈沂著，商务印书馆 1939 年。

豢龙子（丛书集成初编）（明）董谷撰，商务印书馆 1939 年。

冥影契（丛书集成初编）（明）董谷撰，商务印书馆 1939 年。

海石子内外篇（丛书集成初编）（明）钱薇撰，商务印书馆 1939 年。

海樵子（丛书集成初编）（明）王崇庆著，商务印书馆 1939 年。

汲古丛语（丛书集成初编）（明）陈树声著，商务印书馆 1939 年。

叔苴子内外编（丛书集成初编）（明）庄元臣撰，商务印书馆 1939 年。

学易居笔录（丛书集成初编）（元）俞镇撰，商务印书馆 1939 年。

续谈助（丛书集成初编）（宋）晁载之辑，商务印书馆 1939 年。

资暇集（丛书集成初编）（唐）李匡乂编，商务印书馆 1939 年。

苏氏演义（丛书集成初编）（唐）苏鹗纂，商务印书馆 1939 年。

中华古今注（丛书集成初编）（五代）马缟集，商务印书馆 1939 年。

梦溪笔谈（丛书集成初编）（宋）沈括撰，商务印书馆 1939 年。

珩璜新论（丛书集成初编）（宋）孔平仲撰，商务印书馆 1939 年。

猗觉寮杂记（丛书集成初编）（宋）朱翌撰，商务印书馆 1939 年。

懒真子（丛书集成初编）（宋）马永卿撰，商务印书馆 1939 年。

肯綮录（丛书集成初编）（宋）赵叔向撰，商务印书馆 1939 年。

瓮牖闲评（丛书集成初编）（宋）袁文撰，商务印书馆 1939 年。

西溪丛语（丛书集成初编）（宋）姚宽辑，商务印书馆 1939 年。

能改斋漫录（丛书集成初编）（宋）吴曾撰，商务印书馆 1939 年。

考古编（丛书集成初编）（宋）程大昌撰，商务印书馆1939年。

宜斋野乘（丛书集成初编）（宋）吴枋撰，商务印书馆1939年。

五总志（丛书集成初编）（宋）吴坰撰，商务印书馆1939年。

石林燕语辨（丛书集成初编）（宋）叶梦得著，（宋）汪应辰辨，商务印书馆1939年。

靖康缃素杂记（丛书集成初编）（宋）黄朝英撰，商务印书馆1939年。

学林（丛书集成初编）（宋）王观国撰，商务印书馆1939年。

野客丛书（附录）（丛书集成初编）（宋）王楙撰，商务印书馆1939年。

辨言（丛书集成初编）（宋）员兴忠纂，商务印书馆1939年。

常谈（丛书集成初编）（宋）吴箕撰，商务印书馆1939年。

纬略（丛书集成初编）（宋）高似孙撰，商务印书馆1939年。

扪虱新话（丛书集成初编）（宋）陈善撰，商务印书馆1939年。

学斋佔毕（丛书集成初编）（宋）史绳祖撰，商务印书馆1939年。

宾退录（丛书集成初编）（宋）赵与时撰，商务印书馆1939年。

芦浦笔记（丛书集成初编）（宋）刘昌诗撰，商务印书馆1939年。

鼠璞（丛书集成初编）（宋）戴埴撰，商务印书馆1939年。

坦斋通编（丛书集成初编）（宋）邢凯撰，商务印书馆1939年。

臆乘（丛书集成初编）（宋）杨伯岩撰，商务印书馆1939年。

佩韦斋辑闻（丛书集成初编）（宋）俞德鄰撰，商务印书馆1939年。

东斋记事（丛书集成初编）（宋）许观撰，商务印书馆1939年。

释常谈（丛书集成初编）撰人不详，商务印书馆1939年。

湛渊静语（丛书集成初编）（元）白珽撰，商务印书馆1939年。

庶斋老学丛谈（丛书集成初编）（元）盛如梓撰，商务印书馆1939年。

日闻录（丛书集成初编）（元）李翀撰，商务印书馆1939年。

霏雪录（丛书集成初编）（明）刘绩撰，商务印书馆1939年。

疑耀（丛书集成初编）（明）张萱撰，商务印书馆1939年。

槎上老舌（丛书集成初编）（明）陈衎撰，商务印书馆1939年。

余庵杂录（丛书集成初编）（明）陈恂撰，商务印书馆1939年。

蒿庵闲话（丛书集成初编）（清）张尔岐撰，商务印书馆1939年。

谲觚（丛书集成初编）（清）顾炎武撰，商务印书馆1939年。

学福斋杂著（丛书集成初编）（清）沈大成撰，商务印书馆1939年。

樵香小记（丛书集成初编）（清）何琇撰，商务印书馆1939年。

龙城札记（丛书集成初编）（清）卢文弨撰，商务印书馆1939年。

钟山札记（丛书集成初编）（清）卢文弨撰，商务印书馆1939年。

鲁斋述得（丛书集成初编）（清）丁传撰，商务印书馆1939年。

读书丛录（丛书集成初编）（清）洪颐煊撰，商务印书馆1939年。

握兰轩随笔（丛书集成初编）（清）卜陈彝撰，商务印书馆1939年。

刘氏遗著（丛书集成初编）（清）刘禧延撰，商务印书馆1939年。

养和轩随笔（丛书集成初编）（清）陈作霖撰，商务印书馆1939年。

困学纪闻参注（丛书集成初编）（清）赵敬襄撰，商务印书馆1939年。

东斋记事（附补遗）（丛书集成初编）（宋）范镇撰，商务印书馆1939年。

国老谈苑（丛书集成初编）（宋）王君玉撰，商务印书馆1939年。

涑水纪闻（附补遗）（丛书集成初编）（宋）司马光撰，商务印书馆1939年。

河南邵氏闻见前录（丛书集成初编）（宋）邵伯温撰，商务印书馆1939年。

萍州可谈（丛书集成初编）（宋）

朱彧撰，商务印书馆 1939 年。

石林燕语（丛书集成初编）（宋）叶梦得撰，商务印书馆 1939 年。

唐语林（附校勘记）（丛书集成初编）（宋）王谠撰，商务印书馆 1939 年。

东轩笔录（丛书集成初编）（宋）魏泰撰，商务印书馆 1939 年。

桐阴旧话（丛书集成初编）（宋）韩元吉撰，商务印书馆 1939 年。

珍席放谈（丛书集成初编）（宋）高晦叟撰，商务印书馆 1939 年。

清波杂志（附别志）（丛书集成初编）（宋）周辉撰，商务印书馆 1939 年。

齐东野语（丛书集成初编）（宋）周密撰，商务印书馆 1939 年。

枫窗小牍（丛书集成初编）（宋）袁炯撰，（宋）袁颐续，商务印书馆 1939 年。

避暑录话（丛书集成初编）（宋）叶梦得撰，商务印书馆 1939 年。

道山清话（丛书集成初编）（宋）王暐撰，商务印书馆 1939 年。

万柳溪边旧话（丛书集成初编）（元）尤玘撰，商务印书馆 1939 年。

乾馔子（丛书集成初编）（唐）温庭筠述，商务印书馆 1939 年。

因话录（丛书集成初编）（唐）赵璘撰，商务印书馆 1939 年。

云溪友议（丛书集成初编）（唐）范摅撰，商务印书馆 1939 年。

杜阳杂编（丛书集成初编）（唐）苏鹗撰，商务印书馆 1939 年。

桂苑丛谈（丛书集成初编）（唐）冯翊撰，商务印书馆 1939 年。

北梦琐言（丛书集成初编）五代·孙光宪纂集，商务印书馆 1939 年。

玉溪编事（丛书集成初编）撰人不详，商务印书馆 1939 年。

洛阳缙绅旧闻记（丛书集成初编）（宋）张齐贤撰，商务印书馆 1939 年。

东坡志林（丛书集成初编）（宋）苏轼撰，商务印书馆 1939 年。

侯鲭录（丛书集成初编）（宋）赵令畤撰，商务印书馆 1939 年。

过庭录（丛书集成初编）（宋）范公偁撰，商务印书馆1939年。

明道杂志（丛书集成初编）（宋）张耒撰，商务印书馆1939年。

孔子谈苑（丛书集成初编）（宋）孔平仲纂，商务印书馆1939年。

避暑漫抄（丛书集成初编）（宋）陆游抄，商务印书馆1939年。

家世旧闻（丛书集成初编）（宋）陆游撰，商务印书馆1939年。

可书（丛书集成初编）（宋）张知甫撰，商务印书馆1939年。

萤雪丛说（丛书集成初编）（宋）俞成撰，商务印书馆1939年。

墨庄漫录（丛书集成初编）（宋）张邦基撰，商务印书馆1939年。

鹤林玉露（补遗）（丛书集成初编）（宋）罗大经撰，商务印书馆1939年。

白獭髓（丛书集成初编）（宋）张仲文著，商务印书馆1939年。

北窗炙輠（丛书集成初编）（宋）施彦执著，商务印书馆1939年。

江竹杂录（丛书集成初编）（宋）廖莹中录，商务印书馆1939年。

遗史纪闻（丛书集成初编）（宋）詹玠著，商务印书馆1939年。

袖中锦（丛书集成初编）（宋）太平老人著，商务印书馆1939年。

搜采异闻录（丛书集成初编）（宋）永亨著，商务印书馆1939年。

困学斋杂录（丛书集成初编）（元）鲜于枢撰，商务印书馆1939年。

两钞摘腴（丛书集成初编）（元）史诰辑，商务印书馆1939年。

南窗纪谈（丛书集成初编）撰人不详，商务印书馆1939年。

双槐岁钞（丛书集成初编）（明）黄瑜撰，商务印书馆1939年。

病逸漫记（丛书集成初编）（明）陆釴撰，商务印书馆1939年。

琅琊漫钞（丛书集成初编）（明）文林撰，商务印书馆1939年。

三余赘笔（丛书集成初编）（明）都卬撰，商务印书馆1939年。

方洲杂言（丛书集成初编）（明）张宁辑，商务印书馆1939年。

苏谈（丛书集成初编）（明）杨循吉著，商务印书馆1939年。

听雨纪谈（丛书集成初编）（明）都穆著，商务印书馆1939年。

损斋备忘录（丛书集成初编）（明）梅纯撰，商务印书馆1939年。

天香阁随笔（丛书集成初编）（明）李介撰，商务印书馆1939年。

已疟编（丛书集成初编）（明）刘玉记，商务印书馆1939年。

焦氏笔乘（正续）（丛书集成初编）（明）焦竑著，商务印书馆1935年。

笔记（丛书集成初编）（明）陈继儒撰，商务印书馆1939年。

书蕉（丛书集成初编）（明）陈继儒撰，商务印书馆1939年。

敝帚轩剩语（补遗）（丛书集成初编）（明）沈德符撰，商务印书馆1939年。

玉堂荟记（丛书集成初编）（明）杨士聪撰，商务印书馆1939年。

陶庵梦忆（丛书集成初编）（明）张岱撰，商务印书馆1939年。

寒夜录（丛书集成初编）（明）陈宏绪撰，商务印书馆1939年。

济南纪政（丛书集成初编）（明）徐榜撰，商务印书馆1939年。

花里活（丛书集成初编）（明）陈诗教撰，商务印书馆1939年。

泾林续记（丛书集成初编）（明）周元暐撰，商务印书馆1939年。

凤凰台记事（丛书集成初编）（明）马生龙撰，商务印书馆1939年。

犹及编（丛书集成初编）（明）朱元弼撰，商务印书馆1939年。

勤有堂随录（丛书集成初编）（元）陈栎撰，商务印书馆1939年。

笔畴（丛书集成初编）（明）王达撰，商务印书馆1939年。

卮辞（丛书集成初编）（明）王祎撰，商务印书馆1939年。

密箴（丛书集成初编）（明）蔡清撰，商务印书馆1939年。

读书笔记（丛书集成初编）（明）祝允明撰，商务印书馆1939年。

经世要谈（丛书集成初编）（明）

郑善夫撰，商务印书馆 1939 年。

松窗寤言（丛书集成初编）（明）崔铣撰，商务印书馆 1939 年。

蜩笑偶言（丛书集成初编）（明）郑瑗撰，商务印书馆 1939 年。

荆园小语（丛书集成初编）（清）申涵光撰，商务印书馆 1939 年。

琼琚佩语（丛书集成初编）（清）魏裔介纂，商务印书馆 1939 年。

日录里言（丛书集成初编）（清）魏禧撰，商务印书馆 1939 年。

省心短语（丛书集成初编）（清）申涵煜述，商务印书馆 1939 年。

迂言百则（丛书集成初编）（清）陈遇夫撰，商务印书馆 1939 年。

简通录（丛书集成初编）（清）马辉撰，商务印书馆 1939 年。

枢言（续枢言）（丛书集成初编）（清）王柏心著，商务印书馆 1939 年。

洞天清禄集（丛书集成初编）（宋）赵希鹄撰，商务印书馆 1939 年。

负暄野录（丛书集成初编）（宋）陈槱撰，商务印书馆 1939 年。

云烟过眼录（丛书集成初编）（宋）周密撰，商务印书馆 1939 年。

云烟过眼录续录（丛书集成初编）（元）汤允谟撰，商务印书馆 1939 年。

新增格古要论（丛书集成初编）（明）曹昭著，舒敏编，王佐增，商务印书馆 1939 年。

博物要览（丛书集成初编）（清）谷应泰撰，商务印书馆 1939 年。

淮南万毕术（附补遗·再补遗）（丛书集成初编）（汉）刘安撰，（清）孙冯翼、茆泮林辑，商务印书馆 1939 年。

课业余谈（丛书集成初编）（清）陶炜述，商务印书馆 1939 年。

愧郯录（丛书集成初编）（宋）岳珂著，商务印书馆 1939 年。

伏侯古今注（附补遗）（丛书集成初编）（汉）伏无忌撰，（清）茆泮林辑，商务印书馆 1939 年。

颜氏家训（国学基本丛书）（北齐）颜之推著，（清）赵曦明注，（清）卢文弨补注，商务印书馆 1939 年。

（尤注）袁了凡先生家庭四训

（明）袁了凡著，尤雪行集注，个人刊 1939 年。

古书疑义举例（附补）（国学基本丛书）（清）俞樾著，刘师培补，商务印书馆 1939 年。

桯史（丛书集成初编）（宋）岳珂著，商务印书馆 1940 年。

伸蒙子（丛书集成初编）（唐）林慎思纂，商务印书馆 1940 年。

素履子（丛书集成初编）（唐）张弧撰，商务印书馆 1940 年。

消夏闲记选存（江苏省立苏州图书馆吴中文献小丛书）（清）顾公燮著，江苏省立苏州图书馆 1940 年。

醉乡琐志（江苏省立苏州图书馆吴中文献小丛书）（清）黄体芳著，江苏省立苏州图书馆 1940 年。

居官通义（清）袁守定著，四川省政府民政厅 1941 年。

能改斋漫录（宋）吴曾撰，商务印书馆 1941 年。

西溪丛语（宋）姚宽辑，商务印书馆 1941 年。

石林燕语（宋）叶梦得著，商务印书馆 1941 年。

密斋笔记（续记）（宋）谢采伯撰，商务印书馆 1941 年。

庶斋老学丛谈（元）盛如梓著，商务印书馆 1941 年。

萍洲可谈（宋）朱彧著，商务印书馆 1941 年。

麈史（宋）王得臣著，商务印书馆 1941 年。

云仙杂记（唐）冯贽著，商务印书馆 1941 年。

蘼芜纪闻（江苏省立苏州图书馆吴中文献小丛书）（清）葛昌楣辑，江苏省立苏州图书馆 1941 年。

兰舫笔记（江苏省立苏州图书馆吴中文献小丛书）（清）常辉著，江苏省立苏州图书馆 1941 年。

癸巳存稿（清）俞正燮著，商务印书馆 1941 年。

先正读书诀（清）周永年编，商务印书馆 1941 年。

博物要览（明）谷应泰撰，商务印书馆 1941 年。

五种遗规辑要（清）陈弘谋辑，朱荫龙选辑，文化供应社 1942 年，1943 年。

山林名言录 汪秉全编，农林出版社 1942 年。

唯自勉斋长物志（吴中文献小丛书）（清）唐翰题著，江苏省苏州市图书馆 1942 年。

论衡通检（中法汉学研究所通检丛刊） 中法汉学研究所编，中法汉学研究所 1943 年。

吕氏春秋通检（中法汉学研究所通检丛刊） 中法汉学研究所编，中法汉学研究所 1943 年。

了凡四训白话解释 （明）袁了凡著，佛学书局 1943 年。

从政遗规 （清）陈弘谋辑，改进出版社 1943 年。

仕学正则 （明）吕新吾原著，李之振编次，经纬出版社 1943 年。

风俗通义通检（附佚文）（中法汉学研究所通检丛书） 中法汉学研究所著，中法汉学研究所 1943 年。

陶庵梦忆·秋灯琐忆合刊（美化文学名著丛刊）（明）张岱、（清）蒋坦著，朱剑芒编校，世界书局 1943 年。

淮南子通检（中法汉学研究所通检丛刊） 中法汉学研究所编，中法汉学研究所 1944 年。

袁了凡先生家庭四训简注 （明）袁了凡著，佛学推行社注，京华印书局 1944 年。

影梅盦忆语（附董小宛考） （清）冒襄著，崇德书店 1944 年。

围炉夜话 （清）王永彬著，1947 年。

了凡四训（法轮小丛书）（明）袁了凡著，大法轮书局 1948 年。

庸斋特刊三种（诂墨诘吴广论语骈枝纠谬） 孔丛子等著，民国间印行。

（新式标点）吕氏春秋 （汉）高诱注，（清）毕沅校，民国间印行。

吕氏春秋补注 范耕研补注，民国间印行。

了凡四训 （明）袁了凡著，万钧校，中央刻经院佛经善书局，民国间印行。

广阳杂记 （清）刘献廷著，商务印书馆，民国间印行。

平等阁笔记 （清）平等阁主人著，民国间印行。

啸亭杂录 （清）昭梿著，商务印书馆，民国间印行。

洪大经略奏对日钞笔记 （清）洪承畴著，程道一编录，自刊，民国间印行。

淮南子证闻 杨树达撰，中国科学院1953年。

古书疑义举例 （清）俞樾撰，刘师培补，中华书局1954年。

天工开物 （明）宋应星撰，商务印书馆1954年。

吕氏春秋集释 许维遹集释，文学古籍刊行社1955年，中国书店1985年。

潜书（附诗文录） （清）唐甄撰，吴泽民编校，古籍出版社1955年，中华书局1963年修订本，1984年。

人物志 （曹魏）刘邵撰，（北魏）刘昞注，任继愈断句，文学古籍刊行社1955年。

苏氏演义 （唐）苏鹗撰，商务印书馆1956年。

古书疑义举例五种 （清）俞樾等撰，中华书局1956年，1983年。

世说新语 （南朝宋）刘义庆撰，王利器断句校订，文学古籍刊行社1956年。

古今注中华古今注苏氏演义 （晋）崔豹等撰，商务印书馆1956年。

梦溪笔谈校证 （宋）沈括撰，胡道静校证，上海出版公司1956年，古典文学出版社1957年，中华书局上海编辑所1960年，上海古籍出版社1987年，上海人民出版社2011年。

梦溪笔谈（附补校） （宋）沈括撰，四川人民出版社1957年。

今世说（中国文学参考资料小丛书）（清）王晫撰，古典文学出版社1957年。

枣窗闲笔 （清）爱新觉罗·裕瑞撰，文学古籍刊行社1957年。

论衡集解 刘盼遂集解，古籍出版社1957年，中华书局1959年，台湾文听阁图书公司2010年。

公孙龙子形名发微（武汉大学百年经典） 谭戒甫撰，科学出版社1957年，武汉大学出版社2006年。

述学（附校勘记、遗文抄） （清）汪中撰，四川人民出版社1957年。

隋唐嘉话　大唐新语（中国文学参考资料丛书）（唐）刘餗撰，（唐）刘肃撰，古典文学出版社 1957 年。

云溪友议（中国文学参考资料小丛书）（唐）范摅撰，古典文学出版社 1957 年。

唐国史补因话录（中国文学参考资料丛书）（唐）李肇撰，（唐）赵璘撰，古典文学出版社 1957 年。

唐摭言（中国文学参考资料丛书）（五代）王定保撰，古典文学出版社 1957 年。

唐语林　（宋）王谠撰，古典文学出版社 1957 年。

云麓漫钞（中国文学参考资料丛书）（宋）赵彦卫撰，古典文学出版社 1957 年。

癸巳存稿　（清）俞正燮撰，商务印书馆 1957 年。

陔余丛考　（清）赵翼撰，商务印书馆 1957 年。

十驾斋养新录　（清）钱大昕撰，商务印书馆 1957 年。

王志　（清）王闿运撰，陈兆奎编辑，四川人民出版社 1957 年。

广阳杂记（清代史料笔记丛刊）（清）刘献廷撰，汪北平、夏志和点校，中华书局 1957 年，1997 年。

广阳杂记　（清）刘献廷撰，商务印书馆 1957 年。

范缜神灭论今译　任继愈撰，浙江人民出版社 1957 年。

书影（中国文学参考资料小丛书）（清）周亮工撰，古典文学出版社 1957 年。

革命军　（清）邹容撰，中华书局 1958 年，1971 年。

＊**吕氏春秋校释**　尹仲容校释，台湾中华丛书编审委员会 1958 年，立青文教基金会 1987 年。

书影（中国文学参考资料丛书）（清）周亮工撰，中华书局 1958 年。

札朴　（清）桂馥撰，商务印书馆 1958 年。

蛾术编　（清）王鸣盛撰，商务印书馆 1958 年。

云麓漫钞（中国文学参考资料丛书）（宋）赵彦卫撰，中华书局上海编辑所 1958 年。

唐语林（中国文学参考资料丛书）

（宋）王说撰，中华书局 1958 年。

大唐传载幽闲鼓吹中朝故事（中国文学参考资料丛书）（唐）佚名撰，中华书局上海编辑所 1958 年。

松窗杂录（中国文学参考资料丛书）（唐）李浚等撰，中华书局 1958 年。

松窗杂录杜阳杂编桂苑丛谈（中国文学参考资料丛书）（唐）李睿撰，（唐）苏鹗撰，（唐）冯翊子撰，中华书局上海编辑所 1958 年。

封氏闻见记校注（唐宋史料笔记丛刊）（唐）封演撰，赵贞信校注，中华书局 1958 年，2005 年。

新编醉翁谈录（宋）金盈之撰，古典文学出版社 1958 年。

玉泉子金华子（中国文学参考资料丛书）（唐）佚名等撰，中华书局上海编辑所 1958 年。

南部新书（中国文学参考资料丛书）（宋）钱易撰，中华书局上海编辑所 1958 年。

吹剑录全编（宋）俞文豹撰，张宗祥校订，古典文学出版社 1958 年。

云谷杂记（宋）张淏撰，张宗祥校录，中华书局上海编辑所 1958 年。

文昌杂录（中国文学参考资料丛书）（宋）庞元英撰，中华书局上海编辑所 1958 年。

贵耳集（中国文学参考资料丛书）（宋）张端义撰，中华书局上海编辑所 1958 年。

少室山房笔丛（明）胡应麟撰，中华书局上海编辑所 1958 年。

论衡选 蒋祖怡选注，中华书局 1958 年。

篛园日札（清）成瓘撰，商务印书馆 1958 年。

东城杂记（中国文学参考资料丛书）（清）厉鹗撰，中华书局上海编辑所 1958 年。

云自在龛随笔（清）缪荃孙撰，商务印书馆 1958 年。

天工开物（中国古代版画丛刊）（明）宋应星撰，中华书局上海编辑所 1959 年，1988 年。

东城杂记（清）厉鹗撰，中华书局上海编辑所 1959 年。

困学纪闻 （宋）王应麟撰，（清）翁元圻注，商务印书馆 1959 年。

札朴 （清）桂馥撰，中华书局 1959 年。

唐摭言 （五代）王定保撰，中华书局上海编辑所 1959 年，1983 年。

霞外捃屑 （清）平步青撰，上海古籍出版社 1959 年。

南村辍耕录（元明史料笔记丛刊）（元）陶宗仪撰，中华书局 1959 年，1997 年。

四友斋丛说（元明史料笔记丛刊）（明）何良俊撰，中华书局 1959 年，1997 年。

万历野获编（元明史料笔记丛刊）（明）沈德符撰，中华书局 1959 年，1997 年。

草木子（元明史料笔记丛刊）（明）叶子奇撰，中华书局 1959 年，1997 年。

云溪友议 （唐）范摅撰，中华书局上海编辑所 1959 年。

五杂俎 （明）谢肇淛撰，中华书局上海编辑所 1959 年。

七修类稿 （明）郎瑛撰，中华书局上海编辑所 1959 年。

容斋随笔五集 （宋）洪迈撰，商务印书馆 1959 年。

听雨丛谈（清代史料笔记丛刊）（清）福格撰，汪北平点校，中华书局 1959 年，1997 年。

夷氛闻记（清代史料笔记丛刊）（清）梁廷枏撰，邵循正点校，中华书局 1959 年，1997 年。

陶庐杂录（清代史料笔记丛刊）（清）法式善撰，涂雨公点校，中华书局 1959 年，1997 年。

永宪录（附续编）（清代史料笔记丛刊）（清）萧奭撰，朱南铣点校，中华书局 1959 年，1997 年。

陈确哲学选集 （清）陈确撰，侯外庐选编，科学出版社 1959 年。

吹剑录全编 （宋）俞文豹撰，张宗祥校订，中华书局上海编辑所 1959 年。

涌幢小品 （明）朱国祯撰，中华书局上海编辑所 1959 年。

漏网喁鱼集海角续编（近代史料笔记丛刊）（清）柯悟迟撰，（清）陆筠撰，祁龙威校注，中华书局

1959 年，1997 年。

茶余客话 （清）阮葵生撰，中华书局上海编辑所编辑，中华书局上海编辑所 1959 年。

世载堂杂忆（近代史料笔记丛刊）（清）刘禺生撰，钱实甫点校，中华书局 1960 年，1997 年。

北梦琐言（中国文学参考资料丛书）（宋）孙光宪撰，中华书局 1960 年，2002 年。

能改斋漫录 （宋）吴曾撰，中华书局上海编辑所 1960 年，上海古籍出版社 1980 年。

适可斋记言 （清）马建忠撰，张岂之、刘厚祜标点，中华书局 1960 年。

北游录（清代史料笔记丛刊）（明）谈迁撰，汪北平点校，中华书局 1960 年，1997 年。

扬州画舫录（清代史料笔记丛刊）（清）李斗撰，汪北平、涂雨公点校，中华书局 1960 年，1997 年。

挥麈录 （宋）王明清撰，中华书局上海编辑所 1961 年。

海日楼札丛（外一种） （清）沈曾植撰，钱仲联辑，中华书局上海编辑所 1962 年。

世说新语 （南朝宋）刘义庆撰，（南朝梁）刘孝标注，中华书局上海编辑所 1962 年。

东西均 （明）方心智撰，李学勤标点，中华书局上海编辑所 1962 年。

纯常子枝语 （清）文廷式撰，江苏人民出版社 1962 年。

香草续校书（清代学术笔记丛刊）（清）于鬯撰，张华民点校，中华书局 1963 年，1982 年。

陔余丛考 （清）赵翼撰，中华书局 1963 年。

宸垣识略 （清）吴长元辑，北京出版社 1964 年。

＊**吕氏春秋选注** 庄适撰，（台湾）商务印书馆 1965 年。

＊**淮南子选注** 沈洪撰，（台湾）商务印书馆 1965 年。

＊**世说新语校笺** （南朝宋）刘义庆撰，刘孝标注，杨勇校笺，香港大众书局 1969 年，台湾明伦出版社 1971 年，正文书局 2000 年。

＊**金楼子校注** 许德平撰，台湾嘉新水泥公司文化基金会1969年。

＊**公孙龙子疏释** 陈癸淼撰，台湾兰台书局1970年。

初潭集 （明）李贽撰，中华书局1974年。

公孙龙子译注 庞朴译注，上海人民出版社1974年，巴蜀书社1990年，1992年。

论衡 （汉）王充撰，上海人民出版社1974年，上海古籍出版社1990年。

＊**吕氏春秋高注补正** 李宝洤撰，台湾华正书局1974年。

＊**世说新语补正** 王叔岷，台湾艺文印书馆1975年。

＊**颜氏家训斠注** 王叔岷撰，台湾艺文印书馆1975年。

初潭集 （明）李贽撰，中华书局1975年。

元刊梦溪笔谈 （宋）沈括撰，文物出版社1975年。

天工开物 （明）宋应星撰，钟广言注释，广东人民出版社1976年。

野议 论气 谈天 思怜诗 （明）宋应星撰，丘锋标点，上海人民出版社1976年。

习学记言序目 （宋）叶适著，中华书局1977年。

容斋随笔（宋元笔记丛书） （宋）洪迈撰，上海师范大学古籍整理组点校，上海古籍出版社1978年，1998年。

论衡注释 北京大学历史系《论衡》注释小组注释，中华书局1979年。

蓬窗日录 （明）陈全之撰，上海书店1979年。

考辨随笔 （清）黄定宜撰，上海书店1979年。

请缨日记 （清）唐景崧撰，上海书店1979年。

袖海楼杂著 （清）黄汝成撰，上海书店1979年。

得一斋杂著四种 （清）黄楙材撰，上海书店1979年。

履园丛话（清代史料笔记丛刊） （清）钱泳撰，张伟点校，中华书局1979年，1997年。

隋唐嘉话朝野佥载（唐宋史料笔记丛刊） （唐）刘餗撰，程毅中点校，（唐）张鷟撰，赵守俨点校，中华书局 1979 年，1997 年。

老学庵笔记（唐宋史料笔记丛刊）（宋）陆游撰，李剑雄、刘德权点校，中华书局 1979 年，1982 年，1997 年。

纯常子枝语 （清）文廷式撰，江苏广陵古籍刻印社 1979 年。

颜氏家训集解（新编诸子集成）（北齐）颜之推撰，王利器集解，上海古籍出版社 1980 年，1986 年，中华书局 1993 年增补本，1996 年。

风俗通义校释（社会科学战线丛书） （汉）应劭撰，吴树平校释，天津人民出版社 1980 年。

东斋记事春明退朝录（唐宋史料笔记丛刊） （宋）范镇、（宋）宋敏求撰，汝沛、诚刚点校，中华书局 1980 年，1997 年。

水东日记（元明史料笔记丛刊）（明）叶盛撰，魏中平点校，中华书局 1980 年，1997 年。

李文藻四种 （清）李文藻撰，上海书店 1980 年。

玉麈新谭 （明）郑仲夔撰，上海书店 1980 年。

玉堂丛语 （明）焦竑撰，上海书店 1980 年。

谈乘 （明）张懋修撰，上海书店 1980 年。

策鳌杂摭 叶庆颐辑，上海书店 1980 年。

桐桥倚棹录 （清）顾禄撰，上海古籍出版社 1980 年。

啸亭杂录（清代史料笔记丛刊）（清）昭梿撰，何英芳点校，中华书局 1980 年，1997 年。

柚堂四种 （清）盛百二撰，上海书店 1980 年。

＊**菜根谭注疏** 黄公伟撰，台湾新文丰出版公司 1980 年。

＊**世说新语粹讲** 王进祥，台湾国家出版社 1981 年，顶渊文化事业公司 1985 年。

＊**公孙龙子注释** 庞朴撰，台湾里仁书局 1981 年。

风俗通义校注 （汉）应劭撰，王利器校注，中华书局 1981 年。

宋朝事实类苑 （宋）江少虞撰，上海古籍出版社 1981 年。

归田琐记（清代史料笔记丛刊）（清）梁章钜撰，于亦时点校，中华书局 1981 年，1997 年。

阅世编（明清笔记丛书）（清）叶梦珠选，来新夏点校，上海古籍出版社 1981 年。

渑水燕谈录归田录（唐宋史料笔记丛刊）（宋）王辟之、（宋）欧阳修撰，吕友仁、李伟国点校，中华书局 1981 年，1997 年。

桯史（唐宋史料笔记丛刊）（宋）岳珂撰，吴企明点校，中华书局 1981 年，1997 年。

东坡志林（唐宋史料笔记丛刊）（宋）苏轼撰，王松龄点校，中华书局 1981 年，2002 年。

游宦纪闻旧闻证误（唐宋史料笔记丛刊）（宋）张世南撰，（宋）李心传撰，张茂鹏、崔文印点校，中华书局 1981 年，1997 年。

默记燕翼诒谋录（唐宋史料笔记丛刊）（宋）王铚撰，（宋）王林撰，朱杰人、诚刚点校，中华书局 1981 年，1997 年。

巢林笔谈（清代史料笔记丛刊）（清）龚炜撰，钱炳寰整理，中华书局 1981 年，1997 年。

公孙龙子新注（中国哲学史丛书）屈志清注，湖北人民出版社 1981 年。

典故纪闻（元明史料笔记丛刊）（明）余继登撰，顾思点校，中华书局 1981 年，1997 年。

玉堂丛语（元明史料笔记丛刊）（明）焦竑撰，中华书局 1981 年，1997 年。

浪迹丛谈续谈三谈（清代史料笔记丛刊）（清）梁章钜撰，陈铁民点校，中华书局 1981 年，1997 年。

广志绎（元明史料笔记丛刊）（明）王士性撰，吕景琳点校，中华书局 1981 年，1997 年。

北梦琐言（宋元笔记丛书）（宋）孙光宪撰，林艾园点校，上海古籍出版社 1981 年。

道咸宦海见闻录（清代史料笔记丛刊）（清）张集馨编撰，杜春和、张秀清点校，中华书局 1981 年，1999 年。

春明梦馀录 （清）孙承泽撰，王

剑英点校，北京古籍出版社 1981 年，1992 年。

宸垣识略（北京古籍丛书）（清）吴长元辑，北京古籍出版社 1981 年，2001 年。

＊**颜氏家训集解** 王利器撰，台湾明文书局 1982 年。

戒庵老人漫笔（元明史料笔记丛刊）（明）李诩撰，魏连科点校，中华书局 1982 年，1997 年。

三垣笔记（元明史料笔记丛刊）（明）李清撰，中华书局 1982 年，1997 年。

天咫偶闻 （清）震钧撰，北京古籍出版社 1982 年。

霞外捃屑 （清）平步青撰，上海古籍出版社 1982 年。

楚庭稗珠录（广东地方文献丛书）（清）檀萃撰，杨伟群点校，广东人民出版社 1982 年。

池北偶谈（清代史料笔记丛刊）（清）王士禛撰，靳斯仁点校，中华书局 1982 年，1997 年。

公孙龙子长笺 栾星笺，中州书画社 1982 年。

藤阴杂记 （清）戴璐撰，北京古籍出版社 1982 年。

不下带编巾箱说（清代史料笔记丛刊）（清）金埴撰，王湜华点校，中华书局 1982 年，1997 年。

陶庵梦忆 （明）张岱撰，上海书店 1982 年。

世说新语 （南朝宋）刘义庆撰，（南朝梁）刘孝标注，上海古籍出版社 1982 年。

龙川略志龙川别志（唐宋史料笔记丛刊）（宋）苏辙撰，俞宗宪点校，中华书局 1982 年，1997 年。

郁离子（明清笔记丛书）（明）刘基撰，魏建猷、萧善芗点校，上海古籍出版社 1982 年。

陶庵梦忆 （明）张岱撰，弥松颐校注，西湖书社 1982 年。

书影（明清笔记丛书）（清）周亮工撰，上海古籍出版社 1982 年。

檐曝杂记竹叶亭杂记（清代史料笔记丛刊）（清）赵翼撰，（清）姚元之撰，李解民点校，中华书局 1982 年，1997 年。

乡言解颐吴下谚联（清代史料笔记

丛刊）（清）李光庭撰，（清）王有光撰，石继昌点校，中华书局1982年，1997年。

清秘述闻三种（清代史料笔记丛刊）（清）法式善等撰，张伟点校，中华书局1982年，1997年。

旧典备征安东康平室随笔（清代史料笔记丛刊）（清）朱彭寿撰，何双生点校，中华书局1982年，1997年。

两般秋雨庵随笔（明清笔记丛书）（清）梁绍壬撰，庄葳点校，上海古籍出版社1982年。

＊**风俗通义校注** 王利器校注，台湾明文书局1982年，汉京文化事业公司2004年。

香祖笔记（明清笔记丛书）（清）王士禛撰，湛之点校，上海古籍出版社1983年。

柳南随笔续笔（清代史料笔记丛刊）（清）王应奎撰，王彬、严英俊点校，中华书局1983年，1997年。

香祖笔记 （清）王士禛撰，商务印书馆1983年。

陶庵梦忆西湖梦寻（明清笔记丛书 元明史料笔记丛刊）（明）张岱撰，马兴荣点校，上海古籍出版社1983年，中华书局2007年。

鸡肋编（唐宋史料笔记丛刊）（宋）庄绰撰，萧鲁阳点校，中华书局1983年，1997年。

世说新语笺疏（中国古典文学丛书 余嘉锡著作集）余嘉锡撰，周祖谟、余淑宜整理，中华书局1983年，2007年第2版，台湾华正书局1984年，上海古籍出版社1993年修订本。

语林 （明）何良俊撰，上海古籍出版社1983年。

庸盦笔记 （清）薛福成撰，丁凤麟、张道贵点校，江苏人民出版社1983年。

郁离子 （明）刘基撰，张学忠选注，花城出版社1983年。

浪迹续谈（八闽文献丛刊）（清）梁章钜撰，刘叶秋、苑育新校注，福建人民出版社1983年。

铁围山丛谈（唐宋史料笔记丛刊）（宋）蔡絛撰，冯惠民、沈锡麟点校，中华书局1983年，1997年。

鹤林玉露（唐宋史料笔记丛刊）

（宋）罗大经撰，王瑞来点校，中华书局 1983 年，1997 年。

归潜志（元明史料笔记丛刊）（金）刘祁撰，崔文印点校，中华书局 1983 年，1997 年。

东轩笔录（唐宋史料笔记丛刊）（宋）魏泰撰，李裕民点校，中华书局 1983 年，1997 年。

泊宅编（唐宋史料笔记丛刊）（宋）方勺撰，许沛藻、杨立扬点校，中华书局 1983 年，1997 年。

春渚纪闻（唐宋史料笔记丛刊）（宋）何薳撰，张明华点校，中华书局 1983 年，1997 年。

齐东野语（唐宋史料笔记丛刊）（宋）周密撰，张茂鹏点校，中华书局 1983 年，1997 年。

东坡志林仇池笔记 华东师范大学古籍研究所点校注释，华东师范大学出版社 1983 年。

邵氏闻见录（唐宋史料笔记丛刊）（宋）邵伯温撰，李剑雄、刘德权点校，中华书局 1983 年，1997 年。

邵氏闻见后录（唐宋史料笔记丛刊）（宋）邵博撰，刘德权、李剑雄点校，中华书局 1983 年，1997 年。

宾退录（宋元笔记丛书）（宋）赵与时撰，齐治平点校，上海古籍出版社 1983 年。

椒生随笔（近代湘人笔记丛刊）（清）王之春撰，喻岳衡点校，岳麓书社 1983 年。

瞑庵杂识瞑庵二识（近代湘人笔记丛刊）（清）朱克敬撰，杨坚点校，岳麓书社 1983 年。

儒林琐记雨窗消意录（近代湘人笔记丛刊）（清）朱克敬撰，岳麓书社 1983 年。

浪迹丛谈（八闽文献丛刊）（清）梁章钜撰，刘叶秋、苑育新校注，福建人民出版社 1983 年。

星庐笔记（近代湘人笔记丛刊）李肖聃撰，岳麓书社 1983 年。

新世说（清代历史资料丛刊）易宗夔撰，上海书店 1983 年。

熙朝新语（清代历史资料丛刊）（清）余金撰，上海书店 1983 年。

南亭笔记（清代历史资料丛刊）（清）李伯元撰，上海书店 1983 年。

春明梦录客座偶谈（清代历史资料丛刊）（清）何刚德撰，上海书店

1983 年。

坦园日记 （清）杨恩寿撰，陈长明标点，上海古籍出版社 1983 年。

＊**吕氏春秋校释** 陈奇猷撰，学林出版社 1984，台湾华正书局 1984 年。

十驾斋养新录 （清）钱大昕撰，上海书店 1984 年。

世说新语校笺（中国古典文学基本丛书） 徐震堮著，中华书局 1984 年，2001 年，台湾文史哲出版社 1985 年。

春在堂随笔 （清）俞樾撰，张道贵、丁凤麟标点，江苏人民出版社 1984 年。

梦蕉亭杂记（清代历史资料丛刊）（清）陈夔龙撰，上海古籍书店 1984 年。

郎潜纪闻初笔二笔三笔（清代史料笔记丛刊） （清）陈康祺撰，晋石点校，中华书局 1984 年，1997 年。

冷庐杂识（清代史料笔记丛刊）（清）陆以湉撰，崔凡芝点校，中华书局 1984 年，1997 年。

水窗春呓（近代史料笔记丛刊）（清）欧阳兆熊、金安清撰，谢兴尧点校，中华书局 1984 年，1997 年。

吕氏春秋校释 陈奇猷校译，学林出版社 1984 年，上海古籍出版社 2002 年。

大唐新语（唐宋史料笔记丛刊）（唐）刘肃撰，许德楠、李鼎霞点校，中华书局 1984 年，1997 年。

湘山野录续录 玉壶清话（唐宋史料笔记丛刊） （宋）文莹撰，郑世刚、杨立杨点校，中华书局 1984 年，1997 年。

石林燕语（唐宋史料笔记丛刊）（宋）叶梦得撰，（宋）宇文绍奕考异，侯忠义点校，中华书局 1984 年，1997 年。

归田录 渑水燕谈录（中国历代笔记小说选译丛书） （宋）欧阳修，（宋）王辟之撰，徐世争选译，浙江古籍出版社 1984 年，1999 年。

寓圃杂记谷山笔麈（元明史料笔记丛刊） （明）王锜撰，（明）于慎行撰，吕景琳点校，中华书局 1984 年，1997 年。

今言（元明史料笔记丛刊） （明）郑晓撰，李致忠点校，中华书局

1984 年，1997 年。

香草校书（清代学术笔记丛刊）（清）于鬯撰，中华书局 1984 年。

读书堂西征随笔（清代历史资料丛刊）（清）汪景祺撰，上海书店 1984 年。

异辞录（清代历史资料丛刊）（清）刘体智撰，上海书店 1984 年。

枢垣记略（清代史料笔记丛刊）（清）梁章钜、朱智撰，何英芳点校，中华书局 1984 年，1997 年。

行素斋杂记（清代历史资料丛刊）（清）继昌撰，上海书店 1984 年。

愧郯录　（宋）岳珂撰，上海书店 1984 年。

＊**白话鬼谷子**　冯作民撰，台湾星光出版社 1984 年。

＊**吕氏春秋今注今译（上下）**　林品石撰，（台湾）商务印书馆 1985 年，新版 2011 年。

广东新语（清代史料笔记丛刊）（清）屈大均撰，中华书局 1985 年，1997 年。

治世余闻继世纪闻松窗梦语（元明史料笔记丛刊）（明）陈洪谟撰，（明）张瀚撰，盛冬铃点校，中华书局 1985 年，1997 年。

日知录集释（外七种）　（清）顾炎武撰，黄汝成集释，上海古籍出版社 1985 年。

庭闻录（清代历史资料丛刊）（清）刘健撰，上海书店 1985 年。

丹午笔记吴城日记五石脂（江苏地方文献丛书）（清）顾公燮等撰，甘兰经等点校，江苏古籍出版社 1985 年，1999 年。

蓬窗日录　（明）陈全之撰，上海书店 1985 年。

悔翁笔记　（清）汪士铎撰，中国书店 1985 年，1996 年。

读书止观录　（明）吴应箕撰，黄山书社 1985 年。

淮南旧注校理　（清）吴承仕撰，中国书店 1985 年。

淮南旧注校理　（清）吴承仕撰，北京师范大学出版社 1985 年。

浪迹三谈（八闽文献丛刊）（清）梁章钜撰，刘叶秋、苑育新校注，福建人民出版社 1985 年。

鬼谷子　（梁）陶弘景注，中国书

店 1985 年。

读书杂志 （清）王念孙撰，中国书店 1985 年。

思益堂日札（笔记丛刊） （清）周寿昌撰，岳麓书社 1985 年。

读书杂志（高邮王氏四种） （清）王念孙撰，中国训诂学研究会主编，江苏古籍出版社 1985 年，2000 年。

清修妙论笺（《遵生八笺》之一）（明）高濂撰，巴蜀书社 1985 年。

四时调摄笺（《遵生八笺》之二）（明）高濂撰，巴蜀书社 1985 年。

燕闲清赏笺（《遵生八笺》之五）（明）高濂撰，巴蜀书社 1985 年。

饮馔服食笺（中国烹饪古籍丛刊）（明）高濂撰，陶文台注释，中国商业出版社 1985 年。

饮馔服食笺（《遵生八笺》之四）（明）高濂撰，巴蜀书社 1985 年。

舌华录宋琐语（笔记丛刊） （明）曹臣、（清）郝懿行编纂，喻岳衡点校，岳麓书社 1985 年。

闲情偶寄 （清）李渔撰，单锦珩点校，浙江古籍出版社 1985 年，1999 年。

闲情偶寄（饮馔部）（中国烹饪古籍丛刊） （清）李渔撰，叶定国注释，中国商业出版社 1985 年。

清异录（饮食类）（中国烹饪古籍丛刊） （宋）陶穀撰，李益民等注释，中国商业出版社 1985 年。

青箱杂记（唐宋史料笔记丛刊）（宋）吴处厚撰，李裕民点校，中华书局 1985 年，1997 年。

瓮牖闲评考古质疑（宋元笔记丛书） （宋）袁文撰，（宋）叶大庆撰，李伟国点校，上海古籍出版社 1985 年。

梁溪漫志（宋元笔记丛书） （宋）费衮撰，金圆点校，上海古籍出版社 1985 年。

庸庵居士四种 （清）陈夔龙撰，中国书店 1985 年。

南亭四话 （清）李伯元撰，上海书店 1985 年。

仕隐斋涉笔（龙门阵丛书） （清）丁治棠撰，四川人民出版社 1985 年。

菽园杂记（元明史料笔记丛刊）

（明）陆容撰，佚之点校，中华书局 1985 年，1997 年。

藤阴杂记（明清笔记丛书）（清）戴璐撰，施绍文点校，上海古籍出版社 1985 年。

墨馀录（明清笔记丛书）（清）毛祥麟撰，毕万忱点校，上海古籍出版社 1985 年。

＊**公孙龙子今注今译** 陈癸淼注译，（台湾）商务印书馆 1986 年，1991 年。

觚賸（明清笔记丛书）（清）钮琇撰，南炳文、傅贵久点校，上海古籍出版社 1986 年。

延年却病笺（遵生八笺之三）（明）高濂撰，巴蜀书社 1986 年。

灵秘丹药笺（遵生八笺之六）（明）高濂撰，巴蜀书社 1986 年。

梁溪漫志 （宋）费衮撰，傅毓钤点校，山西人民出版社 1986 年。

独醒杂志（宋元笔记丛书）（宋）曾敏行撰，朱杰人标校，上海古籍出版社 1986 年。

靖康缃素杂记（宋元笔记丛书）（宋）黄朝英撰，吴企明点校，上海古籍出版社 1986 年。

麈史（宋元笔记丛书）（宋）王得臣撰，俞宗宪点校，上海古籍出版社 1986 年。

订讹类编 （清）杭世骏撰，上海书店 1986 年。

九曜斋笔记（惠氏三种）（清）惠栋撰，江苏广陵古籍刻印社 1986 年。

敬乡笔述 （清）徐士銮辑，中国书店 1986 年，1996 年。

可园备忘录 （清）陈作霖撰，江苏广陵古籍刻印社 1986 年。

见闻琐录 （清）欧阳星撰，恒庵标点，岳麓书社 1986 年。

中吴纪闻（宋元笔记丛书）（宋）龚明之撰，孙菊园点校，上海古籍出版社 1986 年。

快园道古 （清）张岱撰，高学安、佘德余标点，浙江古籍出版社 1986 年。

梦溪笔谈艺文部校注 （宋）沈括撰，刘启林校注，黑龙江人民出版社 1986 年。

水东日记（古代笔记小说精华丛书）（明）叶盛撰，花山文艺出版社 1986 年。

智囊 （明）冯梦龙撰，巴蜀书社 1986 年。

智囊 （明）冯梦龙评纂，栾保群、吕宗力点校，中州古籍出版社 1986 年。

世说新语 （南朝宋）刘义庆撰，上海书店 1986 年，1992 年。

颜氏家训 （北齐）颜之推撰，上海书店出版社 1986 年，1992 年。

松崖笔记（惠氏三种） （清）惠栋撰，江苏广陵古籍刻印社 1986 年。

蜀海丛谈 （清）周洵撰，巴蜀书社 1986 年。

吕氏春秋译注（中国古代名著今译丛书）（秦）吕不韦等撰，张双棣等注译，吉林文史出版社 1986 年，1993 年。

吕氏春秋 （汉）高诱注，上海书店出版社 1986 年，1992 年，上海古籍出版社 1989 年，1995 年。

淮南子注 （汉）刘安撰、高诱注，上海书店出版社 1986 年，1992 年，上海古籍出版社 1989 年，1994 年。

清嘉录（明清笔记丛书）（清）顾禄撰，来新夏点校，上海古籍出版社 1986 年。

乙卯札记丙辰札记知非日札（学术笔记丛刊）（清）章学诚撰，冯惠民点校，中华书局 1986 年。

隋唐嘉话唐国史补（中国历代笔记小说选译丛书）（唐）刘餗撰，（唐）李肇撰，盛钟键等译，浙江古籍出版社 1986 年，1999 年。

芦浦笔记（唐宋史料笔记丛刊）（宋）刘昌诗撰，张荣铮、秦呈端点校，中华书局 1986 年，1997 年。

焦氏笔乘（明清笔记丛书）（明）焦竑撰，李剑雄点校，上海古籍出版社 1986 年。

松窗梦语（明清笔记丛书）（明）张瀚撰，萧国亮点校，上海古籍出版社 1986 年。

过庭录（学术笔记丛刊）（清）宋翔凤撰，梁运华点校，中华书局 1986 年。

＊**新译世说新语** 简美玲编译，台湾嘉鸿出版社 1987 年。

＊**人物志及注校证** 郭模撰，台湾文史哲出版社 1987 年。

名山藏副本（明清笔记丛书）（清）齐周华撰，周采泉、金敏点校，上海古籍出版社1987年。

菰中随笔合刊 （清）顾炎武著，中国书店1987年。

公孙龙子疏 胡曲园、陈进坤疏，复旦大学出版社1987年。

清代官场百怪录 （清）云间颠公撰，吴家驹、许民校注，浙江古籍出版社1987年。

听雨楼随笔 （清）王培荀撰，魏尧西点校，巴蜀书社1987年。

援鹑堂笔记 （清）姚范撰，江苏广陵古籍刻印社1987年。

能改斋漫录（饮食类）（中国烹饪古籍丛刊） （宋）吴曾撰，王仁湘注释，中国商业出版社1987年。

浮邱子 （清）汤鹏撰，王子羲等标点，岳麓书社1987年。

读书记疑 （清）王懋竑撰，江苏广陵古籍刻印社1987年。

至正直记（宋元笔记丛书） （元）孔齐撰，庄敏、顾新点校，上海古籍出版社1987年。

庚巳编客座赘语（元明史料笔记丛刊） （明）陆粲、（明）顾起元撰，谭棣华、陈稼禾点校，中华书局1987年，1997年。

古今事物考（国学基本丛书选印）（明）王三聘辑，上海书店1987年。

义门读书记（学术笔记丛刊）（清）何焯撰，崔高维点校，中华书局1987年，1991年。

义门读书记 （清）何焯撰，江苏广陵古籍刻印社1987年。

千百年眼 （明）张燧撰，贺天新点校，河北人民出版社1987年。

新增格古要论 （明）曹昭撰，王佐补编，中国书店1987年。

板桥杂记 （清）余怀撰，江苏文艺出版社1987年。

春渚纪闻 （清）卢文弨辑补，江苏广陵古籍刻印社1987年。

思益堂日札（学术笔记丛刊）（清）周寿昌撰，许逸民点校，中华书局1987年。

双砚斋笔记（学术笔记丛刊）（清）邓廷桢撰，冯惠民点校，中华书局1987年。

唐语林校证（唐宋史料笔记丛刊）

（宋）王谠撰，周勋初校证，中华书局 1987 年，1997 年。

野客丛书（学术笔记丛刊）（宋）王楙撰，王文锦点校，中华书局 1987 年，1992 年。

齐东野语校注（唐宋小说笔记丛刊）（宋）周密撰，朱菊如等校注，华东师范大学出版社 1987 年。

郁离子评注　（明）刘基撰，傅正谷评注，天津古籍出版社 1987 年。

贤博编粤剑编原李耳载（元明史料笔记丛刊）（明）叶权撰，（明）王临亨撰，（明）李中馥撰，凌毅点校，中华书局 1987 年，1997 年。

智囊补　（明）冯梦龙辑，齐林、王云点译，黑龙江人民出版社 1987 年。

智囊全集　（明）冯梦龙撰，栾保群等注，花山文艺出版社 1988 年，中华书局 2007 年。

学林（学术笔记丛刊）（宋）王观国撰，田瑞娟点校，中华书局 1988 年。

梦厂杂著（明清笔记丛书）（清）俞蛟撰，骆宝善点校，上海古籍出版社 1988 年。

梦厂杂著（历代笔记小说丛书）（清）俞蛟撰，方南生等校注，文化艺术出版社 1988 年。

觚剩（中国历代笔记小说选译丛书）（清）钮琇撰，潘杰、朱杰选译，浙江古籍出版社 1988 年，1999 年。

长兴学记桂学答问万木草堂口说（康有为学术著作选）（清）康有为撰，楼宇烈整理，中华书局 1988 年。

裴启语林（历代笔记小说丛书）（晋）裴启撰，周楞伽辑注，文化艺术出版社 1988 年。

康子内外篇（外六种）（康有为学术著作选）康有为撰，楼宇烈整理，中华书局 1988 年。

杂纂七种　（唐）李义山等撰，曲彦斌校注，上海古籍出版社 1988 年。

癸辛杂识（唐宋史料笔记丛刊）（宋）周密撰，吴企明点校，中华书局 1988 年，1997 年。

玉泉子金华子　（唐）阙名等撰，上海古籍出版社 1988 年。

清代野记　（清）坐观老人撰，巴

蜀书社 1988 年。

菜根谭 （明）洪应明撰，梅伯春注释，中国和平出版社 1988 年。

菜根谭（传统文化经典读本）（明）洪应明撰，张凤点校，三秦出版社 1988 年，2003 年。

古夫于亭杂录（清代史料笔记丛刊）（清）王士禛撰，赵伯陶点校，中华书局 1988 年，1997 年。

异辞录（清代史料笔记丛刊）（清）刘体智撰，刘笃龄点校，中华书局 1988 年，1997 年。

质疑删存识小编读书杂记（学术笔记丛刊）（清）张宗泰撰，吴新成点校，（清）董丰垣撰，王德隆点校，（清）王绍兰撰，崔高维点校，中华书局 1988 年。

艺林汇考 （清）沈自南撰，中华书局 1988 年。

四明谈助 （清）徐兆炳撰，江苏广陵古籍刻印社 1989 年。

札迻（学术笔记丛刊）（清）孙诒让撰，梁运华点校，中华书局 1989 年。

札迻（孙诒让遗书 孙诒让全集）（清）孙诒让撰，雪克、陈野点校，齐鲁书社 1989 年，中华书局 2009 年。

宋氏家要部（北京图书馆古籍珍本丛刊）（明）宋诩撰，书目文献出版社 1989 年，北京图书馆出版社 2000 年。

雅尚斋遵生八笺（北京图书馆古籍珍本丛刊）（明）高濂撰，书目文献出版社 1989 年，北京图书馆出版社 2000 年。

类说（北京图书馆古籍珍本丛刊）（宋）曾慥辑，书目文献出版社 1989 年，北京图书馆出版社 2000 年。

菜根谭注释 （明）洪应明撰，王同策注释，浙江古籍出版社 1989 年，1996 年。

菜根谭 （明）洪应明撰，袁庭栋校注，巴蜀书社 1989 年，1991 年。

菜根谭 （明）洪应明撰，张熙江编注，上海人民出版社 1989 年。

管庭芬笔记两种 （清）管庭芬撰，上海书店出版社 1989 年。

淮南鸿烈集解（新编诸子集成第一辑） 刘文典集解，冯逸、乔华点校，中华书局 1989 年，1997 年。

瀛壖杂志（上海滩与上海人丛书）（清）王韬撰，沈恒春、杨其民标点，上海古籍出版社1989年。

分甘馀话（清代史料笔记丛刊）（清）王士禛撰，张世林点校，中华书局1989年，1997年。

庸闲斋笔记（清代史料笔记丛刊）（清）陈其元撰，杨璐点校，中华书局1989年，1997年。

智谋大全　（明）冯梦龙撰，中国卓越出版公司1989年，1990年。

居稽录　（清）倪在田辑，江苏广陵古籍刻印社1989年。

世说新语译注　（南朝宋）刘义庆撰，许绍早译注，吉林教育出版社1989年，1991年。

世说新语新注　（南朝宋）刘义庆撰，李毓芙注，山东教育出版社1989年。

人海记京都风俗志　（清）查慎行撰，北京古籍出版社1989年，2001年。

考古质疑校证　（宋）叶大庆撰，陈大同校证，广东高等教育出版社1989年。

后山谈丛·萍洲可谈（宋元笔记丛书）（宋）陈师道撰，（宋）朱彧撰，李伟国点校，上海古籍出版社1989年。

四朝闻见录（唐宋史料笔记丛刊）（宋）叶绍翁撰，沈锡麟、冯惠民点校，中华书局1989年，1997年。

涑水纪闻（唐宋史料笔记丛刊）（宋）司马光撰，邓广铭、张希清点校，中华书局1989年，1997年。

玉镜新谭（元明史料笔记丛刊）（明）朱长祚撰，仇正伟点校，中华书局1989年，1997年。

雅尚斋遵生八笺　（明）高濂撰，书目文献出版社1989年。

宋氏家要部家仪部家规部燕闲部（明）宋诩撰，书目文献出版社1989年。

天工开物校注及研究　潘吉星著，巴蜀书社1989年。

＊**吕氏春秋补注**　范耕研撰，台湾文景书局1990年。

益智编　（明）孙能传纂辑，江苏广陵古籍刻印社1990年。

白话智囊　（明）冯梦龙辑，诸伟

奇等译，东南大学出版社 1990 年。

笠翁秘书 （清）李渔撰，赵文卿等笺注，重庆出版社 1990 年。

日知录集释 （清）顾炎武撰，黄汝成集释，栾保群、吕宗力点校，花山文艺出版社 1990 年。

日知录集释 （清）顾炎武撰，黄汝成集释，中州古籍出版社 1990 年。

两晋清谈 （清）沈杲之辑，江苏广陵古籍刻印社 1990 年。

汉口丛谈校释（荆楚故书丛刊）（清）范锴撰，江浦等校注，湖北人民出版社 1990 年。

人物志译注 柏原译注，湖南科学技术出版社 1990 年。

淮南子译注（中国古代名著今译丛书）（汉）刘安等撰，陈广忠译注，吉林文史出版社 1990 年，台湾建宏出版社 1996 年。

论衡校释（附刘盼遂集解）（新编诸子集成第一辑） 黄晖校释，中华书局 1990 年，1996 年。

今献汇言 （明）高鸣凤辑，江苏广陵古籍刻印社 1990 年。

郎潜纪闻四笔（清代史料笔记丛刊）（清）陈康祺撰，褚家伟、张文玲点校，中华书局 1990 年，1997 年。

蕉廊脞录（清代史料笔记丛刊）（清）吴庆坻撰，刘承幹校，张文其、刘德麟点校，中华书局 1990 年，1997 年。

云麓漫钞（涉闻梓旧） （宋）赵彦卫撰，江苏广陵古籍刻印社 1990 年。

春明梦馀录 （清）孙承泽撰，江苏广陵古籍刻印社 1990 年。

涉闻梓旧 （清）蒋光煦辑，江苏广陵古籍刻印社 1990 年。

陔余丛考 （清）赵翼撰，栾保群、吕宗力点校，河北人民出版社 1990 年，2007 年。

菜根谭 （明）洪应明撰，汪乾初校，江西教育出版社 1990 年。

菜根谭 （明）洪应明撰，杜守华、吴晓明校注，浙江大学出版社 1991 年。

菜根谭 （明）洪自诚撰，李牧华注解，甘肃人民出版社 1991 年。

幽梦影 （清）张潮撰，许福明校注，黄山书社 1991 年。

幽梦影 （清）张潮撰，陈书良整理注释，曹泽扬译，三环出版社 1991 年。

恩福堂笔记诗钞年谱 （清）英和撰，北京古籍出版社 1991 年。

随园随笔 （清）袁枚撰，江苏广陵古籍刻印社 1991 年。

影梅庵忆语浮生六记香畹楼忆语秋灯琐记（明清小品选刊）（清）冒襄等撰，李之亮点校，岳麓书社 1991 年。

履园丛话 （清）钱泳辑，中国书店 1991 年。

论衡（古典名著普及文库）（汉）王充撰，陈蒲清点校，岳麓书社 1991 年，2006 年。

鬼谷子 张建国注译，陕西旅游出版社 1991 年。

梅花草堂笔谈（明清小品选刊）（明）张大复撰，毕敏标点，岳麓书社 1991 年。

投辖录玉照新志（宋元笔记丛书）（宋）王明清撰，汪新森、朱菊如点校，上海古籍出版社 1991 年。

野客丛书（宋元笔记丛书）（宋）王楙撰，郑明、王义耀点校，上海古籍出版社 1991 年。

浪迹丛谈（古代笔记小说精华丛书）（清）梁章钜撰，徐征、刘庆国注选译评，花山文艺出版社 1991 年。

闲情偶寄 （明）李渔撰，江苏广陵古籍刻印社 1991 年。

读书杂志 （清）王念孙撰，中华书局 1991 年。

广湖南考古略 （清）同德斋主人编，江苏广陵古籍刻印社 1991 年。

苏东坡笔记 （宋）苏东坡撰，萧屏东校注，湖南文艺出版社 1991 年。

岭南摭怪等史料三种 戴可来、杨保筠校注，中州古籍出版社 1991 年。

＊**吕氏春秋校补** 王叔岷撰，台湾“中研院”历史语言研究所 1992 年。

白话增广智囊（白话中国古代文化生活丛书）（明）冯梦龙撰，周作明译，漓江出版社 1992 年。

智谋大全 （明）冯梦龙撰，丛任仪译，山东大学出版社 1992 年，

1996 年。

经世奇谋 （明）俞琳编撰，张海雷编译，北京邮电大学出版社 1992 年。

吕氏春秋白话今译（先秦诸子今译丛书）（战国）吕不韦撰，谷声应译注，中国书店 1992 年，1995 年。

遵生八笺 （明）高濂编撰，王大淳点校，巴蜀书社 1992 年。

幽梦影 （清）张潮撰，柴成礼校注，中国华侨出版社 1992 年。

古今笔记精华 古今图书局编，上海书店出版社 1992 年。

艮斋杂说·续说·看鉴偶评（学术笔记丛刊）（清）尤侗撰，李肇翔、李复波整理，中华书局 1992 年。

习学纪言（诸子百家丛书）（宋）叶适撰，上海古籍出版社 1992 年。

札朴（学术笔记丛刊）（清）桂馥撰，赵智海点校，中华书局 1992 年。

＊**颜氏家训新译** 高安泽撰，台湾育贤出版社 1992 年。

留青日札（明清笔记丛书）（明）田艺蘅撰，朱碧莲点校，上海古籍出版社 1993 年。

鬼谷子全书 房中立编著，书目文献出版社 1993 年。

白话吕氏春秋（古典名著今译读本） 徐子宏、金忠林译注，岳麓书社 1993 年。

呻吟语 （明）吕坤撰，王国轩、王秀梅注，学苑出版社 1993 年，北京燕山出版社 1996 年。

呻吟语（中国古典宝库）（明）吕坤撰，杨柳译，中州古籍出版社 1993 年。

论衡全译（中国历代名著全译丛书）（汉）王充撰，袁华卢、方家常译注，贵州人民出版社 1993 年。

岁时荟萃（中国笔记小说文库续编）（清）蒋廷锡等编，上海文艺出版社 1993 年。

智囊补（冯梦龙全集）（明）冯梦龙辑，上海古籍出版社 1993 年。

智囊（冯梦龙全集）（明）冯梦龙撰，缪咏禾、胡慧斌点校，江苏古籍出版社 1993 年。

白话闲情偶记 （清）李渔撰，李

瑞山等译，天津古籍出版社1993年。

乡园忆旧录 （清）王培荀撰，蒲泽点校，齐鲁书社1993年。

程史 （清）屠绅撰，中国戏剧出版社1993年。

幽梦影 （清）张潮撰，黄庆来等注释，江西教育出版社1993年。

清代名人轶事 葛虚存编，琴石山人校订，马蓉点校，北京图书馆出版社1993年。

涧泉日记·西塘集耆旧续闻（宋元笔记丛书）（宋）韩淲，（宋）陈鹄撰，孙菊园、郑世刚点校，上海古籍出版社1993年。

杨文公谈苑·倦游杂录（宋元笔记丛书）（宋）杨亿口述，黄鉴笔录，宋庠整理，（宋）张师正撰，李裕民辑校，上海古籍出版社1993年。

西溪丛语·家世旧闻（唐宋史料笔记丛刊）（宋）姚宽撰，（宋）陆游撰，孔凡礼点校，中华书局1993年，1997年。

广东新语 （清）屈大均撰，江苏广陵古籍刻印社1993年。

白话容斋随笔 （宋）洪迈撰，程民生、李旭等译，中州古籍出版社1993年。

容斋随笔 （宋）洪迈撰，中州古籍出版社1993年。

容斋随笔全书类编译注 （宋）洪迈撰，许逸民主编，沈玉成审订，时代文艺出版社1993年。

昨非庵日纂 （明）郑瑄撰，潜隆策划，戴庞海、高卫星主编，中州古籍出版社1993年。

＊**新译颜氏家训** 李振兴、黄沛荣、赖明德撰，台湾三民书局1993年。

天工开物译注（中国古代科技名著译注丛书）（明）宋应星撰，潘吉星译注，上海古籍出版社1993年，2008年。

容斋随笔 （宋）洪迈撰，吉林文史出版社1994年，1996年。

容斋随笔（古典名著普及文库）（宋）洪迈撰，夏祖尧、周洪武点校，岳麓书社1994年，2006年。

清波杂志校注（唐宋史料笔记丛刊）（宋）周辉撰，刘永翔校注，中华书局1994年，1997年。

智谋全书 （明）冯梦龙撰，金钰主编，河北人民出版社 1994 年。

文白对照世说新语 毛德富、段书伟主编，中州古籍出版社 1994 年。

世说新语 （南朝宋）刘义庆撰，李牧华注解，甘肃人民出版社 1994 年。

两般秋雨庵随笔 （清）梁绍壬撰，常振国、绛云点校，刘叶秋注释，河北教育出版社 1994 年。

默觚（中国启蒙思想文库）（清）魏源撰，赵丽霞选注，辽宁人民出版社 1994 年。

逊志堂杂钞（学术笔记丛刊）（清）吴翌凤撰，吴格点校，中华书局 1994 年。

日知录集释 （清）顾炎武撰，黄汝成集释，秦克诚点校，岳麓书社 1994 年。

淮南子校注译 （汉）刘安撰，陈一平校注，广东人民出版社 1994 年。

典故夜话 （元）王莹编选，施庆元点校，学苑出版社 1994 年。

＊**新译吕氏春秋** 朱永嘉、萧木撰，台湾三民书局 1995 年，2009 年。

敬斋古今黈（学术笔记丛刊）（元）李治撰，刘德权点校，中华书局 1995 年。

淮南子（中国传统文化读本）（汉）刘安等撰，张广保编，北京燕山出版社 1995 年。

吕氏春秋（十大古典哲学名著）（汉）高诱注，（清）毕沅校，余翔标点，上海古籍出版社 1995 年。

新编鬼谷子全书（中华实用智谋大典） 房立中主编，学苑出版社 1995 年。

闲情偶寄（明清性灵文学珍品）（清）李渔撰，立人校订，作家出版社 1995 年。

蕉轩随录续录（清代史料笔记丛刊） （清）方濬师撰，盛冬铃点校，中华书局 1995 年，1997 年。

世说新语（中国传统文化读本）（南朝宋）刘义庆撰，卜宪群编，北京燕山出版社 1995 年，1996 年。

全本白话世说新语 臧茂松等编译，新世界出版社 1995 年。

历世智谋 （明）冯梦龙撰，何靓、程静明编译，北京燕山出版社1995年。

经世奇谋 （明）俞琳撰，何鸣、李洁编译，北京燕山出版社1995年。

大唐新语 （唐）刘肃撰，新疆青少年出版社1995年。

九九销夏录（学术笔记丛刊）（清）俞樾撰，崔高维点校，中华书局1995年。

茶香室丛钞（学术笔记丛刊）（清）俞樾撰，贞凡、顾馨、徐敏霞点校，中华书局1995年。

梦溪笔谈（中国四大古典实用百科名著）（宋）沈括撰，阎嘉、周晓风译，巴蜀书社1995年。

容斋随笔（中国古典名著）（宋）洪迈撰，鲁同群、刘宏起点校，中国世界语出版社1995年。

白话菜根谭·白话幽梦影（古典名著今译读本）（明）洪应明撰，（清）张潮撰，穆易译注，岳麓书社1995年。

小窗幽记（幽兰珍丛）（明）陈继儒纂集，陈铭点校，浙江古籍出版社1995年。

＊**淮南子吕氏春秋战国策三书高诱注斠证** 何志华撰，自刊1995年。

＊**新译公孙龙子** 丁成泉撰，台湾三民书局1996年，二版2008年。

＊**吕氏春秋译注** 张双棣等注译，台湾建宏出版社1996年。

云溪友议 （唐）范摅撰，中国书店1996年。

经世奇谋 （明）俞琳编撰，邱少华等译述，首都师范大学出版社1996年。

新智囊 （清）宋宗元撰，李忠实译，中国人事出版社1996年。

云麓漫钞（唐宋史料笔记丛刊）（宋）赵彦卫撰，傅根清点校，中华书局1996年，1998年。

南北史续世说（文白对照历代世说精华）（唐）李垕撰，郑麦、黄明译注，东方出版中心1996年。

续世说（文白对照历代世说精华）（宋）孔平仲撰，吴平译注，东方出版中心1996年。

今世说（文白对照历代世说精华）

（清）王晫撰，陈大康译注，东方出版中心 1996 年。

遣睡杂言 （清）黄凯钧撰，中国书店 1996 年。

庸闲斋笔记 （清）陈其元撰，崔承运、金川注，河北教育出版社 1996 年。

倦游庵椠记（山左名贤遗书）（清）周悦让撰，任迪善、张雪庵点校，齐鲁书社 1996 年。

花甲闲谈 （清）张维屏撰，中国书店 1996 年。

世说新语全译（中国历代名著全译丛书） 柳士镇、刘开骅译注，贵州人民出版社 1996 年。

世说新语译注 （南朝宋）刘义庆撰，（南朝梁）刘孝标注，曲建文、陈桦译注，北京燕山出版社 1996 年。

世说新语 （南朝宋）刘义庆撰，广西民族出版社 1996 年。

世说新语译注（中华古籍译注丛书）（南朝宋）刘义庆撰，张之译注，上海古籍出版社 1996 年，2001 年。

闲情偶寄 （清）李渔撰，李忠实译注，天津古籍出版社 1996 年。

梦溪笔谈全译 （宋）沈括撰，李文泽、吴洪泽译，巴蜀书社 1996 年。

增广菜根谭（中国传统文化丛书）（明）洪应明等撰，雍和编注，三秦出版社 1996 年，2003 年。

书斋夜话 （宋）俞琰撰，中国书店 1996 年。

游居柿录（宋明清小品文集辑注）（明）袁中道撰，步问影校注，上海远东出版社 1996 年。

昨非庵日纂 （明）郑瑄撰，北京图书馆出版社 1996 年。

＊**人物志今注今译** 陈乔楚撰，（台湾）商务印书馆 1996 年，再版 2009 年。

＊**郁离子译注** 曹道衡译注，台湾建安出版社 1997 年。

＊**新译尸子读本** 水渭松撰，台湾三民书局 1997 年。

白话投笔肤谈（古典名著今译读本）（明）何守法撰，张文才译注，岳麓书社 1997 年。

影梅庵忆语　（明）冒襄等撰，艾舒仁编次、冉云飞点校，内蒙古人民出版社 1997 年。

白话鬼谷子（中国传统文化丛书）韩占杰、寇均锋译注，三秦出版社 1997 年。

公孙龙子译注（中国古典名著译注丛书）　谭业谦译注，中华书局 1997 年，2001 年。

白话论衡（古典名著今译读本）（汉）王充撰，陈建初译注，岳麓书社 1997 年。

淮南子校释　张双棣校释，北京大学出版社 1997 年。

世说新语（新世纪万有文库）（南朝宋）刘义庆撰，张艳云点校，辽宁教育出版社 1997 年。

读书偶记消暑录（学术笔记丛刊）（清）赵绍祖撰，赵英明、王懋明点校，中华书局 1997 年。

订讹类编续编（学术笔记丛刊）（清）杭世骏撰，陈抗点校，中华书局 1997 年。

读书杂释（学术笔记丛刊）（清）徐鼒撰，阎振益、钟夏点校，中华书局 1997 年。

智囊全集　（明）冯梦龙等撰，马汉亭、李璜编，中国文联出版社 1997 年。

智囊补　（明）冯梦龙撰，张建国主编，气象出版社 1997 年。

日知录　（清）顾炎武撰，周苏平、陈国庆点注，甘肃民族出版社 1997 年。

经世奇谋　（明）俞琳撰，陈红编译，兰州大学出版社 1997 年。

古今笔记精华录　古今图书局编，彭崇伟等标点，岳麓书社 1997 年。

一士类稿·一士谈荟（史料笔记丛书）　徐一士撰，北京图书馆出版社 1997 年。

容斋随笔（分类白话本）（宋）洪迈撰，王彝主编，北京燕山出版社 1997 年。

梦溪笔谈　（宋）沈括撰，江苏广陵古籍刻印社 1997 年。

＊**新译论衡读本（上下）**　蔡镇楚撰，台湾三民书局 1997 年，二版 2009 年。

新刊履斋示儿编（北京图书馆古籍珍本丛刊）（宋）孙奕撰，书目文献出版社 1997 年，北京图书馆出版社 2000 年。

养生杂类（北京图书馆古籍珍本丛刊）（宋）周守忠撰，书目文献出版社 1997 年，北京图书馆出版社 2000 年。

虑得集（北京图书馆古籍珍本丛刊）（明）华悰韡撰，书目文献出版社 1997 年，北京图书馆出版社 2000 年。

长生铨（北京图书馆古籍珍本丛刊）（明）洪应明撰，书目文献出版社 1997 年，北京图书馆出版社 2000 年。

闲中偶录（北京图书馆古籍珍本丛刊）（明）石寯居士辑，书目文献出版社 1997 年，北京图书馆出版社 2000 年。

万历欣赏编（北京图书馆古籍珍本丛刊）（明）沈德符撰，书目文献出版社 1997 年，北京图书馆出版社 2000 年。

漫录评正（北京图书馆古籍珍本丛刊）（明）伍袁萃撰，书目文献出版社 1997 年，北京图书馆出版社 2000 年。

静虚斋惜阴录（北京图书馆古籍珍本丛刊）（明）顾应祥撰，书目文献出版社 1997 年，北京图书馆出版社 2000 年。

山林经济籍（北京图书馆古籍珍本丛刊）（明）屠本畯辑，书目文献出版社 1997 年，北京图书馆出版社 2000 年。

道听录（北京图书馆古籍珍本丛刊）（明）李春熙撰，书目文献出版社 1997 年，北京图书馆出版社 2000 年。

郁冈斋笔麈（北京图书馆古籍珍本丛刊）（明）王肯堂撰，书目文献出版社 1997 年，北京图书馆出版社 2000 年。

谈冶录（北京图书馆古籍珍本丛刊）（明）徐广辑，书目文献出版社 1997 年，北京图书馆出版社 2000 年。

六语（北京图书馆古籍珍本丛刊）（明）郭子章撰，书目文献出版社 1997 年，北京图书馆出版社 2000 年。

樗斋漫录（北京图书馆古籍珍本丛刊）（明）许自昌撰，书目文献出版社 1997 年，北京图书馆出版社 2000 年。

文海披沙（北京图书馆古籍珍本丛刊）（明）谢肇淛撰，书目文献出版社 1997 年，北京图书馆出版社 2000 年。

南园漫录（北京图书馆古籍珍本丛刊）（明）张志淳撰，书目文献出版社 1997 年，北京图书馆出版社 2000 年。

游翰稗编（北京图书馆古籍珍本丛刊）（明）梁溪无名生辑，书目文献出版社 1997 年，北京图书馆出版社 2000 年。

天都载（北京图书馆古籍珍本丛刊）（明）马大壮撰，书目文献出版社 1997 年，北京图书馆出版社 2000 年。

情种（北京图书馆古籍珍本丛刊）（明）李存标撰，书目文献出版社 1997 年，北京图书馆出版社 2000 年。

禅寄笔谈（北京图书馆古籍珍本丛刊）（明）陈师道撰，书目文献出版社 1997 年，北京图书馆出版社 2000 年。

西台漫记（北京图书馆古籍珍本丛刊）（明）蒋以化撰，书目文献出版社 1997 年，北京图书馆出版社 2000 年。

文园漫语（北京图书馆古籍珍本丛刊）（明）程希尧撰，书目文献出版社 1997 年，北京图书馆出版社 2000 年。

见闻杂记（北京图书馆古籍珍本丛刊）（明）李乐撰，书目文献出版社 1997 年，北京图书馆出版社 2000 年。

客座赘语（北京图书馆古籍珍本丛刊）（明）顾起元撰，书目文献出版社 1997 年，北京图书馆出版社 2000 年。

鹿苑闲谈（北京图书馆古籍珍本丛刊）（明）钱五卿撰，书目文献出版社 1997 年，北京图书馆出版社 2000 年。

掌记（北京图书馆古籍珍本丛刊）（明）茅元仪撰，书目文献出版社 1997 年，北京图书馆出版社 2000 年。

林子全集（北京图书馆古籍珍本丛刊）（明）林兆恩撰，书目文献出版社 1998 年，北京图书馆出版社 2000 年。

经史避名汇考（北京图书馆古籍珍本丛刊）（清）周广业撰，书目文献出版社 1998 年，北京图书馆出版社 2000 年。

弹园杂志（北京图书馆古籍珍本丛刊）（明）伍袁萃撰，书目文献出版社 1998 年，北京图书馆出版社 2000 年。

双槐岁抄（北京图书馆古籍珍本丛刊）（明）黄瑜撰，书目文献出版社 1998 年，北京图书馆出版社 2000 年。

邸中杂记（北京图书馆古籍珍本丛刊）（明）刘永澄撰，书目文献出版社 1998 年，北京图书馆出版社 2000 年。

东坡先生集物类相感志（北京图书馆古籍珍本丛刊）（宋）释赞宁撰，书目文献出版社 1998 年，北京图书馆出版社 2000 年。

闻雁斋笔谈（北京图书馆古籍珍本丛刊）（明）张大复撰，书目文献出版社 1998 年，北京图书馆出版社 2000 年。

闲书（北京图书馆古籍珍本丛刊）（清）程作舟撰，书目文献出版社 1998 年，北京图书馆出版社 2000 年。

问辨牍（北京图书馆古籍珍本丛刊）（明）管志道撰，书目文献出版社 1998 年，北京图书馆出版社 2000 年。

雪庵清史（北京图书馆古籍珍本丛刊）（明）乐纯撰，书目文献出版社 1998 年，北京图书馆出版社 2000 年。

皇朝仕学规范（北京图书馆古籍珍本丛刊）（宋）张镃辑，书目文献出版社 1998 年，北京图书馆出版社 2000 年。

续家训（北京图书馆古籍珍本丛刊）（宋）董正功撰，书目文献出版社 1998 年，北京图书馆出版社 2000 年。

里堂道听录（北京图书馆古籍珍本丛刊）（清）焦循撰，书目文献出版社 1998 年，北京图书馆出版社 2000 年。

愈愚录（北京图书馆古籍珍本丛刊）（清）刘宝楠撰，书目文献出版社 1998 年，北京图书馆出版社 2000 年。

愈愚续录（北京图书馆古籍珍本丛刊）（清）刘宝楠撰，书目文献出版社 1998 年，北京图书馆出版社 2000 年。

＊**吕氏春秋译注** 吴金华、储道立译注，台湾建安出版社 1998 年。

＊**淮南子译注** 王继如译注，台湾建安出版社 1998 年。

刘子校释（新编诸子集成） 傅亚庶撰,中华书局 1998 年。

梦溪笔谈（古典名著普及文库）（宋）沈括撰，侯真平点校，岳麓书社 1998 年。

世说新语（百部中国古典名著）（南朝宋）刘义庆撰，黄征、柳军晔注释，浙江古籍出版社 1998 年。

世说新语译注 （南朝宋）刘义庆撰，（南朝梁）刘孝标注，张万起、刘尚慈译注，中华书局 1998 年，2003 年。

校邠庐抗议（醒狮丛书） （清）冯桂芬著，戴扬本评注，中州古籍出版社 1998 年。

闲情偶寄（插图注解中国古典诗文十大名著）（清）李渔撰，张萍点校，三秦出版社 1998 年。

盛世危言（醒狮丛书） 郑观应著，王贻梁评注，中州古籍出版社 1998 年。

白话淮南子（中国传统文化丛书） 胡安顺等译，三秦出版社 1998 年。

白话淮南子（古典名著今译读本） 周娴君译注，岳麓书社 1998 年。

淮南子集释（新编诸子集成） 何宁集释，中华书局 1998 年。

水曹清暇录 （清）汪启淑撰，杨辉君点校，北京古籍出版社 1998 年。

清代野记（清末稗史精选丛书）（清）坐观老人、许指严撰，重庆出版社 1998 年。

苌楚斋随笔·续笔·三笔·四笔·五笔（清代史料笔记丛刊）（清）刘声木撰，刘笃龄点校，中华书局 1998 年。

论衡析诂 （汉）王充撰，郑文著，巴蜀书社 1998 年。

白话容斋随笔（古典名著今译读

本）（宋）洪迈撰，张兆凯等译注，岳麓书社 1998 年。

困学纪闻（新世纪万有文库）（宋）王应麟撰，孙通海点校，辽宁教育出版社 1998 年。

唐语林（历代笔记小说小品丛刊）（宋）王谠撰，崔文印、谢方评注，学苑出版社 1998 年。

管城硕记（学术笔记丛刊）（清）徐文靖撰，范祥雍点校，中华书局 1998 年。

岂有此理（清）空空主人撰，王建忠译注，吉林人民出版社 1998 年。

栖霞阁野乘（清末稗史精选丛书）孙静庵、胡思敬撰，重庆出版社 1998 年。

菜根谭（国文珍品文库）（明）洪应明撰，马凤华、何芳译评，吉林文史出版社 1999 年，2001 年。

＊**颜氏家训译注** 陈绂、周复刚译注，台湾建安出版社 1999 年。

清波小志（外八种）（西湖文献丛书）徐逢吉等辑，上海古籍出版社 1999 年。

悔逸斋笔乘（外十种）（清代野史丛书）佚名等编，北京古籍出版社 1999 年。

幽梦影（国文珍品文库）（清）张潮撰，孙硕夫译评，吉林文史出版社 1999 年。

智品（全译四大智书）（明）樊玉衡编撰，於伦补辑，徐培均等校译，中州古籍出版社 1999 年。

智囊全集（全译四大智书）（明）冯梦楷编撰，张海等校译，中州古籍出版社 1999 年。

益智编（全译四大智书）（明）孙能传编撰，沈习康等校译，中州古籍出版社 1999 年。

颜氏家训（北齐）颜之推撰，易孟醇、夏光弘注译，岳麓书社 1999 年。

颜氏家训译注（中华古籍译注丛书 诸子译注丛书）庄辉明、章义和译注，上海古籍出版社 1999 年，2006 年。

围炉夜话（国文珍品文库）（清）王永彬撰，姜辣、翁炬译评，吉林文史出版社 1999 年。

双槐岁钞（元明史料笔记丛刊）（明）黄瑜撰，魏连科点校，中华书局1999年。

山志（元明史料笔记丛刊）（清）王弘撰，何本方点校，中华书局1999年。

明语林（安徽古籍丛书）（清）吴肃公撰，陆林点校，黄山书社1999年。

舌华录（安徽古籍丛书）（明）曹臣撰，陆林点校，黄山书社1999年。

世说新语（南朝宋）刘义庆撰，刘孝标注，中华书局1999年。

长短经（唐）赵蕤撰，张兆凯等注译，岳麓书社1999年。

小窗自纪（佛缘丛书）（明）吴从先撰，吴言生译注，陕西旅游出版社1999年。

池北偶谈（历代笔记小说小品丛刊）（清）王士禛撰，赵伯陶选注，学苑出版社1999年。

经世奇谋（全译四大智书）（明）俞琳编撰，马镛等校译，中州古籍出版社1999年。

经史避名汇考（清）周广业著，北京图书馆出版社1999年。

＊**世说新语校笺（上下）** 柯清水著，台湾正文书局2000年。

天工开物（明）宋应星撰，江苏广陵古籍刻印社1998年，广陵书社2000年。

春在堂随笔（清）俞樾撰，方霏点校，江苏古籍出版社2000年。

庸盦笔记（清）薛福成撰，南山点校，江苏古籍出版社2000年。

世说新语（华夏迷你文库）（南朝宋）刘义庆撰，曹瑛、金川注释，华夏出版社2000年。

绘图白话世说新语 蒋立甫、武忠平注，黄山书社2000年。

闲情偶寄（国学基本丛书）（清）李渔撰，民辉译，岳麓书社2000年。

闲情偶寄（明清小品丛刊）（清）李渔撰，江巨荣、卢寿荣校注，上海古籍出版社2000年。

雪涛小说（外四种）（明清小品丛刊）（明）江盈科著，黄仁生校注，上海古籍出版社2000年。

板桥杂记（外一种）（明清小品丛刊）（清）余怀撰，李金堂校注，上海古籍出版社2000年。

南亭笔记 （清）李伯元撰，薛正兴点校，江苏古籍出版社2000年。

南亭四话 （清）李伯元撰，薛正兴点校，江苏古籍出版社2000年。

三冈识略（新世纪万有文库）（清）董含撰，致之点校，辽宁教育出版社2000年。

十驾斋养新录 （清）钱大昕著，陈文和等点校，江苏古籍出版社2000年。

无邪堂答问（学术笔记丛刊）（清）朱一新撰，吕鸿儒、张长法点校，中华书局2000年，2002年。

经世奇谋人物志（皇家藏书）（明）俞琳撰，（曹魏）刘邵撰，中国戏剧出版社2000年。

吕氏春秋译注 张双棣等注译，北京大学出版社2000年。

陶庵梦忆 （明）张岱撰，江苏古籍出版社2000年。

小窗幽记（外二种）（明清小品丛刊）（明）陈继儒等撰，罗立刚校注，上海古籍出版社2000年。

菜根谭·呻吟语（中国古典名著普及读本） 刘红军评注，北京古籍出版社2000年。

东坡志林（历代笔记小说小品丛刊）（宋）苏轼撰，刘文忠评注，学苑出版社2000年。

东坡志林（中国古典名著选）（宋）苏轼撰，京华出版社2000年。

菜根谭幽梦影（上古版中华名著袖珍本）（明）洪应明等撰，上海古籍出版社2001年。

五杂俎（历代笔记丛刊）（明）谢肇淛撰，上海书店出版社2001年。

七修类稿（历代笔记丛刊）（明）郎瑛撰，上海书店出版社2001年。

陶庵梦忆（国文珍品文库）（明）张岱撰，卫绍生译，吉林文史出版社2001年。

少室山房笔丛（历代笔记丛刊）（明）胡应麟撰，上海书店出版社2001年。

榆巢杂识（清代史料笔记丛刊）（清）赵慎畛撰，徐怀宝点校，中华书局2001年。

鬼谷子（智慧果丛书）（战国）鬼谷先生撰，方向东注评，江苏古籍出版社 2001 年。

鬼谷子（中华传世名著精华丛书）（战国）鬼谷子撰，琮琼译注，书海出版社 2001 年。

公孙龙子校释（中华要籍集释丛书）（战国）公孙龙撰，吴毓江校释、吴兴宇点校，上海古籍出版社 2001 年。

吕氏春秋（中华传世名著精华丛书）（战国）吕不韦撰，任明、昌明译注，书海出版社 2001 年。

梦厂杂著（清）俞蛟撰，北京古籍出版社 2001 年。

幽梦影（智慧果丛书）（清）张潮撰，肖凡注评，冯保善注，江苏古籍出版社 2001 年，2002 年。

幽梦影（清）张潮撰，刘般若辑校注释，内蒙古人民出版社 2001 年。

呻吟语（国文珍品文库）（明）吕坤撰，温大勇译，吉林文史出版社 2001 年。

呻吟语（上古版中华名著袖珍本）（明）吕坤编撰，上海古籍出版社 2001 年。

菜根谭（智慧果丛书）（明）洪应明撰，南山注，江苏古籍出版社 2001 年，2002 年。

经世奇谋（中国古典名著百部）（明）俞琳撰，九州出版社 2001 年。

经世奇谋（中国古代禁书文库）（明）俞琳撰，远方出版社 2001 年。

闲情偶寄（百部中国古典名著）（清）李渔撰，孙敏强注，浙江古籍出版社 2001 年。

挥麈录（历代笔记丛刊）（宋）王明清撰，上海书店出版社 2001 年。

容斋随笔（宋）洪迈撰，兴华译，昆仑出版社 2001 年。

陶庵梦忆·西湖梦寻（明清小品丛刊）（明）张岱撰，夏咸淳、程维荣校注，上海古籍出版社 2001 年。

*＊**新编淮南子** 陈丽桂校注，台湾“国立”编译馆 2002 年。

＊**新编颜氏家训** 蔡宗阳撰，台湾“国立”编译馆 2002 年。

陶庵梦忆·西湖梦寻（上古版中华名著袖珍本）（明）张岱撰，上海古籍出版社 2002 年。

闲情偶记（上古版中华名著袖珍本）（清）李渔撰，上海古籍出版社 2002 年。

小窗幽记（智慧果丛书）（明）陈继儒撰，王恺注评，江苏古籍出版社 2002 年。

世说新语汇校集注（中华要籍集释丛书）（南朝宋）刘义庆撰，（南朝梁）刘孝标注，朱铸禹汇校集注，上海古籍出版社 2002 年。

翼教丛编（近代文献丛刊）（清）苏舆编，上海书店出版社 2002 年。

校邠庐抗议（近代文献丛刊）（清）冯桂芬撰，上海书店出版社 2002 年。

革命军（清）邹容撰，冯水琴译注，华夏出版社 2002 年。

小窗幽记·围炉夜话（传世小品丛书）（明）陈继儒撰，（清）王永彬撰，吴正刚、康云华注译，岳麓书社 2002 年。

柳弧（清代史料笔记丛刊）（清）丁柔克撰，宋平生、颜国维等整理，中华书局 2002 年。

南部新书（历代史料笔记丛刊·唐宋史料笔记丛刊）（宋）钱易撰，黄寿成点校，中华书局 2002 年。

呻吟语（明）吕坤撰，欧阳灼校注，岳麓书社 2002 年。

呻吟语（智慧果丛书）（明）吕坤撰，朱恒夫注评，江苏古籍出版社 2002 年。

吕氏春秋注疏（战国）吕不韦撰，王利器注疏，巴蜀书社 2002 年。

侯鲭录·墨客挥犀·续墨客挥犀（唐宋史料笔记丛刊）（宋）赵令畤撰，（宋）彭乘撰，（宋）彭乘撰，孔凡礼点校，中华书局 2002 年。

师友谈记·曲洧旧闻·西塘集耆旧续闻（唐宋史料笔记丛刊）（宋）李廌撰，（宋）朱弁撰，（宋）陈鹄撰，孔凡礼点校，中华书局 2002 年。

墨庄漫录·过庭录·可书（唐宋史料笔记丛刊）（宋）张邦基撰，（宋）范公偁撰，（宋）张知甫撰，孔凡礼点校，中华书局 2002 年。

东坡志林（案头枕边珍品系列）（宋）苏轼撰，乔丽华点评，青岛出版社 2002 年。

天工开物（国学基本丛书）（明）宋应星撰，管巧灵、谭属春点校、注释，岳麓书社 2002 年，2004 年。

古迂陈氏家塾尹文子（中华再造善本） 佚名撰，北京图书馆出版社 2002 年。

今言（中华再造善本续编试制）（明）郑晓撰，北京图书馆出版社 2002 年。

云自在龛随笔（中华再造善本续编试制）（清）缪荃孙撰，北京图书馆出版社 2002 年。

＊**鬼谷子智略今注** 梁湘润撰，台湾行卯出版社 2003 年。

化书（中华再造善本）（五代）谭峭撰，北京图书馆出版社 2003 年。

清波杂志（中华再造善本）（宋）周辉撰，北京图书馆出版社 2003 年。

容斋续笔（中华再造善本）（宋）洪迈撰，北京图书馆出版社 2003 年。

宾退录（中华再造善本）（宋）赵与旹撰，北京图书馆出版社 2003 年。

衍约说（中华再造善本） 佚名撰，北京图书馆出版社 2003 年。

程氏演蕃露（中华再造善本）（宋）程大昌撰，北京图书馆出版社 2003 年。

甲申杂记·闻见近录（中华再造善本）（宋）王巩撰，北京图书馆出版社 2003 年。

重雕改正湘山野录续录（中华再造善本）（宋）释文莹撰，北京图书馆出版社 2003 年。

挥麈前录·后录·第三录·余话（中华再造善本）（宋）王明清撰，北京图书馆出版社 2003 年。

皇朝仕学规范（中华再造善本）（宋）张镃辑，北京图书馆出版社 2003 年。

东坡志林（历代名家小品文集）（宋）苏轼撰，赵学智校注，三秦出版社 2003 年。

龙川略志龙川别志（历代名家小品文集）（宋）苏辙撰，李郁校注，三秦出版社 2003 年。

梦溪笔谈（历代笔记丛刊）（宋）沈括撰，上海书店出版社 2003 年。

长短经校证与研究（唐）赵蕤撰，周斌校证，巴蜀书社 2003 年。

陶庵梦忆（传世小品丛书）（明）

张岱撰，蔡镇楚注译，岳麓书社2003年。

龙川略志·龙川别志（历代名家小品文集）（宋）苏辙撰，文信校注，三秦出版社2003年。

老学庵笔记（历代名家小品文集）（宋）陆游撰，杨立英校注，三秦出版社2003年。

归田录（历代名家小品文集）（宋）欧阳修撰，林青校注，三秦出版社2003年。

北梦琐言（历代名家小品文集）（宋）孙光宪撰，林青、贺军平校注，三秦出版社2003年。

菜根谭 （明）洪应明著，天津古籍出版社2003年。

梦溪笔谈 （宋）沈括撰，广陵书社2003年。

尸子译注（二十二子详注全译）李守奎、李轶译注，黑龙江人民出版社2003年。

吕氏春秋译注（二十二子详注全译） 张玉春等译注，黑龙江人民出版社2003年。

淮南子译注（二十二子详注全译）赵宗乙译注，黑龙江人民出版社2003年。

不如妇寺钞（辽宁省图书馆孤本善本丛刊·第1辑）（明）不如子编纂，线装书局2003年。

古今韵史（辽宁省图书馆孤本善本丛刊·第1辑）（明）陈继儒编纂，线装书局2003年。

＊**新译人物志** 吴家驹撰，台湾三民书局2003年，2008年。

刘子（中华再造善本）（北齐）刘昼撰，（唐）袁孝政注，北京图书馆出版社2004年。

世说新语（中华再造善本续编试制）（南朝宋）刘义庆撰，（南朝梁）刘孝标注，（宋）刘辰翁、刘应登、（明）王世懋点评，北京图书馆出版社2004年。

小品笔记类选（中国古典文学精品选注汇评文库） 胡小明、张炼虹编著，广东人民出版社2004年。

鬼谷子（智慧之门系列）（战国）鬼谷子著，晓春注译，中州古籍出版社2004年。

淮南子（冬饮丛书）（汉）刘安等编著，（汉）高诱注，（清）庄逵吉校，王瀣批注，广陵书社2004年。

了凡四训 （明）袁了凡原著，慈云法师讲解，新世界出版社2004年。

菜根谭（智慧之门系列） （明）洪应明撰，毛毳、毛曼注译，中州古籍出版社2004年。

菜根谭·小窗幽记·幽梦影（中国家庭基本藏书） （明）洪应明等著，吕晓红注析，山西古籍出版社2004年。

菜根谭（中国古典文化精华）（明）洪应明著，吴雪风译，京华出版社2004年。

小窗自纪 （明）吴从先著，吴雪风译，京华出版社2004年。

围炉夜话（传世经典袖珍本文库）（清）王永彬著，李正西、王光汉评注，安徽文艺出版社2004年。

菜根谭（双色版国文珍品文库）（明）洪应明著，马凤华、何芳译评，吉林文史出版社2004年。

菜根谭（中国传统文化精华） 钟雷主编，哈尔滨出版社2004年。

辨经 （曹魏）刘邵著，冷成金译释，时代文艺出版社2004年。

人物志·冰鉴：珍藏版（中国传统文化经典文库） （曹魏）刘邵著，（清）曾国藩著，乙力编，兰州大学出版社2004年。

新译新注《反经》 （唐）赵蕤著，陈伉译注，中国言实出版社2004年。

格言四种（古籍今读精华系列） 袁朝译注，湖北辞书出版社2004年。

颜氏家训（大中华文库） （北齐）颜之推著，宗福常译，外文出版社2004年。

世说新语（中国家庭基本藏书） 里望译注，山西古籍出版社2004年。

朝野佥载（历代名家小品文集）（唐）张鷟撰，袁宪校注，三秦出版社2004年。

桯史（历代名家小品文集） （宋）岳珂撰，吴敏霞校注，三秦出版社2004年。

世说新语选择新注：附泉州方言证 王建设注释，社会科学文献出版社2004年。

《世说新语》精粹解读（中学生文化素质提高丛书） 范子晔编著，中华书局 2004 年。

历代小品笔记（小品精华系列） 范军、阮忠编著，湖北辞书出版社 2004 年。

明清小品清言（小品精华系列） 程不识编注，崇文书局 2004 年。

历代小品幽默（小品精华系列） 张豫、舒鹗主编，王洪等撰稿，崇文书局 2004 年。

历代小品寓言（小品精华系列） 曹海东主编，崇文书局 2004 年。

历代小品妙语 唐富龄主编，崇文书局 2004 年。

清人校勘史籍两种 （清）卢文弨校补，（清）蒋光煦辑，北京图书馆出版社 2004 年。

四朝闻见录（历代名家小品文集） （宋）叶绍翁撰，符均注，三秦出版社 2004 年。

石林燕语（历代名家小品文集） （宋）叶梦得著，李欣校注，三秦出版社 2004 年。

陶庵梦忆：珍藏版（中国传统文化经典文库） （明）张岱著，乙力编，兰州大学出版社 2004 年。

梁谿漫志（历代名家小品文集） （宋）费衮撰，骆守中注，三秦出版社 2004 年。

才子四书（古籍今读精华系列） 王雅红主编，崇文书局 2004 年。

遵生八笺 （明）高濂著，甘肃文化出版社 2004 年。

万家笔记（中华万家书） 聂永华编著，中国社会出版社 2004 年。

围炉夜话（中国古典文化精华） （清）王永彬著，吴雪风译，京华出版社 2004 年。

忍经（中华五千年·第 2 辑） （元）许名奎著，艳齐校订，中央民族大学出版社 2004 年。

菜根谭（中华五千年·第 2 辑） （明）洪应明著，艳齐校订，中央民族大学出版社 2004 年。

吕氏春秋全译（中国古代哲学名著全译丛书） （战国）吕不韦著，廖名春、陈兴安译，巴蜀书社 2004 年。

淮南子 （汉）刘安撰，上海古籍出版社 2004 年。

＊**新译菜根谭**　吴家驹译，黄志民校阅，台湾三民书局 2004 年。

＊**新译唐摭言**　姜汉椿译，台湾三民书局 2005 年。

＊**论衡今注今译**　韩复智撰，台湾“国立”编译馆 2005 年。

菜根谭　纪江红主编，童欣等编撰，北京出版社 2005 年。

遵生八笺（中国传统文化经典文库）　姜子夫主编，大众文艺出版社 2005 年。

菜根谭（中华传世名著精华本）　陈渔、夏雨虹主编，吉林人民出版社 2005 年。

忍经（中华传世名著精华本）　陈渔、夏雨虹主编，吉林人民出版社 2005 年。

吕氏春秋（中华传世名著精华本）　陈渔、夏雨虹主编，吉林人民出版社 2005 年。

霜红龛杂记（案头枕边珍品系列．第 2 辑）（清）傅山著，刘如溪点评，青岛出版社 2005 年。

陶庵梦忆（案头枕边珍品系列·第 2 辑）（明）张岱著，于学周、田刚点评，青岛出版社 2005 年。

游居杮录（案头枕边珍品系列·第 2 辑）（明）袁中道著，刘如溪、谢蔚点评，青岛出版社 2005 年。

客座赘语（江苏地方文献丛书）（明）顾起元撰，张惠荣点校，凤凰出版社 2005 年。

菜根谭（儿童读经系列）　周月明编注，经纬文化有限公司图，天地出版社 2005 年。

菜根谭（中国传统文化经典：青少版）　洪应明著，天津人民美术出版社 2005 年。

经鉏堂杂志（古人云丛书）（宋）倪思撰，岳麓书社 2005 年。

晁氏客语（古人云丛书）（宋）晁说之著，岳麓书社 2005 年。

鬼谷子详解（古典名著标准读本）　陈蒲清撰，岳麓书社 2005 年。

闲情偶寄　（清）李渔著，沈勇译注，中国社会出版社 2005 年。

容斋随笔（中国古典名著全译典藏图文本）（宋）洪迈著，于志勇、张媛婷译注，张鹏等配画，中国社会科学出版社 2005 年。

冰鉴智谋 （清）曾国藩原著，常征评析，中国物资出版社 2005 年。

容斋随笔（唐宋史料笔记丛刊）（宋）洪迈撰，孔凡礼点校，中华书局 2005 年。

古书疑义举例五种 （清）俞樾等著，中华书局 2005 年。

在园杂志（历代史料笔记丛刊·清代史料笔记）（清）刘廷玑撰，张守谦点校，中华书局 2005 年。

小窗幽记（智慧之门）（明）陈眉公辑，清风注译，中州古籍出版社 2005 年。

养小录（古人云丛书）（清）顾仲著，岳麓书社 2005 年。

义山杂纂（古人云丛书）（唐）李商隐著，岳麓书社 2005 年。

《智囊》现代释用 （明）冯梦龙著，子告解译，中国华侨出版社 2005 年。

世说新语（中国古典文化精华）（南朝宋）刘义庆著，时代文艺出版社 2005 年。

忍经（中华大方略全书·经略策略图文版）（元）许明奎原典，曹冈解译，内蒙古人民出版社 2005 年。

反经（中华大方略全书·经略策略图文版）（唐）赵蕤原典，曹冈解译，内蒙古人民出版社 2005 年。

辨经（中华大方略全书·经略策略图文版）（魏）刘部原典，曹冈解译，内蒙古人民出版社 2005 年。

盛世危言（中华大方略全书·经略策略图文版）（清）郑观应著，内蒙古人民出版社 2005 年。

智经（中华大方略全书·经略策略图文版）（明）冯梦龙原典，曹冈解译，内蒙古人民出版社 2005 年。

观人学（中华大方略全书·经略策略图文版）（清）邵潭秋原典，曹冈解译，内蒙古人民出版社 2005 年。

反经（双色图文传世经典）（唐）赵蕤著，周苏平注译，安徽人民出版社 2005 年。

菜根谭（双色图文传世经典） 陈国庆主编，（明）洪应明著，安徽人民出版社 2005 年。

菜根谭选评（课外必读推荐丛书·第 2 辑·古代民俗神话故事选编）（明）洪应明著，张高忠注译，北京燕山出版社 2005 年。

天工开物 （明）宋应星著，广陵书社 2005 年。

养吉斋丛录（清代史料笔记丛刊）（清）吴振棫撰，童正伦点校，中华书局 2005 年。

吕氏春秋（中华再造善本）（汉）高诱注，北京图书馆出版社 2005 年。

风俗通义（中华再造善本）（汉）应劭撰，北京图书馆出版社 2005 年。

颜氏家训（中华再造善本）（北齐）颜之推撰，北京图书馆出版社 2005 年。

古迂陈氏家藏梦溪笔谈（中华再造善本）（宋）沈括撰，北京图书馆出版社 2005 年。

闲居录（中华再造善本）（元）吾衍撰，北京图书馆出版社 2005 年。

新刊履斋示儿编（中华再造善本）（宋）孙奕撰，北京图书馆出版社 2005 年。

困学纪闻（中华再造善本）（宋）王应麟撰，北京图书馆出版社 2005 年。

长短经（中华再造善本）（唐）赵蕤撰，北京图书馆出版社 2005 年。

程史（中华再造善本）（宋）岳珂撰，北京图书馆出版社 2005 年。

小窗幽记（国学今读大书院）（明）陈眉公原著，窦小平编著，蓝天出版社 2006 年。

容斋随笔（国学今读大书院）（宋）洪迈著，彭玮歆译，蓝天出版社 2006 年。

鬼谷子（国学今读大书院） 佚名原著，郭锦锋编著，蓝天出版社 2006 年。

世说新语（新注今译中国古典名著丛书）（南朝宋）刘义庆撰，陈引驰、盛韵译注，花城出版社 2006 年。

反经：经典珍藏版 （唐）赵蕤著，何林、良石编译，内蒙古科学技术出版社 2006 年。

容斋随笔：经典珍藏版 （宋）洪迈撰，何林、良石编译，内蒙古科学技术出版社 2006 年。

板桥杂记（南京稀见文献丛刊）

（清）余怀著，薛冰点校，南京出版社 2006 年。

容斋随笔：文白对照（中华典籍珍藏书系）（宋）洪迈著，王梅等译，中国三峡出版社 2006 年。

枣林杂俎（元明史料笔记丛刊）（清）谈迁著，中华书局 2006 年。

订讹类编续补（学术笔记丛刊）（清）杭世骏撰，陈抗点校，中华书局 2006 年。

五岳游草广志绎（元明史料笔记丛刊）（明）王士性著，周振鹤点校，中华书局 2006 年。

玉光剑气集（元明史料笔记丛刊）（清）张怡撰，魏连科点校，中华书局 2006 年。

世说新语校笺（修订本）（南朝宋）刘义庆撰，（南朝梁）刘孝标注，杨勇校笺，中华书局 2006 年。

世说新语校释（南朝宋）刘义庆撰，赵西陆校，北京图书馆出版社 2006 年。

陶庵梦忆：插图珍藏本（明）张岱著，山东画报出版社 2006 年。

幽梦影（智慧之门）（清）张潮撰，孙宝瑞注译，中州古籍出版社 2006 年。

菜根谭全编（古典名著标准读本）洪应明著，李伟编注，岳麓书社 2006 年。

菜根谭：珍藏版（经典阅读文库）李薇主编，延边人民出版社 2006 年。

吕氏春秋　淮南子（古典名著普及文库）（战国）吕不韦著，（汉）高诱注，（汉）刘安等著，杨坚点校，岳麓书社 2006 年。

吕氏春秋（中华再造善本）（汉）高诱注，北京图书馆出版社 2006 年。

论衡（中华再造善本）（汉）王充撰，北京图书馆出版社 2006 年。

云仙散录（中华再造善本）（唐）冯贽辑，北京图书馆出版社 2006 年。

自警编（中华再造善本）（宋）赵善璙辑，北京图书馆出版社 2006 年。

愧郯录（中华再造善本）（宋）岳珂撰，北京图书馆出版社 2006 年。

飬隅子歔欷琐微论（中华再造善本）（宋）黄晞撰，北京图书馆出版社 2006 年。

鬼谷子（中国传统文化精华·第3辑）（战国）鬼谷子著，陕西旅游出版社2006年。

反经（中国传统文化精华·第3辑）（唐）赵蕤著，陕西旅游出版社2006年。

呻吟语（中国传统文化精华·第2辑）（明）吕坤著，陕西旅游出版社2006年。

菜根谭（中国传统文化精华·第2辑）（明）洪应明著，陕西旅游出版社2006年。

浅近录（中国传统文化精华·第2辑）（清）张鑑著，陕西旅游出版社2006年。

围炉夜话（中国传统文化精华·第2辑）（清）王永彬著，陕西旅游出版社2006年。

小窗幽记（中国传统文化精华·第2辑）（明）陈继儒著，陕西旅游出版社2006年。

围炉夜话（国学今读大书院）（清）王永彬著，肖克强编译，蓝天出版社2006年。

颜氏家训（国学今读大书院）（北齐）颜之推著，何贵芹编译，蓝天出版社2006年。

吕氏春秋：最新图文普及版（青少年快读中华传统文化书系）（战国）吕不韦编撰，内蒙古文化出版社2006年。

菜根谭·围炉夜话·小窗幽记：最新图文普及版（青少年快读中华传统文化书系）（明）洪应明、（清）王永彬、（明）陈眉公著，内蒙古文化出版社2006年。

容斋随笔（中国古典文学名著宝库：诠释古典珍藏版）（宋）洪迈著，中国戏剧出版社2006年。

菜根谭（中国古典文学名著宝库：诠释古典珍藏版）（明）洪应明著，中国戏剧出版社2006年。

玉堂嘉话·山居新语（元明史料笔记丛刊）（元）王恽、（元）杨瑀撰，杨晓春、余大钧点校，中华书局2006年。

逊志堂杂钞乙卯劄记（学术笔记丛刊）（清）吴翌凤撰，（清）章学诚撰，吴格点校，冯惠民点校，中华书局2006年。

质疑删存：外二种（学术笔记丛刊）（清）张宗泰、（清）董丰垣、

（清）王绍兰撰，吴新成、王德隆、崔高维点校，中华书局2006年。

盛世危言（中华大方略全书）（清）郑观应著，曹冈译，内蒙古人民出版社2006年。

卮林（八闽文献丛刊）（明）周婴纂，王瑞明点校，福建人民出版社2006年。

小窗幽纪（文华丛书）（明）陈继儒辑，广陵书社2006年。

尸子译注（诸子译注丛书）（战国）尸佼著，（清）汪继培辑，朱海雷撰，上海古籍出版社2006年。

日知录集释：全校本（清代学术名著丛刊）（清）顾炎武著，黄汝成集释，上海古籍出版社2006年。

＊**新译郁离子** 吴家驹撰，台湾三民书局2006年。

刘子（中华再造善本续编试制）（北齐）刘昼撰，（唐）袁孝政注，（明）孙鑛评，北京图书馆出版社2007年。

闲情偶寄（国学今读大书院）（清）李渔著，莫铭编译，哈尔滨出版社2007年。

吕氏春秋（国学今读大书院）（战国）吕不韦著，王学典编著，哈尔滨出版社2007年。

官经 （清）汪祖辉著，刘强编译，哈尔滨出版社2007年。

菜根谭：彩图版（中国传统文化精华） 李杰主编，（明）洪应明著，哈尔滨出版社2007年。

菜根谭全集（国学经典）（明）洪应明原著，张铭一注译，海潮出版社2007年。

了凡四训译解 （明）袁了凡著，李新异编著，花城出版社2007年。

菜根谭（图说天下·国学书院系列·第2辑）《图说天下·国学书院系列》编委会编，吉林出版集团有限责任公司2007年。

忍经（国学今读大书院）（元）吴亮、（元）许名奎著，陈书凯编译，蓝天出版社2007年。

反经（国学今读大书院）（唐）赵蕤原著，陈书凯编译，蓝天出版社2007年。

世说新语（国学今读大书院）（南朝宋）刘义庆原著，于童蒙编译，蓝天出版社2007年。

反经（古代典籍精编家藏书系）张凤娟主编，（唐）赵蕤著，内蒙古人民出版社 2007 年。

呻吟语·世说新语：最新图文普及版（青少年快读中华传统文化书系）（明）吕坤著，（南朝宋）刘义庆撰，内蒙古文化出版社 2007 年。

容斋随笔：图文普及版（青少年快读中华传统文化书系）（宋）洪迈著，内蒙古文化出版社 2007 年。

梦溪笔谈（历代笔记名著丛书）（宋）沈括著，齐鲁书社 2007 年。

齐东野语（历代笔记名著丛书）（宋）周密著，高心路、高虎子点校，齐鲁书社 2007 年。

世说新语（历代笔记名著丛书）（南朝宋）刘义庆著，齐鲁书社 2007 年。

南村辍耕录（历代笔记名著丛书）（元）陶宗仪著，齐鲁书社 2007 年。

池北偶谈（历代笔记名著丛书）（清）王士祯著，齐鲁书社 2007 年。

容斋随笔（历代笔记名著丛书）（宋）洪迈著，齐鲁书社 2007 年。

菜根谭·围炉夜话·小窗幽记：精美插图本（国学大书院）（明）洪应明著，（清）王永彬著，（明）陈继儒著，乙力注译，三秦出版社 2007 年。

忍经·正经·反经：精美插图本（国学大书院）（元）吴亮著，（清）宋宗元著，（唐）赵蕤等著，赵卫华编译，三秦出版社 2007 年。

人物·志冰鉴·曾国藩家书：精美插图本（国学大书院）（魏）刘劭撰，（清）曾国藩著，蒋筱波编译，三秦出版社 2007 年。

闲情偶寄·随园诗话：精美插图本（国学大书院）（清）李渔著，（清）袁枚著，王辉编译，三秦出版社 2007 年。

世说新语·梦溪笔谈：精美插图本（国学大书院）（南朝宋）刘义庆著，（宋）沈括著，邵士梅、蒋筱波译，三秦出版社 2007 年。

容斋随笔·阅微草堂笔记：精美插图本（国学大书院）（宋）洪迈著，（清）纪昀著，邵士梅编译，三秦出版社 2007 年。

世说新语：文白对照（中国古典文

化鉴赏宝库：珍藏版）（南朝宋）刘义庆编撰，陕西旅游出版社2007年。

闲情偶寄（中国家庭基本藏书·笔记杂著卷）（清）李渔著，张明芳校注，山西古籍出版社2007年。

吕氏春秋（中国家庭基本藏书·诸子百家卷）（战国）吕不韦著，张玉玲译注，山西古籍出版社2007年，三晋出版社2008年。

古书疑义举例（世纪人文系列丛书·大学经典）（清）俞樾著，马叙伦校录，傅杰导读，上海古籍出版社2007年。

世说新语译注文本 （南朝宋）刘义庆撰，张撝之译注，上海古籍出版社2007年。

人物志 （魏）刘劭著，王水校注，上海三联书店2007年。

南北朝新语 （明）林茂桂撰，詹子忠评，高洪钧校注，天津古籍出版社2007年。

菜根谭：全彩图译本（一力古典文丛）（明）洪应明著，《一力古典文丛》编辑组编译，文汇出版社2007年。

鬼谷子全书（国学新读大讲堂）（战国）鬼谷子原著，司马哲编著，中国长安出版社2007年。

闲情偶寄 （清）李渔原典，刘仁译注，中国纺织出版社2007年。

呻吟语（国学今读大书院）（明）吕坤原著，陈书凯译注，中国纺织出版社2007年。

幽梦影（国学今读大书院）（清）张潮著，于童蒙编译，中国纺织出版社2007年。

菜根谭（国学书院）（明）洪应明著，李广宁译注，中国纺织出版社2007年。

颜氏家训（中国传统文化启蒙经典）（北齐）颜之推编，劼然编写，中国少年儿童出版社2007年。

玉堂闲话评注 蒲向明著，中国社会出版社2007年。

菜根谭（中国古典名著全译典藏图文本）（明）洪应明著，李金秋译注，中国社会科学出版社2007年。

菜根谭（世界古典文化经典：珍藏版） 程小军主编，（明）洪应明原著，中国戏剧出版社2007年。

菜根谭（中国传统文化大系）（明）洪应明著，中国戏剧出版社2007年。

《青鹤》笔记九种（近代史料笔记丛刊） 祁寯藻等著，中华书局2007年。

瓮牖闲评考古质疑（学术笔记丛刊）（宋）袁文撰，李伟国点校，中华书局2007年。

汪穰卿笔记（近代史料笔记丛刊） 汪康年著，中华书局2007年。

世说新语：插图本（中华经典随笔）（南朝宋）刘义庆撰，沈海波评注，中华书局2007年。

闲情偶寄：插图本（中华经典随笔）（清）李渔著，杜书瀛评注，中华书局2007年。

东坡志林：插图本（中华经典随笔）（宋）苏轼撰，刘文忠评注，中华书局2007年。

容斋随笔：插图本（中华经典随笔）（宋）洪迈著撰，冀勤评注，中华书局2007年。

后山谈丛·萍洲可谈（唐宋史料笔记丛刊）（宋）陈师道撰，（宋）朱彧撰，李伟国点校，中华书局2007年。

阅世编（清代史料笔记丛刊）（清）叶梦珠撰，来新夏点校，中华书局2007年。

吕氏春秋（中华经典藏书） 张双棣等译注，中华书局2007年。

颜氏家训（中华经典藏书） 檀作文译注，中华书局2007年，2011年。

唐语林：插图本（中华经典随笔）（宋）王谠撰，崔文印、谢方评注，中华书局2007年。

世说新语笺疏（余嘉锡著作集）（南朝宋）刘义庆著，余嘉锡等整理，中华书局2007年。

刘子集证（王叔岷著作集） 王叔岷著，中华书局2007年。

人物志（汉英对照） 罗应换英译，伏俊琏今译，中华书局2007年。

世说新语（汉英对照） 马瑞志英译，张万起、刘尚慈今译，中华书局2007年。

冰鉴 （清）曾国藩著，中央编译出版社2007年。

菜根谭（国学经典解读系列）（明）洪应明原著，王立娜编著，中原农民出版社2007年。

忍经（国学经典解读系列）（元）吴亮原著，郑春兴编著，中原农民出版社2007年。

小窗幽记（国学经典解读系列）（明）陈眉公原著，王立娜编著，中原农民出版社2007年。

反经（国学经典解读系列）（唐）赵蕤原著，郑春兴编著，中原农民出版社2007年。

人物志（国学经典丛书）（魏）刘劭著，（西凉）刘昞注，杨新平、张锴生注译，中州古籍出版社2007年。

舌华录（国学经典丛书）（明）曹臣编，白岭译，中州古籍出版社2007年。

长短经（国学经典丛书）（唐）赵蕤著，刘国建、王雪黎、刘华注译，中州古籍出版社2007年。

梦溪笔谈（木府藏书）（宋）沈括著，唐光荣译注，重庆出版社2007年。

淮南子：白话彩图全本（国学基础书系）（汉）刘安辑撰，陈惟直译，重庆出版社2007年。

世说新语（木府藏书）（南朝宋）刘义庆著，李伟、阳璐译注，重庆出版社2007年。

日知录校注　（清）顾炎武著，陈垣校注，安徽大学出版社2007年。

＊**世说新语白话选译**　（南朝宋）刘义庆撰，台湾能仁出版社2008年。

＊**菜根谭译注**　林怡芬译注，台湾“国家”出版社2008年。

读书偶识　（清）邹汉勋撰，陈福林点校，中华书局2008年。

焦氏笔乘　（明）焦竑撰，李建雄点校，中华书局2008年。

陶庵梦忆：插图本　（明）张岱撰，淮茗评注，中华书局2008年。

小窗幽记：插图本　（明）陈继儒撰，陈桥生评注，中华书局2008年。

小窗自纪：插图本　（明）吴从先撰，郭征帆评注，中华书局2008年。

围炉夜话：插图本　（清）王永彬撰，徐永斌评注，中华书局

2008年。

了凡四训：插图本 （明）袁了凡撰，尚荣、徐敏评注，中华书局2008年。

娑罗馆清言·续娑罗馆清言：插图本 （明）屠隆撰，王飞注，中华书局2008年。

菜根谭：插图本 （明）洪应明撰，韩希明评注，中华书局2008年。

幽梦影：插图本 （清）张潮撰，王峰评注，中华书局2008年。

颜氏家训·曾国藩家训 （北齐）颜之推原著，（清）曾国藩原著，中华书局2008年。

考古编·续考古编 （宋）程大昌撰，刘尚荣校正，中华书局2008年。

鬼谷子集校集注 许富宏撰，中华书局2008年，2009年。

人物志译注 伏俊琏撰，上海古籍出版社2008年。

困学纪闻：全校本 （宋）王应麟著，栾保群、田松青、吕宗力评注，上海古籍出版社2008年。

天工开物译注 （明）宋应星著，潘吉星译注，上海古籍出版社2008年。

盛世危言 （清）郑观应著，上海图书馆、澳门博物馆编，上海古籍出版社2008年。

傅玄《傅子》校读 （晋）傅玄著，宁夏人民出版社2008年。

幽梦影 （清）张潮撰，孙宝瑞注释，中州古籍出版社2008年。

菜根谭 毛德富、毛曼注译，中州古籍出版社2008年。

小窗幽记 （明）陈眉公辑，清风注，中州古籍出版社2008年。

世说新语 （南朝宋）刘义庆撰，毛德福注译，中州古籍出版社2008年。

鬼谷子 岳阳注译，中州古籍出版社2008年。

郁离子 （明）刘基著，吴军兰、杨俊才注译，中州古籍出版社2008年。

颜氏家训 （北齐）颜之推撰，管曙光注译，中州古籍出版社2008年。

影梅庵忆语 （清）冒襄著，广陵

书社 2008 年。

娑罗馆清言·围炉夜话 （明）屠隆撰，（清）王永彬撰，卫绍生，祁文洁注译，中州古籍出版社 2008 年。

菜根谭：图文本 （明）洪应明著，凤凰出版社 2008 年。

世说新语 （南朝宋）刘义庆著，三晋出版社 2008 年。

颜氏家训·朱子家训 （北齐）颜之推、（清）朱柏庐著，三晋出版社 2008 年。

菜根谭 （明）洪应明等著，三晋出版社 2008 年。

闲情偶寄：足本 （清）李渔著，三晋出版社 2008 年。

鬼谷子全集：绣像本 （战国）鬼谷子著，线装书局 2008 年。

露书 （明）姚旅著，福建人民出版社 2008 年。

梦溪笔谈说解 （宋）沈括著，潘天华注解，江苏大学出版社 2008 年。

闲情偶寄 （清）李渔原著，蓝天出版社 2008 年。

论衡 （汉）王充撰，时代文艺出版社 2008 年。

公孙龙子 （战国）公孙龙著，时代文艺出版社 2008 年。

容斋随笔：插图本 （宋）洪迈著，万卷出版公司 2008 年。

了凡四训：插图本 （明）袁了凡著，万卷出版公司 2008 年。

闲情偶寄：插图本 （清）李渔著，万卷出版公司 2008 年。

吕氏春秋：插图本 （战国）吕不韦编著，万卷出版公司 2008 年。

世说新语：插图本 （南朝宋）刘义庆著，万卷出版公司 2008 年。

小窗幽记：插图本 （明）陈继儒著，万卷出版公司 2008 年。

天工开物：插图本 （明）宋应星著，万卷出版公司 2008 年。

挺经 （清）曾国藩著，中央编译出版社 2008 年。

冰鉴正解 （清）曾国藩原著，中央编译出版社 2008 年。

闲情偶寄：白话插图本 （清）李渔著，重庆出版社 2008 年。

世说新语 （南朝宋）刘义庆著，沈海波译注，中华书局2009年。

淮南子 顾迁译注，中华书局2009年。

人物志 梁满仓译注，中华书局2009年。

梦溪笔谈（中华经典藏书） 张富祥译注，中华书局2009年。

吕氏春秋集释（新编诸子集成） 许维遹撰，梁运华整理，中华书局2009年。

菜根谭 （明）洪应明原著，上海人民出版社2009年。

海日楼札丛：外一种 （清）沈曾植撰，钱仲联辑，上海古籍出版社2009年。

颜氏家训译注 （北齐）颜之推撰，张霭堂译注，齐鲁书社2009年。

智囊全集 （明）冯梦龙编著，凤凰出版社2009年。

容斋随笔 （宋）洪迈著，凤凰出版社2009年。

淮南子 （汉）刘安著，凤凰出版社2009年。

梦溪笔谈 （宋）沈括著，凤凰出版社2009年。

闲情偶寄 （清）李渔著，凤凰出版社2009年。

玉壶清话 （宋）释文莹著，（宋）严羽著，凤凰出版社2009年。

了凡四训新解 水境居士编，宗教文化出版社2009年。

菜根谭 （明）洪应明原著，吉林文史出版社2009年。

小窗幽记 （明）陈继儒原著，吉林文史出版社2009年。

全评新注世说新语 蒋凡、李笑野、白振奎评注，人民文学出版社2009年。

鬼谷子 胡耀林注译，中原农民出版社2009年。

淮南鸿烈解（中华再造善本续编） （汉）刘安撰，（汉）许慎、（汉）高诱注，国家图书馆出版社2009年。

新编分类夷坚志（中华再造善本续编） （宋）洪迈撰，国家图书馆出版社2009年。

鸡肋编（中华再造善本续编）

（宋）庄季裕撰，国家图书馆出版社2009年。

茅亭客话（中华再造善本续编）（宋）黄休复撰，国家图书馆出版社2009年。

天工开物（中华再造善本续编）（明）宋应星撰，国家图书馆出版社2009年。

日知录（中华再造善本续编）（清）顾炎武撰，国家图书馆出版社2009年。

使黔杂记（中华再造善本续编）（清）翁同书撰，国家图书馆出版社2010年。

龙筋凤髓判（中华再造善本续编）（唐）张鷟撰，国家图书馆出版社2010年。

＊**淮南子斠补** 吕传元撰，台湾文听阁图书公司2010年。

＊**吕氏春秋高诱训解疏证** 杨明照撰，台湾文听阁图书公司2010年。

菜根谭 （明）洪应明著，安徽文艺出版社2010年。

小窗幽记 （明）陈继儒著，安徽文艺出版社2010年。

围炉夜话 （清）王永彬著，安徽文艺出版社2010年。

世说新语：珍藏版 （南朝宋）刘义庆著，吉林出版集团有限责任公司2010年。

小窗幽记 （明）陈继儒编，吉林出版集团有限责任公司2010年。

冰鉴 （清）曾国藩著，吉林出版集团有限责任公司2010年。

吕氏春秋 （战国）吕不韦著，吉林出版集团有限责任公司2010年。

智囊 （明）冯梦龙著，吉林出版集团有限责任公司2010年。

容斋随笔 （宋）洪迈著，吉林出版集团有限责任公司2010年。

梦溪笔谈：珍藏版 北（宋）沈括著，吉林出版集团有限责任公司2010年。

菜根谭 （明）洪应明著，吉林出版集团有限责任公司2010年。

菜根谭 （明）洪应明著，李少林、李鹏释译，经济日报出版社2010年。

菜根谭 （明）洪应明著，内蒙古

人民出版社 2010 年。

小窗幽记 （明）陈继儒著，内蒙古人民出版社 2010 年。

鬼谷子 （东周）王诩著，内蒙古人民出版社 2010 年。

梦溪笔谈 （宋）沈括著，内蒙古人民出版社 2010 年。

辨经全书 （曹魏）刘邵著，内蒙古人民出版社 2010 年。

止学全书 （隋）王通著，内蒙古人民出版社 2010 年。

反经全书 （唐）赵蕤著，内蒙古人民出版社 2010 年。

智囊全书 （明）冯梦龙著，内蒙古人民出版社 2010 年。

冰鉴全书解读 （清）曾国藩著，内蒙古人民出版社 2010 年。

围炉夜话全书解读 （清）王永彬著，内蒙古人民出版社 2010 年。

世说新语全书解读 （南朝宋）刘义庆著，内蒙古人民出版社 2010 年。

幽梦影全书解读 （清）张潮著，内蒙古人民出版社 2010 年。

吕氏春秋全书解读 （战国）吕不韦著，内蒙古人民出版社 2010 年。

小窗幽记全书解读 （明）陈继儒著，内蒙古人民出版社 2010 年。

颜氏家训全书解读 （北齐）颜之推著，内蒙古人民出版社 2010 年。

鬼谷子大全集 （战国）鬼谷子著，新世界出版社 2010 年。

菜根谭大全集 （明）洪应明著，新世界出版社 2010 年。

天工开物 （明）宋应星著，江西人民出版社 2010 年。

爱日斋丛抄·浩然斋雅谈·随隐漫录 （宋）叶寘撰，（宋）周密撰，（宋）陈世崇撰，中华书局 2010 年。

钟山札记·龙城札记·读史札记 （清）卢文弨撰，中华书局 2010 年。

风俗通义校注 （汉）应劭撰，王利器注释，中华书局 2010 年。

艺风堂杂钞 （清）缪荃孙辑，杨璐整理，中华书局 2010 年。

论衡校读笺识 马宗霍著，中华书局 2010 年。

智囊 （明）冯梦龙编著，王耀祖、张敏译注，中华书局2010年。

经世奇谋 （明）俞琳编著，曹书杰译注，中华书局2010年。

长短经 （唐）赵蕤编著，李梅训、巩曰国译注，华书局2010年。

益智编 （明）孙能传编著，王玉亮译注，中华书局2010年。

正经 （清）宋宗元编著，董文武译注，中华书局2010年。

容斋随笔 （宋）洪迈著，中州古籍出版社2010年。

淮南子 （汉）刘安撰，中州古籍出版社2010年。

吕氏春秋 （战国）吕不韦编著，陈静注释，中州古籍出版社2010年。

了凡四训 （明）袁了凡著，中州古籍出版社2010年。

论衡校注 （汉）王充著，张宗祥校注，郑绍昌标点，上海古籍出版社2010年。

干净衕笔谈　清脾录 ［朝］洪大容着，［朝］李德懋着，上海古籍出版社2010年。

十驾斋养新录摘抄 （清）钱大昕撰，程远芬点校，上海古籍出版社2010年。

拜经堂日记 （清）臧庸著，国家图书馆出版社2010年。

闲情偶寄 （清）李渔著，广陵书社2010年。

容斋随笔 （宋）洪迈撰，广陵书社2010年。

世说新语 （南朝宋）刘义庆著，北京燕山出版社2010年。

菜根谭 （明）洪应明著，北京燕山出版社2010年。

容斋随笔 （宋）洪迈著，北京燕山出版社2010年。

《傅子》评注 （晋）傅玄撰，天津古籍出版社2010年。

幽梦影：图文本 （清）张潮著，凤凰出版社2010年。

鬼谷子：图文本 （战国）鬼谷子著，凤凰出版社2010年。

六研斋笔记·紫桃轩杂缀 （明）李日华撰，郁震宏、李宝阳等点校，凤凰出版社2010年。

世说新语 （南朝宋）刘义庆撰，宁稼雨注评，凤凰出版社 2010 年。

人物志 （魏）刘劭著，黄山书社 2010 年。

世说新语 （南朝宋）刘义庆原著，吉林文史出版社 2010 年。

智囊全集：绣像精装本 （明）冯梦龙著，线装书局 2010 年。

鬼谷子全集：绣像精装本 （战国）鬼谷子著，线装书局 2010 年。

容斋随笔：绣像精装本 （宋）洪迈著，线装书局 2010 年。

梦溪笔谈 （宋）沈括著，邹斌译注，线装书局 2010 年。

智囊 （明）冯梦龙编著，王耀祖、张敏译注，中华书局 2010 年。

智品 （明）樊玉衡撰，张磊译注，中华书局 2010 年。

长短经 （唐）赵蕤编著，李梅训、巩曰国译注，中华书局 2010 年。

春渚纪闻（中华再造善本续编）（宋）何薳撰，国家图书馆出版社 2011 年。

习学记言序目（中华再造善本续编）（宋）叶适撰，国家图书馆出版社 2011 年。

芦浦笔记（中华再造善本续编）（宋）刘昌诗撰，国家图书馆出版社 2011 年。

茶余客话（中华再造善本续编）（清）阮葵生撰，国家图书馆出版社 2011 年。

陶庐杂录（中华再造善本续编）（清）法式善撰，国家图书馆出版社 2011 年。

金楼子校笺 （梁）萧绎著，许逸民校笺，中华书局 2011 年。

世说新语 （南朝宋）刘义庆著，范子烨编著，中华书局 2011 年。

世说新语（中华经典名著全本全注全译丛书） 朱碧莲、沈海波译，中华书局 2011 年。

吕氏春秋 陆玖注译，中华书局 2011 年。

闲情偶寄 （清）李渔撰，杜书瀛译注，中华书局 2011 年。

新校正梦溪笔谈·梦溪笔谈补证稿 胡道静著，上海人民出版社 2011 年。

陔余丛考 （清）赵翼撰，曹光甫点校，上海古籍出版社 2011 年。

青岩丛录 · 华川卮辞 · 续志林 （明）王袆撰，上海古籍出版社 2011 年。

日损斋笔记 （元）黄溍撰，上海古籍出版社 2011 年。

世说新语校释（中国古典文学丛书）（南朝宋）刘义庆撰，龚斌校释，上海古籍出版社 2011 年。

茶余客话 （清）阮葵生撰，国家图书馆出版社 2011 年。

菜根谭 （明）洪应明著，岳麓书社 2011 年。

日知录校释 （清）顾炎武撰，张京华校释，岳麓书社 2011 年。

闲情偶寄 （清）李渔著，浙江古籍出版社 2011 年。

世说新语 （南朝宋）刘义庆著，浙江古籍出版社 2011 年。

唐摭言 （宋）王定保撰，黄寿成校注，三秦出版社 2011 年。

论衡选译 （汉）王充著，黄中业、陈恩林译注，凤凰出版社 2011 年。

颜氏家训选译 （北齐）颜之推著，黄永年译注，凤凰出版社 2011 年。

吕氏春秋选译 刘文忠译注，凤凰出版社 2011 年。

世说新语选译 柳士镇、钱南秀译注，凤凰出版社 2011 年。

日知录选译 （明）顾炎武，张艳云、段塔丽译注，凤凰出版社 2011 年。

容斋随笔选译 （宋）洪迈著，罗积勇译注，凤凰出版社 2011 年。

梦溪笔谈选译 （宋）沈括著，李文泽译注，凤凰出版社 2011 年。

退庵笔记校注 （清）夏荃著，徐进等校注，凤凰出版社 2011 年。

颜氏家训 · 朱子家训 （北齐）颜之推、（清）朱用纯著，黄山书社 2011 年。

容斋随笔：图文珍藏版 （宋）洪迈著，线装书局 2011 年。

＊**台译世说新语** 杨国显著，台湾菜根香出版社 2011 年。

天工开物古今图说 潘伟著，广西师范大学出版社 2011 年。

释家类

佛教精华录笺注（佛学丛书） 丁福保编注，医学书局 1918 年。

阿弥陀经 （后秦）鸠摩罗什译，宝记照像馆摄影 1919 年。

阿弥陀经通解 陈全三辑，戴怡天、刘明光校正，道德学社 1921 年。

色戒录 （清）傅清野编，文益印刷局 1922 年。

阿弥陀经直解 （后秦）鸠摩罗什译，王应照编述，世界佛教居士林 1923 年。

增补金刚般若波罗蜜经旁解 慈济印刷所 1924 年。

（新式标点）金刚经白话注解 陈杕编，大通书局 1925 年。

南无阿弥陀佛注解 紫阳真人述，民治书局 1926 年。

大日经七支念诵法集释 （唐）不空译，王弘愿集释，震旦密教重兴会 1926 年，1931 年。

阿弥陀经白话解释 黄庆澜编著，佛学书局 1929 年，1935 年，弘化社 1935 年，1948 年。

龙舒净土文 （宋）王日休撰，佛学书局 1929 年，1936 年。

般若心经梵本汉译大全集 王弘愿编，震旦密教重兴会 1930 年。

觉后编 （清）王夔立编，世界佛教居士林 1930 年。

神会和尚遗集 胡适辑，东亚图书馆 1930 年，1931 年。

莲宗正传 （清）悟开编集，恩西重订，佛教净业社 1930 年，国光印书局 1935 年。

（原本）净土十要 （明）蕅益辑，弘化社 1930 年。

阅藏知津（万有文库） （明）智旭著，商务印书馆 1931 年。

经释（海潮音文库 佛学足论） 慈忍室主人编辑，太虚审定，佛学书局 1931 年。

（语体）能断金刚般若波罗蜜多经释 太虚讲，胡继罗、胡继木、胡继欧合记，华北居士林 1931 年。

金刚经贯释 李伯朝著，佛学书局 1931 年。

观音菩萨经藏 佛学书局编，佛学书局1931年。

法华经普门品科注 （后秦）鸠摩罗什译，一如集注，佛学书局1931年。

法华经安乐行品科注 （后秦）鸠摩罗什译，一如集注，佛学书局1931年。

劝发菩提心文合刊 （唐）裴休等著，翁守谦校印，1931年。

三千有门颂略解 （宋）陈瓘述，（明）真觉解释，佛学书局1931年。

正值录 （清）罗聘著，弘化社1931年。

护法论 （宋）张商英述，弘化社1931年。

德育古鉴 （清）史玉涵（洁理）著，聂其杰编，佛教净业社1931年，国光印书局1933年，佛经流通处1939年。

胜鬘师子吼一乘大方便方广经 （南朝宋）天竺三藏、求那跋陀罗译，功德林佛经流通处1932年。

乐生集（戒杀放生丛书） （清）卧松子编辑，世界佛教居士林1932年。

大乘广五蕴论注 蒋维乔疏注，佛学书局1932年。

般若波罗蜜多心经新疏白话浅说合编 季圣一纂述，弘化社1932年，佛学书局1936年。

地藏菩萨本愿经白话解释 胡维铨演述，佛学书局1933年，湛山寺印经处1943年。

法华经普门品 吕碧城编辑，佛学书局1933年。

十续池上草堂笔记 （清）梁敬叔著，龚云拔、陈廷英译，陈廷英刊行，1933年。

净土十疑论 （明）蕅益选，国光印书局1933年。

净土圣贤录 （清）彭希涑等辑，印光校订，弘化社1933年，佛学书局1933年。

佛遗教三经蕅益解 （明）蕅益（原题：智旭）著，佛学书局1934年。

金刚经白话释义 李子宽著，佛学书局1934年，1938年。

金刚经解义 （清）徐云鹤著，明

善堂大善书局 1934 年。

十善业道经 （唐）实叉难陀译，弘化社 1934 年，佛学书局 1937 年。

楞严直解 孙仲霞著，杨完生等校，佛学书局 1934 年。

六祖坛经 （唐）惠昕改编，佛学书局 1934 年。

憨山老人年谱自叙实录疏 （明）德清述，（明）谭福征疏，弘化社 1934 年。

一梦漫言（佛学丛刊）（清）见目撰，湛山寺印经处 1934 年，世界书局 1937 年。

念佛警策 （清）彭绍升纂，佛学书局 1935 年。

释氏十三经 （唐）罽宾沙门、佛陀多罗等译，佛学书局 1935 年。

大方广佛华严经（万有文库） 实叉难陀译，（唐）澄观释，商务印书馆 1935 年。

大方广圆觉修多罗了义经 （唐）佛陀多罗译，佛学书局 1935 年。

楞伽阿跋多罗宝经 （南朝宋）求那跋陀罗译，佛学书局 1935 年。

维摩诘所说经 （后秦）鸠摩罗什译，佛学书局 1935 年，1938 年。

金刚般若波罗蜜经 （后秦）鸠摩罗什译，佛学书局 1935 年。

金刚般若波罗蜜经 般若波罗密多经 （后秦）鸠摩罗什译，佛学书局 1935 年。

金刚般若波罗蜜经白话绎义 李基鸿演绎，太虚审定，佛学书局 1935。

般若波罗蜜多心经释义 骆岫青著，莲社居士堂 1935 年。

妙法莲华经 （后秦）鸠摩罗什译，佛学书局 1935 年，1948 年。

佛说阿弥陀经 （后秦）鸠摩罗什译，佛学书局 1935 年，1936 年，世界佛教居士林 1936 年。

阿弥陀经要解（净土十要） （后秦）鸠摩罗什译，智旭解，佛学书局 1935 年，1936 年。

佛说阿弥陀经要解（净土十要）（后秦）鸠摩罗什译，（明）智旭解，弘化社 1935 年。

佛说无量寿经 （魏）康僧铠译，佛学书局 1935 年。

佛说观无量寿佛经 （南朝宋）畺良耶舍译，佛学书局1935年。

佛说大乘庄严宝王经 （宋）天息灾译，佛学书局1935年。

佛遗教三经 伽叶摩腾、竺法兰等译，佛学书局1935年。

楞严贯摄 （清）刘道开述，佛学书局1935年。

楞严说通 （清）刘道开纂述，佛学书局1935年。

佛说梵网经 （后秦）鸠摩罗什译，佛学书局1935年，1948年。

大乘起信论科判 （南朝梁）真谛译，（唐）法藏科判，佛学书局1935年。

物犹如此 （清）徐谦编，道德书局1935年。

宗镜录（万有文库）（宋）延寿集，商务印书馆1935年。

翻译名义集易检 （宋）普润编，（宋）法云编辑，佛学书局1935年。

*****大乘起信论** 马鸣菩萨造，真谛译，香港佛学会1935年。

弘明集（四部丛刊）（南朝梁）释僧祐撰，商务印书馆1936年。

弘明集（四部备要）（南朝梁）释僧祐撰，中华书局1936年。

广弘明集（四部丛刊）（唐）释道宣撰，商务印书馆1936年。

广弘明集（四部备要）（唐）释道宣撰，中华书局1936年。

法苑珠林（四部丛刊）（唐）释道世撰，商务印书馆1936年。

翻译名义集（四部丛刊）（宋）释法云撰，商务印书馆1936年。

西斋净土诗（附录·校伪）（丛书集成初编）（明）释梵琦撰，商务印书馆1936年。

宗禅辩（丛书集成初编）（宋）张商英撰，商务印书馆1936年。

一切经音义（丛书集成初编）（唐）释元应撰，（清）庄炘等校，商务印书馆1936年。

大方广佛华严经 （唐）实叉难陀译，佛学书局1936年，1937年。

地藏菩萨本愿经科注 苾刍辑，佛学书局1936年。

法华大窾 （后秦）鸠摩罗什译，

通润笺，佛学书局1936年。

佛说阿弥陀经 张纯一编著，佛化新闻报社附设永久印赠佛书会1936年。

仁王护国般若波罗蜜多经 不空译，中国佛教会1936年。

华严原人论（佛学小丛书）（唐）宗密著述，佛学书局1936年。

报恩论（清）沈善登述，佛学书局1936年。

大佛顶首楞严经正脉疏（万有文库）（明）真鉴述，商务印书馆1936年。

罗湖野录（丛书集成初编）（宋）释晓莹撰，商务印书馆1936年。

莲池大师戒杀放生文图说（明）袾宏著，1936年。

三教平心论（丛书集成初编）（宋）刘谧撰，商务印书馆1937年。

净业正因三集 佛学书局编辑，佛学书局1937年。

佛学丛刊第一辑 弘一辑，世界书局1937年。

金刚般若波罗蜜经（佛学丛刊）（后秦）鸠摩罗什译，世界书局1937年。

禅月集（丛书集成初编）（唐）释贯休撰，商务印书馆1937年。

慧琳一切经音义引用书索引（国立北京大学研究院文史丛刊）国立北京大学研究院文史部编，商务印书馆1938年。

天台四教仪集注（元）蒙润集注，佛学书局1938年。

楞伽经注解 宗泐、如玘注，佛经流通处1938年。

宝藏论（丛书集成初编）（后秦）释僧肇撰，商务印书馆1939年。

象教皮编（丛书集成初编）（明）陈士元辑，商务印书馆1939年。

金刚般若波罗蜜经（后秦）鸠摩罗什译，财政厅印刷局印，1939年。

仁王护国般若波罗蜜经（后秦）鸠摩罗什译，道德书局1940年。

华严原人论发微录（宋）净源著，佛学书局1941年。

佛说持世陀罗尼经（唐）玄奘译，觉圆精舍1943年。

楞严经易读简注 慧因编，庚申佛经流通处 1944 年。

金刚般若波罗蜜经白话释义 李基鸿（了空）讲解，许止烦校订，佛化印书局 1944 年。

大方广佛华严经普贤行愿品 妙法莲华经观世音菩萨普门品 地藏菩萨本愿经 董愚夫编，佛教青年会 1946 年。

元邱素话（法轮小丛书）（明）余绍祉著，大法轮书局 1948 年。

华严经普贤菩萨行愿品 （唐）般若译，上海市佛教青年会 1948 年。

法藏碎金（法轮小丛书）（宋）晁迥（明远）撰，大法轮书局 1948 年。

善生 玉耶女经 刘振河校，东城大佛寺佛经流通处 1948 年。

佛说五大施经（七经合刊）（宋）施护等译，大法轮书局编辑，大法轮书局 1949 年。

六祖坛经（宗宝本） （唐）慧能（原题：惠能）口述，（宋）宗宝编，大法轮书局 1949 年。

百喻经 （天竺）伽斯那著，（南朝齐）求那毗地译，文学古籍刊行社 1955 年。

普贤行愿品白话解释 黄庆澜著，佛学书局 1955 年。

法显传 （晋）法显撰，文学古籍刊行社 1955 年。

＊**地藏十轮经** （唐）玄奘译，香港佛教流通处 1963 年。

＊**楞严经易读简注** （唐）般剌密帝译，朱印清标题，（唐）慧因法师编辑，香港中华佛教图书馆 1963 年，香港荃湾东普陀寺 1990 年。

＊**憨山老人梦游集** （明）憨山撰，（明）通炯编辑，刘起杨重校，香港佛经流通处 1965 年。

＊**大宝积经** （唐）菩提流志译，香港佛经流通处 1966 年。

＊**金刚经口诀** （唐）慧能，史凤儒重辑，香港佛经疏通处 1966 年。

＊**阅藏随笔** （清）元度法师，香港中华佛学图书馆 1966 年。

＊**禅关策进** （明）袾宏大师辑，香港佛经流通处 1968 年。

＊**阿弥陀经疏钞** （明）莲池\[袾宏\]大师著，香港佛经流通处

1969 年。

＊**般若理趣经纂要** 黄绳曾居士编著，香港佛教真言宗居士林 1970 年。

＊**阿弥陀经要解** （明）智旭解，香港佛经流通处 1970 年。

＊**地藏菩萨本愿经** （唐）实叉难陀译，香港佛经流通处 1972 年。

＊**真言宗纲要** 黄绳曾讲，陈炜枢、叶文意校订，香港佛教真言宗居士林 1973 年。

＊**法苑义林章唯识章注** 梅光义撰，台湾新文丰出版公司 1974 年。

＊**六祖坛经笺注** 丁福保笺注，香港佛经流通处 1975 年，台湾新文丰出版公司 1987 年。

＊**达摩大乘入道四行观达摩血脉论达摩悟性论 达摩破相论** 香港佛学印书局 1976 年。

＊**维摩诘经集注** 李翊灼辑，台湾新文丰出版公司 1977 年。

＊**唯识二十论会译** ［印］世亲撰，香港佛学印书局 1978 年。

＊**宋藏遗珍** 释范成辑补，台湾新文丰出版公司 1978 年。

＊**禅海十珍集** （清）道霈集，香港佛学印书局 1979 年。

＊**达摩多罗禅经 坐禅三昧法门经 修禅要诀** 跋陀罗译，伽罗刹造、罗什译，波利译，香港佛学印书局 1979 年。

＊**金刚经解义：金刚经口诀** （唐）慧能，香港佛学印书局 1979 年。

＊**妙法莲华经方便品** （后秦）鸠摩罗什译，能慈法师书写，香港佛学印书局 1979 年。

＊**大方广佛华严经** 佛陀跋陀罗等译，香港佛经流通处 1981 年。

《坛经》对勘 郭朋勘，齐鲁书社 1981 年。

＊**道船：永嘉大师证道歌注释** 南天直辖鸾堂高雄市聚星宫护法堂撰，台湾兴台出版社 1982 年。

＊**地藏经演孝疏** 知性撰，台湾新文丰出版公司 1983 年。

大慈恩寺三藏法师传（中外交通史籍丛刊）（唐）慧立、（唐）彦悰撰，孙毓棠、谢方点校，中华书局 1983 年。

释迦方志（中外交通史籍丛刊）（唐）释道宣撰，范祥雍点校，中华书局1983年。

华严金师子章校释（中国佛教典籍选刊）（唐）法藏撰，方立天校释，中华书局1983年，1996年。

坛经校释（中国佛教典籍选刊）（唐）慧能撰，郭朋校释，中华书局1983年，1997年，台湾文津出版社1995年。

五灯会元（中国佛教典籍选刊）（宋）普济撰，苏渊雷点校，中华书局1984年，2002年。

金刚经集注（佛学名著丛刊）（明）朱棣集注，上海古籍出版社1984年，1995年。

＊**唯识三十颂简义** 张少齐撰，台湾新文丰出版公司1984年。

＊**大乘起信论讲义** 释圆瑛撰，台湾新文丰出版公司1984年。

肇论 （后秦）释僧肇著，徐梵澄译注，中国社会科学出版社1985年。

法显传校注 （晋）法显撰，章巽校注，上海古籍出版社1985年。

释神 （清）姚东升辑，书目文献出版社1985年。

中国高僧传索引·梁高僧传索引（汉学集成索引）［日］牧田谛亮编，台湾宗青图书出版公司1986年，上海书店1989年。

中国高僧传索引·唐高僧传索引（汉学集成索引）［日］牧田谛亮等编，台湾宗青图书出版公司1986年，上海书店1989年。

中国高僧传索引·宋高僧传索引（汉学集成索引）［日］牧田谛亮编，台湾宗青图书出版公司1986年，上海书店1989年。

中国高僧传索引·明高僧传索引（汉学集成索引）［日］牧田谛亮等编，台湾宗青图书出版公司1986年，上海书店1989年。

正续一切经音义（附索引两种）（唐）释慧琳，（辽）释希麟撰，上海古籍出版社1986年。

＊**金刚经讲义** 江味农撰，台湾新文丰出版公司1987年。

＊**大方广佛华严经疏论纂要**（唐）澄观疏钞，（唐）李通玄论，（清）道霈纂要，香港佛教印经会

1987 年。

＊**因明大疏删注** 熊十力撰，台湾新文丰出版公司 1987 年。

宋高僧传（中国佛教典籍选刊）（宋）赞宁撰，范祥雍点校，中华书局 1987 年，1997 年。

三论玄义校释（中国佛教典籍选刊）（隋）吉藏撰，韩廷杰校释，中华书局 1987 年，2003 年，台湾文津出版社 1988 年。

百喻经译注 蓉生译注，浙江古籍出版社 1987 年。

＊**佛说阿弥陀经注释会要** 徐珂辑，台湾新文丰出版公司 1987 年。

＊**解节经真谛义** 欧阳渐撰，台湾新文丰出版公司 1987 年。

＊**佛教经藏子目引得** 洪业、田继宗、聂宗岐等编，台湾新文丰出版公司 1988 年。

童蒙止观校释（中国佛教典籍选刊）（隋）智顗撰，李安校释，中华书局 1988 年，1997 年。

大唐西域求法高僧传校注（中外交通史籍丛刊）（唐）义净撰，王邦维校注，中华书局 1988 年，2000 年。

经律异相（佛学名著丛刊）（南朝梁）僧旻、宝唱等撰集，上海古籍出版社 1988 年，1995 年。

童蒙止观 六妙法门（气功养生丛书）（隋）智顗撰，上海古籍出版社 1989 年。

御选语录（大清三藏圣教）（清）清世宗选，中国佛教协会 1989 年。

广弘明集 （唐）释道宣撰，江苏广陵古籍刻印社 1989 年。

无量寿经 观无量寿佛经 阿弥陀经（佛学名著丛刊）（隋）吉藏，（隋）慧远，（隋）智顗撰，上海古籍出版社 1990 年，1995 年。

释氏六帖 （五代）释义楚撰，浙江古籍出版社 1990 年。

阿弥陀经白话解释 （后秦）鸠摩罗什译，印光法师鉴定，黄智海演述，中州古籍出版社 1990 年，2002 年。

注维摩诘所说经（佛学名著丛刊）（后秦）僧肇等注，上海古籍出版社 1990 年，1994 年。

妙法莲华经（佛学名著丛刊）

(隋)智顗等疏，（唐）湛然记，（宋）道威入疏，上海古籍出版社1990年，1995年。

景德传灯录 （宋）释道原撰，江苏广陵古籍刻印社1990年，中国藏学出版社1993年。

一行居集 （清）彭绍升撰，江苏广陵古籍刻印社1990年。

释迦如来密行化迹全谱 （清）释开慧撰，江苏广陵古籍刻印社1990年。

大慈恩寺三藏法师传选译（古代文史名著选译丛书）（唐）慧立、（唐）彦悰撰，贾二强译注，巴蜀书社1990年，凤凰出版社2011年。

华严金师子章今译（中国古代哲学名著今译丛书）（唐）法藏撰，方立天译注，巴蜀书社1990年。

指月录（中国灯录全书）（明）瞿汝稷纂，江苏广陵古籍刻印社1991年，中国藏学出版社1993年，三秦出版社1999年。

续指月录 （清）释聂先编，江苏广陵古籍刻印社1991年。

弘明集　广弘明集（佛学名著丛刊）（南朝梁）僧祐撰，（唐）道宣撰，上海古籍出版社1991年，1994年。

圆觉经（佛学名著丛刊）（唐）佛陀多罗译，（唐）宗密疏，上海古籍出版社1991年，1995年。

法苑珠林（佛学名著丛刊）（唐）道世撰，上海古籍出版社1991年，1995年。

古尊宿语录（佛学名著丛刊）（宋）赜藏主编，上海古籍出版社1991年，1995年。

高僧传合集（佛学名著丛刊）（南朝梁）慧皎等撰，上海古籍出版社1991年，1995年。

佛祖统纪 （宋）志磐撰，江苏广陵古籍刻印社1991年，1992年。

居士传 （清）彭绍升编，江苏广陵古籍刻印社1991年。

佛教宗派详注 （清）杨文会撰，万钧注，江苏广陵古籍刻印社1991年。

三藏法数 （明）释一如撰，浙江古籍出版社1991年。

释迦方志 （唐）释道宣撰，江苏广陵古籍刻印社1991年。

大智度论（佛学名著丛刊） [印]

龙树造，（后秦）鸠摩罗什译，上海古籍出版社 1991 年，1995 年。

大般涅槃经（佛学名著丛刊）（北凉）昙无谶译，上海古籍出版社 1991 年，1995 年。

楞严经（佛学名著丛刊）（唐）般剌密帝译，（元）惟则会解，上海古籍出版社 1991 年，1995 年。

大方广佛华严经（佛学名著丛刊）（唐）释实叉难陀译，上海古籍出版社 1991 年。

华严经（佛学名著丛刊）（唐）实叉难陀译，上海古籍出版社 1991 年，1995 年。

大方广圆觉修多罗了羲经略疏（佛学名著丛刊）（唐）释佛陀多罗译，（唐）释宗密略疏，上海古籍出版社 1991 年。

大佛顶首楞严经会解（佛学名著丛刊）（唐）释般刺密帝译，（元）释惟则会解，上海古籍出版社 1991 年。

北宋《开宝大藏经》雕印考释及目录复原 童玮编著，书目文献出版社 1991 年。

白话佛经 不慧演述，中国社会科学出版社 1991 年。

佛学基础（佛学次第统编）（明）杨卓编，书目文献出版社 1992 年，1993 年。

白话六祖坛经（敦煌文化系列丛书） 许传德著，甘肃人民出版社 1992 年。

白话坛经（佛教文化精华丛书） 魏道儒注译，三秦出版社 1992 年，2002 年。

华严金师子章全译 （唐）法藏撰，方立天译注，巴蜀书社 1992 年。

地藏菩萨本愿经白话解释 （唐）实叉难陀译，中州古籍出版社 1992 年。

大佛顶首楞严经 释茗山手抄，江苏古籍出版社 1992 年。

大乘起信论校释（中国佛教典籍选刊）（南朝梁）真谛译，高振农校释，中华书局 1992 年，2000 年。

大乘起信论全译 杜继文译注，巴蜀书社 1992 年。

金刚经解义 （清）徐槐廷著，中州古籍出版社 1992 年。

白话金刚经（佛教文化精华丛书） 李安利注译，三秦出版社1992年。

高僧传（中国佛教典籍选刊）（南朝梁）释慧皎撰，汤用彤校注，汤一玄整理，中华书局1992年，1997年。

释氏稽古略　释氏稽古略续集（元）释觉岸撰，（明）释幻轮撰，江苏广陵古籍刻印社1992年。

禅林僧宝传　（宋）释惠洪撰，江苏广陵古籍刻印社1992年，中国藏学出版社1993年。

＊**心经通释**　王恩洋撰，台湾新文丰出版公司1993年。

正宗心印后续联芳（中国灯录全书）　释善灿纂，中国藏学出版社1993年。

佛祖心灯（中国灯录全书）　佚名纂，中国藏学出版社1993年。

敦煌新本六祖坛经　（唐）慧能述，杨曾文校写，上海古籍出版社1993年，1995年。

楞伽经集注（佛学名著丛刊）（宋）求那跋陀罗译，（宋）释正受集注，上海古籍出版社1993年，1995年。

中华传心地禅门师资承袭图（中国灯录全书）（唐）释宗密纂，中国藏学出版社1993年。

历代法宝记（中国灯录全书）（唐）佚名纂，中国藏学出版社1993年。

双峰山曹侯溪宝林传（中国灯录全书）（唐）释智炬纂，中国藏学出版社1993年。

补禅林僧宝传（中国灯录全书）（宋）释庆老纂，中国藏学出版社1993年。

佛祖通载　（元）念常撰，江苏广陵古籍刻印社1993年。

皇明名僧辑略（中国灯录全书）（明）释袾宏纂，中国藏学出版社1993年。

神僧传　（明）朱棣撰，江苏广陵古籍刻印社1993年，1997年。

祖庭指南（中国灯录全书）（明）徐昌治纂，中国藏学出版社1993年。

南宋元明禅林僧宝传（中国灯录全书）（清）释自融等纂，中国藏学出版社1993年。

普陀列祖录（中国灯录全书）（清）释通旭纂，中国藏学出版社1993年。

南岳单传记（中国灯录全书）（清）释弘储纂，中国藏学出版社1993年。

佛祖正传古今捷录（中国灯录全书）（清）释果性纂，中国藏学出版社1993年。

终南山天龙会集缁门世谱（中国灯录全书）（清）释明喜纂，中国藏学出版社1993年。

禅灯世谱（中国灯录全书）（清）释道忞纂，中国藏学出版社1993年。

宗统编年（中国灯录全书）（清）释纪荫纂，中国藏学出版社1993年。

佛祖宗派世谱（中国灯录全书）（清）释悟进编辑，中国藏学出版社1993年。

正源略集（中国灯录全书）（清）释达珍纂，中国藏学出版社1993年。

正名录（中国灯录全书）（清）释智楷纂，中国藏学出版社1993年。

径石滴乳集（中国灯录全书）（清）释真在等纂，中国藏学出版社1993年。

锦江禅灯（中国灯录全书）（清）释通醉纂，中国藏学出版社1993年。

法门锄宄（中国灯录全书）（清）释净符纂，中国藏学出版社1993年。

建州弘释录（中国灯录全书）（清）元贤纂，中国藏学出版社1993年。

五灯会元续略（中国灯录全书）（清）释净柱纂，中国藏学出版社1993年。

五灯全书（中国灯录全书）（清）释超永纂，中国藏学出版社1993年。

五灯严统（中国灯录全书）（清）释通容纂，中国藏学出版社1993年。

黔南会灯录（中国灯录全书）（清）释如纯纂，中国藏学出版社1993年。

洞上祖宪录（中国灯录全书）（清）释智沄纂，中国藏学出版社

1993年。

别庵禅师同门录（中国灯录全书）（清）释弘秀纂，中国藏学出版社1993年。

揞黑豆集（中国灯录全书）（清）火莲纂，中国藏学出版社1993年。

续灯正统（中国灯录全书）（清）释性统纂，中国藏学出版社1993年。

续灯存稿（中国灯录全书）（清）释通问纂，中国藏学出版社1993年。

天圣广灯录（中国灯录全书）（宋）李遵纂，中国藏学出版社1993年。

建中靖国续灯录（中国灯录全书）（宋）惟白纂，中国藏学出版社1993年。

嘉泰普灯录（中国灯录全书）（宋）释正受纂，中国藏学出版社1993年。

联灯会要（中国灯录全书）（宋）释悟明纂，中国藏学出版社1993年。

传法正宗论（中国灯录全书）（宋）释契嵩纂，中国藏学出版社1993年。

传法正宗记（中国灯录全书）（宋）释契嵩纂，中国藏学出版社1993年。

传灯玉英集（中国灯录全书）（宋）王随纂，中国藏学出版社1993年。

石门洪觉范林间录（中国灯录全书）（宋）惠洪撰，中国藏学出版社1993年。

律宗灯谱（中国佛学文献丛刊）（清）源谅撰，全国图书馆文献缩微复制中心1993年。

传法宝记（中国灯录全书）释杜朏纂，中国藏学出版社1993年。

祖堂集（中国灯录全书）释静、筠纂，中国藏学出版社1993年，上海古籍出版社1994年。

五家正宗赞（中国灯录全书）释绍昙纂，中国藏学出版社1993年。

续传灯录（中国灯录全书）释玄极纂，中国藏学出版社1993年。

续指月录（中国灯录全书）（明）释聂先纂，中国藏学出版社

1993年。

五宗原（中国灯录全书）（明）释法藏纂，中国藏学出版社1993年。

五宗救（中国灯录全书）（明）释弘忍纂，中国藏学出版社1993年。

五灯会元补遗（中国灯录全书）（明）释文琞纂，中国藏学出版社1993年。

增集续传灯录（中国灯录全书）（明）释文琇纂，中国藏学出版社1993年。

居士分灯录（中国灯录全书）（明）朱时恩纂，中国藏学出版社1993年。

教外别传（中国灯录全书）（明）释黎眉纂，中国藏学出版社1993年。

继灯录（中国灯录全书）（明）元贤纂，中国藏学出版社1993年。

佛祖纲目（中国灯录全书）（明）朱时恩纂，中国藏学出版社1993年。

禅宗正脉（中国灯录全书）（明）释如卺纂，中国藏学出版社1993年。

乾明院罗汉图录 书目文献出版社编，书目文献出版社1993年。

禅宗名著选编 净慧编，书目文献出版社1994年。

牧牛图（中国古代版画丛刊二编）题普明禅师颂，上海古籍出版社1994年。

释氏源流（中国古代版画丛刊二编）（明）释宝成编撰，上海古籍出版社1994年。

水陆道场神鬼图像（中国古代版画丛刊二编） 阙名著，上海古籍出版社1994年。

大方便佛报恩经 仁王护国经（白话佛经集成） 瑞祥译，团结出版社1994年。

中论 百论 十二门论（佛学名著丛刊）（后秦）鸠摩罗什译，（隋）吉藏疏，上海古籍出版社1994年。

古尊宿语录（中国佛教典籍选刊）（宋）赜藏主编，萧萐父、吕有祥点校，中华书局1994年，1997年。

止观坐禅法要译释 （隋）智顗撰，孙映逵译释，文化艺术出版社1994年。

白话千年中国高僧传 （宋）释赞宁等撰，尉治平等译，华中理工大学出版社 1994 年。

阿弥陀经（佛学丛书敦煌吐鲁番文献集成） （后秦）鸠摩罗什译，（明）袾宏注，韩明安、张镇点校，黑龙江人民出版社 1994 年。

妙法莲华经（佛学丛书） （后秦）释鸠摩罗什译，（明）释智旭注，郭明志点校，黑龙江人民出版社 1994 年，1998 年。

摩诃般若波罗蜜经（佛学名著丛刊） （后秦）鸠摩罗什译，上海古籍出版社 1994 年，1995 年。

维摩诘所说经　圆觉经（佛学丛书） （后秦）鸠摩罗什译，（唐）释佛陀多罗译，（后秦）释僧肇注、释宗密疏，常净点校，黑龙江人民出版社 1994 年。

杂宝藏经（白话佛经集成） 佩实译，团结出版社 1994 年。

首楞严经（佛学丛书） （唐）般刺密帝译，（元）释惟则辑注，崔世勋点校，黑龙江人民出版社 1994 年，1998 年。

般若心经译注集成（佛学名著丛刊） 方广锠编纂，上海古籍出版社 1994 年。

地藏三经集刊（佛学名著丛刊） （唐）实叉难陀等译，上海古籍出版社 1995 年。

坛经（中国传统文化读本） （唐）释慧能撰，张文修编，北京燕山出版社 1995 年，1996 年。

杂阿含经（佛学名著丛刊） （南朝宋）求那跋陀罗译，上海古籍出版社 1995 年。

长阿含经（佛学名著丛刊） （晋）佛陀耶舍、竺佛念译，上海古籍出版社 1995 年。

弥勒四经集刊（佛学名著丛刊） （南朝宋）沮渠京声等译，上海古籍出版社 1995 年。

正法眼藏注释（佛教文化通俗读物丛书） （宋）宗杲撰，张天昱注释，长春出版社 1995 年。

出三藏记集（中国佛教典籍选刊） （南朝梁）释僧祐撰，苏晋仁、萧练子点校，中华书局 1995 年，2003 年。

观世音菩萨经咒集刊（佛学名著丛刊） 郑喜明编，上海古籍出版社 1995 年。

中阿含经（佛学名著丛刊）（晋）僧伽提婆译，上海古籍出版社1995年。

增壹阿含经（佛学名著丛刊）（前秦）昙摩难提译，上海古籍出版社1995年。

摩诃止观辅行传弘诀 （唐）释湛然撰，三秦出版社1995年。

华严义海 （唐）智俨等撰，三秦出版社1995年。

维摩诘所说经译释 杨文园编著，书目文献出版社1995年。

南海寄归内法传校注（中外交通史籍丛刊）（唐）义净撰，王邦维校注，中华书局1995年，2000年。

成唯识论 成唯识论述记（佛学名著丛刊）（唐）玄奘纂译，（唐）窥基撰，上海古籍出版社1995年。

释迦如来应化事迹（佛学名著丛刊）（清）永珊编，上海古籍出版社1995年。

禅林金句 祖騄编著，巴蜀书社1995年。

释氏源流 （明）释宝成编，中国书店1996年。

佛教历史 （清）释惟静撰，江苏广陵古籍刻印社1996年。

祖堂集 （南唐）释静、释筠编撰，吴福祥、顾之川点，岳麓书社1996年。

＊**新译六祖坛经** 李中华译，丁敏校阅，台湾三民书局1997年。

＊**新译金刚经** 徐兴无译，侯乃慧校阅，台湾三民书局1997年。

五灯会元 （宋）普济辑，蒋宗福、李海霞主译，西南师范大学出版社1997年。

佛教三字经 （明）吹万老人撰，印光、杨文会修订，罗颢注释、讲解，上海古籍出版社1997年。

大方等大集经（佛学名著丛刊）（北凉）昙无谶译，上海古籍出版社1997年。

禅宗七经 河北禅学研究所编，宗教文化出版社1997年。

明代木刻观音画谱 （明）丁云鹏等绘，上海古籍出版社1997年。

＊**憨山大师法汇初集** （明）憨山德清，张永俭汇编，香港佛经流通处1997年。

＊**八识规矩颂讲记** 于凌波撰，台

湾新文丰出版公司 1997 年。

中国古代佛教版画集 周心慧撰集，学苑出版社 1998 年。

禅宗编（中国佛教丛书） 任继愈主编，江苏古籍出版社 1998 年。

敦博本禅籍录校（敦煌文献分类录校丛刊） 邓文宽、荣新江录校，江苏古籍出版社 1998 年，1999 年。

敦煌变文讲经文因缘辑校（敦煌文献分类录校丛刊） 周绍良等辑校，江苏古籍出版社 1998 年，1999 年。

成唯识论校释（中国佛教典籍选刊）（唐）玄奘译，韩廷杰校释，中华书局 1998 年。

白话法华经（佛教文化精华丛书） 李利安译注，三秦出版社 1998 年，2002 年。

白话观无量寿经（佛教文化精华丛书） 魏琪译注，三秦出版社 1998 年，2002 年。

白话楞伽经（佛教文化精华丛书） 荆三隆译注，三秦出版社 1998 年，2002 年。

白话地藏本愿经（佛教文化精华丛书） 郭鹏译注，三秦出版社 1998 年，2002 年。

佛祖历代通载（北京图书馆古籍珍本丛刊）（元）释念常撰，书目文献出版社 1998 年，北京图书馆出版社 2000 年。

大元至元辨伪录（北京图书馆古籍珍本丛刊）（元）释祥迈撰，书目文献出版社 1998 年，北京图书馆出版社 2000 年。

天目中峰和尚广录（北京图书馆古籍珍本丛刊）（元）释明本撰，书目文献出版社 1998 年，北京图书馆出版社 2000 年。

贤愚经（佛经文学经典）（北魏）释慧觉等译，撰花城出版社 1998 年。

杂宝藏经（佛经文学经典）（北魏）释吉迦夜、释昙曜译撰，陈引驰注译，花城出版社 1998 年。

维摩诘经（佛教十三经今译） 董国柱译，黑龙江人民出版社 1998 年。

白话阿弥陀经（佛教文化精华丛书） 魏琪译注，三秦出版社 1998 年，2002 年。

白话圆觉经（佛教文化精华丛书） 文行注译，三秦出版社 1998 年，2002 年。

阿弥陀经 （后秦）鸠摩罗什译，中国文史出版社 1999 年。

禅宗经典精华（雍正御选语录） 林世田点校，宗教文化出版社 1999 年。

妙法莲华经文句校释 （后秦）鸠摩罗什译，（隋）智顗大师说，（唐）章安记，朱封鳌校释，宗教文化出版社 2000 年。

坛经全译（中国古代哲学名著全译丛书） （唐）慧能撰，潘桂明译注，巴蜀书社 2000 年。

阅藏知津 （明）智旭大师撰，线装书局 2000 年。

敦煌密宗文献集成（中国佛学文献丛刊） 林世田、申田美编，全国图书馆文献缩微复制中心 2000 年。

大慈恩寺三藏法师传释迦 方志（中外交通史籍丛刊） （唐）慧立、彦悰撰，（唐）道宣撰，孙毓棠、谢方点校，范祥雍点校，中华书局 2000 年。

金刚经 坛经（上古版中华名著袖珍本） （后秦）鸠摩罗什译，（唐）法海集记，上海古籍出版社 2001 年。

心灯录 （清）湛遇老人编，林世田等点校，宗教文化出版社 2001 年。

金刚经 坛经（中华传世名著精华丛书） 钟明译注，书海出版社 2001 年。

禅宗三经（佛典丛书） 李英武编注，巴蜀书社 2001 年，2005 年。

密宗三经（佛典丛书） 李英武著，巴蜀书社 2001 年，2005 年。

净土宗三经（佛典丛书） 弘学著，巴蜀书社 2001 年，2005 年。

六度集经（佛典丛书） 蒲正信著，巴蜀书社 2001 年。

金刚经（智慧果丛书） （后秦）鸠摩罗什译，王月清注评，江苏古籍出版社 2001 年，2002 年。

赵州录（中国禅宗典籍丛刊） （唐）文远撰，张华点校，中州古籍出版社 2001 年。

祖堂集（中国禅宗典籍丛刊） （南唐）静筠编，张华点校，中州古籍出版社 2001 年。

临济录（中国禅宗典籍丛刊） 杨曾文点校，中州古籍出版社 2001 年。

重雕补注禅苑清规（中国禅宗典籍丛刊） （宋）宗颐撰，苏军点校，中州古籍出版社 2001 年。

白话楞严经（佛教文化精华丛书） 荆三隆、邵之茜注译，三秦出版社 2002 年。

六祖坛经（智慧果丛书） （唐）慧能撰，王月清注评，江苏古籍出版社 2002 年。

佛教入门三字经（图文本三字经系列） （明）吹万老人撰，印光、杨文会修订，罗颢注释、讲解，上海古籍出版社 2002 年。

芷兰斋藏辽刻孤本观弥勒菩萨上生兜率天经疏 （辽）诠晓定本，北京图书馆出版社 2002 年。

观世音应验记三种 董志翘译注，江苏古籍出版社 2002 年。

坛经 （唐）慧能述，中国华侨出版社 2002 年。

明永乐内府刻本金刚经集注 明成祖集注，上海古籍出版社 2002 年。

大元至元辨伪录（中华再造善本） （元）释祥迈撰，北京图书馆出版社 2002 年。

中国古代佛教版画集 马昌仪辑，学苑出版社 2003 年。

新辑十善业道经（东山讲堂文集） 黄胜常著，民族出版社 2003 年。

信心铭 （隋）僧肇著，宗教文化出版社 2003 年。

法苑珠林校注（中国佛教典籍选刊） （唐）释道世撰，周叔迦、苏晋仁校注，中华书局 2003 年。

五灯会元（中华再造善本） （宋）释普济撰，北京图书馆出版社 2003 年。

大藏经纲目指要录（中华再造善本） （宋）释惟白撰，北京图书馆出版社 2003 年。

＊**新译楞严经** 赖永海，杨维中撰，台湾三民书局 2003 年，二版 2008 年。

父母恩重难报经 释证圣讲述，宗教文化出版社 2004 年。

论典与教学：略释阿毗达摩俱舍

颂论（真如丛书）［印］世亲菩萨著，玄奘译，妙灵释，中国社会科学出版社 2004 年。

雍正御制佛教大典·御录经海一滴（清）爱新觉罗·胤禛选编，史原朋主编，中国社会科学出版社 2004 年。

雍正御制佛教大典·御录宗镜大纲御制拣魔辨异录（清）爱新觉罗·胤禛选编，史原朋主编，中国社会科学出版社 2004 年。

禅林四书（古籍今读精华系列）于亭译注，湖北辞书出版社 2004 年。

无量义经 证严讲述，宗教文化出版社 2004 年。

仁王经（中国佛学经典文库）宋先伟主编，大众文艺出版社 2004 年。

禅诗精选·高僧卷（中国佛学经典文库）宋先伟主编，大众文艺出版社 2004 年。

金刚经（中国佛学经典文库）宋先伟主编，大众文艺出版社 2004 年。

绣像全图大悲咒译解 北京佛教文化研究所编，宗教文化出版社 2004 年。

禅诗精选·居士卷（中国佛学经典文库）宋先伟主编，大众文艺出版社 2004 年。

华严经（中国佛学经典文库）宋先伟主编，大众文艺出版社 2004 年。

贤愚经（中国佛学经典文库）宋先伟主编，大众文艺出版社 2004 年。

道行般若经（中国佛学经典文库）宋先伟主编，大众文艺出版社 2004 年。

法华经（中国佛学经典文库）宋先伟主编，大众文艺出版社 2004 年。

楞严经（中国佛学经典文库）宋先伟主编，大众文艺出版社 2004 年。

圆觉经（中国佛学经典文库）宋先伟主编，大众文艺出版社 2004 年。

百喻经（中国佛学经典文库）宋先伟主编，大众文艺出版社 2004 年。

药师经（中国佛学经典文库）宋先伟主编，大众文艺出版社 2004 年。

大般涅槃经（中国佛学经典文库）

宋先伟主编，大众文艺出版社2004年。

维摩诘经（中国佛学经典文库） 宋先伟主编，大众文艺出版社2004年。

地藏经（中国佛学经典文库） 宋先伟主编，大众文艺出版社2004年。

宝积经（中国佛学经典文库） 宋先伟主编，大众文艺出版社2004年。

百喻经·贤愚经：珍藏版（中国传统文化经典文库） ［印］僧伽斯那等撰译，乙力编，兰州大学出版社2004年。

历代小品禅语（小品精华系列） 许苏民编著，崇文书局2004年。

六祖坛经（智慧之门系列） （唐）惠能著，徐文明注，中州古籍出版社2004年，2008年。

无量寿经（中国佛学经典文库） 宋先伟主编，大众文艺出版社2004年。

六祖坛经（中国佛学经典文库） 宋先伟主编，大众文艺出版社2004年。

禅林宝训（中国佛学经典文库） 宋先伟主编，大众文艺出版社2004年。

净土五经白话直讲 缪留根著，教文化出版社2004年。

净土五经一论 弘丽编选，宗教文化出版社2004年。

禅宗全书 蓝吉富主编，北京图书馆出版社2004年。

行历抄校注（日本入华求法僧人行记校注丛刊） 白化文、李鼎霞校注，花山文艺出版社2004年。

六祖法宝坛经（图说佛典） 张德宝、庞先健绘图，戎国忠、张蕴释义，黄山书社2004年。

百喻经故事（图说佛典） 张德宝、庞先健绘图，朱莉娟、张浩释义，黄山书社2004年。

地藏菩萨本愿经（图说佛典） 张德宝绘图，闻妙释义，黄山书社2004年。

海云禅藻集·海云文献辑略 （清）徐作霖、黄蠡编，黄国声辑录，西泠印社2004年。

＊**新译百喻经** 顾宝田译，台湾三民书局2004年，2010年。

＊**新译华严经入法界品（上下）** 杨维中撰，台湾三民书局 2004 年，2011 年。

＊**新译禅林宝训** 李中华译，潘世校阅，台湾三民书局 2004 年。

佛祖历代通载（中华再造善本）（元）释念常撰，北京图书馆出版社 2005 年。

＊**新译地藏菩萨本愿经** 李承贵撰，台湾三民书局 2005 年。

＊**新译维摩诘经** 陈引驰、林晓光撰，台湾三民书局 2005 年。

＊**新译碧岩集（上下）** 吴平译，台湾三民书局 2005 年。

＊**新译景德传灯录（上中下）** 顾宏义撰，台湾三民书局 2005 年。

＊**新译高僧传（上下）** 朱恒夫、王学钧、赵益撰，潘柏世校阅，台湾三民书局 2005 年。

＊**新译永嘉大师证道歌** 蒋九愚撰，台湾三民书局 2005 年。

天台文类・天台法数校释 林鸣宇笺校，上海古籍出版社 2005 年。

佛学备要 （宋）道诚集，上海古籍出版社 2005 年。

佛教道德经典（佛典丛书） 蒲正信注，巴蜀书社 2005 年。

佛陀遗教经典（佛典丛书） 李英武、释大恩注，巴蜀书社 2005 年。

千手千眼观世音陀罗尼经疏注（佛典丛书） 弘学疏注，巴蜀书社 2005 年。

续指月录（佛典丛书） （清）聂先编，心善整理，巴蜀书社 2005 年。

药师经注释（佛典丛书） 蒲正信注，巴蜀书社 2005 年。

指月录（佛典丛书） （明）瞿汝稷编，德贤、侯剑整理，巴蜀书社 2005 年。

明清四大高僧文集・憨山老人梦游集 曹越主编，北京图书馆出版社 2005 年。

明清四大高僧文集・紫柏老人集 曹越主编，北京图书馆出版社 2005 年。

明清四大高僧文集・竹窗随笔 曹越主编，北京图书馆出版社 2005 年。

明清四大高僧文集・灵峰宗论 曹越主编，北京图书馆出版社 2005 年。

金刚经（中国传统文化经典文库）

姜子夫主编，大众文艺出版社 2005 年。

无量寿经（中国传统文化经典文库） 姜子夫主编，大众文艺出版社 2005 年。

法华经（中国传统文化经典文库） 姜子夫主编，大众文艺出版社 2005 年。

大般涅槃经（中国传统文化经典文库） 姜子夫主编，大众文艺出版社 2005 年。

药师经（中国传统文化经典文库） 姜子夫主编，大众文艺出版社 2005 年。

圆觉经（中国传统文化经典文库） 姜子夫主编，大众文艺出版社 2005 年。

仁王经（中国传统文化经典文库） 姜子夫主编，大众文艺出版社 2005 年。

百喻经（中国传统文化经典文库） 姜子夫主编，大众文艺出版社 2005 年。

地藏经（中国传统文化经典文库） 姜子夫主编，大众文艺出版社 2005 年。

宝积经（中国传统文化经典文库） 姜子夫主编，大众文艺出版社 2005 年。

华严经（中国传统文化经典文库） 姜子夫主编，大众文艺出版社 2005 年。

楞严经（中国传统文化经典文库） 姜子夫主编，大众文艺出版社 2005 年。

道行般若经（中国传统文化经典文库） 姜子夫主编，大众文艺出版社 2005 年。

贤愚经（中国传统文化经典文库） 姜子夫主编，大众文艺出版社 2005 年。

维摩诘经（中国传统文化经典文库） 姜子夫主编，大众文艺出版社 2005 年。

禅林宝训（中国传统文化经典文库） 姜子夫主编，大众文艺出版社 2005 年。

六祖坛经（中国传统文化经典文库） 姜子夫主编，大众文艺出版社 2005 年。

禅诗精选 · 居士卷（中国传统文化经典文库） 姜子夫主编，大众文艺出版社 2005 年。

禅诗精选·高僧卷（中国传统文化经典文库） 姜子夫主编，大众文艺出版社 2005 年。

寒山拾得诗（中国传统文化经典文库） 姜子夫主编，大众文艺出版社 2005 年。

六祖坛经：敦煌《坛经》读本（万象主题书） （唐）惠能原著，邓文宽校注，辽宁教育出版社 2005 年。

清刻观音变相图（老资料丛书·中国古代艺术书籍精选） 天津人民美术出版社编，天津人民美术出版社 2005 年。

六祖坛经要义　佛遗教三经要义 陈燕珠编，宗教文化出版社 2005 年。

《胜乐轮经》及其注疏解读 李南校勘译注，中国社会科学出版社 2005 年。

佛说本生经 吕有祥译注，宗教文化出版社 2005 年。

维摩诘经要义　心经要义 陈燕珠编，宗教文化出版社 2005 年。

金刚经（智慧之门国学经典丛书） （后秦）鸠摩罗什译，田茂志注译，中州古籍出版社 2005 年，2007 年。

白话胜鬘经（佛教文化精华丛书） 海波编著，三秦出版社 2005 年。

＊**新译梵网经** 王建光撰，台湾三民书局 2005 年。

＊**新译八识规矩颂** 倪梁康撰，台湾三民书局 2005 年。

金刚般若波罗蜜经（中华再造善本） （后秦）释鸠摩罗什译，北京图书馆出版社 2006 年。

金刚般若波罗蜜经（中华再造善本） （后秦）释鸠摩罗什译，（元）释思聪注，北京图书馆出版社 2006 年。

观留偈·邙山偈（中华再造善本） 佚名撰，北京图书馆出版社 2006 年。

释氏稽古略（中华再造善本） （元）释觉岸撰，北京图书馆出版社 2006 年。

＊**成唯识论广疏** （唐）玄奘译，郭文友广疏，香港世界文化出版有限公司 2006 年。

佛教三字经新注·四十二章经讲

义（唐思鹏著作集） 唐思鹏著，华文出版社 2006 年。

唯识三十颂疏义（唐思鹏著作集） 唐思鹏著，华文出版社 2006 年。

若经新注（唐思鹏著作集） 唐思鹏著，华文出版社 2006 年。

辩中边论疏义（唐思鹏著作集） 唐思鹏著，华文出版社 2006 年。

六祖坛经新注（唐思鹏著作集） 唐思鹏著，华文出版社 2006 年。

维摩诘所说经新注（唐思鹏著作集） 唐思鹏著，华文出版社 2006 年。

中国佛籍译论选辑评注（翻译与跨学科学术研究丛书） 朱志瑜、朱晓农著，清华大学出版社 2006 年。

佛典选读 林国良著，广西师范大学出版社 2006 年。

武林西湖高僧事略（杭州佛教文献丛刊·第 1 辑） （宋）释元敬、（宋）释元复撰，魏得良标点，杭州出版社 2006 年。

宗镜录全本（论藏名著选编） （宋）释延寿集，杨航整理，西北大学出版社 2006 年。

比丘尼传校注（中国佛教典籍选刊） （南朝梁）释宝唱著，王孺童校注，中华书局 2006 年。

首楞严经行法释要 程叔彪著述，宗教文化出版社 2006 年。

心经 《心经》编委会编，宗教文化出版社 2006 年。

六祖法宝坛经浅释 宣化法师讲述，宗教文化出版社 2006 年。

佛说四十二章经浅释 宣化法师讲述，宗教文化出版社 2006 年。

百喻经译注 尊者僧伽斯那著，萧齐天竺三藏求那毗地译，周绍良译注，北京图书馆出版社 2006 年，中华书局 2008 年。

禅月集校注 陆永峰著，巴蜀书社 2006 年。

瞎堂诗集（清初岭南佛门史料丛刊） （清）天然和尚著，李福标、仇江点校，中山大学出版社 2006 年。

东皋心越全集 周道杰主编，浦江县政协文史资料委员会编，浙江人民出版社 2006 年。

佛说四十二章经浅释 宣化法师讲

述，宗教文化出版社 2006 年。

佛说阿弥陀经浅释 宣化法师讲述，宗教文化出版社 2006 年。

六祖法宝坛经浅释 宣化法师讲述，宗教文化出版社 2006 年。

千手千眼观世音陀罗尼经疏注（佛典丛书） 弘学疏注，巴蜀书社 2006 年。

《禅林宝训》讲解（佛典丛书） 弘学讲释，巴蜀书社 2006 年。

圆悟克勤禅师：碧岩录、心要、语录（佛典丛书） 弘学、李清禾、蒲正信整理，巴蜀书社 2006 年。

指月录（佛典丛书） （明）瞿汝稷编撰，德贤、侯剑整理，巴蜀书社 2006 年。

入菩萨行论广解 寂天造论，杰操广解，隆莲汉译，上海古籍出版社 2006 年。

＊**新译道门观心经** 王卡撰，黄志民校阅，台湾三民书局 2006 年，2009 年。

＊**新译释禅波罗蜜** 苏树华译，台湾三民书局 2006 年。

＊**敦博本六祖坛经校释** 黄连忠撰，台湾万卷楼图书公司 2006 年。

＊**新译妙法莲华经** 张松辉撰，丁敏校阅，台湾三民书局 2007 年。

＊**新译无量寿经** 邱高兴撰，台湾三民书局 2007 年。

师子林纪胜集·师子林纪胜续集（明）释道恂辑，（清）徐立方辑，广陵书社 2007 年。

景德传灯录 （宋）释道原撰，广陵书社 2007 年。

金刚经集注 （明）朱棣集注，一苇点校，齐鲁书社 2007 年。

金刚经·坛经（中国家庭基本藏书·笔记杂著卷） 梁归智译注，山西古籍出版社 2007 年。

六祖坛经今注（钱选国学名著） 石刚撰，首都经济贸易大学出版社 2007 年。

吐鲁番柏孜克里克石窟出土汉文佛教典籍（吐鲁番学研究系列·甲种本） 季羡林、冯其庸主编，新疆维吾尔自治区吐鲁番学研究院，武汉大学中国三至九世纪研究所编著，文物出版社 2007 年。

宝箧印经释 吴信如编著，中国藏

学出版社 2007 年。

圣人无分别总持经对勘与研究（汉藏佛学研究丛书） 谈锡永等著译，中国藏学出版社 2007 年。

佛经故事（中译经典文库·中华传统文化精粹：汉英对照） 张庆年编选、译，齐澧白话文翻译，中国对外翻译出版公司 2007 年。

祖堂集（中国佛教典籍选刊） （南唐）静筠二禅师编撰，孙昌武等点校，中华书局 2007 年。

金刚经　心经　坛经（中华经典藏书） 陈秋平、尚荣译注，中华书局 2007 年，2010 年。

心经（国学经典解读系列） 郑春兴编译，中原农民出版社 2007 年。

百喻经（国学经典丛书） 王月清、范斌注译，中州古籍出版社 2007 年。

观世音菩萨普门品浅释：妙法莲华经 宣化法师讲述，宗教文化出版社 2007 年。

华严经贤首品浅释 宣化法师讲述，宗教文化出版社 2007 年。

地藏菩萨本愿经浅释 宣化法师讲述，宗教文化出版社 2007 年。

破山海明禅师语录（西南禅学研究丛书） 释道坚校注，宗教文化出版社 2007 年。

密宗甘露精要 《密宗甘露精要》编委会编著，北京图书馆出版社 2007 年。

＊**新译大乘起信论** 韩廷杰撰，潘柏世校阅，台湾三民书局 2008 年。

杂譬喻经译注：四种 孙昌武、李赓扬译注，中华书局 2008 年。

法显传校注（中外交通史籍丛刊） （晋）释法显撰，章巽校注，中华书局 2008 年。

肇论集解令模钞校释 ［日］伊藤隆寿、林鸣宇撰，上海古籍出版社 2008 年。

佛经精华录笺注 丁福保、杨文会著，广陵书社 2008 年。

金刚经　百喻经 （后秦）鸠摩罗什译，尊者僧伽斯那撰，广陵书社 2008 年。

马祖语录 邢东风辑校，中州古籍出版社 2008 年。

禅源诸诠集都序 （唐）宗密撰，

中州古籍出版社 2008 年。

大慧书 （宋）宗杲撰，中州古籍出版社 2008 年。

佛学基础（佛学次第统编） （明）杨卓编撰，宗和点校，北京图书馆出版社 2008 年。

六祖大师法宝坛经 （唐）惠能著、（隋）吉藏著，时代文艺出版社 2008 年。

梵网经 （后秦）鸠摩罗什译，时代文艺出版社 2008 年。

心经 （唐）玄奘译，时代文艺出版社 2008 年。

缘起经 （唐）玄奘译，时代文艺出版社 2008 年。

佛本行经 （宋）释宝云著，时代文艺出版社 2008 年。

大藏经：精华本 （后秦）鸠摩罗什等译著，万卷出版公司 2008 年。

五灯会元：插图本 释普济编，万卷出版公司 2008 年。

五灯会元：佛家禅宗经典 精译彩图本 （宋）释普济辑，重庆出版社 2008 年。

永明延寿禅师全书 （五代）延寿著，宗教文化出版社 2008 年。

瑜伽师地论：精校标点本 弥勒说，宗教文化出版社 2008 年。

一切经音义三种校本合刊 徐时仪校注，上海古籍出版社 2008 年。

中华律藏 传印法师主编，国家图书馆出版社 2009 年。

地藏经药师经 许颖译注，中华书局 2009 年。

摄大乘论解说 刚晓著，宗教文化出版社 2009 年。

妙法如意宝解脱庄严论：大乘道次第 冈波巴·拉杰索南仁钦著，宗教文化出版社 2009 年。

妙法莲华经浅释 （后秦）鸠摩罗什译，宣化法师讲述，宗教文化出版社 2009 年。

阿弥陀经直解 陶建丰编，宗教文化出版社 2009 年。

禅林宝训顺砞 释圣可著，宗教文化出版社 2009 年。

七俱胝佛母大准提陀罗尼法门 水境居士著，宗教文化出版社 2009 年。

《往生论注》讲义 戒修辑述，宗教文化出版社 2009 年。

＊**新译经律异相** 颜洽茂译，台湾三民书局 2010 年。

联灯会要：点校本 （宋）悟明集，海南出版社 2010 年。

坛经全书 （唐）慧能大师撰，内蒙古人民出版社 2010 年。

心经全书 ［印］释迦牟尼著，内蒙古人民出版社 2010 年。

金刚经全书 ［印］释迦牟尼著，内蒙古人民出版社 2010 年。

百喻经全书解读 （唐）玄奘著，内蒙古人民出版社 2010 年。

高僧传 （南朝梁）释慧皎著，陕西人民出版社 2010 年。

道安著作译注 （晋）释道安原著，胡中才译注，宗教文化出版社 2010 年。

佛说大乘无量寿庄严清净平等觉经·佛说阿弥陀经：拼音版·净土宗经典 （汉）支娄迦谶、（后秦）鸠摩罗什译，宗教文化出版社 2010 年。

金刚经 心经 赖永海主编，陈秋平注，中华书局 2010 年。

法华经 赖永海主编，王彬注，中华书局 2010 年。

坛经 赖永海主编，尚荣译注，中华书局 2010 年。

楞伽经 赖永海主编，刘丹注，中华书局 2010 年。

解深密经 赖永海主编，赵锭华注，中华书局 2010 年。

四十二章经 赖永海主编，尚荣译注，中华书局 2010 年。

楞严经 赖永海主编，刘鹿鸣注，中华书局 2010 年。

圆觉经 赖永海主编，徐敏注，中华书局 2010 年。

维摩诘经 赖永海主编，高永旺注，中华书局 2010 年。

金光明经 赖永海主编，刘鹿鸣注，中华书局 2010 年。

梵网经 赖永海主编，戴传江注，中华书局 2010 年。

无量寿经 赖永海主编，陈林译注，中华书局 2010 年。

肇论校释（中国佛教典籍选刊）

（晋）僧肇著，张春波校释，中华书局2010年。

坛经译注 魏道儒译注，中华书局2010年。

佛教十三经 （后秦）鸠摩罗什等著，中华书局2010年。

妙法莲华经 （后秦）鸠摩罗什译，李海波注译，中州古籍出版社2010年。

阿弥陀经 （后秦）鸠摩罗什译，王辉注译，中州古籍出版社2010年。

一切经音义三种校本合刊索引 王华权、刘景云编撰，上海古籍出版社2010年。

四明尊者教行录 （宋）宗晓编，上海古籍出版社2010年。

金刚经：图文本 （后秦）鸠摩罗什译，凤凰出版社2010年。

六祖坛经：图文本 （唐）惠能著，凤凰出版社2010年。

坛经 洪修平、白光注评，凤凰出版社2010年。

坛经 （唐）惠能原著，吉林文史出版社2010年。

四十二章经 净慧法师整理，线装书局2010年。

金刚经心经 净慧法师整理，线装书局2010年。

圆觉经 净慧法师整理，线装书局2010年。

佛说阿弥陀经 净慧法师整理，线装书局2010年。

金刚经六祖口诀 净慧法师整理，线装书局2010年。

佛说摩利支天菩萨经（中华再造善本续编）（唐）释不空、（元）释法天译，国家图书馆出版社2010年。

弘明集 （南朝梁）释僧祐编撰，刘立夫、胡勇译注，中华书局2011年。

杂阿含经论会编 释印顺著，中华书局2011年。

《天台四教仪集注》译释 达照译释，上海古籍出版社2011年。

释迦方志 （唐）道宣撰，范祥雍点校，上海古籍出版社2011年。

高僧传合集 （南朝梁）慧皎等撰，上海古籍出版社2011年。

楞伽经集注 （宋）释正受集注，释普明点校，上海古籍出版社 2011 年。

经律异相 （南朝梁）僧旻、（南朝梁）宝唱等撰集，上海古籍出版社 2011 年。

中论百论十二门论 （隋）吉藏疏，上海古籍出版社 2011 年。

金刚般若波罗蜜经集注 （明）朱棣集注，上海古籍出版社 2011 年。

禅宗语录辑要 上海古籍出版社编，上海古籍出版社 2011 年。

大佛顶首楞严经会解 （唐）般刺密帝译，上海古籍出版社 2011 年。

注维摩诘所说经 （后秦）僧肇等注，上海古籍出版社 2011 年。

祖堂集 （南唐）静筠二禅师编，上海古籍出版社 2011 年。

坛经 丁福保笺注，上海古籍出版社 2011 年。

旅顺博物馆藏敦煌本六祖坛经 郭富纯、王振芬整理，上海古籍出版社 2011 年。

莲池大师全集 （明）云栖袾宏撰，明学主编，上海古籍出版社 2011 年。

般若心经译注集成 方广錩编纂，上海古籍出版社 2011 年。

《法华玄义》精读 沈海燕著，上海古籍出版社 2011 年。

《法华文句》精读 朱封鳌著，上海古籍出版社 2011 年。

敕修百丈清规 （元）德辉编，李继武校，中州古籍出版社 2011 年。

碧岩录 （宋）圜悟克勤著，尚之煜校，中州古籍出版社 2011 年。

坛经 （唐）惠能著，岳麓书社 2011 年。

道家类

方壶外史 （明）陆西星撰，香山郑观应 1915 年。

（绘图）暗室灯 （清）深山编著，静修庐主人翻印，1918 年。

道德经白话解说 江希张注，上海道德图书馆编，道德图书馆 1919 年，1921 年，1933 年。

庄子浅训 蒋梅笙编，新民图书馆 1919 年。

老子新解（新生丛书） 麟符著，

协成印刷局 1921 年。

老子新注 缪尔纾著，云南教育厅编译处 1922 年，新文化书社 1923 年，1933 年，1935 年，启智书局 1935 年。

仙术秘库 （清）王建章著，万国长寿学会 1922 年，1924 年。

点金奇术 （唐）吕洞宾著，（明）张三丰订，龙虎老人编辑，道学研究社 1922 年。

（标点注解）老子道德经（诸子研究） 支伟成标点，泰东书局 1923 年，1924 年，1934 年，大中书局 1934 年。

太上感应篇注讲证案汇编 （清）陈氏辑，弘化社 1923 年，1931 年。

（标点注解）庄子校释（诸子研究） 支伟成编并标点，泰东图书局 1924 年，1926 年，1934 年，中国书店 1988 年，台湾文听阁图书公司 2010 年。

感应类钞 （清）史洁理辑著，聂氏家言旬刊社 1924 年。

修真指南注介 逍遥子著，五教书局 1924 年。

（新式标点）老子道德经 （曹魏）王弼注释，高岳岱标点，扫叶山房 1925 年。

老子集注（国故学丛书）（宋）范应元集注直解，曹聚仁增订，群学社 1925 年，1930 年。

（新式标点）列子 （晋）张湛注释，周伯年标点，扫叶山房 1925 年，1926 年。

（新式标点）庄子集解 （清）王先谦编，陈益标点，扫叶山房 1925 年，1926 年。

（评注标点）老子读本（十子全书） 陈和祥评注，秦同培辑校，世界书局 1926 年。

（评注标点）列子读本（十子全书） 陈和祥评注，秦同培辑校，世界书局 1926 年。

列子（学生国学丛书） 唐敬杲选注，商务印书馆 1926 年，1933 年，1937 年。

庄子（万有文库） 沈雁冰（原题：沈德鸿）选注，商务印书馆 1926 年，1930 年，1932 年，1934 年，1938 年，1945 年，1947 年。

（评注标点）庄子读本（十子全

书） 陈和祥评注，秦同培辑校，世界书局1926年。

老子集训 陈柱编，商务印书馆1928年。

老子（万有文库） 陈柱注，商务印书馆1928年，1929年，1930年，1934年，1935年。

老子通证（无锡国学专修学校丛书） 冯振著，国立暨南大学印务组1929年，山围精舍1935年。

老子今见（七闽丛书） 陈澄澥著，文岚簃印书局1929年。

庄子（新式考证注解） 王治心注，沈继先校订，群学社1929年，1931年。

老子 许啸天注解，群学社1930年。

庄子集解（万有文库）（清）王先谦注释，商务印书馆1930年，1933年，1935年，1939年简编版。

老子本义（万有文库）（清）魏源著，商务印书馆1931年，1934年，1939年简编版，1947年，1947年简编版。

庄子诠诂（国立中央大学丛书） 胡远浚著，商务印书馆1931年，1932年。

太上感应篇注释 （宋）佚名撰，仁寿堂1932年。

道藏目录详注（国学基本丛书）（明）白云霁著，商务印书馆1933年。

劝戒录节本 （清）梁恭辰著，吕美荪编，编者刊，1933年。

庄子内篇证补（国学小丛书） 朱桂曜著，商务印书馆1934年。

庄子新义（无锡国学专修学校丛书） 朱文熊著，国学专修学校1934年。

劝戒录 （清）梁恭辰撰，周敬庵居士募资重印，1934年。

（白话译解）庄子 叶玉麟译解，大达图书供应社1935年，1936年，广益书局1941年，1947年。

庄子集释（诸子集成）（清）郭庆藩集释，世界书局1935年。

（白话译解）老子道德经 叶玉麟译解，新民书局1935年，大达图书供应社1936年，广益书局1936年，1947年。

尹文子校正（国学小丛书） 王恺銮校正，商务印书馆1935年，（台湾）商务印书馆 1965 年。

尹文子（四部丛刊）（周）尹文撰，商务印书馆 1936 年。

尹文子（四部备要）（周）尹文撰，中华书局 1936 年。

老子道德经（四部丛刊）（周）李耳撰，（汉）河上公注，商务印书馆 1936 年。

老子道德经（四部备要）（周）李耳撰，（曹魏）王弼注，中华书局 1936 年。

关尹子（四部备要）（周）尹喜撰，中华书局 1936 年。

冲虚至道真经（四部丛刊）（周）列御寇撰，（晋）张湛注，商务印书馆 1936 年。

列子（四部备要）（周）列御寇撰，（晋）张湛注，中华书局 1936 年。

南华真经（四部丛刊）（周）庄周撰，（晋）郭象注，（唐）陆德明音义，商务印书馆 1936 年。

庄子（四部备要）（周）庄周撰，（晋）郭象注，中华书局 1936 年。

文子（四部备要）（周）辛钘撰，中华书局 1936 年。

文子缵义（四部备要）（元）杜道坚撰，中华书局 1936 年。

抱朴子（四部丛刊）（晋）葛洪撰，商务印书馆 1936 年。

抱朴子（四部备要）（晋）葛洪撰，中华书局 1936 年。

参同契考异（四部备要）（宋）朱熹撰，中华书局 1936 年。

云笈七签（四部丛刊）（宋）张君房撰，商务印书馆 1936 年。

文始真经言外经旨（丛书集成初编）（周）尹喜著，（宋）陈显微述，商务印书馆 1936 年。

关尹子（丛书集成初编）（周）尹喜著，商务印书馆 1936 年。

通玄真经（丛书集成初编）（周）辛钘著，（唐）徐灵府注，商务印书馆 1936 年。

文子缵义（丛书集成初编）（宋）杜道坚撰，商务印书馆 1936 年。

抱朴子内外篇（丛书集成初编）（晋）葛洪撰，商务印书馆 1936 年。

老子列子精华（中国文学精华）

中华书局编辑，中华书局1936年，1941年。

庄子集解 叶昀校，广益书局1936年。

历代神仙史 （清）景星杓著，道德书局1936年。

列仙传（附校伪补校）（丛书集成初编）（汉）刘向撰，商务印书馆1936年。

鹖冠子（四部丛刊）（战国）鹖冠子著，商务印书馆1936年。

鹖冠子（四部备要）（战国）鹖冠子著，（宋）陆佃注，中华书局1936年。

鹖冠子汇校集注（附通检） 黄怀信撰，中华书局2004年。

听心斋客问（丛书集成初编）（明）万尚父撰，商务印书馆1936年。

无上秘要（丛书集成初编） 商务印书馆1936年。

至游子（丛书集成初编）（宋）曾慥著，商务印书馆1936年。

祷雨杂记（丛书集成初编）（明）钱琦录，商务印书馆1936年。

灵籍宝章（丛书集成初编）（汉）虚靖天师撰，商务印书馆1936年。

禄嗣奇谈（丛书集成初编） 冲一真君撰，商务印书馆1936年。

求雨篇（丛书集成初编）（清）纪大奎撰，商务印书馆1936年。

脉望（丛书集成初编）（明）赵台鼎撰，商务印书馆1936年。

南岳遇师本末（丛书集成初编）（宋）夏元鼎编，商务印书馆1936年。

胎息经（丛书集成初编） 幻真先生注，商务印书馆1936年。

胎息经疏略（丛书集成初编）（明）王文禄撰，商务印书馆1936年。

老子本义（丛书集成初编）（清）魏源撰，商务印书馆1937年。

参同契正文（丛书集成初编）（汉）魏伯阳撰，商务印书馆1937年。

周易参同契考异（丛书集成初编）（宋）朱熹撰，商务印书馆1937年。

参同契疏略（丛书集成初编）（明）王文禄撰，商务印书馆1937年。

天隐子（丛书集成初编）（唐）司

马承祯撰，商务印书馆 1937 年。

玄真子（丛书集成初编）（唐）张志和撰，商务印书馆 1937 年。

无能子（丛书集成初编） 商务印书馆 1937 年。

尹文子（万有文库） 钱熙祚校，商务印书馆 1937 年，1939 年简编版。

海陵三仙传（丛书集成初编） 商务印书馆 1937 年。

仙吏传（丛书集成初编）（唐）太上隐者撰，商务印书馆 1937 年。

香案牍（丛书集成初编）（明）陈继儒撰，商务印书馆 1937 年。

续神仙传（丛书集成初编）（唐）沈汾撰，商务印书馆 1937 年。

疑仙传（附补校）（丛书集成初编）（宋）隐夫玉简撰，商务印书馆 1937 年。

钟吕二仙传（丛书集成初编）（明）黄鲁曾撰，商务印书馆 1937 年。

老子校诂 蒋锡昌著，商务印书馆 1937 年。

列子天瑞篇新义 张怀民著，中华国学会 1937 年。

关尹子（万有文库）（春秋）尹喜著，商务印书馆 1937 年，1939 年简编版。

节本庄子（中学国文补充读本） 沈雁冰（原题：沈德鸿）选注，商务印书馆 1937 年。

庄子精华（中国文学精华） 中华书局编辑，中华书局 1937 年，1939 年，1941 年。

文子缵义（万有文库）（宋）杜道坚著，商务印书馆 1937 年。

鹖冠子（万有文库）（战国）鹖冠子著，（宋）陆佃解，商务印书馆 1937 年。

抱朴子内外篇（万有文库）（晋）葛洪著，商务印书馆 1937 年，1939 年简编版。

尹文子直解（国学小丛书） 陈仲荄著，商务印书馆 1938 年，台湾文听阁图书公司 2010 年。

道德书 （清）姚元滋等著，劝社 1939 年。

南岳魏夫人传（丛书集成初编）（唐）颜真卿著，商务印书馆 1939 年。

御制周颠仙人传（丛书集成初编）（明）朱元璋著，商务印书馆1939年。

李清传（丛书集成初编）（唐）薛用弱著，商务印书馆1939年。

鹖冠子（丛书集成初编）（战国）鹖冠子著，商务印书馆1939年。

道德指归说（丛书集成初编）（汉）严遵撰，商务印书馆1939年。

老子道德经（丛书集成初编）（周）李耳著，（晋）王弼注，商务印书馆1939年。

蟾仙解老（丛书集成初编）（宋）白玉蟾注，商务印书馆1939年。

道德真经集解（丛书集成初编）（金）赵秉文撰，商务印书馆1939年。

老子解（丛书集成初编）（宋）苏辙注，商务印书馆1939年。

太上老子道德经集解（丛书集成初编）（元）董思靖集解，商务印书馆1939年。

老子集解（附考异）（丛书集成初编）（明）薛蕙撰，商务印书馆1939年。

古文参同契集解（丛书集成初编）（汉）魏伯阳著，（明）蒋一彪辑，商务印书馆1939年。

古文周易参同契注（丛书集成初编）（清）袁仁林注，商务印书馆1939年。

冲虚至德真经释文（丛书集成初编）（唐）殷敬顺撰，（宋）陈景元补遗，商务印书馆1939年。

列子（丛书集成初编）（周）列御寇著，（晋）张湛注，商务印书馆1939年。

亢仓子（丛书集成初编）（周）庚桑楚著，（唐）王士元补亡，商务印书馆1939年。

真诰（丛书集成初编）（南朝梁）陶弘景撰，商务印书馆1939年。

赤凤髓（丛书集成初编）（明）周履靖辑，商务印书馆1939年。

逍遥子导引诀（丛书集成初编）（明）逍遥子撰。商务印书馆1939年。

老子翼（丛书集成初编）（明）焦竑撰，商务印书馆1940年。

老子道德经考异（丛书集成初编）

（清）毕沅辑，商务印书馆1940年。

（重订）老子正诂 高亨著，开明书店1943年，1948年，1949年。

老子章句新释（子学丛书） 张默生著，东方书社1943年，1946年。

老子章句新编 严灵峰著，文风书店1944年，东方书店1946年。

道德经贯解（整理国学丛书） 梁午峰注解，西北教育用品社1944年。

老学辨正解（道德经解） 李天然著，正学社1944年。

老子现代语解 陆世鸿著，中华书局1944年，1947年。

庄子引得（引得特刊） 哈佛燕京学社引得编纂处编，哈佛燕京学社引得编纂处1947年。

庄子集解补正 刘武补正，商务印书馆1948年。

（古籍新编）老子 郑麟编，中国学典馆1949年。

郭象庄子注校记 王叔岷，商务印书馆1950年。

庄子集解内篇补正 （清）王先谦集解，刘武补正，商务印书馆1949年，1952年。

庄子集解 （清）王先谦集解，中华书局1954年，1957年，上海书店出版社1987年，1992年，成都古籍书店1988年，三秦出版社1998年。

老子本义 （清）魏源撰，中华书局1955年，1957年，上海书店1987，中国书店1996年。

＊**庄子纂笺** 钱穆撰，香港东南印务出版社1955年。

＊**老子想尔注校笺** 饶宗颐撰，香港东南书局1956年，上海古籍出版社1991年。

老子正诂 高亨著，古籍出版社1956年，中华书局1959年。

老子今译 任继愈译，中华书局1956年，1957年。

列子 （战国）列子撰，（晋）张湛注，文学古籍刊行社1956年，上海书店出版社1986年，1992年。

老子校诂 马叙伦著，中华书局1957年，1974年。

庄子天下篇述义（附：庄子年表） 马叙伦撰，龙门联合书局1958年。

老子校释（新编辑子集成） 朱谦之著，龙门联合书局1958年，中华书局1963年，1984年，2000年，台湾明伦出版社1971年，华正书局1986年，顶渊文化事业公司2005年，台湾汉京文化事业公司2005年。

列子集释 杨伯峻集释，龙门联合书局1958年，中华书局1979年，1997年。

太平经合校（道教典籍选刊） 王明整理，中华书局1960年，1997年。

庄子集释（新编诸子集成第一辑）（清）郭庆藩撰，王孝鱼点校，中华书局1961年，1997年，2004年。

列仙全传（中国古代版画丛刊）（明）王世贞辑，中华书局上海编辑所1961年，1988年。

老子衍 庄子通 （清）王夫之撰，王孝鱼点校，中华书局1962年，1988年。

庄子解 （清）王夫之撰，王孝鱼点校，中华书局1964年，1985年。

＊**老子探义** 王淮注释，（台湾）商务印书馆1969年。

＊**老子今注今译** 陈鼓应撰，（台湾）商务印书馆1970年，2000年修订本，商务印书馆2003年修订本。

＊**列子校释** （周）列御寇撰，陶光校释，台湾河洛图书出版社1975年。

老子（马王堆汉墓帛书） 马王堆汉墓帛书整理小组编，文物出版社1976年。

经法（马王堆汉墓帛书） 马王堆汉墓帛书整理小组编，文物出版社1976年。

老子注释 复旦大学哲学系《老子注释》组注，上海人民出版社1977年。

＊**庄子今注今译**（中国古典名著译注丛书） 陈鼓应注译，（台湾）商务印书馆1977年，1995年修订本，中华书局1983年修订本，商务印书馆2007年修订重排本。

尹文子简注 （战国）尹文撰，厉时熙注，上海人民出版社1977年。

老子新译 任继愈译，上海古籍出版社1978年，1988年。

＊**新译列子读本** 庄万寿撰，台湾

三民书局1979年，三版2009年。

老子注释（高亨著作丛刊） 高亨著，河南人民出版社1980年，清华大学出版社2010年。

庄子补正 （晋）郭象注，（唐）成玄英疏，刘文典补正，云南人民出版社1980年。

抱朴子内篇校释（新编诸子集成） 王明校释，中华书局1980年，1996年增订本，2002年。

老子校读 张松如编，吉林人民出版社1981年。

无能子校注 王明校注，中华书局1981年。

庄子浅注 曹础基著，中华书局1982年，2007年修订重排本

庄子内篇新解 庄子通疏证 王孝鱼解，岳麓书社1983年。

庄子译注 王世舜等译注，山东教育出版社1984年，齐鲁书社1998年。

老子注译及评介（中国古典名著译注丛书） 陈鼓应注译，中华书局1984年，2001年，2009年修订重排版。

庄子引得 引得编纂处编，上海古籍出版社1986年，1988年。

黄帝内经章句索引 任应秋主编，人民卫生出版社1986年。

列子译注（中华古籍译注丛书 诸子译注丛书） 严北溟、严捷译注，上海古籍出版社1986年，1997年，2006年，台湾文津出版社1987年，书林出版1995年。

老子道德经 （曹魏）王弼注，（清）魏源注，上海书店出版社1986年，1992年。

抱朴子 （晋）葛洪撰，上海书店出版社1986年，1992年，上海古籍出版社1990年，1995年。

老子浅释（中国古代文化要览小丛书） 陆元炽编，北京古籍出版社1987年，2001年。

庄子集注 （战国）庄周撰，沙少海集注，贵州人民出版社1987年。

庄子集解·庄子集解内篇补正（新编诸子集成第一辑） （清）王先谦撰，刘武撰，沈啸寰点校，中华书局1987年，1999年。

文子要诠 李定生、徐慧君校注，复旦大学出版社1988年。

庄子集释 （战国）庄周撰，（清）郭庆藩集释，中国书店 1988 年。

庄子诠诂 胡远濬著，中国书店 1988 年。

内炼密诀（东方修道文库） （明）柳华阳撰，［日］伊藤光远改著，殷师竹译述、太一山人增订，中国人民大学出版社 1988 年。

云笈七签 （宋）张君房辑，齐鲁书社 1988 年，书目文献出版社 1992 年。

定本庄子故（安徽古籍丛书）（清）马其昶撰，马茂元编次，黄山书社 1989 年。

道德经译注 王成竹、宋育文译注，中州古籍出版社 1989 年。

搜神谱 佚名编撰，赵望秦、贾二强校注，三秦出版社 1989 年。

玄珠录校释 （唐）王玄览撰，朱森溥校释，巴蜀书社 1989 年。

文子（诸子百家丛书） （春秋）辛妍撰，（元）杜道坚注，上海古籍出版社 1989 年，1994 年。

老子·庄子·列子（古典名著普及文库） 张震点校，岳麓书社 1989 年。

道教五派丹法精选（第一集） （元）李道纯撰，王沐选编，中医古籍出版社 1989 年。

道教五派丹法精选（第二集） （宋）张伯瑞等撰，王沐选编，中医古籍出版社 1989 年。

道教五派丹法精选（第三集） （明）陆西星等撰，王沐选编，中医古籍出版社 1989 年。

道教五派丹法精选（第四集） （元）丘处机等撰，王沐选编，中医古籍出版社 1989 年。

道教五派丹法精选（第五集） （清）刘一明等撰，王沐选编，中医古籍出版社 1989 年。

悟真篇三家注 （宋）张伯端撰，（清）董德宁等注，史平点校，华夏出版社 1989 年。

中和集·金丹大成集（气功养生丛书） （元）李道纯撰，（元）萧廷芝撰，上海古籍出版社 1989 年。

规中指南·金丹大要（气功养生丛书） （元）陈冲素撰，（元）陈致虚撰，上海古籍出版社 1989 年，1990 年。

钟吕传道集·西山群仙会真记·入药镜（气功养生丛书）（唐）施肩吾撰，李竦编，（唐）崔希范撰，上海古籍出版社 1989 年，1990 年。

赤凤髓（气功养生丛书）（明）周履靖编集，上海古籍出版社 1989 年。

悟真篇集注（气功养生丛书）（宋）张伯端撰，（清）仇兆鳌集注，上海古籍出版社 1989 年，1990 年。

性命圭旨（气功养生丛书）（明）尹真人弟子撰，上海古籍出版社 1989 年，1990 年，中医古籍出版社 1990 年。

老子·列子（诸子百家丛书）（春秋）老子撰，（晋）王弼注，旧题（战国）列御寇撰，（晋）张湛注，上海古籍出版社 1989 年，1995 年。

修真辨难参证尹真人东华正脉皇极阖辟证道仙经（气功养生丛书）（明）刘一明撰，（清）闵一得参证，（清）尹真人传，闵一得订正，上海古籍出版社 1989 年，1990 年。

黄庭经慧命经　（晋）陈樱宁撰，曹雨点校，（清）柳华阳撰，曹雨点校，中国医药科技出版社 1989 年。

列仙传·神仙传（诸子百家丛书）（汉）刘向、（晋）葛洪撰，上海古籍出版社 1990 年，1995 年。

黄庭经（气功养生丛书）（唐）务成子、梁邱子注，上海古籍出版社 1990 年，1991 年。

道枢（气功养生丛书）（宋）曾慥编，上海古籍出版社 1990 年，1991 年。

古本伍柳仙宗全集（气功养生丛书）（明）伍守阳，（清）柳华阳撰，上海古籍出版社 1990 年。

参同契直指·悟真直指　（清）刘一明撰，程文俊、智文标点，山西人民出版社 1990 年。

天仙金丹心法·附气功秘文破译（道教典籍选刊）　旧题八仙合著，松飞破译，中华书局 1990 年，1997 年。

修真辨难　（唐）刘一明撰，曹志清、曹雨标点，山西人民出版社 1990 年。

灵宝毕法　（唐）钟离权撰，（唐）吕洞宾撰、曹志清等点校，山西人民出版社 1990 年。

悟真篇浅解（外三种）（道教典籍选刊）（宋）张伯端撰，王沐浅解，中华书局1990年，1997年。

涵虚秘旨（东方修道文库）（清）李涵虚著，中国人民大学出版社1990年。

阴符经·关尹子·亢仓子（诸子百家丛书）旧题黄帝、姜太公等注，（周）尹喜、庚桑楚撰，何粲注，上海古籍出版社1990年。

延陵先生集新旧服气经天隐子·玉清金笥青华秘文（金）宝内谏丹诀·丹阳真人语录·大丹直指（气功养生丛书）（唐）延陵先生集，（唐）司马承祯撰题，（宋）张伯瑞撰，（元）王颐中集、邱处机述，上海古籍出版社1990年。

静坐法精义·指道真诠（气功养生丛书）丁福保编、杨践形述，上海古籍出版社1990年。

玄肤论·道窍谈·三车秘旨（气功养生丛书）（明）陆西星撰，（清）李西月撰，上海古籍出版社1990年，1991年。

三元延寿参赞书·修龄要指医先·摄生三要·养生肤语（气功养生丛书）（元）李鹏飞编，（明）冷谦撰，（明）王文禄撰，（明）袁黄撰，（明）陈继儒撰，上海古籍出版社1990年。

新刻养生导引法·静坐要诀（气功养生丛书）（明）胡文焕编，（明）袁黄撰，上海古籍出版社1990年。

性命要旨（气功养生丛书）（清）汪启淑撰，上海古籍出版社1990年。

玄机直讲·道言浅近说玄要篇（气功养生丛书）（明）张三丰撰，上海古籍出版社1990年，1991年。

白话庄子（传统文化经典读本）张玉良主编，三秦出版社1990年，2003年。

道德经释义 任法融注，三秦出版社1990年。

张三丰全集 （明）张三丰撰，方春阳点校，浙江古籍出版社1990年，1999年。

抱朴子外篇校笺（上）（新编诸子集成）（晋）葛洪撰，杨明照校笺，中华书局1991年。

道家秘方精华（中国佛道上乘功法

秘典） 朱壮涌整理点校，内蒙古人民出版社1991年，1993年。

道教三经合璧 慕容真点校，浙江古籍出版社1991年。

道德经释义 徐兴东、周长秋编，齐鲁书社1991年。

老子译注（中华古籍译注丛书 诸子译注丛书） 冯达甫译注，上海古籍出版社1991年，1998年，2006年，2007年，台湾书林出版1995年。

庄子选译（古代文史名著选译丛书）（战国）庄周撰，马美信译注，巴蜀书社1991年，凤凰出版社2011年。

老子注译（古代文史名著选译丛书）（春秋）老子撰，张玉春、金国泰译注，巴蜀书社1992年，凤凰出版社2011年。

黄帝阴符经全书 王毅、盛瑞裕编，陕西旅游出版社1992年。

老子指归（道教典籍选刊）（汉）严遵撰，王德有点校，中华书局1994年，1997年。

老子指归全译（中国古代哲学名著全译丛书）（汉）严君平撰，王德有译注，巴蜀书社1992年。

老子衍全译 （明）王夫之撰，李申译注，巴蜀书社1992年。

＊**新译庄子读本** 黄锦鋐撰，台湾三民书局1992年，二版2007年。

＊**庄子校释** 王叔岷著，台湾“中研院”历史语言研究所1993年。

仙鉴 （元）赵道一撰，江苏广陵古籍刻印社1993年，1997年。

老子道德经河上公章句（道教典籍选刊）（汉）河上公注，王卡点校，中华书局1993年，1997年。

长寿秘诀·海上仙方 （清）慈山居士，（唐）孙思邈撰，李亚娜点校、陈寿昌整理，山西古籍出版社1993年。

道德经注解 震阳子著，大连出版社1993年。

道德真经·南华真经（诸子百家丛书）（汉）河上公注，（晋）郭象注，（唐）成玄英疏，上海古籍出版社1993年。

周易参同契释义 任法融注，西北大学出版社1993年，香港蓬瀛仙馆2000年。

太平经（诸子百家丛书） 上海古籍出版社 1993 年。

太乙金华真经 （唐）吕洞宾撰，王魁溥译，中国医药科技出版社 1993 年。

仙术秘库 （清）王建章撰，朱壮涌点校，内蒙古人民出版社 1993 年。

列子全译（中国历代名著全译丛书） 王强模译注，贵州人民出版社 1993 年。

伍柳仙宗 （明）伍冲虚，（清）柳华阳撰，江苏广陵古籍刻印社 1993 年。

＊**庄子译注** 刘建国、顾宝田注译，台湾建宏出版社 1994 年。

修真秘要·锦身机要（珍本医籍丛刊） （明）王蔡传撰，金弈点校，（明）混沌子撰，金弈点校，中医古籍出版社 1994 年。

庄子白话今译（先秦诸子今译丛书） 李双译注，中国书店 1994 年，1997 年。

庄子译注（中华古籍译注丛书 诸子译注丛书） 杨柳桥译注，上海古籍出版社 1994 年，1998 年，2006 年，2007 年。

列子选译（古代文史名著选译丛书） （战国）列御寇撰，王丽萍译注，巴蜀书社 1994 年，凤凰出版社 2011 年。

道德经（中国传统文化精品丛书） （春秋）老子撰，黄朴民注，陕西人民出版社 1994 年，1996 年。

老子注三种（安徽古籍丛书） （清）姚鼐等撰，汪福润点校辑译，黄山书社 1994 年。

方壶外史 （明）陆西星撰，江苏广陵古籍刻印社 1994 年。

道书一贯（中国气功古籍丛书） 溪桥道人编撰，陶秉福主编，同心出版社 1994 年。

南华经 先（秦）庄周撰，仲兆环等注译，安徽人民出版社 1994 年。

南华经 先（秦）庄周撰，周苏平、张克平译注，三秦出版社 1995 年。

老子·庄子（十大古典哲学名著） （魏）王弼等注，章行标校，上海古籍出版社 1995 年。

老子本原 黄瑞云校注，人民文学

出版社 1995 年。

抱朴子内篇（中国传统文化读本）（晋）葛洪撰，张广保编，北京燕山出版社 1995 年。

抱朴子内篇全译（中国历代名著全译丛书）（晋）葛洪撰，顾久译注，贵州人民出版社 1995 年。

太上感应篇（中国传统文化读本）（宋）佚名撰，（清）黄正元图注，张兆裕编著，北京燕山出版社 1995 年，1996 年。

＊**新译尹文子** 徐忠良注译、黄俊郎校阅，台湾三民书局 1996 年。

化书（道教典籍选刊）（五代）谭峭撰，丁祯彦、李似珍点校，中华书局 1996 年，2002 年。

云笈七签（宋）张君房纂辑，蒋力生等校注，华夏出版社 1996 年。

太平经注译 罗炽主编，西南师范大学出版社 1996 年。

老子 梁海明译注，辽宁民族出版社 1996 年。

帛书老子校注（新编诸子集成）高明校注，中华书局 1996 年，1998 年。

老子译注（中国古代名著今译丛书）崔仲平、崔为注译，吉林文史出版社 1996 年。

日藏宋本庄子音义（海外珍藏善本丛书）（唐）陆德明撰，黄华珍校，上海古籍出版社 1996 年。

庄子 雷仲康译注，辽宁民族出版社 1996 年，书海出版社 2001 年。

南华真经今译（白话道教经典）郑开注译，中国社会科学出版社 1996 年。

列仙传神仙传注译 滕修展等译注，百花文艺出版社 1996 年。

＊**新译抱朴子（上下）** 李中华译，黄志民校阅，台湾三民书局 1996 年。

＊**新译老子想尔注** 顾田宝、张忠利撰，傅武光校阅，台湾三民书局 1997 年，2008 年。

白话列子（中国传统文化丛书）尹协理译注，三秦出版社 1997 年，2003 年。

庄子鬳斋口义校注（宋）林希逸撰，周启成校注，中华书局 1997 年。

老子新解（中华传统文化精品丛书） 吴林伯校注，京华出版社1997年。

老子（新世纪万有文库）（春秋）老聃著，涂小马点校，辽宁教育出版社1997年。

抱朴子外篇校笺（下）（新编诸子集成）（晋）葛洪撰，杨明照校笺，中华书局1997年。

抱朴子外篇全译（中国历代名著全译丛书）（晋）葛洪撰，庞月光译注，贵州人民出版社1997年。

＊**新译列仙传** 张金岭译，陈满铭校阅，台湾三民书局1997年。

＊**新译冲虚至德真经** 张松辉撰，周凤五校阅，台湾三民书局1997年，2008年。

＊**庄子译注** 孙雍长译注，台湾建安出版社1998年。

南华真经注疏（道教典籍选刊）（晋）郭象注，（唐）成玄英疏，曹础基、黄兰发点校，中华书局1998年。

列仙传（历代笔记小说小品丛刊）（汉）刘向撰，学苑出版社1998年。

历代释道人物志（百部地方志选辑） 苏晋仁、萧鍊子选辑，巴蜀书社1998年。

老子白话今译（先秦诸子今译丛书） 张忆译注，中国书店1998年。

老子校诂 古棣校诂，吉林人民出版社1998年。

帛书老子校释 戴维校释，岳麓书社1998年。

＊**抱朴子译注** 王庆元、杨端志等译注，台湾建安出版社1999年。

道德经（国文珍品文库 双色版国文珍品文库）（春秋）老子撰，陈忠译评，吉林文史出版社1999年，2004年。

＊**新译周易参同契** 刘国梁注译，台湾三民书局1999年。

文子疏义（新编诸子集成） 王利器疏义，中华书局2000年，2009年。

老子（华夏迷你文库）（春秋）老子撰，傅云龙、陆钦注释，华夏出版社2000年。

＊**新译庄子内篇解义** 吴怡撰，台湾三民书局2000年，2008年。

＊**抱朴子内篇今注今译** （晋）葛洪撰，陈飞龙译，（台湾）商务印书馆2001年，新版2011年。

道德经（智慧果丛书）（春秋）老子撰，苏南注评，江苏古籍出版社2001年。

道德经（中华传世名著精华丛书）（春秋）老子纂，梁海明译注，书海出版社2001年。

庄子（国文珍品文库　双色版国文珍品文库） 韩维志译，吉林文史出版社2001年，2004年。

＊**抱朴子外篇今注今译** （晋）葛洪撰，陈飞龙译，（台湾）商务印书馆2002年，2011年。

庄子发微　钟泰著，骆驼标点，上海古籍出版社2002年。

老子：线装巾箱本 （春秋）老子著，（汉）河上公章句，上海古籍出版社2002年。

庄子：线装巾箱本 （战国）庄周著，上海古籍出版社2002年。

道教源流三字经（图文本三字经系列） 易心莹著，张振国注释讲解，上海古籍出版社2002年。

老子道德经古本集注直解（中华再造善本）（宋）范应元集注，北京图书馆出版社2003年，2007年。

南华真经（中华再造善本）（晋）郭象注，北京图书馆出版社2003年。

庄子鬳斋口义（中华再造善本）（宋）林希逸撰，北京图书馆出版社2003年。

冲虚至德真经（中华再造善本）（晋）张湛注，北京图书馆出版社2003年。

太清风露经（中华再造善本） 题无住真人撰，北京图书馆出版社2003年，2006年。

白话老子　列子（传统文化经典读本） 周春生、伊协理译，三秦出版社2003年。

老子道德经译注（二十二子详注全译） 韩格平、董莲池主编，崔仲平译注，黑龙江人民出版社2003年。

列子译注（二十二子详注全译） 韩格平、董莲池主编，王力波译注，黑龙江人民出版社2003年。

庄子译注（二十二子详注全译） 韩格平、董莲池主编，孟庆祥等译注，黑龙江人民出版社 2003 年。

文子译注（二十二子详注全译） 韩格平、董莲池主编，李德山译注，黑龙江人民出版社 2003 年。

老子新译：《道德经》评注 袁培智、袁辉著，宗教文化出版社 2003 年。

老子解读（中国古典文学精品屋 中华古典珍品书坊） 老子原著，孙以楷解读，黄山书社 2003 年，2007 年。

庄子解读（中国古典文学精品屋 中华古典珍品书坊） 庄周原著，陈道贵解读，黄山书社 2003 年，2007 年。

道德经讲义·乐育堂语录（中国道教丹道修炼系列丛书） （清）黄元吉著，蒋门马校注，宗教文化出版社 2003 年。

云笈七签（道教典籍选刊） （宋）张君房编，李永晟点校，中华书局 2003 年。

＊**老子试校释译** 刘德汉撰，台湾乐学书局 2004 年。

抱朴子内篇注译（道学经典注译） 曾传辉主编，邱凤侠注译，中国社会科学出版社 2004 年。

老子·庄子精译（语文新课标文化艺术阅读丛书） 中国社会科学院哲学研究所中国哲学史研究室编注，文化艺术出版社 2004 年。

庄子（中国传统文化经典诵读） 陈业新评析，湖北辞书出版社 2004 年。

老子（中国传统文化经典诵读） 刘宏彬评析，湖北辞书出版社 2004 年。

庄子（中国古典名著全译赏析典藏图文本） （战国）庄子著，刘英、刘旭、张海玉注译，中国社会科学出版社 2004 年。

通玄真经（中华再造善本） （唐）徐灵府注，北京图书馆出版社 2004 年。

新雕洞灵真经（中华再造善本） （宋）何粲注，北京图书馆出版社 2004 年。

《庄子》精粹解读（中学生文化素质提高丛书） 赵明编著，中华书局 2004 年。

鹖冠子汇校集注（附通检） 黄怀信撰，中华书局 2004 年。

老子今读 蒋沛昌解读，湖南美术出版社2004年。

庄子选译（语文新课标必读丛书） 张庆利译注，上海人民美术出版社2004年。

庄子今解（经典导读系列丛书） 方向东编著，广陵书社2004年。

庄子通释（才子奇书） 陆永品著，经济管理出版社2004年，中国社会科学出版社2006年。

老子解读：老子与宇宙物理学及其哲学思想 于永昌著，中国社会科学出版社2004年。

老子：锡活字本 广陵书社编，广陵书社2004年。

庄子译注（语文新课标推荐） 鲍思陶著，齐鲁书社2004年。

道德经新解 蒋小仲注，广西民族出版社2004年。

冲虚至德真经注译（道学经典注译） 曾传辉注译，中国社会科学出版社2004年。

南华真经注译（道学经典注译） 张惠丽、赵凌云注译，中国社会科学出版社2004年。

黄帝四经注译·道德经注译（道学经典注译） 谷斌等注译，中国社会科学出版社2004年。

庄子探骊 （战国）庄周著，周乾溁译注，天津古籍出版社2004年。

老子指归译注 （汉）严遵著，王德有译注，商务印书馆2004年。

老子（智慧之门系列） 李存山注译，中州古籍出版社2004年，2008年。

列子（中华古典名著文库少年版：珍藏本） 陈广忠评注，中国少年儿童出版社2004年。

老子（中国传统文化精华） 钟雷主编，哈尔滨出版社2004年。

庄子（中国传统文化精华） 钟雷主编，哈尔滨出版社2004年。

庄子（中国传统文化经典儿童读本 中国传统文化经典读本） 王磊、张淳注释，云南大学出版社2004年，2007年，东南大学出版社2010年。

《老子》一点通 柏松编著，中国社会出版社2004年。

黄庭经注译·太乙金华宗旨注译（道学经典注译） 杜琮、张超中注释，中国社会科学出版社 2004 年。

劝善书注译（道学经典注译） 唐大潮等注译，中国社会科学出版社 2004 年。

修道五十关 （清）王建章、刘一明著，李宇林整理，宗教文化出版社 2004 年。

周易参同契注译・悟真篇注译（道学经典注译） 陈全林译，中国社会科学出版社 2004 年。

太上感应篇图说（道教典籍） 任玲等编译，学林出版社 2004 年。

钟吕传道集注译・灵宝毕法注译（道学经典注译） 沈志刚注译，中国社会科学出版社 2004 年。

列仙传注译・神仙传注译（道学经典注译） 邱鹤亭注译，中国社会科学出版社 2004 年。

老子：全本：拼音・注释・今译・诵读本（中国传世经典文库・第 1 辑） 冯聿飞、贾永青注译，北京燕山出版社 2004 年。

《庄子》选评（新世纪古代哲学经典读本） 钱宪民撰，上海古籍出版社 2004 年，2011 年。

文子校释（中华要籍集释丛书） 李定生、徐慧君校释著，上海古籍出版社 2004 年。

老子导读 张梅岭编著，云南美术出版社 2004 年。

马王堆汉墓帛书《黄帝书》笺证（20 世纪出土简帛文献校释及研究丛书） 魏启鹏著，中华书局 2004 年。

纂图互注南华真经（中华再造善本） （晋）郭象注，（唐）陆德明音义撰，北京图书馆出版社 2005 年。

华阳隐居真诰（中华再造善本） （南朝梁）陶弘景撰，北京图书馆出版社 2005 年，2008 年。

老子鬳斋口义（中华再造善本） （宋）林希逸撰，北京图书馆出版社 2005 年。

列子鬳斋口义（中华再造善本） （宋）林希逸撰，北京图书馆出版社 2005 年。

太上感应篇（中华再造善本） （宋）李昌龄传，郑清之赞，北京图书馆出版社 2005 年。

道德会元（中华再造善本） （元）李道纯撰，北京图书馆出版社

2005年。

＊**新译老子解义** 吴怡撰，台湾三民书局2005年，2008年。

＊**新译性命圭旨** 傅凤英撰，台湾三民书局2005年。

＊**新译无能子** 张松辉译，台湾三民书局2005年。

＊**新译坐忘论** （唐）司马承祯撰，张松辉译，台湾三民书局2005年。

＊**新译悟真篇** （宋）张伯端撰，刘国梁、连遥译，台湾三民书局2005年。

庄子选译（语文新课标名著阅读书系·高中版·中国文学篇） 庄子著，朴松花编著，北京理工大学出版社2005年。

吕祖全传（中国传统文化经典文库） （清）刘体恕著，姜子夫主编，大众文艺出版社2005年。

道书十二种（中国传统文化经典文库） 姜子夫主编，大众文艺出版社2005年。

悟真篇（中国传统文化经典文库） 姜子夫主编，大众文艺出版社2005年。

庄子精读（汉语言文学原典精读系列） 陈引驰著，复旦大学出版社2005年。

老子（中华传世名著精华本） 陈渔、夏雨虹主编，吉林人民出版社2005年。

庄子选译：图文本（教育部新课标必读） 李乃龙译注，漓江出版社2005年。

吕洞宾诗歌辑注 张永芳辑注，辽海出版社、中华书局2005年。

谭处端刘处玄王处一郝大通孙不二集（全真道文化丛书） （金）谭处端等著，白如祥辑校，齐鲁书社2005年。

马钰集（全真道文化丛书） （金）马钰著，赵卫东辑校，齐鲁书社2005年。

王重阳集（全真道文化丛书） （金）王重阳著，白如祥辑校，齐鲁书社2005年。

丘处机集（全真道文化丛书） （金）丘处机著，赵卫东辑校，齐鲁书社2005年。

庄子讲读（国学名著讲读系列） 方勇著，华东师范大学出版社

2005 年。

老子浅释 杨杜著，齐鲁书社 2005 年。

老子还真注译（善增读经系列） 沈善增著，上海人民出版社 2005 年。

老子庄子（中国传统文化经典：青少版） 李耳、庄周著，天津人民美术出版社 2005 年。

道德经讲解（古典名著标准读本） 黄朴民撰，岳麓书社 2005 年。

道德经·黄帝内经（选）（中华经典诵读工程丛书） 北京四海经典文化传播中心编，中华书局 2005 年。

老子解读 兰喜并著，中华书局 2005 年。

列子：汉英对照（大中华文库） （战国）列御寇著，李建国今译，梁晓鹏英译，中华书局 2005 年。

道德经（中华儿童古典启蒙教育丛书·第 1 辑） 文景编著，中国人口出版社 2005 年。

老子道德通译：关于自然之道和意识之德的古典学说 魏玉昆著，中国社会科学出版社 2005 年。

郭店楚简《老子》释读 邓各泉著，湖南人民出版社 2005 年。

南华经（双色图文传世经典） 庄子著，周苏平、高彦平注译，安徽人民出版社 2005 年。

道德经（双色图文传世经典） 老子著，韩宏伟、何宏注译，安徽人民出版社 2005 年。

老子 庄子（中国古典文化精华） （春秋）李聃、（战国）庄周著，吴兆基注译，时代文艺出版社 2005 年。

周易参同契解读：修订珍藏版 潘启明著，光明日报出版社 2005 年。

老子庄子（中国青少年诵读工程·小学生经典诵读） 甄光皓主编，光明日报出版社 2005 年。

＊**亢仓子校证** 陈茂仁撰，台湾新文京开发出版公司 2005 年。

抱朴子内篇（中华再造善本） （晋）葛洪撰，北京图书馆出版社 2006 年。

太上洞玄灵宝无量度人上品妙经（中华再造善本） 佚名撰，北京图书馆出版社 2006 年。

＊**新译养性延命录**　（南朝梁）陶弘景撰，曾召南译，刘正浩校阅，台湾三民书局2006年，2009年。

＊**老子臆解**　赵金章撰，台湾文史哲出版社2006年。

＊**新译老子读本**　余培林撰，台湾三民书局2006年。

庄子：彩图版（中国传统文化精华）　钟雷主编，哈尔滨出版社2006年。

老子：彩图版（中国传统文化精华）　李杰主编，哈尔滨出版社2006年。

道德经　李湘雅解读，人民文学出版社2006年。

道德经通释　王强著，昆仑出版社2006年。

《老子》则我者贵　胡耀林注译，河南人民出版社2006年。

庄子：珍藏本（中华古典名著文库少年版：珍藏本）　金凡平译注，中国少年儿童出版社2006年。

老子原解　刘小龙著，新星出版社2006年。

老子（中华经典藏书）　饶尚宽译注，中华书局2006年。

老子古今：五种对勘与析评引论　刘笑敢著，中国社会科学出版社2006年。

庄子（智慧之门）　安继民、高秀昌注译，中州古籍出版社2006年。

文子校注（汉语史与中国古典文献学研究丛书）　彭裕商著，巴蜀书社2006年。

三教真传　（清）佚名著，靳启华点校，广陵书社2006年。

老子·庄子·列子（古典名著普及文库）　张震点校，岳麓书社2006年。

庄子选评（中国文史经典讲堂）　陆永品选注、译评，岳麓书社2006年。

太上感应篇（历代人生哲理集成）（宋）佚名等撰，侯蔼奇等注译，三秦出版社2006年。

道德经（中国传统文化精华·第1辑）（春秋）老子著，陕西旅游出版社2006年。

列子（中国传统文化精华·第1辑）

（战国）列御寇著，陕西旅游出版社2006年。

庄子（中国传统文化精华·第1辑）
（战国）庄周著，陕西旅游出版社2006年。

真诰校注（海外道教学译丛）
［日］吉川忠夫，［日］麦谷邦夫编，朱越利译，中国社会科学出版社2006年。

老子·德道经 熊春锦校注，中央编译出版社2006年。

老子（国学经典少儿读本） 高秀昌主编、注解，中州古籍出版社2006年。

庄子（国学经典少儿读本） 高秀昌主编，安继民注解，中州古籍出版社2006年，2008年。

老子绎读 任继愈著，北京图书馆出版社2006年。

道德经全集（国学经典） 陈才俊主编，海潮出版社2006年。

傅佩荣解读《庄子》 傅佩荣著，线装书局2006年。

傅佩荣解读老子 傅佩荣著，线装书局2006年。

＊**《上清大洞真经》今注今译**
萧登福注译，香港青松出版社2006年。

＊**新译庄子本义** 水渭松撰，台湾三民书局2007年。

＊**新译乐育堂语录** （清）黄元吉撰，戈国龙译，台湾三民书局2007年。

《老子》注评 周生春注评，凤凰出版社2007年。

《庄子》注评 张采民、张石川注评，凤凰出版社2007年。

老子别解 苏宰西译解，甘肃教育出版社2007年。

道德经译解 罗志元编著，广陵书社2007年。

老子：彩图版（中国传统文化精华） 崔钟雷主编，（春秋）老子著，哈尔滨出版社2007年。

庄子：全选 全注 全译 全评
（中国古典名著丛书） 秋平主编，海风出版社2007年。

庄子集成 （战国）庄周著，祝军译注，河海大学出版社2007年。

《老子》解读 顾鸿安著，黑龙江教育出版社2007年。

老子（图说天下·国学书院系列·第1辑） 殷昆编著，吉林出版集团有限责任公司2007年。

庄子（图说天下·国学书院系列·第1辑） 《图说天下·国学书院系列》编委会编，吉林出版集团有限责任公司2007年。

《庄子》心读 王明强著，经济日报出版社2007年。

老子·庄子（古代典籍精编家藏书系） 张凤娟主编，（春秋）李耳、（战国）庄周著，内蒙古人民出版社2007年。

老子·庄子：精美插图本（国学大书院） （春秋）李耳著，（战国）庄周著，乙力注译，三秦出版社2007年。

《道德经》新释 廖元译释，陕西人民出版社2007年。

帛书老子再疏义（国家社科基金成果文库） 尹振环著，商务印书馆2007年。

老子（世纪人文系列丛书·大学经典） 奚侗集解，方勇导读、标点整理，上海古籍出版社2007年。

老子新诠 邓立光著，上海古籍出版社2007年。

老子通释（上海图书馆馆藏拂尘·旧话经典） 张纯一著，上海科学技术文献出版社2007年。

白话译解庄子（上海图书馆馆藏拂尘·旧话经典） 叶玉麟著，上海科学技术文献出版社2007年。

老子（钱选国学名著） （曹魏）王弼注，崔存明校订，首都经济贸易大学出版社2007年。

庄子（钱选国学名著） （晋）郭象注，（唐）陆德明音义，崔存明校订，首都经济贸易大学出版社2007年。

解读庄子（傅佩荣国学精品集） 傅佩荣著修订版，上海三联书店2007年。

老子新编 余元洲著译，新华出版社2007年。

庄子新释 张默生著，新世界出版社2007年。

老子（国学经典图文系列） 黄朴民编撰，岳麓书社2007年。

道德经全书（国学新读大讲堂）（春秋）老子原著，司马哲编著，中国长安出版社2007年。

道德经：汉英对照　（春秋）老子著，辜正坤译，中国对外翻译出版公司2007年。

道德经（国学书院）（春秋）李耳著，李广宁译注，中国纺织出版社2007年。

庄子（国学书院）（战国）庄周著，纪琴译注，中国纺织出版社2007年。

道德经　李一冉编著，中国广播电视出版社2007年。

庄子（中国古典文学名著）　庄子原著，孙通海评注，中国少年儿童出版社2007年。

老子·庄子（中国传统文化大系）（春秋）老子、（战国）庄周著，中国戏剧出版社2007年。

庄子（中华经典藏书）　孙通海译注，中华书局2007年，2010年。

庄子校诠（王叔岷著作集）　王叔岷撰，中华书局2007年。

庄子：文白对照　孙通海译，中华书局2007年。

列子（中华经典藏书）　景中译注，中华书局2007年。

列仙传校笺（王叔岷著作集）　王叔岷撰，中华书局2007年。

道德经（国学经典解读系列）（春秋）老子原著，郑春兴编著，中原农民出版社2007年。

伍柳天仙法脉：伍冲虚、柳华阳的内丹四著　（明）伍冲虚、（清）柳华阳著，宗教文化出版社2007年。

庄子诠评：增订新版　方勇、陆永品注评，巴蜀书社2007年。

老子新解：宇宙之道（何新国学经典）　何新编著，北京工业大学出版社2007年。

南华经解　（清）宣颖撰，广东人民出版社2008年。

老子译注　辛战军译注，中华书局2008年。

老子道德经注校释（新编诸子集成）（魏）王弼注，楼宇烈校释，中华书局2008年。

老子庄子　（春秋）李耳、（战国）庄周著，北京出版社2008年。

庄子选译　石磊评注，上海辞书出

版社 2008 年。

老子今释 郑张欢著，齐鲁书社 2008 年。

庄子图文本 张京华解说，岳麓书社 2008 年。

老子译注与解析 张松辉著，岳麓书社 2008 年。

道德经：图文本 （春秋）老子著，凤凰出版社 2008 年。

道德经：全本 （春秋）李聃著，北京燕山出版社 2008 年。

庄子 王岩峻、吉云译注，三晋出版社 2008 年。

老子 卫广来译注，三晋出版社 2008 年。

宋刊老子道德经 （汉）河上公章句，福建人民出版社 2008 年。

老子九观正义 柯可著，广东经济出版社 2008 年。

老子章段今解 罗尚贤著，广东经济出版社 2008 年。

庄子选译 （战国）庄周著，光明日报出版社 2008 年。

庄子 曹础基注说，河南大学出版社 2008 年。

道德经 老子著，河南人民出版社 2008 年。

《道德经》译释 老子著，湖南人民出版社 2008 年。

文子 （周）文子撰，时代文艺出版社 2008 年。

列子 （战国）列御寇著，时代文艺出版社 2008 年。

鹖冠子·化书 （战国）鹖冠子、（五代）谭峭撰，时代文艺出版社 2008 年。

庄子 （战国）庄周著，时代文艺出版社 2008 年。

图解庄子 （战国）庄周著，万卷出版公司 2008 年。

图解老子 （春秋）老子著，万卷出版公司 2008 年。

* **道德经注释** 薄建华注，香港今日出版有限公司 2008 年。

* **《老子王弼注》校订补正**（古典文献研究辑刊） （魏）王弼注，李春撰，台湾花木兰文化出版社 2009 年。

＊**列子古注今译**　萧登福撰，台湾新文丰出版公司 2009 年。

庄子义集校（中国思想史资料丛刊）（宋）吕惠卿撰，汤君集校，中华书局 2009 年。

庄子鬳斋口义校注（中国思想史资料丛刊）（宋）林希逸著，周启成校注，中华书局 2009 年。

老子衍　庄子通　庄子解　（清）王夫之著，中华书局 2009 年。

老子注释及评介　陈鼓应著，中华书局 2009 年。

《庄子》精解　王诒卿、刘清滢注解，人民文学出版社 2009 年，2010 年。

老子新释　刘兆英著，上海古籍出版社 2009 年。

庄子　（清）王先谦集解，上海古籍出版社 2009 年。

庄子（世纪人文系列丛书·大学经典）（清）王先谦集解，方勇导读整理，上海古籍出版社 2009 年。

庄子注释　王世舜注释，齐鲁书社 2009 年。

老子　刘国建主编，中州古籍出版社 2009 年，2010 年。

圆峤内篇：道教西派李涵虚内丹修炼秘籍　（清）李涵虚著，宗教文化出版社 2009 年。

中和正脉：道教中派李道纯内丹修炼秘籍　董沛文主编，宗教文化出版社 2009 年。

道教劝善书：太上感应篇释义　李信军编译，宗教文化出版社 2009 年。

道德经　老子原著，吉林文史出版社 2009 年。

庄子　庄子原著，吉林文史出版社 2009 年。

老子秘解　毕敦一著，线装书局 2009 年。

＊**鹖冠子吴注**　吴世拱撰，台湾文听阁图书公司 2010 年。

道德经　李正西评注，安徽文艺出版社 2010 年。

老子译注　孙业成译注，百花洲文艺出版社 2010 年。

张三丰全集合校　（清）李西月重编，长江出版社 2010 年。

道德真经吴澄注　（元）吴澄撰，华东师范大学出版社 2010 年。

庄子选译 （战国）庄周著，吉林出版集团有限责任公司2010年。

老子·庄子 （春秋）老子、（战国）庄周著，吉林出版集团有限责任公司2010年。

道德经：珍藏版 （春秋）老子著，吉林出版集团有限责任公司2010年。

老子 （春秋）李耳著，内蒙古人民出版社2010年。

庄子 （春秋）庄周著，内蒙古人民出版社2010年。

列子全书解读 （战国）列御寇著，内蒙古人民出版社2010年。

老子 （春秋）老聃著，陕西师范大学出版社2010年。

庄子大全集 （战国）庄周著，新世界出版社2010年。

古书隐楼藏书：道教龙门派闵一得内丹修炼秘籍 （清）闵一得原著，董沛文主编，汪登伟点校，宗教文化出版社2010年。

鬻子校理 钟肇鹏撰，中华书局2010年。

庄子（中华经典名著全本全注全译）方勇译注，中华书局2010年。

南华真经副墨（通教典籍选刊）（明）陆西星撰，蒋门马点校，中华书局2010年。

神仙传校释（通教典籍选刊）（晋）葛洪撰，胡守为校释，中华书局2010年。

道德经补正 秦维聪著，中州古籍出版社2010年。

列子 张长法注译，中州古籍出版社2010年。

庄子笺记 成善楷著，巴蜀书社2010年。

庄子 （战国）庄周著，凤凰出版社2010年。

庄子全译 陈涛译，线装书局2010年。

老子 陆玉林编著，中华书局2011年。

老子道德经注（中国国学文库）（魏）王弼注，楼宇烈校释，中华书局2011年。

庄子注疏（中华国学文库） （晋）郭象注，（唐）成玄英疏，曹础基、黄兰发点校，中华书局2011年。

登真隐诀辑校 （南朝梁）陶弘景撰，王家葵辑校，中华书局2011年。

真诰 （南朝梁）陶弘景撰，赵益点校，中华书局2011年。

道言五种 （清）陶素耜集注，蒲团子点校，中华书局2011年。

庄子 赵明、彭海涛编著，中华书局2011年。

抱朴子内篇 张松辉译注，中华书局2011年。

庄子译注与解析 张松辉著，中华书局2011年。

列子（中华经典名著全本全注全译丛书） 叶蓓卿译注，中华书局2011年。

道德经 （春秋）老子著，宁夏人民出版社2011年。

旧话经典·老子通释 张纯一著，上海科学技术文献出版社2011年。

旧话经典·白话译解庄子 叶玉麟著，上海科学技术文献出版社2011年。

庄子全解：壬辰重改证吕太尉经进 （宋）吕惠卿撰，国家图书馆出版社2011年。

老子正义 羽山倮芝著，巴蜀书社2011年。

老子 （春秋）李耳著，浙江古籍出版社2011年。

老子 无明译注，三秦出版社2011年。

老子 范永胜译注，黄山书社2011年。

庄子 云起译注，黄山书社2011年。

道德经：译文注释版 （春秋）老子著，北京燕山出版社2011年。

刘一明栖云笔记 （清）刘一明著，社会科学文献出版社2011年。

道德经心解 刘占魁编著，社会科学文献出版社2011年。

道德经解读 张其成著，线装书局2011年。

庄子分解 李乃龙著，广西师范大学出版社2011年。

老子如何修道养生：老子道经译释评注 干昌新编著，中国中医药出版社2011年。

诸教类

正教真铨　（明）王岱舆（原题：真回老人）著，（清）刘智（原题：刘介廉）注，杨德元、马宏道校阅，清真书报社1922年。

纂释天方性理图传　（清）刘智纂释，中华书局1923年。

四篇要道　张中译解，刘智（原题：刘介廉）原注，杨德元、马宏道校阅，清真书报社1923年。

真教问答　（清）李问渔（原题：李杕）著，土山湾慈母堂1923年。

天方至圣实录　（清）刘智译，马福祥重印，中华书局1924年。

天方性理　（清）刘智著，醒时报营业部1924年。

天方性理　（清）刘智（原题：刘介廉）纂译，中华书局1924年。

希真正答　（明）王岱舆（原题：真回老人）著，北京清真书报社1925年。

清真指南要言　（清）马注著，马德新采正，马安体参订，马开科、马登昆同校，1926年，1932年。

圣人言行　［意］艾儒略述，纳匝助静院1927年。

畸人十篇　（明）利玛窦著，土山湾印书馆1928年，天主堂印书局1930年。

辟妄　（明）徐光启著，天主堂1929年，1933年，土山湾印书馆1935年。

性理注释·五功释义·五更月歌三种　（清）刘智著，中华书局1931年。

七克　（明）庞迪我撰述，土山湾印书馆1931年。

教要序论　（清）南怀仁著，兖州府天主堂印书馆1931年，献县张家庄1932年，土山湾印书馆1935年。

正教真铨·清真大学·希真问答合印编　（明）王岱舆著，马安礼参订，中华书局1931年。

归真总义　［印］阿世格著，张中（原题：张时中）译，1931年。

七克真训　［泰西］沙勿略顾著，徐家汇土山湾印书馆1932年，华洋印书局1935年，兖州府天主堂印书馆1937年。

性理本经注释（中国伊斯兰布道会丛书）（清）黑凤鸣著，中国伊斯兰布道会 1934 年。

清真大学（中国伊斯兰布道会丛书）（明）王岱舆（原题：真回老人）编译，中国伊斯兰布道会 1934 年。

圣人德表　［意］艾儒略述，兖州府天主堂印书馆 1934 至 1936 年。

辩惑卮言　（清）李问渔著，徐家汇土山湾印书馆 1935 年。

天主实义　［意］利玛窦著，土山湾印书馆 1935 年，天主堂 1936 年。

理窟　（清）李问渔（原题：李杕）著，土山湾印书馆 1936 年。

续理窟　（清）李问渔（原题：李杕）著，土山湾印书馆 1936 年。

答问录存　（清）李问渔（原题：李杕）著，土山湾印书馆 1937 年。

穆圣仪行录及遗嘱　（清）刘智（原题：刘介廉）译著，回教文化出版同志会 1943 年。

天主实义（文言对照）　［意］利玛窦著，朱星元、田景仙编译，崇德堂 1948 年。

＊**天主教东传文献**（中国史学丛书）　吴相湘主编，台湾学生书局 1965 年。

＊**天主教东传文献续编**（中国史学丛书）　吴相湘主编，台湾学生书局 1966 年。

＊**天主教东传文献三编**（中国史学丛书续编）　吴相湘主编，台湾学生书局 1984 年。

正教真诠·清真大学·希真正答（中国回族古籍丛书）（明）王岱舆撰，余振贵点校，宁夏人民出版社 1987 年。

天方典礼（中国少数民族古籍　云南省少数民族古籍译丛）（清）刘智撰，纳文波译注，云南省少数民族古籍整理出版规划办公室编，云南民族出版社 1988 年。

天方典礼（中国少数民族古籍）（清）刘智撰，张嘉宾、都永浩点校，天津古籍出版社 1988 年。

清真指南（中国回族古籍丛书）（清）马注撰，余振贵标点，宁夏人民出版社 1988 年。

清真指南　（清）马注撰，青海人民出版社 1989 年。

清真指南译注（云南省少数民族古籍译丛） 马恩信等译注，云南省少数民族古籍整理出版规划办公室编，云南民族出版社 1989 年。

＊**徐家汇藏书楼明清天主教文献** ［比］钟鸣旦、［荷］杜鼎克等编，辅仁大学神学院 1996 年。

不得已 （清）杨光先撰，陈占山校注，黄山书社 2000 年。

利玛窦中文著译集 ［意］利玛窦撰，朱维铮主编，复旦大学出版社 2001 年。

妈祖图志 （清）孙清标编，广陵书社 2001 年。

明末清初天主教史文献丛编 周駬方编校，北京图书馆出版社 2001 年。

＊**耶稣会罗马档案馆明清天主教文献** ［比］钟鸣旦、［荷］杜鼎克主编，台北利氏学社 2002 年。

东传福音（中国宗教历史文献集成） 王美秀，任延黎主编，黄山书社 2005 年。

《古兰经》译注 马金鹏译，宁夏人民出版社 2005 年。

古兰经简注 马仲刚译注，宗教文化出版社 2005 年。

熙朝崇正集熙朝定案：外三种（中外交通史籍丛刊） 韩琦、吴旻校注，中华书局 2006 年。

中国伊斯兰教典籍选 王建平主编，上海古籍出版社 2007 年。

＊**法国国家图书馆明清天主教文献** ［比］钟鸣旦、［荷］杜鼎克、［法］蒙曦主编，台北利氏学社 2009 年。

中国伊斯兰教历史文选：试用本 余振贵等编撰，宗教文化出版社 2009 年。

穆斯林圣训实录全集 穆斯林·本·哈查吉辑录，宗教文化出版社 2009 年。

新学类

测量法义（丛书集成初编） ［意］利玛窦口授，（明）徐光启笔录，商务印书馆 1933 年。

同文算指前编（丛书集成初编） ［意］利玛窦授，（明）李之藻演，商务印书馆 1936 年。

同文算指通编（丛书集成初编）［意］利玛窦授，（明）李之藻演，商务印书馆1936年。

简平仪说（丛书集成初编）［意］熊三拔撰，商务印书馆1936年。

天问略（丛书集成初编）［葡］阳玛诺答，商务印书馆1936年。

远镜说（丛书集成初编）［德］汤若望纂，商务印书馆1936年。

经天该（丛书集成初编）［意］利玛窦撰，商务印书馆1936年。

新制诸器图说（丛书集成初编）（明）王徵撰，商务印书馆1936年。

远西奇器图说（丛书集成初编）［瑞士］邓玉函口授，（明）王徵译绘，商务印书馆1936年。

镜镜詅痴（丛书集成初编）（清）郑复光撰，商务印书馆1936年。

光论（丛书集成初编）（清）张福僖译，商务印书馆1936年。

中西度量权衡表（附表三种）（丛书集成初编）（清）佚名编，商务印书馆1936年。

几何原本（丛书集成初编）［意］利玛窦译，（明）徐光启笔受，商务印书馆1939年。

自强军西法类编（清）沈敦和纂辑，江苏广陵古籍刻印社1991年。

远西奇器图说录最（中华再造善本续编）［瑞士］邓玉函口授，（明）王徵译绘，国家图书馆出版社2009年。

几何原本［意］利玛窦述，（明）徐光启译，王红霞点校，上海古籍出版社2011年。

测量法义（外九种）（明）徐光启撰，李天纲点校，上海古籍出版社2011年。

“十四五”国家重点出版物出版规划项目
国家社会科学基金重大项目结项成果

百年中国古籍整理与古文献学科发展研究

总主编◎周少川

第五卷（中）

百年中国古籍整理图书目录
百年中国古文献学著作目录
（附书名索引）

本卷主编◎毛瑞方

中国社会科学出版社

中　　册

集　部

楚辞类

楚辞　蒋善国编，梁溪图书馆 1924 年。

离骚详解　（宋）朱熹集注，（清）王箴补注，潘衍校订，中华新教育社 1924 年，1925 年。

楚辞（万有文库）　茅盾（原题：沈雁冰）选注，商务印书馆 1928 年，1930 年，1932 年，1934 年。

屈原赋注（万有文库）（清）戴震注，商务印书馆 1930 年，1933 年，1935 年，1940 年。

（新式标点）楚辞　新文化书社点校，新文化书社 1933 年，1934 年。

屈原集　郭镂冰编，北新书局 1934 年，1949 年。

（新式标点）楚辞　陆连碧标点，朱太忙校阅，大达图书供应社 1934 年，1935 年。

（新式标点）楚辞　张蓝霄标点，启智书局 1934 年，1935 年。

楚辞补注（四部丛刊）（战国）屈原等撰，（汉）王逸章句，（宋）洪兴祖补注，商务印书馆 1936 年。

楚辞（四部备要）（战国）屈原等著，（汉）王逸章句，（宋）洪兴祖补注，中华书局 1936 年。

离骚集释（国学小丛书）　卫喻章集释，商务印书馆 1936 年。

（仿古字版）楚辞四种　国学整理社编辑，国学整理社 1936 年。

楚辞辨韵（丛书集成初编）（清）陈昌齐著，商务印书馆 1936 年。

楚辞选读（中学国文补充读本　新

中学文库） 茅盾（原题：沈德鸿）选注，商务印书馆1937年，1947年。

楚辞（万有文库） （汉）王逸注释，商务印书馆1937年。

屈宋古音义（丛书集成初编）（明）陈第撰，商务印书馆1937年。

楚辞（丛书集成初编） （汉）刘向编辑，王逸章句，商务印书馆1939年。

楚辞补注（丛书集成初编） （宋）洪兴祖注，商务印书馆1939年。

离骚草木疏（丛书集成初编）（宋）吴仁杰撰，商务印书馆1939年。

楚辞校补 闻一多著，国民图书出版社1942年。

屈原赋讲疏（中国国学研究所丛书） 沈颜闵著，中华国学研究所1943年。

离骚今唱 周仁济著译，中西文化印书馆1943年。

屈原九歌今绎（屈骚流韵） 文怀沙译，常棣出版社1952年，上海文艺联合出版社1955年，古典文学出版社1956年，百花文艺出版社2005年。

屈原九章今绎（屈骚流韵） 文怀沙译，常棣出版社1952年，古典文学出版社1956年，百花文艺出版社2005年。

屈原赋今译 郭沫若译，人民文学出版社1953年，1981年，1984年，香港上海书局1961年，上海书店出版社2003年。

楚辞集注 （宋）朱熹集注，人民文学出版社1953年。

屈原集 （战国）屈原撰，文怀沙编注，人民文学出版社1953年。

屈原离骚今绎（屈骚流韵） 文怀沙译，上海文艺联合出版社1954年，古典文学出版社1956年，中华书局1958年，百花文艺出版社2005年。

陈本礼离骚精义原稿留真 （清）陈本礼撰，陶秋英、姜亮夫校译，上海出版公司1955年。

楚辞今读（中国文学名著丛选） 瞿蜕园选译，春明出版社1956年。

楚辞选 陆侃如、高亨、黄孝纾选注，古典文学出版社1956年，中华书局 1962 年。

＊**楚辞九章浅释**　缪天华撰，台北力行书局 1957 年。

楚辞补注　（汉）王逸注，（宋）洪兴祖补注，中华书局 1957 年，1958 年。

屈原赋校注　姜亮夫校注，人民文学出版社 1957 年，台湾华正书局 1974 年。

山带阁注楚辞　（清）蒋骥撰，中华书局上海编辑所 1958 年，上海古籍出版社 1984 年。

楚辞选（中国古典文学读本丛书大学生必读）　马茂元选注，人民文学出版社 1958 年，1998 年，2002 年。

楚辞通释　（清）王夫之撰，中华书局上海编辑所 1959 年。

＊**离骚译注**　（战国）屈原，开贞译，香港万里书店 1959 年，1973 年，1979 年。

＊**楚辞通释**　（清）王夫之著释，（香港）中华书局 1960 年。

离骚图（中国古代版画丛刊）（清）萧云从绘，中华书局上海编辑所 1961 年，1988 年。

景元刊本楚辞集注　（宋）朱熹集注，江苏人民出版社 1962 年。

＊**楚辞集释**　游国恩等著，香港文苑书屋 1962 年，台湾新文丰出版公司 1979 年。

＊**楚辞选注**　（汉）刘向编，马茂元选注，香港新月出版社 1962 年，香港中流出版社 1973 年。

＊**楚辞补注**　（汉）刘向辑，王逸章句，洪兴祖补注，（香港）中华书局 1963 年。

楚辞集注　（宋）朱熹集注，中华书局 1963 年。

楚辞解故　朱季海著，中华书局上海编辑所 1963 年，1980 年，台湾宏业书局 1972 年。

＊**楚辞选**　刘向编，陆侃如、高亨、黄孝纾选注，香港大光出版社 1966 年。

＊**楚辞集注**　（宋）朱熹撰注，（香港）中华书局 1972 年，1987 年。

＊**楚辞天问新笺**　台静农撰，台湾艺文印书馆 1972 年。

楚辞通释　（清）王夫之撰，上海人民出版社 1975 年。

景元刊本楚辞集注 （宋）朱熹集注，江苏广陵古籍刻印社 1978 年，1997 年。

屈骚指掌 （清）胡文英注，中国书店 1978 年。

屈骚指掌 （清）胡文英撰，北京古籍出版社 1979 年。

楚辞集注 （宋）朱熹集注，李庆甲点校，上海古籍出版社 1979 年。

＊**楚辞九章集释** 王家歆撰，台湾商务印书馆 1980 年。

楚辞新注 （战国）屈原撰，聂石樵注，上海古籍出版社 1980 年，1988 年，商务印书馆 2003 年。

楚辞选注 金开诚注释，北京出版社 1980 年。

屈原诗歌新译 宗九奇译，江西人民出版社 1980 年。

楚辞选译 陆侃如、龚克昌选译，上海古籍出版社 1981 年，1988 年。

屈原楚辞注 刘让言编注，新疆人民出版社 1982 年，1984 年。

屈赋音注详解（附屈赋释词） 刘永济校释，上海古籍出版社 1983 年。

楚辞补注（中国古典文学基本丛书）（汉）王逸注，（宋）洪兴祖补注，白化文等点校，中华书局 1983 年，2002 年。

屈原赋译注 （清）袁枚译注，齐鲁书社 1984 年。

楚辞选注及考证 胡迒贻译注，岳麓书社 1984 年。

楚辞全译 黄寿祺、梅桐生译注，贵州人民出版社 1984 年。

屈原赋选 王涛选注，广东人民出版社 1984 年。

楚辞注释（楚辞研究集成） 马茂元注，湖北人民出版社 1985 年。

屈赋新笺 杨胤宗笺注，中国友谊出版公司 1985 年。

＊**楚辞汇编** 杜松柏主编，台湾新文丰出版公司 1986 年。

楚辞译注 赵浩如译注，云南教育出版社 1986 年。

屈赋全释 邬雷鸣注释，辽宁教育出版社 1986 年。

楚辞译注 张愚山译注，山东教育出版社 1986 年。

屈原赋译注（中国古典文学今译丛书） 龚克昌、彭重光译注，山东大学出版社 1986 年。

楚辞译注（中华古籍译注丛书） 董楚平译注，上海古籍出版社 1986 年，1998 年，2006 年。

屈原九章新笺 吴孟复注，黄山书社 1986 年。

＊**楚辞考校** 翁世华撰，台湾文史哲出版社 1987 年。

屈原赋今译（楚辞学五书之二） 姜亮夫译，北京出版社 1987 年。

重订屈原赋校注 姜亮夫校注，天津古籍出版社 1987 年。

楚辞集注 （宋）朱熹集注，李庆甲点校，上海古籍出版社 1987 年。

楚辞选析 杨白桦选析，江苏古籍出版社 1987 年。

天问浅释 陆元炽注释，北京出版社 1987 年。

楚辞鉴赏集（中国古典文学鉴赏丛刊） 人民文学出版社编辑部编，人民文学出版社 1988 年。

楚辞直解 陈子展撰述，范祥雍、杜月村校阅，江苏古籍出版社 1988 年，复旦大学出版社 1996 年。

楚辞校释 蒋天枢校释，上海古籍出版社 1989 年。

楚辞校释 （战国）屈原撰，王泗原校注，人民教育出版社 1990 年。

楚辞少年读本（中国古典文学少年启蒙丛书） 谢庆贵编著，陕西人民教育出版社 1991 年。

楚辞选译（古代文史名著选译丛书） 徐建华、金舒年译注，巴蜀书社 1991 年，凤凰出版社 2011 年。

＊**楚辞选** 钱杭著，（香港）中华书局 1991 年，上海书店出版社 1993 年。

楚辞：诗之哀弦（白话中国古典精萃文库） 吕正惠编著，春风文艺出版社 1992 年。

楚辞选（中国古典文学作品选读丛书） 翁银陶编，福建教育出版社 1992 年。

屈原赋解析 周秉高著，内蒙古大学出版社 1992 年。

屈赋注解 蒋南华注，贵州人民出版社 1993 年。

绘图楚辞选 楚狂人注释，湖北美

术出版社 1993 年。

楚辞正解 雷庆翼著，学林出版社 1994 年。

楚辞集解 （明）汪瑗撰，董洪利点校，北京古籍出版社 1994 年，1996 年。

楚辞集注 （宋）朱熹集注，李忠实译，中国人事出版社 1996 年。

屈原集校注（中国古典文学基本丛书） 金开诚、董洪利、高路明校注，中华书局 1996 年，1999 年。

白话楚辞（古典名著今译读本） 吴广平注译，岳麓书社 1996 年。

楚辞直解（中国文化经典直解） 董楚平、俞志慧直解，浙江文艺出版社 1997 年。

四库馆补绘萧氏离骚图 （清）萧云从绘，江苏广陵古籍刻印社 1997 年。

楚辞（新世纪万有文库） （战国）屈原撰，涂小马点校，辽宁教育出版社 1997 年。

楚辞今注（中国古典文学丛书） 汤炳正、李大明、李诚、熊良智注，上海古籍出版社 1997 年。

楚辞选（中华诗词精粹） 刘永生编，天津古籍出版社 1997 年。

楚辞 潘啸龙注释，黄山书社 1997 年。

楚辞译注 殷义祥、麻守中译注，吉林文史出版社 1998 年。

楚辞（中国古代诗文经典选本） 黄凤显注释，华夏出版社 1998 年。

楚辞全译 萧兵译注，江苏古籍出版社 1998 年。

楚辞（百部中国古典名著） 崔富章等注释，浙江古籍出版社 1998 年，1999 年。

楚辞注释（湖北地方古籍文献丛书） 杨金鼎等注，湖北人民出版社 1999 年。

楚辞（韵文精品文库） 王锡荣注释，吉林文史出版社 1999 年。

屈原赋注 （清）戴震撰，褚斌杰、吴贤哲点校，中华书局 1999 年。

楚辞 梁海明译注，山西古籍出版社 1999 年。

楚辞今注今译 郝志达译注，河北人民出版社 2000 年。

楚辞异文辩证 黄灵庚著，中州古

籍出版社 2000 年。

楚辞（历代诗歌名篇诵读丛书） 熊竹沅选注，贵州人民出版社 2000 年。

楚辞集注（中华再造善本试制） （宋）朱熹集注，北京图书馆出版社 2001 年。

楚辞集注（朱熹全书选刊） （宋）朱熹撰，蒋立甫点校，上海古籍出版社 2001 年。

楚辞（国学基本丛书） （战国）屈原、宋玉等撰，吴广平注译，岳麓书社 2001 年。

楚辞全译 杜月村译，巴蜀书社 2001 年。

楚辞今译（人文素养奠基读本） 耿建华译，西苑出版社 2001 年。

楚辞 李振华译注，书海出版社 2001 年。

楚辞（古诗苑汉英译丛） 杨书案今译，杨宪益、戴乃迭英译，外文出版社 2001 年。

钦定补绘萧云从离骚全图 （清）萧云从原绘，门应兆补绘，上海古籍出版社 2002 年。

楚辞 郭行平注释，中国社会科学出版社 2002 年。

楚辞集注（雕版珍本选粹） （战国）屈原撰，（宋）朱熹集注，线装书局 2003 年。

楚辞集注（书韵楼丛刊） （宋）朱熹撰，上海古籍出版社 2003 年。

楚辞（中华再造善本） （宋）朱熹集注，北京图书馆出版社 2003 年。

楚辞集注（中华再造善本） （宋）朱熹集注，北京图书馆出版社 2003 年。

楚辞选注 聂石樵选注，南海出版公司 2003 年。

楚辞 陈苏彬译注，山西古籍出版社 2003 年，三晋出版社 2008 年。

楚辞 康瑛配图译注，青海人民出版社 2004 年。

离骚集传（中华再造善本） （宋）钱杲之撰，北京图书馆出版社 2004 年，2008 年。

离骚草木疏（中华再造善本） （宋）吴仁杰撰，北京图书馆出版社 2004 年。

郑知同楚辞考辨手稿校注 （清）

郑知同原著，蒋南华等校注，贵州人民出版社 2004 年。

楚辞选评（名家注评古典文学丛书） 褚斌杰注评，三秦出版社 2004 年。

名家品诗坊·楚辞（文学鉴赏辞典精品集萃） 姜亮夫等编写，上海辞书出版社 2004 年。

屈原辞译注 （战国）屈原著，熊任望译注，河北大学出版社 2004 年。

楚辞选（插图本中国诗词经典·当代著名学者诠释古代经典名作） 杨义、邵宁宁选注、译评，岳麓书社 2005 年。

楚辞（智慧之门 国学经典丛书） 汤漳平译注，中州古籍出版社 2005 年，2007 年。

楚辞选译（《古典诗词名家》丛书） 李山选译，中华书局 2005 年。

屈原招魂今绎（屈骚流韵） 文怀沙著，百花文艺出版社 2005 年。

屈原离骚今绎（屈骚流韵） 文怀沙著，百花文艺出版社 2005 年。

楚辞（中华古典名著文库少年版：珍藏本） 王希斌、董国尧选评，中国少年儿童出版社 2005 年。

屈原天问今译考辨 郭世谦著，天津古籍出版社 2006 年。

楚辞（国学经典图文系列） （战国）屈原、宋玉原著，（清）萧云从、门应兆绘，吴广平注释，岳麓书社 2006 年。

楚辞补注 （宋）洪兴祖补注，卞岐整理，凤凰出版社 2007 年。

英译屈原诗选：汉英对照（外教社中国文化汉外对照丛书·第 1 辑） 孙大雨译，上海外语教育出版社 2007 年。

楚辞（阅读中华经典） 张爱美、谢庆贵编著，泰山出版社 2007 年。

楚骚新诂（武汉大学百年名典·屈赋新探） 苏雪林著，武汉大学出版社 2007 年。

楚辞章句疏证 黄灵庚疏证，中华书局 2007 年。

楚辞 廖晨星译注，崇文书局 2007 年。

楚辞 冀昀译注，线装书局 2007 年。

＊**新译楚辞读本** 傅锡壬撰，张孝裕注音，台湾三民书局2007年。

＊**楚辞注绎** 吴福助撰，台湾里仁书局2007年。

屈原宋玉辞赋译注 袁梅译注，齐鲁书社2008年。

楚辞 李中华、邹福清注说，河南大学出版社2008年。

楚辞 刘庆华译注，广东旅游出版社2008年。

图解楚辞 （战国）屈原、（战国）宋玉著，万卷出版公司2008年。

楚辞集校 黄灵庚集校，上海古籍出版社2009年。

楚辞 周建忠、贾捷注评，凤凰出版社2009年。

楚辞补注（中华再造善本续编）（汉）王逸章句，（宋）洪兴祖补注，国家图书馆出版社2009年。

楚辞 史东梅译注，内蒙古出版社2009年。

楚辞 张红霞等注释，太白文艺出版社2010年。

楚辞附疑字直音补（中华再造善本续编）（汉）王逸章句，国家图书馆出版社2010年。

楚辞 邓启铜、诸泉注释，东南大学出版社2010年。

屈赋通笺·附笺屈馀义 刘永济著，中华书局2010年。

屈赋音注详解·屈赋释词 刘永济校释，中华书局2010年。

楚辞 林家骊译注，中华书局2010年。

楚辞 （宋）朱熹集注，徐志啸导读，李庆甲标点，郭时羽集评，上海古籍出版社2010年。

楚辞集注：图文本 （宋）朱熹集注，广陵书社2010年。

离骚图（中华再造善本续编）（清）萧云从绘并注，国家图书馆出版社2011年。

王逸《楚辞章句》发微 许子滨著，上海古籍出版社2011年。

离骚笺疏 詹安泰撰，上海古籍出版社2011年。

屈赋通释 文见贤撰，岳麓书社2011年。

《楚辞》解读 张向荣著，天津古籍出版社 2011 年。

楚辞 （战国）屈原等著，浙江古籍出版社 2011 年。

《楚辞》文献研读 罗建新、梁奇编撰，广西师范大学出版社 2011 年。

汉魏六朝别集类

汉寿亭侯关公全集 （清）钱谦益原辑，王大错重纂，东方图书馆 1923 年。

刘子政集（林氏选评名家文集）（汉）刘向著，林纾选评，商务印书馆 1924 年。

蔡中郎集（林氏选评名家文集）（汉）蔡邕著，林纾选评，商务印书馆 1924 年。

陶渊明集 （晋）陶渊明著，群众编辑部点校，群众图书公司 1926 年，1927 年。

陶渊明诗（万有文库）（晋）陶潜著，傅东华选注，商务印书馆 1927 年，1931 年，1947 年。

谢宣城诗集（万有文库）（南朝齐）谢朓著，国立第一中山大学出版部 1927 年，商务印书馆 1937 年，1939 年简编版。

曹集诠评（万有文库）（曹魏）曹植著，（清）丁晏编，商务印书馆 1931 年，1933 年，1935 年。

陶靖节集（万有文库）（晋）陶渊明著，（清）陶澍注释，商务印书馆 1933 年，1934 年，1935 年。

孔北海集评注 （汉）孔融著，孙至诚评注，商务印书馆 1935 年。

陶渊明集 （晋）陶渊明集，大新编辑部点校，大新书局 1935 年。

陶渊明全集（国学基本丛书）（晋）陶渊明著，（清）陶澍评注，中央书店 1935 年，1936 年。

庾子山集（万有文库）（北周）庾信著，（清）倪璠注，商务印书馆 1935 年。

谢灵运诗（学生国学丛书）（南朝宋）谢灵运著，殷石臞选注，商务印书馆 1935 年。

诸葛孔明全集 （西蜀）诸葛亮著，（明）诸葛羲基、诸葛倬士编辑，世界书局 1936 年。

陶渊明全集 （晋）陶渊明著，国学整理社 1936 年。

陶渊明全集（国学珍本丛书）（晋）陶渊明著，龚复初校对，国学研究社 1936 年。

蔡中郎集（四部丛刊）（汉）蔡邕撰，商务印书馆 1936 年。

蔡中郎集（四部备要）（汉）蔡邕撰，中华书局 1936 年。

曹子建集（四部丛刊）（魏）曹植撰，商务印书馆 1936 年。

曹子建集（四部备要）（魏）曹植撰，中华书局 1936 年。

嵇中散集（四部丛刊）（魏）嵇康撰，商务印书馆 1936 年。

嵇中散集（四部备要）（魏）嵇康撰，中华书局 1936 年。

陆士衡集（四部丛刊）（晋）陆机撰，商务印书馆 1936 年。

陆士衡集（四部备要）（晋）陆机撰，中华书局 1936 年。

陆士衡集（附札记）（丛书集成初编）（晋）陆机著，商务印书馆 1936 年。

陆士龙文集（四部丛刊）（晋）陆云撰，商务印书馆 1936 年。

陆士龙集（四部备要）（晋）陆云撰，中华书局 1936 年。

笺注陶渊明集（四部丛刊）（晋）陶潜撰，（宋）李公焕笺，商务印书馆 1936 年。

靖节先生集（四部备要）（晋）陶潜撰，（清）陶澍集注，中华书局 1936 年。

鲍氏集（四部丛刊）（南朝宋）鲍照撰，商务印书馆 1936 年。

鲍氏集（四部备要）（南朝宋）鲍照撰，中华书局 1936 年。

高令公集（丛书集成初编）（北魏）高允撰，商务印书馆 1936 年。

谢宣城诗集（四部丛刊）（南朝齐）谢朓撰，商务印书馆 1936 年。

谢宣城集（四部备要）（南朝齐）谢朓撰，中华书局 1936 年。

梁昭明太子文集（四部丛刊）（南朝梁）萧统撰，商务印书馆 1936 年。

昭明太子文集（四部备要）（南朝梁）萧统撰，中华书局 1936 年。

梁江文通集（四部丛刊）（南朝梁）江淹撰，商务印书馆 1936 年。

江文通集（四部备要）（南朝梁）江淹撰，中华书局 1936 年。

徐孝穆集（四部丛刊）（南朝陈）徐陵撰，（明）屠隆评，商务印书馆 1936 年。

徐孝穆集笺注（四部备要）（南朝陈）徐陵撰，（清）吴兆宜笺注，中华书局 1936 年。

庾子山集（四部丛刊）（北周）庾信撰，商务印书馆 1936 年。

庾开府全集（四部备要）（北周）庾信撰，（清）倪璠注，中华书局 1936 年。

何水部集（四部备要）（南朝梁）何逊撰，中华书局 1936 年。

谢宣城诗集（丛书集成初编）（南朝齐）谢朓撰，商务印书馆 1937 年。

阴常侍诗集（丛书集成初编）（南朝梁）阴铿撰，（清）张澍辑，商务印书馆 1937 年。

蔡中郎文集（万有文库）（汉）蔡邕著，（清）陆心源校，商务印书馆 1937 年，1938 年，1939 年简编版。

嵇中散集（万有文库）（魏）嵇康著，商务印书馆 1937 年，1939 年简编版，1940 年。

鲍氏集（万有文库）（南朝宋）鲍照撰，商务印书馆 1937 年，1939 年简编版。

江文通集（万有文库）（南朝梁）江淹著，商务印书馆 1937 年，1939 年简编版，1940 年。

徐孝穆集（万有文库）（南朝陈）徐陵撰，（清）吴兆宜笺注，商务印书馆 1937 年，1939 年简编版。

陶靖节诗集（附录）（丛书集成初编）（晋）陶潜撰，（宋）汤汉注，商务印书馆 1939 年。

木兰歌注　刘万章辑注，商务印书馆 1940 年。

嵇康集（鲁迅三十年集）（魏）嵇康著，鲁迅校辑，鲁迅全集出版社 1941 年，1947 年，文学古籍刊行社 1956 年。

靖节先生集　（晋）陶潜撰，（清）陶澍集注，戚焕埙校，文学古籍刊行社 1955 年。

陶渊明集 （晋）陶渊明撰，王瑶注，作家出版社1956年，1957年，人民文学出版社1956年，1957年。

三曹诗选（中国古典文学读本丛书） 余冠英选注，人民文学出版社1956年，1979年第2版，作家出版社1957年。

曹集铨评 （魏）曹植撰，（清）丁晏纂，叶菊生校订，文学古籍刊行社1957年。

曹子建诗注 （魏）曹植撰，黄节注，叶菊生校订，人民文学出版社1957年。

鲍参军诗注 （南朝宋）鲍照撰，黄节注，人民文学出版社1957年。

阮步兵咏怀诗注 （魏）阮籍撰，黄节注，人民文学出版社1957年，1984年。

曹子建诗注 （魏）曹植著，黄节注、叶菊生校订，人民文学出版社1957年。

谢灵运诗选 （南朝宋）谢灵运著，叶笑雪选，古典文学出版社1957年。

陆士衡诗注 （晋）陆机撰，郝立权注，人民文学出版社1958年。

谢康乐诗注 （南朝宋）谢灵运撰，黄节注，人民文学出版社1958年。

鲍参军集注（中国古典文学丛书）（南朝宋）鲍照撰，钱仲联增补集说校，古典文学出版社1958年，1980年，上海古籍出版社，1980年，2005年。

庾信诗赋选 （北周）庾信著撰，谭正璧等选注，古典文学出版社1958年。

鲍参军集注 （南朝宋）鲍照撰，中华书局上海编辑所1959年。

七发 （汉）枚乘撰，余冠英译，萧平注，中华书局1959年。

胡笳十八拍 （汉）蔡琰作，李廉编注，中华书局1959年。

曹操集 （魏）曹操撰，中华书局编辑，中华书局1959年，1974年。

诸葛亮集 （蜀）诸葛亮撰，段熙仲、闻旭初编校，中华书局1960年，1975年。

嵇康集校注 （魏）嵇康撰，戴明扬校注，人民文学出版社1962年。

＊**陶靖节集** （晋）陶潜撰，（清）毛晋重编，香港中文大学图书馆

1968 年。

＊**谢宣城集校注**　（南朝齐）谢朓撰，洪顺隆校注，台湾中华书局1969 年。

晁错集注释　（汉）晁错撰，《晁错集注释》组注，上海人民出版社1974 年。

贾谊集　（汉）贾谊撰，上海人民出版社编，上海人民出版社1976 年。

阮籍集（中国古典文学丛书）（曹魏）阮籍撰，李志钧等点校，上海古籍出版社 1978 年。

曹操集译注　安徽亳县译注小组译注，中华书局 1979 年，1983 年。

陶渊明集（中国古典文学基本丛书）（晋）陶渊明撰，逯钦立校注，中华书局 1979 年，1999 年。

何逊集（中国古典文学基本丛书）（南朝梁）何逊撰，中华书局1980 年。

王粲集（中国古典文学基本丛书）（汉）王粲撰，俞绍初点校，中华书局 1980 年。

庾子山集注（中国古典文学基本丛书）（北周）庾信撰，（清）倪璠注，许逸民点校，中华书局 1980年，2000 年。

陆机集（中国古典文学基本丛书）（晋）陆机撰，金涛声点校，中华书局 1982 年。

庾信选集　（北周）庾信撰，舒宝璋选注，中州书画社 1983 年。

王粲集注　（汉）王粲撰，吴云、唐绍忠注，中州书画社 1984 年。

曹植集校注　（魏）曹植撰，赵幼文校注，人民文学出版社 1984 年。

江文通集汇注（中国古典文学基本丛书）（南朝梁）江淹撰，（明）胡之骥注，李长路、赵威点校，中华书局 1984 年，1999 年。

陶渊明诗选　（晋）陶渊明著，徐巍选注，广东人民出版社 1984 年。

＊**曹植集校注**　赵幼文校注，台湾明文书局 1985 年。

曹植诗解译　（魏）曹植撰，聂文郁注译，青海人民出版社 1985 年。

陶渊明诗文校笺（黑龙江古籍研究丛书）（晋）陶渊明撰，王孟白校笺，黑龙江人民出版社 1985 年。

陶渊明集浅注 （晋）陶渊明撰，唐满先注，江西人民出版社1985年。

陶渊明集校注 （晋）陶渊明撰，孙钧锡校注，中州古籍出版社1986年。

张衡诗文集校注 （汉）张衡撰，张震泽校注，上海古籍出版社1986年。

曹操集校注 （魏）曹操撰，夏传才注，中州古籍出版社1986年。

嵇康集注（安徽文苑丛书）（魏）嵇康撰，殷翔、郭全芝注，黄山书社1986年。

诸葛孔明全集（华夏青史文人全集丛书）（明）诸葛羲、诸葛倬辑，中国书店1986年，1996年。

谢灵运集校注（中州名家集）（南朝宋）谢灵运撰，顾绍伯校注，中州古籍出版社1987年。

东方朔作品辑注 （汉）东方朔撰，傅春明辑注，齐鲁书社1987年。

阮籍集校注（中国古典文学基本丛书）（魏）阮籍撰，陈伯君校注，中华书局1987年。

刘孝标集校注 （南朝梁）刘峻撰，罗国威校注，上海古籍出版社1988年。

诸葛亮文译注 （蜀）诸葛亮撰，梁玉文等译注，巴蜀书社1988年。

陆云集（中国古典文学基本丛书）（晋）陆云撰，黄葵点校，中华书局1988年。

陶渊明诗文赏析集（中国古典文学赏析丛书）（晋）陶渊明撰，巴蜀书社1988年。

何逊集校注 （南朝梁）何逊撰，李伯齐校注，齐鲁书社1989年。

阴铿诗校注 （南朝陈）阴铿撰，张帆、宋书麟校注，兰州大学出版社1989年。

嵇康集译注 （魏）嵇康撰，夏明钊译注，黑龙江人民出版社1989年。

阮籍诗解译 （魏）阮籍著，聂文郁译，青海人民出版社1989年。

郭弘农集校注 （晋）郭璞撰，夏恩彦校注，山西人民出版社1990年。

陶渊明集浅注 （晋）陶渊明撰，唐满先注，百花洲文艺出版社

1990年。

诸葛武侯集 （蜀）诸葛亮撰，（清）张澍辑，三秦出版社1990年。

诸葛亮文选译（古代文史名著选译丛书）（蜀）诸葛亮撰，袁钟仁译注，巴蜀书社1990年，凤凰出版社2011年。

张衡诗文选译（古代文史名著选译丛书）（汉）张衡撰，张在义、张玉春、韩格平译注，巴蜀书社1990年，凤凰出版社2011年。

陶渊明诗文选译（古代文史名著选译丛书）（晋）陶渊明撰，谢先俊、王勋敏译注，巴蜀书社1990年，凤凰出版社2011年。

阮籍诗文选译（古代文史名著选译丛书）（魏）阮籍撰，倪其心译注，巴蜀书社1990年，凤凰出版社2011年。

贾谊文选译（古代文史名著选译丛书）（汉）贾谊撰，徐超、王洲明译注，巴蜀书社1991年，凤凰出版社2011年。

嵇康诗文选译（古代文史名著选译丛书）（魏）嵇康撰，武秀成译注，巴蜀书社1991年，凤凰出版社2011年。

阮籍集校注（中州名家集）（曹魏）阮籍撰，郭光校注，中州古籍出版社1991年。

谢宣城集校注（中国古典文学丛书）（南朝齐）谢朓撰，曹融南校注集说，上海古籍出版社1991年，2001年。

曹丕集校注（中州名家集）（曹魏）曹丕撰，夏传才、唐绍忠校注，中州古籍出版社1992年。

葛洪集 （晋）葛洪撰，江苏广陵古籍刻印社1992年。

陶渊明集全译（中国历代名著全译丛书）（晋）陶潜原著，郭维森、包景诚译注，贵州人民出版社1992年，2008年。

陶弘景集 （南朝梁）陶弘景撰，江苏广陵古籍刻印社1992年。

庾信诗文选译（古代文史名著选译丛书）（北周）庾信撰，许逸民译注，巴蜀书社1992年，凤凰出版社2011年。

司马相如文选译（古代文史名著选译丛书）（汉）司马相如撰，费振刚、仇仲谦译注，巴蜀书社1992

年，凤凰出版社 2011 年。

扬雄集校注（中国古典文学丛书）（汉）扬雄撰，张震泽校注，上海古籍出版社 1993 年。

司马相如集校注（中国古典文学丛书）（汉）司马相如撰，金国永校注，上海古籍出版社 1993 年。

陶渊明集译注（晋）陶渊明撰，魏正申译注，文津出版社 1994 年。

江淹集校注（中州名家集）（南朝梁）江淹撰，俞绍初、张亚新校注，中州古籍出版社 1994 年。

沈约集校笺（两浙作家文丛）（南朝梁）沈约撰，陈庆元校笺，浙江古籍出版社 1995 年。

诸葛亮集（蜀）诸葛亮撰，木石、舒洁标点，时代文艺出版社 1995 年。

＊**新译贾长沙集** 林家骊译，陈满铭校阅，台湾三民书局 1996 年。

贾谊文赋全译（汉）贾谊撰，夏汉宁译注，百花洲文艺出版社 1996 年。

贾谊集校注（新注古代文学名家集）（汉）贾谊撰，王洲明、徐超校注，人民文学出版社 1996 年。

司马相如集校注（汉）司马相如撰，朱一清、孙以昭校注，人民文学出版社 1996 年。

陶渊明集校笺（中国古典文学丛书）（晋）陶潜撰，龚斌校笺，上海古籍出版社 1996 年，2011 年修订本。

陶渊明集（集部经典丛刊）（晋）陶渊明撰，吴泽顺注，岳麓书社 1996 年。

陶渊明集译注（中国古代名著今译丛书）（晋）陶渊明撰，孟二冬注译，吉林文史出版社 1996 年。

＊**新译扬子云集** 叶幼明撰，周凤五校阅，台湾三民书局 1997 年。

陶渊明集（附和陶诗六种）（新世纪万有文库）（晋）陶渊明撰，袁行霈、杨贺松编校，辽宁教育出版社 1997 年。

司马迁散文选集（百花散文书系）（汉）司马迁著，陈晓芬选注，百花文艺出版社 1997 年。

陶渊明全集（附谢灵运集）（晋）陶渊明、（南朝宋）谢灵运撰，曹明纲标点，上海古籍出版社

1998 年。

＊**新译嵇中散集** 崔富章撰，庄耀郎校阅，台湾三民书局 1998 年，二版 2011 年。

谢灵运集（集部经典丛刊）（南朝宋）谢灵运撰，李运富编注，岳麓书社 1999 年。

司马相如集校注 （汉）司马相如撰，李孝中校注，巴蜀书社 2000 年。

陶渊明集 （晋）陶渊明撰，线装书局 2000 年。

＊**新译阮籍诗文集** 林家骊、简宗梧撰，李清筠校阅，台湾三民书局 2001 年。

宋玉集（集部经典丛刊）（战国）宋玉撰，吴广平编注，岳麓书社 2001 年。

昭明太子集校注 （南朝梁）萧统撰，俞绍初校注，中州古籍出版社 2001 年。

潘黄门集校注（中州名家集）（晋）潘岳撰，王增文校注，中州古籍出版社 2001 年，2002 年。

中国古典文学精品屋——陶渊明（晋）陶渊明著，贾延祥注评，黄山书社 2001 年。

李斯集辑注（中州名家集） 秦·李斯撰，张中义等辑注，中州古籍出版社 2002 年。

班兰台集校注（中州名家集）（汉）班固撰，（明）张溥辑，白静生校注，中州古籍出版社 2002 年。

＊**新译陶渊明集** 温洪隆撰，齐益寿校阅，台湾三民书局 2002 年，二版 2008 年。

＊**新译曹子建集** 曹海东撰，萧丽华校阅，台湾三民书局 2003 年。

陶渊明集笺注（中华国学文库）（晋）陶渊明撰，袁行霈笺注，中华书局 2003 年，2011 年。

司马相如集编年笺注 张连科校注，辽海出版社 2003 年。

陶渊明集（中华再造善本）（晋）陶潜撰，北京图书馆出版社 2003 年。

陶靖节先生诗注（中华再造善本）（晋）陶潜撰，（宋）汤汉注，北京图书馆出版社 2003 年，2010 年。

笺注陶渊明集（中华再造善本）

（晋）陶潜撰，（宋）汤汉等笺注，北京图书馆出版社 2003 年。

曹子建文集（中华再造善本）（魏）曹植撰，北京图书馆出版社 2004 年。

陆士龙文集（中华再造善本）（晋）陆云撰，北京图书馆出版社 2004 年。

陶靖节先生集（中华再造善本）（晋）陶潜撰，北京图书馆出版社 2004 年。

陶渊明诗（中华再造善本）（晋）陶潜撰，北京图书馆出版社 2004 年，2008 年，2010 年。

梁昭明太子文（中华再造善本续编试制）（南朝梁）萧统撰，北京图书馆出版社 2004 年。

＊**谢灵运集校注** 顾绍柏校注，台湾里仁书局 2004 年。

颜之推全集译注（沂蒙名贤丛书）（北齐）颜之推著，张霭堂译注，齐鲁书社 2004 年。

陶渊明集（中国家庭基本藏书）（晋）陶渊明著，郭建平评析，山西古籍出版社 2004 年。

魏收集笺校全译（北朝三家集校注）康金声、宋冰著，山西古籍出版社 2005 年。

潘岳集校注（晋）潘岳著，董志广校注，天津古籍出版社 2005 年。

陶渊明（插图本中国诗词经典）杨义、邵宁宁选注、译评，岳麓书社 2005 年。

邢邵集笔校全译（北魏）邢邵著，康金声、唐海静注译，山西古籍出版社 2006 年。

阮籍诗选：汉英对照（大中华文库）（魏）阮籍著，［美］吴伏生今译，［英］哈蒂尔（Hartill，G.），［美］吴伏生英译，中华书局 2006 年。

＊**新译陆机诗文集** 王德华撰，台湾三民书局 2006 年。

＊**王弼集校释** 楼宇烈校释，台湾华正书局 2006 年。

司马相如作品注译（相如故里文化旅游丛书）李孝中、侯柯芳注译，四川人民出版社 2007 年。

陶渊明诗笺证稿（王叔岷著作集）王叔岷撰，中华书局 2007 年。

陶渊明集校笺 （晋）陶潜著，杨勇校笺，上海古籍出版社2007年。

曹子建诗注（外三种） 黄节撰，中华书局2008年。

谢康乐诗注·鲍参军诗注 黄节撰，中华书局2008年。

徐陵集校笺（中国古典文学基本丛书）（南朝陈）徐陵撰，许逸民校笺，中华书局2008年。

诸葛亮集校注 （蜀）诸葛亮著，张连科、管淑珍校注，天津古籍出版社2008年。

陶渊明集 （晋）陶渊明著，三晋出版社2008年。

宋刊陶靖节诗 （晋）陶潜撰，福建人民出版社2008年。

陶渊明集：插图本 （晋）陶渊明著，万卷出版公司2008年。

张衡诗文集校注 （汉）张衡著，张震泽校注，上海古籍出版社2009年。

陶弘景集校注 （南朝梁）陶弘景著，王京州校注，上海古籍出版社2009年。

鲍氏集（中华再造善本续编）（南朝宋）鲍照撰，国家图书馆出版社2009年。

蔡中郎文集（中华再造善本续编）（汉）蔡邕撰，国家图书馆出版社2010年。

阮嗣宗集（中华再造善本续编）（魏）阮籍撰，国家图书馆出版社2010年。

梁江文通文集（中华再造善本续编）（南朝梁）江淹，国家图书馆出版社2010年。

庾开府诗集（中华再造善本续编）（北周）庾信撰，国家图书馆出版社2010年。

傅大士集（义乌丛书）（南朝梁）傅大士撰，上海古籍出版社2010年。

何逊集校注（中国古典文学基本丛书）（南朝梁）何逊著，李伯齐校注，中华书局2010年修订本。

吴均诗文选注 王义超、赵开泉选注，宁夏人民出版社2010年。

贾谊集校注 吴云、李春台校注，天津古籍出版社2010年。

＊**新译江淹集（上下）** 罗并干、

李开金撰，台湾三民书局2011年。

陶渊明集校笺 （晋）陶潜著，龚斌校笺，上海古籍出版社2011年。

唐五代别集类

刘宾客集（林氏选评名家文集）（唐）刘禹锡著，林纾评选，商务印书馆1924年。

柳河东集（林氏选评名家文集）（唐）柳宗元著，林纾选评，商务印书馆1924年。

香奁集 （唐）韩偓（原题：韩致尧）著，刘复点校，北新书局1926年。

邵谒诗集 （唐）邵谒著，李德厚点读，翁源留省学会1926年。

柳宗元文（万有文库）（唐）柳宗元著，胡怀琛选注，商务印书馆1928年，1929年，1932年，1935年，1945年，1947年。

白居易诗（万有文库） 傅东华选注，商务印书馆1928年，1930年，1934年，1947年。

李白诗（万有文库） （唐）李白著，傅东华选注，商务印书馆1928年，1929年，1932年，1934年，1945年，1948年。

王维诗（万有文库） 傅东华选注，商务印书馆1928年，1930年，1933年，1934年。

（新式标点）韩昌黎书牍 （唐）韩愈著，沈松泉标点，大中书局1929年，1933年。

柳河东集（万有文库）（唐）柳宗元著，商务印书馆1929年，1933年，1934年。

韩愈文（万有文库）（唐）韩愈著，庄适、臧励龢选注，商务印书馆1930年，1931年，1932年，1947年。

杜少陵集详注（万有文库） （唐）杜甫著，（清）仇兆鳌注，商务印书馆1930年，1931年，1933年，1935年，1936年，1939年简编版。

韩昌黎集（万有文库） （唐）韩愈著，商务印书馆1930年，1939年简编版。

李太白集（万有文库） （唐）李白著，（清）王载庵辑注，商务印书馆1930年，1933年。

李长吉歌诗 （唐）李贺著，贺扬灵校，光华书局1930年。

杜甫诗（万有文库） 傅东华选注，商务印书馆1930年，1934年，1945年，1947年。

香奁集（文艺小丛书）（唐）韩偓著，文艺小丛书社1930年，1933年。

杜工部诗选（白话注解 新式标点）（唐）杜甫著，高剑华注，群学社1930年，1933年。

韩昌黎诗选（白话详注 新式标点）（唐）韩愈著，高剑华点注，群学社1931年，1937年。

李义山诗选（白话注解）（唐）李商隐著，高剑华点注，群学社1931年，1937年。

孟浩然诗（学生国学丛书）（唐）孟浩然著，傅东华选注，商务印书馆1931年，1933年，1934年。

浣花诗词（欣赏丛书）（唐）韦庄著，贺扬灵校，光华书局1931年，1932年。

薛涛诗（欣赏丛书）（唐）薛涛著，傅润华编校，光华书局1931年，大光书局1935年。

（标点注释）韩昌黎书牍（唐）韩愈著，启智书局1932年，1935年。

李白诗选（青年国学丛书） 胡云翼选编，罗芳洲、唐绍吾注释，亚细亚书局1932年，文力出版社1946年。

白香山集（万有文库）（唐）白居易著，商务印书馆1933年。

韩愈文读（唐）韩愈著，钱基博选注，商务印书馆1934年。

（新式标点）韩文公书牍（唐）韩愈著，陈子昂标点，大达图书供应社1934年。

陆贽文（学生国学丛书）（唐）陆贽著，周养初选注，商务印书馆1934年，1947年。

（白话注解）杜甫诗选（唐）杜甫著，余研因选注，民智书店1934年。

秦妇吟笺注（国学小丛书）（唐）韦庄著，周云青注，商务印书馆1934年。

韩昌黎文选（评注国学读本）（唐）韩愈著，吴瑞书编，中央书店1935年。

柳子厚文选（详注国学读本）（唐）柳宗元著，吴瑞书编，中央书店1935年。

陆宣公全集 （唐）陆贽著，沈卓然重编，大东书局1935年。

（仿古字版）韩昌黎全集 （唐）韩愈著，国学整理社1935年。

杜少陵全集（国学基本文库）（唐）杜甫著，张忍叟校阅，中央书店1935年。

韩昌黎全集（国学基本文库）（唐）韩愈著，襟霞阁主校订，中央书店1935年。

白香山全集（国学基本文库）（唐）白居易著，中央书局1935年。

（仿古字版）柳河东全集 （唐）柳宗元著，国学整理社1935年。

（新式标点）白香山诗后集 （唐）白居易著，杜芝泉标点，胡协寅校阅，大达图书供应社1935年。

白香山诗集 （唐）白居易著，国学整理社1935年。

（仿古字版）杜诗钱注 （唐）杜甫著，（清）钱谦益注，国学整理社1935年。

温庭筠诗（学生国学丛书）（唐）温庭筠著，吴道生选注，商务印书馆1935年。

吕衡州文集（附考证）（丛书集成初编）（唐）吕温撰，商务印书馆1935年。

李元宾文集（丛书集成初编）（唐）李观撰，商务印书馆1935年。

桂苑笔耕集（丛书集成初编）［新罗］崔致远撰，商务印书馆1935年。

寒山子诗集（四部丛刊）（唐）释寒山撰，商务印书馆1936年。

王子安集（四部丛刊）（唐）王勃撰，（明）张燮辑，商务印书馆1936年。

杨盈川集（四部丛刊）（唐）杨炯撰，商务印书馆1936年。

幽忧子集（四部丛刊）（唐）卢照邻撰，商务印书馆1936年。

骆宾王文集（四部丛刊）（唐）骆宾王撰，商务印书馆1936年。

陈伯玉文集（四部丛刊）（唐）陈子昂撰，商务印书馆1936年。

张说之文集（四部丛刊）（唐）张说撰，商务印书馆1936年。

曲江张先生文集（四部丛刊）（唐）张九龄撰，商务印书馆1936年。

李太白诗文（四部丛刊）（唐）李白撰，（宋）杨齐贤集注，（元）萧士赟补注，商务印书馆1936年。

杜工部诗（四部丛刊）（唐）杜甫撰，商务印书馆1936年。

王右丞集（四部丛刊）（唐）王维撰，商务印书馆1936年。

高常侍集（四部丛刊）（唐）高适撰，商务印书馆1936年。

孟浩然集（四部丛刊）（唐）孟浩然撰，商务印书馆1936年。

元次山文集（四部丛刊）（唐）元结撰，商务印书馆1936年。

颜鲁公文集（四部丛刊）（唐）颜真卿撰，商务印书馆1936年。

岑嘉州诗（四部丛刊）（唐）岑参撰，商务印书馆1936年。

皎然集（四部丛刊）（唐）释皎然撰，商务印书馆1936年。

刘随州诗集（四部丛刊）（唐）刘长卿撰，商务印书馆1936年。

韦江州集（四部丛刊）（唐）韦应物撰，商务印书馆1936年。

昆陵集（四部丛刊）（唐）独孤及撰，商务印书馆1936年。

钱考功集（四部丛刊）（唐）钱起撰，商务印书馆1936年。

唐陆宣公翰苑集（四部丛刊）（唐）陆贽撰，商务印书馆1936年。

权载之文集（四部丛刊）（唐）权德舆撰，商务印书馆1936年。

朱文公校昌黎先生文集（四部丛刊）（唐）韩愈撰，（宋）朱熹考异，（宋）王伯大音释，商务印书馆1936年。

唐柳先生文集（四部丛刊）（唐）柳宗元撰，（宋）童宗说注释，（宋）张敦颐音辩，（宋）潘纬音义，商务印书馆1936年。

刘梦得文集（四部丛刊）（唐）刘禹锡撰，商务印书馆1936年。

吕和叔文集（四部丛刊）（唐）吕温撰，商务印书馆1936年。

张司业集（四部丛刊）（唐）张籍撰，商务印书馆1936年。

皇甫持正文集（四部丛刊）（唐）皇甫湜撰，商务印书馆1936年。

李文公集（四部丛刊）（唐）李翱撰，商务印书馆1936年。

欧阳行周文集（四部丛刊）（唐）欧阳詹撰，商务印书馆 1936 年。

孟东野诗集（四部丛刊）（唐）孟郊撰，商务印书馆 1936 年。

唐贾浪仙长江集（四部丛刊）（唐）贾岛撰，商务印书馆 1936 年。

李贺歌诗编（四部丛刊）（唐）李贺撰，商务印书馆 1936 年。

沈下贤文集（四部丛刊）（唐）沈亚之撰，商务印书馆 1936 年。

李文饶文集（四部丛刊）（唐）李德裕撰，商务印书馆 1936 年。

元氏长庆集（四部丛刊）（唐）元稹撰，商务印书馆 1936 年。

白氏长庆集（四部丛刊）（唐）白居易撰，商务印书馆 1936 年。

樊川文集（四部丛刊）（唐）杜牧撰，商务印书馆 1936 年。

姚少监诗集（四部丛刊）（唐）姚合撰，商务印书馆 1936 年。

李义山诗集（四部丛刊）（唐）李商隐撰，商务印书馆 1936 年。

李义山文集（四部丛刊）（唐）李商隐撰，商务印书馆 1936 年。

温庭筠诗集（四部丛刊）（唐）温庭筠撰，商务印书馆 1936 年。

丁卯集（四部丛刊）（唐）许浑撰，商务印书馆 1936 年。

唐刘蜕集（四部丛刊）（唐）刘蜕撰，商务印书馆 1936 年。

唐孙樵集（四部丛刊）（唐）孙樵撰，商务印书馆 1936 年。

李群玉诗集（四部丛刊）（唐）李群玉撰，商务印书馆 1936 年。

碧云集（四部丛刊）（南唐）李中撰，商务印书馆 1936 年。

披沙集（四部丛刊）（唐）李咸用撰，商务印书馆 1936 年。

皮日休文集（四部丛刊）（唐）皮日休撰，商务印书馆 1936 年。

唐甫里先生文集（四部丛刊）（唐）陆龟蒙撰，商务印书馆 1936 年。

玉川子集（四部丛刊）（唐）卢仝撰，商务印书馆 1936 年。

司空表圣文集（四部丛刊）（唐）司空图撰，商务印书馆 1936 年。

司空表圣诗集（四部丛刊）（唐）

司空图撰，商务印书馆 1936 年。

玉山樵人集（附香奁集）（四部丛刊）（唐）韩偓撰，商务印书馆 1936 年。

桂苑笔耕集（四部丛刊）［新罗］崔致远撰，商务印书馆 1936 年。

唐黄先生文集（四部丛刊）（唐）黄滔撰，商务印书馆 1936 年。

甲乙集（四部丛刊）（唐）罗隐撰，商务印书馆 1936 年。

白莲集（四部丛刊）（唐）释齐己撰，商务印书馆 1936 年。

浣花集（四部丛刊）（前蜀）韦庄撰，商务印书馆 1936 年。

广成集（四部丛刊）（前蜀）杜光庭撰，商务印书馆 1936 年。

曲江集（四部备要）（唐）张九龄撰，中华书局 1936 年。

李太白文集（四部备要）（唐）李白撰，（清）王琦辑注，中华书局 1936 年。

杜工部集（四部备要）（唐）杜甫撰，中华书局 1936 年。

王右丞集笺注（四部备要）（唐）王维撰，中华书局 1936 年。

孟浩然集（四部备要）（唐）孟浩然撰，中华书局 1936 年。

韦苏州集（四部备要）（唐）韦应物撰，中华书局 1936 年。

刘随州集（四部备要）（唐）刘长卿撰，中华书局 1936 年。

元次山集（四部备要）（唐）元结撰，中华书局 1936 年。

颜鲁公集（四部备要）（唐）颜真卿撰，中华书局 1936 年。

陆宣公集（四部备要）（唐）陆贽撰，（清）耆英增辑，中华书局 1936 年。

昌黎先生集（四部备要）（唐）韩愈撰，（唐）李汉编，（宋）廖莹中辑注，中华书局 1936 年。

柳河东集（四部备要）（唐）柳宗元撰，（明）蒋之翘辑注，中华书局 1936 年。

孟东野集（四部备要）（唐）孟郊撰，中华书局 1936 年。

贾长江集（四部备要）（唐）贾岛撰，中华书局 1936 年。

李长吉歌诗（四部备要）（唐）李贺撰，（清）王琦注，中华书局1936年。

元氏长庆集（四部备要）（唐）元稹撰，中华书局1936年。

白香山诗集（四部备要）（唐）白居易撰，（清）汪立名编，中华书局1936年。

刘宾客文集（四部备要）（唐）刘禹锡撰，中华书局1936年。

玉溪生诗笺注（四部备要）（唐）李商隐撰，（清）冯浩注，中华书局1936年。

樊南文集详注（四部备要）（唐）李商隐撰，（清）冯浩注，中华书局1936年。

樊南文集补编（四部备要）（唐）李商隐撰，（清）钱振伦笺，（清）钱振常注，中华书局1936年。

樊川诗集注（四部备要）（唐）杜牧撰，（清）冯集梧注，中华书局1936年。

温飞卿集笺注（四部备要）（唐）温庭筠撰，（明）曾益注，（清）顾予咸补注，中华书局1936年。

唐女郎鱼玄机诗（四部备要）（唐）鱼玄机撰，中华书局1936年。

王无功集（附补遗）（丛书集成初编）（唐）王绩撰，商务印书馆1936年。

文忠集（附拾遗）（丛书集成初编）（唐）颜真卿撰，商务印书馆1936年。

李卫公会昌一品集（别集·外集·补遗）（丛书集成初编）（唐）李德裕撰，商务印书馆1936年。

麟角集（附录）（丛书集成初编）（唐）王棨撰，商务印书馆1936年。

莆阳黄御史集（丛书集成初编）（唐）黄滔撰，商务印书馆1936年。

杜工部草堂诗笺（附传·序·碑铭）（丛书集成初编）（唐）杜甫撰，（宋）鲁呰编次，蔡梦弼会笺，商务印书馆1936年。

高常侍集（丛书集成初编）（唐）高适撰，商务印书馆1936年。

长江集（丛书集成初编）（唐）贾岛撰，商务印书馆1936年。

柳宗元文精选（青年国学丛书）

（唐）柳宗元著，罗芳洲选注，中国文化服务社 1936 年。

韩愈文精选 （唐）韩愈著，罗芳洲选注，中国文化服务社 1936 年。

（音注）韩昌黎文（中国文学精华）（唐）韩愈著，曾涤生选，中华书局辑注，中华书局 1936 年，1941 年。

陆宣公全集 （唐）陆贽著，国学整理社 1936 年。

笠泽丛书（文学笔记丛书）（唐）陆龟蒙著，朱太忙标点，大达图书供应社 1936 年。

李太白全集 （唐）李白著，国学整理社 1936 年。

韩昌黎全集 （唐）韩愈著，崔龙重编，大东书局 1936 年。

柳柳州全集 （唐）柳宗元著，崔龙重编，大东书局 1936 年。

（仿古字版）王摩诘全集笺注 （唐）王维著，（清）赵殿成（松谷）笺注，国学整理社 1936 年。

颜鲁公全集 （唐）颜真卿著，（清）黄本骥编，蒋环校，仿古书店 1936 年。

（新式标点）白香山诗后集 （唐）白居易著，达文书店 1936 年。

白居易诗选（经纬百科丛书）（唐）白居易著，王学正编，经纬书局 1936 年，1947 年。

浣花诗词 （唐）韦庄著，贺扬灵编，储菊人校订，中央书店 1936 年。

（音注）杜少陵诗（中国文学精华）（唐）杜甫著，沈归愚选，中华书局辑注，中华书局 1936 年，1941 年。

（音注）李太白诗（中国文学精华）（唐）李白著，沈归愚选，中华书局辑注，中华书局 1936 年，1941 年。

圣叹批选杜诗 （唐）杜甫著，（清）金喟批选，沈亚公校订，中央书店 1936 年。

卢升之集（丛书集成初编）（唐）卢照邻撰，商务印书馆 1937 年。

魏郑公集（丛书集成初编）（唐）魏徵撰，商务印书馆 1937 年。

骆丞集（附辨伪·考异）（丛书集成初编）（唐）骆宾王撰，商务印书馆 1937 年。

张燕公集（丛书集成初编）（唐）张说撰，商务印书馆 1937 年。

刘宾客文集（附拾遗）（丛书集成初编）（唐）刘禹锡著，商务印书馆 1937 年。

杂咏百二十首（丛书集成初编）（唐）李峤撰，商务印书馆 1937 年。

刘随州集（丛书集成初编）（唐）刘长卿撰，商务印书馆 1937 年。

韩愈文选 （唐）韩愈著，李笠选注，北新书局 1937 年。

李卫公会昌一品集（国学基本丛书）（唐）李德裕著，商务印书馆 1937 年。

陆宣公文集（丛书集成初编）（唐）陆贽撰，商务印书馆 1937 年。

刘希仁文集（丛书集成初编）（唐）刘轲撰，商务印书馆 1937 年。

文泉子文集（丛书集成初编）（唐）刘蜕撰，商务印书馆 1937 年。

（音注）柳子厚文（中国文学精华）（唐）柳宗元著，曾涤生选，中华书局辑注，中华书局 1937 年，1941 年。

刘宾客文集（万有文库）（唐）刘禹锡著，商务印书馆 1937 年。

骆丞集（附辨伪考异）（万有文库）（唐）骆宾王著，商务印书馆 1937 年。

王子安集（万有文库）（唐）王勃著，商务印书馆 1937 年，1939 年简编版，1940 年。

王右丞集（万有文库）（唐）王维著，（清）赵殿成笺注，商务印书馆 1937 年。

曲江集（万有文库）（唐）张九龄著，商务印书馆 1937 年。

高常侍集（万有文库）（唐）高适著，商务印书馆 1937 年，1941 年。

长江集（附阆仙诗）（万有文库）（唐）贾岛著，商务印书馆 1937 年，1940 年。

贾岛诗注（国学小丛书） 陈延杰注，商务印书馆 1937 年。

韦苏州集（附拾遗）（万有文库）（唐）韦应物撰，商务印书馆 1937 年，1939 年简编版，1940 年。

温飞卿诗集（万有文库）（唐）温庭筠撰，曾益注，顾予威补，商务印书馆 1937 年，1939 年简编版。

岑嘉州诗集（国学基本丛书）（唐）岑参著，商务印书馆1938年。

孟浩然集（国学基本丛刊）（唐）孟浩然著，商务印书馆1938年。

孟东野诗集（国学基本丛书）（唐）孟郊著，商务印书馆1938年，1939年。

张司业诗集（国学基本丛书）（唐）张籍撰，商务印书馆1938年。

张籍诗注（国学小丛书）（唐）张籍著，陈延杰注，商务印书馆1938年。

李尚书集（丛书集成初编）（唐）李益撰，（清）张澍辑，商务印书馆1939年。

卢仝集（丛书集成初编）（唐）卢仝撰，商务印书馆1939年。

杜诗引得（引得特刊） 哈佛燕京学社引得编纂处编，哈佛燕京学社引得编纂处1940年。

李义山诗文全集（国学基本丛书）（唐）李商隐著，（清）冯浩笺注，商务印书馆1940年。

孟郊诗（学生国学丛书）（唐）孟郊著，夏敬观选注，商务印书馆1940年。

刘随州集（国学基本丛书）（唐）刘长卿著，商务印书馆1941年。

昌谷集（国学基本丛书）（唐）李贺撰，（明）曾益释，商务印书馆1941年。

陆宣公经世文编 （唐）陆贽著，王丹岑选注，两间书屋1944年。

韩昌黎诗（国学基本诗选 名家诗钞）（唐）韩愈撰，大中华书局1948年。

孟浩然集 （唐）孟浩然撰，文学古籍刊行社1954年。

白香山集 （唐）白居易撰，文学古籍刊行社1954年。

李白诗选 （唐）李白撰，舒芜选注，人民文学出版社1954年，1957年。

白氏长庆集 （唐）白居易撰，文学古籍刊行社1955年。

杜少陵集详注 （唐）杜甫撰，（清）仇兆鳌注，文学古籍刊行社1955年。

元氏长庆集 （唐）元稹撰，文学古籍刊行社1956年。

杜甫诗选 冯至编选，浦江清、吴

天五注译，作家出版社 1956 年。

杜诗镜铨 （唐）杜甫撰，（清）杨伦笺注，四川人民出版社 1957 年。

杜工部诗集 （唐）杜甫撰，中华书局 1957 年。

杜工部集（续古逸丛书） （唐）杜甫撰，（宋）王洙编，商务印书馆 1957 年。

李义山诗集 （唐）李商隐撰，（清）朱鹤龄笺注，沈厚塽辑评，四川人民出版社 1957 年。

李太白全集 （唐）李白撰，（清）王琦注，中华书局 1957 年，1958 年。

韩昌黎文集校注（中国古典文学丛书） （唐）韩愈撰，马通伯校注，马茂元整理，古典文学出版社 1957 年，中华书局上海编辑所 1964 年，上海古籍出版社 1986 年。

韩昌黎诗系年集释（中国古典文学丛书） （唐）韩愈撰，钱仲联集释，古典文学出版社 1957 年，上海古籍出版社 1984 年，1998 年。

杜牧诗选（中国古典文学读本丛书） （唐）杜牧撰，缪钺选注，人民文学出版社 1957 年，1997 年。

韩昌黎集（国学基本丛书） （唐）韩愈撰，商务印书馆 1958 年。

白氏讽谏 （唐）白居易撰，中华书局上海编辑所 1958 年。

柳河东集（国学基本丛书） （唐）柳宗元撰，商务印书馆 1958 年。

柳河东集 （唐）柳宗元撰，中华书局上海编辑所 1958 年。

韦庄集 （唐）韦庄撰，向迪琮校订，人民文学出版社 1958 年，1998 年。

钱注杜诗 （唐）杜甫撰，（清）钱谦益笺注，中华书局上海编辑所 1958 年，上海古籍出版社 1979 年。

杜甫诗选讲 （唐）杜甫撰，程云青编著，江苏文艺出版社 1958 年。

张籍诗集 （唐）张籍撰，中华书局上海编辑所 1959 年。

孟东野诗集 （唐）孟郊撰，华忱之校订，人民文学出版社 1959 年。

王建诗集 （唐）王建撰，中华书局上海编辑所 1959 年。

三家评注李长吉歌诗 （唐）李贺撰，王琦等评注，中华书局 1959 年。

李贺诗集 （唐）李贺撰，叶葱奇疏注，人民文学出版社1959年。

三家评注李长吉歌诗 （唐）李贺撰，王琦等注，中华书局上海编辑所1959年。

杜诗敬绎 傅庚生撰，文艺出版社1959年。

皮子文薮（中国古典文学丛书）（唐）皮日休撰，萧涤非、郑庆笃整理，中华书局上海编辑所1959年，上海古籍出版社1982年。

白居易诗选译 （唐）白居易撰，霍松林译注，百花文艺出版社1959年，1986年。

杜诗百首（文学小丛书）（唐）杜甫著，黄肃秋选、虞行辑注，人民文学出版社1959年，1962年。

陈子昂集 （唐）陈子昂撰，徐鹏校，中华书局上海编辑所1960年。

元次山集 （唐）元结撰，孙望点校，中华书局上海编辑所1960年。

读杜心解 （清）浦起龙撰，中华书局1961年，1981年。

骆临海集笺注（中国古典文学丛书）（唐）骆宾王撰，（清）陈熙晋笺注，中华书局上海编辑所1961年，上海古籍出版社1985年。

王右丞集笺注（中国古典文学丛书）（唐）王维撰，（清）赵殿成笺注，中华书局上海编辑所1961年，上海古籍出版社1984年，1998年。

李白诗选（中国古典文学读本丛书）（唐）李白撰，复旦大学中文系古典文学教研组选注，人民文学出版社1961年，2002年。

杜甫诗选（文学小丛书）（唐）杜甫撰，黄肃秋选、虞行辑注，人民文学出版社1962年，1978年。

杜甫百首 （唐）杜甫撰，黄肃秋、虞行辑注，人民文学出版社1962年。

杜诗镜铨 （唐）杜甫撰，（清）杨伦笺注，中华书局上海编辑所1962年。

杜臆 （明）王嗣奭撰，中华书局上海编辑所1962年。

读杜诗说 （清）施鸿保撰，张慧剑校，中华书局上海编辑所1962年，上海古籍出版社1983年。

樊川诗集注 （唐）杜牧撰，（清）

冯集梧注，中华书局上海编辑所1962年。

白居易诗选（中国古典文学读本丛书） 顾学颉、周汝昌选注，人民文学出版社1962年，1997年。

＊**许浑诗校注** 江聪平校注，台湾中华书局1973年。

刘宾客文集 （唐）刘禹锡撰，陕西人民出版社1974年。

柳河东集 （唐）柳宗元撰，上海人民出版社1974年。

＊**韩昌黎文集校注** （清）马其昶校注，马茂元编次，台湾华正书局1975年，汉京文化事业公司1983年，顶渊文化事业公司2005年。

刘禹锡诗文选注 （唐）刘禹锡著，《刘禹锡诗文选注》编辑组编，陕西人民出版社1975年，1982年，江苏人民出版社1980年。

刘禹锡集 （唐）刘禹锡撰，上海人民出版社1975年。

李贺诗歌集注（中国古典文学丛书）（唐）李贺撰，（清）王琦等注，上海人民出版社1977年。

李太白全集（中国古典文学基本丛书）（唐）李白撰，（清）王琦注，中华书局1977年，1999年。

樊川诗集注（中国古典文学丛书）（唐）杜牧撰，（清）冯集梧注，上海古籍出版社1978年，1998年。

樊川文集（中国古典文学丛书）（唐）杜牧撰，陈允吉点校，上海古籍出版社1978年。

李贺诗歌集注（中国古典文学丛书）（唐）李贺撰，（清）王琦等注，蒋凡等点校，上海古籍出版社1978年，1998年。

李白诗选注 （唐）李白著，编选组选注，上海古籍出版社1978年。

李商隐诗选（中国古典文学读本丛书） 安徽师范大学中文学古代文学教研组选注，刘学锴、余恕诚选注，人民文学出版社1978年，1986年。

杜诗言志 （清）佚名撰，江苏广陵古籍刻印社1979年。

孙可之文集（宋蜀刻本唐人集丛刊）（唐）孙樵撰，上海古籍出版社1979年，1994年。

张承吉文集（宋蜀刻本唐人集丛刊）（唐）张祜撰，上海古籍出版社 1979 年，1994 年。

杜诗详注（中国古典文学基本丛书）（唐）杜甫撰，（清）仇兆鳌注，中华书局 1979 年，1999 年。

柳宗元集（中国古典文学基本丛书）（唐）柳宗元撰，中华书局 1979 年，2000 年。

白居易集（中国古典文学基本丛书）（唐）白居易撰，顾学颉点校，中华书局 1979 年，1999 年。

玉谿生诗集笺注（中国古典文学丛书）（唐）李商隐撰，（清）冯浩笺注，蒋凡点校，上海古籍出版社 1979 年，1998 年。

李贺诗选译 （唐）李贺撰，钟琰、祖性选译，青海人民出版社 1979 年。

杜甫诗选注（中国古典文学读本丛书）（唐）杜甫撰，萧涤非选注，人民文学出版社 1979 年，1998 年。

景宋咸淳本李翰林集 （唐）李白撰，江苏广陵古籍刻印社 1980 年。

杜荀鹤文集（宋蜀刻本唐人集丛刊）（唐）杜荀鹤撰，上海古籍出版社 1980 年，1994 年。

温飞卿诗集笺注（中国古典文学丛书）（唐）温庭筠撰，（明）曾益笺注，上海古籍出版社 1980 年，1998 年。

李白集校注（中国古典文学丛书）（唐）李白撰，瞿蜕园、朱金城校注，上海古籍出版社 1980 年，2003 年。

杜诗镜铨（中国古典文学丛书）（唐）杜甫撰，（清）杨伦笺注，上海古籍出版社 1980 年，1998 年。

杜甫诗选读 （唐）杜甫撰，黑龙江人民出版社 1980 年。

杜甫诗选（中国古典文学读本丛书）（唐）杜甫撰，山东大学中文古典文学教研室编，人民文学出版社 1980 年。

韩愈文选（中国古典文学读本丛书）（唐）韩愈撰，童第德选注，人民文学出版社 1980 年，1985 年。

王勃诗解 （唐）王勃撰，聂文郁选注，青海人民出版社 1980 年。

白居易选集（中国古典文学名家选集） 王汝弼选注，上海古籍出版社 1980 年，1999 年。

* **嘉州诗校注** （唐）岑参撰，阮

廷瑜校注，台湾中华丛书编审委员会 1980 年。

＊**李白集校注** 瞿蜕园等校注，台湾里仁书局 1981 年。

王绩诗注（唐诗小集）（唐）王绩撰，王国安注，上海古籍出版社 1981 年。

陈子昂诗注 （唐）陈子昂撰，彭庆生注释，四川人民出版社 1981 年。

王昌龄诗集 （唐）王昌龄撰，黄明校编，江西人民出版社 1981 年。

岑参集校注（中国古典文学丛书）（唐）岑参撰，陈铁民、侯忠义校注，上海古籍出版社 1981 年。

昌黎先生集考异 （唐）韩愈撰，（宋）朱熹校，上海古籍出版社 1981 年。

薛涛诗笺 （唐）薛涛撰，张篷舟笺，四川人民出版社 1981 年，人民文学出版社 1983 年。

白居易诗译析 （唐）白居易著，霍松林译释，黑龙江人民出版社 1981 年。

杜甫诗选析 （唐）杜甫撰，金启华、陈美林注，江苏人民出版社 1981 年。

李贺诗选析 （唐）李贺著，吴企明、尤振中选析，江苏人民出版社 1981 年。

高适诗集编年笺注（中国古典文学基本丛书）（唐）高适撰，刘开扬编年笺注，中华书局 1981 年，2000 年。

杜甫草堂诗注 （唐）杜甫撰，李谊注释，四川人民出版社 1982 年。

新刊校定集注杜诗 （宋）郭知达编，中华书局 1982 年，1983 年。

元稹集（中国古典文学基本丛书）（唐）元稹撰，冀勤点校，中华书局 1982 年，2000 年。

孟浩然诗集（宋蜀刻本唐人集丛刊）（唐）孟浩然撰，上海古籍出版社 1982 年，1994 年。

王摩诘文集（宋蜀刻本唐人集丛刊）（唐）王维撰，上海古籍出版社 1982 年，1994 年。

刘禹锡诗词译释 （唐）刘禹锡著，高志忠编著，黑龙江人民出版社 1982 年。

李贺诗歌选注 （唐）李贺著，流沙选注，百花文艺出版社 1982 年。

杜甫绝句注释 （唐）杜甫撰，熊柏畦注，江西人民出版社 1982 年。

曹邺诗注（唐诗小集） （唐）曹邺撰，梁超然、毛水清注，上海古籍出版社 1982 年。

杜审言诗注（唐诗小集） （唐）杜审言撰，徐定祥注，上海古籍出版社 1982 年。

于濆诗注（唐诗小集） （唐）于濆著，梁超然、毛水清注，上海古籍出版社 1983 年。

孟浩然诗选 （唐）孟浩然撰，陈贻焮选注，人民文学出版社 1983 年。

杜甫选集（中国古典文学名家选集） 邓魁英、聂石樵选注，上海古籍出版社 1983 年，1999 年。

王梵志诗校辑 （唐）王梵志撰，舒宝章选注，中州书画社 1983 年。

王梵志诗校辑 （唐）王梵志撰，张锡厚校辑，中华书局 1983 年。

李白诗新笺 （唐）李白撰，安旗注，中州书画社 1983 年。

王状元集百家注编年杜陵诗史 （唐）杜甫撰，（宋）鲁訔编年，王十朋集注，江苏广陵古籍刻印社 1983 年。

金圣叹选批杜诗 （唐）杜甫撰，成都古籍书店 1983 年。

杜诗言志 （清）佚名撰，江苏人民出版社 1983 年。

杜臆 （明）王嗣奭撰，上海古籍出版社 1983 年。

张祜诗集 （唐）张祜撰，严寿澂校编，江西人民出版社 1983 年。

罗隐集（中国古典文学基本丛书） （唐）罗隐撰，雍文华辑校，中华书局 1983 年。

顾况诗集（百花洲文库） （唐）顾况撰，赵昌平校编，江西人民出版社 1983 年，1993 年。

长江集新校（中国古典文学丛书） （唐）贾岛撰，李嘉言新校，上海古籍出版社 1983 年。

白居易诗译释（中国古典诗词赋译释精萃丛书） 李希南、郭炳兴译，黑龙江人民出版社 1983 年，1997 年。

白居易诗文选注（中国古典文学作品选读） 龚克昌、彭重光选注，上海古籍出版社 1984 年。

李商隐诗选译 （唐）李商隐撰，许祖性选译，青海人民出版社 1984 年。

杜牧诗选 （唐）杜牧撰，广东人民出版社 1984 年。

高适集校注（中国古典文学丛书）（唐）高适撰，孙钦善校注，上海古籍出版社 1984 年。

杜诗解 （清）金圣叹撰，钟来因整理，上海古籍出版社 1984 年。

元结诗解 （唐）元结撰，聂文郁编，陕西人民出版社 1984 年。

韩愈诗选（中国古典文学读本丛书） 陈迩冬选注，人民文学出版社 1984 年，1997 年。

温飞卿诗集笺注 （唐）温庭筠撰，（明）曾益注、顾予咸补注，中国书店 1984 年，大连出版社 1999 年。

李诗咀华（中国古典文学名著名篇赏析丛书） （唐）李白撰，安旗等编，北京十月文艺出版社 1984 年。

杜甫诗选注（中国古典文学作品选读） 萧涤非选注，上海古籍出版社 1984 年。

王昌龄诗注（唐诗小集） （唐）王昌龄著，李云逸注，上海古籍出版社 1984 年。

李益诗注（唐诗小集） （唐）李益著，范之麟注，上海古籍出版社 1984 年。

李白诗选（中国历代诗人选集）（唐）李白撰，马里千选注，广东人民出版社 1984 年。

选玉谿生诗补说 （清）姜炳璋选释，郝世峰辑，南开大学出版社 1985 年。

李义山诗解 （清）陆昆曾撰，上海书店 1985 年。

李商隐诗集疏注 （唐）李商隐撰，叶葱奇疏注，人民文学出版社 1985 年，1998 年。

才子杜诗解 （清）金圣叹评解，张国光点校，中州古籍出版社 1985 年，1986 年。

杜甫诗今译 （唐）杜甫著，徐放译，人民日报出版社 1985 年。

王维诗百首 （唐）王维撰，张风

波选注，花山文艺出版社 1985 年。

杜甫陇右诗注析 （唐）杜甫撰，王德全等注析，甘肃人民出版社 1985 年。

赵嘏诗注（唐诗小集）（唐）赵嘏著，谭优学注，上海古籍出版社 1985 年

杜甫诗选（中国历代诗人选集）（唐）杜甫著，刘逸生主编、梁鉴江选注，广东人民出版社 1985 年。

李绅诗注（唐诗小集）（唐）李绅著，王旋伯注，上海古籍出版社 1985 年。

文同诗选 （宋）文同撰，何增鸾、刘泰焰选注，四川文艺出版社 1985 年。

杜诗引得 洪业、聂崇岐、李书春、赵丰田、马锡用编纂，上海古籍出版社 1985 年，1988 年。

柳宗元诗文选注 （唐）柳宗元撰，《柳宗元诗文选注》组编，陕西人民出版社 1985 年。

韦庄集校注 （唐）韦庄撰，李谊校注，四川省社会科学院出版社 1986 年。

唐太宗集 （唐）李世民撰，吴云、冀宇校注，陕西人民出版社 1986 年。

曲江集（广东地方文献丛书）（唐）张九龄撰，刘斯翰校注，广东人民出版社 1986 年。

李太白文集（李太白文集丛编）（唐）李白撰，（宋）宋敏求等编，巴蜀书社 1986 年。

韩集校诠 童第德撰，中华书局 1986 年。

李商隐选集（中国古典文学名家选集周振甫译注别集） 周振甫选注，上海古籍出版社 1986 年，1999 年，江苏教育出版社 2006 年。

岑参诗选 （唐）岑参撰，刘开杨选注，四川文艺出版社 1986 年。

白居易诗选 （唐）白居易著，梁鉴江选注，广东人民出版社 1986 年。

王维诗选 （唐）王维撰，刘逸生主编，广东人民出版社 1986 年。

武则天集（三晋古籍丛书）（唐）武则天撰，罗元贞点校，山西人民出版社 1987 年。

孟东野诗集（国学基本丛书选印）

（唐）孟郊撰，上海书店1987年。

长江集（附阆仙诗） （唐）贾岛撰，上海书店1987年。

李群玉诗集 （唐）李群玉撰，羊春秋辑注，岳麓书社1987年。

玉谿生诗醇 （唐）李商隐撰，王汝弼、聂石樵笺注，齐鲁书社1987年。

聂夷中诗注析 （唐）聂夷中撰，任三杰编，山西人民出版社1987年。

王无功文集 （唐）王绩撰，韩理洲点校，上海古籍出版社1987年。

罗隐诗选（浙江历代名家诗选丛书）（唐）罗隐撰，蒋祖怡选注，浙江古籍出版社1987年。

刘禹锡诗文选注（中国古典文学作品选读） 吴汝煜、李颖生选注，上海古籍出版社1987年，1996年。

马戴诗注（唐诗小集）（唐）马戴著，杨军、戈春源注，上海古籍出版社1987年。

张继诗注（唐诗小集）（唐）张继著，周义敢注，上海古籍出版社1987年。

李太白全集 （唐）李白撰，（清）王琦注，上海书店出版社1988年。

李商隐无题诗校注笺评 黄世中集笺，江西人民出版社1988年。

樊南文集（中国古典文学丛书）（唐）李商隐撰，（清）冯浩详注，钱振伦、钱振常笺注，上海古籍出版社1988年。

李商隐诗歌集解（中国古典文学基本丛书）（唐）李商隐撰，刘学锴、余恕诚集解，中华书局1988年，1998年，2004年增订重排本。

陆宣公集（两浙作家文丛）（唐）陆贽撰，刘泽民点校，浙江古籍出版社1988年。

白居易集笺校（中国古典文学丛书）（唐）白居易撰，朱金城笺校，上海古籍出版社1988年，2003年。

杜诗琐证 （清）史炳撰，上海书店出版社1988年。

雍陶诗注（唐诗小集）（唐）雍陶撰，周啸天、张效民注，上海古籍出版社1988年。

孟浩然诗集校注 （唐）孟浩然撰，李景白校注，巴蜀书社1988年。

李白诗歌赏析集（中国古典文学赏析丛书）（唐）李白撰，裴斐主编，巴蜀书社1988年。

王维诗选（中国古典文学小丛书）（唐）王维撰，倪木兴选注，人民文学出版社1988年。

杜荀鹤诗选（安徽文苑丛书）（唐）杜荀鹤撰，叶森槐注，黄山书社1988年。

张籍集注（安徽古籍丛书）（唐）张籍撰，李冬生注，黄山书社1989年。

司空图选集注（唐）司空图撰，王济亨、高仲章注，山西人民出版社1989年。

卢纶诗集校注（唐）卢纶撰，刘初棠校注，上海古籍出版社1989年。

李益集注（历代甘肃作家作品选注丛书）（唐）李益撰，王亦军、裴豫敏注，甘肃人民出版社1989年。

骆宾王诗评注（唐）骆宾王撰，骆祥发评注，北京出版社1989年。

卢照邻集编年笺注（唐）卢照邻撰，任国绪笺注，黑龙江人民出版社1989年。

孟浩然集校注（新注古代文学名家集）（唐）孟浩然撰，徐鹏校注，人民文学出版社1989年。

孟浩然诗集笺注（唐）孟浩然撰，曹永东笺注，天津古籍出版社1989年。

李白诗选注（中国古典文学作品选读）刘开扬、周维扬、陈子健选注，上海古籍出版社1989年。

刘禹锡诗文赏析集（中国古典文学赏析丛书）（唐）刘禹锡撰，王元明主编，巴蜀书社1989年。

刘禹锡选集（唐）刘禹锡著，吴汝煜选注，齐鲁书社1989年。

刘禹锡集笺证（中国古典文学丛书）（唐）刘禹锡撰，瞿蜕园笺注，上海古籍出版社1989年。

柳宗元诗文赏析集（中国古典文学赏析丛书）（唐）柳宗元撰，金涛主编，巴蜀书社1989年。

刘禹锡集（中国古典文学基本丛书）（唐）刘禹锡撰，本书整理组点校，卞孝萱校订，中华书局1990年，2000年。

重订新校王子安集（三晋古籍丛书）（唐）王勃撰，何林天校注，山西人民出版社 1990 年。

李颀诗评注 （唐）李颀撰，刘宝和注，山西教育出版社 1990 年。

李白全集编年注释 安旗主编，巴蜀书社 1990 年。

孟浩然诗选译（古代文史名著选译丛书）（唐）孟浩然撰，邓安生、孙佩君译注，巴蜀书社 1990 年，凤凰出版社 2011 年。

李白选集（中国古典文学名家选集） 郁贤皓选注，上海古籍出版社 1990 年，1999 年。

罗邺诗注（唐诗小集）（唐）罗邺著，何庆善、杨应芹注，上海古籍出版社 1990 年。

白居易诗歌赏析集（中国古典文学赏析丛书） 褚斌杰主编，巴蜀书社 1990 年，1996 年。

白居易诗歌赏析（中国古典文学作品选析丛书） 郑永晓选编，广西教育出版社 1990 年。

寒山诗校注 （唐）寒山撰，钱学烈校注，广东高等教育出版社 1991 年。

王梵志诗校注（中国古典文学丛书）（唐）王梵志撰，项楚校注，上海古籍出版社 1991 年，2010 年增订本。

沈佺期集校注（中州名家集）（唐）沈佺期撰，连波、查洪德校注，中州古籍出版社 1991 年。

孟浩然集注 （唐）孟浩然撰，赵桂蓓注，旅游教育出版社 1991 年。

吕洞宾诗注 （唐）吕洞宾撰，徐信仰等编注，三秦出版社 1991 年。

郑谷集笺注（中国古典文学丛书）（唐）郑谷撰，严寿澂、黄明、赵昌平笺注，上海古籍出版社 1991 年。

柳河东全集 （唐）柳宗元撰，中国书店 1991 年，2001 年。

韩昌黎全集 （唐）韩愈撰，中国书店 1991 年，2001 年。

寒山子诗校注 （唐）寒山子撰，徐光大校注，陕西人民出版社 1991 年。

刘禹锡诗文选译（古代文史名著选译丛书）（唐）刘禹锡撰，梁守中译注，巴蜀书社 1991 年，凤凰出版社 2011 年。

王维诗选译（古代文史名著选译丛书）（唐）王维撰，邓安生等译注，巴蜀书社1991年，凤凰出版社2011年。

李白诗选译（古代文史名著选译丛书）（唐）李白撰，詹锳等译注，巴蜀书社1991年，凤凰出版社2011年。

杜甫诗选译（古代文史名著选译丛书）（唐）杜甫撰，倪其心、吴鸥译注，巴蜀书社1991年，凤凰出版社2011年。

韩愈诗文选译（古代文史名著选译丛书）（唐）韩愈撰，黄永年译注，巴蜀书社1991年，凤凰出版社2011年。

杜牧诗文选译（古代文史名著选译丛书）（唐）杜牧撰，吴鸥译注，巴蜀书社1991年，凤凰出版社2011年。

皮日休诗文选注（中国古典文学名家选集）（唐）皮日休撰，宝昆选注，上海古籍出版社1991年。

李贺诗集译注（唐）李贺撰，徐传武译注，山东教育出版社1992年。

王绩集编年校注（三晋古籍丛书）（唐）王绩撰，康鑫声，夏连保校注，山西人民出版社1992年。

李翱集（陇右文献丛书）（唐）李翱撰，甘肃人民出版社1992年。

白居易集（古典名著普及文库）（唐）白居易撰，喻岳衡点校，岳麓书社1992年。

李商隐诗选译（古代文史名著选译丛书）（唐）李商隐撰，陈永正译注，巴蜀书社1992年，凤凰出版社2011年。

李贺诗选译（古代文史名著选译丛书）（唐）李贺撰，冯浩菲、徐传武译注，巴蜀书社1992年，1994年，凤凰出版社2011年。

柳宗元诗文选译（古代文史名著选译丛书）（唐）柳宗元撰，王松龄、杨立扬译注，巴蜀书社1992年，凤凰出版社2011年。

李白诗精华（中国古典文学名著选译）（唐）李白撰，祝鸿杰、曹文彪编，贵州人民出版社1992年。

钱起诗集（两浙作家文丛）（唐）钱起撰，王定璋校注，浙江古籍出版社1992年。

杜诗五种索引　钟夫、陶钧编，上海古籍出版社1992年。

颜真卿集 （唐）颜真卿撰，（清）黄本骥编订，凌家民点校、简注、重订，黑龙江人民出版社 1993 年。

柳宗元诗笺释（中国古典文学丛书）（唐）柳宗元撰，王国安笺释，上海古籍出版社 1993 年，1998 年。

杜甫诗歌赏析集（中国古典文学赏析丛书） 陶道恕主编，巴蜀书社 1993 年。

李商隐诗歌赏析集（中国古典文学赏析丛书）（唐）李商隐撰，周振甫主编，巴蜀书社 1993 年。

卢肇集校注 （唐）卢肇著，龚杏根校注，海南出版社 1993 年。

杜诗赵次公先后解辑校 （唐）杜甫撰，（宋）赵次公注，林继中辑校，上海古籍出版社 1994 年。

骆宾王文集（宋蜀刻本唐人集丛刊）（唐）骆宾王撰，上海古籍出版社 1994 年。

卢照邻集笺注（中国古典文学丛书）（唐）卢照邻撰，祝尚书笺注，上海古籍出版社 1994 年，2011 年增订本。

新编魏徵集 （唐）魏徵撰，吕效祖主编，三秦出版社 1994 年。

陈子昂诗文选译（古代文史名著选译丛书）（唐）陈子昂撰，王岚译注，巴蜀书社 1994 年，凤凰出版社 2011 年。

李太白文集（宋蜀刻本唐人集丛刊）（唐）李白撰，上海古籍出版社 1994 年。

新刊经进详注昌黎先生文（宋蜀刻本唐人集丛刊）（唐）韩愈撰，（宋）文谠注，王俦补注，上海古籍出版社 1994 年。

孟东野文集（宋蜀刻本唐人集丛刊）（唐）孟郊撰，上海古籍出版社 1994 年。

郑守愚文集（宋蜀刻本唐人集丛刊）（唐）郑谷撰，上海古籍出版社 1994 年。

陆宣公文集（宋蜀刻本唐人集丛刊）（唐）陆贽撰，上海古籍出版社 1994 年。

权德舆诗集（陇右文献丛书）（唐）权德舆撰，霍旭东点校，甘肃人民出版社 1994 年。

新刊权载之文集（宋蜀刻本唐人集丛刊）（唐）权德舆撰，上海古籍出版社 1994 年。

张文昌文集（宋蜀刻本唐人集丛刊）（唐）张籍著，上海古籍出版社 1994 年。

皇甫持正文集（宋蜀刻本唐人集丛刊）（唐）皇甫湜撰，上海古籍出版社 1994 年。

刘文房文集（宋蜀刻本唐人集丛刊）（唐）刘长卿撰，上海古籍出版社 1994 年。

刘梦得文集（宋蜀刻本唐人集丛刊）（唐）刘禹锡撰，上海古籍出版社 1994 年。

新刊增广百家详补注唐柳先生文（宋蜀刻本唐人集丛刊）（唐）柳宗元撰，（宋）童宗说、韩醇等注释，上海古籍出版社 1994 年。

新刊元微之文集（宋蜀刻本唐人集丛刊）（唐）元稹撰，上海古籍出版社 1994 年。

姚少监诗集（宋蜀刻本唐人集丛刊）（唐）姚合撰，上海古籍出版社 1994 年。

李长吉文集（宋蜀刻本唐人集丛刊）（唐）李贺撰，上海古籍出版社 1994 年。

许用晦文集（宋蜀刻本唐人集丛刊）（唐）许浑撰，上海古籍出版社 1994 年。

司空表圣文集（宋蜀刻本唐人集丛刊）（唐）司空图撰，上海古籍出版社 1994 年。

杜甫诗精华（中国古典文学名著选译）（唐）杜甫著，黄发政、朱建华编著，贵州人民出版社 1994 年。

顾况诗注（唐诗小集）（唐）顾况撰，王启兴、张虹注，上海古籍出版社 1994 年。

孟郊诗集校注（新注古代文学名家集）（唐）孟郊撰，华忱之、喻学才校注，人民文学出版社 1995 年。

孟郊集校注（两浙作家文丛）（唐）孟郊撰，韩泉欣校注，浙江古籍出版社 1995 年。

罗隐集校注（两浙作家文丛）（唐）罗隐撰，潘慧惠校注，浙江古籍出版社 1995 年。

杜牧诗集（唐宋诗词十大家）（唐）杜牧撰，李全编，济南出版社 1995 年。

王维诗集（唐宋诗词十大家）（唐）王维撰，烈卿编，济南出版社 1995 年。

杜甫诗集（唐宋诗词十大家）（唐）杜甫撰，舒方编，济南出版社1995年。

岑参集编年笺证 （唐）岑参撰，刘开扬笺证，巴蜀书社1995年。

李白全集（古典文学名著珍藏本）（唐）李白撰，（清）王琦注，四川人民出版社1995年。

杜园说杜（北京图书馆稿本钞本丛刊）（清）梁运昌撰，书目文献出版社1995年。

王子安集注（中国古典文学丛书）（唐）王勃撰，（清）蒋清翊注，汪贤度点校，上海古籍出版社1995年，1996年。

段成式诗文辑注（济南名士丛书）（唐）段成式撰，济南出版社1995年。

李白诗词（唐宋诗词十大家）（唐）李白撰，甄芳琳编著，济南出版社1995年。

李白全集 （唐）李白撰，（清）王琦注，杨用成点校，珠海出版社1996年。

李太白全集（华夏青史文人全集丛书） （唐）李白撰，中国书店1996年。

李白全集校注汇释集评 （唐）李白撰，詹瑛注释集评，百花文艺出版社1996年。

李白全集 （唐）李白撰，鲍方点校，上海古籍出版社1996年，1997年。

白居易全集 （唐）白居易撰，刘明杰点校，珠海出版社1996年。

甫里先生文集 （唐）陆龟蒙撰，宋景昌、王立群点校，河南大学出版社1996年。

曹唐诗注（唐诗小集） （唐）曹唐撰，陈继明注，上海古籍出版社1996年。

柳宗元散文全集（唐宋八大家散文全集） （唐）柳宗元撰，今日中国出版社1996年。

刘长卿诗编年笺注（中国古典文学基本丛书） （唐）刘长卿撰，储仲君编年笺注，中华书局1996年，1999年。

韩愈全集校注 （唐）韩愈撰，屈守元、常思春主编，四川大学出版社1996年。

韩昌黎全集 （唐）韩愈撰，杨义、蒋业伟今译，北京燕山出版社1996年。

杜甫全集　（唐）杜甫撰，（清）仇兆鳌注，秦亮点校，珠海出版社1996年。

杜甫诗译析（唐宋诗文大家今译丛书）（唐）杜甫撰，胡汉生编，三秦出版社1996年。

杜甫全集　（唐）杜甫撰，高仁标点，上海古籍出版社1996年，1997年。

李白诗歌精选（唐代名家诗丛）（唐）李白撰，韩盼山选注，花山文艺出版社1996年。

李白诗精选精注（唐诗精粹丛书）（唐）李白撰，弘征选注，广西师范大学出版社1996年。

杜甫诗歌精选（唐代名家诗丛）（唐）杜甫著，韩成武、南思雁选注，花山文艺出版社1996年。

杜甫诗精选精注（唐诗精粹丛书）（唐）杜甫著，龚笃清选注，广西师范大学出版社1996年。

白居易诗精选精注（唐诗精粹丛书）（唐）白居易著，施蓉、苏建科选注，广西师范大学出版社1996年。

杜牧诗歌精选（唐代名家诗丛）（唐）杜牧撰，任文京选注，花山文艺出版社1996年。

＊**钱起诗集校注**　阮廷瑜校注，台湾新文丰出版公司1996年。

＊**孟郊诗集校注（上下）**　（唐）孟郊撰，李建昆、邱燮友校注，台湾新文丰出版公司1997年。

杜工部集（新世纪万有文库）（唐）杜甫撰，王学泰点校，辽宁教育出版社1997年。

杜甫诗全译　（唐）杜甫撰，韩成武、张志民译释，河北人民出版社1997年。

韩愈全集　（唐）韩愈撰，钱仲联、马茂元点校，上海古籍出版社1997年。

柳宗元全集　（唐）柳宗元撰，曹明纲标点，上海古籍出版社1997年。

张谓诗注（唐诗小集）（唐）张谓撰，陈文华注，上海古籍出版社1997年。

刘希夷诗注（唐诗小集）（唐）刘希夷撰，陈文华注，上海古籍出版社1997年。

王维全集（附孟浩然集）　（唐）

王维撰，曹中孚标点，上海古籍出版社 1997 年。

杜牧全集 （唐）杜牧撰，陈允吉点校，上海古籍出版社 1997 年。

王维集校注（中国古典文学基本丛书）（唐）王维撰，陈铁民校注，中华书局 1997 年。

皮鹿门小品（唐宋小品十家）（唐）皮日休撰，莫道才、沈伟东选注，文化艺术出版社 1997 年。

李白诗全译 （唐）李白撰，詹福瑞等译释，河北人民出版社 1997 年。

李白诗歌全集 （唐）李白撰，（清）王琦注，刘建新校勘，今日中国出版社 1997 年。

姚合诗集校考（古文献研究丛书）（唐）姚合撰，刘衍校，岳麓书社 1997 年。

罗昭谏小品（唐宋小品十家）（唐）罗隐撰，王晓宁选注，文化艺术出版社 1997 年。

韩昌黎小品（唐宋小品十家）（唐）韩愈撰，洪波、关键选注，文化艺术出版社 1997 年。

韩愈散文选集（百花散文书系）（唐）韩愈撰，吴小如、韩嘉祥选注，百花文艺出版社 1997 年。

* **王绩诗文集校注** （唐）王绩撰，金荣华校注，台湾新文丰出版公司 1998 年。

卢照邻集校注（中国古典文学基本丛书）（唐）卢照邻撰，李云逸校注，中华书局 1998 年。

韦应物集校注（中国古典文学丛书）（唐）韦应物撰，陶敏、王友胜校注，上海古籍出版社 1998 年，2011 年增订本。

日藏古抄李峤咏物诗注（海外珍藏善本丛书）（唐）李峤撰，张庭芳、胡成昂编，上海古籍出版社 1998 年。

李太白全集 （唐）李白撰，北京图书馆出版社 1998 年。

* **温庭筠诗集校注** 王国良校注，台湾黎明文化事业公司 1999 年。

刘长卿集编年校注 （唐）刘长卿撰，杨世明校注，人民文学出版社 1999 年。

白居易全集 （唐）白居易撰，丁如明、聂世美点校，上海古籍出版社 1999 年。

刘禹锡全集 （唐）刘禹锡撰，瞿蜕园点校，上海古籍出版社1999年。

李商隐全集附李贺诗集 （唐）李商隐撰，朱怀春、曹光甫、高克勤标点，上海古籍出版社1999年。

王摩诘全集笺注 （唐）王维撰，（清）赵松谷注，北京图书馆出版社1999年。

杜少陵集详注 （唐）杜甫撰，（清）仇兆鳌注，北京图书馆出版社1999年。

唐女郎鱼玄机诗集 （唐）鱼玄机撰，北京图书馆出版社1999年。

＊**新译昌黎先生文集** 周启成、周维德撰，陈满铭、黄俊郎校阅，台湾三民书局1999年，2011年。

孟浩然诗集笺注（中国古典文学丛书）（唐）孟浩然撰，佟培基笺注，上海古籍出版社2000年。

王昌龄集编年校注 （唐）王昌龄撰，胡问涛、罗琴校注，巴蜀书社2000年。

寒山诗注（附拾得诗注） （唐）寒山、拾得撰，项楚注，中华书局2000年。

韩愈集（集部经典丛刊）（唐）韩愈撰，严昌点校，岳麓书社2000年。

柳宗元集（唐宋名家丛集）（唐）柳宗元撰，易新鼎点校，中国书店2000年。

罗隐诗集笺注 （唐）罗隐撰，李之亮注释，岳麓书社2000年。

李商隐诗选注（诗仙词圣精品文库）（唐）李商隐撰，刘琦选注，吉林文史出版社2000年。

李贺诗选注（诗仙词圣精品文库）（唐）李贺撰，李力选注，吉林文史出版社2000年。

李白诗选注（诗仙词圣精品文库）（唐）李白撰，李力选注，吉林文史出版社2000年。

白居易诗选注（诗仙词圣精品文库）（唐）白居易撰，赵立、马连湘选注，吉林文史出版社2000年。

杜甫诗选注（诗仙词圣精品文库）（唐）杜甫撰，沈文凡选注，吉林文史出版社2000年。

王摩诘文集（中华再造善本试制）（唐）王维撰，北京图书馆出版社2001年。

李翰林集 （唐）李白撰，江苏古籍出版社2001年。

昌黎先生集考异（朱熹全书选刊）（唐）韩愈撰，（宋）朱熹校，曾抗美点校，上海古籍出版社2001年。

贾岛集校注 （唐）贾岛撰，齐文榜校注，人民文学出版社2001年。

杜牧集（集部经典丛刊）（唐）杜牧撰，欧阳灼校注，岳麓书社2001年。

中国古典文学精品屋——白居易（唐）白居易撰，姜洪伟注评，黄山书社2001年。

中国古典文学精品屋——杜甫（唐）杜甫著，王昭华注评，黄山书社2001年。

＊**韦苏州诗校注** （唐）韦应物撰，阮廷瑜校注，台湾华泰文化事业公司2001年。

＊**张籍诗集校注** （唐）张籍撰，李建昆校注，台湾华泰文化事业公司2001年。

＊**新译杜牧诗文集** 张松辉撰，陈全得校阅，台湾三民书局2002年。

唐高祖文集辑校编年（周秦汉唐文化工程）（唐）李渊撰，韩理洲辑校编年，三秦出版社2002年。

韦应物诗集系年校笺（中国古典文学基本丛书）（唐）韦应物撰，孙望系年校笺，中华书局2002年。

李商隐文编年校注（中国古典文学基本丛书）（唐）李商隐撰，刘学锴、余恕诚校注，中华书局2002年。

李白诗选评（新世纪古典文学经典读本） 赵昌平撰，上海古籍出版社2002年。

杜甫诗选评（新世纪古典文学经典读本） 葛晓音撰，上海古籍出版社2002年。

韩愈诗文选评（新世纪古典文学经典读本） 孙昌武撰，上海古籍出版社2002年。

杜牧诗文选评（新世纪古典文学经典读本） 吴在庆撰，上海古籍出版社2002年。

贾岛诗集笺注 （唐）贾岛撰，黄鹏笺注，巴蜀书社2002年。

元稹集编年笺注（诗歌卷）（唐）元稹撰，杨军校注，三秦出版社2002年。

薛涛诗 （唐）薛涛撰，北京图书馆出版社2002年。

王勃诗（中华再造善本续编试制）（唐）王勃撰，北京图书馆出版社2002年。

卢照邻诗（中华再造善本续编试制） （唐）卢照邻撰，北京图书馆出版社2002年。

昌黎先生诗集注（中华再造善本续编试制） （唐）韩愈撰，（清）顾嗣立删补，北京图书馆出版社2002年。

杜诗新补注 信应举注，中州古籍出版社2002年。

＊**贾岛诗集校注** （唐）贾岛撰，李建昆校注，台湾里仁书局2002年。

周贺诗集（中华再造善本） （唐）周贺撰，北京图书馆出版社2002年。

郑守愚文集（中华再造善本）（唐）郑谷撰，北京图书馆出版社2002年。

歌诗编（中华再造善本） （唐）李贺撰，北京图书馆出版社2002年，2010年。

李太白文集（中华再造善本）（唐）李白撰，北京图书馆出版社2003年。北京图书馆出版社2008年。

分类补注李太白诗（中华再造善本） （唐）李白撰，（宋）杨齐贤集注，（元）萧士赟补注，北京图书馆出版社2003年。

王摩诘文集（中华再造善本）（唐）王维撰，北京图书馆出版社2003年。

刘文房集（中华再造善本） （唐）刘长卿撰，北京图书馆出版社2003年。

孟浩然诗集（中华再造善本）（唐）孟浩然撰，北京图书馆出版社2003年，2010年。

岑嘉州诗（中华再造善本） （唐）岑参撰，北京图书馆出版社2003年，2010年。

分门集注杜工部诗（中华再造善本） （唐）杜甫撰，（宋）王洙、赵次公等注，北京图书馆出版社2003年。

皇甫冉诗集（中华再造善本）（唐）皇甫冉撰，北京图书馆出版社2003年。

河东先生集（中华再造善本）（唐）柳宗元撰，北京图书馆出版社 2003 年。北京图书馆出版社 2008 年。

五百家注音辩唐柳先生文集（中华再造善本）（唐）柳宗元撰，（宋）童宗说、韩醇等注释，魏仲举辑，北京图书馆出版社 2003 年。

白氏文集（中华再造善本）（唐）白居易撰，北京图书馆出版社 2003 年。

皇甫持正文集（中华再造善本）（唐）皇甫湜撰，北京图书馆出版社 2003 年。

姚少监诗集（中华再造善本）（唐）姚合撰，北京图书馆出版社 2003 年。

张承吉文集（中华再造善本）（唐）张祜撰，北京图书馆出版社 2003 年。

朱庆馀诗集（中华再造善本）（唐）朱庆馀撰，北京图书馆出版社 2003 年。

许用晦文集（中华再造善本）（唐）许浑撰，北京图书馆出版社 2003 年。

孙可之文集（中华再造善本）（唐）孙樵撰，北京图书馆出版社 2003 年。

司空表圣文集（中华再造善本）（唐）司空图撰，北京图书馆出版社 2003 年。

唐女郎鱼玄机诗（中华再造善本）（唐）鱼玄机撰，北京图书馆出版社 2003 年。

甲乙集（中华再造善本）（唐）罗隐撰，北京图书馆出版社 2003 年。

唐求诗集（中华再造善本）（唐）唐求撰，北京图书馆出版社 2003 年。

李丞相诗集（中华再造善本）（南唐）李建勋撰，北京图书馆出版社 2003 年。

＊**韩愈古文校注汇辑** 罗联添编，台湾“国立”编译馆 2003 年。

＊**新译骆宾王文集** 黄清泉撰，陈全得校阅，台湾三民书局 2003 年。

柳宗元诗文选评（新世纪古典文学经典读本） 尚永亮撰，上海古籍出版社 2003 年。

李商隐诗选评（新世纪古典文学经

典读本） 刘学锴、李翰撰，上海古籍出版社 2003 年。

孟浩然诗集（书韵楼丛刊）（唐）孟浩然撰，上海古籍出版社 2003 年。

王摩诘文集（书韵楼丛刊）（唐）王维撰，上海古籍出版社 2003 年。

李太白文集（书韵楼丛刊）（唐）李白撰，上海古籍出版社 2003 年。

杜工部集（书韵楼丛刊）（唐）杜甫撰，上海古籍出版社 2003 年。

李白诗选（中法对照配图本）（唐）李白著，北京图书馆出版社 2003 年。

杜陵诗史 （唐）杜甫撰，王十朋、鲁訔编，线装书局 2003 年。

李翰林集（雕版珍本选粹）（唐）李白撰，线装书局 2003 年。

刘禹锡全集编年校注 （唐）刘禹锡撰，陶敏、陶红雨校注，岳麓书社 2003 年。

李贺集 （唐）李贺撰，王友胜、李德辉校注，岳麓书社 2003 年。

沈下贤集校注 （唐）沈下贤著，肖占鹏、李勃洋校注，南开大学出版社 2003 年。

杜诗今译（杜甫草堂历史文化丛书）（唐）杜甫著，师兴编译，四川文艺出版社 2003 年。

杜甫草堂诗选（杜甫草堂历史文化丛书） 周维扬、丁浩选注，四川文艺出版社 2003 年。

骆宾王文集（中华再造善本）（唐）骆宾王撰，北京图书馆出版社 2004 年。

杜审言诗集（中华再造善本）（唐）杜审言撰，北京图书馆出版社 2004 年。

常建诗集（中华再造善本）（唐）常建撰，北京图书馆出版社 2004 年。

寒山子诗集（中华再造善本）（唐）释寒山子撰，北京图书馆出版社 2004 年。

韦苏州集（中华再造善本）（唐）韦应物撰，北京图书馆出版社 2004 年。

韦苏州集（中华再造善本）（唐）韦应物撰，北京图书馆出版社 2004 年。

杜工部集（中华再造善本）（唐）杜甫撰，北京图书馆出版社2004年。

陆宣公文集（中华再造善本）（唐）陆贽撰，北京图书馆出版社2004年。

李长吉文集（中华再造善本）（唐）李贺撰，北京图书馆出版社2004年。

新刊经进详注昌黎先生文（中华再造善本）（唐）韩愈撰，（宋）文谠注，王俦补注，北京图书馆出版社2004年。

音注韩文公文集（中华再造善本）（唐）韩愈撰，（宋）祝充音注，北京图书馆出版社2004年。

新刊元微之文集（中华再造善本）（唐）元稹撰，北京图书馆出版社2004年。

张文昌文集（中华再造善本）（唐）张籍撰，北京图书馆出版社2004年。

新刊权载之文集（中华再造善本）（唐）权德舆撰，北京图书馆出版社2004年。

会昌一品制集（中华再造善本）（唐）李德裕撰，北京图书馆出版社2004年。

杜荀鹤文集（中华再造善本）（唐）杜荀鹤撰，北京图书馆出版社2004年。

＊**岑参集校注**（唐）岑参撰，陈铁民、侯忠义撰，台湾汉京文化事业公司2004年。

韩愈诗文选评（名家注评古典文学丛书）孙昌武注评，三秦出版社2004年。

王维孟浩然诗选评（名家注评古典文学丛书）陶文鹏评注，三秦出版社2004年。

杜诗选评（名家注评古典文学丛书）林继中注评，三秦出版社2004年。

柳宗元诗文选评（名家注评古典文学丛书）吴文治注评，三秦出版社2004年。

李煜集（中国家庭基本藏书）王晓枫评注，山西古籍出版社2004年。

杜牧集（中国家庭基本藏书）张厚余解评，山西古籍出版社2004年。

元稹诗文选（中国古典文学读本丛

书） 杨军、文笙、吕燕芳选注，人民文学出版社2004年。

刘禹锡集（中国家庭基本藏书） 赵娟、姜剑云评注，山西古籍出版社2004年。

李翰林集：当涂本 马鞍山李白研究所整理，黄山书社2004年。

王维诗词选注（诗仙词圣精品文库）（唐）王维著，吴迪选注，吉林文史出版社2004年。

白居易集（中国家庭基本藏书） 孙安邦、孙蓓评注，山西古籍出版社2004年。

李商隐集（中国家庭基本藏书） 张强、刘海宁评注，山西古籍出版社2004年。

李白集（中国家庭基本藏书）（唐）李白著，张瑞君评注，山西古籍出版社2004年。

李白诗选（中国文学经典） 刘晓虹、付艳霞选注，南海出版公司2004年。

王维诗注（传世藏书） 陈铁民注，三秦出版社2004年。

杜甫诗注（传世藏书）（清）仇兆鳌注，于鲁平补注，三秦出版社2004年。

寒山拾得诗（中国佛学经典文库） 宋先伟主编，大众文艺出版社2004年。

岑嘉州诗笺注（中国古典文学基本丛书）（唐）岑参撰，廖立笺注，中华书局2004年。

苍天酬情：唐宋八大家之韩愈散文集（传世散文精品库） 堵军主编，延边人民出版社2004年。

圣人之道：唐宋八大家之柳宗元散文集（传世散文精品库） 堵军主编，延边人民出版社2004年。

唐太宗全集校注 吴云、冀宇校注，天津古籍出版社2004年。

柳宗元诗文十九种善本异文汇录 吴文治著，黄山书社2004年。

岑参集校注（中国古典文学丛书）（唐）岑参著，陈铁民、侯忠义校注，上海古籍出版社2004年。

李贺诗选评（新世纪古典文学经典读本） 陈允吉、吴海勇撰，上海古籍出版社2004年，2011年。

岑参集校注（中国古典文学丛书）

（唐）岑参著，陈铁民、候忠义校注，陈铁民修订，上海古籍出版社2004年。

王建诗集（中华再造善本）（唐）王建撰，北京图书馆出版社2005年。

昌黎先生集（中华再造善本）（唐）韩愈撰，（宋）廖莹中校正，北京图书馆出版社2005年。

孟东野诗集（中华再造善本）（唐）孟郊撰，北京图书馆出版社2005年。

丁卯集（中华再造善本）（唐）许浑撰，北京图书馆出版社2005年。

须溪先生校本唐王右丞集（中华再造善本）（唐）王维撰，（宋）刘辰翁评点，北京图书馆出版社2005年。

杜工部草堂诗笺（中华再造善本）（唐）杜甫撰，（宋）蔡梦弼笺注，北京图书馆出版社2005年。

唐陆宣公集（中华再造善本）（唐）陆贽撰，北京图书馆出版社2005年。

增广音注唐郢州刺史丁卯诗集（中华再造善本）（唐）许浑撰，（元）祝德子订正，北京图书馆出版社2005年。

刘禹锡诗编年校注 （唐）刘禹锡著，高志忠校注，黑龙江人民出版社2005年。

李白诗选：图文典藏本：汉英对照（许译中国经典诗词） 许渊冲译，河北人民出版社2005年。

元稹集（中国家庭基本藏书·名家选集卷）（唐）元稹著，孙安邦、蓓雷解评，山西古籍出版社2005年。

韩愈集（中国家庭基本藏书·名家选集卷）（唐）韩愈著，陈霞村、胥巧生解评，山西古籍出版社2005年。

杜甫集（中国家庭基本藏书·名家选集卷）（唐）杜甫著，珍尔解评，山西古籍出版社2005年。

杜律启蒙 （清）边连宝著，韩成武、贺严、孙微点校，齐鲁书社2005年。

李白诗（唐诗名家诵读） 熊礼汇评注，人民文学出版社2005年。

白居易诗（唐诗名家诵读） 孙明君评注，人民文学出版社2005年。

李贺诗（唐诗名家诵读）（唐）李贺著，黄世中评注，人民文学出版社 2005 年。

杜甫诗（唐诗名家诵读）（唐）杜甫著，谢思炜评注，人民文学出版社 2005 年。

李商隐诗（唐诗名家诵读）（唐）李商隐著，董乃斌评注，人民文学出版社 2005 年。

王维诗百首：图文本：汉英对照 王宝童编译，誉燃绘，上海世界图书出版公司 2005 年。

中国古典诗词精品赏读·李白 汪艳菊编著，五洲传播出版社 2005 年。

中国古典诗词精品赏读·李商隐 文韬编著，五洲传播出版社 2005 年。

中国古典诗词精品赏读·王维 陈殊原编著，五洲传播出版社 2005 年。

中国古典诗词精品赏读·白居易 陈才智编著，五洲传播出版社 2005 年。

中国古典诗词精品赏读·杜甫 陈才智编著，五洲传播出版社 2005 年。

李白（插图本中国诗词经典·当代著名学者诠释古代经典名作） 杨义、郭晓鸿选注、译评，岳麓书社 2005 年。

杜甫（插图本中国诗词经典当代著名学者诠释古代经典名作） 杨义、郭晓鸿选注、译评，岳麓书社 2005 年。

王维（插图本中国诗词经典） 杨义、郭晓鸿选注、译评，岳麓书社 2005 年。

白居易诗选（《古典诗词名家》丛书） 谢思炜选注，中华书局 2005 年。

杜甫诗选（《古典诗词名家》丛书） 张忠纲选注，中华书局 2005 年。

李商隐诗选（《古典诗词名家》丛书） 黄世中选注，中华书局 2005 年。

李白诗选（《古典诗词名家》丛书） 葛景春选注，中华书局 2005 年。

杜牧诗选（《古典诗词名家》丛书） 胡可先选注，中华书局 2005 年。

韦应物诗选（《古典诗词名家》丛书） 陶敏、王友胜选注，中华书局 2005 年。

李贺歌诗编（书韵楼丛刊）（唐）李贺著，上海古籍出版社 2005 年。

樊川诗集（书韵楼丛刊）（唐）杜牧著，上海古籍出版社 2005 年。

李义山诗集（书韵楼丛刊）（唐）李商隐著，上海古籍出版社 2005 年。

昌黎先生文集（中华再造善本）（唐）韩愈撰，北京图书馆出版社 2006 年。

昌黎先生集考异（中华再造善本）（宋）朱熹撰，北京图书馆出版社 2006 年。

晦庵朱侍讲先生韩文考异（中华再造善本）（宋）朱熹撰，北京图书馆出版社 2006 年。

新刊五百家注音辩昌黎先生文集（中华再造善本）（唐）韩愈撰，（宋）魏仲举辑注，北京图书馆出版社 2006 年。

刘梦得文集（中华再造善本）（唐）刘禹锡撰，北京图书馆出版社 2006 年。

孟东野文集（中华再造善本）（唐）孟郊撰，北京图书馆出版社 2006 年。

杜工部草堂诗笺（中华再造善本）（唐）杜甫撰，（宋）蔡梦弼笺注，北京图书馆出版社 2006 年。

黄氏补千家注纪年杜工部诗史（中华再造善本）（唐）杜甫撰，（宋）黄希、黄鹤补注，北京图书馆出版社 2006 年。

须溪先生校本韦苏州集（中华再造善本）（唐）韦应物撰，（宋）刘辰翁评点，北京图书馆出版社 2006 年。

朱文公校昌黎先生文集（中华再造善本）（唐）韩愈撰，（宋）朱熹考异，王伯大音释，北京图书馆出版社 2006 年。

＊**新译柳宗元文选**　卞孝萱，朱崇才撰，台湾三民书局 2006 年。

白居易诗选：图文典藏本：汉英对照（许译中国经典诗词）　许渊冲译，河北人民出版社 2006 年。

杜甫诗选：图文典藏本：汉英对照（许译中国经典诗词）　许渊冲译，河北人民出版社 2006 年。

王维集（中国家庭基本藏书·名家选集卷）（唐）王维著，付如解评，山西古籍出版社 2006 年。

柳宗元集（中国家庭基本藏书·名家选集卷）（唐）柳宗元著，景宏业解评，山西古籍出版社2006年。

项斯诗注 （唐）项斯著，徐光大校注，浙江古籍出版社2006年。

陆贽集（中国历史文集丛刊）（唐）陆贽撰，中华书局2006年。

白居易诗集校注（中国古典文学基本丛书） 谢思炜撰，中华书局2006年。

王建诗集校注（诗赋研究丛书）（唐）王建著，尹占华校注，巴蜀书社2006年。

杜甫诗醇（中国诗词曲赋研究丛书） 卢国琛选注，浙江大学出版社2006年。

王建诗集校注 （唐）王建著，王宗堂校注，中州古籍出版社2006年。

韩愈集（历代名家精选集） 卞孝萱、张清华编选，凤凰出版社2006年。

白居易集（历代名家精选集） 严杰编选，凤凰出版社2006年。

杜甫集（历代名家精选集） 张忠纲、孙微编选，凤凰出版社2006年。

李白集（历代名家精选集） 郁贤皓编选，凤凰出版社2006年。

王维集（历代名家精选集） 董乃斌编选，凤凰出版社2006年。

李贺集（历代名家精选集） 吴企明编选，凤凰出版社2007年。

李商隐集（历代名家精选集） 周建国编选，凤凰出版社2007年。

柳宗元集（历代名家精选集） 尚永亮、洪迎华编选，凤凰出版社2007年。

刘禹锡集（历代名家精选集） 吴在庆编选，凤凰出版社2007年。

杜牧集（历代名家精选集） 罗时进编选，凤凰出版社2007年。

李颀集校注 （唐）李颀著，隋秀玲校注，河南人民出版社2007年。

白居易诗词（唐宋诗词十大家丛书） 王玲编著，济南出版社2007年。

杜甫诗集（唐宋诗词十大家丛书） 张华松编著，济南出版社2007年。

杜牧诗词（唐宋诗词十大家丛书） 李兆禄编著，济南出版社2007年。

李白诗词（唐宋诗词十大家丛书） 李永祥编著，济南出版社2007年。

李商隐诗集（唐宋诗词十大家丛书） 张华松编著，济南出版社2007年。

王维诗集（唐宋诗词十大家丛书） 李永祥编著，济南出版社2007年。

樊川文集（中国古典文学丛书） （唐）杜牧著，陈允吉点校，上海古籍出版社2007年。

范仲淹全集：纪念范文正公逝世九百五十周年：平装本 （宋）范仲淹著，李勇先、王蓉贵点校，四川大学出版社2007年。

白居易诗赏读（唐宋名家诗词赏读） 张黔、吕静平著，线装书局2007年。

杜甫诗赏读（唐宋名家诗词赏读） 吕明涛著，线装书局2007年。

杜牧诗赏读（唐宋名家诗词赏读） 陈光著，线装书局2007年。

白诗赏读（唐宋名家诗词赏读） 纪准著，线装书局2007年。

李商隐诗赏读（唐宋名家诗词赏读） 邓丹、陈芝国著，线装书局2007年。

桂苑笔耕集校注（中国历史文集丛刊） ［新罗］崔致远撰，党银平校注，中华书局2007年。

温庭筠全集校注（中国古典文学基本丛书） 刘学锴撰，中华书局2007年。

张祜诗集校注（诗赋研究丛书） 尹占华编著，巴蜀书社2007年。

杜甫诗词选 王昭华注评，黄山书社2007年。

＊**新译李贺诗集** 彭国忠撰，台湾三民书局2008年。

张九龄集校注 （唐）张九龄撰，中华书局2008年。

玉谿生诗醇 （唐）李商隐著，中华书局2008年。

杜牧集系年校注（中国古典文学基本丛书） 吴在庆撰，中华书局2008年。

柳河东集 （唐）柳宗元著，上海古籍出版社2008年。

权德舆诗文集 （唐）权德舆撰，上海古籍出版社2008年。

白居易诗选评 师长泰注评，三秦出版社2008年。

温飞卿诗集笺注 （唐）温庭筠著，王国安标点，中国书店 2008 年。

李煜集 （南唐）李煜著，三晋出版社 2008 年。

王勃集 （唐）王勃著，三晋出版社 2008 年。

杜甫集 （唐）杜甫著，三晋出版社 2008 年。

李白集 （唐）李白著，三晋出版社 2008 年。

白居易集 （唐）白居易著，三晋出版社 2008 年。

高适集 （唐）高适著，三晋出版社 2008 年。

李贺集 （唐）李贺著，三晋出版社 2008 年。

韩愈集 （唐）韩愈著，三晋出版社 2008 年。

柳宗元集 （唐）柳宗元著，三晋出版社 2008 年。

李商隐集 （唐）李商隐著，三晋出版社 2008 年。

岑参集 （唐）岑参著，三晋出版社 2008 年。

元稹集 （唐）元稹著，三晋出版社 2008 年。

刘禹锡集 （唐）刘禹锡著，三晋出版社 2008 年。

孟浩然集 （唐）孟浩然著，三晋出版社 2008 年。

杜牧集 （唐）杜牧著，三晋出版社 2008 年。

王维集 （唐）王维著，三晋出版社 2008 年。

元刊丁卯诗集 （唐）许浑撰，福建人民出版社 2008 年。

元刊韦苏州集 福建省文史研究馆编，福建人民出版社 2008 年。

长江集新校 （唐）贾岛著，李嘉言新校，河南大学出版社 2008 年。

杜甫诗集：插图本 （唐）杜甫著，万卷出版公司 2008 年。

柳宗元集：插图本 柳宗元著，万卷出版公司 2008 年。

韩愈集：插图本 韩愈著，万卷出版公司 2008 年。

李太白集：插图本 李白著，万卷出版公司 2008 年。

＊**新译王维诗文集（上下）** 陈铁民撰，台湾三民书局2009年。

高适诗文注评 佘正松注评，中华书局2009年。

李商隐诗选：插图版 黄世中选注，中华书局2009年。

李白诗选：插图版 葛景春选注，中华书局2009年。

杜牧诗选：插图版 胡可先选注，中华书局2009年。

白居易诗选：插图版 谢思炜选注，中华书局2009年。

杜甫诗选：插图版 张忠纲选注，中华书局2009年。

李绅集校注 （唐）李绅著，卢燕平校注，中华书局2009年。

钱注杜诗 （唐）杜甫著，上海古籍出版社2009年。

郑谷诗集笺注 （唐）郑谷著，严寿澂等笺注，上海古籍出版社2009年。

樊川文集 （唐）杜牧著，陈允吉校注，上海古籍出版社2009年。

＊**新译白居易诗文选** 陶敏，鲁茜撰，台湾三民书局2009年。

＊**新译杜甫诗选** 张忠纲、赵睿才、綦维撰，台湾三民书局2009年。

＊**《曲江集》校释与评论（上下）** 徐华中撰，台湾花木兰文化出版社2009年。

唐秦隐君诗集（中华再造善本续编）（唐）秦系撰，国家图书馆出版社2009年。

高常侍集（中华再造善本续编）（唐）高适撰，国家图书馆出版社2009年。

台阁集（中华再造善本续编）（唐）李嘉祐撰，国家图书馆出版社2009年。

李群玉诗集（中华再造善本续编）（唐）李群玉撰，国家图书馆出版社2009年。

碧云集（中华再造善本续编）（南唐）李中撰，国家图书馆出版社2009年。

宋之问集（中华再造善本续编）（唐）宋之问撰，国家图书馆出版社2010年。

张子寿文集（中华再造善本续编）（唐）张九龄撰，国家图书馆出版社2010年。

颜鲁公文集（中华再造善本续编）（唐）颜真卿撰，国家图书馆出版社2010年。

李文（中华再造善本续编）（唐）李翱撰，国家图书馆出版社2010年。

樊川诗集（中华再造善本续编）（唐）杜牧撰，国家图书馆出版社2010年。

温庭筠诗集（中华再造善本续编）（唐）温庭筠撰，国家图书馆出版社2010年。

唐皮日休文薮（中华再造善本续编）（唐）皮日休撰，国家图书馆出版社2010年。

唐甫里先生文集（中华再造善本续编）（唐）陆龟蒙撰，国家图书馆出版社2010年。

李白诗集：珍藏版（唐）李白著，吉林出版集团有限责任公司2010年。

元稹集（唐）元稹著，季琴注，中华书局2010年。

金圣叹批唐才子诗·杜诗解（清）金圣叹选批，中华书局2010年。

韩愈文集汇校笺注（中国古典文学基本丛书）（唐）韩愈著，刘真伦等校注，中华书局2010年。

柳宗元集 卫绍生注译，中州古籍出版社2010年。

韩愈集 卫绍生、杨波注译，中州古籍出版社2010年。

戴叔伦诗集校注（唐）戴叔伦著，蒋寅校注，上海古籍出版社2010年。

李白诗选（唐）李白著，广陵书社2010年。

杜甫诗选（唐）杜甫著，广陵书社2010年。

李白诗选评 阎琦注评，三秦出版社2010年。

白居易文集校注（唐）白居易著，谢思炜校注，中华书局2011年。

贯休歌诗系年笺注（唐）贯休著，胡大浚笺注，中华书局2011年。

张籍集系年校注（唐）张籍撰，

余恕诚校注，中华书局 2011 年。

司空曙诗集校注 司空曙著，文航生校注，人民文学出版社 2011 年。

元稹集校注 （唐）元稹著，周相录校注，上海古籍出版社 2011 年。

李义山诗集 （唐）李商隐著，广陵书社 2011 年。

杜牧之诗集 （唐）杜牧著，广陵书社 2011 年。

王摩诘诗集 （唐）王维著，广陵书社 2011 年。

孟襄阳诗集 （唐）孟浩然著，广陵书社 2011 年。

李白诗文选 （唐）李白著，阮堂明等注评，中州古籍出版社 2011 年。

白居易诗选 （唐）白居易著，汤华泉注评，中州古籍出版社 2011 年。

李贺诗集 （唐）李贺著，张立敏注评，中州古籍出版社 2011 年。

杜甫诗选 （唐）杜甫著，葛景春注评，中州古籍出版社 2011 年。

李商隐诗选 （唐）李商隐著，刘学锴等注评，中州古籍出版社 2011 年。

温庭筠诗词选 （唐）温庭筠著，刘学锴注评，中州古籍出版社 2011 年。

＊新译李白诗全集（上中下） 郁贤皓撰，台湾三民书局 2011 年。

＊新译李商隐诗选 朱恒夫等撰，台湾三民书局 2011 年。

广成集（道教典籍选刊）（唐）杜光庭撰，董恩林点校，中华书局 2011 年。

宋别集类

苏长公小品 （宋）苏轼著，（明）王纳谏评选，陈宗彝校，北京正蒙书局 1914 年。

漱玉集（冷雪盦丛书）（宋）李清照著，李文裿编，冷雪盦 1922 年，1931 年。

岳忠武王集 （宋）岳飞著，裕德书局 1923 年。

后山文集（林氏选评名家文集）（宋）陈师道著，林纾选评，商务印书馆 1924 年。

淮海集（林氏选评名家文集）（宋）秦观著，林纾评选，商务印书馆1924年。

嘉祐集（林氏选评名家文集）（宋）苏洵著，林纾选评，商务印书馆1924年。

元丰类稿（林氏选评名家文集）（宋）曾巩著，林纾选评，商务印书馆1924年。

岳忠武王全集 （宋）岳飞著，扫叶山房1927年。

王安石文（万有文库）（宋）王安石著，褚东郊选注，商务印书馆1928年，1929年，1947年。

王临川集（万有文库）（宋）王安石著，商务印书馆1929年，1933年，1935年，1939年。

曾巩文（万有文库）（宋）曾巩著，朱凤起注，商务印书馆1930年，1931年，1933年，1947年。

孤山志 林和靖诗 （宋）林和靖著，（清）王复礼编，六艺书局1930年。

苏东坡集（万有文库）（宋）苏轼著，商务印书馆1930年，1933年，1934年，1936年，1939年。

欧阳永叔集（万有文库）（宋）欧阳修著，商务印书馆1930年，1933年，1939年。

苏轼诗（学生国学丛书） 严既澄选注，商务印书馆1930年，1931年，1933年。

断肠诗词（欣赏丛书）（宋）朱淑真著，李白英编校，光华书局1930年。

陆放翁集（万有文库）（宋）陆游著，商务印书馆1931年，1933年，1935年。

陆游诗（万有文库） （宋）陆游著，黄逸之选注，商务印书馆1931年，1933年。

献丑集（丛书集成初编）（宋）许棐撰，商务印书馆1933年。

谢叠山集（丛书集成初编）（宋）谢枋得撰，商务印书馆1933年。

欧阳永叔文（万有文库）（宋）欧阳修著，黄公渚选注，商务印书馆1933年，1934年，1947年，1948年。

岳武穆集（民族英雄丛书）（宋）岳飞著，李剑虹编辑，军事新闻社、国民救国宣传社1933年。

黄山谷诗（万有文库）（宋）黄庭坚著，黄公渚选注，商务印书馆1933年，1934年。

放翁国难诗选 （宋）陆游著，许文奇选注，民智书局1933年。

笺注断肠诗词 （宋）朱淑真著，（清）郑元佐注，新文化书社1933年。

（新式标点）朱淑真断肠诗词 （宋）朱淑真著，（清）郑元佐注，朱鉴标点，大达图书供应社1933年，1935年。

欧阳修散文选 （宋）欧阳修著，金民天编注，合众书店1934年，1937年。

（详注）内简尺牍 （宋）孙觌著，（宋）李祖尧编注，蔡焯、蔡龙孙增订，新民书局1934年。

元宪集（丛书集成初编）（宋）宋庠撰，商务印书馆1935年。

文恭集（丛书集成初编）（宋）胡宿撰，商务印书馆1935年。

祠部集（丛书集成初编）（宋）强至撰，商务印书馆1935年。

公是集（丛书集成初编）（宋）刘敞撰，商务印书馆1935年。

彭城集（丛书集成初编）（宋）刘攽撰，商务印书馆1935年。

华阳集（丛书集成初编）（宋）王珪撰，商务印书馆1935年。

司马温公集（丛书集成初编）（宋）司马光撰，商务印书馆1935年。

净德集（丛书集成初编）（宋）吕陶撰，商务印书馆1935年。

陶山集（丛书集成初编）（宋）陆佃撰，商务印书馆1935年。

宗忠简公集（附辨伪考异）（丛书集成初编）（宋）宗泽撰，商务印书馆1935年。

姑溪居士全集（丛书集成初编）（宋）李之仪撰，商务印书馆1935年。

西台集（丛书集成初编）（宋）毕仲游撰，商务印书馆1935年。

浮沚集（丛书集成初编）（宋）周行己著，商务印书馆1935年。

画墁集（附补遗）（丛书集成初编）（宋）张舜民撰，商务印书馆1935年。

柯山集（附拾遗·续拾遗）（丛书集成初编）（宋）张耒撰，商务印书馆1935年。

斜川集（附录·订误）（丛书集成初编）（宋）苏过撰，商务印书馆1935年。

浮溪集（附拾遗）（丛书集成初编）（宋）汪藻撰，商务印书馆1935年。

北山文集（丛书集成初编）（宋）郑刚中撰，商务印书馆1935年。

双溪集（附遗言）（丛书集成初编）（宋）苏籀撰，商务印书馆1935年。

毗陵集（附拾遗）（丛书集成初编）（宋）张守撰，商务印书馆1935年。

简斋集（丛书集成初编）（宋）陈与义著，商务印书馆1935年。

文定集（附拾遗）（丛书集成初编）（宋）汪应辰撰，商务印书馆1935年。

雪山集（丛书集成初编）（宋）王质撰，商务印书馆1935年。

香溪集（丛书集成初编）（宋）范浚撰，商务印书馆1935年。

仁山集（丛书集成初编）（宋）金履祥撰，商务印书馆1935年。

攻媿集（附拾遗）（丛书集成初编）（宋）楼钥撰，商务印书馆1935年。

止堂集（丛书集成初编）（宋）彭龟年撰，商务印书馆1935年。

絜斋集（丛书集成初编）（宋）袁燮撰，商务印书馆1935年。

鄂州小集（附罗郢州逸文）（丛书集成初编）（宋）罗愿撰，商务印书馆1935年。

陈克斋集（丛书集成初编）（宋）陈文蔚撰，商务印书馆1935年。

何北山先生遗集（丛书集成初编）（宋）何基撰，商务印书馆1935年。

耻堂存稿（丛书集成初编）（宋）高斯得撰，商务印书馆1935年。

霁山集（附拾遗）（丛书集成初编）（宋）林景熙撰，商务印书馆1935年。

李延平集（丛书集成初编）（宋）李侗撰，商务印书馆1935年。

淳熙稿（丛书集成初编）（宋）赵蕃撰，商务印书馆1935年。

河南程氏遗书（万有文库）（宋）朱熹编，商务印书馆 1935 年，1939 年。

象山先生全集（万有文库）（宋）陆九渊著，商务印书馆 1935 年。

欧阳修文选（详注国学读本）（宋）欧阳修著，吴瑞书编，储菊人校订，中央书店 1935 年。

司马光文（学生国学丛书）（宋）司马光著，黄公渚选注，商务印书馆 1935 年，1947 年。

苏东坡文选（详注国学读本）（宋）苏轼著，吴瑞书编，储菊人校订，中央书店 1935 年。

（足本）王安石文集（宋）王安石著，沈卓然重编，大东书局 1935 年。

（中国大政治家）王安石集（宋）王安石著，李剑萍编选，军事新闻社 1935 年。

王临川文选（详注国学读本）（宋）王安石著，吴瑞书编，中央书店 1935 年。

王临川全集（国学自修读本）（国学丛书）（宋）王安石著，新文化书社 1935 年。

王安石全集（宋）王安石著，大众书店 1935 年，大达图书供应社 1935 年。

王临川全集（国学基本文库）（宋）王安石著，中央书店 1935 年。

（标点足本）王安石全集（宋）王安石著，东方文学社 1935 年。

（最新标点）王安石全集（国学丛书）（宋）王安石著，张焰点校，龙虎书店 1935 年。

王临川全集（宋）王安石著，启智书局 1935 年。

王安石全集（宋）王安石著，沈卓然重编，大东书局 1935 年。

王临川全集（宋）王安石著，国学整理社 1935 年，1936 年。

文山先生全集（万有文库）（宋）文天祥著，商务印书馆 1935 年，1936 年，1937 年，1939 年简编版。

（评注）剑南诗稿（宋）陆游（原题：陆放翁）著，顾佛影评注，中央书店 1935 年。

苏轼诗选（宋）苏轼著，王学正编，经纬书局，1935 年。

王安石诗集（足本） 沈卓然重

编，大东书局 1935 年。

朱淑真断肠诗 （宋）朱淑真著，启智书局 1935 年。

（新式标点）朱淑真断肠诗 （宋）朱淑真著，张咏青编，中央书店 1935 年。

徐公文集（四部丛刊）（宋）徐铉撰，商务印书馆 1936 年。

河东先生集（四部丛刊）（宋）柳开撰，商务印书馆 1936 年。

小畜集（四部丛刊）（宋）王禹偁撰，商务印书馆 1936 年。

小畜外集（四部丛刊）（宋）王禹偁撰，商务印书馆 1936 年。

林和靖先生诗集（四部丛刊）（宋）林逋撰，商务印书馆 1936 年。

河南穆公集（四部丛刊）（宋）穆修撰，商务印书馆 1936 年。

范文正公集（四部丛刊）（宋）范仲淹撰，商务印书馆 1936 年。

河南先生文集（四部丛刊）（宋）尹洙撰，商务印书馆 1936 年。

苏学士文集（四部丛刊）（宋）苏舜钦撰，商务印书馆 1936 年。

温国文正公文集（四部丛刊）（宋）司马光撰，商务印书馆 1936 年。

直讲李先生文集（四部丛刊）（宋）李觏撰，商务印书馆 1936 年。

陈眉公先生订正丹渊集（四部丛刊）（宋）文同撰，商务印书馆 1936 年。

元丰类稿（四部丛刊）（宋）曾巩撰，商务印书馆 1936 年。

宛陵先生集（四部丛刊）（宋）梅尧臣撰，商务印书馆 1936 年。

伊川击壤集（四部丛刊）（宋）邵雍撰，商务印书馆 1936 年。

欧阳文忠公全集（四部丛刊）（宋）欧阳修撰，商务印书馆 1936 年。

嘉祐集（四部丛刊）（宋）苏洵撰，商务印书馆 1936 年。

临川先生文集（四部丛刊）（宋）王安石撰，商务印书馆 1936 年。

集注分类东坡先生诗（四部丛刊）（宋）苏轼撰，（宋）王十朋注，商务印书馆 1936 年。

经进东坡文集事略（四部丛刊）

（宋）苏轼撰，（宋）郎晔注，商务印书馆1936年。

栾城三集（四部丛刊）（宋）苏辙撰，商务印书馆1936年。

栾城应诏集（四部丛刊）（宋）苏辙撰，商务印书馆1936年。

豫章黄先生文集（四部丛刊）（宋）黄庭坚撰，商务印书馆1936年。

后山诗注（四部丛刊）（宋）陈师道撰，（宋）任渊注，商务印书馆1936年。

张右史文集（四部丛刊）（宋）张耒撰，商务印书馆1936年。

秦淮海集（四部丛刊）（宋）秦观撰，商务印书馆1936年。

石门文字禅（四部丛刊）（宋）释惠洪撰，商务印书馆1936年。

济北晁先生鸡肋集（四部丛刊）（宋）晁补之撰，商务印书馆1936年。

浮溪集（四部丛刊）（宋）汪藻撰，商务印书馆1936年。

（增广笺注）简斋诗集（四部丛刊）（宋）陈与义撰，（宋）胡穉笺注，商务印书馆1936年。

简斋诗外集（四部丛刊）（宋）陈与义撰，商务印书馆1936年。

于湖居士文集（四部丛刊）（宋）张孝祥撰，商务印书馆1936年。

晦菴先生朱文公文集（四部丛刊）（宋）朱熹撰，商务印书馆1936年。

止斋先生（四部丛刊）（宋）陈傅良撰，商务印书馆1936年。

梅溪先生全集（四部丛刊）（宋）王十朋撰，商务印书馆1936年。

攻媿集（四部丛刊）（宋）楼钥撰，商务印书馆1936年。

象山先生全集（四部丛刊）（宋）陆九渊撰，商务印书馆1936年。

盘洲文集（四部丛刊）（宋）洪适撰，商务印书馆1936年。

石湖居士诗集（四部丛刊）（宋）范成大撰，商务印书馆1936年。

杨诚斋集（四部丛刊）（宋）杨万里撰，商务印书馆1936年。

渭南集（四部丛刊）（宋）陆游撰，商务印书馆1936年。

放翁诗集（四部丛刊）（宋）陆游

撰，商务印书馆 1936 年。

水心先生文集（四部丛刊）（宋）叶适撰，商务印书馆 1936 年。

鹤山先生大全集（四部丛刊）（宋）魏了翁撰，商务印书馆 1936 年。

真文忠公公文集（四部丛刊）（宋）真德秀撰，商务印书馆 1936 年。

白石道人诗集（四部丛刊）（宋）姜夔撰，商务印书馆 1936 年。

后村先生大全集（四部丛刊）（宋）刘克庄撰，商务印书馆 1936 年。

文山先生集（四部丛刊）（宋）文天祥撰，商务印书馆 1936 年。

徐公文集（四部备要）（宋）徐铉撰，中华书局 1936 年。

和靖诗集（四部备要）（宋）林逋撰，中华书局 1936 年。

苏学士集（四部备要）（宋）苏舜钦撰，中华书局 1936 年。

宛陵集（四部备要）（宋）梅尧臣撰，中华书局 1936 年。

司马温公集（四部备要）（宋）司马光撰，中华书局 1936 年。

欧阳文忠全集（四部备要）（宋）欧阳修撰，中华书局 1936 年。

南丰先生元丰类稿（四部备要）（宋）曾巩撰，中华书局 1936 年。

王临川全集（四部备要）（宋）王安石撰，中华书局 1936 年。

斜川集（四部备要）（宋）苏过撰，中华书局 1936 年。

嘉祐集（四部备要）（宋）苏洵撰，中华书局 1936 年。

东坡七集（四部备要）（宋）苏轼撰，中华书局 1936 年。

栾城集（四部备要）（宋）苏辙撰，中华书局 1936 年。

山谷全集（四部备要）（宋）黄庭坚撰，（宋）任渊等注，中华书局 1936 年。

淮海集（四部备要）（宋）秦观著，中华书局 1936 年。

后山集（四部备要）（宋）陈师道撰，中华书局 1936 年。

诚斋集（四部备要）（宋）杨万里

著，中华书局1936年。

陆放翁全集（四部备要）（宋）陆游著，中华书局1936年。

水心集（四部备要）（宋）叶适撰，中华书局1936年。

龙川文集（四部备要）（宋）陈亮撰，中华书局1936年。

张子野词（四部备要）（宋）张先撰，中华书局1936年。

片玉集（四部备要）（宋）周邦彦撰，（宋）陈元龙注，中华书局1936年。

石湖词（四部备要）（宋）范成大撰，中华书局1936年。

稼轩词（四部备要）（宋）辛弃疾撰，中华书局1936年。

白石道人诗集歌曲（四部备要）（宋）姜夔撰，中华书局1936年。

梦窗词集（四部备要）（宋）吴文英撰，中华书局1936年。

蘋洲渔笛谱（四部备要）（宋）周密撰，（清）江昱考证，中华书局1936年。

山中白云（四部备要）（宋）张炎撰，（清）江昱疏证，中华书局1936年。

花外集（四部备要）（宋）王沂孙撰，中华书局1936年。

南阳集（丛书集成初编）（宋）赵湘撰，商务印书馆1936年。

景文集（丛书集成初编）（宋）宋祁撰，商务印书馆1936年。

周濂溪集（丛书集成初编）（宋）周敦颐撰，商务印书馆1936年。

忠肃集（附拾遗）（丛书集成初编）（宋）刘挚撰，商务印书馆1936年。

潜山集（补遗·附录）（丛书集成初编）（宋）朱翌撰，商务印书馆1936年。

高东溪集（附录）（丛书集成初编）（宋）高登撰，商务印书馆1936年。

南涧甲乙稿（附拾遗）（丛书集成初编）（宋）韩元吉撰，商务印书馆1936年。

夹漈遗稿（丛书集成初编）（宋）郑樵撰，商务印书馆1936年。

崔舍人玉堂类稿（附录）（丛书集

成初编）（宋）崔敦诗撰，商务印书馆1936年。

崔舍人西垣类稿（丛书集成初编）（宋）崔敦诗撰，商务印书馆1936年。

蒙斋集（丛书集成初编）（宋）袁甫撰，商务印书馆1936年。

伯牙琴（附补遗）（丛书集成初编）（宋）邓牧撰，商务印书馆1936年。

黄氏集千家注杜工部诗史补遗（丛书集成初编）（宋）黄鹤集注，蔡梦弼校正，商务印书馆1936年。

集注草堂杜工部诗外集（丛书集成初编）（宋）蔡梦弼会笺，商务印书馆1936年。

白石道人诗集（集外诗·附录·补遗）（丛书集成初编）（宋）姜夔撰，商务印书馆1936年。

南湖集（附录）（丛书集成初编）（宋）张镃撰，商务印书馆1936年。

石徂徕集（丛书集成初编）（宋）石介撰，商务印书馆1936年。

韩魏公集（丛书集成初编）（宋）韩琦撰，商务印书馆1936年。

杨龟山集（丛书集成初编）（宋）杨时撰，商务印书馆1936年。

李忠愍公集（丛书集成初编）（宋）李若水撰，商务印书馆1936年。

尹和靖集（丛书集成初编）（宋）尹焞撰，商务印书馆1936年。

张横渠集（丛书集成初编）（宋）张载撰，商务印书馆1936年。

朱子文集（丛书集成初编）（宋）朱熹撰，商务印书馆1936年。

张南轩先生文集（丛书集成初编）（宋）张栻撰，商务印书馆1936年。

罗豫章集（丛书集成初编）（宋）罗从彦撰，商务印书馆1936年。

龙川文集（附辨伪考异）（丛书集成初编）（宋）陈亮撰，商务印书馆1936年。

鲁斋集（补遗附录）（丛书集成初编）（宋）王柏撰，商务印书馆1936年。

熊勿轩先生文集（附录）（丛书集成初编）（宋）熊禾撰，商务印书馆1936年。

黄勉斋先生文集（丛书集成初编）

（宋）黄干撰，商务印书馆1936年。

永嘉先生八面锋（丛书集成初编）（宋）陈傅良（一题叶适）撰，商务印书馆1936年。

陆象山全集 （宋）陆九渊著，国学整理社1936年。

（音注）欧阳永叔文（中国文学精华）（宋）欧阳修著，（清）曾涤生选，中华书局辑注，中华书局1936年，1940年，1941年。

（音注）苏东坡文（中国文学精华）（宋）苏轼著，储同人选，中华书局辑注，中华书局1936年，1941年。

（详注）王临川文 （宋）王安石著，黄驾白编注，东方文学社1936年。

王安石文精选（青年国学丛书）（宋）王安石著，孙季叔选注，中国文化服务社1936年。

黄山谷尺牍（国学自修用书）（宋）黄庭坚著，储菊人校订，中央书店1936年。

吕东莱尺牍（国学自修用书） 储菊人校订，中央书店1936年。

司马光尺牍（国学自修用书） 储菊人校订，中央书店1936年。

苏东坡尺牍 （宋）苏轼著，储菊人校订，中央书店1936年。

（新式标点）苏东坡笔记（名人笔记说部） （宋）苏轼著，周去病标点，大达图书供应社1936年。

（仿古字版）陆放翁全集 （宋）陆游著，国学整理社1936年。

欧阳修全集（国学基本文库）（宋）欧阳修（原题：欧阳永叔）著，储菊人校阅，中央书店1936年。

（仿古字版）欧阳修全集 （宋）欧阳修（原题：欧阳永叔）著，国学整理社1936年。

欧阳永叔全集 （宋）欧阳修著，朱萲阳重编，大东书局1936年。

苏东坡全集 （宋）苏轼著，上海仿古书店1936年。

苏老泉全集 （宋）苏洵著，沈卓然重编，大东书局1936年。

苏子由全集 （宋）苏辙著，吕何均重编，大东书局1936年。

栾城集（万有文库） （宋）苏辙著，商务印书馆1936年。

王安石全集 （宋）王安石著，胡协寅校阅，广益书局1936年。

（仿古字版）文文山全集 （宋）文天祥著，国学整理社1936年。

（民族英雄）岳飞全集 （宋）岳飞著，陈陟编校，经纬书局1936年。

曾南丰全集 （宋）曾巩著，沈卓然重编，大东书局1936年，商务印书馆1937年。

曾南丰全集 （宋）曾巩著，仿古书店1936年。

黄山谷诗集 （宋）黄庭坚著，国学整理社1936年。

（音注）黄山谷诗（中国文学精华）（宋）黄庭坚著，曾涤生选，中华书局辑注，中华书局1936年，1941年。

剑南诗钞 （宋）陆游（原题：陆务观）著，史漱石校，达文书店1936年。

（音注）陆放翁诗（中国文学精华）（宋）陆游著，（宋）刘辰翁选，中华书局辑注，中华书局1936年，1941年。

东坡和陶诗 （宋）苏轼著，国学整理社1936年。

欧阳修文选 （宋）欧阳修著，陈筱梅编，仿古书局1937年。

岳忠武王集（丛书集成初编）（宋）岳飞撰，商务印书馆1937年。

章泉稿（丛书集成初编）（宋）赵蕃撰，商务印书馆1937年。

崔清献公集（附录）（丛书集成初编）（宋）崔与之撰，商务印书馆1937年。

山谷诗注（内集·外集·别集）（丛书集成初编）（宋）黄庭坚撰，（宋）任渊等注，商务印书馆1937年。

后山诗注（丛书集成初编）（宋）陈师道撰，（宋）任渊注，商务印书馆1937年。

西渡集（附补遗）（丛书集成初编）（宋）洪炎撰，商务印书馆1937年。

茶山集（丛书集成初编）（宋）曾几撰，（清）劳格辑目拾遗，（清）孙星华辑文，商务印书馆1937年。

林泉结契（丛书集成初编）（宋）

王质撰，商务印书馆 1937 年。

石湖诗集（丛书集成初编）（宋）范成大撰，商务印书馆 1937 年。

志道集（丛书集成初编）（宋）顾禧撰，商务印书馆 1937 年。

乾道稿（丛书集成初编）（宋）赵蕃撰，商务印书馆 1937 年。

龙洲集（丛书集成初编）（宋）刘过撰，商务印书馆 1937 年。

颐庵居士集（丛书集成初编）（宋）刘应时撰，商务印书馆 1937 年。

翦绡集（丛书集成初编）（宋）李龙撰，商务印书馆 1937 年。

三山郑菊山先生清隽集（丛书集成初编）（宋）郑起撰，商务印书馆 1937 年。

所南翁一百二十图诗集（丛书集成初编）（宋）郑思肖撰，商务印书馆 1937 年。

棠湖诗稿（丛书集成初编）（宋）岳珂撰，商务印书馆 1937 年。

文公朱先生感兴诗（丛书集成初编）（宋）朱熹撰，（宋）蔡模注，商务印书馆 1937 年。

朱文公武夷棹歌注（丛书集成初编）（宋）陈普注，商务印书馆 1937 年。

孝诗（丛书集成初编）（宋）林同撰，商务印书馆 1937 年。

范文正公文集（丛书集成初编）（宋）范仲淹撰，商务印书馆 1937 年。

吕东莱文集（丛书集成初编）（宋）吕祖谦撰，商务印书馆 1937 年。

真西山先生集（丛书集成初编）（宋）真德秀撰，商务印书馆 1937 年。

张横渠集（国学基本丛书）（宋）张载著，商务印书馆 1937 年。

朱子文集（国学基本丛书）（宋）朱熹著，（清）张伯行编订，商务印书馆 1937 年。

韩魏公集（国学基本丛书）（宋）韩琦著，（清）张伯行重订，商务印书馆 1937 年。

杨龟山集（国学基本丛书）（宋）杨时著，（清）张伯行重订，商务印书馆 1937 年。

张南轩先生文集（国学基本丛书）（宋）张栻著，商务印书馆 1937 年。

龙川文集（国学基本丛书）（宋）陈亮著，商务印书馆 1937 年。

范文正公集（万有文库）（宋）范仲淹著，商务印书馆 1937 年。

白石道人全集（万有文库）（宋）姜夔著，商务印书馆 1937 年。

彭城集（国学基本丛书）（宋）刘攽著，商务印书馆 1937 年。

公是集（国学基本丛书）（宋）刘敞著，商务印书馆 1937 年。

罗豫章集（国学基本丛书）（宋）罗从彦著，商务印书馆 1937 年。

司马文正公传家集（万有文库）（宋）司马光著，商务印书馆 1937 年，1939 年。

司马温公文集（国学基本丛书）（宋）司马光著，商务印书馆 1937 年。

景文集（国学基本丛书）（宋）宋祁著，商务印书馆 1937 年。

元宪集（国学基本丛书）（宋）宋庠著，商务印书馆 1937 年。

苏东坡全集 （宋）苏轼著，崔龙编，大东书局 1937 年。

嘉祐集（万有文库）（宋）苏洵著，商务印书馆 1937 年，1939 年。

小畜集（万有文库）（宋）王禹偁著，商务印书馆 1937 年，1938 年。

徐骑省集（万有文库）（宋）徐铉著，商务印书馆 1937 年，1939 年。

元丰类稿（万有文库）（宋）曾巩著，商务印书馆 1937 年。

西山先生真文忠公文集（万有文库）（宋）真德秀著，商务印书馆 1937 年。

后山集（万有文库）（宋）陈师道撰，任渊注，商务印书馆 1937 年。

石湖居士诗集（万有文库）（宋）范成大著，商务印书馆 1937 年，1938 年，1940 年。

白石道人诗集（集外诗、附录、附录补遗）（国学基本丛书）（宋）姜夔著，商务印书馆 1937 年。

（音注）苏东坡诗（中国文学精华）（宋）苏轼著，王渔洋选，中华书局辑注，中华书局 1937 年，1941 年。

苏诗补注（国学基本丛书）（清）

翁方纲补注，商务印书馆 1937 年。

（圈点评注）袁文合笺 （宋）袁文著，叶玉麟增批，大达图书供应社 1938 年。

淮海集（国学基本丛书）（宋）秦观著，商务印书馆 1938 年。

陆放翁诗钞注（国学小丛书）（宋）陆游著，陈延杰注，商务印书馆 1938 年。

林和靖诗集（国学基本丛书）（宋）林逋撰，商务印书馆 1938 年，1939 年。

文文山诗注（国学小丛书）（宋）文天祥著，陈延杰注，商务印书馆 1939 年。

宝晋英光集（附补遗）（丛书集成初编）（宋）米芾撰，商务印书馆 1939 年。

学易集（丛书集成初编）（宋）刘跂撰，商务印书馆 1939 年。

谢幼槃文集（丛书集成初编）（宋）谢邁撰，商务印书馆 1939 年。

晁具茨先生诗集（丛书集成初编）（宋）晁冲之撰，商务印书馆 1939 年。

所南文集（附录）（丛书集成初编）（宋）郑思肖撰，商务印书馆 1939 年。

岳忠武王集（国学基本丛书）（宋）岳飞著，商务印书馆 1940 年。

陈与义诗（学生国学丛书） 夏敬观选注，商务印书馆 1940 年。

梅尧臣诗（学生国学丛书）（宋）梅尧臣著，夏敬观选注，商务印书馆 1940 年。

王安石诗（学生国学丛书）（宋）王安石著，夏敬观选注，商务印书馆 1940 年。

杨诚斋诗（学生国学丛书）（宋）杨万里著，夏敬观选注，商务印书馆 1940 年。

斜川集（国学基本丛书）（宋）苏过著，商务印书馆 1941 年。

夹漈遗稿（国学基本丛书）（宋）郑樵著，商务印书馆 1941 年。

心史 （宋）郑思肖著，周贯仁编述，编述者刊，1944 年。

东坡禅学诗文要解（阳复斋丛刊）（宋）苏轼著，江谦注解，灵峰正眼印经会 1947 年。

稼轩诗文钞存 （宋）辛弃疾著，

辛启泰原辑，邓广铭校补，商务印书馆1947年。

言志诗一百首（集陆放翁句） 蒋仲翔集，集者刊，1947年。

辛稼轩诗文钞存 邓广铭辑校，古典文学出版社1957年。

友林乙稿 （宋）史弥宁撰，古籍出版社1957年。

经进东坡文集事略 （宋）苏轼撰，郎晔选注，庞石帚校订，文学古籍刊行社1957年。

苏轼诗选（中国古典文学读本丛书） 陈迩冬选注，人民文学出版社1957年，1997年。

陆游诗选（中国古典文学读本丛书） 游国恩、李易选注，人民文学出版社1957年，1997年。

苏东坡集（国学基本丛书） （宋）苏轼撰，商务印书馆1958年。

欧阳永叔集（国学基本丛书） （宋）欧阳修撰，商务印书馆1958年。

王荆文公诗笺注 （宋）王安石撰，李壁笺注，中华书局上海编辑所1958年。

临川先生文集 （宋）王安石撰，中华书局上海编辑所1959年，中华书局利落分局1971年，台湾华正书局1975年。

王荆公诗文沈氏注 （宋）王安石撰，（清）沈钦韩注，中华书局上海编辑所1959年。

白石诗词集 （宋）姜夔撰，夏承焘校辑，人民文学出版社1959年，1998年。

范成大诗选（中国古典文学读本丛书） （宋）范成大撰，周汝昌选注，人民文学出版社1959年，1997年。

霁山集 （宋）林景熙撰，中华书局上海编辑所1960年。

苏舜钦集（中国古典文学丛书） （宋）苏舜钦撰，沈文倬点校，中华书局上海编辑所1961年，上海古籍出版社1981年，2011年第2版。

叶适集 （宋）叶适撰，刘公纯、王孝鱼、李哲夫点校，中华书局1961年，1983年。

王文公文集 （宋）王安石撰，中华书局上海编辑所1962年。

李清照集 （宋）李清照撰，中华

书局上海编辑所 1962 年。

范石湖集（中国古典文学丛书）（宋）范成大撰，富寿荪标校，中华书局上海编辑所 1962 年，上海古籍出版社 1981 年，2006 年。

陆游诗选（文学小丛书） 季吉选注，人民文学出版社 1962 年。

杨万里选集 （宋）杨万里撰，周汝昌选注，中华书局上海编辑所 1962 年，上海古籍出版社 1979 年。

陆游选集（中国古典文学名家选集）（宋）陆游撰，朱东润选注，中华书局上海编辑所 1962 年，上海古籍出版社 1979 年，1999 年。

包拯集 （宋）包拯撰，张田编，中华书局 1963 年。

＊**隆平集**（宋史资料萃编）（宋）曾巩，台湾文海出版社 1967 年。

陈亮集 （宋）陈亮撰，中华书局 1974 年。

王文公文集 （宋）王安石撰，唐武标校，上海人民出版社 1974 年。

陆游集 （宋）陆游撰，中华书局 1976 年，1977 年。

陈亮诗文选注 （宋）陈亮著，上海市建工局工人理论组注，上海人民出版社 1977 年。

龙洲集 （宋）刘过撰，上海古籍出版社 1978 年。

张载集（理学丛书）（宋）张载撰，章锡琛点校，中华书局 1978 年，1985 年。

李清照集校注 （宋）李清照撰，王仲闻校注，人民文学出版社 1979 年，1997 年。

文天祥诗选 （宋）文天祥撰，黄兰波选注，人民文学出版社 1979 年。

欧阳修诗文选注 （宋）欧阳修撰，王镁注，贵州人民出版社 1979 年。

苏轼选集 （宋）苏轼撰，刘乃昌选注，齐鲁书社 1980 年，1981 年。

陆游诗词选析 （宋）陆游著，苏州市教育局教研室编，江苏人民出版社 1980 年。

陆九渊集 （宋）陆九渊撰，钟哲点校，中华书局 1980 年。

王令集 （宋）王令撰，沈文倬点校，上海古籍出版社 1980 年。

于湖居士文集 （宋）张孝祥撰，

徐鹏点校，上海古籍出版社1980年。

翠微南征录 （宋）华岳撰，上海书店1980年。

梅尧臣诗选（中国古典文学读本丛书）（宋）梅尧臣撰，朱东润选注，人民文学出版社1980年，1997年。

梅尧臣集编年校注（中国古典文学丛书）（宋）梅尧臣撰，朱东润编年校注，上海古籍出版社1980年，台湾源流出版1983年。

重辑李清照集 （宋）李清照撰，黄墨谷辑，齐鲁书社1981年。

李觏集 （宋）李觏撰，王国轩点校，中华书局1981年。

姜白石诗词 （宋）姜夔撰，杜子庄选注，江西人民出版社1981年。

陈与义集（中国古典文学基本丛书）（宋）陈与义撰，（宋）胡穉笺注，吴书荫、金德厚点校，中华书局1982年，2007年。

欧阳修文选（中国古典文学读本丛书） 杜维沫、陈新选注，人民文学出版社1982年，1997年。

后山居士文集（善本丛书）（宋）陈师道撰，上海古籍出版社1982年，1984年。

苏轼诗集（中国古典文学基本丛书）（宋）苏轼撰，（清）王文诰辑注，孔凡礼点校，中华书局1982年，1999年。

苏轼诗选注 （宋）苏轼撰，吴鹭山等编注，百花文艺出版社1982年。

范成大佚著辑存 （宋）范成大撰，孔凡礼辑，中华书局1983年。

断肠诗词 （宋）朱淑真撰，郑元佐注，长春市古籍书店1983年。

周邦彦集（文学快餐丛书）（宋）周邦彦撰，蒋哲伦校编，江西人民出版社1983年，百花洲文艺出版社1993年。

李清照诗词评释 （宋）李清照著，蓝天注评，广东人民出版社1983年。

宗泽集（两浙作家文丛）（宋）宗泽撰，浙江古籍出版社标点，浙江古籍出版社1984年。

增订湖山类稿 （宋）汪元量撰，孔凡礼编校，中华书局1984年。

双行精舍校汪水云集 （宋）汪元量撰，王献唐校，齐鲁书社1984年。

徂徕石先生文集 （宋）石介撰，陈植锷点校，中华书局1984年。

曾巩集（中国古典文学基本丛书）（宋）曾巩撰，陈杏珍、晁继周点校，中华书局1984年，1998年。

苏轼选集（中国古典文学名家选集） 王水照选注，上海古籍出版社1984年，1999年，台湾万卷楼出版公司1991年。

黄庭坚诗选（中国历代诗人选集）（宋）黄庭坚撰，陈永正选注，广东人民出版社1984年。

陆游诗选 （宋）陆游撰，陆应南选注，广东人民出版社1984年。

苏东坡诗词文译释 （宋）苏轼撰，郑孟彤等编著，黑龙江人民出版社1984年。

沈括诗词辑存 （宋）沈括撰，胡道静辑集，上海书店1985年。

苏文忠公诗编年集成总案 （清）王文诰撰，巴蜀书社1985年。

文天祥全集 （宋）文天祥撰，中国书店1985年。

朱淑真集注（两浙作家文丛）（宋）朱淑真撰，（宋）郑元佐注，浙江古籍出版社1985年，1992年。

剑南诗稿校注（中国古典文学丛书）（宋）陆游撰，钱仲联校注，上海古籍出版社1985年。

李清照诗词评注 （宋）李清照撰，侯健、吕智敏编，山西人民出版社1985年。

陆放翁全集（华夏青史文人全集丛书）（宋）陆游撰，中国书店1986年，2001年。

苏轼文集（中国古典文学基本丛书）（宋）苏轼撰，孔凡礼点校，中华书局1986年，1999年。

苏东坡全集 （宋）苏轼撰，中国书店1986年。

朱淑真集 张璋、黄畬校注，上海古籍出版社1986年。

雪矶丛稿 （宋）乐雷发撰，萧艾注，岳麓书社1986年。

林和靖诗集 （宋）林逋撰，沈幼征校注，浙江古籍出版社1986年，1992年。

欧阳修全集 （宋）欧阳修撰，中国书店1986年，2001年。

姜白石诗集笺注 （宋）姜夔撰，孙玄常笺注，山西人民出版社1986年。

欧阳修选集（中国古典文学名家选集）（宋）欧阳修撰，陈新、杜维沫选注，上海古籍出版社1986年，1999年。

王安石诗选 （宋）王安石著，周锡选注，广东人民出版社1986年。

文文山诗选注 （宋）文天祥著，张玉奇选注，江西人民出版社1986年。

张孝祥诗词选（安徽文苑丛书）（宋）张孝祥撰，宛新彬、贾忠民选注，黄山书社1986年。

苏轼诗选（中国历代诗人选集）（宋）苏轼撰，刘逸生主编，广东人民出版社1987年。

东坡选集 （宋）苏轼撰，西南师范大学中文系古典文学教研室选注，四川人民出版社1987年。

胡宏集（理学丛书） （宋）胡宏撰，吴仁华点校，中华书局1987年。

白石道人诗集（国学基本丛书）（宋）姜夔撰，上海书店1987年。

欧阳修诗词文选 （宋）欧阳修撰，蔡斌芳选注，中州古籍出版社1987年。

栾城集（中国古典文学丛书）（宋）苏辙撰，曾枣庄、马德富点校，上海古籍出版社1987年。

陈亮集（增订本） （宋）陈亮撰，邓广铭点校，中华书局1987年。

刘辰翁集 （宋）刘辰翁撰，段大林点校，江西人民出版社1987年。

文天祥全集 （宋）文天祥撰，熊飞等点校，江西人民出版社1987年。

元丰类稿 （宋）曾巩撰，（清）陆心源辑，江苏广陵古籍刻印社1987年。

元丰类稿 （宋）曾巩撰，陈师道编，江苏广陵古籍刻印社1988年。

苏舜钦诗诠注 （宋）苏舜钦撰，杨重华注释，重庆出版社1988年。

苏魏公文集（附魏公谭训）（宋）苏颂撰，王同策、管成学、颜中其等点校，中华书局 1988 年。

陆游诗今译 （宋）陆游著，徐放译，宝文堂书店 1988 年。

李清照诗词选 （宋）李清照撰，孙崇恩选注，人民文学出版社 1988 年，1994 年。

苏轼诗文词选译（古代文史名著选译丛书） （宋）苏轼撰，曾枣庄、曾弢译注，巴蜀书社 1988 年，1990 年，凤凰出版社 2011 年。

李清照诗文词选译（古代文史名著选译丛书） （宋）李清照撰，平慧善译注，巴蜀书社 1988 年，1990 年，凤凰出版社 2011 年。

张舜民集校笺 （宋）张舜民撰，李之亮校笺，黑龙江人民出版社 1989 年。

范成大诗选注（中国古典文学作品选读） 高海夫选注，上海古籍出版社 1989 年。

陆游名篇赏析（中国古典文学名著名篇赏析丛书） （宋）陆游撰，康锦屏等编著，北京十月文艺出版社 1989 年。

曾巩诗文选译（古代文史名著选译丛书） （宋）曾巩撰，祝尚书译注，巴蜀书社 1990 年，凤凰出版社 2011 年。

欧阳修诗文选译（古代文史名著选译丛书） （宋）欧阳修撰，林冠群、周济夫译注，巴蜀书社 1990 年，凤凰出版社 2011 年。

朱熹诗文选译（古代文史名著选译丛书） （宋）朱熹撰，黄坤译注，巴蜀书社 1990 年，凤凰出版社 2011 年。

陆游诗词选译（古代文史名著选译丛书） 宋，陆游撰，张永鑫、刘桂秋译注，巴蜀书社 1990 年，凤凰出版社 2011 年。

文天祥诗文选译（古代文史名著选译丛书） （宋）文天祥撰，邓碧清译注，巴蜀书社 1990 年，凤凰出版社 2011 年。

张耒集（中国古典文学基本丛书） （宋）张耒撰，李逸安、孙通海、傅信点校，中华书局 1990 年，2000 年。

乐全先生文集（北京图书馆古籍珍本丛刊） （宋）张方平撰，书目文献出版社 1990 年，北京图书馆出版社 2000 年。

宝晋山林集拾遗（北京图书馆古籍珍本丛刊）（宋）米芾撰，书目文献出版社1990年，北京图书馆出版社2000年。

竹坡类稿（北京图书馆古籍珍本丛刊）（宋）吕午撰，书目文献出版社1990年，北京图书馆出版社2000年。

宋忠惠铁庵方公文集（北京图书馆古籍珍本丛刊）（宋）方大琮撰，书目文献出版社1990年，北京图书馆出版社2000年。

青山集（北京图书馆古籍珍本丛刊）（宋）郭祥正撰，书目文献出版社1990年，北京图书馆出版社2000年。

唐先生文集（北京图书馆古籍珍本丛刊）（宋）唐庚撰，书目文献出版社1990年，北京图书馆出版社2000年。

勉斋先生黄文肃公文集（北京图书馆古籍珍本丛刊）（宋）黄干撰，书目文献出版社1990年，北京图书馆出版社2000年。

心史（北京图书馆古籍珍本丛刊）（宋）郑思肖撰，书目文献出版社1990年，北京图书馆出版社2000年。

李清照全集评注　徐北文等评注，济南出版社1990年，2005年。

陈与义集校笺（中国古典文学丛书）（宋）陈与义撰，白敦仁校笺，上海古籍出版社1990年。

稼轩集　（宋）辛弃疾撰，徐汉明编校，长江文艺出版社1990年。

苏辙集（中国古典文学基本丛书）（宋）苏辙撰，陈宏天、高秀芳点校，中华书局1990年，1999年。

苏轼文选注　（宋）苏轼撰，周慧珍注评，山西教育出版社1990年。

黄庭坚诗词赏析集（中国古典文学赏析丛书）（宋）黄庭坚撰，朱安群主编，巴蜀书社1990年。

东莱诗词集（安徽古籍丛书）（宋）吕本中撰，沈晖点校，黄山书社1991年。

郑思肖集　（宋）郑思肖撰，陈福康标校，上海古籍出版社1991年。

苏舜钦集编年校注　（宋）苏舜钦撰，傅平骧、胡问涛校注，巴蜀书社1991年。

苏轼文学散文选 （宋）苏轼撰，孙育华评注，山西高校联合出版社1991年。

陈尧佐诗辑佚注析 （宋）陈尧佐撰，程瑞钊等解析，巴蜀书社1991年。

黄庭坚诗文选译（古代文史名著选译丛书）（宋）黄庭坚撰，朱安群等译注，巴蜀书社1991年，凤凰出版社2011年。

陆游诗歌选译（中国古典文学今译丛书）（宋）陆游撰，朱德才、杨燕选译，山东大学出版社1991年。

李清照作品赏析集（中国古典文学赏析丛书　名著名家赏析丛书）（宋）李清照撰，陈祖美主编，巴蜀书社1992年，1996年。

陆象山全集 （宋）陆九渊撰，中国书店1992年。

戴复古诗集（两浙作家丛书）（宋）戴复古撰，金芝山点校，浙江古籍出版社1992年。

张方平集（中州名家集）（宋）张方平撰，郑涵点校，中州古籍出版社1992年，2000年。

苏轼黄州诗文评注 （宋）苏轼撰，梅大圣选评，华中师范大学出版社1992年。

王安石诗文编年选释 刘乃昌、高洪奎编，山东教育出版社1992年。

郑樵文集附郑樵年谱稿 吴怀祺校补、编著，书目文献出版社1992年。

嘉祐集笺注（中国古典文学丛书）（宋）苏洵撰，曾枣庄、金成礼笺注，上海古籍出版社1993年，2001年。

王荆文公诗李壁注 （宋）王安石撰，上海古籍出版社1993年。

东坡先生和陶渊明诗 （宋）苏轼撰，中国书店1993年。

方凤集 （宋）方凤撰，方勇辑校，浙江古籍出版社1993年。

苏东坡诗词精华（中国古典文学名著选译）（宋）苏东坡撰，伍峰、李研尘编，贵州人民出版社1993年。

东坡小品（文学快餐丛书）（宋）苏轼撰，陈迩冬、郭隽杰选注，百花洲文艺出版社1993年。

余靖诗选注译 （宋）余靖撰，易行广选注，漓江出版社1993年。

陆游汉中诗词选 （宋）陆游撰，孙启祥选注，陕西人民出版社1993年。

王安石诗文选译（古代文史名著选译丛书） 宋，王安石撰，马秀娟译注，巴蜀书社1994年，凤凰出版社2011年。

苏轼散文选集（百花散文书系）（宋）苏轼撰，崔承运选注，百花文艺出版社1994年。

淮海集笺注（中国古典文学丛书）（宋）秦观撰，徐培均笺注，上海古籍出版社1994年，2000年。

姜夔诗词赏析集（中国古典文学赏析丛书）（宋）姜夔撰，殷光熹主编，巴蜀书社1994年。

范仲淹律诗选译 （宋）范仲淹撰，山东文艺出版社1994年。

王安石诗文选注（中国古典文学作品选读）（宋）王安石撰，高克勤选注，上海古籍出版社1994年。

东坡赋译注 （宋）苏轼撰，孙民译注，巴蜀书社1995年。

苏轼诗选注 （宋）苏轼撰，王宇九选注，新疆人民出版社1995年。

欧阳修散文选集（百花散文书系）（宋）欧阳修撰，王水照、王宜媛选注，百花文艺出版社1995年。

林景熙诗集校注（两浙作家文丛）（宋）林景熙撰，陈增杰校注，浙江古籍出版社1995年。

辛稼轩诗文笺注 （宋）辛弃疾撰，邓广铭辑校审订，辛更儒笺注，上海古籍出版社1995年。

后山诗注补笺（中国古典文学基本丛书）（宋）陈师道撰，任渊注，冒广生补笺，冒怀辛整理，中华书局1995年，1999年。

王灼集校辑 （宋）王灼撰，刘安遇、胡传淮校辑，巴蜀书社1996年。

斜川集校注 （宋）苏过撰，舒大刚等校注，巴蜀书社1996年。

曾巩散文全集（唐宋八大家散文全集）（宋）曾巩撰，今日中国出版社1996年。

新安许氏先集 （宋）许月卿撰，中国书店1996年。

友林乙稿 （宋）史弥宁撰，中国书店1996年。

张先集编年校注（两浙作家文丛）（宋）张先撰，吴熊和、沈松勤校注，浙江古籍出版社 1996 年。

苏辙散文全集（唐宋八大家散文全集）（宋）苏辙撰，今日中国出版社 1996 年。

苏东坡全集 （宋）苏轼撰，王文浩注，珠海出版社 1996 年。

苏东坡黄州作品全编 （宋）苏轼撰，丁永淮等编注，武汉出版社 1996 年。

辛弃疾选集 （宋）辛弃疾撰，佟培基、朱保书选注，河南大学出版社 1996 年。

苏东坡全集 （宋）苏轼撰，邓立勋编校，黄山书社 1997 年。

刘后村小品（唐宋小品十家）（宋）刘克庄撰，赵季、叶言材选注，文化艺术出版社 1997 年。

蔡襄集 （宋）蔡襄撰，（明）徐等编，吴以宁点校，上海古籍出版社 1997 年。

岳飞集辑注（中州名家集）（宋）岳飞撰，郭光辑注，中州古籍出版社 1997 年。

严羽集（中州名家集）（宋）严羽撰，陈定玉辑校，中州古籍出版社 1997 年。

曾巩散文选集（百花散文书系）（宋）曾巩撰，高克勤选注，百花文艺出版社 1997 年。

王安石散文选集（唐宋八大家散文选集） 王水照、高克勤编，上海古籍出版社 1997 年，1998 年。

王临川小品（唐宋小品十家）（宋）王安石撰，管士光选注，文化艺术出版社 1997 年。

辛弃疾选集（世界文学名著文库）（宋）辛弃疾撰，朱德才选注，人民文学出版社 1997 年。

＊**新译范文正公选集** 沈松勤、王兴华撰，叶国良校阅，台湾三民书局 1997 年。

曾巩散文精选（唐宋八大家散文精选丛书）（宋）曾巩撰，张觉选注，东方出版中心 1998 年。

王十朋全集 （宋）王十朋撰，梅溪集重刊委员会编，上海古籍出版社 1998 年。

剑南诗稿（古典名著普及文库）（宋）陆游撰，钱仲联点校，岳麓书社 1998 年。

辛弃疾全词索引及校勘 林淑华编撰，北京图书馆出版社 1998 年。

钜鹿东观集（北京图书馆古籍珍本丛刊）（宋）魏野撰，书目文献出版社 1998 年，北京图书馆出版社 2000 年。

武溪集（北京图书馆古籍珍本丛刊）（宋）余靖撰，书目文献出版社 1998 年，北京图书馆出版社 2000 年。

安阳集（北京图书馆古籍珍本丛刊）（宋）韩琦撰，书目文献出版社 1998 年，北京图书馆出版社 2000 年。

徂徕石先生全集（北京图书馆古籍珍本丛刊）（宋）石介撰，书目文献出版社 1998 年，北京图书馆出版社 2000 年。

赵清献公文集（北京图书馆古籍珍本丛刊）（宋）赵抃撰，书目文献出版社 1998 年，北京图书馆出版社 2000 年。

莆阳居士蔡公文集（北京图书馆古籍珍本丛刊）（宋）蔡襄撰，书目文献出版社 1998 年，北京图书馆出版社 2000 年。

山谷老人刀笔（北京图书馆古籍珍本丛刊）（宋）黄庭坚撰，书目文献出版社 1998 年，北京图书馆出版社 2000 年。

梁溪遗稿诗抄（北京图书馆古籍珍本丛刊）（宋）尤袤撰，（清）朱彝尊辑，书目文献出版社 1998 年，北京图书馆出版社 2000 年。

碧岩诗集（北京图书馆古籍珍本丛刊）（宋）金朋说撰，书目文献出版社 1998 年，北京图书馆出版社 2000 年。

亚愚江浙纪行集句诗（北京图书馆古籍珍本丛刊）（宋）释绍嵩撰，书目文献出版社 1998 年，北京图书馆出版社 2000 年。

石堂先生遗集（北京图书馆古籍珍本丛刊）（宋）陈普撰，书目文献出版社 1998 年，北京图书馆出版社 2000 年。

古灵先生文集（北京图书馆古籍珍本丛刊）（宋）陈襄撰，书目文献出版社 1998 年，北京图书馆出版社 2000 年。

王荆文公诗（北京图书馆古籍珍本

丛刊）（宋）王安石撰，李壁注，书目文献出版社 1998 年，北京图书馆出版社 2000 年。

曾南丰先生文粹（北京图书馆古籍珍本丛刊）（宋）曾巩撰，书目文献出版社 1998 年，北京图书馆出版社 2000 年。

欧阳先生文粹（北京图书馆古籍珍本丛刊）（宋）欧阳修撰，书目文献出版社 1998 年，北京图书馆出版社 2000 年。

刘须谿先生记抄（北京图书馆古籍珍本丛刊）（宋）刘辰翁撰，书目文献出版社 1998 年，北京图书馆出版社 2000 年。

元公周先生濂溪集（北京图书馆古籍珍本丛刊）（宋）周敦颐撰，书目文献出版社 1998 年，北京图书馆出版社 2000 年。

后山居士文集（北京图书馆古籍珍本丛刊）（宋）陈师道撰，书目文献出版社 1998 年，北京图书馆出版社 2000 年。

罗鄂州小集（北京图书馆古籍珍本丛刊）（宋）罗愿、罗颂撰，书目文献出版社 1998 年，北京图书馆出版社 2000 年。

撙斋先生缘督集（北京图书馆古籍珍本丛刊）（宋）曾丰撰，（明）曾自明辑，书目文献出版社 1998 年，北京图书馆出版社 2000 年。

方壶存稿（北京图书馆古籍珍本丛刊）（宋）汪莘撰，书目文献出版社 1998 年，北京图书馆出版社 2000 年。

蛟峰先生文集（北京图书馆古籍珍本丛刊）（宋）方逢辰、方逢振撰，书目文献出版社 1998 年，北京图书馆出版社 2000 年。

文同全集编年校注　（宋）文同撰，胡文涛等校注，巴蜀书社 1999 年。

王安石全集　（宋）王安石撰，秦克、巩军标点，上海古籍出版社 1999 年。

毛滂集（两浙作家文丛）（宋）毛滂撰，周少雄点校，浙江古籍出版社 1999 年。

李清照集（集部经典丛刊）（宋）李清照撰，杨合林编注，岳麓书社 1999 年。

李清照诗词选（中国文学名家精品

系列） 陈祖美选注，山东大学出版社 1999 年。

＊**新译王安石文选** 沈松勤撰，王基伦校阅，台湾三民书局 2000 年，2011 年。

张乖崖集 （宋）张詠撰，张其凡等整理，中华书局 2000 年。

安阳集编年笺注 （宋）韩琦撰，李之亮、徐正英笺注，巴蜀书社 2000 年。

苏洵集（唐宋名家丛集） （宋）苏洵撰，邱少华点校，中国书店 2000 年。

苏轼全集 （宋）苏轼撰，朱怀春、穆俦标点，上海古籍出版社 2000 年。

苏轼文集（集部经典丛刊） （宋）苏轼撰，顾之川点校，岳麓书社 2000 年。

苏轼诗集合注（中国古典文学丛书） （宋）苏轼撰，（清）冯应榴辑注，黄任轲、朱怀春点校，上海古籍出版社 2001 年。

纪昀评点东坡编年诗 （宋）苏东坡撰，（清）纪昀评点，北京图书馆出版社 2001 年。

黄庭坚全集 （宋）黄庭坚撰，刘琳等点校，四川大学出版社 2001 年。

欧阳修全集（中国古典文学基本丛书） （宋）欧阳修撰，李逸安整理，中华书局 2001 年。

秦观集编年校注 （宋）秦观撰，周义敢、程自信、周雷编注，人民文学出版社 2001 年。

张孝祥诗文集（安徽古籍丛书） （宋）张孝祥撰，彭国忠点校，黄山书社 2001 年。

中国古典文学精品屋——李清照 （宋）李清照著，范英豪注评，黄山书社 2001 年。

中国古典文学精品屋——苏轼 （宋）苏轼撰，邱健注评，黄山书社 2001 年。

周敦颐集 （宋）周敦颐撰，谭松林、尹红整理，岳麓书社 2002 年。

忠肃集 （宋）刘挚撰，裴汝诚、陈晓平点校，中华书局 2002 年。

王安石诗文选评（新世纪古典文学经典读本） 高克勤撰，上海古籍出版社 2002 年。

陆游诗词选评（新世纪古典文学经典读本） 蔡义江撰，上海古籍出版社 2002 年。

柳永集（集部经典丛刊） （宋）柳永撰，孙光贵、徐静编，岳麓书社 2003 年。

放翁词（书韵楼丛刊） （宋）陆游撰，上海古籍出版社 2003 年。

王荆文公诗笺注（中华再造善本） （宋）王安石撰，李壁笺注，北京图书馆出版社 2003 年。

钜鹿东观集（中华再造善本） （宋）魏野撰，北京图书馆出版社 2003 年。

庆元府雪窦明觉大师集（中华再造善本） （宋）释重显撰，北京图书馆出版社 2003 年。

赵清献公文集（中华再造善本） （宋）赵抃撰，北京图书馆出版社 2003 年。

元公周先生濂溪集（中华再造善本） （宋）周敦颐撰，北京图书馆出版社 2003 年。

无为集（中华再造善本） （宋）杨杰撰，北京图书馆出版社 2003 年。

乐全先生文集（中华再造善本） （宋）张方平撰，北京图书馆出版社 2003 年。

东莱标注老泉先生文集（中华再造善本） （宋）苏洵撰，吕祖谦注，北京图书馆出版社 2003 年。

东坡集（中华再造善本） （宋）苏轼撰，北京图书馆出版社 2003 年。

山谷诗注（中华再造善本） （宋）黄庭坚撰，任渊注，北京图书馆出版社 2003 年。

后山居士文集（中华再造善本） （宋）陈师道撰，北京图书馆出版社 2003 年。

后山诗注（中华再造善本） （宋）陈师道撰，任渊注，北京图书馆出版社 2003 年。

淮海集（中华再造善本） （宋）秦观撰，北京图书馆出版社 2003 年。

参寥子诗集（中华再造善本） （宋）释道潜撰，（宋）释法颖辑，北京图书馆出版社 2003 年。

宝晋山林集拾遗（中华再造善本） （宋）米芾撰，北京图书馆出版社 2003 年。

放翁先生剑南诗稿（中华再造善本）（宋）陆游撰，北京图书馆出版社2003年。

友林乙稿（中华再造善本）（宋）史弥宁撰，北京图书馆出版社2003年。

北磵文集（中华再造善本）（宋）释居简撰，北京图书馆出版社2003年。

横浦先生文集（中华再造善本）（宋）张九成撰，北京图书馆出版社2003年。

义丰文集（中华再造善本）（宋）王阮撰，北京图书馆出版社2003年。

新刊剑南诗稿（中华再造善本）（宋）陆游撰，北京图书馆出版社2003年。

黄庭坚诗词文选评（新世纪古典文学经典读本） 黄宝华撰，上海古籍出版社2003年。

秦观诗词文选评（新世纪古典文学经典读本） 徐培均、罗立刚撰，上海古籍出版社2003年。

黄庭坚诗集注（中国古典文学基本丛书）（宋）黄庭坚撰，（宋）任渊、史季温注，刘尚荣点校，中华书局2003年。

山谷诗集注（中国古典文学丛书）（宋）黄庭坚撰，任渊、史容、史季温注，黄宝华点校，上海古籍出版社2003年。

欧阳修夷陵诗文集注（三峡文学艺术丛书）（宋）欧阳修著，尚见康编著，大众文艺出版社2003年。

漫堂刘先生文集（辽宁省图书馆孤本善本丛刊第1辑）（宋）刘漫堂撰，线装书局2003年。

岳飞诗词对联赏析 （宋）岳飞撰，黄太茂编，澳门学人出版社有限公司2003年。

辛弃疾集（中国家庭基本藏书）（宋）辛弃疾著，王增斌、王丽解评，山西古籍出版社2004年。

王安石集（中国家庭基本藏书）（宋）王安石著，魏晓虹解评，山西古籍出版社2004年。

柳永集（中国家庭基本藏书） 胡传志、袁茹解评，山西古籍出版社2004年。

秦观集（中国家庭基本藏书） 王醒评注，山西古籍出版社2004年。

宋白玉蟾全集校注本（海南历史文化名人选集） 朱逸辉主编，海南出版社 2004 年。

空山鸟语：唐宋八大家之王安石散文集（传世散文精品库） 堵军主编，延边人民出版社 2004 年。

六一风神：唐宋八大家之欧阳修散文集（传世散文精品库） 堵军主编，延边人民出版社 2004 年。

知古名道：唐宋八大家之曾巩散文集（传世散文精品库） 堵军主编，延边人民出版社 2004 年。

秋水织锦：唐宋八大家之苏辙散文集（传世散文精品库） 堵军主编，延边人民出版社 2004 年。

似水流年：唐宋八大家之苏洵散文集（传世散文精品库） 堵军主编，延边人民出版社 2004 年。

万斛泉源：唐宋八大家之苏轼散文集（传世散文精品库） 堵军主编，延边人民出版社 2004 年。

李纲全集 （宋）李纲著，王瑞明点校，岳麓书社 2004 年。

范仲淹全集 （清）范能濬编集、薛正兴点校，凤凰出版社 2004 年。

苏轼诗词文选评（新世纪古典文学经典读本） 王水照、朱刚撰，上海古籍出版社 2004 年，2011 年。

欧阳修诗词文选评（新世纪古典文学经典读本） 黄进德撰，上海古籍出版社 2004 年，2011 年。

李清照诗词文选评（新世纪古典文学经典读本） 陈祖美撰，上海古籍出版社 2004 年，2011 年。

李泰学行诗文辑考 王承略、杨锦先辑考，上海古籍出版社 2004 年，2011 年。

乖崖先生文集（中华再造善本） （宋）张詠撰，北京图书馆出版社 2004 年。

王黄州小畜集（中华再造善本） （宋）王禹偁撰，北京图书馆出版社 2004 年。

莆阳居士蔡公文集（中华再造善本） （宋）蔡襄撰，北京图书馆出版社 2004 年。

温国文正公文集（中华再造善本） （宋）司马光撰，北京图书馆出版社 2004 年。

曾南丰先生文粹（中华再造善本） （宋）曾巩撰，北京图书馆出版社 2004 年。

宛陵先生文集（中华再造善本）（宋）梅尧臣撰，北京图书馆出版社2004年。

嘉祐集（中华再造善本）（宋）苏洵撰，北京图书馆出版社2004年。

临川先生文集（中华再造善本）（宋）王安石撰，北京图书馆出版社2004年。

施顾注东坡先生诗（中华再造善本）（宋）苏轼撰，施元之、顾禧注，北京图书馆出版社2004年。

王状元集百家注分类东坡先生诗（中华再造善本）（宋）苏轼撰，王十朋纂集，北京图书馆出版社2004年。

栾城集（中华再造善本）（宋）苏辙撰，北京图书馆出版社2004年。

青山集（中华再造善本）（宋）郭祥正撰，北京图书馆出版社2004年。

唐先生文集（中华再造善本）（宋）唐庚撰，北京图书馆出版社2004年。

梁溪先生文集（中华再造善本）（宋）李纲撰，北京图书馆出版社2004年。

孙尚书大全文集（中华再造善本）（宋）孙觌撰，北京图书馆出版社2004年。

新刊嵩山居士文全集（中华再造善本）（宋）晁公遡撰，北京图书馆出版社2004年。

侍郎葛公归愚集（中华再造善本）（宋）葛立方撰，北京图书馆出版社2004年。

晦庵先生文集（中华再造善本）（宋）朱熹撰，北京图书馆出版社2004年。

会稽三赋（中华再造善本）（宋）王十朋撰，周世则、史铸注，北京图书馆出版社2004年。

盘洲文集（中华再造善本）（宋）洪适撰，北京图书馆出版社2004年。

诚斋先生江湖集·荆溪集·西归集·南海集·江西道院集·朝天续集·退休集（中华再造善本）（宋）杨万里撰，北京图书馆出版社2004年。

渭南文集（中华再造善本）（宋）陆游撰，北京图书馆出版社2004年。

重校鹤山先生大全文集（中华再造善本）（宋）魏了翁撰，北京图书馆出版社 2004 年。

梅亭先生四六标准（中华再造善本）（宋）李刘撰，北京图书馆出版社 2004 年。

后村居士集（中华再造善本）（宋）刘克庄撰，北京图书馆出版社 2004 年。

后村先生大全诗集（中华再造善本）（宋）刘克庄撰，北京图书馆出版社 2004 年。

王荆公文集笺注（宋）王安石撰，李之亮笺注，巴蜀书社 2005 年。

苏轼选集 刘乃昌选注，齐鲁书社 2005 年。

中国古典诗词精品赏读·李清照 赵晓辉编著，五洲传播出版社 2005 年。

中国古典诗词精品赏读·辛弃疾 刘中昕编著，五洲传播出版社 2005 年。

中国古典诗词精品赏读·苏轼 董森、杨哲编著，五洲传播出版社 2005 年。

苏轼（插图本中国诗词经典·当代著名学者诠释古代经典名作） 杨义、郭晓鸿选注、译评，岳麓书社 2005 年。

苏轼诗词选（《古典诗词名家》丛书） 孔月礼、刘尚荣选注，中华书局 2005 年。

李清照诗词选（《古典诗词名家》丛书） 诸葛忆兵选注，中华书局 2005 年。

西台集（古都郑州文化丛书）（宋）毕仲游撰，陈斌点校，中州古籍出版社 2005 年。

贵耳集（宋）张端义著，梁玉玮点校，中州古籍出版社 2005 年。

陆游诗词选（《古典诗词名家》丛书） 邹志方选注，中华书局 2005 年。

王灼集（巴蜀文化丛书）（宋）王灼著，李孝中、侯柯芳辑注，巴蜀书社 2005 年。

自是花中第一流：李清照诗词笺注 吴惠娟撰，上海古籍出版社 2005 年。

范文正公文集（中华再造善本）（宋）范仲淹撰，北京图书馆出版社 2005 年。

古灵先生文集（中华再造善本）（宋）陈襄撰，北京图书馆出版社2005年。

欧阳文忠公集（中华再造善本）（宋）欧阳修撰，北京图书馆出版社2005年。

倚松老人诗集（中华再造善本）（宋）饶节撰，北京图书馆出版社2005年。

李学士新注孙尚书内简尺牍（中华再造善本）（宋）孙觌撰，李祖尧注，北京图书馆出版社2005年。

东莱吕太史文集（中华再造善本）（宋）吕祖谦撰，北京图书馆出版社2005年。

攻媿先生文集（中华再造善本）（宋）楼钥撰，北京图书馆出版社2005年。

南丰曾子固先生集（中华再造善本）（宋）曾巩撰，北京图书馆出版社2005年。

范忠宣公文集（中华再造善本）（宋）范纯仁撰，北京图书馆出版社2005年。

王状元集百家注分类东坡先生诗（中华再造善本）（宋）苏轼撰，（宋）王十朋纂集，（宋）刘辰翁批点，北京图书馆出版社2005年。

东坡先生往还尺牍（中华再造善本）（宋）苏轼撰，北京图书馆出版社2005年。

山谷黄先生大全诗注（中华再造善本）（宋）黄庭坚撰，任渊注，北京图书馆出版社2005年。

山谷老人刀笔（中华再造善本）（宋）黄庭坚撰，北京图书馆出版社2005年。

后山诗注（中华再造善本）（宋）陈师道撰，任渊注，北京图书馆出版社2005年。

增广笺注简斋诗集（中华再造善本）（宋）陈与义撰，胡穉笺注，北京图书馆出版社2005年。

简斋诗外集（中华再造善本）（宋）陈与义撰，北京图书馆出版社2005年。

新刊李学士新注孙尚书内简尺牍（中华再造善本）（宋）孙觌撰，李祖尧注，北京图书馆出版社2005年。

朱文公大同集（中华再造善本）（宋）朱熹撰，陈利用辑，北京图书馆出版社 2005 年。

批点分类诚斋先生文脍前集后集（中华再造善本）（宋）杨万里撰，李诚父辑，北京图书馆出版社 2005 年。

勉斋先生黄文肃公文集（中华再造善本）（宋）黄榦撰，北京图书馆出版社 2005 年。

琼琯白玉蟾上清集（中华再造善本）（宋）葛长庚撰，北京图书馆出版社 2005 年。

方是闲居士小稿（中华再造善本）（宋）刘学箕撰，北京图书馆出版社 2005 年。

欧阳修散文选集（百花散文书系·古代散文丛书）（宋）欧阳修著，王水照、王宜媛编，百花文艺出版社 2005 年。

王安石散文选集（百花散文书系·古代散文丛书）（宋）王安石著，洪本健选注，百花文艺出版社 2005 年。

* **新译苏洵文选** 罗立刚撰，台湾三民书局 2006 年。

义丰文集校注 （宋）王阮著，朱瑞熙、孙家骅校注，华东师范大学出版社 2006 年。

李清照诗词集 朱传东主编，济南出版社 2006 年。

苏洵散文选（周振甫译注别集）（宋）苏洵著，周振甫译注，江苏教育出版社 2006 年。

苏轼集（中国家庭基本藏书·名家选集卷）（宋）苏轼著，于景祥等解评，山西古籍出版社 2006 年。

欧阳修集（中国家庭基本藏书·名家选集卷）（宋）欧阳修著，沈利华、倪培翔解评，山西古籍出版社 2006 年。

李清照集（中国家庭基本藏书·名家选集卷）（宋）李清照著，李杜解评，山西古籍出版社 2006 年。

陆游集（中国家庭基本藏书·名家选集卷）（宋）陆游著，王增斌解评，山西古籍出版社 2006 年。

陈亮文粹 董平选注，浙江古籍出版社 2006 年。

刘安节集（温州文献丛书·第 4 辑）（宋）刘安节等著，陈光熙点校，上海社会科学院出版社 2006 年。

黄庭坚诗词选（古典诗词名家） 孔凡礼，刘尚荣选注，中华书局 2006 年。

《相山集》点校 （宋）王之道著，沈怀玉、凌波点校，北京图书馆出版社 2006 年。

杨万里诗文集 （宋）杨万里著，王琦珍整理，江西人民出版社 2006 年。

王安石集（历代名家精选集） 王兆鹏、黄崇浩编选，凤凰出版社 2006 年。

陆游集（历代名家精选集） 蒋凡、白振奎编选，凤凰出版社 2006 年。

欧阳修集（历代名家精选集） 刘扬忠编选，凤凰出版社 2006 年。

辛弃疾集（历代名家精选集） 刘乃昌编选，凤凰出版社 2006 年。

苏轼集（历代名家精选集） 陶文鹏、郑园编选，凤凰出版社 2006 年。

梅尧臣集编年校注（中国古典文学丛书） （宋）梅尧臣著，朱东润编年校注，上海古籍出版社 2006 年。

苏轼诗词选：汉英对照 （宋）苏轼著，许渊冲译，河北人民出版社 2006 年。

白玉蟾集（海南先贤诗文丛刊） 白玉蟾著，周伟民等点校，海南出版社 2006 年。

范文正公集（中华再造善本） （宋）范仲淹、范纯仁、范纯粹撰，北京图书馆出版社 2006 年。

元丰类稿（中华再造善本） （宋）曾巩撰，北京图书馆出版社 2006 年。

节孝先生文集（中华再造善本） （宋）徐积撰，北京图书馆出版社 2006 年。

豫章罗先生文集（中华再造善本） （宋）罗从彦撰，北京图书馆出版社 2006 年。

东坡集（中华再造善本） （宋）苏轼撰，北京图书馆出版社 2006 年。

类编增广黄先生大全文集（中华再造善本） （宋）黄庭坚撰，北京图书馆出版社 2006 年。

东莱先生诗集（中华再造善本） （宋）吕本中撰，北京图书馆出版社 2006 年。

于湖居士文集（中华再造善本）（宋）张孝祥撰，北京图书馆出版社2006年。

晦庵先生朱文公文集（中华再造善本）（宋）朱熹撰，北京图书馆出版社2006年。

颐堂先生文集（中华再造善本）（宋）王灼撰，北京图书馆出版社2006年。

棠湖诗稿（中华再造善本）（宋）岳珂撰，北京图书馆出版社2006年。

芸居乙稿（中华再造善本）（宋）陈起撰，北京图书馆出版社2006年。

亚愚江浙纪行集句诗（中华再造善本）（宋）释绍嵩撰，北京图书馆出版社2006年。

无文印（中华再造善本）（宋）释道璨撰，北京图书馆出版社2006年。

李清照集（历代名家精选集） 王英志编选，凤凰出版社2007年。

秦观集（历代名家精选集） 刘尊明编选，凤凰出版社2007年。

柳永集（历代名家精选集） 王星琦编选，凤凰出版社2007年。

黄庭坚集（历代名家精选集） 蒋方编选，凤凰出版社2007年。

朱熹诗选365鉴赏 陈长根著，海潮摄影艺术出版社2007年。

陆游诗词（唐宋诗词十大家丛书） 王玲编著，济南出版社2007年。

苏轼诗词（唐宋诗词十大家丛书） 李兆禄编著，济南出版社2007年。

苏轼诗文选（中国文学经典·第一辑） 闫晓东注析，南海出版公司2007年。

黄庭坚集（中国家庭基本藏书·名家选集卷）（宋）黄庭坚著，吴言生、杨锋兵解评，山西古籍出版社2007年。

周邦彦集（中国家庭基本藏书·名家选集卷）（宋）周邦彦著，孙安邦、孙蓓解评，山西古籍出版社2007年。

杨万里集笺校（中国古典文学基本丛书）（宋）杨万里撰，辛更儒笺校，中华书局2007年。

李清照诗词选 范英豪注评，黄山

书社 2007 年。

陆游诗词选 江守义注评，黄山书社 2007 年。

＊**新译苏辙文选** 朱刚撰，台湾三民书局 2008 年。

＊**新译苏轼文选** 滕志贤撰，台湾三民书局 2008 年。

＊**新译曾巩文选** 高克勤撰，台湾三民书局 2008 年。

胡宏集 （宋）胡宏撰，岳麓书社 2008 年。

陆游诗词选评 刘扬忠注评，三秦出版社 2008 年。

辛弃疾集 （宋）辛弃疾著，王增斌解评，三晋出版社 2008 年。

杨万里集 （宋）杨万里著，张勇等解评，三晋出版社 2008 年。

文天祥集 （宋）文天祥著，吴言生等解评，三晋出版社 2008 年。

黄庭坚集 （宋）黄庭坚著，吴言生等解评，三晋出版社 2008 年。

柳永集 （宋）柳永著，胡传志等解评，三晋出版社 2008 年。

陆游集 （宋）陆游著，王增斌解评，三晋出版社 2008 年。

姜夔集 （宋）姜夔著，杜伟伟等解评，三晋出版社 2008 年。

周邦彦集 （宋）周邦彦著，孙安邦等解评，三晋出版社 2008 年。

王安石集 （宋）王安石著，魏晓虹解评，三晋出版社 2008 年。

范成大集 （宋）范成大著，姜剑云等解评，三晋出版社 2008 年。

秦观集 （宋）秦观著，王醒解评，三晋出版社 2008 年。

欧阳修集 （宋）欧阳修著，沈利华等解评，三晋出版社 2008 年。

李清照集 （宋）李清照著，李杜解评，三晋出版社 2008 年。

苏轼集 （宋）苏轼著，于景祥等解评，三晋出版社 2008 年。

庆湖遗老诗集校注 （宋）贺铸编，王梦隐等校注，河南大学出版社 2008 年。

后村先生大全集 （宋）刘克庄撰，王蓉贵等点校，四川大学出版社 2008 年。

东坡集：插图本 （宋）苏轼著，

万卷出版公司 2008 年。

朱淑真集注（中国古典文学基本丛书） 冀勤辑校，中华书局 2008 年。

周敦颐集 （宋）周敦颐著，陈克明点校，中华书局 2009 年。

李清照诗词选：插图版 诸葛忆兵选注，中华书局 2009 年。

苏轼诗词选：插图版 孔凡礼、刘尚荣选注，中华书局 2009 年。

陆游诗词选：插图版 邹志方选注，中华书局 2009 年。

欧阳修诗文集校笺（中国古典文学丛书） （宋）欧阳修著，洪本健校笺，上海古籍出版社 2009 年。

栾城集 （宋）苏辙著，曾枣庄等校注，上海古籍出版社 2009 年。

于湖居士文集 （宋）张孝祥著，徐鹏校注，上海古籍出版社 2009 年。

陆游诗注评 许瑞琪注评，齐鲁书社 2009 年。

苏东坡全集：珍藏本 （宋）苏轼著，北京燕山出版社 2009 年。

剪绡集（中华再造善本续编） （宋）李龏撰，国家图书馆出版社 2009 年。

梅花衲（中华再造善本续编） （宋）李龏撰，国家图书馆出版社 2009 年。

司马光集 （宋）司马光撰，四川大学出版社 2010 年。

苏轼禅意诗校注 肖占鹏等校注，天津教育出版社 2010 年。

陈耆卿集 （宋）陈耆卿著，曹莉亚点校，浙江大学出版社 2010 年。

叶适集 （宋）叶适著，刘公纯等点校，中华书局 2010 年。

四明文献集：外二种 （宋）王应麟著，张晓飞点校，中华书局 2010 年。

邵雍集 （宋）邵雍著，郭彧整理，中华书局 2010 年。

欧阳修集 （宋）欧阳修著，李之亮注译，中州古籍出版社 2010 年。

苏洵集 （宋）苏洵著，何新所注译，中州古籍出版社 2010 年。

王安石集 （宋）王安石著，李之亮注译，中州古籍出版社 2010 年。

苏轼集 （宋）苏轼著，李之亮注

译，中州古籍出版社2010年。

苏辙集　（宋）苏辙著，何新所注译，中州古籍出版社2010年。

曾巩集　（宋）曾巩著，李俊标注译，中州古籍出版社2010年。

王荆文公诗笺注（中国古典文学丛书）（宋）王安石著，高克勤点校，上海古籍出版社2010年。

毅斋诗集别录（义乌丛书）（宋）徐侨撰，上海古籍出版社2010年。

宗忠简文钞（义乌丛书）（宋）宗泽撰，上海古籍出版社2010年。

楼钥集　（宋）楼钥撰，浙江古籍出版社2010年。

陈傅良诗集校注　（宋）陈傅良著，郁震宏校注，浙江古籍出版社2010年。

张舜民诗词辑注　（宋）张舜民著，三秦出版社2010年。

忠愍公诗集（中华再造善本续编）（宋）寇准撰，国家图书馆出版社2010年。

石湖居士集（中华再造善本续编）（宋）范成大撰，国家图书馆出版社2010年。

渔墅类稿（中华再造善本续编）（宋）陈元晋撰，国家图书馆出版社2011年。

敝帚稿略（中华再造善本续编）（宋）包恢撰，国家图书馆出版社2011年。

李觏集　（宋）李觏著，王国轩点校，中华书局2011年。

刘克庄集笺校　（宋）刘克庄著，辛更儒笺校，中华书局2011年。

王令集　（宋）王令著，沈文倬点校，上海古籍出版社2011年。

姚勉集　（宋）姚勉著，曹诣珍、陈伟文点校，上海古籍出版社2011年。

李清照诗词选　（宋）李清照著，孙秋克注评，中州古籍出版社2011年。

何梦桂集　（宋）何梦桂著，赵敏、崔霞点校，浙江古籍出版社2011年。

诚斋诗集校笺　（宋）杨万里著，三秦出版社2011年。

＊**新译张载文选**　张金泉撰，台湾三民书局2011年。

＊**周濂溪集今注今译** 董金裕撰，台湾商务印书馆 2011 年。

金别集类

滹南遗老集（附续诗集）（丛书集成初编 国学基本丛书）（金）王若虚撰，商务印书馆 1935 年，1937 年。

元好问文选（列代名人诗文选注）（金）元好问著，郭绍虞选注，北新书局 1936 年。

闲闲老人滏水文集（四部丛刊）（金）赵秉文撰，商务印书馆 1936 年。

滹南遗老集（四部丛刊）（金）王若虚撰，商务印书馆 1936 年。

遗山先生文集（四部丛刊）（金）元好问撰，商务印书馆 1936 年。

元遗山诗笺注（四部备要）（金）元好问撰，（清）施国祁笺，中华书局 1936 年。

闲闲老人滏水文集（附补遗）（丛书集成初编 国学基本丛书）（金）赵秉文撰，商务印书馆 1936 年，1937 年。

遗山先生文集（万有文库）（金）元好问著，商务印书馆 1937 年。

拙轩集（附词）（丛书集成初编）（金）王寂撰，商务印书馆 1939 年。

元好问诗（学生国学丛书）（金）元好问著，夏敬观选注，商务印书馆 1940 年。

元遗山诗集笺注 （金）元好问撰，（清）施国祁注，人民文学出版社 1958 年，1988 年。

元好问诗选（中国古典文学读本丛书）（金）元好问撰，郝树侯选注，人民文学出版社 1959 年，1997 年。

元好问诗选（中国历代诗人选集）（金）元好问撰，陈沚斋选注，广东人民出版社 1985 年。

元好问诗文选注（中国古典文学作品选读） 钟星选注，上海古籍出版社 1990 年。

元好问全集 （金）元好问撰，姚奠中主编，山西人民出版社 1990 年。

元好问诗选译（古代文史名著选译丛书）（金）元好问撰，郑力民译注，巴蜀书社 1991 年，凤凰出版社 2011 年。

磻溪集（北京图书馆古籍珍本丛刊）（金）丘处机撰，书目文献出版社 1991 年，北京图书馆出版社 2000 年。

水云集（北京图书馆古籍珍本丛刊）（金）谭处端撰，书目文献出版社 1991 年，北京图书馆出版社 2000 年。

元好问全集：增订本 姚奠中主编，李正民增订，山西古籍出版社 2004 年。

元好问集（中国家庭基本藏书）李正民等评注，山西古籍出版社 2004 年。

元好问诗词选（《古典诗词名家》丛书） 狄宝心选注，中华书局 2005 年。

栖霞长春子丘神仙磻溪集（中华再造善本）（金）丘处机撰，北京图书馆出版社 2005 年。

滹南遗老集校注 （金）王若虚著，胡传志、李定乾校注，辽海出版社 2006 年。

庄靖集（晋城历史名人文存）（金）李俊民著，吴广隆、马甫平点校，山西古籍出版社 2006 年。

元好问集 （金）元好问著，李正民等评注，三晋出版社 2008 年。

元好问诗编年校注 （金）元好问著，狄宝心校注，中华书局 2011 年。

元别集类

虞道园集（林氏选评名家文集）（元）虞集著，林纾选评，商务印书馆 1924 年。

湛然居士文集（丛书集成初编）（元）耶律楚材撰，商务印书馆 1935 年。

湛渊遗稿（附补稿）（丛书集成初编）（元）白珽撰，商务印书馆 1935 年。

白云集（丛书集成初编）（元）许谦撰，商务印书馆 1935 年。

纯白斋类稿（附类）（丛书集成初编）（元）胡助撰，商务印书馆 1935 年。

赵待制遗稿（附词）（丛书集成初编）（元）赵雍撰，商务印书馆 1935 年。

九灵山房集（附补编）（丛书集成初编）（元）戴良撰，商务印书馆

1935 年。

九灵山房遗稿（附补编）（丛书集成初编）（元）戴良撰，商务印书馆 1935 年。

鹿皮子集（丛书集成初编）（元）陈樵撰，商务印书馆 1935 年。

青村遗稿（附录）（丛书集成初编）（元）金涓撰，商务印书馆 1935 年。

玉笥集（丛书集成初编）（元）张宪撰，商务印书馆 1935 年。

梧溪集（附补遗）（丛书集成初编）（元）王逢著，商务印书馆 1935 年。

湛然居士文集（四部丛刊）（元）耶律楚材撰，商务印书馆 1936 年。

秋涧先生大全文集（四部丛刊）（元）王恽撰，商务印书馆 1936 年。

剡源戴先生文集（四部丛刊）（元）戴表元撰，商务印书馆 1936 年。

松雪斋文集（四部丛刊）（元）赵孟頫撰，商务印书馆 1936 年。

静修先生文集（四部丛刊）（元）刘因撰，商务印书馆 1936 年。

清容居士集（四部丛刊）（元）袁桷撰，商务印书馆 1936 年。

牧庵集（四部丛刊）（元）姚燧撰，商务印书馆 1936 年。

道园学古录（四部丛刊）（元）虞集撰，商务印书馆 1936 年。

翰林杨仲弘诗集（四部丛刊）（元）杨载撰，商务印书馆 1936 年。

揭文安公全集（四部丛刊）（元）揭傒斯撰，商务印书馆 1936 年。

范德机诗集（四部丛刊）（元）范椁撰，商务印书馆 1936 年。

吴渊颖集（四部丛刊）（元）吴莱撰，商务印书馆 1936 年。

金华黄先生文集（四部丛刊）（元）黄潜撰，商务印书馆 1936 年。

圭斋集（四部丛刊）（元）欧阳玄撰，商务印书馆 1936 年。

柳待制文集（四部丛刊）（元）柳贯撰，商务印书馆 1936 年。

萨天锡前后集（四部丛刊）（元）萨都剌撰，商务印书馆 1936 年。

句曲外史诗集（四部丛刊）（元）张雨撰，商务印书馆 1936 年。

九灵山房集（四部丛刊）（元）戴良撰，商务印书馆 1936 年。

倪云林先生诗集（四部丛刊）（元）倪瓒撰，商务印书馆 1936 年。

东维子文集（四部丛刊）（元）杨维桢撰，商务印书馆 1936 年。

铁崖先生古乐府（附古诗集）（四部丛刊）（元）杨维桢撰，商务印书馆 1936 年。

清容居士集（四部备要）（元）袁桷撰，中华书局 1936 年。

道园学古录（四部备要）（元）虞集撰，中华书局 1936 年。

铁崖古乐府注（四部备要）（元）杨维桢撰，中华书局 1936 年。

清容居士集（附札记）（丛书集成初编）（元）袁桷撰，商务印书馆 1936 年。

静修先生文集（丛书集成初编）（元）刘因撰，商务印书馆 1936 年。

安默庵先生文集（丛书集成初编）（元）安熙撰，商务印书馆 1936 年。

黄文献集（附录·补遗）（丛书集成初编）（元）黄溍撰，商务印书馆 1936 年。

牧庵集（附录）（丛书集成初编）（元）姚燧撰，商务印书馆 1936 年。

益斋集（附拾遗·墓志）（丛书集成初编）［朝鲜］李齐贤撰，商务印书馆 1936 年。

梅花百咏（丛书集成初编）（元）释明本著，商务印书馆 1936 年。

金渊集（丛书集成初编）（元）仇远著，商务印书馆 1936 年。

梅花字字香（丛书集成初编）（元）郭豫亨撰，商务印书馆 1936 年。

玉山璞稿（丛书集成初编）（元）顾瑛撰，商务印书馆 1936 年。

许鲁斋集（丛书集成初编）（元）许衡撰，商务印书馆 1936 年。

揭文安公文粹（丛书集成初编）（元）揭傒斯撰，商务印书馆 1936 年。

荣祭酒遗文（丛书集成初编）（元）荣肇撰，商务印书馆 1936 年。

吴朝宗先生闻过斋集（丛书集成初编）（元）吴海著，商务印书馆 1936 年。

剡源集（附札记）（丛书集成初编）（元）戴表元撰，商务印书馆

1937年。

静春堂诗集（附录）（丛书集成初编）（元）袁易撰，商务印书馆1937年。

揭曼硕诗集（丛书集成初编）（元）揭傒斯撰，商务印书馆1937年。

渊颖集（丛书集成初编）（元）吴莱撰，商务印书馆1937年。

玉山逸稿（附录）（丛书集成初编）（元）顾瑛著，（清）鲍廷博辑录，商务印书馆1937年。

丁鹤年集（附题词·校伪）（丛书集成初编）（元）丁鹤年撰，商务印书馆1937年。

沧浪棹歌（丛书集成初编）（元）陶宗仪撰，商务印书馆1937年。

仁山集（国学基本丛书）（元）金履祥著，商务印书馆1937年。

湛然居士文集（万有文库）（元）耶律楚材著，商务印书馆1937年，1939年。

道园学古录（万有文库）（元）虞集著，商务印书馆1937年。

铁崖先生古乐府（附复古诗集）（万有文库）（元）杨维桢撰，商务印书馆1937年，1939年简编版。

丁鹤年集（附录校伪）（国学基本丛书）（元）丁鹤年著，戴禝编次，商务印书馆1941年。

雁门集（中国古典文学丛书）（元）萨都剌撰，殷孟伦、朱广祁点校，上海古籍出版社1982年。

萨都剌诗选（元）萨都剌著，刘试骏等选注，宁夏人民出版社1982年。

王冕诗选（浙江历代名家诗选丛书）（元）王冕著，张坤选注，浙江文艺出版社1984年。

揭傒斯全集（中国古典文学丛书）（元）揭傒斯撰，李梦生标校，上海古籍出版社1985年。

湛然居士文集（元）耶律楚材撰，中国书店1985年，1996年。

湛然居士文集（元）耶律楚材撰，谢方点校，中华书局1986年。

程雪楼文集（元）程文海撰，中国书店1986年。

赵孟頫集（两浙作家文丛）（元）赵孟頫撰，浙江古籍出版社1986

年，1992 年。

丁鹤年诗辑注（中国回族古籍丛书）（元）丁鹤年撰，丁生俊注，天津古籍出版社 1987 年。

张养浩作品选 （元）张养浩撰，薛祥生、孔繁信选注，人民文学出版社 1987 年。

马祖常诗歌选注 （元）马祖常撰，周绍祖、王佑夫选注，新疆人民出版社 1988 年。

荻溪集（北京图书馆古籍珍本丛刊）（元）王偕撰，书目文献出版社 1990 年，北京图书馆出版社 2000 年。

秋声集（北京图书馆古籍珍本丛刊）（元）黄镇成撰，书目文献出版社 1990 年，北京图书馆出版社 2000 年。

知常先生云山集（北京图书馆古籍珍本丛刊）（元）姬志真撰，书目文献出版社 1991 年，北京图书馆出版社 2000 年。

藏春诗集（北京图书馆古籍珍本丛刊）（元）刘秉忠撰，书目文献出版社 1991 年，北京图书馆出版社 2000 年。

筠溪牧潜集（北京图书馆古籍珍本丛刊）（元）释圆至撰，书目文献出版社 1991 年，北京图书馆出版社 2000 年。

鲁斋遗书（北京图书馆古籍珍本丛刊）（元）许衡撰，书目文献出版社 1991 年，北京图书馆出版社 2000 年。

郝文忠公陵川文集（北京图书馆古籍珍本丛刊）（元）郝经撰，书目文献出版社 1991 年，北京图书馆出版社 2000 年。

姚文公牧庵集（北京图书馆古籍珍本丛刊）（元）姚燧撰，（明）刘昌辑，书目文献出版社 1991 年，北京图书馆出版社 2000 年。

燕石集（北京图书馆古籍珍本丛刊）（元）宋褧撰，书目文献出版社 1991 年，北京图书馆出版社 2000 年。

中庵先生刘文简公文集（北京图书馆古籍珍本丛刊）（元）刘敏中撰，书目文献出版社 1991 年，北京图书馆出版社 2000 年。

鄱阳仲公李先生文集（北京图书馆古籍珍本丛刊）（元）李存撰，书目文献出版社 1991 年，北京图书馆出版社 2000 年。

傅与砺文集（北京图书馆古籍珍本丛刊）（元）傅若金撰，书目文献出版社 1991 年，北京图书馆出版社 2000 年。

巴西邓先生文集（北京图书馆古籍珍本丛刊）（元）邓文原撰，书目文献出版社 1991 年，北京图书馆出版社 2000 年。

石田先生文集（中州名家集·河南少数民族古籍）（元）马祖常撰，李叔毅点校，中州古籍出版社 1991 年。

高则诚集（两浙作家文丛）（元）高明撰，张宪文、胡雪冈辑校，浙江古籍出版社 1992 年。

郑光祖集（三晋古籍丛书）（元）郑光祖撰，冯俊杰校注，山西人民出版社 1992 年。

藏春集点注（元）刘秉忠撰，李昕太等点注，花山文艺出版社 1993 年。

重辑杜善夫集（济南名士丛书）（元）杜善夫撰，孔繁信整理，济南出版社 1994 年。

杨维桢诗集（两浙作家丛书）（元）杨维桢撰，邹志方点校，浙江古籍出版社 1994 年。

张可久集校注（两浙作家文丛）（元）张可久撰，吕薇芬、杨镰校注，浙江古籍出版社 1995 年。

滋溪文稿（元）苏天爵撰，陈高华、孟繁清点校，中华书局 1997 年。

郑廷玉集（中州名家集）（元）郑廷玉撰，颜慧云、陈襄民校注，中州古籍出版社 1997 年。

许有壬集（中州名家集）（元）许有壬撰，傅英、雷近芳点校，中州古籍出版社 1998 年。

刘文靖公文集（北京图书馆古籍珍本丛刊）（元）刘因撰，书目文献出版社 1998 年，北京图书馆出版社 2000 年。

吴礼部文集（北京图书馆古籍珍本丛刊）（元）吴师道撰，书目文献出版社 1998 年，北京图书馆出版社 2000 年。

云峰胡先生文集（北京图书馆古籍珍本丛刊）（元）胡炳文撰，书目文献出版社 1998 年，北京图书馆出版社 2000 年。

贡文靖云林集（北京图书馆古籍珍本丛刊）（元）贡奎撰，书目文献出版社 1998 年，北京图书馆出版社 2000 年。

邓伯言玉笥集（北京图书馆古籍珍本丛刊）（元）邓雅撰，书目文献出版社 1998 年，北京图书馆出版社 2000 年。

还山遗稿（北京图书馆古籍珍本丛刊）（元）杨奂撰，书目文献出版社 1998 年，北京图书馆出版社 2000 年。

道园遗稿（北京图书馆古籍珍本丛刊）（元）虞集撰，书目文献出版社 1998 年，北京图书馆出版社 2000 年。

伯生诗后（北京图书馆古籍珍本丛刊）（元）虞集、吴全节等撰，书目文献出版社 1998 年，北京图书馆出版社 2000 年。

石田先生文集（北京图书馆古籍珍本丛刊）（元）马祖常撰，书目文献出版社 1998 年，北京图书馆出版社 2000 年。

汉泉曹文贞公诗集（北京图书馆古籍珍本丛刊）（元）黄伯启撰，书目文献出版社 1998 年，北京图书馆出版社 2000 年。

知非堂稿（北京图书馆古籍珍本丛刊）（元）何中撰，书目文献出版社 1998 年，北京图书馆出版社 2000 年。

范德机诗集（北京图书馆古籍珍本丛刊）（元）范梈撰，书目文献出版社 1998 年，北京图书馆出版社 2000 年。

栖碧先生黄杨集（北京图书馆古籍珍本丛刊）（元）华幼武撰，书目文献出版社 1998 年，北京图书馆出版社 2000 年。

一山文集（北京图书馆古籍珍本丛刊）（元）李继本撰，书目文献出版社 1998 年，北京图书馆出版社 2000 年。

至正集（北京图书馆古籍珍本丛刊）（元）许有壬撰，书目文献出版社 1998 年，北京图书馆出版社 2000 年。

梧溪集（北京图书馆古籍珍本丛刊）（元）王逢撰，书目文献出版社 1998 年，北京图书馆出版社 2000 年。

清閟阁遗稿（北京图书馆古籍珍本丛刊）（元）倪瓒撰，书目文献出版社 1998 年，北京图书馆出版社 2000 年。

侨吴集（北京图书馆古籍珍本丛刊）（元）郑元祐撰，书目文献出版社 1998 年，北京图书馆出版社 2000 年。

畤斋文稿（北京图书馆古籍珍本丛刊）（元）张仲寿撰，书目文献出版社 1998 年，北京图书馆出版社 2000 年。

贡文靖公云林诗集（北京图书馆古籍珍本丛刊）（元）贡奎撰，书目文献出版社 1998 年，北京图书馆出版社 2000 年。

圭峰先生集（北京图书馆古籍珍本丛刊）（元）卢琦撰，书目文献出版社 1998 年，北京图书馆出版社 2000 年。

云阳李先生文集（北京图书馆古籍珍本丛刊）（元）李祁撰，书目文献出版社 1998 年，北京图书馆出版社 2000 年。

新喻梁石门先生集（北京图书馆古籍珍本丛刊）（元）梁寅撰，书目文献出版社 1998 年，北京图书馆出版社 2000 年。

后圃黄先生存集（北京图书馆古籍珍本丛刊）（元）黄枢、（明）黄维夫撰，书目文献出版社 1998 年，北京图书馆出版社 2000 年。

王冕集（两浙作家文丛）（元）王冕撰，寿勤泽点校，浙江古籍出版社 1999 年。

赵子昂诗集（中华再造善本）（元）赵孟頫撰，北京图书馆出版社 2002 年。

梅花字字香（中华再造善本）（元）郭豫亨撰，北京图书馆出版社 2002 年。

柯九思诗文集 王及编校，中国美术学院出版社 2004 年。

知常先生云山集（中华再造善本）（元）姬志真撰，北京图书馆出版社 2005 年。

筠溪牧潜集（中华再造善本）（元）释圆至撰，北京图书馆出版社 2005 年。

存悔斋诗（中华再造善本）（元）龚璛撰，北京图书馆出版社 2005 年。

蒲室集（中华再造善本）（元）释大䜣撰，北京图书馆出版社2005年。

伯生诗续编（中华再造善本）（元）虞集撰，北京图书馆出版社2005年。

揭曼硕诗集（中华再造善本）（元）揭傒斯撰，北京图书馆出版社2005年。

渊颖吴先生集（中华再造善本）（元）吴莱撰，北京图书馆出版社2005年。

金华黄先生文集（中华再造善本）（元）黄溍撰，北京图书馆出版社2005年。

柳待制文集（中华再造善本）（元）柳贯撰，北京图书馆出版社2005年。

顺斋先生闲居丛稿（中华再造善本）（元）蒲道源撰，北京图书馆出版社2005年。

陈众仲文集（中华再造善本）（元）陈旅撰，北京图书馆出版社2005年。

道园遗稿（中华再造善本）（元）虞集撰，北京图书馆出版社2005年。

师山先生文集（中华再造善本）（元）郑玉撰，北京图书馆出版社2005年。

梧溪集（中华再造善本）（元）王逢撰，北京图书馆出版社2005年。

李孝光集校注（温州文献丛书）（元）李孝光撰，陈增杰校注，上海社会科学院出版社2005年。

陶宗仪集　徐永明、杨光辉整理，浙江人民出版社2005年。

张文忠公文集（中华再造善本）（元）张养浩撰，北京图书馆出版社2006年。

静修先生文集（中华再造善本）（元）刘因撰，北京图书馆出版社2006年。

汉泉曹文贞公诗集（中华再造善本）（元）曹伯启撰，北京图书馆出版社2006年。

清容居士集（中华再造善本）（元）袁桷撰，北京图书馆出版社2006年。

石田先生文集（中华再造善本）（元）马祖常撰，北京图书馆出版社

2006 年。

雍虞先生道园类稿（中华再造善本）（元）虞集撰，北京图书馆出版社 2006 年。

范德机诗集（中华再造善本）（元）范梈撰，北京图书馆出版社 2006 年。

畴斋文稿（中华再造善本）（元）张仲寿撰，北京图书馆出版社 2006 年。

郝文忠公陵川文集（《陵川文史资料》丛书常振华主编）（元）郝经著，秦雪清点校，山西人民出版社 2006 年。

陵川集（晋城历史名人文存）（元）郝经著，吴广隆、马甫平点校，山西古籍出版社 2006 年。

汇校详注关汉卿集（中国古典文学基本丛书）（元）关汉卿著，蓝立萱校注，中华书局 2006 年。

许衡集（元）许衡著，王成儒点校，东方出版社 2007 年。

虞集全集（元）虞集著，王颋点校，天津古籍出版社 2007 年。

黄溍全集（元）黄溍著，天津古籍出版社 2008 年。

吴师道集（元）吴师道著，邱居里等点校，吉林文史出版社 2008 年。

张养浩集（元）张养浩著，李鸣等点校，吉林文史出版社 2008 年。

刘敏中集（元）刘敏中著，邓瑞全等点校，吉林文史出版社 2008 年。

戴表元集（元）戴表元著，李军等点校，吉林文史出版社 2008 年。

胡祗遹集（元）胡祗遹著，魏崇武等点校，吉林文史出版社 2008 年。

许衡集 淮建利、陈朝云点校，中州古籍出版社 2009 年。

欧阳玄全集（元）欧阳玄撰，汤锐点校，四川大学出版社 2010 年。

郑元祐集（元）郑元祐撰，徐永明点校，浙江大学出版社 2010 年。

青村遗稿（义乌丛书）（元）金涓撰，上海古籍出版社 2010 年。

草庐吴先生文粹（中华再造善本续编）（元）吴澄撰，（明）吴讷辑，国家图书馆出版社 2011 年。

楚国文宪公雪楼程先生文集（中华再造善本续编）（元）程钜夫撰，国家图书馆出版社2010年。

秋声集（中华再造善本续编）（元）黄镇成撰，国家图书馆出版社2010年。

雁门集（中华再造善本续编）（元）萨都剌撰，国家图书馆出版社2010年。

青阳先生文集（中华再造善本续编）（元）余阙撰，国家图书馆出版社2010年。

蜕庵诗（中华再造善本续编）（元）张翥撰，国家图书馆出版社2010年。

侨吴集（中华再造善本续编）（元）郑元祐撰，国家图书馆出版社2010年。

杨维桢诗集 （元）杨维桢著，邹志方点校，浙江古籍出版社2010年。

此山集 （元）周权著，浙江古籍出版社2010年。

许衡集（元代别集丛刊）（元）许衡撰，毛瑞方、谢辉、周少川点校，吉林文史出版社2010年。

影洪武本程雪楼集 （元）程文海著，中国书店2011年。

明别集类

舜水遗书 朱之瑜撰，汤寿潜1913年。

＊**袁崇焕先生遗稿** 邓寄芳编，奇雅中西印务局1915年。

卢忠肃军中书牍（武学丛钞之一种）（明）卢象升著，刁广孚编，武学书馆1922年。

（新式标点）王阳明书牍 （明）王守仁著，中华图书馆1924年。

归震川集（林氏选评名家文集）（明）归有光著，林纾评选，商务印书馆1924年。

唐荆川集（林氏选评名家文集）（明）唐顺之著，林纾选评，商务印书馆1924年。

张江陵书牍 （明）张居正著，群学社1924年。

阳明全书 （明）王守仁著，倪贻德标点，泰东图书局1925年，大中书局1934年。

王阳明集 （明）王守仁著，许啸天整理，胡翼云校阅，群学社1926年。

阳明文选（青年自励读本　宋元明哲学文钞）（明）王守仁著，范皕诲选辑，青年协会书报部校订，青年协会书报部1926年。

朱舜水集 （明）朱之瑜著，许啸天整理，群学社1926年，1928年。

（新式标点）疑雨集 （明）王彦泓（原题：王次回）著，陈益标点，扫叶山房书局1926年。

归有光文（万有文库）（明）归有光著，胡怀琛注，商务印书馆1928年，1929年，1947年。

鸡肋集（海南丛书）（明）王桐乡著，王尧云校，海南书局1928年。

（评注）王阳明先生全集 （明）王守仁著，许舜屏评注，中原书局1929年。

陈中秘稿（海南丛书）（明）陈是集著，海南书局1929年。

鹤峰先生遗集 （明）郭奇逢著，新田书社1929年。

钟台先生文集 （明）田一俊著，（明）郭惟清编校，新田书社1929年。

熊经略集（江苏革命博物馆丛书）（明）熊廷弼著，江苏革命博物馆1929年。

休庵影语 （明）盛于斯著，陈楚材标点，开明书店1931年。

史可法集（民族英雄丛书）（明）史可法著，李剑虹编，军事新闻社、民国救国宣传社1933年。

王文成公全书（万有文库）（明）王守仁著，商务印书馆1933年，1934年，1936年，1938年。

（增订）徐文定公集 （明）徐光启著，（清）李杕编辑，徐宗泽增补，徐家汇天主堂藏书楼1933年。

袁中郎尺牍全稿 （明）袁宏道著，王英标点，南强书局1934年8月，1934年11月。

疑雨集 （明）王彦泓（原题：王次回）著，启智书局1934年。

紫柏大师诗钞（高僧选集） 慧舟法师选辑，佛学书局1934年。

胡仲子集（丛书集成初编）（明）胡翰撰，商务印书馆1935年。

陈剩夫集（丛书集成初编）（明）陈真晟撰，商务印书馆1935年。

苏平仲集（丛书集成初编）（明）苏伯衡撰，商务印书馆1935年。

枫山章先生集（丛书集成初编）（明）章懋撰，商务印书馆1935年。

渔石集（丛书集成初编）（明）唐龙撰，商务印书馆1935年。

张阳和文选（丛书集成初编）（明）张元忭撰，商务印书馆1935年。

胡敬斋集（丛书集成初编）（明）胡居仁撰，商务印书馆1935年。

交行摘稿（丛书集成初编）（明）徐孚远撰，商务印书馆1935年。

楼山堂集（丛书集成初编）（明）吴应箕撰，商务印书馆1935年。

山家语（丛书集成初编）（明）周履靖撰，商务印书馆1935年。

野人清啸（丛书集成初编）（明）周履靖撰，商务印书馆1935年。

（大字足本）王阳明全集（国学基本文库）（明）王守仁著，（明）徐爱、钱德洪辑，储菊人校订，中央书局1935年。

（新式标点）王阳明全集（明）王守仁著，启智书局1935年。

袁小修日记（国学珍本丛书）（明）袁中道著，何有林校阅，国学研究社1935年。

袁小修日记（游居杮录第一至十三卷）（中国文学珍本丛书）（明）袁中道著，阿英点校，上海杂志公司1935年。

（足本）王阳明全集（明）王守仁著，吕何均重编，大东书局1935年，1936年。

王阳明全书（明）王守仁著，周云标点，广益书局1935年，1936年。

归震川文选（详注国学读本）（明）归有光著，吴瑞书编辑，中央书店1935年。

白石樵真稿（中国文学珍本丛书）（明）陈继儒著，阿英点校，上海杂志社1935年。

袁中郎随笔（襟霞阁精校本）（明）袁宏道著，顾红梵校阅，中央书店1935年，1936年。

袁中郎文钞（襟霞阁精校本）（明）袁宏道著，顾红梵校阅，中央书店 1935 年，1936 年。

袁中郎游记 （明）袁宏道著，中央书店 1935 年。

李卓吾尺牍全稿 （明）李卓吾著，王英、王慎名编校，南强书局 1935 年。

祝枝山尺牍（才子尺牍之一） 铁琴楼主编，大通图书社 1935 年。

唐伯虎尺牍（才子尺牍之一） 铁琴楼主编，大通图书社 1935 年。

袁中郎尺牍全稿 （明）袁宏道著，顾红梵校阅，中央书店 1935 年。

陈眉公全集 （明）陈继儒著，大道书局 1935 年。

逊志斋集（万有文库） （明）方孝孺著，商务印书馆 1935 年，1936 年。

震川先生全集（万有文库） （明）归有光著，商务印书馆 1935 年。

谭友夏合集（中国文学珍本丛书） （明）谭元春著，阿英点校，上海杂志公司 1935 年。

谭友夏合集 （明）谭元春著，龚复初校，国学研究社 1935 年。

汤若士全集 （明）汤显祖著，大道书局 1935 年。

唐伯虎全集 （明）唐寅著，大道书局 1935 年。

（新式标点）文徵明全集 （明）文徵明著，大道书局 1935 年。

徐文长全集（国学基本文库） （明）徐渭（原题：徐文长）著，张忍叟校，中央书店 1935 年。

徐文长全集 （明）徐渭著，（明）袁宏道编，大道书局 1935 年。

升庵全集（万有文库） （明）杨慎著，商务印书馆 1935 年。

袁中郎全集（襟霞阁精校本） （明）袁宏道著，顾红梵校，中央书店 1935 年，1936 年。

袁中郎全集 （明）袁宏道著，中国图书馆出版部 1935 年。

袁中郎全集 （明）袁宏道著，金汝盛校，大方书局 1935 年。

（仿古字版）袁中郎全集 （明）袁宏道著，国学整理社 1935 年，1936 年。

珂雪斋近集（国学珍本文库） （明）袁中道著，章衣萍校订，中央书店 1935 年。

白苏斋类集（中国文学珍本丛书）（明）袁宗道著，阿英点校，上海杂志公司 1935 年。

琅嬛文集（中国文学珍本丛书）（明）张岱著，刘大杰点校，上海杂志公司 1935 年。

琅嬛文集（国学珍本丛书）（明）张岱（原题：张陶庵）著，龚复初校阅，国学研究社 1935 年。

张江陵全集 （明）张居正著，国民政府军事委员会编，国民政府军事委员会 1935 年。

张文忠公全集（万有文库）（明）张居正著，商务印书馆 1935 年。

祝枝山全集 （明）祝允明著，大道书局 1935 年。

疑雨集（王次回艳体诗）（明）王彦泓（原题：王次回）著，储菊人校订，中央书店 1935 年。

王次回疑云集 朱太忙校，大达图书供应社 1935 年。

袁中郎诗集（襟霞阁精校本）（明）袁宏道著，顾红梵校阅，中央书店 1935 年。

宋学士全集（四部丛刊）（明）宋濂撰，商务印书馆 1936 年。

诚意伯文集（四部丛刊）（明）刘基撰，商务印书馆 1936 年。

清江贝先生集（四部丛刊）（明）贝琼撰，商务印书馆 1936 年。

苏平仲文集（四部丛刊）（明）苏伯衡撰，商务印书馆 1936 年。

高太史大全集（四部丛刊）（明）高启撰，商务印书馆 1936 年。

高太史凫藻集（四部丛刊）（明）高启撰，商务印书馆 1936 年。

逊志斋集（四部丛刊）（明）方孝孺撰，商务印书馆 1936 年。

匏翁家藏集（四部丛刊）（明）吴宽撰，商务印书馆 1936 年。

王文成公全书（四部丛刊）（明）王守仁撰，商务印书馆 1936 年。

重刊荆川先生文集（四部丛刊）（明）唐顺之撰，商务印书馆 1936 年。

震川先生集（四部丛刊）（明）归有光撰，商务印书馆 1936 年。

宋文宪公全集（四部备要）（明）宋濂撰，中华书局 1936 年。

高青邱诗集注（四部备要）（明）高启撰，（清）金檀辑注，中华书局1936年。

逊志斋集（四部备要）（明）方孝孺撰，中华书局1936年。

震川文集（四部备要）（明）归有光撰，中华书局1936年。

奉使录（丛书集成初编）（明）张宁撰，商务印书馆1936年。

姚文敏公遗稿（附录）（丛书集成初编）（明）姚夔撰，张元祯校正，商务印书馆1936年。

东田文集（附诗集）（丛书集成初编）（明）马中锡撰，商务印书馆1936年。

宋布衣集（丛书集成初编）（明）宋登春撰，商务印书馆1936年。

狂夫酒语（丛书集成初编）（明）周履靖撰，商务印书馆1936年。

周忠介公烬余集（丛书集成初编）（明）周顺昌撰，商务印书馆1936年。

王忠文公集（丛书集成初编）（明）王袆撰，商务印书馆1936年。

薛敬轩先生文集（丛书集成初编）（明）薛瑄撰，商务印书馆1936年。

罗整庵先生存稿（丛书集成初编）（明）罗钦顺撰，商务印书馆1936年。

海刚峰集（丛书集成初编）（明）海瑞撰，商务印书馆1936年。

杨忠愍公集（丛书集成初编）（明）杨继盛撰，商务印书馆1936年。

味檗斋文集（丛书集成初编）（明）赵南星撰，商务印书馆1936年。

认真草（丛书集成初编）（明）鹿善继撰，商务印书馆1936年。

范文忠公文集（丛书集成初编）（明）范景文撰，商务印书馆1936年。

申端愍公文集（丛书集成初编）（明）申佳胤撰，商务印书馆1936年。

天问阁集（丛书集成初编）（明）李长祥撰，商务印书馆1936年。

杨大洪集（丛书集成初编）（明）杨涟撰，商务印书馆1936年。

金忠洁集（丛书集成初编）（明）金铉撰，商务印书馆1936年。

史忠正公集（附录）（丛书集成初编）（明）史可法撰，商务印书馆

1936 年。

书牍（丛书集成初编）（明）王文禄撰，商务印书馆 1936 年。

（仿古字版）王阳明全集 （明）王守仁著，国学整理社 1936 年。

游居柿录（袁小修日记）（明）袁中道著，胡协寅校阅，广益书局 1936 年。

李氏焚书（中国文学珍本丛书）（明）李贽（原题：李卓吾）著，钱杏邨（原题：阿英）点校，上海杂志公司 1936 年。

归有光文精选（青年国学丛书）罗芳洲选注，中国文化服务社 1936 年。

（音注）归震川文（中国文学精华）（明）归有光著，（清）曾涤生选，中华书局辑注，中华书局 1936 年，1939 年，1941 年。

珂雪斋集（中国文学珍本丛书）（明）袁中道著，阿英点校，贝叶山房 1936 年。

陈眉公尺牍（明人尺牍四家之一）（明）陈继儒著，贝叶山房 1936 年。

汤显祖尺牍（明人尺牍四家之一）（明）汤显祖著，贝叶山房 1936 年。

陈眉公全集（国学基本文库）（明）陈继儒著，中央书店 1936 年。

晚香堂小品（中国文学珍本丛书）（明）陈继儒著，施蛰存点校，上海杂志公司 1936 年。

（仿古字版）归震川全集 （明）归有光著，国学整理社 1936 年。

竹懒画媵（国学珍本文库）（明）李日华著，中央书店 1936 年。

诚意伯文集（万有文库）（明）刘基著，何镗编校，商务印书馆 1936 年。

唐伯虎全集 （明）唐寅著，周维立校，大达图书局 1936 年。

王季重十种（中国文学珍本丛书）（明）王思任著，阿英点校，上海杂志公司 1936 年。

徐文长全集 （明）徐渭（原题：徐文长）著，周郁浩校，广益书局 1936 年。

徐文长逸稿（中国文学珍本丛书）（明）徐渭（原题：徐文长）著，施蛰存点校，上海杂志公司 1936 年。

袁中郎全集 （明）袁宏道著，周惟立校，广益书局1936年。

袁伯修全集（国学基本文库）（明）袁宗道著，沈亚公校，中央书店1936年。

琅嬛文集 （明）张岱著，胡协寅校，广益书局1936年。

西湖梦寻（中国文学珍本丛书）（明）张岱著，阿英点校，上海杂志公司1936年，六艺书局1939年。

钟伯敬合集（中国文学珍本丛书）（明）钟惺（原题：钟伯敬）著，阿英点校，上海杂志公司1936年。

朱舜水全集 （明）朱之瑜著，国学整理社1936年。

珂雪斋集（诗集）（中国文学珍本丛书）（明）袁中道著，阿英点校，贝叶山房1936年。

叶天廖四种（中国文学珍本丛书）（明）叶绍袁编著，阿英点校，上海杂志公司1936年。

闲云稿（丛书集成初编）（明）周履靖撰，商务印书馆1937年。

娑罗馆逸稿（丛书集成初编）（明）屠隆撰，商务印书馆1937年。

宣宗御制诗（丛书集成初编）（明）朱瞻基撰，商务印书馆1937年。

燎松吟（丛书集成初编）（明）周履靖撰，商务印书馆1937年。

寻芳咏（丛书集成初编）（明）周履靖撰，商务印书馆1937年。

浩气吟（丛书集成初编）（明）瞿式耜撰，商务印书馆1937年。

申端愍公诗集（丛书集成初编）（明）申佳胤撰，商务印书馆1937年。

花王阁剩稿（丛书集成初编）（明）纪坤撰，商务印书馆1937年。

镰山草堂诗合抄（丛书集成初编）（明）王光承撰，商务印书馆1937年。

徐元叹先生残稿（丛书集成初编）（明）徐元叹著，商务印书馆1937年。

霜猿集（丛书集成初编）（明）周同谷撰，商务印书馆1937年。

燕市杂诗（丛书集成初编）（明）于燕芳撰，商务印书馆1937年。

拟连珠编（丛书集成初编）（明）

刘基撰，商务印书馆 1937 年。

演连珠编（丛书集成初编）（明）王袆撰，商务印书馆 1937 年。

方正学先生集（丛书集成初编）（明）方孝孺撰，商务印书馆 1937 年。

魏庄渠先生集（丛书集成初编）（明）魏校撰，商务印书馆 1937 年。

宋学士文集（万有文库）（明）宋濂著，商务印书馆 1937 年。

袁中郎文选 （明）袁宏道著，陈筱梅编，仿古书店 1937 年。

史忠正公集（国学基本丛书）（明）史可法著，胡达聪校对，商务印书馆 1937 年。

宋学士全集（附录·补遗）（丛书集成初编）（明）宋濂撰，商务印书馆 1939 年。

青藤书屋文集（附补遗）（丛书集成初编）（明）徐渭撰，商务印书馆 1939 年。

夏内史集（附录）（丛书集成初编）（明）夏完淳撰，商务印书馆 1939 年。

泛泖吟（丛书集成初编）（明）周履靖撰，商务印书馆 1939 年。

香奁诗草（丛书集成初编）（明）桑贞白撰，茅坤批选，商务印书馆 1939 年。

卢忠肃公书牍（丛书集成初编）（明）卢象升撰，商务印书馆 1939 年。

蟋蟀在堂草（江苏省立苏州图书馆吴中文献小丛书）（明）顾凝远著，江苏省立苏州图书馆校印 1940 年。

浩气吟（附瞿昌文粤行纪事）（明）瞿式耜撰，商务印书馆 1941 年。

汤海若问棘邮草 （明）汤显祖撰，古典文学出版社 1958 年。

吴承恩诗文集 （明）吴承恩撰，刘修业辑校，古典文学出版社 1958 年，中华书局上海编辑所 1959 年。

负苞堂集 （明）臧懋循撰，古典文学出版社 1958 年。

顾云美卜居集手迹 （明）顾苓撰，中华书局上海编辑所 1958 年。

顾云美自书诗稿 （明）顾苓撰，中华书局上海编辑所 1958 年。

归庄手写诗稿 （明）归庄撰，中华书局上海编辑所1959年。

李开先集 （明）李开先撰，路工辑校，中华书局上海编辑所1959年。

夏完淳集 （明）夏完淳撰，中华书局上海编辑所1959年。

张苍水集 （明）张煌言撰，中华书局上海编辑所1959年，上海古籍出版社1985年。

续焚书 （明）李贽撰，中华书局1959年。

红泉逸草·问棘邮草 （明）汤显祖撰，中华书局上海编辑所1960年。

祁彪佳集 （明）祁彪佳撰，中华书局上海编辑所1960年。

何心隐集 （明）何心隐撰，容肇祖整理，中华书局1960年，1981年。

焚书 （明）李贽撰，中华书局1961年。

海瑞集 （明）海瑞撰，陈义钟编校，中华书局1962年。

汤显祖集 （明）汤显祖撰，徐朔方笺校，钱南杨点校，中华书局上海编辑所1962年。

归庄集 （明）归庄撰，中华书局上海编辑所1962年。

徐光启手迹 （明）徐光启撰并书，上海市文物保管委员会编，中华书局1962年。

徐光启集 （明）徐光启撰，王重明辑校，中华书局上海编辑所1963年，1984年。

汤显祖集 （明）汤显祖撰，徐朔方笺校，上海人民出版社1973年。

焚书·续焚书 （明）李贽撰，中华书局1975年。

金太史文集 （明）金声撰，上海书店1979年。

梅花草堂集 （明）张大复撰，上海书店1979年。

崔清献公全录 （明）崔子璲撰，上海书店1980年。

震川先生集（中国古典文学丛书）（明）归有光撰，周本淳点校，上海古籍出版社1981年，2007年。

袁宏道集笺校（中国古典文学丛书）（明）袁宏道撰，钱伯城笺校，上海古籍出版社 1981 年，2008 年。

杨慎诗选 （明）杨慎撰，王文才选注，四川人民出版社 1981 年。

于谦诗选（浙江历代名家诗选丛书）（明）于谦撰，林寒选注，浙江人民出版社 1982 年。

汤显祖诗文集（中国古典文学丛书）（明）汤显祖撰，徐朔方笺校，上海古籍出版社 1982 年。

瞿式耜集 （明）瞿式耜撰，江苏师院历史系苏州地方史研究室整理，上海古籍出版社 1982 年。

况太守集 （明）况钟撰，吴奈夫、吴奈蛤点校，江苏人民出版社 1983 年。

珂雪斋近集 （明）袁中道撰，上海书店 1983 年。

陈子龙诗集（中国古典文学丛书）（明）陈子龙撰，施蛰存、马祖熙标校，上海古籍出版社 1983 年，2006 年。

徐渭集（中国古典文学基本丛书）（明）徐渭撰，中华书局 1983 年，1999 年。

吴廷翰集 （明）吴廷翰撰，容肇祖点校，中华书局 1984 年。

张太岳集 （明）张居正撰，上海古籍出版社 1984 年。

史可法集 （清）张纯修编，罗振常校补，上海古籍出版社 1984 年。

归庄集 （明）归庄撰，上海古籍出版社 1984 年。

薛文清公全书 （明）薛瑄撰，中国书店 1984 年。

九龠集 （明）宋懋澄撰，王利器校录，中国社会科学出版社 1984 年。

刘凤川遗书 （明）刘良臣撰，中国书店 1983 年。

李东阳集 （明）李东阳撰，周寅宾点校，岳麓书社 1984 至 1985 年。

唐伯虎全集 （明）唐寅撰，中国书店 1985 年。

冯梦龙诗文初编（冯梦龙丛书）（明）冯梦龙撰，橘君辑注，海峡文艺出版社 1985 年。

琅嬛文集（明清小品选刊）（明）张岱撰，云告点校，岳麓书社 1985 年。

雪翁诗集（两浙作家文丛）（明）魏耕撰，浙江古籍出版社1985年。

高启诗选 （明）高启撰，陈沚斋选注，广东人民出版社1985年。

归有光散文选注（中国古典文学作品选读）（明）归有光撰，张家英选注，上海古籍出版社1985年。

高青丘集（中国古典文学丛书）（明）高启撰，（清）金檀辑注，徐澄宇、沈北宗点校，上海古籍出版社1986年。

王桐乡诗三百首 （明）王桐乡著，韩林元编注，广西人民出版社1986年。

文徵明集 （明）文徵明撰，周道振辑校，上海古籍出版社1987年。

王季重十种（两浙作家文丛）（明）王思任撰，任远点校，浙江古籍出版社1987年。

陈献章集（理学丛书）（明）陈献章撰，孙通海点校，中华书局1987年，1993年。

唐伯虎三种 （明）唐寅撰，许旭尧选注，浙江古籍出版社1987年。

邝露诗选 （明）邝露撰，梁鉴江选注，广东人民出版社1987年。

张居正集 （明）张居正撰，张舜徽主编，荆楚书社、湖北人民出版社1987至1994年。

陈子龙文集（上海文献丛书）（明）陈子龙撰，上海文献丛书编委会编，华东师范大学出版社1988年。

何大复集（中州文献丛书）（明）何大复撰，李淑毅等点校，中州古籍出版社1989年。

白苏斋类集 （明）袁宗道撰，钱伯城标点，上海古籍出版社1989年。

珂雪斋集 （明）袁中道撰，钱伯城点校，上海古籍出版社1989年。

文饭小品（明清小品选刊）（明）王思任撰，蒋金德点校，岳麓书社1989年。

王廷相集（理学丛书）（明）王廷相撰，王孝鱼点校，中华书局1989年。

万卷楼遗集（北京图书馆古籍珍本丛刊）（明）丰坊撰，书目文献出版社1989年，北京图书馆出版社2000年。

林榕江先生集（北京图书馆古籍珍本丛刊）（明）林炫撰，书目文献出版社 1989 年，北京图书馆出版社 2000 年。

鹿原集（北京图书馆古籍珍本丛刊）（明）戴钦撰，书目文献出版社 1989 年，北京图书馆出版社 2000 年。

端简郑公文集（北京图书馆古籍珍本丛刊）（明）郑晓撰，书目文献出版社 1989 年，北京图书馆出版社 2000 年。

甘白先生文集（北京图书馆古籍珍本丛刊）（明）张适撰，书目文献出版社 1989 年，北京图书馆出版社 2000 年。

省庵漫稿（北京图书馆古籍珍本丛刊）（明）陈逅撰，书目文献出版社 1989 年，北京图书馆出版社 2000 年。

谢榛诗集校注 （明）谢榛撰，李庆立校，北京出版社 1990 年。

焚书·续焚书（古典名著普及文库）（明）李贽撰，夏剑钦点校，岳麓书社 1990 年。

薛瑄全集 （明）薛瑄撰，孙玄常等点校，山西人民出版社 1990 年。

兰茂诗词新注 （明）兰茂撰，嵩明县文化局、嵩明县兰茂纪念馆编，云南人民出版社 1990 年。

芹山集（北京图书馆古籍珍本丛刊）（明）陈儒撰，书目文献出版社 1991 年，北京图书馆出版社 2000 年。

翁东涯集（北京图书馆古籍珍本丛刊）（明）翁万达撰，书目文献出版社 1991 年，北京图书馆出版社 2000 年。

杨氏南宫集（北京图书馆古籍珍本丛刊）（明）杨仪撰，书目文献出版社 1991 年，北京图书馆出版社 2000 年。

季彭山先生文集（北京图书馆古籍珍本丛刊）（明）季本撰，书目文献出版社 1991 年，北京图书馆出版社 2000 年。

夏完淳集笺校 （明）夏完淳撰，白坚笺校，上海古籍出版社 1991 年。

明太祖集（安徽古籍丛书）（明）朱元璋撰，胡士萼点校，黄山书社 1991 年。

袁中郎尺牍 （明）袁宏道撰，范桥、张明高编注，中国广播电视出版社1991年。

张岱诗文集 （明）张岱撰，张咸淳点校，上海古籍出版社1991年。

吴承恩诗文集笺校 （明）吴承恩撰，刘修业辑校，刘怀玉笺校，上海古籍出版社1991年。

祁彪佳文稿 （明）祁彪佳撰，北京图书馆古籍出版编辑组编，书目文献出版社1991年，2009年。

翁万达集（潮汕历史文献丛编）（明）翁万达撰，吴奎信、朱仲玉整理，上海古籍出版社1992年。

沈璟集（中国古典文学丛书）（明）沈璟撰，徐朔方辑校，上海古籍出版社1992年。

隐秀轩集（中国古典文学丛书）（明）钟惺撰，李先耕、崔重庆标校，上海古籍出版社1992年。

冯梦龙集 （明）冯梦龙撰，高洪钧辑，河北人民出版社1992年。

王阳明全集 （明）王守仁撰，吴光等编校，上海古籍出版社1992年，1997年，红旗出版社1996年。

冯梦龙民歌集 （明）冯梦龙搜集整理，周保中编，河北人民出版社1992年。

蓝田诗选（琴岛文库）（明）蓝田撰，肖冰主编，青岛出版社1992年。

张三丰集 （明）张三丰撰，（清）李西月重编，江苏广陵古籍刻印社1993年。

何瑭诗注 （明）何瑭撰，董万禄、冯清干注，中州古籍出版社1993年。

茅坤集（两浙作家文丛）（明）茅坤撰，张大芝、张梦新点校，浙江古籍出版社1993年。

李攀龙集（明清山左作家丛书）（明）李攀龙撰，李伯齐点校，齐鲁书社1993年。

沧溟先生集（中国古典文学丛书）（明）李攀龙撰，包敬第标校，上海古籍出版社1993年。

齐音 （明）王象春撰，张昆河、张健之注，济南出版社1993年。

袁中郎诗文选注 （明）袁宏道著，任亮直选注，河南大学出版社1993年。

李攀龙诗文选（济南名士丛书）（明）李攀龙撰，李伯齐等选，济南出版社 1993 年。

鸟鼠山人胡缵宗诗选 （明）胡缵宗撰，李天舒选注，书目文献出版社 1993 年。

陈洪绶集（两浙作家文丛）（明）陈洪绶撰，吴敢点校，浙江古籍出版社 1994 年。

陈元赟集 （明）陈元赟撰，衷尔钜辑注，辽宁人民出版社 1994 年。

李贽文选译（古代文史名著选译丛书）（明）李贽撰，陈蔚松、顾志华译注，巴蜀书社 1994 年，凤凰出版社 2011 年。

徐渭诗文选译（古代文史名著选译丛书）（明）徐渭撰，傅杰译注，巴蜀书社 1994 年，凤凰出版社 2011 年。

王阳明诗文选译（古代文史名著选译丛书）（明）王阳明撰，吴格译注，巴蜀书社 1994 年，凤凰出版社 2011 年。

陈白沙诗文选（广东地方文献丛书）（明）陈献章撰，关步勋选注，广东人民出版社 1994 年。

徐霞客诗校注 （明）徐霞客撰，卢永康、祁若渝校注，云南人民出版社 1994 年。

元宫词百章笺注 （明）朱有墩撰，傅乐淑笺注，书目文献出版社 1995 年。

林大钦集（潮汕文库）（明）林大钦撰，黄挺校注，广东人民出版社 1995 年。

张襄惠公文集 （明）张岳著，张翊东点校，海峡文艺出版社 1996 年。

张宗子小品（明人小品十家）（明）张岱撰，魏崇武选注，文化艺术出版社 1996 年。

徐文长小品（明人小品十家）（明）徐渭撰，刘祯选注，文化艺术出版社 1996 年。

逊志斋集 （明）方孝孺撰，徐光大点校，宁波出版社 1996 年。

玉茗堂尺牍（宋明清小品文集辑注）（明）汤显祖撰，石衣编注，上海远东出版社 1996 年。

孙应鳌文集（阳明学研究丛书）（明）孙应鳌撰，龙连荣、王雄夫点校，贵州教育出版社 1996 年。

李东阳续集 （明）李东阳撰，钱振民辑校，岳麓书社 1997 年。

江盈科集 （明）江盈科撰，黄仁生辑校，岳麓书社 1997 年。

大哀赋注释 （明）夏完淳撰，王学曾注释，上海古籍出版社 1997 年。

宋濂诗文评注 （明）宋濂撰，陈葛满评注，长江文艺出版社 1997 年。

张岱散文选集（百花散文书系）（明）张岱撰，夏咸淳选注，百花文艺出版社 1997 年。

钟惺散文选集（百花散文书系）（明）钟惺撰，陈少松选注，百花文艺出版社 1997 年。

徐霞客散文校注 （明）徐弘祖撰，卢永康、禹志云校注，云南人民出版社 1997 年。

宋濂寓言选释 祝普文编注，书目文献出版社 1988 年。

东里文集 （明）杨士奇撰，刘伯涵、朱海点校，中华书局 1998 年。

梁辰鱼集 （明）梁辰鱼撰，吴书荫编集点校，上海古籍出版社 1998 年，2010 年。

谭元春集（中国古典文学丛书）（明）谭元春撰，陈杏珍标校，上海古籍出版社 1998 年。

浮槎稿（北京图书馆古籍珍本丛刊）（明）潘滋撰，书目文献出版社 1998 年，北京图书馆出版社 2000 年。

畏斋薛先生艺文类稿（北京图书馆古籍珍本丛刊）（明）薛甲撰，书目文献出版社 1998 年，北京图书馆出版社 2000 年。

杨襄毅公奏疏（北京图书馆古籍珍本丛刊）（明）杨博撰，书目文献出版社 1998 年，北京图书馆出版社 2000 年。

天游山人集（北京图书馆古籍珍本丛刊）（明）杨应诏撰，书目文献出版社 1998 年，北京图书馆出版社 2000 年。

钱临江先生集（北京图书馆古籍珍本丛刊）（明）钱琦撰，书目文献出版社 1998 年，北京图书馆出版社 2000 年。

玉华子游艺集（北京图书馆古籍珍本丛刊）（明）马一龙撰，书目文献出版社 1998 年，北京图书馆出版社2000年。

殳山先生遗稿（北京图书馆古籍珍本丛刊）（明）张文宪撰，书目文献出版社1998年，北京图书馆出版社2000年。

巢睫集（北京图书馆古籍珍本丛刊）（明）曾棨撰，书目文献出版社1998年，北京图书馆出版社2000年。

洞庭集（北京图书馆古籍珍本丛刊）（明）孙宜撰，书目文献出版社1998年，北京图书馆出版社2000年。

明山先生存集（北京图书馆古籍珍本丛刊）（明）姚涞撰，书目文献出版社1998年，北京图书馆出版社2000年。

遵岩先生文集（北京图书馆古籍珍本丛刊）（明）王慎中撰，书目文献出版社1998年，北京图书馆出版社2000年。

石溪集（北京图书馆古籍珍本丛刊）（明）周叙撰，书目文献出版社1998年，北京图书馆出版社2000年。

胡祭酒集（北京图书馆古籍珍本丛刊）（明）胡俨撰，书目文献出版社1998年，北京图书馆出版社2000年。

孙文简公瀼溪草堂稿（北京图书馆古籍珍本丛刊）（明）孙克弘撰，书目文献出版社1998年，北京图书馆出版社2000年。

夏东岩先生文集（北京图书馆古籍珍本丛刊）（明）夏尚朴撰，书目文献出版社1998年，北京图书馆出版社2000年。

颐山私稿（北京图书馆古籍珍本丛刊）（明）吴仕撰，书目文献出版社1998年，北京图书馆出版社2000年。

拘虚集（北京图书馆古籍珍本丛刊）（明）陈沂撰，书目文献出版社1998年，北京图书馆出版社2000年。

王忠文公文集（北京图书馆古籍珍本丛刊）（明）王祎撰，书目文献出版社1998年，北京图书馆出版社2000年。

瀫川集（北京图书馆古籍珍本丛刊）（明）吴沈撰，书目文献出版社1998年，北京图书馆出版社

2000 年。

浦舍人集（北京图书馆古籍珍本丛刊）（明）浦源撰，书目文献出版社 1998 年，北京图书馆出版社 2000 年。

心远先生存稿（北京图书馆古籍珍本丛刊）（明）杨琢撰，书目文献出版社 1998 年，北京图书馆出版社 2000 年。

爱礼先生集（北京图书馆古籍珍本丛刊）（明）刘驷撰，书目文献出版社 1998 年，北京图书馆出版社 2000 年。

坦斋刘先生文集（北京图书馆古籍珍本丛刊）（明）刘三吾撰，书目文献出版社 1998 年，北京图书馆出版社 2000 年。

涂子类稿（北京图书馆古籍珍本丛刊）（明）涂几撰，书目文献出版社 1998 年，北京图书馆出版社 2000 年。

刘槎翁先生诗选（北京图书馆古籍珍本丛刊）（明）刘嵩撰，书目文献出版社 1998 年，北京图书馆出版社 2000 年。

林登州遗集（北京图书馆古籍珍本丛刊）（明）林弼撰，书目文献出版社 1998 年，北京图书馆出版社 2000 年。

澹居稿（北京图书馆古籍珍本丛刊）（明）释至仁撰，书目文献出版社 1998 年，北京图书馆出版社 2000 年。

先世遗芳集（北京图书馆古籍珍本丛刊）（明）刘昭年撰，书目文献出版社 1998 年，北京图书馆出版社 2000 年。

西庵集（北京图书馆古籍珍本丛刊）（明）孙蕡撰，书目文献出版社 1998 年，北京图书馆出版社 2000 年。

青城山人诗集（北京图书馆古籍珍本丛刊）（明）王璲撰，书目文献出版社 1998 年，北京图书馆出版社 2000 年。

海叟集（北京图书馆古籍珍本丛刊）（明）袁凯撰，书目文献出版社 1998 年，北京图书馆出版社 2000 年。

友石先生诗集（北京图书馆古籍珍本丛刊）（明）王绂撰，吴昌绶跋，书目文献出版社 1998 年，北京图书馆出版社 2000 年。

泊庵先生文集（北京图书馆古籍珍本丛刊）（明）梁潜撰，书目文献出版社 1998 年，北京图书馆出版社 2000 年。

坦庵先生文集（北京图书馆古籍珍本丛刊）（明）梁本之撰，书目文献出版社 1998 年，北京图书馆出版社 2000 年。

夏忠靖公集（北京图书馆古籍珍本丛刊）（明）夏原吉撰，书目文献出版社 1998 年，北京图书馆出版社 2000 年。

逃虚子诗集（北京图书馆古籍珍本丛刊）（明）姚广孝撰，书目文献出版社 1998 年，北京图书馆出版社 2000 年。

陶学士先生文集（北京图书馆古籍珍本丛刊）（明）陶安撰，书目文献出版社 1999 年，北京图书馆出版社 2000 年。

朱枫林集（北京图书馆古籍珍本丛刊）（明）朱升撰，书目文献出版社 1999 年，北京图书馆出版社 2000 年。

辒玉先生文集（北京图书馆古籍珍本丛刊）（明）吴珷撰，书目文献出版社 1999 年，北京图书馆出版社 2000 年。

青金集（北京图书馆古籍珍本丛刊）（明）史迁撰，书目文献出版社 1999 年，北京图书馆出版社 2000 年。

新编颐光先生集（北京图书馆古籍珍本丛刊）（明）陆颙撰，书目文献出版社 1999 年，北京图书馆出版社 2000 年。

得月稿（北京图书馆古籍珍本丛刊）（明）吕不用撰，书目文献出版社 1999 年，北京图书馆出版社 2000 年。

韩山人诗集（北京图书馆古籍珍本丛刊）（明）韩奕撰，书目文献出版社 1999 年，北京图书馆出版社 2000 年。

静居集（北京图书馆古籍珍本丛刊）（明）张羽撰，书目文献出版社 1999 年，北京图书馆出版社 2000 年。

黄给谏遗稿（北京图书馆古籍珍本丛刊）（明）黄钺撰，书目文献出版社 1999 年，北京图书馆出版社

2000年。

仁山遗稿（北京图书馆古籍珍本丛刊）（明）程弥寿撰，书目文献出版社1999年，北京图书馆出版社2000年。

盘谷集（北京图书馆古籍珍本丛刊）（明）刘鳫撰，书目文献出版社1999年，北京图书馆出版社2000年。

金川玉屑集（北京图书馆古籍珍本丛刊）（明）练子宁撰，书目文献出版社1999年，北京图书馆出版社2000年。

嵩渚文集（北京图书馆古籍珍本丛刊）（明）李濂撰，书目文献出版社1999年，北京图书馆出版社2000年。

觉非集（北京图书馆古籍珍本丛刊）（明）罗亨信撰，书目文献出版社1999年，北京图书馆出版社2000年。

翰林学士耐轩王先生天游杂稿（北京图书馆古籍珍本丛刊）（明）王达撰，书目文献出版社1999年，北京图书馆出版社2000年。

戴中丞遗集（北京图书馆古籍珍本丛刊）（明）戴鱀撰，书目文献出版社1999年，北京图书馆出版社2000年。

少华山人前集（北京图书馆古籍珍本丛刊）（明）许宗鲁撰，书目文献出版社1999年，北京图书馆出版社2000年。

东冈集（北京图书馆古籍珍本丛刊）（明）柯暹撰，书目文献出版社1999年，北京图书馆出版社2000年。

南斋先生魏文靖公摘稿（北京图书馆古籍珍本丛刊）（明）魏骥撰，书目文献出版社1999年，北京图书馆出版社2000年。

正心诗集（北京图书馆古籍珍本丛刊）（明）朱荣滅撰，书目文献出版社1999年，北京图书馆出版社2000年。

董汉阳碧里后集（北京图书馆古籍珍本丛刊）（明）董谷撰，书目文献出版社1999年，北京图书馆出版社2000年。

蓉川集（北京图书馆古籍珍本丛刊）（明）齐之鸾撰，书目文献出版社1999年，北京图书馆出版社

2000年。

南湖先生文选（北京图书馆古籍珍本丛刊）（明）丁奉撰，书目文献出版社1999年，北京图书馆出版社2000年。

衡藩重刻胥台先生集（北京图书馆古籍珍本丛刊）（明）袁袠撰，书目文献出版社1999年，北京图书馆出版社2000年。

东塘集（北京图书馆古籍珍本丛刊）（明）毛伯温撰，书目文献出版社1999年，北京图书馆出版社2000年。

长春竞辰稿（北京图书馆古籍珍本丛刊）（明）朱让栩撰，书目文献出版社1999年，北京图书馆出版社2000年。

汶滨蔡先生文集（北京图书馆古籍珍本丛刊）（明）蔡叆撰，书目文献出版社1999年，北京图书馆出版社2000年。

飞鸿亭集（北京图书馆古籍珍本丛刊）（明）吴鹏撰，书目文献出版社1999年，北京图书馆出版社2000年。

月川类草（北京图书馆古籍珍本丛刊）（明）夏浚撰，书目文献出版社1999年，北京图书馆出版社2000年。

刘基集（两浙作家文丛）（明）刘基撰，林家骊点校，浙江古籍出版社1999年。

澹园集（理学丛书）（明）焦竑撰，李剑雄点校，中华书局1999年。

何瑭集（中州名家集）（明）何瑭撰，王永宽点校，中州古籍出版社1999年。

杨一清集（明）杨一清撰，唐景绅等点校，中华书局2001年。

止止堂集（戚继光研究丛书）（明）戚继光撰，王熹校释，中华书局2001年。

谢铎集（明）谢铎撰，林家骊点校，中华书局2002年。

谢榛全集（明清山左作家丛书）（明）谢榛撰，朱其铠等点校，齐鲁书社2002年。

归震川诗文选（昆山三贤丛书）（明）归有光撰，段承校选注评析，江苏古籍出版社2002年。

曹端集（理学丛书）（明）曹端撰，王秉伦点校，中华书局2003年。

谢榛全集校笺（明）谢榛撰，李庆立校笺，广陵书社2003年。

袁宗道集笺校（荆楚文化研究丛书）（明）袁宗道著，孟祥荣注，湖北人民出版社2003年。

独庵外集续稿（辽宁省图书馆孤本善本丛刊）（明）姚广孝撰，线装书局2003年。

夏完淳诗文选（南明）夏完淳著，秦训习、郑新安选注，中州古籍出版社2004年。

天池草（海南先贤诗文丛刊）（明）王弘诲著，王力平点校，海南出版社2004年。

鸡肋集（海南先贤诗文丛刊）（明）王佐著，刘剑三点校，海南出版社2004年。

北泉草堂遗稿等七种（海南先贤诗文丛刊）（明）林士元著，周显忠点校，海南出版社2004年。

南川冰蘖文集（中国当代学者论丛）（明）林光著，罗邦柱点校，中国文史出版社2004年。

李开先全集（明）李开先著，卜键笺校，文化艺术出版社2004年。

沈自晋集（明）沈自晋著，张树英点校，中华书局2004年。

太函集（徽学研究资料辑刊）（明）汪道昆著，胡益民、余国庆点校，黄山书社2004年。

悬榻斋集（明）陈履撰，广东教育出版社2005年。

杨嗣昌集（明）杨嗣昌著，梁颂成辑校，岳麓书社2005年。

高启诗选（《古典诗词名家》丛书）李圣华选注，中华书局2005年。

眉庵集（巴蜀文化丛书）（明）杨基著，杨世明、杨隽点校，巴蜀书社2005年。

刘基散文选集（百花散文书系·古代散文丛书）刘明今选注，百花文艺出版社2005年。

徐熥集（福建丛书·第3辑）（明）徐熥著，广陵书社2005年。

余怀集（福建丛书·第3辑）（明）余怀著，广陵书社2005年。

王叔杲集（温州文献丛书）（明）王叔杲著，张宪文校注，上海社会科学院出版社 2005 年。

孟称舜集 朱颖辉辑校，中华书局 2005 年。

天一阁集 （明）范钦著，袁慧整理，宁波出版社 2006 年。

冯梦龙集笺注 高洪钧编著，天津古籍出版社 2006 年。

清音阁集 （明）顾大典著，线装书局 2006 年。

项乔集（温州文献丛书） （明）项乔撰，方长山、魏得良点校，上海社会科学院出版社 2006 年。

何白集（温州文献丛书 · 第 3 辑）（明）何白撰，沈洪保点校，上海社会科学院出版社 2006 年。

高拱全集 （明）高拱著，岳金西、岳天雷编校，中州古籍出版社 2006 年。

丘濬集（海南先贤诗文丛刊）（明）丘濬著，周伟民等点校，海南出版社 2006 年。

湄丘集：等六种（海南先贤诗文丛刊） （明）邢宥等著，刘美新等点校，海南出版社 2006 年。

钟筠溪集（海南先贤诗文丛刊）（明）钟芳著，周济夫点校，海南出版社 2006 年。

罗洪先集（阳明后学文献丛书） 徐儒宗编校、整理，凤凰出版社 2007 年。

邹守益集（阳明后学文献丛书） 董平编校、整理，凤凰出版社 2007 年。

聂豹集（阳明后学文献丛书） 吴可为编校、整理，凤凰出版社 2007 年。

王畿集（阳明后学文献丛书） 吴震编校、整理，凤凰出版社 2007 年。

欧阳德集（阳明后学文献丛书） 陈永革编校、整理，凤凰出版社 2007 年。

罗汝芳集（阳明后学文献丛书） 方祖猷等编校、整理，凤凰出版社 2007 年。

正气堂全集 （明）俞大猷撰，廖渊泉、张吉昌整理点校，福建人民出版社 2007 年。

戚继光诗稿（蓬莱文库） 曲树程注释，蓬莱市历史文化研究会编，黄河出版社 2007 年。

冯惟敏全集 (明)冯惟敏著,谢伯阳编纂,齐鲁书社2007年。

刘宗周全集 吴光主编,浙江古籍出版社2007年。

费宏集 (明)费宏著,吴长庚、费正忠点校,上海古籍出版社2007年。

吕坤全集 (明)吕坤撰,王国轩点校,中华书局2008年。

阳明先生集要 (明)王守仁原著,王晓整理,中华书局2008年。

杨嗣昌集 (明)杨嗣昌撰,岳麓书社2008年。

江盈科集 (明)江盈科纂,岳麓书社2008年。

始丰稿校注 (明)徐一夔著,浙江古籍出版社2008年。

李东阳集 (明)李东阳撰,岳麓书社2008年。

常评事集 (明)常伦著,三晋出版社2008年。

泊水斋集 (明)张慎言著,三晋出版社2008年。

唐伯虎集 (明)唐伯虎著,三晋出版社2008年。

张岱集 (明)张岱著,三晋出版社2008年。

李贽集 (明)李贽著,三晋出版社2008年。

***新译归有光文选** 邬国平撰,台湾三民书局2009年。

何景明诗选 饶龙隼选注,人民文学出版社2009年。

谢榛诗选 (明)谢榛著,人民文学出版社2009年。

李梦阳诗选 张兵、冉耀斌选注,人民文学出版社2009年。

逊志斋外集 张常明编注,上海古籍出版社2009年。

王越集 赵长海校注,中州古籍出版社2009年。

袁宏道集 赵伯陶编选,凤凰出版社2009年。

王忠孝公集 (明)王忠孝撰,福建人民出版社2010年。

一老庵诗文集 (明)徐柯著,华东师范大学出版社2010年。

怀古堂诗选 (明)杨炤撰,华东

师范大学出版社 2010 年。

熊廷弼集 （明）熊廷弼撰，李红权点校，学苑出版社 2010 年。

黎阳王襄敏公集 （明）王越著，中州古籍出版社 2010 年。

吴宓评注顾亭林诗集 （明）顾炎武著，人民文学出版社 2010 年。

石村诗文集　柴庵诗抄 （明）郭金台撰，（明）郭都贤撰，岳麓书社 2010 年。

王季重十种 （明）王思任著，浙江古籍出版社 2010 年。

瞿佑全集校注 （明）瞿佑著，浙江古籍出版社 2010 年。

王忠文公文集（义乌丛书）（明）王祎撰，上海古籍出版社 2010 年。

宋学士文粹（中华再造善本续编）（明）宋濂撰，国家图书馆出版社 2010 年。

犁眉公集（中华再造善本续编）（明）刘基撰，国家图书馆出版社 2010 年。

西菴集（中华再造善本续编）（明）孙蕡撰，国家图书馆出版社 2010 年。

解学士先生集（中华再造善本续编）（明）解缙撰，国家图书馆出版社 2010 年。

诚斋录（中华再造善本续编）（明）朱有燉，国家图书馆出版社 2010 年。

吴文定公诗稿（中华再造善本续编）（明）吴宽撰，国家图书馆出版社 2010 年。

石田稿（中华再造善本续编）（明）沈周撰，国家图书馆出版社 2010 年。

钤山堂集（中华再造善本续编）（明）严嵩撰，国家图书馆出版社 2010 年。

陈子兼文稿（中华再造善本续编）（明）陈鎏撰，国家图书馆出版社 2011 年。

越吟（中华再造善本续编）（明）包大炣撰，国家图书馆出版社 2010 年。

高子遗书（中华再造善本续编）（明）高攀龙撰，国家图书馆出版社 2010 年。

王阳明全集：新编本 吴光等编校，浙江古籍出版社 2010 年，2011 年。

焚书·续焚书 （明）李贽著，张建业译著，中华书局2011年。

王阳明全集 （明）王守仁撰，上海古籍出版社2011年。

罗亨信集 （明）罗亨信撰，香权根整理，上海古籍出版社2011年。

石屏遗集 （明）王希文撰，（明）王猷撰，上海古籍出版社2011年。

琴轩集 （明）陈琏撰，上海古籍出版社2011年。

徐光启诗文集 （明）徐光启撰，李天纲编，上海古籍出版社2011年。

焚书·续焚书校释 （明）李贽著，陈仁仁校释，岳麓书社2011年。

刘伯温集 （明）刘基著，浙江古籍出版社2011年。

高不危文集校注 （明）高巍著，三晋出版社2011年。

章玄应集 （明）章玄应著，线装书局2011年。

清别集类

蛟湖诗钞 （清）瘿瓢山人著，福州印刷公司1913年。

惜抱轩全集 （清）姚鼐撰，会文堂书局1914年。

梨洲遗著汇刊 （清）黄宗羲撰，时中书局1915年。

武陵山人遗书 （清）顾观光撰，金山高煌1915年。

文惠全书 （清）黄世荣撰，嘉定黄氏1915年。

平泉遗书 （清）马时芳撰，禹县存古学社1915年。

胡峄阳先生遗书 （清）胡翔瀛撰，即墨胡鹏昌刊1916年。

曾文正公嘉言钞（附胡左嘉言） （清）曾国藩著，梁启超编，商务印书馆1916年，1931年，1935年。

王烟客先生集 （清）王时敏撰，振新书社1916年。

宗月锄先生遗著 （清）宗廷辅撰，徐兆玮刊1917年。

谭浏阳全集 （清）谭嗣同撰，文明书局1917年。

吴梅村诗集补钞 （清）吴伟业著，思益旬刊社编，思益旬刊社

1918年。

(新式标点)俞曲园书札 (清)俞樾著，启智书局1919年，1933年。

冷红馆全集 (清)秦臻撰，秦宝瓒1920年。

钱氏四种 (清)钱坫撰，中国书店1921年。

蒋子遗书 (清)蒋湘南撰，资益馆1921年。

振绮堂遗书 (清)汪远孙撰，钱塘汪氏1922年。

南昌邹氏一粟园丛书 (清)邹树荣编，南昌邹氏1922年。

(新式标点)曾国藩名言类钞 许啸天选，时还书局，1924年。

方望溪集(林氏选评名家文集) (清)方苞著，林纾选评，商务印书馆1924年。

汪尧峰集(林氏选评名家文集) (清)汪琬著，林纾选评，商务印书馆1924年。

(新式标点)郑板桥家书 (清)郑燮著，沈松泉标点，群众图书公司1924年，1929年。

企南轩编年录 (清)杨之徐著，裔孙刊印1924年。

苏斋全书 (清)翁方纲撰，博古斋1924年。

崔东壁遗书 (清)崔述撰，古书流通处1924年，亚东图书馆1936年。

笃素堂文集 (清)张英著，源记书庄1925年，1933年，大中书局1926年。

秋水轩尺牍 (清)许思湄著，许啸天点注，群学社1925年，1926年，1929年。

(新式标点)板桥全集 (清)郑燮著，周伯年标点，扫叶山房1925年。

王船山集 (清)王夫之著，许啸天整理，群学社1926年。

黄梨洲集 (清)黄宗羲著，许啸天整理，群学社1926年，1928年，1933年。

左宗棠家书 (清)左宗棠撰，许啸天句读，胡翼云校阅，群学社1926年。

颜习斋集 (清)颜元(原题：颜习斋)著，许啸天整理，群学社1926年。

顾亭林集 （清）顾炎武著，许啸天整理，胡翼云校阅，群学社1926年，1928年，1933年。

（新体注解）雪鸿轩尺牍 （清）龚萼著，黄兴洛注，大东书局1926年。

（新式标点）胡林翼书札类钞 （清）曾国荃纂辑，许啸天整理，胡翼云校阅，群学社1926年，1930年。

（新式标点）俞曲园书札 （清）俞樾著，沈松泉标点，华东书局1926年，新文化书社1934年。

（评注断句）郑板桥家书 （清）郑燮著，王大错编注，建文书社1926年。

（新式标点）曾国藩诗文集 （清）曾国藩著，陶乐勤点校，大中源记书局1926年。

板桥集 （清）郑燮著，沈苏约标点，梁溪图书馆1926年，大中书局1931年，1933年。

戴东原集 （清）戴震著，许啸天句读，孙雪飘校阅，群学社1927年。

谭嗣同集 （清）谭嗣同著，许啸天整理，沈继先校订，群学社1927年，1935年。

止斋遗书 （清）黄俊苑著，黄文藻刊1927年。

（新式标点）崔东壁集 （清）崔述（原题：崔东壁）著，许啸天标点，胡翼云校阅，群学社1928年。

顾炎武文（万有文库）（清）顾炎武著，唐敬杲选注，商务印书馆1928年，1933年。

（新式标点）曾国藩家书六种 （清）曾国藩著，陶乐勤句读标点，大中书局1928年。

秋水轩尺牍 （清）许思湄著，许家恩注解，华北书局1928年，1929年，1930年。

雪鸿轩尺牍 （清）龚萼著，许啸天译注，群学社1928年，1932年。

畲经馆遗集 （清）杜焕章著，杜成德堂1928年。

雪庄西湖渔唱 （清）许承祖著，六艺书局1928年。

汉阳魏氏遗书 （清）魏晋封撰，罗田王葆心1929年。

戴东原集（万有文库）（清）戴震

著，商务印书馆 1929 年，1934 年，1939 年简编版。

郑板桥家书 （清）郑燮著，群众编辑部点校，群众图书公司 1929 年。

陈榕门先生手札节要 （清）陈榕门著，1929 年自刊。

秋瑾女侠遗集 （清）秋瑾著，王灿芝编，中华书局 1929 年，1934 年。

秋瑾遗集 （清）秋瑾著，王绍箕编，明日书店 1929 年。

石达开诗钞 卢冀野编，泰东图书局 1929 年。

侯方域文（万有文库） （清）侯方域著，朱凤起选注，商务印书馆 1930 年，1933 年。

秋水轩尺牍 （清）许思湄著，文光书局 1930 年。

西堂杂俎 （清）尤侗著，扫叶山房 1930 年。

美人湖才女纪事诗 （清）陈颐道著，六艺书局 1930 年。

香草笺外集（一名：绮窗余事）（厦门新民书社编译部丛书） （清）黄淑畹著，新民书社 1930 年。

人境庐诗草 （清）黄遵宪著，高崇信、尤炳圻点校，丰子恺插图，文化学社 1930 年，北京书局 1930 年。

李龙集 （清）李龙撰，于在藻 1930 年。

洁园遗著 （清）郑福照撰，桐城郑氏 1930 年。

范声山杂著 （清）范锴辑，富贵书社 1931 年。

（新式标点）顾亭林集 （清）顾炎武著，沈继先校阅，群学社 1931 年，1937 年。

恽敬文（万有文库） （清）恽敬著，庄适、费师洪选注，商务印书馆 1931 年，1935 年，1939 年简编版。

雪鸿轩尺牍 （清）龚萼著，启智书局 1931 年，1934 年。

（分类）秋水轩尺牍 （清）许思湄著，钱义璋标点、注解，新华书局 1931 年。

（言文对照）秋水轩尺牍 鲍赓生标点，新文化书社 1931 年，1933 年。

抱经阁集 （清）冯骥声著，海南书局1931年。

王士祯诗（学生国学丛书） 胡去非选注，商务印书馆1931年，1933年，1939年简编版。

蛾术堂集 （清）沈豫撰，蟫隐庐1931年。

（新式标点）俞曲园书札 （清）俞樾著，冰心主人标点，大中书局1932年。

板桥集 （清）郑燮著，黄济惠标点，华北书局1932年。

（新式标点）板桥集 （清）郑燮著，何铭标点，北华书局1932年，新文化书社1933年。

黄仲则诗词（欣赏丛书） （清）黄景仁著，金民天校，光华书局1932年，大光书局1936年。

邵阳魏先生遗集 （清）魏繇撰，建德周氏1932年。

郑开阳杂著 （清）郑若曾撰，陶风楼1932年。

戴南山集 （清）戴名世著，魏立凡点校，大中书局1933年。

曾涤生文选（详注国学读本） （清）曾国藩著，吴瑞书编，中央书店1933年。

曾文正公家书 （清）曾国藩著，周道谋标点，亚东图书馆1933年。

（标点注释）曾文正公家书（附家书） （清）曾国藩著，朱益明标点，广益书局1933年。

曾文正公家书 （清）曾国藩著，珊山散人标点，新文化书社1933年。

（新式标点）曾文正公家书 （清）曾国藩著，大中书局1933年。

曾文正公家书（力行要览） 力行要览编辑社编辑，编辑者刊1933年。

（新式标点）左宗棠家书 （清）左宗棠著，寒梅居士句读，大中书局1933年。

宝泽堂遗稿 （清）沈味蔗著，1933年自刊。

无梦轩遗书 （清）朱景昭撰，朱家珂1933年。

通斋全集 （清）蒋超伯撰，扬州陈恒和书林1933年。

沈氏群峰集 （清）沈清瑞撰，沈

恩孚 1933 年。

衍祥堂述闻　（清）许应鑅编，许公武刊，1934 年。

（新式标点）左宗棠家书　（清）左宗棠著，新文化书社 1934 年。

（新式标点）戴南山集　（清）戴名世著，启智书局 1934 年。

（新式标点）戴南山集　（清）戴名世著，薛恨生标点，何铭校订，新文化书社 1934 年。

（新式标点）随园文选　（清）袁枚著，胡文源选辑，朱太忙标点，大达图书供应社 1934 年。

龙壁山房文集　（清）王拯著，柳州县教育会 1934 年。

雪鸿轩尺牍　（清）龚萼著，江荫香注，梅花馆主标点，大达图书供应社 1934 年，1935 年。

（新式标点）雪鸿轩尺牍　（清）龚萼著，何友标点，新文化书社 1934 年，1935 年。

（国语注解）雪鸿轩尺牍　（清）龚萼著，江荫香注释译白，广益书局 1934 年，1938 年。

（清代名人）林则徐家书　（清）林则徐著，中央书店 1934 年，1935 年。

小仓山房尺牍　（清）袁枚著，大中书局 1934 年。

曾文正公家书　（清）曾国藩著，商务印书馆 1934 年，1938 年。

（新式标点）曾文正公家书　（清）曾国藩著，朱太忙标点，大达图书供应社 1934 年。

（清代名人）张之洞家书　襟霞阁主编次，中央书店 1934 年，1935 年。

（新式标点）曾文正公嘉言类钞　（清）曾国藩著，陶伯仁标点，大达图书供应社 1934 年。

（新式标点）曾国藩诗文集　（清）曾国藩著，启智书局 1934 年。

（新式标点）曾文正公诗文集　（清）曾国藩著，薛恨生标点，新文化书社 1934 年。

纳兰性德诗（欣赏丛书）（清）纳兰性德著，李竟芳校，光华书局 1934 年。

（新式标点）随园诗选　胡寄尘选辑，朱太忙标点，胡协寅校阅，大达图书供应社 1934 年，1935 年，

1936 年。

（新式标点）曾文正公诗集 （清）曾国藩著，薛恨生标点，何铭校，新文化书社 1934 年。

（新式标点）曾国藩诗集 （清）曾国藩著，启智书局 1934 年。

秋笳集（附录）（丛书集成初编）（清）吴兆骞撰，商务印书馆 1935 年。

揅经室续集（丛书集成初编）（清）阮元撰，商务印书馆 1935 年。

程侍郎遗集（附录）（丛书集成初编）（清）程恩泽撰，商务印书馆 1935 年。

苏诗补注（丛书集成初编）（清）翁方纲撰，商务印书馆 1935 年。

瓯香馆集（补遗诗·补遗画跋·附录诗·附录评）（丛书集成初编）（清）恽格撰，商务印书馆 1935 年。

沙河逸志小稿（丛书集成初编）（清）马曰琯撰，商务印书馆 1935 年。

南斋集（丛书集成初编）（清）马曰璐撰，商务印书馆 1935 年。

解春集文钞（丛书集成初编）（清）冯景撰，商务印书馆 1935 年。

抱经堂文集（丛书集成初编）（清）卢文弨撰，商务印书馆 1935 年。

授堂文钞（丛书集成初编）（清）武亿撰，商务印书馆 1935 年。

烟霞万古楼文集（丛书集成初编）（清）王昙著，商务印书馆 1935 年。

戴南山集 （清）戴名世著，夏倍颐标点，朱太忙校阅，大达图书供应社 1935 年。

方望溪文选（详注国学读本）（清）方苞著，吴瑞书编，中央书局 1935 年。

（新式标点）方望溪集 （清）方苞著，朱太忙标点，大达图书供应社 1935 年。

方望溪先生全集（万有文库）（清）方苞著，商务印书馆 1935 年。

龚定盦文选（详注国学读本）（清）龚自珍著，吴瑞书编，中央书局 1935 年。

（标点）聊斋文集 （清）蒲松龄著，王无咎标点，东方书局

1935 年。

钱谦益文（学生国学丛书）（清）钱谦益著，黄公渚选注，商务印书馆 1935 年。

华阳散稿（中国文学珍本丛书）（清）史震林著，张静庐点校，上海杂志公司 1935 年，1936 年。

吴敏树文（学生国学丛书）（清）吴敏树著，李昌焕选注，商务印书馆 1935 年。

（破涕文章）岭南即事（清）寄闲小隐著，周郁浩校阅，大达图书供应社 1935 年。

湘绮楼文集（清）王壬秋著，朱太忙标点，大达图书供应社 1935 年。

尤西堂杂俎（清）尤侗著，朱太忙标点，大达图书供应社 1935 年。

（新式标点）小仓山房外集（清）袁枚著，曹鹄雏标点，东方文学社 1935 年。

大云山房文稿（万有文库）（清）恽敬著，商务印书馆 1935 年，1936 年。

幽梦影（国学珍本文库）（清）张潮著，章衣萍校订，中央书店 1935 年。

杨园遗著菁华（清）张履祥（杨园）著，沈光熊选编，桐乡县政府 1935 年。

（清代名人）胡林翼家书（清）胡林翼著，中央书店 1935 年。

纪晓岚家书（清朝十大名人家书）（清）纪晓岚著，襟霞阁主编，中央书店 1935 年，1936 年。

金圣叹尺牍（才子尺牍）铁琴楼主编辑，大通图书社 1935 年。

李鸿章家书（清）李鸿章著，江不平校订，中央书店 1935 年。

（白话注释）嘤求集尺牍（清）缪艮著，江家桢注释，大达图书供应社 1935 年。

（清代名人）彭玉麟家书（清）彭玉麟著，襟霞阁主编，中央书店 1935 年。

湘绮楼书牍（清）王闿运著，朱太忙标点，大达图书供应社 1935 年。

（分类）秋水轩尺牍（清）许思湄著，启智书局编，启智书局

1935 年。

(国语注解)秋水轩尺牍 (清)许思湄著，江荫香注释，大达图书供应社 1935 年。

(新式标点)曾文正公书札 (清)曾国藩著，李瀚章编，何家铭校阅，新文化书社 1935 年。

曾文正公书札 (清)曾国藩著，大达图书供应社 1935 年。

(新式标点)曾文正公书札续钞(足本大字) (清)曾国藩著，周云标点，大达图书供应社 1935 年。

(清代名人)曾国藩家书 (清)曾国藩著，中央书店 1935 年，1936 年。

(清代名人)左宗棠家书(清代十大名人家书) (清)左宗棠著，襟霞阁主编，中央书店 1935 年。

(清代名人)郑板桥家书 (清)郑燮(原题：郑板桥)著，襟霞阁主编，中央书店 1935 年。

(新式标点)左宗棠家书 (清)左宗棠著，何友标点，新文化书社 1935 年。

(新式标点)左宗棠家书 (清)左宗棠著，胡协寅标点，大达图书供应社 1935 年。

郑板桥尺牍 (清)郑燮著，铁琴楼主编，大通图书社 1935 年。

(新式标点)曾文正公言行录 (清)曾国藩著，何铭标点、校阅，新文化书社 1935 年。

龚定盦全集 (清)龚自珍著，襟霞阁主人校定，中央书店 1935 年。

(评校足本)龚定盦全集 (清)龚自珍著，王文濡编校，国学整理社 1935 年。

(新式标点)龚定盦全集 (清)龚自珍著，何铭校订，新文化书社 1935 年。

(新式标点)龚定盦全集 (清)龚自珍撰，江荫香标点，大达图书供应社 1935 年。

洪北江诗文集(万有文库) (清)洪亮吉著，商务印书馆 1935 年。

纪晓岚全集 (清)纪昀著，朱太忙标点，东方文学社 1935 年。

金圣叹全集 (清)金圣叹著，谢苇丰标点，东方文学社 1935 年，1936 年。

唱经堂才子书汇稿(中国文学珍本

丛书）（清）金圣叹（原题：金人瑞）著，阿英点校，上海杂志公司1935年。

（新式标点）聊斋全集　（清）蒲松龄著，王无咎标点，东方书局1935年。

潜研堂文集（万有文库）（清）钱大昕著，商务印书馆1935年，1936年。

孙渊如先生全集（万有文库）（清）孙星衍著，商务印书馆1935年，1937年。

惜抱轩诗文集（万有文库）（清）姚鼐著，商务印书馆1935年，1936年，1937年。

姚姬传全集（国学基本文库）（清）姚鼐（原题：姚惜抱）著，中央书店1935年。

（大字足本）随园全集　（清）袁枚著，何铭句读，新文化书社1935年。

（足本）曾文正公全集　（清）曾国藩著，谢苇丰标点，东方文学社1935年。

（新式标点）曾文正公文集　（清）曾国藩著，薛恨生标点，何铭校订，新文化书社1935年。

（新式标点）曾文正公著述八种　（清）曾国藩著，王文英标点，大达图书供应社1935年，广益书局1936年。

（新式标点）板桥集　（清）郑燮著，周梦蝶标点，大达图书供应社1935年。

（景印真迹）郑板桥全集　（清）郑燮著，王缁尘编校，国学整理社1935年，1936年。

曝书亭集（万有文库）（清）朱彝尊著，商务印书馆1935年。

仓海先生丘公逢甲诗选（前台湾民主国义军大将军）　（清）丘逢甲著，丘琮选辑，商务印书馆1935年。

天真阁艳体诗集　（清）孙原湘著，储菊人校订，中央书店1935年。

（新式标点）湘绮楼诗集　（清）王壬秋著，朱太忙点校，大达图书供应社1935年。

吴梅村诗集笺注　（清）吴伟业著，（清）吴枚庵注，朱太忙标点，大达图书供应社1935年。

长真阁诗 （清）席佩兰著，储菊人校订，中央书店1935年。

（新式标点）曾文正公诗集 （清）曾国藩著，王文英标点，大达图书供应社1935年。

瓯北诗钞（万有文库）（清）赵翼撰，商务印书馆1935年，1936年。

望奎楼遗稿 （清）丁恺曾撰，青岛赵永厚堂1935年。

南园丛稿 （清）张相文撰，中国地学会1935年。

姚氏遗书 （清）姚晋圻撰，沔阳卢靖1935年。

佳梦轩丛著 （清）奕赓撰，燕京大学图书馆1935年。

亭林诗文集（四部丛刊）（清）顾炎武撰，商务印书馆1936年。

亭林余集（四部丛刊）（清）顾炎武撰，商务印书馆1936年。

南雷文案（四部丛刊）（清）黄宗羲撰，商务印书馆1936年。

姜斋诗文集（四部丛刊）（清）王夫之撰，商务印书馆1936年。

牧斋初学集（四部丛刊）（清）钱谦益撰，商务印书馆1936年。

牧斋有学集（四部丛刊）（清）钱谦益撰，商务印书馆1936年。

梅村家藏稿（四部丛刊）（清）吴伟业撰，商务印书馆1936年。

渔洋山人精华录（四部丛刊）（清）王士祯撰，（清）林佶辑，商务印书馆1936年。

曝书亭集（四部丛刊）（清）朱彝尊撰，商务印书馆1936年。

陈迦陵诗文词集（四部丛刊）（清）陈维崧撰，商务印书馆1936年。

敬业堂诗集（附续集）（四部丛刊）（清）查慎行撰，商务印书馆1936年。

方望溪先生全集（四部丛刊）（清）方苞撰，商务印书馆1936年。

樊榭山房全集（四部丛刊）（清）厉鹗撰，商务印书馆1936年。

惜抱轩文集诗集（四部丛刊）（清）姚鼐撰，商务印书馆1936年。

戴东原集（四部丛刊）（清）戴震撰，商务印书馆1936年。

鲒埼亭集（四部丛刊）（清）全祖望撰，商务印书馆1936年。

鲒埼亭诗集（四部丛刊）（清）全祖望撰，商务印书馆1936年。

洪北江诗文集（附年谱）（四部丛刊）（清）洪亮吉撰，商务印书馆1936年。

孙渊如诗文集（附长离阁集）（四部丛刊）（清）孙星衍撰，商务印书馆1936年。

抱经堂文集（四部丛刊）（清）卢文弨撰，商务印书馆1936年。

潜研堂文集诗集（四部丛刊）（清）钱大昕撰，商务印书馆1936年。

述学内外篇（四部丛刊）（清）汪中撰，商务印书馆1936年。

汪容甫遗诗（四部丛刊）（清）汪中撰，商务印书馆1936年。

揅经室全集（四部丛刊）（清）阮元撰，商务印书馆1936年。

大云山房文稿（四部丛刊）（清）恽敬撰，商务印书馆1936年。

龚定盦全集（四部丛刊）（清）龚自珍撰，商务印书馆1936年。

定盦文集补编（四部丛刊）（清）龚自珍撰，商务印书馆1936年。

茗柯文四编（四部丛刊）（清）张惠言撰，商务印书馆1936年。

茗柯文补编诗文集（四部丛刊）（清）张惠言撰，商务印书馆1936年。

亭林全集（四部备要）（清）顾炎武撰，中华书局1936年。

姜斋文集（四部备要）（清）王夫之撰，中华书局1936年。

南雷文定集（四部备要）（清）黄宗羲撰，中华书局1936年。

曝书亭全集（四部备要）（清）朱彝尊撰，中华书局1936年。

吴诗集览（四部备要）（清）吴伟业撰，（清）靳荣藩辑注，中华书局1936年。

渔洋山人精华录训纂（四部备要）（清）王士祯撰，（清）惠栋注，中华书局1936年。

饴山堂诗文集（四部备要）（清）赵执信撰，中华书局1936年。

壮悔堂集（四部备要）（清）侯方域撰，中华书局1936年。

安雅堂诗集（四部备要）（清）宋琬撰，中华书局1936年。

莲洋诗钞（四部备要）（清）吴雯撰，中华书局1936年。

敬业堂诗集（四部备要）（清）查慎行撰，中华书局1936年。

樊榭山房全集（四部备要）（清）厉鹗撰，中华书局1936年。

小仓山房诗文集（四部备要）（清）袁枚撰，中华书局1936年。

望溪先生全集（四部备要）（清）方苞撰，中华书局1936年。

惜抱轩全集（四部备要）（清）姚鼐著，中华书局1936年。

大云山房集（四部备要）（清）恽敬撰，中华书局1936年。

茗柯文编（四部备要）（清）张惠言撰，中华书局1936年。

养一斋集（四部备要）（清）李兆洛撰，中华书局1936年。

东原集（四部备要）（清）戴震撰，中华书局1936年。

述学内外篇（四部备要）（清）汪中撰，中华书局1936年。

卷施阁集（四部备要）（清）洪亮吉撰，中华书局1936年。

更生斋集（四部备要）（清）洪亮吉撰，中华书局1936年。

仪郑堂骈体文（四部备要）（清）孔广森撰，中华书局1936年。

唐确慎公集（四部备要）（清）唐鉴撰，中华书局1936年。

定盦全集（四部备要）（清）龚自珍撰，中华书局1936年。

巢经巢集（四部备要）（清）郑珍撰，中华书局1936年。

高宗诗文十全集（丛书集成初编）（清）弘历撰，商务印书馆1936年。

雕菰集（附录）（丛书集成初编）（清）焦循撰，商务印书馆1936年。

揅经室集（丛书集成初编）（清）阮元撰，商务印书馆1936年。

聪山诗选（丛书集成初编）（清）申涵光撰，商务印书馆1936年。

寒松堂诗集（丛书集成初编）（清）魏象枢撰，商务印书馆1936年。

渔洋山人秋柳诗笺（丛书集成初

编）（清）王祖源辑，商务印书馆1936年。

柿叶庵诗选（丛书集成初编）（清）张盖撰，商务印书馆1936年。

榆溪诗钞（丛书集成初编）（清）徐世溥撰，商务印书馆1936年。

童山诗集（丛书集成初编）（清）李调元撰，商务印书馆1936年。

月满楼诗别集（丛书集成初编）（清）顾宗泰著，商务印书馆1936年。

揅经室诗录（丛书集成初编）（清）阮元撰，商务印书馆1936年。

冬青馆古宫词（丛书集成初编）（清）张鉴撰，商务印书馆1936年。

碧城仙馆诗钞（附录）（丛书集成初编）（清）陈文述撰，商务印书馆1936年。

渐西村人初集（附录）（丛书集成初编）（清）袁昶撰，商务印书馆1936年。

第六弦溪文钞（丛书集成初编）（清）黄廷鉴撰，商务印书馆1936年。

南雷文定（前集·后集·三集·附录）（丛书集成初编）（清）黄宗羲撰，商务印书馆1936年。

寒松堂集（丛书集成初编）（清）魏象枢撰，商务印书馆1936年。

聪山集（丛书集成初编）（清）申涵光撰，商务印书馆1936年。

汤潜庵集（丛书集成初编）（清）汤斌撰，商务印书馆1936年。

陆稼书先生文集（丛书集成初编）（清）陆陇其撰，商务印书馆1936年。

习斋记余（丛书集成初编）（清）颜元撰，商务印书馆1936年。

居业堂文集（丛书集成初编）（清）王源撰，商务印书馆1936年。

正谊堂文集（附续集）（丛书集成初编）（清）张伯行撰，商务印书馆1936年。

忠裕堂集（丛书集成初编）（清）申涵盼撰，商务印书馆1936年。

恕谷后集（丛书集成初编）（清）李塨撰，商务印书馆1936年。

可仪堂文集（丛书集成初编）（清）俞长城撰，商务印书馆1936年。

陈学士文集（丛书集成初编）（清）陈仪撰，商务印书馆1936年。

健余先生文集（丛书集成初编）（清）尹会一撰，王击玱编，商务印书馆1936年。

笥河文集（丛书集成初编）（清）朱筠撰，商务印书馆1936年。

南涧文集（丛书集成初编）（清）李文藻撰，商务印书馆1936年。

知足斋文集（丛书集成初编）（清）朱珪撰，商务印书馆1936年。

知足斋进星文稿（丛书集成初编）（清）朱珪撰，商务印书馆1936年。

童山文集（补遗）（丛书集成初编）（清）李调元撰，商务印书馆1936年。

五松园文稿（丛书集成初编）（清）孙星衍撰，商务印书馆1936年。

万善花室文稿（丛书集成初编）（清）方履笺撰，商务印书馆1936年。

落帆楼文稿（丛书集成初编）（清）沈垚撰，商务印书馆1936年。

爱吾庐文钞（丛书集成初编）（清）吕世宜撰，商务印书馆1936年。

缦雅堂骈体文（丛书集成初编）（清）王诒寿撰，商务印书馆1936年。

健余先生尺牍（丛书集成初编）（清）尹会一撰，商务印书馆1936年。

丁汝昌遗墨（清）丁汝昌书，1936年自刊。

崔东壁遗书（清）崔述著，顾颉刚编订，亚东图书馆1936年。

（音注）方望溪文（中国文学精华）（清）方苞著，王益吾选，中华书局1936年，1941年。

（仿古字版）方望溪全集（清）方苞著，（清）苏惇元编，国学整理社1936年。

龚自珍文选（列代名人诗文选注）（清）龚自珍著，陶玄龄选注，北新书局1936年。

（音注）龚定盦文选（中国文学精华）（清）龚自珍著，江剑霞选，中华书局辑注，中华书局1936年，1941年。

（音注）侯朝宗文（中国文学精华）（清）侯方域著，中华书局辑注，中华书局1936年，1941年。

胡林翼全集 （清）胡林翼著，沈卓然、朱晋材重编，大东书局1936年。

胡林翼语录 （清）胡林翼著，崔龙编，大东书局1936年。

胡文忠公全集 （清）胡林翼著，国学整理社1936年。

吕晚村先生选集 （清）吕留良著，周远公选编，红棉书庄1936年。

魏叔子文钞（中国文学精华）（清）魏禧著，王文濡选辑，中华书局1936年，1941年。

（音注）姚姬传文（中国文学精华）（清）姚鼐著，王益吾选，中华书局辑注，中华书局1936年，1941年。

徐太史家书 贺信筠编校，道德书局1936年。

（仿古字版）曾文正公家书 （清）曾国藩著，国学整理社1936年，1938年。

（广注语译）小仓山房尺牍 （清）袁枚著，章荣译注，国学整理社1936年，1941年。

定盦文集（国学基本丛书）（清）龚自珍著，商务印书馆1936年，1937年。

纪晓岚诗文选 （清）纪昀著，朱宇苍校阅，广益书局1936年。

樊榭山房集（万有文库）（清）厉鹗著，商务印书馆1936年。

丹徒柳翼南先生遗稿（江苏省立国学图书馆第9年刊）（清）柳荣宗著，江苏省立国学图书馆1936年。

聊斋全集 （清）蒲松龄（原题：蒲柳泉）著，路大荒、赵苕狂编，世界书局1936年。

鲒埼亭集（万有文库）（清）全祖望著，商务印书馆1936年。

石达开全集（民族英雄丛书）（清）石达开著，钱书侯编，景钟书店1936年，1937年。

（音注）汪尧峰文（中国文学精华）（清）汪琬著，蒋剑人选，中华书局音注，中华书局1936年，1941年。

（仿古字版）惜抱轩全集 （清）姚鼐著，国学整理社1936年。

守沅集 （清）朱其懿著，香山慈幼院 1936 年。

（新式标点）曾文正公八种 （清）曾国藩著，薛恨生标点，新文化书社 1936 年。

（仿古字版）曾文正公全集 （清）曾国藩著，国学整理社 1936 年，1937 年。

香草笺偶注 （清）黄任著，（清）寄闻轩主人注，大美书局 1936 年。

吴梅村诗集笺注（万有文库）（清）吴伟业著，吴翌凤注，国学整理社 1936 年，商务印书馆 1937 年，1939 年。

（音注）吴梅村诗（中国文学精华）（清）吴伟业著，蒋剑人选，中华书局辑注，中华书局 1936 年，1940 年，1941 年。

张船山诗集（国学基本诗选）（清）张船山著，崔立言校阅，大中华书局 1936 年。

章氏遗书 （清）章学诚著，刘翰怡编，商务印书馆 1936 年。

侯方域文选（列代名人诗文选注）（清）侯方域著，胡云翼选注，北新书局 1937 年。

壮悔堂集（万有文库）（清）侯方域著，商务印书馆 1937 年。

李渔文选（列代名人诗文选注）（清）李渔著，洪为法选注，北新书局 1937 年。

抱经堂文集（国学基本丛书）（清）卢文弨著，商务印书馆 1937 年。

（音注）梅伯言文（中国文学精华）（清）梅曾亮著，王益吾选，中华书局辑注，中华书局 1937 年，1941 年。

魏禧文选（列代名人诗文选注）（清）魏禧著，胡云翼选注，北新书局 1937 年。

吴南屏文选（列代名人诗文选注）（清）吴敏树著，谢善继选注，北新书局 1937 年。

（音注）吴挚甫文（中国文学精华）（清）吴汝伦著，中华书局辑注，中华书局 1937 年。

授堂文钞（国学基本丛书）（清）武亿著，商务印书馆 1937 年。

袁枚文选（列代名人诗文选注）（清）袁枚著，成绍宗选注，北新书局 1937 年。

(音注) 曾涤生文（中国文学精华）（清）曾国藩著，王益吾选，中华书局辑注，中华书局 1937 年，1941 年。

正谊堂文集（附续集）（国学基本丛书）（清）张伯行著，商务印书馆 1937 年。

(音注) 张濂亭文（中国文学精华）（清）张裕钊著，中华书局辑注，中华书局 1937 年，1941 年。

雪鸿轩尺牍 （清）龚萼著，范叔寒校，达文书店 1937 年。

(仿古字版) 龚定盦全集类编 （清）龚自珍著，夏田蓝编，世界书局 1937 年。

亭林诗文集（万有文库）（清）顾炎武著，商务印书馆 1937 年。

雕菰集（国学基本丛书）（清）焦循著，商务印书馆 1937 年。

秋瑾女士遗著集 （清）秋瑾著，王绍箕编，白光书店 1937 年。

揅经室集（国学基本丛书）（清）阮元著，商务印书馆 1937 年。

揅经室续集（国学基本丛书）（清）阮元著，商务印书馆 1937 年。

曾文正公诗文集（万有文库）（清）曾国藩著，商务印书馆 1937 年，1939 年简编版。

曝书亭集 （清）朱彝尊著，国学整理社 1937 年。

黄仲则诗（学生国学丛书）（清）黄景仁著，朱建新选注，商务印书馆 1937 年。

(音注) 黄仲则诗（中国文学精华）（清）黄景仁著，蒋剑人选，中华书局辑注，中华书局 1937 年，1941 年。

人境庐诗草（万有文库）（清）黄遵宪撰，商务印书馆 1937 年，1939 年简编版。

茗斋诗余（国学基本丛书）（清）彭孙贻著，商务印书馆 1937 年。

牧斋诗钞（万有文库）（清）钱谦益撰，顾有孝、赵沄辑，商务印书馆 1937 年。

渔洋山人精华录（万有文库）（清）王士祯撰，商务印书馆 1937 年。

敬业堂诗集（附续集）（万有文库）（清）查慎行撰，商务印书馆 1937 年。

赵云嵩诗选（中国文学精华）（清）赵翼著，王文濡选，中华书局1937年，1941年。

瓯北诗钞 （清）赵翼著，国学整理社1937年。

曾国藩家书选（新中学文库 中学国文补充读本）（清）曾国藩著，张雨苍选注，商务印书馆1937年，1947年。

东古文存（丛书集成初编） ［朝］金正喜辑，商务印书馆1937年。

西崑发微（丛书集成初编） （清）吴乔撰，商务印书馆1937年。

范石湖诗集注（丛书集成初编）（清）沈钦韩撰，商务印书馆1937年。

赣叟诗钞（附补遗）（丛书集成初编）（清）纪映钟撰，商务印书馆1937年。

积书岩诗集（丛书集成初编）（清）刘逢源撰，商务印书馆1937年。

解春集诗钞（丛书集成初编）（清）冯景撰，商务印书馆1937年。

饮水诗集（丛书集成初编） （清）纳兰性德撰，商务印书馆1937年。

金阙攀松集（丛书集成初编）（清）严长明撰，商务印书馆1937年。

瓶水斋诗别集（丛书集成初编）（清）舒位撰，商务印书馆1937年。

乌鲁木齐杂诗（丛书集成初编）（清）纪昀撰，商务印书馆1937年。

玉井搴莲集（丛书集成初编）（清）严长明撰，商务印书馆1937年。

芳茂人诗录（丛书集成初编）（清）孙星衍撰，商务印书馆1937年。

长离阁集（丛书集成初编） （清）王采薇撰，商务印书馆1937年。

船山诗草选（丛书集成初编）（清）张问陶撰，（清）石韫玉录，商务印书馆1937年。

宫词小纂（丛书集成初编） （清）张海鹏辑，商务印书馆1937年。

蜜梅花馆诗录（丛书集成初编）（清）焦廷琥撰，商务印书馆1937年。

纂喜堂诗稿（丛书集成初编）

（清）陈寿祺撰，商务印书馆1937年。

沈四山人诗录（附录）（丛书集成初编）（清）沈谨学撰，商务印书馆1937年。

有声画（丛书集成初编）（清）许光治撰，商务印书馆1937年。

张文节公遗集（丛书集成初编）（清）张洵撰，商务印书馆1937年。

位西先生逸稿（丛书集成初编）（清）邵懿辰著，商务印书馆1937年。

棣花盦诗（附录·外集）（丛书集成初编）（清）叶廷琯撰，商务印书馆1937年。

安般簃诗续抄（丛书集成初编）（清）袁昶撰，商务印书馆1937年。

春闱杂咏（丛书集成初编）（清）袁昶撰，商务印书馆1937年。

听雨楼诗（丛书集成初编）（清）石嘉吉撰，商务印书馆1937年。

亢艺堂集（丛书集成初编）（清）孙廷璋撰，商务印书馆1937年。

小草庵诗钞（丛书集成初编）（清）屠苏撰，商务印书馆1937年。

玉晖堂诗集（丛书集成初编）（清）赵湛撰，商务印书馆1937年。

二十一都怀古诗（丛书集成初编）［朝］柳得恭撰，商务印书馆1937年。

岱南阁集（丛书集成初编）（清）孙星衍撰，商务印书馆1937年。

平津馆文稿（丛书集成初编）（清）孙星衍撰，商务印书馆1937年。

问字堂集（丛书集成初编）（清）孙星衍撰，商务印书馆1937年。

计有余斋文稿（丛书集成初编）（清）陈方海撰，商务印书馆1937年。

守身执玉轩遗文（丛书集成初编）（清）袁世纪撰，商务印书馆1937年。

书岩剩稿（丛书集成初编）（清）杨峒撰，商务印书馆1937年。

贞蕤稿略（丛书集成初编）［朝］朴齐家纂，商务印书馆1937年。

秋水轩尺牍（国学名著）（清）许思湄（原题：许葭村）著，达文书社1938年。

两当轩全集（附考异、附录）（国学基本丛书）（清）黄景仁著，商务印书馆1938年。

红豆村人诗稿（清）袁树著，博文印书馆1938年。

夏峰先生集（丛书集成初编）（清）孙奇逢撰，商务印书馆1939年。

啗敢览馆稿（丛书集成初编）（清）曹应锺撰，商务印书馆1939年。

后甲集（丛书集成初编）（清）章大来撰，商务印书馆1939年。

月山诗集（丛书集成初编）（清）恒仁撰，商务印书馆1939年。

王义士辋川诗钞（丛书集成初编）（清）王沄纂，商务印书馆1939年。

瓶水斋诗集（丛书集成初编）（清）舒位撰，商务印书馆1939年。

万寿衢歌乐章（丛书集成初编）（清）彭元瑞撰，商务印书馆1939年。

拜经楼集外诗（附珠楼遗稿）（丛书集成初编）（清）吴骞撰，徐贞著，商务印书馆1939年。

蠡塘渔乃（丛书集成初编）（清）吴骞撰，商务印书馆1939年。

烟霞万古楼诗选（丛书集成初编）（清）王昙撰，商务印书馆1939年。

仲瞿诗录（丛书集成初编）（清）王昙撰，（清）徐渭仁辑，商务印书馆1939年。

粤台征雅录（丛书集成初编）（清）罗元焕撰，（清）陈仲鸿注，商务印书馆1939年。

匪石山人诗（丛书集成初编）（清）钮树玉著，商务印书馆1939年。

西皂残草（附词）（丛书集成初编）（清）王星诚撰，（清）张肇熯著，商务印书馆1939年。

愚溪诗稿（丛书集成初编）（清）张肇熯撰，商务印书馆1939年。

万卷书屋诗存（丛书集成初编）（清）朱楡撰，商务印书馆1939年。

小蓬海遗诗（丛书集成初编）（清）翁洛撰，商务印书馆1939年。

屑屑集（丛书集成初编）（清）翁洛撰，商务印书馆1939年。

广雅碎金（附录）（丛书集成初

编）（清）张之洞撰，商务印书馆 1939 年。

榆园杂兴诗（丛书集成初编）（清）袁振业撰，商务印书馆 1939 年。

葵青居诗录（丛书集成初编）（清）石渠撰，商务印书馆 1939 年。

骚略（丛书集成初编）（清）高似孙撰，商务印书馆 1939 年。

李石亭文集（丛书集成初编）（清）李化楠撰，商务印书馆 1939 年。

嘉谷堂集（丛书集成初编）（清）孙星衍撰，商务印书馆 1939 年。

仪郑堂文（丛书集成初编）（清）孔广森撰，商务印书馆 1939 年。

炳烛室杂文（丛书集成初编）（清）江藩撰，商务印书馆 1939 年。

蜜梅花馆文录（丛书集成初编）（清）焦廷琥撰，商务印书馆 1939 年。

金圣叹书信　（清）金圣叹著，新华书局 1939 年。

张篁邨诗（江苏省立苏州图书馆吴中文献小丛书）（清）张宗苍著，江苏省立苏州图书馆 1939 年。

宋湘颿先生遗著　宋其沅撰，1939 年。

畏垒山人文集（江苏省立苏州图书馆吴中文献小丛书）（清）徐昂发著，江苏省立苏州图书馆 1940 年。

杨大瓢先生杂文残稿（江苏省立苏州图书馆吴中文献小丛书）（清）杨宾著，江苏省立苏州图书馆 1940 年。

俞曲园先生日记残稿（江苏省立苏州图书馆吴中文献小丛书）（清）俞樾著，江苏省立苏州图书馆 1940 年。

尫进斋诗文稿（江苏省立苏州图书馆吴中文献小丛书）（清）姚觐元著，江苏省立苏州图书馆 1940 年。

寒山留绪（吴中文献小丛书）（清）赵耀辑，江苏省立苏州图书馆 1940 年。

（广注）秋水轩尺牍　（清）许思湄著，邹友梅注解，大东书局 1940 年。

袖海楼杂著　（清）黄汝成撰，燕京大学图书馆 1940 年。

巢经巢全集 （清）郑珍撰，贵州省政府1940年。

玉山草堂续集（丛书集成初编）（清）钱林著，商务印书馆1940年。

红蕙山房吟稿（丛书集成初编）（清）袁廷梼著，商务印书馆1940年。

心矩斋尺牍（江苏省立苏州图书馆吴中文献小丛书）（清）蒋凤藻著，江苏省立苏州图书馆1941年。

（详注话解）秋水轩尺牍 （清）许思湄著，金湛庐注释，中华书局1941年。

（重订）曾文正公家书 （清）曾国藩著，胡协寅校阅，广益书局1941年，1942年。

秋笳集（国学基本丛书）（清）吴兆骞著，商务印书馆1941年。

瓯香馆集（补遗诗、补遗画跋、附录）（国学基本丛书）（清）恽格著，商务印书馆1941年。

泽畔吟（江苏省立苏州图书馆吴中文献小丛书）（清）周灿著，江苏省立苏州图书馆校印1941年。

康南海先生诗集 （清）康有为著，商务印书馆1941年。

刘贵阳遗稿（黔南丛书）（清）刘书年著，朱启钤校，校者刊，1942年。

谭嗣同书简 欧阳予倩编，文化供应社1943年，1948年。

训真书屋遗稿（黔南丛书）（清）黄国瑾著，紫江朱氏存素堂1943年。

（新式标点）曾文正公文集 （清）曾国藩著，亚光书局1943年。

（新式标点）曾文正公全集 （清）曾国藩著，中国古书流通社1943年。

陈榕门先生遗书 （清）陈弘谋撰，广西省乡贤遗著编印委员会1943年。

（新式标点）曾国藩六种 （清）曾国藩著，王启源编，启智书局1944年。

（新式标点）曾文正公嘉言类钞 （清）曾国藩著，国民政府军事委员长侍从室印，1944年。

（明末义僧）东皋禅师集刊 （清）蒋兴俦著，［荷］高罗佩编著，商务印书馆 1944 年。

宋平子文钞 （清）宋衡著，苏渊雷编，正中书局 1944 年，1947 年。

陈文恭公手札节要 （清）陈宏谟著，1945 年自刊。

(新式标点) 曾文正公家书 （清）曾国藩著，陪都书店 1945 年。

秋水轩尺牍 （清）许思湄著，姚乃麟译注，春明书店 1946 年。

石达开全集 (增订版) （清）石达开著，经纬书局 1946 年。

丘仓海先生念台诗集 丘念台编，邹鲁校订，独立出版社 1947 年。

燹余杂咏 （清）伍承钦著，1947 年自刊。

黄虞部鼎珊诗集 （清）黄荣熙著，黄毅芸编纂，编者刊 1948 年。

谭嗣同全集 （清）谭嗣同撰，三联书店 1954 年。

绿烟琐窗集 （清）明义撰，文学古籍刊行社 1955 年。

懋斋诗钞 （清）爱新觉罗·敦敏撰，文学古籍出版社 1955 年。

四松堂集 （清）爱新觉罗·敦诚撰，文学古籍刊行社 1955 年。

春柳堂诗稿 （清）张宜泉撰，文学古籍刊行社 1955 年。

高兰墅集 （清）高鹗撰，文学古籍刊行社 1955 年。

稗畦集 稗畦续集 （清）洪昇撰，古典文学出版社 1957 年。

文木山房集 （清）吴敬梓撰，古典文学出版社 1957 年。

文木山房集 （清）吴敬梓撰，春明出版社 1957 年。

人境庐诗草笺注（中国古典文学丛书）（清）黄遵宪撰，钱仲联笺注，古典文学出版社 1957 年，上海古籍出版社 1981 年，1999 年。

梁任公诗稿手迹 （清）梁启超撰，康有为评，古典文学出版社 1957 年。

湖海集 （清）孔尚任撰，古典文学出版社 1957 年。

戴东原集 （清）戴震撰，四川人民出版社 1957 年。

汪容甫文笺 （清）汪中撰，古直选注，人民文学出版社 1958 年。

孔尚任诗（中国科学院文学研究所中国文学资料丛刊）（清）孔尚任撰，汪蔚林辑，科学出版社1958年。

汪容甫文笺（清）汪中撰，古直选注，人民文学出版社1958年。

吴敬梓诗文集（中国科学院文学研究所中国文学资料丛刊）（清）吴敬梓撰，范宁编，科学出版社1958年。

莽苍园文稿馀（清）张斐撰，科学出版社1958年。

* **东征集**（台湾研究丛刊）（清）蓝鼎元，台湾银行经济研究室1958年。

* **赤嵌集**（台湾研究丛刊）（清）孙元衡，台湾银行经济研究室1958年。

* **沧海遗民剩稿**（台湾研究丛刊）（清）王松，台湾银行经济研究室1959年。

黄梨洲文集（清）黄宗羲撰，陈乃乾编，中华书局1959年。

黄梨洲诗集（清）黄宗羲撰，闻旭初整理，戚焕埙标点，中华书局1959年。

顾亭林诗文集（中国古典文学基本丛书）（清）顾炎武撰，华忱之点校，中华书局1959年，1983年。

锡良遗稿（中国近代史资料丛书）（清）锡良撰，中国科学院历史研究所第三所主编，中华书局1959年。

弢园文录外编（清）王韬撰，汪北平、刘林整理，中华书局1959年。

龚自珍全集（清）龚自珍撰，王佩铮校，中华书局上海编辑所1959年，上海古籍出版社1999年。

刘坤一遗集（中国近代史资料丛书）（清）刘坤一撰，中国科学院历史研究所第三所主编，中华书局1959年。

曾国藩未刊信稿 江世荣编注，中华书局1959年。

弢园尺牍（清）王韬撰，汪北平、刘林编校，中华书局1959年。

盛宣怀未刊信稿 北京大学历史系近代史教研室整理，中华书局1960年。

人境庐集外诗辑（清）黄遵宪撰，北京大学中文系近代诗研究小组编，中华书局1960年。

秋瑾集 （清）秋瑾撰，中华书局上海编辑所编，中华书局上海编辑所 1960 年，上海古籍出版社 1979 年。

李鸿章致潘鼎新书札 年子敏编注，中华书局 1960 年。

＊**中复堂选集**（台湾研究丛刊）（清）姚莹，台湾银行经济研究室 1960 年。

＊**斯未信斋文编**（台湾研究丛刊）（清）徐宗干，台湾银行经济研究室 1960 年。

＊**内自讼斋文选**（台湾研究丛刊）（清）周凯，台湾银行经济研究室 1960 年。

＊**张文襄公选集**（台湾研究丛刊）（清）张之洞，台湾银行经济研究室 1961 年。

＊**李文忠公选集**（台湾研究丛刊）（清）李鸿章，台湾银行经济研究室 1961 年。

词人纳兰容若手简 （清）纳兰成德撰并书，上海图书馆编，上海图书馆 1961 年。

龚自珍、魏源手批简学斋诗 （清）陈沆撰，（清）龚自珍、魏源手批，上海图书馆 1961 年。

＊**六亭文选**（台湾研究丛刊）（清）郑兼才，台湾银行经济研究室 1962 年。

孔尚任诗文集 （清）孔尚任撰，汪蔚林编，中华书局 1962 年。

蒲松龄集 （清）蒲松龄撰，路大荒整理，中华书局上海编辑所 1962 年，上海古籍出版社 1986 年。

郑板桥集 （清）郑燮撰，本社编，中华书局上海编辑所 1962 年，上海古籍出版社 1986 年。

王船山诗文集（中国古典文学基本丛书）（清）王夫之撰，中华书局 1962 年，2000 年。

林则徐集（中国近代人物文集丛书） 中山大学历史系等编，中华书局 1962 至 1965 年，1985 年。

＊**雅堂文集**（台湾研究丛刊）（清）连横，台湾银行经济研究室 1964 年。

＊**半崧集简编**（台湾研究丛刊）（清）章甫，台湾银行经济研究室 1964 年。

＊**鲒埼亭集选辑**（台湾研究丛刊）

（清）全祖望，台湾银行经济研究室1965年。

＊**后苏龛合集**（台湾研究丛刊）（清）施士浩，台湾银行经济研究室1965年。

＊**藏山阁集选辑**（台湾研究丛刊）（清）钱秉镫，台湾银行经济研究室1966年。

＊**萋香轩文稿**（清）裕瑞撰，香港中文大学出版社1966年。

＊**四养斋诗稿**（清）俞正燮撰，香港中文大学新亚书院中文系1966年。

＊**崇相集选录**（台湾研究丛刊）（清）董应举，台湾银行经济研究室1967年。

＊**寄鹤斋选集**（台湾研究丛刊）（清）洪弃生，台湾银行经济研究室1972年。

＊**张文烈遗集**（台湾研究丛刊）（清）张家玉，台湾开明书店1975年。

魏源集（中国近代人物文集丛书）（清）魏源撰，中华书局编辑部编，中华书局1976年，1983年。

洪秀全选集 扬州师范学院中文系编，中华书局1976年。

章太炎政论选集（中国近代人物文集丛书） 汤志钧编，中华书局1977年。

楝亭集（清人别集丛刊）（清）曹寅撰，上海古籍出版社1978年。

林则徐诗文选注 （清）林则徐撰，上海师大历史系中国近代史组选注，上海古籍出版社1978年。

无何集 （清）熊伯龙撰，中华书局1979年，1983年。

陈确集 （清）陈确撰，中华书局1979年。

守岐公牍汇存 （清）张兆栋撰，上海书店1979年。

愚庵小集（清人别集丛刊）（清）朱鹤龄撰，上海古籍出版社1979年。

赖古堂集（清人别集丛刊）（清）周亮工撰，上海古籍出版社1979年。

嵞山集（清人别集丛刊）（清）方文撰，上海古籍出版社1979年。

溉堂集（清人别集丛刊）（清）孙

枝蔚撰，上海古籍出版社1979年。

腾笑集（清人别集丛刊）（清）朱彝尊撰，上海古籍出版社1979年。

东江诗钞（清人别集丛刊）（清）唐孙华撰，陆师编，上海古籍出版社1979年。

沉吟楼诗选（附广阳诗集）（清人别集丛刊）（清）金圣叹、刘献廷撰，上海古籍出版社1979年。

广阳诗集（清人别集丛刊）（清）刘献廷撰，上海古籍出版社1979年。

闲止书堂集钞（清人别集丛刊）（清）陈梦雷撰，上海古籍出版社1979年。

友鸥堂集（清人别集丛刊）（清）黄鷟来撰，上海古籍出版社1979年。

通志堂集（清人别集丛刊）（清）纳兰性德撰，上海古籍出版社1979年。

冬心先生集（清人别集丛刊）（清）金农撰，上海古籍出版社1979年。

百尺梧桐阁遗稿（清人别集丛刊）（清）汪懋麟撰，上海古籍出版社1980年。

百尺梧桐阁集（清人别集丛刊）（清）汪懋麟撰，上海古籍出版社1980年，1989年。

凤池园集（清人别集丛刊）（清）顾汧撰，上海古籍出版社1980年。

吴嘉纪诗笺校（中国古典文学丛书）（清）吴嘉纪撰，杨积庆笺校，上海古籍出版社1980年。

戴震集（清）戴震撰，汤志钧点校，上海古籍出版社1980年，2009年。

戴震文集（清）戴震撰，赵玉新点校，中华书局1980年，1991年。

龚自珍己亥杂诗注（中国古典文学基本丛书）（清）龚自珍撰，刘逸生注，中华书局1980年，1999年。

绵津山人诗集（清）宋荦撰，上海书店1980年。

北戍草（清）张光藻撰，上海书店1980年。

楚天樵话（清）张清标撰，上海书店1980年。

铁云诗存（清）刘鹗撰，刘蕙孙

标注，齐鲁书社 1980 年，1983 年。

龚自珍诗选 （清）龚自珍撰，刘逸生选注，浙江人民出版社 1980 年，1982 年。

红楼梦诗词联语评注 （清）曹雪芹撰，于舟、牛武评注，山西人民出版社 1980 年，1997 年。

龚自珍诗选 （清）龚自珍撰，郭延礼选注，齐鲁书社 1981 年，人民文学出版社 2009 年。

青学斋集 （清）汪之昌撰，中国书店 1981 年，1986 年。

朱舜水集 （清）朱之瑜撰，朱谦之整理，中华书局 1981 年，1990 年。

康有为政论集（中国近代人物文集丛书） （清）康有为撰，汤志钧编，中华书局 1981 年。

谭嗣同全集（中国近代人物文集丛书） （清）谭嗣同撰，尚思、方行编，中华书局 1981 年，1990 年。

芦中集（清人别集丛刊） （清）王摅撰，上海古籍出版社 1981 年。

海右陈人集（清人别集丛刊） （清）程先贞撰，上海古籍出版社 1981 年。

八大山人诗钞 （清）朱耷撰，汪子豆编，上海人民美术出版社 1981 年。

岭云海日楼诗钞（中国古典文学丛书） （清）丘逢甲撰，上海古籍出版社 1982 年，1983 年。

偶更堂集（清人别集丛刊） （清）徐作肃撰，上海古籍出版社 1982 年。

郑观应集 （清）郑观应著，夏东元编，上海人民出版社 1982 至 1988 年。

孔尚任诗和桃花扇 （清）孔尚任撰，刘叶秋注释，中州书画社 1982 年。

王渔洋诗文选注（齐鲁丛书） （清）王士禛撰，李毓芙选注，齐鲁书社 1982 年。

鲒埼亭文集选注 （清）全祖望原撰，黄云眉选注，齐鲁书社 1982 年。

赵执信诗选（齐鲁文丛） （清）赵执信撰，赵蔚芝、刘聿鑫选注，齐鲁书社 1983 年，山东大学出版社 1989 年。

黎简诗选（广东地方文献丛书）

（清）黎简撰，广东人民出版社1983年。

秋瑾诗词注释 （清）秋瑾撰，刘玉来注释，宁夏人民出版社1983年。

高鹗诗词笺注 （清）高鹗撰，尚达翔编注，中州书画社1983年。

海天琴思录　海天琴思续录 （清）林昌彝撰，王镇远、林虞生标点，上海古籍出版社1983年，1988年。

方苞集（中国古典文学丛书）（清）方苞撰，刘季高点校，上海古籍出版社1983年，2008年，2009年。

两当轩集（中国古典文学丛书）（清）黄景仁撰，李国章点校，上海古籍出版社1983年，1998年。

顾亭林诗集汇注（中国古典文学丛书）（清）顾炎武撰，王蘧常辑注，吴丕绩标校，上海古籍出版社1983年，1984年，2006年。

吴梅村诗集笺注 （清）吴伟业撰，（清）程穆衡笺，杨学沆补注，上海古籍出版社1983年。

曾纪泽遗集 （清）曾纪泽撰，喻岳衡点校，岳麓书社1983年。

姜先生全集 （清）姜宸英撰，江苏广陵古籍刻印社1983年。

高鹗诗文集 （清）高鹗撰，胡文彬、周雷编注，百花文艺出版社1984年。

茗柯文编（中国古典文学丛书）（清）张惠言撰，黄立新点校，上海古籍出版社1984年。

陈璧诗文残稿笺证 （清）陈璧撰，江村、瞿冕良笺证，上海古籍出版社1984年。

心向往斋集（求恕斋丛书）（清）孔继撰，文物出版社1984年。

小谟觞馆诗文集注 （清）彭兆荪撰，孙元培、孙长熙纂辑，中国书店1984年。

遵义郑征君遗著 （清）郑珍撰，中国书店1984年。

小鸥波馆集 （清）潘曾莹撰，中国书店1984年。

竹山堂文剩　竹山堂诗补 （清）潘祖同撰，中国书店1984年。

郭嵩焘诗文集 （清）郭嵩焘撰，杨坚点校，岳麓书社1984年。

八指头陀诗文集 释敬安撰，梅季

点辑，岳麓书社 1984 年。

岭云海日楼诗抄 （清）丘逢甲撰，安徽人民出版社 1984 年。

顾炎武诗译释 （清）顾炎武撰，卢兴基编著，黑龙江人民出版社 1984 年。

樊锥集（中国近代人物文集丛书）樊锥撰，方行编，中华书局 1984 年。

丘逢甲诗选（广东地方文献丛书）（清）丘逢甲撰，李树政选，广东人民出版社 1984 年。

康熙诗选 （清）康熙撰，卜维义、孙坯任编，春风文艺出版社 1984 年。

庚子诗鉴 龙顾山人编，中国书店 1985 年，1996 年。

黄仲则诗选（中国历代诗人选集）（清）黄仲则撰，刘逸生主编，止水选注，广东人民出版社 1985 年。

黄遵宪诗选（广东地方文献丛书）（清）黄遵宪撰，钟贤培选注，广东人民出版社 1985 年。

刘大櫆文选（安徽文苑丛书）（清）刘大櫆撰，吴孟复选注，黄山书社 1985 年。

赵翼诗选（乾隆三大家诗选丛书）（清）赵翼撰，胡忆肖选注，中州古籍出版社 1985 年。

曹廷杰集（中国近代人物文集丛书）（清）曹廷杰撰，丛佩远、赵鸣岐编，中华书局 1985 年。

亭秋馆诗词集 （清）许禧身撰，中国书店 1985 年。

秋蟪吟馆诗钞 （清）金和撰，中国书店 1985 年。

含光石室诗草 （清）赵崧撰，中国书店 1985 年。

范伯子先生全集 （清）范当世撰，中国书店 1985 年。

桐野诗集 （清）周起渭撰，中国书店 1985 年。

郑板桥全集 （清）郑板桥撰，中国书店 1985 年。

鱼山剩稿（清人别集丛刊）（清）熊开元撰，上海古籍出版社 1985 年，1986 年。

庸盦文别集 （清）薛福成撰，施宣圆、郭志坤标点，上海古籍出版社 1985 年。

章太炎先生家书 （清）章太炎撰，

汤国梨编次，上海古籍出版社 1985 年，1986 年。

林则徐书札手稿 （清）林则徐撰，上海古籍出版社 1985 年。

牧斋初学集（中国古典文学丛书）（清）钱谦益撰，钱曾笺注，钱仲联标校，上海古籍出版社 1985 年，2009 年。

熊希龄集（湖南近代名人文集丛书）（清）熊希龄撰，林增平、周秋光编，湖南人民出版社 1985 年。

攀古小庐全集 （清）许瀚撰，袁行云编校，齐鲁书社 1985 年。

郑板桥全集（南京大学古典文献研究所专刊）（清）郑燮撰，卞孝萱编，齐鲁书社 1985 年。

林则徐集奏稿公牍日记补编 陈锡祺主编，中山大学出版社 1985 年。

李鸿章全集 （清）李鸿章撰，叶亚廉、顾廷龙主编，上海人民出版社 1985 至 1987 年。

林则徐信稿 黄泽德编，福建人民出版社 1985 年。

林则徐书简 （清）林则徐撰，杨国桢编，福建人民出版社 1985 年。

鸳鸯湖棹歌 （清）朱彝尊撰，浙江人民出版社 1985 年。

霜红龛集 （清）傅山撰，山西人民出版社 1985 年。

洪秀全集 （清）洪秀全撰，广东省太平天国研究会、广州市社会科学研究所编，广东人民出版社 1985 年。

柏庄诗草 （清）丘逢甲撰，中国友谊出版公司 1986 年。

惜抱轩尺牍 （清）姚鼐撰，中国书店 1986 年。

松崖文钞（惠氏三种） （清）惠栋撰，江苏广陵古籍刻印社 1986 年。

愚斋存稿初刊 （清）盛宣怀撰，中国书店 1986 年，1987 年。

左宗棠全集 （清）左宗棠撰，上海书店 1986 年。

敬业堂诗集（中国古典文学丛书）（清）查慎行撰，周劭标点，上海古籍出版社 1986 年。

戴名世集（中国古典文学基本丛书）（清）戴名世撰，王树民编校，中华书局1986年，2000年。

船山诗草（中国古典文学基本丛书）（清）张问陶撰，中华书局1986年，2000年。

船山诗选（古籍选读丛书）（清）张问陶撰，周宇澄编，书目文献出版社1986年。

刘光第集（中国近代人物文集丛书）《刘光第集》编辑组编，中华书局1986年。

曾国藩未刊往来函稿（湘军史料丛刊）中国社会科学院近代史研究所资料室编，岳麓书社1986年。

霜红龛文（明清小品选刊）（清）傅山撰，劳柏林点校，岳麓书社1986年。

八大山人诗钞（新辑本）（清）朱耷撰，汪子豆辑，江西人民出版社1986年。

郑板桥集详注 王锡荣撰，吉林文史出版社1986年。

吴伟业诗选注（中国古典文学作品选读）高章采选注，上海古籍出版社1986年。

傅山诗文选注（清）傅山撰，侯文正等编注，山西人民出版社1986年。

姚鼐文选（安徽文苑丛书）（清）姚鼐撰，王镇远选注，黄山书社1986年。

金圣叹诗文评选（清）金圣叹撰，张国光选编，岳麓书社1986年。

黄遵宪诗选注（中国古典文学作品选读）刘世南选注，上海古籍出版社1986年。

宋湘诗选（广东地方文献丛书）（清）宋湘撰，周锡　选注，广东人民出版社1986年。

姚莹论文绝句六十首注（清）姚莹撰，黄季耕注，黄山书社1986年。

乾隆诗选（清）清高宗撰，孙丕任、卜维义编，春风文艺出版社1987年。

方苞文选（安徽文苑丛书）（清）方苞撰，刘季高注，黄山书社1987年。

颜元集（理学丛书）（清）颜元撰，王星贤、张芥尘、郭征点校，中华书局1987年。

黑龙江将军特普钦诗文集（黑龙江少数民族古籍丛书）（清）特普钦撰，李兴盛等编，天津古籍出版社1987年。

郑板桥外集 （清）郑板桥撰，郑炳纯辑，山西人民出版社1987年。

林则徐诗集 （清）林则徐撰，郑丽生校笺，海峡文艺出版社1987年。

雪鸿轩尺牍 （清）龚未斋撰，余军校注，湖南文艺出版社1987年。

小仓山房尺牍 （清）袁枚撰，范寅铮校注，湖南文艺出版社1987年。

秋水轩尺牍 （清）许葭村撰，肖屏东校注，湖南文艺出版社1987年。

康有为全集 （清）康有为撰，姜义华、吴根梁编校，上海古籍出版社1987至1992年。

黄宗羲南雷杂著稿真迹 （清）黄宗羲撰，吴光整理释文，浙江古籍出版社1987年。

思复堂文集（两浙作家文丛）（清）邵廷采撰，祝鸿杰点校，浙江古籍出版社1987年。

曾国藩全集 （清）曾国藩撰，岳麓书社1987至1994年。

左宗棠全集 （清）左宗棠撰，岳麓书社1987至1996年。

清诒堂文集 （清）王筠撰，屈万里、郑时辑校，齐鲁书社1987年。

薛福成选集 （清）薛福成撰，丁凤麟、王欣之编，上海人民出版社1987年。

金陵揽胜诗考 （清）周宝偀撰，江苏广陵古籍刻印社1987年。

枕碧楼偶存稿 （清）沈家本撰，江苏广陵古籍刻印社1987年。

李于锴遗稿辑存（陇右文献丛书）（清）李于锴撰，李鼎点校，兰州大学出版社1987年。

大涤子题画跋诗 （清）石涛撰，（清）汪绎辰辑，上海人民美术出版社1987年，1988年。

小仓山房诗文集（中国古典文学丛书）（清）袁枚撰，周本淳标校，上海古籍出版社1988年。

杲堂诗文集（两浙作家文丛）（清）李邺嗣撰，张道勤点校，浙江古籍出版社1988年。

复庄诗问 （清）姚燮撰，周劭标点，上海古籍出版社 1988 年。

纳兰成德诗集诗论笺注 （清）纳兰性德撰，马乃骝、寇宗基编注，山西人民出版社 1988 年。

秋水轩尺牍（中国传统语言文化普及丛书）（清）许思湄撰，陕西人民出版社 1988 年。

我佛山人文集 （清）吴趼人撰，花城出版社 1988 年，1989 年。

郑献甫诗选注 （清）郑献甫撰，刘映华选注，广西教育出版社 1988 年。

黄景仁诗词选（中国古典文学系列讲座丛书）（清）黄景仁撰，胡忆肖选注，华中工学院出版社 1988 年。

侯朝宗文选 （清）侯方域撰，徐植农、赵玉霞注译，齐鲁书社 1988 年。

康南海政史文选（康有为论著与研究丛书）（清）康有为撰，沈茂骏主编，中山大学出版社 1988 年。

袁枚文选译（中国古典文学今译丛书）（清）袁枚著，袁启明译注，人民文学出版社 1989 年。

袁枚诗选（浙江历代名家诗选丛书）（清）袁枚撰，周舸岷选注，浙江古籍出版社 1989 年。

高凤翰诗集（琴岛文库）（清）高凤翰撰，马述祯主编，青岛出版社 1989 年。

蛟湖诗钞校注 （清）黄慎撰，丘幼宣校注，海峡文艺出版社 1989 年。

湖海楼全集 （清）陈维崧撰，江苏广陵古籍刻印社 1989 年。

潜研堂集 （清）钱大昕撰，吕友仁标校，上海古籍出版社 1989 年，2009 年。

林昌彝诗文集 （清）林昌彝撰，王镇远、林虞生标点，上海古籍出版社 1989 年。

曾国藩家书 （清）曾国藩撰，钟叔河整理点校，湖南大学出版社 1989 年。

胡林翼未刊往来函稿（湘军史料丛刊）（清）胡林翼撰，杜春和、耿来金编，岳麓书社 1989 年。

左宗棠未刊书牍（湘军史料丛刊）（清）左宗棠撰，任光亮、朱仲岳整理，岳麓书社 1989 年。

麝尘莲寸集 （清）汪渊集句，（清）程淑笺注，许振轩、林志术点校，安徽文艺出版社 1989 年。

花埭百花诗笺注 （清）梁修撰，梁中民、廖国楣笺注，广东高等教育出版社 1989 年。

张康侯诗草 （清）张晋撰，赵逵夫点校，兰州大学出版社 1989 年。

笠云山房诗文集 （清）王权撰，吴绍烈等点校，兰州大学出版社 1990 年。

吴璠文集 （清）吴璠撰，江地主编，乔润苓等点校，山西人民出版社 1990 年。

僧家竹枝词 （清）孤峰老衲撰，江苏广陵古籍刻印社 1990 年。

金陵览古诗 （清）余宾硕撰，张惣编，江苏广陵古籍刻印社 1990 年。

抱经堂文集 （清）卢文弨撰，王文锦点校，中华书局 1990 年。

徐自华诗文集 徐自华撰，郭延礼编校，中华书局 1990 年。

忧庵集 （清）戴名世撰，汪庆元点校，黄山书社 1990 年。

方望溪遗集（安徽古籍丛书）（清）方苞撰，徐天祥、陈蕾点校，黄山书社 1990 年。

吴汝纶尺牍（安徽文苑丛书）（清）吴汝纶撰，徐寿凯、施培毅点校，黄山书社 1990 年。

彤短集 （清）高芳云撰，萧士栋等校注，中州古籍出版社 1990 年。

吴梅村全集（中国古典文学丛书）（清）吴伟业撰，李学颖集评标校，上海古籍出版社 1990 年，1999 年。

刘大櫆集（中国古典文学丛书）（清）刘大櫆撰，吴孟复标点，上海古籍出版社 1990 年。

延芬室集 （清）爱新觉罗・永忠撰，上海古籍出版社 1990 年。

袁枚诗文选译（古代文史名著选译丛书）（清）袁枚撰，李灵年、李泽平译注，巴蜀书社 1990 年，凤凰出版社 2011 年。

黄遵宪诗选（中国近代文学丛书）（清）黄遵宪撰，曹旭选注，华东师范大学出版社 1990 年。

蒋士铨诗选（乾隆三大家诗选丛书）（清）蒋士铨撰，吴长庚选注，中州古籍出版社 1990 年。

龚自珍诗文选（中国古典文学读本丛书）（清）龚自珍撰，孙钦善选注，人民文学出版社 1991 年，1993 年。

朱彝尊选集（中国古典文学名家选集）（清）朱彝尊撰，叶元章、钟夏选注，上海古籍出版社 1991 年。

瓶水斋诗集（词林集珍）（清）舒位撰，曹光甫点校，上海古籍出版社 1991 年，2009 年。

朱舜水全集（清）朱之瑜撰，中国书店 1991 年。

方望溪全集（清）方苞撰，中国书店 1991 年。

惜抱轩全集（清）姚鼐撰，中国书店 1991 年。

龚定庵全集类编（清）龚自珍撰，夏田蓝编，中国书店 1991 年，2001 年。

纪晓岚文集（清）纪昀撰，孙致中等点校，河北教育出版社 1991 年。

雷溪草堂集（长白丛书）（清）马长海等撰，吉林文史出版社 1991 年。

七经楼文钞（中州名家集 · 河南省少数民族古籍）（清）蒋湘南撰，李叔毅等点校，中州古籍出版社 1991 年。

蒿庵集（山左名贤遗书）（清）张尔岐撰，张翰勋等点校，齐鲁书社 1991 年。

信徵全集（清）段永源撰，江苏广陵古籍刻印社 1991 年。

郑珍集（贵州古籍集粹）（清）郑珍撰，王瑛、袁本良、王鍢点校，贵州人民出版社 1991 至 2001 年。

坚白石斋诗集（三晋古籍丛书）（清）李銮宣撰，刘泽等点校，山西人民出版社 1991 年。

吴伟业诗选译（古代文史名著选译丛书）（清）吴伟业撰，黄永年、马雪芹译注，巴蜀书社 1991 年，凤凰出版社 2011 年。

顾炎武诗文选译（古代文史名著选译丛书）（清）顾炎武撰，郭成韬等译注，巴蜀书社 1991 年，凤凰出版社 2011 年。

黄宗羲诗文选译（古代文史名著选译丛书）（清）黄宗羲撰，平慧善、卢敦基译注，巴蜀书社 1991

年，凤凰出版社 2011 年。

泊水斋诗文钞 （清）张慎言撰，李蹊校注，山西人民出版社 1992 年。

寒松堂全集 （清）魏象枢撰，崔凡芝点校，山西人民出版社 1992 年。

樊榭山房集（中国古典文学丛书）（清）厉鹗撰，董兆熊注，陈九思标校，上海古籍出版社 1992 年。

惜抱轩诗文集（中国古典文学丛书）（清）姚鼐撰，刘季高标校，上海古籍出版社 1992 年。

方拱乾诗集 （清）方拱乾撰，李兴盛等整理，黑龙江教育出版社 1992 年。

侯方域集校笺（中州名家集）（清）侯方域撰，何法周主编，王树林笺注，中州古籍出版社 1992 年。

渔洋精华录集注 （清）王士禛撰，（清）惠栋、金荣注，伍铭点校，齐鲁书社 1992 年，1999 年。

施愚山集（安徽古籍丛书）（清）施闰章撰，何庆善、杨应芹点校，黄山书社 1992 年。

洪昇集（两浙作家文丛）（清）洪昇撰，刘辉校笺，浙江古籍出版社 1992 年。

守雅堂稿辑存（陇右文献丛书）（清）邢澍撰，冯国瑞辑，漆子扬、王锷点校，甘肃人民出版社 1992 年。

何绍基诗文集 （清）何绍基撰，龙震球、何书置点校，岳麓书社 1992 年。

梅曾亮文选（中国近代文学丛书）（清）梅曾亮撰，王镇远选注，华东师范大学出版社 1992 年。

徐夜诗选注 （清）徐夜撰，张光兴等编，天津古籍出版社 1993 年。

林则徐诗词选注 （清）林则徐撰，陈景汉选注，海峡文艺出版社 1993 年。

揅经室集 （清）阮元撰，邓经元点校，中华书局 1993 年。

秋笳集 （清）吴兆骞撰，麻守中点校，上海古籍出版社 1993 年。

忠雅堂集校笺（中国古典文学丛书）（清）蒋士铨撰，邵海清校，李梦生笺，上海古籍出版社 1993 年。

赵执信全集（明清山左作家丛书）（清）赵执信撰，赵蔚芝、刘聿鑫点校，齐鲁书社 1993 年。

李秉衡集　（清）李秉衡撰，戚其章辑校，齐鲁书社 1993 年。

袁枚诗选（乾隆三大家诗选丛书）（清）袁枚撰，王英志注评，中州古籍出版社 1993 年。

李调元诗注　（清）李调元撰，陈红、杜莉注释，巴蜀书社 1993 年。

晴雪馆诗钞　（清）杜星南撰，张若晞注析，西北大学出版社 1993 年。

贞石山房诗钞（释簪草）　（清）王邦玺撰，人民教育出版社 1993 年。

刘熙载集　（清）刘熙载撰，刘立人、陈文和点校，华东师范大学出版社 1993 年。

袁枚全集　（清）袁枚撰，王英志主编，江苏古籍出版社 1993 年，1997 年。

簠斋尺牍　（清）陈介祺撰，江苏广陵古籍刻印社 1993 年。

南村草堂诗钞　（清）邓湘皋撰，弘征点校，岳麓书社 1994 年。

戴震全书（安徽古籍丛书）（清）戴震撰，张岱年、杨应芹、诸伟奇主编，黄山书社 1994 年，2010 年修订本。

韬园文录外编（中国启蒙思想文库）（清）王韬撰，辽宁人民出版社 1994 年。

张謇全集　（清）张謇撰，张謇研究中心、南通图书馆编，江苏古籍出版社 1994 年。

曹贞吉集　（清）曹贞吉撰，王佩增、宋开玉点校，山东大学出版社 1994 年。

康熙诗词集注　（清）清圣祖撰，王志民、王则远校注，内蒙古人民出版社 1994 年，1995 年。

郑板桥家书诗词（手迹本）（清）郑板桥撰，北岳文艺出版社 1994 年。

曾国藩家书（历代名人家书）（清）曾国藩撰，张惠民编，中州古籍出版社 1994 年。

板桥家书译注（中国古典文学今译丛书）（清）郑燮撰，华耀祥、顾黄初译注，人民文学出版社 1994 年。

陈维崧选集（中国古典文学名家选集）（清）陈维崧撰，周韶九选注，上海古籍出版社1994年。

袁枚散文选集（百花散文书系）（清）袁枚撰，李梦生选注，百花文艺出版社1994年。

方苞散文选集（百花散文书系）（清）方苞撰，王沛霖、王朝晖选注，百花文艺出版社1995年。

王士禛诗选译（古代文史名著选译丛书）（清）王士禛撰，王小舒、陈广澧译注，巴蜀书社1994年，凤凰出版社2011年。

龚自珍诗文选译（古代文史名著选译丛书）（清）龚自珍著，朱邦蔚、关道雄译注，巴蜀书社1994年，凤凰出版社2011年。

程含章诗注　（清）程含章著，李辉注释，云南民族出版社1995年。

侯方域诗集校笺（中州名家集）（清）侯方域撰，何法周主编，王树林校笺，中州古籍出版社1995年。

龚自珍诗编年笺注（两浙作家文丛）（清）龚自珍撰，吴战垒注，浙江古籍出版社1995年。

十三峰书屋全集　（清）李榕撰，王显春等整理，巴蜀书社1995年。

吟秋山馆诗词钞　（清）周婉如撰，盛郁文注评，贵州省毕节地区文化局、乌蒙诗社编，贵州人民出版社1995年。

问字堂集　岱南阁集　（清）孙星衍撰，骈宇骞点校，中华书局1996年。

寒松堂全集　（清）魏象枢撰，陈金陵点校，中华书局1996年。

左文襄公书牍　（清）左宗棠撰，中国书店1996年。

左文襄公家书　（清）左宗棠撰，中国书店1996年。

双清书屋吟草　（清）王樾撰，中国书店1996年。

食蔗轩诗草　（清）李浚通撰，中国书店1996年。

偶斋诗草　（清）宝廷撰，中国书店1996年。

杨守敬题跋书信遗稿（湖北省博物馆丛书）（清）杨守敬撰，杨先梅辑、刘信芳校注，巴蜀书社1996年。

巢经巢诗钞笺注　（清）郑珍撰，

白敦仁注，巴蜀书社 1996 年。

牧斋有学集（中国古典文学丛书）（清）钱谦益撰，钱曾笺注，钱仲联标校，上海古籍出版社 1996 年。

湘绮楼诗文集 （清）王闿运撰，马积高主编，谭承耕等点校，岳麓书社 1996 年。

曾国藩治家全书 （清）曾国藩撰，岳麓书社 1996 年。

天岳山馆诗存 （清）李元度撰，中国旅游出版社 1996 年。

赵翼诗编年全集 （清）赵翼撰，华夫主编，天津古籍出版社 1996 年。

雍正诗文注解（辽宁民族古籍文学类）（清）胤禛撰，魏鉴勋注释，辽沈书社 1996 年。

马汝为诗文选 （清）马汝为撰，元江哈尼族彝族傣族自治县地方志办公室编，德宏民族出版社 1996 年。

二曲集（理学丛书）（清）李颙撰，陈俊民点校，中华书局 1996 年。

沈复散文选集（百花散文书系）（清）沈复撰，王宜庭选注，百花文艺出版社 1997 年。

徐夜诗集校注 （清）徐夜撰，武润婷、徐承诩校注，山东大学出版社 1997 年。

袁枚文选（明清性灵文学珍品）（清）袁枚撰，作家出版社 1997 年。

郑板桥诗词文选（明清性灵文学珍品）（清）郑燮撰，立人选注，作家出版社 1997 年。

彭秋潭诗注（三峡文学艺术丛书）（清）彭秋潭撰，杨发兴等编注，中国三峡出版社 1997 年。

侘傺轩文存（山左名贤遗书）（清）吴秋辉遗稿，张乾一辑校，袁兆彬校补，齐鲁书社 1997 年。

曾湖峰诗文集 （清）曾湖峰撰，何严审编，曾哲辑存，文津出版社 1997 年。

傅山先生霜红龛集 （清）傅山撰，文物出版社 1997 年。

李伯元全集 （清）李伯元撰，薛正兴主编，江苏古籍出版社 1997 年。

纪晓岚诗文集 （清）纪晓岚撰，

江苏广陵古籍刻印社 1997 年。

秋水轩尺牍 （清）许葭村撰，宋晶如注译，江苏广陵古籍刻印社 1997 年。

雪鸿轩尺牍 （清）龚未斋撰，宋晶如注译，江苏广陵古籍刻印社 1997 年。

曾国藩手札 （清）曾国藩撰，江苏广陵古籍刻印社 1997 年。

郑板桥全集 （清）郑燮撰，江苏广陵古籍刻印社 1997 年。

郑板桥文集 （清）郑燮撰，吴可点校，巴蜀书社 1997 年。

金圣叹文集 （清）金圣叹撰，艾舒仁编次，冉苒点校，巴蜀书社 1997 年。

李渔随笔全集 （清）李渔撰，艾舒仁编次，冉云飞点校，巴蜀书社 1997 年。

笠翁文集 （清）李渔撰，温京华、田军点校，光明日报出版社 1997 年。

李渔随笔全集（中国古典文化精华）（清）李渔撰，尔利编译，京华出版社 1997 年。

瓯北集（中国古典文学丛书）（清）赵翼撰，李学颖、曹光甫点校，上海古籍出版社 1997 年。

李鸿章全集 （清）李鸿章撰，海南出版社 1997 年。

西北文集（三晋古籍丛书）（清）毕振姬撰，冀满红点校，山西古籍出版社 1997 年。

翁同龢诗词集 （清）翁同龢撰，翁同龢纪念馆编，朱育礼点校，上海古籍出版社 1998 年。

校礼堂文集 （清）凌廷堪撰，王文锦点校，中华书局 1998 年。

顾亭林诗笺释（中国古典文学基本丛书）（清）顾炎武撰，王冀民笺释，中华书局 1998 年，2003 年。

弢园文录外编（醒狮丛书）（清）王韬撰，陈恒、方银儿评注，中州古籍出版社 1998 年。

＊**新译姜斋文集** 平慧善撰，周凤五校阅，台湾三民书局 1998 年。

龚芝麓先生集（北京图书馆古籍珍本丛刊）（清）龚鼎孳撰，书目文献出版社 1998 年，北京图书馆出版社 2000 年。

内省斋文集（北京图书馆古籍珍本丛刊）（清）汤来贺撰，书目文献出版社 1998 年，北京图书馆出版社 2000 年。

拟山园选集（北京图书馆古籍珍本丛刊）（清）王铎撰，书目文献出版社 1999 年，北京图书馆出版社 2000 年。

曹司马集（北京图书馆古籍珍本丛刊）（清）曹烨、曹应鹤撰，书目文献出版社 1999 年，北京图书馆出版社 2000 年。

大中丞苗晋侯先生文集（北京图书馆古籍珍本丛刊）（清）苗胙土撰，书目文献出版社 1999 年，北京图书馆出版社 2000 年。

雪堂先生文集（北京图书馆古籍珍本丛刊）（清）熊文举撰，书目文献出版社 1999 年，北京图书馆出版社 2000 年。

了菴文集（北京图书馆古籍珍本丛刊）（清）王岱撰，书目文献出版社 1999 年，北京图书馆出版社 2000 年。

匪棘堂集（北京图书馆古籍珍本丛刊）（清）范士楫撰，书目文献出版社 1999 年，北京图书馆出版社 2000 年。

曾国藩家书　（清）曾国藩著，呆伯特创作室译，中央民族大学出版社 1999 年，2001 年。

渔洋精华录集释（中国古典文学丛书）（清）王士禛撰，李毓芙、牟通、李茂肃整理，上海古籍出版社 1999 年。

丁耀亢全集　（清）丁耀亢撰，李增坡主编，中州古籍出版社 1999 年。

胡林翼集　（清）胡林翼撰，岳麓书社 1999 年。

张茂先励志诗　（清）黄自元撰，黄山书社 1999 年。

壹斋集（安徽古籍丛书）（清）黄钺撰，陈育德、凤文学点校，黄山书社 1999 年。

林则徐手札　（清）林则徐撰，江苏广陵古籍刻印社 1999 年。

柳如是诗词评注　（清）柳如是撰，刘燕远评注，北京古籍出版社 1999 年，2000 年。

＊**新译顾亭林文集**　刘九洲撰，黄

俊郎校阅，台湾三民书局2000年。

柳如是诗文集 （清）柳如是撰，谷辉之辑，上海古籍出版社2000年。

全祖望集汇校集注（中国古典文学丛书）（清）全祖望撰，朱铸禹汇校集注，上海古籍出版社2000年。

陶澍集 （清）陶澍撰，岳麓书社2000年。

刘熙载文集 （清）刘熙载撰，薛正兴点校，江苏古籍出版社2000年，2001年。

习斋四存编（天地人丛书）（清）颜元撰，陈居渊导读，上海古籍出版社2000年。

杨仁山全集（安徽古籍丛书）（清）杨文会撰，周继者点校，黄山书社2000年。

＊**新译曾文正公家书** 汤孝纯撰，李振兴校阅，台湾三民书局2001年，2010年。

张惠言文选（明清八大家文选丛书）（清）张惠言撰，严明、董俊珏选注，苏州大学出版社2001年。

龚自珍文选（明清八大家文选丛书）（清）龚自珍撰，谢飘云、闵定庆选注评点，苏州大学出版社2001年。

曾国藩文选（明清八大家文选丛书）（清）曾国藩撰，涂小马选注评点，苏州大学出版社2001年。

姚鼐文选（明清八大家文选丛书）（清）姚鼐撰，周中明选注，苏州大学出版社2001年。

朱之锡文集 （清）朱之锡撰，朱中梁主编，中国文史出版社2001年。

吴敬梓诗文集 （清）吴敬梓撰，李汉秋辑校，人民文学出版社2001年。

惜抱轩诗集训纂（安徽古籍丛书）（清）姚鼐撰，姚永朴训纂，黄山书社2001年。

洪亮吉集（中国古典文学基本丛书）（清）洪亮吉撰，刘德权点校，中华书局2001年。

戴名世遗文集 （清）戴名世撰，王树民、韩明祥、韩自强编校，中华书局2001年。

天游阁集（辽宁民族古籍文学类）（清）顾春撰，金启棕、乌拉熙春编校，辽宁民族出版社2001年。

曾国藩全集 （清）曾国藩撰，李瀚章编纂，李鸿章校勘，中国致公出版社 2001 年。

饮冰室文集点校 （清）梁启超撰，吴松等点校，云南教育出版社 2001 年。

曾国藩家书 （清）曾国藩撰，昆仑出版社 2001 年。

古夫于亭稿（中华再造善本续编试制） （清）王士禛撰，北京图书馆出版社 2002 年。

杨园先生全集 （清）张履祥撰，陈祖武点校，中华书局 2002 年。

郑板桥集（集部经典丛刊） （清）郑板桥撰，吴泽顺编，岳麓书社 2002 年。

丘逢甲集 （清）丘逢甲撰，广东丘逢甲研究会编，岳麓书社 2002 年。

曾国藩手札 （清）曾国藩撰，线装书局 2002 年。

陈沆集（湖北地方古籍文献丛书） （清）陈沆撰，宋耐苦、何国民编校，湖北教育出版社 2002 年。

弢园文录外编（近代文献丛刊） （清）王韬撰，上海书店出版社 2002 年。

顾亭林诗文选（昆山三贤丛书） （清）顾亭林撰，张兵选注评析，江苏古籍出版社 2002 年。

朱柏庐诗文选（昆山三贤丛书） （清）朱用纯撰，陆林、吴家驹选注评析，江苏古籍出版社 2002 年。

＊**郑观应文选** （清）郑观应撰，夏东元编，澳门历史学会、澳门历史关注协会 2002 年。

曾国藩全集精编 林鲤编，甘肃文化出版社 2002 年。

吕晚村先生文集（中华再造善本续编试制） （清）吕留良撰，北京图书馆出版社 2003 年。

御制圆明园诗（中华再造善本续编试制） （清）高宗弘历撰，鄂尔泰、张廷玉注，北京图书馆出版社 2003 年。

＊**全祖望鲒埼亭集校注** （清）全祖望撰，詹海云校注，台湾“国立”编译馆 2003 年。

钱牧斋全集（中国古典文学丛书） （清）钱谦益撰，钱曾笺注，钱仲联标校，上海古籍出版社 2003 年。

江上诗钞 （清）顾季慈辑，谢鼎镕补辑，上海古籍出版社2003年。

散原精舍诗文集 （清）陈三立撰，李开军点校，上海古籍出版社2003年。

范伯子诗文集 （清）范当世撰，马亚中、陈国安点校，上海古籍出版社2003年。

海藏楼诗集 （清）郑孝胥撰，黄珅、杨晓波点校，上海古籍出版社2003年。

江山万里楼诗词钞 （清）杨圻著，马卫中、潘虹点校，上海古籍出版社2003年。

樊樊山诗集 （清）樊增祥著，涂晓马、陈宇俊点校，上海古籍出版社2003年。

孙奇逢集 （清）孙奇逢撰，张显清主编，中州古籍出版社2003年。

汤斌集 （清）汤斌撰，范志亭、范哲辑校，中州古籍出版社2003年。

宋琬全集（明清山左作家丛书）（清）宋琬撰，辛鸿义、赵家斌点校，齐鲁书社2003年。

魏叔子文集 （清）魏禧撰，胡守仁、姚品文、王能宪点校，中华书局2003年。

郑板桥集外诗抄 （清）郑板桥撰，田原整理，线装书局2003年。

郘亭诗钞笺注 （清）莫友芝撰，龙先绪、符均注，三秦出版社2003年。

彭玉麟集 （清）彭玉麟撰，梁绍辉等整理，岳麓书社2003年。

秋瑾全集笺注 （清）秋瑾撰，郭长海、郭君兮辑注，吉林文史出版社2003年。

陈宝箴集（国家清史编纂委员会·文献丛刊） 汪叔子、张求会编，中华书局2003年，2005年。

严复集补编 （清）严复著，孙应祥、皮后锋编，福建人民出版社2004年。

严复墨迹 北京大学福建校友会编，福建美术出版社2004年。

孔尚任全集辑校注评 徐振贵主编，齐鲁书社2004年。

龚自珍选集（近代文学名家诗文选刊） （清）龚自珍著，孙钦善选注，人民文学出版社 2004 年。

林则徐选集（近代文学名家诗文选刊）（清）林则徐著，杨国桢选注，人民文学出版社 2004 年。

秋瑾选集（近代文学名家诗文选刊）（清）秋瑾著，郭延礼选注，人民文学出版社 2004 年。

翁同龢选集（近代文学名家诗文选刊）（清）翁同龢著，马卫中、张修龄选注，人民文学出版社 2004 年。

梁启超选集（近代文学名家诗文选刊）（清）梁启超著，王常选注，人民文学出版社 2004 年。

洪炳文集（温州文献丛书）（清）洪炳文著，沈不沉编，上海社会科学院出版社 2004 年。

夏峰先生集（理学丛书）（清）孙奇逢著，朱茂汉点校，中华书局 2004 年。

琴志楼诗集（清）易顺鼎著，王飙点校，上海古籍出版社 2004 年。

闺中造物有花仙：顾春诗词注评 奚彤云撰，上海古籍出版社 2004 年。

一抹春痕梦里收：吕碧城诗词注评 李保民撰，上海古籍出版社 2004 年。

漫云女子不英雄：秋瑾诗词注评 郭蓁撰，上海古籍出版社 2004 年。

严复选集（近代文学名家诗文选刊）（清）严复著，周振甫选注，人民文学出版社 2004 年。

康有为选集（近代文学名家诗文选刊）（清）康有为著，舒芜、陈尔冬、王利器选注，人民文学出版社 2004 年。

枳香山房诗草选注（甘肃少数民族古籍丛书） 边遵义选注，甘肃民族出版社 2004 年。

九梅村诗集校注（清）魏燮均著，毕宝魁校注，辽海出版社 2004 年。

说岩诗草笺注 王勋成、王军编著，兰州大学出版社 2004 年。

郑板桥家书评点（清）郑板桥著，陈书良评点，岳麓书社 2004 年。

郑板桥家书（清）郑板桥著，童小畅编译，中国书籍出版社 2004 年。

曾国藩秘传弟子书（清）曾国藩

原著，吴江、袭铸男解译，中国华侨出版社 2004 年。

傅山全书补编　太原市三晋文化研究会编，山西人民出版社 2004 年。

乾隆蓟州诗集　吴景仁主编，天津社会科学院出版社 2004 年。

张调元文集（古都郑州文化丛书）（清）张调元著，张惠民、陈斌点校，中州古籍出版社 2004 年。

《饮冰室合集》集外文　（清）梁启超著，北京大学出版社 2005 年。

新编汪中集　（清）汪中著，田汉云点校，广陵书社 2005 年。

张穆诗词笺释　张穆传　王俭主编，山西人民出版社 2005 年。

月**斋文集校释**　康金声审定，王俭校注，山西人民出版社 2005 年。

曾纪泽集　（清）曾纪泽著，喻岳衡点校，岳麓书社 2005 年。

骆宝善评点袁世凯函牍　骆宝善著，岳麓书社 2005 年。

翁同龢集（国家清史编纂委员会·文献丛刊）　谢俊美编，中华书局 2005 年。

钱谦益诗选（《古典诗词名家》丛书）　裴世俊选注，中华书局 2005 年。

敬恕堂文集（古都郑州文化丛书）（清）耿介著，郑州市城市文化研究所编，中州古籍出版社 2005 年。

黄遵宪全集　陈铮编，中华书局 2005 年。

知希堂诗选注　王灿著，蔡川右、蔡雯选注，云南民族出版社 2005 年。

范伯子手稿　范曾编，河北教育出版社 2005 年。

俞正燮全集（安徽古籍丛书）（清）俞正燮撰，于石、马君骅、诸伟奇点校，黄山书社 2005 年。

廖燕全集　（清）廖燕著，林子雄点校，上海古籍出版社 2005 年。

秋帆集　（清）黄堂著，上海古籍出版社 2005 年。

学贾吟　（清）陈季同著，上海古籍出版社 2005 年。

偶斋诗草　（清）宝廷著，聂世美点校，上海古籍出版社 2005 年。

柏枧山房诗文集　（清）梅曾亮著，

彭国忠、胡晓明点校，上海古籍出版社 2005 年。

曾国藩诗文集 （清）曾国藩著，王澧华点校，上海古籍出版社 2005 年。

郑板桥诗词 （清）郑板桥著，中国档案出版社 2005 年。

刘宝泰函稿 曹华主编，广陵书社 2006 年。

纪晓岚新疆诗文 周轩、修仲一编注，新疆大学出版社 2006 年。

祁韵士新疆诗文 修仲一、周轩编注，新疆大学出版社 2006 年。

洪亮吉新疆诗文 修仲一、周轩编注，新疆大学出版社 2006 年。

林则徐新疆诗文 周轩、刘长明编注，新疆大学出版社 2006 年。

曾国藩家书（国学今读大书院）（清）曾国藩著，陈书凯译，蓝天出版社 2006 年。

曾国藩诗文精选 唐浩明选编，李丹洁等点评，湖南人民出版社 2006 年。

江藩集（清代学者文集丛刊）（清）江藩著，漆永祥整理，上海古籍出版社 2006 年。

石涛诗录 汪世清著，河北教育出版社 2006 年。

龚自珍诗词选（古典诗词名家）孙钦善选注，中华书局 2006 年。

曾国藩家书家训 （清）曾国藩原著，王润安、陈泓注译，中国纺织出版社 2006 年。

四松堂集付刻底本 （清）敦诚撰，北京图书馆出版社 2006 年。

文道希遗诗选注 曾文斌选注，岳麓书社 2006 年。

范伯子诗文选集 （清）范当世著，寒碧笺评，浙江古籍出版社 2006 年。

东洲草堂诗集（中国近代文学丛书）（清）何绍基编著，曹旭点校，上海古籍出版社 2006 年。

沧趣楼诗文集 （清）陈宝琛著，刘永翔、许全胜点校，上海古籍出版社 2006 年。

康有为文选：注释本 姜义华、张荣华选注，百花文艺出版社 2006 年。

严复文选：注释本 牛仰山选注，

百花文艺出版社 2006 年。

林纾文选：注释本 许桂亭选注，百花文艺出版社 2006 年。

梁启超文选：注释本 侯宜杰选注，百花文艺出版社 2006 年。

王国维文选：注释本 姜东赋、刘顺利选注，百花文艺出版社 2006 年。

曾国藩文选：注释本 朱东安选注，百花文艺出版社 2006 年。

纳兰成德集 康奉等主编，什刹海丛书编辑委员会编，北京古籍出版社 2006 年。

陈维崧诗（清名家诗丛刊初集）（清）陈维崧著，江庆柏点校，广陵书社 2006 年。

龚鼎孳诗（清名家诗丛刊初集）（清）龚鼎孳著，陈敏杰点校，广陵书社 2006 年。

厉鹗诗（清名家诗丛刊初集）（清）厉鹗著，吴家驹点校，广陵书社 2006 年。

施闰章诗（清名家诗丛刊初集）（清）施闰章著，吴家驹点校，广陵书社 2006 年。

筠心堂集（海南先贤诗文丛刊）（清）张岳崧著，郭祥文点校，海南出版社 2006 年。

鹤巢诗文存 （清）忻江明原著，忻鼎永等整理，黄山书社 2006 年。

杜堮诗选注（河下文丛） 关增岭编，中国文史出版社 2006 年。

＊**绣诗楼集** （清）陈步墀撰，黄坤尧编，香港中文大学 2007 年。

曾国藩家书精粹（国学经典）（清）曾国藩原著，唐浩民注译，海潮出版社 2007 年。

曾国藩家书：图文普及版（青少年快读中华传统文化书系）（清）曾国藩著，内蒙古文化出版社 2007 年。

王士祯全集 （清）王士祯著，袁世硕主编，齐鲁书社 2007 年。

渔洋精华录汇评 周兴陆编，齐鲁书社 2007 年。

砚樵山房诗稿 （清）董文涣著，李豫等点校，山西古籍出版社 2007 年。

霜红龛集校补（陈监先文存） 陈监先校补，山西古籍出版社 2007 年。

陈批霜红龛集 （清）傅山著，（清）丁宝铨刊，陈监先批校，山西古籍出版社 2007 年。

菜根轩诗钞（沁县文化概览） 吴广隆、马留堂主编，山西人民出版社 2007 年。

安雅堂全集（中国古典文学丛书）（清）宋琬著，马祖熙标校，上海古籍出版社 2007 年。

张裕钊诗文集（中国近代文学丛书） 张裕钊著，王达敏点校，上海古籍出版社 2007 年。

牧斋杂著（中国古典文学丛书）（清）钱谦益著，（清）钱曾笺注，钱仲联标校，上海古籍出版社 2007 年。

思伯子堂诗文集 （清）张际亮著，王飚点校，上海古籍出版社 2007 年。

天放楼诗文集 （清）金天羽著，周录祥点校，上海古籍出版社 2007 年。

吕碧城诗文笺注 吕碧城著，李保民笺注，上海古籍出版社 2007 年。

曾国藩家书精选集 龙子明选编，中国长安出版社 2007 年。

曾国藩文集（国学今读大书院）（清）曾国藩著，陈书凯编译，中国纺织出版社 2007 年。

乾隆皇帝咏西苑北海御制诗 白珍珍主编，北海公园管理处编著，中国旅游出版社 2007 年。

兼济堂文集（中国历史文集丛刊）（清）魏裔介著，魏连科点校，中华书局 2007 年。

吴渔山集笺注 （清）吴历撰，章文钦笺注，中华书局 2007 年。

边随园集 刘崇德主编，（清）边连宝著，中华书局 2007 年。

顾千里集（中国历史文集丛刊）（清）顾千里著，王欣夫辑，中华书局 2007 年。

霜红龛集（傅山文化丛书）（清）傅山著，北岳文艺出版社 2007 年。

傅山诗选注（傅山文化丛书）（清）傅山著，侯文正编注，北岳文艺出版社 2007 年。

傅山文选注（傅山文化丛书）（清）傅山著，张厚余编注，北岳文艺出版社 2007 年。

楝亭集笺注 （清）曹寅著，胡绍

棠笺注，北京图书馆出版社2007年。

曾国藩智谋全书（家庭书架·第2辑）（清）曾国藩著，北京出版社2007年。

＊**香山郑慎余堂待鹤老人嘱书**（清）郑观应（杞忧生）撰，澳门博物馆、上海图书馆2007年。

＊**麦继强藏康南海手札** 香港中文大学图书馆编，香港中文大学图书馆2008年。

黄遵宪诗选 曹旭选注，中华书局2008年。

曾国藩全典（清）曾国藩著，北京出版社2008年。

张之洞诗文集 张之洞著，庞坚点校，上海古籍出版社2008年。

经韵楼集（清）段玉裁撰，钟敬华点校，上海古籍出版社2008年。

伏敌堂诗录（清）江湜著，左鹏军点校，上海古籍出版社2008年。

陈澧集（清）陈澧著，黄国声主编，上海古籍出版社2008年。

觚庵诗存（清）俞明震著，马亚中点校，上海古籍出版社2008年。

越缦堂诗文集（清）李慈铭著，刘再华点校，上海古籍出版社2008年。

郑板桥诗词笺注 华耀祥笺注，广陵书社2008年。

刘蓉集（清）刘蓉撰，杨坚点校，岳麓书社2008年。

何绍基诗文集（清）何绍基撰，龙震球等点校，岳麓书社2008年。

彭玉麟集（清）彭玉麟纂，梁绍辉等点校，岳麓书社2008年。

南村草堂文钞（清）邓显鹤撰，弘征点校，岳麓书社2008年。

南村草堂诗钞（清）邓显鹤撰，弘征点校，岳麓书社2008年。

王先谦诗文集（清）王先谦撰，梅季点校，岳麓书社2008年。

曾纪泽集（清）曾纪泽撰，喻岳衡点校，岳麓书社2008年。

曾国荃全集 梁小进主编，岳麓书社2008年。

唐浩明评点曾国藩家书 唐浩明点评，岳麓书社2008年。

张百熙集（清）张百熙撰，谭承

耕等点校，岳麓书社 2008 年。

七颂堂集 （清）刘体仁撰，王秋生点校，黄山书社 2008 年。

程瑶田全集（安徽古籍丛书）（清）程瑶田撰，陈冠明等点校，黄山书社 2008 年。

郑板桥集 （清）郑板桥著，毛妍君解评，三晋出版社 2008 年。

傅山集 （清）傅山著，三晋出版社 2008 年。

程昆仑先生诗文集 （清）程康庄著，三晋出版社 2008 年。

曾国藩家书 （清）曾国藩著，陈霞村等译注，三晋出版社 2008 年。

袁枚集 （清）袁枚著，吴言生等解评，三晋出版社 2008 年。

纳兰性德集 （清）纳兰性德著，寇宗基等解评，三晋出版社 2008 年。

龚自珍集 （清）龚自珍著，三晋出版社 2008 年。

曾国藩家书 （清）曾国藩著，线装书局 2008 年。

苏舆集 （清）苏舆著，胡如虹编，湖南人民出版社 2008 年。

曾国藩家书：插图本 （清）曾国藩著，万卷出版公司 2008 年。

龚自珍诗词选：插图版 孙钦善选注，中华书局 2009 年。

黄梨洲文集 （清）黄宗羲著，陈乃乾编，中华书局 2009 年。

钱谦益诗选 孙之梅选注，人民文学出版社 2009 年。

黄景仁诗选 李圣华选注，人民文学出版社 2009 年。

王士禛诗选 赵伯陶选注，人民文学出版社 2009 年。

袁枚诗选 王英志选注，人民文学出版社 2009 年。

苍虬阁诗集 陈曾寿著，张寅鹏等点校，上海古籍出版社 2009 年。

陈去病全集 陈去病著，张夷主编，上海古籍出版社 2009 年。

秋蟪吟馆诗钞 （清）金和著，胡露点校，上海古籍出版社 2009 年。

翁同龢诗集 （清）翁同龢著，朱育礼等点校，上海古籍出版社 2009 年。

独漉诗笺 （清）陈恭尹著，陈荆鸿笺，广东人民出版社2009年。

焦循诗文集 （清）焦循著，刘建臻点校，广陵书社2009年。

渔洋精华录集注 （清）王士禛著，宫晓卫等点校，齐鲁书社2009年。

凌廷堪全集（安徽古籍丛书）（清）凌廷堪撰，纪健生点校，黄山书社2009年。

黄生全集（安徽古籍丛书）（清）黄生撰，诸伟奇主编，安徽大学出版社2009年。

吴芳吉诗文选 白屋诗人吴芳吉研究课题组选编，三秦出版社2009年。

谢章铤集 陈庆元、陈昌强、陈炜点校，吉林文史出版社2009年。

六砚草堂集 （清）延君寿著，三晋出版社2009年。

古雪集校注 （清）杨继瑞著，大众文艺出版社2010年。

甲申集：外十一种 （清）余怀撰，杜华平等点校，福建人民出版社2010年。

愚庵小集 （清）朱鹤龄撰，虞思征点校，华东师范大学出版社2010年。

图解曾国藩家书：经典插图本全彩珍藏版 （清）曾国藩原著，九州出版社2010年。

曾国藩家书 （清）曾国藩著，内蒙古人民出版社2010年。

曾国藩家书全书解读 （清）曾国藩著，内蒙古人民出版社2010年。

双鱼草堂诗钞 （清）来维礼原著，李逢春编注，青海人民出版社2010年。

鸿雪草堂诗集 （清）张思宪原著，李逢春编注，青海人民出版社2010年。

何如璋集 （清）何如璋著，天津人民出版社2010年。

重桂堂集笺注 （清）许正绶著，王义胜注，学林出版社2010年。

归庄集 （清）归庄著，上海古籍出版社2010年。

潘树棠文集 （清）潘树棠撰，潘美蓉辑校，上海古籍出版社2010年。

陈维崧集 （清）陈维崧著，陈振

鹏点校，李学颖校补，上海古籍出版社2010年。

丁日昌集 赵春晨编，上海古籍出版社2010年。

郝懿行集 （清）郝懿行著，安作璋主编，齐鲁书社2010年。

陶澍全集 （清）陶澍撰，岳麓书社2010年。

思复堂文集 （清）邵廷采著，祝鸿杰点校，浙江古籍出版社2010年。

吴雯先生莲洋集 （清）吴雯著，李豫等点校，三晋出版社2010年。

程恩培集 （清）程恩培撰，李兴武点校，黄山书社2010年。

吴敬梓集系年校注 李汉秋、项东昇校注，中华书局2011年。

黄仲则诗选 蔡义江、沈开生、李梦生选注，中华书局2011年。

越游草（中华再造善本续编）（清）施闰章撰，国家图书馆出版社2011年。

赵悲庵诗文稿（中华再造善本续编）（清）赵之谦撰，国家图书馆出版社2011年。

秋锦山房集 秋锦山房外集 （清）李良年撰，朱丽霞整理，上海古籍出版社2011年。

余怀全集 （清）余怀撰，李金堂编校，上海古籍出版社2011年。

邓锡祯诗集 （清）邓锡祯、邓蓉镜、邓寄芳撰，邓进滔整理，上海古籍出版社2011年。

蔡召华诗集 （清）蔡召华撰，欧贻宏整理，上海古籍出版社2011年。

王国维诗词笺注 （清）王国维著，陈永正笺注，上海古籍出版社2011年。

夏曾佑集 杨琥编，上海古籍出版社2011年。

萚石斋诗集 萚石斋文集 （清）钱载著，丁小明整理，上海古籍出版社2011年。

胡峄阳文集 （清）胡翔瀛撰，上海古籍出版社2011年。

郑板桥集 （清）郑燮撰，广陵书社2011年。

清代陈季同《学贾吟》手稿校注 （清）陈季同著，沈岩校注，国家图书馆出版社2011年。

匡山集选注 （清）王沛恂著，中州古籍出版社2011年。

午亭文编 （清）陈廷敬著，吴广隆编审，马甫平点校，中州古籍出版社2011年。

乾隆帝巡幸盘山御制诗 白金辑，天津古籍出版社2011年。

御制圆明园诗 （清）乾隆撰，天津古籍出版社2011年。

汪康年文集 （清）汪康年著，浙江古籍出版社2011年。

吕留良诗文集 王士杰主编，浙江古籍出版社2011年。

鲁通甫集 郝润华辑校，三秦出版社2011年。

纳兰性德集 施议对编选，凤凰出版社2011年。

清道人遗集 （清）李瑞清著，段晓华点校整理，黄山书社2011年。

曾国藩全书 曹金洪主编，北京燕山出版社2011年。

曾文正公全集 （清）李瀚章编撰，中国书店2011年。

祁寯藻集·奏议·题本 （清）祁寯藻著，三晋出版社2011年。

鹤栖堂诗集（晋城历史名人文存）（清）李锡麟著，马甫平点校，三晋出版社2011年。

曾国藩全书：图文珍藏版 （清）曾国藩原著，线装书局2011年。

总集类

三星使书牍 （清）郭嵩焘、曾纪泽、薛福成著，广智书局编辑部编，广智书局1911年。

三名臣书牍 （清）曾国藩、胡林翼、左宗棠著，（清）何天柱编，广智书局1911年，1923年。

汉魏六朝名家集初刻 丁福保辑，无锡丁氏1911年。

唐人三家集 秦恩复辑，1911年。

尺牍丛刻 文明书局辑，文明书局1911年。

东莞三逸合稿 黄佛颐辑，粤东编译公司1911年。

明儒周源谿少溪元度三先生残诗合刻 袁永业辑，东台袁氏

1912年。

晋四家诗 （明）戴廷栻辑，榆次常氏1912年。

简札选集 王远志选编，张家庄天主堂1914年。

（分类）尺牍新语 （清）汪淇、徐士俊编，广益书局1914年，1923年。

宋诗钞初集 （清）吕留良、吴之振、吴尔尧辑，商务印书馆1914年。

云和魏氏诗集 魏兰辑，1915年自刊。

吴门百艳图记（同光百花榜） 花下解人编纂，中国图书公司和记1915年。

明清八大家文抄 王文濡辑，进步书局1915年。

宋诗钞补 （清）管庭芬、蒋光煦辑，商务印书馆1915年。

青箱集 王德钟辑，国光书局1915年。

丽情集（清五十名家艳体骈文类编） 沈东讷编，小说丛报社1916年，1920年。

（明刻秘本）青楼韵语（原名：嫖经附图） 朱元亮辑，隐虹轩1916年。

午梦堂集 叶绍袁辑，吴江唐氏宁简堂1916年。

唐人四集 （明）毛晋辑，商务印书馆1916年。

修身诗教 贾丰臻编纂，沈恩孚校订，商务印书馆1917年。

风流艳集 李警众编，泰东图书局1917年。

汉魏六朝百三名家集 （明）张溥辑，扫叶山房1917年。

汉魏六朝百三家集选 （清）吴汝纶评选，都门书局1917年。

戊戌六君子遗集 张元济辑，商务印书馆1917年。

章谭合钞 佚名辑，国学扶轮社1918年。

昭文邵氏联珠集 邵震亨辑，上海聚珍仿宋印书局1918年。

古艳尺牍 何育禧编，文明书局1918至1929年。

吴兴徐氏遗稿 徐益彬辑，上海聚珍仿宋印书局1918年。

历代名人小简类编 陆淡盦编辑，新民图书馆1919年。

古今名公尺牍汇编选注 （明）王稚登汇选，俞肇光注释，广益书局1919年，1923年。

明季三孝廉集 罗振玉辑，上虞罗氏1919年。

盐溪桥梓诗存 朱家驹辑，奉贤朱氏1919年。

梅溪张氏诗录 张焕斗辑，上海张氏1919年。

（分类）历代尺牍选粹 姚汉章，周敦肃编，中华书局1920年，1923年。

白话唐人七绝百首 浦薛凤选辑，中华书局1920年，1930年。

石达开吴禄贞诗合集 冯心侠编辑，唐忍庵校订，简单编译社1920年。

历代名臣风流判案大观后编 （清）万廉芳撰，东南书局1920年。

征远堂遗稿 朱久望辑，华亭朱氏1920年。

广德寿重光集第一辑 王揖唐辑，合肥王氏传是楼1920年。

苔岑丛书 余端辑，武进苔岑吟社1920年。

白话唐宋古体诗百首 凌善清选辑，中华书局1921年，1926年。

白话唐诗五绝百首 凌善清选辑，中华书局1921年，1931年。

白话宋诗五绝百首 凌善清选辑，中华书局1921年，1922年。

白话宋诗七绝百首 凌善清选辑，中华书局1921年，1930年。

明清十大家尺牍 文明书局辑，文明书局1921年。

汲古阁影抄南宋六十家小集 陈起辑，古书流通处1921年。

武原先哲遗书初编 谈文江辑，海盐谈氏1921年。

笙磬集 王庸昆辑，慕云山房1921年。

单县周氏家集 周自斋辑，上海聚珍仿宋印书局1921年。

胡氏遗书 万宗林辑，张仁芳、张启玱1921年。

（分类）历代白话诗选 张廷华编，大东书局1922年，1926年。

元四家辑 陈乃乾辑，古书流通处1922年。

耿氏家集汇钞 耿兆丰辑，沐阳耿氏1922年。

桂影轩丛刊 谈文灯辑，海盐谈氏1922年。

半墅草堂新书（苔岑丛书） 吴放辑，武进苔岑吟社1922年。

青箱书屋两世词稿 王守义辑，上海1923年。

短篇游记范本 张廷华选，大东书局1923年，1924年。

三星使书牍 何天柱编，广智书局1923年订正版。

近代诗钞 （清）陈衍编辑，商务印书馆1923年，1935年。

绿窗艳课（紫罗兰盦小丛书） 周瘦鹃选辑，大东书局1923年。

四妇人集 沈绮云辑，海宁陈氏慎初堂1923年。

虞社丛书 俞鹏侣辑，虞社1923年。

谯东父子集（林氏选评名家文集） 林纾选评，商务印书馆1924年。

欧孙合集（林氏选评名家文集）（唐）欧阳詹、孙樵著，林纾选评，商务印书馆1924年。

历代名人书札注释 许国英注释，商务印书馆1924年，1930年，1934年，1935年。

（评注）宋元明诗读本（历代诗读本） 张廷华评选，大东书局1924年。

历代女子白话诗选 （清）徐珂编辑，商务印书馆1924年，1928年，1937年。

（评注）清诗读本（历代诗读本） 凌善清选辑、评注，大东书局1924年。

国学必读 钱基博编，中华书局1924年。

南社丛选 胡朴安辑，国学社1924年。

（新式标点）六朝文絜 （清）许梿评选，朱钧参校，陈益标点，扫叶山房1925年。

历代白话诗选 （清）徐珂选辑，叶圣陶（原题：叶绍钧）校订，商务印书馆1925年。

古辞 蒋善国编，梁溪图书馆1925年，1926年。

茶阳三家文钞 温廷敬辑，大埔温氏补读书庐1925年。

（新式标点）古文辞类纂 （清）姚鼐编纂，樊筱迟句读，新文化书社1926年，1935年。

（标点注释）经史百家简编 （清）曾国藩纂，（清）曾国荃审订，抱恨生标点并注解，新文化书社1926年，1934年。

（新式标点）苏东坡尺牍 黄山谷尺牍 （宋）苏东坡、黄庭坚著，陶乐勤标点，大东书局1926年，1932年。

杂纂四种 川岛编，北新书局1926年。

（标点选节）清初五大师集 许啸天整理，群学社1926年，1928年。

昭明文选（新式标点、评点批注） （南朝梁）萧统选撰，（清）何义门集评，陈益标点，普益书局1926年。

国风乐选 刘永济编，泰东图书局1926年。

唐明二翁诗集 翁辉东辑，潮安翁氏1926年。

五唐人集 （明）毛晋辑，涵芬楼1926年。

唐六名家集 （明）毛晋辑，商务印书馆1926年。

唐人八家诗 （明）毛晋辑，商务印书馆1926年。

元人十种诗 （明）毛晋辑，商务印书馆1926年。

当代八家文抄 胡君复辑，商务印书馆1926年。

先泽残存 王元增辑，京师第一监狱1926年。

友于集 秦锡燧辑，上海秦氏1926年。

历代名家尺牍（周秦两汉尺牍·附蜀汉） 王文濡编辑，文明书局1927年。

历代名家尺牍（魏晋尺牍） 王文濡编辑，文明书局1927年。

历代名家尺牍（六朝尺牍·附北魏、北齐、北周） 王文濡编辑，文明书局1927年。

历代名家尺牍（隋唐尺牍） 王文濡编辑，文明书局1927年。

历代名家尺牍（宋金元尺牍） 王文濡编辑，文明书局1927年。

历代名家尺牍（明代尺牍） 王文濡编辑，文明书局1927年。

历代名家尺牍（清代尺牍） 王文濡编辑，文明书局1927年。

邱海合集（海南丛书） （明）邱濬、海瑞著，贾棠、焦映汉编，海南书局1927年。

中国女子白话诗选 张友鹤编辑，文明书局1927年。

中国古代宗教诗歌集（中国古代宗教丛书） 张仕章编，广学会1927年。

古诗源 （清）沈德潜选编，支伟成标点，泰东图书局1927年，1928年，1935年。

周浦二冯诗草 朱益明辑，1927年。

经史百家杂钞 （清）曾国藩编纂，（清）李鸿章校刊，许啸天点注，群学社1928年，1930年。

方姚文（万有文库） 赵震、庄适选注，商务印书馆1928年，1929年，1933年，1934年，1947年。

古恋歌 爱丝女士编，亚细亚书局1928年，1929年。

诗今选 蒋善国编辑，中华书局1928年，1940年。

爱国诗选 汪静之选注，商务印书馆1928年。

描写女性美的诗 邹静漪编，民治书店1928年，1929年。

清代名媛诗录 童振藻辑，木砚斋1928年。

戴鹿床手写宋元四家诗四种 戴熙辑，中社1928年。

郁氏三世吟稿 郁屏翰等撰，上海郁氏1928年。

毗陵周氏家集 周兹萌等辑，毗陵周氏1928年。

西湖百咏（西溪百咏、南屏百咏） （宋）董嗣杲等著，六艺书局1929年。

涵芬楼古今文钞简编（万有文库） 吴曾祺编，商务印书馆1929年，1933年，1935年。

民隐诗编 郑苏编，交通大学1929年。

（新编）醒世千家诗 李圆净编，佛学书局1929年，佛教净业社流通部1930年，弘化社1932年，1934年。

岁时景物日咏大全 徐珂编纂，商务印书馆1929年。

唐诗别裁（万有文库）（清）沈德潜选注，商务印书馆1929年，1935年，1936年，1958年。

天籁集（一百年前之新体诗）（清）郑旭旦编，悲增标点，中原书局1929年。

西湖杂咏（附：金牛湖渔唱）（清）陈若莲著，六艺书局1929年。

（增批）古文观止 （清）吴楚材、吴调侯编，昌文书局1929年。

秦氏三府君集 秦毓钧辑，味经堂1929年。

花萼集 曹敏辑，上海中华书局1929年。

女作家文选（女作家小丛书） 陈婉娥编选，女作家小丛书社1930年。

汉魏六朝文（万有文库） 臧励龢选注，商务印书馆1930年，1933年，1934年，1947年。

妇人集（附：影梅庵忆语、钱柳遗事杂录） （清）陈维嵩著，六艺书局1930年。

南唐二主全集 管效先编，商务印书馆1930年，1931年，1934年。

古诗源（万有文库）（清）沈德潜选，商务印书馆1930年，1936年，1939年简编版。

古诗源（学生国学丛书）（清）沈德潜原选，傅东华选注，商务印书馆1930年，1933年，1937年，1945年。

女作家诗选（女作家小丛书） 童纫兰编，女作家小丛书社1930年。

诗词治要（国学治要） 张文治编，陈棠、喻璞校，文明书局1930年。

唐人万首绝句选 （清）王士祯选，扫叶山房1930年。

宋诗别裁（万有文库）（清）张景星等选辑，商务印书馆1930年，1937年，1939年简编版。

元诗别裁（万有文库）（清）张景星选，商务印书馆1930年，1934年，1935年，1937年。

明诗别裁（万有文库）（清）沈德潜、周准选，商务印书馆1930年，1933年，1937年。

清诗别裁（万有文库）（清）沈德潜选，商务印书馆1930年，1933年，1937年，1939年简编版。

东河棹歌（附：吴山遗事诗、南宋宫闺杂咏） 六艺书局1930年。

经传治要 张文治编，文明书局1930年。

储氏丛书 储皖峰辑，述学社1930年。

（新体注解）明代名人尺牍精华 （清）王元勋、程化騄同辑，张廷华选注，大东书局1931年。

清代文粹 汪偶然编，世界书局1931年，1935年。

文选（附考异）（万有文库）（南朝梁）萧统选辑，（唐）李善注释，商务印书馆1931年，1936年，1939年简编版，国学整理社1935年。

石湖遗集 北泉草堂 梁中丞集 许忠直集合编（海南丛书）（明）郑廷鹄等著，王尧云校订，海南书局1931年。

慷慨集 李剑虹选辑，新中华书店1931年。

诗选 祁述祖编，南京书店1931年。

田间诗选 张援编辑，商务印书馆1931年，1934年。

唐人故事诗 陈登元编注，南京书店1931年。

唐诗三百首（言文对照 白话评注） （清）蘅塘退士编，袁韬壶译注，群学社1931年，1937年。

国学文选类纂 钱基博著，商务印书馆1931年，1935年。

国故概要 金受申编辑，易社1931年。

二洪遗稿 洪朴、洪榜撰，通学斋1931年。

钟家诗钞合集 钟毓辑，钟惠山1931年。

岭东名人新诗合选 梅县青年学社编，1931年。

民智历代文选（大学文科适用） 汪馥泉编，民智书局1932至1933年。

古今名人尺牍 许啸天译注，群学书社1932年。

（新式标点）八贤书札 （清）瞿鸿禨编，薛恨生标点，新文化书社1932年。

（新式标点）八贤书札 （清）瞿鸿禨编，大中书局1932年。

妇人集 （清）陈维嵩著，周瘦鹃

校阅，大东书局 1932 年。

全上古三代秦汉三国六朝文作者引得 哈佛燕京学社引得编纂处编，燕京大学哈佛燕京学社引得编纂处 1932 年。

明代文粹 汪倜然编，世界书局 1932 年，1933 年。

（新式标点）昭明文选 （南朝梁）萧统选撰，何义门集评，陈和祥标点，普益书局 1932 年。

情诗三百首（精选古今名人） 墨隐庐主编，国华新记书局 1932 年，1935 年。

绝妙诗选（强立斋丛书） 邵子风选注，强立丛书社 1932 年。

国学菁华 高苏垣辑注，百城书局 1932 年。

学术文 林之棠编，华盛书社 1932 年。

云间两何君集 姚光辑，金山姚氏复庐 1932 年。

江宁方氏遗稿 仇埰辑，南京王吉源 1932 年。

（新式标点）汉魏六朝女子文选 张维编辑，启智书局 1933 年，1935 年。

三苏文（万有文库） 叶玉麟选注，商务印书馆 1933 年，1934 年。

桐城两相国语录（附澄怀主人自订年谱） （清）张英、张廷玉著，张曾虔编，编者刊 1933 年。

历代香艳书札 徐畹兰编，三星书局 1933 年。

苏东坡黄山谷尺牍合璧 （清）黄始辑，薛恨生标点，新文化书社 1933 年。

（新式标点）苏黄尺牍合刊 （清）黄始笺辑，启智书局 1933 年，1934 年。

（新式标点）八贤书札 （清）郭子瀞编，梦蝶主人标点，大达图书供应社 1933 年，1934 年，1935 年。

日记文学丛选（文言卷） 阿英（原题：软无名）编，南强书局 1933 年。

潮州文概 翁辉东编辑，张绚标点，俪光医院 1933 年。

中国历代女子诗选 李白英编校，乐华图书公司 1933 年。

军国民诗选（建国丛书） 邵元冲选辑，建国月刊社 1933 年。

诗选（中学国语补充读本） 石民编注，北新书局 1933 年。

中华诗选 孙俍工、孙怒潮编，中华书局 1933 年，1936 年。

近体诗选 徐开儒、陈枕楚编辑，宁波文学自修会 1933 年。

子夜歌（文艺小丛书） 胡朴安、胡寄尘辑录，文艺小丛书社 1933 年。

（评注）唐诗三百首 （清）蘅塘退士编，媚古居士重订，朱益明译，春明书店 1933 年。

（新式标点）唐诗三百首 （清）蘅塘退士编，寒枚居士标点，大中书局 1933 年。

唐代非战诗选（欣赏丛书） 朱炳煦编，光华书局 1933 年。

唐宋三大诗宗集 易大厂辑，民智书局 1933 年。

文艺小丛书第一辑 胡朴安、胡怀琛辑，广益书局 1933 年。

太仓十子诗选 （清）吴伟业选辑，太仓图书馆 1933 年。

邵阳车氏一家集 （明）车大任、车以遵、车方育等撰，刘达武辑，邵阳车氏 1933 年。

锡山荣氏绳武楼丛刊 荣棣辉辑，无锡荣氏 1933 年。

辽文萃（附艺文志补证）（国学文库） （清）王仁俊辑，1933 年。

近代散文钞 沈启无编选，人文书店 1934 年。

（新式标点）经史百家简编 钱士民标点，朱太忙标阅，大达图书供应社 1934 年。

（新式标点）汉魏六朝女子文选 张维编辑，新文化书社点校，新文化书社 1934 年。

（新式标点）六朝女子文选 朱太忙标点，大达图书供应社 1934 年，1935 年。

韩柳散文选 金民天编辑，合众书店 1934 年。

山水小品集 刘大杰编，北新书局 1934 年。

明人小品集 刘大杰编，北新书局 1934 年。

秋水轩·雪鸿轩尺牍合璧 （清）许葭村（思湄）、龚萼（未斋）著，江荫香注释，大达图书供应社 1934 年。

中国文人日记抄 朱雯选编，天马

书店1934年。

玉台新咏（学生国学丛书） 黄公渚选注，商务印书馆1934年。

爱国诗歌（小朋友爱国丛书） 周近新编，光华书局1934年。

评注魏三祖诗选 陈柱选注，商务印书馆1934年。

唐诗韵释 毕志飏编，大华书局1934年。

（新式标点）唐诗三百首 （清）蘅塘退士编，陈伯陶标点，朱太忙校阅，大达图书供应社1934年，广益书局1940年。

（订正白话注解）唐诗三百首 （清）蘅塘退士编选，梦花馆主译注，广益书局1934年。

（新式标点）唐诗三百首 薛恨生标点，新文化书社1934年。

广西诗见录 黄辉清编辑，编者刊1934年。

性灵诗 毛思诚选编，编者刊1934年。

诗词精选 苏涧雷辑，世界书局1934年。

国魂诗选（新中国建设学会丛书） 王家棫编，新中国建设学会1934年。

（白话注释）千家诗 （宋）谢枋得选，谢松涛注释，江荫香校阅，大达图书供应社1934年，1936年。

千家诗（标点注解 言文对照） 徐达哉原选，沈醉翁注解，新文化书社1934年，达文书店1936年。

苏东坡欧阳修王安石话体诗选 陶乐勤选注，民智书店1934年。

太平天国文艺三种 卢冀野（原题：卢前）编辑，会文堂新记书局1934年。

唐僧诗选（武昌佛学院丛书） 皮鹤龄选辑，武昌佛学院1934年。

皇明经济文录（九边编、辽东编）（国学文库） （明）魏焕等著，（明）万表辑，文殿阁书庄1934年。

桂林周氏家集 周家彦辑，桂林周氏1934年。

西昆酬唱集（丛书集成初编） （宋）杨亿等著，商务印书馆1935年。

濂洛风雅（丛书集成初编） （清）张伯行编，商务印书馆1935年。

天地间集（丛书集成初编）（宋）谢翱编，商务印书馆1935年。

淮海英灵集（丛书集成初编）（清）阮元辑，商务印书馆1935年。

颜氏家藏尺牍（附姓氏考）（丛书集成初编）（清）颜光敏辑，商务印书馆1935年。

五柳赓歌（丛书集成初编）（晋）陶潜撰，（明）周履靖和韵，商务印书馆1935年。

（新式标点）明清八大家文选 龚复初标点，何铭校阅，新文化书社1935年。

（新式标点）归震川方望溪文选 龚复初标点，何铭校阅，新文化书社1935年。

唐宋八大家古文读本（清）沈德潜选，大达图书供应社1935年，1939年。

幽默古文选 王小逸编，储菊人校订，中央书店1935年。

（广注）古文辞类纂（清）姚鼐选纂，宋晶如、章荣注释，国学整理社1935年，1936年。

（曾文正公）经史百家杂钞（清）曾国藩编，周云标点，大达图书供应社1935年。

（评注）经史百家杂钞（清）曾国藩编，李鸿章校勘，叶玉麟评注，广益书局1935年。

（详注）经史百家杂钞（中国文学基本丛书）（清）曾国藩编纂，谢璇笺注，会文堂新记书局1935年。

（标点）鸣原堂论文集（清）曾国藩选，谢苇丰标点，东方文学社1935年。

（仿古字版）美化文学名著丛刊 朱剑芒编，国学整理社1935年，1936年。

各体文选 支伟成编，商务印书馆1935年。

六朝文絜笺注（清）许梿评选，大达图书供应社1935年。

（新式标点）六朝文絜（清）许梿评选，朱钧参校，谢苇丰标点，东方书局1935年。

晚明小品文总集选 王英编校，南强书局1935年。

明人日记随笔选 王英编校，南强书局1935年。

冰雪携（晚明百家小品）（国学珍本文库）（明）卫泳编评，中央书店 1935 年。

晚明二十家小品 施蛰存选辑，光明书局 1935 年。

（新式标点）刘海峰、姚姬传文选 龚复初标点，何铭校阅，新文化书社 1935 年。

（标点评注）古文辞类纂（续编）（清）王先谦编，江荫香注，大达图书供应社 1935 年。

（新式标点）张濂亭吴挚甫文选 龚复初标点，何铭校阅，新文化书社 1935 年。

（新式标点）梅伯言曾涤生文选 龚复初标点，何铭校阅，新文化书社 1935 年。

（新式标点）明清十大名人尺牍 龚复初标点，新文化书社 1935 年。

古艳情书（历代名媛杰作） 储菊人校订，中央书店 1935 年。

历代名人书牍精华（青年必读书之一） 陈陟编，经纬书局 1935 年。

（新式标点）王阳明尤西堂尺牍（明）王守仁、（清）尤侗著，龚复初标点，新文化书社 1935 年。

写心集（晚明百家尺牍）（国学珍本文库）（清）陈枚编，中央书店 1935 年，1936 年。

写心二集（晚明百家尺牍）（国学珍本文库）（清）陈枚选，沈亚公校订，中央书店 1935 年。

尺牍新钞（中国文学珍本丛书）（清）周亮工编纂，张静庐点校，上海杂志公司 1935 年。

清代名人情书 丁南邨编，郭澹心译文，时还书局 1935 年。

顾亭林侯朝宗尺牍 （清）顾亭林、侯朝宗著，储菊人校订，中央书店 1935 年。

八贤书札（景印真迹） （清）郭子瀞编，国学整理社 1935 年，1937 年。

（新式标点）名儒尺牍 朱太忙编，大达图书供应社 1935 年。

文选注引书引得 哈佛燕京学社引得编纂处编，燕京大学哈佛燕京学社引得编纂处 1935 年。

（新式标点）太平天国文钞（国学自修读本） 鲍赓生标点，何铭校阅，新文化书社 1935 年。

(孙批) 文选 （南朝梁）萧统编选，叶百丰校阅，大达图书供应社 1935 年。

(注释) 历代女子诗选（初中学生文库） 李辉群编，中华书局 1935 年，1941 年。

(注释) 中国民族诗选（初中学生文库） 李宗邺编，中华书局 1935 至 1947 年。

精选名诗五百首 王学正编，经纬书局 1935 年。

诗词精选 维恒编注，乐华图书公司 1935 年。

近代名人诗选 吴芹编辑，大达图书供应社 1935 年。

(绘图韵对) 千家诗 （宋）谢枋得选，王湘注，嵩山居士校阅，鸿文书局 1935 年，1936 年。

玉台新咏（附续集） （南朝陈）徐陵编，（清）吴兆宜注，国学整理社 1935 年，1936 年。

(足本) 十八家诗钞 （清）曾国藩编，谢苇丰标点，东方文学社 1935 年。

(曾文正公) 十八家诗钞 （清）曾国藩编，叶昀标点，大达图书供应社 1935 年。

(仿古字版) 十八家诗钞 （清）曾国藩编，国学整理社 1935 年，1936 年。

十八家诗钞（学生国学丛书）（清）曾国藩编，吴遁生选注，商务印书馆 1935 年。

(白话句解) 唐诗三百首 （清）蘅塘退士编，抱恨轩主详注，新文化书社 1935 年，1941 年。

唐百家诗选（万有文库）（宋）王安石选辑，商务印书馆 1935 年，1939 年。

唐诗初笺简编（中国学术百科全书） 杨家骆编，中国大辞典编辑馆 1935 年。

唐诗绝句补注（中国文学基本丛书）（宋）赵蕃、韩淲精选，谢枋得注，卢冀野（原题：卢前）补注，会文堂新记书局 1935 年。

宋诗钞（万有文库）（清）吕留良、吴之振、吴自牧选编，李宣龚校补，商务印书馆 1935 年，1938 年。

美人诗（国学珍本文库）（明）闵正

中、曾汝鲁著，中央书店 1935 年。

清人题画诗选 黄颂尧编辑，大华书局 1935 年。

随园女弟子诗选（欣赏丛书） 匡亚明编选，大光书局 1935 年。

（新式标点）随园女弟子诗选 朱太忙标点，维公校阅，大达图书供应社 1935 年。

（精校）宋元明诗三百首 （清）朱梅谿、冷谏庵选辑，吴虞公校阅，大通图书社 1935 年。

青楼韵语（国学珍本文库） 张梦征编，沈亚公校订，中央书店 1935 年。

（标点评注言文对照）古文观止 （清）吴楚材、吴调侯编选，周郁年标点，大达图书供应社 1935 年，1936 年。

（言文对照）古文观止（国学自修读本） （清）吴楚材、吴调侯编选，樊筱迟标点，鉴湖渔隐校阅，新文化书社 1935 年。

（新式标点）古文评注 （清）过商侯选注，周郁年标点，大达图书供应社 1935 年。

经史百家简编 （清）曾国藩编，谢苇丰标点，方秩音校阅，东方文学社 1935 年。

皇明经济文录（蓟州编、宣府编、大同编）（国学文库） （明）魏焕等著，（明）万表辑，文殿阁书庄 1935 年。

黄冈二处士集 汪藥辑，黄冈汪氏 1935 年。

毗陵伍氏合集 伍宇昭、伍璜辑，武进伍氏 1935 年。

岭西五家诗文集 黄蓟辑，桂林典雅 1935 年。

沅湘通艺录（附四书文）（丛书集成初编） （清）江标辑，商务印书馆 1935 年。

六臣注文选（四部丛刊） （南朝梁）萧统辑，（唐）李善等注，商务印书馆 1936 年。

文选李善注（四部备要） （南朝梁）萧统辑，（唐）李善注，中华书局 1936 年。

玉台新咏集（四部丛刊） 南朝陈·徐陵辑，商务印书馆 1936 年。

中兴间气集（四部丛刊） （唐）高

仲武辑，商务印书馆 1936 年。

河岳英灵集（四部丛刊）（唐）殷璠辑，商务印书馆 1936 年。

国秀集（四部丛刊）（唐）芮梃章辑，商务印书馆 1936 年。

才调集（四部丛刊）（后蜀）韦谷辑，商务印书馆 1936 年。

古文苑（四部丛刊）（宋）章樵注，商务印书馆 1936 年。

唐文粹（四部丛刊）（宋）姚铉辑，商务印书馆 1936 年。

西昆詶唱集（四部丛刊）（宋）杨亿辑，商务印书馆 1936 年。

乐府诗集（四部丛刊）（宋）郭茂倩辑，商务印书馆 1936 年。

皇朝文鉴（四部丛刊）（宋）吕祖谦辑，商务印书馆 1936 年。

中州集（四部丛刊）（金）元好问辑，商务印书馆 1936 年。

谷音·河汾诸老诗集（四部丛刊）（元）杜本、房祺辑，商务印书馆 1936 年。

国朝文类（四部丛刊）（元）苏天爵辑，商务印书馆 1936 年。

皇元风雅（四部丛刊）（元）傅习辑，孙存吾编，虞集选，商务印书馆 1936 年。

皇明文衡（四部丛刊）（明）程敏政辑，商务印书馆 1936 年。

古文辞类纂（四部备要）（清）姚鼐辑，中华书局 1936 年。

续古文辞类纂（四部备要）（清）黎庶昌辑，中华书局 1936 年。

骈体文钞（四部备要）（清）李兆洛辑，中华书局 1936 年。

六朝文絜（四部备要）（清）许梿评辑，中华书局 1936 年。

经史百家杂钞（四部备要）（清）曾国藩辑，中华书局 1936 年。

乐府诗集（四部备要）（宋）郭茂倩辑，中华书局 1936 年。

十八家诗抄（四部备要）（清）曾国藩辑，中华书局 1936 年。

玉台新咏（四部备要）（南朝陈）徐陵辑，（清）吴兆宜注，程琰删补，中华书局 1936 年。

古诗选（四部备要）（清）王士祯辑，中华书局 1936 年。

古诗源（四部备要）（清）沈德潜辑，中华书局1936年。

今体诗钞（四部备要）（清）姚鼐辑，中华书局1936年。

初唐四杰集（四部备要）（唐）王勃等著，中华书局1936年。

文馆词林（丛书集成初编）（唐）许敬宗等编，商务印书馆1936年。

梅坞贻琼（丛书集成初编）（明）汪显节辑，商务印书馆1936年。

琼花集（附词）（丛书集成初编）（明）曹璿辑，商务印书馆1936年。

青莲觞咏（丛书集成初编）（唐）李白撰，（明）周履靖和，商务印书馆1936年。

洞霄诗集（丛书集成初编）（元）孟宗宝编，商务印书馆1936年。

选诗句图（丛书集成初编）（宋）高似孙集，商务印书馆1936年。

三家宫词（丛书集成初编）（明）毛晋辑，商务印书馆1936年。

千片雪（丛书集成初编）（元）冯海粟咏，（明）周履靖和，商务印书馆1936年。

群仙降乩语（丛书集成初编）（明）周履靖辑，商务印书馆1936年。

小石帆亭五言诗续抄（丛书集成初编）（清）翁方纲辑，商务印书馆1936年。

粤诗蒐逸（丛书集成初编）（清）黄子高著，商务印书馆1936年。

古诗十九首解（丛书集成初编）（清）张庚纂，商务印书馆1936年。

众妙集（丛书集成初编）（宋）赵师秀编，商务印书馆1936年。

全唐诗逸（丛书集成初编）［日］河世宁纂辑，商务印书馆1936年。

月泉吟社诗（丛书集成初编）（宋）吴渭辑，商务印书馆1936年。

诗苑众芳（丛书集成初编）（宋）刘瑄编，商务印书馆1936年。

宋旧宫人诗词（丛书集成初编）（清）汪元量编，商务印书馆1936年。

二家宫词（丛书集成初编）（明）毛晋辑，商务印书馆1936年。

谷音（丛书集成初编）（元）杜本辑，商务印书馆1936年。

河汾诸老诗集（丛书集成初编）（元）房祺编，商务印书馆 1936 年。

静安八咏集（丛书集成初编）（元）释寿宁纂，商务印书馆 1936 年。

毛公坛倡和诗（丛书集成初编）（明）周履靖撰，商务印书馆 1936 年。

清平阁倡和稿（丛书集成初编）（明）宋登春等撰，商务印书馆 1936 年。

鸳湖唱和稿（丛书集成初编）（明）周履靖撰，商务印书馆 1936 年。

怀旧集（丛书集成初编）（清）冯舒编，商务印书馆 1936 年。

焦山记游集（丛书集成初编）（清）马曰琯等编，商务印书馆 1936 年。

刻烛集（丛书集成初编）（清）曹仁虎纂，商务印书馆 1936 年。

林屋唱酬录（丛书集成初编）（清）马曰琯等编，商务印书馆 1936 年。

古文关键（丛书集成初编）（宋）吕祖谦编，商务印书馆 1936 年。

唐宋八大家文钞（丛书集成初编）（清）张伯行重订，商务印书馆 1936 年。

南北朝文钞（丛书集成初编）（清）彭兆荪辑，商务印书馆 1936 年。

诂经精舍文集（丛书集成初编）（清）阮元订，商务印书馆 1936 年。

尺牍新钞（丛书集成初编）（清）周亮工辑，商务印书馆 1936 年。

合肥相国寿言（丛书集成初编）（清）袁昶撰，商务印书馆 1936 年。

香严尚书寿言（丛书集成初编）（清）袁昶撰，商务印书馆 1936 年。

古今风谣（丛书集成初编）（明）杨慎辑，商务印书馆 1936 年。

古今谚（丛书集成初编）（明）杨慎辑，商务印书馆 1936 年。

粤风（丛书集成初编）（清）李调元辑，商务印书馆 1936 年。

古文品外录（中国文学珍本丛书）（明）陈继儒校辑，贝叶山房 1936 年。

（圣叹批选）古文必读（清）金圣叹批选，沈亚公校订，中央书店

1936 年。

骈体文钞（万有文库）（清）李兆洛选辑，国学整理社 1936 年，商务印书馆 1937 年。

三国晋南北朝文选（国文精选丛书） 陆维钊编注，胡伦清校订，正中书局 1936 年，1944 年，1946 年。

民族正气文钞 邵元冲选辑，建国月刊社 1936 年，1938 年，国民图书出版社 1944 年。

（评选）四六法海（明）王志坚编，（清）蒋士铨评选，浦士钊校阅，鸿文书局 1936 年。

元明文选（标点精校历代文选） 徐洁庐编，吴虞公校，大通图书社 1936 年。

（仿古字版）黎氏续古文辞类纂（清）黎庶昌辑，国学整理社 1936 年。

（评注）历代闺秀文选 叶玉麟选注，大达图书局 1936 年。

（广注）经史百家杂钞（清）曾国藩选纂，宋晶如、章荣注释，国学整理社 1936 年，1948 年。

唐宋散文作家集（国文精选丛书） 查猛济编注，正中书局 1936 年。

宋元明文评注读本（中国文学精华） 中华书局辑注，中华书局 1936 年，1941 年。

历代名人散文选 周光亚编，瑞昌书社 1936 年。

（广注语译）国语国策精华 秦同培注译，国学整理社 1936 年，1937 年。

三国文选 徐洁庐编，吴虞公校，大通图书社 1936 年。

秦汉文选 徐洁庐编，吴虞公校，大通图书社 1936 年。

两汉散文选（国文精选丛书） 吴契宁编注，胡伦清校订，正中书局 1936 年，1942 年，

秦汉三国文评注读本（中国文学精华） 中华书局辑注，中华书局 1936 年，1941 年。

晋六朝文选 徐洁庐编，吴虞公校，大通图书社 1936 年。

南北朝文评注读本（中国文学精华） 中华书局辑注，中华书局 1936 年，1941 年。

唐代文选 徐洁庐编，吴虞公校，大通图书社 1936 年。

唐文评注读本（中国文学精华） 中华书局辑注，中华书局1936年，1941年。

（音注）管异之恽子居文（中国文学精华） 王益吾选本，中华书局辑注，中华书局1936年，1941年。

清文评注读本（中国文学精华） 中华书局辑注，中华书局1936年，1937年，1941年。

（广注）王氏续古文辞类纂 （清）王先谦辑，宋晶如注，国学整理社1936年，1937年。

清代文选 徐洁庐编，吴虞公校，大通图书社1936年。

晚明小品文库 阿英编校，大江书店1936年。

晚明小品 笑我编，仿古书店1936年。

三袁文精选（青年国学丛书） 薛时进选注，中国文化服务社1936年。

晚明小品选注（学生国学丛书） 朱剑心选注，商务印书馆1936年，1940年。

媚幽阁文娱（中国文学珍本丛书）（明）郑元勋选辑，阿英点校，上海杂志公司1936年。

宋代文选 徐洁庐编，吴虞公校，大通图书社1936年。

（音注）王介甫曾子固文（中国文学精华） 茅鹿门选本，中华书局辑注，中华书局1936年，1941年。

影梅庵香畹楼忆语（国学丛书）（清）冒襄、陈裴之著，新文化书社1936年。

（广注）名家书翰文读本 陆翔评选，邹志鹤注释，世界书局1936年。

尺牍奇赏 （清）李笠翁辑，中央书店1936年。

历代名人书札（附续编）（万有文库） 吴曾祺著，商务印书馆1936年，1937年。

王临川曾南丰尺牍（国学自修用书）（宋）王安石、曾巩著，储菊人校订，中央书店1936年。

如面谭（名公尺牍规范） （明）钟伯敬编，中央书店1936年。

尺牍新钞二集（藏弃集）（中国文学珍本丛书）（清）周亮工编，张静庐校，贝叶山房 1936 年。

尺牍新钞三集（结邻集）（中国文学珍本丛书）（清）周亮工纂，张静庐校，贝叶山房 1936 年。

清代四名人家书 周惟立编，广益书局 1936 年。

尤西堂方望溪尺牍（国学自修用书）（清）尤侗、方苞著，储菊人校订，中央书店 1936 年。

清代四星使书牍 （清）李鸿章、郭嵩焘、曾纪泽、薛福成著，叶玉麟编次，大达图书供应社 1936 年。

（广注语释）秋水轩尺牍·雪鸿轩尺牍 （清）许葭村、龚未斋著，宋晶如注释，国学整理社 1936 年，1938 年。

异书四种 （清）浮园主人等辑，沈世荣标点，大达图书供应社 1936 年。

历代名家笔记类选（国文精选丛书）金公亮编著，胡伦清校订，正中书局 1936 年，1946 年。

古诗十九首集释 隋树森集释，中华书局 1936 年，1955 年，1957 年。

古书今译 高去疾、周殿垣编译，黎锦熙注音，王崧龄校阅，编者刊 1936 年。

古代幽默文选 胡行之编，大光书局 1936 年。

俞大猷戚继光诗文钞 邵元冲选辑，建国月刊社 1936 年。

元文类（万有文库）（元）苏天爵编，王守诚校订，商务印书馆 1936 年。

明文在（万有文库）（清）薛熙纂，商务印书馆 1936 年。

安徽名媛诗词征略 光铁夫编，史慕山校订，东方印书馆 1936 年。

古今名诗选 刘麟生、瞿兑之、蔡正华选注，商务印书馆 1936 年。

（详注）（新式标点）古诗源 （清）沈德潜编选，朱太忙注释，广益书局 1936 年。

古诗源 古情诗 （清）沈德潜选，王缁尘编，国学整理社 1936 年。

题画诗选 王青芳、贾仙洲选辑，选辑者刊，1936 年。

（文学读本）古唐诗合解读本 （清）王尧衢注，储菊人校订，春明书店1936年。

唐诗宋词选（国文精选丛书） 徐声越编注，正中书局1936年，1943年，1946年。

咏物诗选 （清）俞琰编，储菊人校订，中央书店1936年。

咏物诗选（国学丛书） （清）俞琰编，龚复初校，新文化书社1936年。

（详注）十八家诗钞 （清）曾国藩编，（清）李鸿章审订，刘铁冷、胡怀琛等注释，锦章书局1936年。

（广注）名家古今诗读本 张廷华选注，世界书局1936年。

古诗评注读本（中国文学精华） 中华书局辑注，中华书局1936年，1941年。

柳溪诗征 周斌编，中华书局1936年，1937年。

乐府诗选（国文精选丛书） 朱建新编注，胡伦清校订，正中书局1936年，1942年。

（才子必读）圣叹批选唐诗 （清）金喟批选，沈亚公校阅，中央书店1936年。

（音注）白乐天 柳柳州 韦苏州诗（中国文学精华） （清）沈归愚选，中华书局辑注，中华书局1936年，1941年。

唐诗评注读本（中国文学精华） 中华书局辑注，中华书局1936年，1941年。

（音注）王摩诘高渤海孟浩然岑嘉州诗（中国文学精华） （清）王渔洋选，中华书局辑注，中华书局1936年，1941年。

唐诗三百首（注释作法） 白香词谱（考释作法） （清）蘅塘退士选，朱麟注，（清）舒梦兰选辑，韩楚原重编，胡山源校，国学整理社1936年，1941年。

王荆公唐百家诗选 （宋）王安石选，胡协寅校阅，大达图书供应社1936年。

（名媛诗选）翠楼集（中国文学珍本丛书） （清）刘云份撰，施蛰存点校，贝叶山房1936年，进修书店1948年。

湖海诗传（万有文库） （清）王昶辑，商务印书馆1936年。

清诗选（学生国学丛书 新中学文库） 吴遁生选注，商务印书馆

1936 年，1947 年。

(音注) 舒铁云王仲瞿诗（中国文学精华） 蒋剑人选，中华书局辑注，中华书局 1936 年，1941 年。

清诗评注读本（中国文学精华） 中华书局辑注，中华书局 1936 年，1941 年。

(广注语译) 古文观止 （清）吴楚材、吴调侯编选，宋晶如注译，国学整理社 1936 年，中国书店 1981，1982 年，1990 年，上海书店出版社 1982 年，1992 年。

(广注) 古文观止 （清）吴楚材、吴调侯编选，孙虚生注释，诚文信书局 1936 年。

(新式标点) 古文评选读本 （清）过珙辑注，周郁年标点，广益书局 1936 年。

古文评注读本 （清）过珙选编，朱太忙点校，广益书局 1936 年。

历代名家笔记类选（国文精选丛书） 叶楚伧主编，金公亮编注，正中书局 1936 年。

四部精粹 王无咎编注，经纬、教育联合出版部 1936 年。

红楼梦附集十二种 徐复初辑，仿古书店 1936 年。

瞿氏诗草 瞿启甲辑，常熟瞿氏 1936 年。

文选李注补正（丛书集成初编）（清）孙志祖辑，商务印书馆 1937 年。

文选考异（丛书集成初编）（清）孙志祖辑，商务印书馆 1937 年。

选学纠何（丛书集成初编）（清）徐攀凤撰，商务印书馆 1937 年。

选注规李（丛书集成初编）（清）徐攀凤撰，商务印书馆 1937 年。

古文苑（丛书集成初编）（宋）章樵注，商务印书馆 1937 年。

严陵集（丛书集成初编）（宋）董棻编，商务印书馆 1937 年。

于湖题襟集（丛书集成初编）（清）袁昶编录，商务印书馆 1937 年。

诗伦（丛书集成初编）（清）汪薇辑，商务印书馆 1937 年。

玉台新咏考异（丛书集成初编）（清）纪容舒撰，商务印书馆 1937 年。

全五代诗（补遗）（丛书集成初编）（清）李调元编，商务印书馆 1937 年。

于湖小集（附金陵杂事诗·沤簃拟墨）（丛书集成初编）（清）袁昶撰，商务印书馆 1937 年。

桐溪耆隐集（附补录）（丛书集成初编）（清）袁炯辑，商务印书馆 1937 年。

丽体金膏（丛书集成初编）（清）马俊良辑，商务印书馆 1937 年。

二程文集（丛书集成初编）（宋）程颢、程颐撰，商务印书馆 1937 年。

汉铙歌十八曲集解（丛书集成初编）（清）谭仪纂，商务印书馆 1937 年。

全唐诗补逸初稿 孙望辑，金陵大学 1937 年。

历代自叙传文钞 郭登峰编，商务印书馆 1937 年。

明清散文选（国文精选丛书） 刘延陵编注，胡伦清校订，正中书局 1937 年，1944 年，1946 年。

（广注）唐宋八大家古文 （清）沈德潜选辑，宋晶如注释，世界书局 1937 年。

清代骈文评注读本（中国文学精华） 中华书局辑注，中华书局 1937 年，1939 年，1941 年。

晚清文选（世界文库） 郑振铎编，生活书店 1937 年。

曾左胡合集（清代中兴三杰） 军事新闻社出版部选辑，古今图书社 1937 年。

（音注）苏明允苏子由文（中国文学精华）（宋）苏洵、苏辙著，储同人选本，中华书局辑注，中华书局 1937 年，1941 年。

历代名人短笺（国文精选丛书） 曹鹄雏编注，胡伦清校订，正中书局 1937 年。

历代佛教尺牍选粹 何子培辑，佛学书局 1937 年。

历代名人家书（增订本） 四愿斋主编辑，商务印书馆 1937 年，1941 年。

古今名人书牍精选（中国国文补充读本） 郑纪选，商务印书馆 1937 年，1947 年。

唐宋十大家尺牍 中华书局编辑，中华书局 1937 年，1939 年，1944 年。

近代十大家尺牍 中华书局编辑，中华书局 1937 年。

五忠集 （西蜀）诸葛亮等著，胡怀琛选注，正中书局 1937 年，1947 年。

先秦文学选（国文精选丛书） 蒋伯潜编注，胡伦清校订，正中书局 1937 年，1946 年。

宋文鉴（万有文库）（宋）吕祖谦诠次，商务印书馆 1937 年。

古文苑（万有文库）（宋）章樵注，（清）钱熙祚校，商务印书馆 1937 年，1939 年简编版。

续古文苑（万有文库）（清）孙星衍辑，商务印书馆 1937 年，1939 年简编版。

民族诗选注（学生国学丛书） 胡才甫选注，商务印书馆 1937 年。

古诗源选读（中学国文补充读本） 傅东华选注，商务印书馆 1937 年，1947 年。

先民浩气诗选注（国学丛刊） 张长弓编注，正中书局 1937 年，1942 年，1947 年。

非常时期之诗歌（中国新论社非常时期丛书） 章桢选注，中华书局 1937 年，1938 年。

宋元明诗评注读本（中国文学精华） 中华书局辑注，中华书局 1937 年，1941 年。

（音注）韩昌黎孟东野诗（中国文学精华）（清）沈归愚选，中华书局辑注，中华书局 1937 年，1941 年。

宋诗选（无锡国学专修学校丛书） 钱萼孙编选，无锡国学专修学校 1937 年。

袁子才蒋心余诗选（中国文学精华） 王文濡选辑，中华书局 1937 年，1941 年。

（精校评注）古文观止 （清）吴楚材、吴调侯编选，王文濡校勘，中华书局 1937 年，1948 年。

宋庐陵四忠集 刘峙辑，吉安刘氏 1937 年。

周浦南荫堂姚氏丛刊 姚永年辑，万卷图书斋 1937 年。

民族文选（黄埔丛书） 邵元冲编，中央陆军军官学校1938年，黄埔出版社1940年，1942年。

古今名人游记选（中学国文补充读本） 杨荫深，黄逸之选注，商务印书馆1938年，1947年。

明清十大家尺牍 中华书局编辑，中华书局1938年。

古今名人日记选（中学国文补充读本） 汪馥泉选注，商务印书馆1938年。

天台三圣二和诗集 （唐）寒山等著，法云印经会1938年。

千家诗句解（言文对照 音注标点） （宋）谢枋得选，周祖芬译注，春江书局1938年。

关中民族英雄抗敌歌（一名：十二个御侮故事） 以然编，大公报西安分馆1938年。

苏黄尺牍选 （宋）苏轼、黄庭坚著，龙沐勋选注，商务印书馆1939年。

两浙正气集（薪胆丛书） 吴召宣选注，浙江省抗日自卫委员会战时教育文化事业委员会书刊发行部1939年。

文选叩音（丛书集成初编） （清）赵晋撰，商务印书馆1939年。

文选理学权舆（丛书集成初编） （清）汪师韩撰，商务印书馆1939年。

文选理学权舆补（丛书集成初编） （清）孙志祖辑，商务印书馆1939年。

悦心集（丛书集成初编） （清）胤祯选，商务印书馆1939年。

石洞贻芳集（附补遗考异）（丛书集成初编） （明）郭铁集，商务印书馆1939年。

香山酒颂（丛书集成初编） （唐）白居易撰，（明）周履靖和，商务印书馆1939年。

风雅逸篇（丛书集成初编） （明）杨慎辑，商务印书馆1939年。

圭塘欸乃集（丛书集成初编） （元）许有壬等纂，商务印书馆1939年。

泲上停云集（丛书集成初编） （清）孙星衍编，商务印书馆1939年。

同人唱和诗集（丛书集成初编）

（清）黄丕烈编，商务印书馆1939年。

蜀雅（丛书集成初编）（清）李调元选，商务印书馆1939年。

古文韵语（丛书集成初编）（明）杨慎撰，商务印书馆1939年。

评乙古文（丛书集成初编）（清）李塨撰，商务印书馆1939年。

文苑英华辨证（丛书集成初编）（宋）彭叔夏撰，商务印书馆1939年。

诗纪匡谬（丛书集成初编）（明）冯舒撰，商务印书馆1939年。

续古文苑（丛书集成初编）（清）孙星衍辑，商务印书馆1940年。

民族正气文选 火光波编，经纬书局1940年。

民族诗选（黄埔丛书）卢前选辑，黄埔出版社1940年。

（音注）陈后山戴石屏诗（清）王士禛选，中华书局辑注，中华书局1940年。

（音注）宋四灵诗 中华书局辑注，中华书局1940年。

（言文对照）古文评注全集 世界书局编辑所编，世界书局1940年。

七子诗选（清）王鸣盛等著，沈德潜选，扫叶山房1940年。

上海李氏易园三代清芬集 李味青辑，1940年自刊。

语溪徐氏三世遗诗 徐益藩辑，上海1940年。

爱国文选 汪静之、符竹因选注，商务印书馆1940至1941年。

会稽郡故书杂集（鲁迅三十年集）鲁迅编，鲁迅全集出版社1941年。

名人家书新辑 程余斋编选，长风书店1941年。

历代名媛书简 王秀琴编集，胡文楷校订，商务印书馆1941年。

尺牍新钞（清）周亮工辑，商务印书馆1941年。

颜氏家藏尺牍（附姓氏考） 颜光敏辑，商务印书馆1941年。

全汉三国晋南北朝诗作者引得 蔡金重编，哈佛燕京学社1941年。

民族诗文选 李才采选注，1941年自刊。

中国诗妓的抒情诗 史本直编，大东书局 1941 年。

诗伦 （清）汪薇辑，商务印书馆 1941 年。

清千家诗 忏盦编著，广益书局 1941 年。

闺范诗 忏盦编，世界书局 1941 年。

西昆酬唱集 （宋）杨亿等著，商务印书馆 1941 年。

四子诗录 陶福祖辑，欧阳溥存 1941 年。

唐宋以降散文 余柏龄编，北京中国大学 1942 年。

唐宋以降骈文 余柏龄编，北京中国大学 1942 年。

唐宋散文选（国文精选丛书） 查猛济编注，胡伦清校订，正中书局 1942 年，1946 年。

师竹山房余稿 （清）梁伯涵等著，成都 1942 年。

处世家书二百封 唐风选辑，文光出版社 1942 年，上海杂志公司 1945 年，1947 年。

古唐诗合解读本 （清）王尧衢选，胡协寅校阅，广益书局 1942 年。

唐诗三百首 （清）蘅塘退士编，民治书局 1942 年。

唐诗三百首 （清）蘅塘退士编，鸿文书局 1942 年。

（标点评注言文对照）古文观止 （清）吴楚材、吴调侯编选，陆文昭译句，广益书局 1942 年，1946 年。

凤谿二王先生诗存 沈其光辑，青浦朱震樊 1942 年。

滇八家诗选 王灿辑，云南印刷局排 1942 年。

遽盦所藏尺牍 潘承厚、潘承弼辑，吴县潘氏 1942 至 1944 年。

列代名人家书新辑 程余斋编选，长风书店 1943 年。

抗建文鉴类纂 黄源澄编注，东南书局 1943 年，1944 年。

（注解）千家诗 （宋）谢枋得选，上海书店 1943 年，1944 年。

唐诗三百首（言文对照详细注解） （清）蘅塘退士编，储菊人译注，亚光书局 1943 年，香港文光书局 1956 年。

古文观止读本 （清）吴楚材、吴调侯编选，胡朴安鉴定，吴拯寰校勘，春江书局1943年。

经世文综 苏渊雷编，重庆黄中出版社1943年，1944年，1945年增订本，旦作书局1947年。

处世家书（天行丛刊复版） 宋慎之编选，天行社总社1944年。

千家诗（言文对照详细注解） 万有书局编辑部编注，万有书局1944年，亚光书局1944年。

从军乐古诗选 许永璋选辑，华中出版社1944年。

从军诗选 忠县县立民教馆选编，编者刊1944年。

峤西诗钞（上林丛书） 张鹏展编，上林丛书编印所1944年。

从军诗选（国防小丛书） 罗锡岸编注，国语千字报社1944年。

（增订）古文观止 （清）吴楚材、吴调侯编选，胡朴安鉴定，春江书局1944年。

新昌吕氏两代诗文集 吕白华辑，新昌吕氏1944年。

陶社丛编 谢鼎镕辑，陶社1944年，1947年。

正气诗钞 猎人编，正气出版社1945年。

乐章习诵 卢前选录，文风书局1945年。

南北两大民歌笺校 顾敦鍒编著，世界书局1945年。

军国民诗歌选 朱子爽编，新中国出版社1945年。

文编 贺培新编，民国日报社1946年。

军事国文选 田一鸣选注，著者刊1946年。

汉魏晋宋五言诗选集注 徐天闵集注，商务印书馆1946年。

（基本国学读本）古唐诗合解 （清）王尧衢注，诸有人校阅，春明书店1946年。

（言文）古文观止 （清）吴楚材、吴调侯编选，胡朴安鉴定，三民图书公司1946年。

杂记文选 季声如选辑，民治出版社1947年。

历代名媛文苑简编 王秀琴编，胡

文楷选订，商务印书馆 1947 年。

(标点评注) 古文辞类纂 (正编) (清) 姚鼐编，周青萍注，广益书局 1947 年。

唐文观止 吴树滋编选，经纬书局 1947 年。

晚明小品文选 (中学国文补充读本) 朱剑心选注，商务印书馆 1947 年。

明二百名家尺牍 (尺牍新钞之三) (中国文学珍本丛书) (清) 周亮工选纂，贝叶山房 1947 年。

明三百家尺牍 (中国文学珍本丛书) (清) 周亮工纂，张静庐校，贝叶山房 1947 年。

孔雀东南飞 (古恋歌选) 爱丝女士选辑，文力出版社 1947 年。

中国历代名诗一百首 (新青年文化丛书) 陈植性选注，吕家廉校订，慈幼印书馆 1947 年。

抒情诗选 胡云翼编，文力出版社 1947 年。

古唐诗合解读本 (清) 王尧衢注，育才书局 1947 年。

湖南文献汇编 湖南省文县委员会编，湖南省文县委员会 1948 年。

影乐府诗选 (附通论题解) 邵祖平选，商务印书馆 1948 年。

唐诗选 (现代文库) 徐震堮编，华夏图书出版公司 1948 年。

(白话注释) 唐诗三百首读本 (清) 蘅塘退士编，梦花馆主注释，广益书局 1948 年。

全唐诗精华 柳无忌编注，柳亚子鉴定，正风出版社 1948 年。

唐诗三百首详析 喻守真编注，中华书局 1948 年，2005 年。

古文观止 (言文对照国学读本) (清) 吴楚材、吴调侯编选，曹国锋译注，百新书店 1948 年。

(言文对照) 古文评注读本 (清) 过商侯原编，印水心增订，世界书局 1948 年。

学思文粹 苏渊雷增辑，钵水斋 1948 年。

梅庵忆语香畹楼忆语合刊 (美化文学名著丛刊) (清) 冒襄、陈裴之著，世界书局 1949 年。

历代明贤处世家书 徐益棠编辑，远东图书公司 1949 年。

陟冈集 金兆梓辑，中华书局1949年。

尺牍新钞（国学珍本丛书） 国学研究社编，上海国学研究社民国间印行。

云林湛园尺牍合刻 （元）倪瓒，（明）程言著，国学昌明社民国间印行。

名人尺牍选本 上海商务印书馆函授学社国文科编，商务印书馆函授学社民国间印行。

（言文对照）秋水轩尺牍 （清）许葭村著，民智书店民国间印行。

续雅 陈柱选，大夏大学部民国间印行。

本事诗 （清）徐釚编辑，孙大椿重校，有正书局民国间印行。

（注释）唐诗三百首 （清）蘅塘退士编，昌文书局民国间印行。

（标点评注言文对照）古文观止 （清）吴楚材、吴调侯编选，熊觉先注，励进图书社民国间印行。

（精校评注）古文评注 （清）过商侯选编，鸿文书局民国间印行。

唐宋十大家尺牍 文明书局辑，文明书局民国间印行。

诗词杂组 （明）毛晋辑，医学书局民国间印行。

韩柳二集 （宋）廖莹中辑，上虞罗振常民国间印行。

宋四名家诗 （清）周之鳞、柴升选辑，同文堂民国间印行。

八家四六文钞 （清）吴鼒辑，扫叶山房民国间印行。

江左十五子诗选 （清）宋荦辑，扫叶山房民国间印行。

武林丁氏家集 丁立诚、丁立中辑，钱塘丁氏嘉惠堂民国间印行。

＊**唐诗三百首** （清）蘅塘退士编，香港五桂堂书局民国间印行。

辽文汇 陈述辑，中国科学院1953年。

敦煌变文汇录 周绍良编，上海出版公司1954年。

李杜诗选（中国文学名著丛选） 苏仲翔选注，春明出版社1955年，古典文学出版社1957年，浙江文艺出版社1983年。

懋斋诗钞·四松堂集 （清）爱新

觉罗·敦敏、爱新觉罗·敦诚撰，文学古籍刊行社 1955 年，上海古籍出版社 1984 年。

乐府诗集 （宋）郭茂倩辑，人民文学出版社 1955 年。

万首唐人绝句 （宋）洪迈辑，文学古籍刊行社 1955 年。

玉台新咏 （陈）徐陵编，文学古籍刊行社 1955 年。

六朝文絜 （清）许梿评选，文学古籍刊行社 1955 年。

古文观止 （清）吴楚材、吴调侯编，文学古籍刊行社 1956 年。

元白诗选（中国文学名著丛选） 唐、元稹、白居易著，苏仲翔选注，春明出版社 1956 年，古典文学出版社 1957 年。

唐诗三百首 （清）蘅塘退士编，陈婉俊补注，文学古籍刊行社 1956 年，中华书局 1959 年，1982 年。

六朝文絜笺注 （清）许梿评选，黎经诰笺注，四川人民出版社 1957 年，中华书局上海编辑所 1962 年。

唐诗三百首 （清）蘅塘退士编，章燮注疏，东海文艺出版社 1957 年。

敦煌变文集 王重民、王庆菽、向达、周一良、启功、曾毅公编，人民文学出版社 1957 年。

古诗源 （清）沈德潜编，人民文学出版社 1957 年。

古诗源（中国古典文学基本丛书） （清）沈德潜编，中华书局 1957 年，2000 年。

唐诗三百首详析（中华文史哲名著选读） （清）蘅塘退士编，喻守真详析，中华书局 1957 年，1999 年。

千家诗 （宋）谢枋得编，东海文艺出版社校正，东海文艺出版社 1957 年。

魏武帝魏文帝诗注 （魏）曹操、曹丕撰，黄节注，人民文学出版社 1958 年。

汉魏六朝诗选（中国古典文学读本丛书） 余冠英选注 人民文学出版社 1958 年，1978 年，1997 年。

宋诗选注（中国古典文学读本丛书、名家名选丛书） 钱锺书选注 人民文学出版社 1958 年，1982 年，1989 年，2005 年。

唐人选唐诗 （唐）殷璠等编，中华书局上海编辑所 1958 年。

又玄集 （唐）韦庄编，古典文学出版社1958年。

汉魏乐府风笺 黄节笺释，陈伯君校订，人民文学出版社1958年。

风雅逸篇 （明）杨慎编，古典文学出版社1958年。

湖海诗传（国学基本丛书）（清）王昶辑，商务印书馆1958年。

清诗别裁（国学基本丛书）（清）沈德潜编，商务印书馆1958年。

明诗别裁（国学基本丛书）（清）沈德潜、周准编，商务印书馆1958年。

元文类（国学基本丛书）（元）苏天爵编，商务印书馆1958年。

元诗别裁 （清）张景星选，商务印书馆1958年。

谷音 （元）杜本编，中华书局上海编辑所1958年。

河汾诸老诗集 （元）房祺编，中华书局上海编辑所1958年。

天启崇祯两朝遗诗 （清）陈济生编，中华书局上海编辑所1958年。

全上古三代秦汉三国六朝文 （清）严可均校辑，中华书局1958年，1999年。

古谣谚 （清）杜文澜辑，周绍良点校，中华书局1958年，2000年。

文选（国学基本丛书）（南朝梁）萧统编，（唐）李善注，商务印书馆1959年。

中州集 （金）元好问编，中华书局上海编辑所1959年。

全汉三国晋南北朝诗 丁福保编，中华书局1959年。

古文观止 （清）吴楚材、吴调侯编，中华书局1959年，1982年。

聂夷中诗·杜荀鹤诗 （唐）聂夷中、杜荀鹤撰，中华书局上海编辑所1959年。

***唐诗三百首** （清）蘅塘退士编订，陈硕础校注，孙玮译述，香港世界出版社1959年。

***详注语译古文观止新编** （清）吴楚材、吴调侯编，赵聪编校注译，香港友联出版社1960年。

清诗铎 （清）张应昌编，中华书局1960年，1983年。

全唐诗 （清）彭定求等编，中华

书局 1960 年，2003 年。

明遗民诗　（清）卓尔堪选辑，中华书局上海编辑所 1961 年。

汉魏六朝诗三百首　（清）周贞亮纂录，中华书局 1962 年。

太平天国歌谣　太平天国历史博物馆编，上海文艺出版社 1962 年。

清代北京竹枝词　（清）杨米人等撰，路工编选，北京人民出版社 1962 年，北京古籍出版社 1982 年。

中华活叶文选（1—20 号）　中华书局上海编辑所 1962 年。

中华活叶文选（21—40 号）　中华书局上海编辑所 1962 年。

中华活叶文选（41—60 号）　中华书局上海编辑所 1962 年。

中华活叶文选（61—70 号）　中华书局上海编辑所 1962 年。

中华活叶文选（71—90 号）　中华书局上海编辑所编，上海古籍出版社 1962 年。

＊**古诗源**　（清）沈德潜选，香港上海印书馆 1962 年，香港太平书局 1966 年。

中华活叶文选（91—100 号）　中华书局上海编辑所 1964 年。

唐诗别裁　（清）沈德潜编，中华书局 1964 年。

＊**古今诗读本**　张廷华选注，香港上海印书馆 1965 年。

全上古三代秦汉三国六朝文篇名目录及作者索引　中华书局编，中华书局 1965 年，1986 年。

文苑英华　（宋）李昉等编，中华书局 1966 年，1995 年。

＊**唐诗三百首欣赏**　（清）蘅塘退士选，刘大澄述注，香港上海印书馆 1970 年。

＊**昭明文选**　（南朝梁）萧统选，（唐）李善注，（清）孙梅批，香港广智书局 1973 年。

＊**新译古文观止（上下）**　（清）吴楚材、吴调侯编，谢冰莹、应裕康、邱燮友、黄俊郎、左松超、傅武光、林明波、黄志民撰，台湾三民书局 1971 年，修订三版 2010 年。

＊**新译唐诗三百首**　（清）蘅塘退士编，邱燮友撰，台湾三民书局 1973 年，五版 2008 年。

＊元季四画家诗校辑 庄申编著，香港大学亚洲研究中心1973年。

古诗源 （清）沈德潜编，广东人民出版社1973年。

唐诗别裁集 （清）沈德潜编，中华书局1973年，1975年，1981年。

宋诗别裁集 （清）张景星等选编，中华书局1973年，1975年，1981年。

元诗别裁集 （清）张景星等编，中华书局1973年，1975年，1981年。

明诗别裁集 （清）沈德潜、周准编，中华书局1973年，1981年。

清诗别裁集 （清）沈德潜编，中华书局1973年，1975年，1981年。

＊广东文征（香港中文大学图书馆丛书） 吴道镕原稿，张学华增补，李棪改编，香港广东文征编印委员会校刊1973至1979年。

＊古诗唐诗选 石民编，香港进修出版社1974年。

玉台新咏 （陈）徐陵编，吴兆宜注、程琰删补，成都古籍书店1974年。

文选 （南朝梁）萧统编，（唐）李善注，中华书局1974年，1977年。

＊《红楼梦》诗词释注（文学与历史丛书） 文冰编著，（香港）中华书局1977年。

唐人选唐诗 （唐）殷璠等编，上海古籍出版社1978年。

唐诗选（中国古典文学读本丛书） 中国社会科学院文学研究所编，人民文学出版社1978年，1998年，2003年。

宋诗别裁集 （清）张景星、姚培谦、王永祺编，上海古籍出版社1978年，1992年。

唐诗别裁集 （清）沈德潜编，上海古籍出版社1979年，1992年。

元诗别裁集 （清）张景星、姚培谦、王永祺编，上海古籍出版社1979年，1992年。

明诗别裁集 （清）沈德潜、周准编，上海古籍出版社1979年，1992年。

乐府诗集（中国古典文学基本丛书） （宋）郭茂倩编撰，中华书局1979年，2003年。

中华活叶文选（一） 上海古籍出版社编，上海古籍出版社 1979 年，1998 年。

中华活叶文选（二） 上海古籍出版社编，上海古籍出版社 1979 年，1998 年。

中华活叶文选（三） 上海古籍出版社编，上海古籍出版社 1979 年，1998 年。

中华活叶文选（四） 上海古籍出版社编，上海古籍出版社 1979 年，1998 年。

中华活叶文选（五） 上海古籍出版社编，上海古籍出版社 1979 年，1998 年。

古诗笺 （清）王士禛选，闻人倓笺，上海古籍出版社 1980 年。

西崑酬唱集注 （宋）杨亿编，王仲荦注，中华书局 1980 年，2007 年。

岭海楼黄氏家集 （清）黄绍统、黄培芳撰，上海书店 1980 年。

千家诗 （宋）谢枋得编，（清）王相等注，湖南人民出版社 1980 年。

千家诗 （宋）谢枋得、（清）王相编，浙江人民出版社 1980 年，1985 年。

李白杜甫诗选译 （唐）李白、杜甫撰，高嵩译注，宁夏人民出版社 1980 年。

卢照邻集　杨炯集（中国古典文学基本丛书）（唐）卢照邻、杨炯撰，徐明霞点校，中华书局 1980 年，1984 年。

唐诗三百首 （清）蘅塘退士编，章燮注疏，孙孝根校正，浙江人民出版社 1980 年。

唐诗三百首详注 （清）蘅塘退士编，陶今雁注，江西人民出版社 1980 年，1982 年，百花洲文艺出版社 1990 年。

咏物诗选 （清）俞琰选编，成都古籍书店 1981 年，1987 年。

千家诗新译 （宋）谢枋得编，陕西人民出版社 1981 年。

千家诗新注 （宋）谢枋得、（清）王相编，王启兴注，湖北人民出版社 1981 年，1994 年，湖北少年儿童出版社 1983 年，1987 年。

唐五十家诗集 （唐）李世民等撰，上海古籍出版社汇编，上海古籍出版社 1981 年，1992 年。

中华活叶文选（六） 上海古籍出版社编，上海古籍出版社 1981 年，1998 年。

二程集（理学丛书）（宋）程颢、程颐撰，王孝鱼点校，中华书局 1981 年，1984 年，2004 年。

古文观止 （清）吴楚材、吴调侯编，许啸天译注，天津古籍出版社 1981 年。

古文观止（言文对照）（清）吴楚材、吴调侯编，阙勋吾译注，湖南人民出版社 1982 年。

古文观止译注 （清）吴楚材、吴调侯编，阴法鲁主编，吉林人民出版社 1982 年，台湾建安出版社 1996 年，北京大学出版社 1997 年。

全辽文 陈述辑校，中华书局 1982 年。

元白诗选注 （唐）元稹、白居易撰，苏仲翔选注，中州书画社 1982 年。

崔颢诗注 崔国辅诗注（唐诗小集）（唐）崔颢、（唐）崔国辅著，万竞君注，上海古籍出版社 1982 年。

三曹诗译释 （曹魏）曹操等著，邱英生、高爽译，黑龙江人民出版社 1982 年。

唐诗三百首 （清）蘅塘退士编，长春市古籍书店 1982 年。

新评唐诗三百首 （清）蘅塘退士编，陈婉俊补注，黄雨评说，广东人民出版社 1982 年。

唐诗三百首注释 （清）蘅塘退士编，陈昌渠注，四川人民出版社 1982 年。

六朝文絜笺注 （清）许梿评选，黎经诰笺注，上海古籍出版社 1982 年。

敦煌唐人诗集残卷考释 高嵩撰，宁夏人民出版社 1982 年。

全唐诗外编 王重民、孙望、童养年辑录，中华书局 1982 年。

唐诗品汇 （明）高棅编，上海古籍出版社 1982 年，1988 年。

昭明文选笺证 （清）胡绍煐撰，江苏广陵古籍刻印社 1982 年，1990 年。

千家诗新注 （宋）谢枋得编，杨业荣、宋锡福注，广西人民出版社 1982 年。

千家诗注析 （宋）谢枋得等选，汤霖、姚枫同注析，甘肃人民出版社 1982 年。

万首唐人绝句（古籍选读丛书）（明）赵宧光、黄习远编定，刘卓英点校，书目文献出版社 1983 年。

古文小品咀华（新排标点·甲种本）（古籍选读丛书）（清）王符曾辑评，杨扬标校，书目文献出版社 1983 年。

古文小品咀华（影印清人抄本·乙种本） （清）王符曾辑评，书目文献出版社 1983 年。

新校千家诗 （宋）谢枋得、（清）王相编，吴绍烈、周艺点校，安徽人民出版社 1983 年。

高适岑参诗选注（中国古典文学作品选读） 涂元渠选注，上海古籍出版社 1983 年。

三谢诗 （南朝宋）谢灵运、谢惠连，齐·谢朓撰，上海古籍出版社 1983 年。

宋金三家诗选 （清）沈德潜编，齐鲁书社 1983 年。

唐诗三百首注疏 （清）蘅塘退士编，章燮注疏，吴绍烈、周艺点校，安徽人民出版社 1983 年，安徽文艺出版社 1994 年。

唐诗三百首 （清）蘅塘退士编，章燮注疏，浙江文艺出版社 1983 年。

先秦汉魏晋南北朝诗 逯钦立辑校，中华书局 1983 年，1998 年。

古文观止今译（中国古典名著普及丛书） （清）吴楚材、吴调侯编，袁梅等注译，齐鲁书社 1983 年，2001 年。

全唐文 （清）董诰等编，中华书局 1983 年，2001 年。

中华活叶文选（七） 上海古籍出版社编，上海古籍出版社 1983 年，1998 年。

全唐诗作者索引 张忱石编，中华书局 1983 年。

中华活叶文选（九） 上海古籍出版社编，上海古籍出版社 1983 年，1998 年。

中华活叶文选（八） 上海古籍出版社编，上海古籍出版社 1984 年，1998 年。

曹魏父子诗选 （曹魏）曹操等撰，

刘逸生、赵福坛编，广东人民出版社 1984 年。

高适岑参诗译释 （唐）高适、岑参撰，高光复译释，黑龙江人民出版社 1984 年。

唐女诗人集三种 （唐）李冶、薛涛、鱼玄机撰，陈文华校注，上海古籍出版社 1984 年。

晚明十二家小品 施蛰存编，上海书店 1984 年。

张籍、王建诗选 （唐）张籍、（唐）王建著，李树政选注，广东人民出版社 1984 年。

中晚唐诗叩弹集 （清）杜紫纶、杜诒谷辑，中国书店 1984 年。

唐诗三百首评注 （清）蘅塘退士编，王启兴、毛治中注释，湖北人民出版社 1984 年。

唐诗三百首 （清）蘅塘退士编，陈婉俊补注，吕薇芬标点，中华书局 1984 年，2001 年。

宋诗精华录（百花洲文库） （清）陈衍评选，曹旭点校，江西人民出版社 1984 年。

清诗别裁集 （清）沈德潜编，上海古籍出版社 1984 年，1992 年。

古文观止全译 （清）吴楚材、吴调侯编，沈抱一等译，安徽教育出版社 1984 年。

古文观止注释（历代诗文名作）（清）吴楚材、吴调侯编，周大璞主编，湖北人民出版社 1984 年，1994 年。

春柳堂诗稿·高兰墅集 （清）张宜泉、高鹗撰，上海古籍出版社 1984 年。

战争诗选注（古籍选读丛书） 无谷、刘卓英选注，书目文献出版社 1984 年。

汉魏六朝百三家集选 （清）吴汝纶评选，浙江人民出版社 1985 年。

晚晴簃诗汇 （清）徐世昌辑，中国书店 1985 年。

孟浩然韦应物诗选（中国历代诗人选集） （唐）孟浩然、韦应物撰，李小松选注，广东人民出版社 1985 年。

高适岑参诗选 （唐）高适、岑参撰，孙钦善选注，人民文学出版社 1985 年，1997 年。

西崑酬唱集 （宋）杨亿编，（清）周桢、王图炜注，上海古籍出版社1985年。

诗归 （明）钟惺、谭元春选评，张国光点校，湖北人民出版社1985年。

玉台新咏笺注（中国古典文学基本丛书）（陈）徐陵编，（清）吴兆宜注、程琰删补，穆克宏点校，中华书局1985年，1999年。

永嘉四灵诗集（两浙作家文丛）（宋）徐照等撰，陈增杰点校，浙江古籍出版社1985年。

扬州八怪诗文集（扬州八怪研究资料丛书） 卞孝萱主编，江苏美术出版社1985年。

王弘诲张岳崧诗选 （明）王弘诲撰，（清）张岳崧撰，朱逸辉、范会俊选注，海南人民出版社1985年。

文选评点 黄侃评点，黄焯编次，上海古籍出版社1985年。

文选李注义疏 高步瀛著，曹道衡、沈玉成点校，中华书局1985年。

西湖竹枝词（西湖文艺丛书） 顾希佳编，浙江文艺出版社1985年。

蜀藻幽胜录 （明）傅振商编，巴蜀书社1985年。

国朝全蜀诗钞 （清）孙桐生辑，巴蜀书社1985年。

金圣叹选批唐诗 （清）金圣叹评，浙江古籍出版社1985年，1997年。

中华活叶文选（十） 上海古籍出版社编，上海古籍出版社1985年，1998年。

全唐文篇名目录及作者索引 马绪传编，中华书局1985年。

万首唐人绝句索引（古籍选读丛书） 武秀珍、阎莉编，书目文献出版社1985年。

中华活叶文选（十一） 上海古籍出版社编，上海古籍出版社1985年，1998年。

中华活叶文选（十二） 上海古籍出版社编，上海古籍出版社1986年，1998年。

西崑酬唱集笺注 （宋）杨亿编，郑时注笺注，齐鲁书社1986年。

古文辞类纂 （清）姚鼐编，宋晶如、章荣注释，中国书店1986年。

玉台新咏 （南朝陈）徐陵编，吴

兆宜注，中国书店 1986 年。

荣禄存札（义和团资料丛编） 杜春和等编，齐鲁书社 1986 年。

秋水轩尺牍 雪鸿轩尺牍 （清）许葭村、龚未斋撰，宋晶如注译，上海书店 1986 年。

贺知章·包融·张旭·张若虚诗注（唐诗小集） （唐）贺知章、包融、张旭、张若虚著，王启兴、张虹注，上海古籍出版社 1986 年。

辽东三家集 （清）荣文达等撰，荣文祚辑，中国书店 1986 年。

贯华堂选批唐才子诗 （清）金圣叹批评，曹方人、周锡山标点，江苏古籍出版社 1986 年。

金圣叹批才子古文 （清）金圣叹批，张国光点校，湖北人民出版社 1986 年。

瀛奎律髓汇评 （元）方回选评，李庆甲集评点校，上海古籍出版社 1986 年，2005 年。

今体诗钞 （清）姚鼐编选，曹光甫标点，上海古籍出版社 1986 年。

清宫词 （清）吴士鉴等撰，石继昌编，北京古籍出版社 1986 年。

梓里联珠集（天津风土丛书） （清）华鼎元辑，张仲点校，天津古籍出版社 1986 年。

粤讴（广东地方文献丛书） （清）招子庸编，陈寂评注，广东人民出版社 1986 年。

明蜀中十二家诗钞 傅增湘编，巴蜀书社 1986 年。

绝句衍义笺注 （明）杨慎撰，王仲镛、王大厚笺注，四川人民出版社 1986 年。

邓氏家集 邓邦述辑，江苏广陵古籍刻印社 1986 年。

吴门弟子集 吴闿生辑，中国书店 1986 年。

尺牍新钞 （清）周亮工辑，火田点校，岳麓书社 1986 年。

汪康年师友书札 上海图书馆编，上海古籍出版社 1986 年。

后村千家诗校注 （宋）刘克庄编，胡问侬、王皓叟校注，贵州人民出版社 1986 年。

唐诗三百首译析（中国古代名著今译丛书 双色绘图诗词三百首系列） （清）蘅塘退士编，李淼、李星译，吉林文史出版社 1986 年，2005 年。

唐诗三百首全译 （清）蘅塘退士编，刘首顺译注，陕西人民教育出版社 1986 年。

诗渊 （明）佚名辑，书目文献出版社 1986 年，1987 年。

全唐诗 （清）彭定求等编，上海古籍出版社 1986 年，1996 年。

千首宋人绝句校注 （清）严长明编，吴战垒校注，浙江古籍出版社 1986 年。

宋诗钞 （清）吴之振、吕留良、吴自牧编，管庭芬、蒋光煦补，中华书局 1986 年，1996 年。

文选（中国古典文学丛书）（南朝梁）萧统编，（唐）李善注，李培南等点校，上海古籍出版社 1986 年，1998 年。

六臣注文选 （南朝梁）萧统编，（唐）李善、吕延济、刘良、张铣、吕向、李周翰注，中华书局 1987 年。

唐宋八大家古文 （清）沈德潜选，宋晶如注释，中国书店 1987 年，2001 年。

傅玄阴铿诗注（历代甘肃作家作品选注丛书）（晋）傅玄、（南朝陈）阴铿撰，蹇长春等注，甘肃人民出版社 1987 年。

白话注解千家诗（中国传统语言文化普及丛书） 郗政民、杨春霖主编，华岳文艺出版社 1987 年。

历代赋汇 （清）陈元龙编，上海书店 1987 年。

千首宋人绝句 （清）严长明编，上海书店 1987 年。

宋人七绝选（古籍选读丛书） 毛谷风选注，书目文献出版社 1987 年。

古代少年儿童诗文选注 宁业高、莘建础选注，书目文献出版社 1987 年。

南宋杂事诗（南宋文化丛书）（清）厉鹗等撰，虞万里点校，浙江古籍出版社 1987 年。

石城七子诗钞 （清）翁长森辑，江苏广陵古籍刻印社 1987 年。

越谚（民俗民间文学影印资料）（清）范寅编，上海文艺出版社 1987 年。

中华谚海（民俗民间文学影印资料）（清）史襄哉编，上海文艺出版社 1987 年。

清代名人信稿（附小传） 王迪諏、严宝善编，浙江古籍出版社 1987 年。

经史百家杂钞 （清）曾国藩编，孙雍长标点，岳麓书社 1987 年，2001 年，2008 年。

扬州八怪诗文集 二（扬州八怪研究资料丛书）（清）黄慎撰，陈传席主编，江苏美术出版社 1987 年。

元诗选（初集） （清）顾嗣立编，中华书局 1987 年，2002 年。

元诗选（二集） （清）顾嗣立编，中华书局 1987 年，2002 年。

元诗选（三集） （清）顾嗣立编，中华书局 1987 年，2002 年。

明文海 （清）黄宗羲编，中华书局 1987 年。

明宫词 （明）朱权撰，商传点校，北京古籍出版社 1987 年。

古文观止 （清）吴楚材、吴调侯编，安平秋点校，中华书局 1987 年，1996 年。

译注古文观止 （清）吴楚材、吴调侯编，刘世南、唐满先译注，江西人民出版社 1987 年。

＊近代名人手札真迹：盛宣怀珍藏书牍初编（香港中文大学中国文化研究所史料丛刊） 王尔敏、陈善伟编，香港中文大学出版社 1987 年。

公安三袁选集 （明）袁宏道等撰，汪骧等选注，湖北人民出版社 1988 年。

古文观止 （清）吴楚材、吴调侯编，许凌云等译注，岳麓书社 1988 年。

金圣叹选批才子必读新注 （清）金圣叹批，朱一清、程自信注，安徽文艺出版社 1988 年。

辽金元宫词 （元）柯九思等撰，陈高华点校，北京古籍出版社 1988 年。

危太朴集 谪麟堂遗集 （元）危素、（清）戴望撰，文物出版社 1988 年。

金文最 （清）张金吾辑，江苏广陵古籍刻印社 1988 年。

三袁文选 （明）袁宗道等撰，唐昌泰选注，巴蜀书社 1988 年。

古文辞类纂 （清）姚鼐编，边仲仁标点，岳麓书社 1988 年。

骈体文钞 （清）李兆洛选辑，上海书店出版社 1988 年。

晚晴簃诗汇 （清）徐世昌辑，中国书店 1988 年。

三曹诗文赏析集（中国古典文学赏析丛书）（汉）曹操等撰，李景华主编，巴蜀书社 1988 年。

何逊集注·阴铿集注（汉魏六朝文史丛书） 刘畅、刘国语注，天津古籍出版社 1988 年。

谢注唐诗绝句 （宋）赵蕃、韩淲编，（宋）谢枋得注，黄屏点校，浙江古籍出版社 1988 年。

唐诗三百首 （清）蘅塘退士编，浙江古籍出版社 1988 年，2003 年。

唐诗三百首（中国古代教育文献丛书）（清）蘅塘退士编，岳麓书社 1988 年。

唐诗三百首译解 （清）蘅塘退士编，张国荣译，中国文联出版公司 1988 年。

弁山小隐吟录·董礼部集·静啸斋遗文 （元）黄玠、（明）董嗣成、董斯张撰，文物出版社 1988 年，1992 年。

唐诗三百首 宋词三百首 元曲三百首 （清）蘅塘退士、朱彊村编，任中敏、卢前编，浙江古籍出版社 1988 年，2003 年。

昭明文选译注（中国古代名著今译丛书）（南朝梁）萧统编，于非等译注、阴法鲁审订，吉林文史出版社 1988 至 1994 年。

历代咏剧诗歌选注 赵山林选注，书目文献出版社 1988 年。

建安七子集（中国古典文学基本丛书） 俞绍初辑校，中华书局 1989 年，2005 年。

谢灵运谢朓诗选注（古典文学小丛书）（南朝宋）谢灵运撰，（南朝齐）谢朓撰，殷海国选注，中州古籍出版社 1989 年。

金圣叹选批唐诗六百首 （清）金雍集，隋淑芬、施建中校订，北京出版社 1989 年。

王闿运手批唐诗选（附湘绮楼词选）（清）王闿运编纂评点，上海古籍出版社 1989 年。

唐诗三百首 （清）蘅塘退士编，上彊村民重编，巴蜀书社 1989 年。

李太白集·杜工部集（古典名著普

及文库）（唐）李白、杜甫撰，张式铭标点，岳麓书社1989年。

秦韬玉诗注·李远诗注（唐诗小集）（唐）秦韬玉、李远撰，李之亮注，上海古籍出版社1989年。

广东文选（北京图书馆古籍珍本丛刊）（清）屈大均辑，书目文献出版社1989年，北京图书馆出版社2000年。

全宋文（前六十册） 曾枣庄、刘琳主编，四川大学古籍整理研究所编，巴蜀书社1989至1994年。

唐宋诗三千首 （宋）方虚谷编，（清）纪晓岚批点，中国书店1990年。

昭明文选（附考异） （南朝梁）萧统编，中州古籍出版社1990年。

骈体文钞 （清）李兆洛选辑，中州古籍出版社1990年。

晚晴簃诗汇 （清）徐世昌辑，中华书局1990年。

唐人万首绝句 （宋）洪迈、（清）王士禛编，天津市古籍书店1990年。

中州名贤集 （清）黄舒昺辑，江苏广陵古籍刻印社1990年。

百哀诗　驴背集 （清）吴鲁、胡思敬撰，北京古籍出版社1990年。

醒园诗残稿　裳华阁诗存合集 （清）易昌楫、宋令修撰，李湘瑶笺注，四川文艺出版社1990年。

宋人佚简 上海文物管理委员会、上海博物馆编，上海古籍出版社1990年。

王右丞集·孟浩然集（古典名著普及文库）（唐）王维、孟浩然撰，喻岳衡点校，岳麓书社1990年。

说唐诗 （清）徐增撰，樊维纲校注，中州古籍出版社1990年。

唐诗三百首评注（中国传统文化丛书）（清）蘅塘退士编，三秦出版社1990年，2000年。

全唐文 （清）董诰等编，上海古籍出版社1990年，1995年。

金文最 （清）张金吾编纂，梅伯春等点校，中华书局1990年。

千家诗新译 （宋）谢枋得编，石一丁编注，巴蜀书社1990年。

绘图千家诗注释 （宋）谢枋得等编，中国书店1990年。

中华活叶文选（十三） 上海古籍出版社编，上海古籍出版社 1990 年，1998 年。

中华活叶文选（十四） 上海古籍出版社编，上海古籍出版社 1990 年，1998 年。

文选注引书引得 洪业等编纂，上海古籍出版社 1990 年。

全唐诗索引 史成编，上海古籍出版社 1990 年，1994 年。

敦煌变文选注 项楚撰，巴蜀书社 1990 年，中华书局 2006 年增订本。

三曹诗文选译（古代文史名著选译丛书）（曹魏）曹操等撰，殷义祥译注，巴蜀书社 1991 年。

中华活叶文选（十五） 上海古籍出版社编，上海古籍出版社 1991 年。

中华活叶文选（十六） 上海古籍出版社编，上海古籍出版社 1991 年，1998 年。

唐文粹选译（古代文史名著选译丛书）（宋）姚铉编，张宏生译注，巴蜀书社 1991 年，凤凰出版社 2011 年。

全唐诗索引（李商隐卷） 栾贵明、田奕、陈抗、林沧编，中华书局 1991 年。

千家诗 （宋）刘克庄编，李牧华注解，甘肃人民出版社 1991 年。

增评标韵千家诗 （宋）谢枋得编，王友怀译注，三秦出版社 1991 年。

玉台新咏 （南朝陈）徐陵编，吴兆宜注，中州古籍出版社 1991 年。

续古文观止 王文濡编，花山文艺出版社 1991 年。

白话译注古文观止 （清）吴楚材、吴调侯编，刘世南、唐满先译注，百花洲文艺出版社 1991 年。

古文观止 （清）吴楚材、吴调侯编，江苏广陵古籍刻印社 1991 年。

十八家诗钞（古典名著普及文库）（清）曾国藩撰，陆鸣标点，岳麓书社 1991 年。

全明诗（一） 全明诗编纂委员会编，上海古籍出版社 1991 年。

皇明诗选（上海文献丛书）（明）陈子龙等编，上海文献丛书编委会编，华东师范大学出版社 1991 年。

娄水文征 （清）王宝仁辑，江苏

广陵古籍刻印社1991年。

白山诗词（长白丛书）（清）铁梅庵、杨钟羲纂集，李雅超校，吉林文史出版社1991年。

近代十家尺牍（清）康有为等撰，中州古籍出版社1991年。

古诗源（清）沈德潜编，朱太忙注释，江苏广陵古籍刻印社1991年。

万首唐人绝句校注集评 霍松林主编，山西人民出版社1991年。

唐诗三百首补注（清）蘅塘退士编，陈婉俊辑注，中国书店1991年。

唐诗三百首今译新析（今译国学精华）（清）蘅塘退士编，弘征译析，漓江出版社1991年。

＊**新译千家诗**（宋）谢枋得编，邱燮友、刘正浩撰，台湾三民书局1991年。

历代赠别诗选 马大品选注，书目文献出版社1991年。

全宋诗 北京大学古文献研究所编，傅璇琮等主编，北京大学出版社1991至1998年。

续古文观止注译 王文濡编，段晓华注译，三秦出版社1992年。

三曹集（古典名著普及文库）（明）张溥辑评，宋校永点校，岳麓书社1992年。

三谢诗（南朝宋）谢灵运、谢惠连，（南朝齐）谢朓撰，中国书店1992年。

骈体文钞（清）李兆洛撰，蜀人、楚生点校，岳麓书社1992年。

高适岑参诗选译（古代文史名著选译丛书）（唐）高适、岑参撰，谢楚发译注，巴蜀书社1992年，凤凰出版社2011年。

元稹白居易诗选译（古代文史名著选译丛书）（唐）元稹、白居易撰，吴大奎、马秀娟译注，巴蜀书社1992年，凤凰出版社2011年。

汉魏六朝诗三百首（清）周贞亮纂录，中国书店1992年。

全唐诗补编 陈尚君辑校，中华书局1992年。

全五代诗（清）李调元编，何光清点校，巴蜀书社1992年。

宋文鉴（宋）吕祖谦编，齐治平点校，中华书局1992年。

宋诗精华录 陈衍评点，曹中孚校注，巴蜀书社1992年。

续古文辞类纂 （清）王先谦编，黄山书社1992年。

东坡诗·山谷诗（古典名著普及文库）（宋）苏轼撰，（宋）黄庭坚撰，贯三点校，岳麓书社1992年。

方苞姚鼐文选译（古代文史名著选译丛书）（清）方苞、姚鼐撰，杨荣祥译注，巴蜀书社1992年，凤凰出版社2011年。

熙朝雅颂集（辽宁民族古籍整理文学类之二）（中国少数民族古籍丛书）（清）铁保辑，赵志辉点校，辽宁大学出版社1992年。

全明文（一） 钱伯城、魏同贤、马樟根主编，上海古籍出版社1992年，1993年。

古谣谚 （清）杜文澜辑，吴顺东等点校，岳麓书社1992年。

唐诗三百首新评 （清）蘅塘退士编，赵山林评注，黄山书社1992年。

唐诗三百首（合订注释本）（清）蘅塘退士编，巴蜀书社1992年，1999年。

全唐诗索引（韩愈卷） 陈抗、林沧、王红、张晓光编，中华书局1992年。

全唐诗索引（李贺卷） 栾贵明、田奕、陈抗、林沧编，中华书局1992年。

全唐诗索引（杜牧卷） 栾贵明、田奕、陈抗、林沧编，中华书局1992年。

全唐诗索引（王勃 杨炯 卢照邻 骆宾王卷） 栾贵明、田奕、陈抗、林沧编，中华书局1992年。

全唐诗索引（刘禹锡卷） 栾贵明、田奕、陈抗、林沧编，中华书局1992年。

全唐诗索引（王维卷） 陈抗、林沧、任红、王红编，中华书局1992年。

全唐诗索引（岑参卷） 陈抗、林沧、蔡文利、张晓光编，中华书局1992年。

全唐诗索引（孟浩然卷） 陈抗、林沧、任红、王红编，中华书局1992年。

全宋词作者词调索引 高喜田、寇琪编，中华书局1992年。

唐五代人交往诗索引 吴汝煜主编，上海古籍出版社 1993 年。

千家诗 （宋）谢枋得编，潘慧惠评注，齐鲁书社 1993 年。

全汉赋 费振刚等辑校，北京大学出版社 1993 年。

津门诗钞（天津风土丛书） （清）梅成栋纂，卞僧慧、濮文起点校，天津古籍出版社 1993 年。

黔诗纪略（贵州古籍集粹） （清）唐树义等编，关贤柱点校，贵州人民出版社 1993 年。

明清名人尺牍墨迹大观 （清）佚名辑，江苏广陵古籍刻印社 1993 年。

唐诗三百首 （清）蘅塘退士编，绍六点校，湖北人民出版社 1993 年。

唐诗三百首新译 （清）蘅塘退士编，陶文鹏等译，北京出版社 1993 年，1997 年。

唐诗三百首 （清）蘅塘退士编，陈婉俊补注，北京古籍出版社 1993 年，1998 年。

全唐诗 （清）彭定求等编，本社整理，河北人民出版社 1993 年，1997 年。

康熙御定全唐诗 （清）彭定求等编，丁远、鲁越校正，国际文化出版公司 1993 年，1994 年。

名家精译古文观止 （清）吴楚材、吴调侯编，杨伯峻等译，中华书局 1993 年，1999 年，2007 年。

全明诗（二） 全明诗编纂委员会编，上海古籍出版社 1993 年。

近代诗钞 钱仲联编，江苏古籍出版社 1993 年，2001 年。

唐诗精粹五十首 王菡编，书目文献出版社 1993 年。

《诗渊》索引 刘卓英主编，书目文献出版社 1993 年。

人海诗区 （清）佚名编，北京图书馆善本组标点，北京古籍出版社 1994 年。

唐诗三百首 （清）蘅塘退士选编，尚俊生、陈士校注，百花文艺出版社 1994 年。

唐诗三百首（《诗词曲赋文》集） （清）蘅塘退士编，山西人民出版社 1994 年。

唐诗三百首·唐诗三百首续编（幽兰珍丛）（清）蘅塘退士、于庆元编，浙江古籍出版社1994年，1998年。

唐宋八大家文钞（幽兰珍丛）（清）张伯行选编，萧瑞峰点校，浙江古籍出版社1994年，1997年。

全唐文补遗 吴钢主编，王京阳等点校，陕西省古籍整理办公室编，三秦出版社1994至2000年。

皇明经济文录（中国文献珍本丛书）（明）万表编，全国图书馆文献缩微复制中心1994年。

全明诗（三） 全明诗编纂委员会编，上海古籍出版社1994年。

大山诗草·园灵阁集 （清）余昭、安履贞撰，余宏模整理，四川民族出版社1994年。

梁启超未刊书信手迹 中华书局编辑部编，中华书局1994年。

白话全译古文观止 （清）吴楚材、吴调侯编，徐仲华主编，华艺出版社1994年。

古文观止（人人袖珍文库）（清）吴楚材、吴调侯编，杨东、寻霖简注，海南出版社1994年。

古文观止注释 （清）吴楚材、吴调侯编，郭君、孙雅萍等注释，辽宁古籍出版社1994年。

古文观止 （清）吴楚材、吴调侯编，伍大明标点，北京古籍出版社1994年，1998年。

全唐诗索引（高适卷） 陈抗、林沧、蔡文利、张晓光编，中华书局1994年。

三袁诗文选译（古代文史名著选译丛书）（明）袁宏道等撰，任巧珍译注，巴蜀书社1994年，凤凰出版社2011年。

＊**昭明文选译注** （南朝梁）萧统编，陈宏天、赵福海、陈复兴主编，台湾建宏出版社1994年。

＊**译注评析古文观止续编** 王熙元、郭预衡主纂，台湾百川书局1994年。

全唐诗索引 栾贵明等编，现代出版社1995年，天津古籍出版社1997年。

古文观止 （清）吴楚材、吴调侯编选，周子来、陈穆校注，江苏文艺出版社1995年。

古文观止（新注古典诗文十大传统

选本）（清）吴楚材、吴调侯编，朱俊芳等注，春风文艺出版社1995年。

古文辞类纂评注 （清）姚鼐编，吴孟复、蒋立甫评注，安徽教育出版社1995年。

曾国藩精选经史百家文 （清）曾国藩编，何善周点校，时代文艺出版社1995年。

曾国藩精选十八家诗 （清）曾国藩编，何善周点校，时代文艺出版社1995年。

唐宋八大家文（古典名著普及文库）（清）沈德潜选编，宋晶如注释，刘欣生标点，岳麓书社1995年。

唐人万首绝句选校注 （清）王士禛选，李永祥校注，齐鲁书社1995年。

唐诗三百首（光明文库）（清）蘅塘退士编，陈婉俊补注，刘严整理，光明日报出版社1995年。

唐诗三百首注译（中国古典名著注译丛书）（清）蘅塘退士编，于民雄等注译，广西民族出版社1995年。

李白杜甫诗精选240首（唐宋诗词三十家）（唐）李白、杜甫撰，杜维沫、高光起选注，山西古籍出版社1995年。

李贺李商隐韦应物杜牧诗精选200首（唐宋诗词三十家）（唐）李贺等撰，霍松林、张强选注，山西古籍出版社1995年。

白居易元稹韩愈柳宗元诗精选200首（唐宋诗词三十家）（唐）白居易等撰，王一娟、傅绍良选注，山西古籍出版社1995年。

苏轼黄庭坚诗词精选200首（唐宋诗词三十家）（宋）苏轼、黄庭坚撰，霍松林、吴言生选注，山西古籍出版社1995年。

辛弃疾陆游诗词精选200首（唐宋诗词三十家）（宋）辛弃疾、陆游撰，樊维纲选注，山西古籍出版社1995年。

古文观止（幽兰珍丛）（清）吴楚材、吴调侯编，公羊羽点校，浙江古籍出版社1995年，2000年。

续古文观止（百部中国古典名著）王文濡编，张学舒点校，浙江古籍出版社1995年，1998年。

经史百家杂钞 （清）曾国藩编，熊宪光、蓝锡麟注，西南师范大学出版社 1995 年。

经史百家杂钞 （清）曾国藩编，河北人民出版社 1996 年。

十八家诗钞 （清）曾国藩编纂，河北人民出版社 1996 年。

白话千家诗 （宋）谢枋得编，康素娟等注释，三秦出版社 1996 年。

康熙御定历代题画诗 （清）陈邦彦选编，闻性真点校，北京古籍出版社 1996 年。

唐宋八大家文钞（中国古典文学名著全本·珍藏丛书） （明）茅坤评撰，陈加等点校，沈阳出版社 1996 年。

王维孟浩然诗精选精注（唐诗精粹丛书） （唐）王维、孟浩然撰，胡先遂注，广西师范大学出版社 1996 年。

唐四家诗集 （清）胡凤丹编，中国书店 1996 年。

全唐诗 （清）彭定求等编，刘以林、陆仁主编，沈阳出版社 1996 年。

全唐诗（中华传世精品珍藏文库） （清）彭定求等编，中州古籍出版社 1996 年。

白话唐诗三百首（古典名著今译读本） （清）蘅塘退士编，管又清译注，岳麓书社 1996 年，2005 年。

唐诗三百首（插图注解中国古典诗文精华丛书） （清）蘅塘退士编、陈婉俊补注，张萍校注，三秦出版社 1996 年。

今评新注唐诗三百首（今评新注古典文学珍丛） （清）蘅塘退士选编，弘征评注，湖南文艺出版社 1996 年。

韩愈散文全集　苏洵散文全集（唐宋八大家散文全集） （唐）韩愈、（宋）苏洵撰，今日中国出版社 1996 年。

三袁随笔 （明）袁宗道、袁宏道、袁中道撰，江问渔点校，四川文艺出版社 1996 年。

河汾诸老诗集 （元）房祺编，张正义、刘达科校注，山西古籍出版社 1996 年。

明人小品十六家（幽兰珍丛） （明）陆云龙等选评，蒋金德点校，浙江古籍出版社 1996 年。

中州名贤集 （清）黄舒昺编，中国书店 1996 年。

扬州八怪诗文集 三（扬州八怪研究资料丛书） 张郁明等编，江苏美术出版社 1996 年。

颜钧集·韩贞集 （明）颜钧、韩贞撰，黄宣民点校，黄宣民重订，中国社会科学出版社 1996 年。

古文观止新注 （清）吴楚材、吴调侯编，秦怀璧注释，三秦出版社 1996 年。

古文观止（中国古典名著文库）（清）吴楚材、吴调侯编，刘伯严等译，新疆人民出版社 1996 年。

敦煌赋汇（敦煌文献分类录校丛刊） 张锡厚录校，江苏古籍出版社 1996 年，1999 年。

韩客诗存 （清）董文焕编著，李豫、［韩］崔永禧辑校，书目文献出版社 1996 年。

＊**新译昭明文选** （南朝梁）萧统编，崔富章、朱宏达、周启成、张金泉、水渭松、伍方南、刘正浩撰，台湾三民书局 1997 年，二版 2011 年。

唐诗三百首释注 （清）蘅塘退士编，成元注，四川大学出版社 1997 年。

唐诗三百首全译（中国历代名著全译丛书）（清）蘅塘退士编，沙灵娜译，何年注，贵州人民出版社 1997 年。

历代三十四家文集 （明）张燮编选校勘，中州古籍出版社 1997 年。

皇明十六家小品（海内古籍孤本稀见本选刊）（明）丁允和、陆云龙编，北京图书馆出版社 1997 年。

敦煌变文校注 黄征、张涌泉校注，中华书局 1997 年。

金圣叹评点才子全集 （清）金圣叹评点，林乾主编，光明日报出版社 1997 年。

全注全译经史百家杂钞 （清）曾国藩编，余兴安注译，昆仑出版社 1997 年。

龚自珍魏源诗文选译（近代文史名著选译丛书）（清）龚自珍、魏源撰，王俊义、曲弘梅译注，巴蜀书社 1997 年。

戊戌六君子诗文选译（近代文史名著选译丛书） 赵云田、侯久萱译注，巴蜀书社 1997 年。

李鸿章　张树声　刘铭传诗文选译（近代文史名著选译丛书）（清）李鸿章等撰，尹福庭译注，巴蜀书社 1997 年。

曾国藩　胡林翼　刘蓉　罗泽南诗文选译（近代文史名著选译丛书）（清）曾国藩等撰，周朝栋译注，巴蜀书社 1997 年。

竹林七贤诗文全集译注（中国古代名著今译丛书）韩格平注译，吉林文史出版社 1997 年。

李贺歌诗编·李商隐诗集（新世纪万有文库）（唐）李贺、李商隐撰，董乃斌点校，辽宁教育出版社 1997 年。

全上古三代全汉三国六朝文（清）严可均辑，陈延嘉、王同策，左振坤等点校，河北教育出版社 1997 年。

唐诗别裁集（五朝诗别裁集）（清）沈德潜编，刘福元等点校，河北人民出版社 1997 年。

宋诗别裁集（五朝诗别裁集）（清）张景星等编，高平生点校，河北人民出版社 1997 年。

元诗别裁集（五朝诗别裁集）（清）张景星等编，奚海、牛春青点校，河北人民出版社 1997 年。

明诗别裁集（五朝诗别裁集）（清）沈德潜选编，李索、王萍点校，河北人民出版社 1997 年。

清诗别裁集（五朝诗别裁集）（清）沈德潜编，吴雪涛、陈旭霞点校，河北人民出版社 1997 年。

古诗评选（王夫之品诗三种）（明）王夫之评选，张国星点校，文化艺术出版社 1997 年。

唐诗评选（王夫之品诗三种）（清）王夫之评选，王学太点校，文化艺术出版社 1997 年。

明诗评选（王夫之品诗三种）（明）王夫之评选，陈新点校，文化艺术出版社 1997 年。

古诗源（新世纪万有文库）（清）沈德潜编，孙通海点校，辽宁教育出版社 1997 年。

中州诗钞（中州文献丛书）（清）杨淮辑，张中良、申少春点校，中州古籍出版社 1997 年。

清代名人家书　襟霞阁主编，江苏广陵古籍刻印社 1997 年。

道咸同光名人手札　（清）林则徐等撰并书，江苏广陵古籍刻印社1997年。

秦淮八艳图咏　（清）张景祁等撰、叶衍兰绘，学苑出版社1997年，2003年。

金圣叹选批才子古文　（清）金圣叹点评，袁定基等译注，四川大学出版社1997年。

古文观止　（清）吴楚材、吴调侯编，刘绪涛主编，中州古籍出版社1997年。

古文观止译注　（清）吴楚材、吴调侯编，邓英树等译注，巴蜀书社1997年。

古文辞类纂笺　（清）姚鼐编，高步瀛笺，吉林大学出版社1997年。

＊**新译明散文选**　周明初撰，黄志民校阅，台湾三民书局1998年，2011年。

古文辞类纂　（清）姚鼐编，胡士明、李祚唐标校，上海古籍出版社1998年。

唐人选唐诗六种（中国古代诗文经典选本）（唐）殷璠等编，蔡宛若注，华夏出版社1998年。

唐诗别裁集（五朝诗别裁）（清）沈德潜编，李克和等点校，岳麓书社1998年。

清诗别裁集（五朝诗别裁）（清）沈德潜编，李克和等点校，岳麓书社1998年。

宋诗别裁集　元诗别裁集　明诗别裁集（五朝诗别裁）（清）张景星、沈德潜、周准编，尹红等点校，岳麓书社1998年。

赤城集（北京图书馆古籍珍本丛刊）（宋）林表民辑，书目文献出版社1998年，北京图书馆出版社2000年。

赤城后集（北京图书馆古籍珍本丛刊）（明）谢铎辑，书目文献出版社1998年，北京图书馆出版社2000年。

麟溪集（北京图书馆古籍珍本丛刊）（明）郑太和辑，郑玺续辑，书目文献出版社1998年，北京图书馆出版社2000年。

丽泽录（北京图书馆古籍珍本丛刊）（明）朱□□辑，书目文献出版社1998年，北京图书馆出版社2000年。

文氏家藏诗集（北京图书馆古籍珍本丛刊）（明）文肇祉编，书目文献出版社 1998 年，北京图书馆出版社 2000 年。

唐氏三先生集（北京图书馆古籍珍本丛刊）（元）唐元撰，（明）唐桂芳撰，（明）唐文凤撰，书目文献出版社 1998 年，北京图书馆出版社 2000 年。

中州启劄（北京图书馆古籍珍本丛刊）（元）吴宏道辑，书目文献出版社 1998 年，北京图书馆出版社 2000 年。

中州名贤文表（北京图书馆古籍珍本丛刊）（明）刘昌辑，书目文献出版社 1998 年，北京图书馆出版社 2000 年。

成化十一年会试录（北京图书馆古籍珍本丛刊）佚名撰，书目文献出版社 1998 年，北京图书馆出版社 2000 年。

国朝历科题名碑录初集（北京图书馆古籍珍本丛刊）（清）李周望辑，书目文献出版社 1998 年，北京图书馆出版社 2000 年。

海虞文苑（北京图书馆古籍珍本丛刊）（明）张应遴辑，书目文献出版社 1998 年，北京图书馆出版社 2000 年。

虞邑遗文录（北京图书馆古籍珍本丛刊）（清）陈揆辑，书目文献出版社 1998 年，北京图书馆出版社 2000 年。

锡山遗响（北京图书馆古籍珍本丛刊）（明）莫息、潘继芳辑，书目文献出版社 1998 年，北京图书馆出版社 2000 年。

善权寺古今文录（北京图书馆古籍珍本丛刊）（明）释方策辑，书目文献出版社 1998 年，北京图书馆出版社 2000 年。

北岳庙集（北京图书馆古籍珍本丛刊）佚名撰，书目文献出版社 1998 年，北京图书馆出版社 2000 年。

三台文献录（北京图书馆古籍珍本丛刊）（明）李时渐辑，书目文献出版社 1998 年，北京图书馆出版社 2000 年。

清源文献（北京图书馆古籍珍本丛刊）（明）何炯辑，书目文献出版社 1998 年，北京图书馆出版社 2000 年。

方城遗献（北京图书馆古籍珍本丛刊）（清）李成经辑，书目文献出版社 1998 年，北京图书馆出版社 2000 年。

太仓文略（北京图书馆古籍珍本丛刊）（明）陆之裘辑，书目文献出版社 1998 年，北京图书馆出版社 2000 年。

国朝名公经济文抄（北京图书馆古籍珍本丛刊）（明）张文炎辑，书目文献出版社 1998 年，北京图书馆出版社 2000 年。

同时尚论录（北京图书馆古籍珍本丛刊）（明）蔡士顺辑，书目文献出版社 1998 年，北京图书馆出版社 2000 年。

交游书翰（北京图书馆古籍珍本丛刊）（明）张明徇辑，书目文献出版社 1998 年，北京图书馆出版社 2000 年。

文选　（南朝梁）萧统编，海荣、秦克标校，上海古籍出版社 1998 年。

玉台新咏（中国古代诗文经典选本）（南朝）徐陵编，傅承洲等注，华夏出版社 1998 年。

乐府诗集　（宋）郭茂倩编，聂世美点校，上海古籍出版社 1998 年。

历代诗别裁集（新编小四库）（清）沈德潜等编，浙江古籍出版社 1998 年。

唐宋八大家文钞校注集评　高海夫主编，三秦出版社 1998 年。

顾太清奕绘诗词合集　（清）顾太清、奕绘撰，张璋编校，上海古籍出版社 1998 年。

庐山历代诗选　冯兆平、胡操轮编，江西人民出版社 1998 年。

午梦堂集　（明）叶绍袁编，冀勤辑校，中华书局 1998 年。

千家诗　南唐二主词（中国古代诗文经典选本）（宋）刘克庄、无名氏编，孙玉华等注，刘丽长注，华夏出版社 1998 年。

古文观止（双色图文传世经典）（清）吴楚材、吴调侯编，冉万里校注，甘肃民族出版社 1998 年，安徽人民出版社 2005 年。

古文观止（中国古代诗文经典选本）（清）吴楚材、吴调侯编，史礼心等注，华夏出版社 1998 年，2001 年。

古文观止 （清）吴楚才、吴调侯编，阙勋吾等译注，陈蒲清等评析，岳麓书社 1998 年。

续古文观止今译（中国古典名著普及丛书） 徐北文主编，齐鲁书社 1998 年。

古文释义 （清）余诚编，吕莺校注，北京古籍出版社 1998 年。

唐诗三百首（注释本） （清）蘅塘退士编，毛治中注释，浙江古籍出版社 1998 年，2000 年。

唐诗三百首 （清）蘅塘退士编，江苏广陵古籍刻印社 1998 年，2001 年。

唐诗三百首（中国古代诗文经典选本）（清）蘅塘退士编，史礼心等注，华夏出版社 1998 年，2000 年。

唐诗三百首评注（中国古籍名著普及丛书）（清）蘅塘退士编，张忠纲评注，齐鲁书社 1998 年，2002 年。

古诗源 （清）沈德潜编，司马翰点校，岳麓书社 1998 年。

古诗源（中国古代诗文经典选本）（清）沈德潜编，苗洪注，华夏出版社 1998 年，2001 年。

明解增和千家诗注 （宋）谢枋得辑，北京图书馆出版社 1998 年。

千家诗（蒙学丛书）（宋）谢枋得编选，陆忠发、天然注释，浙江古籍出版社 1998 年，2000 年。

新编绘图本千家诗（中华传统文化修养地平线丛书） 金元浦主编，山西人民出版社 1998 年，2001 年。

千家诗（绘图文白对照启蒙教育丛书）（宋）谢枋得、（清）王相编，赵乃增注释，吉林文史出版社 1999 年。

千家诗译注 （宋）谢枋得编，李宗为译注，上海古籍出版社 1999 年。

历代赋汇 （清）陈元龙编，北京图书馆出版社 1999 年。

六臣注文选 （南朝梁）萧统选编，（唐）李善等注，浙江古籍出版社 1999 年。

六朝文絜评注 （清）许梿选，曹明纲译注，上海古籍出版社 1999 年。

宋诗精华录译注（中华古籍译注丛书） 陈衍评选，蔡义江、李梦生译注，上海古籍出版社 1999 年。

唐诗三百首（中国古典文化精华）（清）蘅塘退士编，吴兆基注，长城出版社1999年。

唐诗三百首（诗词曲三百首图文本系列）（清）蘅塘退士编，盖国梁等注评，上海古籍出版社1999年，2003年。

全唐诗（增订简体字本）（清）彭定求等编，陈尚君补辑，中华书局1999年。

唐人万首绝句选（中国古代诗文经典选本）（清）王士禛编，史海阳等注，华夏出版社1999年，2001年。

古文观止译注（中国古籍译注丛书）（清）吴楚材、吴调侯编，李梦生等译注，上海古籍出版社1999年，2003年。

古文观止正续全编（精注全译导读本）（社会文化发展探索）（清）吴楚材、吴调侯编，李凭注译，中国发展出版社1999年。

全汉文（全上古三代秦汉三国六朝文）（清）严可均辑，任雪芳审订，商务印书馆1999年。

全后汉文（全上古三代秦汉三国六朝文）（清）严可均辑，许振生审订，商务印书馆1999年。

全三国文（全上古三代秦汉三国六朝文）（清）严可均辑，马志伟审订，商务印书馆1999年。

全晋文（全上古三代秦汉三国六朝文）（清）严可均辑，何宛屏等审订，商务印书馆1999年。

全宋文（全上古三代秦汉三国六朝文）（清）严可均辑，苑育新审订，商务印书馆1999年。

全齐文・全陈文（全上古三代秦汉三国六朝文）（清）严可均辑，许少峰、史建桥审订，商务印书馆1999年。

全梁文（全上古三代秦汉三国六朝文）（清）严可均辑，冯瑞生审订，商务印书馆1999年。

全后魏文（全上古三代秦汉三国六朝文）（清）严可均辑，金欣欣、金菲菲审订，商务印书馆1999年。

全北齐文　全后周文（全上古三代秦汉三国六朝文）（清）严可均辑，任雪芳等审订，商务印书馆1999年。

全隋文・全唐文（全上古三代秦汉

三国六朝文）（清）严可均辑，史建桥审订，商务印书馆1999年。

唐宋八大家文钞（百部中国古典名著）（清）张伯行选编，李剑亮等注释，浙江古籍出版社2000年。

昭明文选注析 （南朝梁）萧统编，王友怀、魏全瑞注，三秦出版社2000年。

敦煌吐鲁番本文选 饶宗颐编，中华书局2000年。

敦煌诗集残卷辑考 徐俊纂辑，中华书局2000年。

古诗赏析 （清）张玉穀撰，许逸民点校，上海古籍出版社2000年。

二程遗书（天地人丛书）（宋）程颢、程颐撰，潘富恩导读，上海古籍出版社2000年。

唐人万首绝句选（新世纪万有文库）（清）王士禛编，吴鸥点校，辽宁教育出版社2000年。

唐钞文选集注汇存（海外珍藏善本丛书）（南朝梁）萧统编，（唐）李善等注，周勋初、陈尚君编纂，上海古籍出版社2000年，2011年。

唐贤三昧集译注（中华古籍译注丛书）（清）王士禛编，张明非译注，上海古籍出版社2000年。

唐诗三百首（中国古典名著精华）（清）蘅塘退士编，新疆人民出版社2000年。

唐诗三百首（中国古典文学名著袖珍文库）（清）蘅塘退士编，四川文艺出版社2000年。

唐诗三百首 （清）蘅塘退士编，陈婉俊补注，虞河整理，江苏古籍出版社2000年，2001年。

中州集 （金）元好问编，学苑出版社2000年。

清文前编 乔治忠编，北京图书馆出版社2000年。

全唐诗作者索引 杨玉芬、柳过云编，中华书局2000年。

王昌龄集·高适集·岑参集 （唐）王昌龄、高适、岑参撰，曾亚兰编校，岳麓书社2000年。

沈佺期 宋之问集校注（中国古典文学基本丛书）（唐）沈佺期、宋之问撰，陶敏、易淑琼校注，中华书局2001年。

全唐文篇目分类索引 冯秉文主

编，中华书局 2001 年。

元诗选（癸集）（清）顾嗣立、席世臣编，吴申扬点校，中华书局 2001 年。

唐宋八大家 吴永哲、乔万民主编，天津人民出版社 2001 年。

骈体文钞（清）李兆洛编，殷海国、殷海安点校，上海古籍出版社 2001 年。

日藏弘仁本文馆词林校证（唐）许敬宗编，罗国威整理，中华书局 2001 年。

唐诗解（清）唐汝询撰，王振汉点校，河北大学出版社 2001 年。

唐诗三百首（三百首系列）（清）蘅塘退士编，李炳勋注译，中州古籍出版社 2001 年。

唐诗三百首评注（清）蘅塘退士编，马辰仁等评注，黎萍、杨小莉配图，浙江古籍出版社 2001 年，2003 年。

唐诗三百首（清）蘅塘退士编，吴雪梅注，中国书店 2001 年。

唐诗三百首（上古版中华名著袖珍本）（清）蘅塘退士编，金性尧注，上海古籍出版社 2001 年。

唐诗三百首（中华传世名著精华丛书）（清）蘅塘退士选编，梁海明注析，书海出版社 2001 年。

古文观止（清）吴楚材、吴调侯编，张黎明等译注，哈尔滨出版社 2001 年。

古文观止（中国古典文学名著袖珍文库）（清）吴楚材、吴调侯编，东篱遗民注，四川文艺出版社 2001 年。

古文观止插图珍藏本（清）吴楚材、吴调侯编选，吕思勉等评，中国言实出版社 2001 年。

古文观止（国文珍品文库）（清）吴楚材、吴调侯编，李炳海等注评，吉林文史出版社 2001 年。

古文观止译注（配图本）（清）吴楚材、吴调侯编，许建平译注，浙江古籍出版社 2001 年，2002 年。

千家诗（上古版中华名著袖珍本）（宋）谢枋得编选，黄益元编，上海古籍出版社 2001 年。

千家诗插图珍藏本（宋）谢枋得编选，溧拙山等注，中国言实出版社 2001 年。

千家诗 （宋）谢枋得、（清）王相编，江苏广陵古籍刻印社 2001 年。

诗苑英华：两汉魏晋南北朝诗卷 黄瑞云选注，湖北教育出版社 2001 年。

诗苑英华：唐诗卷 黄瑞云选注，湖北教育出版社 2002 年。

诗苑英华：宋金诗卷 黄瑞云选注，湖北教育出版社 2002 年。

诗苑英华：元明诗卷 黄瑞云选注，湖北教育出版社 2002 年。

诗苑英华：清诗卷 黄瑞云选注，湖北教育出版社 2002 年。

千家诗（诗词图文本） （宋）刘克庄、谢枋得编选，杨万里等注评，上海古籍出版社 2002 年。

汉魏六朝百三名家集 （明）张溥辑，江苏古籍出版社 2002 年。

初唐四杰 （唐）王勃等撰，谌东飚标点，岳麓书社 2002 年。

分门纂类唐宋时贤千家诗选校 （宋）刘克庄编，李更、陈新校证，人民文学出版社 2002 年。

古文观止（上古版中华名著袖珍本）（清）吴楚材、吴调侯编，李国章导读，上海古籍出版社 2002 年。

宋诗拾遗 （元）陈世隆撰，线装书局 2002 年。

桐城先生评点唐诗鼓吹 （金）元好问编，（清）吴汝纶评点，北京图书馆出版社 2002 年。

中晚唐诗叩弹集 （清）杜诏、杜庭珠编，北京图书馆出版社 2002 年。

元诗选补遗 （清）钱熙彦编次，向东等点校，中华书局 2002 年。

清江三孔集 （宋）孔文仲撰，孙永选点校，齐鲁书社 2002 年。

钱镜塘藏明代名人尺牍 钱镜塘辑，上海古籍出版社 2002 年。

曾氏三代家书 王澧华编，岳麓书社 2002 年。

唐诗三百首（书韵楼丛刊）（清）蘅塘退士编，上海古籍出版社 2002 年，2003 年。

古诗源（书韵楼丛刊）（清）沈德潜编，上海古籍出版社 2002 年，2003 年。

陶渊明谢灵运鲍照诗文选评（新

世纪古典文学经典读本） 曹明纲撰，上海古籍出版社2002年。

古诗十九首与乐府诗选评（新世纪古典文学经典读本） 曹旭撰，上海古籍出版社2002年。

王维孟浩然诗选评（新世纪古典文学经典读本） 刘宁撰，上海古籍出版社2002年。

三曹诗选评（新世纪古典文学经典读本） 陈庆元撰，上海古籍出版社2002年。

谢朓庾信等作品选评（新世纪古典文学经典读本） 杨明、杨焄撰，上海古籍出版社2002年。

高适岑参诗选评（新世纪古典文学经典读本） 陈铁民撰，上海古籍出版社2002年。

刘禹锡 白居易诗选评（新世纪古典文学经典读本） 萧瑞峰、彭万隆撰，上海古籍出版社2002年。

巴蜀古文选解 罗应涛主编，四川大学出版社2002年。

古代文学作品选 朱光宝主编，四川大学出版社2002年。

河岳英灵集（中华再造善本）（唐）殷璠辑，北京图书馆出版社2002年。

古文苑（中华再造善本）（宋）章樵注，北京图书馆出版社2003年。

续古文观止 王文濡编，程大琥、马美著校注，岳麓书社2003年。

全隋文补遗 韩理洲辑校编年，三秦出版社2003年。

唐音统签 （明）胡震亨编，上海古籍出版社2003年。

唐人律诗笺注集评 陈增杰编著，浙江古籍出版社2003年。

唐诗三百首今译（传统文化经典读本）（清）蘅塘退士编，艾克利等注译，三秦出版社2003年。

绣像唐诗三百首 （清）蘅塘退士编，线装书局2003年。

缑城正气集 （明）方孝孺等撰，张常明编注，上海古籍出版社2003年。

全蜀艺文志 （明）杨慎编，刘琳、王晓波点校，线装书局2003年。

古文观止精读（中国古典文学精品屋）（清）吴楚材、（清）吴调侯编，余国庆、朱一兵注译，黄山书社 2003 年。

汉英对照唐诗三百首 （清）蘅塘退士编，许渊冲译，高等教育出版社 2003 年，中国对外翻译出版公司 2007 年。

唐宋名篇 杨义主编，中国社会科学院文学研究所编，山东教育出版社 2003 年。

唐诗之路唐诗总集（中山文汇丛书） 竺岳兵著，中国文史出版社 2003 年。

千古绝唱 阎琦选编，三秦出版社 2003 年。

汉语古诗词曲三百首 旺吉乐编，内蒙古人民出版社 2003 年。

历代竹枝词 王利器、王慎之、王子今辑，陕西人民出版社 2003 年。

汉英双讲中国古诗 100 首 高民、王亦编著，李红梅编，郭海云译，大连出版社 2003 年。

历代常德诗词选注（中国常德诗墙丛书） 张传锡选注，中国文联出版社 2003 年。

华山赋译注 张绍堂、石干注译，三秦出版社 2003 年。

唐诗三百首 （清）蘅塘退士编，彭登焕注释，四川美术出版社 2003 年。

唐诗三百首（中国古典文学精品屋） （清）蘅塘退士编选，叶华注释，黄山书社 2003 年。

昭明文选 （南朝梁）萧统辑，谭国清主编，西苑出版社 2003 年，2009 年。

文选（中华再造善本） （南朝梁）萧统辑，（唐）李善注，北京图书馆出版社 2004 年。

文选双字类要（中华再造善本）（宋）苏易简撰，北京图书馆出版社 2004 年。

文苑英华纂要（中华再造善本）（宋）高似孙辑，北京图书馆出版社 2004 年。

四家四六（中华再造善本） （宋）方大琮等撰，北京图书馆出版社 2004 年。

乐府诗集（中华再造善本） （宋）郭茂倩辑，北京图书馆出版社 2004 年。

古今绝句（中华再造善本） （宋）吴说辑，北京图书馆出版社 2004 年。

增注东莱吕成公古文关键（中华再造善本）（宋）吕祖谦辑，蔡文子注，北京图书馆出版社2004年。

续增历代奏议丽泽集文（中华再造善本）佚名撰，北京图书馆出版社2004年。

应氏类编西汉文章（中华再造善本）佚名撰，北京图书馆出版社2004年。

王荆公唐百家诗选（中华再造善本）（宋）王安石辑，北京图书馆出版社2004年。

崑山杂咏（中华再造善本）（宋）龚昱辑，北京图书馆出版社2004年。

窦氏联珠集（中华再造善本）（唐）窦常等撰，北京图书馆出版社2004年。

三苏先生文粹（中华再造善本）（宋）苏洵、苏轼、苏辙撰，北京图书馆出版社2004年。

东莱标注三苏文集（中华再造善本）（宋）苏洵、苏轼、苏辙撰，吕祖谦辑，北京图书馆出版社2004年。

云庄四六余话（中华再造善本）（宋）杨囦道撰，北京图书馆出版社2004年。

韵语阳秋（中华再造善本）（宋）葛立方撰，北京图书馆出版社2004年。

渔隐丛话前集（中华再造善本）（宋）胡仔辑，北京图书馆出版社2004年。

玉台新咏（中华再造善本续编试制）（南朝陈）徐陵撰，北京图书馆出版社2004年，2007年。

古文经典（第2辑） 赖国全编著，海天出版社2004年。

檄文经典 梁忠实编著，泰山出版社2004年。

古文观止（双色版国文珍品文库）（清）吴楚材、吴调侯选编，曹道衡等译，吉林文史出版社2004年。

精选新编古文观止（中国古代文学名作白话精读）陈明照、胥陆华编写，中南工业大学出版社2004年。

古文观止（中国传统文化精华）（清）吴楚材、吴调侯编，钟雷主编，哈尔滨出版社2004年。

古文百篇（中国古典名著时尚读

本） 韩兆琦等选释，中国青年出版社 2004 年。

汉英对照《千家诗》 （宋）谢枋得选，郭著章、傅惠生等编译，武汉大学出版社 2004 年。

汉英对照中国古诗精品三百首 许渊冲主编，北京大学出版社 2004 年。

《唐诗三百首》精华赏析 孟庆文主编，南海出版公司 2004 年。

清诗选评（名家注评古典文学丛书） 朱则杰注评，三秦出版社 2004 年。

历代《竹枝词》鉴赏（人文与社会丛书） 陈美亚著，中国文联出版社 2004 年。

辽金元诗选评（名家注评古典文学丛书） 刘达科注评，三秦出版社 2004 年。

中国古代诗歌鉴赏 黄强、王乃森主编，河海大学出版社 2004 年。

精选今译诗词曲赋（中国古代文学名作白话精读） 龙宿莽编写，中南工业大学出版社 2004 年。

红楼梦诗词曲赋鉴赏 蔡义江著，中华书局 2004 年。

唐宋八大家散文鉴赏辞典（中国历代诗文鉴赏系列） 吕晴飞主编，中国妇女出版社 2004 年。

古诗鉴赏辞典（中国历代诗文鉴赏系列） 贺新辉主编，牛淼祥等撰，中国妇女出版社 2004 年。

名家品诗坊·汉魏六朝诗（文学鉴赏辞典精品集萃） 王运熙等编著，上海辞书出版社 2004 年。

名家品诗坊·宋诗（文学鉴赏辞典精品集萃） 缪钺等编，上海辞书出版社 2004 年。

名家品诗坊·唐诗（文学鉴赏辞典精品集萃） 马茂元等编，上海辞书出版社 2004 年。

名家赏文坊·汉魏六朝文（文学鉴赏辞典精品集萃） 隋树森等编写，上海辞书出版社 2004 年。

名家品诗坊·元明清诗（文学鉴赏辞典精品集萃） 钱仲联等著，上海辞书出版社 2004 年。

荆州历代文学作品评注（精卫文丛） 田宜弘、罗昌智著，中国文联出版社 2004 年。

南通范氏诗文世家 范曾编，河北教育出版社 2004 年。

大学生背诵古诗文三百篇 吕九如主编，三秦出版社 2004 年。

文选名篇（中国历史文化名城镇江研究丛书） 曹道衡等主编，江苏人民出版社 2004 年。

月亮城古诗文 张贵联主编，王国君等编写，王悦摄，上海远东出版社 2004 年。

中国历代文学作品选 房开江主编，王晓卫分册主编，贵州人民出版社 2004 年。

千年经典绝妙诗文·诗词卷 金元浦主编，郑州大学出版社 2004 年。

千年经典绝妙诗文·美文卷 金元浦主编，郑州大学出版社 2004 年。

中国古诗文读本 鸿儒主编，河南人民出版社 2004 年。

中国古代文学作品选 张明非主编，广西师范大学出版社 2004 年。

中国古代文学作品选 罗宗强、陈洪主编，刘畅等本册编写，高等教育出版社 2004 年。

中国古代文学作品选简编 郁贤皓主编，高等教育出版社 2004 年。

中国古代文学作品选（厦门大学海外教育学院海外华文教育教材系列） 王治理编，厦门大学出版社 2004 年。

古代词曲散文名句必读（中国传统文化精华） （唐）韦庄等著，哈尔滨出版社 2004 年。

中国古代文学作品选 潘慧惠主编，浙江大学出版社 2004 年。

中国古代文学作品选 郑日男编著，延边大学出版社 2004 年。

余姚历代山水诗词选（诗词作家丛书） 魏振纲编，作家出版社 2004 年。

诗苑英华（中国历史文化名城镇江研究丛书） 孙润华主编，江苏人民出版社 2004 年。

历代名人咏昆山 鲁德俊主编，凤凰出版社 2004 年。

历代诗人咏昆明 周忻主编，昆明市文化局编，云南美术出版社 2004 年。

万家辞赋（中华万家书） 张志江、

魏耕原、薛莲编著，中国社会出版社 2004 年。

古典诗词读本 徐植农、许臻编，苏州大学出版社 2004 年。

万家诗萃（中华万家书） 杨桂森、杨蔷云编著，中国社会出版社 2004 年。

骚体诗选（中国诗体丛书） 李金善、张佳祺选注，河北大学出版社 2004 年。

历代纺织诗解析（曙光文丛） 施亚、王美春主编，中国文史出版社 2004 年。

禅诗三百首 刘向阳编注，大众文艺出版社 2004 年。

中国古代旅游诗选读 朱典淼、王东主编，旅游教育出版社 2004 年。

文学名篇解读（小说、戏剧部分） 费洪根、李曰辉主编，延边大学出版社 2004 年。

千古辞赋（中华千古诗文丛书） 张小平编著，安徽文艺出版社 2004 年。

历代诗词曲精选 周青云编注，湖南大学出版社 2004 年。

经典古诗美读（精品美读丛书） 吴洁敏、朱宏达主编，暨南大学出版社 2004 年。

中国古典诗歌选译（比较文学与世界文学书系） 贺淯滨编译，中央编译出版社 2004 年。

程千帆推荐古代辞赋（大家推荐大家读丛书） 曹虹、程章灿注释，广陵书社 2004 年。

宋诗三百首评注（中国古典名著普及丛书） 刘乃昌选注，齐鲁书社 2004 年。

唐诗三百首（中国传统文化经典诵读）（清）蘅塘退士编，李定广评析，湖北辞书出版社 2004 年。

唐诗三百首（中国古代诗文经典选本）（清）蘅塘退士编，史礼心等注，华夏出版社 2004 年。

汉魏六朝诗选（中国文学经典） 鲁宝玉、汪玉川编著，南海出版公司 2004 年。

乐府民歌（传世经典袖珍本文库） 张小平评注，安徽文艺出版社 2004 年。

宋诗选 张鸣选注，人民文学出版社 2004 年。

唐诗三百首：最新版 杨光治选析，广东高等教育出版社2004年。

唐诗三百首（中国传统文化精华）（清）蘅塘退士编，钟雷主编，哈尔滨出版社2004年。

萧山古诗五百首（萧山历史文化丛书） 杜永毅编选，方志出版社2004年。

千家诗 （宋）谢枋得编，谷一然评注，人民文学出版社2004年。

唐诗三百首 （清）蘅塘退士编选，人民文学出版社编辑部注，人民文学出版社2004年。

唐诗三百首 （清）蘅塘退士编，李海卉选编，哈尔滨出版社2004年。

千家诗（插图本中国文化启蒙丛书）（宋）谢枋得编，潘天宁注评新编，中州古籍出版社2004年。

齐梁体诗选（中国诗体丛书） 胡大雷选注，河北大学出版社2004年。

少陵体诗选（中国诗体丛书） 韩成武选注，河北大学出版社2004年。

风雅体诗选（中国诗体丛书） 王长华选注，河北大学出版社2004年。

王孟体诗选（中国诗体丛书） 葛景春选注，河北大学出版社2004年。

历代赋汇 （清）陈元龙编，凤凰出版社2004年。

溟南诗选：外一种（海南先贤诗文丛刊） 佚名著，（明）陈是集编，郑行顺点校，海南出版社2004年。

辽金元绝句选（古典诗歌绝句系列） 刘达科选注，中华书局2004年。

唐诗精华（中华古典文学精粹珍藏） 林方直主编，内蒙古人民出版社2004年。

唐诗三百首（优秀经典文库）（清）蘅塘退士编选，佳翰编，延边人民出版社2004年。

唐诗三百首（双色图文传世经典）（清）蘅塘退士编选，黄伟敏注译，西安出版社2004年，安徽人民出版社2005年。

白塔·唐诗一百首 ［秘］吉叶墨译，北京大学出版社2004年。

唐宋元明清名家诗选 林霄选编，贵州民族出版社 2004 年。

唐诗（历史快读系列）（清）蘅塘退士编，哈尔滨出版社 2004 年。

清人咏藏诗词选注 高平编注，中国藏学出版社 2004 年。

唐诗百首（中国古典名著时尚读本）韩兆琦等注释，中国青年出版社 2004 年。

历代咏竹诗丛 成乃凡编，陕西人民出版社 2004 年。

磁州窑诗词（磁州窑文化丛书）王兴编著，天津古籍出版社 2004 年。

洞霄诗集（中国道观志丛刊续编）（宋）孟宗宝编，广陵书社 2004 年。

林庚推荐唐诗（大家推荐大家读丛书）袁行霈等注释，广陵书社 2004 年。

汉魏六朝散文（中国古典文学精品选注汇评文库）徐中汇主编，广东人民出版社 2004 年。

四千年文选 高石芝编，吉林文史出版社 2004 年。

中国古代书信选：珍藏版（中国传统文化经典文库·双色图文经典）乙力编，兰州大学出版社 2004 年。

哲人思絮：中国历代哲理散文卷（传世散文精品库）堵军主编，延边人民出版社 2004 年。

归去来兮：中国历代游记散文卷（传世散文精品库）堵军主编，延边人民出版社 2004 年。

千古游记（中华千古诗文丛书）徐成志编著，安徽文艺出版社 2004 年。

中国古代游记选（中国传统文化经典文库·双色图文经典：珍藏版）乙力编，兰州大学出版社 2004 年。

玉壶冰心：中国历代抒情散文卷（传世散文精品库）堵军主编，延边人民出版社 2004 年。

雪泥飞鸿：中国历代传记散文卷（传世散文精品库）堵军主编，延边人民出版社 2004 年。

智者睿语：中国历代寓言散文卷（传世散文精品库）堵军主编，延边人民出版社 2004 年。

秀谷清韵：中国历代山水散文卷（传世散文精品库）堵军主编，延边人民出版社 2004 年。

千古序跋（中华千古诗文丛书） 何庆善编著，安徽文艺出版社 2004年。

千古书信（中华千古诗文丛书） 唐先田、孙俊山选注，安徽文艺出版社 2004年。

周振甫推荐古代散文（大家推荐大家读丛书） 周振甫等译注，广陵书社 2004年。

历代小品山水（小品精华系列） 蒋松源主编，湖北辞书出版社 2004年。

历代小品尺牍（小品精华系列） 谭邦和主编，崇文书局 2004年。

中国游记散文大系：四川、重庆、西藏、新疆卷 张成德等主编，书海出版社 2004年。

中国游记散文大系：福建卷，台湾卷 张成德等主编，书海出版社 2004年。

中国游记散文大系：北京、天津、河北、东北地区卷 张成德等主编，书海出版社 2004年。

千载佳句 ［日］大江维时编纂，宋红校订，上海古籍出版社 2004年。

余冠英推荐古代民歌（大家推荐大家读丛书） 侯明注，广陵书社 2004年。

《全隋文》补遗（周秦汉唐文化工程） 韩理洲辑校，三秦出版社 2004年。

古文观止：新世纪普及版（古代文学必读经典） （清）吴楚材、（清）吴调侯原编，司徒博文编译，当代世界出版社 2004年。

天台山游记选注（天台山旅游文化丛书） 许尚枢、徐永恩编著，西安地图出版社 2004年。

荆楚古代诗文赏读（芳草文丛·第1辑） 李守望、何斌师著，大众文艺出版社 2004年。

唐诗三百首（国学小书院） （清）蘅塘退士编，韩丽译注，大众文艺出版社 2004年。

历代名家书简（中国古典文学精品选注汇评文库） 朱桦选著，广东人民出版社 2004年。

漳州古代诗词选（山水文丛） 欧阳秉乾主编，李竹深辑校，海峡文艺出版社 2004年。

新安文献志（徽学研究资料辑刊）

（明）程敏政辑撰，何庆善、于石点校，黄山书社2004年。

中国古代文学作品选（新世纪人文教育丛书） 王安庭、姚玉光主编，柏俊才等撰稿，中国社会科学出版社2004年。

唐代题壁诗 刘洪生编著，中国社会科学出版社2004年。

二艾遗书 （明）艾自新、艾自修撰，施立卓、赵寅松选注，民族出版社2004年。

历代诗词精品三百首今译（当代中华诗词丛书·第1辑） 张云勋译注，中国文史出版社2004年。

唐诗三百首（古典名著标准读本）（清）蘅塘退士编，岳麓书社2004年。

＊**壮志诗选注** 吕尚选注，香港天马出版有限公司2004年。

历代名人分类尺牍选粹 姚汉章等编，北京图书馆出版社2004年。

全元文 李修生主编，凤凰出版社2004至2005年。

新刻诸儒批点古文集成前集（中华再造善本）（宋）王霆震辑，北京图书馆出版社2005年。

才调集（中华再造善本）（后蜀）韦縠辑，北京图书馆出版社2005年。

唐僧弘秀集（中华再造善本）（宋）李龏辑，北京图书馆出版社2005年。

新刊国朝二百家名贤文粹（中华再造善本） 佚名撰，北京图书馆出版社2005年。

新刊国朝二百家名贤文粹（中华再造善本） 佚名撰，北京图书馆出版社2005年。

皇朝文鉴（中华再造善本）（宋）吕祖谦辑，北京图书馆出版社2005年。

梅花百咏（中华再造善本）（元）韦珪撰，北京图书馆出版社2005年。

新刊丽则遗音古赋程式（中华再造善本）（元）杨维桢撰，北京图书馆出版社2005年。

古乐府（中华再造善本）（元）左克明辑，北京图书馆出版社2005年。

三圣诗（中华再造善本）（唐）释寒山子，（元）释梵琦撰，北京图书馆出版社2005年。

迂斋先生标注崇古文诀（中华再造善本）（宋）楼昉辑，北京图书馆出版社2005年。

东涧先生妙绝今古文选（中华再造善本）（宋）汤汉辑，北京图书馆出版社2005年。

叠山先生批点文章轨范（中华再造善本）（宋）谢枋得辑，北京图书馆出版社2005年。

类编层澜文选（中华再造善本）佚名撰，北京图书馆出版社2005年。

中州集（中华再造善本）（金）元好问辑，北京图书馆出版社2005年。

皇元风雅后集（中华再造善本）（元）孙存吾辑，北京图书馆出版社2005年。

国朝风雅（中华再造善本）（元）蒋易辑，北京图书馆出版社2005年。

唐诗三百首（中国古典名著精品书系）（清）蘅塘退士编，刘泰丰主编，军事谊文出版社2005年。

古文观止（中国古典名著精品书系）（清）吴楚材、吴调侯编，刘泰丰主编，军事谊文出版社2005年。

古文观止 （清）吴楚材、吴调侯编，纪江红主编，北京出版社2005年。

唐诗宋词元曲 纪江红主编，北京出版社2005年。

唐诗三百首（中国儿童成长必读系列·一生必读的经典）（清）蘅塘退士编，纪江红主编，北京出版社2005年，安徽科学技术出版社2006年。

唐宋散文导读（高等学校语言文学名著导读系列教材） 熊礼汇、闵泽平编，长江文艺出版社2005年。

全宋诗订补 陈新等补正，大象出版社2005年。

唐诗·宋词：唐诗 冯刚明编著，大众文艺出版社2005年。

古文观止注评 （清）吴楚材、吴调侯选编，王英志注评，凤凰出版社2005年。

唐诗三百首注评 （清）蘅塘退士选编，周啸天注评，凤凰出版社2005年。

闽中十子诗集（八闽文献丛刊）（明）袁表、马荧选编，苗健青点校，福建人民出版社2005年。

唐诗三百首 （清）蘅塘退士编选，刘丽君编，哈尔滨出版社2005年。

唐诗三百首解读 （清）蘅塘退士编选，侯刚、侯健编著，海燕出版社2005年。

贬谪文学作品注析 徐收奇、韩志孝等编著，河南人民出版社2005年。

唐诗三百首（儿童国学教育精选）（清）蘅塘退士编选，李杰主编，黑龙江科学技术出版社2005年。

唐诗选（中华文化经典诵读课本）刘孝听编著，华文出版社2005年。

唐诗三百（中华传世名著精华本）陈渔、夏雨虹主编，陈渔、秦木子编写，吉林人民出版社2005年。

千家诗（中华传世名著精华本）（宋）谢枋得选，陈渔、夏雨虹主编，吉林人民出版社2005年。

唐宋名家名诗100首：英汉对照插图本 唐自东等译，吉林文史出版社2005年。

历代诗今译 郭彦全编，华艺出版社2005年。

白话古文观止 （清）吴楚材、吴调侯编，鲁西奇、陈勤奋、胡斌译，湖北少年儿童出版社2005年。

汉魏六朝诗三百首译析（双色绘图诗词三百首系列） 沈文凡等编著，吉林文史出版社2005年。

唐宋八大家文选（中国文学经典）李道英编，南海出版公司2005年。

中国名花诗词英译：汉英对照 黄龙编译，南京出版社2005年。

二十五史谣谚通检 尚恒元、彭善俊编著，山西古籍出版社2005年。

中国古代文学作品选 郭预衡主编，上海古籍出版社2005年。

宋诗三百首 金性尧选注，陕西师范大学出版社2005年。

唐诗三百首新注 （清）蘅塘退士编，金性尧注，陕西师范大学出版社2005年。

袖珍经典诵读 施忠连主编，上海

辞书出版社 2005 年。

古诗绝唱 100 首（学生必备诵读宝典） 康桥编，上海大学出版社 2005 年。

唐诗绝唱 100 首（学生必备诵读宝典） 康桥编著，上海大学出版社 2005 年。

汉英对照唐诗绝句 150 首：插图本（学生版大智者丛书） 陈君朴编译，上海大学出版社 2005 年。

古文经典 99（久有文库·九九经典） 郭焕芳选评，山东人民出版社 2005 年。

金元诗选（中国古典文学读本丛书·历代诗选） 邓绍基选注，人民文学出版社 2005 年。

新选古文观止 庆振轩选注，人民文学出版社 2005 年。

全汉赋校注 费振刚、仇仲谦、刘南平校注，广东教育出版社 2005 年。

邗江三百吟（扬州地方文献丛刊）（清）林苏门等撰，广陵书社 2005 年。

六朝文絜全译（中国历代名著全译丛书）（清）许琏选编，骆礼刚译注，贵州人民出版社 2005 年。

古文观止（中华传世名著精华本）（清）吴楚材、吴调侯编，陈渔、夏雨虹主编，吉林人民出版社 2005 年。

宋诗三百首译析（双色绘图诗词三百首系列） 周航、喻朝刚编著，吉林文史出版社 2005 年。

中国古代军事诗歌精选（军事学者评点古典军事文学名著丛书） 孙丕任、郭春鹰等选评，解放军文艺出版社 2005 年。

古诗文三百篇 杨德忠、胡中兴选编，江西高校出版社 2005 年。

中国古代军事词赋精选（军事学者评点古典军事文学名著丛书） 于泽民选评，解放军文艺出版社 2005 年。

唐诗三百首（高中语文选修课程资源库）（清）蘅塘退士编选，赵长征、马奔腾注，人民文学出版社 2005 年。

唐诗三百首（新课标学生必备丛书）（清）蘅塘退士编，陆襄主编，沈红旗编著，上海远东出版社 2005 年。

东瓯三先生集补编 胡珠生编，上

海社会科学院出版社 2005 年。

建安七子集校注 吴云主编，天津古籍出版社 2005 年。

古诗词 100 首（三元启蒙丛书） 郭丹等选编，四川少年儿童出版社 2005 年。

唐诗 100 首（三元启蒙丛书） 郭丹等编选，九色鹿工作室绘，四川少年儿童出版社 2005 年。

古文精选精译 彭哲志主编，天地出版社 2005 年。

英译唐诗三百首 唐一鹤译注，天津人民出版社 2005 年。

唐诗精选（中国传统文化经典：青少版） 鹏羽主编，天津人民美术出版社 2005 年。

唐宋诗文选：英文（熊猫丛书） （唐）李白等著，杨宪益、戴乃迭译，外文出版社 2005 年。

汉魏六朝诗文选：英文（熊猫丛书） （晋）陶渊明等著，杨宪益、戴乃迭译，外文出版社 2005 年。

古文观止精选：英汉对照 罗经国译，外语教学与研究出版社 2005 年。

精选唐诗唐画：汉英对照 五洲传播出版社编，王玉书译，五洲传播出版社 2005 年。

唐宋诗词名篇精解 栾睿著，新疆大学出版社 2005 年。

绝句精选 张志兴译注，学林出版社 2005 年。

中华历代咏花卉诗词选 赵慧文编著，学苑出版社 2005 年。

中华历代咏鸟兽虫鱼诗词选 徐育民、李勤印主编，学苑出版社 2005 年。

唐诗 300 首（经典阅读文库） 刘文华主编，延边人民出版社 2005 年。

图画唐诗 （明）黄凤池辑，李知之注析，岳麓书社 2005 年。

唐诗 300 首赏析（中小学生新课标必读丛书） 任为新选编，浙江人民出版社 2005 年。

历代诗典 戴燕选编，浙江文艺出版社 2005 年。

古文名篇（中华传统经典系列） 李凭编著，中国发展出版社 2005 年。

古诗名篇（中华传统经典系列）

王清淮编著，中国发展出版社2005年。

千家诗（中华儿童古典启蒙教育丛书·第2辑） 文景编著，中国人口出版社2005年。

唐诗（中华儿童古典启蒙教育丛书·第2辑） 文景编著，中国人口出版社2005年。

大唐诗作 姬沈育选注，中国社会出版社2005年。

古文名篇 古木编，中国社会出版社2005年。

淇河首 罗俊岭编选，中国文联出版社2005年。

全唐文补编 陈尚君辑校，中华书局2005年。

唐诗精粹解读（中学生文化素质提高丛书） 傅璇琮选，郝歆释，中华书局2005年。

唐诗三百首：名家集评本 （清）蘅塘退士编，顾青编撰，中华书局2005年。

名家书画新编千家诗 袁行霈主编，中华书局2005年。

两汉诗选（《古典诗词名家》丛书） 曹道衡选注，中华书局2005年。

三曹诗选（《古典诗词名家》丛书） 孙明君选注，中华书局2005年。

谢脁庾信诗选（《古典诗词名家》丛书） 杜晓勤选注，中华书局2005年。

谢灵运鲍照诗选（《古典诗词名家》丛书） 胡大雷选注，中华书局2005年。

高适岑参诗选（《古典诗词名家》丛书） 吴湘洲选注，中华书局2005年。

王维孟浩然诗选（《古典诗词名家》丛书） 陈铁民选注，中华书局2005年。

徐州文选（徐州历史文化丛书） 程荣华选注，中华书局2005年。

徐州诗咏（徐州历史文化丛书） 黄新铭选注，中华书局2005年。

古文观止（中国古典名著全译典藏图文本） （清）吴楚材、吴调侯编，曹惠民、刘英译注，中国社会科学出版社2005年。

李煜李清照（插图本中国诗词经典·当代著名学者诠释古代经典名

作）杨义、邵宁宁选注、译评，岳麓书社 2005 年。

《古文笔法》评述（云南民族大学研究丛书） 陶学良编著，云南人民出版社 2005 年。

清代云南民族竹枝词诗笺 李孝友笺释，云南美术出版社 2005 年。

唐宋散文精选（语文课程标准课外读物导读丛书） 郁石编选，江苏文艺出版社、北京大学出版社 2005 年。

中华古文短篇选读（厦门大学海外教育学院海外华文教育教材系列） 蓝小玲编著，厦门大学出版社 2005 年。

四王题画诗辑注 太仓史志办公室编著，西泠印社 2005 年。

唐诗精品 180 首（双色图文传世经典） 王育龙选注，安徽人民出版社 2005 年。

唐宋诗词名句鉴赏（双色图文传世经典） 万书红选注，安徽人民出版社 2005 年。

千家诗（双色图文传世经典）（宋）刘克庄编，王育龙注译，安徽人民出版社 2005 年。

清诗三百首译析（双色绘图诗词三百首系列） 刘琦等译注，吉林文史出版社 2005 年。

全唐文补遗・第 8 辑 吴钢主编，三秦出版社 2005 年。

西昆酬唱集（书韵楼丛刊）（宋）杨亿编，上海古籍出版社 2005 年。

唐诗三百首（古代诗词必读经典）（清）蘅唐退士原编，司徒博文译注，当代世界出版社 2005 年。

宋代蜀文辑存 傅增湘辑，北京图书馆出版社 2005 年。

玉台新咏（书韵楼丛刊）（梁）徐陵编，上海古籍出版社 2005 年。

汉魏六朝诗选 邬国平选注，上海古籍出版社 2005 年。

夹注名贤十抄诗 ［高丽］释子山夹注，查屏球整理，上海古籍出版社 2005 年。

唐诗（中国青少年诵读工程・小学生经典诵读） 孙玉莹主编，光明日报出版社 2005 年。

唐诗三百首（课外必读推荐丛书・第三辑・古代诗词曲名篇选编）（清）蘅塘退士编选，徐翠先译解，北京燕山出版社 2005 年。

中国古代童诗选（课外必读推荐丛书·第三辑·古代诗词曲名篇选编） 齐正欣译解，北京燕山出版社 2005 年。

古代四进节日诗精选（课外必读推荐丛书·第三辑·古代诗词曲名篇选编） 仇文农编著，北京燕山出版社 2005 年。

古文观止：足本珍藏版（古典经典系列） （清）吴楚材、吴调侯编选，哈尔滨出版社 2005 年。

文选（中华再造善本） （南朝梁）萧统辑，（唐）李善注，北京图书馆出版社 2006 年。

文苑英华（中华再造善本） （宋）李昉等辑，北京图书馆出版社 2006 年。

古文苑（中华再造善本） 佚名撰，北京图书馆出版社 2006 年。

文粹（中华再造善本） （宋）姚铉辑，北京图书馆出版社 2006 年。

圣宋文选全集（中华再造善本） 佚名撰，北京图书馆出版社 2006 年。

新刊国朝二百家名贤文粹（中华再造善本） 佚名撰，北京图书馆出版社 2006 年。

皇朝文鉴（中华再造善本） （宋）吕祖谦辑，北京图书馆出版社 2006 年。

圣宋名贤五百家播芳大全文粹（中华再造善本） （宋）魏齐贤、叶棻辑，北京图书馆出版社 2006 年。

重广眉山三苏先生文集（中华再造善本） （宋）苏洵、苏轼、苏辙撰，北京图书馆出版社 2006 年。

苕溪渔隐丛话后集（中华再造善本） （宋）胡仔辑，北京图书馆出版社 2006 年。

乐府诗集（中华再造善本） （宋）郭茂倩辑，北京图书馆出版社 2006 年。

文章正宗（中华再造善本） （宋）真德秀辑，北京图书馆出版社 2006 年。

皇元风雅（中华再造善本） （元）蒋易辑，北京图书馆出版社 2006 年。

皇元风雅（中华再造善本） （元）

傅习、孙存吾辑，北京图书馆出版社2006年。

国朝文类（中华再造善本）（元）苏天爵辑，北京图书馆出版社2006年。

全宋文 曾枣庄、刘琳主编，四川大学古籍整理研究所编，上海辞书出版社、安徽教育出版社2006年。

＊**新译古文辞类纂** 黄钧、彭丙成、叶幼明、刘上生、饶东原撰，台湾三民书局2006年。

宝应刘氏集 （清）刘恭冕等著，张连生、秦跃宇点校，广陵书社2006年。

杭州运河古诗词选评（杭州运河丛书） 严军、胡心爱编著，杭州出版社2006年。

唐诗三百首：少年版（中华诗词少年普及系列） （清）蘅塘退士选编，何林主编，湖南少年儿童出版社2006年。

唐诗三百首：图文注评本 （清）蘅塘退士选编，胡可先注评，河北人民出版社2006年。

唐诗三百首：学生版（历史快读系列） （清）蘅塘退士选编，李杰主编，哈尔滨出版社2006年。

唐诗三百首：彩图版（中国传统文化精华） （清）蘅塘退士选编，李杰主编，哈尔滨出版社2006年。

中国历代探花诗·明朝卷（科举名人诗画丛书） 王鸿鹏选注，昆仑出版社2006年。

中国历代状元诗·明朝卷（科举名人诗画丛书） 王鸿鹏选注，昆仑出版社2006年。

古代经典谏议檄文（中华千年文萃） 秦榆编著，京华出版社2006年。

先秦散文精选（语文课程标准课外读物导读丛书曹文轩主编） 齐原编选，江苏文艺出版社，北京大学出版社2006年。

古代战纪选（周振甫译注别集） 周振甫注，江苏教育出版社2006年。

清文选（中国古典文学读本丛书·历代文选） 刘世南、刘松来选注，人民文学出版社2006年。

明文选（中国古典文学读本丛书） 赵伯陶选注，人民文学出版社2006年。

唐诗三百首（中国古典诗词阅读之旅：学生版） （清）蘅塘退士选编，李晓明编著，吉林文史出版社2006年。

“轻松英语”唐宋诗词100首：汉英对照 裘小龙译，华东师范大学出版社2006年。

国学经典诗文拔萃 孙红松主编，青岛出版社2006年。

中国历代诗歌选·唐五代 林庚主编，清华大学出版社2006年。

林庚推荐唐诗 林庚主编，清华大学出版社2006年。

中国历代诗歌选·先秦至隋代（林庚诗文集单行本） 林庚主编，清华大学出版社2006年。

晚清四十家诗钞 吴闿生评选，寒碧点校，浙江古籍出版社2006年。

湘湖古诗五百首（湘湖文苑） 杜永毅选编，中共杭州市萧山区委宣传部，浙江湘湖旅游度假区管委会编，浙江人民出版社2006年。

历代诗词曲选注：新课程学生版（高中语文选修课程推荐书目） 戴燕选编，浙江文艺出版社2006年。

古文观止：彩图版（中国传统文化精华） （清）吴楚材、吴调侯编，李杰主编，哈尔滨出版社2006年。

千家诗增广贤文：彩图版（中国传统文化精华） 钟雷主编，哈尔滨出版社2006年。

唐诗三百首（新私塾：国学精粹儿童启蒙教育诵读本·第1辑） （清）蘅塘退士编，哈尔滨出版社2006年。

李杜诗精萃（国学文化经典读本） 中山大学中文系主编，张海鸥、谢敏玉编注，花城出版社2006年。

唐诗三百首（学生阅读经典文库） （清）蘅塘退士编，韩琳主编，内蒙古人民出版社2006年。

古文观止（青少年快读历史书系） （清）吴楚材、吴调侯编，内蒙古文化出版社2006年。

唐诗三百首：古画本 （清）蘅塘退士编选，姜颂鹏注评，山东美术出版社2006年。

全唐文补遗：千唐志斋新藏专辑 吴钢主编，三秦出版社2006年。

三峡诗词注评 余学新注评，武汉出版社2006年。

龙泉山古诗词集 张高荣主编，武汉出版社 2006 年。

湖北历代诗歌精选 贺亚先主编，武汉出版社 2006 年。

唐诗类选 王士菁选注，人民文学出版社 2006 年。

汉魏六朝小赋译注评 吴云校注，天津古籍出版社 2006 年。

咏茶诗词曲赋鉴赏 李莫森编注，上海社会科学院出版社 2006 年。

贵州古代纪游诗文译注 赵平略译注，贵州人民出版社 2006 年。

古诗类苑 （明）张之象编，［日］中岛敏夫整理，上海古籍出版社 2006 年。

唐诗类苑 （明）张之象编，［日］中岛敏夫整理，上海古籍出版社 2006 年。

历代名人咏淮南 淮南矿业集团编，上海古籍出版社 2006 年。

学生版唐诗三百首（学生版中国古典名著） 张兰芳编著，上海科学技术文献出版社 2006 年。

兰心诗抄简注 杨世泉编注，武汉出版社 2006 年。

唐宋诗一百首欣赏与英译：汉英对照 刘克璋译注，新华出版社 2006 年。

全息本唐诗三百首：题解·译文·注释·辑评 （清）蘅塘退士选编，史良昭、曹明纲、王根林译注，学林出版社 2006 年。

中国历代题画诗 吴企明主编，杨旭辉、史创新等编，语文出版社 2006 年。

千家诗注 （宋）谢枋得选，李瑞安编注，岳麓书社 2006 年。

古诗一百首（经典一百系列） 施议对编纂，岳麓书社 2006 年。

唐诗 300 首鉴赏：汉英对照 谢真元主编，许渊冲、马红军译，中国对外翻译出版公司 2006 年。

唐诗三百首 （清）蘅塘退士编，任犀然编著，中国和平出版社 2006 年，万卷出版公司 2006 年。

古文观止 （清）吴楚材、吴调侯编，任犀然编著，中国和平出版社 2006 年，万卷出版公司 2006 年。

唐诗三百首：新注本 （清）蘅塘退士编，于雯雪注，中华书局 2006 年。

古诗源（中国古典文学基本丛书）（清）沈德潜选，中华书局 2006 年。

韩愈柳宗元诗选（古典诗词名家）孟二冬选注，中华书局 2006 年。

文选平点：重辑本（黄侃文集）黄侃著，黄延祖重辑，中华书局 2006 年。

文苑英华校记 傅增湘撰，北京图书馆出版社 2006 年。

近体诗苑 万事慎、万士志编校，安徽文艺出版社 2006 年。

河岳英灵集注（汉语史与中国古典文献学研究丛书 项楚主编）（唐）殷璠辑，王克让集注，巴蜀书社 2006 年。

古文观止鉴赏（袖珍典藏）（清）吴楚材、吴调侯编，傅德岷、赖云琪主编，长江出版社 2006 年。

古文选译 李全祯、陈萍编著，东北林业大学出版社 2006 年。

古文大略 罗新璋编，长江文艺出版社 2006 年。

全敦煌诗：敦煌遗书藏诗歌写本真迹选辑 张锡厚主编，作家出版社 2006 年。

中华千古名篇选读 傅明伟、张燕钧主编，中央编译出版社 2006 年。

古典医药诗词欣赏（医林语丝文丛） 班兆贤著，中医古籍出版社 2006 年。

浪漫中华古诗英译赏析 徐守勤、徐守平编著，安徽科学技术出版社 2006 年。

新编唐诗一百首：图文本 吴小平编选，凤凰出版社 2006 年。

青田古诗词选注 张钱松编著，北方文艺出版社 2006 年。

唐诗三百首全解 （清）蘅塘退士编，赵昌平解，复旦大学出版社 2006 年。

唐诗宋词三百首 邱文伟主编，甘肃文化出版社 2006 年。

古人劝勉诗词选 冯思德等选编，中国社会出版社 2006 年。

千古杂记（中华千古诗文丛书）于志斌编著，安徽文艺出版社 2006 年。

《唐诗三百首》《宋词三百首》《元曲三百首》合订注释本 何锐选注，巴蜀书社 2006 年。

诗情花意 （唐）李白等著，山东画报出版社 2006 年。

明清美文小品：珍藏本（中华古典名著文库少年版：珍藏本） 张彤选评，中国少年儿童出版社 2006 年。

中国历代诗词分类品读·咏志卷 张占国，王铁柱主编，学苑出版社 2006 年。

中国历代诗词分类品读·咏事卷 张占国、王铁柱主编，学苑出版社 2006 年。

中国历代诗词分类品读·咏怀卷 张占国、王铁柱主编，学苑出版社 2006 年。

中国历代诗词分类品读·咏景卷 张占国、王铁柱主编，学苑出版社 2006 年。

中国历代诗词分类品读·咏情卷 张占国、王铁柱主编，学苑出版社 2006 年。

唐诗三百首：珍藏版（经典阅读文库） （清）蘅塘退士编，李薇主编，延边人民出版社 2006 年。

古文观止：珍藏版（经典阅读文库） （清）吴楚材、吴调侯编选，李薇主编，延边人民出版社 2006 年。

明清小品选评（中国文史经典讲堂） 李玫选注、译评，岳麓书社 2006 年。

八股文鉴赏 龚笃清撰，岳麓书社 2006 年。

唐宋散文选评（中国文史经典讲堂） 陈铁民、陈才智选注、译评，中国社会科学院文学研究所编选，岳麓书社 2006 年。

先秦散文选评（中国文史经典讲堂） 曹道衡选注、译评，岳麓书社 2006 年。

唐宋八大家散文选读 邓红梅、王少华主编，山东省教学研究室编著，山东人民出版社 2006 年。

唐诗三百首（中国传统文化精华·第 4 辑） （清）蘅塘退士编，陕西旅游出版社 2006 年。

东瓯诗存（温州文献丛书） （清）曾唯辑，张如元、吴佐仁校补，上海社会科学院出版社 2006 年。

二郑集（温州文献丛书·第 3 辑） （宋）郑伯雄、（宋）郑伯谦撰，周梦江校注，上海社会科学院出版社 2006 年。

唐诗三百首：青少版（学生课外必备丛书）（清）蘅塘退士编，张庆祥编著，内蒙古人民出版社2006年。

唐诗三百首（智慧成长阅读文库·青少版）（清）蘅塘退士编，孟国兴改编，内蒙古人民出版社2006年。

唐诗三百首：最新图文普及版（青少年快读中华传统文化书系）（清）蘅塘退士编，内蒙古文化出版社2006年。

中国历代古典诗歌精品选译 蒋孟豪编译，重庆出版社2006年。

古文观止（中国古典文学名著宝库：诠释古典珍藏版）（清）吴楚材、吴调侯编，中国戏剧出版社2006年。

唐诗·宋词·元曲三百首（中国古典文学名著宝库：诠释古典珍藏版）诸葛山人编，中国戏剧出版社2006年。

新编千家诗：汉英对照（大中华文库）袁行霈编，徐放、韩珊今译，许渊冲英译，中华书局2006年。

唐诗300首（中国青少年新阅读经典）田战省编，陕西人民美术出版社2006年。

中国历代名家诗词选 尹志武编注，大众文艺出版社2006年。

敦煌歌辞总编（任半塘文集）任半塘编著，上海古籍出版社2006年。

古文观止译注（清）吴楚材、吴调侯编，李国章等译，上海古籍出版社2006年。

唐诗三百首（金色童年阅读丛书）（清）蘅塘退士编，倪雷雨注，百花文艺出版社2006年。

唐诗三百首（注音版儿童经典启蒙诵读本）（清）蘅塘退士编，佳柠、林伊注释，北方妇女儿童出版社2006年。

唐诗三百首：法汉对照（清）蘅塘退士编，胡品清译，北京大学出版社2006年。

千家诗注评（清）王相选编，顾农注评，凤凰出版社2006年。

中国古代海洋诗歌选（中国海洋文化资料和研究丛书）李越选注，海洋出版社2006年。

中国古代海洋散文选（中国海洋文化资料和研究丛书） 徐波选注，海洋出版社 2006 年。

唐音评注 （元）杨士弘编选，（明）张震辑注，（明）顾磷评点，陶文鹏、魏祖钦整理点校，河北大学出版社 2006 年。

唐代试律诗（安徽师范大学中国诗学研究中心学术丛书） 彭国忠主编，韩立平、王婧之、独孤禅觉注评，黄山书社 2006 年。

越谚 （清）范寅撰，绍兴市档案馆绍兴市越文化研究会编，上海古籍出版社 2006 年。

莒州诗词选注 李建法主编，中国文史出版社 2006 年。

＊**新译古诗源（上下）** （清）沈德潜编，冯保善译，台湾三民书局 2006 年

＊**古文观止译注精选** （清）吴楚材、吴调侯选编，台湾驿站文化事业公司 2007 年。

唐诗三百首精选（儿童阅读经典系列） 崔钟雷主编，万卷出版公司 2007 年。

绝句三百首注评 李梦生选编、注评，凤凰出版社 2007 年。

武夷新集 杨仲宏集（福建文史丛书） （宋）杨亿、（元）杨载撰，福建省文史研究馆编，福建人民出版社 2007 年。

福州西湖宛在堂诗龛征录（福建文史丛书） 陈世镕纂，汪波、陈叔侗点校，福建人民出版社 2007 年。

红楼梦诗词曲赋全解 蔡义江著，复旦大学出版社 2007 年。

千家诗全解 （宋）谢枋得选，李梦生注译，复旦大学出版社 2007 年。

宋诗三百首全解 李梦生解，复旦大学出版社 2007 年。

玉台新咏译注 （南朝陈）徐陵编，张葆全译注，广西师范大学出版社 2007 年。

白话唐诗精华 何思美主编，张志强等撰，哈尔滨出版社 2007 年。

唐诗三百首（中国传统文化精华） （清）蘅塘退士编，哈尔滨出版社 2007 年。

经史百家简编 （清）曾国藩选编，梅季注译，广西人民出版社 2007 年。

明代散文精解　李青唐、朱承挥、周慧男撰注，杭州出版社 2007 年。

唐诗宋词三百首（中国青少年成长必读）　郭漫主编，航空工业出版社 2007 年。

中华诗词曲鉴赏　李功元著，河北人民出版社 2007 年。

古代诗词诵读本　吴国忠主编，黑龙江教育出版社 2007 年。

古文观止（中国传统文化精华）（清）吴楚材、吴调侯编，崔钟雷主编，哈尔滨出版社 2007 年。

八代三朝诗新选（历代诗文名著新选）　赵沛霖著，湖北教育出版社 2007 年。

湖北竹枝词　徐明庭、张颖、杜宏英辑校，湖北人民出版社 2007 年。

朝鲜使节咏山东集录（蓬莱文库）　袁晓春编注，蓬莱市历史文化研究会编，黄河出版社 2007 年。

明清小品文解读（中华古典珍品书坊）　诸伟奇解读，黄山书社 2007 年。

古文观止精读（中华古典珍品书坊）（清）吴楚材、吴调侯编，余国庆、朱一兵注析，黄山书社 2007 年。

唐诗宋词元曲（图说天下·国学书院系列·第 2 辑）　《图说天下·国学书院系列》编委会编，吉林出版集团有限责任公司 2007 年。

古诗文 100 篇　芦笑娟编著，吉林文史出版社 2007 年。

散文精华评析（中国古典文学短篇精华评析丛书）　易名等编著，解放军出版社 2007 年。

三苏诗选　刘万煌选注，金盾出版社 2007 年。

中国历代榜眼诗·清朝卷（科举名人诗画丛书）　王凯贤选注，昆仑出版社 2007 年。

中国历代探花诗·清朝卷（科举名人诗画丛书）　王凯贤选注，昆仑出版社 2007 年。

中国历代状元诗·清朝卷（科举名人诗画丛书）　王凯贤选注，昆仑出版社 2007 年。

古代散文鉴赏（中国经典名作鉴赏）　林可行主编，内蒙古文化出版社 2007 年。

历代赋选（中国文学经典·第一辑） 王海燕、尚晓阳注析，南海出版公司 2007 年。

唐诗三百首（国学启蒙经典）（清）蘅塘退士编，张为才主编，青岛出版社 2007 年。

唐诗三百首：插图版（中国传统文化精华）（清）蘅塘退士编，王丽丽改编，中国画报出版社 2007 年。

唐诗选注 葛兆光著，人民文学出版社 2007 年。

古文观止（国学大书院）（清）吴楚材、吴调侯编，三秦出版社 2007 年。

唐诗三百首（国学大书院）（清）蘅塘退士编，吴兆基注释，三秦出版社 2007 年。

全唐文补遗·第 9 辑 吴钢主编，陕西省古籍整理办公室编，三秦出版社 2007 年。

唐宋八大家散文（国学大书院）（唐）韩愈等著，三秦出版社 2007 年。

古文观止：珍藏版（中国古典文化鉴赏宝库：文白对照）（清）吴楚材、吴调侯编，王应汉编著，陕西旅游出版社 2007 年。

山塘古诗词（苏州山塘文化丛书） 徐文高、夏冰编注，上海古籍出版社 2007 年。

梦为蝴蝶也寻花：李冶、薛涛、鱼玄机诗注评 陈文华撰，上海古籍出版社 2007 年。

唐代铜镜与唐诗 王纲怀、孙克让编著，上海古籍出版社 2007 年。

唐宋八大家文钞（世纪人文系列丛书·大学经典）（清）张伯行选编，萧瑞峰导读、点校，张星集评，上海古籍出版社 2007 年。

玉台新咏（世纪人文系列丛书·大学经典）（南朝陈）徐陵编，（清）吴兆宜注，（清）程琰删补，曹明纲导读，尚成整理集评，上海古籍出版社 2007 年。

古典诗词散曲精粹（中国古典文学精华）《中国古典文学精华》编辑组编，上海三联书店 2007 年。

历代辞赋选评注 张强编著，上海三联书店 2007 年。

陈注唐诗三百首（清）蘅塘退士选，陈鹏举注，上海文艺出版社 2007 年。

古文观止赏析：学生版（中华文化经典赏析丛书）（清）吴楚材、吴调侯编，孔立新主编，曹葆华等编写，上海远东出版社 2007 年。

英译唐诗选：汉英对照（外教社中国文化汉外对照丛书·第 1 辑）孙大雨译，上海外语教育出版社 2007 年。

先秦诸子散文（阅读中华经典）李晓冰编著，泰山出版社 2007 年。

先秦历史散文（阅读中华经典）严硕勤编著，泰山出版社 2007 年。

魏晋南北朝文（阅读中华经典）陈洪宜、朱玫编著，泰山出版社 2007 年。

汉魏六朝赋（阅读中华经典） 卢世民、肖玉峰编著，泰山出版社 2007 年。

唐宋散文（阅读中华经典） 郝尚勤、李秀荣编著，泰山出版社 2007 年。

金元明清诗词（阅读中华经典）谢庆贵、宋忠泽编著，泰山出版社 2007 年。

两汉诗（阅读中华经典） 李建茹编著，泰山出版社 2007 年。

魏晋南北朝诗（阅读中华经典）马晓乐、黄道京编著，泰山出版社 2007 年。

明清散文（阅读中华经典） 黄道京编著，泰山出版社 2007 年。

唐诗（阅读中华经典） 刘海鹰、彭俊、严硕勤编著，泰山出版社 2007 年。

宋诗（阅读中华经典） 郭敏厚编著，泰山出版社 2007 年。

经典古文赏析（华夏经典诗文赏析） 张超主编，线装书局 2007 年。

唐宋名家诗文赏析（华夏经典诗文赏析） 张超主编，线装书局 2007 年。

经典禅诗赏析（华夏经典诗文赏析） 张超主编，线装书局 2007 年。

经典情诗赏析（华夏经典诗文赏析） 张超主编，线装书局 2007 年。

名胜诗词经典赏析（华夏经典诗文赏析） 张超主编，线装书局 2007 年。

中国古代经典诗歌赏析（华夏经典诗文赏析） 张超主编，线装书局 2007 年。

古典文学短篇精华赏析（华夏经

典诗文赏析） 张超主编，线装书局2007年。

历代经典散文名篇赏析（华夏经典诗文赏析） 张超主编，线装书局2007年。

历代名家书札尺牍赏析（华夏经典诗文赏析） 张超主编，线装书局2007年。

唐诗宋词元曲：中华传世藏书：图文珍藏版（中华传世藏书大系·第一辑） 马松源主编，线装书局2007年。

古诗诵读三百首（湖南岳云中学校本课程丛书 张建光主编） 周友朋编著，岳麓书社2007年。

千家诗（中国传统文化经典读本）（宋）刘克庄、谢枋得，（清）王相选编，邓启春注释，云南大学出版社2007年。

唐诗三百首（中国传统文化经典读本）（清）蘅塘退士编，傅英毅注释，云南大学出版社2007年。

唐诗三百首（中华儿童启蒙经典：彩图注音版）（清）蘅塘退士编，赵兰辉编撰，云南教育出版社2007年。

中华古文精萃 张梦新、张卫中主编，浙江大学出版社2007年。

历代女性诗词曲精粹 仉凤峨选析，云南教育出版社2007年。

清代白族赵氏作家群作品评注 周锦国著，云南大学出版社2007年。

莲都古代诗词选（莲都历史文化丛书） 李蒙惠主编，中共丽水市莲都区委宣传部，丽水市文化艺术界联合会选编，浙江古籍出版社2007年。

妈祖文献史料汇编·第1辑·诗词卷 蒋维锬、刘福铸辑纂，中华妈祖文化交流协会等编，中国档案出版社2007年。

妈祖文献史料汇编·第1辑·散文卷 蒋维锬、郑丽航辑纂，中华妈祖文化交流协会等编，中国档案出版社2007年。

妈祖文献史料汇编·第1辑·碑记卷 蒋维锬、郑丽航辑纂，中华妈祖文化交流协会等编，中国档案出版社2007年。

唐诗一百首（中译经典文库·中华传统文化精粹：汉英对照） 张廷

琛，魏博思选译，中国对外翻译出版公司 2007 年。

古文观止（国学今读大书院）（清）吴楚材、吴调侯选编，高学珠注评，中国纺织出版社 2007 年。

唐诗三百首（国学今读大书院）（清）蘅塘退士编，丁朝阳校译，中国纺织出版社 2007 年。

唐诗三百首（中国古典文学精华·第 2 辑）（清）蘅塘退士编，王丽丽改编，中国画报出版社 2007 年。

古典诗文鉴赏 羊玉祥编著，中国广播电视出版社 2007 年。

唐诗三百首·宋词三百首·元曲三百首 青羽主编，中国华侨出版社 2007 年。

历代诗人咏乐清 赵乐强、王纪芳，阮伯林编著，中国文史出版社 2007 年。

唐诗经典：注音版（中国少年儿童成长必读：注音版） 陈玉健主编，中国戏剧出版社 2007 年。

古文观止：译注本（中国古典文学精华）（清）吴楚材、吴调侯编，中国戏剧出版社 2007 年。

唐诗三百首：鉴赏本（中国古典文学精华）（清）蘅塘退士编，中国戏剧出版社 2007 年。

唐诗宋词元曲三百首（学生阅读经典文集） 韩琳主编，中国戏剧出版社 2007 年。

古文观止（世界古典文化经典：珍藏版）（清）吴楚材、吴调侯编，程小军主编，中国戏剧出版社 2007 年。

唐诗宋词（世界古典文化经典：珍藏版） 程小军主编，中国戏剧出版社 2007 年。

古文观止（中国传统文化大系）（清）吴楚材、吴调侯编，崔建林主编，中国戏剧出版社 2007 年。

唐诗宋词元曲（中国传统文化大系） 崔建林主编，中国戏剧出版社 2007 年。

明诗综 （清）朱彝尊辑录，刘尚荣、孙通海、王秀梅点校，中华书局 2007 年。

汉魏六朝百三家集题辞注（中国文学研究典籍丛刊）（明）张溥著，殷孟伦注，中华书局 2007 年。

列朝诗集 （清）钱谦益撰集，许

逸民、林淑敏点校，中华书局2007年。

中国文学作品选注 袁行霈主编，中华书局2007年。

古文观止 （清）吴楚材、（清）吴调侯编选，刘广、余佐赞校注，重庆出版社2007年。

宜阳古代诗歌选 乔文博、冯振伟编注，中州古籍出版社2007年。

唐诗300首（青苹果启蒙丛书） 张慧敏编，北方妇女儿童出版社2007年。

唐诗三百首新编（学生课外阅读书库） 管士光选注，百家出版社2007年。

古文观止新编（学生课外阅读书库） 陈鸿彝选注，百家出版社2007年。

唐诗三百首：彩色图文版（中国学生成长必读书） （清）蘅塘退士编，纪江红主编，北京少年儿童出版社2007年。

赋海大观 （清）鸿宝斋主人编，北京图书馆出版社2007年。

唐诗宋词元曲鉴赏（中华典籍珍藏书系） 徐寒主编，大众文艺出版社2007年。

苏洵苏辙集（历代名家精选集） 王琳、邢培顺编选，凤凰出版社2007年。

徐爱钱德洪董沄集（阳明后学文献丛书） 钱明编校、整理，凤凰出版社2007年。

李贺李商隐诗选 黄玉蓉注评，黄山书社2007年。

玉山名胜集 （元）顾瑛辑，杨镰等整理，中华书局2008年。

玉山璞稿 （元）顾瑛著，杨镰整理，中华书局2008年。

草堂雅集 （元）顾瑛辑，杨镰等整理，中华书局2008年。

汉魏乐府风笺 黄节撰，中华书局2008年。

古文观止 （清）吴楚材、吴调侯编选，葛兆光等注解，中华书局2008年。

箕雅校注 ［朝］南龙翼编，赵季校注，中华书局2008年。

黄节注汉魏六朝诗六种 黄节注，人民文学出版社2008年。

唐诗三百首　（清）蘅塘退士编，北京出版社2008年。

唐宋八大家散文大典　（宋）欧阳修等著，北京出版社2008年。

宋诗精华录　（清）陈衍编，高克勤导读，秦克整理，上海古籍出版社2008年。

明清八大家文钞　（清）王文濡编，赵伯陶导读，李保民等整理，上海古籍出版社2008年。

唐诗三百首：中学版　（清）蘅塘退士编，凌枫等注释解析，上海古籍出版社2008年。

唐诗三百首　（清）蘅塘退士编，谢倩霓评注，上海辞书出版社2008年。

古文观止　（清）吴楚材、吴调侯编，广陵书社2008年。

古文观止　（清）吴楚材、吴调侯编，宋恪震等增订注释，中州古籍出版社2008年。

全唐诗　（清）彭定求等编，中州古籍出版社2008年。

唐诗三百首　（清）蘅塘退士选编，李炳勋注译，中州古籍出版社2008年。

古文观止　（清）吴楚材、吴调侯编，王山选编、译注，凤凰出版社2008年。

元明诗三百首注评　李梦生选编、注评，凤凰出版社2008年。

唐诗　陈美、许卫全选编、译注，凤凰出版社2008年。

大历诗略笺释辑评　（清）乔亿选编，雷恩海笺注天津古籍出版社2008年。

湖南文征　（清）罗汝怀编纂，岳麓书社2008年。

全唐诗　（清）彭定求等编，三秦出版社2008年。

唐诗三百首注评　（清）蘅塘退士编，周啸天注评，凤凰出版社2008年。

唐诗三百首　（清）蘅塘退士编，王彦丽、禾火注译，北京燕山出版社2008年。

唐诗　程怀灵主编，北京燕山出版社2008年。

唐诗三百首　（清）蘅塘退士编，三晋出版社2008年。

三曹诗集　［魏］曹操、曹丕、曹

植著，张强等解评，三晋出版社2008年。

三袁集 （明）袁宗道、袁宏道、袁中道著，吴言生等解评，三晋出版社2008年。

千家诗 （宋）谢枋得等选编，王岩峻等整理，三晋出版社，2008年。

古文观止 （清）吴楚材、吴调侯编选，陈霞村等译注，三晋出版社2008年。

汉魏六朝小赋骈文选 康金声注析，三晋出版社2008年。

明清小品文选 张厚余注析，三晋出版社2008年。

唐宋八大家文选 （唐）韩愈等著，陈霞村等注析，三晋出版社2008年。

汉魏六朝赋精华注译评 吴云主编，长春出版社2008年。

古诗评选 （清）王夫之评选，张国星点校，河北大学出版社2008年。

明诗评选 （清）王夫之评选，李金善点校，河北大学出版社2008年。

唐诗评选 （清）王夫之评选，任慧点校，河北大学出版社2008年。

高适岑参选集 高文、王刘纯校注，河南大学出版社2008年。

古文观止注译 （清）吴楚材、吴调侯编，秦旭卿等注译，花城出版社2008年。

宋代辞赋全编 曾枣庄、吴洪泽主编，四川大学出版社2008年。

古文观止：插图本 （清）吴楚材、吴调侯编，万卷出版公司2008年。

唐诗三百首：插图本 （清）蘅塘退士编，万卷出版公司2008年。

三苏集：插图本 （宋）苏洵、苏轼、苏辙著，万卷出版公司2008年。

唐宋八大家集：插图本 （明）茅坤选编，秦长风整理，万卷出版公司2008年。

五朝千家诗·唐代千家诗 邓楚栋、邓亚文编注，中国广播电视出版社2008年。

五朝千家诗·宋元千家诗 邓楚栋、邓亚文编注，中国广播电视出版社2008年。

五朝千家诗·明清千家诗 邓楚栋、邓亚文编注，中国广播电视出版社2008年。

明代名人尺牍选粹 宋志英辑，国家图书馆出版社2008年。

唐中兴间气集（中华再造善本续编）（唐）高仲武辑，国家图书馆出版社2009年。

＊**中国历代咏回竹枝词辑赏：(1127—1949)** 回达强辑赏，香港和平书局有限公司2009年。

唐诗三百首 （清）蘅塘退士编，顾青编注，中华书局2009年。

古文观止 （清）吴楚材、吴调侯编，钟基、李先银、王身刚译注，中华书局2009年，2011年。

先秦诗选 赵敏俐、刘国民选注，人民文学出版社2009年。

清诗选 福建师范大学中文系古典文学教研室选注，人民文学出版社2009年。

全上古三代秦汉三国六朝文（清）严可均辑，上海古籍出版社2009年。

采菽堂古诗选 （清）陈祚明评选，李金松点校，上海古籍出版社2009年。

明清黄山学人诗选 汪世清辑注，上海古籍出版社2009年。

岭南历代诗选 陈永正选注，广东人民出版社2009年。

广东文选 （清）屈大均辑，陈广恩点校，广东人民出版社2009年。

六朝选诗定论 （清）吴淇著，广陵书社2009年。

古文粹读 高孟元、高强编著，大象出版社2009年。

中国古典诗歌英文及其他西文语种译作及索引 张海惠、曾英姿、周珞编纂，国家图书馆出版社2009年。

古文观止 （清）吴楚材、吴调侯选编，北京出版社2009年。

唐人万首绝句选 （清）王士禛选，李永祥校注，齐鲁书社2009年。

唐诗 刘国建主编，中州古籍出版社2009年。

古文观止 （清）吴楚材、吴调侯选编，刘国建主编，中州古籍出版社2009年，2010年。

邮驿诗词选 张大卫主编，中州古籍出版社2009年。

十八家诗钞 （清）曾国藩纂，岳麓书社2009年。

经史百家杂钞 （清）曾国藩纂，岳麓书社2009年。

方苞姚鼐集 许结、潘务正编选，凤凰出版社2009年。

曹操曹丕曹植集 张可礼、宿美丽编选，凤凰出版社2009年。

高适岑参集 顾农、童李君编选，凤凰出版社2009年。

李璟李煜集 蒋方编选，凤凰出版社2009年。

袁枚赵翼集 王英志编选，凤凰出版社2009年。

谢灵运鲍照集 丁福林编选，凤凰出版社2009年。

咏潼关古诗词选注 秦敏丽主编，三秦出版社2009年。

古今岁时杂咏 （宋）蒲积中编，徐敏霞点校，三秦出版社2009年。

古文观止 （清）吴楚材、吴调侯编选，北京燕山出版社2009年。

唐诗三百首 （清）蘅塘退士编，李星、李淼译评，吉林文史出版社2009年。

唐诗三百首 （清）蘅塘退士编，陈婉俊补注，线装书局2009年。

历代咏石诗歌选注 贾克映编，三晋出版社2009年。

＊**新译清诗三百首** 王英志撰，台湾三民书局2010年。

古文观止 （清）吴楚材、吴调侯编选，徐薇、张兰注，崇文书局2010年。

千家诗 （宋）刘克庄、谢枋得，（清）王相选编，邓启春注释，东南大学出版社2010年。

唐诗三百首 （清）蘅塘退士编，傅英毅注释，东南大学出版社2010年。

唐音评注 （元）杨士弘编选，陶文鹏、魏祖钦整理，河北大学出版社、贵州人民出版社2010年。

唐诗解 （明）唐汝询选释，王振汉点校，河北大学出版社2010年。

唐诗鼓吹评注 （清）钱谦益、何焯评注，韩成武、贺严、孙微点校，河北大学出版社2010年。

唐诗合解笺注 （清）王尧衢注，单小青、詹福瑞点校，河北大学出版社2010年。

诗镜 （明）陆时雍选评，任文京、赵东岚点校，河北大学出版社2010年。

唐诗三百首全集 （清）蘅塘退士编，李绍雪注译，海潮出版社2010年。

唐诗三百首 （清）蘅塘退士编，吉林出版集团有限责任公司2010年。

乐府诗集 （宋）郭茂倩编，吉林出版集团有限责任公司2010年。

千家诗 （宋）刘克庄著，内蒙古人民出版社2010年。

唐诗三百首 （清）蘅塘退士编，内蒙古人民出版社2010年。

古文观止全书 （清）吴楚材、吴调侯编，内蒙古人民出版社2010年。

甬上耆旧诗 （清）胡文学辑选，宁波市鄞州区政协文史资料委员会整理，宁波出版社2010年。

文选 （南朝梁）萧统编，（唐）李善注，太白文艺出版社2010年。

永嘉四灵诗集 （宋）徐照等撰，赵平点校，浙江大学出版社2010年。

唐诗三百首 （清）蘅塘退士编，顾青编注，中华书局2010年。

古文观止（古典名著名家点评）（清）吴楚材、吴调侯选评，中华书局2010年。

唐宋八大家文钞（古典名著名家点评）（清）张伯行选评，中华书局2010年。

古诗笺 （清）王士禛选，上海古籍出版社2010年。

古文观止译注 （清）吴楚材、吴调侯编选，王水照等译注，上海古籍出版社2010年。

唐诗三百首：图文本 （清）蘅塘退士编选，盖国梁等注评，上海古籍出版社2010年。

唐诗一百首 本社编，上海古籍出版社2010年。

唐代散文选注 张撝之选注，上海古籍出版社2010年。

宋代散文选注 王水照选注，上海古籍出版社2010年。

庐山历代诗词全集 郑翔、胡迎建主编，上海古籍出版社2010年。

南海百咏 南海杂咏 南海百咏续编 （宋）方信孺、（明）张诩、（清）樊封撰，刘瑞点校，广东人民出版社2010年。

千家诗 （宋）谢枋得编，尚文编注，广西师范大学出版社2010年。

唐诗三百首：图文本 （清）蘅塘退士编选，广陵书社2010年。

唐诗三百首：男性读本 （清）蘅塘退士编，岳麓书社2010年。

李道纯集 蒋道林文萃 （元）李道纯、（明）蒋信撰，张灿辉、刘晓林点校，岳麓书社2010年。

历代赋评注 赵逵夫主编，巴蜀书社2010年。

李白杜甫诗全集：经典珍藏版 （唐）李白、杜甫著，北京燕山出版社1995年。

两汉魏晋南北朝诗选注 王义超选注，宁夏人民出版社2010年。

名家注评全唐诗 邹德金整理，天津古籍出版社2010年。

汇评详注古文观止 （清）吴楚材、吴调侯注，韩欣整理，天津古籍出版社2010年。

千家诗 （宋）谢枋得编，浙江古籍出版社2010年。

唐诗三百首 （清）蘅塘退士选编，毛治中注释，浙江古籍出版社2010年。

古文观止 （清）吴楚材、吴调侯编，浙江古籍出版社2010年。

汉魏六朝赋注评 赵逵夫注评，三秦出版社2010年。

千家诗 （宋）谢枋得编，董自厚主编，凤凰出版社2010年。

高适岑参诗选评 薛天纬注评，三秦出版社2010年。

唐诗三百首 （清）蘅塘退士编，黄山书社2010年。

清文海 南开大学古籍与文化研发所编，国家图书馆出版社2010年。

千家诗 （宋）谢枋得编，龙儒民注，线装书局2010年。

古文观止 （清）吴楚材、吴调侯编，龙儒民译注，线装书局2010年。

唐诗三百首 （清）蘅塘退士编，陈涛编著，线装书局2010年。

杜甫·白居易集 《国学典藏书系》丛书编委会主编，吉林出版集团有限责任公司2010年。

＊**翰苑流芳：赖际熙太史藏近代名人手札彩图本** 邹颖文编，香港中文大学图书馆2010年。

寒瘦集（中华再造善本续编）（唐）孟郊、贾岛撰，国家图书馆出版社2010年。

古歌谣残稿（中华再造善本续编）（明）范钦辑，国家图书馆出版社2010年。

瀛奎律髓（中华再造善本续编）（元）方回辑，国家图书馆出版社2010年。

诗纪（中华再造善本续编）（明）冯惟讷辑，国家图书馆出版社2010年。

国秀集（中华再造善本续编）（唐）芮挺章辑，国家图书馆出版社2010年。

唐御览诗（中华再造善本续编）（唐）令孤楚辑，国家图书馆出版社2010年。

西崑酬唱集（中华再造善本续编）（宋）杨亿等撰，国家图书馆出版社2010年。

雅颂正音（中华再造善本续编）（明）刘仔肩辑，国家图书馆出版社2010年。

钟嵘诗品（中华再造善本续编）梁·钟嵘，国家图书馆出版社2010年。

石门洪觉范天厨禁脔（中华再造善本续编）（宋）释惠洪撰，国家图书馆出版社2010年。

精选古今名贤丛话诗林广记（中华再造善本续编）（宋）蔡正孙辑，国家图书馆出版社2010年。

箧中集（中华再造善本续编）（唐）元结辑，国家图书馆出版社2011年。

唐诗 傅璇琮、郝歆编著，中华书局2011年。

千家诗 （宋）谢枋得编，张立敏译注，中华书局2011年。

成都文类 （宋）袁说友等编，赵

晓兰整理，中华书局2011年。

唐文选 李浩选，人民文学出版社2011年。

汉魏六朝文选 刘文忠选注，人民文学出版社2011年。

岭南历代文选 仇江选注，广东人民出版社2011年。

唐诗评选 （明）王夫之著，陈书良注，上海古籍出版社2011年。

古诗评选 （明）王夫之著，李中华等点校，上海古籍出版社2011年。

明诗评选 （明）王夫之著，周柳燕点校，上海古籍出版社2011年。

嘉定抗清作品集 周关东主编，上海古籍出版社2011年。

玉台新咏汇校 吴冠文、谈蓓芳、章培恒汇校，上海古籍出版社2011年。

清代八股文译注 赵基耀、李旭等编著，上海古籍出版社2011年。

吴郡文编 （清）顾沅辑，上海古籍出版社2011年。

清朝经世文正续编 （清）贺长龄、（清）盛康编，广陵书社2011年。

俞曲园手札曲园所留信札 上海图书馆编，上海科学技术文献出版社2011年。

中国历代咏荷诗文集成 王力建著，齐鲁书社2011年。

千家诗 （宋）谢枋得、（清）王相选注，岳麓书社2011年。

唐诗三百首宋词三百首元曲三百首：合订注释本 （清）蘅塘退士、上彊村民，何锐选注，巴蜀书社2011年。

古文观止：言文对照 （清）吴楚材、吴调侯编选，岳麓书社2011年。

唐诗三百首 （清）蘅塘退士选编，岳麓书社2011年。

古文观止评注 （清）吴楚材、吴调侯编，何锐评注，巴蜀书社2011年。

诗意之盐：唐代盐诗辑释 何清、曾凡英、罗小兵编著，巴蜀书社2011年。

唐诗百首解读 张曙霞著，天津古

籍出版社 2011 年。

古诗英华解读 周期政著，天津古籍出版社 2011 年。

严州诗词 方韦、李新富选编，天津古籍出版社 2011 年。

中国古典爱情诗歌选注 张岗选注，三秦出版社 2011 年。

汉诗选译 张永鑫、刘桂秋译注，凤凰出版社 2011 年。

晚唐小品文选译 顾歆艺译注，凤凰出版社 2011 年。

明代散文选译 田南池译注，凤凰出版社 2011 年。

大清名贤百家手札 （清）纪昀等撰，凤凰出版社 2011 年。

谢灵运鲍照诗选译 刘心明译注，凤凰出版社 2011 年。

三曹诗选译 殷义祥译注，凤凰出版社 2011 年。

范成大杨万里诗词选译 朱德才、杨燕译注，凤凰出版社 2011 年。

二程文选译 郭齐译注，凤凰出版社 2011 年。

朱淑真李清照诗词逐字索引 邝龑子编，凤凰出版社 2011 年。

元好问萨都剌集 龙德寿编选，凤凰出版社 2011 年。

清十大名人家书·郑板桥纪晓岚林则徐胡林翼 宋效永点校，黄山书社 2011 年。

唐诗三百首 （清）蘅塘退士编，李明阳译注，黄山书社 2011 年。

唐诗三百首 （清）蘅塘退士编，黄山书社 2011 年。

笺素珍赏：国家图书馆藏近现代百位名人手札 国家图书馆出版社编，国家图书馆出版社 2011 年。

词 类

清宫词 惟一居士编，广益书局 1913 年。

毗陵三少年词 钱振鍠辑，1913 年自刊。

词学全书 （清）查培继辑，木石山房 1916 年，大东书局 1921 年。

宋名家词 （明）毛晋辑，博古斋 1921 年。

影汲古阁钞宋金词七种 陶湘辑，

陶氏涉园 1924 年。

白话词选 张友鹤编，文明书局 1925 年，1930 年。

情词 周瘦鹃选编，大东书局 1925 年。

历代闺秀词选集评 （清）徐珂选辑，商务印书馆 1926 年，1931 年，1933 年。

（新式标点）正续词选 （清）张惠言、董毅选编，扫叶山房 1926 年，启智书局 1934 年。

历代女子白话词选 张友鹤编，文明书局 1926 年。

唐五代词选（万有文库）（清）成肇麟选辑，商务印书馆 1926 年，1929 年，1933 年，1935 年，1936 年。

（新式标点）花间集 （五代）赵崇祚编，袁韬壶标点，扫叶山房 1926 年。

绝妙好词笺 （宋）周密辑，许啸天点校，群学社 1926 年，1933 年。

清词选集评 （清）徐珂选辑，商务印书馆 1926 年，1929 年。

词选 胡适选注，商务印书馆 1927 年，1928 年，1947 年。

苏辛词（学生国学丛书） 叶圣陶选注，商务印书馆 1927 年，1932 年。

李后主词（万有文库）（南唐）李煜著，戴景素编注，商务印书馆 1927 年，1930 年，1932 年，1933 年。

西湖竹枝词三种 （元）杨维祯等著，六艺书局 1928 年。

抒情词选 胡云翼编辑，亚细亚书局 1928 年。

（新式标点）白香词谱笺 （清）舒梦兰辑，（清）谢韦奄笺注，陈益标点，扫叶山房书局 1928 年，1932 年。

离别词选 王君纲编，良友图书印刷公司 1928 年。

历代词选集评 徐珂选辑 商务印书馆 1928 年，1930 年，1934 年。

饮水词集（欣赏丛书）（清）纳兰性德著，谢秋萍编校，光华书局 1928 年，1932 年。

周姜词（万有文库） 叶圣陶选注，商务印书馆 1929 年，1930 年。

苏辛词（万有文库） 叶圣陶选注，商务印书馆 1929 年，1939 年简编版。

三程词钞 程颂万辑，眉山夏忠道1929年。

词絜 刘麟生编，世界书局1930年。

女作家词选（女作家小丛书） 孙佩苣编，女作家小丛书社1930年，1932年。

南唐二主诗词（欣赏丛书） （南唐）李璟、李煜著，贺扬灵校，光华书局1930年，1931年，月明书局1931年，大光书局1935年。

绝妙好词笺 （宋）周密辑，（清）查为仁、厉鹗笺，扫叶山房1930年，大中书局1934年。

白石道人词笺平 （宋）姜夔撰，陈柱编平，商务印书馆1930年，1934年，1935年。

漱玉词（文艺小丛书） （宋）李清照著，胡朴安、胡寄尘标点，文艺小丛书社1930年，1933年。

辛弃疾的词 （宋）辛弃疾著，胡云翼编，亚细亚书局1930年。

樵歌 （宋）朱敦儒著，章衣萍点校，商务印书馆1930年。

断肠词（文艺小丛书） （宋）朱淑真著，胡朴安、胡寄尘标点，文艺小丛书社1930年，1933年。

吴藻女士的白话词 （清）吴藻著，谢秋萍编，亚细亚书局1930年。

花间集 （五代）赵崇祚编辑，陈益标点，扫叶山房书局1931年。

二晏词（学生国学丛书） 夏敬观选注，商务印书馆1931年，1933年，1934年。

清照词（旧诗词研究之一） 张寿林编校，新月书店1931年，1933年。

校辑宋金元人词 赵万里辑，中央研究院历史语言研究所1931年。

(考正）白香词谱 （清）舒梦兰辑，谢曼考证，新村书店1932年，1933年。

中国历代女子词选（欣赏丛书） 吴灏编，李白英校，光华书局1932年，大光书局1935年。

唐五代二十一家词辑（人间词话增补本） 王国维辑，六艺书局1932年。

***梦窗词选笺释** （宋）吴文英

著，杨铁夫笺释，香港 1932 年。

＊**清真词选笺释**　（宋）周邦彦著，杨铁夫笺释，香港 1932 年。

丽瞩亭词　（清）金椿著，个人刊，1932 年。

安徽清代名家词第一集　安徽丛书编印处辑，安徽丛书编印处 1932 至 1936。

绝妙词钞　李宝琛编，黎明书局 1933 年，1936 年。

历代白话词选　凌善清选，大东书局 1933 年。

分类写实恋爱词选　刘季子编，南京书店 1933 年。

艳词一束　萍君辑，北新书局 1933 年。

（考正）白香词谱　（清）舒梦兰编，范光明标点，新文化书社 1933 年，1934 年。

（考正）白香词谱　（清）舒梦兰辑，寒梅居士句读，大中书局 1933 年。

中华词选　孙俍工、孙怒潮编，中华书局 1933 年，1936 年。

词选笺注　（清）张惠言选，姜亮夫笺注，北新书局 1933 年。

花间集（欣赏丛书）（五代）赵崇祚原编，李白英编校，光华书局 1933 年。

二晏词　巴龙编，启智书局 1933 年。

宋六十名家词（万有文库）（明）毛晋编，商务印书馆 1933 年。

（新式标点）绝妙好词　（宋）周密辑，何铭标点，新文化书社 1933 年。

稼轩长短句　（宋）辛弃疾著，辛社 1933 年。

纳兰词（万有文库）（清）纳兰性德著，受古书店 1933 年，商务印书馆 1937 年。

静安词　王国维著，陈乃文编，世界书局 1933 年。

北宋三家词　易大厂辑并撰校记，民智书局 1933 年。

秦黄词　巴龙编，启智书局 1933 年，新文化书社。

销魂词选（文学指导）　范烟桥编，中央书店 1934 年。

唐宋名家词选 龙沐勋辑录，开明书店 1934 年，1947 年，1948 年。

白香词谱（新式标点详注）（清）舒梦兰辑，叶玉麟标点，大达图书供应社 1934 年。

（新式标点）正续词选 （清）张惠言、董毅选编，朱太忙标点，惟公校阅，大达图书供应社 1934 年，1935 年。

续词选笺注 （清）董毅选录，姜亮夫笺注，北新书局 1934 年。

绝妙好词笺 （宋）周密辑，（清）查为仁、厉鹗笺，陈伯陶标点，朱太忙校，大达图书供应社 1934 年，1936 年。

宋词三百首笺 朱古微辑，唐圭璋笺注，神州国光社 1934 年，1947 年，1948 年。

周美成词选 （宋）周邦彦著，饶谷亦编，乐华图书公司 1934 年。

词苑丛谈 （清）徐釚编，开明书店 1935 年。

注释历代女子词选（初中学生文库） 李辉群编，中华书局 1935 年，1941 年。

艺蘅馆词选 梁令娴编，中华书局 1935 年，1936 年。

花间集·绝妙好词笺 （后蜀）赵崇祚、（宋）周密编，（清）查为仁、厉鹗笺，国学整理社 1935 年。

花间集评注 （后蜀）赵崇祚编，李冰若评注，开明书店 1935 年，人民文学出版社 1993 年。

花间集注 （后蜀）赵崇祚编，华连圃注，商务印书馆 1935 年，1937 年。

名家词选笺释 韩天赐编，大华书局 1935 年。

宋六十名家词（甲集）（中国文学珍本丛书）（明）毛晋编，施蛰存点校，上海杂志公司 1935 年。

宋六十名家词（第 1 集）（国学珍本丛书） 薛恨生校阅，国学研究社 1935 年。

宋词选注（学生国学丛书） 吴遁生选注，商务印书馆 1935 年。

饮水·侧帽词 （清）纳兰性德著，中国图书馆出版部 1935 年。

词品（附拾遗）（丛书集成初编）（明）杨慎撰，商务印书馆 1936 年。

词源（四部备要）（宋）张炎撰，中华书局1936年。

定山堂诗余（四部备要）（清）龚鼎孳撰，中华书局1936年。

珂雪词（四部备要）（清）曹贞吉撰，中华书局1936年。

湖海楼词集（四部备要）（清）陈维崧撰，中华书局1936年。

弹指词（四部备要）（清）顾贞观撰，中华书局1936年。

纳兰词（四部备要）（清）纳兰性德撰，中华书局1936年。

灵芬馆词四种（四部备要）（清）郭麐撰，中华书局1936年。

贞居词（四部备要）（元）张雨撰，中华书局1936年。

蜕岩词（四部备要）（元）张翥撰，中华书局1936年。

香研居词麈（丛书集成初编）（清）方成培述，商务印书馆1936年。

词林韵释（丛书集成初编）撰人不详，商务印书馆1936年。

词林纪事（中国文学珍本丛书）（清）张思岩辑，张静庐点校，上海杂志公司1936年，1948年。

绛云楼历代女子词选（清）柳如是编，大通图书室1936年。

词范 杨易霖选，开明书店1936年。

注释白话词选（初中学生文库）张友鹤、吴廉铭编，中华书局1936年，1941年。

词综（清）朱彝尊编，国学整理社1936年。

花间集（后蜀）赵崇祚编，张咏青标点，中央书店1936年。

宋六十名家词（乙集）（中国文学珍本丛书）（明）毛晋编，施蛰存点校，上海杂志公司1936年。

宋六十名家词（丙集）（中国文学珍本丛书）（明）毛晋编，施蛰存点校，上海杂志公司1936年。

宋六十名家词（丁集）（中国文学珍本丛书）（明）毛晋编，施蛰存点校，上海杂志公司1936年。

宋六十名家词（戊集）（中国文学珍本丛书）（明）毛晋编，施蛰存点校，上海杂志公司1936年。

宋六十名家词（己集）（中国文学珍本丛书）（明）毛晋编，施蛰存点校，上海杂志公司1936年。

南唐二主词（四部备要）（南唐）李璟、李煜撰，中华书局1936年。

南社词选 胡朴安编，国学社1936年。

南社词集 柳亚子主编，开华书局1936年。

小山词（欣赏丛书）（宋）晏幾道著，贺扬灵编校，大光书局1936年。

花间集（四部丛刊）（后蜀）赵崇祚集，温博补，商务印书馆1936年。

花间集（四部备要）（后蜀）赵崇祚辑，中华书局1936年。

乐府雅词（四部丛刊）（宋）曾慥辑，商务印书馆1936年。

唐宋诸贤绝妙词选（四部丛刊）（宋）黄升辑，商务印书馆1936年。

中兴以来绝妙词选（四部丛刊）（宋）黄升辑，商务印书馆1936年。

绝妙好词笺（四部备要）（宋）周密原辑，（清）查为仁、厉鹗同笺，中华书局1936年。

增修笺注妙选草堂诗余（四部丛刊）（宋）何士信辑，商务印书馆1936年。

沈氏三先生文集（四部丛刊）佚名辑，商务印书馆1936年。

草堂诗余（四部备要）（宋）武陵逸史编，中华书局1936年。

词选（四部备要）（清）张惠言辑，（清）董毅续辑，中华书局1936年。

词综（四部备要）（清）朱彝尊辑，（清）汪森增定，（清）王昶续辑，中华书局1936年。

明词综（四部备要）（清）王昶辑，中华书局1936年。

国朝词综（四部备要）（清）王昶辑，中华书局1936年。

国朝词综续编（四部备要）（清）黄燮清辑，中华书局1936年。

国朝词综二集（四部备要）（清）王昶辑，中华书局1936年。

宋六十名家词（四部备要）（明）毛晋辑，中华书局1936年。

十五家词（四部备要）（清）孙默辑，中华书局 1936 年。

词律（四部备要）（清）万树辑，（清）徐本立拾遗，（清）杜文澜补遗，中华书局 1936 年。

白香词谱（四部备要）（清）舒梦兰辑，（清）谢朝征笺，中华书局 1936 年。

词林韵释（四部备要） 撰人未详，中华书局 1936 年。

唐宋元明酒词（丛书集成初编）（明）周履靖和韵，商务印书馆 1936 年。

张子野词（附补遗）（丛书集成初编）（宋）张先撰，商务印书馆 1936 年。

蘋州渔笛谱（丛书集成初编）（宋）周密撰，商务印书馆 1936 年。

花外集（丛书集成初编）（宋）王沂孙撰，商务印书馆 1936 年。

日湖渔唱（补遗·续补遗）（丛书集成初编）（宋）陈允平撰，商务印书馆 1936 年。

燕喜词（丛书集成初编）（宋）曹冠撰，商务印书馆 1936 年。

茗斋诗余（丛书集成初编）（清）彭孙贻撰，商务印书馆 1936 年。

蠢翁词（丛书集成初编）（清）李调元撰，商务印书馆 1936 年。

南斋词（丛书集成初编）（清）马曰璐撰，商务印书馆 1936 年。

嶰谷词（丛书集成初编）（清）马曰璐撰，商务印书馆 1936 年。

乐府补题（丛书集成初编）（元）陈恕可辑，商务印书馆 1937 年。

澹庵长短句（丛书集成初编）（宋）胡铨撰，商务印书馆 1937 年。

得全居士词（丛书集成初编）（宋）赵鼎撰，商务印书馆 1937 年。

漱玉词（丛书集成初编）（宋）李清照撰，商务印书馆 1937 年。

阳春集（丛书集成初编）（宋）米友仁撰，商务印书馆 1937 年。

断肠词（丛书集成初编）（宋）朱淑真撰，商务印书馆 1937 年。

石湖词（附补遗）（丛书集成初编）（宋）范成大撰，商务印书馆 1937 年。

和石湖词（丛书集成初编）（宋）

陈三聘撰，商务印书馆 1937 年。

鸣鹤余音（丛书集成初编）（元）虞集撰，商务印书馆 1937 年。

蜕岩词（丛书集成初编）（元）张翥撰，商务印书馆 1937 年。

贞居词（丛书集成初编）（元）张雨撰，商务印书馆 1937 年。

阮亭诗余（丛书集成初编）（清）王士禛撰，（清）邱石常、徐夜评，商务印书馆 1937 年。

衍波词（附录）（丛书集成初编）（清）王士禛撰，商务印书馆 1937 年。

梅边吹笛谱（补录）（丛书集成初编）（清）凌廷堪撰，商务印书馆 1937 年。

笙月词（丛书集成初编）（清）王诒寿撰，商务印书馆 1937 年。

忆云词（附诗词补遗）（丛书集成初编）（清）项廷纪撰，商务印书馆 1937 年。

词评（丛书集成初编）（明）王世贞撰，商务印书馆 1937 年。

词统源流（丛书集成初编）（清）彭孙遹撰，商务印书馆 1937 年。

词藻（丛书集成初编）（清）彭孙遹撰，商务印书馆 1937 年。

词家辨证（丛书集成初编）（清）李良年撰，商务印书馆 1937 年。

词坛纪事（丛书集成初编）（清）李良年撰，商务印书馆 1937 年。

词苑丛谈（丛书集成初编）（清）徐釚撰，商务印书馆 1937 年。

词潭（万有文库）（宋）张炎著，商务印书馆 1937 年。

词苑丛谈（万有文库）（清）徐釚编，商务印书馆 1937 年。

词律（附拾遗补遗）（万有文库）（清）万树编著，恩锡、杜文澜校，商务印书馆 1937 年。

词选详注　（清）张惠言、董毅选录，曹振勋注，君中书社 1937 年。

词释　朱孝移著，协生印书局 1937 年。

明词综（万有文库）（清）王昶纂，商务印书馆 1937 年，1938 年。

清名家词　陈乃乾编辑，开明书店 1937 年。

漱玉词（万有文库）（宋）李清照

著，商务印书馆 1937 年，1939 年。

山中白云词（附录逸事）（万有文库）（宋）张炎著，商务印书馆 1937 年，1939 年。

草窗词（万有文库）（宋）周密著，商务印书馆 1937 年，1938 年，1939 年。

断肠词（万有文库）（宋）朱淑真著，商务印书馆 1937 年，1939 年。

松雪斋词（万有文库）（元）赵孟頫撰，商务印书馆 1937 年，1939 年。

珂雪词（万有文库）（清）曹贞吉著，商务印书馆 1937 年，1938 年，1939 年。

弹指词（万有文库）（清）顾贞观著，商务印书馆 1937 年。

饮水词笺（国学丛刊）（清）纳兰性德著，李勖编注，正中书局 1937 年，1943 年，1947 年。

延露词（万有文库）（清）彭孙遹著，商务印书馆 1937 年，1939 年。

旧月簃词选（东方国民文库）陈曾寿选，满日文化协会 1938 年。

满江红爱国词百首（学生国学丛书）李宗邺编，商务印书馆 1938 年。

乌丝词（万有文库）（清）陈维嵩撰，商务印书馆 1938 年，1939 年。

金梁梦月词（国学基本丛书）（清）周之琦著，商务印书馆 1938 年。

宋词面目 冯都良选注，况又韩绘图，珠林书店 1939 年。

乐府雅词（拾遗）（丛书集成初编）（宋）曾慥编，商务印书馆 1939 年。

名儒草堂诗余（丛书集成初编）庐陵凤林书院辑，商务印书馆 1939 年。

白石道人歌曲（附别集）（丛书集成初编）（宋）姜夔撰，商务印书馆 1939 年。

草窗词（补）（丛书集成初编）（宋）周密撰，商务印书馆 1939 年。

纳兰词（补遗）（丛书集成初编）（清）纳兰性德撰，商务印书馆 1939 年。

二韭室诗余别集（丛书集成初编）（清）陈寿祺撰，商务印书馆

1939 年。

青芙馆词钞（丛书集成初编）（清）陈寿祺撰，商务印书馆 1939 年。

拜石山房词钞（丛书集成初编）（清）顾翰撰，商务印书馆 1939 年。

江山风月谱（丛书集成初编）（清）许光治撰，商务印书馆 1939 年。

衍波词（丛书集成初编）（清）孙荪意撰，商务印书馆 1939 年。

词品（丛书集成初编）（元）涵虚子撰，商务印书馆 1939 年。

阳春白雪（附外集）（丛书集成初编）（宋）赵闻礼选，商务印书馆 1940 年。

宋四家词选（丛书集成初编）（清）周济辑，商务印书馆 1940 年。

微波词（丛书集成初编）（清）钱枚著，商务印书馆 1940 年。

蘅梦词（丛书集成初编）（清）郭麐著，商务印书馆 1940 年。

浮眉楼词（丛书集成初编）（清）郭麐著，商务印书馆 1940 年。

忏余绮词（丛书集成初编）（清）郭麐著，商务印书馆 1940 年。

爨余词（丛书集成初编）（清）郭麐著，商务印书馆 1940 年。

花影词（丛书集成初编）（清）王诒寿著，商务印书馆 1940 年。

民族词选注（学生国学丛书）赵景深选注，商务印书馆 1940 年，1941 年。

唐五代四大名家词（学生国学丛书）丁寿田、丁亦飞选注，商务印书馆 1940 年。

百家词 吴讷辑、林大椿校，商务印书馆 1940 年。

（重校集评）云起轩词（同声社丛书）（清）文廷式著，龙沐勋校辑，同声月刊社 1943 年。

风雨同声集（正声诗词社丛书）杨国权等著，正声诗词社 1944 年。

唐宋词选注集评 余謇编，青年图书出版社 1945 年。

自在吟（清）马涟清著，北京个人刊 1945 年。

女性词选（词学小丛书）胡云翼编，文力出版社 1946 年。

唐宋词选 孙人和编著，辅仁、中大联合出版 1946 年。

唐五代词选（词学小丛书） 谢秋萍编，文力出版社 1946 年。

宋名家词选（词学小丛书） 胡云翼编，文力出版社 1946 年，1947 年。

清代词选（词选小丛书） 胡云翼编，文力出版社 1946 年。

李后主词（词学小丛书）（南唐）李煜著，胡云翼编，文力出版社 1946 年，1947 年。

李清照词（词学小丛书） 胡云翼编，文力出版社 1946 年，1947 年。

辛弃疾词（词学小丛书）（宋）辛弃疾撰，胡云翼编，文力出版社 1946 年，1947 年。

纳兰性德词（词学小丛书） 罗芳洲编，文力出版社 1946 年，1947 年。

词学小丛书 胡云翼等辑，文力出版社 1946 年。

宋词举（大学用书） 陈匪石编著，正中书局 1947 年。

小山词 （宋）晏幾道著，王焕猷笺，商务印书馆 1947 年。

吴藻词（词学小丛书）（清）吴藻著，谢秋萍编，文力出版社 1947 年。

词选 施瑛编，启明书局 1948 年，1949 年。

唐宋词录最（现代文库） 夏承焘辑，蓝江注，华夏图书出版公司 1948 年。

清真词释 （宋）周邦彦著，俞平伯释注，开明书店 1948 年，1949 年。

半塘定稿 （清）王鹏运著，京华印书馆 1948 年。

敦煌曲子词集 王重民辑，商务印书馆 1950 年，1986 年。

＊**李后主词** （南唐）李煜撰，胡云翼选注，香港实学书店 1953 年。

纳兰词 （清）纳兰性德撰，文学古籍刊行社 1954 年。

纳兰词 （清）纳兰性德撰，古典文学出版社 1955 年。

花间集 （五代）赵崇祚编，文学古籍刊行社 1955 年。

六一词 （宋）欧阳修撰，文学古

籍刊行社 1955 年。

绝妙好词笺 （宋）周密编，（清）查为仁、厉鹗笺，黄叔明校，文学古籍刊行社 1956 年。

唐五代词 林大椿辑，郑琦校订，文学古籍刊行社 1956 年，1957 年。

＊**花间集** 赵崇祚编，香港上海印书馆 1956 年。

＊**绝妙好词笺** （元）周密撰，香港上海印书馆 1956 年，1965 年。

白香词谱笺 （清）舒梦兰辑，谢朝徵笺，顾学颉校订，文学古籍刊行社 1957 年。

白香词谱笺 （清）舒梦兰辑，谢朝徵笺，四川人民出版社 1957 年。

绝妙好词笺 （宋）周密编，（清）查为仁、厉鹗笺，余集续钞，徐楙补录，中华书局 1957 年。

词选（附续词选） （清）张惠言、董毅编，中华书局 1957 年，1958 年。

词律 （清）万树编撰，中华书局 1957 年，1958 年，上海古籍出版社 1984 年，1988 年。

淮海居士长短句（苏门四学士词之一）（宋）秦观撰，龙榆生点校，中华书局 1957 年。

豫章黄先生词（苏门四学士词之二）（宋）黄庭坚撰，龙榆生点校，中华书局 1957 年。

晁氏琴趣外篇（附柯山词）（苏门四学士词之三、之四）（宋）晁补之、张耒撰，龙榆生点校，中华书局 1957 年，1958 年。

宋词三百首 上彊村民编，新书书局 1957 年。

南唐二主词校订（中国古典文学基本丛书）（南唐）李璟、李煜撰，王仲闻校订，人民文学出版社 1957 年，中华书局 2007 年。

东坡乐府 稼轩长短句 （宋）苏轼、辛弃疾撰，古典文学出版社 1957 年。

词林纪事（中国文学参考资料丛书）（清）张宗橚辑，古典文学出版社 1957 年。

清季四家词 （清）王鹏运、郑文焯、况周颐、朱孝臧撰，薛志泽汇辑，成都新民书局 1957 年。

稼轩词编年笺注（中国古典文学丛书）（宋）辛弃疾撰，邓广铭笺注，古典文学出版社 1957 年，中华书局上海编辑所 1962 年，上海古籍出版社 1978 年，1993 年增订本，2007 年。

东坡乐府笺 （宋）苏轼著，龙榆生纂辑，商务印书馆 1958 年。

宋四家词选 （清）周济辑，古典文学出版社 1958 年。

花间集校 （后蜀）赵崇祚编，李一氓校，人民文学出版社 1958 年，1998 年。

花庵词选 （宋）黄昇选，中华书局上海编辑所编辑，中华书局 1958 年。

草堂诗馀 （宋）阙名编，中华书局上海编辑所编辑，中华书局 1958 年。

宋词三百首笺注（名家名选丛书） 上彊村民编，唐圭璋笺注，中华书局上海编辑所 1958 年，上海古籍出版社 1979 年，1999 年，人民文学出版社 2005 年。

姜白石词编年笺校（中国古典文学丛书） （宋）姜夔撰，夏承焘笺校，中华书局上海编辑所 1958 年，1961 年，上海古籍出版社 1981 年。

樵歌 （宋）朱敦儒撰，龙元亮校，文学古籍刊行社 1958 年。

东坡乐府 （宋）苏轼撰，中华书局上海编辑所 1959 年。

词林纪事 （清）张宗橚辑，中华书局上海编辑所 1959 年。

稼轩长短句 （宋）辛弃疾撰，中华书局上海编辑所 1959 年。

介存斋论词杂著（中国古典文学理论批评专著选辑） （清）周济撰，顾学颉点校，人民文学出版社 1959 年，1998 年。

龙川词校笺 （宋）陈亮撰，夏承焘校笺，牟家宽注，中华书局上海编辑所 1961 年，上海古籍出版社 1982 年。

漱玉集注 （宋）李清照撰，王延梯注，山东人民出版社 1963 年，1979 年，山东文艺出版社 1984 年。

词源注　乐府指迷笺释（中国古典文学理论批评专著选辑） （宋）张炎、沈义父撰，夏承焘校注，蔡嵩云笺释，人民文学出版社 1963 年，1998 年。

全宋词（中华传世精品珍藏文库） 唐圭璋编，中华书局 1965 年，1998

年，中州古籍出版社 1996 年。

＊**（景宋乾道高邮军学本）淮海居士长短句**　（宋）秦观撰，饶宗颐编校，香港龙门 1966 年。

词综　（清）朱彝尊、汪森编，中华书局 1973 年，1975 年。

稼轩长短句　（宋）辛弃疾撰，上海书画社 1974 年。

＊**东坡词**　（宋）苏轼撰，曹树铭校编，香港上海印书馆 1974 年。

稼轩长短句　（宋）辛弃疾撰，陈允吉点校，上海人民出版社 1975 年。

词综　（清）朱彝尊、汪森编，李庆甲点校，上海古籍出版社 1978 年。

芦川归来集　（宋）张元幹撰，上海师范大学古籍整理组整理，上海古籍出版社 1978 年。

＊**六一词校注**　（宋）欧阳修撰，蔡茂雄校注，台湾文津出版社 1978 年。

＊**东堂词校注**　（宋）毛滂撰，史龙治校注，台湾文津出版社 1978 年。

全金元词　唐圭璋编，中华书局 1979 年，1994 年。

东坡乐府　（宋）苏轼撰，陈允吉点校，上海古籍出版社 1979 年。

词谱　（清）王奕清等撰，中国书店 1979 年，1983 年。

辛弃疾词选读　（宋）辛弃疾著，张碧波选注，黑龙江人民出版社 1979 年。

辛弃疾词选　（宋）辛弃疾撰，《辛弃疾词选》编写组编，中华书局 1979 年。

李清照集校注　（宋）李清照著，王学初校注，人民文学出版社 1979 年，台湾里仁书局 1982 年，台湾汉京文化事业公司 1983 年。

＊**李易安集系年校笺**　（宋）李清照撰，何广棪校笺，台湾里仁书局 1980 年，花木兰文化出版社 2009 年。

稼轩词选注　（宋）辛弃疾撰，薛祥生注，齐鲁书社 1980 年，1982 年。

后村词笺注　（宋）刘克庄撰，钱仲联笺注，上海古籍出版社 1980 年。

中州乐府（彊村丛书）（金）元好问辑，江苏广陵古籍刻印社1980年，1997年。

张子野词（彊村丛书）（宋）张先撰，江苏广陵古籍刻印社1980年，1997年。

小山词（彊村丛书）（宋）晏幾道撰，江苏广陵古籍刻印社1980年，1997年。

东山词（彊村丛书）（宋）贺铸撰，江苏广陵古籍刻印社1980年，1986年。

片玉集（彊村丛书）（宋）周邦彦撰，陈元龙集注，江苏广陵古籍刻印社1980年，1997年。

遗山乐府（彊村丛书）（金）元好问撰，江苏广陵古籍刻印社1980年，1986年。

片玉集集注（宋）周邦彦撰，陈元龙集注，江苏广陵古籍刻印社1980年。

乐章集（宋）柳永撰，江苏广陵古籍刻印社1980年。

梦窗词萃（宋）吴文英撰，江苏广陵古籍刻印社1980年。

陈亮龙川词笺（宋）陈亮撰，姜书阁笺注，人民文学出版社1980年，1998年。

苏东坡词选释（宋）苏轼撰，曾凡礼选释，内蒙古人民出版社1981年。

清真集（中国古典文学基本丛书）（宋）周邦彦撰，吴则虞点校，中华书局1981年。

全宋词补辑 孔凡礼辑，中华书局1981年。

唐宋词选（中国古典文学读本丛书）中国社会科学院文学研究所编，人民文学出版社1981年。

海浮山堂词稿（中国古典文学丛书）（明）冯惟敏撰，凌景埏、谢伯阳整理，上海古籍出版社1981年。

放翁词编年笺注（中国古典文学丛书）（宋）陆游撰，夏承焘、吴熊和笺注，上海古籍出版社1981年。

词苑丛谈（清）徐釚撰，唐圭璋整理，上海古籍出版社1981年。

词林正韵（清）戈载撰，上海古籍出版社1981年，2009年。

白香词谱笺 （清）舒梦兰辑，谢朝徵笺，广东人民出版社1981年。

考正白香词谱 （清）舒梦兰辑，陈栩、陈小蝶考正，上海书店1981年。

花间集 （后蜀）赵崇祚编，贵州人民出版社1981年。

韦庄词校注 （唐）韦庄撰，刘金城校注，中国社会出版社1981年。

域外词选 夏承焘选校，张珍怀、胡树淼注释，书目文献出版社1981年。

词林纪事 （清）张宗橚辑，成都古籍书店1982年。

白香词谱笺 （清）舒梦兰辑，谢朝徵笺，顾学颉校订，中华书局1982年。

瑶华集 （清）蒋景祁编，中华书局1982年。

全清词钞 叶恭绰编，中华书局1982年。

金元明清词选（中国古典文学读本丛书，名家名选丛书） 夏承焘、张璋编选，徐无闻等注释，人民文学出版社1983年，1997年，2005年。

山中白云词（中国古典文学基本丛书）（宋）张炎撰，吴则虞校辑，中华书局1983年。

花间集注 （后蜀）赵崇祚编，华钟彦注，中州书画社1983年。

姜白石词校注 （宋）姜夔撰，夏承焘校，吴无闻注释，广东人民出版社1983年。

板桥诗词撷英 （清）郑燮撰，陈书良注评，广西人民出版社1983年。

李清照词赏析 （宋）李清照著，郑孟彤编，黑龙江人民出版社1984年。

辛弃疾词选（中国历代诗人选集）（宋）辛弃疾著，刘斯奋选注，广东人民出版社1984年。

周邦彦词选 （宋）周邦彦撰，刘斯奋选注，广东人民出版社1984年。

王鹏运词选注（桂苑书林丛书之八）（清）王鹏运撰，刘映华注，广西民族出版社1984年。

清真词选释 （宋）周美成著，汪纪泽选注，福建人民出版社1984年。

绝妙好词笺 （宋）周密编，（清）查为仁、厉鹗笺，上海古籍出版社 1984 年。

词则 （清）陈廷焯编选，上海古籍出版社 1984 年。

尊前集（附金奁集） （百花洲文库） 朱祖谋校，蒋哲伦增校，江西人民出版社 1984 年。

茗柯词选 （清）张惠言撰，许白凤点校，江西人民出版社 1984 年。

淮海词笺注 （宋）秦观撰，杨世明笺，四川人民出版社 1984 年。

杨慎词曲集 （明）杨慎撰，王文才辑校，四川人民出版社 1984 年。

饮水词（天风阁丛书） （清）纳兰性德撰，冯统编校，广东人民出版社 1984 年。

词学全书 （清）查继超编，中国书店 1984 年。

＊**山谷词校注** （宋）黄庭坚撰，谭锦家校注，台湾学海出版社 1984 年。

＊**李后主李清照词集** 沧浪退士编著，香港文光出版社 1985 年。

历代诗馀 （清）沈辰恒等撰，上海书店 1985 年。

珠玉词 （宋）晏殊撰，吴林抒校笺，江西人民出版社 1985 年。

珠玉词（宋六十名家词） （宋）晏殊撰，中国书店 1985 年，1997 年。

乐章集（宋六十名家词） （宋）柳永撰，中国书店 1985 年，1997 年。

六一词（宋六十名家词） （宋）欧阳修撰，中国书店 1985 年，1997 年。

小山词（宋六十名家词） （宋）晏幾道撰，中国书店 1985 年，1997 年。

山谷词（宋六十名家词） （宋）黄庭坚撰，中国书店 1985 年。

淮海词（宋六十名家词） （宋）秦观撰，中国书店 1985 年。

放翁词（宋六十名家词） （宋）陆游撰，中国书店 1985 年，1992 年。

空同词（宋六十名家词） （宋）洪瑹撰，中国书店 1985 年。

淮海词笺注 （宋）秦观撰，王辉曾笺注，中国书店 1985 年。

词源疏证 （宋）张炎撰，蔡桢疏

证，中国书店 1985 年。

乔大壮手批周邦彦片玉集 （宋）周邦彦撰，乔大壮手批，齐鲁书社 1985 年。

樵歌注 （宋）朱敦儒撰，沙灵娜注释，贵州人民出版社 1985 年。

梅村词（天风阁丛书）（清）吴伟业撰，李少雍校，广东人民出版社 1985 年。

衍波词（天风阁丛书）（清）王士禛撰，李少雍编校，广东人民出版社 1986 年。

纳兰性德词选 （清）纳兰性德撰，楚庄选注、董平编校，花山文艺出版社 1986 年。

欧阳修词笺注 （宋）欧阳修撰，黄畬笺注，中华书局 1986 年。

清词综补（词综丛编）（清）丁绍仪辑，中华书局 1986 年。

全唐五代词 张璋、黄畬编，上海古籍出版社 1986 年。

苏轼词选（中国古典文学读本丛书）（宋）苏轼撰，陈迩冬选注，人民文学出版社 1986 年，1998 年，（香港）三联书店 2000 年。

疏影楼词 （清）姚燮撰，沈锡麟标点，浙江古籍出版社 1986 年。

秦少游黄鲁直词合刊 （宋）秦观、黄庭坚撰，江苏广陵古籍刻印社 1986 年，1997 年。

犬窝五代词矩 吴克岐撰，江苏广陵古籍刻印社 1986 年。

缀玉吟（群碧楼自著书） 邓邦述辑，江苏广陵古籍刻印社 1986 年。

沤梦词（群碧楼自著书） 邓邦述辑，江苏广陵古籍刻印社 1986 年。

花间集注释 （后蜀）赵崇祚编，李谊注释，四川文艺出版社 1986 年。

迦陵词选（百花洲文库）（清）陈维崧撰，马祖熙笺注，江西人民出版社 1986 年，百花洲文艺出版社 1993 年。

稼轩词新探与选译（古籍选读丛书） 林俊荣编著，书目文献出版社 1986 年。

词学全书 （清）查继超编，吴熊和点校，书目文献出版社 1986 年。

白石道人歌曲 （宋）姜夔撰，四川人民出版社 1987 年。

宋词三百首注析 朱孝臧编，汪中

注析，岳麓书社 1987 年。

淮海词（两宋名家词选注丛书）（宋）秦观撰，陈祖美选注，浙江古籍出版社 1987 年。

曝书亭词（天风阁丛书）（清）朱彝尊撰，吴肃森编校，广东人民出版社 1987 年。

敦煌歌辞总编 任半塘编撰，上海古籍出版社 1987 年。

珠玉词（词林集珍）（宋）晏殊撰，胡士明点校，上海古籍出版社 1988 年。

张子野词（词林集珍）（宋）张先撰，吴熊和点校，上海古籍出版社 1988 年。

乐章集（词林集珍）（宋）柳永撰，高健中点校，上海古籍出版社 1988 年。

南唐二主词（词林集珍）（南唐）李璟、李煜撰，郑学勤点校，上海古籍出版社 1988 年。

阳春集（词林集珍）（南唐）冯延巳撰，谷玉点校，上海古籍出版社 1988 年。

六一词（词林集珍）（宋）欧阳修撰，李伟国点校，上海古籍出版社 1988 年。

东坡乐府（词林集珍）（宋）苏轼撰，恒鹤点校，上海古籍出版社 1988 年。

小山词（词林集珍）（宋）晏幾道撰，王根林点校，上海古籍出版社 1988 年。

山谷词（词林集珍）（宋）黄庭坚撰，严寿澂点校，上海古籍出版社 1988 年。

漱玉词　断肠词（词林集珍）（宋）李清照、朱淑真撰，澄波点校，上海古籍出版社 1988 年。

淮海居士长短句（词林集珍）（宋）秦观撰，徐培均点校，上海古籍出版社 1988 年。

东山词（词林集珍）（宋）贺铸撰，钟振振点校，上海古籍出版社 1988 年。

片玉词（词林集珍）（宋）周邦彦撰，冯海荣点校，上海古籍出版社 1988 年。

秦观词集（宋）秦观撰，张璋、黄畲校订，中州古籍出版社 1988 年。

花外集（词林集珍）（宋）王沂孙撰，杨海明点校，上海古籍出版社1988年。

放翁词（词林集珍）（宋）陆游撰，陈长明点校，上海古籍出版社1988年。

于湖词（词林集珍）（宋）张孝祥撰，聂世美点校，上海古籍出版社1988年。

稼轩长短句（词林集珍）（宋）辛弃疾撰，汪贤度点校，上海古籍出版社1988年。

龙川词（词林集珍）（宋）陈亮撰，刘德权点校，上海古籍出版社1988年。

龙洲词（词林集珍）（宋）刘过撰，王从仁点校，上海古籍出版社1988年。

白石词（词林集珍）（宋）姜夔撰，钟夫点校，上海古籍出版社1988年。

后村长短句（词林集珍）（宋）刘克庄撰，章谷点校，上海古籍出版社1988年。

梦窗词（词林集珍）（宋）吴文英撰，陈邦炎点校，上海古籍出版社1988年。

须溪词（词林集珍）（宋）刘辰翁撰，肖逸点校，上海古籍出版社1988年。

山中白云词（词林集珍）（宋）张炎撰，袁真点校，上海古籍出版社1988年。

洲渔笛谱（词林集珍）（宋）周密撰，邓乔彬点校，上海古籍出版社1988年。

梅溪词（词林集珍）（宋）史达祖撰，方智范点校，上海古籍出版社1988年。

竹山词（词林集珍）（宋）蒋捷撰，黄明点校，上海古籍出版社1988年。

无弦琴谱（词林集珍）（元）仇远撰，刘初棠点校，上海古籍出版社1988年。

芦川词（词林集珍）（宋）张元幹撰，孟斐点校，上海古籍出版社1988年。

辛弃疾词选（中国古典文学读本丛书） 朱德才选注，人民文学出版社1988年，2002年。

词苑丛谈校笺（中国古典文学理论批评专著选辑）（清）徐釚撰，王百里校笺，人民文学出版社 1989 年，1998 年

石湖词校注 （宋）范成大撰，黄畬校注，齐鲁书社 1989 年。

柳永周邦彦词选注（中国古典文学作品选读） 周子瑜选注，上海古籍出版社 1990 年。

六一词（两宋名家词选注丛书）（宋）欧阳修撰，柏寒选注，浙江古籍出版社 1990 年。

词源解笺 （宋）张炎撰，郑益津、吴平山解笺，浙江古籍出版社 1990 年。

宋十大名家词（古典名著普及文库）（宋）柳永等撰，羊春秋点校，岳麓书社 1990 年。

东坡乐府编年笺注 （宋）苏轼撰，石声汉、唐玲玲笺注，华中师范大学出版社 1990 年。

王国维词注（中国历代诗人选集） 刘逸生主编，田志豆编注，广东人民出版社 1990 年。

词学全书 （清）查继超编，陈果青、房开江校订，贵州人民出版社 1990 年。

花间集 绝妙好词笺 （五代）赵崇祚、（宋）周密编，中州古籍出版社 1990 年。

词综 （清）朱彝尊编，中州古籍出版社 1990 年。

尊前集 （宋）佚名编，中州古籍出版社 1990 年。

柳永词详注及集评 （宋）柳永撰，姚学贤、龙建国注评，中州古籍出版社 1991 年。

宋词三百首 上彊村民编，中国书店 1991 年，2001 年。

敦煌曲子词百首译注（敦煌通俗文库） 张剑注释，敦煌文艺出版社 1991 年。

绝妙好词笺 （宋）周密编，（清）查为仁、厉鹗笺，江苏广陵古籍刻印社 1991 年。

板桥词（天风阁丛书）（清）郑板桥撰，赵慧文校，广东人民出版社 1991 年。

词曲概经义概注译（艺概笺注译丛书）（清）刘熙载撰，邓云等注译，光明日报出版社 1991 年。

清八大名家词集 （清）陈维崧等撰，钱仲联选编，岳麓书社1992年。

晁补之词编年笺注 （宋）晁补之撰，乔力校注，齐鲁书社1992年。

宋四家词选译（古代文史名著选译丛书）（宋）柳永等撰，王晓波译注，巴蜀书社1992年，凤凰出版社2011年。

花蕊宫词笺注 （后蜀）花蕊夫人撰，徐式文笺注，巴蜀书社1992年。

花间新集 施蛰存编，浙江古籍出版社1992年。

绝妙好词笺 （宋）周密编，（清）查为仁、厉鹗笺，全国图书馆文献缩微中心1992年。

绝妙好词笺（中国传统语言文化普及丛书）（宋）周密编，（清）厉鹗笺注，房日晰点校，陕西人民出版社1992年。

词综补遗（北京图书馆稿本抄本丛刊）（清）林葆恒编，书目文献出版社1992年。

百家词（天津图书馆藏珍本丛书）（明）吴讷编，天津市古籍书店1992年。

纳兰词 （清）纳兰性德撰，汪珊渔辑，天津市古籍书店1992年。

宋词三百首全译（中国历代名著全译丛书） 上彊村民编，沙灵娜译注，贵州人民出版社1992年。

吴镇诗词选注（历代甘肃作家作品选注丛书）（清）吴镇撰，赵越、段平编注，甘肃人民出版社1992年。

辛弃疾词精华（中国古典文学名著选译）（宋）辛弃疾撰，黄葵、李孝仁编著，贵州人民出版社1993年。

配画辛词一百首 （宋）辛弃疾撰，徐汉明选注，黄志良、黄沛然绘，巴蜀书社1993年。

周邦彦词选（中国古典文学小丛书）（宋）周邦彦撰，蒋哲伦、刘坎龙选注，人民文学出版社1993年。

草窗词校注 （宋）周密撰，史克振校注，齐鲁书社1993年。

傅幹注坡词 （宋）傅幹注，刘尚荣校，巴蜀书社1993年。

阳春集校注 （南唐）冯延巳撰，黄畬编，天津古籍出版社 1993 年。

阳春白雪（词曲集）（宋）赵闻礼选编，葛渭君点校，上海古籍出版社 1993 年。

绝妙好词（绝妙文库）（宋）周密编，彭明哲等注析，海南出版社 1993 年，1994 年。

绝妙好词注析（中国传统文化丛书）（宋）周密编，秦环明、萧鹏注析，三秦出版社 1993 年，2003 年。

宋词三百首 上彊村民编，孙晓玲点评，湖北人民出版社 1993 年。

宋词三百首新注 上彊村民编，杨海明，刘文华新注，天津人民出版社 1993 年。

宋词三百首 上彊村民编，沈可宜注，北京古籍出版社 1993 年。

宋词三百首（中国古典名著珍藏宝库） 上彊村民编，臧恩钰评注，北京古籍出版社 1993 年，1998 年。

碎金词谱 （清）谢元淮撰，天津古籍出版社 1993 年，1996 年。

＊**稼轩词选析** （宋）辛弃疾著，汪城注，台湾商务印书馆 1993 年。

乐章集校注（中国古典文学基本丛书）（宋）柳永撰，薛瑞生校注，中华书局 1994 年，2002 年。

唐宋词百家全集 钟叔河主编，广州出版社 1994 年。

宋词三百首详注 朱祖谋编，李华注，百花洲文艺出版社 1994 年。

宋词三百首（诗词曲赋集） 穆东居士编，山西人民出版社 1994 年。

宋词三百首 上彊村民编，郑君注，书海出版社 1994 年。

宋词三百首（人人袖珍文库） 上彊村民编，李景诒简注，海南出版社 1994 年。

全清词顺康卷（第一册） 南京大学中国语言文学系《全清词》编纂委员会编，中华书局 1994 年。

全清词顺康卷（第二册） 南京大学中国语言文学系《全清词》编纂委员会编，中华书局 1994 年。

山中白云词笺（两浙作家文丛）（宋）张炎撰，黄畬校笺，浙江古籍出版社 1994 年。

朱彝尊词集（两浙作家文丛）

（清）朱彝尊撰，屈兴国、袁李来点校，浙江古籍出版社 1994 年。

梅溪词校注 （宋）史达祖撰，王步高校注，天津人民出版社 1994 年。

酒边集笺注 （宋）向子諲撰，王沛霖、杨钟贤注，江西人民出版社 1994 年。

＊**柳永词校注** （宋）柳永撰，赖桥校注，台湾黎明文化事业公司 1995 年。

纳兰词笺注（中国古典文学丛书）（清）纳兰性德撰，张草纫笺注，上海古籍出版社 1995 年，2003 年修订本。

花间集 （后蜀）赵崇祚编，徐国良、方红芹注析，武汉出版社 1995 年。

词综（古典名著普及文库）（清）朱彝尊、汪森编，民辉点校，岳麓书社 1995 年。

辛弃疾词集（唐宋诗词十大家）（宋）辛弃疾撰，周围编，济南出版社 1995 年。

花外集笺注 （宋）王沂孙撰，詹安泰笺注，蔡起贤整理，广东人民出版社 1995 年。

词系 （清）秦献编撰，邓魁英、刘永泰点校，北京师范大学出版社 1996 年。

宋词三百首（插图注解中国古典诗文精华丛书） 上彊村民编，刘峰焘、朱惠国注解，三秦出版社 1996 年。

宋词三百首（中国传统文化精品丛书） 上彊村民编，于夫点校，陕西人民出版社 1996 年。

今评新注宋词三百首（今评新注古典文学珍丛） 上彊村民编，杨光治评注，湖南文艺出版社 1996 年。

瑶华集 （清）蒋景祁辑，中国书店 1996 年。

曝书亭词拾遗 （清）翁之润编，中国书店 1996 年。

一松轩词稿 （清）钱桂森撰，中国书店 1996 年。

词综 （清）朱彝尊、汪森编，魏中林、王景霓注，广州出版社 1996 年。

近代词钞 严迪昌编，江苏古籍出版社 1996 年。

周邦彦词赏析集（中国古典文学赏

析丛书）（宋）周邦彦撰，白敦仁主编，巴蜀书社1996年。

陈亮政论词选注　（宋）陈亮撰，王叔珩选注，山东教育出版社1996年。

花庵词选（新世纪万有文库）（宋）黄昇辑，王雪玲、周晓微点校，辽宁教育出版社1997年。

乐府雅词（新世纪万有文库）（宋）曾慥辑，陆三强点校，辽宁教育出版社1997年。

明词综（新世纪万有文库）（清）王昶辑，王兆鹏点校，辽宁教育出版社1997年。

中华竹枝词　雷梦水等编，北京古籍出版社1997年。

南唐二主词全集　（南唐）李璟、李煜撰，蒲仁、梅龙辑注，中国文联出版社1997年。

东坡词　（宋）苏轼撰，中国书店1997年。

山谷词　（宋）黄庭坚撰，中国书店1997年。

东堂词　（宋）毛滂撰，中国书店1997年。

稼轩词　（宋）辛弃疾撰，中国书店1997年。

梦窗词集　（宋）吴文英撰，朱孝臧笺，江苏广陵古籍刻印社1997年。

＊**新译花间集**　（后蜀）赵崇祚编，朱恒夫撰，耿湘沅校阅，台湾三民书局1998年，2007年。

花间集　尊前集（中国古代诗文经典选本）（后蜀）赵崇祚、（宋）佚名编，于翠玲注，华夏出版社1998年。

词综　（清）朱彝尊等编，周殿龙、樊远生校注，远方出版社1998年。

御选历代诗馀（新编小四库）（清）沈辰垣等撰，浙江古籍出版社1998年。

词林纪事词林纪事补正合编（清）张宗编，杨宝霖补正，上海古籍出版社1998年。

东坡词编年笺证（文学经典）（宋）苏轼撰，薛瑞生笺证，三秦出版社1998年。

宋词三百首　朱祖谋辑，江苏广陵古籍刻印社1998年，2001年。

宋词三百首评注（中国古典名著普及丛书） 上彊村民编，刘乃昌评注，齐鲁书社 1998 年。

笠翁词韵新注（古籍选读丛书）（清）李渔撰，艾荫范、解保勤注释，北京图书馆出版社 1998 年。

全唐五代词 曾昭岷、曹济平、王兆鹏、刘尊明编，中华书局 1999 年。

全宋词（增订简体横排） 唐圭璋编纂，王仲闻参订，孔凡礼补辑，中华书局 1999 年。

宋词三百首（百部中国古典名著）上彊村民编，罗仲鼎、俞浣萍注，浙江古籍出版社 1999 年，2000 年。

宋词三百首（古典诗词精品丛书）上彊村民编，张志烈、谢桃坊注，巴蜀书社 1999 年。

词综 （清）朱彝尊、汪森编，孟斐标校，上海古籍出版社 1999 年。

宋词三百首（中国古典文化精华）（清）上彊村民编，吴兆基编译，长城出版社 1999 年。

宋词三百首（韵文精品文库）（清）上彊村民编，刘鸿雁注释，吉林文史出版社 1999 年。

绝妙好词译注（中华古籍译注丛书）（宋）周密编，邓乔彬、彭国忠、刘荣平注，上海古籍出版社 2000 年。

吕碧城词笺注 吕碧城撰，李保民笺注，上海古籍出版社 2000 年。

古今词统（新世纪万有文库）（明）卓人月汇选，徐士俊参评，谷辉之点校，辽宁教育出版社 2000 年。

苏轼词选注（诗仙词圣精品文库）（宋）苏轼撰，韩格平选注，吉林文史出版社 2000 年。

康熙词谱 （清）陈廷敬、王奕清等编，岳麓书社 2000 年。

李煜词选注（诗仙词圣精品文库）（南唐）李煜撰，文东选注，吉林文史出版社 2000 年。

宋词举（外三种） 陈匪石编著，钟振振点校，江苏古籍出版社 2000 年。

宋词三百首（中国古代诗文经典选本） 上彊村民编，李军注，华夏出版社 2000 年。

宋词三百首（中国古典文学名著袖珍文库） 上彊村民编，雷茂斋主注，四川文艺出版社 2000 年。

辛弃疾词选注（诗仙词圣精品文库）（宋）辛弃疾撰，田子馥选注，吉林文史出版社 2000 年。

李清照词选注（诗仙词圣精品文库）（宋）李清照撰，于天文选注，吉林文史出版社 2000 年。

词选·续词选（中国古代诗文经典选本）（清）张惠言、董毅编，李军注，华夏出版社 2001 年。

宋傅幹注坡词（宋）傅幹注，北京图书馆出版社 2001 年。

刘克庄词新释辑评（历代名家词新释辑评丛书）（宋）刘克庄撰，欧阳代发、王兆鹏编，中国书店 2001 年。

稼轩长短句（中华再造善本试制）（宋）辛弃疾撰，北京图书馆出版社 2001 年。

饮水词笺校（中国古典文学基本丛书）（清）纳兰性德撰，赵秀亭校注，辽宁教育出版社 2001 年，中华书局 2005 年。

片玉词（新世纪万有文库）（宋）周邦彦撰，李永宁点校，辽宁教育出版社 2001 年。

宋词三百首（绘图韵文精粹）上彊村民编，李淼注译，吉林文史出版社 2001 年。

宋词三百首（上古版中华名著袖珍本）上彊村民编，恒鹤注释，上海古籍出版社 2001 年。

白香词谱——学词入门第一书（清）舒梦兰撰，丁如明评订，上海古籍出版社 2001 年，2003 年。

唐宋词古乐谱百首 刘崇德译谱，河北大学出版社 2001 年。

宋词三百首（中华传世名著精华丛书）上彊村民编，梁海明注析，书海出版社 2001 年。

宋词三百首简注 上彊村民编，武玉成、顾从龙注，人民文学出版社 2001 年。

宋词三百首（三百首系列）上彊村民编，李炳勋注译，中州古籍出版社 2001 年。

李清照词辑评（宋）李清照撰，线装书局第一编辑室编，线装书局 2002 年。

海绡词笺注 陈洵撰，刘斯翰笺注，上海古籍出版社 2002 年。

南唐二主词（书韵楼丛刊）（南唐）李璟、李煜著，上海古籍出版社2002年。

韦庄集笺注（中国古典文学丛书）（五代）韦庄撰，聂安福笺注，上海古籍出版社2002年。

李清照集笺注（中国古典文学丛书）（宋）李清照撰，徐培均笺注，上海古籍出版社2002年。

宋词三百首（书韵楼丛刊）上彊村民编，上海古籍出版社2002年，2003年。

漱玉词（书韵楼丛刊）（宋）李清照撰，上海古籍出版社2002年，2003年。

纳兰词（书韵楼丛刊）（清）纳兰性德撰，上海古籍出版社2002年，2003年。

纳兰性德词（上古版中华名著袖珍本）（清）纳兰性德撰，上海古籍出版社2002年。

纳兰性德词选（绝妙好词丛书）（清）纳兰性德撰，张草纫注评，上海古籍出版社2002年。

南唐二主冯延巳词选（绝妙好词丛书）王兆鹏注评，上海古籍出版社2002年。

温庭筠韦庄词选（绝妙好词丛书）刘尊明注评，上海古籍出版社2002年。

苏轼词选（绝妙好词丛书）刘石注评，上海古籍出版社2002年。

辛弃疾词选评（新世纪古典文学经典读本）施议对撰，上海古籍出版社2002年。

柳永词选评（新世纪古典文学经典读本）谢桃坊撰，上海古籍出版社2002年。

宋词三百首（名家新注精评传世元典）上彊村民编，王水照等注评，春风文艺出版社2002年。

东坡乐府（书韵楼丛刊）（宋）苏轼撰，上海古籍出版社2003年。

稼轩长短句（书韵楼丛刊）（宋）辛弃疾撰，上海古籍出版社2003年。

周邦彦词选评（新世纪古典文学经典读本）刘扬忠撰，上海古籍出版社2003年。

宋词三百首　朱孝臧编，浙江古籍出版社2003年。

宋词三百首注析（传统文化经典读本） 上彊村民编，周鹏飞、王黎雅注析，三秦出版社 2003 年。

温庭筠词新释辑评（历代名家词新释辑评丛书） （唐）温庭筠撰，张红、张华编，中国书店 2003 年。

宋词三百首 上彊村民选编，刘黎明注释，四川美术出版社 2003 年。

宋词三百首（中国古典文学精品屋） 朱孝臧编选，程自信、程昆明注释，黄山书社 2003 年。

绝妙好词（中华再造善本续编试制） （宋）周密辑，北京图书馆出版社 2003 年，2008 年。

花间集（中华再造善本） （后蜀）赵崇祚辑，北京图书馆出版社 2003 年。

花间集（中华再造善本） （后蜀）赵崇祚辑，北京图书馆出版社 2004 年，2010 年。

中兴以来绝妙词选（中华再造善本） （宋）黄昇辑，北京图书馆出版社 2004 年。

东山词（中华再造善本） （宋）贺铸撰，北京图书馆出版社 2004 年。

详注周美成词片玉集（中华再造善本） （宋）周邦彦撰，陈元龙集注，北京图书馆出版社 2004 年。

稼轩长短句（中华再造善本） （宋）辛弃疾撰，北京图书馆出版社 2003 年。

芦川词（中华再造善本） （宋）张元幹撰，北京图书馆出版社 2004 年。

汉英对照宋词三百首 上彊村民编，许渊冲译，高等教育出版社 2004 年，中国对外翻译出版公司 2007 年。

《宋词三百首》精华赏析 孟庆文主编，南海出版公司 2004 年。

唐宋词汇评（唐五代卷） 王兆鹏主编，浙江教育出版社 2004 年。

唐宋词汇评（两宋卷） 吴熊和主编，浙江教育出版社 2004 年。

全宋词鉴赏辞典：重排版（中国历代诗文鉴赏系列） 贺新辉主编，霍松林等撰，中国妇女出版社 2004 年。

名家品诗坊·宋词（文学鉴赏辞典精品集萃） 夏承焘等编，上海辞书出版社 2004 年。

名家品诗坊·唐五代词（文学鉴赏辞典精品集萃） 叶嘉莹等编，上海辞书出版社2004年。

名家品诗坊·元明清词（文学鉴赏辞典精品集萃） 钱仲联等著，上海辞书出版社2004年。

宋词三百首（中国传统文化经典诵读） 上彊村民编，曾晓峰评析，湖北辞书出版社2004年。

宋词三百首（中国古代诗文经典选本） 上彊村民编，华夏出版社2004年。

全明词 饶宗颐、张璋主编，中华书局2004年。

豪放词百首（传世经典袖珍本文库） 彭国忠评注，安徽文艺出版社2004年。

唐宋词三百首：最新版 徐庆宜选析，广东高等教育出版社2004年。

宋词（中国传统文化精华） 钟雷主编，哈尔滨出版社2004年。

宋词三百首 朱祖谋编，武玉成、顾丛龙注，人民文学出版社2004年。

宋词三百首 李海卉选编，哈尔滨出版社2004年。

东瓯词徵（温州文献丛书） 薛钟斗辑，余振棠校补，上海社会科学院出版社2004年。

历代词选 程郁缀选注，人民文学出版社2004年。

胡云翼选词：词选·宋词选（胡云翼集） 胡云翼选注，刘永翔、李露蕾编，华东师范大学出版社2004年。

宋词精华（中华古典文学精粹珍藏） 林方直、王志民主编，内蒙古人民出版社2004年。

宋词百阕（中国古典名著时尚读本） 杨敏如选释，中国青年出版社2004年。

宋词三百首（历史快读系列） 上彊村民编，钟雷主编，哈尔滨出版社2004年。

唐圭璋推荐唐宋词（大家推荐大家读丛书） 钟振振注释，广陵书社2004年。

纳兰词（文华丛书） （清）纳兰性德著，广陵书社2004年。

宋词三百首（国学小书院） 上彊

村民编，任依群译注，大众文艺出版社 2004 年。

宋词三百首：图文本 上彊村民编，沈家庄注析，漓江出版社 2004 年。

王船山词编年笺注 （清）王夫之著，彭靖注，岳麓书社 2004 年。

满堤红艳立春风：花蕊夫人《宫词》注评 曹明纲撰，上海古籍出版社 2004 年。

月痕休到深深处：徐灿词注评 黄嫣梨撰，上海古籍出版社 2004 年。

梅花如雪悟香禅：吴藻词注评 邓红梅撰，上海古籍出版社 2004 年。

唐宋人选唐宋词 唐圭璋等点校，上海古籍出版社 2004 年。

唐诗·宋词：宋词 冯刚明编著，大众文艺出版社 2005 年。

天籁集编年校注 （元）白朴撰，徐凌云校注，安徽大学出版社 2005 年。

宋词三百首注评 上彊村民选编，王兆鹏、黄崇浩注评，凤凰出版社 2005 年。

唐宋元明清名家词选 林霄选编，贵州民族出版社 2005 年。

宋词三百（中华传世名著精华本） 陈渔、夏雨虹主编，吴伟、高菊园编写，吉林人民出版社 2005 年。

唐五代词三百首译析（双色绘图诗词三百首系列） 赵仁圭等编著，吉林文史出版社 2005 年。

宋词三百首译析（双色绘图诗词三百首系列） 上彊村民编，李森编著，吉林文史出版社 2005 年。

宋词选（中华文化经典诵读课本） 刘孝听编著，华文出版社 2005 年。

宋词赏析 沈祖棻编，陕西师范大学出版社 2005 年。

辛稼轩姜白石词选注 高海夫选注，陕西师范大学出版社 2005 年。

宋词绝唱 100 首（学生必备诵读宝典） 洪波编著，上海大学出版社 2005 年。

历代词选（中国文学经典） 徐德琳、李红梅注析，南海出版公司 2005 年。

李清照词（宋词名家诵读） （宋）李清照著，陈祖美评注，人民文学出版社 2005 年。

苏轼词（宋词名家诵读） （宋）苏轼著，刘石评注，人民文学出版社2005年。

柳永词（宋词名家诵读） （宋）柳永著，王兆鹏、姚蓉评注，人民文学出版社2005年。

辛弃疾词（宋词名家诵读） （宋）辛弃疾著，刘扬忠评注，人民文学出版社2005年。

姜夔词（宋词名家诵读） （宋）姜夔著，韩经太、王维若评注，人民文学出版社2005年。

东坡乐府（中华再造善本） （宋）苏轼撰，北京图书馆出版社2005年。

萧闲老人明秀集注（中华再造善本） （金）蔡松年撰，魏道明注，北京图书馆出版社2005年。

唐宋词选释（名家名选丛书） 俞平伯选释，人民文学出版社2005年。

宋词精选（中国传统文化经典：青少版） 鹏羽主编，天津人民美术出版社2005年。

精选宋词与宋画：汉英对照 五洲传播出版社编，许渊冲译，五洲传播出版社2005年。

宋词100首（经典阅读文库） 刘文华主编，延边人民出版社2005年。

千家词 李瑞安编注，岳麓书社2005年。

白话宋词三百首 上彊村民编，李之亮译注，岳麓书社2005年。

东坡词注 （宋）苏轼著，吕观仁注，岳麓书社2005年。

稼轩词注 （宋）辛弃疾著，俞章华注，岳麓书社2005年。

纳兰词注 （清）纳兰性德著，王友胜、童向飞注，岳麓书社2005年。

图画宋词 （明）汪氏辑，李知之注析，岳麓书社2005年。

绝妙好词 （宋）周密选编，廖承良校注，岳麓书社2005年。

顾太清词新释辑评（历代名家词新释辑评丛书） 卢兴基编著，中国书店2005年。

柳永词新释辑评（历代名家词新释辑评丛书） 顾之京等编著，中国书店2005年。

秦观词选（《古典诗词名家》丛书）

姚蓉、王兆鹏选注，中华书局2005年。

周邦彦词选（《古典诗词名家》丛书） 孙虹、任翌选注，中华书局2005年。

辛弃疾词选（《古典诗词名家》丛书） 辛更儒选注，中华书局2005年。

柳永词选（《古典诗词名家》丛书） 薛瑞生选注，中华书局2005年。

宋词（中华儿童古典启蒙教育丛书·第2辑） 文景编著，中国人口出版社2005年。

两宋词作 范松义选注，中国社会出版社2005年。

宋词三百首详析 上彊村民编，郭伯勋编著，中华书局2005年。

词综补遗 林葆恒编，张璋整理，上海古籍出版社2005年。

豪放词（双色图文传世经典） 张养年、王春香编注，安徽人民出版社2005年。

宋词三百首（双色图文传世经典） 上彊村民编，陈文豹、陈连康注译，安徽人民出版社2005年。

婉约词（双色图文传世经典） 兰世雄编注，安徽人民出版社2005年。

珠玉词（书韵楼丛刊） （宋）晏殊著，上海古籍出版社2005年。

小山词（书韵楼丛刊） （宋）晏幾道著，上海古籍出版社2005年。

淮海居士长短句（书韵楼丛刊） （宋）秦观著，上海古籍出版社2005年。

花间集（书韵楼丛刊） （后蜀）赵崇祚编，上海古籍出版社2005年。

乐章集（书韵楼丛刊） （宋）柳永著，上海古籍出版社2005年。

清真集（书韵楼丛刊） （宋）周邦彦著，上海古籍出版社2005年。

宋词三百首（课外必读推荐丛书·第3辑，古代诗词曲名篇选编） 朱孝臧编选，孙育华译注，北京燕山出版社2005年。

宋词（中国青少年诵读工程·小学生经典诵读） 高明生主编，光明日报出版社2005年。

宋词三百首（古代诗词必读经典） 上彊村民编，司徒博文译注，当代世界出版社 2005 年。

宋词三百首（中国古典名著精品书系）　上彊村民编，刘泰丰主编，军事谊文出版社 2005 年。

李煜词选：图文典藏本：汉英对照（许译中国经典诗词）（南唐）李煜撰，许渊冲译，河北人民出版社 2006 年。

宋词三百首：图文注评本　上彊村民编，诸葛忆兵注评，河北人民出版社 2006 年。

宋词三百首：学生版（历史快读系列）　上彊村民编，李杰主编，哈尔滨出版社 2006 年。

唐宋词三百首（中国古典诗词阅读之旅：学生版）　李晓明编著，吉林文史出版社 2006 年。

宋词三百首（学生阅读经典文库）上彊村民编，韩琳主编，内蒙古人民出版社 2006 年。

精选名儒草堂诗余（中华再造善本）　题凤林书院辑，北京图书馆出版社 2006 年。

豪放词（博文雅趣书系）　罗立刚编著，浙江教育出版社 2006 年。

婉约词（博文雅趣书系）　罗立刚编著，浙江教育出版社 2006 年。

宋词三百首（新私塾：国学精粹儿童启蒙教育诵读本・第 1 辑）　朱孝臧编，哈尔滨出版社 2006 年。

宋词三百首（中国传统文化精华）上彊村民编，李杰主编，哈尔滨出版社 2006 年。

百谱千词注　陈以滨编注，海天出版社 2006 年。

唐五代词选注　龙榆生撰，上海古籍出版社 2006 年。

学生版宋词三百首（学生版中国古典名著）　上彊村民编，宫京蕾编著，上海科学技术文献出版社 2006 年。

宋词三百首　上彊村民编，赵晓兰、赵祖堃评注，新疆青少年出版社 2006 年。

宋词三百首　上彊村民编，任犀然编著，中国和平出版社 2006 年，万卷出版社 2006 年。

唐宋词：珍藏本（中华古典名著文库少年版：珍藏本）　林冠夫译注，中国少年儿童出版社 2006 年。

宋词三百首：新注本 上彊村民编，谷学彝注，中华书局2006年。

清词综 （清）王昶、黄燮清、丁绍仪撰，北京图书馆出版社2006年。

新编宋词一百首：图文本 姜小青、卞岐编选，凤凰出版社2006年。

遗山乐府校注 （金）元好问撰，赵永源校注，凤凰出版社2006年。

周邦彦词新释辑评（历代名家词新释辑评丛书 叶嘉莹主编） 王强编著，中国书店2006年。

王国维词新释辑评（历代名家词新释辑评丛书叶嘉莹主编） 叶嘉莹、安易编著，中国书店2006年。

词苑菁华：千载佳词三百首 黄崇浩著，中国文联出版社2006年。

宋词三百首：珍藏版（经典阅读文库） 上彊村民编，李薇主编，延边人民出版社2006年。

人间词 人间词话（博文雅趣书系） 王国维著，郑小军编注，浙江教育出版社2006年。

宋词三百首（中国传统文化精华·第4辑） 上彊村民编，李金水主编，陕西旅游出版社2006年。

宋词三百首：珍藏版（中外经典品读·第1辑） 上彊村民编，佳翰译注，陕西旅游出版社2006年。

宋词三百首（中国儿童成长必读系列·一生必读的经典） 上彊村民编，纪江红主编，安徽科学技术出版社2006年。

冯延巳词新释辑评（历代名家词新释辑评丛书） 黄进德编著，中国书店2006年。

辛弃疾词新释辑评（历代名家词新释辑评丛书） 朱德才等编著，中国书店2006年。

王沂孙词新释辑评（历代名家词新释辑评丛书） 高献红编著，中国书店2006年。

唐宋词经典（注音版儿童经典启蒙诵读本） 佳柠、林伊注释，北方妇女儿童出版社2006年。

词林万选 词选：附续词选（古代词选经典读本） （明）杨慎、（清）张惠言辑，刘崇德、徐文武点校，河北大学出版社2006年。

绝妙好词笺：附续钞（古代词选经

典读本）（宋）周密辑，（清）查为仁、厉鹗笺，刘崇德、徐文武点校，河北大学出版社2006年。

花间集　尊前集（古代词选经典读本）（唐）赵崇祚集，（明）汤显祖评，刘崇德、徐文武点校，河北大学出版社2006年。

明刊草堂诗馀二种（古代词选经典读本）刘崇德、徐文武点校，河北大学出版社2006年。

李清照词选：汉英对照（宋）李清照著，许渊冲译，河北人民出版社2006年。

婉约词全解　惠淇源编注，复旦大学出版社2007年。

宋词三百首全解　上彊村民编，蔡义江解，复旦大学出版社2007年。

词心笺评（火凤凰学术遗产丛书）邵祖平著，复旦大学出版社2007年。

白话宋词精华　关永礼、何松子主编，白志平等撰，哈尔滨出版社2007年。

宋词三百首：彩图版（中国传统文化精华）上彊村民编，李杰主编，哈尔滨出版社2007年。

花草粹编（古代词选经典读本）（明）陈耀文辑，龙建国、杨有山点校，河北大学出版社2007年。

词洁　（清）先著、程洪辑，刘崇德、徐文武点校，河北大学出版社2007年。

李清照词集（唐宋诗词十大家丛书）荣斌编著，济南出版社2007年。

辛弃疾词集（唐宋诗词十大家丛书）荣斌编著，济南出版社2007年。

王沂孙词笺注（中国文学经典·第一辑）史克振笺注，南海出版公司2007年。

柳永词选注　张惠民、张进选注，人民文学出版社2007年。

宋词三百首（国学大书院）上彊村民编选，吴兆基注译，三秦出版社2007年。

婉约词·豪放词（国学大书院）金源等注析，三秦出版社2007年。

江上词综（江阴文史丛书）徐华根编注，上海古籍出版社2007年。

宋词选　胡云翼选注，上海古籍出

版社 2007 年。

花庵词选（世纪人文系列丛书·大学经典）（宋）黄昇选编，蒋哲伦导读，云山整理辑评，上海古籍出版社 2007 年。

苏东坡词全编：汇评本 曾枣庄主编，四川文艺出版社 2007 年。

唐宋词（阅读中华经典） 黄道京编著，泰山出版社 2007 年。

清词一千首：箧中词 （清）谭献辑，罗仲鼎，俞浣萍点校，西泠印社出版社 2007 年。

李清照词赏读（唐宋名家诗词赏读） 徐建委、刘峥著，线装书局 2007 年。

李煜词赏读（唐宋名家诗词赏读） 周仕慧著，线装书局 2007 年。

柳永词赏读（唐宋名家诗词赏读） 刘占召、张海凤著，线装书局 2007 年。

苏轼词赏读（唐宋名家诗词赏读） 沈耀峰、陆爱英著，线装书局 2007 年。

辛弃疾词赏读（唐宋名家诗词赏读） 王明辉、王铭丽著，线装书局 2007 年。

中国古代名词赏析（华夏经典诗文赏析） 张超主编，线装书局 2007 年。

宋词三百首（中国传统文化经典读本） 上彊村民编，雷娟、熊蓉注释，云南大学出版社 2007 年。

全明词补编 周明初、叶晔补编，浙江大学出版社 2007 年。

梦窗词汇校笺释集评 （宋）吴文英著，吴蓓笺注，浙江古籍出版社 2007 年。

唐宋词一百首（中译经典文库·中华传统文化精粹：汉英对照） 许渊冲选译，中国对外翻译出版公司 2007 年。

宋词（国学今读大书院） 上彊村民选编，王学典校译，中国纺织出版社 2007 年。

晏幾道词新释辑评（历代名家词新释辑评丛书） 王双启编著，中国书店 2007 年。

史承谦词新释辑评（历代名家词新释辑评丛书） 马大勇编著，中国书店 2007 年。

吴文英词新释辑评（历代名家词新

释辑评丛书） 赵慧文、徐育民编著，中国书店2007年。

苏轼词新释辑评（历代名家词新释辑评丛书） 朱靖华等编著，中国书店2007年。

宋词经典（中国少年儿童成长必读：注音版） 陈玉健主编，中国戏剧出版社2007年。

宋词三百首：鉴赏本（中国古典文学精华） 上彊村民编，刘少雄主编，中国戏剧出版社2007年。

词选 胡适选注，刘石导读，中华书局2007年。

清真集校注（中国古典文学基本丛书） （宋）周邦彦著，孙虹校注，薛瑞生订补，中华书局2007年。

苏轼词编年校注（中国古典文学基本丛书） 邹同庆、王宗堂著，中华书局2007年。

历代蜀词全辑 李谊辑校，重庆出版社2007年。

历代蜀词全辑续编 李谊辑校，重庆出版社2007年。

宋词三百首：彩色图文版（中国学生成长必读书） 上彊村民编，纪江红主编，北京少年儿童出版社2007年。

宋词三百首新编（学生课外阅读书库） 王友胜选注，百家出版社2007年。

辛弃疾词选 （宋）辛弃疾著，叶邦义注评，黄山书社2007年。

＊**新译白香词谱** 刘庆云撰，台湾三民书局2008年。

＊**新译苏轼词选** 邓子勉撰，台湾三民书局2008年。

＊**新译李清照集** 姜汉椿、姜汉森撰，台湾三民书局2008年。

词苑丛谈 （清）徐釚撰，唐圭璋校注，中华书局2008年。

宋词三百首（书香门第） 上彊村民选编，北京出版社2008年。

吴梅村词笺注 （清）吴伟业著，陈继龙笺注，上海古籍出版社2008年。

二晏词笺注 （宋）晏殊、（宋）晏幾道著，张草纫笺注，上海古籍出版社2008年。

淮海居士长短句笺注 （宋）秦观著，徐培均笺注，上海古籍出版社

2008年。

清真集笺注 （宋）周邦彦著，罗忼烈笺注，上海古籍出版社2008年。

宋词 王静选编、译注，凤凰出版社2008年。

花间集注评 （后蜀）赵崇祚选编，高峰注评，凤凰出版社2008年。

绝妙好词注评 （宋）周密选编，刘扬忠等注评，凤凰出版社2008年。

宋词三百首注评 上彊村民选编，凤凰出版社2008年。

宋词三百首 上彊村民编，禾火、王彦丽注译，北京燕山出版社2008年。

宋词三百首 朱孝臧编选，章忆注析，三晋出版社2008年。

宋刊中兴词选 （宋）黄昇编集，福建人民出版社2008年。

宋刊片玉集 （宋）周邦彦撰，福建人民出版社2008年。

宋词诗译 上彊村民原编，杨春林译，海峡文艺出版社2008年。

花间集注 （后蜀）赵崇祚编，华钟彦校注，河南大学出版社2008年。

婉约词：插图本 （唐）温庭筠、（宋）柳永著，万卷出版公司2008年。

豪放词：插图本 （宋）苏轼、辛弃疾著，万卷出版公司2008年。

宋词三百首：插图本 上彊村民编，万卷出版公司2008年。

花间集：插图本 （后蜀）赵崇祚编选，万卷出版公司2008年。

纳兰词：插图本 纳兰性德著，万卷出版公司2008年。

姜白石词笺注（中国古典文学基本丛书） （宋）姜夔著，陈书良笺注，中华书局2009年。

辛弃疾词选：插图版 （宋）辛弃疾著，辛更儒选注，中华书局2009年。

宋词三百首 上彊村民编，吕明涛、谷学彝编注，中华书局2009年，2010年。

重辑李清照集（中国古典文学基本丛书）（宋）李清照著，黄墨谷辑校，中华书局2009年。

唐宋词简释 唐圭璋选释，人民文学出版社2009年。

东坡乐府笺（中国古典文学丛书）（宋）苏轼著，（清）朱孝威编年，龙榆生校笺，朱怀春标点，上海古籍出版社2009年。

李清照词集 （宋）李清照著，吴慧娟导读，上海古籍出版社2009年。

苏轼词集 （宋）苏轼著，刘石导读，上海古籍出版社2009年。

纳兰词集 （清）纳兰性德著，张草纫导读，上海古籍出版社2009年。

李煜词集 （南唐）李煜著，王兆鹏导读，上海古籍出版社2009年。

词品 （明）杨慎著，岳淑珍导读，上海古籍出版社2009年。

柳永词集 （宋）柳永著，谢桃坊导读，上海古籍出版社2009年。

宋词三百首：中学版 凌枫等注释解析，上海古籍出版社2009年。

岭南历代词选 陈永正选注，广东人民出版社2009年。

漱玉词注 稼轩词注 （宋）李清照、辛弃疾著，陈祖美等注，齐鲁书社2009年。

名家注评全宋词 邹德金主编，天津古籍出版社2009年。

绝妙宋词 李星译评，吉林文史出版社2009年。

张惠言《茗柯词》笺注 莫立民笺注，线装书局2009年。

唐宋诸贤绝妙词选（中华再造善本续编）（宋）黄昇辑，国家图书馆出版社2009年。

虚斋乐府（中华再造善本续编）（宋）赵以夫撰，国家图书馆出版社2009年。

酒边词（中华再造善本续编）（宋）向子諲撰，国家图书馆出版社2009年。

酒边集（中华再造善本续编）（宋）向子諲撰，国家图书馆出版社2010年。

钟伯敬先生硃评词府灵蛇（中华再造善本续编）（明）钟惺选，（明）李光祚辑，国家图书馆出版社2010年。

桂洲词（中华再造善本续编）（明）夏言撰，国家图书馆出版社2010年。

宋词三百首（中国传统文化经典书系）朱孝臧选编，熊蓉、邓启铜注释，东南大学出版社2010年。

绝妙好词（国学典藏书系）（宋）周密编选，《国学典藏书系》丛书编委会主编，吉林出版集团有限责任公司2010年。

宋词三百首（国学典藏书系）上彊村民编，《国学典藏书系》丛书编委会主编，吉林出版集团有限责任公司2010年。

宋词三百首（古典文化必读书系）上彊村民编，内蒙古人民出版社2010年。

张孝祥词校笺（中国古典文学基本丛书）（宋）张孝祥撰，宛敏灏校笺，中华书局2010年。

蒋捷词校注（宋）蒋捷撰，杨景龙校注，中华书局2010年。

饮水词笺校（清）纳兰性德撰，赵秀亭等笺校，中华书局2010年。

宋词 刘国建主编，中州古籍出版社2010年。

绝妙好词（国学经典）（宋）周密选编，卢欣科注译，中州古籍出版社2010年。

周邦彦词集（宋）周邦彦著，李保民导读，上海古籍出版社2010年。

姜夔词集（宋）姜夔著，李强导读，上海古籍出版社2010年。

温庭筠词集·韦庄词集（唐）温庭筠、韦庄著，聂安福导读，上海古籍出版社2010年。

晏殊词集·晏幾道词集（宋）晏殊、晏幾道著，张草纫导读，上海古籍出版社2010年。

秦观词集（宋）秦观著，徐培均导读，上海古籍出版社2010年。

欧阳修词集（宋）欧阳修著，张璟导读，上海古籍出版社2010年。

辛弃疾词集（宋）辛弃疾著，崔铭导读，上海古籍出版社2010年。

樵歌校注（宋）朱敦儒著，邓子勉校注，上海古籍出版社2010年。

芦川词笺注（宋）张元幹撰，曹济平笺注，上海古籍出版社2010年。

唐宋词一百首 胡云翼选注，上海古籍出版社 2010 年。

恰似一江春水向东流：李煜词注评 （南唐）李煜著，王兆鹏导读，田松青注，上海古籍出版社 2010 年。

此情无计可消除：李清照词注评 （宋）李清照著，吴惠娟导读，郭时羽注，上海古籍出版社 2010 年。

若问生涯原是梦：纳兰词注评 （清）纳兰性德著，张草纫导读，纽君怡注，上海古籍出版社 2010 年。

东坡词 （宋）苏轼著，广陵书社 2010 年。

纳兰词 （清）纳兰性德著，广陵书社 2010 年。

宋词三百首：女性读本 上彊村民编，姚蓉、王兆鹏注，岳麓书社 2010 年。

花间集 （后蜀）赵崇祚编选，北京燕山出版社 2010 年。

纳兰词 （清）纳兰性德著，北京燕山出版社 2010 年。

豪放词 （宋）苏轼、辛弃疾等著，北京燕山出版社 2010 年。

婉约词 （唐）温庭筠著，北京燕山出版社 2010 年。

宋词三百首 朱祖谋选编，罗仲鼎、俞浣萍注，浙江古籍出版社 2010 年。

宋词三百首 上彊村民编，陈涛编著，线装书局 2010 年。

宋词三百首 上彊村民编，陈书芳译注，黄山书社 2010 年。

纳兰词（中华再造善本续编） （清）纳兰性德撰，国家图书馆出版社 2011 年。

百名家词钞（中华再造善本续编） （清）聂先、曾王孙编，国家图书馆出版社 2011 年。

无可奈何花落去：二晏词 （宋）晏殊、晏幾道著，汪政编注，人民文学出版社 2011 年。

白香词谱：学词入门第一书 （清）舒梦兰编撰，丁如明评订，人民文学出版社 2011 年。

纳兰词 （清）纳兰性德著，张草纫导读，上海古籍出版社 2011 年。

佩文诗韵 词林正韵 中原音韵 （清）戈载等著，田松青编校，上海古籍出版社 2011 年。

陆游词集 （宋）陆游著，夏承焘导读，上海古籍出版社 2011 年。

黄庭坚词集 （宋）黄庭坚著，马兴荣导读，上海古籍出版社 2011 年。

白香词谱 （清）舒梦兰撰，丁如明评订，上海古籍出版社 2011 年。

王沂孙词集 （宋）王沂孙著，吴则虞导读，上海古籍出版社 2011 年。

张元干词集 （宋）张元干著，曹济平导读，上海古籍出版社 2011 年。

水云楼诗词笺注 （清）蒋春霖著，刘勇刚笺注，上海古籍出版社 2011 年。

山谷词校注 （宋）黄庭坚著，马兴荣、祝振玉校注，上海古籍出版社 2011 年。

李璟李煜词校注　花外集笺注 詹安泰撰，上海古籍出版社 2011 年。

宋词三百首 上彊村民编，广陵书社 2011 年。

唐宋诸贤绝妙词选 （宋）黄昇辑，国家图书馆出版社 2011 年。

柳永词选 （宋）柳永著，李之亮注评，中州古籍出版社 2011 年。

唐宋花间廿四家词赏析 林兆祥编撰，中州古籍出版社 2011 年。

辛弃疾词选 （宋）辛弃疾著，李之亮注评，中州古籍出版社 2011 年。

宋词三百首 上彊村民选编，陆明注释，岳麓书社 2011 年。

宋词百篇解读 王永娟著，天津古籍出版社 2011 年。

唐五代词选译 亦冬译注，凤凰出版社 2011 年。

辛弃疾词选译（古代文史名著选译丛书） 杨忠译注，凤凰出版社 2011 年。

宋词三百首 上彊村民编，李明阳译注，黄山书社 2011 年。

宋词三百首 上彊村民编，郭春艳、郑婷译注，黄山书社 2011 年。

历代古词鉴赏：全新校勘珍藏版 徐寒主编，中国书店 2011 年。

景刊宋金元明本词 吴昌绶、陶湘编，中国书店2011年。

秋林琴雅 （清）厉鹗著，中国书店2011年。

纳兰词选 严迪昌选注，马大勇整理，中华书局2011年。

曲类

燕子笺传奇 （明）阮大铖著，陈家琪校，雪韵堂批点，群益书社1910年。

姽婳封 桂枝香传奇 （清）杨恩寿填词，魏式曾评点，藜光社1912年。

西厢记（绘图精本） （元）王实甫著，（清）金圣叹批注，扫叶山房1913年，1921年。

曲话（万有文库） （清）梁廷枏撰，有正书局1916年，商务印书馆1937年，1939年简编版。

西厢记（天香吟阁增订金批）（圣叹外书） （元）王实甫著，蓝炳然校正，中华书局1916年。

孟谐传奇 （清）莫等闲斋主人著，董哲芗校阅，中华书局1916年。

蝶归楼传奇 （清）古樵道人、今樵道人著，天虚我生、董哲芗参订，中华书局1917年。

病玉缘传奇 （清）莫等闲斋主人著，中华书局1917年。

元曲选 （明）臧懋循辑，商务印书馆1918年，世界书局1936年。

玉生香传奇四种曲 佚名辑，碧梧山庄1919年。

元曲大观 锦文堂主人辑，锦文堂书局1921年。

春雪阁曲谱三记 殷溎深撰，朝记书庄1921年。

曲苑 陈乃乾辑，古书流通处1921年。

增补曲苑金集 古书流通处原辑，圣湖正音学会增校，六艺书局1922年，1926年，1932年。

增补曲苑石集 古书流通处原辑，圣湖正音学会增校，六艺书局1922年，1926年，1932年。

增补曲苑丝集 古书流通处原辑，圣湖正音学会增校，六艺书局1922年，1926年，1932年。

增补曲苑竹集 古书流通处原辑，

圣湖正音学会增校，六艺书局 1922 年，1926 年，1932 年。

增补曲苑匏集 古书流通处原辑，圣湖正音学会增校，六艺书局 1922 年，1926 年，1932 年。

增补曲苑土集 古书流通处原辑，圣湖正音学会增校，六艺书局 1922 年，1926 年，1932 年。

增补曲苑革集 古书流通处原辑，圣湖正音学会增校，六艺书局 1922 年，1926 年，1932 年。

增补曲苑木集 古书流通处原辑，圣湖正音学会增校，六艺书局 1922 年，1926 年，1932 年。

曲谱选刊 周逸民选刊，富晋书社 1922 年。

董解元西厢 （金）董解元著，陶乐勤重编，新文化书社 1924 年，全民书局 1929 年，1931 年。

桃花扇（中国名曲）（清）孔尚任著，陶乐勤重编，梁溪图书馆 1924 年。

长生殿 （清）洪昇著，王新命标点，泰东图书局 1924 年。

牡丹亭（一名：还魂记） （明）汤显祖著，陶乐勤句读，梁溪图书馆 1924 年。

李笠翁曲话（文艺丛书）（清）李渔著，曹聚仁点读，梁溪图书馆 1925 年，大中书局 1930 年，1931 年，1933 年。

桃花扇传奇 （清）孔尚任著，益智书社 1925 年。

盛明杂剧 沈泰辑，中国书店 1925 年。

重订曲苑 陈乃乾辑，古书流通处 1925 年。

元人曲论（文艺丛书）（元）周德清著，曹聚仁（原题：蜗庐）校读，梁溪图书馆 1926 年，大中书局 1932 年。

明周宪王乐府三种 朱有燉撰，蟫隐庐 1926 年。

曲选（国立中山大学丛书） 吴梅编辑，国立第一中山大学出版部 1927 年，商务印书馆 1930 年，1932 年。

梧叶儿 陈虞孙编，海角社 1928 年。

花影集选 （明）施绍莘著，蒋山

青选编，泰东图书局1928年，1929年。

奢摩他室曲丛　吴梅辑，商务印书馆1928年。

元明杂剧　佚名辑，国学图书馆1929年。

元明曲选　胡懒残编，卢冀野校，会文堂新记书局1930年。

元曲（万有文库）　童伯章选注，商务印书馆1930年，1931年，1932年。

燕子笺传奇（注释评点）（明）阮大铖著，罗宝珩注释，汤寿铭评点，会文堂新记书局1930年，1933年。

还魂记（一名：牡丹亭）（女作家小丛书）（明）汤显祖著，近贤改编，女作家小丛书社1930年。

曲选　顾名编，光华书局1931年，大光书局1935年。

元曲选（万有文库）（明）臧晋叔编校，商务印书馆1931年。

（新式标点）琵琶记　（元）高明著，何铭标点，新文化书社1931年，1933年。

（新式标点）燕子笺　（明）阮大铖著，大中书局标点，大中书局1931年，1933年。

（新式标点）燕子笺　（明）阮大铖著，陶乐勤重编，何铭标点，新文化书社1931年，1933年。

（新式标点）长生殿　（清）洪昇著，薛恨生标点，新文化书社1931年，1933年。

（新式标点）桃花扇　（清）孔尚任著，鲍赓生标点，新文化书社1931年。

散曲丛刊　任讷辑，中华书局1931年。

清人杂剧初集　郑振铎辑，长乐郑氏1931年。

永乐大典戏文三种　古今小品书籍印行会辑，古今小品书籍印行会1931年。

琵琶记（第七才子书）（通俗说部丛书）（元）高明著，（清）毛德音译，胡协寅校勘，广益书局1932年。

传真社三种曲　传真社辑，传真社1932年。

(新式标点)西厢记 启智书局1933年，大达图书局1934年，1936年，骈文研究社1940年。

西厢记曲文(辑雍熙乐府本) 黎锦熙、孙楷第编校，立达书局1933年。

牡丹亭(万有文库) (明)汤显祖著，商务印书馆1933年，1934年简编版。

(新式标点)长生殿 (清)洪昇著，大中书局重编，大中书局1933年。

侠女记传奇 (清)嘉平侠女著，青梅书店1933年。

桃花扇(万有文库) (清)孔尚任著，商务印书馆1933年，1934年，1938年。

红楼梦散套 (清)吴镐填词，田漱芳校阅，农商书局1933年。

(新式标点)元人曲论 (元)周德清著，任中敏按语，何铭标点，新文化书社1933年。

(新式标点)元人曲论 (元)周德清著，启智书局1933年。

宋元南戏百一录(燕京学报专号) 钱南扬著，哈佛燕京学社1934年。

古今名剧选 (元)秦简夫等著，吴梅校，国立北京大学出版组1934年。

中华戏曲选 孙俍工、孙怒潮编，中华书局1934年。

宋元戏文本事 赵景深编，北新书局1934年。

(新式标点)琵琶记 (元)高明著，朱益明标点，大达图书供应社1934年。

琵琶记 (元)高明原著，朱励公改编，大中书局1934年。

(新式标点)燕子笺 (明)阮大铖著，朱鉴标点，大达图书供应社1934年。

(新式标点)牡丹亭(一名：还魂记) (明)汤显祖著，纪兰香标点，大达图书供应社1934年，1935年。

长生殿 (清)洪昇著，王文英标点，周梦蝶校阅，大达图书供应社1934年，1935年。

(新式标点)桃花扇 (清)孔尚任著，朱益明标点，大达图书供应社1934年。

(新式标点)李笠翁曲话 (清)

李渔著，鲍赓生标点，新文化书社1934年，1935年。

杨升庵夫妇散曲 任讷辑，商务印书馆1934年，中华书局1940年。

清人杂剧二集 郑振铎辑，长乐郑氏1934年。

长乐郑氏汇印传奇第一集 郑振铎辑，长乐郑氏1934年。

元人小令集 陈乃乾编，开明书店1935年，中华书局上海编辑所1962年。

元人杂剧全集（中国文学珍本丛书） 卢冀野编，上海杂志公司1935至1936年。

元人杂剧辑逸 赵景深编，北新书局1935年。

天保九如（昇平署杂剧一）（戏曲研究社丛书） 戏曲研究社1935年。

西厢（名曲丛刊） （元）王实甫著，郭沫若改编，泰东图书局1935年。

西厢记（足本大字） （元）王实甫著，（清）金圣叹批，大众书局1935年。

（新式标点）牡丹亭（一名：还魂记） （明）汤显祖著，鲍赓生标点，新文化书社1935年。

六十种曲 （明）毛晋辑，开明书店1935年。

元明清曲选（国文精选丛书） 钱南扬编注，正中书局1936年，1946年。

吴骚集（中国文学珍本丛书）（明）王稚登编，阿英点校，贝叶山房1936年。

阳春白雪（万有文库） （元）杨朝英选辑，商务印书馆1936年，1939年简编版。

朝野新声太平乐府（万有文库）（元）杨朝英辑，商务印书馆1936年，1939年。

杂剧选 王玉章编，商务印书馆1936年。

元曲选 （明）臧懋循编，国学整理社1936年。

六十种曲 （明）毛晋编，开明书店1936年。

红雪楼逸稿 （清）蒋士铨著，卢冀野校订，中华书局1936年，1939年。

桃花扇注 （清）孔尚任著，梁启超注，中华书局1936年，1940年。

朝野新声太平乐府（四部丛刊）（元）杨朝英辑，商务印书馆1936年。

元曲选（四部备要）（明）臧懋循辑，中华书局1936年。

鹤月瑶笙（丛书集成初编）（明）周履靖撰，商务印书馆1937年。

曲谱（万有文库）（清）王奕清等编著，商务印书馆1937年。

明杂剧选（中学国文补充读本 新中学文库）卢冀野选注，商务印书馆1937年，1947年。

西厢记·琵琶记 （元）王实甫、高明著，国学整理社1937年。

董解元西厢（万有文库）（金）董解元著，（明）汤显祖评，商务印书馆1937年，1939年简编版，1940年。

（真本）西厢记（大字绘图） 陈眉公评注，时还书局1937年。

长生殿·桃花扇 （清）洪昇、孔尚任著，国学整理社1937年。

西厢记 大文书局1937年，古今出版社1943年。

西厢记注 （元）王实甫著，王毓骏注，文化学社1938年。

长生殿（国学基本丛书）（清）洪昇著，商务印书馆1938年，1939年。

顾曲杂言（丛书集成初编）（明）沈德符撰，商务印书馆1939年。

曲话（丛书集成初编）（清）李调元撰，商务印书馆1939年。

制曲十六观（丛书集成初编）（元）顾瑛撰，商务印书馆1939年。

剧说（国学基本丛书）（清）焦循撰，商务印书馆1939年。

元曲菁华（东方国民文库） 东方国民文库编辑委员会编，满日文化协会1939年。

（新式标点）情词（原名：瑶台片玉） （明）施绍莘原著，许啸天圈点，新华书局1939年。

缀白裘 （清）玩花主人选，钱德苍续选，汪协如校，中华书局1940年。

新曲苑 任讷辑，中华书局1940年。

孤本元明杂剧 涵芬楼辑，商务印书馆 1941 年。

曲选 卢冀野编选，任中敏校，国立编译馆 1944 年。

西厢记（古版足本） （元）王实甫著，川汉出版研究社编辑，川汉出版研究社 1944 年。

西厢五剧注 （元）王实甫原作，王季思校注，龙吟书屋 1944 年。

元曲三百首 任中敏编，卢冀野重订，中华书局 1945 年，1947 年。

（新编白话）西厢记 文学出版社 1946 年。

琵琶记 （元）高明著，世界书局 1947 年。

燕子笺 （明）阮大铖著，世界书局 1947 年。

牡丹亭 （明）汤显祖著，世界书局 1947 年。

金元曲 卢冀野编，1947 年。

西厢记笺证 （元）王实甫著，陈志宪编纂，中华书局 1948 年。

散曲选（中大国学丛著） 顾羡季编，中国大学 1949 年。

西厢记（集评校注） （元）王实甫著，王季思校注，开明书店 1949 年。

六才子西厢记 （元）王实甫撰，尚古山房 1953 年。

西厢记 （元）王实甫撰，锦章书局 1953 年。

西厢记 （元）王实甫撰，王季思校注，新文艺出版社 1954 年，古典文学出版社 1954 年，1957 年，上海古籍出版社 1978 年，1996 年，河北教育出版社 2007 年。

西厢记 （元）王实甫撰，吴晓铃校注，作家出版社 1954 年，人民文学出版社 1954 年，1995 年。

琵琶记 （明）高则诚撰，陈继儒评，文学古籍刊行社 1954 年。

牡丹亭 （明）汤显祖撰，文学古籍刊行社 1954 年。

桃花扇 （清）孔尚任撰，梁启超注，文学古籍刊行社 1954 年。

长生殿 （清）洪昇撰，人民文学出版社 1954 年。

远山堂明曲品剧品校录 （明）祁彪佳撰，黄裳校录，古典文学出版社

1955 年，1957 年。

一笑散 （明）李开先撰，叶枫校订，文学古籍刊行社 1955 年。

长生殿 （清）洪昇撰，文学古籍刊行社 1955 年。

元曲选 （明）臧懋循编，文学古籍刊行社 1955 年。

西厢记诸宫调 （金）董解元撰，侯岱麟校订，文学古籍刊行社 1955 年。

朝野新声太平乐府 （元）杨朝英辑，文学古籍刊行社 1955 年。

盛世新声 （明）无名氏撰，文学古籍刊行社 1955 年。

词林摘艳 （明）张禄辑，文学古籍刊行社 1955 年。

敦煌曲校录（中国戏曲理论丛书） 任二北校，上海文艺联合出版社 1955 年。

录鬼簿新校注 （元）钟嗣成、贾仲明撰，马廉校注，文学古籍刊行社 1955 年。

新刊奇妙全相注释西厢记 （元）王实甫撰，商务印书馆 1955 年。

乐府群珠 （明）无名氏辑，卢前校，商务印书馆 1955 年。

缀白裘 （清）玩花主人、钱德苍辑，汪协如点校，中华书局 1955 年，1957 年，2005 年。

宋元戏文辑佚 钱南扬辑，古典文学出版社 1956 年，中华书局 2009 年。

元人杂剧选（中国古典文学读本丛书） 顾肇仓（顾学颉）选注，人民文学出版社 1956 年，1998 年。

梁祝戏剧辑存 钱南扬辑录，古典文学出版社 1956 年。

大唐秦王词话 （明）诸圣邻撰，文学古籍刊行社 1956 年。

元人杂剧钩沉 赵景深辑，古典文学出版社 1956 年，中华书局上海编辑所 1959 年。

玉簪记（明清传奇丛刊） （明）高濂撰，黄裳校注，古典文学出版社 1956 年。

彩楼记（明清传奇丛刊） （明）无名氏撰，黄裳校注，古典文学出版社 1956 年，1958 年。

水浒戏曲集（第一集） 傅惜华

等编，古典文学出版社1957年，中华书局上海编辑所1962年。

新校九卷本阳春白雪 （元）杨朝英选，隋树森校订，中华书局1957年，1987年。

教坊记·北里志·青楼集（中国文学参考资料丛书）（唐）崔令钦等撰，古典文学出版社1957年。

古本董解元西厢记（善本丛书）（金）董解元撰，古典文学出版社1957年，上海古籍出版社1984年。

录鬼簿（外四种） （元）钟嗣成撰，古典文学出版社1957年。

剧说（中国文学参考资料丛书）（清）焦循撰，古典文学出版社1957年。

牡丹亭 （明）汤显祖撰，徐朔方、杨笑梅校注，古典文学出版社1958年，中华书局上海编辑所1959年，上海古籍出版社1978年。

新定十二律昆腔谱 （清）王正祥编纂，古典文学出版社1958年。

水浒戏曲集（第二集） 傅惜华等编，古典文学出版社1958年。

元曲选 （明）臧懋循编，中华书局1958年，1996年。

琵琶记 （元）高明撰，中华书局1958年。

朝野新声太平乐府 （元）杨朝英辑，隋树森校订，中华书局1958年，1987年。

梨园按试乐府新声 （元）无名氏选辑，隋树森校订，中华书局1958年，1987年。

刘知远诸宫调 （金）无名氏撰，文物出版社1958年。

长生殿（中国古典文学读本丛书 大学生必读）（清）洪昇撰，徐朔方校注，人民文学出版社1958年，1983年，1997年，2002年。

大戏剧家关汉卿杰作集 （元）关汉卿撰，吴晓铃等注释，中国戏剧出版社1958年。

关汉卿戏曲集 （元）关汉卿撰，吴晓铃等编校，中国戏剧出版社1958年。

窦娥冤 （元）关汉卿等撰，人民文学出版社1958年。

桃花扇（中国古典文学读本丛书）（清）孔尚任撰，王季思、苏寰中陈德平合注，人民文学出版社 1959 年，1980 年。

李笠翁曲话 （清）李渔撰，戏剧研究编辑部整理，中国戏剧出版社 1959 年，1962 年。

元曲选外编 隋树森编，中华书局 1959 年，1996 年。

录鬼簿（外四种） （元）钟嗣成等撰，中华书局上海编辑所 1959 年，上海古籍出版社 1978 年。

教坊记·北里志·青楼集 （唐）崔令钦、孙棨，（元）夏伯和撰，中华书局上海编辑所 1959 年。

南北宫词纪 （明）陈所闻编，赵景深校订，中华书局上海编辑所 1959 年。

夹竹桃顶针千家诗山歌（明清民歌时调丛书）（明）浮白主人述，赵景深整理，中华书局上海编辑所 1959 年。

霓裳续谱（明清民歌时调丛书）（清）王廷绍撰，赵景深整理，中华书局上海编辑所 1959 年。

白雪遗音（明清民歌时调丛书）（清）华广生编，赵景深整理，中华书局上海编辑所 1959 年。

东郭记（明清传奇丛刊）（明）孙仁孺撰，中华书局上海编辑所编辑，中华书局上海编辑所 1959 年。

荆钗记（明清传奇丛刊）（元）柯丹邱撰，中山大学中文系五五级明清传奇校勘小组整理，中华书局上海编辑所 1959 年，1960 年。

白兔记（明清传奇丛刊）（明）无名氏撰，中山大学中文系五五级明清传奇校勘小组整理，中华书局上海编辑所 1959 年。

幽闺记（明清传奇丛刊）（元）施惠撰，中山大学中文系五五级明清传奇校勘小组整理，中华书局上海编辑所 1959 年。

精忠记 （明）姚茂良撰，中山大学中文系五五级明清传奇校勘小组整理，中华书局 1959 年。

浣纱记（明清传奇丛刊）（明）梁辰鱼撰，中山大学中文系五五级明清传奇校勘小组整理，中华书局上海编辑所 1959 年。

玉簪记 （明）高濂撰，中山大学中文系五六级明清传奇校勘小组整理，中华书局上海编辑所 1959 年。

鸣凤记（明清传奇丛刊）（明）王

世贞撰，中山大学中文系五五级明清传奇校勘小组整理，中华书局上海编辑所 1959 年。

清忠谱（明清传奇丛刊）（清）李玉撰，中山大学中文系五五级明清传奇校勘小组整理，中华书局上海编辑所 1959 年。

彩楼记（明清传奇丛刊）（明）无名氏撰，中山大学中文系五六级明清传奇校勘小组整理，中华书局上海编辑所 1960 年。

南柯记 （明）汤显祖撰，中山大学中文系五六级明清传奇校勘小组整理，中华书局上海编辑所 1960 年。

杀狗记（明清传奇丛刊）（明）徐畛撰，中山大学中文系五五级明清传奇校勘小组整理，中华书局上海编辑所 1960 年。

邯郸记（明清传奇丛刊）（明）汤显祖撰，中山大学中文系五六级明清传奇校勘小组整理，中华书局上海编辑所 1960 年。

琵琶记 （明）高明撰，钱南扬校注，中华书局上海编辑所 1960 年。

天一阁蓝格本正续录鬼簿 （元）钟嗣成撰，中华书局上海编辑所 1960 年。

暖红室刻西厢记 （元）王实甫撰，梦凤楼暖红室校订，江苏人民出版社 1960 年。

明何璧校本北西厢记 （元）王实甫，（明）何璧校订，上海古籍书店 1961 年。

南北宫词纪校补 （明）陈所闻编，吴晓铃校订，中华书局上海编辑所 1961 年。

挂枝儿（明清民歌时调丛书）（明）冯梦龙编，关德栋整理，中华书局上海编辑所 1962 年。

山歌（明清民歌时调丛书）（明）冯梦龙编，关德栋整理，中华书局上海编辑所 1962 年。

教坊记笺订 （唐）崔令钦撰，任半塘笺订，中华书局 1962 年，中华书局上海编辑所 1962 年。

西厢记（中国古典文学读本丛书 世界文学名著文库 大学生必读 中国古典四大名剧）（元）王实甫撰，张燕瑾校注，人民文学出版社 1962 年，1994 年，1995 年，2005 年。

董解元西厢记 （金）董解元撰，凌景埏校注，人民文学出版社1962年，1978年。

明嘉靖本董解元西厢记 （金）董解元撰，中华书局上海编辑所编，中华书局上海编辑所1963年。

槃薖硕人增改定本西厢记 （元）王德信撰，（明）槃薖硕人改定，中华书局上海编辑所编，中华书局上海编辑所1963年。

吟风阁杂剧 （清）杨潮观撰，胡士莹校注，中华书局上海编辑所1963年。

牡丹亭（中国古典文学读本丛书 中国古典四大名剧）（明）汤显祖撰，徐朔方、杨笑梅校注，朱林插图，人民文学出版社1963年，2002年。

南音三籁 （明）即空观主人评订，上海古籍书店1963年。

全元散曲 隋树森编，中华书局1964年，1989年。

＊**元明散曲** 顾佛影选注，香港今代图书公司1969年。

遏云阁曲谱 （清）王锡纯辑，中华书局1973年。

汤显祖戏曲集（中国古典文学丛书）（明）汤显祖撰，钱南扬点校，上海古籍出版社1978年，1982年。

红楼梦戏曲集 阿英编，中华书局1978年。

增图校正桃花扇 （清）孔尚任撰，江苏广陵古籍刻印社1979年。

碧山乐府 （明）王九思撰，江苏广陵古籍刻印社1979年，1986年。

芳茹园乐府 （明）赵南星撰，江苏广陵古籍刻印社1979年，1980年。

永乐大典戏文三种校注 钱南扬校注，中华书局1979年。

元本琵琶记校注 （元）高明撰，钱南扬校注，上海古籍出版社1980年。

西厢记新注 （元）王实甫撰，张燕瑾、弥松颐校注，江西人民出版社1980年。

李笠翁曲话 （清）李渔撰，陈多注释，湖南人民出版社1980年。

伯虎杂曲等三种 （明）唐寅、吴承恩、朱让栩撰，江苏广陵古籍刻印社 1980 年。

饮虹簃所刻曲 （清）卢前撰，江苏广陵古籍刻印社 1980 年。

浒东乐府 （明）康海撰，江苏广陵古籍刻印社 1980 年，1997 年。

杨升庵夫妇散曲三种 （明）杨慎、黄峨撰，江苏广陵古籍刻印社 1980 年。

南柯梦记 （明）汤显祖撰，钱南扬校注，人民文学出版社 1981 年。

紫钗记 （明）汤显祖撰，胡士莹校注，人民文学出版社 1982 年。

清忠谱（中国古典戏曲丛书）（清）李玉撰，张清华校注，中州书画社 1982 年。

再生缘（中国古典讲唱文学丛书）（清）陈端生撰，赵景深主编，刘崇义编校，中州书画社 1982 年。

类聚名贤乐府群玉 （元）无名氏选辑，隋树森校订，上海古籍出版社 1982 年。

贾凫西木皮词校注（齐鲁文丛）（清）贾凫西撰，关德栋、周中明校注，齐鲁书社 1982 年。

乐府传声译注（古典戏曲论著译注丛书） （清）徐大椿撰，吴同宾、李光译，中国戏剧出版社 1982 年。

西厢记诸宫调注译 （金）董解元撰，朱平楚注译，甘肃人民出版社 1982 年。

十五贯校注（古代戏曲丛书）（清）朱素臣撰，张燕瑾、弥松颐校注，上海古籍出版社 1983 年。

王骥德曲律 （明）王骥德撰，陈多、叶长海注译，湖南人民出版社 1983 年。

西厢记通俗注释 （元）王实甫撰，祝肇年、蔡运长注释，云南人民出版社 1983 年。

聊斋志异戏曲集 关德栋、车锡伦编，上海古籍出版社 1984 年。

李笠翁喜剧选 （清）李渔撰，黄天骥、欧阳光选注，岳麓书社 1984 年。

天雨花（中国古典讲唱文学丛书）（清）陶贞怀撰，李平编校，中州古籍出版社 1984 年。

笔生花（中国古典讲唱文学丛书）（清）邱心如撰，江巨荣点校，赵景深主编，中州古籍出版社 1984 年。

董解元西厢记 （明）杨慎点定，黄嘉惠校阅，齐鲁书社 1984 年。

白朴戏曲集校注 （元）白朴撰，王文才校注，人民文学出版社 1984 年。

四声猿（附《歌代啸》）（古代戏曲丛书）（明）徐渭撰，周中明校注，上海古籍出版社 1984 年。

中国戏曲选（中国古典文学读本丛书） 王起主编，王起、苏寰中、黄天骥、吴国钦选注，人民文学出版社 1985 年，1998 年。

水浒戏曲集 傅惜华编，上海古籍出版社 1985 年。

金钗记 佚名撰，刘念兹校注，广东人民出版社 1985 年。

明抄六卷本阳春白雪 （元）杨朝英选集，辽沈书社 1985 年。

南词新谱 词隐先生编著，鞠通生重定，中国书店 1985 年。

红梅记（古代戏曲丛书）（明）周朝俊撰，王星琦校注，上海古籍出版社 1985 年。

绿牡丹（古代戏曲丛书）（明）吴炳撰，罗斯宁校注，上海古籍出版社 1985 年。

明本潮州戏文五种 广东人民出版社编，广东人民出版社 1985 年，2007 年。

燕子笺（古代戏曲丛书）（明）阮大铖撰，刘一禾注，张安全校，上海古籍出版社 1986 年。

风筝误（古代戏曲丛书）（清）李渔撰，湛伟恩校注，上海古籍出版社 1986 年。

金圣叹批本西厢记 （元）王实甫等撰，（清）金圣叹批改，张国光校注，上海古籍出版社 1986 年。

贯华堂第六才子西厢记（金圣叹全集选刊之一）（清）金圣叹批评，曹方人、周锡山标点，江苏古籍出版社 1986 年。

贯华堂第六才子书西厢记 （清）金圣叹批评，傅晓航点校，甘肃人民出版社 1986 年。

小忽雷传奇 （清）孔尚任、顾彩撰，王毅校注，中州古籍出版社 1986 年。

大唐秦王词话（中国古典讲唱文学丛书 中国十大历史演义小说）（明）诸圣邻撰，杜维沫点校，中州古籍出版社 1986 年，辽沈书社 1996 年。

十粒金丹（中国古典讲唱文学丛书）（清）佚名撰，郑荣、袁健点校，中州古籍出版社 1986 年。

凤双飞（前传）（中国古典讲唱文学丛书）（清）程惠英撰，江林点校，中州古籍出版社 1986 年。

凤双飞（后传）（中国古典讲唱文学丛书）（清）程惠英撰，江林点校，中州古籍出版社 1986 年。

三国志玉玺传（中国古典讲唱文学丛书）佚名撰，童吉永等点校，中州古籍出版社 1986 年。

龙沙剑传奇 （清）程煐撰，唐家祚、何凤奇注，黑龙江人民出版社 1986 年。

天宝遗事诸宫调 （元）王伯成撰，朱喜辑，天津古籍出版社 1986 年。

太霞新奏（冯梦龙丛书）（明）冯梦龙编纂，海峡文艺出版社 1986 年。

再生缘 （清）陈端生撰，孙菊园点校，湖南文艺出版社 1986 年。

集评校注西厢记 （元）王实甫撰，王季思校注，张人和集评，上海古籍出版社 1987 年。

古柏堂戏曲集 （清）唐英撰，周育德点校，上海古籍出版社 1987 年。

明清民歌时调集 （明）冯梦龙编，（清）王廷绍、华广生编述，上海古籍出版社 1987 年，1999 年。

第六才子书西厢记 （元）王实甫撰，（清）金圣叹评，傅开沛、袁玉琪点校，中州古籍出版社 1987 年。

珍珠塔（中国古典讲唱文学丛书）（清）佚名撰，黄强点校，中州古籍出版社 1987 年。

金诸宫调 朱平楚辑录点校，甘肃人民出版社 1987 年。

西厢汇编 霍松林编，山东文艺出版社 1987 年。

燕子笺 （明）百子山樵撰，延沛整理，黑龙江人民出版社 1987 年。

金锁鸳鸯珊瑚扇 （清）钟璧苍校订，薛汕整理，群益堂 1987 年。

阳春白雪（国学基本丛书选印）（元）杨朝英编，上海书店 1987 年。

诸宫调两种 凌景埏、谢伯阳校

注，齐鲁书社 1988 年。

小忽雷传奇 （清）孔尚任、顾彩撰，戴胜兰、徐振贵校注，齐鲁书社 1988 年。

云庄休居自适小乐府笺 （元）张养浩撰，王佩增笺，齐鲁书社 1988 年。

关汉卿全集（世界文化名人）（元）关汉卿撰，吴国钦校注，广东高等教育出版社 1988 年。

关汉卿全集校注 （元）关汉卿撰，王学奇等校注，河北教育出版社 1988 年。

无名氏杂剧选 张纯道选注，安徽文艺出版社 1988 年。

梅花缘（贵州古籍集粹）（清）任璇撰，黄永堂注，贵州人民出版社 1988 年。

十粒金丹 （清）寄鸥室主人刊，陈家熔点校整理，群益堂出版社 1988 年。

潘之恒曲话（古典戏曲论著译注丛书）（明）潘之恒撰，汪效倚辑注，中国戏剧出版社 1988 年。

李笠翁曲话译注 （清）李渔撰，李德原译注，天津古籍出版社 1988 年。

元明清散曲选（中国古典文学读本丛书） 王起主编，洪柏昭、谢伯阳选注，人民文学出版社 1988 年，1998 年。

娇红记（古代戏曲丛书）（明）孟称舜撰，欧阳光注，上海古籍出版社 1988 年。

冬青树（古代戏曲丛书）（清）蒋士铨撰，邵海清校注，上海古籍出版社 1988 年。

宋元四大戏文读本 俞为民校注，江苏古籍出版社 1988 年。

薛昂夫赵善庆散曲集（元明散曲集刊）（元）薛昂夫、赵善庆撰，陆邦枢、林致大校注，上海古籍出版社 1988 年。

双忠记·高文举珍珠记（明清传奇选刊）（明）姚茂良撰，王锳点校；（明）佚名撰，吴书荫点校，中华书局 1988 年。

连环记·金印记（明清传奇选刊）（明）王济撰，张树英点校，（明）佚名撰，孙崇涛点校，中华书局 1988 年。

红梨记·西楼记（明清传奇选刊）（明）徐复祚撰，姜智点校，（清）袁于令撰，李复波点校，中华书局1988年。

燕子笺·翡翠园（明清传奇选刊）（明）阮大铖撰，蔡毅点校，（清）朱素臣撰，王永宽点校，中华书局1988年。

党人碑·琥珀匙（明清传奇选刊）（清）邱园撰，张树英点校，（清）叶稚斐撰，吴书荫点校，中华书局1988年。

中国四大古典名剧（两宋名家词选注丛书）（元）王实甫等撰，佐荣、宇文昭点校，浙江古籍出版社1989年，1998年。

焚香记·偷甲记（明清传奇选刊）（明）王玉峰撰，吴书荫点校，（清）秋堂和尚撰，张树英点校，中华书局1989年。

千忠录·未央天（明清传奇选刊）（清）徐子超撰，周妙中点校，（清）朱㿥撰，王永宽点校，中华书局1989年。

刘知远诸宫调校注（金）佚名撰，蓝立蓂校注，巴蜀书社1989年。

西厢记集解 傅晓航编辑点校，甘肃人民出版社1989年。

描金凤（中国古典讲唱文学丛书）（清）佚名撰，彭飞点校，中州古籍出版社1989年。

南词叙录注释（古典戏曲论著译注丛书）（明）徐渭撰，李复波、熊澄宇注释，中国戏剧出版社1989年。

一捧雪（古代戏曲丛书）（清）李玉撰，欧阳代发校注，上海古籍出版社1989年。

临川梦（古代戏曲丛书）（清）蒋士铨撰，邵海清校注，上海古籍出版社1989年。

关汉卿白朴郑光祖散曲（散曲聚珍）（元）关汉卿、白朴、郑光祖撰，贺圣遂、林致大点校，上海古籍出版社1989年。

卢挚姚燧冯子振王恽散曲（散曲聚珍）（元）卢挚等撰，陈长明点校，上海古籍出版社1989年。

刘时中薛昂夫散曲（散曲聚珍）（元）刘时中、薛昂夫撰，周锡山点校，上海古籍出版社1989年。

东篱乐府（散曲聚珍）（元）马致

远撰，邓长风点校，上海古籍出版社 1989 年。

云庄乐府（散曲聚珍）（元）张养浩撰，冯裳点校，上海古籍出版社 1989 年。

小山乐府（散曲聚珍）（元）张可久撰，王维堤点校，上海古籍出版社 1989 年。

梦符散曲（散曲聚珍）（元）乔吉撰，申孟点校，上海古籍出版社 1989 年。

酸甜乐府（散曲聚珍）（元）贯云石、徐再思撰，陈稼禾点校，上海古籍出版社 1989 年。

诚斋乐府（散曲聚珍）（明）朱有燉撰，翁敏华点校，上海古籍出版社 1989 年。

碧山乐府（散曲聚珍）（明）王九思撰，沈广仁点校，上海古籍出版社 1989 年。

王西楼乐府（散曲聚珍）（明）王磐撰，李庆点校，上海古籍出版社 1989 年。

沜东乐府（散曲聚珍）（明）康海撰，周永瑞点校，上海古籍出版社 1989 年。

杨升庵夫妇散曲（散曲聚珍）（明）杨慎、黄峨撰，金毅点校，上海古籍出版社 1989 年。

陈铎散曲（散曲聚珍）（明）陈铎撰，杨权长点校，上海古籍出版社 1989 年。

萧爽斋乐府（散曲聚珍）（明）金銮撰，骆玉明点校，上海古籍出版社 1989 年。

海浮山堂词稿（散曲聚珍）（明）冯惟敏撰，汪贤度点校，上海古籍出版社 1989 年。

江东白苎（散曲聚珍）（明）梁辰鱼撰，彭飞点校，上海古籍出版社 1989 年。

鹤月瑶笙（散曲聚珍）（明）周履靖撰，甘林点校，上海古籍出版社 1989 年。

鞠通乐府（散曲聚珍）（明）沈自晋撰，李宗为点校，上海古籍出版社 1989 年。

秋水庵花影集（散曲聚珍）（明）施绍莘撰，来云点校，上海古籍出版社 1989 年。

全元散曲选释　李长路编注，张巨才协注，书目文献出版社 1989 年。

马致远散曲校注 （元）马致远撰，刘益国校注，书目文献出版社1989年。

关汉卿散曲集（元明散曲集刊）（元）关汉卿撰，李汉秋、周维培校注，上海古籍出版社1990年。

甜斋乐府（元明散曲集刊）（元）徐再思撰，俞忠鑫校注，上海古籍出版社1990年。

三笑新编（古代戏曲丛书）（清）吴毓昌撰，曹中孚整理，上海古籍出版社1990年。

再造天（新编野史传奇丛书）（清）侯芝撰，黑龙江人民出版社1990年。

东篱乐府全集 （元）马致远撰，瞿钧编注，天津古籍出版社1990年。

敦煌变文选注 项楚著，巴蜀书社1990年，中华书局2006年增订本。

清忠谱 （清）李玉撰，王毅校注，人民文学出版社1990年，1996年。

青楼集笺注 （元）夏庭芝撰，孙崇涛、徐宏图笺注，中国戏剧出版社1990年。

新编录鬼簿 （元）钟嗣成撰，江苏广陵古籍刻印社1990年。

曲品校注 （明）吕天成撰，吴书荫校注，中华书局1990年，1994年。

曲谱 （清）王奕清等编撰，中国书店1990年。

沧桑艳 （清）丁传靖撰，陈生玺笺释，中州古籍出版社1991年。

清都散客二种 （明）赵南星撰，卢冀野校订，中州古籍出版社1991年。

校订录鬼簿三种（中州文献丛书）（元）钟嗣成撰，王钢校订，中州古籍出版社1991年。

古本戏曲西游记（校点注释本） 山东省艺术研究所、淄博市文化局校注，山东文艺出版社1991年。

杀狗记（古代戏曲丛书）（明）徐㽔撰，上海古籍出版社1992年。

挂枝儿山歌 （明）冯梦龙编纂，关德栋选注，济南出版社1992年。

笠翁对韵笺注 （清）李渔撰，滑淑荣注，北京工业大学出版社1992年。

封神榜（车王府曲本） 苏寰中、郭精锐编，陈伟武点校，人民文学出版社 1992 年，1998 年。

西厢记（中国古代名著普及丛书）（元）王实甫撰，张雪静校注，山西人民出版社 1992 年。

石君宝戏曲集（三晋古籍丛书）（元）石君宝撰，黄竹三校注，山西人民出版社 1992 年。

李寿卿 狄君厚集 （元）李寿卿、狄君厚撰，景李虎校注，山西人民出版社 1992 年。

关汉卿杂剧选译（古代文史名著选译丛书）（元）关汉卿撰，黄仕忠译注，巴蜀书社 1992 年。

海外孤本晚明戏剧选集三种 ［俄］李福清、李平编，上海古籍出版社 1992 年。

李行道孔文卿罗贯中集（三晋古籍丛书）（元）李行道等撰，延保全校注，山西人民出版社 1993 年。

刘知远诸宫调校注 佚名撰，廖珣英校注，中华书局 1993 年。

蒋士铨戏曲集 （清）蒋士铨撰，周妙中点校，中华书局 1993 年。

马致远集 （元）马致远撰，萧善因等点校，山西古籍出版社 1993 年。

绘图西厢记 （元）王实甫撰，（清）金圣叹评，北京师范大学出版社 1993 年。

挂枝儿 山歌（冯梦龙全集）（明）冯梦龙编述，上海古籍出版社 1993 年。

太霞新奏（冯梦龙全集）（明）冯梦龙评选，上海古籍出版社 1993 年。

挂枝儿山歌折梅笺等五种（冯梦龙全集）（明）冯梦龙撰，陆国斌点校，江苏古籍出版社 1993 年。

太霞新奏（冯梦龙全集）（明）冯梦龙评选，俞为民点校，江苏古籍出版社 1993 年。

清车王府钞藏曲本子弟书集 刘烈茂、郭精锐主编，江苏古籍出版社 1993 年。

西厢记 （元）王实甫撰，王晓一改编，陕西人民出版社 1994 年。

中国四大名剧 （元）王实甫等撰，中州古籍出版社 1994 年。

浣纱记校注 （明）梁辰鱼撰，张忱石、钟文、刘尚荣、楼志伟校注，中华书局1994年。

张凤翼戏曲集 （明）张凤翼撰，隋树森、秦学人、侯作卿点校，中华书局1994年。

青楼韵语（中国古代版画丛刊二编）（明）张梦徵汇选，朱元亮辑注，上海古籍出版社1994年。

元曲选图（中国古代版画丛刊二编）（明）臧懋循编，上海古籍出版社1994年。

传奇汇考 佚名撰，书目文献出版社1994年。

情经 （明）冯梦龙、（清）华广生等辑，花子金编著，广州出版社1995年。

古本戏曲十大名著版画全编 首都图书馆编辑，线装书局1995年。

关汉卿集 （元）关汉卿撰，马欣来辑校，山西人民出版社1996年。

西厢记注析 （元）王实甫撰，韩登庸注，内蒙古大学出版社1996年。

陌花轩杂剧 （明）黄方胤撰，中国书店1996年。

鸾镵记·醉菩提（明清传奇选刊）（明）叶宪祖撰，魏奕祉点校，（清）张大复撰，周巩平点校，中华书局1996年。

全元曲（中华传世精品珍藏文库）张月中、王钢主编，中州古籍出版社1996年。

牡丹亭（中国名剧系列）（明）汤显祖撰，（明）王思任、（清）王文治评点，张秀芬校，花山文艺出版社1997年。

长生殿（中国名剧系列）（清）洪昇撰，吴仪一评点，阎福玲校，花山文艺出版社1997年。

西厢记（中国名剧系列）（元）王实甫撰，（清）金圣叹评点，林岩校，花山文艺出版社1997年。

桃花扇（中国名剧系列）（清）孔尚任撰，迟崇起校，花山文艺出版社1997年。

长生殿（新世纪万有文库）（清）洪昇撰，任少东点校，辽宁教育出版社1997年。

西厢记（新世纪万有文库）（元）王实甫撰，吴书荫点校，辽宁教育出版社 1997 年。

牡丹亭（新世纪万有文库）（明）汤显祖撰，吴书荫点校，辽宁教育出版社 1997 年。

桃花扇（新世纪万有文库）（清）孔尚任撰，吴书荫点校，辽宁教育出版社 1997 年。

西厢记 （元）王实甫撰，李小强、王小忠注释，中国文联出版社 1997 年。

长生殿（小说本）（中国古典戏曲名著珍藏本）（清）洪昇撰，常万生编写，吉林文史出版社 1997 年。

桃花扇（中国古典戏曲名著珍藏本）（清）孔尚任撰，江荫香编著，吉林文史出版社 1997 年。

桃花扇（世界文学名著文库）（清）孔尚任撰，王季思等注，人民文学出版社 1997 年。

再生缘（古典通俗小说文库）（清）陈端生撰，佚名改编，喻岳衡校补，岳麓书社 1997 年。

清车王府曲本粹编 本书编委会编，北京古籍出版社 1997 年。

西厢记 （元）王实甫撰，逸文改写，华龄出版社 1997 年。

古本戏曲版画图录 金沛霖主编，首都图书馆编，学苑出版社 1997 年。

新定九宫大成南北词宫谱校译 刘崇德校译，天津古籍出版社 1998 年。

元曲选（新编小四库）（明）臧懋循编，浙江古籍出版社 1998 年。

孤本明传奇《盐梅记》 （明）青山高士撰，北京图书馆出版社 1998 年。

历代散曲汇纂（新编小四库）（元）杨朝英等选编，浙江古籍出版社 1998 年。

窦娥冤（百部中国古典名著）（元）关汉卿撰，黄征、卫理校注，浙江古籍出版社 1998 年。

西厢记（百部中国古典名著）（元）王实甫撰，邵海清校注，浙江古籍出版社 1998 年。

牡丹亭（百部中国古典名著）（明）汤显祖撰，吟溪校注，浙江古籍出版社 1998 年。

长生殿（百部中国古典名著）

（清）洪昇撰，俞为民注释，浙江古籍出版社 1998 年。

桃花扇（百部中国古典名著）（清）孔尚任撰，楼含松等校注，浙江古籍出版社 1998 年。

五大南戏（古典名著普及文库）（元）柯丹丘等撰，张桂喜点校，岳麓书社 1998 年。

长生殿笺注（清）洪昇撰，［日］竹村则行、康保成笺注，中州古籍出版社 1999 年。

西厢记（中国古代戏曲经典丛书）（元）王实甫撰，周巩平注，华夏出版社 2000 年。

琵琶记（中国古代戏曲经典丛书）（明）高明撰，蔡运长注，华夏出版社 2000 年。

牡丹亭（中国古代戏曲经典丛书）（明）汤显祖撰，李娜等注，华夏出版社 2000 年。

娇红记（中国古代戏曲经典丛书）（明）孟称舜撰，卓连营注，华夏出版社 2000 年。

长生殿（中国古代戏曲经典丛书）（清）洪昇撰，詹怡萍注，华夏出版社 2000 年。

桃花扇（中国古代戏曲经典丛书）（清）孔尚任撰，吕雅贤、陈平注，华夏出版社 2000 年。

雷峰塔（中国古代戏曲经典丛书）（清）方成培撰，李玫注，华夏出版社 2000 年。

明珠记·南西厢记（明清传奇选刊）（明）陆采、李日华撰，张树英点校，中华书局 2000 年。

断发记·金丸记（明清传奇选刊）（明）李开先撰，卜键点校，（明）佚名撰，王瑛点校，中华书局 2000 年。

醉乡记·金锁记（明清传奇选刊）（明）孙钟龄撰，张树英点校，（明）袁于令撰，李复波点校，中华书局 2000 年。

挂枝儿（明）冯梦龙撰，江苏古籍出版社 2000 年。

山歌（明）冯梦龙撰，江苏古籍出版社 2000 年。

康熙曲谱（清）王奕清等撰，岳麓书社 2000 年。

中国古代戏曲版画集 周心慧撰集，学苑出版社 2000 年。

琵琶记（中华再造善本试制）（元）高明撰，北京图书馆出版社2001年，2007年。

赵氏孤儿·中国孤儿 （元）纪君祥、[法]伏尔泰撰，中国国家图书馆编，北京图书馆出版社2001年。

潮州歌册卷（稀见旧版曲艺曲本丛刊） 北京图书馆出版社编，北京图书馆出版社2002年。

桃花扇 （清）孔尚任撰，王季思、苏寰中、杨德平合注，人民文学出版社2002年。

中国古典四大名剧 （元）王实甫等著，中国华侨出版社2002年。

吴姬百媚（中华再造善本续编试制） 佚名撰，北京图书馆出版社2002年。

风筝误传奇（中华再造善本续编试制） （清）李渔撰，北京图书馆出版社2002年。

秣陵春传奇（中华再造善本续编试制） （清）吴伟业撰，北京图书馆出版社2002年。

曲波园传奇（中华再造善本续编试制） （清）徐士俊撰，北京图书馆出版社2002年。

秦楼月（中华再造善本续编试制） （清）朱㿥撰，北京图书馆出版社2002年。

关汉卿戏曲选评（新世纪古典文学经典读本） 翁敏华撰，上海古籍出版社2002年。

《西厢记》选评（新世纪古典文学经典读本） 李梦生撰，上海古籍出版社2002年。

《牡丹亭》选评（新世纪古典文学经典读本） 赵山林撰，上海古籍出版社2002年。

琵琶记版画图录 本社编，广陵书社2003年。

一笠庵新编占花魁传奇（中华再造善本续编试制） （清）李玉撰，北京图书馆出版社2003年。

新校注古本西厢记（中华再造善本续编试制） （元）王德信撰，（明）马骥德校注，北京图书馆出版社2004年。

元曲一百五十首（汉英对照古典名著丛书） 辜正坤编译，北京大学出版社2004年。

关汉卿杂剧选（大中华文库） （元）关汉卿著，杨宪益、戴乃迭译，外文出版社 2004 年。

长生殿（大中华文库）（清）洪昇著，杨宪益、戴乃迭译，外文出版社 2004 年。

汉英对照元曲三百首 许渊冲译，高等教育出版社 2004 年。

《笠翁曲话》拔萃论释 董每戡著，广东高等教育出版社 2004 年。

古典剧曲鉴赏辞典 吕薇芬等主编，湖北辞书出版社 2004 年。

名家品诗坊·元曲（文学鉴赏辞典精品集萃） 隋树森等撰，上海辞书出版社 2004 年。

元散曲百首（传世经典袖珍本文库） 宛新彬评注，安徽文艺出版社 2004 年。

千古散曲（中华千古诗文丛书） 宛新彬选注，安徽文艺出版社 2004 年。

万家散曲（中华万家书） 张志江、江健、张强编著，中国社会出版社 2004 年。

万家戏剧（中华万家书） 张志江、江健、张强编著，中国社会出版社 2004 年。

王季思推荐古代戏曲（大家推荐大家读丛书） 王小雷注释，广陵书社 2004 年。

桃花扇·琵琶记·窦娥冤（中学语文新课标文化艺术阅读丛书）（元）关汉卿等著，文化艺术出版社 2004 年。

西厢记（绘图四大古典爱情悲喜剧）（元）王实甫著，齐鲁书社 2004 年。

牡丹亭（绘图四大古典爱情悲喜剧）（明）汤显祖著，齐鲁书社 2004 年。

长生殿（绘图四大古典爱情悲喜剧）（清）洪昇著，齐鲁书社 2004 年。

桃花扇（绘图四大古典爱情悲喜剧）（清）孔尚任著，齐鲁书社 2004 年。

西厢记（电影伴读中国文学文库）（元）王实甫著，中国青年出版社 2004 年。

西厢记（语文新课标必读丛书）（元）王实甫著，孟庆茹评注，上海人民美术出版社 2004 年。

汤显祖《邯郸梦记》校注 （明）

汤显祖著，吴秀华校注，河北教育出版社 2004 年。

长生殿（比较文学与世界文学书系）（清）洪昇著，贺淯滨译，中央编译出版社 2004 年。

惊鸿记　盐梅记（明清传奇选刊）（明）佚名撰，康保成点校，中华书局 2004 年。

李玉戏曲集（中国古典文学丛书）（清）李玉著，陈古虞、陈多、马圣贵点校，上海古籍出版社 2004 年。

《长生殿》选评（新世纪古典文学经典读本）（清）洪昇著，谭帆、杨坤撰，上海古籍出版社 2004 年。

《桃花扇》选评（新世纪古典文学经典读本）（清）孔尚任著，翁敏华撰，上海古籍出版社 2004 年。

邯郸梦记校注　（明）汤显祖著，李晓、［日］金文京校注，上海古籍出版社 2004 年。

刘知远诸宫调（中华再造善本）　佚名撰，北京图书馆出版社 2005 年。

朝野新声太平乐府（中华再造善本）（元）杨朝英辑，北京图书馆出版社 2005 年。

古今杂剧（中华再造善本）　佚名撰，北京图书馆出版社 2005 年。

梨园按试乐府新声（中华再造善本）　佚名撰，北京图书馆出版社 2005 年。

元曲三百首（经典必读文库）　宛新彬编著，安徽文艺出版社 2005 年。

元曲三百首注评　任中敏、卢前选编，王星琦注评，凤凰出版社 2005 年。

牡丹亭（中国家庭基本藏书·戏曲小说卷）（明）汤显祖著，黄竹三评注，山西古籍出版社 2005 年。

桃花扇（中国家庭基本藏书·戏曲小说卷）（清）洪昇著，贾炳文、任爱玲评注，山西古籍出版社 2005 年。

长生殿（中国家庭基本藏书·戏曲小说卷）（清）洪昇著，孙安邦、蓓蕾评注，山西古籍出版社 2005 年。

西厢记（中国家庭基本藏书·戏曲小说卷）（元）王实甫著，何乔锁、白松青评注，山西古籍出版社 2005 年。

元杂剧精选（中国家庭基本藏书·戏曲小说卷）（元）关汉卿著，王云绮、王茵评注，山西古籍出版社 2005 年。

元曲三百首译析（双色绘图诗词三百首系列） 李淼编著，吉林文史出版社 2005 年。

元曲精选（中国传统文化经典：青少版） 鹏羽主编，天津人民美术出版社 2005 年。

窦娥冤（中外传世名剧·中国卷） （元）关汉卿著，李立等改编，张原等校注整理，中国少年儿童出版社 2005 年。

西厢记（中外传世名剧·中国卷） （元）王实甫著，王嵘等改编，苗洪等校注整理，中国少年儿童出版社 2005 年。

鸣凤记（中外传世名剧·中国卷） （明）佚名著，张林等改编，丁波等校注整理，中国少年儿童出版社 2005 年。

牡丹亭（中外传世名剧·中国卷） （明）汤显祖著，金凡等改编，苗洪校注整理，中国少年儿童出版社 2005 年。

元曲精粹解读（中学生文化素质提高丛书） 张燕瑾编著，中华书局 2005 年。

冯梦龙民歌集三种注解 （明）冯梦龙编纂，刘瑞明注解，中华书局 2005 年。

元曲三百首（双色图文传世经典） 王育龙选注，安徽人民出版社 2005 年。

皖人戏曲选刊·郑之珍卷：新编目连救母劝善戏文（安徽古籍丛书） （明）郑之珍撰，朱万曙点校，黄山书社 2005 年。

元曲三百首（插图注解中国古典诗文十大名著） 任中敏、卢前选编，杨虹、文林注，三秦出版社 2005 年。

凌刻套板绘图西厢记 （元）王实甫著，（明）凌濛初评，上海古籍出版社 2005 年。

元曲三百首（课外必读推荐丛书·第 3 辑，古代诗词曲名篇选编） 张乃彬译解，北京燕山出版社 2005 年。

明何璧校刻西厢记 明闵齐伋绘刻西厢记 （元）王实甫著，上海古籍出版社 2005 年。

桃花扇（中外传世名剧·中国卷） （清）孔尚任著，丁克实改编，中国少年儿童出版社 2006 年。

拜月亭记（中外传世名剧·中国卷）（元）施惠撰，邱宇、吕东兰编，中国少年儿童出版社2005年。

琵琶记（中外传世名剧·中国卷）（元）高则诚著，庄维明、周剑峰、丁波编，中国少年儿童出版社2005年。

浣纱记（中外传世名剧·中国卷）（明）梁辰鱼著，孔玲玲、张原、李虹编，中国少年儿童出版社2005年。

风筝误（中外传世名剧·中国卷）（清）李渔著，吕东兰、赵冬梅编，中国少年儿童出版社2005年。

乐府新编阳春白雪（中华再造善本）（元）杨朝英辑，北京图书馆出版社2006年。

全清散曲　凌景埏、谢伯阳编，齐鲁书社2006年。

中国古典十大悲剧（课外阅读经典文库）　白帝、白旭旻编，葛闽丰、张弘绘，人民美术出版社2006年。

元曲三百首（学生阅读经典文库）韩琳主编，内蒙古人民出版社2006年。

新刊大字魁本全相参增奇妙注释西厢记　（明）王实甫著，河北教育出版社2006年。

长生殿（大雅藏书系列·中国古代四大名剧）（清）洪昇著，翁敏华、陈劲松评点，华东师范大学出版社2006年。

历代曲话汇编：新编中国古典戏曲论著集成·唐宋元编　俞为民、孙蓉蓉主编，黄山书社2006年。

雁帛书评注（陵川文史资料丛书）（清）许云峤著，田同旭评注，山西人民出版社、山西古籍出版社2006年。

快读西厢记（中国古典文学名著快读丛书：经典读本）（元）王实甫原著，月隐寒霜改编，上海大学出版社2006年。

南柯记：英汉对照（大中华文库）（明）汤显祖著，张光前译，外文出版社2006年。

张协状元校释（温州文献丛书）九山书会编撰，胡雪冈校释，上海社会科学院出版社2006年。

中国五大古典戏剧选读：新课程学生版（高中语文选修课程推荐书目）　程华平编著，浙江文艺出版社2006年。

元曲三百首 任犀然编著，中国和平出版社2006年，万卷出版公司2006年。

长生殿 精忠旗（中外传世名剧·中国卷）（清）洪昇等著，鹤渚白芷改编，中国少年儿童出版社2006年。

曲品校注（中国文学研究典籍丛刊）（明）吕天成撰，吴书荫校注，中华书局2006年。

元曲选评（中国文史经典讲堂）邓绍基、王菊艳选注、译评，岳麓书社2006年。

元杂剧包公戏评注 范嘉晨评注，齐鲁书社2006年。

元曲名家精粹：燕赵元杂剧名著二十种选注（燕赵文化丛书） 奚海等选注，当代中国出版社2007年。

元曲三百首全解 史良昭解，复旦大学出版社2007年。

元曲精华评析（中国古典文学短篇精华评析丛书） 肖妍等编著，解放军出版社2007年。

元曲选（中国文学经典·第一辑） 郑勇、余莹、曹诣珍注析，南海出版公司2007年。

元曲精华评析（中国古典文学短篇精华评析丛书） 肖妍等编著，解放军出版社2007年。

元曲三百首（国学大书院） 王辉等编译，三秦出版社2007年。

阳春白雪（世纪人文系列丛书·大学经典）（元）杨朝英编，冯裳导读、整理集评，上海古籍出版社2007年。

元散曲（阅读中华经典） 李晓冰编著，泰山出版社2007年。

明清戏曲（阅读中华经典） 黄克编著，泰山出版社2007年。

元杂剧（阅读中华经典） 徐明编著，泰山出版社2007年。

第六才子书：西厢记·第七才子书：琵琶记（十大才子书）（元）王实甫、高明著，（清）金圣叹、毛纶批注，邓加荣、赵云龙辑校，线装书局2007年。

中国古典剧作赏析（华夏经典诗文赏析） 张超主编，线装书局2007年。

元曲三百首：新注本 解玉峰编注，中华书局2007年。

古本琵琶记汇编 孙崇涛主编，瑞安市人民政府编纂，中华书局2007年。

琵琶记 （元）高明撰，北京图书馆出版社2007年。

元曲选 赵义山选注，上海古籍出版社2008年。

金圣叹评点西厢记 （元）王实甫著，（清）金圣叹评点，上海古籍出版社2008年。

吴吴山三妇合评牡丹亭 （明）汤显祖著，（清）陈同、谈则、钱宜合评，李保民点校，上海古籍出版社2008年。

焦循论曲三种 （清）焦循著，韦明铧点校，广陵书社2008年。

元曲三百首 任讷、卢前编选，三晋出版社2008年。

长生殿 （清）洪昇著，孙安邦，孙翰钺评注，三晋出版社2008年。

桃花扇 （清）孔尚任著，贾炳文，任爱玲评注，三晋出版社2008年。

西厢记 （元）王实甫著，王薇评注，三晋出版社2008年。

牡丹亭 （明）汤显祖著，黄竹三评注，三晋出版社2008年。

曾瑞散曲集校注 （元）曾瑞著，李春祥校注，河南大学出版社2008年。

元曲三百首：插图本 李伯钦选编，万卷出版公司2008年。

元曲三百首 解玉峰编注，中华书局2009年，2011年。

广东出土明本戏文 陈历明著，广东人民出版社2009年。

笠翁传奇十种校注 （清）李渔撰，王学奇、霍现俊、吴秀华主编，天津古籍出版社2009年。

元曲三百首 李淼译评，吉林文史出版社2009年。

元曲三百首 任中敏选编，东南大学出版社2010年。

窦娥冤 （元）关汉卿著，吉林出版集团有限责任公司2010年。

牡丹亭：评注本 （明）汤显祖著，吴凤雏评注，中国戏剧出版社2010年。

紫钗记：评注本 （明）汤显祖著，万斌生评注，中国戏剧出版社2010年。

南柯记：评注本 （明）汤显祖著，黄建荣评注，中国戏剧出版社2010年。

邯郸记：评注本 （明）汤显祖著，邹自振评注，中国戏剧出版社2010年。

赵氏孤儿 （元）纪君祥等撰，上海古籍出版社2010年。

中国历代剧论选注 陈多、叶长海选注，上海古籍出版社2010年。

元曲三百首 陈涛编著，线装书局2010年。

古杂剧（中华再造善本续编）（明）王骥德编，国家图书馆出版社2010年。

琵琶记（中华再造善本续编）（元）高明撰，国家图书馆出版社2010年。

新刻出像音注增补刘智远白兔记（中华再造善本续编） 佚名撰，国家图书馆出版社2010年。

元曲选一百种（中华再造善本续编）（明）臧懋循编，国家图书馆出版社2011年。

盛明杂剧（中华再造善本续编）（明）沈泰编，国家图书馆出版社2011年。

盛明杂剧二集（中华再造善本续编）（明）沈泰编，国家图书馆出版社2011年。

张深之先生正北西厢秘本（中华再造善本续编）（元）王德信、关汉卿撰，（明）张深之校正，国家图书馆出版社2011年。

西厢记（中华再造善本续编）（元）王德信、关汉卿撰，（明）凌濛初评，国家图书馆出版社2011年。

徐文长四声猿（中华再造善本续编）（明）徐渭撰，（明）袁宏道评点，国家图书馆出版社2011年。

新刊重订出相附释标注拜月亭记（中华再造善本续编）（元）施惠撰，国家图书馆出版社2011年。

古本荆钗记（中华再造善本续编）（明）朱权撰，国家图书馆出版社2011年。

新编林冲宝剑记（中华再造善本续编）（明）李开先撰，国家图书馆出版社2011年。

绣襦记（中华再造善本续编）

（明）薛近兖撰，国家图书馆出版社2010年。

新镌女贞观重会玉簪记（中华再造善本续编）（明）高濂撰，国家图书馆出版社2010年。

曲律（中华再造善本续编）（明）王骥德撰，国家图书馆出版社2010年。

李卓吾先生批评红拂记（中华再造善本续编）（明）张凤翼撰，国家图书馆出版社2011年。

石巢传奇四种（中华再造善本续编）（明）阮大铖撰，国家图书馆出版社2011年。

新镌全像蓝桥玉杵记（中华再造善本续编）（明）云水道人撰，国家图书馆出版社2011年。

绿牡丹传奇（中华再造善本续编）（明）吴炳撰，国家图书馆出版社2011年。

沜东乐府（中华再造善本续编）（明）康海撰，国家图书馆出版社2011年。

坐隐先生精订陈大声乐府全集（中华再造善本续编）（明）陈铎撰，（明）汪廷讷订，国家图书馆出版社2011年。

词林摘艳（中华再造善本续编）（明）张禄辑，国家图书馆出版社2011年。

新镌歌林拾翠（中华再造善本续编）题粲花主人辑，国家图书馆出版社2011年。

远山堂剧品（中华再造善本续编）（明）祁彪佳撰，国家图书馆出版社2011年。

远山堂曲品（中华再造善本续编）（明）祁彪佳撰，国家图书馆出版社2011年。

录鬼簿（中华再造善本续编）（元）钟嗣成撰，国家图书馆出版社2011年。

江淮神书 朱恒夫、黄文虎搜集整理，上海古籍出版社2011年。

古本西厢记汇集初集 国家图书馆出版社编，国家图书馆出版社2011年。

牡丹亭选译（明）汤显祖撰，连营译注，凤凰出版社2011年。

元代散曲选译 彭久安译注，凤凰出版社2011年。

长生殿选译 （清）洪昇撰，戚海燕译注，凤凰出版社2011年。

桃花扇选译 （清）孔尚任撰，张文澍译注，凤凰出版社2011年。

西厢记选译 （元）王实甫撰，王立言译注，凤凰出版社2011年。

关汉卿杂剧选译 （元）关汉卿撰，黄仕忠译注，凤凰出版社2011年。

西厢记（古典名著聚珍文库）（元）王实甫撰，浙江万籍出版社2011年。

小说类

笔记

睽车志 （宋）郭彖著，藜光社1911年。

稽神录 （宋）徐铉著，藜光社1911年。

梦花杂志（明季佚事） （清）李澄著，存古斋1911年，1912年。

春冰室野乘 （清）李孟符著，广智书局1911年，世界书局1922年。

夜谭随录 （清）和邦额著，商务印书馆1913年，朝记书庄1913年，启智书局1933年，大中书局1933年，通俗图书刊行社1936年。

觚剩 （清）钮琇撰，古今图书局1914年。

新庵笔记 周桂笙撰译，古今图书局1914年。

清代野记（稗史丛书）（清）张祖翼编，进步书局1915年。

快心醒睡录 （清）毛祥麟著，文津山房1916年。

西青笔记 （清）史震林著，仇庭校订，广益书局1916年。

梯园谈荟（中国文学名著）（清）杨大亨著，沈章编，小说丛报社1917年，中原书局1936年。

淞滨琐话 （清）王韬著，商务印书馆1917年，1932年，仿古书店1936年。

（增广）笑林广记（绣像绘图滑稽小说） （清）程世爵著，上海书局1920年。

耳邮（秘本札记小说） （清）俞樾撰，广益书局1920年。

鹂突话（清代笔记）（清）鹂突汉子著述，中华图书馆1921年。

(秘本)埋忧集　(清)朱翊清著，沙少云重编，广益书局1921年。

珊瑚舌雕谈(秘本笔记)　(清)许起著，王韬校，广益书局1921年。

乐府本事　(清)平步青编，四有书局1924年。

浮生六记(霜枫之一　中学国文补充读物　中国小说史料丛书)(清)沈复著，俞平伯标点，霜枫社1924年，1926年，1933年，开明书店1932年，1943年，文星书店1943年，实用出版社1946年，人民文学出版社1980年。

忆台杂记　史九龙著，姚江县教养局1924年。

搜神记(附：搜神后记)　(晋)干宝、陶潜著，袁韬壶标点，扫叶山房书局1925年，1928年。

情史　(明)冯梦龙著，会文堂书局1925年。

右台仙馆笔记　(清)俞樾著，赵效良标点，泰东图书局1925年，1926年。

(详注)谐铎(笔记小说)　(清)沈起凤著，罗宝珩详注，会文堂书局1925年，1927年。

天上人间(文艺丛书)(清)史震林著，雪蛆选辑，出版合作社1926年，1930年，南京书店1926年，1932年。

冥报记　(唐)唐临撰，道德书局1926年。

(新式标点)滑稽谈　(清)吴趼人著，扫叶山房书局1926年。

(详注)野叟闲谈　(清)杜乡渔隐著，委羽山樵注释，会文堂书局1926年。

夜谭随录　(清)和邦额著，沈子英句读，梁溪图书馆重编，梁溪图书馆1926年。

(新式标点)齐东野语　(宋)周密著，陈和祥标点，扫叶山房1927年。

阅微草堂笔记摘要　(清)纪昀著，孙锵编，国光印书局1927年。

浮生六记(中国文会文艺丛刊　欣赏丛书　中学生补充读物)(清)沈复著，光华书局1927年，1929年，梁溪图书馆1928年，大东书局1931年，启智书局1934年，大光书局1936年，新文化书社1937年，亚光书局1942年，1944年，综合出版社 1944 年，中央书店 1943 年，启明书店 1947 年，1948 年，正气书局 1948 年。

湖壖杂记　清波笔记（附：陈景钟《清波小志补》）（清）陆次云等编，六艺书局 1928 年。

世说新语（万有文库）（南朝宋）刘义庆著，崔朝庆选注，商务印书馆 1928 年，1931 年，1933 年，1937 年，1938 年，1947 年。

近事丛残（明清珍本小说集）（明）沈瓒著，广业书社 1928 年。

纪文达公笔记摘要（清）纪昀著，陈荻洲摘录，佛学书局 1928 年，1933 年。

谐铎（清）沈起凤著，陶乐勤标点，大中书局 1930 年，1931 年，1933 年。

夜雨秋灯录（通俗说部丛书）（清）宣瘦梅著，胡协寅校勘，广益书局 1930 年。

搜神记（晋）干宝著，胡怀琛标点，商务印书馆 1931 年，1933 年，1934 年，1957 年。

曲园笔记（近代笔记果报丛录）（清）俞樾著，佛学书局 1931 年，1934 年。

笑赞（星云小丛书）（明）清都散客著，会因点校，星云堂书店 1932 年。

香畹楼忆语（清）陈裴之著，周瘦鹃校阅，大东书局 1933 年。

夜雨秋灯录（文学笔记丛书）（清）宣瘦梅著，许慕羲评点，广益书局 1933 年，大达图书供应社 1934 年，1936 年。

（新式标点）夜雨秋灯录（清）宣瘦梅撰，何铭标点，新文化书社 1933 年。

世说新语引得（附刘注引书引得） 哈佛燕京学社引得编纂处编，燕京大学哈佛燕京学社引得编纂处 1933 年。

谐铎（清）沈起凤著，薛恨生标点，新文化书社 1933 年。

谐铎（文学笔记丛书）（清）沈起凤著，周梦蝶校，广益书局 1933 年。

穆天子传西征讲疏 顾实讲疏，商务印书馆 1934 年。

太平广记篇目及引书引得 邓嗣禹编，燕京大学哈佛燕京学社引得编纂处 1934 年。

（新式标点）解人颐（幽默文学说部）（清）钱德苍编，潘公昭标点，大达图书供应社 1934 年，1935 年。

（新式标点）解人颐广集 鲍赓生标点，新文化书社 1934 年。

（新式标点）觚剩正续集（清）钮琇著，周梦蝶标点，大达图书供应社 1934 年，1935 年，广益书局 1942 年。

历代小说笔记选（汉魏六朝） 江畬经编辑，商务印书馆 1934 年，1935 年。

历代小说笔记选（唐） 江畬经编，商务印书馆 1934 年，1937 年。

历代小说笔记选（宋） 江畬经编，商务印书馆 1934 年，1935 年。

历代小说笔记选（金元明） 江畬经编，商务印书馆 1934 年，1935 年。

历代小说笔记选（清） 江畬经编，商务印书馆 1934 年，1935 年。

枣林杂俎（笔记小说丛书）（明）谈迁著，新文化书社 1934 年。

湧幢小品（笔记小说丛书）（明）朱国桢著，新文化书社 1934 年。

笑笑录（札记小说）（清）独逸窝退士编，周梦蝶标点，大达图书供应社 1934 年。

野叟闲谈（文学笔记说部）（清）杜乡渔阴撰，洪寄萍标点，大达图书供应社 1934 年，1935 年。

（新式标点）子不语（续编）（文学笔记说部）（清）袁枚著，潘敬元标点，大达图书供应社 1934 年。

（新式标点）闺秀佳话（清）烟水散人编著，桐庐主人标点，大达图书供应社 1934 年，1935 年。

（新式标点）闺秀佳话（清）烟水散人编著，何铭标点，新文化书社 1934 年，启智书局 1935 年。

淞南梦影录（笔记小说丛书）（清）畹香留梦室主编，新文化书社 1934 年。

（音释）坐花志果（清）汪道鼎著，鹫峰樵者音释，1934 年。

广笑府（国学珍本文库）（明）冯梦龙著，沈亚公校订，中央书店 1935 年，1936 年。

吹网录（文学笔记说部）（清）叶

廷琯著，胡协寅校阅，大达图书供应社 1935 年。

梦厂杂著（文学笔记丛书）（清）俞蛟著，大达图书供应社 1935 年。

蕉轩摭录（文学笔记说部）（清）俞梦蕉著，沈世荣标点，大达图书供应社 1935 年。

搜神记（晋）干宝著，朱太忙标点，大达图书供应社 1935 年。

（新式标点）浮生六记（清）沈复著，陆连碧标点，大达图书供应社 1935 年。

酉阳杂俎（唐人笔记）（唐）段成式著，平襟霞校阅，中央书店 1935 年。

（新式标点）增广智囊补（青年处世南针）（明）冯梦龙辑，朱太忙标点，大达图书供应社 1935 年。

枣林杂俎（文学笔记丛书）（明）谈迁著，周梦蝶标点，大达图书供应社 1935 年。

金陵琐事（国学珍本文库）（明）周晖著，中央书店 1935 年。

湧幢小品（文学笔记丛书）（明）朱国桢著，胡协寅校阅，大达图书供应社 1935 年。

此中人语（笔记小说丛书）（清）程趾祥著，新文化书社 1935 年。

（新式标点）醒睡录（文学笔记丛书）（清）邓文滨著，周去病标点，大达图书供应社 1935 年。

笑笑录（笔记小说丛书）（清）独逸窝退士编，新文化书社 1935 年。

说颐（国学珍本文库）（明）余懋学著，沈亚公校订，中央书店 1935 年，1937 年。

夜谭随录（清）和邦额著，新文化书社重编，新文化书社 1935 年。

（风趣判牍）折狱新语（国学珍本文库）（清）李清著，王季重订，中央书店 1935 年。

（新式标点）子不语（文学笔记说部）（清）袁枚撰，朱太忙标点，胡协寅校阅，大达图书供应社 1935 年。

（新式标点足本）续子不语（清）袁枚撰，曹鹄雏标点，东方文学社 1935 年。

小豆棚（文学笔记丛书）（清）曾

衍东著，大达图书供应社 1935 年。

俞曲园随笔　（清）俞樾著，汪宝恒标点，大达图书供应社 1935 年。

俞曲园笔记（文学笔记丛书）（清）俞樾著，周去病标点，大达图书供应社 1935 年。

豆棚闲话（国学珍本丛书）（清）艾衲居士编，龚复初校阅，国学研究社 1935 年。

豆棚闲话（中国文学珍本丛书）（清）艾衲居士编，紫髯狂客评，戴望舒点校，上海杂志公司 1935 年，贝叶山房 1947 年。

六合内外琐言（文学笔记丛书）（清）屠绅著，沈耀楣标点，大达图书供应社 1935 年。

（新式标点）西青笔记（文学笔记说部）（清）史震林著，大达图书供应社 1935 年。

西青散记（中国文学珍本丛书）（清）史震林著，张静庐点校，上海杂志公司 1935 年，1936 年。

韬园笔记（文学笔记丛书）（清）王韬著，朱维公标点，胡协寅校阅，大达图书供应社 1935 年。

瓮牖余谈（文学笔记丛书）（清）王韬著，周去病标点，大达图书供应社 1935 年，1936 年。

（新式标点）我佛山人笔记（文学笔记丛书）（清）吴研人著，大达图书供应社 1935 年。

（绘图广注）坐花志果（附醒迷录）（清）汪道鼎著，鹫峰樵者音释，佛学书局 1935 年，弘化社 1935 年。

谈瀛录　（清）袁祖志著，曹鹄雏标点，东方文学社 1935 年。

西京杂记（四部丛刊）（晋）葛洪撰，商务印书馆 1936 年。

博物志（四部备要）（晋）张华撰，中华书局 1936 年。

续博物志（丛书集成初编）（宋）李石撰，商务印书馆 1936 年。

山海经（四部丛刊）（晋）郭璞注，商务印书馆 1936 年。

山海经笺疏（四部备要）（晋）郭璞注，（清）郝懿行疏，中华书局 1936 年。

穆天子传（四部丛刊）（晋）郭璞注，商务印书馆 1936 年。

穆天子传（四部备要）（晋）郭璞注，（清）洪颐煊校，中华书局1936年。

玄中记（丛书集成初编）（清）茆泮林辑，商务印书馆1936年。

酉阳杂俎（四部丛刊）（唐）段成式撰，商务印书馆1936年。

周氏冥通记（丛书集成初编）（梁）陶弘景撰，商务印书馆1936年。

剑侠传（丛书集成初编）（唐）段成式著，商务印书馆1936年。

搜神后记（丛书集成初编）（晋）陶潜撰，商务印书馆1936年。

博异志（丛书集成初编）（唐）郑还古撰，商务印书馆1936年。

幻戏志（丛书集成初编）（唐）蒋防撰，商务印书馆1936年。

集异记（丛书集成初编）（唐）薛用弱撰，商务印书馆1936年。

卓异记（丛书集成初编）（唐）李翱述，商务印书馆1936年。

南唐近事（丛书集成初编）（宋）郑文宝编，商务印书馆1936年。

燕丹子（四部备要）（清）孙星衍校，中华书局1936年。

（新式标点）搜神记（晋）干宝著，鲍赓生标点，新文化书社1936年。

梅溪丛话（文学笔记丛书）（清）钱泳著，朱太忙标点，大达图书供应社1936年。

买愁集（中国文学珍本丛书 文学笔记丛书）（清）钱尚濠辑，阿英点校，贝叶山房1936年，广益书局1936年。

云斋广录（宋）李献民著，汪濑碧校订，中央书店1936年。

剪灯新话（明人笔记）（明）瞿佑著，郑逸梅校订，中央书店1936年。

骇痴谲谈（文学笔记丛书）（清）陈嵩泉著，胡协寅校，大达图书供应社1936年。

野叟闲谈 佚名撰，鲍赓生标点，新文化书社1936年。

窦存（文学笔记丛书）（清）胡式钰著，朱太忙标点，大达图书供应社1936年。

阅微草堂笔记（笔记文学说部）（清）纪昀著，徐慕羲标点，大达图书供应社 1936 年。

香草谈荟（文学笔记说部）（清）南山老人著，沈世荣标点，大达图书供应社 1936 年。

荟蕞编（文学笔记丛书）（清）俞樾著，胡协寅校勘，广益书局 1936 年。

豆棚闲话 （清）艾衲居士编，紫髯狂客评，沈亚公校订，中央书店 1936 年。

豆棚闲话 （清）艾衲居士编，周惟立校勘，大达图书局 1936 年。

今世说（修养文学丛书）（清）王晫著，沈世荣标点，大达图书供应社 1936 年。

阅微草堂笔记五种拮抄 （清）纪昀撰，强望泰摘抄，中央刻经院 1936 年。

儒林公议（丛书集成初编）（宋）田况撰，商务印书馆 1937 年。

异闻总录（丛书集成初编） 撰人不详，商务印书馆 1937 年。

新编分门古今类事（丛书集成初编）（宋）宋某撰，商务印书馆 1937 年。

汴京勾异记（丛书集成初编）（明）李濂撰，商务印书馆 1937 年。

搜神记（丛书集成初编）（晋）干宝撰，商务印书馆 1937 年。

见闻纪训（丛书集成初编）（明）陈良谟撰，商务印书馆 1937 年。

夷坚志（四集）（丛书集成初编）（宋）洪迈撰，商务印书馆 1937 年。

汉林四传（丛书集成初编）（清）郑相如撰，商务印书馆 1937 年。

会仙女志（丛书集成初编）（明）郦琥撰，商务印书馆 1937 年。

穆天子传（万有文库）（晋）郭璞注，（清）洪颐煊校，商务印书馆 1937 年，1939 年。

汉武帝内传（附录校勘记）（丛书集成初编）（汉）班固撰，（清）钱熙祚校，商务印书馆 1937 年。

穆天子传（丛书集成初编）（晋）郭璞注，商务印书馆 1937 年。

病榻遗言（丛书集成初编）（明）高拱撰，商务印书馆 1937 年。

贤识录（丛书集成初编）（明）陆釴撰，商务印书馆1937年。

续世说（国学基本丛书）（宋）孔平仲著，商务印书馆1937年。

岭外代答（国学文库）（宋）周去非著，文殿阁书庄1937年。

独异志（丛书集成初编）（唐）李冗撰，商务印书馆1937年。

珊瑚舌雕谈摘抄（江苏省立苏州图书馆吴中文献小丛书）（清）许起著，江苏省立苏州图书馆1939年。

闻见闻幽录（江苏省立苏州图书馆吴中文献小丛书）（清）韦光黻著，江苏省立苏州图书馆1939年。

山海经（丛书集成初编）（晋）郭璞传，商务印书馆1939年。

博物志（丛书集成初编）（晋）张华撰，商务印书馆1939年。

黄孝子纪程（附录）（丛书集成初编）（明）黄向坚识，商务印书馆1939年。

王烈妇（丛书集成初编）商务印书馆1939年。

余姚两孝子万里寻亲记（丛书集成初编）（清）翁广平纂，商务印书馆1939年。

摭青杂说（丛书集成初编）（宋）王明清撰，商务印书馆1939年。

冯燕传（丛书集成初编）（唐）沈亚之撰，商务印书馆1939年。

刘无双传（丛书集成初编）（唐）薛调撰，商务印书馆1939年。

韦自东传（丛书集成初编）（唐）裴铏著，商务印书馆1939年。

乌将军记（丛书集成初编）（唐）王惮著，商务印书馆1939年。

吴保安传（丛书集成初编）（唐）牛肃撰，商务印书馆1939年。

燕丹子传（丛书集成初编）（清）孙星衍辑，商务印书馆1939年。

章台柳传（丛书集成初编）（唐）许尧佐撰，商务印书馆1939年。

雷民传（丛书集成初编）（唐）沈既济撰，商务印书馆1939年。

柳毅传（丛书集成初编）（唐）李朝威撰，商务印书馆1939年。

妙女传（丛书集成初编）（唐）顾非熊撰，商务印书馆1939年。

牛应贞（丛书集成初编）（唐）宋

若昭撰，商务印书馆 1939 年。

三梦记（丛书集成初编）（唐）白行简撰，商务印书馆 1939 年。

甘泽谣（附录）（丛书集成初编）（唐）袁郊撰，商务印书馆 1939 年。

灵鬼志（丛书集成初编）（唐）常沂撰，商务印书馆 1939 年。

续玄怪录（丛书集成初编） 撰人不详，商务印书馆 1939 年。

玄怪记（丛书集成初编）（唐）徐炫撰，商务印书馆 1939 年。

再生记（丛书集成初编）（后蜀）阎选撰，商务印书馆 1939 年。

集异志（丛书集成初编）（唐）陆勋集，商务印书馆 1939 年。

宣室志（附补遗）（丛书集成初编）（唐）张读撰，商务印书馆 1939 年。

鉴诫录（丛书集成初编）（后蜀）何光远撰，商务印书馆 1939 年。

稽神录（拾遗）（丛书集成初编）（南唐）徐铉撰，商务印书馆 1939 年。

续夷坚志（附年谱）（丛书集成初编）（金）元好问纂，商务印书馆 1939 年。

睽车志（丛书集成初编）（宋）郭彖撰，商务印书馆 1939 年。

物异考（丛书集成初编）（宋）方凤撰，商务印书馆 1939 年。

闲窗括异志（丛书集成初编）（宋）鲁应龙撰，商务印书馆 1939 年。

扶风传信录（丛书集成初编）（清）吴骞辑，商务印书馆 1939 年。

广异记（丛书集成初编）（唐）戴孚撰，商务印书馆 1939 年。

涉异志（丛书集成初编）（明）闵文振撰，商务印书馆 1939 年。

非烟传（丛书集成初编）（唐）皇甫枚撰，商务印书馆 1939 年。

教坊记（丛书集成初编）（唐）崔令钦撰，商务印书馆 1939 年。

龙女传（丛书集成初编）（唐）薛莹撰，商务印书馆 1939 年。

梦游录（丛书集成初编）（唐）任蕃撰，商务印书馆 1939 年。

孙内翰北里志（丛书集成初编）

（唐）孙棨撰，商务印书馆 1939 年。

薛昭传（丛书集成初编） 商务印书馆 1939 年。

扬州梦记（丛书集成初编） （唐）于邺撰，商务印书馆 1939 年。

张无颇传（丛书集成初编） （唐）裴铏著，商务印书馆 1939 年。

周秦行记（丛书集成初编） （唐）牛僧孺撰，商务印书馆 1939 年。

妆楼记（丛书集成初编） （南唐）张泌纂，商务印书馆 1939 年。

拊掌录（丛书集成初编） （元）宋元怀撰，商务印书馆 1939 年。

丽情集（附续集）（丛书集成初编） （明）杨慎撰，商务印书馆 1939 年。

辽阳海神传（丛书集成初编） （明）蔡羽述，商务印书馆 1939 年。

青楼集（丛书集成初编） （元）夏庭芝辑，商务印书馆 1939 年。

春渚纪闻（丛书集成初编） （宋）何薳著，商务印书馆 1940 年。

搜神秘览（丛书集成初编） （宋）章炳文著，商务印书馆 1940 年。

近异录（丛书集成初编） （宋）刘质著，商务印书馆 1940 年。

潇湘录（丛书集成初编） （唐）李隐著，商务印书馆 1940 年。

葆光录（丛书集成初编） （宋）龙明子纂，商务印书馆 1940 年。

吉凶影响录（丛书集成初编） （宋）岑象求著，商务印书馆 1940 年。

旌异记（丛书集成初编） （宋）侯君素著，商务印书馆 1940 年。

明皇杂录（附补遗·校勘记）（丛书集成初编） （唐）郑处海著，商务印书馆 1940 年。

次柳氏旧闻（丛书集成初编） （唐）李德裕编，商务印书馆 1940 年。

开元传信记（丛书集成初编） （唐）郑棨著，商务印书馆 1940 年。

开元天宝遗事（丛书集成初编） （后周）王仁裕著，商务印书馆 1940 年。

宝应录（丛书集成初编） 商务印书馆 1940 年。

借巢笔记（江苏省立苏州图书馆吴

中文献小丛书）（清）沈守之著，江苏省立苏州图书馆 1940 年。

酉阳杂俎（附续集） （唐）段成式著，商务印书馆 1941 年。

阙史 （唐）高彦休著，商务印书馆 1941 年。

独异志 （唐）李冗著，商务印书馆 1941 年。

鹤林玉露 （宋）罗大经著，商务印书馆 1941 年。

焚椒录（奁艳丛刊） （辽）王鼎撰，艺文堂出版部编，艺文堂出版部 1941 年。

笔记小说选（少年故事丛刊） 吴廉铭辑译，中华书局 1941 至 1945 年。

啖影集 （清）范兴荣编著，正中书局 1944 年，1946 年。

笑林广记（绣像仿宋完整本） （清）程世爵著，胡协寅校，广益书局 1946 年。

山海经通检（巴黎大学北平汉学研究所通检丛刊） 巴黎大学北平汉学研究所编，巴黎大学北平汉学研究所 1948 年。

古今谭概 （明）冯梦龙纂，文学古籍刊行社 1955 年。

绿窗新话 （宋）皇都风月主人编，周夷校注，古典文学出版社 1957 年。

醉翁谈录（中国文学参考资料小丛书） （宋）罗烨撰，古典文学出版社 1957 年。

效颦集 （明）赵弼撰，古典文学出版社 1957 年。

剪灯新话（外二种） （明）瞿佑等撰，周夷校注，古典文学出版社 1957 年，上海古籍出版社 1982 年。

搜神记 （晋）干宝撰，胡怀琛标点，商务印书馆 1957 年。

三水小牍 （唐）皇甫枚撰，中华书局上海编辑所编辑，中华书局 1958 年。

剧谈录 （唐）康骈撰，古典文学出版社 1958 年。

青琐高议 （宋）刘斧撰，古典文学出版社 1958 年，中华书局上海编辑所 1959 年。

俏皮话（附新笑林广记、新笑史） （清）吴趼人撰，卢叔度辑注，广东人民出版社 1958 年，1981 年。

明清笑话四种 （明）赵南星等撰，周启明校订，人民文学出版社 1958 年，1983 年。

足本山海经图赞 （晋）郭璞撰，张宗祥校录，古典文学出版社 1958 年。

＊**浮生六记**（美化文学著名丛刊）（清）沈复撰，赵苕狂考，朱剑芒校，香港上海印书馆 1959 年，1961 年，1970 年。

太平广记 （宋）李昉等编，汪绍楹点校，人民文学出版社 1959 年，中华书局 1961 年，2003 年。

唐宋传奇选（中国古典文学读本丛书） 张友鹤主选注，人民文学出版社 1959 年，1964 年，1997 年。

＊**浮生六记** （清）沈复著，香港中行书局 1974 年，香港激流书店 1983 年。

搜神记（古小说丛刊 中国古典文学基本丛书）（晋）干宝撰，汪绍楹校注，中华书局 1979 年，1980 年，1985 年。

＊**博物志校释** （晋）张华撰，唐久宠校释，台湾学生书局 1980 年。

阅微草堂笔记 （清）纪昀撰，汪贤度点校，上海古籍出版社 1980 年，1998 年。

浮生六记 （清）沈复撰，罗宗阳点校，江西人民出版社 1980 年，1981 年。

博物志校证（古小说丛刊）（晋）张华撰，范宁校证，中华书局 1980 年。

博异志·集异记（古小说丛刊）（唐）谷神子、薛用弱撰，王达津点校，中华书局 1980 年。

聊斋志异选译 （清）蒲松龄编，张学忠译，陕西人民出版社 1980 年。

山海经校注 袁珂校注，上海古籍出版社 1980 年，1991 年，台湾里仁书局 1981 年，巴蜀书社 1993 年增补修订本。

酉阳杂俎 （唐）段成式撰，方南生点校，中华书局 1981 年。

搜神后记（古小说丛刊）（晋）陶潜撰，汪绍楹校注，中华书局 1981 年，1988 年。

拾遗记（古小说丛刊）（晋）王嘉撰，（南朝梁）肖绮录，齐治平校注，中华书局 1981 年，1988 年。

夷坚志 （宋）洪迈撰，何卓点校，中华书局 1981 年。

玄怪录·续玄怪录（古小说丛刊）（唐）牛僧孺、李复言撰，程毅中点校，中华书局 1982 年，2006 年。

太平广记（续） 王汝涛主编，王汝涛、赵炯、余润泽、钱勤来、胡济泉注，齐鲁书社 1982 年。

太平广记索引 罗锡厚等编，中华书局 1982 年。

太平广记钞 （明）冯梦龙评纂，庄葳、郭群一点校，中州书画社 1982 至 1983 年。

独异志 宣室志（古小说丛刊）（唐）张读、李冗撰，张永钦、侯志明点校，中华书局 1983 年。

青琐高议（宋元笔记丛书）（宋）刘斧撰辑，上海古籍出版社 1983 年。

淞隐漫录（中国小说史料丛书）（清）王韬撰，王思宇点校，人民文学出版社 1983 年，1999 年。

殷芸小说（中国古典小说研究资料丛书）（南朝梁）殷芸编纂，周楞伽辑注，上海古籍出版社 1984 年。

博异志·集异记（中国历代笔记小说选译丛书）（唐）郑还古、薛用弱撰，金文明选译，浙江古籍出版社 1984 年，1999 年。

情史类略 （明）冯梦龙撰，朱子南等点校，岳麓书社 1984 年。

阅微草堂笔记（中国历代笔记小说选译丛书 中国古典小说名著丛书）（清）纪昀撰，汪贤度选译，浙江古籍出版社 1984 年，1999 年，上海古籍出版社 2001 年，2002 年。

山海经笺疏 （清）郝懿行撰，巴蜀书社 1985 年。

山海经校译 袁珂校译，上海古籍出版社 1985 年，1995 年，台湾明文书局 1986 年。

子不语 （清）袁枚撰，朱纯点校，岳麓书社 1985 年。

埋忧集 （清）朱梅叔撰，熊治祁点校，岳麓书社 1985 年。

夜雨秋灯录 （清）宣鼎撰，张志浩标点，岳麓书社 1985 年。

笑笑录 （清）独逸窝退士辑，王镜海、王果标点，岳麓书社 1985 年。

笑笑录 （清）独逸窝退士辑，武铭点校，浙江古籍出版社 1985 年。

搜神记（中国历代笔记小说选译丛书）（晋）干宝撰，顾希佳选译，浙江古籍出版社 1985 年。

古今谭概（冯梦龙丛书）（明）冯梦龙纂，刘德权点校，海峡文艺出版社 1985 年。

谐铎（中国小说史料丛书）（清）沈起凤撰，乔雨舟点校，人民文学出版社 1985 年，1999 年。

客窗闲话 （清）吴炽昌撰，河北人民出版社 1985 年。

古今笑 （明）冯梦龙撰，河北人民出版社 1985 年。

宋人小说类编 （清）馀叟辑，中国书店 1985 年。

燕丹子·西京杂记（古小说丛刊）无名氏撰，罗根泽等点校，（晋）葛洪撰，程毅中点校，中华书局 1985 年。

玄怪录·续玄怪录 （唐）牛僧孺、李复言撰，姜云、宋平校注，上海古籍出版社 1985 年。

古今笑史 （明）冯梦龙纂，刘英民等选注，花山文艺出版社 1985 年。

搜神记（古代笔记小说精华丛书）（晋）干宝撰，杨振江选注，花山文艺出版社 1986 年。

唐前志怪小说辑释 李剑国辑释，上海古籍出版社 1986 年，2011 年。

子不语 （清）袁枚编撰，申孟、甘林点校，上海古籍出版社 1986 年，1998 年。

右台仙馆笔记（明清笔记丛书）（清）俞樾撰，徐明霞点校，上海古籍出版社 1986 年。

续夷坚志·湖海新闻夷坚续志（古小说丛刊）（金）元好问撰，常振国点校，无名氏撰，金心点校，中华书局 1986 年。

青琐高议 （宋）刘斧撰，中国书店 1986 年，1996 年。

情史 （明）詹詹外史评辑，张福高等点校，春风文艺出版社 1986 年。

情史 （明）冯梦龙评辑，朱子南等点校，岳麓书社 1986 年。

续子不语 （清）袁枚撰，朱纯点

校，岳麓书社 1986 年。

夜谭随录 （清）闲斋氏撰，岳麓书社 1986 年。

耳食录 耳邮 （清）乐钧、俞樾撰，陈成国点校，岳麓书社 1986 年。

谐铎 （清）沈起风撰，伍国庆标点，岳麓书社 1986 年。

芙蓉镜寓言 （明）汪东伟撰，郭志今点校，浙江古籍出版社 1986 年。

新齐谐（清代笔记小说丛刊）（清）袁枚撰，崔国光点校，齐鲁书社 1986 年。

右台仙馆笔记（清代笔记小说丛刊）（清）俞樾撰，梁修点校，齐鲁书社 1986 年。

淞滨琐话（清代笔记小说丛刊）（清）王韬撰，刘文忠点校，齐鲁书社 1986 年，1987 年。

夜雨秋灯录（清代笔记小说丛刊）（清）宣鼎撰，香一点点校，齐鲁书社 1986 年。

夜雨秋灯录 （清）宣鼎撰，恒鹤点校，上海古籍出版社 1987 年。

广笑府 （明）冯梦龙编撰，尔弓点校，荆楚书社 1987 年。

宋艳 （清）徐士銮撰，舒驰点校，浙江古籍出版社 1987 年。

搜神后记（中国历代笔记小说选译丛书）（晋）陶潜撰，顾希佳选译，浙江古籍出版社 1987 年。

冯梦龙笑话集 （明）冯梦龙撰，高洪钧点校，河北人民出版社 1987 年。

耳食录（后聊斋志异丛书）（清）乐钧撰，石继昌点校，时代文艺出版社 1987 年。

正续客窗闲话（后聊斋志异丛书）（清）吴炽昌撰，石继昌点校，时代文艺出版社 1987 年。

正续夜雨秋灯录（后聊斋志异丛书）（清）宣鼎撰，宋欣点校，时代文艺出版社 1987 年。

酉阳杂俎（中国历代笔记小说选译丛书）（唐）段成式撰，金桑选译，浙江古籍出版社 1987 年，1999 年。

笑府选 （明）冯梦龙编纂，竹君校注，海峡文艺出版社 1987 年。

子不语选注（历代笔记小说丛书）（清）袁枚撰，申孟选注，文化艺术出版社1988年。

艳异编（明人编刊小说总集）（明）王世贞编辑，孙葆真等点校，春风文艺出版社1988年。

夜谭随录　（清）和邦额撰，王一工、方正耀点校，上海古籍出版社1988年。

列异传等五种（历代笔记小说丛书）（曹魏）曹丕等撰，郑学弢校注，文化艺术出版社1988年。

幽明录（历代笔记小说丛书）（南朝宋）刘义庆撰，郑晚晴辑注，文化艺术出版社1988年。

客窗闲话　续客窗闲话（历代笔记小说丛书）（清）吴炽昌撰，王宏钧、苑育新校注，文化艺术出版社1988年。

里乘（清代笔记小说丛刊）（清）许奉恩撰，文益人、齐秉文点校，齐鲁书社1988年。

醉茶志怪（清代笔记小说丛刊）（清）李庆辰撰，金东点校，齐鲁书社1988年。

古今谭概　（明）冯梦龙编撰，王江等译，黑龙江人民出版社1988年。

醉茶志怪　（清）李庆辰撰，高洪钧、王淑艳点校，河北人民出版社1988年。

青泥莲花记（明清文言小说选刊）（明）梅鼎祚纂辑，田璞、查洪德校注，中州古籍出版社1988年。

留仙外史　（清）许奉恩撰，俞驾征点校，浙江古籍出版社1989年。

玄怪录　续玄怪录（中国历代笔记小说选译丛书）（唐）牛僧孺、李复言撰，苏明道选译，浙江古籍出版社1989年，1999年。

搜神记　世说新语（古典名著普及文库）（晋）干宝、（南朝宋）刘义庆撰，钱振民点校，岳麓书社1989年。

拾遗记译注　（晋）王嘉撰，孟庆祥、商姝译注，黑龙江人民出版社1989年。

小豆棚　（清）曾七如撰，南山点校，荆楚书社1989年。

小豆棚（明清文言小说选刊）（清）曾衍东撰，杜贵晨校注，中州古籍出版社1989年。

才鬼记（明清文言小说选刊）（明）梅鼎祚纂辑，田璞、查洪德校注，中州古籍出版社1989年。

白话阅微草堂笔记 （清）纪昀著，施亮如译，农村读物出版社1989年。

笑史（明人编刊小说总集） （明）冯梦龙编辑，卜维义、吴涤尘点校，春风文艺出版社1989年。

山海经（诸子百家丛书） （晋）郭璞注，（清）毕沅校，上海古籍出版社1989年，1995年。

穆天子传　神异经　十洲记　博物志（诸子百家丛书） 旧题（晋）郭璞注，（汉）东方朔撰，（汉）东方朔撰，（晋）张华撰，上海古籍出版社1990年，1995年。

耳谈（明清文言小说选刊） （明）王同轨撰，孙顺霖校注，中州古籍出版社1990年。

太平广记 （宋）李昉等编，上海古籍出版社1990年，1995年。

绘图三教源流搜神大全 （清）阙名撰，上海古籍出版社1990年。

启颜录 （唐）无名氏撰，曹林娣、李泉辑注，上海古籍出版社1990年。

醉茶志怪 （清）李庆辰撰，天津市古籍书店1990年。

西京杂记校注 （汉）刘歆撰，（晋）葛洪集，向新阳、刘克任校注，上海古籍出版社1991年。

绿窗新话（中国古典小说研究资料丛书） （宋）皇都风月主人编，周楞伽笺注，上海古籍出版社1991年。

遁窟谰言（后聊斋） （清）王韬撰，河北人民出版社1991年。

淞滨琐话（后聊斋） （清）王韬撰，张志春、刘欣中点校，河北人民出版社1991年。

白话笑史 （明）冯梦龙撰，乾亨等编译，中国工人出版社1991年。

小豆棚（清代笔记小说丛刊） （清）曾衍东撰，盛伟点校，齐鲁书社1991年。

耳食录（清代笔记小说丛刊） （清）乐钧撰，辛照点校，齐鲁书社1991年。

搜神记全译（中国历代名著全译丛书） （晋）干宝撰，黄涤明注译，贵州人民出版社1991年。

山海经全译（中国历代名著全译丛

书） 袁珂译注，贵州人民出版社1991年。

宋代笔记小说选译（古代文史名著选译丛书）（宋）庄绰等撰，朱瑞熙、程君健译注，巴蜀书社1992年，凤凰出版社2011年。

唐五代五十二种笔记小说人名索引 方积六、吴冬秀编撰，中华书局1992年。

冥报记 广异记（古小说丛刊）（唐）唐临、戴孚撰，方诗铭辑校，中华书局1992年。

浮生六记注 （清）沈复撰，俞平伯点校，傅昌泽注释，北京师范学院出版社1992年。

子不语 （清）袁枚编撰，古晔等译，中国国际广播出版社1992年。

笑府 （明）冯梦龙编纂，竹君点校，海峡文艺出版社1992年。

客窗闲话（明清文言小说选刊）（清）吴炽昌撰，张万钧、傅玉梅校注，中州古籍出版社1992年。

山海经·穆天子传（古典名著普及文库）（晋）郭璞撰，（清）洪颐煊校，谭承耕、张耘点校，岳麓书社1992年，2006年。

历代闺媛逸事（中国笔记小说文库续编）（清）蒋廷锡等编，上海文艺出版社1993年。

搜神记四种 （晋）干宝撰，王东明主编，陕西旅游出版社1993年。

异史 （清）蒲松龄撰，盛伟校释，安徽文艺出版社1993年。

阅微草堂笔记（古典名著普及文库）（清）纪昀撰，熊治祁点校，岳麓书社1993年。

白话阅微草堂笔记（古典名著今译读本）（清）纪昀撰，老山译注，岳麓书社1993年。

古今谭概（冯梦龙全集）（明）冯梦龙纂，魏同贤主编，上海古籍出版社1993年。

太平广记钞（冯梦龙全集）（明）冯梦龙评纂，魏同贤主编，上海古籍出版社1993年。

情史（冯梦龙全集）（明）冯梦龙评辑，魏同贤主编，上海古籍出版社1993年。

笑府（冯梦龙全集）（明）冯梦龙编集，魏同贤主编，上海古籍出版社1993年。

太平广记钞（冯梦龙全集）（明）冯梦龙撰，薛正兴点校，江苏古籍出版社1993年。

古今谭概（冯梦龙全集）（明）冯梦龙编撰，陆国斌、吴小平点校，江苏古籍出版社1993年。

情史（冯梦龙全集）（明）冯梦龙撰，周方、胡慧斌点校，江苏古籍出版社1993年。

仙佛奇踪 （明）洪应明撰，江苏广陵古籍刻印社1993年，1997年。

笑林广记 （清）游戏主人纂辑，粲然居士参订，傅财点校，光明日报出版社1993年。

西京杂记全译（中国历代名著全译丛书）（晋）葛洪辑，成林、程章灿译注，贵州人民出版社1993年。

夜谭随录（明清文言小说选刊）（清）和邦额撰，王毅、盛瑞裕校注，中州古籍出版社1993年。

晚清谴责小说精品 （清）吴趼人著，河北人民出版社1993年。

浮生六记 （清）沈复撰，邱崇丙注释，书目文献出版社1993年。

白话古今笑 （明）冯梦龙辑撰，肖望、肖迟等译，中国农业出版社1994年。

文白对照全译夷坚志 （宋）洪迈撰，张万钧主编，中州古籍出版社1994年。

耳谈类增（明清文言小说选刊）（明）王同轨撰，吕友仁、孙顺霖点校，中州古籍出版社1994年。

美人书·四大美人逸史（明清艳情小说精选系列）（清）鸳湖烟水散人撰，王松真点校，（清）佚名撰，蔡远方点校，中州古籍出版社1994年。

冯梦龙四大异书（冯梦龙丛书）（明）冯梦龙撰，橘君辑注，长春出版社1994年。

阅微草堂笔记注译 （清）纪昀撰，北原、田均、武惠华、苏魂等注译，中国华桥出版社1994年。

山海经图（中国古代版画丛刊二编）（明）胡文焕编，上海古籍出版社1994年。

白话全本剪灯新话（附剪灯馀话）（十大文言短篇小说今译）（明）瞿佑撰，颜洽茂译，上海古籍出版社1995年。

浮生六记（中国古典文学名著　中国家庭基本藏书·笔记杂著卷）（清）沈复撰，曾国藩等续，吴言生点校，西安出版社 1995 年，山西古籍出版社 2007 年。

古今谭概　（明）冯梦龙撰，张万钧主编，天津古籍出版社 1995 年。

阅微草堂笔记　（清）纪昀撰，夏风扬点校，巴蜀书社 1995 年。

阅微草堂笔记（十大文言短篇小说今译）（清）纪昀撰，邵海清等译，上海古籍出版社 1995 年。

搜神记（十大文言短篇小说今译）（晋）干宝撰，王一工、唐书文译，上海古籍出版社 1995 年。

白话全本子不语（十大文言短篇小说今译）（清）袁枚撰，陆海明等译，上海古籍出版社 1995 年。

白话全本阅微草堂笔记（十大文言短篇小说今译）（清）纪昀撰，邵海清等译，上海古籍出版社 1995 年。

白话全本夜谭随录（十大文言短篇小说今译）（清）和邦额撰，束景南等译，上海古籍出版社 1995 年。

夜雨秋灯录（十大文言短篇小说今译）（清）宣鼎撰，曹光甫、丁如明等译，上海古籍出版社 1995 年。

花影集·鸳渚志馀·雪窗谈异（中国古代稀见珍本小说丛书）（明）陶辅、钓鸳湖客撰，程毅中、徐野点校，吉林大学出版社 1995 年。

柳崖外编（明清稀见珍本小说名著丛书）（清）徐昆撰，杜维沫、薛洪点校，吉林大学出版社 1995 年。

白话子不语（古典名著今译读本）（清）袁枚撰，若水译注，岳麓书社 1995 年。

***新译西京杂记**　曹东海译，李振兴校阅，台湾三民书局 1995 年。

山海经　谌东飙校译，广西民族出版社 1996 年。

异苑·谈薮（古小说丛刊）（南朝宋）刘敬叔撰，范宁点校，（北齐）阳松撰，程毅中、程有庆辑校，中华书局 1996 年。

稽神录·括异志（古小说丛刊　古体小说丛刊）（宋）徐铉、张师正撰，白化文、许德楠点校，中华书局 1996 年，2006 年。

续太平广记　（清）陆寿名辑，北

京出版社 1996 年。

太平广记（古典名著普及文库）（宋）李昉等编，陈成国等点校，岳麓书社 1996 年。

新齐谐　续新齐谐（中国小说史料丛书）（清）袁枚撰，沈习康点校，人民文学出版社 1996 年。

笑林广记二种　（清）游戏主人、程世爵撰，廖东辑校，齐鲁书社 1996 年，2003 年。

笑林广记　（清）游戏主人纂集，蓝军，任绍伟点校译著，延边人民出版社 1996 年。

太平广记索引　王秀梅、王泓冰编，中华书局 1996 年，2003 年。

明清笑话集　陈如江、徐侗纂集，上海人民出版社 1996 年。

夷坚志（笔记小说精品丛书）（宋）洪迈撰，杨名标点，重庆出版社 1996 年。

子不语（笔记小说精品丛书）（清）袁枚撰，杨名标点，重庆出版社 1996 年，2005 年。

阅微草堂笔记（笔记小说精品丛书）（清）纪昀撰，董国超标点，重庆出版社 1996 年。

耳食录·三异笔谈（笔记小说精品丛书）（清）乐钧、许元仲撰，范义臣标点，重庆出版社 1996 年。

淞滨琐话（笔记小说精品丛书）（清）王韬撰，寇英标点，重庆出版社 1996 年。

夜雨秋灯录·夜谭随录（笔记小说精品丛书）（清）宣鼎、闲斋氏撰，陶勇标点，重庆出版社 1996 年。

谐铎·埋忧集（笔记小说精品丛书）（清）沈起凤、朱梅叔撰，陈果标点，重庆出版社 1996 年。

搜神记（新世纪万有文库）（晋）干宝撰，贾二强点校，辽宁教育出版社 1997 年。

淞隐漫录（中国古典小说精粹）（清）王韬撰，陈志强、董文成主编，黑龙江人民出版社 1997 年。

夜雨秋灯录（中国古典小说精粹）（清）宣鼎撰，陈志强、董文成主编，黑龙江人民出版社 1997 年。

夜雨秋灯续录·小豆棚（中国古典小说精粹）（清）宣鼎、曾衍东撰，陈志强、董文成主编，黑龙江人民出版社 1997 年。

今评新注搜神记（今评新注古典文学珍丛）（晋）干宝撰，罗尉宣评注，湖南文艺出版社 1997 年。

云斋广录·鸳渚志馀·雪窗谈异（古小说丛刊）（宋）李献民撰，程毅中点校，（明）无名氏撰，于文藻点校，中华书局 1997 年。

阅微草堂笔记（清）纪昀撰，余夫等点校，吉林文史出版社 1997 年。

阅微草堂笔记（百部中国古典名著）（清）纪昀撰，吴敢、韦如之点校，浙江古籍出版社 1997 年，1998 年。

白话山海经（中国传统文化丛书）白艳云、秦云译，三秦出版社 1997 年。

唐宋寓言注译 刘卓英注译，北京图书馆出版社 1997 年。

艳异编（明）王世贞编，江苏广陵古籍刻印社 1998 年。

情史（百部中国古典名著）（明）冯梦龙辑评，周成、习之点校，浙江古籍出版社 1998 年。

云仙散录（古小说丛刊）（唐）冯贽编，张力伟点校，中华书局 1998 年。

阅微草堂笔记（历代笔记小说小品丛刊）（清）纪昀撰，曲建文、陈桦选评，学苑出版社 1998 年。

神仙传（历代笔记小说小品丛刊）（晋）葛洪撰，钱卫语释，学苑出版社 1998 年。

搜神记·唐宋传奇集（晋）干宝撰，鲁迅编录，曹光甫点校，上海古籍出版社 1998 年。

青泥莲花记（安徽古籍丛书）（明）梅鼎祚纂辑，陆林点校，黄山书社 1998 年。

夜雨秋灯录（安徽古籍丛书）（清）宣鼎撰，项纯文点校，黄山书社 1999 年。

搜神记·搜神后记（中国历代笔记小说选译丛书）（晋）陶潜撰，顾希佳选译，浙江古籍出版社 1999 年。

益智录（烟雨楼续聊斋志异）（清）解鉴撰，王恒柱、张宗茹点校，人民文学出版社 1999 年。

浮生六记（外三种）（明清小品丛

刊）（清）沈复等撰，金性尧、金文男注，上海古籍出版社 2000 年。

浮生六记 （清）沈复撰，江苏古籍出版社 2000 年。

搜神记（百部中国古典名著）（晋）干宝撰，方金华、严国宽注释，浙江古籍出版社 2000 年。

山海经（百部中国古典名著） 周明初校注，浙江古籍出版社 2000 年，2002 年，2010 年。

白话绘图山海经（学生版中国古代文学经典） 陈维礼等译注，吉林文史出版社 2001 年。

阅微草堂笔记 （清）纪昀撰，北山标点，中华工商联合出版社 2001 年。

浮生六记（国文珍品文库） （清）沈复撰，马一夫注译，吉林文史出版社 2001 年。

啖影集 （清）范兴荣撰，王天海注，贵州人民出版社 2001 年。

冤魂志校注 （北齐）颜之推撰，罗国威校注，巴蜀书社 2001 年。

笑林广记（华夏迷你文库） （清）游戏主人、程世爵编撰，华夏出版社 2001 年。

浮生六记（外三种）（上古版中华名著袖珍本） （清）沈复等撰，金性尧，金文男注，上海古籍出版社 2002 年。

情史（明清珍本小说） （明）冯梦龙撰，大众文艺出版社 2002 年。

笑林广记 （清）游戏主人纂辑，廖东点校，齐鲁书社 2002 年。

浮生六记（传世小品丛书） （清）沈复撰，张红注译，岳麓书社 2003 年。

山海经译注（二十二子详注全译） 沈薇薇译注，黑龙江人民出版社 2003 年。

祝子志怪录（辽宁省图书馆孤本善本丛刊·第 1 辑） （明）祝允明撰，线装书局 2003 年。

山海经（中华再造善本） （晋）郭璞注，北京图书馆出版社 2004 年。

续幽怪录（中华再造善本） （唐）李复言编，北京图书馆出版社 2004 年。

重雕足本鉴诫录（中华再造善本）（后蜀）何光远撰，北京图书馆出版社 2004 年。

＊**新译山海经** 杨锡彭译，台湾三民书局 2004 年，2009 年。

搜神记（大中华文库）（晋）干宝著，黄涤明校译，丁往道英译，外文出版社 2004 年。

醉茶志怪（历代笔记小说丛书）（清）李庆辰著，金东点校，齐鲁书社 2004 年。

右台仙馆笔记（历代笔记小说丛书）（清）俞樾著，梁修点校，齐鲁书社 2004 年。

耳食录（历代笔记小说丛书）（清）乐钧著，辛照点校，齐鲁书社 2004 年。

夜雨秋灯录（历代笔记小说丛书）（清）宣鼎著，奇一点校，齐鲁书社 2004 年。

小豆棚（历代笔记小说丛书）（清）曾衍东著，盛伟点校，齐鲁书社 2004 年。

里乘（历代笔记小说丛书）（清）许奉恩著，文益人点校，齐鲁书社 2004 年。

白话耳梦录（清）张贞著，周庆武编译，齐鲁书社 2004 年。

青琐高议（历代名家小品文集）（宋）刘斧辑，王友怀、王晓勇注，三秦出版社 2004 年。

唐宋笔记小说释译 沈履伟注译，天津古籍出版社 2004 年。

宋重雕足本鉴诫录（后蜀）何光远撰，上海科学技术文献出版社 2004 年。

如意君传（明）徐昌龄撰，胡令毅译，中央编译出版社 2004 年。

痴婆子传（清）芙蓉夫人辑，胡令毅译，中央编译出版社 2004 年。

笑林广记（中国传统文化精华）钟雷主编，哈尔滨出版社 2004 年。

中国古代笑话故事：珍藏版（中国传统文化经典文库）乙力编，兰州大学出版社 2004 年。

中国古代寓言故事 刘守华、祝晓春编，长江文艺出版社 2004 年。

山海经注证 郭郛注，中国社会科学出版社 2004 年。

闲书四种（古籍今读精华系列）宋凝主编，湖北辞书出版社 2004 年。

新编连相搜神广记（中华再造善本）（元）秦子晋撰，北京图书馆出版社 2005 年。

湖海新闻夷坚续志前集（中华再造善本） 佚名撰，北京图书馆出版社 2005 年。

新刊分类江湖纪闻（中华再造善本）（元）郭霄凤撰，北京图书馆出版社 2005 年。

浮生六记（案头枕边珍品系列·第 2 辑）（清）沈复著，王基德点评，青岛出版社 2005 年。

解人颐（古人云丛书）（清）钱德苍辑，岳麓书社 2005 年。

芙蓉镜寓言（古人云丛书）（明）江东伟著，岳麓书社 2005 年。

阅微草堂笔记（笔记小说精品丛书）（清）纪昀著，董国超标点，重庆出版社 2005 年。

笑林广记（智慧之门）（清）游戏主人纂辑，白岭译，中州古籍出版社 2005 年。

谐铎（笔记小说精品丛书）（清）沈起凤著，陈果标点，重庆出版社 2005 年。

夜雨秋灯录（笔记小说精品丛书）（清）宣鼎著，陶勇标点，重庆出版社 2005 年。

情史：文白对照 （明）冯梦龙编，闻春宇选译，中国广播电视出版社 2005 年。

淞滨琐话（笔记小说精品丛书）（清）王韬著，寇德江标点，重庆出版社 2005 年。

耳食录（笔记小说精品丛书）（清）乐钧著，范义臣标点，重庆出版社 2005 年。

里乘（笔记小说精品丛书）（清）许奉恩著，董国超标点，重庆出版社 2005 年。

亦复如是（笔记小说精品丛书）（清）青城子著，于志斌标点，重庆出版社 2005 年。

咫闻录（笔记小说精品丛书）（清）慵讷居士著，陶勇标点，重庆出版社 2005 年。

三异笔谈 （清）许仲元著，范义臣标点，重庆出版社 2005 年。

阅微草堂笔记 （清）纪昀著，沈鸿生书法，上海古籍出版社 2005 年。

浮生六记（文华丛书）（清）沈复著，广陵书社2006年。

白话子不语（中国文学典藏）（清）袁枚著，吴晓临编，黄山书社2006年。

山海经（中国文学典藏） 王焰激编，黄山书社2006年。

浮生六记：汉英对照（大中华文库）（清）沈复著，［美］白伦、江素惠英译，汪海洋今译，译林出版社2006年。

山海经（中国传统文化经典儿童读本·第3辑）（晋）郭璞注，邓启铜、吴再青点校，云南大学出版社2006年。

汉魏六朝小说选：汉英对照（大中华文库） 杨宪益、戴乃迭英译，汪龙麟今译，外文出版社2006年。

续夷坚志·湖海新闻夷坚续志（古体小说丛刊）（金）元好问、无名氏纂，常振国、金心点校，中华书局2006年。

夷坚志（古体小说丛刊）（宋）洪迈著，何卓点校，中华书局2006年。

浮生六记：外三种 （清）沈复著，唐昱编注，长江文艺出版社2006年。

山海经 倪泰一等编译，重庆出版社2006年。

山海经·穆天子传（古典名著普及文库） 张耘点校，岳麓书社2006年。

搜神记·世说新语（古典名著普及文库）（晋）干宝、（南朝宋）刘义庆著，钱振民点校，岳麓书社2006年。

山海经（中国传统文化精华·第1辑） 李金水主编，陕西旅游出版社2006年。

唐宋传奇集 鲁迅校录，蔡义江、蔡宛若译，小镇、吴友如绘，北方文艺出版社2006年。

＊**新译阅微草堂笔记（上中下）**（清）纪昀撰，严文儒译，台湾三民书局2006年。

唐宋传奇集全译（中国历代名著全译丛书） 鲁迅辑录，程小铭等译注，贵州人民出版社2007年。

山海经（国学今读大书院） 王学典编译，哈尔滨出版社2007年。

笑林广记（国学今读大书院）（清）游戏主人纂辑，莫铭编译，蓝天出版社2007年。

笑林广记：最新图文普及版（青少年快读中华传统文化书系）（清）游戏主人编，内蒙古文化出版社2007年。

酉阳杂俎（历代笔记名著丛书）（唐）段成式著，曹中孚点校，齐鲁书社2007年。

山海经　搜神记（国学大书院）（汉）刘歆、（晋）干宝撰，邵士梅、蒋筱波注译，三秦出版社2007年。

山海经（中国家庭基本藏书·诸子百家卷）杨淮译注，山西古籍出版社2007年。

魏晋南北朝小说（阅读中华经典）徐明编著，泰山出版社2007年。

唐宋传奇（阅读中华经典）檀战云、黄勇编著，泰山出版社2007年。

新辑搜神记　新辑搜神后记（古体小说丛刊）（晋）干宝撰，（宋）陶潜撰，李剑国辑校，中华书局2007年。

古今笑：插图本（中华经典随笔）（明）冯梦龙撰，季静评注，中华书局2007年。

古今谭概　（明）冯梦龙编著，栾保群点校，中华书局2007年。

博物志　（晋）张华编纂，张恩富译，重庆出版社2007年。

花影集　鸳渚志馀　雪窗谈异　（明）陶辅、周绍濂著，程毅中、于文藻点校，中华书局2008年。

山海经译注：图文本　陈成译注，上海古籍出版社2008年。

山海经五藏山经图译　张华著，国家图书馆出版社2008年。

笑林广记（国学经典）（清）游戏主人纂辑，白岭译，中州古籍出版社2008年。

山海经　李荣庆、马敏注译，中州古籍出版社2008年。

浮生六记（中国家庭基本藏书·笔记杂著卷）（清）沈复著，吴言生校注，三晋出版社2008年。

山海经：足本　杨淮译注，三晋出版社2008年。

山海经　郑慧生注说，河南大学出

版社2008年。

阅微草堂笔记：插图本　（清）纪昀著，万卷出版公司2008年。

山海经：插图本　（汉）刘向、刘歆编定，万卷出版公司2008年。

太平广记：插图本　（宋）李昉等编，万卷出版公司2008年。

搜神记：白话插图本　（晋）干宝撰，何意华等译注，重庆出版社2008年。

笑林广记　（清）游戏主人、程世爵编撰，重庆出版社2008年。

明清笑话集　（明）赵南星等著，周作人校订，止庵整理，中华书局2009年。

搜神记（中华经典藏书）　马银琴、周广荣译注，中华书局2009年。

山海经　方韬译注，中华书局2009年。

谈恺本《太平广记》　（宋）李昉等，国家图书馆出版社2009年。

浮生六记　（清）沈复原著，马一夫译评，吉林文史出版社2009年。

笑林广记　（清）游戏主人编，王光汉评注，安徽文艺出版社2010年。

太平广记　（宋）李昉等编著，北京燕山出版社2010年。

山海经　（晋）郭璞注，邓启铜点校，东南大学出版社2010年。

搜神记　（晋）干宝撰，《国学典藏书系》丛书编委会主编，吉林出版集团有限责任公司2010年。

山海经：珍藏版　《国学典藏书系》丛书编委会主编，吉林出版集团有限责任公司2010年。

阅微草堂笔记　（清）纪昀著，内蒙古人民出版社2010年。

阅微草堂笔记　（清）纪昀著，上海古籍出版社2010年。

阅微草堂笔记　（清）纪昀著，浙江古籍出版社2010年。

笑林广记　（清）游戏主人编，内蒙古人民出版社2010年。

浮生六记　（清）沈复著，张坤译，新世界出版社2010年。

浮生六记　（清）沈复著，苗怀明编著，中华书局2010年。

八代谈薮校笺 （隋）阳玠撰，黄大宏校笺，中华书局2010年。

搜神记（国学经典） （晋）干宝著，陶娥等注译，中州古籍出版社2010年。

搜神记（国学一本通） （晋）干宝著，刘琦译评，吉林文史出版社2010年。

浮生六记：新增补 （清）沈复著，彭令整理，人民文学出版社2010年。

新增补相剪灯新话大全　新增全相湖海新奇剪灯余话大全（中华再造善本续编） （明）瞿祐、李昌祺撰，国家图书馆出版社2010年。

阅微草堂笔记注评 （清）纪昀著，宗家注评，齐鲁书社2010年。

笑林广记 （清）游戏主人纂辑，广陵书社2011年。

山海经考释 郭世谦著，天津古籍出版社2011年。

明代文言短篇小说选译 黄敏译注，凤凰出版社2011年。

清代文言小说选译 王火青译注，凤凰出版社2011年。

唐五代笔记小说选译 严杰译注，凤凰出版社2011年。

唐人传奇选译 周晨译注，凤凰出版社2011年。

阅微草堂笔记选译 （清）纪昀著，黄国声译注，凤凰出版社2011年。

六朝志怪小说选译 肖海波、罗少卿译注，凤凰出版社2011年。

宋代传奇选译 姚松译注，凤凰出版社2011年。

唐宋传奇 程国赋注评，凤凰出版社2011年。

山海经 王青、龚世学注评，凤凰出版社2011年。

情史 （明）冯梦龙评辑，凤凰出版社2011年。

唐人豪侠小说集 汪聚应辑校，中华书局2011年。

短篇

聊斋志异拾遗 （清）蒲松龄著，民国编译书局1913年，大达图书供应社1935年。

过墟志（秘本清初记事小说）

（清）墅西逸叟著，文明书局1913年。

旧小说（万有文库） 吴曾祺编，商务印书馆1914年，1930年，1934年。

（校正）冀驹稗编 （清）汤用卿著，惜厂校正，徐廷华评，海上卧云山房1916年。

虞初志 （明）汤显祖辑，扫叶山房1917年。

聊斋志异新评 （清）蒲松龄著，王士祯评，但明伦新评，中华书局1918年。

（秘本）夜航船（札记小说）（清）庄蘧庵编著，广益书局1920年。

聊斋志异 （清）蒲松龄著，许家恩、高剑华译，时还书局1921年，1927年，1936年。

（新式标点）虞初新志 （清）张潮辑，梁溪图书馆重编，梁溪图书馆1923年。

（新式标点）宣和遗事 （宋）佚名撰，俞印民评点，交通图书馆1923年，新华书局1929年。

天启宫闱秘记（秘本小说） 虞山古香阁藏，大新书局1923年。

海虞野乘 周知非著，俞友清编，琴社发行部1924年。

巾帼英雄传 （清）管斯骏编，中华新教育社1925年。

（新编）五代史平话（标点宋人平话） （宋）佚名撰，黎烈文标点，商务印书馆1925年，1926年。

大唐三藏取经诗话（标点宋人平话） （宋）佚名撰，黎烈文标点，商务印书馆1925年。

京本通俗小说（标点宋人平话） 黎烈文标点，商务印书馆1925年，1926年。

大宋宣和遗事（标点宋人平话）（万有文库） 黎烈文标点，商务印书馆1925年，1926年，1937年，1939年。

（新式标点）虞初志 （明）汤显祖辑，陈益标点，扫叶山房书局1926年。

唐人三传 杨定宇选注，南京书店1926年。

中国短篇小说集 郑振铎编，商务

印书馆 1926 至 1933 年。

唐宋传奇集（鲁迅三十年集　鲁迅小说研究著作四种）　鲁迅校录，北新书局 1927 至 1928 年，联华书局 1934 年，鲁迅全集出版社 1941 年，文学古籍刊行社 1956 年，齐鲁书社 1997 年。

宋人话本八种　汪乃刚句读，亚东图书馆 1928 年，1929 年。

西泠故事（通俗传奇）　（清）李渔原辑，渔隐重整，六艺书局 1929 年。

游仙窟　（唐）张文成作，川岛点校，北新书局 1929 年，书目文献出版社 1989 年。

唐人传奇选（文艺小丛书）　胡朴安、胡寄尘选辑，文艺小丛书社 1930 年，1933 年。

唐人小说　汪辟疆编，神州国光社 1930 年，1932 年，1936 年，古典文学出版社 1955 年，中华书局上海编辑所 1959 年，上海古籍出版社 1978 年，1987 年。

萤窗异草　（清）长白浩歌子著，许慕羲标点批注，广益书局 1931 年。

虞初新志　（清）张潮辑，开明书店 1932 年。

聊斋志异（绣像仿宋完整本）（通俗说部丛书）（清）蒲松龄著，胡协寅校，广益书局 1932 年。

聊斋志异仁人传　（清）蒲松龄著，刘东侯选注，选注者刊，1932 年，1933 年。

虞初续志　（清）郑澍若编，商务印书馆 1933 年。

（新式标点）聊斋志异　（清）蒲松龄著，朱益明标点，广益书局 1933 年，1953 年。

中国短篇小说集　郑振铎编，商务印书馆 1933 年，1935 年。

唐人小说选　龚学明编，开华书局 1933 年。

宋人小说选　龚学明编，开华书局 1933 年。

（新式标点）今古奇观（中国古典小说名著丛书　亚东版古典小说系列）（明）抱瓮老人辑，汪乃刚句读，亚东图书馆 1933 年，海南出版社 1995 年，广州出版社 1996 年。

宣和遗事　佚名撰，何铭点校，新

文化书社 1933 年。

醒世小说 （清）石天基著，明德书局 1933 年，1941 年。

（绣像）天雨花（言情小说） （清）陶贞怀著，新文化书社 1934 年。

今世说 （清）王晫著，广智书局 1934 年。

（新式标点）笔生花 （清）心如女史著，大达图书局 1934 年。

（新式标点）虞初新志 （清）张潮辑，潘公昭标点，大达图书供应社 1934 年，1935 年。

中国历代小说选 姜亮夫编，北新书局 1934 年。

短篇小说读本（标点评注）（中学生读物） 吴瑞书评注，张一山标点，大光明书局 1934 年，中央书店 1935 年。

（新式标点）今古奇观 （明）抱瓮老人辑，启智书局 1934 年，通俗图书刊行社 1937 年。

觉世十二楼（又名：醒世名言）（醒世奇情说部）（通俗说部丛书）（清）李渔撰，胡协寅校勘，大达图书供应社 1934 年。

虞初续志（文学笔记丛书）（清）郑澍若编，周郁浩校，大达图书供应社 1935 年。

（新式标点）梦笔生花（文章游戏）（清）缪莲仙编，朱太忙标点，大达图书供应社 1935 年。

（绣像）笔生花 （清）邱心如著，商务印书馆 1935 年。

聊斋志异 （清）蒲松龄著，许啸天句读，胡冀云校阅，群学社 1935 年。

（注释）元明小说选（初中学生文库） 曹鹄雏编，中华书局 1935 年，1941 年。

（注释）唐宋小说选（初中学生文库） 曹鹄雏编，中华书局 1935 年，1941 年。

（新式标点）唐人小说选 （唐）王度等撰，三友书店 1935 年。

游仙窟（古佚小说丛刊 中国奇书丛刊）（唐）张文成著，光华书店 1935 年，千秋出版社 1936 年。

唐人创作小说选 中央书店编，储菊人校订，中央书店 1935 年。

宋人小说选　龚明学编，三友书店1935年。

宋人小说　李华卿编，神州国光社1935年。

宋人话本七种　汪乃刚句读，亚东图书馆1935年。

明人创作小说选（新式标点自修读本）中央书店编，储菊人校订，中央书店1935年。

拍案惊奇（中国文学珍本丛书）（明）凌濛初著，上海杂志公司1935年。

三公奇案（奇情分篇说部）（清）蓝鼎元等著，朱太忙标点，大达图书供应社1935年。

（新式标点）拍案惊异　（清）王浩著，启智书局1935年。

李史（记事文学说部）（清）王希廉著，周去病标点，大达图书供应社1935年。

警世通言（世界文库）（明）冯梦龙编，生活书店1936年。

醒世恒言（世界文库）（明）冯梦龙编，生活书店1936年。

石点头（中国文学珍本丛书）（明）天然痴叟著，墨憨主人评，戴望舒点校，贝叶山房1936年，1947年。

西湖二集（中国文学珍本丛书）（明）周清源著，阿英点校，贝叶山房1936年。

（注释）汉魏六朝小说选（初中学生文库）　曹鹄雏编，中华书局1936年，1941年。

传奇小说选（国文精选丛书）　胡伦清编注，正中书局1936年，1946年。

（新式标点）埋忧集（文学笔记说部）（清）朱翊清著，朱太忙标点，大达图书供应社1936年。

（新式标点）拍案惊奇（文学笔记丛书）（清）王浩著，潘敬元标点，大达图书供应社1936年。

（新式标点）萤窗异草（名著笔记小说）　（清）长白浩歌子著，薛恨生标点，新文化书社1935年。

（绣像）聊斋志异（通俗小说库）（清）蒲松龄著，沈亚公点校，中央书店1937年。

唐宋传奇选（中学国文补充读本）卢冀野选注，商务印书馆1937年，1947年。

（绣像）警世通言（精校仿宋足本）（通俗小说库）（明）冯梦龙编，沈亚公校订，中央书店1937年。

何必西厢（一名：梅花梦）（古本校正）（清）心铁道人编著，校经山房书局1937年。

晋唐小说畅观 马俊良辑，中央书局1937年。

（古本）杂事秘辛（古佚小说丛刊）（汉）无名氏著，徐行校阅，光华书店1938年。

聊斋志异拾遗（丛书集成初编）（清）蒲松龄撰，商务印书馆1939年。

古小说钩沉（鲁迅全集单行本著述之部 鲁迅三十年集）鲁迅编，鲁迅全集出版社1939年，1941年，1947年。

扬州梦（美化文学名著丛刊）（清）周生著，朱剑芒编校，世界书局1943年。

中国旧小说选 王秋萤编辑，实业印书馆1943年。

扬州梦（唐）元稹等著，人文书店1943年。

唐人小说选（少年故事丛刊） 金湛庐编，中华书局1945年。

长恨歌传（唐宋小说精选） 汪辟疆辑录，神州国光社1946年。

古镜记（唐宋小说精选） 汪辟疆辑录，神州国光社1946年。

集异记（唐宋小说精选） 汪辟疆辑录，神州国光社1946年。

玄怪录（唐宋小说精选） 汪辟疆辑录，神州国光社1946年。

历代短篇小说选 徐之棠选注，文力出版社1946年。

西湖佳话传奇（清）李渔原辑，守安编，宋经楼书店1946年。

冯玉梅团圆（唐宋小说精选） 李华卿辑录，神州国光社1946年。

合同文字记（唐宋小说精选） 李华卿编，神州国光社1946年。

神仙（白话聊斋志异）（清）蒲松龄著，陈其昌编，自强书局1947年。

凤阳士（聊斋志异之一）（清）蒲松龄著，许啸天译注，群学书店1947年。

荷花三娘子（聊斋志异之一）（清）蒲松龄著，许啸天译注，群学书店 1947 年。

花神（聊斋志异之一） （清）蒲松龄著，许啸天译注，群学书店 1947 年。

金和尚（聊斋志异之一） （清）蒲松龄著，许啸天译注，群学书店 1947 年。

巧娘（聊斋志异之一） （清）蒲松龄著，许啸天译注，群学书店 1947 年。

云萝公主（聊斋志异之一） （清）蒲松龄著，许啸天译注，群学书店 1947 年。

古今奇观节选（中华文库　民众教育） 施平阳编，中华书局 1948 年。

（古本）照世杯（古佚小说丛刊） （明）酌元亭主人著，古佚小说丛刊社 1948 年。

聊斋志异 （清）蒲松龄撰，锦章书局 1953 年，文学古籍刊行社 1955 年，商务印书馆 1957 年。

今古奇观 （明）抱瓮老人辑，尚古山房 1953 年。

虞初新志 （清）张潮辑，文学古籍刊行社 1954 年。

京本通俗小说 （宋）佚名撰，中国古典文学出版社标点，古典文学出版社 1954 年。

游仙窟 （唐）张文成撰，方诗铭校注，古典文学出版社 1955 年。

今古奇观（节本） （明）抱瓮老人辑，宝文堂书店 1955 年。

清平山堂话本 （明）洪楩编，文学古籍刊行社 1955 年。

古今小说 （明）冯梦龙编，文学古籍刊行社 1955 年。

警世通言 （明）冯梦龙编，严敦易校注，作家出版社 1956 年，人民文学出版社 1957 年，1999 年。

醒世恒言 （明）冯梦龙编撰，顾学颉校注，作家出版社 1956 年，人民文学出版社 1956 年，2001 年。

聊斋志异选（中国古典文学读本丛书） （清）蒲松龄著，张友宿主选注，人民文学出版社 1956 年，1978 年。

醉醒石（中国古典小说研究资料丛书） （清）东鲁古狂生撰，古典文学出版社 1956 年，上海古籍出版社 1986 年。

西湖佳话 （清）古吴墨浪子辑，古典文学出版社 1956 年。

照世杯（中国古典小说研究资料丛书）（清）酌元亭主人撰，古典文学出版社 1956 年，上海古籍出版社 1986 年。

清平山堂话本 （明）洪楩编，谭正璧校注，古典文学出版社 1957 年，上海古籍出版社 1987 年。

初刻拍案惊奇 （明）凌濛初撰，王古鲁辑校，古典文学出版社 1957 年，青海人民出版社 1981 年。

二刻拍案惊奇 （明）凌濛初撰，王古鲁辑校，古典文学出版社 1957 年。

石点头（中国古典小说研究资料丛书）（明）天然痴叟撰，古典文学出版社 1957 年，上海古籍出版社 1985 年。

娱目醒心编 （清）草亭老人编，汪原放点校，古典文学出版社 1957 年，上海古籍出版社 1988 年。

今古奇观 （明）抱瓮老人辑，顾学颉校注，人民文学出版社 1957 年，2002 年，浙江古籍出版社 1992 年，1998 年。

照世杯（古佚小说丛刊）（清）酌元亭主人编，古佚小说丛刊社 1957 年。

古今小说 （明）冯梦龙编，许政扬校注，人民文学出版社 1958 年，1984 年。

熊龙峰四种小说（中国古典小说研究资料丛书）（明）熊龙峰刊行，王古鲁搜录校注，古典文学出版社 1958 年，上海古籍出版社 1987 年。

西湖佳话 （清）古吴墨浪子辑，中华书局上海编辑所 1958 年。

京本通俗小说 无名氏撰，中华书局上海编辑所 1959 年。

聊斋志异：会校会注会评本（中国古典文学丛书）（清）蒲松龄撰，张友鹤辑校，中华书局 1962 年，上海古籍出版社 1978 年，1986 年，2011 年。

铸雪斋抄本聊斋志异 （清）蒲松龄撰，上海人民出版社 1974 年，上海古籍出版社 1975 年，1979 年。

＊**聊斋志异评注** （清）蒲松龄撰，王贻上评、吕叔清注，台湾新文丰出版公司 1979 年。

聊斋志异（二十四卷抄本）

（清）蒲松龄撰，齐鲁书社 1980 年。

裴铏传奇 （唐）裴铏撰，周楞伽辑注，上海古籍出版社 1980 年。

西湖佳话 （清）古吴墨浪子辑，上海古籍出版社 1980 年。

全像古今小说 （明）冯梦龙编，福建人民出版社 1980 年。

警世通言 （明）冯梦龙编，廖天敏等点校，福建人民出版社 1981 年。

醒世恒言 （明）冯梦龙编，福建人民出版社 1981 年。

今古奇观 （明）抱瓮老人辑，林梓宗点校，广东人民出版社 1981 年。

西湖二集（西湖文艺丛书）（明）周清源撰，刘耀林、徐元校注，浙江人民出版社 1981 年，1985 年。

西湖佳话（西湖文艺丛书）（清）古吴墨浪子撰，邵大成校注，浙江人民出版社 1981 年，1985 年

聊斋志异 （清）蒲松龄编，齐鲁书社 1981 年。

详注聊斋志异图咏 （清）蒲松龄撰，中国书店 1981 年。

拍案惊奇 （明）凌濛初撰，章培恒整理，王古鲁注释，上海古籍出版社 1982 年，1992 年。

二刻拍案惊奇 （明）凌濛初撰，章培恒整理，王古鲁注释，上海古籍出版社 1983 年，1992 年。

豆棚闲话（中国古典小说研究资料丛书）（清）艾衲居士编，上海古籍出版社 1983 年。

李笠翁小说十五种 （清）李渔撰，于文藻点校，浙江人民出版社 1983 年。

云仙笑（明末清初小说选刊）（清）天花主人编次，朱眉叔点校，春风文艺出版社 1983 年，1990 年。

女才子书（明末清初小说选刊）（清）鸳湖烟水散人撰，马蓉点校，春风文艺出版社 1983 年，1990 年。

豆棚闲话（中国小说史料丛书）（清）艾衲居士编撰，张敏点校，人民文学出版社 1984 年，1999 年。

五色石（明末清初小说选刊）（清）笔炼阁主人编述，萧欣桥点校，春风文艺出版社 1985 年。

鸳鸯针（明末清初小说选刊）（清）华阳散人编辑，李昭恂点校，

春风文艺出版社 1985 年。

女聊斋志异（清代笔记小说丛刊　历代笔记小说丛书）（清）贾茗辑，廖东点校，齐鲁书社 1985 年，2004 年。

萤窗异草（清代笔记小说丛刊　历代笔记小说丛书）（清）长白浩歌子撰，刘连庚点校，齐鲁书社 1985 年，2004 年。

绘图今古奇观（明）抱瓮老人辑，齐鲁书社 1985 年。

八洞天（文史哲研究资料丛书）（清）五色石主人著，陈翔华、萧欣桥点校，书目文献出版社 1985 年。

师旷（古小说辑佚）（周）师旷撰，卢文晖辑注，上海古籍出版社 1985 年。

拍案惊奇（明）凌濛初撰，章培恒整理，上海古籍出版社 1985 年。

二刻拍案惊奇（明）凌濛初撰，上海古籍出版社 1985 年，1988 年。

喻世明言（明）冯梦龙编，赵俊介、文飞校注，陕西人民出版社 1985 年，1992 年。

警世通言（明）冯梦龙编，钟仁校注，陕西人民出版社 1985 年，1992 年。

醒世恒言（明）冯梦龙编，钟仁校注，陕西人民出版社 1985 年，1992 年。

初刻拍案惊奇（明）凌濛初撰，海峡文艺出版社 1985 年。

二刻拍案惊奇（明）凌濛初撰，海峡文艺出版社 1985 年。

石点头（明）天然痴叟撰，王鸿芦点校，中州古籍出版社 1985 年。

醉醒石（清）东鲁古狂生撰，何权衡点校，中州古籍出版社 1985 年。

照世杯（清）酌元亭主人撰，张琳点校，中州古籍出版社 1985 年。

西湖拾遗（清）陈树基撰，邵大成校注，浙江古籍出版社 1985 年。

笔炼阁小说十种（清）笔炼阁主人撰，陈翔华、萧欣桥点校，浙江文艺出版社 1985 年。

虞初新志（清）张潮辑，河北人民出版社 1985 年，2001 年。

虞初志（明）袁宏道参评、屠隆点阅，中国书店 1986 年。

虞初续志 （清）郑醒愚辑阅，中国书店 1986 年。

虞初志（虞初志合集之一） （明）陆采辑，上海书店 1986 年。

虞初新志（虞初志合集之二）（清）张潮辑，上海书店 1986 年。

虞初续志（虞初志合集之三）（清）郑澍若编，上海书店 1986 年。

虞初支志（虞初志合集之四） 王葆心编，上海书店 1986 年。

虞初近志（虞初志合集之五） 胡怀琛编，上海书店 1986 年。

虞初广志（虞初志合集之六） 姜泣群选辑，杨南邨评订，上海书店 1986 年。

十二楼（中国古典小说研究资料丛书）（清）李渔撰，萧容标校，上海古籍出版社 1986 年。

十二楼（中国小说史料丛书）（清）李渔撰、杜濬评，文骁点校，人民文学出版社 1986 年，1999 年。

石点头（中国小说研究资料丛书）（明）天然痴叟撰，内蒙古人民出版社 1986 年，2000 年。

聊斋佚文辑注 蒲松龄纪念馆编，盛伟辑注，齐鲁书社 1986 年。

古代中篇小说 （清）天花藏主人等编撰，关非蒙等点校，浙江古籍出版社 1986 年。

萤窗异草 （清）长白浩歌子撰，孟庆锡点校，中州古籍出版社 1986 年，1987 年。

宋元小说话本集（宋元话本总集）欧阳健、萧相恺编订，中州古籍出版社 1987 年，1991 年。

古今小说（冯梦龙全集） （明）冯梦龙编，上海古籍出版社 1987 年，1993 年。

警世通言（冯梦龙全集） （明）冯梦龙编，上海古籍出版社 1987 年，1993 年。

醒世恒言（冯梦龙全集） （明）冯梦龙编，上海古籍出版社 1987 年，1993 年。

三刻拍案惊奇 （明）西湖浪子、梦觉道人辑，宋惕冰等点校，北京燕山出版社 1987 年。

三刻拍案惊奇 （明）梦觉道人、西湖浪子辑，张荣起整理，北京大学出版社 1987 年。

华夏奇女魂 （清）古吴靓芬女史贾茗辑，夏麟书、王笑云校注，黑龙江人民出版社 1987 年。

后聊斋志异 （清）王韬撰，张宏渊点校，甘肃人民出版社 1987 年。

后聊斋志异（古代笔记小说精华丛书）（清）王韬撰，张志春、刘欣中选，花山文艺出版社 1987 年。

高力士外传 韩春恒注译，春风文艺出版社 1987 年。

生绡剪（明末清初小说选刊） 李落、苗壮点校，春风文艺出版社 1987 年。

京本通俗小说 无名氏撰，文学古籍刊行社 1987 年。

白兔记简注（中国古典文学普及丛书） （明）无名氏撰，俞海宜注释，宝文堂书店 1988 年。

后聊斋志异全译详注 （清）王韬撰，王彬等译注，黑龙江人民出版社 1988 年。

宋人话本七种 亚东图书馆辑，中国书店 1988 年。

全图今古奇观 （明）抱瓮老人辑，中国书店 1988 年。

初刻拍案惊奇·二刻拍案惊奇（古典名著普及文库） （明）凌濛初撰，秦旭卿标点，岳麓书社 1988 年，2002 年。

连城璧 （清）李渔撰，于文藻点校，浙江古籍出版社 1988 年。

跻春台 （清）刘省三撰，张庆善整理，百花文艺出版社 1988 年，1990 年。

今古奇闻 （清）王冶梅选，李禾点校，齐鲁书社 1988 年。

聊斋志异 （清）蒲松龄撰，俞驾征等点校，浙江古籍出版社 1989 年，2002 年。

萤窗异草 （清）长白浩歌子撰，冯裳、萧逸点校，上海古籍出版社 1989 年。

全本新注聊斋志异（中国古典文学读本丛书） （清）蒲松龄撰，朱其铠、李茂肃、李伯齐、牟通校注，人民文学出版社 1989 年，1997 年。

虞初续志（明清文言小说选刊） （清）郑澍若编，江南、王月点校，中州古籍出版社 1989 年。

国色天香（明人编刊小说总集） （明）吴敬所编辑，杜维沫、王丽娜点校，春风文艺出版社 1989 年。

欢喜冤家（明末清初小说选刊）（明）西湖渔隐主人编，周有德等点校，春风文艺出版社 1989 年，1994 年。

三言 （明）冯梦龙编，龙华标点，岳麓书社 1989 年。

喻世明言（古典名著普及文库）（明）冯梦龙编，龙华标点，岳麓书社 1989 年，1993 年。

西湖二集（中国小说史料丛书）（明）周清源撰，周楞伽整理，人民文学出版社 1989 年，1999 年。

无声戏（中国小说史料丛书）（清）李渔撰、杜濬批评，丁锡根点校，人民文学出版社 1989 年，1999 年。

二刻醒世恒言 （清）心远主人撰，张荣起校订，北京大学出版社 1990 年。

元刊全相平话五种校注 钟兆华著，巴蜀书社 1990 年。

清平山堂话本（中国话本大系）（明）洪楩撰，石昌渝点校，江苏古籍出版社 1990 年。

熊龙峰刊行小说四种（中国话本大系）（明）熊龙峰等撰，石昌渝点校，江苏古籍出版社 1990 年。

初刻拍案惊奇（中国话本大系）（明）凌濛初撰，石昌渝点校，江苏古籍出版社 1990 年。

二刻拍案惊奇（中国话本大系）（明）凌濛初撰，石昌渝点校，江苏古籍出版社 1990 年，1995 年。

萤窗异草（中国小说史料丛书）（清）长白浩歌子撰，冯伟民点校，人民文学出版社 1990 年，1999 年。

古今宫闱秘记（中国笔记小说文库） 进步书局编辑所编，上海文艺出版社 1990 年。

喻世明言 （明）冯梦龙编，辛普点校，河北人民出版社 1990 年，1992 年。

警世通言 （明）冯梦龙编，柳笛点校，河北人民出版社 1990 年。

醒世恒言 （明）冯梦龙编，柳笛点校，河北人民出版社 1990 年。

白话聊斋（古典名著今译读本）（清）蒲松龄撰，萧艾等译注，岳麓书社 1990 年，2001 年。

续聊斋三种 （清）荆园居士等撰，陈久仁等点校，南海出版公司1990年。

聊斋志异话本集 关德栋辑校，齐鲁书社1991年。

后聊斋志异（中国神怪小说大系）（清）王韬撰，陈力点校，巴蜀书社1991年。

古今情海（中国笔记小说文库）曹绣君编，上海文艺出版社1991年，1997年。

今古奇观 （明）抱瓮老人辑，长江文艺出版社1991年。

纂异记 甘泽谣 （唐）李玫、袁郊撰，李宗为点校，上海古籍出版社1991年。

京本通俗小说（中国话本大系）无名氏撰，程毅中、程有庆点校，江苏古籍出版社1991年。

古今小说（中国话本大系）（明）冯梦龙编撰，魏同贤点校，江苏古籍出版社1991年，1993年（冯梦龙全集）。

警世通言（中国话本大系 冯梦龙全集）（明）冯梦龙撰，魏同贤点校，江苏古籍出版社1991年，1993年，1995年。

醒世恒言（中国话本大系 冯梦龙全集）（明）冯梦龙编刊，魏同贤点校，江苏古籍出版社1991年，1993年。

觉世名言十二楼（中国话本大系）（清）李渔撰，崔子恩点校，江苏古籍出版社1991年。

醒世恒言（冯梦龙丛书）（明）冯梦龙编，海峡文艺出版社1991年。

拍案惊奇 （明）凌濛初撰，陈迩冬、郭隽杰校注，人民文学出版社1991年，1999年。

白话警世通言赏析（中国古代文学史赏析丛书）（明）冯梦龙著，叶桂刚、王贵元主编，中央广播电视大学出版社1991年。

后聊斋志异 （清）王韬撰，朱世滋等点校，北京燕山出版社1992年。

醒世奇言（又名醒梦骈言）（清）菊畦子辑，海波点校，北京燕山出版社1992年。

三言合集 （明）冯梦龙编，花山文艺出版社1992年。

二拍合集 （明）凌濛初撰，花山文艺出版社 1992 年。

江湖奇闻杜骗新书 （明）张应俞撰，孟昭连整理，百花文艺出版社 1992 年。

三言（中国古典文学名著白话精选文库）（明）冯梦龙撰，门冀华、贾战江编译，沈阳出版社 1992 年。

拍案惊奇（中国古典文学名著白话精选文库）（明）凌濛初撰，贺乃贤编译，沈阳出版社 1992 年。

拍案惊奇 （明）凌濛初撰，丁放鸣等标点，海南出版社 1992 年。

二刻拍案惊奇 （明）凌濛初撰，丁放鸣等标点，海南出版社 1992 年。

警世通言（十大古典白话短篇小说）（明）冯梦龙编，曹光甫标校，上海古籍出版社 1992 年，1995 年。

醒世恒言（十大古典白话短篇小说）（明）冯梦龙编，丁如明标校，上海古籍出版社 1992 年，1995 年。

新评警世通言 （明）冯梦龙纂辑，钱伯城评点，上海古籍出版社 1992 年。

清平山堂话本（十大古典白话短篇小说）（明）洪楩编，王一工标校，上海古籍出版社 1992 年，1995 年。

古今小说（十大古典白话短篇小说）（明）冯梦龙编撰，恒鹤等标校，上海古籍出版社 1992 年。

醉醒石（十大古典白话短篇小说）（清）东鲁古狂生编，秋谷标点，上海古籍出版社 1992 年，1995 年。

二刻拍案惊奇（十大古典白话短篇小说 中国古典小说名著丛书）（明）凌濛初撰，王根林标校，上海古籍出版社 1992 年，1995 年，1997 年，1998 年。

今古奇观（十大古典白话短篇小说）（明）抱瓮老人编，冯裳标校，上海古籍出版社 1992 年，1995 年。

连城璧（十大古典白话短篇小说）（清）李渔撰，孟斐标点，上海古籍出版社 1992 年，1995 年。

十二楼（十大古典白话短篇小说）（清）李渔撰，钟夫标校，上海古籍出版社 1992 年，1995 年。

拍案惊奇 （明）凌濛初撰，姜襄国、许获鹿校注，河北人民出版社 1992 年。

二刻拍案惊奇 （明）凌濛初撰，姜襄国、许获鹿校注，河北人民出版社1992年。

别本拍案惊奇 （明）即空观主人编次，苗壮、柳舒校注，广西人民出版社1992年。

欢喜冤家（北京师范大学图书馆藏珍稀小说选刊）（清）西湖渔隐主人撰，于天池、李书点校，北京师范大学出版社1992年。

今古奇观（明清绘图古典小说书系）（明）抱瓮老人辑，廖东点校，岳麓书社1992年，齐鲁书社2003年。

女聊斋 （清）贾茗辑录，曲熹光、陈震声编译，哈尔滨出版社1993年，1994年。

今古奇观 （明）抱瓮老人辑，贵州人民出版社1993年，海南出版社1993年。

三刻拍案惊奇 （明）梦觉道人、西湖浪子辑，海南出版社1993年。

今古奇观 （明）抱瓮老人辑，冯保善校注，中州古籍出版社1993年。

无声戏（明清艳情小说珍品）（清）李渔撰，纲领点校，中州古籍出版社1993年。

醒世奇言（明清艳情小说珍品）（清）菊畦子编，弦生点校，中州古籍出版社1993年。

风流悟（明清艳情小说珍品）（清）坐花散人编辑，程匡点校，中州古籍出版社1993年。

贪欢报（明清佳作足本丛刊）（明）西湖渔隐主人撰，王欣点校，人民中国出版社1993年。

贪欢报 （明）西湖渔隐主人撰，崔奇点校，北岳文艺出版社1993年。

十二楼 （清）李渔撰、杜濬评，王莹点校，中原农民出版社1993年。

国色天香　醋葫芦（明清艳情小说丛书）（清）醉月山人、（明）伏雌教主笔，汪晓志、辛泽点校，朝华出版社1993年。

艳镜·金石缘全传（明清艳情小说丛书）（明）渔隐主人笔，汪晓志点校，（清）无名氏笔，黄平点校，朝华出版社1993年。

三言（喻世明言·警世通言·醒

世恒言）（珍本中国古典小说十大名著丛书）（明）冯梦龙编，华斋点校，春风文艺出版社 1993 年。

二拍（初刻拍案惊奇·二刻拍案惊奇）（珍本中国古典小说十大名著丛书）（明）凌濛初撰，东铮点校，春风文艺出版社 1993 年。

三言（中国古典小说普及丛书）（明）冯梦龙撰，梁成等点校，齐鲁书社 1993 年，1999 年。

二拍（拍案惊奇·二刻拍案惊奇）（中国古典小说普及丛书）（明）凌濛初编撰，尚乾等点校，齐鲁书社 1993 年，2000 年。

三言 （明）冯梦龙撰，萧欣桥、陈庆惠等点校，浙江古籍出版社 1993 年，1995 年。

两拍 （明）凌濛初撰，孙逊，李时人点校，浙江古籍出版社 1993 年，1995 年。

型世言 （明）陆人龙编，萧欣桥点校，浙江古籍出版社 1993 年。

别本二刻拍案惊奇（明清孤本稀本小说选刊）（明）凌濛初等撰，萧相恺点校，浙江古籍出版社 1993 年。

京本通俗小说（古典名著普及文库） 周甲禄点校，岳麓书社 1993 年。

警世通言 （明）冯梦龙撰，龙华标点，岳麓书社 1993 年。

醒世恒言 （明）冯梦龙编，龙华标点，岳麓书社 1993 年。

初刻拍案惊奇（古典名著普及文库）（明）凌濛初撰，秦旭卿标点，岳麓书社 1993 年。

型世言（古典名著普及文库）（明）陆人龙撰，吴琼点校，岳麓书社 1993 年。

三刻拍案惊奇 （明）梦觉道人、西湖浪子辑，尹一士点校，岳麓书社 1993 年。

欢喜冤家 （明）西湖渔隐主人编，石流点校，岳麓书社 1993 年。

石点头 （明）天然痴叟撰，竹官点校，岳麓书社 1993 年。

型世言（中国话本大系）（明）陆人龙编撰，陈庆浩点校，江苏古籍出版社 1993 年。

西湖佳话等三种（中国话本大系）（清）古吴墨浪子等编撰，袁世硕等点校，江苏古籍出版社 1993 年。

五色石　八洞天（中国话本大系）（清）笔炼阁主人、五色石主人撰，萧欣桥、陈翔华点校，江苏古籍出版社 1993 年。

珍珠舶等四种（中国话本大系）（清）徐震等撰，丁炳麟等点校，江苏古籍出版社 1993 年。

豆棚闲话·照世杯·西湖佳话（中国话本小说）（清）艾衲居士等编，张道勤等点校，江苏古籍出版社 1993 年。

喻世明言　（明）冯梦龙编撰，宁宗一校注，百花文艺出版社 1993 年。

警世通言　（明）冯梦龙编撰，朱一玄、宋常立校注，百花文艺出版社 1993 年。

醒世恒言　（明）冯梦龙编撰，罗郢校注，百花文艺出版社 1993 年。

初刻拍案惊奇　（明）凌濛初撰，卜键等校注，百花文艺出版社 1993 年。

二刻拍案惊奇（中国古典文学名著）（明）凌濛初撰，辛泽校注，百花文艺出版社 1993 年。

喻世明言　（明）冯梦龙编，任铎点校，陕西人民出版社 1993 年。

警世通言　（明）冯梦龙编，任铎点校，陕西人民出版社 1993 年。

醒世恒言　（明）冯梦龙编，任铎点校，陕西人民出版社 1993 年。

二刻拍案惊奇　（明）凌濛初撰，陈伟点校，陕西人民出版社 1993 年。

喻世明言（中国古典文学名著）（明）冯梦龙编纂，张文衡等点校，河北人民出版社 1993 年。

警世通言（中国古典文学名著）（明）冯梦龙编纂，张文衡等点校，河北人民出版社 1993 年。

醒世恒言（中国古典文学名著）（明）冯梦龙编纂，张文衡等点校，河北人民出版社 1993 年。

初刻拍案惊奇（中国古典文学名著）（明）凌濛初撰，廖炳然等点校，河北人民出版社 1993 年。

二刻拍案惊奇（中国古典文学名著）（明）凌濛初撰，廖炳然等点校，河北人民出版社 1993 年。

警世通言（中国古典文学名著丛

书）（明）冯梦龙编，散情主人点校，三秦出版社1993年，1997年。

拍案惊奇（中国古典文学名著丛书）（明）凌濛初撰，散情主人点校，三秦出版社1993年，1996年。

二刻拍案惊奇（中国古典文学名著丛书）（明）凌濛初撰，散情主人点校，三秦出版社1993年。

喻世明言　（明）冯梦龙编，袁仲麟校注，北方文艺出版社1993年，1994年。

警世通言　（明）冯梦龙编，姚凤林、梅庆吉校注，北方文艺出版社1993年，1994年。

醒世恒言　（明）冯梦龙编，梅庆吉、高鲲校注，北方文艺出版社1993年，1994年。

初刻拍案惊奇　（明）凌濛初撰，梅庆吉校注，北方文艺出版社1993年。

二刻拍案惊奇　（明）凌濛初撰，梅庆吉、姚洪滨校注，北方文艺出版社1993年，1994年。

初刻拍案惊奇　二刻拍案惊奇（明）凌濛初撰，梅庆吉校注，北方文艺出版社1993年，1994年。

型世言　（明）陆人龙编撰，齐裕焜、陈节点校，海峡文艺出版社1993年。

型世言（峥霄馆评定通俗演义）（明）陆人龙编撰，于润琦校订，作家出版社1993年。

型世言　（明）陆人龙撰，孙一珍校，四川文艺出版社1993年。

三言二拍精华　（明）冯梦龙、凌濛初撰，田翁编选，中原农民出版社1993年。

三言精华（古典文学名著评点系列）（明）冯梦龙著，高晓声评点，漓江出版社1994年。

三刻拍案惊奇（中国古典文学名著丛书）（明）梦觉道人、西湖浪子辑，赵望秦、原非整理，三秦出版社1994年，1996年。

二拍（家藏精品书系）（明）凌濛初撰，曾德安点注，中国友谊出版公司1994年，1995年。

聊斋志异（中国古典小说名著）（清）蒲松龄撰，董文成整理，辽沈书社1994年。

绣像全本聊斋志异（中国古典名著绣像全本）（清）蒲松龄撰，徐徐、李晓路点校，辽沈书社1994年。

聊斋志异（清代四大小说）（清）蒲松龄撰，袁健等点校，齐鲁书社1994年，1997年。

观世音应验记（三种）（南朝宋）傅亮、张演、（南朝齐）陆杲撰，孙昌武点校，中华书局1994年。

今古奇观（明）抱瓮老人辑，林莽等校注，河北人民出版社1994年。

连城璧（清代世情系列）（清）李渔撰，花山文艺出版社1994年。

觉世名言（清代世情系列）（清）李渔撰，花山文艺出版社1994年。

绣谷春容（中国话本大系）（明）赤心子、吴敬所编撰，俞为民点校，江苏古籍出版社1994年。

石点头等三种（中国话本大系）（明）天然痴叟撰，弦声点校，江苏古籍出版社1994年。

西湖二集（中国话本大系）（明）周楫撰，陈美林点校，江苏古籍出版社1994年。

古今情海（白话古今奇闻秘事丛书）曹绣君编，刘玉瑛、梅敬忠主编，吉林文史出版社1994年。

江湖奇闻杜骗新书（明清文言小说选刊）（明）张应俞撰，廖东校注，中州古籍出版社1994年。

连城璧（明清艳情小说精选系列）（清）李渔撰，王松真点校，中州古籍出版社1994年。

醒世奇言·照世杯（明清艳情小说精选系列）（清）守朴翁、酌元亭主人编次，李莉点校，中州古籍出版社1994年。

喻世明言（中国古典文学名著）（明）冯梦龙编，杨惠文注，同心出版社1994年。

警世通言（中国古典文学名著）（明）冯梦龙编，杨惠文注，同心出版社1994年。

醒世恒言（中国古典文学名著）（明）冯梦龙编，杨惠文注，同心出版社1994年。

喻世明言（明）冯梦龙编刊，陈曦钟校注，北京十月文艺出版社1994年，2004年。

警世通言（明）冯梦龙编刊，吴

书荫校注，北京十月文艺出版社 1994 年，2004 年。

醒世恒言　（明）冯梦龙编刊，张明高校注，北京十月文艺出版社 1994 年。

拍案惊奇　（明）凌濛初撰，石树人点校，北京十月文艺出版社 1994 年，2004 年。

拍案惊奇续编　听风堂主人选编，北京十月文艺出版社 1994 年。

二刻拍案惊奇　（明）凌濛初撰，石树人点校，北京十月文艺出版社 1994 年，2004 年。

喻世明言　（明）冯梦龙编，北京十月文艺出版社 1994 年。

喻世明言续编　听风堂主人选编，北京十月文艺出版社 1994 年。

喻世明言　（明）冯梦龙撰，曾胡编译，张明点校，警官教育出版社 1994 年。

白话警世通言　（明）冯梦龙撰，曾胡编译，警官教育出版社 1994 年。

醒世恒言　（明）冯梦龙撰，曾胡编译，张明点校，警官教育出版社 1994 年。

白话初刻拍案惊奇　（明）凌濛初撰，叶乡编译，警官教育出版社 1994 年。

白话二刻拍案惊奇　（明）凌濛初撰，叶乡编译，警官教育出版社 1994 年。

喻世明言（中国古典文学名著全本·珍藏丛书）　（明）冯梦龙编纂，韩江点注，沈阳出版社 1994 年。

警世通言（中国古典文学名著全本·珍藏丛书）　（明）冯梦龙编纂，韩江点注，沈阳出版社 1994 年。

拍案惊奇（中国古典文学名著全本·珍藏丛书）　（明）凌濛初撰，岱安点注，沈阳出版社 1994 年。

二刻拍案惊奇（中国古典文学名著全本·珍藏丛书）　（明）凌濛初撰，岱安点注，沈阳出版社 1994 年。

喻世明言　（明）冯梦龙编，司徒江河编译，黑龙江人民出版社 1994 年。

警世通言　（明）冯梦龙编，司徒江河编译，黑龙江人民出版社 1994 年。

醒世恒言　（明）冯梦龙编，司徒江河编译，黑龙江人民出版社1994年。

初刻拍案惊奇　（明）凌濛初撰，司徒江河编译，黑龙江人民出版社1994年。

二刻拍案惊奇　（明）凌濛初撰，司徒江河编译，黑龙江人民出版社1994年。

觉世名言（古代小说禁书系列）（清）李渔撰，楚材选注，漓江出版社1994年。

悲喜姻缘（明清白话言情小说）（清）李渔等撰，巴人编校，成都出版社1994年。

二刻喻世明言　（清）菊畦子撰，刘真伦、岳珍点校，湖南文艺出版社1994年。

二刻警世通言　（清）东壁山房主人撰，刘真伦、岳珍点校，湖南文艺出版社1994年。

二刻醒世恒言　（清）心远主人撰，刘真伦、岳珍点校，湖南文艺出版社1994年。

白话全本聊斋志异（十大文言短篇小说今译）（清）蒲松龄撰，丁如明等译，上海古籍出版社1995年。

白话全本后聊斋志异（十大文言短篇小说今译）（清）王韬撰，曹庆霖等译，上海古籍出版社1995年。

白话全本唐宋传奇集（十大文言短篇小说今译）鲁迅校录，蔡义江、蔡宛若今译，上海古籍出版社1995年。

白话全本萤窗异草（十大文言短篇小说今译）（清）长白浩歌子撰，邬国平、刘明今、郑利华译，上海古籍出版社1995年。

拍案惊奇（十大古典白话短篇小说名家绘图珍藏全本三言二拍　中国古典小说名著丛书）（明）凌濛初撰，冷时峻标校，上海古籍出版社1995年，1997年，1998年。

聊斋志异（中国古代文学名著点评丛书）（清）蒲松龄撰，雷树田点评，陕西人民出版社1995年。

聊斋志异（传世名著：中国古典小说系列丛书）（清）蒲松龄撰，长春出版社1995年。

三言（中国古典小说系列丛书）（明）冯梦龙编，长春出版社1995年。

初刻拍案惊奇　二刻拍案惊奇（传世名著：中国古典小说系列丛书）（明）凌濛初撰，长春出版社1995年。

三言（中国古典文学菁华便携文库）（明）冯梦龙编撰，艾克等点校，文化艺术出版社1995年。

二拍（初刻拍案惊奇·二刻拍案惊奇）（中国古典文学菁华便携文库）（明）凌濛初编撰，文化艺术出版社1995年。

喻世明言　（明）冯梦龙编纂，赵俊玠等校注，四川文艺出版社1995年。

拍案惊奇（新校点本）　（明）凌濛初撰，李琏生、李桂峰校注，四川文艺出版社1995年。

喻世明言（中国话本大系）（明）冯梦龙撰，魏同贤点校，江苏古籍出版社1995年。

喻世明言（全本三言二拍）（明）冯梦龙编撰，梁成点校，齐鲁书社1995年。

警世通言（三言二拍）（明）冯梦龙编撰，余雨点校，齐鲁书社1995年。

醒世恒言（全本三言二拍）（明）冯梦龙编撰，郝力点校，齐鲁书社1995年。

拍案惊奇（全本三言二拍）（明）凌濛初撰，尚乾、文古点校，齐鲁书社1995年。

二刻拍案惊奇（全本三言二拍豪华本）（明）凌濛初撰，尚乾、文古点校，齐鲁书社1995年。

型世言（中国古典小说普及丛书）（明）陆人龙编，崔恩烈、田禾点校，齐鲁书社1995年。

初刻拍案惊奇（中国古典小说名著珍藏本）（明）凌濛初撰，吉林文史出版社1995年，2000年。

二刻拍案惊奇（中国古典小说名著珍藏本）（明）凌濛初撰，吉林文史出版社1995年，2000年。

二刻拍案惊奇（中国古典小说名著袖珍本）（明）凌濛初撰，吉林文史出版社1995年。

醒世恒言（中国古典文学名著·珍藏丛书）（明）冯梦龙编纂，韩江点注，沈阳出版社1995年。

萤窗异草（中国古典小说名著）（清）长白浩歌子撰，董文成整理，辽沈书社 1995 年。

觉世名言（中国古典小说名著）（清）李渔撰，董文成整理，辽沈书社 1995 年。

三言二拍佳篇鉴赏 （明）冯梦龙、凌濛初著，陈昌恒、阮忠主编，武汉出版社 1995 年。

志异续编 （清）青城子编，中国书店 1996 年。

萤窗异草（笔记小说精品丛书）（清）长白浩歌子撰，陈果标点，重庆出版社 1996 年，2005 年。

三言 （明）冯梦龙编，张虹、宋是邦点校，湖北人民出版社 1996 年。

警世通言（名家绘图珍藏全本三言二拍 中国古典小说名著丛书）（明）冯梦龙编撰，秋谷点校，上海古籍出版社 1996 年，1998 年。

喻世明言（名家绘图珍藏全本三言二拍 中国古典小说名著丛书）（明）冯梦龙编撰，傅成点校，上海古籍出版社 1996 年，1998 年。

醒世恒言（名家绘图珍藏全本三言二拍 中国古典小说名著丛书）（明）冯梦龙编撰，阳羡生点校，上海古籍出版社 1996 年，1998 年。

拍案惊奇（名家绘图珍藏全本三言二拍 中国古典小说名著丛书）（明）凌濛初编，冷时峻点校，上海古籍出版社 1996 年，1998 年。

二刻拍案惊奇（名家绘图珍藏全本三言二拍 中国古典小说名著丛书）（明）凌濛初编，王根林点校，上海古籍出版社 1996 年，1998 年。

二拍 （明）凌濛初编，罗积勇、余赫烈点校，湖北人民出版社 1996 年。

喻世明言 （明）冯梦龙编纂，庄葳、郭群一校注，中州古籍出版社 1996 年。

警世通言 （明）冯梦龙编纂，庄葳、郭群一校注，中州古籍出版社 1996 年。

醒世恒言 （明）冯梦龙编纂，张兵、储玲珍点校，中州古籍出版社 1996 年。

拍案惊奇 （明）凌濛初撰，许建中点校，中州古籍出版社 1996 年。

二刻拍案惊奇 （明）凌濛初撰，许建中点校，中州古籍出版社 1996 年。

三刻拍案惊奇 （明）梦觉道人、西湖浪子辑，卫绍生、张建航点校，中州古籍出版社 1996 年。

宋人话本（亚东版古典小说系列）汪乃刚点校，广州出版社 1996 年。

十二楼（亚东版古典小说系列）（清）李渔撰，汪协如句读，亚东图书馆 1949 年，广州出版社 1996 年。

今古奇观（鲁迅选评中国古代通俗小说丛书）（明）抱瓮老人撰，山西古籍出版社 1996 年。

今古奇观（中国古典名著文库）（明）抱瓮老人编，新疆人民出版社 1996 年。

今古奇观 （明）抱瓮老人编，江苏广陵古籍刻印社 1996 年。

跻春台（中国话本大系）（清）刘省三编辑，蔡敦勇点校，江苏古籍出版社 1996 年。

拍案惊奇（中国古典文学名著）（明）凌濛初撰，杨惠文注，同心出版社 1996 年。

二刻拍案惊奇（中国古典文学名著）（明）凌濛初撰，杨惠文注，同心出版社 1996 年。

初刻拍案惊奇　二刻拍案惊奇（中国古典文学名著）（明）凌濛初撰，王继权点校，百花洲文艺出版社 1996 年。

二刻拍案惊奇 （明）凌濛初撰，陈迩冬、郭隽杰校注，人民文学出版社 1996 年，1999 年。

小说名画大观（北京图书馆藏珍本小说丛刊） 胡寄尘编，书目文献出版社 1996 年。

唐五代传奇集 李格非、吴志达主编，吴志达等选注，中州古籍出版社 1997 年。

大唐三藏取经诗话校注 李时人、蔡镜浩校注，中华书局 1997 年。

聊斋志异（中国古典小说精粹）（清）蒲松龄撰，黑龙江人民出版社 1997 年。

萤窗异草（中国古典小说精粹）（清）长白浩歌子撰，黑龙江人民出版社 1997 年。

聊斋志异（文白对照）（清）蒲松龄撰，马辉编译，黄山书社 1997 年。

聊斋志异（中国古典文学名著）（清）蒲松龄撰，白岚玲、虚舟注，北京十月文艺出版社 1997 年。

聊斋志异续编 石正人选编，北京十月文艺出版社 1997 年。

今评新注聊斋志异（今评新注古典文学珍丛）（清）蒲松龄撰，牧惠评注，湖南文艺出版社 1997 年。

绘图聊斋志异（中国古典文学名著丛书）（清）蒲松龄撰，张武智等点校，三秦出版社 1997 年。

喻世明言（中国古典文学名著丛书）（明）冯梦龙编，散情主人点校，三秦出版社 1997 年，2003 年。

醒世恒言（中国古典文学名著丛书）（明）冯梦龙编，散情主人点校，三秦出版社 1997 年，2003 年。

型世言（明清通俗小说系列）（明）陆人龙撰，石仁和点校，三秦出版社 1997 年。

觉世名言（明清通俗小说系列）（清）李渔撰，石仁和点校，三秦出版社 1997 年。

喻世明言（学生版中国古典文学名著）（明）冯梦龙编，知识出版社 1997 年。

醒世恒言（学生版中国古典文学名著）（明）冯梦龙编，知识出版社 1997 年。

喻世明言（中国古典文学名著）（明）冯梦龙编，知识出版社 1997 年。

警世通言（中国古典文学名著）（明）冯梦龙编，知识出版社 1997 年，2001 年。

喻世明言（百部中国古典名著）（明）冯梦龙编撰，萧欣桥、萧尚兵点校，浙江古籍出版社 1997 年，1998 年。

警世通言（百部中国古典名著）（明）冯梦龙编撰，俞驾征、郑小军点校，浙江古籍出版社 1997 年，1998 年。

醒世恒言（百部中国古典名著）（明）冯梦龙编撰，陈庆惠点校，浙江古籍出版社 1997 年，1998 年。

拍案惊奇（百部中国古典名著）（明）凌濛初撰，李时人点校，浙江古籍出版社 1997 年，1998 年。

二刻拍案惊奇（中国古典小说名著）（明）凌濛初撰，孙逊、李时人点校，浙江古籍出版社 1997 年，1998 年。

今古奇观（珍图古典小说名著丛书）（明）抱瓮老人辑，王太原、刘一萍点校，湖南文艺出版社 1997 年。

聊斋志异（博士伴读 1+1 大系中国古典文学名著小说精品集）（清）蒲松龄撰，杜群静校注，团结出版社 1998 年。

聊斋志异（古典名著普及文库）（清）蒲松龄撰，张式铭标点，岳麓书社 1998 年，2002 年。

聊斋志异（中国古典小说名著丛书）（清）蒲松龄撰，钟夫点校，上海古籍出版社 1998 年，2001 年。

新警世通言（真本明清中篇市井小说） 刘真伦点校，花城出版社 1998 年。

国色天香（中国古典小说大系）（明）吴敬所撰，大众文艺出版社 1998 年。

欢喜冤家（中国古典小说大系）（清）西湖渔隐人撰，大众文艺出版社 1998 年。

国色天香　赵飞燕外传（外二种）（古典绣像禁毁艳情小说珍品）（明）吴敬所等编，吉林文史出版社 1999 年。

喻世明言（中国古典文学名著）（明）冯梦龙编，吉林文史出版社 1999 年。

警世通言（中国古典文学名著）（明）冯梦龙编，吉林文史出版社 1999 年。

初刻拍案惊奇（中国古典文学名著）（明）凌濛初撰，吉林文史出版社 1999 年。

二刻拍案惊奇（中国古典文学名著）（明）凌濛初撰，吉林文史出版社 1999 年。

欢喜冤家　八段锦（古典绣像禁毁艳情小说）（明）西湖渔隐主人、醒世居士撰，吉林文史出版社 1999 年。

十二楼　连城璧（古典绣像禁毁艳情小说）（清）李渔撰，吉林文史出版社 1999 年。

型世言评注（名家评点名著）（明）陆人龙撰，陈庆浩点校，王锳、吴书荫注释，新华出版社 1999 年。

聊斋志异（清）蒲松龄撰，陈伯图点校，中州古籍出版社 2000 年。

聊斋志异（清）蒲松龄撰，江苏

广陵古籍刻印社 2000 年。

全校会注集评聊斋志异 （清）蒲松龄撰，任笃行辑校，齐鲁书社 2000 年。

宋元小说家话本集 程毅中辑注，齐鲁书社 2000 年。

喻世明言（中华古典名著百部）（明）冯梦龙编撰，时代文艺出版社 2000 年。

警世通言（中华古典名著百部）（明）冯梦龙撰，时代文艺出版社 2000 年。

醒世恒言（中华古典名著百部）（明）冯梦龙撰，时代文艺出版社 2000 年。

初刻拍案惊奇（中华古典名著百部）（明）凌濛初撰，时代文艺出版社 2000 年。

二刻拍案惊奇（中华古典名著百部）（明）凌濛初撰，时代文艺出版社 2000 年。

贪欢报（中国古典小说传世极品）（明）西湖渔隐主人撰，内蒙古人民出版社 2000 年。

石点头（传世孤本经典小说）（明）天然痴叟撰，郑福田、王槐茂主编，金城出版社 2000 年。

连城璧（传世孤本经典小说）（清）李渔撰，郑福田、王槐茂主编，金城出版社 2000 年。

今古奇观（中国文学传世范本）（明）抱瓮老人辑，艳齐点校，中央民族大学出版社 2000 年，2002 年。

聊斋志异校注 （清）蒲松龄撰，盛伟校注，山西人民出版社 2000 年。

聊斋志异（中国古典小说百部）（清）蒲松龄撰，刘曼毅主编，延边人民出版社 2001 年。

欢喜冤家（中华传世小说精品）（清）西湖渔隐主人撰，延边人民出版社 2001 年。

十二楼·笔梨花·三巧缘（古书秘藏）（清）李渔、潇湘迷津渡者、蕙水安阳酒民撰，延边人民出版社 2001 年。

无声戏·五凤吟·绣球缘（古书秘藏）（清）李渔、云间嗤嗤道人、牢骚子撰，延边人民出版社 2001 年。

云仙笑·玉楼传情·醒梦骈言

（古书秘藏）（清）天花主人、不署撰人、不寄生撰，延边人民出版社2001年。

八洞天·双美奇缘·香闺秘史（古书秘藏）（清）笔炼阁主人、不署撰人、紫阳道人撰，延边人民出版社2001年。

豆棚闲话·醋葫芦（中华传世小说精品）（清）艾衲居士、伏雌教主撰，延边人民出版社2001年。

五色石·飞花艳想·醒名花（古书秘藏）（清）云间嗤嗤道人、樵云山人、（明）墨憨斋主人撰，延边人民出版社2001年。

喻世明言（中国古典小说名著普及版书系）（明）冯梦龙撰，时代文艺出版社2001年。

醒世恒言（中国古典小说名著普及版书系）（明）冯梦龙撰，时代文艺出版社2001年。

醒世恒言（中国古典文学十大名著）（明）冯梦龙撰，时代文艺出版社2001年。

喻世明言（明）冯梦龙编，许政扬校注，人民文学出版社2001年。

喻世明言（三言）（明）冯梦龙撰，江苏广陵古籍刻印社2001年。

警世通言（三言）（明）冯梦龙撰，江苏广陵古籍刻印社2001年。

醒世恒言（三言）（明）冯梦龙撰，江苏广陵古籍刻印社2001年。

醒世恒言（中华古典小说名著普及文库）（明）冯梦龙编撰，张耕点校，中华书局2001年，2002年。

初刻拍案惊奇（中华古典小说名著普及文库）（明）凌濛初撰，冉休丹点校，中华书局2001年，2002年。

二刻拍案惊奇（中华古典小说名著普及文库）（明）凌濛初撰，孙通海点校，中华书局2001年，2002年。

宋代传奇集 李剑国辑校，中华书局2001年。

型世言（中国古典小说名著丛书）（明）陆人龙撰，申孟点校，上海古籍出版社2001年，2002年。

石点头·梼杌闲评（中国古代禁毁小说）（清）天然痴叟、（明）李清撰，内蒙古人民出版社2001年。

聊斋志异（中国十大名著）（清）

蒲松龄撰，李伯钦主编，中国文联出版社 2002 年。

万锦情林（明清艳史）（明）无名氏撰，大众文艺出版社 2002 年。

石点头（明清秘本小说集）（明）天然痴叟撰，大众文艺出版社 2002 年。

无声戏（明清艳史）（清）李渔撰，大众文艺出版社 2002 年。

珍珠舶（明清艳史）（清）鸳湖烟水散人撰，大众文艺出版社 2002 年。

五色石（明清艳史）（清）笔炼阁主人撰，大众文艺出版社 2002 年。

喻世明言·警世通言·醒世恒言（明）冯梦龙编撰，岳群标点，岳麓书社 2002 年。

清平山堂话本（中华古典小说名著普及文库）（明）洪楩编，韩秋白点校，中华书局 2002 年。

喻世明言（中华古典小说名著普及文库）（明）冯梦龙编撰，何草点校，中华书局 2002 年。

警世通言（中华古典小说名著普及文库）（明）冯梦龙编撰，马冰点校，中华书局 2002 年。

型世言（中华古典小说名著普及文库）（明）陆人龙撰，覃君点校，中华书局 2002 年。

豆棚闲话（中华古典小说名著普及文库）（清）艾衲居士撰，王秀梅点校，中华书局 2002 年。

喻世明言（华夏古典文学经典）（明）冯梦龙撰，华夏出版社 2002 年。

警世通言（华夏古典文学经典）（明）冯梦龙撰，华夏出版社 2002 年。

醒世恒言（华夏古典文学经典）（明）冯梦龙撰，华夏出版社 2002 年。

拍案惊奇（中国古典小说名著丛书）（明）凌濛初著，熊宪光点校，重庆出版社 2003 年。

喻世明言（中国古典小说名著丛书）（明）冯梦龙著，徐洪火点校，重庆出版社 2003 年。

醒世恒言（中国古典小说名著丛书）（明）冯梦龙著，熊宪光、王广福点校，重庆出版社 2003 年。

警世通言（中国古典小说名著丛书）（明）冯梦龙著，蓝锡麟点校，重庆出版社2003年。

警世通言：注释本（明）冯梦龙编著，唐松波校注，金盾出版社2004年。

喻世明言：注释本（明）冯梦龙编著，唐松波校注，金盾出版社2004年。

聊斋志异：新课标学生版（语文新课标必读丛书）（清）蒲松龄原著，李伯齐点校，浙江文艺出版社2004年。

醒世恒言：注释本（中国古典文学普及读本）（明）冯梦龙著，唐松波校注，金盾出版社2004年。

中国古代寓言选 外文出版社法文部编译，外文出版社2004年。

聊斋志异选（清）蒲松龄著，外文出版社法文编辑室译，外文出版社2004年。

唐代传奇选（唐）沈既济等编撰，外文出版社法文部译，外文出版社2004年。

法译明清爱情小说 董纯编译，外语教学与研究出版社2004年。

警世通言（中国古典文学名著普及读本）（明）冯梦龙著，洛保生、于春媚校注，河北大学出版社2004年。

初刻拍案惊奇（明）凌濛初编著，韩进廉点校，河北大学出版社2004年。

醒世恒言（中国古典文学普及读本）（明）冯梦龙著，洛保生、梁雁校注，河北大学出版社2004年。

“三言”精选（中国古典小说袖珍点评本系列）羊列荣、陈霞编，上海大学出版社2004年。

“二拍”精选（中国古典小说袖珍点评本系列）王军伟、徐艳蕊、蒋凡编，上海大学出版社2004年。

喻世明言（中国古典文学名著普及读本）（明）冯梦龙编纂，洛保生、贾欣、郝小莉校注，河北大学出版社2004年。

二刻拍案惊奇（中国古典文学普及读本）（明）凌濛初编著，韩进廉点校，河北大学出版社2004年。

绘图白话聊斋（清）蒲松龄著，鲁南仁、杜聪、朱强译，齐鲁书社2004年。

白话“聊斋”精选（袖珍版中国古典小说点评本系列）（清）蒲松龄著，忻江敏编，上海大学出版社2004年。

聊斋志异选（电影伴读中国文学文库）（清）蒲松龄著，中国青年出版社2004年。

古今律条公案（中国古典文学海外珍稀本文库：孤本）（明）陈玉秀选，杨之锋点校，中国文联出版社2004年。

插图本今古奇闻：插图本（明清绘图古典小说书系）（清）东壁山房主人著，郝字繁点校，齐鲁书社2004年。

中国古代恐怖小说选（唐）牛僧孺等著，姚树军、李鹏编写，新世界出版社2004年。

聊斋志异：文白对照精选本（中国古典文学普及读本）（清）蒲松龄著，马瑞芳编注，金盾出版社2004年。

初刻拍案惊奇（中国古典文学普及读本）（明）凌濛初著，唐松波校注，金盾出版社2004年。

聊斋志异（中国古典文学名著普及读本）（清）蒲松龄著，盛伟校注，河北大学出版社2004年。

聊斋志异（中华古典小说名著普及文库）（清）蒲松龄著，马冰点校，中华书局2004年。

二刻拍案惊奇（中国古典文学普及读本）（明）凌濛初著，唐松波校注，金盾出版社2004年。

十二楼（中华古典小说名著普及文库）（清）李渔著，李聪慧点校，中华书局2004年。

聊斋志异（清）蒲松龄著，天津古籍出版社2004年。

警世通言（明）冯梦龙著，天津古籍出版社2004年。

喻世明言（明）冯梦龙著，天津古籍出版社2004年。

醒世恒言（明）冯梦龙著，天津古籍出版社2004年。

初刻拍案惊奇（明）凌濛初著，天津古籍出版社2004年。

二刻拍案惊奇（明）凌濛初著，天津古籍出版社2004年。

醒世恒言（明）冯梦龙编刊，北京十月文艺出版社2004年。

聊斋志异：图文本 （清）蒲松龄著，上海古籍出版社2004年。

今古奇观（中国古典名著文库）（明）抱瓮老人辑，张峻、金星、宜初点校，安徽文艺出版社2005年。

喻世明言：足本 （明）冯梦龙编著，魏同贤点校，凤凰出版社2005年。

警世通言：足本 （明）冯梦龙编著，魏同贤点校，凤凰出版社2005年。

醒世恒言：足本 （明）冯梦龙编著，魏同贤点校，凤凰出版社2005年。

初刻拍案惊奇：足本 （明）凌濛初编著，石昌渝点校，凤凰出版社2005年。

二刻拍案惊奇：足本 （明）凌濛初编著，石昌渝点校，凤凰出版社2005年。

聊斋志异 （清）蒲松龄著，广陵书社2005年。

白话聊斋志异（中国古典文学名著）（清）蒲松龄著，李杰主编，哈尔滨出版社2005年。

今古奇观（中国家庭基本藏书·戏曲小说卷）（明）抱瓮老人编，李雪枫、徐翠兰评注，山西古籍出版社2005年。

聊斋精选：图文本：汉英对照 （清）蒲松龄著，马德五编，上海世界图书出版公司2005年。

聊斋志异（全绣像足本中国古典文学名著）（清）蒲松龄著，岳庆平等整理，现代教育出版社2005年。

醒世恒言（全绣像足本中国古典文学名著）（明）冯梦龙著，岳庆平等整理，现代教育出版社2005年。

初刻拍案惊奇（全绣像足本中国古典文学名著）（明）凌濛初著，岳庆平等整理，现代教育出版社2005年。

二刻拍案惊奇（全绣像足本中国古典文学名著）（明）凌濛初著，岳庆平等整理，现代教育出版社2005年。

喻世明言（全绣像足本中国古典文学名著）（明）冯梦龙著，岳庆平等整理，现代教育出版社2005年。

警世通言（全绣像足本中国古典文学名著）（明）冯梦龙著，岳庆平等整理，现代教育出版社 2005 年。

聊斋志异：彩色插图本（世界文学名著青少版）（清）蒲松龄著，冯化平改写，天津人民美术出版社 2005 年。

初刻拍案惊奇：英文（熊猫丛书）（明）凌濛初著，温晋根译，外文出版社 2005 年。

二刻拍案惊奇：英文（熊猫丛书）（明）凌濛初著，马文谦译，外文出版社 2005 年。

今古奇观：双色图文（古典通俗小说图文系列）（明）抱瓮老人选辑，岳麓书社 2005 年。

聊斋志异（中国古代神怪小说四大名著）（清）蒲松龄著，上海古籍出版社 2005 年。

聊斋志异（清）蒲松龄著，凤凰出版社 2005 年。

今古奇观：图文本（明）抱瓮老人辑，李保民配图，上海古籍出版社 2005 年。

白话聊斋（双色图文传世经典）（清）蒲松龄著，王育龙、李国良编译，安徽人民出版社 2005 年。

聊斋志异（中国古典名著精品书系）（清）蒲松龄著，刘泰丰主编，军事谊文出版社 2005 年。

聊斋志异（清）蒲松龄著，齐鲁书社 2006 年。

聊斋志异（中国古典文学经典名著学生读本）（清）蒲松龄原著，亚芸等编写，河北少年儿童出版社 2006 年。

三言故事精选（中国文学典藏）（明）冯梦龙著，但汉贵编，黄山书社 2006 年。

初刻拍案惊奇：插图本（明）凌濛初编著，岳群点校，岳麓书社 2006 年，2009 年。

二刻拍案惊奇：插图本（明）凌濛初编著，岳群点校，岳麓书社 2006 年，2009 年。

警世通言：插图本（明）冯梦龙编著，岳群点校，岳麓书社 2006 年，2009 年。

喻世明言：插图本（明）冯梦龙编著，岳群点校，岳麓书社 2006 年，2009 年。

醒世恒言：插图本（明）冯梦龙编著，岳群点校，岳麓书社 2006

年，2009年。

今古奇观（可佳系列）（明）抱瓮老人辑，天津古籍出版社2006年。

聊斋志异选：插图版（清）蒲松龄著，李伯齐、徐文军选注，人民文学出版社2006年。

白话聊斋：珍藏版（经典阅读文库）（清）蒲松龄著，李薇主编，延边人民出版社2006年。

初刻拍案惊奇：珍藏版（经典阅读文库）（明）凌濛初撰，李薇主编，延边人民出版社2006年。

二刻拍案惊奇：珍藏版（经典阅读文库）（明）凌濛初撰，李薇主编，延边人民出版社2006年。

警世通言：珍藏版（经典阅读文库）（明）冯梦龙编，李薇主编，延边人民出版社2006年。

醒世恒言：珍藏版（经典阅读文库）（明）冯梦龙编，李薇主编，延边人民出版社2006年。

喻世明言：珍藏版（经典阅读文库）（明）冯梦龙编，李薇主编，延边人民出版社2006年。

聊斋志异选评（中国文史经典讲堂）（清）蒲松龄著，刘方喜选注、译评，中国社会科学院文学研究所编选，岳麓书社2006年。

初刻拍案惊奇（华夏文化典藏书系）（明）凌濛初编著，陕西旅游出版社2006年。

二刻拍案惊奇（华夏文化典藏书系）（明）凌濛初编著，陕西旅游出版社2006年。

警世通言（华夏文化典藏书系）（明）冯梦龙编著，陕西旅游出版社2006年。

喻世明言（华夏文化典藏书系）（明）冯梦龙编著，陕西旅游出版社2006年。

聊斋志异（华夏文化典藏书系）（清）蒲松龄著，陕西旅游出版社2006年。

今古奇观（华夏文化典藏书系）（明）抱瓮老人辑，陕西旅游出版社2006年。

醒世恒言（华夏文化典藏书系）（明）冯梦龙著，陕西旅游出版社2006年。

聊斋志异：最新图文普及版（青少年快读中华传统文化书系）

（清）蒲松龄著，内蒙古文化出版社 2006 年。

白话聊斋（中国古典文学名著宝库：诠释古典珍藏版）（清）蒲松龄著，中国戏剧出版社 2006 年。

聊斋志异（绣像版古典名著丛书）（清）蒲松龄著，中国戏剧出版社 2006 年。

初刻拍案惊奇（中国古典文学名著宝库：诠释古典珍藏版）（明）凌濛初著，中国戏剧出版社 2006 年。

二刻拍案惊奇（中国古典文学名著宝库：诠释古典珍藏版）（明）凌濛初著，中国戏剧出版社 2006 年。

今古奇观（中国古典文学名著宝库：诠释古典珍藏版）（明）抱瓮老人著，中国戏剧出版社 2006 年。

警世通言（中国古典文学名著宝库：诠释古典珍藏版）（明）冯梦龙著，中国戏剧出版社 2006 年。

醒世恒言（中国古典文学名著宝库：诠释古典珍藏版）（明）冯梦龙著，中国戏剧出版社 2006 年。

喻世明言（中国古典文学名著宝库：诠释古典珍藏版）（明）冯梦龙著，中国戏剧出版社 2006 年。

中国古代海洋小说选（中国海洋文化资料和研究丛书） 倪浓水选编，海洋出版社 2006 年。

白话聊斋（国学大书院）（清）蒲松龄著，三秦出版社 2007 年。

今古奇观（国学大书院）（明）抱瓮老人辑，三秦出版社 2007 年。

三言二拍（国学大书院）（明）冯梦龙、凌濛初著，三秦出版社 2007 年。

中华智谋故事全集（国学大书院）（明）冯梦龙著，陈伶编译，三秦出版社 2007 年。

聊斋志异：青少版（世界文学名著宝库）（清）蒲松龄著，刘启斌改编，上海人民美术出版社 2007 年。

宋元话本（阅读中华经典） 沈文君、一白编著，泰山出版社 2007 年。

明代拟话本（阅读中华经典） 刘翠林编著，泰山出版社 2007 年。

聊斋志异（阅读中华经典）（清）蒲松龄著，严硕勤编著，泰山出版社 2007 年。

中国古典喜剧故事选：法文 中元编，外文出版社 2007 年。

初刻拍案惊奇（三言二拍：珍藏本）（明）凌濛初著，线装书局2007年。

二刻拍案惊奇（三言二拍：珍藏本）（明）凌濛初著，线装书局2007年。

警世通言（三言二拍：珍藏本）（明）冯梦龙编，线装书局2007年。

喻世明言（三言二拍：珍藏本）（明）冯梦龙编，线装书局2007年。

醒世恒言（三言二拍：珍藏本）（明）冯梦龙编，线装书局2007年。

聊斋志异（世界少年文学经典文库）（清）蒲松龄原著，童晓递等改写，浙江少年儿童出版社2007年。

中国幽默故事选（中译经典文库·中华传统文化精粹：汉英对照） 卢允中、周晓宇编选、译，周晓宇白话文翻译，中国对外翻译出版公司2007年。

中国古代寓言选（中译经典文库·中华传统文化精粹：汉英对照） 乔车洁玲编选、译，冷林蔚白话文翻译，中国对外翻译出版公司2007年。

白话聊斋（中国传统文化大系）（清）蒲松龄著，中国戏剧出版社2007年。

三言二拍（中国传统文化大系）（明）冯梦龙著，中国戏剧出版社2007年。

聊斋志异（影响孩子一生的中国十大名著）（清）蒲松龄著，纪江红主编、马燕琼改写，北京少年儿童出版社2007年。

轮回醒世 （明）无名氏撰，程毅中点校，中华书局2008年。

三言二拍（书香门第）（明）冯梦龙等编著，北京出版社2008年。

聊斋志异 （清）蒲松龄著，陈霞村、卫晨霞、任秉宏注析，三晋出版社2008年。

今古奇观 （明）抱瓮老人辑，徐翠兰、艾洪涛注析，三晋出版社2008年。

骗经 （明）张应俞著，广西师范大学出版社2008年。

二拍：初刻拍案惊奇·二刻拍案惊奇 （明）凌濛初著，大众文艺出版社2008年。

聊斋志异：精致插图本 （清）蒲松龄著，大众文艺出版社2008年。

三言：醒世恒言·喻世明言·警世通言 （明）冯梦龙著，大众文艺出版社2008年。

聊斋志异 （清）蒲松龄著，光明日报出版社2008年。

喻世明言 （明）冯梦龙编，光明日报出版社2008年。

醒世恒言 （明）冯梦龙编，光明日报出版社2008年。

警世通言 （明）冯梦龙编，光明日报出版社2008年。

拍案惊奇 （明）凌濛初著，光明日报出版社2008年。

二刻拍案惊奇 （明）凌濛初著，光明日报出版社2008年。

聊斋志异：插图本 （清）蒲松龄著，万卷出版公司2008年。

名家评点聊斋志异 （清）蒲松龄原著，何守奇、但明伦等评点，韩欣主编，天津古籍出版社2008年。

聊斋志异（中国古典小说）（清）蒲松龄著，刘国建点校，中州古籍出版社2009年。

聊斋志异（齐鲁文化经典文库）（清）蒲松龄著，齐鲁书社2009年。

＊新译聊斋志异选（上下） （清）蒲松龄撰，任笃行、刘淦译，袁世硕校阅，台湾三民书局2009年。

醒世恒言（中华十大畅销古典小说）（明）冯梦龙编撰，中华书局2009年。

喻世明言（中华十大畅销古典小说）（明）冯梦龙编撰，中华书局2009年。

警世通言（中华十大畅销古典小说）（明）冯梦龙编撰，中华书局2009年。

初刻拍案惊奇（中华十大畅销古典小说）（明）凌濛初编著，中华书局2009年。

二刻拍案惊奇（中华十大畅销古典小说）（明）凌濛初编著，中华书局2009年。

聊斋志异 （清）蒲松龄著，中华书局2009年。

新白话聊斋志异 （清）蒲松龄原著，孙通海等译，中华书局2009年。

今古奇观 （明）抱瓮老人辑，冯保善点校，中州古籍出版社 2009 年。

聊斋志异：图文本 （清）蒲松龄著，岳麓书社 2009 年。

今古奇观：图文本 （明）抱瓮老人选辑，岳麓书社 2009 年。

豆棚闲话·西湖佳话 （清）艾衲居士编著，茂山点校，凤凰出版社 2009 年。

聊斋志异（中国古典文学名著无障碍阅读版）（清）蒲松龄著，朱晶注释，长春出版社 2010 年，

聊斋志异（国学典藏书系）（清）蒲松龄著，吉林出版集团有限责任公司 2010 年。

三言二拍：珍藏版 （明）冯梦龙、凌濛初著，吉林出版集团有限责任公司 2010 年。

三言二拍 （明）冯梦龙、凌濛初著，内蒙古人民出版社 2010 年。

游仙窟校注 （唐）张文成撰，李时人，詹绪左校注，中华书局 2010 年。

聊斋志异（传世经典文白对照）（清）蒲松龄著，孙通海等译，中华书局 2010 年。

稗家粹编 （明）胡文焕编，向志柱点校，中华书局 2010 年。

三言二拍：全新校勘珍藏版 （明）冯梦龙、凌濛初著，徐寒主编，中国书店 2010 年。

警世通言 （明）冯梦龙著，齐力点校，齐鲁书社 2010 年。

拍案惊奇 （明）凌濛初编著，文古点校，齐鲁书社 2010 年。

二刻拍案惊奇 （明）凌濛初编著，文古点校，齐鲁书社 2010 年。

醒世恒言 （明）冯梦龙著，齐力点校，齐鲁书社 2010 年。

喻世明言 （明）冯梦龙著，齐力点校，齐鲁书社 2010 年。

型世言 （明）陆人龙著，齐力点校，齐鲁书社 2010 年。

即空观主人批点二拍 （明）凌濛初原著，即空观主人评点，天津古籍出版社 2010 年。

名家批点冯梦龙三言 （明）冯梦龙原著，韩欣主编，天津古籍出版社 2010 年。

聊斋志异（古典名著聚珍文库）（清）蒲松龄著，浙江古籍出版社 2010 年。

醒世恒言（古典名著聚珍文库）（明）冯梦龙著，浙江古籍出版社2010年。

警世通言（古典名著聚珍文库）（明）冯梦龙著，浙江古籍出版社2010年。

二刻拍案惊奇（古典名著聚珍文库）（明）凌濛初著，浙江古籍出版社2010年。

拍案惊奇（古典名著聚珍文库）（明）凌濛初著，浙江古籍出版社2010年。

喻世明言（古典名著聚珍文库）（明）冯梦龙著，浙江古籍出版社2010年。

喻世明言：轻松阅读无障碍本（明）冯梦龙编著，金晶注释，岳麓书社2010年。

虞初志（中华再造善本续编）（明）陆采编，国家图书馆出版社2010年。

新刊大宋宣和遗事（中华再造善本续编）佚名撰，国家图书馆出版社2010年。

聊斋志异（清）蒲松龄著，《成长必读》编委会改编，宁夏人民出版社2011年。

幽怪诗谈校注（明）碧山卧樵纂辑，任明华校注，齐鲁书社2011年。

醒世恒言：汉英对照（大中华文库）（明）冯梦龙编著，杨曙辉，杨韵琴译，岳麓书社2011年。

《聊斋志异》解读（清）蒲松龄著，张泰注，天津古籍出版社2011年。

聊斋志异选译（清）蒲松龄著，刘烈茂、欧阳世昌译注，凤凰出版社2011年。

清平山堂话本校注（明）洪楩编，程毅中校注，黄山书社2011年。

西湖佳话古今遗迹（清）墨浪子撰，中华书局2011年。

长篇

侠义佳人（新小说）（清）问渔女史、劳邵振华著，商务印书馆1909至1914年。

清朝名臣陆公案（绣像绘图）（清）治逸著，朱斗南辑，政新书庄1911年。

(后宋奇书)绣像群英杰全传 佚名撰，广益书局1911年。

恨海(写情小说) (清)吴趼人著，广智书局1913年，1915年，世界书局1923年，三民公司1931年，竞智图书馆1932年。

老残游记 (清)刘鹗编，上海图书馆1913年。

绣像剑侠飞仙天豹图 佚名撰，萃英书局1913年。

三国志 (明)罗贯中著，国光书局校勘部校，国光书局1914年。

玉佛缘 嘿生编，商务印书馆1914年。

老残游记 (清)刘鹗编，商务印书馆1914年。

文明小史(新小说) (清)李宝嘉著，商务印书馆1915年。

金瓶梅(绘图真本) (明)兰陵笑笑生著，存宝斋1916年。

红楼梦索隐 (清)曹雪芹原著，王梦阮、沈瓶庵索隐，中华书局1916年。

老残游记(刘氏原本) (清)刘鹗著，傅幼圃批注，百新书店1916年，1937年。

孽海花(历史小说) (清)曾朴编述，望云山房1916年。

孽海花 (清)曾朴编述，有正书局1917年。

征东全传(绣像绘图历史小说) 佚名撰，进步书局1917年。

宏碧缘 上海交通图书馆编辑，交通图书馆1918年。

三国演义(金圣叹原批校本) (明)罗贯中著，毛宗岗评，泰东书局1919年。

情中奇(又名：蜃楼志)(艳情小说) (清)金喟著，中华小说书社1919年。

水浒传(亚东版古典小说系列 亚东版古典小说名著) (明)施耐庵、罗贯中撰，汪原放点校，亚东图书馆1920年，1928年，1931年，广州出版社1996年，湖北人民出版社1999年。

北史演义 (清)杜纲编，(清)许宝善评，谭载华校订，商务印书馆1920年，1925年。

南史演义 (清)杜纲编，(清)许宝善评，谭载华校订，商务印书馆1920年，1924年。

（新式标点）儒林外史（亚东本中国古典小说名著丛书 亚东版古典小说系列） （清）吴敬梓著，汪原放句读，亚东图书馆1920年，1922年，1924年，1948年，海南出版社1995年，广州出版社1996年。

（古本）西游记 （明）吴承恩著，汪原放句读，亚东图书馆1921年，1923年。

红楼梦（程乙本） （清）曹雪芹著，高鹗续撰，汪原放标点，亚东图书馆1921年，1922年，1927年，1931年，1948年。

三国演义（中国古典文学名著 亚东本中国古典小说名著丛书 亚东版古典小说名著） （明）罗贯中撰，汪原放句读，亚东图书馆1922年，1931年，1933年，海南出版社1994年，1998年，河北人民出版社1999年。

白话水浒全传 （明）施耐庵著，新华书局编，新华书局1922年。

海上花列传 （清）韩邦庆著，清华书局1922年。

（新式标点）老残游记 （清）刘鹗著，泰东图书局标点，泰东图书局1922年，1929年。

（新式标点）三国志 （明）罗贯中著，许啸天句读，胡翼云校阅，群学社1923年，1924年。

（新式标点）红楼梦 （清）曹雪芹著，许啸天句读，群学社1923年，1929年。

官场现形记 （清）李宝嘉著，许啸天句读，胡翼云校阅，群学社1923年，1925年，1928年。

镜花缘（亚东本中国古典小说名著丛书 亚东版古典小说系列） （清）李汝珍著，汪原放、章希吕句读，亚东图书馆1923年，1925年，1930年，海南出版社1996年，广州出版社1996年。

忠烈小五义（足本绣像） （清）石玉昆著，益新书社1923年，1926年。

续小五义传（足本绣像） （清）石玉昆著，益新书社1923年，1929年。

儿女英雄传 （清）文康著，陶乐勤标点，梁溪图书馆1923年，群学社1925年，1928年。

说唐 陶乐勤标点，群学社1923年，1935年。

水浒续集（亚东本中国古典小说名著丛书）（明）罗贯中、（清）陈忱撰，汪原放、章希吕标点，亚东图书馆1924年，1925年，1929年，海南出版社1996年。

红楼梦 （清）曹雪芹著，李菊庐标点，中央编译局1924年。

（新式标点）隋唐 （清）褚人获著，许啸天句读，群学社1924年。

（新式标点）女仙外史 （清）吕熊著，梁溪图书馆重编，梁溪图书馆1924年。

（绣像）三宝太监下西洋通俗演义 （明）罗懋登著，商务印书馆1925年。

三国志精华（白话小说文选）（明）罗贯中撰，邹仁达选辑，文明书局1925年，1928年。

水浒传精华（白话小说选）（明）施耐庵撰，邹仁达选辑，文明书局1925年。

西游记精华（白话小说文选）（明）吴承恩撰，邹仁达选辑，文明书局1925年。

红楼梦精华（白话小说文选）（清）曹雪芹撰，邹仁达选辑，文明书局1925年，1930年。

封神传 （明）许仲琳著，文明书局标点校阅，文明书局1925年。

西汉演义 （明）甄伟著，群众图书公司1925年。

（新式标点）镜花缘 （清）李汝珍著，文明书局标点校阅，文明书局1925年，1930年。

镜花缘精华（白话小说文选）（清）李汝珍著，邹仁达选辑，文明书局1925年，1928年。

（新式标点）老残游记 （清）刘鹗著，李菊庐标点，中央编译局1925年，1933年。

（新式标点）老残游记（亚东本中国古典小说名著丛书 亚东版古典小说系列）（清）刘鹗著，汪原放标点，亚东图书馆1925年，1933年，海南出版社1996年，广州出版社1996年。

说岳全传 （清）钱彩著，文明书局标点校阅，文明书局1925年。

岳传精华（白话小说文选） 邹仁达选辑，文明书局1925年。

小五义传 文明书局标点校阅，文明书局1925年。

三侠五义（亚东本中国古典小说名著丛书 亚东版古典小说系列） （清）石玉昆著，俞平伯句读，亚东图书馆1925年，1929年，海南出版社1992年，1995年，广州出版社1996年。

续小五义传 文明书局标点校阅，文明书局1925年。

儿女英雄传（亚东本中国古典小说名著丛书 亚东版古典小说系列） （清）文康著，汪原放标点，亚东图书馆1925年，1940年，海南出版社1996年，广州出版社1996年。

九命奇冤 （清）吴趼人著，世界书局1925年，1926年。

（新式标点）儒林外史 （清）吴敬梓著，李菊庐标点，中央编译局1925年，1929年。

荡寇志精华（白话小说文选） （清）俞万春著，邹仁达选辑，文明书局1925年，1931年。

说唐全传 文明书局标点校阅，文明书局1925年。

平妖传 （明）罗贯中、冯梦龙著，李浴冰句读，友益书社1926年。

刘老老（标点绘图小说片锦） 陆衣言编校，文明书局1926年，1931年。

海上花列传（亚东版古典小说系列） （清）韩邦庆著，汪原放句读，亚东图书馆1926年，1928年，上海古籍出版社1996年，广州出版社1996年。

老残游记（标点绘图小说片锦） （清）刘鹗撰，陆衣言编校，文明书局1926年，1931年。

熊仁寺（标点绘图小说片锦） 陆衣言编校，文明书局1926年，1931年。

何典 （清）张南庄著，刘复点校，北新书局1926年，1930年，1933年，1949年。

何典 （清）张南庄著，卿云图书公司1926年，1928年。

（新式标点）施公案全传 文明书局标点校阅，文明书局1926年。

（新式标点）燕山外史 （清）陈

球著，陈和祥标点，扫叶山房1926年。

三国志 （明）罗贯中著，文明书局标点校阅，文明书局1927年，1929年。

（新式标点）水浒传 （明）施耐庵著，文明书局标点校阅，文明书局1927年，1929年。

因果新编（警世小说） 金仙编，陈值德堂1927年，1928年。

官场现形记 （清）李宝嘉著，汪原放、汪协如句读，亚东图书馆1927年。

歧路灯 （清）李绿园著，冯沅君标点，朴社1927年。

三国志演义（金批毛注精校全图考证） （明）罗贯中著，王大错考证，百新公司1928年，大众书局1933年。

（新式标点）后水浒（原名：荡寇志） （清）俞万春著，沈松泉标点，新宁书局1928年，新文化书社1932年，1934年。

孽海花 （清）曾朴著，真美善书店1928至1931年。

江湖侠义传（武侠小说） （清）治逸著，亚华书局1928年。

水浒索隐 （明）施耐庵著，（清）金圣叹评，邓狂言索隐，大东书局1929年。

（新式标点）水浒传 （明）施耐庵著，启智书局1929年。

一百二十回的水浒（万有文库）（明）施耐庵著，商务印书馆1929年，1932年，1934年，1939年。

西游补 （清）董若雨著，施蛰存点校，水沫书店1929年。

西游补 （清）董若雨著，刘半农点校，北新书局1929年。

（古本）野叟曝言 （清）夏敬渠著，惜红馆主重编，泪珠生校订，新生出版社1929年，1934年。

剑骨琴心 （清）夏敬渠著，惜红馆主修编，漱竹山房（泪珠生）校订，好青年书店1929年，1931年，1932年。

济公活佛全传 曹亚伯校正，文明书局1929年。

（绘图）三国志演义（又名：第一才子书） （明）罗贯中著，

（清）金圣叹评，国光书局 1930 年。

石头记（增评补图）（万有文库）（清）曹雪芹著，护花主人评，大某山民加评，商务印书馆 1930 年，1934 年。

红楼圆梦（绣像仿宋完整本）（通俗说部丛书）（清）梦梦先生著，周惟立校，广益书局 1930 年。

（绣像）花月痕全传 （清）魏秀仁著，扫叶山房 1930 年。

（新式标点）宋太祖征南唐（历史小说） （清）知非子著，时希圣标点，竞智图书馆 1930 年。

（警富新书）八命沉冤（又名：梁天来） 蹉跎生标点，竞智图书馆 1930 年，大达图书供应社 1935 年。

（古本）金瓶梅 （明）兰陵笑笑生著，浪漫博士标点，卿云图书公司 1931 年。

红楼梦 （清）曹雪芹著，上海华北书局标点，华北书局 1931 年。

（古本）品花宝鉴 （清）陈森著，何醒庵标点，大东书局 1931 年，1934 年。

精忠说岳全传（绣像仿宋完整本） 洪炳晖校，广益书局 1931 年，1946 年。

（新式标点）小五义（历史小说） 天奇室主标点，竞智图书馆 1931 年。

（新式标点）续小五义（历史侠义小说） 天奇室主标点，竞智图书馆 1931 年。

孽海花 （清）曾朴著，真美善书店 1931 年，1935 年。

燕山外史 （清）陈球著，何友标点，付声谷注，新文化书社 1931 年，1933 年，大中书局 1933 年。

（新式标点）燕山外史 （清）陈球著，文光书局 1931 年。

（绣像）隋唐演义 （清）褚人获著，商务印书馆 1932 年。

（新式标点）老残游记 （清）刘鹗著，何铭标点，新文化书社 1932 年。

老残游记（精校本） （清）刘鹗著，吴齐标点，儿童书局 1932 年，1933 年。

济颠僧传（实事小说） 佛学书

局编辑部点校，佛学书局 1932 年，1939 年。

（绘图）东周列国志（通俗说部丛书）（明）冯梦龙改编，胡协寅校，广益书局 1933 年。

三国演义（小学生文库）（明）罗贯中著，商务印书馆 1933 年。

水浒传（小学生文库）（明）施耐庵原著，胡怀琛改编，商务印书馆 1933 年。

（新式标点）杨家将　（明）熊大木撰，启智书局 1933 年。

续金瓶梅　（清）丁耀亢著，浪漫室主校订，卿云书局 1933 年。

玄空经（大众文艺社丛书）（清）郭友松著，白蕉注释，少年书局 1933 年。

金莲仙史　（清）潘昶著，经书流通处 1933 年。

续小五义（绣像绘图侠义小说）（清）石玉昆著，锦章图书局 1933 年。

儒林外史　（清）吴敬梓著，何铭标点，新文化书社 1933 年，1934 年。

（绣像）粉妆楼演义（忠义小说）佚名撰，何铭标点，新文化书社 1933 年。

醒世姻缘传（亚东版古典小说系列）（清）西周生著，汪乃刚句读，亚东图书馆 1933 年，广州出版社 1996 年。

（新式标点）双美奇缘（第三才子书）　童书勋标点，胡协寅校，广益书局 1933 年，大达图书供应社 1935 年。

木兰从军（历史小说）　蹉跎生校订，竞智图书馆 1933 年。

五虎平西（绣像仿宋完整本）（清）西湖居士著，广益书局 1933 年。

（新式标点）列国演义　（明）余邵鱼著，何铭标点，湖海居士校，新文化书社 1933 年。

（新式标点）西厢记　启智书局 1933 年，大达图书局 1934 年，1936 年，骈文研究社 1940 年。

（足本）三国演义　（明）罗贯中著，（清）毛宗岗删订，赵苕狂等标点，文艺出版社 1934 年，1947 年。

（新式标点）五代残唐　（明）罗

贯中编著，韦月侣标点，大达图书供应社 1934 年。

（新式标点）征四寇（历史长篇说部） 陈伯陶标点，大达图书供应社 1934 年。

（绘图）征四寇演义（通俗说部丛书） 胡协寅校，广益书局 1934 年。

列国志 何铭标点，新文化书社 1934 年。

百回水浒（仿明版重刊） （明）施耐庵著，流通图书馆 1934 年。

西游记 （明）吴承恩著，世界书局 1934 年，1944 年。

（新式标点）四游记全选（道情长篇说部） （明）吴元泰等著，戚绿荷标点，大达图书供应社 1934 年。

（新式标点）封神传 （明）许仲琳著，何家铭标点，新文化书社 1934 年。

（足本）封神传 （明）许仲琳撰，世界书局 1934 年，文艺出版社 1935 年。

（新式标点）西汉演义 （明）甄伟著，王文英标点，大达图书供应社 1934 年。

（新式标点）西晋演义 （清）沧浪旧隐编，潘公昭标点，大达图书供应社 1934 年。

（新式标点）西晋演义（后三国） （清）沧浪旧隐编，鲍赓生标点，新文化书社 1934 年。

（新式标点）红楼梦 （清）曹雪芹著，启智书局 1934 年，通俗图书刊行社 1937 年，古书流通社 1946 年。

（新式标点）红楼梦 （清）曹雪芹著，何铭标点，新文化书社 1934 年，1935 年。

（大字）红楼梦 （清）曹雪芹著，大众书局 1934 年。

（足本）红楼梦 （清）曹雪芹著，文艺出版社 1934 年，1939 年。

水浒传续集（绣像仿宋完整本）（通俗说部丛书） （清）陈忱著，胡协寅校勘，广益书局 1934 年。

（新式标点）水浒续集（又名：水浒后传） （历史长篇说部） （清）陈忱著，周梦蝶标点，大达图书供应社 1934 年。

隋唐演义 （清）褚人获著，胡协寅校，广益书局 1934 年。

（新式标点）白圭志（第八才子书） （清）崔象川著，王秋帆编辑，大达图书供应社1934年。

白圭志 （清）崔象川撰，启智书局1934年。

（新式标点）洪秀全 （清）黄小配著，何家铭标点，新文化书社1934年。

（新式标点）草木春秋（药物索隐） （清）江洪著，沈世荣标点，大达图书供应社1934年。

（新式标点）草木春秋 （清）江洪著，薛恨生标点，新文化书社1934年，1935年。

绿野仙踪（野史小说） （清）李百川著，孙吴标点，觉悟书社1934年。

（古本）绿野仙踪（绣像仿宋完整本） （清）李百川著，广益书局1934年。

（新式标点）官场现形记 （清）李宝嘉著，鲍赓生标点，新文化书社1934年。

（新式标点）水石缘 （清）李春荣著，童日铭标点，大达图书供应社1934年。

（足本）老残游记 （清）刘鹗著，文艺出版社1934年，1948年。

红楼圆梦 （清）临鹤山人撰，鲍赓生标点，新文化书社1934年。

（新式标点）续红楼梦 （清）秦子忱著，黄德林标点，新文化书社1934年。

（新式标点）东汉演义 （清）清远道人重编，何铭标点，新文化书社1934年。

（新式标点）粉妆楼演义 唐君现客著，大中书局标点，大中书局1934年。

（新式标点）花月痕 （清）魏秀仁著，何铭标点校阅，新文化书社1934年。

（新式标点）前明正德白牡丹传 （清）翁山著，何铭标点，新文化书社1934年。

（新式标点）白牡丹 （清）翁山著，童曰铭标点，潘裕章校阅，大达图书供应社1934年。

（足本）儒林外史 （清）吴敬梓著，文艺出版社1934年，1948年。

儒林外史 （清）吴敬梓著，大达

图书局 1934 年。

(新式标点)李公案奇闻(历史长篇说部)(清)惜红居士编纂，朱太忙标点，大达图书供应社 1934 年。

二度梅全传(新式标点忠孝节义)(清)惜阴堂主人著，启智书局 1934 年。

(新式标点)二度梅 (清)惜阴堂主人著，王儒堂标点，吴士庆校订，槐荫山房 1934 年。

(新式标点)二度梅 (清)惜阴堂主人著，薛恨生标点，新文化书社 1934 年。

(古本)野叟曝言 (清)夏敬渠著，时希圣标点，中央书店 1934 年。

驻春园(第十才子书) (清)谢幼衡著，王秋帆标点，大达图书供应社 1934 年，1935 年。

昭君和番 (清)雪樵主人著，启智书局 1934 年。

后水浒(历史长篇说部) 王文英标点，大达图书供应社 1934 年，1936 年。

(新式标点)铁花仙史 (清)云封山人编次，潘公昭标点，大达图书供应社 1934 年。

(新式标点)八命沉冤 何铭标点，启智书局 1934 年，新文化书社 1935 年。

慈云太子走国(绣像仿宋完整本)(通俗说部丛书) 周维立校勘，广益书局 1934 年。

大汉三合剑全传 潘公昭标点，大达图书供应社 1934 年。

(新式标点)大西唐 李静庵标点，大新书局 1934 年，1935 年。

(新式标点)飞龙传(历史长篇说部) 陈子昂标点，潘公昭校阅，大达图书供应社 1934 年。

(新式标点)海公小红袍 薛恨生标点，新文化书社 1934 年。

(新式标点)宏碧缘 何铭标点，新文化书社 1934 年。

(新式标点)金镯玉环记(言情长篇说部) 周梦蝶标点，沈世荣校阅，大达图书供应社 1934 年。

罗通扫北 何铭标点，新文化书社 1934 年。

(新式标点）孟丽君 何铭校阅，新文化书社1934年。

(新式标点）群英杰全传（后宋奇书）(历史长篇说部） 沈耀楣标点，大达图书供应社1934年。

(新式标点）三门街 薛恨生标点，新文化书社1934年。

(新式标点）小英雄传(历史长篇说部） 袁韬壶标点，潘公昭校阅，大达图书供应社1934年。

(新式标点）新红楼梦 王祖箴标点，周梦蝶校阅，大达图书供应社1934年。

薛刚反唐 薛恨生标点，新文化书社1934年。

(新式标点）野草闲花 朱太忙标点，大达图书供应社1934年。

征东全传 朱太忙标点，大达图书供应社1934年。

(新式标点）征西全传 佚名撰，启智书局1934年。

(新式标点）钟馗传 王秋帆标点，大达图书供应社1934年。

东晋演义（历史说部）（绣像仿宋完整本）(清）陈氏尺蠖斋评释，潘裕章校勘，广益书局1934年，1947年。

武则天四大奇案(历史长篇说部） 沈耀楣标点，大达图书供应社1934年。

(新式标点）小塘诛奸传(侠义寄情说部） 洪子良标点，大达图书供应社1934年。

燕山外史(言情词藻传奇说部）(清）陈球著，朱益明标点，大达图书供应社1934年。

负曝闲谈(四社文库晚清民国小说研究丛书）(清）蘧园撰，徐一士评考，四社出版部1934年，吉林文史出版社1987年。

(新式标点）花木兰(名著长篇小说） 黄良标点，何应铭校阅，大通书局1935年。

(新式标点）梦影缘(言情长篇说部）(清）苕溪爨下生著，沈世荣校阅，大达图书供应社1935年。

(新式标点）孝义真迹珠塔缘全传(清）马如飞著，赵云龙标点，大文书局1935年。

金瓶梅词话(中国文学珍本丛书）(明）笑笑生著，施蛰存点校，上海杂志公司 1935 年，贝叶山房 1947 年。

金瓶梅词话（明版全图）（国学珍本文库）（明）笑笑生著，沈亚公校订，中央书店 1935 年。

（洁本）三国演义 （明）罗贯中著，周振甫叙订，开明书店 1935 年，1948 年。

（新式标点）平妖传 （明）罗贯中、冯梦龙著，启智书局 1935 年。

（洁本）水浒传 （明）施耐庵原著，宋云彬叙订，开明书店 1935 年，1948 年。

（新式标点）西游记 （明）吴承恩著，何铭标点，新文化书社 1935 年。

（洁本）红楼梦 （清）曹雪芹原著，茅盾叙订，开明书店 1935 年。

（古本）品花宝鉴（标点足本古佚小说） （清）陈森著，时希圣标点，中央书店 1935 年。

（新式标点）玉蟾奇缘（又名：十二美女玉蝉缘） （清）崔象川撰，周郁浩标点，大达图书供应社 1935 年。

（新式标点）海上花列传（艳情长篇小说）（清）韩邦庆著，韦月侣标点，大达图书供应社 1935 年，1936 年。

（新式标点）海上花列传 （清）韩邦庆著，何铭标点、校阅，新文化书社 1935 年。

（新式标点）正德游江南全集 （清）何梦梅著，薛恨生标点，新文化书社 1935 年。

（新式标点）洪秀全（革命历史说部） （清）黄小配著，韦月侣、潘公昭标点，沈世荣校阅，大达图书局 1935 年。

（新式标点）繁华梦 黄小配著，韦月侣标点，大达图书供应社 1935 年。

官场现形记（讽刺杰作长篇说部）（清）李宝嘉著，朱益明标点，大达图书供应社 1935 年。

飞仙天豹图 佚名撰，大达图书供应社 1935 年。

（足本）官场现形记 （清）李宝嘉著，文艺出版社 1935 年，1936 年。

老残游记（良友文库）（清）刘鹗

著，良友图书印刷公司 1935 年，1936 年。

（足本）说岳全传 （清）钱彩撰，世界书局 1935 年。

（新式标点）东汉演义 王文英标点，大达图书供应社 1935 年。

（足本）七侠五义·小五义·续小五义（合订） （清）俞樾修订，赵苕狂考证，文艺出版社 1935 年。

（新式标点）锦香亭（香艳长篇说部）（清）素庵主人编，周郁浩标点，大达图书供应社 1935 年。

（新式标点）花月痕 （清）魏秀仁著，朱益明标点，大达图书供应社 1935 年。

花月痕·恨海 （清）魏秀仁、吴趼人著，文艺出版社 1935 年，1937 年。

（足本）儒林外史·老残游记 （清）吴敬梓、刘鹗著，世界书局 1935 年。

（新式标点）醒世姻缘（长篇警世说部）（清）西周生撰，沈耀楣标点，大达图书供应社 1935 年。

野叟曝言（标点足本古佚小说） （清）夏敬渠著，何铭标点，惠记书局 1935 年。

（新式标点）乐田演义（历史长篇说部）（清）徐震著，刘魄生标点，大达图书供应社 1935 年。

（新式标点）兰花梦 （清）吟梅山人著，启智书局 1935 年。

（足本）荡寇志（又名：结水浒传） （清）俞万春著，世界书局 1935 年。

孽海花（又名：赛金花） （清）曾朴著，东亚书局 1935 年。

（新式标点）何典（长篇神怪说部）（清）张南庄著，周郁浩标点，大达图书供应社 1935 年。

（新式标点）双美奇缘 何铭标点，新文化书社 1935 年。

（新式标点）宋太祖征南唐 （清）知非子著，启智书局 1935 年，大达图书供应社 1935 年。

（绣像）地宝图（武侠小说） 新文书社校订，新文书社 1935 年。

（新式标点）后东周列国志（历史长篇说部） 洪寄萍标点，大达图书供应社 1935 年。

后西游记 薛恨生标点，新文化书社 1935 年。

（新式标点）花田金玉缘 鲍赓生标点，新文化书社 1935 年。

（新式标点）金台平阳传（又名：金台全传） 何铭标点，新文化书社 1935 年。

（新式标点）金台平阳传（历史长篇说部） 潘公昭标点，大达图书供应社 1935 年。

明珠缘 鲍赓生标点，何铭校阅，新文化书社 1935 年。

（新式标点）乾隆游江南（历史长篇说部） 朱太忙标点，大达图书供应社 1935 年。

（新式标点）巧合奇冤传 朱鉴标点，大达图书供应社 1935 年。

（新式标点）全大破孟州 黄良标点，大通书局 1935 年。

（新式标点）施公案 鲍赓生标点，新文化书社 1935 年。

（足本）施公案全传 佚名撰，文艺出版社 1935 年。

（新式标点）明清两国志演义（历史长篇说部） 朱彭城标点，沈世荣校阅，大达图书供应社 1935 年。

（新式标点）小塘诛奸传 鲍赓生标点，新文化书社 1935 年。

（新式标点）鸳鸯梦 鲍赓生标点，新文化书社 1935 年。

（注释）清代小说选（初中学生文库） 曹鹄雏编，中华书局 1935 年，1941 年。

巫山奇遇（文言艳情小说） （清）广野居士著，北郊遁叟校订，中央书店 1935 年。

（新式标点）西洋通俗演义 （明）罗懋登著，沈善源标点，大达图书供应社 1935 年。

劫余灰 （清）吴趼人著，新天津报社出版股 1935 年。

（新式标点）钟馗传（第九才子书） 胡协寅校勘，广益书局 1935 年。

（古本）金瓶梅 襟霞阁主重编，新文化书社 1936 年。

禅真逸史（中国文学珍本丛书） （明）方汝浩编著，张静庐点校，贝叶山房 1936 年。

（新式标点）三国志演义（第一

才子书）（历史长篇说部）（明）罗贯中著，李菊庐标点，大达图书供应社 1936 年。

（新式标点）水浒传（历史长篇说部）（明）施耐庵著，李菊庐标点，大达图书供应社 1936 年。

续水浒 佚名撰，文艺出版社 1936 年。

西游记（万有文库）（明）吴承恩著，商务印书馆 1936 年，1941 年。

（绣像）西游记（通俗小说库）（明）吴承恩著，沈亚公校阅，中央书店 1936 年。

（新式标点）西晋演义 （清）沧浪旧隐编，启智书局 1936 年。

（绣像）红楼梦（通俗小说）（清）曹雪芹著，襟霞阁主人校，中央书店 1936 年。

平山冷燕（第四才子书） （清）荻岸山人编，王祖箴标点，大达图书供应社 1936 年。

续红楼梦 黛玉日记 （清）归锄子、绮情著，文艺出版社 1936 年。

（新式标点）永庆升平（历史长篇说部）（清）哈辅原说演，（清）郭广瑞编著，章禾校阅，大达图书局 1936 年。

（新式标点）洪秀全演义 （清）黄小配著，启智书局 1936 年。

（新式标点）繁华梦 （清）孙家振著，鲍赓生标点，新文化书社 1936 年。

洪杨豪侠全集（民族小说）（清）黄小配撰，春明书店 1936 年。

（新式标点）绿野仙踪 （清）李百川著，启智书局 1936 年。

（新式标点）官场现形记 （清）李宝嘉著，通俗图书刊行社 1936 年。

（新式标点）镜花缘 （清）李汝珍著，周郁年标点，大达图书供应社 1936 年。

老残游记（文学笔记长篇说部）（清）刘鹗著，大达图书供应社 1936 年，亚光书局 1942 年。

（新式标点）老残游记 （清）刘鹗著，通俗图书刊行社 1936 年，大同书店 1945 年。

（绣像）东汉演义（仿古足本）（通俗小说库） 汪漱碧校订，中央书店 1936 年。

二十年目睹之怪现状（通俗小说库）（清）吴趼人著，世界书局 1936 年，1939 年，中央书店 1936 年。

昭君趣史（国学珍本文库）（清）艳艳生编，沈亚公校订，中央书店 1936 年。

（新式标点）兰花梦传奇（奇情长篇小说）（清）吟梅山人撰，潘裕章校阅，大达图书局 1936 年。

（足本）红闺春梦（一名：绘芳园）（清）竹秋氏著，赵苕狂标点，文艺出版社 1936 年。

（新式标点）八美图（绣像绘图通俗小说） 鲍赓生标点，何铭校阅，新文化书社 1936 年。

（新式标点）罗通扫北 黄葵英标点，焦祖荫校阅，大新图书社 1936 年。

木兰从军 佚名撰，文新书局 1936 年。

台湾外志（清）江日升撰，引翔老人标点，标准印书馆 1936 年。

（新式标点）天豹图 佚名撰，启智书局 1936 年。

（绣像）薛仁贵征东 沈亚公点校，中央书店 1936 年。

（新式标点）东晋演义 佚名撰，启智书局 1936 年。

金瓶梅（明）笑笑生著，达文书店 1937 年，1939 年。

三国演义（明）罗贯中著，昌文书局 1937 年，锦章书局 1949 年。

（绣像）五代残唐（精校大字足本）（通俗小说库）沈亚公点校，中央书店 1937 年。

（新式标点）西游记（明）吴承恩著，通俗图书刊行社 1937 年。

（新式标点）四游记 湖上渔隐标点，达文书店 1937 年。

（新式标点）西汉演义（明）甄伟著，朱鉴校阅，广益书局 1937 年。

（新式标点）红楼梦（清）曹雪芹著，李菊庐校阅，广益书局 1937 年。

（新式标点）隔帘花影（长篇名著社会小说） 佚名撰，月下人标点，惠记书局 1937 年。

歧路灯 （清）李绿园著，明堂书局 1937 年。

（绣像）镜花缘（通俗小说库）（清）李汝珍著，沈亚公标点，中央书店 1937 年。

（新式标点）镜花缘 （清）李汝珍著，通俗图书刊行社 1937 年。

儒林外史（万有文库）（清）吴敬梓著，商务印书馆 1937 年，1939 年简编版。

（新式标点）二度梅（绣像古本通俗小说） （清）惜阴堂主人著，湖上渔隐标点，达文书店 1937 年。

野叟曝言（绣像古本通俗小说）（清）夏敬渠著，湖上渔隐标点，惠记书庄 1937 年。

兰花梦传奇（长篇名著言情小说）（清）吟梅山人著，湖上渔隐标点，达文书社 1937 年。

（新式标点）双美奇缘（长篇名著小说） 湖上渔隐标点，范叔寒校，达文书店 1937 年。

胡必松九美图（仿宋版印） 刘藩校勘，大文书局 1937 年。

金镯玉环记（绣像言情小说） 湖上渔隐标点，范叔寒校，达文书店 1937 年。

（新式标点）施公案全传（历史长篇说部） 胡协寅校勘，广益书局 1937 年。

开天辟地 （明）周游著，大文书局 1938 年。

洪秀全（绣像古本通俗小说） 湖上渔隐标点，范淑寒校，达文书店 1938 年。

（绣像）镜花缘（古本通俗小说）（清）李汝珍著，湖上渔隐标点，达文书社 1938 年。

七峰遗编（海角遗编） （清）七峰樵道人著，风雨书屋 1938 年。

痛史（海角遗编） （清）吴趼人著，风雨书屋 1938 年。

昭君和番 嵩山居士校阅，鸿文书局 1938 年。

昭君和番（绣像仿宋本） 佚名著，昌文书局 1938 年。

宏碧缘（绣像仿宋本侠义小说） 佚名著，锦章书局 1938 年。

（绣像）征四寇 沈亚公校订，中央书店 1939 年。

文素臣（风流豪侠奇情小说） 惜红馆主校阅，大中华书局1939年。

文素臣 （清）夏敬渠著，湖上渔隐标点，新文化书社1939年。

（绣像）小红袍（精校大字足本）（通俗小说库） 沈亚公校订，中央书店1939年。

济公传 范叔寒校，新文化书社1939至1942年。

（新式标点）三门街（通俗说唱丛书） 胡启明校勘，大新图书社1939年。

万花楼 （清）李雨堂著，昌文书局1939年，锦章书局1949年，文明书局，尚古山房。

春柳莺（每月古书） （清）鹖冠史者编，拚饮潜夫评，半斋出版社1940年。

（绘图）二度梅（绣像仿宋完整本） （清）惜阴堂主人著，胡协寅校勘，广益书局1940年。

五虎平南（绣像古本通俗小说） 范叔寒校，新文化书社1940年。

红楼梦类索 （清）姚梅伯著，魏友棐、洪荆山校订，珠林书店1940年。

（新式标点）列国志 （明）余邵鱼著，通俗图书刊行社1941年。

七侠五义 （清）俞樾修订，中原书局1941年。

孽海花 （清）曾朴著，真美善书店1941年。

（绣像）说唐全传 范叔寒校，新文化书社1941年。

武则天奇案 嵩山居士校阅，鸿文书局1941年。

洪秀全演义 嵩山居士校阅，鸿文书局1942年。

（重订）儒林外史（绣像仿宋完整本） （清）吴敬梓著，胡协寅校，广益书局1942年。

（新式标点）绘芳录（香艳写实长篇说部） （清）竹秋氏著，广益书局1942年。

（绘图）后西游记（绣像仿宋完整本）（重订通俗历史说部丛书） 胡协寅校勘，广益书局1942年。

天宝图（绣像绘图通俗小说） 范叔寒校，新文化书社1942年。

老残游记续集遗稿（双鹅丛书）（清）刘鹗著，良友复兴图书印刷公司 1943 年。

（重印）孽海花（附续录）（清）曾朴著，孙次舟等叙录，复兴书局 1943 年。

丁郎寻父传（绣像仿宋完整本）（重订通俗历史说部丛书） 胡协寅校，广益书局 1943 年。

李闯小史 （明）懒道人著，说文社 1944 年。

洪秀全演义（太平天国革命历史长篇说部） 黄小配著，川汉出版研究社 1944 年。

精忠岳飞全传 佚名撰，文学出版社 1944 年。

二度梅全传 （清）惜阴堂主人著，周去非校阅，川汉出版社 1944 年。

正德游江南全集（历史说部）（清）何梦梅著，川汉出版研究社 1945 年。

（绣像）乾隆游江南（通俗小说库） 佚名撰，中央书店，上海书店 1945 年。

（绘图）封神演义 （明）许仲琳著，胡协寅校，广益书局 1946 年。

（绘图）北宋杨家将（绣像仿宋完整本） 胡协寅校阅，广益书局 1946 年。

红楼梦（绣像仿宋完整本）（清）曹雪芹著，广益书局 1946 年。

东汉演义（绣像仿宋完整本） 胡协寅校，广益书局 1946 年。

东汉演义（精校足本）（通俗小说丛刊） 春明书店编译所标点校订，春明书店 1946 年。

（绘图）昭君和番（即：双凤奇缘） 胡协寅校，广益书局 1946 年。

（新式标点古本）果报录 （清）袁枚著，大中华书局 1946 年。

说唐小英雄传（绣像仿宋完整本） 胡协寅校，广益书局 1946 年。

薛刚反唐（绣像仿宋完整本） 胡协寅校，广益书局 1946 年。

玉蟾奇缘（又名：十二美女玉蝉缘）（通俗说部丛书）（清）崔象川撰，胡协寅校，广益书局 1946 年。

白牡丹全传（绣像仿宋完整本）

佚名撰，胡协寅校，广益书局1946年。

风月宝鉴（明季南都柳氏精本）（明）沈清漪著，新风书店1947年。

（重订）水浒传演义　（明）施耐庵著，广益书局1947年。

水浒传（金圣叹批改贯华堂原本）（明）施耐庵著，（清）金圣叹评，中华书局1947年。

宛如约（明人小说海内孤本）（清）惜花主人编次，任鼐标点，说文社1947年。

（古本）隔帘花影（一名：续金瓶梅）（通俗小说库）　时希圣标点，中央书店1947年。

金镯玉环记（绣像完整本）　佚名撰，广益书局编辑部校阅，广益书局1947年。

缺月再圆记（绣像仿宋完整本）佚名撰，胡协寅校，广益书局1947年。

（绣像）三国志演义　（明）罗贯中著，（清）金圣叹批注，（清）毛宗岗评，春明书店1948年。

三国演义节选（中华文库　民众教育）（明）罗贯中著，施平阳编，中华书局1948年。

（绘图）征四寇（绣像仿宋完整本）　朱太忙标点，广益书局1948年。

水浒传节选（中华文库　民众教育）（明）施耐庵著，倪国培编，中华书局1948年。

西游记节选（中华文库　民众教育）（明）吴承恩著，夏伯组编，中华书局1948年。

前后七国志（绣像仿宋完整本）佚名撰，胡协寅校，广益书局1948年。

西晋演义（后三国）（绣像仿宋完整本）（历史说部）　潘裕章校勘，广益书局1948年。

红楼梦节选（中华文库　民众教育）（清）曹雪芹著，倪国培编，中华书局1948年。

洪杨豪杰传（绣像仿宋完整本）（通俗说部丛书）　周维立校，广益书局1948年。

（绘图）官场现形记（通俗说部丛书）（清）李宝嘉著，广益书局1948年。

岳传节选（中华文库　民众教育） 夏伯纽编，中华书局 1948 年。

儿女英雄传节选（中华文库　民众教育）（清）文康著，倪国培编，中华书局 1948 年。

恨海情天（哀情小说）　（清）吴趼人著，广益书局 1948 年。

二十年目睹之怪现状　（清）吴趼人著，周郁浩校，广益书局 1948 年。

儒林外史节选（中华文库　民众教育）（清）吴敬梓著，施平阳编，中华书局 1948 年。

胡必松九美图（又名：九美夺夫）（绣像仿宋完整本）　陆宗植校，广益书局 1948 年。

（绘图）三门街（绣像仿宋完整本）　周惟立校，广益书局 1948 年。

（重订）三生姻缘全传（绣像仿宋完整本）　胡协寅校，广益书局 1948 年。

（新式标点）吴三桂演义（绣像仿宋完整本）（历史说部）　沈世荣校，广益书局 1948 年。

再生缘（绣像仿宋本）　（清）陈端生撰，锦章书局 1949 年。

燕山外史（绘图注释）　（清）陈球著，广益书局民国间印行。

（金圣叹批改贯华堂原本）三国志（明）罗贯中撰，毛宗岗评，中华书局 1950 年。

三国志演义（绘图三国志演义）（明）罗贯中撰，胡协寅校，广益书局 1950 年。

水浒传　（明）施耐庵撰，胡协寅校，广益书局 1950 年。

红楼梦（绘图红楼梦）　（清）曹雪芹撰，胡协寅校，广益书局 1950 年。

西游记　（明）吴承恩撰，周惟立校，广益书局 1951 年。

水浒　（明）施耐庵撰，人民文学出版社 1952 年，1961 年，1975 年、作家出版社 1954 年。

西汉演义　（明）甄伟撰，尚古山房 1953 年。

东汉演义　（清）清远道人重编，尚古山房 1953 年。

（古本）三国演义　（明）罗贯中

撰，尚古山房1953年。

水浒 （明）施耐庵撰，尚古山房1953年。

瓦岗寨 （清）无名氏撰，尚古山房1953年。

说唐全传 （清）无名氏撰，尚古山房1953年。

新式标点粉妆楼 （清）竹溪山人撰，尚古山房1953年。

南宋飞龙传 （清）佚名撰，吴璿删定，尚古山房1953年。

五虎平西 （清）李雨堂等编撰，尚古山房1953年。

英烈全传 （明）不著撰者名氏，尚古山房1953年。

巧联珠 （清）无名氏撰，尚古山房1953年。

白牡丹 （清）啸天生撰，尚古山房1953年。

万花楼（绣像通俗小说） （清）李雨堂撰，尚古山房1953年。

宏碧缘全传 （清）无名氏撰，尚古山房1953年。

七侠五义 （清）石玉昆撰，尚古山房1953年。

小五义 （清）石玉昆撰，尚古山房1953年。

续小五义 （清）石玉昆撰，尚古山房1953年。

绘图大红袍 （清）无名氏撰，尚古山房1953年。

绘图儒林外史 （清）吴敬梓撰，胡协寅校，广益书局1953年。

三国演义（古本三国演义） （明）罗贯中撰，锦章书局1953年。

说岳全传 （清）钱彩撰，锦章书局1953年。

绘图西游记 （明）吴承恩撰，锦章书局1953年。

三国演义 （明）罗贯中撰，（清）毛宗岗修订，作家出版社1953年，人民文学出版社1955年，1957年，1973年。

红楼梦 （清）曹雪芹撰，作家出版社1953年。

三国演义（中国古典文学读本丛书） （明）罗贯中撰，人民文学出版社1953年，1957年，1973年。

水浒全传　（元）施耐庵、（明）罗贯中纂，郑振铎等点校，人民文学出版社 1954 年。

脂砚斋红楼梦辑评　俞平伯辑，上海文艺联合出版社 1954 年，古典文学出版社 1957 年，中华书局上海编辑所 1960 年。

儒林外史　（清）吴敬梓撰，作家出版社编辑部校订，作家出版社 1954 年。

西游记　（明）吴承恩撰，作家出版社编辑部校订，作家出版社 1954 年。

新编五代史平话　佚名撰，古典文学出版社 1954 年，1957 年，中华书局上海编辑所 1958 年。

二十年目睹之怪现状　（清）吴趼人撰，通俗文艺出版社 1954 年。

官场现形记　（清）李伯元撰，宝文堂书店 1954 年。

新刊大宋宣和遗事　（宋）佚名撰，中国古典文学出版社标点，古典文学出版社 1954 年，1958 年。

西游记（中国古典文学读本丛书）　（明）吴承恩著，黄肃秋注释，人民文学出版社 1955 年，1980 年。

武王伐纣平话（吕望兴周）（全相平话五种之一）　佚名撰，古典文学出版社整理，古典文学出版社 1955 年。

七国春秋平话（后集乐毅图齐）（全相平话五种之二）　佚名撰，古典文学出版社整理，古典文学出版社 1955 年。

秦并六国平话（秦始皇传）（全相平话五种之三）　佚名撰，古典文学出版社校订，古典文学出版社 1955 年。

前汉书平话（续集吕后斩韩信）（全相平话五种之四）　佚名撰，上海古典文学出版社整理，古典文学出版社 1955 年。

三国志平话（全相平话五种之五）　佚名撰，古典文学出版社整理，古典文学出版社 1955 年。

说岳全传　（清）钱彩撰，古典文学出版社 1955 年。

英烈传　赵景深、杜浩铭校注，四联出版社 1955 年，上海文化出版社 1955 年，中华书局上海编辑所 1959 年，上海古籍出版社 1981 年。

说唐　（清）如莲居士撰，陈汝衡

校订，王胤绘图，四联出版社 1955 年。

说唐（中国古典小说选刊 华夏古典文学名著系列丛书）（清）如莲居士撰，陈汝衡修订，上海文化出版社 1955 年，中华书局上海编辑所 1959 年，上海古籍出版社 1978 年，长江文艺出版社 1981 年，华夏出版社 1994 年，2002 年，二十一世纪出版社 2010 年。

东周列国志 （明）冯梦龙、（清）蔡元放编，作家出版社 1955 年，1956 年。

封神演义 （明）许仲琳编，作家出版社 1955 年，人民文学出版社 1973 年。

镜花缘 （清）李汝珍撰，张友鹤校注，作家出版社 1955 年，1975 年，人民文学出版社 1958 年，1958 年。

水浒后传 （清）陈忱撰，宝文堂书店 1955 年。

孽海花 （清）曾朴撰，宝文堂书店 1955 年，上海文化出版社 1956 年。

脂砚斋重评石头记 （清）曹雪芹撰，脂砚斋主人评，文学古籍刊行社 1955 年，人民文学出版社 1974 年。

西游补 （明）董说撰，文学古籍刊行社 1955 年。

恨海 （清）吴趼人撰，通俗文艺出版社 1955 年，上海文化出版社 1956 年。

官场现形记 （清）李伯元撰，通俗文艺出版社 1955 年，上海文化出版社 1956 年。

文明小史 （清）李伯元撰，通俗文艺出版社 1955 年，上海文化出版社 1956 年。

儿女英雄传 （清）燕北月人撰，金受申节编，通俗文艺出版社 1955 年。

钟馗捉鬼传 佚名著，通俗文艺出版社 1955 年，上海文艺出版社 1958 年。

后七国志 （清）徐震编，章阁校注，上海文化出版社 1956 年。

杨家将演义 罗奋校订，上海文化出版社 1956 年。

二十年目睹之怪现状 （清）吴趼

人撰，上海文化出版社 1956 年。

痛史 （清）吴趼人撰，章苔深校注，上海文化出版社 1956 年。

活地狱 （清）李伯元撰，上海文化出版社 1956 年，中华书局上海编辑所 1959 年。

九命奇冤 （清）吴趼人撰，上海文化出版社 1956 年。

好逑传 （清）名教中人撰，成柏泉校注，上海文化出版社 1956 年。

三侠五义 （清）石玉昆编，赵景深校订，上海文化出版社 1956 年，中华书局上海编辑所 1959 年，1991 年。

老残游记 （清）刘鹗撰，通俗文艺出版社 1956 年。

水浒志传评林 （明）罗道本撰、余象斗评，文学古籍刊行社 1956 年。

水浒后传 （明）陈忱撰，古典文学出版社 1956 年。

官场维新记 （清）佚名撰，古典文学出版社 1956 年，中华书局上海编辑所 1959 年。

隋唐演义 （明）褚人获编撰，古典文学出版社 1956 年。

平妖传 （明）罗贯中、冯梦龙撰，古典文学出版社 1956 年，上海古籍出版社 1981 年。

四游记 （明）余象斗等撰，古典文学出版社 1956 年。

薛仁贵征辽事略 赵万里辑校，古典文学出版社 1957 年，中华书局上海编辑所 1958 年。

西游补 （明）董说撰，汪原放点校，古典文学出版社 1957 年。

一百二十回的水浒 （明）施耐庵撰，罗贯中纂修，商务印书馆 1957 年。

石头记（增评补图） （清）曹雪芹撰，商务印书馆 1957 年。

三国志演义（绣像三国志演义） （明）罗贯中撰，商务印书馆 1957 年。

红楼梦 （清）曹雪芹撰、高鹗续，启功注释，周汝昌等点校，人民文学出版社 1957 年，1959 年，1972 年。

老残游记 （清）刘鹗撰，陈翔鹤、戴鸿森注，人民文学出版社 1957

年，1979 年。

二十年目睹之怪现状 （清）吴趼人撰，张友鹤校注，人民文学出版社 1957 年，2000 年。

官场现形记 （清）李宝嘉撰，张友鹤校注，人民文学出版社 1957 年。

金瓶梅词话 （明）兰陵笑笑生撰，文学古籍刊行社 1957 年。

负曝闲谈 （清）蘧园撰，上海文化出版社 1957 年，中华书局上海编辑所 1959 年。

邻女语 （清）忧患余生撰，上海文化出版社 1957 年。

万花楼 陈汝衡修订，上海文化出版社 1957 年。

六月霜 观静子著，上海文化出版社 1958 年，中华书局上海编辑所 1959 年。

苦社会 （清）佚名撰，上海文化出版社校注，上海文化出版社 1958 年，中华书局上海编辑所 1959 年。

儒林外史（中国古典文学读本丛书 中国古代小说名著科典藏系列） （清）吴敬梓撰，张慧剑校，程十发插图，人民文学出版社 1958 年，1962 年，1977 年，2002 年。

红楼梦八十回校本 （清）曹雪芹撰，俞平伯校订，王惜时参校，人民文学出版社 1958 年，1962 年，（香港）中华书局 1974 年，1996 年。

武王伐纣平话 中华书局上海编辑所编辑，中华书局上海编辑所 1958 年。

七国春秋平话 后集 乐毅图齐 中华书局上海编辑所编辑，中华书局上海编辑所 1958 年。

秦并六国平话（秦始皇传） 中华书局上海编辑所编辑，中华书局上海编辑所 1958 年。

说岳全传 （清）钱彩撰，中华书局上海编辑所 1958 年。

忠义水浒传插图（中国古代版画丛刊） 郑振铎编，中华书局上海编辑所 1958 年，1988 年。

市声 （清）姬文撰，上海文化出版社 1958 年。

前汉书平话（续集：吕后斩韩信） 上海古典文学出版社整理，中华书局上海编辑所 1959 年。

三国志平话 中华书局上海编辑所整理，中华书局上海编辑所1959年。

水浒后传 （清）陈忱撰，中华书局上海编辑所1959年。

＊**红楼梦** （清）曹雪芹，香港国光图书公司1959年。

＊**红楼梦** （清）曹雪芹著，香港友联出版社1961年。

水浒全传 （明）施耐庵、罗贯中撰，中华书局上海编辑所1961年。

乾隆甲戌脂砚斋重评石头记 （清）曹雪芹撰，脂砚斋评，中华书局上海编辑所1962年。

乾隆抄本百廿回红楼梦稿 （清）曹雪芹撰，中华书局上海编辑所1963年，1984年。

隋唐演义 （清）褚人获撰，中华书局上海编辑所1963年。

一层楼 （清）尹湛纳希撰，甲乙木译，内蒙古人民出版社1963年。

明容与堂刻水浒传图 （明）施耐庵撰，罗贯中纂修，中华书局上海编辑所编，中华书局上海编辑所1965年。

明容与堂刻本水浒传 （清）施耐庵撰，（明）罗贯中纂修，中华书局上海编辑所1966年，上海人民出版社1975年。

＊**红楼梦** （清）曹雪芹、高鹗著，（香港）中华书局1971年，1982年。

＊**红楼梦脂砚斋评语辑校** 陈庆浩撰，巴黎第七大学东亚教研处出版中心，香港中文大学新亚学院红楼梦研究小组1972年。

戚蓼生序本石头记 （清）曹雪芹撰，脂砚斋评，人民文学出版社1973年，1975年。

三国志通俗演义 （明）罗贯中撰，人民出版社1974年。

儒林外史 （清）吴敬梓撰，人民文学出版社1974年。

水浒传（中国古典文学读本丛书） （明）施耐庵撰，（明）罗贯中撰，人民出版社1975年，1997年第2版。

水浒全传 （明）施耐庵撰，上海人民出版社1975年。

第五才子书施耐庵水浒传 （明）施耐庵撰，（清）金圣叹译，中华书局1975年。

儒林外史 （清）吴敬梓撰，人民文学出版社1975年。

东周列国志 （明）冯梦龙撰，（清）蔡元放修订，人民文学出版社1975年。

儒林外史 （清）吴敬梓撰，南京师范学院《儒林外史》整理小组整理，人民文学出版社1977年，1978年。

东周列国志 （明）冯梦龙撰，（清）蔡元放修订，人民文学出版社1978年。

说岳全传 （清）钱彩编次、金丰增订，上海古籍出版社1979年。

儒林外史评 （清）天目山樵撰，上海书店1980年。

侠义风月传 （清）名教中人撰，广西人民出版社1980年，1981年。

侠女奇缘 （清）文康撰，广西人民出版社1980年。

七侠五义（传统戏曲、曲艺研究参考资料丛书）（清）石玉昆述，俞樾重编，林山校订，宝文堂书店1980年。

三侠五义（传统戏曲、曲艺研究参考资料丛书）（清）石玉昆述，俞樾重编，林山校订，宝文堂书店1980年。

封神演义 （明）许仲琳编，钟惺评，广东人民出版社1980年。

好逑传 （清）名教中人编撰，郑荣整理，中州书画社1980年，1991年。

醒世姻缘传 （清）西周生撰，齐鲁书社1980年，1984年。

封神演义 （明）许仲琳撰，齐鲁书社1980年。

杨家将演义 （明）无名氏撰，浙江人民出版社1980年。

杨家将传 （明）无名氏撰，石梁标点，岳麓书社1980年。

杨家府演义（中国古典小说研究资料丛书）（明）无名氏撰，竺少华标点，上海古籍出版社1980年。

钟馗传　斩鬼传　平鬼传（中国古典小说选刊）（明）烟霞散人、云中道人撰，长江文艺出版社1980年。

歧路灯（中国通俗小说名著分类文库）（清）李绿园撰，栾星校注，中州书画社 1980 年，中州古籍出版社 1998 年。

三国志通俗演义 （明）罗贯中撰，汪原放标点，上海古籍出版社 1980 年。

三国演义（全图绣像） （明）罗贯中撰，毛宗岗评，内蒙古人民出版社 1981 年。

桐花凤阁评《红楼梦》辑录 （清）陈其泰评，刘操南辑，天津人民出版社 1981 年。

泣红亭 （清）尹湛纳希撰，曹都、陈定宇译，内蒙古人民出版社 1981 年。

飞龙全传（中国小说史料丛书）（清）吴璿撰，孟庆锡点校，人民文学出版社 1981 年。

何典（中国小说史料丛书） （清）张南庄撰，潘慎校注，人民文学出版社 1981 年。

后水浒传（明末清初小说选刊）（清）青莲室主人辑，郑公盾点校，春风文艺出版社 1981 年。

玉娇梨 （清）荑荻散人编，韩锡铎点校，春风文艺出版社 1981 年。

于谦全传 （明）孙高亮撰，苏道明校注，浙江人民出版社 1981 年，浙江文艺出版社 1983 年。

英烈全传 （明）徐文长编，成都古籍书店 1981 年。

何典 （清）张南庄撰，工商出版社 1981 年。

老残游记 （清）刘鹗撰，齐鲁书社 1981 年。

小五义 （清）石玉昆撰，漓江出版社 1981 年。

小五义 （清）石玉昆撰，毛水清等点校，云南人民出版社 1981 年。

花月痕 （清）魏子安撰，福建人民出版社 1981 年。

痛史 （清）吴趼人撰，福建人民出版社 1981 年。

九命奇冤 （清）吴趼人撰，福建人民出版社 1981 年

九命奇冤 （清）吴趼人撰，山西人民出版社 1981 年。

九命奇冤 （清）吴趼人撰，上海古籍出版社 1981 年，1987 年。

洪秀全演义 （清）黄小配撰，湖

南人民出版社 1981 年。

洪秀全演义 （清）黄小配撰，江苏人民出版社 1981 年。

洪秀全演义 （清）黄小配撰，长江文艺出版社 1981 年。

洪秀全演义 （清）黄小配撰，上海古籍出版社 1981 年。

杨家将演义 （明）秦淮墨客校订，周华斌、陈宝富校注，北京出版社 1981 年。

平妖传 （明）罗贯中、冯梦龙撰，豫章书社 1981 年。

万花楼 （清）李雨堂撰，豫章书社 1981 年。

三侠五义 （清）石玉昆撰，豫章书社 1981 年。

三侠五义 （清）石玉昆撰，山东人民出版社 1981 年。

水浒后传 （清）陈忱撰，山东人民出版社 1981 年。

水浒后传 （清）陈忱撰，上海古籍出版社 1981 年。

龙图耳录（中国古典小说研究资料丛书）（清）石玉昆撰，汪原放标点，傅惜华校，上海古籍出版社 1981 年，1987 年。

隋唐演义 （清）褚人获撰，上海古籍出版社 1981 年，1987 年。

隋唐演义 （清）褚人获撰，云南人民出版社 1981 年。

隋唐演义 （清）褚人获撰，广东人民出版社 1981 年。

西游补 （清）董说撰，羊阜点校，广东人民出版社 1981 年。

儿女英雄传 （清）文康撰，西湖书社 1981 年。

侠义风月传 （清）名教中人撰，西湖书社 1981 年。

儿女英雄传 （清）文康撰，上海书店 1981 年。

续小五义 （清）石玉昆述，贵州人民出版社 1981 年。

红楼梦（中国古典文学读本丛书）（清）曹雪芹著，（清）无名氏续，（明）程伟元、高鹗整理，中国艺术研究院红材料费梦研究所校注，人民文学出版社 1982 年，1996 年，2008 年。

混唐后传 （明）钟惺著，杨与林

整理，春风文艺出版社 1982 年。

平山冷燕（清初小说选刊） 李致中点校，春风文艺出版社 1982 年。

后西游记（四十回）（明末清初小说选刊） 佚名撰，春风文艺出版社 1982 年。

荡寇志（中国小说史料丛书）（清）俞万春撰，戴鸿森点校，人民文学出版社 1982 年，1999 年。

花月痕（中国小说史料丛书）（清）魏秀仁撰，杜维沫点校，人民文学出版社 1982 年，1999 年。

海上花列传（中国小说史料丛书）（清）韩邦庆撰，典耀整理，人民文学出版社 1982 年，1999 年。

飞龙全传（传统戏曲、曲艺研究参考资料丛书） （清）东隅逸士编，宝文堂书店 1982 年。

施公案（传统戏曲、曲艺研究参考资料丛书） 宝文堂书店编辑部编辑，宝文堂书店 1982 年。

洪秀全演义 （清）黄小配撰，羊皋点校，广东人民出版社 1982 年。

醒世姻缘传（中国通俗小说名著分类文库） （清）西周生撰，童万周校注，中州书画社 1982 年，1989 年，中州古籍出版社 1997 年。

醒世姻缘传（中国古典小说研究资料丛书） （清）西周生撰，黄肃秋校注，上海古籍出版社 1982 年。

玉支玑（明末清初小说选刊）（清）天花藏主人述，周有德点校，春风文艺出版社 1983 年。

飞花咏（明末清初小说选刊） 佚名著，宋嘉哲点校，春风文艺出版社 1983 年。

麟儿报（明末清初小说选刊） 佚名著，卜维义点校，春风文艺出版社 1983 年。

春柳莺（明末清初小说选刊）（清）南北鹤冠史者编，曹惠南点校，春风文艺出版社 1983 年。

世无匹 （清）娥川主人撰，林辰点校，春风文艺出版社 1983 年。

女开科传 （清）岐山左臣撰，韩镇琪译，春风文艺出版社 1983 年。

定情人 佚名撰，李落、苗壮校，春风文艺出版社 1983 年。

金云翘传 （清）青心才人编次，李致忠点校，春风文艺出版社

1983 年。

残唐五代史演义传（传统戏曲、曲艺研究参考资料丛书）（明）罗贯中撰，王述点校，宝文堂书店 1983 年，1991 年。

水浒后传（中国古典文学普及丛书）（清）陈忱撰，陈新节编，北京师范大学出版社 1983 年，宝文堂书店 1983 年。

三遂平妖传 （明）罗贯中撰，张荣起整理，北京大学出版社 1983 年。

李卓吾批评西游记 （清）李卓吾批评，古群整理，中州书画社 1983 年。

西游补 （清）董说撰，上海古籍出版社 1983 年。

梼杌闲评（中国小说史料丛书）佚名撰，刘文忠点校，人民文学出版社 1983 年。

玉娇梨（中国小说史料丛书）（清）荑荻散人编次，冯伟民点校，人民文学出版社 1983 年，1999 年。

平山冷燕（中国小说史料丛书）（清）佚名撰，冯伟民点校，人民文学出版社 1983 年，1999 年。

儿女英雄传（中国小说史料丛书）（清）文康撰，松颐校注，人民文学出版社 1983 年。

＊**彩画本红楼梦校注** （清）曹雪芹、高鹗原撰，启功等校注，台湾里仁书局 1983 年。

＊**红楼梦校注** （清）曹雪芹著，冯其庸等校注，台湾里仁书局 1984 年。

洪秀全演义（中国小说史料丛书）（清）黄世仲撰，王俊年点校，人民文学出版社 1984 年，1999 年。

唐三藏西游释厄传 西游记传（中国小说史料丛书）（明）朱鼎臣、杨致和撰，陈新整理，人民文学出版社 1984 年，1999 年。

古本平话小说集 路工、谭天合编，人民文学出版社 1984 年，1999 年。

醒风流（明末清初小说选刊）（清）鹤市道人编次，于文藻点校，春风文艺出版社 1984 年。

锦香亭（明末清初小说选刊）（清）素庵主人编次，丁令威点校，春风文艺出版社 1984 年。

归莲梦（明末清初小说选刊）（清）苏庵主人编次，马托点校，春风文艺出版社 1984 年。

海公大红袍全传（传统戏曲、曲艺研究参考资料丛书） 李春芳编，宝文堂书店 1984 年。

儒林外史（汇校汇评本）（中国古典小说研究资料丛书） （清）吴敬梓撰，李汉秋辑校，上海古籍出版社 1984 年，1999 年。

前后七国志 （明）吴门啸客、（清）徐震撰，陈四益点校，湖南人民出版社 1984 年。

＊**百二十回《红楼梦》人名索引：附脂批庚辰本批语人名索引** 何锦阶、邢颂恩编，香港集贤社 1984 年。

西游记传 （明）杨致和著，陈新整理，人民文学出版社 1984 年。

金圣叹全集（贯华堂第五才子书水浒传） （清）金圣叹撰，曹方人、周锡山标点，江苏古籍出版社 1985 年。

第五才子书施耐庵水浒传 （明）施耐庵撰，（清）金圣叹评点，文子生点校，中州古籍出版社 1985 年。

恨海 （清）吴趼人撰，王俊年点校，中州古籍出版社 1985 年，花城出版社 1988 年。

苦社会·黄金世界 （清）佚名、碧荷馆主人撰，毛德富编校，中州古籍出版社 1985 年。

水浒新传 （明）施耐庵撰，褚同庆重撰，花城出版社 1985 年。

三宝太监西洋记通俗演义（中国古典小说研究资料丛书） （明）罗懋登撰，陆树仑、竺少华点校，上海古籍出版社 1985 年。

金瓶梅词话 （明）兰陵笑笑生撰，戴鸿森点校，人民文学出版社 1985 年，1992 年。

女仙外史（明清小说史料丛书） （清）吕熊撰，杨仲贤点校，百花文艺出版社 1985 年。

警世阴阳梦（明末清初小说选刊） （明）长安道人国清编次，卜维义点校，春风文艺出版社 1985 年。

鼓掌绝尘（明末清初小说选刊） （明）金木散人编，李蓉、甫壮点校，春风文艺出版社 1985 年。

两交婚（明末清初小说选刊） （清）天花藏主人撰，王多闻点校，春风文艺出版社 1985 年。

画图缘（明末清初小说选刊）（清）天花藏主人撰，杨力生、周有德点校，春风文艺出版社 1985 年。

快心编（明末清初小说选刊）（清）天花才子编，朱眉叔点校，春风文艺出版社 1985 年。

铁花仙史（明末清初小说选刊）沈锡麟点校，春风文艺出版社 1985 年。

驻春园（明末清初小说选刊）（清）吴航野客编次，李致忠点校，春风文艺出版社 1985 年。

白圭志（明末清初小说选刊）（清）崔象川编次，春风文艺出版社 1985 年。

林兰香（明末清初小说选刊）（清）随缘下士编辑，丁植元点校，春风文艺出版社 1985 年。

后红楼梦（清）逍遥子撰，韩锡铎、卜维义点校，春风文艺出版社 1985 年。

秦续红楼梦（清）秦子忱撰，春风文艺出版社 1985 年。

何典（鲁迅作序跋的著作选辑）（清）张南庄撰，上海书店 1985 年。

兰花梦奇传（古旧小说）（清）吟梅山人撰，李申点校，岳麓书社 1985 年，1998 年。

侠女十三妹（清）文康撰，蔚庭整理，岳麓书社 1985 年。

新说西游记图像（明）吴承恩撰，（清）张书绅注，中国书店 1985 年。

绘图镜花缘（清）李汝珍撰，中国书店 1985 年。

（增像全图）三国演义（明）罗贯中撰，中国书店 1985 年。

增像全图三国演义（明）罗贯中编，（清）毛宗岗重编，浙江人民出版社 1985 年。

二十四史通俗演义（清）吕抚编，康奉等点校，浙江人民出版社 1985 年。

全图绣像三国演义（明）罗贯中撰，（清）毛宗岗评，内蒙古人民出版社 1985 年，1991 年。

绿野仙踪（中国小说研究资料丛书）（清）李百川撰，内蒙古人民出版社 1985 年。

女仙外史（中国小说研究资料丛书）（清）吕熊撰，内蒙古人民出版社 1985 年。

四望亭（中国小说研究资料丛书）（清）二如亭主人撰，内蒙古人民出版社 1985 年，1988 年。

绣像绘图粉妆楼（中国小说研究资料丛书）（清）竹溪山人撰，内蒙古人民出版社 1985 年，1991 年。

后西游记 （明）无名氏撰，徐元点校，浙江文艺出版社 1985 年。

封神演义 （明）许仲琳编，浙江文艺出版社 1985 年，1990 年。

绿牡丹 （清）无名氏撰，浙江古籍出版社 1985 年。

四游记 （明）吴元泰等撰，汪继权校，北方文艺出版社 1985 年。

包公案（传统戏曲、曲艺研究参考资料丛书） 冯不异点校，宝文堂书店 1985 年。

施公案全传 佚名撰，云德等校订，延边人民出版社 1985 年。

粉妆楼全传 （明）罗贯中撰，黄山书社 1985 年。

孙庞演义（又名前七国志） 乐田演义（又名后七国志） （明）吴门啸客、（清）徐震撰，黄山书社 1985 年。

孙庞斗智演义（附孙膑兵法注释）（明）吴门啸客撰，李传明注，山东大学出版社 1985 年。

王伯沆红楼梦批语汇录 王伯沆批，赵国璋等整理，江苏古籍出版社 1985 年。

三春梦 薛汕点校，书目文献出版社 1985 年。

隋炀帝艳史 （明）齐东野人撰，不经先生评，李悔吾点校，群益堂 1985 年。

隋炀帝艳史（话说隋唐小说丛书）（明）齐东野人编演，张万钧、周树德校注，中州古籍出版社 1986 年，1987 年。

新石头记 （清）吴趼人撰，王立言校注，中州古籍出版社 1986 年。

胡涂世界 （清）我佛山人撰，卢叔度、吴承学点校，花城出版社 1986 年。

九命奇冤（我佛山人作品选本）（清）我佛山人撰，王俊年校，花城出版社 1986 年。

发财秘诀·瞎骗奇闻 （清）吴趼

人撰，天津古籍出版社 1986 年。

近十年之怪现状（近代通俗文学研究资料丛书）（清）吴趼人撰，天津古籍出版社 1986 年。

二十载繁华梦（近代通俗文学研究资料丛书）（清）黄小配撰，天津古籍出版社 1986 年。

痛史　（清）吴趼人撰，王俊年点校，谈如注释，山东文艺出版社 1986 年。

二度梅全传　（清）天花主人编次，惜阴堂主人编辑，山东文艺出版社 1986 年。

五虎平南演义　（清）佚名撰，山东文艺出版社 1986 年。

五虎平西演义　（清）佚名撰，赵一捷、郭满录整理，山东文艺出版社 1986 年。

残唐五代传　（明）罗贯中编辑，李卓吾批评，中国书店 1986 年。

东周列国志　（明）冯梦龙改编，（清）蔡元放评点，中国书店 1986 年。

绣像隋唐演义　（清）褚人获撰，中国书店 1986 年。

隋唐通俗演义　（清）褚人获撰，浙江人民出版社 1986 年。

三门街　（清）无名氏编，浙江古籍出版社 1986 年。

儿女英雄传　（清）文康撰，浙江文艺出版社 1986 年。

续西游记　（明）佚名撰，（清）贞复居士评点，路工、田牧点校，江苏文艺出版社 1986 年。

续西游记（明末清初小说选刊）（明）佚名撰，张颖、陈速点校，春风文艺出版社 1986 年。

吴江雪　（清）佩蘅子撰，司马师点校，春风文艺出版社 1986 年。

巧联珠（明末清初小说选刊）（清）烟霞逸士编次，王青平点校，春风文艺出版社 1986 年。

儒林外史　（清）吴敬梓撰，（清）黄小田评点，李汉秋辑校，黄山书社 1986 年。

绿牡丹全传（中国古典小说研究资料丛书）（清）无名氏撰，蔡国梁标校，上海古籍出版社 1986 年。

禅真逸史　（明）清溪道人撰，兑玉点校，齐鲁书社 1986 年。

雪月梅传 （清）陈朗撰，孙永都、刘中光点校，齐鲁书社 1986 年。

雪月梅传（明清小说研究丛书）（清）陈朗撰，萝晔整理，黑龙江人民出版社 1986 年。

禅真逸史（明清小说研究丛书）（明）清溪道人编次，延沛整理，黑龙江人民出版社 1986 年。

水浒全传（新校注本） （明）施耐庵、罗贯中撰，李泉、张永鑫校注，四川文艺出版社 1986 年，1998 年。

三国演义（新校注本） （明）罗贯中撰，吴小林校注，四川文艺出版社 1986 年，台湾里仁书局 1994 年。

三国演义（会评本）（中国古典小说戏曲研究资料丛书） （明）罗贯中撰，陈曦钟等辑校，北京大学出版社 1986 年，1998 年。

绿野仙踪（中国小说史料丛书）（清）李百川撰，侯正义点校，北京大学出版社 1986 年。

三国演义（古典名著普及文库）（明）罗贯中撰，朱正标点，岳麓书社 1986 年。

二十四史演义 （清）吕安世辑，喻岳衡整理，岳麓书社 1986 年，1998 年。

绿牡丹 （清）二如亭主人撰，上齐、周鲁整理，岳麓书社 1986 年，2004 年。

粉妆楼 （清）竹溪山人撰，伍国庆点校，岳麓书社 1986 年。

万花楼杨包狄演义（传统戏曲、曲艺研究参考资料丛书） （清）李雨堂编，古谷点校，中国戏剧出版社 1986 年。

粉妆楼全传（传统戏曲、曲艺研究参考资料丛书） （清）竹溪山人撰，景春点校，宝文堂书店 1986 年。

四望亭全传 宝文堂书店编，季路点校，宝文堂书店 1986 年。

台湾外志 （清）江日升撰，吴德铎标校，上海古籍出版社 1986 年。

续英烈传（传统戏曲、曲艺研究参考资料丛书） （清）空谷道人编次，田藻点校，宝文堂书店 1986 年。

彭公案（传统戏曲、曲艺研究参考资料丛书） （清）贪梦道人撰，文平点校，宝文堂书店 1986 年。

说唐三传（传统戏曲、曲艺研究参考资料丛书）（清）如莲居士编次，吴文梓点校，宝文堂书店 1987 年。

《红楼梦》刘履芬批语辑录（文献评考丛书）（清）刘履芬撰，王卫民辑，书目文献出版社 1987 年。

木兰奇女传 （明）瀛园旧主撰，阿毅点校，山东文艺出版社 1987 年。

玉钏缘 佚名撰，林玉、宋璧整理，黑龙江人民出版社 1987 年。

绘画第一奇女 （清）无名氏撰，李梦生标点，山西人民出版社 1987 年。

新列国志（中国古典小说研究资料丛书）（明）冯梦龙编，陆树仑、竺少华标点，上海古籍出版社 1987 年。

雪月梅（中国古典小说研究资料丛书）（清）陈朗撰，乔迁标点，上海古籍出版社 1987 年。

女仙外史 （清）吕熊撰，文衡标点，岳麓书社 1987 年。

西游记（古典名著普及文库）（明）吴承恩撰，劼父标点，岳麓书社 1987 年。

西游记 （清）吴承恩撰，朱彤、周中明校注，四川文艺出版社 1987 年。

新石头记（我佛山人作品选本）（清）吴趼人撰，王杏根、卢正言点校，花城出版社 1987 年。

东西两晋演义 （明）夷白堂主人重修、泰和堂主人参订，王继祥、阎然点校，时代文艺出版社 1987 年。

梁武帝演义（明末清初小说选刊）（清）天花藏主人新编，韩锡铎点校，春风文艺出版社 1987 年。

宛如约（明末清初小说选刊）（清）惜花主人批评，萧相恺点校，春风文艺出版社 1987 年。

孤山再梦·燕山外史（明末清初小说选刊）（清）渭滨笠夫编次，陈球撰，褚家伟点校，春风文艺出版社 1987 年。

英云梦（明末清初小说选刊）（清）九容楼主人松云氏撰，邓荫柯点校，春风文艺出版社 1987 年。

双凤奇缘（明末清初小说选刊）

（清）雪樵主人撰，沈悦苓点校，春风文艺出版社 1987 年。

海续红楼梦 （清）海圃主人撰，扬华点校，春风文艺出版社 1987 年。

红楼梦补 （清）归锄子撰，韩锡铎点校，春风文艺出版社 1987 年。

八仙全书 （明）雉衡山人编次，韩锡铎点校，春风文艺出版社 1987 年。

八仙得道（八仙全书）（清）无垢道人撰，卜维义点校，春风文艺出版社 1987 年。

韩湘子全传（八仙全书）（明）杨尔曾撰，韩锡铎点校，春风文艺出版社 1987 年。

观音菩萨全书 （明）朱鼎臣等撰，张颖等点校，春风文艺出版社 1987 年。

快心编 （清）天花才子编，松岭点校，浙江古籍出版社 1987 年。

蒙古王府本石头记 （清）曹雪芹、高鹗撰，书目文献出版社 1987 年，2008 年。

红楼梦（校注本） （清）曹雪芹撰，张俊等注释，北京师范大学出版社 1987 年。

脂砚斋重评石头记汇校 冯其庸主编，红楼梦研究所汇校，文化艺术出版社 1987 至 1989 年。

（张竹坡批评）金瓶梅（明代四大奇书）（明）兰陵笑笑生撰，（清）张道深评，王汝梅等点校，齐鲁书社 1987 年，1991 年。

品花宝鉴 （清）陈森撰，文学古籍刊行社 1987 年。

蜃楼志全传 （清）庾岭劳人撰，宇文点校，百花文艺出版社 1987 年。

绿野仙踪（中国小说史料丛书）（清）李百川撰，程匡点校，人民文学出版社 1987 年。

禅真后史（明清佳作丛刊）（明）方汝浩撰，欧苇点校，人民中国出版社 1987 年，1993 年，浙江古籍出版社 1987 年。

禅真逸史（百部中国古典名著）（明）方汝浩撰，高学安、佘德余点校，浙江古籍出版社 1987 年，1998 年。

林公案（晚清民国小说研究丛书）

（清）佚名撰，吉林文史出版社 1987 年。

海公小红袍全传（传统戏曲、曲艺研究参考资料丛书）（清）无名氏撰，钟辉点校，宝文堂书店 1987 年。

黄绣球 （清）颐琐撰，曹玉点校，中州古籍出版社 1987 年。

樵史通俗演义 （清）江左樵子编辑，栾星点校，中州古籍出版社 1987 年。

笏山记 （清）冷道人编，中国书店 1988 年。

于少保萃忠全传（中国小说史料丛书）（明）孙高亮撰，孙一珍点校，人民文学出版社 1988 年，1999 年。

金瓶梅词话注释 魏子云撰，中州古籍出版社 1988 年。

南雄传奇（中国古代通俗小说参阅资料） 雷树田、刘峻山校补，陕西人民出版社 1988 年。

英烈传·续英烈传 （明）徐渭甫编，（明）纪振伦编次，黄山书社 1988 年。

开辟演义 （明）周游撰，程前点校，齐鲁书社 1988 年。

金瓶梅续书三种（《续金瓶梅》、《隔帘花影》、《金屋梦》） （清）丁耀亢撰，陆合、星月点校，齐鲁书社 1988 年。

蜃楼志 （清）庾岭劳人说，禺山老人编，王俊年点校，齐鲁书社 1988 年。

禅真后史 （明）清溪道人撰，余芳、麦笛点校，齐鲁书社 1988 年。

金屋梦（续《金瓶梅》） （清）梦笔生撰，缪文远点校，巴蜀书社 1988 年。

金屋梦（又名《续金瓶梅》）（明末清初小说选刊）（清）紫阳道人撰，朱眉叔、雷锦点校，春风文艺出版社 1988 年。

幻中真（十二回本）（明末清初小说选刊）（清）烟霞散人编次，（清）泉石主评定，春风文艺出版社 1988 年。

合锦回文传（明末清初小说选刊）（清）李渔撰，（清）铁华山人重辑，沈悦苓点校，春风文艺出版社 1988 年。

红楼复梦 （清）小和山樵撰，孙钧等点校，春风文艺出版社1988年。

红楼幻梦 （清）花月痴人撰，杨爱群点校，春风文艺出版社1988年。

金屋梦 （清）紫阳道人撰，甘肃人民出版社1988年。

东游记 （明）方汝浩撰，浙江古籍出版社1988年。

续济公传 （清）无名氏撰，浙江古籍出版社1988年。

醒世姻缘传 （清）西周生撰，文学古籍刊行社1988年。

平山冷燕 （清）荻岸散人撰，广西人民出版社1988年。

小五义 （清）佚名撰，江西人民出版社1988年。

八仙全传（明清通俗小说系列）（清）无垢道人撰，张武智、张鼎玉校注，三秦出版社1988年，2004年。

乾隆下江南 （清）佚名撰，三秦出版社1988年，1997年。

西游记（中国古典文学普及丛书）（明）吴承恩撰，虞彦如节编，宝文堂书店1988年。

小五义（传统戏曲、曲艺研究参考资料丛书）（清）佚名撰，古谷点校，宝文堂书店1988年。

永庆升平（传统戏曲、曲艺研究参考资料丛书）（清）贪梦道人撰，宝文堂书店1988年。

永庆升平前传 （清）姜振名、郭广瑞撰，哈辅源演说，尔弓点校，荆楚书社1988年。

曹雪芹石头记（脂砚斋传本）（清）曹雪芹撰，朱咏葵汇校、缜订，文津出版社1988年。

红楼梦（长篇小说评点本）（清）曹雪芹、高鹗撰，王希廉、姚燮、张新之评，上海古籍出版社1988年，1997年。

红楼梦补（红楼梦资料丛书）（清）归锄子撰，宋祥瑞点校，北京大学出版社1988年。

续红楼梦（红楼梦资料丛书）（清）归锄子撰，宋祥瑞点校，北京大学出版社1988年。

续红楼梦 （清）归锄子撰，钱巍编，中国国际广播出版社1988年。

林黛玉日记 （清）绮情撰，钱巍点校，中国国际广播出版社1988年。

续西游 （明）董说撰，倪文杰点校，中国国际广播出版社1988年。

二度梅 （清）惜阴堂主人撰，沈华、荆玉整理，黑龙江人民出版社1988年。

睢阳忠毅录 （清）素庵主人撰，卓一伟整理，黑龙江人民出版社1988年。

绘芳录（晚清民国小说研究丛书）（清）西泠野樵撰，吉林文史出版社1988年。

神弓侠女奇缘 （清）文康撰，胡质、又云整理，吉林人民出版社1988年。

二十年目睹之怪现状 （清）我佛山人撰，卢叔度、吴承学点校，花城出版社1988年。

情变 （清）我佛山人撰，卢叔度点校，花城出版社1988年。

痛史（我佛山人作品选本）（清）我佛山人撰，王俊年点校，花城出版社1988年。

最近社会龌龊史（我佛山人作品选本）（清）吴趼人撰，卢叔度、吴承学点校，花城出版社1988年。

青楼梦 （清）厘峰慕真山人撰，陈书良标点，岳麓书社1988年。

儒林外史（古典名著普及文库）（清）吴敬梓撰，刘庆云标点，岳麓书社1988年，2002年。

封神演义（神魔小说）（明）许仲琳编，岳麓书社1988年，1994年。

容与堂本水浒传 （元）施耐庵、罗贯中撰，凌赓、恒鹤、万宁点校，上海古籍出版社1988年，1997年。

七十二朝人物演义 （明）佚名撰，李致忠、袁瑞萍点校，书目文献出版社1998年。

封神演义（长篇小说评点本）（明）许仲琳编，（明）钟惺评，曹曼民点校，上海古籍出版社1989年，1991年。

南史演义（中国古典小说研究资料丛书）（清）杜纲撰，石继昌标点，上海古籍出版社1989年。

北史演义（中国古典小说研究资料丛书）（清）杜纲撰，石继昌标点，上海古籍出版社1989年。

三国演义 （明）罗贯中撰，（清）毛宗岗评改，穆俦等标点，上海古籍出版社 1989 年。

乾隆巡幸江南记 （清）无名氏撰，顾鸣塘标点，上海古籍出版社 1989 年。

水浒传（长篇小说评点本） （明）施耐庵、罗贯中撰，凌赓等点校，上海古籍出版社 1989 年，1997 年。

水浒传原本 （明）罗贯中撰，罗尔纲考订，贵州人民出版社 1989 年。

水浒传（新校注本）（古典小说名著新批新注本　中国古典小说珍藏本） （明）施耐庵、罗贯中撰，李灵年、陈敏杰校注，江苏古籍出版社 1989 年，1994 年，1995 年，2000 年。

新批儒林外史（古典小说名著新批新注本） （清）吴敬梓撰，陈美林批点，江苏古籍出版社 1989 年，1998 年。

说唐全传（话说隋唐小说丛书） （清）无名氏撰，周树德校注，中州古籍出版社 1989 年，1991 年。

韩湘子全传（话说隋唐小说丛书） （明）雉衡山人编次，林岩、黄燕生点校，中州古籍出版社 1989 年，1991 年。

兰花梦奇传 （清）佚名撰，韩光玉点校，中州古籍出版社 1989 年。

隋史遗文（中国小说史料丛书） （明）袁于令撰，刘文忠点校，人民文学出版社 1989 年，1999 年。

樵史通俗演义（中国小说史料丛书） （清）江左樵子，（清）钱江拗生批点，史愚点校，人民文学出版社 1989 年，1999 年。

大唐秦王演义 （明）诸圣邻撰，赓一点校，华岳文艺出版社 1989 年。

全真七子全书 （清）黄永亮等著，齐守成等点校，春风文艺出版社 1989 年。

樊梨花全传　平金川（中国神怪小说大系） （清）中都逸叟编次，（清）小山居士撰，欧阳健、唐继点校，巴蜀书社 1989 年。

佛祖菩萨罗汉传（中国神怪小说大系） （明）朱星祚等撰，林辰等点校，巴蜀书社 1989 年。

万仙斗法全传（中国神怪小说大系） （清）无名氏撰，林辰、马涤点校，巴蜀书社 1989 年。

辽海丹忠录 （明）孤愤生撰，苗壮点校，辽沈书社 1989 年。

义妖白蛇全传（中国神怪小说大系）（清）玉山主人等撰，欧阳叔等点校，辽沈书社 1989 年。

百大妖精斗法（中国神怪小说大系）（清）醉月山人撰，齐宁成等点校，辽沈书社 1989 年。

九尾龟 （清）漱六山房撰，荆楚书社 1989 年。

幻中游 （清）烟霞主人编述，书目文献出版社 1989 年。

梼杌萃编 （清）诞叟撰，沈默点校，百花文艺出版社 1989 年。

大明奇侠传 （清）无名氏撰，施亚点校，百花文艺出版社 1989 年。

狐狸缘全传 （清）醉月山人撰，张颖、陈速点校，百花文艺出版社 1989 年。

二续济公传（济公传系列小说）（清）坑馀生等撰，浙江古籍出版社 1989 年，1991 年。

（新刻绣像批评）金瓶梅 （明）兰陵笑笑生撰，齐烟、汝梅点校，齐鲁书社 1989 年。

甲辰本红楼梦 （清）曹雪芹撰，书目文献出版社 1989 年，2006 年。

红楼梦 （清）曹雪芹、高鹗撰，黄小田评点，黄山书社 1989 年。

后红楼梦 （清）逍遥子撰，胡文彬、叶建华校注，北岳文艺出版社 1989 年。

补红楼梦 （清）琅环山樵撰，胡文彬、叶建华校注，北岳文艺出版社 1989 年。

斩鬼传 （清）刘璋撰，王青平点校，北岳文艺出版社 1989 年。

绣戈袍全传（传统戏曲、曲艺研究参考资料丛书）（清）随园主人撰，李力点校，宝文堂书店 1989 年。

品花宝鉴（传统戏曲、曲艺研究参考资料丛书）（清）陈森撰，高照点校，宝文堂书店 1989 年。

如此官场（戏迷传）（传统戏曲曲艺研究参考资料丛书）（清）漱石氏撰，蝶仙氏评，张褚、王子鹏点校，宝文堂书店 1989 年。

后西游记（传统戏曲、曲艺研究参

考资料丛书）（清）佚名撰，固亮点校，宝文堂书店 1989 年。

武则天四大奇案（传统戏曲、曲艺研究参考资料丛书）（清）佚名撰，虹文点校，宝文堂书店 1989 年。

五虎平西 （清）佚名撰，陈建华点校，山西人民出版社 1989 年，1996 年。

五虎平西（古本通俗小说）（清）佚名撰，黄顺强等校订，江西人民出版社 1989 年，1995 年。

五虎平南（古本通俗小说）（清）佚名撰，黄顺强等点校，江西人民出版社 1989 年，1995 年。

老残游记（晚清四大谴责小说）（清）刘鹗撰，高新标点，岳麓书社 1989 年，2003 年。

镜花缘（古典通俗小说文库）（清）李汝珍撰，锦文标点，岳麓书社 1989 年，1998 年。

东周列国志（古典名著普及文库）（明）冯梦龙编，（清）蔡元放评，竺少华点校，岳麓书社 1990 年，2000 年。

乾隆皇帝游江南 （清）佚名撰，张克东、高原标点，岳麓书社 1990 年。

花田金玉缘（红楼梦资料丛书）（清）不著撰人，印加点校，北京大学出版社 1990 年。

宋元平话集（中国古典小说研究资料丛书） 丁锡根点校，上海古籍出版社 1990 年。

品花宝鉴（中国古典小说研究资料丛书）（清）陈森撰，尚达翔点校，上海古籍出版社 1990 年，1991 年。

禅真逸史（中国古典小说研究资料丛书 十大古典神怪小说）（明）清溪道人编撰，江巨荣、李平点校，上海古籍出版社 1990 年，1996 年，1997 年。

天妃娘妈传（中国古典小说研究资料丛书）（明）吴还初撰，黄永年标点，上海古籍出版社 1990 年。

韩湘子全传（中国古典小说研究资料丛书）（明）杨尔曾编撰，余德余标点，上海古籍出版社 1990 年。

韩湘子全传（传统戏曲、曲艺研究参考资料丛书） 雉衡山人编次，尹明点校，宝文堂书店 1990 年。

镜花缘 （清）李汝珍撰，秦瘦鸥点校，上海古籍出版社 1990 年，1991 年。

铁冠图忠烈全传（传统戏曲、曲艺研究参考资料丛书） （清）佚名撰，黄秀娴、吴鲁点校，中国戏剧出版社 1990 年。

续小五义（传统戏曲、曲艺研究参考资料丛书） （清）佚名撰，吴民、宋文点校，中国戏剧出版社 1990 年。

观音菩萨传奇 （清）曼陀罗室主人撰，中国曲艺出版社 1990 年。

金瓶梅注评 （明）兰陵笑笑生撰，毛德彪、朱俊亭评注，广西人民出版社 1990 年。

水石缘（《红楼梦》资料丛书） （清）李春荣撰，薛潮点校，北京大学出版社 1990 年。

风月梦（红楼梦资料丛书） （清）邗上蒙人撰，华云点校，北京大学出版社 1990 年。

绮楼重梦（《红楼梦》资料丛书） （清）兰皋主人撰，北京大学出版社 1990 年。

续红楼梦　新编续红楼梦稿（《红楼梦》资料丛书） （清）海圃主人撰，（清）张曜孙撰，于世明、李鼎霞点校，北京大学出版社 1990 年。

红楼幻梦（《红楼梦》资料丛书） （清）花月痴人撰，陈杏珍点校，北京大学出版社 1990 年。

绘芳录（《红楼梦》资料丛书） （清）西泠野樵撰，施悦仁点校，北京大学出版社 1990 年。

青楼梦（红楼梦资料丛书） （清）俞达撰，邹愭评、陶丽点校，北京大学出版社 1990 年。

鼓掌绝尘（中国话本大系） （明）金木散人撰，刘葳点校，江苏古籍出版社 1990 年。

八窍珠 （清）锄月山人撰，朱梅等点校，浙江古籍出版社 1990 年。

人间乐（明末清初小说选刊） （清）天花藏主人编次，周有德点校，春风文艺出版社 1990 年。

兰花梦奇传 （清）吟梅山人撰，闻今点校，齐鲁书社 1990 年。

三戏白牡丹（中国神怪小说大系） （清）佚名撰，杨爱群点校，齐鲁书社 1990 年。

吕纯阳得道　吕祖全传（中国神怪小说大系）（明）邓志谟、（清）汪象旭撰，肖蓝、李建业点校，齐鲁书社 1990 年。

儿女英雄传（还读我书室主人评）（清）文康撰，董恂评、尔弓校释，齐鲁书社 1990 年。

三公奇案（传统戏曲、曲艺研究参考资料丛书）（清）鸣松居士辑，戈人校，宝文堂书店 1990 年。

仙侠五花剑（中国神怪小说大系）（清）海上剑痴撰，张兵、储令珍点校，辽沈书社 1990 年。

奇天异地（中国神怪小说大系）陈年希等点校，辽沈书社 1990 年。

荒诞奇书（中国神怪小说大系）陆润等点校，辽沈书社 1990 年。

封神演义　（明）许仲琳编，中国书店 1990 年。

封神榜　（明）许仲琳编，四川文艺出版社 1990 年。

红楼梦（袖珍文库）（清）曹雪芹撰，文化艺术出版社 1990 年。

红楼梦　（清）曹雪芹、高鹗撰，宏扬点校，河北人民出版社 1990 年。

三国演义　（明）罗贯中撰，王淑珍点校，河北人民出版社 1990 年。

西游记　（明）吴承恩撰，钱鸿钧点校，河北人民出版社 1990 年。

水浒传　（明）施耐庵撰，钱鸿钧点校，河北人民出版社 1990 年。

隋史遗文（话说隋唐小说丛书）（明）袁于令编撰，萧相恺等校注，中州古籍出版社 1990 年。

说唐后传（话说隋唐小说丛书）（清）无名氏撰，张惠民校注，中州古籍出版社 1990 年，1998 年。

说唐三传（话说隋唐小说丛书）（清）无名氏撰，毛德富校注，中州古籍出版社 1990 年，1998 年。

合锦回文传（话说隋唐小说丛书）（清）李笠翁原本，铁华山人重辑，张万钧校注，中州古籍出版社 1990 年。

武则天四大奇案（话说隋唐小说丛书）（清）无名氏撰，崔爱萍、范济平校注，中州古籍出版社 1990 年，1991 年。

武则天改唐演义（话说隋唐小说丛

书）（清）如莲居士编次，苗壮、柳舒校注，中州古籍出版社1991年。

奇侠禅真逸史（话说隋唐小说丛书）（明）方汝浩编，申畅、申少鹤校注，中州古籍出版社1991年。

新刊北魏奇史闺孝烈传 （清）张绍贤撰，白金群标点，黄山书社1991年。

绣像合锦回文传（四续今古传奇）（清）笠翁先生撰，铁华山人重辑，黄山书社1991年。

三国演义 （明）罗贯中撰，（明）李卓吾批评，宋效永、奚泉民整理，黄山书社1991年。

（毛宗岗批评）三国演义（明代四大奇书）（明）罗贯中撰，（清）毛宗岗评订，齐烟点校，齐鲁书社1991年。

（金圣叹批评）水浒传（明代四大奇书）（明）施耐庵撰，（清）金圣叹评，刘一舟点校，齐鲁书社1991年。

（李卓吾批评）西游记（明代四大奇书）（明）吴承恩撰，李贽评，古众点校，齐鲁书社1991年。

风月梦 （清）邗上蒙人撰，苗壮、石星点校，齐鲁书社1991年。

济公传（济公传系列小说）（清）郭小亭撰，浙江古籍出版社1991年。

续济公传（济公传系列小说）（清）郭小亭、坑馀生撰，浙江古籍出版社1991年。

七剑十三侠（附仙侠五花剑）（清）唐云洲等撰，舒群等整理，岳麓书社1991年。

三国志演义 （明）罗贯中撰，（清）毛纶、毛宗岗评改，山东文艺出版社1991年，1995年。

三国演义（中国古典文学菁华便携文库）（明）罗贯中撰，宇文点校，文化艺术出版社1991年，1995年。

罗汉传（中国古典小说研究资料丛书）（明）朱星祚编，叶保民标点，上海古籍出版社1991年。

西游记（长篇小说评点本）（明）吴承恩撰，（清）陈士斌评，沈习康、黄强标点，上海古籍出版社1991年。

西游记（十大古典白话长篇小说）（明）吴承恩撰，肖逸标校，上海古籍出版社 1991 年，1998 年。

三国演义（十大古典白话长篇小说）（明）罗贯中撰，恒鹤标校，上海古籍出版社 1991 年，1998 年。

东西晋演义（中国古典小说研究资料丛书）（明）无名氏编撰，赵兴茂、胡群耘点校，上海古籍出版社 1991 年。

水浒传（十大古典白话长篇小说）（明）施耐庵撰，丁如明标校，上海古籍出版社 1991 年，1998 年。

儒林外史（十大古典白话长篇小说　中国古典小说名著丛书）（清）吴敬梓撰，洪江标校，上海古籍出版社 1991 年，1998 年，2000 年，2001 年。

红楼梦（十大古典白话长篇小说）（清）曹雪芹、高鹗撰，穆俦标校，上海古籍出版社 1991 年，1998 年。

老残游记（十大古典白话长篇小说　中国古典小说名著丛书）（清）刘鹗撰，钟夫标校，上海古籍出版社 1991 年，1998 年，2000 年，2001 年。

孽海花（十大古典白话长篇小说　中国古典小说名著丛书　中国晚清谴责小说四大名著丛书）（清）曾朴撰，冷时峻标校，上海古籍出版社 1991 年，1996 年，2001 年，2002 年，2005 年。

镜花缘（十大古典白话长篇小说　中国古典小说名著丛书）（清）李汝珍撰，傅成标校，上海古籍出版社 1991 年，1998 年，2000 年，2001 年。

儿女英雄传（十大古典白话长篇小说　中国古典小说名著丛书）（清）文康撰，高仁点校，上海古籍出版社 1991 年，1995 年，2001 年，2002 年。

封神演义（十大古典白话长篇小说　中国古典小说名著丛书）（明）许仲琳撰，王维堤标校，上海古籍出版社 1991 年，1997 年，2000 年，2001 年。

封神演义（古典小说名著新批新注本）（明）许仲琳、李云翔编，（明）钟伯敬评，江苏古籍出版社 1991 年，1995 年。

郑振铎藏残本红楼梦　（清）曹雪芹撰，书目文献出版社 1991 年，2008 年。

二度梅　（清）天花主人编撰，挂甲逸士改编，北岳文艺出版社 1991 年。

狄青演义前传（五虎平西）（传统戏曲、曲艺研究参考资料丛书）

（清）佚名撰，闻相、谷文点校，中国戏剧出版社 1991 年。

狄青演义后传（又名五虎平南）（传统戏曲、曲艺研究参考资料丛书）（清）佚名撰，闻相、谷文点校，中国戏剧出版社 1991 年。

李公案奇闻（传统戏曲、曲艺研究参考资料丛书）（清）惜红居士编纂，钟辉点校，中国戏剧出版社 1991 年。

七剑十三侠（宝文堂传统小说丛书）（清）唐芸洲撰，钟杨点校，中国戏剧出版社 1991 年。

青楼梦（中国小说研究资料丛书）（清）慕真山人撰，晓和彦兰点校，内蒙古人民出版社 1991 年。

续侠义传（中国小说史料丛书）（清）佚名撰，周锡山、李宗为点校，人民文学出版社 1991 年。

风流小拳王（晚清民国小说研究丛书）（清）佚名撰，金石点校，吉林文史出版社 1991 年。

小五义全传　（清）石玉昆撰，郑理整理，三秦出版社 1991 年。

续小五义（古本通俗小说）（清）石玉昆撰，何振作等点校，江西人民出版社 1991 年，1995 年。

康熙私访（古本通俗小说）（清）郭广瑞撰，戴训超等整理，江西人民出版社 1991 年，1995 年。

程甲本红楼梦（红楼梦程本系列）（清）曹雪芹、高鹗撰，书目文献出版社 1992 年，2001 年。

红楼梦（中国古典小说普及丛书）（清）曹雪芹撰，黄渡人点校，齐鲁书社 1992 年，2002 年，2007 年。

西游记（中国古典小说普及丛书）（明）吴承恩撰，古众点校，齐鲁书社 1992 年，2002 年，2007 年。

三国演义（中国古典小说普及丛书）（明）罗贯中撰，齐烟点校，齐鲁书社 1992 年，2002 年，2007 年。

水浒传（中国古典小说普及丛书）（明）施耐庵撰，刘一舟点校，齐鲁书社 1992 年，1999 年，2002 年，2007 年。

水浒　（明）施耐庵撰，宋云彬叙订，中国青年出版社 1992 年。

水浒传（中国古典文学名著白话精选文库）（明）施耐庵撰，金栋编译，沈阳出版社 1992 年。

儒林外史（中国古典文学名著白话精选文库）（清）吴敬梓撰，史平编译，沈阳出版社 1992 年。

镜花缘（中国古典文学名著白话精选文库）（清）李汝珍撰，王震亚编译，沈阳出版社 1992 年。

西游记（新批本）（古典小说名著新批新注本　中国古典小说珍藏本）（明）吴承恩撰，苏兴批点、刘兴汉点校，江苏古籍出版社 1992 年，1994 年，2000 年。

三国演义（校理本）（古典小说名著新批新注本）（明）罗贯中撰，沈伯俊校理，江苏古籍出版社 1992 年，2000 年。

西游记（中国古典文学名著白话小说精选文库）（明）吴承恩撰，周仪庄、林朗编译，沈阳出版社 1992 年。

瑶华传（中国神怪小说大系）（清）丁秉仁撰，袁建点校，辽沈书社 1992 年。

希夷梦（中国神怪小说大系）（清）汪寄撰，廖东、黎奇点校，辽沈书社 1992 年。

枭鬼雄魂记（中国神怪小说大系）崔国光等点校，辽沈书社 1992 年。

东周列国志　（清）蔡元放撰，刘国辉等译，时事出版社 1992 年，1995 年。

三续济公传（济公传系列小说）（清）坑馀生等撰，浙江古籍出版社 1992 年。

四续济公传（济公传系列小说）（清）无名氏撰，浙江古籍出版社 1992 年。

五续济公传（济公传系列小说）（清）无名氏撰，浙江古籍出版社 1992 年。

武则天四大奇案（明清孤本稀本小说选刊）（清）无名氏撰，苏兴、苏铁戈点校，浙江古籍出版社 1992 年。

天宝图　地宝图　（清）佚名撰，青岛出版社 1992 年。

野叟曝言　（清）夏敬渠撰，青岛出版社 1992 年。

野叟曝言　（清）夏敬渠撰，人民文学出版社 1992 年。

风月楼　（清）漱六山房撰，青岛出版社 1992 年。

野叟曝言（中国古典小说名著珍藏本）（清）夏敬渠撰，吉林文史出版社 1992 年，1998 年。

快心编（中国小说史料丛书）

（清）天花才子编辑，（清）四桥居士评，燕怡点校，人民文学出版社1992年，1999年。

蟫史（中国小说史料丛书）（清）磊砢山人撰，张巨才点校，人民文学出版社1992年，1999年。

神仙全传（明）徐道撰，王西平等点校，三秦出版社1992年。

成吉思汗演义（清）尹湛纳希撰，安柯钦夫、朝格柱译，中国戏剧出版社1992年。

彭公案（传统戏剧、曲艺研究参考资料丛书）（清）贪梦道人撰，中国戏剧出版社1992年。

生花梦（清）古吴娥川主人编次，古吴青门逸史点评，毛郎英标点，黄山书社1992年。

英烈传（明）郭勋撰，百花洲文艺出版社1992年。

醋葫芦（明）西湖伏雌教主撰，辛泽点校，百花文艺出版社1992年。

三侠五义（清）石玉昆述，四川文艺出版社1992年。

女仙外史（中国古典小说研究资料丛书　十大古典神怪小说）（清）吕熊撰，刘远游、黄蓓薇标点，上海古籍出版社1992年，1996年。

风月梦（北京师范大学图书馆馆藏珍稀小说选刊）（清）邗上蒙人撰，朱鉴珉点校，北京师范大学出版社1992年。

补红楼梦（北京师范大学图书馆馆藏珍稀小说选刊）（清）嫏嬛山樵撰，余继军、王娜点校，北京师范大学出版社1992年。

花柳深情传（北京师范大学图书馆馆藏珍稀小说选刊）（清）绿意轩主人撰，白荔点校，北京师范大学出版社1992年。

金石缘（北京师范大学图书馆馆藏珍稀小说选刊）（清）佚名撰，胡云富点校，北京师范大学出版社1992年。

狐狸缘（北京师范大学图书馆馆藏珍稀小说选刊）（清）醉月山人撰，何宗慧点校，北京师范大学出版社1992年。

清风闸（北京师范大学图书馆馆藏珍稀小说选刊）（清）浦琳撰，李道英、岳宝泉点校，北京师范大学出版社 1992 年。

续儿女英雄传（北京师范大学图书馆藏珍稀小说选刊）（清）不题撰人，徐振宗点校，北京师范大学出版社 1992 年。

忠孝勇烈木兰传（北京师范大学图书馆馆藏珍稀小说选刊） 佚名撰，林邦均、瞿幼宁点校，北京师范大学出版社 1992 年。

三国演义（绣像新注）（中国古典文学名著珍藏本）（明）罗贯中撰，王俊年点校，金宁芬注释，花城出版社 1992 年，1997 年。

三国演义（钟惺评点本） （明）罗贯中撰，（明）钟惺评点，陈曦钟、陈卫平点校，中国广播电视出版社 1992 年。

封神演义（百姓家藏书系） （明）许仲琳编撰，钟惺评，奎友等点校，山东文艺出版社 1992 年，1998 年。

续镜花缘（北京图书馆稿本抄本丛刊）（清）华琴珊撰，书目文献出版社 1992 年。

西游记（黄周星定本西游证道书）（古典小说四大名著聚珍 中国文学四大名著）（清）黄周星定本，黄永年、黄寿成点校，中华书局 1993 年，2000 年，2005 年，2009 年。

宣和遗事·新编五代史平话（中国话本大系）（宋）无名氏撰，曹济平等点校，江苏古籍出版社 1993 年。

绣像四游记 （明）余象斗等撰，裴传永、王成译，黄河出版社 1993 年。

包公案·李公案（白话绘图公案小说） 佚名撰，吉林文史出版社 1993 年。

施公案·刘公案（白话绘图公案小说）（清）佚名撰，吉林文史出版社 1993 年。

彭公案（白话绘图公案小说）（清）佚名撰，吉林文史出版社 1993 年。

林公案·蓝公案（白话绘图公案小说）（清）佚名撰，吉林文史出版社 1993 年。

红楼续梦（红楼四梦丛书） 司鼐主编，黑龙江人民出版社 1993 年。

红楼惊梦（红楼四梦丛书） 司鼐主编，黑龙江人民出版社 1993 年。

红楼幻梦（红楼四梦丛书）　司鼐主编，黑龙江人民出版社1993年。

绿野仙踪　（清）李百川撰，唐岩整理，黑龙江人民出版社1993年。

八仙传奇　（明）吴元泰撰，黄明燊点校，广西人民出版社1993年。

武则天四大奇案（绣像古本通俗小说）（清）无名氏撰，毛水清等点校，广西人民出版社1993年。

七侠五义（中国通俗小说精选）（清）石玉昆述，古林郎改写，新世纪出版社1993年。

风花雪月（明末清初小说选刊）（清）金木散人编，蜀风、申蓉点校，北京燕山出版社1993年，1994年。

绿野仙踪（中国古典小说名著丛书）（清）李百川撰，北京燕山出版社1993年。

鸳鸯楼（中国古典小说名著丛书）（清）诞叟撰，老西点校，北京燕山出版社1993年。

二十四史通俗演义　（清）吕抚编，中国书店1993年。

奇侠禅真逸史　（明）方汝浩撰，北岳文艺出版社1993年。

西游记（珍本中国古典小说十大名著丛书）（明）吴承恩撰，韦金点校，春风文艺出版社1993年。

水浒传（珍本中国古典小说十大名著丛书）（明）施耐庵撰，宇文点校，春风文艺出版社1993年。

儒林外史（珍本中国古典小说十大名著丛书）（清）吴敬梓撰，朱琪等点校，春风文艺出版社1993年。

官场现形记（珍本中国古典小说十大名著）（清）李宝嘉撰，曾抈、无境点校，春风文艺出版社1993年。

东周列国志（珍本中国古典小说十大名著）（明）冯梦龙编，（清）蔡元放评，春风文艺出版社1993年。

金瓶梅续（清版插图本）（清）紫阳道人、讷音居士撰，沈二任标点，春风文艺出版社1993年。

绘图九尾狐（晚清妓情醒世小说）（清）江荫香撰，春风文艺出版社1993年。

水浒传（插图本中国文学经典系列）（明）施耐庵撰，中国旅游出版社 1993 年。

水浒传（绣像新注）（明）施耐庵、罗贯中撰，黄天骥、冯卓然校注，花城出版社 1993 年，1995 年。

香腮春宵镜（清）俞达撰，花城出版社 1993 年。

镜花缘（中国古典文学名著）（清）李汝珍撰，陈坡、杨淑文校注，花山文艺出版社 1993 年。

小补奇酸志（续金瓶梅）（清）讷音居士撰，何香久点校，花山文艺出版社 1993 年。

蜃楼志（清）庾岭劳人撰，刘扬忠点校，花山文艺出版社 1993 年。

三国志通俗演义（中国古典文学名著）（明）罗贯中撰，沈伯俊校注，花山文艺出版社 1993 年。

鼓掌绝尘（明清艳情小说）（明）金木散人撰，萧凝山点校，华艺出版社 1993 年。

醒风流（明）鹤市主人撰，吴故人点校，华艺出版社 1993 年。

花影娇娘（清）丁野鹤撰，李力点校，延边人民出版社 1993 年。

绘图本金瓶梅词话（明）兰陵笑笑生撰，潘犀等绘画，山西人民出版社 1993 年。

官场现形记（讽刺谴责小说丛书）（清）李宝嘉撰，山西人民出版社 1993 年，1997 年。

孽海花（讽刺谴责小说丛书）（清）曾朴撰，山西人民出版社 1993 年，1997 年。

绣像新说西游记（明）吴承恩撰，（清）张书绅批，竺少华整理，山西人民出版社 1993 年。

白牡丹（明清艳情小说）（清）无名氏撰，山西人民出版社 1993 年。

绿牡丹全传（明清艳情小说）（清）无名氏撰，山西人民出版社 1993 年。

蜃楼志（清）庾岭劳人撰，山西人民出版社 1993 年。

桃花庵（清）无名氏撰，山西人民出版社 1993 年。

花月镜（清）陈森撰，陕西人民出版社 1993 年。

花月痕（清）魏秀仁撰，中州古籍出版社 1993 年。

续金瓶梅（金瓶梅续书·珍本三部

之一）（清）紫阳道人撰，徐学清整理，中州古籍出版社 1993 年。

隔帘花影（金瓶梅续书·珍本三部之二）（清）四桥居士撰，吴玉秋整理，中州古籍出版社 1993 年。

金屋梦（金瓶梅续书·珍本三部之三）（清）梦笔生撰，张振君整理，中州古籍出版社 1993 年。

醋葫芦（明清艳情小说珍品）（明）西子湖伏雌教主编，维思点校，中州古籍出版社 1993 年。

画图缘（明清艳情小说珍品）（清）坐花散人编，高春玲点校，中州古籍出版社 1993 年。

定情人（明清艳情小说珍品）（清）天花藏主人编，维思点校，中州古籍出版社 1993 年。

赛红丝（明清艳情小说珍品）（清）天花藏主人编，中州古籍出版社 1993 年。

水石缘（明清艳情小说珍品）（清）李春荣编，隅人点校，中州古籍出版社 1993 年。

品花宝鉴（清）陈森撰，中州古籍出版社 1993 年。

野叟曝言（清）夏敬渠撰，郑言愚点校，中州古籍出版社 1993 年。

三续金瓶梅（清）讷音居士撰，徐毅苏点校，中州古籍出版社 1993 年。

混唐平西传（话说隋唐小说丛书）（明）钟惺编次，董皓校注，中州古籍出版社 1993 年。

楼中月（清）评花主人撰，中州古籍出版社 1993 年。

金屋梦（清）丁耀亢撰，克和点校，岳麓书社 1993 年。

雪月梅（中国古典小说研究资料丛书）（清）陈朗撰，竹官点校，岳麓书社 1993 年。

醒世姻缘传（古典名著普及文库）（清）西周生辑撰，周遥点校，岳麓书社 1993 年。

野叟曝言（清）夏敬渠撰，湘白点校，岳麓书社 1993 年。

绿野仙踪（清）李百川撰，岳云点校，岳麓书社 1993 年。

七侠五义（古典通俗小说文库）（清）石玉昆撰，岳青标点，岳麓书社 1993 年。

小五义（古典通俗小说文库）（清）石玉昆撰，树人标点，岳麓书社1993年。

说唐全传（古典通俗小说文库）（清）无名氏撰，谭新标点，岳麓书社1993年，2002年。

隋唐演义　（清）褚人获撰，陆清标点，岳麓书社1993年。

说岳全传（古典通俗小说文库）（清）钱彩等撰，陆明标点，岳麓书社1993年，2002年。

清代三百年艳史（宝文堂传统小说丛书）（清）费只园编撰，李夏、李丹点校，中国戏剧出版社1993年。

二度梅　（清）惜阴堂主人撰，白告点校，中国戏剧出版社1993年。

施公案（续）（传统戏曲、曲艺研究参考资料丛书）（清）佚名撰，固亮点校，中国戏剧出版社1993年。

孝义雪月梅传（北京师范大学图书馆馆藏才子佳人小说选刊）（清）镜湖逸叟撰，马新国点校，北京师范大学出版社1993年。

二度梅（北京师范大学图书馆馆藏才子佳人小说选刊）（清）惜阴堂主人编辑，何宗慧点校，北京师范大学出版社1993年。

飞花咏（北京师范大学图书馆馆藏才子佳人小说选刊）（清）不题撰人，讪因点校，北京师范大学出版社1993年。

铁花仙史（北京师范大学图书馆馆藏才子佳人小说选刊）（清）云封山人编次，陈廷榔、贾利亚点校，北京师范大学出版社1993年。

好逑传（北京师范大学图书馆馆藏才子佳人小说选刊）（清）名教中人编次，李书点校，北京师范大学出版社1993年。

梦中缘（北京师范大学图书馆馆藏才子佳人小说选刊）（清）李修行编次，付德林、李晶点校，北京师范大学出版社1993年。

合锦回文传（北京师范大学图书馆馆藏才子佳人小说选刊）（清）李渔原本，铁华山人重辑，李道英、岳宝泉点校，北京师范大学出版社1993年。

生花梦（北京师范大学图书馆馆藏才子佳人小说选刊）（清）娥川主

人编次，李德芳点校，北京师范大学出版社 1993 年。

龙潭鲍骆奇书（北京师范大学图书馆馆藏白话公案侠义小说选刊）（清）佚名撰，白荔点校，北京师范大学出版社 1993 年。

争春园（北京师范大学图书馆馆藏白话公案侠义小说选刊） 佚名撰，北京师范大学出版社 1993 年。

忠烈侠义传（北京师范大学图书馆馆藏白话公案侠义小说选刊）（清）石玉昆述，北京师范大学出版社 1993 年。

忠烈小五义传（北京师范大学图书馆馆藏白话公案侠义小说选刊）（清）佚名撰，林邦钧、瞿幼宁点校，北京师范大学出版社 1993 年。

续小五义（北京师范大学图书馆馆藏白话公案侠义小说选刊）（清）佚名撰，林邦钧、萧惠君点校，北京师范大学出版社 1993 年。

施案奇闻（北京师范大学图书馆馆藏白话公案侠义小说选刊）（清）不题撰人，李德芳点校，北京师范大学出版社 1993 年。

永庆升平全传九十回（北京师范大学图书馆馆藏白话公案侠义小说选刊）（清）郭广瑞编撰，崔枢华点校，北京师范大学出版社 1993 年。

彭公案（北京师范大学图书馆馆藏白话公案侠义小说选刊）（清）贪梦道人撰，樊善国点校，北京师范大学出版社 1993 年。

圣朝鼎盛万年青（北京师范大学图书馆馆藏白话公案侠义小说选刊）（清）佚名撰，李道英、岳宝泉点校，北京师范大学出版社 1993 年。

李公案奇闻（北京师范大学图书馆馆藏白话公案侠义小说选刊）（清）惜红居士编纂，何宗慧点校，北京师范大学出版社 1993 年。

狄青初传（馆藏珍本英雄传奇小说选刊）（清）佚名撰，林邦钧、瞿幼宁点校，北京师范大学出版社 1993 年。

说呼全传（馆藏珍本英雄传奇小说选刊）（清）佚名撰，韩兆琦点校，北京师范大学出版社 1993 年。

平山冷燕（北京师范大学图书馆馆藏才子佳人小说选刊）（清）荻岸散人编次，天池、权山点校，北京师范大学出版社 1993 年。

平山冷燕（明清艳情小说足本）（清）随缘下士撰，柳如文点校，宁夏人民出版社 1993 年。

双美奇缘　（明）荑荻山人撰，江浓清点校，宁夏人民出版社 1993 年。

绣像英烈传　（明）徐渭撰，宁夏人民出版社 1993 年。

彭公案（中国古代侦破小说丛书）（清）贪梦道人撰，宁夏人民出版社 1993 年，1994 年。

金瓶梅大结局（续金瓶梅）（清）丁耀亢撰，李仁、苏云部点校，宁夏人民出版社 1993 年。

续金瓶梅（十大古典白话小说名著续书）（清）丁耀亢撰，孔一标点，上海古籍出版社 1993 年。

续西游记（十大古典白话小说名著续书）（明）季跪撰，钟夫、世平标点，上海古籍出版社 1993 年。

水浒后传（十大古典白话小说名著续书）（明）陈忱撰，迟恒标点，上海古籍出版社 1993 年。

后红楼梦（十大古典白话小说名著续书）（清）佚名撰，卢守助标点，上海古籍出版社 1993 年。

续红楼梦（十大古典白话小说名著续书）（清）秦子忱撰，乐天标点，上海古籍出版社 1993 年。

绮楼重梦（十大古典白话小说名著续书）（清）兰皋居士撰，肖逸标点，上海古籍出版社 1993 年。

红楼复梦（十大古典白话小说名著续书）（清）小和山樵撰，散人标点，上海古籍出版社 1993 年。

荡寇志（十大古典白话小说）（清）俞万春撰，吴蒙、啸烈标点，上海古籍出版社 1993 年。

续镜花缘（十大古典白话小说名著续书）（清）华琴珊撰，王一工标点，上海古籍出版社 1993 年。

续儿女英雄传（十大古典白话小说名著续书）（清）佚名撰，胡悦标点，上海古籍出版社 1993 年。

绿牡丹（十大古典公案侠义小说）（清）佚名撰，文岂几标点，上海古籍出版社 1993 年，1995 年。

七侠五义（十大古典公案侠义小说　中国古典小说名著丛书　中国古代侠义公案小说四大名著）（清）石玉昆编，穆公标点，上海古籍出版社 1993 年，1995 年，

2000 年，2005 年。

小五义（十大古典公案侠义小说 中国古典小说名著丛书）（清）佚名编撰，陆树仑、竺少华标点，上海古籍出版社 1993 年，1995 年，2000 年，2001 年。

续小五义（十大古典公案侠义小说）（清）佚名撰，陆树仑、竺少华标点，上海古籍出版社 1993 年，1995 年。

海公大红袍全传（十大古典公案侠义小说）（清）佚名撰，冷时峻标点，上海古籍出版社 1993 年，1995 年。

海公小红袍全传（十大古典公案侠义小说）（清）佚名撰，冷时峻标点，上海古籍出版社 1993 年，1995 年。

施公案（十大古典公案侠义小说 中国古典小说名著丛书）（清）佚名撰，秋谷点校，上海古籍出版社 1993 年，1995 年，2001 年，2002 年。

永庆升平全传（十大古典公案侠义小说）（清）郭广瑞撰，顾良辰标点，上海古籍出版社 1993 年，1995 年。

彭公案（十大古典公案侠义小说 中国古典小说名著丛书）（清）贪梦道人撰，秦克、巩军点校，上海古籍出版社 1993 年，1995 年，2001 年，2002 年。

七剑十三侠（十大古典公案侠义小说）（清）唐芸洲撰，曹光甫、王兴康标点，上海古籍出版社 1993 年，1995 年。

新平妖传（冯梦龙全集）（明）罗贯中、冯梦龙撰，上海古籍出版社 1993 年。

新列国志（冯梦龙全集）（明）冯梦龙编，上海古籍出版社 1993 年。

新列国志（冯梦龙全集）（明）冯梦龙撰，黄希坚等点校，江苏古籍出版社 1993 年。

三教偶拈（冯梦龙全集）（明）冯梦龙编撰，上海古籍出版社 1993 年。

三教偶拈　广笑府（冯梦龙全集）（明）冯梦龙撰，魏同贤、马清江点校，江苏古籍出版社 1993 年。

新平妖传（冯梦龙全集）（明）罗贯中撰，冯梦龙增补，章行点校，江苏古籍出版社 1993 年。

醒世姻缘传（明清佳作足本丛刊）（清）西周生撰，周斌、曾生明点校，人民中国出版社 1993 年。

绣戈袍全传（明清佳作足本丛刊）（清）江南随园主人撰，王健点校，人民中国出版社 1993 年。

禅真逸史（明清佳作足本丛刊）（明）方汝浩撰，郑向前点校，人民中国出版社 1993 年。

足本梼杌闲评（明清佳作足本丛刊）（明）佚名撰，沈悦苓点校，人民中国出版社 1993 年。

绿野仙踪（明清佳作足本丛刊）（清）李百川撰，吕红点校，人民中国出版社 1993 年。

品花宝鉴（明清佳作足本丛刊）（清）陈森撰，丁维忠点校，人民中国出版社 1993 年。

野叟曝言（明清佳作丛刊）（清）夏敬渠撰，龚彤点校，人民中国出版社 1993 年。

野叟曝言（中国古典名著珍藏本）（清）夏敬渠撰，闻志斌点校，作家出版社 1993 年。

蝴蝶缘·银瓶梅（清）南岳道人编，（清）佚名撰，穆道梁点校，三秦出版社 1993 年。

粉妆楼（中国古代文学研究参阅资料）（明）唐寅撰，三秦出版社 1993 年。

红杏艳史（清）诞叟撰，三秦出版社 1993 年。

株林野史·载花船·绣屏缘（明清艳情小说）（清）痴道人编辑，（清）西泠狂者笔，（清）苏庵主人编次，吴凤祥、金久太点校，长江文艺出版社 1993 年。

闹花丛·刘生觅莲记（明清艳情小说）（清）姑苏痴情士撰，（明）吴敬所编辑，柯素莉、金久太点校，长江文艺出版社 1993 年。

浓情快史·杏花天·花神三妙传（明清艳情小说）（明）嘉禾餐花主人编次，（清）古棠天放道人编，（明）吴敬所编辑，郑志、柯素莉、金久太点校，长江文艺出版社 1993 年。

昭阳趣史·绣戈袍全传（明清艳情小说）（清）古杭艳艳生编，（清）随园主人撰，吴凤祥、吴峤点校，长江文艺出版社 1993 年。

八仙得道（清）无垢道人撰，长

江文艺出版社 1993 年。

隋炀帝艳史　（明）齐东野人撰，李悔吾点校，长江文艺出版社 1993 年。

三国演义（新校新注本）　（明）罗贯中撰，沈伯俊等校注，巴蜀书社 1993 年。

三国演义（家藏精品书系）（明）罗贯中撰，向青松、万乔点注，中国友谊出版公司 1993 年。

三国演义（中国古典小说精华丛书）（明）罗贯中撰，傅绍良等改编，陕西师范大学出版社 1993 年。

儒林外史（中国古典小说精华丛书）（清）吴敬梓撰，马茂平、小山改编，陕西师范大学出版社 1993 年。

儒林外史　（清）吴敬梓撰，王吉祥、王英志点校，河北人民出版社 1993 年。

水浒传（百部中国古典名著）（明）施耐庵、罗贯中撰，黄霖点校，浙江古籍出版社 1993 年，2002 年。

儒林外史（百部中国古典名著）（清）吴敬梓撰，陈美林点校，浙江古籍出版社 1993 年，1998 年。

西游记（百部中国古典名著）（明）吴承恩撰，苏兴等点校，浙江古籍出版社 1993 年，1997 年。

三国演义（百部中国古典名著）（明）罗贯中撰，沈伯俊点校，浙江古籍出版社 1993 年，2001 年。

儒林外史（中国古典小说普及丛书）（清）吴敬梓撰，王申等点校，齐鲁书社 1993 年，1997 年。

品花宝鉴（中国古典小说普及丛书）（清）陈森撰，王持润、丁秋馨点校，齐鲁书社 1993 年，1997 年。

青楼梦（中国古典小说普及丛书）（清）慕真山人撰，文图点校，齐鲁书社 1993 年，1997 年。

封神演义（中国古典小说普及丛书）（明）许仲琳撰，苗壮、王若点校，齐鲁书社 1993 年。

醒世姻缘传（中国古典小说普及丛书）（清）西周生撰，翟冰点校，齐鲁书社 1993 年，1997 年。

海上花列传（中国古典小说普及丛书）（清）韩邦庆撰，焦裕银、郭筠修点校，齐鲁书社 1993 年，

1997 年。

三侠五义（中国古典小说普及丛书）（清）石玉昆述，钧林等点校，齐鲁书社 1993 年，1997 年。

施公案（中国古典小说普及丛书）（清）佚名撰，梁宗奎等点校，齐鲁书社 1993 年，1997 年。

狄公案（中国古典小说普及丛书）（清）不题撰人，晓蒙、宏利点校，齐鲁书社 1993 年，1997 年。

七剑十三侠（中国古典小说普及丛书）（清）唐芸洲撰，北海等点校，齐鲁书社 1993 年。

东周列国志（中国古典小说普及丛书）（明）冯梦龙编，（清）蔡元放校订，郑训佐、白郁斐点校，齐鲁书社 1993 年，1997 年。

九尾龟（中国古典小说普及丛书）（清）张春帆撰，肖胜、龙刚点校，齐鲁书社 1993 年，1997 年。

红楼梦 （清）曹雪芹撰，蔡义江校注，浙江文艺出版社 1993 年，1994 年。

红楼梦（百姓家藏书系）（清）曹雪芹、高鹗撰，脂胭斋评，袁世硕、伍丁整理，山东文艺出版社 1993 年，1998 年。

品花宝鉴 （清）陈森撰，山东文艺出版社 1993 年。

三侠五义 （清）石玉昆述，郅颙点校，山东文艺出版社 1993 年，1998 年。

足本蜃楼外史 （清）八咏楼主述，（清）庾岭劳人撰，中央广播电视大学出版社 1993 年。

梅兰佳话·风月情（晚清艳情小说丛书）（清）曹梧冈、邗上蒙人撰，百花洲文艺出版社 1993 年。

绘芳录（晚清艳情小说丛书）（清）西泠野樵撰，林玉、陈麦青点校，百花洲文艺出版社 1993 年。

隋唐演义 （清）褚人获撰，百花洲文艺出版社 1993 年。

海上花列传（中国近代小说名著）（清）韩邦庆撰，上海书店出版社 1993 年。

泪珠缘 （清）天虚我生撰，韩锡铎等点校，辽沈书社 1993 年。

十尾龟 （清）陆士谔撰，韩锡铎等点校，辽沈书社 1993 年。

最近上海秘密史 （清）陆士谔撰，

齐守成等点校，辽沈书社 1993 年。

情变（中国现代言情小说大系）（清）吴趼人撰，钱谷融主编，华东师范大学出版社 1993 年。

花柳梦 （清）警梦痴仙撰，时代文艺出版社 1993 年。

续花柳梦 （清）警梦痴仙撰，时代文艺出版社 1993 年。

绘图真君擒蛟全传 （明）邓志谟编述，王咨臣、王令策点校，黄山书社 1993 年。

镜花缘（中国古典文学名著）（清）李汝珍撰，中国华侨出版社 1993 年。

隋炀艳史·花柳深情（明清艳情小说丛书）（明）齐东野人撰，（清）萧鲁甫撰，洪波、汪晓志点校，朝华出版社 1993 年。

如意君传·扬州风月记（明清艳情小说丛书） （清）浦天玉笔，（清）邗上蒙人笔，吴晓、汪晓志点校，朝华出版社 1993 年。

＊**彩画本水浒全传校注** 李泉、张永鑫校注，戴敦邦、戴红杰插图，台湾里仁书局 1994 年。

玉娇梨（十大古典社会人情小说）（清）荑荻散人编次，冷时峻标点，上海古籍出版社 1994 年，1995 年。

平山冷燕（十大古典社会人情小说）（明）天花藏主人撰，王根林标点，上海古籍出版社 1994 年，1995 年。

二度梅（十大古典社会人情小说）（清）惜阴堂主人编辑，秋谷标点，上海古籍出版社 1994 年，1995 年。

好逑传（十大古典社会人情小说）（清）名教中人编次，钟夫标点，上海古籍出版社 1994 年，1995 年。

蜃楼志（十大古典社会人情小说）（清）庾岭劳人撰，秦克、巩军标点，上海古籍出版社 1994 年，1995 年。

品花宝鉴（十大古典社会人情小说）（清）陈森撰，洪江标点，上海古籍出版社 1994 年，1995 年。

花月痕（十大古典社会人情小说）（清）魏秀仁撰，尚成标点，上海古籍出版社 1994 年，1996 年。

青楼梦（十大古典社会人情小说）（清）俞达撰，傅成标点，上海古籍出版社 1994 年，1995 年。

海上花列传（十大古典社会人情小

说　中国古典小说名著丛书）（清）韩邦庆撰，觉圆、愚谷标点，上海古籍出版社 1994 年，1995 年，2001 年。

九尾龟（十大古典社会人情小说）（清）张春帆撰，唐世明标点，上海古籍出版社 1994 年，1995 年。

西游记：李卓吾评本　（明）吴承恩撰，陈先行、包于飞点校，上海古籍出版社 1994 年，1997 年。

隋唐演义（大说唐）（清）褚人获撰，山西人民出版社 1994 年。

薛仁贵征东（大说唐）　安笈、宗岱点校，山西人民出版社 1994 年。

薛丁山征西（大说唐）　王文隽点校，山西人民出版社 1994 年。

薛刚反唐（大说唐）　晨星、王晔点校，山西人民出版社 1994 年。

残唐五代演义（大说唐）（明）罗贯中编，鸿喜、晨星点校，山西人民出版社 1994 年。

东周列国志（中国古典文学名著）（明）冯梦龙编，（清）蔡元放评，管曙光编，沈阳出版社 1994 年，1996 年。

三国演义（中国古典文学名著全本·珍藏丛书）（明）罗贯中撰，安泰点注，沈阳出版社 1994 年。

水浒全传（中国古典文学名著全本·珍藏丛书）（明）施耐庵、罗贯中撰，宇光点注，沈阳出版社 1994 年。

廿载繁华梦（中国古典文学名著全本·珍藏丛书）（清）黄小配撰，樵山崇点校，沈阳出版社 1994 年，1996 年。

官场现形记（中国古典文学名著全本·珍藏丛书）（清）李宝嘉撰，林溪点注，沈阳出版社 1994 年。

梼杌萃编（中国古典文学名著全本·珍藏丛书）（清）钱锡宝撰，月庵点校，沈阳出版社 1994 年，1996 年。

宦海（中国古典文学名著全本·珍藏丛书）（清）张春帆撰，谷山点校，沈阳出版社 1994 年，1996 年。

西游记（中国古典文学名著全本·珍藏丛书）（明）吴承恩撰，秦安红点注，沈阳出版社 1994 年。

金瓶梅　（明）兰陵笑笑生撰，皋鹤堂评，王汝梅校注，吉林大学出版社 1994 年。

西游记（“家藏精品”书系）（明）吴承恩撰，杨翠芳、鲍根喜点注，中国友谊出版公司 1994 年。

东周列国志 （明）冯梦龙编，（清）蔡元放评，周利武校注，河北人民出版社 1994 年。

三国演义（第一才子书）（明）罗贯中撰，王一方等点校，河北人民出版社 1994 年。

石头记 （清）曹雪芹撰，习国有点校，河北人民出版社 1994 年，国际文化出版公司 1996 年。

老残游记（中国古典名著珍藏本）（清）刘鹗撰，张其香点校，春风文艺出版社 1994 年。

儿女英雄传（中国古典名著珍藏本）（清）文康撰，建阳点校，春风文艺出版社 1994 年。

三国演义 （明）罗贯中撰，潘渊点校，浙江文艺出版社 1994 年，1999 年，西泠印社出版社 2006 年。

水浒全传（袖珍名著）（明）施耐庵撰，潘渊点校，浙江文艺出版社 1994 年，1995 年，1999 年。

红楼梦 （清）曹雪芹、高鹗撰，潘渊点校，浙江文艺出版社 1994 年，1999 年。

西游记 （明）吴承恩撰，晓晨点校，浙江文艺出版社 1994 年，1999 年。

儒林外史（人人袖珍文库）（清）吴敬梓撰，海南出版社 1994 年。

红楼梦（人人袖珍文库　亚东本中国古典小说名著丛书　亚东版古典小说系列　中国古典文学名著　亚东版古典小说名著）（清）曹雪芹撰，汪原放标点，海南出版社 1994 年，1995 年，广州出版社 1996 年，三环出版社 1998 年，河北人民出版社 1999 年。

说岳全传（华夏古典文学名著系列丛书）（清）钱彩编次、金丰增订，华夏出版社 1994 年。

西游记（华夏古典文学名著系列丛书）（明）吴承恩撰，方原等注，华夏出版社 1994 年，2002 年。

镜花缘（华夏古典文学名著系列丛书）（清）李汝珍撰，华夏出版社 1994 年，2002 年。

水浒（日本轮王寺秘藏）（明）施

耐庵撰，盛瑞裕点注，武汉出版社1994年。

水浒传（中国经典名著精选宝库）（明）施耐庵撰，徐健顺缩编，中国经济出版社1994年。

红楼梦（中国古典小说珍藏本　中国古典小说典藏本）（清）曹雪芹撰，刘世德校注，江苏古籍出版社1994年，2000年。

施公全案（中国话本大系）（清）佚名撰，林建民点校，江苏古籍出版社1994年。

九云记　（清）无名氏撰，江琪点校，江苏古籍出版社1994年。

三国演义　（明）罗贯中撰，韩可良标点，西北大学出版社1994年。

何典　（清）张南庄撰，钟南整理，天津古籍出版社1994年。

三国演义　（明）罗贯中撰，（明）钟伯敬批评，李灵年、王长友整理点校，安徽文艺出版社1994年。

三国演义　（明）罗贯中撰，谭邦和点校，湖北人民出版社1994年。

西游记　（明）吴承恩撰，伍福美点校，湖北人民出版社1994年。

三国演义（精品丛书）（明）罗贯中撰，管世光点校，辽沈书社1994年。

水浒全传（精品丛书）（明）施耐庵撰，魏鉴勋点校，辽沈书社1994年。

红楼梦（精品丛书）（清）曹雪芹、高鹗撰，卜键点校，辽沈书社1994年。

西游记（精品丛书）（明）吴承恩撰，董文成点校，辽沈书社1994年。

三国演义　（明）罗贯中撰，李悔吾校注，海峡文艺出版社1994年，1998年。

水浒传　（明）施耐庵撰，刘建国等点校，海峡文艺出版社1994年。

红楼梦　（清）曹雪芹、高鹗撰，秦惠民、徐安琪点校，海峡文艺出版社1994年。

西游记　（明）吴承恩撰，蔡景康点校，海峡文艺出版社1994年，1998年。

武宗秘史　（清）齐东野人撰，亚平力点校，中国华侨出版社1994年。

明珠缘（古代小说禁书系列）（清）佚名撰，郁默校注，漓江出版社1994年。

红楼梦（古典文学名著评点系列）（清）曹雪芹、高鹗撰，王蒙评点，漓江出版社1994年，（香港）三联书店2004年。

蜃楼志（古代小说禁书系列）（清）庾岭劳人说，愚山老人编，曲直校注，漓江出版社1994年。

品花宝鉴（古代小说禁书系列）（清）陈森撰，曹亦冰校注，漓江出版社1994年。

说唐（明清通俗小说系列）（清）佚名撰，秦方点校，三秦出版社1994年，2003年，2004年。

薛丁山征西（明清通俗小说系列）（清）佚名撰，秦方点校，三秦出版社1994年，2004年。

薛刚反唐（明清通俗小说系列）（清）如莲居士撰，秦方点校，三秦出版社1994年，2004年。

薛仁贵征东（明清通俗小说系列）（清）佚名撰，秦方点校，三秦出版社1994年，2004年。

杨家将演义（明清通俗小说系列）（明）熊大木撰，李豪整理，三秦出版社1994年，2004年。

说岳全传（明清通俗小说系列）（清）钱彩撰，秦方点校，三秦出版社1994年，2004年。

康熙侠义传（明清通俗小说系列）（清）郭广瑞、贪梦道人撰，三秦出版社1994年。

七剑十三侠（明清通俗小说系列）（清）唐芸洲撰，陈博等点校，三秦出版社1994年。

三国演义（中华奇书文库）（明）罗贯中撰，王曾点校，中州古籍出版社1994年。

三国演义（新刊四大古典小说）（明）罗贯中撰，李忠明校注，中州古籍出版社1994年。

武则天艳事·正德皇帝与白牡丹（明清艳情小说精选系列）（清）佚名、洪琮编，韩光玉点校，中州古籍出版社1994年。

醋葫芦·平山冷燕（明清艳情小说精选系列）（清）伏雌教主编，（清）不署撰人，王莹、王松真点校，中州古籍出版社1994年。

乾隆韵事（明清艳情小说精选系

列）（清）佚名撰，蔡远方点校，中州古籍出版社1994年。

水浒全传（新刊四大古典小说）（明）施耐庵、罗贯中撰，钟源点校，中州古籍出版社1994年。

水浒传（中华奇书文库）（明）施耐庵、罗贯中撰，王曾点校，中州古籍出版社1994年。

玉娇梨·痴人福（明清艳情小说精选系列）（清）荑荻散人编次，（清）佚名撰，李莉点校，中州古籍出版社1994年。

双合欢·金石缘（明清艳情小说精选系列）（清）青心才人编次，无名氏编，都梁点校，中州古籍出版社1994年。

锦香亭·二刻醒世恒言（明清艳情小说精选系列）（清）素庵主人、心远主人编次，韩光玉点校，中州古籍出版社1994年。

钟馗传（斩鬼传　平鬼传）（中国古典小说精华）（清）烟霞散人、云中道人撰，鲁宁点校，中州古籍出版社1994年。

儒林外史（新刊四大古典小说）（清）吴敬梓撰，冯宝善校注，中州古籍出版社1994年。

善恶图全传（清）佚名撰，张万钧等点校，中州古籍出版社1994年。

红楼梦（中华奇书文库　中国古典名著）（清）曹雪芹撰，王曾点校，中州古籍出版社1994年，中国妇女出版社1998年，2001年。

西游记（中华奇书文库　中国古典名著）（明）吴承恩撰，王曾点校，中州古籍出版社1994年，中国妇女出版社1998年。

红楼梦（新刊四大古典小说）（清）曹雪芹撰，凌嘉霨点校，中州古籍出版社1994年，2007年。

老残游记（中国古典四大讽刺小说）（清）刘鹗撰，牛芳林点校，中州古籍出版社1994年。

二十年目睹之怪现状（中国晚清四大奇书）（清）吴趼人撰，陈浩、徐琳点校，中州古籍出版社1994年。

文明小史（中国晚清四大奇书）（清）李伯元撰，栗进点校，中州古籍出版社1994年。

孽海花（中国晚清四大奇书）

（清）曾朴、刘鹗撰，牛芳林点校，中州古籍出版社 1994 年。

七侠五义（明清小说十部系列）（清）石玉昆述，俞樾重编，余业点校，中州古籍出版社 1994 年。

绘图善恶图全传（馆藏足本明清小说系列）（清）佚名撰，张苌主编，中央民族大学出版社 1994 年。

南朝金粉录（馆藏足本明清小说系列）（清）牢骚子撰，张苌主编，中央民族大学出版社 1994 年。

绣像闺门秘术（馆藏足本明清小说系列）（清）佚名撰，张苌主编，中央民族大学出版社 1994 年。

梅兰佳话（馆藏足本明清小说系列）（清）曹梧冈撰，张苌主编，中央民族大学出版社 1994 年。

绣像升仙传（馆藏足本明清小说系列）（清）倚云氏撰，张苌主编，中央民族学院出版社 1994 年。

红闺春梦（中国古典孤本小说宝库）（清）竹秋氏撰，张苌主编，中央民族大学出版社 1994 年，2001 年。

水浒后传（清）陈忱撰，素心点校，陕西人民出版社 1994 年。

续金瓶梅（清）紫阳道人撰，陕西人民出版社 1994 年。

后红楼梦（清）逍遥子撰，晋心点校，陕西人民出版社 1994 年。

后西游记（清）无名氏撰，张绍靖点校，陕西人民出版社 1994 年。

水浒后传（清）陈忱撰，伍仁点校，太白文艺出版社 1994 年。

续金瓶梅（清）丁耀亢撰，伍仁点校，太白文艺出版社 1994 年。

后红楼梦（清）无名氏撰，伍仁点校，太白文艺出版社 1994 年。

后西游记（清）无名氏撰，伍仁点校，太白文艺出版社 1994 年。

杨家将传　说呼全传（古典通俗小说文库）（明）无名氏撰，国裕标点，岳麓书社 1994 年。

狄青五虎将全传（清）李雨堂撰，朱树人标点，岳麓书社 1994 年。

西洋记（神魔小说）（明）罗懋登撰，柯斌标点，岳麓书社 1994 年。

红楼复梦（续四大古典名著）（清）陈少梅撰，汪鹃、吴达英点校，岳麓书社 1994 年，2003 年。

红闺春梦 （清）竹秋氏撰，顾之川标点，岳麓书社1994年。

四游记（神魔小说）（明）余象斗等撰，老阳标点，岳麓书社1994年。

八仙全传（古典通俗小说文库）（明）杨尔曾等撰，谭新标点，岳麓书社1994年。

包青天奇案（古典通俗小说文库）（明）无名氏撰，锦文标点，岳麓书社1994年，2004年。

济公全传（神魔小说）（清）郭小亭撰，岳麓书社1994年。

绘图说岳全传（古典通俗小说丛书）（清）钱彩等撰，杨键点校，巴蜀书社1994年。

四游记全传 （明）吴元泰等编撰，张郭点校，海天出版社1994年。

镜花缘 （清）李汝珍撰，芦琳点校，哈尔滨出版社1994年，1995年。

七侠五义 （清）石玉昆、俞樾编撰，米杰点校，哈尔滨出版社1994年，1995年。

七侠五义 （清）石玉昆讲述，俞樾编，鹭江出版社1994年。

康熙皇帝私访秘录 （清）姜振民等撰，海南国际新闻出版中心1994年。

包公奇传 （清）石玉昆编撰，中国电影出版社1994年。

儒林外史（中国古代讽刺谴责小说）（清）吴敬梓撰，贵州人民出版社1994年。

儒林外史（少年珍藏版）（中国古典名著）（清）吴敬梓撰，林冠夫节编，团结出版社1994年。

红楼梦（中国古典名著）（清）曹雪芹撰，林冠夫节编，团结出版社1994年。

二十年目睹之怪现状（中国近代小说名著）（清）吴趼人撰，上海书店出版社1994年。

（脂砚斋批评）红楼梦（清代四大小说）（清）曹雪芹撰，黄霖点校，齐鲁书社1994年，1998年。

红楼梦 （清）曹雪芹撰，欧阳健等校注，花城出版社1994年，1995年。

西游记（绣像新注） （明）吴承

恩撰，曾扬华、戚世隽校注，花城出版社 1994 年，1995 年。

红楼梦 （清）曹雪芹撰，程伟元、高鹗辑补，李广柏点校，湖北人民出版社 1994 年。

红楼梦 （清）曹雪芹撰，赵俊玠等校注，四川文艺出版社 1994 年。

林黛玉日记 （清）绮情楼主撰，梦泽川编校，时代文艺出版社 1994 年。

海上花列传（清代世情系列）（清）韩邦庆撰，花山文艺出版社 1994 年。

红楼梦（中国古典小说名著新编丛书）（清）曹雪芹原著，董文成改编，书目文献出版社 1994 年。

金瓶梅（中国古典小说名著新编丛书）（明）兰陵笑笑生原著，杜维沫改编，书目文献出版社 1994 年。

儒林外史（中国古典小说名著新编丛书）（明）吴敬梓原著，李汉秋、李韵改编，书目文献出版社 1994 年。

三国演义（中国古典小说名著新编丛书）（明）罗贯中原著，周月亮改编，书目文献出版社 1994 年。

水浒（中国古典小说名著新编丛书）（明）施耐庵原著，魏正书改编，书目文献出版社 1994 年。

西游记（中国古典小说名著新编丛书）（明）吴承恩原著，朱世滋改编，书目文献出版社 1994 年。

歧路灯（中国古典小说名著新编丛书）（清）李绿园著，曲沐改编，书目文献出版社 1994 年。

儿女英雄传（中国古典小说名著新编丛书）（清）文康原著，田荣、赵红岩改编，书目文献出版社 1995 年。

官场现形记（中国古典小说名著新编丛书）（清）李宝嘉原著，吴炘改编，书目文献出版社 1995 年。

老残游记（中国古典小说名著新编丛书）（清）刘鹗著，李韵改编，书目文献出版社 1995 年。

东周列国（中国古典文学名著）（明）冯梦龙编，（清）蔡元放评，花山文艺出版社 1995 年。

续三国演义（新刻绣像） （明）酉阳野史撰，尹考臻总点校，花山文艺出版社 1995 年。

东周列国志（中国古典文学菁华便

携文库）（明）冯梦龙撰，（清）蔡元放编撰，念群点校，文化艺术出版社 1995 年。

西游记（中国古典文学菁华便携文库）（明）吴承恩撰，王健点校，文化艺术出版社 1995 年。

水浒传（中国古典文学菁华便携文库）（明）罗贯中、施耐庵撰，艾水点校，文化艺术出版社 1995 年。

红楼梦（中国古典文学菁华便携文库）（清）曹雪芹、高鹗撰，青杉点校，文化艺术出版社 1995 年。

二十年目睹之怪现状（中国古典文学菁华便携文库）（清）吴趼人撰，方玮点校，文化艺术出版社 1995 年。

封神演义（中国古典文学菁华便携文库）（明）许仲琳撰，黄椿、曹辉点校，文化艺术出版社 1995 年。

东周列国志（珍图古典小说名著丛书　中国古典文学名著）（明）冯梦龙撰，（清）蔡元放编，王继权点校，湖南文艺出版社 1995 年，百花洲文艺出版社 1996 年。

东周列国志（传世名著：中国古典小说系列丛书）（明）冯梦龙撰，（清）蔡元放编，长春出版社 1995 年。

东周列国志（中国古典名著文库）（明）冯梦龙撰，（清）蔡元放编，新疆人民出版社 1995 年。

醒世姻缘传（中国古典名著文库）（清）西周生撰，新疆人民出版社 1995 年。

东周列国志　（明）冯梦龙撰，（明）蔡元放编撰，龚菲点校，巴蜀书社 1995 年。

三国演义（中国古典文学名著）（明）罗贯中撰，夏风扬点校，巴蜀书社 1995 年。

水浒全传（中国古典文学名著）（明）施耐庵撰，夏风扬点校，巴蜀书社 1995 年。

红楼梦（中国古典文学名著）（清）曹雪芹、高鹗撰，夏风扬点校，巴蜀书社 1995 年。

西游记（中国古典文学名著）（明）吴承恩撰，夏风扬点校，巴蜀书社 1995 年。

东周列国志（中国古典小说珍本丛书）（中国古典小说名著丛书）（清）蔡元放编，陈先行、李梦生标点，上海古籍出版社 1995 年，1997 年，2001 年。

说唐全传（十大古典英雄传奇小说 中国古典小说名著丛书）（清）鸳湖渔叟校订，傅成、吴蒙标点，上海古籍出版社 1995 年，1997 年，2000 年，2001 年。

粉妆楼（十大古典英雄传奇小说）（清）竹溪山人撰，晓意标点，上海古籍出版社 1995 年，1996 年。

说唐演义后传（十大古典英雄传奇小说）（清）鸳湖渔叟撰，丁山、李驷标点，上海古籍出版社 1995 年，1997 年。

飞龙全传（十大古典英雄传奇小说）（清）吴璿撰，唐林标点，上海古籍出版社 1995 年，1996 年。

杨家将演义（十大古典英雄传奇小说 中国古典小说名著丛书）（明）熊大木撰，穆公点校，上海古籍出版社 1995 年，2001 年。

说呼全传（十大古典英雄传奇小说）（清）佚名撰，鲍方标点，上海古籍出版社 1995 年，1997 年。

五虎平西演义（十大古典英雄传奇小说）（清）无名氏撰，尚成、秦克标点，上海古籍出版社 1995 年，1996 年。

五虎平南演义（十大古典英雄传奇小说）（清）佚名撰，觉园、愚谷标点，上海古籍出版社 1995 年，1997 年。

说岳全传（十大古典英雄传奇小说）（清）钱彩编次、金丰增订，上海古籍出版社 1995 年。

水浒全传（名家绘图珍藏全本四大古典小说）（明）施耐庵撰，周峰绘图。林峻点校，上海古籍出版社 1995 年，2000 年。

红楼梦（名家绘图珍藏全本四大古典小说）（清）曹雪芹、高鹗撰，刘旦宅绘图，古木点校，上海古籍出版社 1995 年，2002 年。

万花楼演义（十大古典英雄传奇小说）（清）李雨堂撰，冷时峻标点，上海古籍出版社 1995 年，1996 年。

海上花开　（清）韩子云撰，张爱玲注译，上海古籍出版社 1995 年。

海上花落　（清）韩子云撰，张爱玲注译，上海古籍出版社 1995 年。

西游记（名家绘图珍藏全本四大古

典小说）（明）吴承恩撰，周京新绘图，曹松点校，上海古籍出版社 1995 年，2002 年。

三国志演义（康熙醉耕堂本四大奇书第一种　中华版古典小说宝库　古典小说四大名著聚珍　中国文学四大名著）（明）罗贯中撰，毛纶、毛宗岗评，刘世德、郑铭点校，中华书局 1995 年，2000 年，2005 年，2009 年。

三国演义（中国古典名著）（明）罗贯中撰，文中点校，中央民族大学出版社 1995 年。

水浒全传（中国古典名著）（明）施耐庵、罗贯中撰，文中点校，中央民族大学出版社 1995 年。

五美缘（旧书新读系列丛书）（清）佚名撰，燕雨石点校，民族出版社 1995 年。

希夷梦（旧书新读系列丛书）（清）汪寄撰，磊清点校，民族出版社 1995 年。

海上尘天影（清代长篇世情传奇小说）（清）邹弢撰，方兴便、赵明华点校，民族出版社 1995 年。

蓝公案全传（旧书新读系列丛书）（清）蓝鼎元撰，郭亚南校译，民族出版社 1995 年。

封神演义（中国古代文学名著点评丛书）（明）许仲琳撰，雷树田点评，陕西人民出版社 1995 年。

争春园（清）寄生氏撰，沉野点校，陕西人民出版社 1995 年。

三国演义（回评本）（明）罗贯中撰，丘振声回评，沈伯俊校注，广西人民出版社 1995 年。

西游记（世界名著之旅丛书）（明）吴承恩撰，黄庆云缩写，广东教育出版社 1995 年。

三国演义（新评新校古典名著系列）（明）罗贯中撰，沈伯俊评点，山西古籍出版社 1995 年。

水浒传（新评新校古典名著系列）（明）施耐庵、罗贯中撰，陈家琪评点，曹水阁校，山西古籍出版社 1995 年。

儒林外史（新评新校古典名著系列）（清）吴敬梓撰，周月亮评校，山西古籍出版社 1995 年。

红楼梦（新评新校古典名著系列）（清）曹雪芹、高鹗撰，梁归智评校，山西古籍出版社 1995 年。

西游记（新评新校古典名著系列）（明）吴承恩撰，李安纲评校，山西古籍出版社1995年。

封神演义（新评新校古典名著系列）（明）陆西星撰，（明）许仲琳编辑，路云亭评点，山西古籍出版社1995年。

三国演义（中国古典文学名著）（明）罗贯中撰，汤昕点校，贵州人民出版社1995年。

儒林外史（清）吴敬梓撰，杜经国、林小宁点校，贵州民族出版社1995年。

红楼梦（中国古典文学名著）（清）曹雪芹、高鹗撰，吴雪点校，贵州人民出版社1995年。

西游记（中国古典文学名著）（明）吴承恩撰，尤力点校，贵州人民出版社1995年。

三国演义（中国古典文学名著）（明）罗贯中撰，君浩、程有庆点校，京华出版社1995年。

水浒传（中国古典文学名著）（明）施耐庵撰，程有庆点校，京华出版社1995年。

红楼梦（中国古典文学名著）（清）曹雪芹撰，程有庆、君浩点校，京华出版社1995年。

西游记（明）吴承恩撰，程有庆点校，京华出版社1995年。

三国演义（中国古典文学名著丛书）（明）罗贯中撰，（清）毛宗岗评，禹克坤等注，同心出版社1995年。

西游记（中国古典文学名著）（明）吴承恩撰，张晓注，同心出版社1995年。

三国演义（中国古典文学名著）（明）罗贯中撰，（清）毛宗岗评，北京燕山出版社1995年，1996年。

水浒传（中国古典文学名著）（明）施耐庵撰，（清）金圣叹评，北京燕山出版社1995年，1996年。

老残游记全编（四大谴责小说）（清）刘鹗、刘蕙孙撰，梅庆吉点校，北京燕山出版社1995年。

二十年目睹之怪现状（四大谴责小说）（清）吴趼人撰，梅庆吉点校，北京燕山出版社1995年，2001年。

孽海花　续孽海花（四大谴责小说）（清）曾朴撰，张鸿撰，梅庆吉点校，北京燕山出版社1995年。

西游记（中国古典文学名著）（明）吴承恩撰，李卓吾评，北京燕山出版社1995年，1998年。

隋唐演义（清）褚人获编撰，黄永林点校，湖北人民出版社1995年。

隋唐演义（中国古典小说普及丛书）（清）褚人获编撰，余泽点校，齐鲁书社1995年，2000年。

飞龙全传（中国古典小说普及丛书）（清）吴璿撰，李玉广点校，齐鲁书社1995年，1997年。

说岳全传（中国古典小说普及丛书）（清）钱彩编、金丰增订，钟天、芙蓉点校，齐鲁书社1995年，1996年。

女仙外史（中国古典小说普及丛书）（清）吕熊撰，王巷人、刘承武点校，齐鲁书社1995年。

绿野仙踪（中国古典小说普及丛书）（清）李百川撰，老水番标点，齐鲁书社1995年，1997年。

镜花缘（中国古典小说普及丛书）（清）李汝珍撰，金江、余芳点校，齐鲁书社1995年，1996年。

儿女英雄传（中国古典小说普及丛书）（清）文康撰，启泰点校，齐鲁书社1995年。

彭公案（中国古典小说普及丛书）（清）贪梦道人撰，白莉蓉、张金环点校，齐鲁书社1995年，1997年。

岳飞全传（清）钱彩、金丰撰，李桂峰、李琏生点，四川文艺出版社1995年。

水浒传（明）施耐庵撰，（明）李卓吾、（清）金圣叹评，山东文艺出版社1995年。

老残游记（近代文学四大名著　百姓家藏书系）（清）刘鹗撰，郁守点校，山东文艺出版社1995年，1998年。

二十年目睹之怪现状（近代文学四大名著）（清）吴趼人撰，郑庆笃、朱秀梅点校，山东文艺出版社1995年。

官场现形记（近代文学四大名著）（清）李宝嘉撰，王恒展点校，山东文艺出版社1995年。

孽海花（近代文学四大名著）（清）曾朴撰，王培元点校，山东文艺出版社1995年，1998年。

隔帘花影（古代小说禁书系列）

（明）佚名撰，卫风、李琴校注，漓江出版社 1995 年。

后红楼梦（古代小说禁书系列）（清）佚名撰，杨必胜校注，漓江出版社 1995 年。

西游记（亚东版古典小说系列　亚东版古典小说名著）（明）吴承恩撰，汪原放标点，海南出版社 1995 年，广州出版社 1996 年，河北人民出版社 1999 年。

儒林外史（中国古典名著丛书）（清）吴敬梓撰，江汉校注，海峡文艺出版社 1995 年，1998 年。

岭南逸史　（清）花溪逸士撰，中英、中雄点校，百花文艺出版社 1995 年。

野草闲花臭姻缘　繁华梦　（清）月湖渔隐、黄世仲撰，筱惠、狄迪整理，百花文艺出版社 1995 年。

红楼梦　（清）曹雪芹、高鹗撰，张国光校订，长江文艺出版社 1995 年，2000 年。

老残游记（中国古典四大讽刺小说）（清）刘鹗撰，王永宽点校，中州古籍出版社 1995 年。

二十年目睹之怪现状（中国古典四大讽刺小说）（清）吴趼人撰，张巨才校注，中州古籍出版社 1995 年。

孽海花　老残游记（中国古典小说名著）（清）曾朴、刘鹗撰，董文成整理，辽宁古籍出版社 1995 年。

历代神仙演义　（清）徐道撰，程毓奇续，周晶等点校，辽宁古籍出版社 1995 年。

镜花缘（中国古典小说名著）（清）李汝珍撰，辽宁古籍出版社 1995 年。

八美图　（清）荆园居士撰，青海人民出版社 1995 年。

封神演义　（明）许仲琳编，铁如改编，岳麓书社 1995 年。

封神演义（中国古典小说名著）（明）许仲琳撰，董文成整理，辽沈书社 1995 年。

儿女英雄传（中国古典小说名著）（清）文康撰，董文成整理，辽沈书社 1995 年。

镜花缘　（清）李汝珍撰，孟蓬生点校，河北人民出版社 1995 年。

镜花缘（中国古典文学名著丛书）

（清）李汝珍撰，三秦出版社1995年。

儿女英雄传（中国古典文学名著丛书）（清）文康撰，三秦出版社1995年。

包公案（明清公案小说系列）（明）佚名撰，维潍点校，三秦出版社1995年，1998年。

海公案（明清公案小说系列）（明）佚名撰，三秦出版社1995年，1998年。

彭公案（明清公案小说系列）（清）贪梦道人撰，三秦出版社1995年，2004年。

狄公案（明清公案小说系列）（清）佚名撰，刘强、朱志志点校，三秦出版社1995年，1998年。

三侠剑（中国侠义经典系列）（清）张杰鑫撰，李寅、思齐点校，北京十月文艺出版社1995年。

儿女英雄传（中国侠义经典系列）（清）文康撰，仿白、刘才点校，北京十月文艺出版社1995年。

七侠五义（中国侠义经典系列）（清）石玉昆撰，竺传灯点校，北京十月文艺出版社1995年。

小五义（中国侠义经典系列）（清）石玉昆撰，文白、一夫点校，北京十月文艺出版社1995年。

续小五义（中国侠义经典系列）（清）石玉昆撰，蔚茗点校，北京十月文艺出版社1995年。

永庆升平前传（中国侠义经典系列）（清）姜振名、郭广瑞撰，树惠、洁人点校，北京十月文艺出版社1995年。

七剑十三侠（中国侠义经典系列）（清）唐云洲撰，钟涛、黄良玉点校，北京十月文艺出版社1995年。

雍正剑侠图（中国侠义经典系列）（清）常杰淼撰，燕雨石点校，北京十月文艺出版社1995年。

梼杌闲评（中国古典小说普及丛书）不题撰人，止戈、韦行点校，齐鲁书社1995年。

古代公案小说精选译文 牛宝彤主编，孙方恩等译注，青岛出版社1995年。

＊**西游记校注**（明）吴承恩撰，徐少知校，朱彤、周中明注，台湾里仁书局1996年。

＊**红楼梦**（清）曹雪芹、高鹗著，

（香港）商务印书馆 1996 年。

二十载繁华梦（晚清社会小说丛书）（清）黄小配撰，崔广社点校注释，花山文艺出版社 1996 年。

东周列国志（亚东版古典小说系列）（明）冯梦龙撰，（清）蔡元放修订，杨劭劼注，广州出版社 1996 年。

水浒续集·征四寇（亚东版古典小说系列）（明）施耐庵、罗贯中撰，广州出版社 1996 年。

水浒续集·水浒后传（亚东版古典小说系列）（清）陈忱撰，广州出版社 1996 年。

三国演义（古典文学名著评点）（明）罗贯中撰，李国文评点，吴民、宋文校注，漓江出版社 1996 年。

三国演义（中华传统文化经典新刊）（明）罗贯中撰，黄霖编，上海文艺出版社 1996 年。

西游记（中华传统文化经典新刊）（明）吴承恩撰，吴圣昔、喻素卿编，上海文艺出版社 1996 年。

三国演义（中国古代通俗小说读本）（明）罗贯中撰，江民点校，江苏古籍出版社 1996 年。

水浒传（中国古代通俗小说读本）（明）施耐庵、罗贯中撰，拾水点校，江苏古籍出版社 1996 年，凤凰出版社 2006 年。

东周列国志（中国古代通俗小说读本）（明）冯梦龙撰，（清）蔡元放编，辛正点校，江苏古籍出版社 1996 年。

隋唐演义（中国古代通俗小说读本）（清）褚人获撰，闻舞点校，江苏古籍出版社 1996 年。

说唐全传（中国古代通俗小说读本）（清）佚名撰，朱野坪点校，江苏古籍出版社 1996 年。

粉妆楼全传（中国古代通俗小说读本）（清）竹溪山人撰，林芜点校，江苏古籍出版社 1996 年。

说唐后传（中国古代通俗小说读本）（清）佚名撰，吴琼点校，江苏古籍出版社 1996 年。

说唐三传（中国古代通俗小说读本）（清）佚名撰，王华宝点校，江苏古籍出版社 1996 年。

飞龙全传（中国古代通俗小说读本）（清）吴璿撰，公羽点校，江苏古籍出版社 1996 年。

杨家将演义（中国古代通俗小说读本）（明）熊大木撰，周方点校，江苏古籍出版社 1996 年。

说呼全传（中国古代通俗小说读本）（清）佚名撰，刘小云点校，江苏古籍出版社 1996 年。

狄青全传（中国古代通俗小说读本）（清）佚名撰，马力点校，江苏古籍出版社 1996 年。

说岳全传（中国古代通俗小说读本）（清）钱彩编次、金丰增订，虞河点校，江苏古籍出版社 1996 年。

红楼梦（中国古代通俗小说读本·第一辑）（清）曹雪芹、高鹗撰，段炼点校，江苏古籍出版社 1996 年，凤凰出版社 2006 年。

平妖传（中国古代通俗小说读本）（明）罗贯中撰、冯梦龙增补，江苏古籍出版社 1996 年。

西游记（中国古代通俗小说读本）（明）吴承恩撰，霍嘉点校，江苏古籍出版社 1996 年。

封神演义（中国古代通俗小说读本）（明）许仲琳、李云翔撰，叶瑟点校，江苏古籍出版社 1996 年。

镜花缘（中国古代通俗小说读本）（清）李汝珍撰，吴昊点校，江苏古籍出版社 1996 年。

万花楼演义（中国古代通俗小说读本）（清）李雨堂撰，沙文点校，江苏古籍出版社 1996 年。

儿女英雄传（中国古代通俗小说读本）（清）文康撰，吴荻点校，江苏古籍出版社 1996 年。

开辟演义　杨家府演义（中国十大历史演义小说）（明）五岳山人、无名氏编撰，滋阳、朱沂之点校，辽宁古籍出版社 1996 年。

新列国志（中国十大历史演义小说）（明）冯梦龙编撰，李文焕点校，辽宁古籍出版社 1996 年。

两汉演义（中国十大历史演义小说）（明）甄伟、谢诏撰，商庆夫、商逸点校，辽宁古籍出版社 1996 年。

隋炀帝演义（中国十大历史演义小说）（明）诸圣邻撰，王汝梅点校，辽宁古籍出版社 1996 年。

说唐演义全传（中国十大历史演义小说）（清）鸳湖渔叟校订，张羽点校，辽宁古籍出版社 1996 年。

说岳全传（中国十大历史演义小说）（清）钱彩等撰，郑荣点校，辽宁古籍出版社 1996 年。

英烈全传（中国十大历史演义小说）（明）徐渭编，马兰点校，辽宁古籍出版社 1996 年。

东周列国志（绣像全图新注）（中国古典文学名著珍藏本）（明）冯梦龙撰，黄天骥、冯卓然校注，花城出版社 1996 年。

东周列国志 （明）冯梦龙撰，（清）蔡元放编，秦惠民、徐安琪校注，长江文艺出版社 1996 年。

隋唐演义（中国古典文学文库）（清）褚人获撰，刘良明点校，长江文艺出版社 1996 年。

东周列国志 （明）冯梦龙撰，（清）蔡元放编，吴志达点校，湖北人民出版社 1996 年。

东周列国志（鲁迅选评中国古代通俗小说丛书）（明）冯梦龙撰，（清）蔡元放撰，山西古籍出版社 1996 年。

隋唐演义（鲁迅选评中国古代通俗小说丛书）（清）褚人获撰，山西古籍出版社 1996 年。

杨家将全传（鲁迅选评中国古代通俗小说丛书）（明）熊大木撰，山西古籍出版社 1996 年。

说岳全传（鲁迅选评中国古代通俗小说丛书）（清）钱彩、金丰撰，山西古籍出版社 1996 年。

花月痕（鲁迅选评中国古代通俗小说丛书）（清）魏子安撰，山西古籍出版社 1996 年。

青楼梦（鲁迅选评中国古代通俗小说丛书）（清）俞达撰，山西古籍出版社 1996 年。

七侠五义（鲁迅选评中国古代通俗小说丛书）（清）石玉昆撰，山西古籍出版社 1996 年。

施公案（鲁迅选评中国古代通俗小说丛书）（清）佚名撰，山西古籍出版社 1996 年。

永庆升平（鲁迅选评中国古代通俗小说丛书）（清）燕南居士撰，山西古籍出版社 1996 年。

宋太祖全传（大说宋丛书）（清）吴璿撰，山西人民出版社 1996 年。

杨家将演义（大说宋丛书）（明）秦淮墨客撰，山西人民出版社 1996 年。

说呼全传（大说宋丛书）（清）佚名撰，山西人民出版社 1996 年。

五虎平南（大说宋丛书）（清）佚名撰，山西人民出版社 1996 年。

济公全传（大说宋丛书）（清）佚名撰，山西人民出版社 1996 年。

包公全传（大说宋丛书）（清）石玉昆撰，山西人民出版社 1996 年。

杨家将 （明）秦淮墨客校阅，珠海出版社 1996 年。

岳家将 （清）钱彩编次、金丰增订，珠海出版社 1996 年。

东周列国志 （明）冯梦龙改编，（清）蔡元放修订，黄山书社 1996 年。

清代抄本公案小说 （清）储仁逊编撰，张晨江整理，百花文艺出版社 1996 年。

东周列国志（中国古典文学名著）（明）冯梦龙撰，（清）蔡元放编，北京十月文艺出版社 1996 年。

说岳全传 （清）钱彩撰，北京十月文艺出版社 1996 年。

东周列国志（中国古典小说名著）（明）冯梦龙编，（清）蔡元放评，韩锡铎等点校，辽沈书社 1996 年。

吴三桂演义（中国十大历史演义小说）（清）佚名编，左振坤点校，辽沈书社 1996 年。

西汉开国演义（中国历朝开国演义丛书）（明）甄伟撰，李晓、夏晓臻点校，三秦出版社 1996 年。

唐朝开国演义（中国历朝开国演义丛书）（明）诸圣邻撰，赵建民、刘月娥点校，三秦出版社 1996 年。

隋唐演义（明清通俗小说系列）（清）褚人获撰，石仁和点校，三秦出版社 1996 年，2004 年。

宋朝开国演义（中国历朝开国演义丛书）（清）吴璿编撰，朱有志、秦磊点校，三秦出版社 1996 年。

狄青演义（明清通俗小说系列）（清）西湖居士撰，石仁和点校，三秦出版社 1996 年。

元朝开国演义（中国历朝开国演义丛书）（清）尹湛纳希撰，黑勒、丁师浩译，三秦出版社 1996 年。

明朝开国演义（中国历朝开国演义丛书）（明）佚名撰，寇均锋、天然点校，三秦出版社 1996 年。

三宝太监下西洋记（明清通俗小说系列）（明）罗懋登撰，石仁和点校，三秦出版社1996年。

明正德游江南（明清通俗小说系列）（清）何梦梅撰，杨居让点校，三秦出版社1996年。

醒世姻缘传（中国古典文学名著丛书）（清）西周生辑撰，李晓明点校，三秦出版社1996年。

蜃楼志全传（明清通俗小说系列）（清）庾岭劳人撰，冉万里等校订，三秦出版社1996年。

老残游记　孽海花（中国古典文学名著丛书）（清）刘鹗、曾朴撰，黎恒、陈昊点校，三秦出版社1996年。

二十年目睹之怪现状（中国古典文学名著丛书）（清）吴沃尧撰，冉万里等点校，三秦出版社1996年。

济公全传（明清通俗小说系列）（清）郭小亭撰，石仁和点校，三秦出版社1996年。

三侠剑（中国侠义小说系列）（清）张杰鑫撰，张丰原点校，三秦出版社1996年。

施公案（明清公案小说系列）（清）佚名撰，李珠、陈鹏点校，三秦出版社1996年。

雍正剑侠图（中国侠义小说系列）（清）常杰淼撰，张丰原点校，三秦出版社1996年。

梁武帝传（中国古典小说精粹）（清）天花藏主人撰，吴建国、廖生整理，四川文艺出版社1996年。

三春梦（中国古典小说精粹）（清）佚名撰，廖生、金娅丽整理，四川文艺出版社1996年。

兰花梦（中国古典小说精粹）（清）吟梅山人撰，唐华、廖生整理，四川文艺出版社1996年。

隋唐演义（中国古典名著文库）（清）褚人获撰，新疆人民出版社1996年。

说唐全传（中国古典名著文库）（清）无名氏撰，新疆人民出版社1996年。

说岳全传（中国古典名著文库）（清）钱彩撰，新疆人民出版社1996年。

镜花缘（中国古典名著文库）（清）李汝珍撰，新疆人民出版社1996年

隋唐演义（珍图古典小说名著丛书）（清）褚人获撰，应天长点校，湖南文艺出版社1996年。

隋唐演义（中国古典小说珍本丛书）（清）褚人获撰，韦谷点校，上海古籍出版社1996年，1997年。

英烈传（中国古典小说珍本丛书）（清）佚名撰，尚成标点，上海古籍出版社1996年。

游龙戏凤（中国古典小说珍本丛书）（清）何梦梅撰，穆公标点，上海古籍出版社1996年。

明珠缘（中国古典小说珍本丛书）（清）佚名撰，晓卫标点，上海古籍出版社1996年。

八仙得道传（十大古典神怪小说）（清）无垢道人撰，郭曼曼、胡宗英等标点，上海古籍出版社1996年，1997年。

平妖传（十大古典神怪小说）（明）罗贯中编次，冯梦龙增补，钟夫标点，上海古籍出版社1996年，1997年。

东度记（十大古典神怪小说）（明）清溪道人撰，唐华标点，上海古籍出版社1996年，1997年。

禅真后史（十大古典神怪小说）（明）清溪道人编次，肖逸点校，上海古籍出版社1996年，1997年。

济公全传（十大古典神怪小说）（清）佚名撰，恒鹤、傅成、回归标点，上海古籍出版社1996年，1997年。

绿野仙踪（十大古典神怪小说）（清）李百川撰，叶碧适标点，上海古籍出版社1996年，1997年。

升仙传（十大古典神怪小说）（清）倚云氏撰，王根林标点，上海古籍出版社1996年，1997年。

金莲仙史（十大古典神怪小说）（清）潘昶撰，孔一标点，上海古籍出版社1996年，1997年。

乾隆巡幸江南记（中国古典小说珍本丛书）（清）无名氏撰，时华标点，上海古籍出版社1996年，1997年。

说唐（中国古典文学名著）（清）鸳湖渔叟校订，知识出版社1996年。

三侠五义（学生版中国古典文学名著）（清）石玉昆撰，俞樾校订，知识出版社1996年。

镜花缘（中国古典文学名著）（清）李汝珍撰，知识出版社1996年。

珍品说唐 （清）无名氏撰，张宇光主编，荆人整理，九洲图书出版社1996年。

水浒传 （明）施耐庵撰，王太原、刘一萍点校，江西人民出版社1996年。

红楼梦 （清）曹雪芹撰，王继权点校，江西人民出版社1996年。

文明小史（古本通俗小说）（清）李伯元撰，熊飞校，江西人民出版社1996年。

西游记 （明）吴承恩撰，苏越点校，江西人民出版社1996年。

水浒传（中国古典文学名著）（明）施耐庵撰，（清）金圣叹批评，同心出版社1996年。

红楼梦（中国古典文学名著）（清）曹雪芹撰，脂砚斋评，禹克坤校注，同心出版社1996年。

水浒传（中国古典文学四大名著白话珍藏本）（明）施耐庵、罗贯中撰，李凤杰等改编，未来出版社1996年。

水浒续集（袖珍文库）（清）陈忱等撰，文化艺术出版社1996年。

老残游记（袖珍文库）（清）刘鹗撰，文化艺术出版社1996年。

三侠五义（袖珍文库）（清）石玉昆撰，文化艺术出版社1996年。

醒世姻缘传 （清）西周生辑撰，王辅仁等校注，河北人民出版社1996年。

儒林外史（中国古典文学名著珍藏本）（清）吴敬梓撰，郑尚宪校注，花城出版社1996年。

封神演义（中国古典文学名著珍藏本）（明）许仲琳编，卢叔度、吴承学校注，花城出版社1996年。

镜花缘（绣像新注）（中国古典文学名著珍藏本）（清）李汝珍撰，欧阳光校注，花城出版社1996年。

老残游记·孽海花（中国古代讽刺谴责小说）（清）刘鹗、曾朴撰，贵州人民出版社1996年。

官场现形记（中国古代讽刺谴责小说）（清）李宝嘉撰，贵州人民出版社1996年。

文明小史（晚清社会小说丛书）

（清）李伯元撰，花山文艺出版社1996年。

最近社会秘密史（晚清社会小说丛书）（清）陆士谔撰，张磊、赵晟点校，花山文艺出版社1996年。

负曝闲谈（中国古代新编四大谴责小说）（清）蘧园、李宝嘉撰，司马丁标点，中国文联出版社1996年。

宦海钟（中国古代新编四大谴责小说）（清）钱锡宝、黄小配撰，司马丁标点，中国文联出版社1996年。

封神榜（中国古代四大神话小说）（明）许仲琳撰，司马丁点校，中国文联出版社1996年。

济公全传（中国古代四大神话小说）（清）李汝珍等撰，司马丁点校，中国文联出版社1996年。

镜花缘（中国古代四大神话小说）（清）李汝珍撰，司马丁点校，中国文联出版社1996年。

九命奇冤·案中冤案（中国古代四大冤案小说）（清）岭南蒋叟、董荫孤撰，邓庭、司马丁标点，中国文联出版社1996年。

西游记（百姓家藏书系）（明）吴承恩撰，李卓吾、黄周星评，袁世硕等整理，山东文艺出版社1996年。

仙佛全传演义（清）无垢道人等撰，林辰等点校，春风文艺出版社1996年。

古本小说四大名著版画全编 首都图书馆编，线装书局1996年。

包龙图判百家公案（明清孤本稀本小说选刊）（明）安遇时编集，魏同贤标点，浙江古籍出版社1996年。

万花楼演义（包公案大全）（清）李雨堂撰，秋玲、志生点校，中州古籍出版社1996年。

清风闸（包公案大全）（清）浦琳撰，刘重一点校，中州古籍出版社1996年。

三侠五义（包公案大全 中国通俗小说名著分类文库）（清）石玉昆撰，陈世杰、任曼点校，中州古籍出版社1996年，1998年。

包公案（包公案大全 中国通俗小说名著分类文库）（明）无名氏撰，长庚、顺霖点校，中州古籍出版社 1996 年，1997 年。

包公案　狄公案（中国古典公案小说精品）（明）佚名、（清）佚名撰，北京燕山出版社 1996 年。

海公案　李公案（中国古典公案小说精品）（清）佚名、惜红居士编纂，北京燕山出版社 1996 年。

施公案（中国古典公案小说精品）（清）佚名撰，北京燕山出版社 1996 年。

彭公案（中国古典公案小说精品）（清）贪梦道人等撰，北京燕山出版社 1996 年。

林公案（中国古典公案小说精品）（清）佚名撰，北京燕山出版社 1996 年。

刘公案·蓝公案（中国古典公案小说精品）（清）佚名、蓝鼎元撰，北京燕山出版社 1996 年。

红楼梦补义（外一种）（北京图书馆藏珍本小说丛刊）　景梅九等著，北京图书馆出版社 1996 年。

西游记记　（清）怀明撰，北京图书馆出版社 1996 年。

石头记微言（北京图书馆藏珍本小说丛刊）　佚名著，北京图书馆出版社 1996 年，2004 年。

三侠剑（中国古典侠义小说精品）（清）张杰鑫撰，百姓藏书编委会编，北京燕山出版社 1997 年。

侠女奇缘（中国古典侠义小说精品）（清）文康撰，百姓藏书编委会编，北京燕山出版社 1997 年。

康熙侠义传（中国古典侠义小说精品）（清）郭广瑞、贪梦道人撰，百姓藏书编委会编，北京燕山出版社 1997 年。

七剑十三侠（中国古典侠义小说精品）（清）唐芸洲撰，百姓藏书编委会编，北京燕山出版社 1997 年。

乾隆南巡记（中国古典侠义小说精品）（清）撰者不详，百姓藏书编委会编，北京燕山出版社 1997 年。

雍正剑侠图（中国古典侠义小说精品）（清）常杰淼撰，百姓藏书编委会编，北京燕山出版社 1997 年。

二十四史通俗演义（珍本中国古代历史演义小说）（清）吕抚编写，纪山、于青点校，群众出版社 1997 年。

盘古至唐虞传·有夏志传·有商

志传（珍本中国古代历史演义小说）（明）钟惺编，孙玉明等点校，群众出版社 1997 年。

新列国志（珍本中国古代历史演义小说丛书）（明）冯梦龙编辑，余图、常功点校，群众出版社 1997 年。

西汉演义（珍本中国古代历史演义小说）（明）甄伟、谢诏编撰，肖东发点校，群众出版社 1997 年。

东西晋演义（珍本中国古代历史演义小说）（明）佚名编次，张国星、沈悦苓点校，群众出版社 1997 年。

北史演义·南史演义（珍本中国古代历史演义小说）（清）杜纲编次，欧阳健、欧阳萦雪、唐继珍点校，群众出版社 1997 年。

隋唐志传通俗演义·残唐五代史演义传（珍本中国古代历史演义小说）（明）罗贯中撰，傅憎享、李之亮、徐飞点校，群众出版社 1997 年。

南北宋志传演义（珍本中国古代历史演义小说）（明）陈继儒、熊大木编，劳亦耕、华斋点校，群众出版社 1997 年。

东周列国志（明）冯梦龙编撰，（清）蔡元放评改，山东文艺出版社 1997 年。

东周列国志（明）冯梦龙编，刘仁点校，经济日报出版社 1997 年。

东周列国志（中国古典文学名著传世珍藏本）（明）冯梦龙撰，（清）蔡元放编，中国文学出版社 1997 年。

东周列国志（中国古典文学名著）（明）冯梦龙撰，（清）蔡元放编，知识出版社 1997 年。

狄青全传（中国古典文学名著）（清）佚名撰，知识出版社 1997 年。

东周列国志（百部中国古典名著）（明）冯梦龙撰，（清）蔡元放撰，陈庆惠、郑小军点校，浙江古籍出版社 1997 年。

隋唐演义（百部中国古典名著）（清）褚人获撰，萧尚兵点校，浙江古籍出版社 1997 年。

杨家将演义（百部中国古典名著）（明）熊大木撰，萧尚兵点校，浙江古籍出版社 1997 年。

说岳全传（百部中国古典名著）（清）钱彩撰、金丰增订，晨辰点校，浙江古籍出版社1997年。

英烈传（百部中国古典名著）（明）无名氏撰，一木点校，浙江古籍出版社1997年。

品花宝鉴（百部中国古典名著）（清）陈森撰，晨辰点校，浙江古籍出版社1997年。

老残游记（百部中国古典名著）（清）刘鹗撰，直心点校，浙江古籍出版社1997年，2002年。

官场现形记（百部中国古典名著）（清）李宝嘉撰，陈庆惠点校，浙江古籍出版社1997年，1998年。

孽海花（百部中国古典名著）（清）曾朴撰，慕容真点校，浙江古籍出版社1997年。

封神演义（百部中国古典名著）（明）许仲琳撰，李时人点校，浙江古籍出版社1997年。

绿野仙踪（百部中国古典名著）（清）李百川撰，齐裕焜、欧阳健点校，浙江古籍出版社1997年。

镜花缘（百部中国古典名著）（清）李汝珍撰，常法宽、张云生点校，浙江古籍出版社1997年，1998年。

绿牡丹（百部中国古典名著）（清）无名氏撰，浙江古籍出版社1997年。

儿女英雄传（百部中国古典名著）（清）文康撰，弥松颐点校，浙江古籍出版社1997年。

三侠五义（百部中国古典名著）（清）石玉昆编，舒驰点校，浙江古籍出版社1997年。

小五义（百部中国古典名著）（清）佚名撰，王建萍点校，浙江古籍出版社1997年。

七剑十三侠（百部中国古典名著）（清）唐芸洲撰，米澜点校，浙江古籍出版社1997年。

三国演义（中国古典文学名著丛书）（明）罗贯中撰，刘元点校，中国书籍出版社1997年。

水浒传（中国古典文学名著丛书）（明）施耐庵撰，刘元点校，中国书籍出版社1997年。

红楼梦（中国古典文学名著丛书）（清）曹雪芹撰，刘元点校，中国书籍出版社1997年。

西游记（中国古典文学名著丛书）（明）吴承恩撰，刘元点校，中国书籍出版社 1997 年。

三国演义（中国通俗小说名著分类文库）（明）罗贯中撰，李忠明点校，中州古籍出版社 1997 年，1998 年，2007 年。

残唐五代史演义（中国通俗小说名著分类文库）（明）罗贯中撰，廖东校注，中州古籍出版社 1997 年。

飞龙全传（中国通俗小说名著分类文库）（清）吴璿撰，程匡点校，中州古籍出版社 1997 年。

水浒传（中国通俗小说名著分类文库）（明）施耐庵、罗贯中撰，暴拯群点校，中州古籍出版社 1997 年，1998 年，2007 年。

英烈传（中国通俗小说名著分类文库）（明）郭勋撰，张民服、彭勇点校，中州古籍出版社 1997 年。

儒林外史（中国通俗小说名著分类文库）（清）吴敬梓撰，冯保善校注，中州古籍出版社 1997 年。

红楼梦（中国通俗小说名著分类文库）（清）曹雪芹、高鹗撰，陈美林点校，中州古籍出版社 1997 年，1998 年。

封神演义（中国通俗小说名著分类文库）（明）许仲琳撰，施禺点校，中州古籍出版社 1997 年。

绿野仙踪（中国通俗小说名著分类文库）（清）李百川撰，孟庆锡点校，中州古籍出版社 1997 年。

海公案（中国通俗小说名著分类文库）（明）李春芳编次，丁巍等点校，中州古籍出版社 1997 年。

施公案（中国通俗小说名著分类文库）（清）佚名撰，张玉枝等点校，中州古籍出版社 1997 年。

乾隆下江南（中国通俗小说名著分类文库）（清）佚名撰，孙愫、洪蔷点校，中州古籍出版社 1997 年。

狄公案（中国通俗小说名著分类文库）（清）佚名撰，崔爱萍、范济平校注，中州古籍出版社 1997 年。

英雄谱（明）熊飞辑刻，江苏广陵古籍刻印社 1997 年，1999 年。

隋唐演义（中国古典名著珍藏本）（明）熊大木撰，侯忠义、李勤学主编，董文成点校，春风文艺出版社 1997 年。

粉妆楼全传（明清通俗小说系列）（清）佚名撰，三秦出版社 1997 年。

女仙外史（明清通俗小说系列）（清）吕熊撰，石仁和点校，三秦出版社 1997 年。

封神演义（中国古典文学名著丛书）（明）许仲琳撰，续之、王双怀校注，三秦出版社 1997 年。

绿野仙踪（明清通俗小说系列）（清）李百川撰，石仁和点校，三秦出版社 1997 年。

水浒传 （明）施耐庵、罗贯中撰，史则标点，上海古籍出版社 1997 年。

二十年目睹之怪现状（十大古典社会谴责小说　中国古典小说名著丛书　中国晚清谴责小说四大名著丛书）（清）吴趼人撰，宋世嘉标点，上海古籍出版社 1997 年，2001 年，2005 年。

糊涂世界（十大古典社会谴责小说）（清）吴趼人撰，尚成标校，上海古籍出版社 1997 年。

官场现形记（十大古典社会谴责小说　中国古典小说名著丛书　中国晚清谴责小说四大名著）（清）李伯元撰，冷时峻标点，上海古籍出版社 1997 年，2000 年，2005 年。

文明小史（十大古典社会谴责小说）（清）李伯元撰，秦克、巩军标点，上海古籍出版社 1997 年。

活地狱（十大古典社会谴责小说）（清）李伯元撰，以柔标点，上海古籍出版社 1997 年。

廿载繁华梦（十大古典社会谴责小说）（清）黄小配撰，高仁标点，上海古籍出版社 1997 年。

梼杌萃编（十大古典社会谴责小说）（清）诞叟撰，秋谷标点，上海古籍出版社 1997 年。

宦海（外一种）（十大古典社会谴责小说）（清）张春帆撰，穆公标点，上海古籍出版社 1997 年。

九尾狐（十大古典社会谴责小说）（清）梦花馆主撰，觉园、秦克标点，上海古籍出版社 1997 年。

新上海（十大古典社会谴责小说）（清）陆士谔撰，章全标点，上海古籍出版社 1997 年。

水浒全传 （明）施耐庵撰，王俊金等点校，河北人民出版社 1997 年。

老残游记（中国谴责小说名著）（清）刘鹗撰，范力今、霍祥点校，河北人民出版社 1997 年。

二十年目睹之怪现状（中国谴责小说名著）（清）吴沃尧撰，孟蓬生等点校，河北人民出版社 1997 年。

孽海花（中国谴责小说名著）（清）曾朴撰，张希玉、高平点校，河北人民出版社 1997 年。

诸名家先生批评忠义水浒传（中华版古典小说宝库　古典小说四大名著聚珍　中华古典小说名著普及文库　中国文学四大名著）（明）施耐庵、罗贯中撰，李永祜点校，中华书局 1997 年，2000 年，2002 年，2005 年，2009 年。

野叟曝言（中国小说史料丛书）（清）夏敬渠撰，黄克点校，人民文学出版社 1997 年，2001 年。

三春梦（清）佚名撰，薛汕点校，北京图书馆出版社 1997 年。

金屋梦（明清小说丛书）（清）梦笔生撰，崇文校，花山文艺出版社 1997 年。

花月痕（明清小说丛书）（清）魏秀仁撰，栖霞居士评，迟崇起校，花山文艺出版社 1997 年。

二十年目睹之怪现状（明清小说丛书）（清）吴沃尧撰，崇文校，花山文艺出版社 1997 年。

兰花梦奇传（明清小说丛书）（清）吟梅山人撰，崇文、艾然点校，花山文艺出版社 1997 年。

绿牡丹（明清小说丛书）（清）无名氏撰，章秀校，花山文艺出版社 1997 年。

合浦珠（中国言情小说系列）（清）烟水散人编次，高渝健点校，吉林文史出版社 1997 年。

飞花艳想（中国言情小说系列）（清）樵云山人编次，黎元福点校，吉林文史出版社 1997 年。

情梦柝（中国言情小说系列）（清）安阳酒民撰，叶功正点校，吉林文史出版社 1997 年。

五美缘全传（中国言情小说系列）（清）无名氏编次，曹松点校，吉林文史出版社 1997 年。

听月楼（中国言情小说系列）（清）佚名编次，高念林点校，吉林文史出版社 1997 年。

评演济公传前传（中国神怪小说大系）（清）郭小亭撰，于润琦、阎增山点校，吉林文史出版社1997年。

红楼梦 （清）曹雪芹撰，蒋文钦、金凡平回评，蒋文钦、胡雪冈注释，广西人民出版社1997年。

红楼梦（当代学术名家评点中国古典名著丛书）（清）曹雪芹、高鹗撰，王志武评点，陕西师范大学出版社1997年。

五美缘（古代小说禁书系列）（清）佚名撰，安宁校注，漓江出版社1997年。

封神演义（珍图古典小说名著丛书）（明）许仲琳撰，苏越点校，湖南文艺出版社1997年。

镜花缘（珍图古典小说名著丛书）（清）李汝珍撰，王珊点校，湖南文艺出版社1997年。

海公案（中国古代小说普及读本）（清）李春芳、无名氏撰，鲁德平、边吉点校，济南出版社1997年。

彭公案（中国古代小说普及读本）（清）贪梦道人撰，孙国曦、马佰莲点校，济南出版社1997年。

狄公案（中国古代小说普及读本）（清）无名氏撰，渭卿点校，济南出版社1997年。

东周列国志（中国通俗小说名著分类文库）（明）冯梦龙编，（清）蔡元放评，郑荣、管牧点校，中州古籍出版社1998年。

隋唐演义（中国通俗小说名著分类文库）（清）褚人获编，卫绍生、翟轩、兆卫点校，中州古籍出版社1998年。

粉妆楼全传（话说隋唐小说丛书）（清）竹溪山人撰，宫晓卫校注，中州古籍出版社1998年。

说岳全传（中国通俗小说名著分类文库）（清）钱彩、金丰编，卫绍生、翟轩、兆卫点校，中州古籍出版社1998年。

儿女英雄传（中国通俗小说名著分类文库）（清）文康撰，恂撰评，周树德、吴效华校注，中州古籍出版社1998年。

镜花缘（中国通俗小说名著分类文库）（清）李汝珍撰，任力、陈培潮点校，中州古籍出版社1998年。

七剑十三侠（中国通俗小说名著分

类文库）（清）唐芸洲撰，张万钧点校，中州古籍出版社 1998 年。

三国演义（中国古代文学名著点评丛书）（明）罗贯中撰，雷树田、薛梦蕾点评，陕西人民出版社 1998 年。

西游记（中国古代文学名著点评丛书）（明）吴承恩撰，雷树田、薛梦蕾点评，陕西人民出版社 1998 年。

飞龙全传·赵太祖三下南唐（古典通俗小说文库）（清）好古主人等撰，陈志霏整理，岳麓书社 1998 年，2000 年。

水浒后传（古典通俗小说文库）（明）陈忱撰，树人标点，岳麓书社 1998 年。

中国现在记·糊涂世界·近十年目睹之怪现状（晚清谴责小说系列）（清）李伯元、吴趼人撰，刘柯点校，岳麓书社 1998 年。

续济公传（古典通俗小说文库）（清）坑馀生撰，陈颖标点，岳麓书社 1998 年。

康熙奇侠传（古典通俗小说文库）（清）郭广瑞、贪梦道人撰，邓林标点，岳麓书社 1998 年。

隋炀帝艳史（中国古典小说大系）（明）齐东野人撰，大众文艺出版社 1998 年，1999 年。

好逑传（中国古典小说大系）（清）名教中人撰，大众文艺出版社 1998 年。

双凤奇缘（中国古典小说大系）（清）雪樵主人撰，大众文艺出版社 1998 年，1999 年。

五美缘（中国古典小说大系）（清）寄生氏撰，大众文艺出版社 1998 年。

隋唐演义（隋唐两朝史传）（中国通史演义全编）（明）罗贯中撰，刘奉文点校，吉林人民出版社 1998 年，2001 年。

飞龙全传（中国古典小说名著珍藏本）（清）吴璿撰，吉林文史出版社 1998 年。

武穆精忠传（天德堂藏板）（中国古典小说名著珍藏本）（明）佚名撰，林岩等点校，吉林文史出版社 1998 年。

英烈全传（中国古典小说名著珍藏本）（明）徐渭撰，吉林文史出版社 1998 年。

醒世姻缘传（中国古典小说名著珍藏本）（清）西周生撰，吉林文史出版社 1998 年。

海上花列传（中国古典小说名著珍藏本）（清）韩邦庆撰，吉林文史出版社 1998 年。

老残游记（中国古典小说名著珍藏本）（清）刘鹗撰，吉林文史出版社 1998 年。

官场现形记（中国古典小说名著珍藏本）（清）李宝嘉撰，吉林文史出版社 1998 年。

孽海花（中国古典小说名著珍藏本）（清）曾朴撰，吉林文史出版社 1998 年。

九尾龟（中国古典小说名著珍藏本）（清）张春帆撰，吉林文史出版社 1998 年。

平妖传（中国古典小说名著珍藏本）（明）罗贯中、冯梦龙撰，吉林文史出版社 1998 年。

济公全传（中国古典小说名著珍藏本）（清）郭小亭撰，丁学松等点校，齐鲁书社 1998 年。

绿野仙踪（中国古典小说名著珍藏本）（清）李百川撰，吉林文史出版社 1998 年。

三侠五义（中国古典小说名著珍藏本）（清）石玉昆撰，吉林文史出版社 1998 年，2000 年。

绘图说唐全传（清）佚名撰，杨键点校，巴蜀书社 1998 年。

济公全传（清）郭小亭撰，巴蜀书社 1998 年。

水浒传（百姓家藏书系）（明）施耐庵撰，李卓吾、金圣叹评，袁世硕等整理，山东文艺出版社 1998 年。

水浒传（中国古典文学名著小说精品集）（明）施耐庵、罗贯中撰，刘魏荣校注，团结出版社 1998 年。

儒林外史（中国古典文学名著博士伴读 1 +1 大系中国古典文学名著小说精品集）（清）吴敬梓撰，郭尚鑫校注，团结出版社 1998 年。

红楼梦（中国古典文学名著博士伴读 1 +1 大系中国古典文学名著小说精品集）（清）曹雪芹、高鹗撰，罗书华校注，团结出版社 1998 年。

西游记（中国古典文学名著博士伴

读1+1大系中国古典文学名著小说精品集）（明）吴承恩撰，杨艳、郭尚鑫校注，团结出版社1998年。

水浒传（中国古典名著）（明）施耐庵、罗贯中撰，舒舍点校，中国妇女出版社1998年。

水浒传（中国古典名著丛书）（明）施耐庵、罗贯中撰，刘建国等校注，海峡文艺出版社1998年。

三国演义（中国古典小说名著丛书）（明）罗贯中撰，春明点校，上海古籍出版社1998年。

水浒传（中国古典小说名著丛书）（明）施耐庵、罗贯中撰，林峻点校，上海古籍出版社1998年，2002年。

红楼梦（中国古典小说名著丛书）（清）曹雪芹、高鹗撰，古木点校，上海古籍出版社1998年。

西游记（中国古典小说名著丛书）（明）吴承恩撰，曹松点校，上海古籍出版社1998年。

金批水浒传（中国古典文学名著丛书）（明）施耐庵撰，（清）金圣叹批改，三秦出版社1998年。

于公案　李公案（明清公案小说系列）（清）无名氏撰，陈洪海、冉万里点校，三秦出版社1998年。

林公案（明清公案小说系列）（清）佚名撰，杨居让、张琦点校，三秦出版社1998年。

刘公案（明清公案小说系列）（清）佚名撰，赵文成、赵西民整理，三秦出版社1998年。

水浒续集（明）罗贯中、（清）陈忱撰，北岳文艺出版社1998年。

三宝下西洋（中国古典神魔小说精品）（明）罗懋登撰，中国文联出版社1998年。

会评会校本金瓶梅（内部发行）（明）兰陵笑笑生撰，秦修容整理，中华书局1998年。

醒世姻缘传（百部中国古典名著）（清）西周生辑撰，韦如之、鲍宁馨点校，浙江古籍出版社1998年。

醒世姻缘传（清代四大小说）（清）西周生撰，齐鲁书社1998年。

歧路灯（中国古典小说普及丛书）（清）李绿园撰，昭鲁、春晓点校，齐鲁书社1998年。

花月痕（中国古典小说普及丛书）

（清）魏秀仁撰，晓蓓、茜子点校，齐鲁书社 1998 年。

老残游记（中国古典小说普及丛书 明清绘图古典小说书系）（清）刘鹗撰，严薇青点校，齐鲁书社 1998 年，2002 年。

二十年目睹之怪现状（中国古典小说普及丛书）（清）吴趼人撰，金兴义点校，齐鲁书社 1998 年。

官场现形记（中国古典小说普及丛书）（清）李宝嘉撰，伊然等点校，齐鲁书社 1998 年。

孽海花（中国古典小说普及丛书）（清）曾朴撰，志强点校，齐鲁书社 1998 年。

禅真逸史（中国古典小说普及丛书）（明）方汝浩编撰，思陶等点校，齐鲁书社 1998 年。

济公全传（中国古典小说普及丛书）（清）郭小亭撰，丁学松等点校，齐鲁书社 1998 年。

神仙世界（中国古典神魔小说精品）（明）杨尔曾等撰，中国文联出版社 1998 年。

狐仙鬼魅（中国古典神魔小说精品）（明）罗贯中等，中国文联出版社 1998 年。

包公案　刘公案（中国古典文学百部）罗晶主编，青海人民出版社 1998 年。

海公大红袍奇案（中国古典公案小说丛书）（清）佚名撰，张振军主编，法律出版社 1998 年。

夏商周秦君臣演义（中国历代君臣演义）（明）钟惺、冯梦龙等撰，北京古籍出版社 1999 年。

两汉君臣演义（中国历代君臣演义）（明）甄伟、谢诏撰，北京古籍出版社 1999 年。

两晋君臣演义（中国历代君臣演义）（明）佚名撰，北京古籍出版社 1999 年。

南北朝君臣演义（中国历代君臣演义）（清）杜纲撰，北京古籍出版社 1999 年。

隋唐君臣演义（附残唐五代君臣演义）（中国历代君臣演义）（清）褚人获、（明）罗贯中撰，北京古籍出版社 1999 年。

宋代君臣演义（中国历代君臣演义）（清）吴璿、（明）熊大木撰，北京古籍出版社 1999 年。

明代君臣演义（中国历代君臣演义）（明）佚名、空谷老人撰，北京古籍出版社 1999 年。

三国志后传（中国古典文学名著续书书系）（明）酉阳野史撰，赵乃增点校，书海出版社 1999 年。

说唐后传（中国古典文学名著续书书系）（清）佚名撰，吴庆俊校注，书海出版社 1999 年。

水浒后传（中国古典文学名著续书书系）（清）陈忱撰，潘越点校，书海出版社 1999 年。

续英烈传（中国古典文学名著续书书系）（清）秦淮墨客编辑，井玉贵校注，书海出版社 1999 年。

后红楼梦（红楼梦资料丛书）（清）白云外史撰，张幼平点校，书海出版社 1999 年。

后西游记（中国古典文学名著续书书系）（明）无名氏撰，杨之锋校释，书海出版社 1999 年。

元刻讲史平话集 陈翔华编校，北京图书馆出版社 1999 年。

金屋梦 风流和尚（古典绣像禁毁艳情小说）（清）孙静庵等编，吉林文史出版社 1999 年。

隔帘花影（古典绣像禁毁艳情小说珍品）（清）佚名撰，吉林文史出版社 1999 年。

蜃楼志 二度梅（古典绣像禁毁艳情小说）（清）庾岭劳人、惜阴堂主人撰，吉林文史出版社 1999 年。

品花宝鉴（古典绣像禁毁艳情小说）（清）陈森撰，吉林文史出版社 1999 年。

禅真逸史（古典绣像禁毁艳情小说珍品）（明）清溪道人撰，吉林文史出版社 1999 年。

英烈传·续英烈传（古典通俗小说文库）（清）郭勋、秦淮墨客撰，朱树人标点，岳麓书社 1999 年。

红楼梦（古典名著普及文库）（清）曹雪芹等撰，岳仁点校，岳麓书社 1999 年，2001 年。

封神演义（中国古典名著荟萃）（明）许仲琳撰，堵军编，延边人民出版社 1999 年。

姑妄言（清）曹去晶撰，许辛点校，中国文联出版公司 1999 年。

儒林外史（中华版古典小说宝库）（清）吴敬梓撰，李汉秋点校，杜维沫注释，中华书局 1999 年。

红楼梦 （清）曹雪芹撰，周玉清续，四川文艺出版社1999年。

绮楼重梦（明清秘本小说集）（清）兰皋主人编撰，大众文艺出版社1999年，2002年。

天豹图传（中国古典小说大系）（清）不题撰人，大众文艺出版社1999年。

醉菩提传奇·麹头陀传 （清）天花藏主人编次，（清）香婴居士重编，萧欣桥、于文藻点校，人民文学出版社1999年。

七真传（中华圣哲仙佛系列）（清）黄永亮编定，川蓬子校勘，团结出版社1999年。

稀世绣像珍藏本《红楼梦》（清）曹雪芹、高鹗著，周书文点校，北京图书馆出版社1999年。

稀世绣像珍藏本《三国演义》（明）罗贯中著，张艳齐点校，北京图书馆出版社2000年。

中国古典文学名著珍藏宝库（绣像版） 北京四面石科技开发中心选编，北京图书馆出版社2000年。

八仙全传（中华圣哲仙佛系列）（清）无垢道人撰，黄永亮编定，沈智校勘，团结出版社2000年。

达摩祖师传（中华圣哲仙佛系列）（明）清溪道人撰，闵悲校勘，团结出版社2000年。

红楼梦（语文阅读推荐丛书）（清）曹雪芹著，（清）无名氏读，（清）程伟元，（清）高鹗整理，俞平伯校，启功注，人民文学出版社2000年。

平妖传（古典通俗小说文库）（明）罗贯中、冯梦龙撰，江天放点校，岳麓书社2000年。

后西游记（古典通俗小说文库）天花才子点评，岳麓书社2000年。

三国演义（中国古典小说典藏本）（明）罗贯中撰，沈伯俊校理，江苏古籍出版社2000年。

水浒传版刻图录 （明）施耐庵撰，江苏广陵古籍刻印社编，江苏广陵古籍刻印社2000年。

三国演义版刻图录 江苏广陵古籍刻印社编，江苏广陵古籍刻印社2000年。

西游记版刻图录 江苏广陵古籍刻印社编，江苏广陵古籍刻印社2000年。

古本小说版画图录　周心慧主编，学苑出版社2000年。

三国演义（绣像本）（明）罗贯中撰，长城出版社2000年。

说岳全传（中国古典小说名著丛书）（清）钱彩编次，钟平标点，上海古籍出版社2000年，2001年。

粉妆楼（传世孤本经典小说）（清）竹溪山人撰，郑福田、王槐茂主编，金城出版社2000年。

女仙外史（传世孤本经典小说）（清）吕熊撰，郑福田、王槐茂主编，金城出版社2000年。

游龙戏凤·玉支玑（传世孤本经典小说）（清）何梦梅、（明）天花藏主人撰，郑福田、王槐茂主编，金城出版社2000年。

明珠缘·醒名花（传世孤本经典小说）（明）李清、冯梦龙撰，郑福田、王槐茂主编，金城出版社2000年。

双合欢·醉醒石（传世孤本经典小说）（明）青心才人，（清）东鲁古狂生撰，郑福田、王槐茂主编，金城出版社2000年。

飞花艳想·玉娇梨（传世孤本经典小说）（清）樵云山人、荑荻散人撰，郑福田、王槐茂主编，金城出版社2000年。

姑妄言（传世孤本经典小说）（清）曹去晶撰，郑福田、王槐茂主编，金城出版社2000年。

歧路灯（传世孤本经典小说）（清）李绿园撰，郑福田、王槐茂主编，金城出版社2000年。

林兰香（传世孤本经典小说）（清）随缘下士撰，郑福田、王槐茂主编，金城出版社2000年。

红闺春梦（传世孤本经典小说）（清）西泠野樵撰，郑福田、王槐茂主编，金城出版社2000年。

婆罗岸全传·二度梅（传世孤本经典小说）（清）佚名、惜阴堂主人撰，郑福田、王槐茂主编，金城出版社2000年。

绿牡丹（传世孤本经典小说）（清）佚名撰，郑福田、王槐茂主编，金城出版社2000年。

红楼梦（古典小说四大名著聚珍　中华古典小说名著普及文库）（清）曹雪芹撰，启功、龚书铎、张俊、武静寰等校注，中华书局2000

年，2001年。

武宗逸史·风流和尚·花案奇闻（中国古代禁毁小说秘本文库）（明）齐东野人、（明）无名氏、（清）岐山左臣撰，中国戏剧出版社2000年。

红楼圆梦（《红楼梦》资料丛书）（清）临鹤山人撰，中国戏剧出版社2000年。

桃花庵　红闺春梦（皇家藏书）（清）无名氏、竹秋氏撰，孙德敦主编，中国戏剧出版社2000年。

太平天国天王——洪秀全（清）黄小配撰，长江文艺出版社2000年。

太平天国演义（清）黄小配撰，陆林点校，黄山书社2000年。

金瓶梅词话（世界文学名著文库）（明）兰陵笑笑生撰，陶慕宁校注，人民文学出版社2000年。

三侠五义（忠烈侠义传）（清）石玉昆述，王述点校，人民文学出版社2000年，2007年。

小五义（忠烈侠义传）（清）石玉昆述，王述点校，人民文学出版社2000年。

续小五义（忠烈侠义传）（清）石玉昆述，王述点校，人民文学出版社2000年。

脂砚斋重评石头记甲戌校本（红楼梦脂评校本丛书）（清）曹雪芹著，脂砚斋评，邓遂夫校订，作家出版社2000年。

红楼梦影　玉楼春　疗妒缘（《红楼梦》资料丛书）（清）云槎外史撰，（清）龙邱白云道人编辑，（清）静恬主人编，北京大学出版社2000年。

何典（清）张南庄撰，成江点注，学林出版社2000年。

狄梁公四大奇案·狄仁杰奇案（古代公案小说丛书）（清）佚名撰，［荷］高罗佩撰，赵冬蓓、赵冬蕾、王筱云点校，群众出版社2000年。

封神演义（明）许仲琳编，李国庆点校，北京图书馆出版社2001年。

稀世绣像珍藏本《水浒传》（明）施耐庵、罗贯中著，张艳齐点校，北京图书馆出版社2001年。

稀世绣像珍藏本《西游记》（明）吴承恩著，张艳齐点校，北京图书馆出版社2001年。

正续彭公案（古代公案小说丛书）（清）贪梦道人撰，佚名续作，李永祜等点校，群众出版社2001年。

东周列国志（中华古典小说名著普及文库）（明）冯梦龙撰，（清）蔡元放改编，孙通海点校，中华书局2001年。

隋史遗文（中华古典小说名著普及文库）（明）袁于令撰，冉休丹点校，中华书局2001年。

说唐（中华古典小说名著普及文库）（清）无名氏编撰，王秀梅点校，中华书局2001年。

杨家将演义（中华古典小说名著普及文库）（明）佚名编撰，武又鸣点校，中华书局2001年。

说岳全传（中华古典小说名著普及文库）（清）钱彩、金丰编撰，刘正风点校，中华书局2001年。

儒林外史（中华古典小说名著普及文库）（清）吴敬梓撰，李汉秋点校，中华书局2001年，2002年。

花月痕（中华古典小说名著普及文库）（清）魏秀仁撰，瞿文光点校，中华书局2001年。

老残游记（中华古典小说名著普及文库）（清）刘鹗撰，严孟良点校，中华书局2001年。

二十年目睹之怪现状（中华古典小说名著普及文库）（清）吴趼人撰，凌金兰点校，中华书局2001年。

孽海花（中华古典小说名著普及文库）（清）曾朴撰，韩秋白点校，中华书局2001年。

济公传（中国古典小说读本丛书 中华古典小说名著普及文库）（清）郭小亭编撰，竺青点校，中华书局2001年，2004年。

绿野仙踪（中华古典小说名著普及文库）（清）李百川撰，李国庆点校，中华书局2001年。

绿野仙踪精校百回批注（中华版古典小说宝库）（清）李百川撰，李国庆点校，中华书局2001年。

儿女英雄传（中华古典小说名著普及文库）（清）文康撰，何草点校，中华书局2001年。

三侠五义（中华古典小说名著普及文库）（清）石玉昆述，王军点校，中华书局2001年。

东周列国志（中国古典文学名著）

（明）余邵鱼撰，（明）冯梦龙改编，张启成校注，贵州人民出版社2001年。

三国演义（清澹雅堂本）（中国古典文学名著）（明）罗贯中撰，岳国钧校注，贵州人民出版社2001年。

水浒（中国古典名著系列）（明）施耐庵撰，朱德魁校注，贵州人民出版社2001年。

红楼梦（中国古典名著系列）（清）曹雪芹撰，曲沐、欧阳健校注，贵州人民出版社2001年。

东西汉演义（中国古典名著文库）（明）清远道人、甄伟撰，新疆人民出版社2001年。

飞龙全传（中国古典文学名著）（清）东隅逸士撰，新疆人民出版社2001年。

狄青五虎将（中国古典名著文库）（清）李雨堂撰，新疆人民出版社2001年。

近十年之怪现状·最近社会秘密史（中国历代谴责小说大系）（清）吴趼人、陆士谔撰，时代文艺出版社2001年。

官场现形记（中国历代谴责小说大系）（清）李宝嘉撰，时代文艺出版社2001年。

活地狱（中国历代谴责小说大系）（清）李宝嘉撰，时代文艺出版社2001年。

负曝闲谈·活地狱（中国历代谴责小说大系）（清）蘧园、李宝嘉撰，时代文艺出版社2001年。

二十载繁华梦（中国历代谴责小说大系）（清）黄小配撰，时代文艺出版社2001年。

孽海花（中国历代谴责小说大系）（清）曾朴撰，时代文艺出版社2001年。

宦海·老残游记（中国历代谴责小说大系）（清）张春帆、刘鹗撰，时代文艺出版社2001年。

冷眼观（中国历代谴责小说大系）（清）八宝王郎撰，时代文艺出版社2001年。

最近官场秘密史（中国历代谴责小说大系）（清）天公撰，时代文艺出版社2001年。

武宗逸史（私家秘藏小说百部）（明）齐东野人撰，远方出版社、内蒙古大学出版社2001年。

三国演义（中国古典小说名著系列）（明）罗贯中撰，郭爱莉、任国绪整理，黑龙江人民出版社2001年。

后三国石珠演义（清）梅溪遇安氏撰，欧阳健、欧阳萦雪点校，巴蜀书社2001年。

粉妆楼（中华传世小说精品）（清）无名氏撰，延边人民出版社2001年。

女仙外史（中华传世小说精品）（清）吕熊撰，延边人民出版社2001年。

续金瓶梅·八洞天（中华传世小说精品）（清）丁耀亢、五色石主人撰，延边人民出版社2001年。

金屋梦（中华传世小说精品）（清）梦笔生著，孙静庵编，延边人民出版社2001年。

终须梦·阴阳配·花案奇闻（古书秘藏）（清）弥坚堂主人、石成金、歧山左臣撰，延边人民出版社2001年。

平山冷燕·定情人（中华传世小说精品）（清）荻岸散人、佚名撰，延边人民出版社2001年。

平山冷燕·梧桐影·娱目醒心编（古书秘藏）（明）天花藏主人撰，不署撰人，（清）玉山草亭老人撰，延边人民出版社2001年。

玉支玑·无声戏（中华传世小说精品）（清）烟花散人、李渔撰，延边人民出版社2001年。

二度梅全传·听月楼（中华传世小说精品）（清）不题撰人，延边人民出版社2001年。

春柳莺（中华传世小说精品）（清）南北鹤冠史者撰，延边人民出版社2001年。

锦香亭·长短恨·醋葫芦（古书秘藏）（清）素庵主人撰，不署撰人，（明）伏雌教主撰，延边人民出版社2001年。

第一美女传·泣红亭（中华传世小说精品）（清）素庵主人、尹湛纳希撰，延边人民出版社2001年。

好逑传·痴情志·藏娇图（古书秘藏）（清）名教中人、陆士谔撰，延边人民出版社2001年。

山水情·风月鉴·锦绣衣（古书秘藏）（清）倬庵山人、吴贻棠撰，潇湘迷津渡者撰，延边人民出版社 2001 年。

姑妄言·醒名花（中华传世小说精品）（清）曹去晶、墨憨斋主人撰，延边人民出版社 2001 年。

杏花天·锦香亭·八段锦（中华传世小说精品）（清）古棠天放道人撰，（清）古吴素庵主人编，（清）醒世居士撰，延边人民出版社 2001 年。

九云记（中华传世小说精品）（清）无名氏撰，延边人民出版社 2001 年。

风月梦·赛花铃（中华传世小说精品）（清）邗上蒙人撰，（清）吴兴白云道人编次，延边人民出版社 2001 年。

燕子笺·郎君外传·章台柳（古书秘藏）（清）澹园等撰，延边人民出版社 2001 年。

玉蟾记·五色石（中华传世小说精品）（清）通元子黄石、笔炼阁主人撰，延边人民出版社 2001 年。

梅兰佳话（中华传世小说精品）（清）阿阁主人撰，延边人民出版社 2001 年。

情变·英云梦传（中华传世小说精品）（清）吴沃尧、震泽九容楼主人松云氏撰，延边人民出版社 2001 年。

女娲石（中华传世小说精品）（清）海天独啸子撰，延边人民出版社 2001 年。

咒枣记·阳台秘史·锦帐春风（古书秘藏）（明）邓志谟撰，（清）佚名撰，不署撰人，延边人民出版社 2001 年。

杨家将传（中国古典文学宝库）（明）熊大木编撰，昆仑出版社 2001 年。

说岳全传（中国古典文学宝库）（清）钱彩、金丰撰，昆仑出版社 2001 年。

英烈全传（中国古典小说文库）（明）徐渭编次，昆仑出版社 2001 年。

女仙外史（中国古典小说文库）（清）吕熊撰，昆仑出版社 2001 年。

野叟曝言（中国古典小说文库）（清）夏敬渠撰，昆仑出版社 2001 年。

济公全传（中国古典文学宝库）（清）郭小亭撰，昆仑出版社

2001 年。

绿野仙踪（中国古典小说文库）（清）李百川撰，昆仑出版社 2001 年。

镜花缘（中国古典小说文库）（清）李汝珍撰，昆仑出版社 2001 年。

儿女英雄传（中国古典文学宝库）（清）文康撰，昆仑出版社 2001 年。

施公案（中国古典小说文库）（清）佚名撰，昆仑出版社 2001 年。

彭公案（中国古典小说文库）（清）贪梦道人撰，昆仑出版社 2001 年。

英烈传（中国古典小说名著丛书）（清）佚名撰，尚成点校，上海古籍出版社 2001 年，2002 年。

说岳全传（中国古典文学名著）（清）钱彩撰，知识出版社 2001 年。

儒林外史（中国古典文学名著）（清）吴敬梓撰，知识出版社 2001 年。

封神演义（中国古典文学名著）（明）许仲琳撰，知识出版社 2001 年。

水浒传　（明）施耐庵撰，张燕铭点校，山西古籍出版社 2001 年。

（金圣叹评改本绣像）水浒传　（明）施耐庵撰，（清）金圣叹评，周峰、张国光绘，齐鲁书社 2001 年。

水石缘（中国古典小说藏本文库·中国十大情缘小说）（清）李春荣撰，陕西师范大学出版社 2001 年。

双凤奇缘（中国古典小说藏本文库·中国十大情缘小说）（明）雪樵主人撰，陕西师范大学出版社 2001 年。

南朝金粉录（中国古典小说精华丛书）（清）佚名撰，陕西师范大学出版社 2001 年。

桃花庵（海内外珍藏秘本）（清）不题撰人，陕西师范大学出版社 2001 年。

红楼梦（名家彩绘四大名著）（清）曹雪芹、高鹗撰，刘旦宅、程十髮、戴敦邦、颜梅华绘，上海辞书出版社 2001 年。

红楼梦（繁体字本）（图文版四大名著）（清）曹雪芹、高鹗撰，刘旦宅绘，上海辞书出版社 2001 年。

红楼梦（程乙本桐花凤阁批校本）（红楼梦评点本系列） （清）曹雪芹撰，陈其泰批校，北京图书馆出版社2001年。

双凤奇缘 （明）雪樵主人撰，中央民族大学出版社2001年。

红楼春梦（中国十大禁书） （清）佚名著，张克编，中国文史出版社2001年。

清凉布褐批评儒林外史 （清）吴敬梓原著，陈美林批评校注，新世界出版社2002年，2009年第2版。

东周列国志（华夏古典文学经典）（明）冯梦龙、蔡元放撰，华夏出版社2002年。

隋唐演义（华夏古典文学经典）（明）褚人获撰，华夏出版社2002年。

三国演义（经典必读文库） （明）罗贯中撰，文双吉点校，安徽文艺出版社2002年。

三国演义（四大古典名著校注本）（明）罗贯中撰，孟昭连校注，岳麓书社2002年。

隋唐演义（古典通俗小说文库）（清）褚人获撰，陆清标点，岳麓书社2002年。

水浒全传（新版大字体） （明）施耐庵、罗贯中撰，岳麓书社2002年。

水浒全传（四大古典名著校注本）（明）施耐庵、罗贯中撰，吴志达校注，岳麓书社2002年。

红楼梦（四大古典名著校注本）（清）曹雪芹撰，卜键等校注，岳麓书社2002年。

西游记（四大古典名著校注本）（明）吴承恩撰，沈伯俊校注，岳麓书社2002年。

封神演义（古典通俗小说文库）（明）许仲琳编，岳麓书社2002年。

济公全传（古典通俗小说文库）（清）郭小亭撰，岳麓书社2002年。

隋炀帝艳史（中华古典小说名著普及文库） （明）齐东野人撰，肖芒点校，中华书局2002年。

隋唐演义（中华古典小说名著普及文库） （清）褚人获编撰，刘正风点校，中华书局2002年。

说呼全传（中华古典小说名著普及文库） （清）佚名撰，武又鸣点校，中华书局 2002 年。

英烈传（中华古典小说名著普及文库）（明）郭勋初编，宁德伟点校，中华书局 2002 年。

醒世姻缘传（中华古典小说名著普及文库）（清）西周生撰，武彰点校，中华书局 2002 年。

玉娇梨（中华古典小说名著普及文库）（清）荑荻散人编次，冉休丹点校，中华书局 2002 年。

平山冷燕（中华古典小说名著普及文库）（清）荻岸山人编次，环生点校，中华书局 2002 年。

官场现形记（中华古典小说名著普及文库）（清）李伯元撰，贾元苏点校，中华书局 2002 年。

文明小史（中华古典小说名著普及文库）（清）李伯元撰，韩秋白点校，中华书局 2002 年。

西游记（中华古典小说名著普及文库）（明）吴承恩撰，黄永年点校，中华书局 2002 年。

封神演义（中华古典小说名著普及文库）（明）许仲琳编，张耕点校，中华书局 2002 年。

镜花缘（中华古典小说名著普及文库）（清）李汝珍撰，韩秋白点校，中华书局 2002 年。

杨家将演义（唐宋英雄传奇）（明）熊大木撰，李豪点校，王忠洲绘，三秦出版社 2002 年。

女仙外史（明清珍本小说）（清）吕熊编撰，大众文艺出版社 2002 年。

隔帘花影（明清秘本小说集）（清）无名氏撰，大众文艺出版社 2002 年。

鼓掌绝尘（明清秘本小说集）（明）金木散人撰，大众文艺出版社 2002 年。

金石缘（明清艳史）（清）无名氏撰，大众文艺出版社 2002 年。

歧路灯（明清珍本小说）（清）李绿园撰，大众文艺出版社 2002 年。

绘图镜花缘（清）李汝珍撰，大众文艺出版社 2002 年。

妙复轩评石头记（红楼梦评点本系列）（清）曹雪芹、高鹗撰，张新之评，北京图书馆出版社 2002 年。

**北京师范大学藏脂砚斋重评石头

记 （清）曹霑撰，北京图书馆出版社2002年。

金玉缘图画集 李菊侪、李翰园等绘，觉僧评，北京图书馆出版社2002年。

新评绣像红楼梦全传（红楼梦评点本系列）（清）曹雪芹、高鹗撰，王希廉评，北京图书馆出版社2002年。

增评补像全图金玉缘（红楼梦评点本系列）（清）曹雪芹、高鹗撰，王希廉、张新之、姚燮评，北京图书馆出版社2002年。

增评绘图大观琐录（红楼梦评点本系列）（清）曹雪芹、高鹗撰，王希廉、姚燮评，北京图书馆出版社2002年。

绿野仙踪 （清）李百川撰，冯伟民点校，人民文学出版社2002年。

红楼梦（中国古典文学名著·少年版）（清）曹雪芹著，林冠夫改写，中国少年儿童出版社2002年。

水浒（中国古典文学名著·少年版）（明）施耐庵著，吴庆先改写，中国少年儿童出版社2002年。

三国演义（中国古典文学名著·少年版）（明）罗贯中著，吴庆先改写，中国少年儿童出版社2002年。

西游记（中国古典文学名著·少年版）（明）吴承恩著，吴庆先改写，中国少年儿童出版社2002年。

＊**红楼梦** （清）曹雪芹、高鹗著，（香港）商务印书馆2002年。

＊**红楼梦节本** （清）曹雪芹原著，舒巷城摘编，香港花千树出版有限公司2003年。

续三国演义 酉阳野史著，彭卫国，梁颖点校，岳麓书社2003年。

结水浒传 （清）俞万春撰，华岳球、骆华点校，岳麓书社2003年。

二十年目睹之怪现状（晚清四大谴责小说）（清）吴趼人撰，金牛、舒群标点，岳麓书社2003年。

官场现形记（晚清四大谴责小说）（清）李伯元撰，李伯超标点，岳麓书社2003年。

孽海花（晚清四大谴责小说）（清）曾朴撰，金牛、继林标点，岳麓书社2003年。

续西游记 （明）无名氏撰，喻铭，葛洪波点校，岳麓书社2003年。

隋唐演义（明清绘图古典小说书系）（清）褚人获撰，晏子峰点校，齐鲁书社2003年。

说岳全传（明清绘图古典小说书系）（清）钱彩撰，贺兰山点校，齐鲁书社2003年，2004年。

儒林外史（明清绘图古典小说书系）（清）吴敬梓撰，郑前化点校，齐鲁书社2003年，2004年。

官场现形记（明清绘图古典小说书系）（清）李宝嘉撰，辛关畅点校，齐鲁书社2003年。

续小五义（古代公案小说丛书）（清）佚名编纂，金藏、常夜笛校，群众出版社2003年。

三国演义（中国古典小说名著丛书）（明）罗贯中著，胥洪泉点校，重庆出版社2003年。

脂砚斋重评石头记己卯本（清）曹霑著，北京图书馆出版社2003年。

李卓吾先生批评忠义水浒传（中华再造善本续编试制）（元）施耐庵撰，（明）李贽评，北京图书馆出版社2004年。

新刻考订按鉴通俗演义全像三国志传（中华再造善本续编试制）（明）罗本撰，北京图书馆出版社2004年。

李安纲批评西游记（李安纲解读经典系列） 无名氏著，李安纲批评，中国社会出版社2004年。

东观阁本·新增批评绣像红楼梦（红楼梦评点本系列）（清）曹雪芹、高鹗著，（清）东观主人评，北京图书馆出版社2004年。

双清仙馆本·新评绣像红楼梦全传（红楼梦评点本系列）（清）曹雪芹、高鹗著，（清）王希廉评，北京图书馆出版社2004年。

金瓶梅词话校读记 梅节校，北京图书馆出版社2004年。

儒林外史（语文新课标必读丛书）（清）吴敬梓著，朱宏远点校，浙江文艺出版社2004年。

山水情（中国古典文学海外珍稀本文库）（清）不题撰人，王建华点校，中国文联出版社2004年。

孙庞斗志演义（中国古典文学海外珍稀本文库）（明）吴门啸客著，于嘉点校，中国文联出版社2004年。

杨家将演义（中国古典名著文库）（明）佚名编著，施立业点评，安徽文艺出版社 2004 年。

隋唐演义（中国古典名著文库）（清）褚人获著，吕瑾，晓平点校，安徽文艺出版社 2004 年。

绿野仙踪（中国古典文学海外珍稀本文库）（清）李百川著，于润琦点校，中国文联出版社 2004 年。

人间乐·五鼠闹东京（中国古典文学海外珍稀本文库）（清）天花藏主人撰，（清）不题撰人，吴薇、康怡点校，中国文联出版社 2004 年。

两汉开国中兴传志（中国古典文学海外珍稀本文库）（明）抚宜黄化宇著，于润琦点校，中国文联出版社 2004 年。

海烈妇百炼真传（中国古典文学海外珍稀本文库）（清）三吴良墨仙主人著，刘殿祥、赵清俊点校，中国文联出版社 2004 年。

忠烈全传（中国古典文学海外珍稀本文库）（清）不题撰人著，周春华、洪迅点校，中国文联出版社 2004 年。

征播奏捷传（中国古典文学海外珍稀本文库）（明）栖真斋名道狂客演著，田娟华点校，中国文联出版社 2004 年。

儿女英雄传（中国古典名著文库）（清）文康著，何晓亚点校，安徽文艺出版社 2004 年。

三侠五义（中国古典名著文库）（清）石玉昆述，阿锋、黄克点校，安徽文艺出版社 2004 年。

孽海花（中国古典名著文库）（清）曾朴著，今心、张峻点校，安徽文艺出版社 2004 年。

说岳全传（中国古典名著文库）（清）钱彩著，徐小杰点校，安徽文艺出版社 2004 年。

二十年目睹之怪现状：注解本（中国古典文学普及读本）（清）吴趼人著，陈遇春校注，金盾出版社 2004 年。

兰花梦（清）吟梅山人撰，岳麓书社 2004 年。

八仙全传（古典通俗小说文库）（清）无垢道人撰，岳麓书社 2004 年。

七侠五义（古典通俗小说文库）（清）石玉昆著，岳麓书社 2004 年。

东周列国志（中国古典名著文库）（明）冯梦龙著，（清）蔡元放修订，安徽文艺出版社2004年。

孽海花（中国古典文学普及读本）（清）曾朴著，祝鼎民校注，金盾出版社2004年。

东周列国志（中国古典文学普及读本）（明）冯梦龙改编，（清）蔡元放修订，王铁军等校注，金盾出版社2004年。

插图本吴三桂演义（明清绘图古典小说书系）（清）佚名著，史可碑点校，齐鲁书社2004年。

隋唐演义（中国古典文学普及读本）（清）褚人获著，赵乃增校注，金盾出版社2004年。

醒世姻缘传（中国古典名著文库）（清）西周生著，晓廖等点校，安徽文艺出版社2004年。

儒林外史（中国古典文学名著普及读本）（清）吴敬梓著，杜贵晨、杜斌点校，河北大学出版2004年。

三国演义：插图·注释（语文新课标必读丛书）（明）罗贯中著，北京金榜之路国际教育研究院编，延边人民出版社2004年。

红楼梦：插图·注释（语文新课标必读丛书）（清）曹雪芹、高鹗著，北京金榜之路国际教育研究院编，延边人民出版社2004年。

水浒传：插图·注释（语文新课标必读丛书）（明）施耐庵著，北京金榜之路国际教育研究院编，延边人民出版社2004年。

西游记：插图·注释（语文新课标必读丛书）（明）吴承恩著，北京金榜之路国际教育研究院编，延边人民出版社2004年。

品花宝鉴（中华古典小说名著普及文库）（清）陈森撰，孔翔点校，中华书局2004年。

林兰香（中华古典小说名著及文库）（清）随缘下士编辑，徐明点校，中华书局2004年。

好逑传（中华古典小说名著普及文库）（清）名教中人编次，宋凤娣点校，中华书局2004年。

飞龙全传（中华古典小说名著普及文库）（清）吴璿著，阎言点校，中华书局2004年。

水浒后传（中华古典小说名著普及文库）（清）陈忱著，李忠良点校，中华书局2004年。

三遂平妖传（中华古典小说名著普及文库）（明）罗贯中编次，（明）冯梦龙补改，刘紫梅点校，中华书局2004年。

无声戏（中华古典小说名著普及文库）（清）李渔著，李忠良点校，中华书局2004年。

歧路灯（中华古典小说名著普及文库）（清）李绿园著，李颖点校，中华书局2004年。

荡寇志（中华古典小说名著普及文库）（清）俞万春著，俞国林点校，中华书局2004年。

新注本老残游记 （清）刘鹗著，严薇青注释，济南出版社2004年。

说唐（中国古典名著文库）（清）佚名著，今心、晓平点校，安徽文艺出版社2004年。

二十年目睹之怪现状 （清）吴趼人著，天津古籍出版社2004年。

脂砚斋重评石头记甲戌本 （清）曹雪芹著，北京图书馆出版社2004年。

石头记会真 （清）曹雪芹著，周祜昌、周汝昌、周伦玲校订，海燕出版社2004年。

封神演义（伦洋书坊）（明）许仲琳著，北京十月文艺出版社2004年。

东周列国志（伦洋书坊）（明）冯梦龙、（清）蔡元放编，北京十月文艺出版社2004年。

镜花缘（伦洋书坊）（清）李汝珍著，北京十月文艺出版社2004年。

红楼梦：彩色人物绘图本（中国古典四大名著）（清）曹雪芹、高鹗著，朝华出版社2004年。

西游记：彩色人物绘图本（中国古典四大名著）（明）吴承恩著，朝华出版社2004年。

水浒传（中国古典文学名著：彩绘珍藏本）（明）施耐庵、罗贯中著，杨锺贤改编，刘安利绘，海燕出版社2004年。

西游记（中国古典文学名著：彩绘珍藏本）（明）吴承恩著，杨锺贤改编，刘安利绘，海燕出版社2004年。

三国演义（中国古典文学名著：彩绘珍藏本）（明）罗贯中著，杨锺贤改编，刘安利绘，海燕出版社2004年。

红楼梦新读本（四大名著新读本）（清）曹雪芹、高鹗著，孙逊编，上海古籍出版社2004年。

三国演义新读本（四大名著新读本）（明）罗贯中著，孙逊编，上海古籍出版社2004年。

水浒传新读本（四大名著新读本）（明）施耐庵著，孙逊编，上海古籍出版社2004年。

西游记新读本（四大名著新读本）（明）吴承恩著，孙逊编，上海古籍出版社2004年。

说岳全传（中国古代英雄传奇小说四大名著）（清）钱采著，上海古籍出版社2004年。

说唐全传（中国古代英雄传奇小说四大名著）（清）鸳湖渔叟编著，上海古籍出版社2004年。

杨家将演义（中国古代英雄传奇小说四大名著）（明）熊大木著，上海古籍出版社2004年。

英烈传（中国古代英雄传奇小说四大名著）（明）佚名著，上海古籍出版社2004年。

水浒传（中国古典名著）（明）施耐庵、罗贯中著，禹田改编，同心出版社2004年。

红楼梦：少儿普及版·彩图注音（清）曹雪芹著，禹田改编，同心出版社2004年。

三国演义（中国古典名著）（明）施耐庵著，禹田改编，同心出版社2004年。

西游记（中国古典名著）（明）吴承恩著，禹田改编，同心出版社2004年。

说岳全传（中华五千年·第2辑）（清）钱彩著，艳齐校订，中央民族大学出版社2004年。

水浒传（中华五千年·第2辑）（明）施耐庵、罗贯中著，艳齐校订，中央民族大学出版社2004年。

红楼梦（中华五千年·第2辑）（清）曹雪芹、高鹗著，艳齐校订，中央民族大学出版社2004年。

济公全传（中华五千年·第2辑）（清）郭小亭撰，艳齐校订，中央民族大学出版社2004年。

三国演义（中华五千年·第2辑）（明）罗贯中著，艳齐校订，中央民族大学出版社 2004 年。

野叟曝言（中华古典小说名著普及文库）（清）夏敬渠著，文强点校，中华书局 2004 年。

七侠五义（清）石玉昆著，文涛点校，天津古籍出版社 2004 年。

封神演义（明）许仲琳著，文涛点校，天津古籍出版社 2004 年。

说岳全传（可佳名著系列）（清）钱彩著，文涛点校，天津古籍出版社 2004 年。

乾隆甲戌脂砚斋重评石头记（清）曹雪芹著，上海古籍出版社 2004 年。

三国演义（语文课程标准课外读物导读丛书）（明）罗贯中著，丁一波编校，江苏文艺出版社 2004 年。

＊脂砚斋重评石头记：甲戌本（清）曹雪芹著，香港梦梅馆 2004 年。

＊瓜饭楼重校评批《红楼梦》（清）曹雪芹著，冯其庸重校评批，香港天地图书有限公司 2004 年，辽宁人民出版社 2005 年，西冷印社 2008 年。

平山冷燕（中国古典名著文库）（清）荻岸山人编，林俊点校，安徽文艺出版社 2005 年。

海上花列传（清）韩邦庆著，金欣、祁虹点校，安徽文艺出版社 2005 年。

玉娇梨（中国古典名著文库）（清）荑荻散人编，廖祖灿点校，安徽文艺出版社 2005 年。

绿野仙踪（中国古典名著文库）（清）李百川著，韩永泉、宜初点校，安徽文艺出版社 2005 年。

说呼全传（中国古典名著文库）（清）佚名著，小平、张辉点校，安徽文艺出版社 2005 年。

百家汇评本《红楼梦》（清）曹雪芹著，陈文新、王炜辑评，长江文艺出版社 2005 年。

杨家将演义·万花楼演义（明）熊大木、（清）李雨堂著，凤凰出版社 2005 年。

说岳全传（清）钱彩编次，（清）金丰增订，凤凰出版社 2005 年。

说唐全传（清）佚名著，凤凰出版社 2005 年。

隋唐演义（清）褚人获著，凤凰

出版社 2005 年。

封神演义（中国古典文学名著）（明）许仲琳著，李杰主编，哈尔滨出版社 2005 年。

隋唐演义（中国古典文学名著）（清）褚人获著，李杰主编，哈尔滨出版社 2005 年。

红楼梦（青少年必读世界文学经典·第 3 辑）（清）曹雪芹著，峪崎、林生改编，南方出版社 2005 年。

三国演义（青少年必读世界文学经典·第 1 辑）（明）罗贯中著，高国文主编，南方出版社 2005 年。

水浒传（青少年必读世界文学经典·第 2 辑）（明）施耐庵著，晓洁改编，南方出版社 2005 年。

西游记（青少年必读世界文学经典·第 1 辑）（明）吴承恩著，高国文改编，南方出版社 2005 年。

插图本东周列国志（明清绘图古典小说书系）（明）冯梦龙著，（清）蔡元放校订，烟照点校，齐鲁书社 2005 年。

插图本镜花缘（明清绘图古典小说书系）（清）李汝珍著，烟照点校，齐鲁书社 2005 年。

小五义（中国古代侠义公案小说四大名著）（清）佚名著，陆树仑、竺少华点校，上海古籍出版社 2005 年。

彭公案（中国古代侠义公案小说四大名著）（清）贪梦道人著，秦克，巩军点校，上海古籍出版社 2005 年。

施公案（中国古代侠义公案小说四大名著）（清）佚名著，秋谷点校，上海古籍出版社 2005 年。

封神演义：图文本（明）许仲琳著，李保民配图，上海古籍出版社 2005 年。

西游记（语文课程标准课外读物导读丛书）明·吴承恩著，周涛校理，江苏文艺出版社 2005 年。

镜花缘（清）李汝珍著，陈遇春校注，金盾出版社 2005 年。

醒世姻缘传：注释本（中国古典文学普及读本）（清）西周生著，唐松波校注，金盾出版社 2005 年。

水浒传（专家导读三点一测）（明）施耐庵著，贾志永、陈晓尧导读，四川少年儿童出版社 2005 年。

西游记（专家导读三点一测）（明）吴承恩著，贾志永、余也丹导读，四川少年儿童出版社2005年。

红楼梦（专家导读三点一测）（清）曹雪芹、高鹗著，杨悄吟、涂秋生导读，四川少年儿童出版社2005年。

三国演义（专家导读三点一测）（明）罗贯中著，杨勇刚、李华导读，四川少年儿童出版社2005年。

脂砚斋甲戌抄阅重评石头记（清）曹雪芹著，沈阳出版社2005年。

红楼梦：增补版（清）曹雪芹、高鹗著，王蒙评点，上海文艺出版社2005年。

红楼梦：彩色插图本（世界文学名著青少版）（清）曹雪芹、高鹗著，冯化平改写，天津人民美术出版社2005年。

水浒传：彩色插图本（世界文学名著青少版）（明）施耐庵著，冯化平改写，天津人民美术出版社2005年。

儒林外史：彩色插图本（世界文学名著青少版）（清）吴敬梓著，孙锐改写，天津人民美术出版社2005年。

西游记：彩色插图本（世界文学名著青少版）（明）吴承恩著，冯化平改写，天津人民美术出版社2005年。

岳飞传：彩色插图本（世界文学名著青少版）彭婷颖编著，天津人民美术出版社2005年。

三国演义：彩色插图本（世界文学名著青少版）（明）罗贯中著，冯化平改写，天津人民美术出版社2005年。

杨家将：彩色插图本（世界文学名著青少版）汪洋编著，天津人民美术出版社2005年。

东周列国志：彩色插图本（世界文学名著青少版）（明）冯梦龙著，李政改写，天津人民美术出版社2005年。

老残游记：英文（熊猫丛书）（清）刘鹗著，杨宪益、戴乃迭译，外文出版社2005年。

七侠五义：英文（熊猫丛书）（清）石玉昆、俞樾著，宋绶荃译，外文出版社2005年。

杨家将演义 （明）熊大木著，文涛点校，天津古籍出版社 2005 年。

三国演义：增补绣像典藏本 （明）罗贯中著，新世界出版社 2005 年。

老残游记：汉英对照 （大中华文库）（清）刘鹗著，［英］谢迪克译，译林出版社 2005 年。

镜花缘：汉英对照 （大中华文库）（清）李汝珍著，林太乙译，译林出版社 2005 年。

红楼梦 （少年版《四大名著》之一）（清）曹雪芹著，曲天真改编，延边人民出版社 2005 年。

三国演义 （少年版《四大名著》之一）（明）罗贯中著，曲天真改编，延边人民出版社 2005 年。

水浒传 （少年版《四大名著》之一）（明）施耐庵著，曲天真改编，延边人民出版社 2005 年。

西游记 （少年版《四大名著》之一）（明）吴承恩著，曲天真改编，延边人民出版社 2005 年。

东周列国志：图文本 （明）冯梦龙著，（清）蔡元放修订，岳麓书社 2005 年。

海上花列传：双色图文 （古典通俗小说图文系列）（清）韩邦庆著，岳麓书社 2005 年。

镜花缘：双色图文 （古典通俗小说图文系列）（清）李汝珍撰，岳麓书社 2005 年。

隋唐演义：双色图文 （古典通俗小说图文系列）（清）褚人获著，岳麓书社 2005 年。

红楼梦 （新课标世界名著必读丛书）（清）曹雪芹、高鹗原著，崔玉平改写，赵成伟绘，岳麓书社 2005 年。

水浒传 （新课标世界名著必读丛书）（明）施耐庵著，崔玉平改写，魏为绘，岳麓书社 2005 年。

西游记 （新课标世界名著必读丛书）（明）吴承恩著，崔玉平改写，杨永青绘，岳麓书社 2005 年。

好逑传 （中国古典名著文库）（清）名教中人编次，廖祖灿点校，中国致公出版社 2005 年。

梼杌闲评 （中华古典小说名著普及文库）（明）无名氏著，金心点校，中华书局 2005 年。

红楼梦 （中国文学四大名著）

（清）曹雪芹、高鹗原著，启功等整理，中华书局2005年。

孽海花（可佳名著系列）（清）曾朴著，文涛点校，天津古籍出版社2005年。

镜花缘（可佳名著系列）（清）李汝珍著，文涛点校，天津古籍出版社2005年。

老残游记（可佳名著系列）（清）刘鹗著，文清点校，天津古籍出版社2005年。

儿女英雄传（可佳名著系列）（清）文康著，文清点校，天津古籍出版社2005年。

红楼梦（语文课程标准课外读物导读丛书）（清）曹雪芹、高鹗著，博禾校理，江苏文艺出版社、北京大学出版社2005年。

镜花缘（中国古代神怪小说四大名著）（清）李汝珍著，上海古籍出版社2005年。

封神演义（中国古代神怪小说四大名著）（明）许仲琳著，上海古籍出版社2005年。

阅微草堂笔记（中国古代神怪小说四大名著）（清）纪昀著，上海古籍出版社2005年。

儒林外史：足本珍藏版（古典经典系列）（清）吴敬梓著，哈尔滨出版社2005年。

红楼梦：百年复旦庆典版（清）曹雪芹、高鹗著，黄霖校、马小娟绘，齐鲁书社2005年。

儒林外史（中国古典名著精品书系）（清）吴敬梓著，刘泰丰主编，军事谊文出版社2005年。

东周列国志（中国古典名著精品书系）（明）冯梦龙著，刘泰丰主编，军事谊文出版社2005年。

封神演义（中国古典名著精品书系）（明）许钟琳著，刘泰丰主编，军事谊文出版社2005年。

隋唐演义（中国古典名著精品书系）（清）褚人获著，刘泰丰主编，军事谊文出版社2005年。

醒世姻缘传（中华版古典小说宝库）（明）西周生辑著，李国庆校注，中华书局2005年。

红楼梦：名师伴读版（语文新课标必读丛书·第5辑）（清）曹雪芹、高鹗著，叶蓓主编，光明日报出版社2006年。

三国演义：名师伴读版（中国青少年诵读工程·小学生经典诵读）（明）罗贯中著，胡兰兰主编，光明日报出版社2006年。

水浒传（中国青少年诵读工程·小学生经典诵读）（明）施耐庵著，张长春主编，光明日报出版社2006年。

西游记（语文新课标必读丛书·第5辑）（明）吴承恩著，张艺川主编，光明日报出版社2006年。

西游记（中国古典文学经典名著学生读本）（明）吴承恩原著，宋孟寅、董侃、宋志刚编，河北少年儿童出版社2006年。

水浒传（中国古典文学经典名著学生读本）（明）施耐庵、罗贯中原著，芮安、潘燕等编，河北少年儿童出版社2006年。

镜花缘（中国古典文学经典名著学生读本）（清）李汝珍原著，任文京、梁志林编写，河北少年儿童出版社2006年。

封神演义（中国古典文学经典名著学生读本）（明）许仲琳原著，韩季华、肖利编写，河北少年儿童出版社2006年。

三国演义（中国古典文学经典名著学生读本）（明）罗贯中原著，王卿、安力戈、刘书祥编写，河北少年儿童出版社2006年。

红楼梦（中国古典文学经典名著学生读本）（清）曹雪芹、高鹗原著，韩成武、石彦芳编写，河北少年儿童出版社2006年。

东周列国志（中国古典文学经典名著学生读本）（明）冯梦龙、（清）蔡元放原著，任诤、秀奕编写，河北少年儿童出版社2006年。

儒林外史（中国古典文学经典名著学生读本）（清）吴敬梓原著，韩盼山、李远杰编写，河北少年儿童出版社2006年。

三国演义（双色绘图中国古典文学名著文库）（明）罗贯中著，吉林文史出版社2006年。

西游记（双色绘图中国古典文学名著文库）（明）吴承恩著，吉林文史出版社2006年。

红楼梦（双色绘图中国古典文学名著文库）（清）曹雪芹、高鹗著，吉林文史出版社2006年。

水浒传（双色绘图中国古典文学名著文库）（明）施耐庵著，吉林文史出版社2006年。

三国演义（中学生古典名著阅读之旅）（明）罗贯中著，卫绍生改写，孙立权注评，吉林文史出版社2006年。

水浒传（中学生古典名著阅读之旅）（明）施耐庵著，孙立权主编，陈丽君改写，孙立权注评，吉林文史出版社2006年。

西游记（中学生古典名著阅读之旅）（明）吴承恩著，李敏主编，于元改写，艾群注评，吉林文史出版社2006年。

水浒传（中国古典文学名著）（明）施耐庵、罗贯中著，龚兆吉、陈遇春校注，金盾出版社2006年。

红楼梦 （清）曹雪芹、高鹗著，荣宪宾、孙艾琳校注，金盾出版社2006年。

三国演义 （明）罗贯中著，董宝良校注，金盾出版社2006年。

官场现形记 （清）李宝嘉著，唐松波校注，金盾出版社2006年。

全图绣像三国演义 （明）罗贯中著，（清）毛宗岗评，内蒙古人民出版社2006年。

绣像小说 （清）李伯元主编，北京图书馆出版社2006年。

红楼梦：韩汉对照（中韩对照名著名篇阅读丛书）（清）曹雪芹著，洪成一、魏国、黄春华编译，辽宁民族出版社2006年。

续三国演义（绘图古典名著续书五种）（明）酉阳野史著，余芳等点校，齐鲁书社2006年。

续西游记（绘图古典名著续书五种）（明）不题撰人著，杜聪等点校，齐鲁书社2006年。

红楼复梦（绘图古典名著续书五种）（清）小和山樵著，烟照点校，齐鲁书社2006年。

续水浒全传（绘图古典名著续书五种）（清）俞万春著，林一夫点校，齐鲁书社2006年。

续金瓶梅（绘图古典名著续书五种）（清）丁耀亢著，禹门三点校，齐鲁书社2006年。

插图本封神演义（明清绘图古典小说书系）（明）许仲琳编著，烟照点校，齐鲁书社2006年。

红楼梦（中国家庭基本藏书·戏曲小说卷）（清）曹雪芹、高鹗著，王晓荣、郭建平整理，山西古籍出版社 2006 年。

水浒传（中国家庭基本藏书·戏曲小说卷）（明）施耐庵著，王晓枫、贾桂梓整理，山西古籍出版社 2006 年。

三国演义（中国家庭基本藏书·戏曲小说卷）（明）罗贯中著，王懿、高玉丽整理，山西古籍出版社 2006 年。

西游记（中国家庭基本藏书·戏曲小说卷）（明）吴承恩著，谢振中整理，山西古籍出版社 2006 年。

甲辰本红楼梦（清）曹雪芹著，沈阳出版社 2006 年。

戚蓼生序本石头记（清）曹雪芹著，沈阳出版社 2006 年。

脂砚斋重评石头记（清）曹雪芹著，沈阳出版社 2006 年。

水浒传（语文课程标准课外读物导读丛书）（明）施耐庵著，吉皮校理，江苏文艺出版社 2006 年。

红楼梦（中学生古典名著阅读之旅）李敏主编，李梦奎改写，李敏注评，吉林文史出版社 2006 年。

三国演义（明）罗贯中著，张淼、廖新颖改编，满振江等绘，广西师范大学出版社 2006 年。

快读隋唐演义（中国古典文学名著快读丛书：经典读本）（清）褚人获原著，张奇峰改编，上海大学出版社 2006 年。

济公全传（可佳系列）（清）郭小亭撰，天津古籍出版社 2006 年。

梼杌萃编（可佳系列）（清）诞叟撰，天津古籍出版社 2006 年。

施公案（可佳系列）（清）佚名著，天津古籍出版社 2006 年。

狄公案·刘公案（可佳系列）（清）佚名撰，天津古籍出版社 2006 年。

包公案（明）安遇时等撰，天津古籍出版社 2006 年。

西游记（中国孩子必读的经典名著）（明）吴承恩原著，卓文改写，上海科学技术文献出版社 2006 年。

三国演义（中国孩子必读的经典名著）（明）罗贯中原著，高翔改编，上海科学技术文献出版社2006年。

红楼梦（中国孩子必读的经典名著）（清）曹雪芹、高鹗原著，卓文改写，上海科学技术文献出版社2006年。

水浒传（中国孩子必读的经典名著）（明）施耐庵原著，卓文改写，上海科学技术文献出版社2006年。

老残游记：插图本（晚清四大谴责小说）（清）刘鹗著，陈翔鹤校，戴鸿森注，人民文学出版社2006年。

脂砚斋重评石头记庚辰校本（清）曹雪芹著，脂砚斋评，邓遂夫校订，作家出版社2006年，2007年。

西游记：世德堂本（明）吴承恩著，裴效维校注，作家出版社2006年。

红楼梦：程乙本（清）曹雪芹、高鹗著，裴效维校注，作家出版社2006年。

三国演义：毛评本（明）罗贯中著，裴效维校注，作家出版社2006年。

西游记：绣像插图全本（中国古典文学名著）（明）吴承恩著，长江出版社2006年。

红楼梦：绣像插图全本（中国古典文学名著）（清）曹雪芹、高鹗著，长江出版社2006年。

水浒全传：绣像插图全本（中国古典文学名著）（明）施耐庵、罗贯中著，长江出版社2006年。

三国演义：绣像插图全本（中国古典文学名著）（明）罗贯中著，长江出版社2006年。

水浒传：四大名著儿童版（明）施耐庵原著，施仲杰主编，二十一世纪出版社2006年。

红楼梦：四大名著儿童版（清）曹雪芹原著，施仲杰主编，二十一世纪出版社2006年。

三国演义：四大名著儿童版（明）罗贯中原著，施仲杰主编，二十一世纪出版社2006年。

西游记：四大名著儿童版（明）吴承恩原著，施仲杰主编，二十一世纪出版社2006年。

西游记：插图本 （明）吴承恩著，霍嘉点校，凤凰出版社 2006 年。

红楼梦：插图本 （清）曹雪芹、高鹗著，段炼点校，凤凰出版社 2006 年。

三国演义：插图本 （明）罗贯中著，江民点校，凤凰出版社 2006 年。

水浒传：插图本 （明）施耐庵、罗贯中著，拾水点校，凤凰出版社 2006 年。

小五义（中国古典文学名著文库）（清）石玉昆著，王斌、今心点校，安徽文艺出版社 2006 年。

三国演义（四大古典文学名著普及版）（明）罗贯中著，朱正标点，岳麓书社 2006 年。

三国演义：珍藏版（经典阅读文库）（明）罗贯中著，李薇主编，延边人民出版社 2006 年。

红楼梦：珍藏版（经典阅读文库）（清）曹雪芹、高鹗著，李薇主编，延边人民出版社 2006 年。

水浒传：珍藏版（经典阅读文库）（明）施耐庵著，李薇主编，延边人民出版社 2006 年。

西游记：珍藏版（经典阅读文库）（明）吴承恩著，李薇主编，延边人民出版社 2006 年。

封神演义：珍藏版（经典阅读文库）（明）许仲琳著，李薇主编，延边人民出版社 2006 年。

镜花缘：珍藏版（经典阅读文库）（清）李汝珍著，李薇主编，延边人民出版社 2006 年。

儒林外史：珍藏版（经典阅读文库）（清）吴敬梓著，李薇主编，延边人民出版社 2006 年。

红楼梦（四大古典文学名著普及版）（清）曹雪芹、高鹗著，岳仁标点，岳麓书社 2006 年。

白蛇全传（古典通俗小说图文系列）（清）梦花馆主著，岳麓书社 2006 年。

说唐传（古典通俗小说图文系列）（清）无名氏著，岳麓书社 2006 年。

说岳全传（古典通俗小说图文系列）（清）钱彩撰，岳麓书社 2006 年。

封神演义（古典通俗小说图文系列）（明）许仲琳编，岳麓书社 2006 年。

李卓吾批评本西游记 （明）吴承恩著，（明）李卓吾批评，陈宏，杨波点校，岳麓书社 2006 年。

红楼梦：脂砚斋批评本 （清）曹雪芹著，（清）脂砚斋批评，王丽文点校，岳麓书社 2006 年。

水浒传：金圣叹批评本 （明）施耐庵著，（清）金圣叹批评，罗德荣点校，岳麓书社 2006 年。

毛宗岗批评本三国演义 （明）罗贯中著，（清）毛宗岗批评，孟昭连等点校，岳麓书社 2006 年。

红楼梦：青少版（学生必备知识文库）（清）曹雪芹著，徐明编著，陕西旅游出版社 2006 年。

儒林外史（华夏文化典藏书系·第 6 辑）（清）吴敬梓著，陕西旅游出版社 2006 年。

三国演义：青少版（学生必备知识文库）（明）罗贯中著，徐明编著，陕西旅游出版社 2006 年。

水浒传：青少版（学生必备知识文库）（明）施耐庵著，徐明编著，陕西旅游出版社 2006 年。

西游记：青少版（学生必备知识文库）（明）吴承恩著，徐明编著，陕西旅游出版社 2006 年。

东周列国志（华夏文化典藏书系·第 6 辑）（明）冯梦龙著，陕西旅游出版社 2006 年。

儿女英雄传（华夏文化典藏书系·第 6 辑）（清）文康著，陕西旅游出版社 2006 年。

二十年目睹之怪现状（华夏文化典藏书系·第 6 辑）（清）吴趼人著，陕西旅游出版社 2006 年。

封神演义（华夏文化典藏书系·第 6 辑）（明）许仲琳著，陕西旅游出版社 2006 年。

官场现形记（华夏文化典藏书系·第 6 辑）（清）李宝嘉著，陕西旅游出版社 2006 年。

红楼梦（华夏文化典藏书系·第 5 辑）（清）曹雪芹、高鹗著，陕西旅游出版社 2006 年。

镜花缘（华夏文化典藏书系·第 5 辑）（清）李汝珍著，陕西旅游出版社 2006 年。

七侠五义（华夏文化典藏书系·第 6 辑）（清）石玉昆著，陕西旅游出版社 2006 年。

三国演义（华夏文化典藏书系·第5辑）（明）罗贯中著，陕西旅游出版社2006年。

水浒传（华夏文化典藏书系·第5辑）（明）施耐庵著，陕西旅游出版社2006年。

说岳全传　杨家将（华夏文化典藏书系·第6辑）（清）钱彩、（明）熊大木原著，陕西旅游出版社2006年。

隋唐演义（华夏文化典藏书系·第6辑）（清）褚人获著，陕西旅游出版社2006年。

西游记（华夏文化典藏书系·第5辑）（明）吴承恩著，陕西旅游出版社2006年。

程甲本红楼梦（清）曹雪芹著，沈阳出版社2006年。

三国演义：青少版（学生课外必备丛书）（明）罗贯中原著，张庆祥编著，内蒙古人民出版社2006年。

水浒传：青少版（学生课外必备丛书）（明）施耐庵原著，张庆祥编著，内蒙古人民出版社2006年。

红楼梦（智慧成长阅读文库·青少版）（清）曹雪芹原著，孟国兴改编，内蒙古人民出版社2006年。

三国演义（智慧成长阅读文库·青少版）（明）罗贯中原著，孟国兴改编，内蒙古人民出版社2006年。

西游记（智慧成长阅读文库·青少版）（明）吴承恩原著，孟国兴改编，内蒙古人民出版社2006年。

红楼梦（绣像版古典名著丛书）（清）曹雪芹著，中国戏剧出版社2006年。

东周列国志（中国古典文学名著宝库：诠释古典珍藏版）（明）冯梦龙著，黄建华主编，中国戏剧出版社2006年。

封神演义（中国古典文学名著宝库：诠释古典珍藏版）（明）许仲琳著，黄建华主编，中国戏剧出版社2006年。

红楼梦（中国古典文学名著宝库：诠释古典珍藏版）（清）曹雪芹著，黄建华主编，中国戏剧出版社2006年。

儒林外史（中国古典文学名著宝库：诠释古典珍藏版）（清）吴敬梓著，黄建华主编，中国戏剧出版社2006年。

三国演义（中国古典文学名著宝库：诠释古典珍藏版）（明）罗贯中著，黄建华主编，中国戏剧出版社2006年。

三侠五义（中国古典文学名著宝库：诠释古典珍藏版）（清）石玉昆著，黄建华主编，中国戏剧出版社2006年。

水浒传（中国古典文学名著宝库：诠释古典珍藏版）（明）施耐庵著，黄建华主编，中国戏剧出版社2006年。

说岳全传（中国古典文学名著宝库：诠释古典珍藏版）（清）钱彩著，黄建华主编，中国戏剧出版社2006年。

西游记（中国古典文学名著宝库：诠释古典珍藏版）（明）吴承恩著，黄建华主编，中国戏剧出版社2006年。

小五义（中国古典文学名著宝库：诠释古典珍藏版）（清）石玉昆著，黄建华主编，中国戏剧出版社2006年。

薛刚反唐（中国古典文学名著宝库：诠释古典珍藏版）（清）如莲居士著，黄建华主编，中国戏剧出版社2006年。

隋唐演义（中国古典文学名著宝库：诠释古典珍藏版）（清）褚人获著，黄建华主编，中国戏剧出版社2006年。

儿女英雄传（中国古典文学名著宝库：诠释古典珍藏版）（清）文康著，黄建华主编，中国戏剧出版社2006年。

东周列国志：图文本（明）冯梦龙改编，（清）蔡元放修订，李保民配图，上海古籍出版社2006年。

儒林外史：图文本（清）吴敬梓著，李保民配图，上海古籍出版社2006年。

卞藏脂本红楼梦（清）曹雪芹著，北京图书馆出版社2006年。

续小五义（清）无名氏著，凤凰出版社2006年。

三侠五义（清）石玉昆著，凤凰出版社2006年。

镜花缘：图文本（清）李汝珍著，李保民配图，上海古籍出版社2006年。

金圣叹批评第五才子书水浒传 （明）施耐庵原著，金圣叹评点，天津古籍出版社 2006 年。

李卓吾先生批点西游记 （明）吴承恩原著，李卓吾评点，天津古籍出版社 2006 年。

脂砚斋重评石头记 （清）曹雪芹著，脂砚斋主人评点，天津古籍出版社 2006 年。

毛批三国演义 （明）罗贯中原著，毛宗冈评点，天津古籍出版社 2006 年。

红楼梦脂评辑校 郑红枫、郑庆山辑校，北京图书馆出版社 2006 年。

三国演义（世界文学名著·名家导读版·第 1 辑） （明）罗贯中著，段其民、于建友编，中国对外翻译出版公司 2006 年。

西游记（世界文学名著·名家导读版·第 1 辑） （明）吴承恩著，牟怀松、于建友编，中国对外翻译出版公司 2006 年。

红楼梦：青少版（世界文学名著宝库） （清）曹雪芹著，徐育宁、石明改编，上海人民美术出版社 2006 年。

水浒传：青少版（世界文学名著宝库） （明）施耐庵著，李明友改编，上海人民美术出版社 2006 年。

三国演义：青少版（世界文学名著宝库） （明）罗贯中著，赵军改编，上海人民美术出版社 2006 年。

西游记：青少版（世界文学名著宝库） （明）吴承恩著，曹燕改编，上海人民美术出版社 2006 年。

孽海花　老残游记 （清）曾朴、刘鹗著，凤凰出版社 2007 年。

封神演义 （明）许仲琳、李云翔著，凤凰出版社 2007 年。

官场现形记 （清）李伯元著，凤凰出版社 2007 年。

镜花缘 （清）李汝珍著，凤凰出版社 2007 年。

二十年目睹之怪现状 （清）吴趼人著，凤凰出版社 2007 年。

吴越评水浒 （明）施耐庵原著，吴越改编评注，广西师范大学出版社 2007 年。

红楼梦（中国古典文学四大名著） （清）曹雪芹、高鹗著，江西高校出版社 2007 年。

三国演义（中国古典文学四大名著）（明）罗贯中著，江西高校出版社2007年。

水浒传（中国古典文学四大名著）（明）施耐庵著，江西高校出版社2007年。

西游记（中国古典文学四大名著）（明）吴承恩著，江西高校出版社2007年。

杨家将演义（华夏英雄传系列）（明）熊大木著，刘倩点校，人民文学出版社2007年。

说岳全传（华夏英雄传系列）（清）钱彩编次，（清）金丰增订，竺青点校，人民文学出版社2007年。

封神演义（华夏英雄传系列）（明）许仲琳编，人民文学出版社2007年。

隋唐演义（华夏英雄传系列）（清）褚人获编撰，侯会点校，人民文学出版社2007年。

东周列国志（国学大书院）（明）冯梦龙著，三秦出版社2007年。

儿女英雄传（国学大书院）（清）文康著，三秦出版社2007年。

二十年目睹之怪现状（国学大书院）（清）吴趼人著，三秦出版社2007年。

封神演义（国学大书院）（明）许仲琳著，三秦出版社2007年。

官场现形记（国学大书院）（清）李宝嘉著，三秦出版社2007年。

镜花缘·老残游记（国学大书院）（清）李汝珍、刘鹗著，三秦出版社2007年。

七侠五义（国学大书院）（清）石玉昆著，三秦出版社2007年。

说岳全传·杨家将（国学大书院）（清）钱彩、（明）熊大木著，三秦出版社2007年。

隋唐演义（国学大书院）（清）褚人获著，三秦出版社2007年。

绣像三国演义（古代文化典籍系列）（明）罗贯中著，山东画报出版社2007年。

绣像西游记（古代文化典籍系列）（明）吴承恩著，山东画报出版社2007年。

绣像红楼梦（古代文化典籍系列）（清）曹雪芹、高鹗著，山东画报出版社 2007 年。

绣像水浒全传（古代文化典籍系列）（明）施耐庵著，山东画报出版社 2007 年。

百家评咏红楼梦：彩图本（清）曹雪芹、高鹗著，脂砚斋等评咏，上海古籍出版社 2007 年。

三国演义补证本（明）罗贯中著，盛巽昌补证，上海人民出版社 2007 年。

岳飞传（青少版世界文学名著宝库）（清）钱彩著，林可玉改编，上海人民美术出版社 2007 年。

儒林外史（青少版世界文学名著宝库）（清）吴敬梓著，于兵改编，上海人民美术出版社 2007 年。

杨家将传（世界文学名著宝库·青少版）（明）熊大木著，孙吉祥改编，上海人民美术出版社 2007 年。

封神演义（世界文学名著宝库·青少版）（明）许仲琳著，斯林梓改编，上海人民美术出版社 2007 年。

林黛玉笔记（清）喻血轮著，吴醒亚评，李保民点校，上海古籍出版社 2007 年。

清乾隆舒元炜序本红楼梦（清）曹雪芹著，上海古籍出版社 2007 年。

三国演义军事史专家校注本（明）罗贯中原著，任昭坤校注，四川人民出版社 2007 年。

封神演义（中国古典名著文库丛书）（明）许仲琳著，太白文艺出版社 2007 年。

醒世姻缘传（中国古典名著文库丛书）（清）西周生著，太白文艺出版社 2007 年。

儒林外史（阅读中华经典）（清）吴敬梓著，严硕勤编著，泰山出版社 2007 年。

第三才子书：玉娇梨　第四才子书：平山冷燕（十大才子书）（清）夷荻散人编，荻岸散人编，天花藏主人批注，邓加荣、赵云龙辑校，线装书局 2007 年。

第五才子书：水浒传（十大才子书）（明）施耐庵著，（清）金圣叹批注，邓加荣、赵云龙辑校，线装书局 2007 年。

第一才子书：三国演义　第二才子书：好逑传（十大才子书）

(明) 罗贯中著，(清) 名教中人编，(清) 毛宗岗批注，邓加荣、赵云龙辑校，线装书局2007年。

第八才子书：花笺记　第九才子书：捉鬼传　第十才子书：驻春园（十大才子书）(清) 佚名氏著，(清) 樵云山人编次，(清) 吴航野客编次，(清) 钟戴苍批注，(清) 水箬散人批注，邓加荣、赵云龙辑校，线装书局2007年。

岳飞传（世界少年文学经典文库）(清) 钱彩原著，王增坤、黄晓静改写，浙江少年儿童出版社2007年。

儒林外史（世界少年文学经典文库）(清) 吴敬梓原著，季静等改写，浙江少年儿童出版社2007年。

儒林外史（世界文学名著·名家导读版）(清) 吴敬梓著，徐林、李杰编，中国对外翻译出版公司2007年。

红楼梦（中国古典文学精华·第1辑）(清) 曹雪芹著，王丽丽改编，中国画报出版社2007年。

三国演义（中国古典文学精华·第1辑）(明) 罗贯中著，胡大勇改编，中国画报出版社2007年。

水浒传（中国古典文学精华·第1辑）(明) 施耐庵著，霍意娟改编，中国画报出版社2007年。

西游记（中国古典文学精华·第1辑）(明) 吴承恩著，胡大勇改编，中国画报出版社2007年。

红楼梦：插图版（中国传统文化精华）(清) 曹雪芹、高鹗著，王丽丽改编，中国画报出版社2007年。

三国演义：插图版（中国传统文化精华）(明) 罗贯中著，胡大勇改编，中国画报出版社2007年。

水浒传：插图版（中国传统文化精华）(明) 施耐庵著，霍意娟改编，中国画报出版社2007年。

西游记：插图版（中国传统文化精华）(明) 吴承恩著，胡大勇改编，中国画报出版社2007年。

红楼梦（中学生世界文学名著：名家导学版·第1辑）(清) 曹雪芹、高鹗著，孙志杰、王丽丽编著，中国画报出版社2007年。

三国演义（中学生世界文学名著：名家导学版·第1辑）(明) 罗贯中著，刘树英、胡大勇编著，中国画报出版社2007年。

水浒传（中学生世界文学名著：名

家导学版·第1辑）（明）施耐庵著，孙志杰、霍意娟编著，中国画报出版社2007年。

西游记（中学生世界文学名著：名家导学版·第1辑）（明）吴承恩著，王尽芳、霍意娟编著，中国画报出版社2007年。

西游记（图文典藏·全本注释版四大名著）（明）吴承恩著，杨永青绘，林冠夫等整理，中国少年儿童出版社2007年。

全本红楼梦文典藏全本注释版（清）曹雪芹、高鹗原著，（清）改琦等绘，晴雪漫竹整理，中国少年儿童出版社2007年。

水浒传（图文典藏·全本注释版四大名著）（明）施耐庵著，赵成伟等绘，迟赵俄、余以德整理，中国少年儿童出版社2007年。

三国演义（中华国学经典读本：专家名师解读版）（明）罗贯中著，刘亚丹解读，北京理工大学出版社2007年。

西游记（中华国学经典读本：专家名师解读版）（明）吴承恩著，王艳喆解读，北京理工大学出版社2007年。

水浒传（中华国学经典读本：专家名师解读版）（明）施耐庵著，林明解读，北京理工大学出版社2007年。

红楼梦（中华国学经典读本：专家名师解读版）（清）曹雪芹、高鹗著，李慧解读，北京理工大学出版社2007年。

三国演义：百家汇评本（明）罗贯中著，王伟辑评，长江文艺出版社2007年。

西游记：百家汇评本（明）吴承恩著，吴圣燮辑评，长江文艺出版社2007年。

水浒传：百家汇评本（明）施耐庵著，郭浩政辑评，长江文艺出版社2007年。

同步注释红楼梦（清）曹雪芹原著，（清）高鹗续著，孙厚德注释，白山出版社2007年。

三国演义：名家汇评本（名家汇评本系列）（明）罗贯中著，李贽等评，钟宇辑，北京图书馆出版社2007年。

红楼梦（中国古典名著文学）

（清）曹雪芹、高鹗著，韩琳校注，江西高校出版社 2007 年。

三国演义（中国古典名著文学）（明）罗贯中著，韩琳校注，江西高校出版社 2007 年。

水浒传（中国古典名著文学）（明）施耐庵著，韩琳校注，江西高校出版社 2007 年。

西游记（中国古典文学名著）（明）吴承恩著，韩琳校注，江西高校出版社 2007 年。

儿女英雄传 （清）文康著，泽润点校，凤凰出版社 2008 年。

狄青全传 （清）佚名著，城宁点校，凤凰出版社 2008 年。

东周列国志 （明）冯梦龙著，蔡元放编，夜书点校，凤凰出版社 2008 年。

济公全传 （清）郭小亭著，青阳点校，凤凰出版社 2008 年。

八仙得道传 （清）无垢道人著，朝阳点校，凤凰出版社 2008 年。

水浒后传 （清）陈忱著，茂山点校，凤凰出版社 2008 年。

续三国演义 （明）酉阳野史著，沙文点校，凤凰出版社 2008 年。

新纪元 （清）碧荷馆主人著，广西师范大学出版社 2008 年。

野叟曝言：绣像本 （清）夏敬渠著，线装书局 2008 年。

脂砚斋重评石头记汇校汇评 （清）曹雪芹撰，脂砚斋评，冯其庸主编，北京图书馆出版社 2008 年。

红楼梦：名家汇评本 （清）曹雪芹撰，脂砚斋等评，刘继保、卜喜逢辑，北京图书馆出版社 2008 年。

水浒传：名家汇评本 （明）施耐庵著，李贽等评，宋杰辑，北京图书馆出版社 2008 年。

西游记：精致插图本 （明）吴承恩著，蒋薇等绘，大众文艺出版社 2008 年。

三国演义：精致插图本 （明）罗贯中著，蒋薇等绘，大众文艺出版社 2008 年。

水浒传：精致插图本 （明）施耐庵、罗贯中著，蒋薇等绘，大众文艺出版社 2008 年。

红楼梦：精致插图本 （清）曹雪芹、高鹗著，蒋薇等绘，大众文艺出版社2008年。

东周列国志：精致插图本 （明）冯梦龙、（清）蔡元放编，蒋薇等绘，大众文艺出版社2008年。

儒林外史：精致插图本 （清）吴敬梓著，蒋薇等绘，大众文艺出版社2008年。

封神榜：精致插图本 （明）许仲琳著，蒋薇等绘，大众文艺出版社2008年。

红楼梦：名师伴读版：光明版 （清）曹雪芹、高鹗著，光明日报出版社2008年。

三国演义：名师伴读版：光明版 （明）罗贯中著，光明日报出版社2008年。

水浒传：名师伴读版：光明版 （明）施耐庵著，光明日报出版社2008年。

西游记：名师伴读版：光明版 （明）吴承恩著，光明日报出版社2008年。

隋唐演义（中外名著榜中榜）（清）褚人获编撰，光明日报出版社2008年。

封神演义（中外名著榜中榜）（明）许仲琳编，光明日报出版社2008年。

三侠五义（中外名著榜中榜）（清）石玉昆述，光明日报出版社2008年。

东周列国志（中外名著榜中榜）（明）冯梦龙、（清）蔡元放编，光明日报出版社2008年。

儒林外史 （清）吴敬梓著，金宽雄、金晶银韩译，湖南人民出版社2008年。

晚清双记 （清）沈复、刘鹗著，重庆出版社2008年。

三国志后传 （明）酉阳野史撰，孔祥义点校，上海古籍出版社2008年。

水浒全传校注 施耐庵集撰、罗贯中纂修，王利器校注，河北教育出版社2009年。

说岳全传（中华十大畅销古典小说）（清）钱彩、金丰编著，中华书局2009年。

东周列国志（中华十大畅销古典小说）（明）冯梦龙原著，蔡元放改编，中华书局2009年。

儒林外史（中华十大购销古典小说） （清）吴敬梓著，中华书局2009年。

西游记（四大名著名家点评） （明）吴承恩撰，黄周星点评，中华书局2009年。

红楼梦（四大名著名家点评） （清）曹雪芹、高鹗著，脂砚斋、王希廉点评，中华书局2009年。

三国演义（四大名著名家点评） （明）罗贯中著，毛纶、毛宗岗点评，中华书局2009年。

水浒传（四大名著名家点评） （明）施耐庵、罗贯中著，金圣叹、李卓吾点评，中华书局2009年。

西班牙藏叶逢春刊本三国志史传 陈翔华主编，国家图书馆出版社2009年。

北京藏黄正甫刊本三国志传 陈翔华主编，国家图书馆出版社2009年。

三国志通俗演义史传 （明）罗贯中著，[日] 井上泰山编，上海古籍出版社2009年。

隋唐演义 （清）褚人获著，卫绍生点校，中州古籍出版社2009年。

济公全传 （清）郭小亭著，卢海山、李海波点校，中州古籍出版社2009年。

说岳全传 （清）钱彩、金丰著，张弦声点校，中州古籍出版社2009年。

三侠五义 （清）石玉昆著，暴拯群点校，中州古籍出版社2009年。

包公案 （明）佚名著，王玉杰点校，中州古籍出版社2009年。

狄公案 （清）佚名著，王玉杰点校，中州古籍出版社2009年。

官场现形记 （清）李宝嘉著，岳继东点校，中州古籍出版社2009年。

封神演义 （明）许仲琳著，郭月利点校，中州古籍出版社2009年。

儒林外史 （清）吴敬梓著，肖婧菁点校，中州古籍出版社2009年。

东周列国志：图文本 （明）冯梦龙、蔡元放编，岳麓书社2009年。

封神演义：图文本 （明）许仲琳著，岳麓书社2009年。

隋唐演义：图文本 （清）褚人获著，岳麓书社2009年。

三国演义：图文本 （明）罗贯中著，岳麓书社 2009 年。

西游记：图文本 （明）吴承恩著，岳麓书社 2009 年。

水浒全传：图文本 （明）施耐庵、罗贯中著，岳麓书社 2009 年。

说岳全传：图文本 （清）钱彩著，岳麓书社 2009 年。

白蛇全传：图文本 （清）梦花馆主著，岳麓书社 2009 年。

儒林外史：图文本 （清）吴敬梓著，岳麓书社 2009 年。

说唐传：图文本 （清）无名氏著，岳麓书社 2009 年。

海上花列传：图文本 （清）韩邦庆著，岳麓书社 2009 年。

三国演义：插图评点珍藏本 （明）罗贯中著，毛宗岗评点，线装书局 2009 年。

西游记：插图评点珍藏本 （明）吴承恩著，李卓吾评点，线装书局 2009 年。

水浒传：插图评点珍藏本 （明）施耐庵著，（清）金圣叹评点，线装书局 2009 年。

红楼梦：插图评点珍藏本 （清）曹雪芹著，脂砚斋主人评点，线装书局 2009 年。

官场现形记：权威版 （清）李宝嘉著，长春出版社 2010 年。

说岳全传 （清）钱彩著，华夏改写，二十一世纪出版社 2010 年。

老残游记·孽海花 （清）曾朴、刘鹗著，《国学典藏书系》丛书编委会主编，吉林出版集团有限责任公司 2010 年。

说岳全传 （清）钱彩著，《国学典藏书系》丛书编委会主编，吉林出版集团有限责任公司 2010 年。

隋唐演义 （清）褚人获著，《国学典藏书系》丛书编委会主编，吉林出版集团有限责任公司 2010 年。

封神演义 （明）许仲琳著，《国学典藏书系》丛书编委会主编，吉林出版集团有限责任公司 2010 年。

官场现形记 （清）李伯元著，《国学典藏书系》丛书编委会主编，吉林出版集团有限责任公司 2010 年。

镜花缘 （清）李汝珍著，《国学典藏书系》丛书编委会主编，吉林出版集团有限责任公司 2010 年。

包公案·彭公案 （明）安遇时、（清）贪梦道人著，《国学典藏书系》丛书编委会主编，吉林出版集团有限责任公司2010年。

西游记 （明）吴承恩著，《国学典藏书系》丛书编委会主编，吉林出版集团有限责任公司2010年。

说唐全传 佚名著，《国学典藏书系》丛书编委会主编，吉林出版集团有限责任公司2010年。

薛刚反唐·薛家将 佚名著，《国学典藏书系》丛书编委会主编，吉林出版集团有限责任公司2010年。

小五义 （清）石玉昆著，《国学典藏书系》丛书编委会主编，吉林出版集团有限责任公司2010年。

狄公案·残唐五代演义 佚名著，《国学典藏书系》丛书编委会主编，吉林出版集团有限责任公司2010年。

施公案 佚名著，《国学典藏书系》丛书编委会主编，吉林出版集团有限责任公司2010年。

薛仁贵征东·薛丁山征西 佚名著，《国学典藏书系》丛书编委会主编，吉林出版集团有限责任公司2010年。

二十年目睹之怪现状 （清）吴趼人著，《国学典藏书系》丛书编委会主编，吉林出版集团有限责任公司2010年。

封神演义 （明）许仲琳著，内蒙古人民出版社2010年。

七剑十三侠 （明）唐芸洲著，内蒙古人民出版社2010年。

杨家将 （明）熊大木著，内蒙古人民出版社2010年。

隋唐演义 （清）褚人获著，内蒙古人民出版社2010年。

东周列国志 （明）冯梦龙著，内蒙古人民出版社2010年。

儒林外史 （清）吴敬梓著，内蒙古人民出版社2010年。

包公案 （明）佚名著，内蒙古人民出版社2010年。

呼家将 （清）佚名著，内蒙古人民出版社2010年。

海公案 （清）李春芳著，内蒙古人民出版社2010年。

三侠剑 （清）张杰鑫著，内蒙古人民出版社2010年。

七侠五义 （清）石玉昆著，内蒙古人民出版社 2010 年。

薛刚反唐 （明）如莲居士著，内蒙古人民出版社 2010 年。

罗通扫北 （清）佚名著，内蒙古人民出版社 2010 年。

施公案 （清）佚名著，内蒙古人民出版社 2010 年。

薛家将 （清）如莲居士著，内蒙古人民出版社 2010 年。

说唐全传 （明）佚名著，内蒙古人民出版社 2010 年。

小五义 （清）佚名著，内蒙古人民出版社 2010 年。

说岳全传 （清）钱彩著，内蒙古人民出版社 2010 年。

何典 （清）张南庄著，刘半农点校，田松青注，上海文艺出版社 2010 年。

红楼梦全评全赏 （清）曹雪芹、高鹗著，方沪鸣评点，上海文艺出版社 2010 年。

定情人 （清）荻岸山人编次，魏武挥鞭点校，中国经济出版社 2010 年。

平山冷燕 （清）荑荻山人编，魏武挥鞭点校，中国经济出版社 2010 年。

玉娇梨 （明）荑荻山人著，魏武挥鞭点校，中国经济出版社 2010 年。

二十年目睹之怪现状 （清）吴趼人著，冯保善点校，中州古籍出版社 2010 年。

老残游记 （清）刘鹗著，张瑞芳点校，中州古籍出版社 2010 年。

镜花缘 （清）李汝珍著，张英华点校，中州古籍出版社 2010 年。

儿女英雄传 （清）文康著，李红岩点校，中州古籍出版社 2010 年。

东周列国志 （明）冯梦龙、（清）蔡元放编著，中州古籍出版社 2010 年。

封神演义·聊斋志异：全新校勘珍藏版 （明）许仲琳、蒲松龄编，徐寒主编，中国书店 2010 年。

儒林外史汇校汇评 （清）吴敬梓著，李汉秋辑校，上海古籍出版社 2010 年。

说岳全传 （清）钱彩编次，上海

古籍出版社 2010 年。

说唐全传 （清）鸳湖渔叟校订，上海古籍出版社 2010 年。

新中国 （清）陆士谔著，郭时羽、顾佳标注，上海古籍出版社 2010 年。

清末时新小说集 周欣平主编，上海古籍出版社 2010 年。

越南汉文小说集成 孙逊、郑克孟、陈庆浩主编，上海古籍出版社 2010 年。

李卓吾批评本西游记 （明）吴承恩著，茂山点校，凤凰出版社 2010 年。

金圣叹批评本水浒传 （明）施耐庵著，（清）金圣叹批评，陆林点校，凤凰出版社 2010 年。

毛宗岗批评本三国演义 （明）罗贯中著，（清）毛宗岗批评，沙文点校，凤凰出版社 2010 年。

脂砚斋批评本红楼梦 （清）曹雪芹著，脂砚斋批评，大江点校，凤凰出版社 2010 年。

脂砚斋重评石头记己卯校本 （清）曹雪芹著，脂砚斋评，吕鹏校，三秦出版社 2010 年。

野叟曝言：绣像精装本 （清）夏敬渠著，线装书局 2010 年。

施公案 （清）佚名著，陈秋帆改写，人民文学出版社 2011 年。

孽海花 （清）曾朴著，冷时峻点校，上海古籍出版社 2011 年。

官场现形记 （清）李伯元著，冷时峻点校，上海古籍出版社 2011 年。

施公案 （清）佚名著，冷时峻点校，上海古籍出版社 2011 年。

彭公案 （清）贪梦道人著，秦克、巩军点校，上海古籍出版社 2011 年。

小五义 （清）佚名编著，陆树仑、竺少华点校，上海古籍出版社 2011 年。

杨家将演义 （明）熊大木编撰，田松青点校，上海古籍出版社 2011 年。

老残游记 （清）刘鹗著，钟夫点校，上海古籍出版社 2011 年。

镜花缘 （清）李汝珍著，钟夫点校，上海古籍出版社 2011 年。

七侠五义 （清）石玉昆编，田松青点校，上海古籍出版社2011年。

封神演义 （明）许仲琳著，王维堤点校，上海古籍出版社2011年。

二十年目睹之怪现状 （清）吴趼人著，宋世嘉点校，上海古籍出版社2011年。

英烈传 （明）佚名著，尚成点校，上海古籍出版社2011年。

水浒传 （明）罗贯中、施耐庵撰，上海古籍出版社2011年。

三国演义 （明）罗贯中撰，上海古籍出版社2011年。

西游记 （明）吴承恩撰，上海古籍出版社2011年。

红楼梦 （清）曹雪芹撰，上海古籍出版社2011年。

封神演义 （明）许仲琳著，《成长必读》编委会改编，宁夏人民出版社2011年。

东周列国志 （明）冯梦龙著，《成长必读》编委会改编，宁夏人民出版社2011年。

隋唐演义 （清）褚人获著，《成长必读》编委会改编，宁夏人民出版社2011年。

杨家将 （明）熊大木著，《成长必读》编委会改编，宁夏人民出版社2011年。

南京图书馆藏戚蓼生序本石头记 （清）曹雪芹著，国家图书馆出版社2011年。

七侠五义：轻松阅读无障碍本 （清）石玉昆撰，李学桃注，岳麓书社2011年。

说唐传：轻松阅读无障碍本 （清）无名氏著，李学桃注，岳麓书社2011年。

八仙全传：轻松阅读无障碍本 （清）无垢道人撰，李学桃注，岳麓书社2011年。

杨家将演义 （明）熊大木著，浙江古籍出版社2011年。

老残游记 （清）刘鹗著，浙江古籍出版社2011年。

说岳全传 （清）钱彩编次，金丰增订，浙江古籍出版社2011年。

封神演义 （明）许仲琳著，浙江古籍出版社2011年。

隋唐演义 （清）褚人获著，浙江

古籍出版社 2011 年。

孽海花 （清）曾朴著，浙江古籍出版社 2011 年。

续西游记 （明）无名氏著，沙文点校，凤凰出版社 2011 年。

红楼梦补 （清）归锄子著，沙文点校，凤凰出版社 2011 年。

镜花缘 （清）李汝珍著，凤凰出版社 2011 年。

岳飞传 （清）钱彩著，语文新课标必读经典丛书编委会编，黄山书社 2011 年。

隋唐演义 （清）褚人获著，语文新课标必读经典丛书编委会编，黄山书社 2011 年。

封神演义 （明）许仲琳著，语文新课标必读经典丛书编委会编，黄山书社 2011 年。

诗文评类

历代诗话续编（中国文学研究典籍丛刊） 丁福保辑，无锡丁氏 1916 年，中华书局 1983 年，2001 年，2006 年。

文学津梁 周钟游辑，有正书局 1916 年。

精选四六丛话 （清）孙梅编著，刘铁冷选辑，藜青阁 1917 年，1919 年，1923 年。

三家诗话选 （清）王士禛等著，王简选，广益书局 1919 年。

词话丛钞 况周颐辑，王文濡增补，上海大东书局 1921 年。

艺概 （清）刘熙载著，开明书店 1923 年。

（新式标点）文心雕龙 （南朝梁）刘勰著，（清）黄叔琳注释，沈子英标点，梁溪图书馆 1924 年。

（新式标点）文心雕龙 （南朝梁）刘勰著，（清）黄叔琳注，陈益标点，扫叶山房 1925 年，1927 年。

文心雕龙讲疏 范文澜著，新懋印书局 1925 年。

渊明诗话 （清）东岩辑，许印芳编订，源记书庄 1926 年，大中书局 1931 年。

文心雕龙 （南朝梁）刘勰著，（清）黄叔琳注，新华书局 1927 年，1929 年。

（言文对照）文心雕龙 （南朝梁）

刘勰著，冯葭初编，五洲书局1927年。

琼台诗话（海南丛书）（明）丘文庄著，（明）蒋冕辑，海南书局1927年。

历代诗话 何文焕辑，医学书局1927年。

清诗话 丁福保辑，无锡丁氏1927年。

四六丛话叙论（文学批评丛书）（清）孙梅著，朴社1928年。

文心雕龙注（中国古典文学理论批评丛刊 中国古典文学理论批评专著选辑）（南朝梁）刘勰著，范文澜编注，文化学社1929至1931年，人民文学出版社1958年。

西湖诗词丛话 （清）厉鹗辑，六艺书局1929年，1931年，1934年。

本事诗 （唐）孟启著，文艺小丛书社1930年，1933年。

文心雕龙（万有文库）（南朝梁）刘勰著，（清）黄叔琳注，商务印书馆1931年，1935年，1936年。

文心雕龙 （南朝梁）刘勰著，冰心主人标点，大中书局1932年，1934年。

(新式标点) 文心雕龙（国学门径丛书）（南朝梁）刘勰著，侯毓珩标点，大东书局1932年。

文体明辨 （明）徐师曾著，罗根泽点校，文化学社1933年。

(新式标点) 文心雕龙 （南朝梁）刘勰著，（清）黄叔琳注，薛恨生标点，新文化书社1933年，1934年。

文心雕龙（万有文库）（南朝梁）刘勰著，庄适选注，商务印书馆1933年，1934年，1947年，（香港）商务印书馆1959年。

(新式标点) 文心雕龙 （南朝梁）刘勰著，（清）黄叔琳注，诸纯鉴标点，大达图书供应社1933年，1934年，1935年。

删订随园诗话 （清）袁枚著，寒梅居士删订，大中书局1933年。

随园诗话 （清）袁枚著，许啸天点注，群学社1933年，1937年。

陶渊明诗话 （清）东岩辑，许印芳编订，启智书局1933年，1934年。

陶靖节诗话 （清）东岩辑，许印芳编订，鲍赓生标点，新文化书社

1933 年。

词话丛编 唐圭璋辑，1934 年自刊，中华书局 1986 年，1996 年。

删订随园诗话 （清）袁枚著，何友标点，新文化书社 1934 年。

正续随园诗话（国学基础丛书）（清）袁枚著，朱太忙标点，大达图书供应社 1934 年，1935 年，1936 年。

陶渊明诗话 （清）东岩辑，许印芳编订，朱太忙标点，大达图书供应社 1934 年。

唐诗纪事著者引得 哈佛燕京学社引得编纂处编，哈佛燕京学社引得编纂处 1934 年。

元诗纪事著者引得 哈佛燕京学社引得编纂处编，哈佛燕京学社引得编纂处 1934 年。

宋诗纪事著者引得 哈佛燕京学社引得编纂处编，哈佛燕京学社引得编纂处 1934 年。

拜经楼诗话（丛书集成初编）（清）李骞撰，商务印书馆 1935 年。

山静居诗话（丛书集成初编）（清）方熏撰，商务印书馆 1935 年。

诗话（丛书集成初编）（清）李调元撰，商务印书馆 1935 年。

石洲诗话（丛书集成初编）（清）翁方纲撰，商务印书馆 1935 年。

北江诗话（丛书集成初编）（清）洪亮吉撰，商务印书馆 1935 年。

广注文心雕龙·诗品 （南朝梁）刘勰、钟嵘著，杜天縻注，国学整理社 1935 年，1936 年。

（新式标点）渔洋山人诗问 （清）王士祯著，谢苇丰标点，东方文学社 1935 年。

柳亭诗话 （清）宋长白著，胡协寅校，大达图书供应社 1935 年。

柳亭诗话（中国文学珍本丛书）（清）宋长白著，辛味白点校，上海杂志公司 1935 至 1936 年。

元诗纪事（万有文库） 陈衍辑，商务印书馆 1935 年，1936 年。

文章辨体式 （清）程崟编，王正己标点，人文书店 1935 年。

诗品（万有文库）（南朝梁）钟嵘著，商务印书馆 1936 年，1937 年。

竹坨诗话 （清）朱彝尊辑，王心湛校，广益书局 1936 年。

春秋诗话（丛书集成初编）（清）劳孝舆撰，商务印书馆1936年。

诗薮　（明）胡应麟著，开明书店1936年。

西河诗词话　（清）毛奇龄著，开明书店1936年。

文心雕龙（四部丛刊）（南朝梁）刘勰撰，商务印书馆1936年。

文心雕龙（四部备要）（南朝梁）刘勰撰，（清）黄叔琳注，（清）纪昀评，中华书局1936年。

唐诗纪事（四部丛刊）（宋）计有功撰，商务印书馆1936年。

诗话总龟（四部丛刊）（宋）阮阅辑，商务印书馆1936年。

古文绪论（四部备要）（清）吴德旋述，（清）吕璜记，中华书局1936年。

钟嵘诗品（四部备要）（南朝梁）钟嵘撰，中华书局1936年。

司空诗品（四部备要）（唐）司空图撰，中华书局1936年。

苕溪渔隐丛话（四部备要）（宋）胡仔撰，中华书局1936年。

说诗晬语（四部备要）（清）沈德潜撰，中华书局1936年。

浩然斋雅谈（丛书集成初编）（宋）周密撰，商务印书馆1936年。

文录（丛书集成初编）（宋）唐庚撰，商务印书馆1936年。

环溪诗话（丛书集成初编）（宋）吴沆撰，商务印书馆1936年。

优古堂诗话（丛书集成初编）（宋）吴开撰，商务印书馆1936年。

容斋诗话（丛书集成初编）（宋）洪迈撰，商务印书馆1936年。

全唐诗话（丛书集成初编）（宋）尤袤撰，商务印书馆1936年。

二老堂诗话（丛书集成初编）（宋）周必大撰，商务印书馆1936年。

观林诗话（丛书集成初编）（宋）吴聿撰，商务印书馆1936年。

艇斋诗话（附校伪·续校·补校）（丛书集成初编）（宋）曾季狸撰，商务印书馆1936年。

竹坡诗话（丛书集成初编）（宋）周紫芝撰，商务印书馆1936年。

沧浪诗话（丛书集成初编）（宋）严羽撰，商务印书馆1936年。

江西诗派小序（丛书集成初编）（宋）刘克庄撰，商务印书馆1936年。

姜氏诗说（丛书集成初编）（宋）姜夔撰，商务印书馆1936年。

娱书堂诗话（丛书集成初编）（宋）赵与虤撰，商务印书馆1936年。

梅硐诗话（丛书集成初编）（宋）韦居安撰，商务印书馆1936年。

深雪偶谈（丛书集成初编）（宋）方岳撰，商务印书馆1936年。

诗评（丛书集成初编）（宋）敖陶孙撰，（明）程兆胤录，商务印书馆1936年。

吴氏诗话（丛书集成初编）（宋）吴子良撰，商务印书馆1936年。

东坡诗话录（丛书集成初编）（元）陈秀明编，商务印书馆1936年。

吴礼部诗话（丛书集成初编）（元）吴师道撰，商务印书馆1936年。

归田诗话（丛书集成初编）（明）瞿佑撰，商务印书馆1936年。

麓堂诗话（丛书集成初编）（明）李东阳撰，商务印书馆1936年。

余冬诗话（丛书集成初编）（明）何孟春撰，商务印书馆1936年。

四溟诗话（丛书集成初编）（明）谢榛撰，商务印书馆1936年。

存余堂诗话（丛书集成初编）（明）朱承爵撰，商务印书馆1936年。

国朝诗评（丛书集成初编）（明）王世贞撰，商务印书馆1936年。

挥麈诗话（丛书集成初编）（明）王兆云辑，商务印书馆1936年。

诗的（丛书集成初编）（明）王文禄撰，商务印书馆1936年。

夷白斋诗话（丛书集成初编）（明）顾元庆撰，商务印书馆1936年。

明诗评（丛书集成初编）（明）王世贞撰，商务印书馆1936年。

全唐诗说（丛书集成初编）（明）王世贞撰，商务印书馆1936年。

佘山诗话（丛书集成初编）（明）陈继儒撰，商务印书馆1936年。

艺圃撷余（丛书集成初编）（明）王世懋撰，商务印书馆 1936 年。

恬致堂诗话（丛书集成初编）（明）李日华撰，商务印书馆 1936 年。

玉笥诗谈（正续）（丛书集成初编）（明）朱孟震撰，商务印书馆 1936 年。

漫堂说诗（丛书集成初编）（清）宋荦撰，商务印书馆 1936 年。

唐诗谈丛（丛书集成初编）（明）胡震亨撰，商务印书馆 1936 年。

榆溪诗话（丛书集成初编）（清）徐世溥撰，商务印书馆 1936 年。

杜诗双声叠韵谱括略（丛书集成初编）（清）周春纂，商务印书馆 1936 年。

茗香诗论（丛书集成初编）（清）宋大樽撰，商务印书馆 1936 年。

小沧浪笔谈（丛书集成初编）（清）阮元撰，商务印书馆 1936 年。

定香亭笔谈（丛书集成初编）（清）阮元撰，商务印书馆 1936 年。

白石道人诗词评论（补遗）（丛书集成初编）（清）许增辑，商务印书馆 1936 年。

围炉诗话（丛书集成初编）（清）吴乔述，商务印书馆 1936 年。

月山诗话（丛书集成初编）（清）恒仁纂，商务印书馆 1936 年。

骚坛秘语（丛书集成初编）（明）周履靖编次，商务印书馆 1936 年。

集唐要法（丛书集成初编）（清）郎廷极撰，商务印书馆 1936 年。

师友诗传录（丛书集成初编）（清）郎廷槐述，商务印书馆 1936 年。

诗源撮要（丛书集成初编）（明）张懋贤编次，商务印书馆 1936 年。

典论（丛书集成初编）（曹魏）曹丕撰，（清）孙冯翼辑，商务印书馆 1936 年。

容斋四六丛谈（丛书集成初编）（宋）洪迈撰，商务印书馆 1936 年。

四六话（丛书集成初编）（宋）王铚撰，商务印书馆 1936 年。

四六谈麈（丛书集成初编）（宋）谢伋录，商务印书馆 1936 年。

赋话（丛书集成初编）（清）李调

元撰，商务印书馆 1936 年。

文笔考（丛书集成初编）（清）阮福辑，商务印书馆 1936 年。

唐诗纪事（中国文学珍本丛书）（宋）计有功著，（明）洪楩校，冯葭卿标点，贝叶山房 1936 年。

五代诗话 （清）王士祯编，宋弼等补辑，王心湛校勘，广益书局 1936 年。

明诗纪事（万有文库）（清）陈田辑，商务印书馆 1936 年。

修辞鉴衡（万有文库）（元）王构著，商务印书馆 1937 年，1939 年简编版。

江西诗社宗派图录（丛书集成初编）（清）张泰来述，商务印书馆 1937 年。

沧浪诗话笺注 （宋）严羽原撰，胡才甫笺注，中华书局 1937 年。

苕溪渔隐丛话（万有文库）（宋）胡仔编，商务印书馆 1937 年，1939 年简编版。

唐诗纪事（万有文库）（宋）计有功著，商务印书馆 1937 年。

全唐诗话（万有文库）（宋）尤袤著，商务印书馆 1937 年。

五代诗话（万有文库）（清）王士祯编，（清）郑方坤删补，商务印书馆 1937 年，1939 年。

宋诗纪事（万有文库）（清）厉鹗、马日琯辑，商务印书馆 1937 年。

修辞鉴衡（丛书集成初编）（元）王构撰，商务印书馆 1937 年。

苕溪渔隐丛话前后集（丛书集成初编）（宋）胡仔纂集，商务印书馆 1937 年。

对床夜语（丛书集成初编）（宋）范晞文撰，商务印书馆 1937 年。

滹南诗话（丛书集成初编）（金）王若虚撰，商务印书馆 1937 年。

莲堂诗话（附校讹及续校）（丛书集成初编）（元）祝诚撰，商务印书馆 1937 年。

五代诗话（丛书集成初编）（清）王士祯原编，（清）郑方坤删补，商务印书馆 1937 年。

泾川诗话（丛书集成初编）（清）赵知希撰，商务印书馆 1937 年。

东坡文谈录（丛书集成初编）

（元）陈秀明编，商务印书馆1937年。

文脉（丛书集成初编）（明）王文禄撰，商务印书馆1937年。

文评（丛书集成初编）（明）王世贞撰，商务印书馆1937年。

文心雕龙（丛书集成初编）（南朝梁）刘勰撰，商务印书馆1937年。

文章缘起注（丛书集成初编）（南朝梁）任昉撰，（明）陈懋仁注，商务印书馆1937年。

续文章缘起（丛书集成初编）（明）陈懋仁撰，商务印书馆1937年。

文则（丛书集成初编）（宋）陈骙撰，商务印书馆1937年。

宋诗话辑佚（燕京学报专号）郭绍虞校辑，哈佛燕京学社1937年，中华书局1980年，1987年。

四六丛话（附选诗丛话）（万有文库）（清）孙梅辑，商务印书馆1937年，1939年简编版。

金粟词话（丛书集成初编）（清）彭孙遹撰，商务印书馆1937年。

文章缘起（万有文库）（南朝梁）任昉著，（明）陈懋仁注，商务印书馆1939年简编版。

本事诗（丛书集成初编）（唐）孟棨撰，商务印书馆1939年。

二南密旨（丛书集成初编）（唐）贾岛撰，商务印书馆1939年。

主客图（丛书集成初编）（唐）张为撰，商务印书馆1939年。

贡父诗话（丛书集成初编）（宋）刘攽撰，商务印书馆1939年。

后山居士诗话（丛书集成初编）（宋）陈师道撰，商务印书馆1939年。

临汉隐居诗话（丛书集成初编）（宋）魏泰撰，商务印书馆1939年。

六一诗话（丛书集成初编）（宋）欧阳修撰，商务印书馆1939年。

司马温公诗话（丛书集成初编）（宋）司马光撰，商务印书馆1939年。

冷斋夜话（丛书集成初编）（宋）释惠洪撰，商务印书馆1939年。

玉壶诗话（丛书集成初编）（宋）释文莹撰，商务印书馆1939年。

东莱吕紫微诗话（丛书集成初编）（宋）吕本中撰，商务印书馆1939年。

珊瑚钩诗话（丛书集成初编）（宋）张表臣撰，商务印书馆1939年。

许彦周诗话（丛书集成初编）（宋）许颢撰，商务印书馆1939年。

庚溪诗话（丛书集成初编）（宋）陈岩肖撰，商务印书馆1939年。

岁寒堂诗话（丛书集成初编）（宋）张戒撰，商务印书馆1939年。

韵语阳秋（丛书集成初编）（宋）葛立方撰，商务印书馆1939年。

升庵诗话（补遗）（丛书集成初编）（明）杨慎撰，商务印书馆1939年。

莲坡诗话（丛书集成初编）（清）查为仁撰，商务印书馆1939年。

榕城诗话（丛书集成初编）（清）杭世骏撰，商务印书馆1939年。

广陵诗事（丛书集成初编）（清）阮元撰，商务印书馆1939年。

诗品二十四则（丛书集成初编）（唐）司空图著，商务印书馆1939年。

风骚旨格（丛书集成初编）（唐）释齐己著，商务印书馆1939年。

木天禁语（丛书集成初编）（元）范梈著，商务印书馆1939年。

余师录（丛书集成初编）（宋）王正德撰，商务印书馆1939年。

云庄四六余话（丛书集成初编）（宋）杨囦道撰，商务印书馆1939年。

宋四六话（丛书集成初编）（清）彭元瑞撰，商务印书馆1939年。

初月楼古文绪论（丛书集成初编）（清）吴德旋述，（清）吕璜纂，商务印书馆1939年。

四六金针（丛书集成初编）（清）陈维崧撰，商务印书馆1939年。

文原（丛书集成初编）（明）宋濂撰，商务印书馆1939年。

作义要诀（丛书集成初编）（元）倪士毅撰，商务印书馆1939年。

诗式（丛书集成初编）（唐）释皎然著，商务印书馆1940年。

词源笺释（宋）张炎著，陈能群

笺，1940 年自刊。

容斋诗话 （宋）洪迈著，商务印书馆 1941 年。

北江诗话 （清）洪亮吉著，商务印书馆 1941 年。

韵语阳秋 （宋）葛立方著，商务印书馆 1941 年。

广注诗品 （南朝梁）钟嵘著，杜天縻注，世界书局 1943 年，1947 年。

宋诗纪事拾遗（世界集刊） 屈强著，世界书局 1947 年。

广注文心雕龙 （南朝梁）刘勰著，杜天縻注，世界书局 1949 年。

* **文心雕龙校释** （南朝梁）刘勰撰，刘永济校译，台湾正中书局 1954 年，1961 年，中华书局上海编辑所 1962 年，中华书局香港分局 1972 年，台湾华正书局 1974 年，中华书局 2010 年。

诗品 （南朝梁）钟嵘撰，文学古籍刊行社 1954 年。

* **校注人间词话** 王国维著，徐调孚校注，中华书局 1955 年，2003 年，台湾汉京文化事业公司 1980 年，顶渊文化事业公司 2001 年。

* **广注文心雕龙** 梁·刘勰著，黄叔琳注，香港文光书局 1955 年。

* **诗品新注** 杜天縻注，台湾世界书局 1956 年。

本事诗·本事词 （唐）孟棨、（清）叶申芗撰，古典文学出版社 1957 年，中华书局上海编辑所 1959 年。

唐音癸签（中国文学参考资料丛书）（明）胡震亨撰，古典文学出版社 1957 年，上海古籍出版社 1981 年。

列朝诗集小传 （清）钱谦益撰，古典文学出版社 1957 年，上海古籍出版社 1983 年。

文心雕龙 （南朝梁）刘勰撰，四川人民出版社 1957 年。

文心雕龙辑注 （南朝梁）刘勰撰，（清）黄叔琳注，纪昀评，中华书局 1957 年。

* **诗品注** （南朝梁）钟嵘撰，陈延杰注，台湾开明书店 1958 年，（香港）商务印书馆 1959 年，人民文学出版社 1961 年。

文心雕龙校注拾遗 （南朝梁）刘

勰撰，杨明照校注拾遗，古典文学出版社 1958 年，上海古籍出版社 1982 年。

阅红楼梦随笔 （清）周春撰，中华书局上海编辑所 1958 年。

历代诗话 （清）吴景旭撰，古典文学出版社 1958 年。

叶先生诗话 （宋）叶梦得撰，中华书局上海编辑所 1958 年。

修辞鉴衡 （元）王构编，中华书局上海编辑所 1958 年。

诗薮 （明）胡应麟撰，王国安标点，中华书局上海编辑所 1958 年，1962 年，上海古籍出版社 1979 年。

＊**台湾杂咏合刻**（台湾研究丛刊）（清）何澄辑，台湾银行经济研究室 1958 年。

＊**台阳诗话**（台湾研究丛刊）（清）王松，台湾银行经济研究室 1959 年。

＊**北郭园诗钞**（台湾研究丛刊）（清）郑用锡，台湾银行经济研究室 1959 年。

文心雕龙校注 （南朝梁）刘勰撰，杨明照校注，中华书局上海编辑所 1959 年。

全唐文纪事 （清）陈鸿墀纂，中华书局上海编辑所 1959 年，1987 年。

唐诗纪事 （宋）计有功撰，中华书局上海编辑所 1959 年，1987 年。

诗人玉屑（中国文学参考资料丛书 中国文学研究典籍丛刊）（宋）魏庆之编，王仲闻校勘，中华书局上海编辑所 1959 年，上海古籍出版社 1978 年，中华书局 2007 年。

论文偶记·初月楼古文绪论·春觉斋论文（中国古典文学理论批评专著选辑）（清）刘大櫆撰，（清）吴德旋撰，吕璜述，（清）林纾撰，范文澜点校，人民文学出版社 1959 年，1998 年。

饮冰室诗话（中国古典文学理论批评专著选辑）（清）梁启超撰，简夷之（舒芜）点校，人民文学出版社 1959 年。

白雨斋词话（中国古典文学理论批评专著选辑）（清）陈廷焯撰，杜维沫点校，人民文学出版社 1959 年，1998 年。

渚山堂词话·词品（中国古典文学理论批评专著选辑）（明）陈霆、

杨慎撰，王幼安点校，人民文学出版社 1960 年，1998 年。

蕙风词话·人间词话（中国古典文学理论批评专著选辑）（清）况周颐、王国维撰，徐调孚、周振甫注，王幼安校订，人民文学出版社 1960 年，1998 年。

随园诗话（中国古典文学理论批评专著选辑）（清）袁枚撰，顾学颉点校，人民文学出版社 1960 年，1982 年，1998 年。

文则·文章精义（宋）陈骙、李淦撰，刘明晖、王利器点校，人民文学出版社 1960 年，1998 年。

汉魏六朝百三家集题辞注（明）张溥辑，殷孟伦点校，人民文学出版社 1960 年。

＊**无闷草堂诗存**（台湾研究丛刊）（清）林朝松，台湾银行经济研究室 1960 年。

＊**剑花室诗集**（台湾研究丛刊）（清）连横，台湾银行经济研究室 1960 年。

＊**台湾诗乘**（台湾研究丛刊）（清）连横，台湾银行经济研究室 1960 年。

＊**岭云海日楼诗钞序**（台湾研究丛刊）（清）丘逢甲，台湾银行经济研究室 1960 年。

昭昧詹言（中国古典文学理论批评专著选辑）（清）方东树撰，汪绍楹点校，人民文学出版社 1961 年。

沧浪诗话校释（中国古典文学理论批评专著选辑）（宋）严羽撰，郭绍虞校释，人民文学出版社 1961 年，1998 年，台湾里仁书局 1987 年。

四溟诗话　薑斋诗话（中国古典文学理论批评专著选辑）（明）谢榛、（清）王夫之撰，宛平、夷之（舒芜）点校，人民文学出版社 1961 年。

六一诗话·白石诗说·滹南诗话（中国古典文学理论批评专著选辑）（宋）欧阳修、姜夔、王若虚撰，郑文等点校，人民文学出版社 1962 年。

苕溪渔隐丛话（中国古典文学理论批评专著选辑）（宋）胡仔纂集，廖德明、王利器点校，人民文学出版社 1962 年，1993 年。

文章辨体序说·文体明辨序说

(明) 吴纳、徐师曾撰，于北山、罗根泽点校，人民文学出版社 1962 年，1998 年。

司空图诗品解说二种 (清) 杨联奎、杨廷艺撰，孙昌熙、刘淦点校，山东人民出版社 1962 年，齐鲁书社 1980 年。

＊**文心雕龙校注** (南朝梁) 刘勰撰，黄叔琳注，李详补注，台湾世界书局 1962 年。

＊**陶村诗稿** (台湾研究丛刊) (清) 陈肇兴，台湾银行经济研究室 1962 年。

文心雕龙注译 (南朝梁) 刘勰撰，郭晋稀注译，甘肃人民出版社 1963 年，1982 年。

文心雕龙选译 (南朝梁) 刘勰撰，陆侃如、牟世金译注，山东人民出版社 1963 年。

清诗话 (清) 王夫之等撰，中华书局上海编辑所编，中华书局上海编辑所 1963 年，1999 年。

诗品集解·续诗品注 (中国古典文学理论批评专著选辑) (唐) 司空图、(清) 袁枚撰，郭绍虞集解辑注，人民文学出版社 1963 年，1998 年。

带经堂诗话 (中国古典文学理论批评专著选辑) (清) 王士禛撰，张宗柟纂集，夏闳、戴鸿森点校，人民文学出版社 1963 年，1998 年。

瓯北诗话 (中国古典文学理论批评专著选辑) (清) 赵翼撰，霍松林、胡主佑点校，人民文学出版社 1963 年，1998 年。

＊**文心雕龙译注十八篇** (南朝梁) 刘勰撰，郭晋稀译注，香港建文书局 1964 年。

清诗纪事初编 邓之诚著，中华书局上海编辑所 1965 年，上海古籍出版社 1984 年。

＊**台湾诗荟杂文钞** (台湾研究丛刊) (清) 连横编，台湾银行经济研究室 1966 年。

＊**文心雕龙新书** (南朝梁) 刘勰著，王利器校笺，香港龙门书局 1967 年。

＊**岛噫诗** (台湾研究丛刊) (清) 卢若腾，台湾银行经济研究室 1968 年。

＊**台湾诗钞** (台湾研究丛刊) (清) 沈光文，台湾银行经济研究室

1970年。

＊**文心雕龙选注** （南朝梁）刘勰著，周康燮编选，香港龙门书局1970年。

＊**唐写文心雕龙残本合校** （南朝梁）刘勰著，潘重规校，香港新亚研究所1970年。

＊**文心雕龙缀补** 王叔岷撰，台湾艺文印书馆1975年。

杜甫戏为六绝句集解 元好问论诗三十首小笺（中国古典文学理论批评专著选辑）（唐）杜甫、（金）元好问撰，郭绍虞集解笺释，人民文学出版社1978年，1998年。

艺概 （清）刘熙载撰，王国安点校，上海古籍出版社1978年。

＊**诗品注** （南朝梁）钟嵘撰，汪中注，台湾正中书局1978年。

原诗·一瓢诗话·说诗晬语（中国古典文学理论批评专著选辑）（清）叶燮、薛雪、沈德潜撰，霍松林、杜维沫校注，人民文学出版社1979年，1998年。

韵语阳秋 （宋）葛立方撰，上海古籍出版社1979年，1984年。

文心雕龙校证 （南朝梁）刘勰撰，王利器校证，上海古籍出版社1980年。

文心雕龙选译 （南朝梁）刘勰撰，周振甫译注，中华书局1980年，1982年，巴蜀书社1992年，凤凰出版社2011年。

＊**司空图诗品注释及释文** （唐）司空图撰，祖保泉注，台湾新文丰出版公司1980年。

古今词话 （清）沈雄编纂，江尚质增辑，中国书店1980年，上海书店1987年。

文心雕龙注释（大学生必读）（南朝梁）刘勰撰，周振甫注，人民文学出版社1981年，2002年，台湾里仁书局1984年。

文心雕龙译注（中国古典名著普及丛书 齐鲁文化经典文库）（南朝梁）刘勰撰，陆侃如、牟世金译注，齐鲁书社1981年，1995年，2009年。

＊**诗品校注** （南朝梁）钟嵘撰，杨祖聿校注，台湾文史哲出版社1981年。

谈龙录·石洲诗话（中国古典文学

理论批评专著选辑）（清）赵执信、翁方纲撰，陈迩冬点校，人民文学出版社1981年，1998年。

薑斋诗话笺注（清）王夫之撰，戴鸿森笺注，人民文学出版社1981年。

历代诗话（清）何文焕辑，中华书局1981年，2001年。

＊**南宋杂事诗**（宋史资料萃编）（清）沈嘉辙，台湾文海出版社1981年。

诗林广记（宋）蔡正孙撰，常振国、降云点校，中华书局1982年。

文心雕龙译注（中国古典文学理论名著）（南朝梁）刘勰撰，赵仲邑译注，漓江出版社1982年，广西教育出版社1990年，台湾贯雅文化事业公司1991年。

＊**文心雕龙斠诠**　李曰刚撰，台湾中华丛书编审委员会1982年。

北江诗话（中国古典文学理论批评专著选辑）（清）洪亮吉撰，陈迩冬点校，人民文学出版社1983年。

后村诗话（宋）刘克庄撰，王秀梅点校，中华书局1983年。

魏晋南北朝文论选析　杜保宪编，山东教育出版社1983年。

清诗话续编　郭绍虞编，富寿荪点校，上海古籍出版社1983年，1999年。

宋诗纪事（清）厉鹗辑撰，胡道静、吴玉如等点校，上海古籍出版社1983年。

《人间词话》及评论汇编——王国维研究资料　姚柯夫编，书目文献出版社1983年。

白雨斋词话足本校注（明清文学理论丛书）（清）陈廷焯撰，屈兴国校注，齐鲁书社1983年。

白雨斋词话（清）陈廷焯撰，上海古籍出版社1984年。

竹庄诗话（宋）何汶撰，常振国、降云点校，中华书局1984年。

文心雕龙（南朝梁）刘勰撰，上海古籍出版社1984年。

文赋集释（中国古典文学理论批评专著选辑）（晋）陆机撰，张少康集释，上海古籍出版社1984年，人民文学出版社2002年。

宋金元文论选　陶秋英编选，虞行

校订，人民文学出版社 1984 年，1999 年。

文赋译注（中国古典文学理论丛书）（晋）陆机撰，张怀瑾译注，北京出版社 1984 年。

古文笔法百篇 （清）李扶九选编，黄仁黼纂定，岳麓书社 1984 年。

读红楼梦随笔 （清）佚名氏撰，巴蜀书社 1984 年。

魏禧文论选注 （清）魏禧撰，周书文等编，江西人民出版社 1984 年。

文心雕龙选（中国古典文学作品选读丛书）（南朝梁）刘勰撰，穆克宏选，福建教育出版社 1985 年。

香石诗话 （清）黄培芳撰，上海书店 1985 年。

文赋诗品注译 周伟民、萧华荣译注，中州古籍出版社 1985 年。

诗问四种（明清文学理论丛书）（清）王士禛撰，周维德笺注，齐鲁书社 1985 年。

＊**文心雕龙通诠** 张仁青撰，台湾明文书局 1985 年。

＊**元八百遗民诗咏**（明代传记丛刊）（清）张其淦撰，台湾明文书局，1985 年。

＊**明代千遗民诗咏**（明代传记丛刊）（清）张其淦撰，台湾明文书局，1985 年。

＊**明人诗品**（明代传记丛刊）（明）顾起纶撰，台湾明文书局，1985 年。

＊**明诗评**（明代传记丛刊）（明）王世贞撰，台湾明文书局，1985 年。

钟嵘诗品校释 （南朝梁）钟嵘撰，吕德申校释，北京大学出版社 1986 年，1997 年。

碧溪诗话（中国古典文学理论批评专著选辑）（宋）黄彻撰，汤新祥校注，人民文学出版社 1986 年，1998 年。

清人诗说四种 （清）戴震等撰，晏炎吾等点校，华中师范大学出版社 1986 年。

诗式校注 （唐）释皎然撰，李壮鹰校注，齐鲁书社 1986 年。

诗品注释 （南朝梁）钟嵘撰，向长清注，齐鲁书社 1986 年。

诗品新释 （唐）司空图撰，赵福

坛笺释，花城出版社1986年。

艺概笺注 （清）刘熙载撰，王气中笺注，贵州人民出版社1986年。

三百年诗坛人物评点小传汇录 杨杨编校，中州古籍出版社1986年。

古代文论萃编（古籍选读丛书） 谭令仰编，书目文献出版社1986年。

人间词话新注 王国维撰，滕咸惠校注，齐鲁书社1986年。

傅山文论诗论辑注 （清）傅山撰，侯文正辑注，山西人民出版社1986年。

文心雕龙今译（附词语简释）（南朝梁）刘勰撰，周振甫注译，中华书局1986年，2000年。

文心雕龙精选（中国古典文学今译丛书）（南朝梁）刘勰撰，牟世金选译，山东大学出版社1986年。

诗话总龟（中国古典文学理论批评专著选辑）（宋）阮阅编，周本淳点校，人民文学出版社1987年，1998年。

诗源辩体（中国古典文学理论批评专著选辑）（明）许学夷撰，杜维沫点校，人民文学出版社1987年，1998年。

诗家直说笺注（明清文学理论丛书）（明）谢榛撰，孙庆立、孙慎之注，齐鲁书社1987年。

钟嵘诗品译注（中国古典文学理论名著）（南朝梁）钟嵘著，赵仲邑译注，广西人民出版社1987年，广西教育出版社1990年。

升庵诗话笺证 （明）杨慎撰，王仲镛笺证，上海古籍出版社1987年。

元诗纪事 陈衍辑著，李梦生点校，上海古籍出版社1987年。

谈龙录注释（明清文学理论丛书）（清）赵执信撰，赵蔚芝、刘聿鑫注释，齐鲁书社1987年。

清代闺阁诗人征略 施淑仪辑，上海书店1987年。

文心雕龙索引 朱迎平编，上海古籍出版社1987年。

清诗纪事 钱仲联主编，江苏古籍出版社1987至1989年，凤凰出版社2004年。

文心雕龙·诗品 （南朝梁）刘勰、

钟嵘撰，中国书店 1988 年。

精选历代诗话评释 毕桂发、张连第、漆绪邦主编，中州古籍出版社 1988 年。

文则注译 （宋）陈骙撰，刘彦成注译，书目文献出版社 1988 年。

蒲褐山房诗话新编（明清文学理论丛书）（清）王昶撰，周维德辑校，齐鲁书社 1988 年。

射鹰楼诗话 （清）林昌彝撰，王镇远、林虞生标点，上海古籍出版社 1988 年。

冷斋夜话·风月堂诗话·环溪诗话 （宋）惠洪、朱弁、吴沆撰，陈新点校，中华书局 1988 年。

＊**文心雕龙读本** 王更生撰，台湾文史哲出版社 1988 年。

诗品通释 （唐）司空图撰，曹冷泉注释，三秦出版社 1989 年。

续诗品注评 （清）袁枚撰，王英志注评，浙江古籍出版社 1989 年。

唐诗纪事校笺（中国文学研究典籍丛刊）（宋）计有功撰，王仲镛校笺，巴蜀书社 1989 年，中华书局 2007 年。

李调元诗话评注 （清）李调元撰，吴熙贵评注，重庆出版社 1989 年。

五代诗话（中国古典文学理论批评专著选辑）（清）王士禛编，郑方坤删补，戴鸿森点校，人民文学出版社 1989 年，1998 年。

五代诗话 （清）王士禛原编，郑方坤删补，［美］李珍华点校，书目文献出版社 1989 年。

文心雕龙义证（中国古典文学丛书）（南朝梁）刘勰撰，詹锳义证，上海古籍出版社 1989 年，1999 年。

雪桥诗话 杨钟羲撰集，刘承幹参校，北京古籍出版社 1989 年。

诗品全译（中国历代名著全译丛书）（南朝梁）钟嵘撰，徐达译注，贵州人民出版社 1990 年。

诗学全书 （清）袁枚撰，潘中心、韩建芬点校，贵州人民出版社 1990 年。

静志居诗话（中国古典文学理论批评专著选辑）（清）朱彝尊撰，姚祖恩编，黄君坦点校，人民文学出版社 1990 年，1998 年。

隋唐五代文论选 周祖譔编选，人

民文学出版社 1990 年，1999 年。

岁寒堂诗话笺注 （宋）张成撰，陈应鸾笺注，四川大学出版社 1990 年。

杨慎诗话校笺 （明）杨慎撰，杨文生校笺，四川人民出版社 1990 年。

诗源·诗美·诗法探幽——《原诗》评释 吕智敏著，书目文献出版社 1990 年。

＊**文镜秘府论校注** 弘法大师撰，王利器校注，台湾贯雅文化事业公司 1991 年。

本事诗 续本事诗 本事词 （唐）孟棨等撰，李学颖标点，上海古籍出版社 1991 年。

敦煌遗书文心雕龙残卷集校 （南朝梁）刘勰撰，林其锬、陈凤金集校，上海书店出版社 1991 年。

＊**人间词话译注** 王国维撰，施议对译注，台湾贯雅文化事业公司 1991 年，岳麓书社 2003 年。

雪桥诗话 杨钟羲撰集，礼广贵、路明义整理，辽沈书社 1991 年。

雪桥诗话续集 杨钟羲撰集，刘承幹参校，北京古籍出版社 1991 年。

雪桥诗话三集 杨钟羲撰集，刘承幹参校，北京古籍出版社 1991 年。

雪桥诗话馀集 杨钟羲撰集，刘承幹参校，北京古籍出版社 1992 年。

围炉诗话 谈龙录 沧浪严先生吟卷（适园丛书） （清）吴乔、赵执信，（宋）严羽撰，文物出版社 1992 年。

元好问论诗三十首集说 （金）元好问撰，刘泽集说，山西人民出版社 1992 年。

艺苑卮言校注（明清文学理论丛书） （明）王世贞撰，罗仲鼎校注，齐鲁书社 1992 年。

说诗乐趣校注（明清文学理论丛书） （清）伍涵芬编，杨军校注，齐鲁书社 1992 年。

文心雕龙全译 （南朝梁）刘勰撰，龙必琨译注，贵州人民出版社 1992 年。

诗式校注 （唐）皎然撰，周维德校注，浙江古籍出版社 1993 年。

怀古录校注 （宋）陈模撰，郑必俊校注，中华书局 1993 年。

时园诗草·四馀诗草 （清）余家

驹、余珍撰，余宏模编注，贵州民族出版社 1993 年。

袁枚续诗品详注 （清）袁枚著，刘衍文、刘永翔合注，上海书店出版社 1993 年，1997 年。

明诗纪事 陈田辑著，章培恒等整理，上海古籍出版社 1993 年。

元刊本文心雕龙（中国古籍珍本丛书）（南朝梁）刘勰撰，上海古籍出版社 1993 年。

文心雕龙译释 （南朝梁）刘勰撰，李蓁非译释，江西人民出版社 1993 年，1997 年。

明代文论选 蔡景康编选，人民文学出版社 1993 年，1999 年。

＊**文心雕龙译注** （南朝梁）刘勰撰，周振甫译注，台湾五南图书出版公司 1993 年，江苏教育出版社 2006 年。

诗品集注（中国古典文学丛书）（南朝梁）钟嵘撰，曹旭集注，上海古籍出版社 1994 年，1996 年，2011 年。

文心雕龙全译 （南朝梁）刘勰撰，邢建堂、傅锦瑞译，山西人民出版社 1994 年。

文心雕龙字义疏证 （南朝梁）刘勰撰，吴林伯疏证，武汉大学出版社 1994 年。

＊**文心雕龙选读** （南朝梁）刘勰撰，王更生撰，台湾巨流图书公司 1994 年。

杜甫诗话校注五种 李忠纲校注，书目文献出版社 1994 年。

＊**新译人间词话** 王国维著，马自毅译，高桂惠校阅，台湾三民书局 1994 年，2007 年。

古文笔法百篇 （清）李扶九、黄仁黼编撰，王释非点校，海南国际新闻出版中心 1995 年，1996 年。

宋人诗话外编 程毅中主编，国际文化出版公司 1996 年。

东坡诗话全编笺评 （宋）苏轼撰，王文龙编撰，西南师范大学出版社 1996 年。

随园诗话 （清）袁枚撰，汪静韦、唐婷阳译，吉林人民出版社 1996 年。

魏晋南北朝文论选 郁沅、张明高编，人民文学出版社 1996 年，1999 年。

先秦两汉文论选 张少康、卢永璘编，人民文学出版社 1996 年，1999 年。

＊**文心雕龙字义通释** 胡纬著，香港文德文化事业有限公司 1997 年。

明诗话全编 吴文治主编，江苏古籍出版社 1997 年。

钟嵘诗品评注 （南朝梁）钟嵘著，张怀瑾评注，天津古籍出版社 1997 年。

吟窗杂录 （宋）陈应行编，王秀梅整理，中华书局 1997 年。

宋诗纪事补遗 （清）陆心源撰，李建国点校，山西古籍出版社 1997 年。

白话诗品·二十四诗品（古典名著今译读本） （南朝梁）钟嵘、（唐）司空图撰，郭令原、郭晋稀注译，岳麓书社 1997 年。

白话文心雕龙 （南朝梁）刘勰撰，郭晋稀译注，岳麓书社 1997 年。

文心雕龙（中国传统文化读本）（南朝梁）刘勰撰，刘乐贤编，中国友谊出版公司 1997 年。

文心雕龙（龙溪精舍丛书·集部）（南朝梁）刘勰撰，（清）黄叔琳注，李详补注，中国书店 1998 年。

文心雕龙译注（中华古籍译注丛书）（南朝梁）刘勰撰，王运熙、周锋译注，上海古籍出版社 1998 年，2000 年。

诗品译注（周振甫译注别集）（梁）钟嵘撰，周振甫译注，中华书局 1998 年，2002 年，江苏教育出版社 2006 年。

袁枚续诗品译释 （清）袁枚撰，钟法、毛翰译释，宁夏人民出版社 1998 年。

随园诗话 （清）袁枚撰，江苏广陵古籍刻印社 1998 年。

宋诗话全编 吴文治主编，江苏古籍出版社 1998 年。

清代文论选 王运熙、顾易生主编，人民文学出版社 1999 年。

文赋诗品译注 （晋）陆机、（南朝梁）钟嵘撰，杨明译注，上海古籍出版社 1999 年。

随园诗话 （清）袁枚撰，王英志点校，江苏古籍出版社 2000 年，2004 年。

随园诗话 （清）袁枚撰，浙江古籍出版社 2000 年。

增订文心雕龙校注 黄叔琳注，李详补注，杨明照校注拾遗，中华书局 2000 年。

人间词话·笠翁曲话（古典名著普及文库） 王国维等撰，岳麓书社 2000 年。

人间词话（中华再造善本试制） 王国维撰，北京图书馆出版社 2001 年。

文心雕龙（百部中国古典名著）（南朝梁）刘勰撰，韩泉欣校注，浙江古籍出版社 2001 年。

文心雕龙校注拾遗补正 （南朝梁）刘勰撰，杨明照校注，江苏古籍出版社 2001 年。

制艺丛话·试律丛话 （清）梁章钜撰，陈居渊点校，上海书店 2001 年。

临汉隐居诗话校注（中国古典文献学研究丛书） （宋）魏泰撰，陈应鸾注，巴蜀书社 2001 年。

三国两晋十六国诗文纪事 周建江辑校，中州古籍出版社 2001 年。

南北朝隋诗文纪事 周建江辑校，中州古籍出版社 2001 年。

《诗品》注译与司空图诗学研究 王宏印著，北京图书馆出版社 2002 年。

全唐五代诗格汇考 张伯伟辑校，江苏古籍出版社 2002 年。

稀见本宋人诗话四种 （宋）释惠洪等撰，张伯伟编校，江苏古籍出版社 2002 年。

艺概 （清）刘熙载撰，广陵书社 2002 年。

中国古代文论选读 袁峰编著，西北大学出版社 2003 年。

幽默诗话 胡山源，上海古籍出版社 2003 年。

***新译文心雕龙** （南朝梁）刘勰撰，罗立干译，李振兴校阅，台湾三民书局 2003 年，2008 年。

***新译诗品读本** （南朝梁）钟嵘撰，程章灿、成林译，黄志民、邝采芸校阅，台湾三民书局 2003 年，2008 年。

历代诗话·历代诗话续编 （清）何文焕、丁福保编，北京图书馆出版社 2003 年。

历代诗话统编 （清）何文焕、丁福保编，北京图书馆出版社 2003 年。

诗式校注（中国古典文学理论批评名著选辑）（唐）释皎然撰，李壮鹰校注，人民文学出版社 2003 年。

蕙风词话·广蕙风词话 （清）况周颐撰，孙克强辑，中州古籍出版社 2003 年。

文心雕龙训故 （南朝梁）刘勰著，（明）王惟俭训，广陵书社 2004 年。

魏晋南北朝文论全编 穆克宏、郭丹编著，江苏教育出版社 2004 年。

随园诗话（国文珍品文库）（清）袁枚著，吕树坤译评，吉林文史出版社 2004 年。

历代小品诗话（小品精华系列） 轻言主编，湖北辞书出版社 2004 年。

石遗室诗话（中国古典文学理论批评专著选辑） 陈衍著，郑朝宗、石文英点校，人民文学出版社 2004 年。

历代诗话 （清）何文焕辑，中华书局 2004 年。

中国古代文学理论读本 陈洪，卢盛江著，南开大学出版社 2004 年。

随园诗话（中国传统文化精华）（清）袁枚撰，钟雷主编，哈尔滨出版社 2004 年。

人间词话（文华丛书） 王国维著，广陵书社 2004 年。

人间词话：珍藏版（中国传统文化经典文库） 王国维著，乙力编，兰州大学出版社 2004 年。

人间词话：汇编、汇校、汇评 王国维著，周锡山编校，北岳文艺出版社 2004 年。

人间词话 王国维著，李梦生评释，汉语大词典出版社 2004 年。

人间词话（中国青少年诵读工程·小学生经典诵读） 王国维著，贺怀英主编，光明日报出版社 2005 年。

人间词话·人间词（双色图文传世经典） 王国维著，李科林校注，安徽人民出版社 2005 年。

词话丛编：附索引 唐圭璋编，中华书局 2005 年。

文心雕龙（中华再造善本）（南朝梁）刘勰撰，北京图书馆出版社

2005 年，2010 年。

叶先生诗话（中华再造善本）（宋）叶梦得撰，北京图书馆出版社 2005 年。

修辞鉴衡（中华再造善本）（元）王构辑，北京图书馆出版社 2005 年。

梧门诗话合校（清）法式善著，张寅彭、强迪艺编校，凤凰出版社 2005 年。

广陵诗事·广陵览古（扬州地方文献丛刊）（清）阮元撰，（清）顾銮著，广陵书社 2005 年。

文心雕龙汇评（南朝梁）刘勰著，黄霖编，上海古籍出版社 2005 年。

全明诗话 周维德集校，齐鲁书社 2005 年。

宋诗纪事补订：手稿影印本 钱钟书补订，生活·读书·新知三联书店 2005 年。

文心雕龙（中国古典名著全译典藏图文本）（南朝梁）刘勰著，孔祥丽、李金秋译注，中国社会科学出版社 2005 年。

文心雕龙（中国青少年诵读工程·小学生经典诵读）（南朝梁）刘勰著，胡颖慧主编，光明日报出版社 2005 年。

历代诗论选释 里克选编、注释，昆仑出版社 2006 年。

诗话丛林笺注 ［韩］洪万宗撰，赵季、［韩］赵成植笺注，南开大学出版社 2006 年。

中国诗学专著选读 张寅彭选辑，广西师范大学出版社 2006 年。

随园诗话：文白对照（中华典籍珍藏书系）（清）袁枚著，徐寒等译，中国三峡出版社 2006 年。

蕙风词话·蕙风词笺注（清）况周颐著，俞润生笺注，巴蜀书社 2006 年。

全闽诗话（八闽文献丛刊）（清）郑方坤编辑，陈节、刘大治点校，福建人民出版社 2006 年。

雨村诗话校正（清）李调元著，詹杭伦、沈时蓉校正，巴蜀书社 2006 年。

辽金元诗话全编 吴文治主编，凤凰出版社 2006 年。

《文心雕龙》注释（《文心雕龙》

研究）（南朝梁）刘勰著，董家平等注，青海人民出版社2006年。

诗人玉屑（中华再造善本）（宋）魏庆之辑，北京图书馆出版社2006年。

作义要诀·科场备用书义断法（中华再造善本）（元）倪士毅、邹次陈撰，北京图书馆出版社2006年。

历代文话　王水照编，复旦大学出版社2007年。

诗品·人间词话（中国传统文化精华）（南朝梁）钟嵘等著，崔钟雷主编，哈尔滨出版社2007年。

文心雕龙：全译彩图典藏本（国学基本阅读书系）（南朝梁）刘勰著，唐仁平、翟飚译注，华文出版社2007年。

文心雕龙校释译评　周明著，南京大学出版社2007年。

古文论译释　夏传才著，清华大学出版社2007年。

历代赋话校证：附复小斋赋话（清）浦铣著，何新文、路成文校证，上海古籍出版社2007年。

诗品（世纪人文系列丛书·大学经典）（南朝梁）钟嵘著，古直笺，曹旭导读、整理集评，上海古籍出版社2007年。

中国历代文论选新编·先秦至唐五代卷　黄霖、蒋凡主编，杨明、羊列荣编著，上海教育出版社2007年。

诗品（中国古典名著全译典藏图文本）（南朝梁）钟嵘著，韩晶译注，中国社会科学出版社2007年。

钟嵘诗品笺证稿（王叔岷著作集）（南朝梁）钟嵘著，王叔岷笺，中华书局2007年。

文心雕龙校释：附征引文录（刘永济集）（南朝梁）刘勰著，刘永济校释，中华书局2007年。

南北朝诗话校释　钟仕伦著，中华书局2007年。

汉诗文纪事　周建江辑校，中州古籍出版社2007年。

升庵诗话新笺证（明）杨慎撰，王大厚笺证，中华书局2008年。

唐诗纪事（宋）计有功撰，上海古籍出版社2008年。

宋诗纪事（清）厉鹗撰，上海古

籍出版社 2008 年。

文心雕龙校注通译 （南朝梁）刘勰著，戚良德注译，上海古籍出版社 2008 年。

文心雕龙 （南朝梁）刘勰编，上海古籍出版社 2008 年，

文心雕龙（国学经典）（南朝梁）刘勰编，徐正英、罗家湘注译，中州古籍出版社 2008 年

列朝诗集小传 （清）钱谦益著，上海古籍出版社 2008 年。

宋金元词话全编 邓子勉编，凤凰出版社 2008 年。

文心雕龙：插图本（家藏四库系列）（南朝梁）刘勰著，万卷出版公司 2008 年。

随园诗话：插图本（家藏四库系列）（清）袁枚著，万卷出版公司 2008 年。

随园诗话（历代诗话丛书）（清）袁枚撰，王英志批注，凤凰出版社 2009 年。

随园诗话（国学一本通）（清）袁枚撰，吕树坤译评，吉林文史出版社 2009 年。

蕙风词话 （清）况周颐著，孙克强导读，上海古籍出版社 2009 年。

古今词话 （清）沈雄著，孙克强等导读，上海古籍出版社 2009 年。

白雨斋词话 （清）陈廷焯著，彭玉平导读，上海古籍出版社 2009 年。

人间词话 王国维著，黄霖等导读，上海古籍出版社 2009 年。

人间词话 王国维著，周兴陆批注，凤凰出版社 2009 年。

人间词话 王国维原著，滕咸慧译评，吉林文史出版社 2009 年。

艺概注稿 （清）刘熙载撰，袁津琥校注，中华书局 2009 年。

怀麓堂诗话校释（中国古典文学理论批评专著选辑）（明）李东阳著，李庆立校释，人民文学出版社 2009 年。

诗品笺注（中国古典文学理论批评专著选辑）（南朝梁）钟嵘著，曹旭笺注，人民文学出版社 2009 年。

先秦文论全编要诠 赵逵夫主编，人民文学出版社 2009 年。

文心雕龙译读 （南朝梁）刘勰著，李明高编著，齐鲁书社 2009 年。

放翁诗话　（宋）陆游著，章原批注，凤凰出版社 2009 年。

瓯北诗话　（清）赵翼著，马亚中、杨年丰批注，凤凰出版社 2009 年。

六一诗话　（宋）欧阳修著，黄进德批注，凤凰出版社 2009 年。

艺苑卮言　（明）王世贞著，陆洁栋、周明初批注，凤凰出版社 2009 年。

文心雕龙（国学典藏书系）（南朝梁）刘勰著，《国学典藏书系》丛书编委会主编，吉林出版集团有限责任公司 2010 年。

随园诗话（国学精品书院）（清）袁枚撰，王丙杰主编，北京燕山出版社 2010 年。

四六丛话　（清）孙梅著，李金松点校，人民文学出版社 2010 年。

养一斋诗话　（清）潘德舆著，朱德慈辑校，中华书局 2010 年。

文心雕龙（世纪人文系列丛书·大学经典）（南朝梁）刘勰著，黄霖导读整理辑评，上海古籍出版社 2010 年。

文心雕龙索引　［日］冈村繁编，上海古籍出版社 2010 年。

文心雕龙注订　（南朝梁）刘勰著，张立斋注，国家图书馆出版社 2010 年。

诗品　词品（文华丛书）（南朝梁）钟嵘，（明）杨慎著，广陵书社 2010 年。

越缦堂日记说诗全编　（清）李慈铭著，张寅彭、周容编校，凤凰出版社 2010 年。

原诗　说诗晬语　（清）叶燮、沈德潜著，孙之梅、周芳批注，凤凰出版社 2010 年。

随园诗话：绣像精装本　（清）袁枚著，线装书局 2010 年。

蒲褐山房诗话新编　（清）王昶著，周维德点校，人民文学出版社 2011 年。

石林诗话校注　（宋）叶梦得撰，逯铭昕校注，人民文学出版社 2011 年。

薑斋诗话笺注　（清）王夫之撰，戴鸿森笺注，上海古籍出版社 2011 年。

随园诗话（古典名著聚珍文库）

（清）袁枚著，浙江古籍出版社2011年。

文心雕龙（古典名著聚珍文库）（南朝梁）刘勰著，（清）黄叔琳注，浙江古籍出版社2011年。

文心雕龙　（南朝梁）刘勰著，李平、桑农注评，凤凰出版社2011年。

类丛部

类　书

姓解（丛书集成初编）（宋）邵思撰，商务印书馆 1935 年。

小学绀珠（丛书集成初编）（宋）王应麟撰，商务印书馆 1935 年。

群书治要（丛书集成初编）（唐）魏徵等辑，商务印书馆 1936 年。

琱玉集（丛书集成初编）　商务印书馆 1936 年。

骈语雕龙（丛书集成初编）（明）游日章撰，（明）林世勤注，商务印书馆 1936 年。

群书治要（四部丛刊）（唐）魏征等著，商务印书馆 1936 年。

意林（四部丛刊）（唐）马总辑，商务印书馆 1936 年。

图书集成医部全录　（清）陈梦雷纂辑，会文堂新记书局 1937 年。

佩文韵府（万有文库）（清）张玉书等编，商务印书馆 1937 年。

群书治要（国学基本丛书）（唐）魏征等编著，商务印书馆 1937 年。

帝王经世图谱（丛书集成初编）（宋）唐仲友撰，商务印书馆 1937 年。

事物纪原（丛书集成初编）（宋）高承撰，（明）李果订，商务印书馆 1937 年。

皇览（丛书集成初编）（魏）刘劭等撰，（清）孙冯翼辑，商务印书馆 1937 年。

物原（丛书集成初编）（明）罗颀撰，商务印书馆 1937 年。

比事摘录（丛书集成初编）　佚名

撰，商务印书馆 1937 年。

表异录（丛书集成初编）（明）王志坚辑，商务印书馆 1937 年。

广事同纂（丛书集成初编）（清）沈廷文撰，商务印书馆 1937 年。

书叙指南（丛书集成初编）（宋）任广编次，商务印书馆 1937 年。

焦氏类林（丛书集成初编）（明）焦竑辑，商务印书馆 1938 年。

诗律武库（丛书集成初编）（宋）吕祖谦撰，商务印书馆 1939 年。

诗律武库后集（丛书集成初编）（宋）吕祖谦撰，商务印书馆 1939 年。

鸡肋（丛书集成初编）（宋）赵崇绚撰，商务印书馆 1939 年。

哲匠金桴（丛书集成初编）（明）杨慎撰，商务印书馆 1939 年。

龙筋凤髓判（丛书集成初编）（唐）张鷟撰，（明）刘允鹏注，（清）陈春补正，商务印书馆 1939 年。

锦带书（丛书集成初编）（南朝梁）萧统撰，商务印书馆 1939 年。

蒙求集注（丛书集成初编）（后晋）李瀚撰，商务印书馆 1940 年。

类说 （宋）曾慥编撰，文学古籍刊行社 1955 年。

艺文类聚 （唐）欧阳询撰，中华书局上海编辑所 1959 年。

永乐大典 （明）解缙等纂，中华书局 1959 至 1960 年。

日记故事（中国古代版画丛刊）（元）虞韶辑，（明）熊大木注，中华书局上海编辑所 1959 年，1988 年。

太平御览 （宋）李昉等撰，中华书局 1960 年，1998 年。

册府元龟 （宋）王钦若等编，中华书局 1960 年，1994 年。

初学记 （唐）徐坚等撰，司义祖点校，中华书局 1962 年，1985 年。

事林广记 （宋）陈元靓编，中华书局 1963 年，1999 年。

艺文类聚 （唐）欧阳询撰，汪绍楹校，中华书局上海编辑所 1965 年。

＊**佩文韵府 附拾遗、索隐** 香港汉学图书供应社 1966 年。

初学记索引 许逸民编，中华书局

1979 年，1985 年。

永乐大典 （明）解缙等纂，中华书局 1982 年。

艺文类聚（附索引） （唐）欧阳询撰，汪绍楹校，上海古籍出版社 1982 年，1999 年。

永乐大典 （明）解缙等编，书目文献出版社 1983 年。

佩文韵府 （清）张玉书等编，上海古籍书店 1983 年，1997 年。

骈字类编 （清）张廷玉编，中国书店 1984 年。

清稗类钞 徐珂编撰，中华书局 1984 年，2010 年。

清稗类钞选（文学·艺术·戏剧·音乐）（史料笔记丛书） 徐珂编辑，无谷、刘卓英点校，书目文献出版社 1984 年。

清稗类钞选（著述类·鉴赏类）（史料笔记丛书） 徐珂编辑，无谷、刘卓英点校，书目文献出版社 1984 年。

宋稗类钞（史料笔记丛书） （清）潘永因编，刘卓英点校，书目文献出版社 1985 年。

玉海 （宋）王应麟纂，江苏广陵古籍刻印社 1985 年，江苏古籍出版社、上海书店出版社 1987 年。

天中记 （明）陈耀文纂，（明）屠隆校，江苏广陵古籍刻印社 1985 年，

古今图书集成 （清）陈梦雷、蒋廷锡辑，巴蜀书社 1985 至 1988 年。

永乐大典 （明）解缙等纂，中华书局 1986 年，1998 年。

居家必用事类全集（饮食类）（中国烹饪古籍丛书） （元）无名氏编，邱庞同注释，中国商业出版社 1986 年，1987 年。

渊鉴类函 （清）张英、王士禛编撰，中国书店 1986 年，

唐类函 （明）俞安期辑，江苏广陵古籍刻印社 1986 年。

永乐大典医药集 肖源等辑，人民卫生出版社 1986 年。

格致镜原 （清）陈元龙撰，江苏广陵古籍刻印社 1987 年，1989 年。

小学绀珠 （宋）王应麟编辑，中华书局 1987 年。

新编分门古今类事 （宋）委心子撰，金心点校，中华书局 1987 年。

夜航船 （明）张岱撰，刘耀林校注，浙江古籍出版社 1987 年。

明刊三才图会 （明）王圻编集，王思义续集，江苏广陵古籍刻印社 1987 年，上海古籍出版社 1988 年。

广博物志 （明）董斯张纂，江苏广陵古籍刻印社 1987 年，1990 年。

楹联丛话（附新话） （清）梁章钜等撰，白化文、李如鸾点校，中华书局 1987 年。

称谓录 （清）梁章钜撰，天津市古籍书店 1987 年。

蒙求注释 （唐）李翰撰，颜维材、黎邦元注，陈霞村修改，山西人民出版社 1987 年。

汉唐事笺 （元）朱礼撰，江苏广陵古籍刻印社 1988 年。

图书编 （明）章潢编，江苏广陵古籍刻印社 1988 年。

群书类编故事 （元）王罃编集，江苏广陵古籍刻印社 1988 年。

玉海 （宋）王应麟纂，文物出版社 1988 年。

记纂渊海 （宋）潘自牧编纂，中华书局 1988 年。

职官分纪 （宋）孙逢吉撰，中华书局 1988 年。

事物原会 （清）汪伋编撰，江苏广陵古籍刻印社 1988 年。

古事比 （清）方中德编，江苏广陵古籍刻印社 1988 年。

白氏六帖事类集 （唐）白居易编，文物出版社 1988 年。

居家必用事类全集（北京图书馆古籍珍本丛刊） 佚名撰，书目文献出版社 1989 年，北京图书馆出版社 2000 年。

帝王经世图谱（北京图书馆古籍珍本丛刊） （宋）唐仲友撰，书目文献出版社 1989 年，北京图书馆出版社 2000 年。

新锲燕台校正天下通行文林聚宝万卷星罗（北京图书馆古籍珍本丛刊） （明）徐会瀛辑，书目文献出版社 1989 年，北京图书馆出版社 2000 年。

明本大字应用碎金（北京图书馆古籍珍本丛刊） 佚名撰，书目文献出版社 1989 年，北京图书馆出版社 2000 年。

韵府群玉（北京图书馆古籍珍本丛

刊）（元）阴时夫辑，阴中夫注，书目文献出版社 1989 年，北京图书馆出版社 2000 年。

新编翰苑新书（北京图书馆古籍珍本丛刊） 佚名撰，书目文献出版社 1989 年，北京图书馆出版社 2000 年。

宋本册府元龟 （宋）王钦若等编，中华书局 1989 年。

事物异名录 （清）厉荃辑，（清）关愧增编，江苏广陵古籍刻印社 1989 年。

事物纪原 （宋）高承撰，（明）李果订，金园、许沛藻点校，中华书局 1989 年。

海录碎事 （宋）叶廷珪撰，上海辞书出版社 1989 年。

群书通要 （元）佚名撰，江苏广陵古籍刻印社 1989 年。

词林海错 （明）夏树芳辑，江苏广陵古籍刻印社 1989 年。

事类赋 （宋）吴淑编撰，江苏广陵古籍刻印社 1989 年。

事类赋补遗 （清）张均撰，江苏广陵古籍刻印社 1989 年。

事类赋注 （宋）吴淑撰注，冀勤、王秀梅、马蓉点校，中华书局 1989 年。

北堂书钞 （唐）虞世南编撰，中国书店 1989 年，学苑出版社 1998 年。

新编类意集解诸子琼林（北京图书馆古籍珍本丛刊）（元）苏应龙辑，书目文献出版社 1990 年，北京图书馆出版社 2000 年。

事类赋（北京图书馆古籍珍本丛刊）（宋）吴淑撰并注，书目文献出版社 1990 年，北京图书馆出版社 2000 年。

称谓录 （清）梁章钜撰，李延沛等整理，黑龙江人民出版社 1990 年。

一是纪始 （清）魏崧撰，江苏广陵古籍刻印社 1990 年。

太平御览引得·太平广记篇目及引书引得 聂崇岐等编纂，邓嗣禹编，上海古籍出版社 1990 年。

类书纂要 （清）周鲁辑，江苏广陵古籍刻印社 1990 年。

新编古今事文类聚 （宋）祝穆撰，（元）富大用辑，书目文献出版社 1991 年。

事物异名录 （清）厉荃撰，（清）

关槐增纂，吴潇恒、张春龙点校，岳麓书社 1991 年。

小知录　（清）陆凤藻辑，上海古籍出版社 1991 年。

韵府群玉（四库类书丛刊）（元）阴劲弦、阴复春编，（清）谢瑛增订，上海古籍出版社 1991 年。

经济类编（四库类书丛刊）（明）冯琦、冯瑗等编，上海古籍出版社 1991 年。

荆川稗编（四库类书丛刊）（明）唐顺之编，上海古籍出版社 1991 年。

锦绣万花谷（四库类书丛刊）（宋）佚名撰，上海古籍出版社 1991 年。

翰苑新书（四库类书丛刊）（宋）佚名撰，上海古籍出版社 1991 年。

群书集事渊海　佚名撰，岳麓书社 1991 年。

编珠　隋·杜公瞻，（清）高士奇编撰，江苏广陵古籍刻印社 1991 年。

称谓录　（清）梁章钜撰，吴道勤、邱运华点校，岳麓书社 1991 年。

巧对录　（清）梁章钜、梁恭辰辑录，陈焕良点校，岳麓书社 1991 年。

古今怪异集成　中华书局编，江苏广陵古籍刻印社 1991 年。

神怪大典（中国笔记小说文库续编）（清）蒋廷锡等编，上海文艺出版社 1991 年。

广博物志　（明）董斯张纂，岳麓书社 1991 年。

天中记（四库类书丛刊）（明）陈耀文纂，（明）屠隆校，上海古籍出版社 1991 年。

海录碎事（四库类书丛刊）（宋）叶廷珪撰，上海古籍出版社 1992 年。

记纂渊海（四库类书丛刊）（宋）潘自牧编纂，上海古籍出版社 1992 年。

图书编（四库类书丛刊）（明）章潢编，上海古籍出版社 1992 年。

广博物志（四库类书丛刊）（明）董斯张纂，上海古籍出版社 1992 年。

渊鉴类函（四库类书丛刊）（清）张英、王士禛编撰，上海古籍出版社 1992 年。

格致镜原（四库类书丛刊）（清）陈元龙撰，上海古籍出版社 1992 年。

玉海（四库类书丛刊）（宋）王应麟纂，上海古籍出版社 1992 年。

人生大典（中国笔记小说文库续编）（清）蒋廷锡等编，上海文艺出版社1992年。

注音详解新编蒙求（中国古代教育读物丛刊）（唐）李翰撰，黄津南注，广西教育出版社1992年。

白孔六帖（外三种）（四库类书丛刊）（唐）白居易撰，（宋）孔傅续，上海古籍出版社1992年。

山堂考索 （宋）章如愚编撰，中华书局1992年。

群书考索 （宋）章如愚撰，书目文献出版社1992年。

俚俗集（北京图书馆稿本抄本丛刊）（清）福申辑，书目文献出版社1992年。

古今事文类聚（四库类书丛刊）（宋）祝穆撰，（元）富大用、祝渊撰，上海古籍出版社1992年。

古今源流至论（四库类书丛刊）（宋）林駉、黄履翁撰，上海古籍出版社1992年。

全芳备祖集（四库类书丛刊）（宋）陈景沂撰，上海古籍出版社1992年。

群书会元截江网（四库类书丛刊）（宋）佚名撰，上海古籍出版社1992年。

古今合璧事类备要（四库类书丛刊）（宋）谢维新撰，上海古籍出版社1992年。

群书考索（四库类书丛刊）（宋）章如愚撰，上海古籍出版社1992年。

喻林（四库类书丛刊）（明）徐元太撰，上海古籍出版社1992年。

古俪府（四库类书丛刊）（明）王志庆编，上海古籍出版社1992年。

山堂肆考（四库类书丛刊）（明）彭大翼撰，张幼学增定，上海古籍出版社1992年。

事物纪原·实宾录·书叙指南（四库类书丛刊）（宋）高承撰，（宋）马永易撰，文彪续补，任广撰，上海古籍出版社1992年。

职官分纪·历代制度详说·八面锋（四库类书丛刊）（宋）孙逢吉、吕祖谦、陈传良撰，上海古籍出版社1992年。

御定子史精华（四库类书丛刊）（清）吴士玉、吴襄等奉敕撰，上海古籍出版社1992年。

御定分类字锦（四库类书丛刊）（清）何焯、陈鹏年等奉敕撰，上海古籍出版社1992年。

古今同姓名录（四库类书丛刊）（南朝梁）萧绎撰，（唐）陆善经续，（元）叶森补，上海古籍出版社1993年。

花木鸟兽集类（四库类书丛刊）（清）吴宝芝撰，上海古籍出版社1993年。

宋稗类钞（四库类书丛刊）（清）潘永因编，上海古籍出版社1993年。

别号录（四库类书丛刊）（清）葛万里撰，上海古籍出版社1993年。

事物异名校注（明）余庭璧撰，杨绳信校注，山西古籍出版社1993年。

群书类编故事（明）王罃编集，冯惠民点校，书目文献出版社1993年。

骈志（四库类书丛刊）（明）陈禹谟撰，上海古籍出版社1993年。

太平御览（宋）李昉等撰，上海古籍出版社1994年。

古今姓氏书辨证（附索引）帝王经世图谱（四库类书丛刊）（宋）邓名世、唐仲友撰，上海古籍出版社1994年。

名贤氏族言行类稿（附索引）（四库类书丛刊）（宋）章定撰，上海古籍出版社1994年。

万姓统谱（附氏族博考）（四库类书丛刊）（明）凌迪知撰，上海古籍出版社1994年。

读书纪数略（附索引）（四库类书丛刊）（清）宫梦仁撰，上海古籍出版社1994年。

锦锈万花谷（北京图书馆古籍珍本丛刊） 佚名撰，书目文献出版社1994年，北京图书馆出版社2000年。

古今图书集成图（清）陈梦雷、蒋廷锡编著，书目文献出版社1996年，2009年。

称谓录·亲属记（清）梁章钜、郑珍撰，冯惠民、李肇翔、杨梦东点校，中华书局1996年，2002年。

渊鉴类函（清）张英、王士禛编撰，上海文艺出版社1996年。

好运宝典（清）石成金撰，童笙等校注，宗教文化出版社1997年。

妆史（北京图书馆古籍珍本丛刊）

（清）田霡撰，书目文献出版社1997年，北京图书馆出版社2000年。

婚礼新编（北京图书馆古籍珍本丛刊）（宋）丁升之辑，书目文献出版社1997年，北京图书馆出版社2000年。

奁史（北京图书馆古籍珍本丛刊）（清）王初桐辑，书目文献出版社1997年，北京图书馆出版社2000年。

记纂渊海（北京图书馆古籍珍本丛刊）（宋）潘自牧撰，书目文献出版社1998年，北京图书馆出版社2000年。

蒙求（蒙学丛书）（唐）李翰撰，陆忠发注，浙江古籍出版社1998年。

古事比　（清）方中德编，徐学林点校，黄山书社1998年。

快乐原（传家宝全集）（清）石成金编撰，周树德点校，中州古籍出版社2000年，2002年。

人事通（传家宝全集）（清）石成金编撰，张惠民点校，中州古籍出版社2000年，2002年。

福寿鉴（传家宝全集）（清）石成金编撰，张惠德点校，中州古籍出版社2000年，2002年。

永乐大典（中华再造善本试制）（明）解缙等纂，北京图书馆出版社2002年，2003年。

海录碎事　（宋）叶廷珪撰，李之亮点校，中华书局2002年。

传家宝　（清）石成金撰，喻岳衡校订，岳麓书社2002年。

唐代四大类书　董治安主编，清华大学出版社2003年。

永乐大典　（明）解缙等纂，北京图书馆出版社2003年。

锦绣万花谷（中华再造善本）　佚名撰，北京图书馆出版社2003年。

帝王经世图谱（中华再造善本）（宋）唐仲友撰，北京图书馆出版社2003年。

十二先生诗宗集韵（中华再造善本）（宋）裴良甫辑，北京图书馆出版社2003年。

婚礼新编（中华再造善本）（宋）丁昇之辑，北京图书馆出版社2003年。

艺文类聚（中华再造善本）（唐）欧阳询辑，北京图书馆出版社2004年。

补注蒙求（中华再造善本）（唐）李翰撰，（宋）徐子光补注，北京图书馆出版社 2004 年。

记纂渊海（中华再造善本）（宋）潘自牧辑，北京图书馆出版社 2004 年。

重添校正蜀本书林事类韵会（中华再造善本） 佚名撰，北京图书馆出版社 2004 年。

古今合璧事类备要增集（中华再造善本）（宋）谢维新辑，北京图书馆出版社 2004 年。

初学记 （唐）徐坚著，中华书局 2004 年。

新编古今事文类聚（中华再造善本）（宋）祝穆、（元）富大用辑，北京图书馆出版社 2005 年。

纂图增新群书类要事林广记（中华再造善本）（宋）陈元靓撰，北京图书馆出版社 2005 年。

新笺决科古今源流至论（中华再造善本）（宋）林駉撰，北京图书馆出版社 2005 年。

新编通用启札截江网（中华再造善本） 佚名撰，北京图书馆出版社 2005 年。

新增说文韵府群玉（中华再造善本）（元）阴时夫辑，阴中夫注，北京图书馆出版社 2005 年。

重刊增广门类换易新联诗学拦江网（中华再造善本） 佚名撰，北京图书馆出版社 2005 年。

新编类意集解诸子琼林（中华再造善本）（元）苏应龙辑，北京图书馆出版社 2005 年。

汉唐事笺对策机要（中华再造善本）（元）朱礼撰，北京图书馆出版社 2005 年。

群书钩玄（中华再造善本）（元）高耻传辑，北京图书馆出版社 2005 年。

新编事文类要启札青钱后集（中华再造善本） 佚名撰，北京图书馆出版社 2005 年。

分类时务通纂 （清）陈昌绅编，北京图书馆出版社 2005 年。

传家宝：中国古代生活百科全书 （清）石成金编撰，赵嘉朱等点校，吉林文史出版社 2005 年。

传家宝·人事通（中华大方略全书·谋略智略图文版）（清）石成金原典，曹冈主编，内蒙古人民出版社 2005 年。

传家宝·福寿鉴（中华大方略全书·谋略智略图文版）（清）石成金原典，曹冈主编，内蒙古人民出版社 2005 年。

传家宝·快乐原（中华大方略全书·谋略智略图文版）（清）石成金原典，曹冈主编，内蒙古人民出版社 2005 年。

传家宝·醒世钟（中华大方略全书·谋略智略图文版）（清）石成金原典，曹冈主编，内蒙古人民出版社 2005 年。

中华大典·医药卫生典·医学分典·诊法总部 《中华大典》工作委员会，《中华大典》编纂委员会编纂，巴蜀书社 2005 年。

中华大典·文学典·明清文学分典 《中华大典》工作委员会，《中华大典》编纂委员会编纂，凤凰出版社 2005 年。

事类赋（中华再造善本）（宋）吴淑撰并注，北京图书馆出版社 2006 年。

太学新增合璧联珠声律万卷菁华（中华再造善本）（宋）李昭玘、李似之辑，北京图书馆出版社 2006 年。

锦绣万花谷续集（中华再造善本）佚名撰，北京图书馆出版社 2006 年。

古今合璧事类备要（中华再造善本）（宋）谢维新、虞载辑，北京图书馆出版社 2006 年。

诚斋四六发遣膏馥（中华再造善本）（宋）杨万里撰，（宋）周公恕辑，北京图书馆出版社 2006 年。

山堂先生群书考索（中华再造善本）（宋）章如愚辑，北京图书馆出版社 2006 年。

玉海　辞学指南（中华再造善本）（宋）王应麟撰，北京图书馆出版社 2006 年。

小学绀珠（中华再造善本）（宋）王应麟撰，北京图书馆出版社 2006 年。

姓氏急就篇（中华再造善本）（宋）王应麟撰，北京图书馆出版社 2006 年。

急就篇补注（中华再造善本）（宋）王应麟撰，北京图书馆出版社 2006 年。

新编诏诰章表机要（中华再造善本）（金）郭明如辑，北京图书馆出版社 2006 年。

新编排韵增广事类氏族大全（中华再造善本） 佚名撰，北京图书馆出版社 2006 年。

新编事文类聚启札云锦（中华再造善本） 佚名撰，北京图书馆出版社 2006 年。

联新事备诗学大成（中华再造善本）（元）林桢辑，北京图书馆出版社 2006 年。

诗学集成押韵渊海（中华再造善本）（元）严毅辑，北京图书馆出版社 2006 年。

福寿真经 （清）石成金集著，张倩校注，文化艺术出版社 2006 年。

册府元龟（校订本） （宋）王钦若等编纂，周勋初等校订，凤凰出版社 2006 年。

中华大典·文学典·魏晋南北朝文学分典 《中华大典》工作委员会，《中华大典》编纂委员会编纂，凤凰出版社 2007 年。

中华大典·历史典·史学理论与史学史分典 龚书铎、瞿林东主编，上海古籍出版社 2007 年。

天中记 （明）陈耀文撰，广陵书社 2007 年。

中国历代艺术典 广陵书社编，何庆先等整理，广陵书社 2007 年。

锦绣万花谷 （宋）佚名辑，广陵书社 2008 年。

太平御览 （宋）李昉等撰，上海古籍出版社 2008 年。

渊鉴类函 （清）张英、王士禛编撰，上海古籍出版社 2008 年。

中华大典·历史典·编年分典·隋唐五代总部 《中华大典》工作委员会，《中华大典》编纂委员会编纂，上海古籍出版社 2008 年。

中华大典·历史典·编年分典·宋辽夏金总部 《中华大典》工作委员会，《中华大典》编纂委员会编纂，上海古籍出版社 2008 年。

中华大典·教育典·教育思想分典·教育作用总部 《中华大典》工作委员会，《中华大典》编纂委员会编纂，上海古籍出版社 2008 年。

中华大典·教育典·教育思想分典·教育目的总部 《中华大典》工作委员会，《中华大典》编纂委员会编纂，上海古籍出版社 2008 年。

群书考索 （宋）章如愚辑，广陵

书社 2008 年。

传家宝全集（绣像本） （清）石成金编著，线装书局 2008 年。

重广会史笺证 （宋）佚名编，周延良笺证，齐鲁书社 2010 年。

传家宝全集（绣像精装本） （清）石成金编著，线装书局 2010 年。

中国历代选举典 广陵书社编，广陵书社 2011 年。

中国历代边裔典 广陵书社编，广陵书社 2011 年。

丛 书*

汇编丛书

海盐张氏涉园丛刻 张元济辑，海盐张氏 1911 年。

增订汉魏丛书 （明）王谟辑，大通书局 1911 年。

张氏适园丛书初集 （清）张钧衡辑，国学扶轮社 1911 年。

* 部分收单书超过 100 种的大型丛书有《说库》（王文濡辑，文明书局 1915 年）收笔记小说 170 种，《旧小说》（吴曾祺辑，商务印书馆 1935 年）收书 392 种，《孤本元明杂剧》（涵芬楼辑，商务印书馆 1941 年）收书 144 种，《道藏举要》（商务印书馆辑，商务印书馆 1940 年）收书 176 种，《学海类编》[（清）曹溶辑、陶越增删，涵芬楼 1920 年] 收书 430 种，《学津讨原》[（清）张海鹏辑，商务印书馆 1922 年] 收书 172 种，《四库全书珍本初集》（中央图书馆筹备处辑，商务印书馆 1934—1935 年）收书 231 种，《影印元明善本丛书十种》（商务印书馆辑，商务印书馆 1937 年）收书 620 种，《四明丛书》（张寿镛辑，四明张氏约园 1932—1948 年）收书 165 种，《四部丛刊续编》《三编》（张元济等辑，商务印书馆 1934—1936 年），收书合计 154 种，《百川学海》[（宋）左圭辑，上海博古斋影印 1921 年] 收书 100 种，《宝颜堂秘笈》[（明）陈继儒辑，文明书局 1922 年] 收书 234 种，《津逮秘书》[（明）毛晋辑，博古斋 1922 年] 收书 141 种，《知不足斋丛书》[（清）鲍廷博辑、鲍士恭续辑，古书流通处 1921 年] 收书 207 种，《墨海金壶》[（清）张海鹏辑，博古斋 1921 年] 收书 115 种，《借月山房汇钞》[（清）张海鹏辑，博古斋 1920 年] 收书 137 种，《广雅书局丛书》（广雅书局辑，徐绍棨编，番禺徐氏 1920 年）收书 150 余种，《豫章丛书》（胡思敬辑，南昌豫章丛书编刻局 1915—1920 年）收书 103 种，《黄氏逸书考》[（清）黄奭辑，江都王鉴补印本 1922 年] 收书 285 种，《美术丛书》（邓实辑，神州国光社 1936 年）收书 281 种，《郎园先生全书》（叶启倬辑，中国古书刊印社 1935 年）收书 119 种，《景印文渊阁四库全书》[（清）永瑢等编，台湾商务印书馆 1983—1986 年，上海古籍出版社 1987—1990 年，2003 年] 收书 3470 种，《摛藻堂四库全书荟要》（台湾世界书局 1985—1988 年，吉林文史出版社 2005 年）收书 463 种，《四库全书存目丛书》（齐鲁书社 1995—1997 年）收书 4508 种，《四库禁毁书丛刊》（北京出版社 1997—1999 年）收书 634 种，《四库全书存目丛书补编》（齐鲁书社 2001 年）收书 219 种，《四库未收书辑刊》（罗琳主编，北京出版社 1998—2000 年）收书 1320 余种，《续修四库全书》（上海古籍出版社 1995—2002 年）收书 5390 余种，《四库禁毁书丛刊补编》（北京出版社 2005 年）收书 290 种，《玉函山房辑佚书》[（清）马国翰辑，上海古籍出版社 1990 年，江苏广陵古籍刻印社 1990 年，广陵书社 2004 年] 收书 573 种，等等。

奇晋斋丛书 陆烜辑，冰雪山房1912年。

古学汇刊 邓实等辑，上海国粹学报社1912年。

费氏全集 （清）费伯雄撰，孟河费氏耕心堂1912年。

鸣沙石室遗书初编 罗振玉辑，上虞罗氏1913年，东方学会1928年。

遯盦丛编 吴隐辑，西泠印社1913年。

古今文艺丛书 何藻辑，广益书局1913至1915年。

吴兴丛书 刘承幹辑，刘氏刻本1913至1928年，文物出版社1986至1991年，1992年。

适园丛书 （清）张钧衡辑，乌程张氏刻本1913至1917年，江苏广陵古籍刻印社1986年。

枕碧楼丛书 （清）沈家本辑，归安沈氏1913年，中国书店1959年，1985年。

永慕园丛书 罗振玉辑，上虞罗氏1914年。

宸翰楼丛书 罗振玉辑，上虞罗氏1914年。

天苏阁丛刊初集 徐珂辑，杭县徐氏1914年。

金陵丛书 翁长森、蒋国榜辑，上元蒋氏慎修书屋1914至1916年。

吉石盦丛书 罗振玉辑，上虞罗氏1914至1917年。

云窗丛刻 罗振玉辑，上虞罗氏1914年。

峭帆楼丛书 赵诒琛辑，新阳赵氏1914年。

惜抱轩全集 （清）姚鼐撰，上海会文堂书局1914年。

莘庐遗集 凌泗撰，沈廷镛1914年。

平泉遗书 （清）冯时芳撰，禹县存古学社1915年。

文惠全书 （清）黄世荣撰，嘉定黄氏1915年。

写礼庼遗著 （清）王颂蔚撰，鱼孚溪王氏1915年。

士礼居黄氏丛书 （清）黄丕烈辑，石竹山房1915年，博古斋1922年。

雪堂丛刻 罗振玉辑，上虞罗氏1915年。

赤城遗书汇刊 金嗣献辑，太平金

氏1915年。

台州丛书后集 杨晨辑，黄岩杨氏1915年。

武陵山人遗书 （清）顾观光撰，金山高煌1915年。

虞山丛刻 丁祖荫辑，常熟丁氏1915至1919年。

豫章丛书 胡思敬辑，南昌豫章丛书编刻局1915至1920年。

是园遗书 （清）周锡恩撰，民国刊本1915至1939年。

广仓学窘丛书甲 姬佛陀辑，上海仓圣明智大学1916年。

涵芬楼秘笈 孙毓修等辑，商务印书馆1916至1926年。

雪华馆丛编 牛诚修辑，定襄牛氏1916年。

翠琅玕馆丛书 黄任恒重辑，黄氏重编本1916年。

熊刻四种 熊罗宿辑，丰城熊氏1916年。

王烟客先生集 （清）王时敏撰，苏州振新书社1916年。

义州李氏丛刻 李葆恂撰，李放京师1916年。

心史丛刊 孟森撰，商务印书馆1916至1917年。

谭浏阳全集 （清）谭嗣同撰，文明书局1917年。

龙豁精舍丛书 郑国勋辑，潮阳郑氏1917年。

诸暨冯氏丛刻 冯振声辑，诸暨冯氏1917年。

虞阳说苑甲编 丁祖荫辑，虞山丁氏初园1917年。

诵芬室丛刊二编 董康辑，董氏刊本1917年。

鸣沙石室古籍丛残 罗振玉辑，上虞罗氏1917年。

宋月锄先生遗著 （清）宗廷辅撰，徐兆玮1917年。

最乐亭三种 （清）朱福清撰，嘉兴朱氏1917年。

章氏丛书 章炳麟撰，浙江图书馆1917至1919年，古书流通处1924年。

香雪崦丛书 （清）平步青撰，民国排印1917至1925年。

静园丛书 沈光莹辑，聚珍仿宋印

书局1918年。

嘉业堂丛书 刘承幹编，刘氏刻本1918年，文物出版社1982年。

嘉草轩丛书 罗振玉辑，上虞罗氏1918年。

松邻丛书 吴昌绶辑，仁和吴氏双照楼1918年。

徐茱芩先生著述 （清）徐宗亮撰，徐氏1918年。

台州丛书己集 杨晨辑，黄岩杨氏1919年。

铁研斋丛书 桑宣撰，宛平桑氏1919年。

观古堂汇刻丛书 叶德辉辑，叶氏重编印本1919年。

求恕斋丛书 刘承幹辑，吴兴刘氏1919年，上海古籍书店1963年，文物出版社1984年，1992年。

烟霞草堂遗书 （清）刘光蕡撰，王典章思过斋苏州1919至1921年。

海陵丛刻 韩国钧辑，排印1919至1925年。

马钟山遗书 马钟山撰，马林1919至1923年。

周氏师古堂所编书 周学熙辑，至德周氏师古堂1919至1941年。

冷红馆全集 （清）秦臻撰，秦宝瓒1920年。

贵池先哲遗书 刘世珩辑，贵池刘氏唐石簃刊本1920年。

房山山房丛书 陈洙辑，江浦陈氏1920年。

娟镜楼丛刻 张祖廉辑，嘉善张氏1920年。

借月山房汇钞 （清）张海鹏辑，博古斋1920年。

广雅书局丛书 广雅书局辑，徐绍棨编，番禺徐氏1920年。

学海类编 （清）曹溶辑、陶越增删，涵芬楼1920年，广陵书社2007年。

又满楼丛书 赵诒琛辑，昆山赵氏1920至1924年。

留余草堂丛书 刘承幹辑，刘氏刻本1920至1925年。

半帆楼丛书 邬庆时辑，邬氏1920至1930年。

烟画东堂小品 缪荃孙辑，江阴缪

氏刊本1920年。

寿栎庐丛书 吴之英撰，名山吴氏1920年。

桐阴山房丛刻 周继煦撰，菊饮轩1920年。

散溪遗书 蔡克猷撰，刘邦元等1921年。

勉不足斋四种 董廷策撰，董瑞椿1921年。

楚州丛书第一集 冒广生辑，如皋冒氏1921年。

墨海金壶 （清）张海鹏辑，博古斋1921年。

知不足斋丛书 （清）鲍廷博辑、鲍士恭续辑，古书流通处1921年。

楝亭藏书十二种 （清）曹寅编，古书流通处1921年。

百川学海 （宋）左圭辑，上海博古斋影印1921年，武进陶氏影刊1927年。

龙潭精舍丛刻 刘海涵辑，刘氏1921至1929年。

震泽先生别集 （明）王永熙辑，鱼孚溪王氏1921年。

新订六译馆丛书 廖平撰，四川存古书局1921年。

广雅堂四种 （清）张之洞撰，南皮张氏1921至1922年。

周悫慎公全集 周馥撰，秋浦周氏1922年。

怡兰堂丛书 唐鸿学辑，大关唐氏1922年。

儒学警悟 （宋）俞鼎孙、俞经辑，武进陶氏刻1922年，中华书局2000年。

黄氏逸书考 （清）黄奭辑，江都王鉴补印本1922年，江都朱长圻补印本1934年，江苏广陵古籍刻印社1984年。

章氏遗书 （清）章学诚撰，吴兴刘氏嘉业堂1922年，商务印书馆1936年。

宝颜堂秘笈 （明）陈继儒辑，文明书局1922年。

津逮秘书 （明）毛晋辑，博古斋1922年。

华胥赤子遗集 方铸撰，桐城翰宝斋1922年。

拜经楼丛书（愚谷丛书） （清）

吴骞辑，上海博古斋1922年。

学津讨原 （清）张海鹏辑，商务印书馆1922年。

守山阁丛书 （清）钱熙祚辑，博古斋1922年。

珠丛别录 （清）钱熙祚辑，博古斋1922年。

密韵楼景宋本七种 蒋汝藻辑，乌程蒋氏乐地盦1922至1924年。

续古逸丛书 张元济等辑，商务印书馆1922至1957年。

古书丛刊 陈琰辑，古书流通处1922年。

汉堂类稿 李宝淦撰，李祖年1922年。

锡山先哲丛刊 侯鸿鉴等辑，中华书局1922年。

南昌邹氏一粟园丛书 （清）邹树荣撰，南昌邹氏1922年。

关陇丛书 张鹏一辑，陕西文献征辑所1922年。

继述堂全集 王毓英撰，温州石印本1922年。

新安许氏先集 许同莘辑，无锡许氏简素堂1922至1926年。

崇雅堂丛书初编 甘鹏云辑，潜江甘氏崇雅堂1922至1934年。

菽莊丛书 林尔嘉辑，龙溪林氏1922至1934年。

黔南丛书 任可澄等辑，文通书局1922至1941年。

蓬莱吴灌先著述三种 （清）吴脈鬯撰，民国排印1923年。

朴学斋丛刊 安吴胡氏1923年。

樵隐集 李遵义撰，丹徒李氏小臧室1923年。

平斋家言 何刚德撰，古闽何氏1923年。

于中丞遗书 （清）于荫霖撰，北京1923年。

青学斋五种 （清）汪之昌撰，民国排印1923年。

天苏阁丛刊二集 徐珂辑，中华书局1923年。

慎始基斋丛书 卢靖辑，沔阳卢氏1923年。

抱经堂丛书 （清）卢文弨辑，直隶书局1923年。

别下斋丛书 （清）蒋光煦辑，商务印书馆1923年。

湖北先正遗书 卢靖辑，沔阳卢氏慎始基斋1923年。

蓬莱吴灌先著述三种 （清）吴脉鬯撰，太原洗心总社1923年。

曲石丛书 李根源辑，腾冲李氏苏州1923至1931年。

花隐老人遗著 甘树椿撰，甘鹏云崇雅堂1924年。

续金华丛书 胡宗楙辑，永康胡氏梦选廔1924年。

岱南阁丛书 （清）孙星衍辑，博古斋1924年。

屏庐丛刻 金钺辑，天津金氏1924年。

东方学会丛书初集 罗振玉辑，东方学会1924年。

江氏聚珍版丛书 江杏溪辑，苏州文学山房1924年。

沔阳丛书 卢弼辑，沔阳卢氏慎始基斋1924至1926年。

六经堪丛书 罗振玉辑，东方学会1924至1927年。

讬跋廛丛刻 陶湘编，武进陶氏涉园1924至1928年。

涉闻梓旧 （清）蒋光煦辑，商务印书馆1924年。

戴氏三种 （清）戴震撰，北京朴社1924年。

澹园杂著 （清）虞景璜撰，虞和钦1924年。

崔东壁遗书 （清）崔述撰，古书流通处1924年。

苏斋丛书 （清）翁方纲撰，博古斋1924年。

钮寅身先生遗著 钮泽晟撰，吴兴钮氏1924年。

小瀛壶仙馆丛刊 蔡卓勋撰，岭东蔡氏1925年。

泾阳文献丛书 柏堃辑，泾阳县铅印本1925年。

汉魏丛书 （明）程荣辑，商务印书馆1925年。

心钜斋丛书 （清）蒋凤藻辑，文学山房1925年。

清代学术丛书 黄宝熙辑，黄氏古愚室1925年。

高邮王氏遗书 罗振玉辑，上虞罗氏 1925 年。

重印江都汪氏丛书 秦更年等辑，中国书店 1925 年。

北京历史风土丛书第一集 瞿宣颖辑，广业书社 1925 年。

食旧堂丛书 （清）汪大钧辑，钱塘汪氏 1925 年。

蕙风丛书 况周颐撰，上海中国书店 1925 年。

桂林梁先生遗书 （清）梁济撰，梁焕鼐等 1925 年。

心园丛刻一集 徐珂辑，杭州徐氏 1925 年。

湖南丛书 孙文昱等辑，湖南丛书处 1925 至 1926 年。

渭南严氏孝义家塾丛书 严式诲辑，渭南严氏 1925 至 1931 年。

学生国学丛书 商务印书馆辑，商务印书馆 1925 至 1940 年。

经典集林 （清）洪颐煊辑，陈氏慎初堂 1926 年。

宝彝室集刊 朱景彝辑，杭州朱氏 1926 年。

择是居丛书初集 张均衡辑，吴兴张氏国学扶轮社 1926 年。

涉趣园全集 赵祖铭撰，乐亭赵氏 1926 年。

抱经楼丛刊 （清）沈德寿辑，慈溪沈氏 1926 至 1927 年。

隅楼丛书 古直撰，上海聚珍仿宋书局 1926 至 1928 年。

喜咏轩丛书 陶湘辑，武进陶氏涉园 1926 至 1931 年。

三余堂丛刻 林仕荷辑，鄞县林氏 1927 年。

高昌秘笈甲集 孙鉴辑，上海孙氏 1927 年。

说郛 （元）陶宗仪辑、张宗祥重校，商务印书馆 1927 年。

桐乡劳先生遗稿 劳乃宣撰，桐乡卢氏 1927 年。

柯劭忞先生遗著 柯劭忞撰，国立北京大学研究院文史部 1927 年。

海宁王忠悫公遗书 王国维撰，海宁王氏 1927 年。

张文襄公全集 （清）张之洞撰，北平 1928 年。

殷礼在斯堂丛书 罗振玉辑，东方学会1928年。

褚氏所刻书 褚克明辑，奉贤褚氏1928年。

云在山房丛书 杨寿枏辑，无锡杨氏1928年。

文渊楼丛书 宋星五、周蔼如辑，上海文瑞楼书局，北平直隶书局1928年。

稼民杂著 丁锡田撰，潍县丁氏1928年。

国学别录 方元撰，惠阳方山山馆1928年。

白坚堂丛书第一集 邬庆时辑，邬氏广州1928至1930年。

太昆先哲遗书首集 俞庆恩辑，太仓俞氏世德堂1928至1930年。

敬乡楼丛书 黄群辑，永嘉黄氏1928至1935年。

仰视千七百二十九鹤斋丛书 （清）赵之谦辑，绍兴墨润堂书苑1929年。

松翁居辽后所著书 罗振玉撰，上虞罗氏1929年。

顾氏家集 顾燮光辑，会稽顾氏金佳石好楼1929年。

汉阳魏氏遗书 （清）魏晋封撰，罗田王保心1929年。

野堂轩全集 奭良撰，吉林奭氏1929年。

直介堂丛刻 庐江刘氏1929年。

客人丛书 古直辑，梅县古氏1930年。

李龙集 （清）李龙撰，于在藻1930年。

洁园遗著 桐城郑氏1930年。

百川学海 （宋）左圭辑，武进陶氏编印1930年。

百川书屋丛书 陶湘辑，武进陶氏涉园1930年。

袖珍古书读本 中华书局辑，中华书局1930年。

客人丛书 古直辑，梅县古氏1930至1931年。

扬州丛刻 陈恒和辑，扬州陈恒和书林刊本1930至1934年。

范声山杂著 （清）范锴辑，北平富晋书社1931年。

百川书屋丛书续编 陶湘辑，武进陶氏涉园1931年。

天禄琳琅丛书第一集 故宫博物院辑，故宫博物院1931年。

辽海丛书 金毓黻辑，辽海书社1931至1934年，辽沈书社1985年。

邬家初集 邬庆时辑，广州邬氏1931年。

念劬庐丛刊初编 徐彦宽辑，无锡徐氏1931年。

任氏遗书 （清）任启运撰，民国刊本1931年。

蛾术堂集 （清）沈豫撰，上海蟫隐庐1931年。

独志堂丛稿 张其煌撰，桂林张氏独志堂1932年。

虞阳说苑乙编 丁祖荫辑，虞山丁氏初园1932年。

邵阳先生遗集 （清）魏繇撰，建德周氏1932年。

天禄琳琅丛书第一集 故宫博物院辑，故宫博物院1932年。

曾文正公六种 （清）曾国藩著，薛恨生标点，新文化书社1932年。

信古阁小丛书 黄任恒辑，南海黄氏1932至1934年。

沧海丛书 张伯桢辑，东莞张氏1932至1934年。

安徽丛书 安徽丛书编审会辑，安徽丛书编审会1932至1935年。

对树书屋丛刻 赵诒琛辑，昆山赵氏1932至1936年。

四明丛书 张寿镛辑，四明张氏约园1932至1948年。

长沙瞿氏丛刊 瞿宣颖辑，长沙瞿氏1933至1935年。

康居笔记汇函 徐珂撰，徐新六1933年。

辽居杂著乙编 罗振玉撰，上虞罗氏1933年。

豫章丛书索引 张英敏编，江西省立图书馆1933年。

曾文正公六种汇刻 （清）曾国藩撰，扫叶山房1933年。

沈氏群峰集 （清）沈清瑞撰，沈恩孚1933年。

义乌先哲遗书 黄侗辑，义乌黄氏1933年。

艺海一勺 赵诒琛辑，苏州1933年。

船山遗书 （清）王夫之撰，上海太平洋书店1933年。

习盦丛刊 丁锡田辑，潍县丁氏1933至1936年。

通斋全集 （清）蒋超伯撰，扬州陈恒和书林1933年。

无梦轩遗书 （清）朱景昭撰，住家珂1933年。

四部精华 陆翔辑，世界书局1934年，北京古籍出版社1988年，1990年。

辽居杂著丙编 罗振玉撰，上虞罗氏1934年。

甲戌丛编 赵诒琛、王保譿辑，苏州文新印刷公司1934年。

蓉城仙馆丛书 石荣暲辑，阳新石氏1934至1939年。

邃雅斋丛书 董金榜辑，邃雅斋1934年。

四库全书珍本初集 中央图书馆筹备处辑，商务印书馆1934年，1935年。

晋石厂丛书 姚慰祖辑，瞿氏铁琴铜剑楼1934年。

百爵斋丛刊 罗振玉辑，上虞罗氏1934年。

四部丛刊续编 张元济等辑，商务印书馆1934年。

江阴先哲遗书 谢鼎镕辑，陶社1934年。

惜砚楼丛刊 林庆云辑，瑞安林氏1934年。

南陵先哲遗书 徐乃昌辑，南陵徐氏1934年。

侯官郭氏家集汇刊 郭则澐辑，侯官郭氏1934年。

武进唐氏所著书 唐鼎元辑，武进唐氏1934至1948年。

嘉兴谭氏遗书 谭新嘉辑，嘉兴谭氏承启堂1935年。

姚氏遗书 （清）姚晋圻撰，沔阳卢靖1935年。

南园丛稿 张相文撰，北平中国地学会1935年。

纪录汇编选刊 燕京大学图书馆辑，燕京大学图书馆1935年。

影印四库全书四种 中央图书馆筹备处辑，商务印书馆1935年。

选印宛委别藏 故宫博物院辑，商务印书馆1935年。

关中丛书 宋联奎辑，陕西通志馆1935年。

指海 （清）钱熙祚辑、钱培让、钱培杰续辑，大东书局1935年。

王安石全集 （宋）王安石撰，大东书局1935年。

郋园先生全书 叶启倬辑，中国古书刊印社1935年。

四部丛刊三编 张元济等辑，商务印书馆1935至1936年。

芋园丛书 黄肇沂辑，南海黄氏1935年。

国学珍本文库第一集 襟霞阁主人辑，中央书店1935至1936年。

国学基本丛书选编 商务印书馆辑，商务印书馆1935至1947年。

海南丛书 海南书局辑，海南书局1935年。

东莱赵氏楹书丛刊 赵琪辑，东莱赵氏永厚堂1935年。

黄山丛刊 苏宗仁辑，太平苏氏百一砚斋1935年。

藜照庐丛书 林集虚辑，四明林氏1935年。

乙亥丛编 赵诒琛、王保譿、王大隆辑，苏州1935年。

仙居丛书第一集 李镜渠辑，仙居李氏1935年。

锡山尤氏丛刊甲集 （清）尤桐辑，锡山尤氏1935年。

佳梦轩丛书 （清）奕庚撰，北平燕京大学图书馆1935年。

望奎楼遗稿 （清）丁恺曾撰，青岛赵永厚堂1935年。

层冰堂五种 古直撰，中华书局1935年。

原学斋丛刊 罗继祖撰，上虞罗氏墨缘堂1936年。

十经斋遗集 （清）沈涛撰，建德周氏自庄严堪1936年。

刘申叔先生遗书 刘师培撰，宁武南氏1936年。

檇李丛书 金兆蕃辑，嘉兴金氏1936年。

丙子丛编 赵诒琛、王大隆辑，苏州1936年。

南林丛刊 周延年辑，南林周氏1936年。

段王学五种 刘盼遂辑，来薰阁书店1936年。

泰山丛书第一集 王价藩辑，王氏仅好书斋1936年。

胡林翼全集 （清）胡林翼撰，大东书局1936年。

崇雅堂丛书 杨晨撰，杨绍翰1936年。

希山丛书 罗师扬撰，兴宁罗氏1936年。

汉魏小说采珍 马俊良辑，上海中央书店1937年。

影印元明善本丛书十种 商务印书馆辑，商务印书馆1937年。

国立北平图书馆善本丛书第一集 谢国桢辑，商务印书馆1937年。

山右丛书初编 山西省文献委员会辑，山西省文献委员会、京华印书局1937年。

娄东周氏丛刊 周壵辑，娄东周氏冰壶堂1937年。

丁丑丛编 赵诒琛、王大隆辑，苏州1937年。

待时轩丛刊 罗福颐辑，上虞罗氏1937年。

七经堪丛刊 罗振玉撰，上虞罗氏1937年。

两京遗编 （明）胡维新辑，商务印书馆1937年。

戊寅丛编 赵诒琛、王大隆辑，苏州1938年。

乙卯丛编 赵诒琛、王大隆辑，苏州1939年。

贞松堂藏西陲秘籍丛残 罗振玉辑，上虞罗氏1939年。

吴中文献小丛书 江苏省立苏州图书馆编纂委员会辑，江苏省立苏州图书馆1939至1943年。

朴学斋丛书第一集 胡朴安辑，安吴胡氏1940年。

合众图书馆丛书 合众图书馆辑，合众图书馆1940至1948年。

庚辰丛编 赵诒琛、王大隆辑，苏州1940年。

巢经巢全集 （清）郑珍撰，贵州省政府1940年。

海宁王静安先生遗书 王国维撰，商务印书馆1940年。

辛巳丛编 赵诒琛、王大隆辑，苏州1941年。

玄览堂丛书 郑振铎辑，上海精华印刷公司1941年。

广东丛书 广东丛书编印委员会辑，商务印书馆1941年。

东北文献丛书 国立东北大学文科研究所辑，国立东北大学文科研究所1942年。

辛勤庐丛刊第一辑 叶灵原辑，闻喜叶氏1942年。

陈榕门先生遗书 （清）陈弘谋撰，广西省乡贤遗著编印委员会1943年。

陟冈楼丛刊 （清）潘承弼辑，吴县潘承弼陟冈楼1943至1945年。

蟫隐庐丛书 罗振常辑，吴兴周延年汇编1944年。

邈园丛书 罗振常辑，蟫隐庐1944年。

四休堂丛书 秦枏辑，临海秦氏四休堂1944年。

玄览堂丛书续集 郑振铎辑，国立中央图书馆1947年。

宜黄丛书第一辑 宜黄县文献委员会辑，宜黄县文献委员会1947年。

鄂故丛书 湖北通志馆辑，湖北通志馆排1947年。

春晖楼丛书上集 张鼎撰，海盐周昌国等1948年。

玄览堂丛书三集 郑振铎辑，国立中央图书馆1948年。

咫园丛书 宗惟恭辑，合众图书馆1948年。

章氏丛书续编 章炳麟著，成都新民书局1957年。

金声玉振集 （明）袁褧编，中国书店1959年。

左氏百川学海 （宋）左圭辑，中华书局1960年。

咫园丛书 宗惟恭辑，中国书店1960年，1982年。

龙溪精舍丛书 郑尧臣辑，上海古籍书店1960年。

太平天国印书 南京太平天国历史博物馆编撰，江苏人民出版社1961年。

＊**百部丛书集成** 台湾艺文印书馆编印1968年。

＊**四部分类丛书集成续编** 台湾艺文印书馆编印1971年。

＊**四部分类丛书集成三编** 台湾艺文印书馆编印1972年。

瓜蒂庵藏明清掌故丛刊 谢国桢辑，上海古籍出版社1978至1986年。

扬州丛刻 （清）李斗等撰，陈恒和辑刻，江苏广陵古籍刻印社1980年，1997年。

章氏遗书 （清）章学诚撰，王宗炎编次、刘承幹校订，文物出版社1981年。

章氏丛书 章炳麟撰，江苏广陵古籍刻印社1981年。

郋斋丛书 （清）徐乃昌辑，江苏广陵古籍刻印社1982年。

聚学轩丛书 （清）刘世珩辑，江苏广陵古籍刻印社1982年。

半厂丛书 （清）谭献辑，江苏广陵古籍刻印社1982年。

富阳夏氏丛刻 （清）夏震武、夏鼎武撰，江苏广陵古籍刻印社1982年。

藕香零拾 （清）缪荃孙编，江苏广陵古籍刻印社1982年，中华书局1999年。

章太炎全集 章炳麟撰，上海人民出版社编，上海人民出版社1982至1985年。

崔东壁遗书 （清）崔述撰，顾颉刚编订，上海古籍出版社1983年。

古逸丛书三编 中华书局编辑部编，中华书局1983至1993年，1999年。

金华丛书 （清）胡凤丹辑，江苏广陵古籍刻印社1983年。

徐光启著译集 （明）徐光启撰，上海文物保管委员会主编，上海古籍出版社1983年。

北京大学图书馆藏善本丛书 北京大学出版社1983至1993年。

续金华丛书 胡宗楙辑，江苏广陵古籍刻印社1983年。

＊**景印文渊阁四库全书** （清）永

瑢、纪昀等编，台湾商务印书馆，1983—1986 年，上海古籍出版社 1987—1990 年，2003 年。

绿烟琐窗集　枣窗闲笔　（清）富察明义、爱新觉罗·裕瑞撰，上海古籍出版社 1984 年。

宋元刻本古籍丛刊　本社编，江苏广陵古籍刻印社 1984 至 2001 年。

屏庐丛刻　金钺辑，中国书店 1985 年。

武林往哲遗著　（清）丁丙辑，江苏广陵古籍刻印社 1985 年。

武林掌故丛编　（清）丁丙辑，江苏广陵古籍刻印社 1985 年。

敬跻堂丛书　北平古学院编，中国书店 1985 年。

黄宗羲全集　（清）黄宗羲撰，沈善洪主编，浙江古籍出版社 1985 至 1994 年。

峭帆楼丛书　（清）赵诒琛辑，江苏广陵古籍刻印社 1985 年，1997 年。

章学诚遗书　（清）章学诚撰，文物出版社 1985 年。

对树书屋丛刻　（清）赵诒琛辑，江苏广陵古籍刻印社 1986 年。

又满楼丛书　（清）赵诒琛辑，江苏广陵古籍刻印社 1986 年。

桐城吴先生全书　（清）吴汝纶撰，吴闿生编，中国书店 1986 年。

玄览堂丛书　郑振铎编，江苏广陵古籍刻印社 1986 年。

双砚斋丛书　邓邦述辑，江苏广陵古籍刻印社 1986 年。

邵武徐氏丛书　（清）徐幹撰，江苏广陵古籍刻印社 1986 年。

群碧楼自著书　邓邦述辑，江苏广陵古籍刻印社 1986 年。

＊**丛书集成新编**　台湾新文丰出版公司，1985 年。

＊**影印摛藻堂四库全书荟要**　（清）清高宗敕纂，台湾世界书局，1986 年，2012 年。

江都陈氏四种　（清）陈本礼编，江苏广陵古籍刻印社 1987 年。

秦淮香艳丛书　扫叶山房辑，江苏广陵古籍刻印社 1987 年。

京口掌故丛编　（清）陶骏保辑，江苏广陵古籍刻印社 1987 年。

王徵遗著 （明）王徵撰，李之勤点校，陕西人民出版社1987年。

古桐书屋六种 （清）刘熙载撰，江苏广陵古籍刻印社1987年。

籀庼遗著辑存 （清）孙诒让撰，齐鲁书社1987年。

岭南丛书 本书编辑委员会编，广东高等教育出版社、中山大学出版社、暨南大学出版社1988至2001年。

说郛三种 （明）陶宗仪编，上海古籍出版社1988年，中国书店1986年。

杨守敬集 杨守敬撰，谢承仁编，湖北人民出版社、湖北教育出版社1988年。

宛委别藏 （清）阮元撰，江苏古籍出版社1988年。

船山全书（湖湘文库） （清）王夫之撰，船山全书编辑委员会编校，杨坚总修订，岳麓书社1988至1996年，2011年修订本。

欧虞部集（北京图书馆古籍珍本丛刊） （明）欧大任撰，书目文献出版社1989年，北京图书馆出版社2000年。

玉函山房辑佚书续编三种 （清）王仁俊辑，上海古籍出版社1989年。

饮冰室合集 梁启超撰，中华书局1989年。

中州文献丛书 杨松如编著，中州古籍出版社1989至1998年。

＊**丛书集成续编** 台湾新文丰出版公司，1989年。

海源阁丛书 （清）杨以增辑，江苏广陵古籍刻印社1990年。

中国西北文献丛书 中国西北文献丛书续编编撰委员会，兰州古籍书店1990年。

玉函山房辑佚书 （清）马国翰辑，上海古籍出版社1990年。

玉函山房辑佚书 （清）马国翰辑，江苏广陵古籍刻印社1990年，广陵书社2004年。

李氏五种合刊 （清）李兆洛撰，江苏广陵古籍刻印社1990年。

学津讨原 （清）张海鹏辑，江苏广陵古籍刻印社1990年。

昭代丛书 （清）张潮等编纂，上海古籍出版社1990年。

吕祖全书 （唐）吕岩撰，江苏广陵古籍刻印社 1990 年。

积学斋丛书 徐乃昌辑，江苏广陵古籍刻印社 1991 年。

戴震全集 （清）戴震撰，戴震研究会等编纂，清华大学出版社 1991 至 1999 年。

李渔全集 （清）李渔撰，浙江古籍出版社编，浙江古籍出版社 1991 年，1998 年。

子史精华 （清）张廷玉等撰，北京古籍出版社 1991 年。

十种古逸书 （清）茆泮林辑，江苏广陵古籍刻印社 1991 年。

奚囊广要（北京图书馆古籍珍本丛刊） 佚名撰，书目文献出版社 1991 年，北京图书馆出版社 2000 年。

汉学堂知足斋丛书 （清）黄奭辑，书目文献出版社 1992 年。

四部精要 上海古籍出版社编，上海古籍出版社 1992 年。

檀几丛书 （清）王晫、张潮编纂，上海古籍出版社 1992 年。

福建丛书 福建省文史研究馆主编，江苏广陵古籍刻印社 1993 至 2003 年。

周易说略·老子说略（山左名贤遗书） （清）张尔岐撰，周立升、乔岳点校，齐鲁书社 1993 年。

方外秘籍精选 张荣明、吕明方编，学林出版社 1993 年。

佳梦轩丛著 （清）奕赓撰，雷大受点校，北京古籍出版社 1994 年。

古逸丛书 （清）黎庶昌辑，江苏广陵古籍刻印社 1994 年。

续古逸丛书 张元济等辑，江苏广陵古籍刻印社 1994 年。

四库全书存目丛书 四库全书存目丛书编纂委员会编，齐鲁书社 1995 至 1999 年。

续修四库全书 《续修四库全书》编纂委员会编，上海古籍出版社 1995 年至 2002 年。

北京大学图书馆馆藏稿本丛书 陈秉才、张玉范编，天津古籍出版社 1996 年。

四库全书精编 田晓娜主编，国际文化出版公司 1996 年。

常熟翁氏世藏古籍善本丛书 翁

万戈藏，文物出版社 1996 年。

屈大均全集　（清）屈大均撰，欧初、王贵忱主编，人民文学出版社 1996 年。

＊**丛书集成三编**　台湾新文丰出版公司，1996 年。

四库禁毁书丛刊　《四库禁毁书丛刊》编纂委员会编，北京出版社 1997—1999 年。

太谷学派遗书（第一辑）　方宝川编，江苏广陵古籍刻印社 1997 年。

嘉定钱大昕全集　（清）钱大昕撰，陈文和主编，江苏古籍出版社 1997 年。

四库全书荟要　韩路编，天津古籍出版社 1998 年。

太谷学派遗书（第二辑）　方宝川编，江苏广陵古籍刻印社 1998 年。

汤显祖全集　（明）汤显祖撰，徐朔方笺校，北京古籍出版社 1998 年，1999 年，2001 年。

四库未收书辑刊　《四库未收书辑刊》编纂委员会编，北京出版社 1998—2000 年。

刻金粟头陀青莲露（北京图书馆古籍珍本丛刊）（明）叶华撰，书目文献出版社 1998 年，北京图书馆出版社 2000 年。

胡氏粹编（北京图书馆古籍珍本丛刊）（明）胡文焕辑，书目文献出版社 1998 年，北京图书馆出版社 2000 年。

了凡杂著（北京图书馆古籍珍本丛刊）（明）袁黄撰，书目文献出版社 1998 年，北京图书馆出版社 2000 年。

黔牍偶存（北京图书馆古籍珍本丛刊）（明）刘锡玄撰，书目文献出版社 1998 年，北京图书馆出版社 2000 年。

两汉全书（第一、二册）　董治安主编，山东大学出版社 1999 年。

朱秉器全集（北京图书馆古籍珍本丛刊）（明）朱孟震撰，书目文献出版社 1999 年，北京图书馆出版社 2000 年。

彭氏遗著（北京图书馆古籍珍本丛刊）（清）彭鹏撰，书目文献出版社 1999 年，北京图书馆出版社 2000 年。

松筠丛著（北京图书馆古籍珍本丛刊）（清）松筠撰，书目文献出版社 1999 年，北京图书馆出版社 2000 年。

童氏杂著（北京图书馆古籍珍本丛刊）（清）童华撰，书目文献出版社 1999 年，北京图书馆出版社 2000 年。

隐山鄙事（北京图书馆古籍珍本丛刊）（清）李子金撰，书目文献出版社 1999 年，北京图书馆出版社 2000 年。

许氏巾箱集（北京图书馆古籍珍本丛刊）（明）许察撰，（清）许徐翀撰，（清）许兆熊撰，书目文献出版社 1999 年，北京图书馆出版社 2000 年。

知不足斋丛书 （清）鲍廷博辑，中华书局 1999 年。

船山遗书 （清）王夫之撰，傅云龙、吴可主编，北京出版社 1999 年。

涵芬楼秘笈 孙毓修编，北京图书馆出版社 2000 年。

高邮王氏遗书 （清）王念孙、王引之撰，罗振玉辑印，江苏古籍出版社 2000 年。

雪堂丛刻 罗振玉校补，北京图书馆出版社 2000 年。

故宫珍本丛刊 故宫博物院编，海南出版社 2000 年。

敦煌资料丛编三种 北京图书馆出版社编，北京图书馆出版社 2000 年。

四库禁书精华 张越、刘琤主编，时代文艺出版社 2001 年。

传世私家藏书 蔡磊主编，内蒙古人民出版社 2001 年。

私家藏书 冯克诚主编，内蒙古人民出版社 2001 年。

私家经典藏书 和盛、玉龙主编，内蒙古人民出版社 2001 年。

中华善本珍藏文库 周心慧编，中国致公出版社 2001 年。

古籍丛残汇编 钟肇鹏编，北京图书馆出版社 2001 年。

太谷学派遗书（第三辑） 方宝川编，江苏广陵古籍刻印社 2001 年。

四库全书珍本 江苏广陵古籍刻印

社编，江苏广陵古籍刻印社 2002 年。

四库全书精华（经部第一卷） 李超宇主编，吉林摄影出版社 2002 年。

《故宫珍本丛刊》精选整理本丛书 故宫博物院编，海南出版社 2002 年。

书韵楼丛刊 上海古籍出版社编，上海古籍出版社 2002 年。

日本宫内厅书陵部藏宋元汉籍影印丛书 本书编委会，线装书局 2002 至 2003 年。

美国哈佛大学哈佛燕京图书馆藏中文善本汇刊（中国古籍海外珍本丛刊） 美国哈佛大学哈佛燕京图书馆编，广西师范大学出版社 2003 年。

中国近代古籍出版发行史料丛刊 徐蜀、宋安莉编，北京图书馆出版社 2003 年。

辽宁省图书馆孤本善本丛刊 本书编委会，线装书局 2003 年。

古籍佚书拾存 殷梦霞、王冠选编，北京图书馆出版社 2003 年。

滂喜斋丛书 （清）潘祖荫辑，北京图书馆出版社 2003 年。

影印文溯阁四库全书四种 甘肃省图书馆编，上海古籍出版社 2003 年。

朱子全书 （宋）朱熹撰，朱杰人、严佐之、刘永翔主编，上海古籍出版社、安徽教育出版社 2003 年。

百川学海（中华再造善本） （宋）左圭编，北京图书馆出版社 2004 年。

语录四种（古籍今读精华系列） 童雪编，湖北辞书出版社 2004 年。

文津阁四库全书珍赏 广陵书社编,广陵书社 2014 年。

袖珍古代经典诵读 施忠连主编，上海辞书出版社 2004 年。

影印太平天国文献十二种 王庆成主编，中华书局 2004 年。

魏源全集 （清）魏源撰，魏源全集编辑委员会编，岳麓书社 2004 年，2011 年修订版。

晚清东游日记汇编（国家清史编纂委员会·文献丛刊） 王宝平主编，上海古籍出版社 2004 年。

四库禁毁书丛刊补编 《四库禁毁书丛刊》编纂委员会编，北京出版社 2005 年。

锡山先哲丛刊（无锡市图书馆馆藏精品丛书） 侯鸿鉴等辑，无锡市图书馆整理，凤凰出版社 2005 年。

苏州文献丛抄初编 王稼句编纂，古吴轩出版社 2005 年。

钦定四库全书荟要 （清）纪昀总纂，吉林出版集团有限责任公司 2005 年。

明清史料丛书八种 于浩辑，北京图书馆出版社 2005 年。

书韵楼丛刊 上海古籍出版社编，上海古籍出版社 2005 年。

苍南文献丛书 陈庆念主编，上海古籍出版社 2005 年。

华东师范大学图书馆藏稀见丛书汇刊 黄秀文、吴平主编，北京图书馆出版社 2006 年。

魏晋全书 韩格平主编，吉林文史出版社 2006 年。

豫章丛书 江西省高校古籍整理小组编著，江西教育出版社 2006 年。

中国古代八大智慧奇书 江远山编著，哈尔滨出版社 2006 年。

枕碧楼丛书 （清）沈家本编，中国政法大学法律古籍整理研究所整理标点，知识产权出版社 2006 年。

精注精译四库全书精华（中华典籍珍藏书系） 线装书局 2006 年。

杭州运河文献集成（杭州运河丛书） 陈述主编，杭州出版社 2006 年。

明清遗书五种 （明）姜垓、（清）解瑶等撰，高洪钧编，北京图书馆出版社 2006 年。

情系大理·历代白族作家丛书 赵寅松主编，高万鑫选注，民族出版社 2006 年。

沈家本未刻书集纂补编 （清）沈家本撰，韩延龙等整理，中国社会科学出版社 2006 年。

上海图书馆藏明清名家手稿：简编本 上海图书馆编，上海古籍出版社 2006 年。

三晋文献集·先秦卷 张有智、杨秋梅、畅海桦编，山西人民出版社 2007 年。

中华文化原典选读 姚电等主编，

北京理工大学出版社 2007 年。

先秦史参考资料八种 耿素丽辑，北京图书馆出版社 2007 年。

崔东壁先生遗书十九种 （清）崔述撰，［日］那珂通世点校，北京图书馆出版社 2007 年。

北京师范大学图书馆藏稀见清人别集丛刊 北京师范大学图书馆编，广西师范大学出版社 2007 年。

儒藏精华编 北京大学《儒藏》编纂中心编，北京大学出版社 2007 年。

授堂遗书 （清）武亿撰，北京图书馆出版社 2007 年。

回族文献丛刊 北方民族大学编，上海古籍出版社 2008 年。

金粟寺史料五种 吴定中整理点校，上海古籍出版社 2008 年。

皇甫谧遗著集 史星海主编，广陵书社 2008 年。

吕祖谦全集 （宋）吕祖谦编著，黄灵庚，吴战垒主编，浙江古籍出版社 2008 年。

周亮工全集 （清）周亮工著，朱天曙编校整理，凤凰出版社 2008 年。

两汉全书 董治安主编，山东大学出版社 2009 年。

云南丛书 云南省文史研究馆整理，中华书局 2009 年。

绍兴丛书（第二辑·史迹汇纂） 《绍兴丛书》编辑委员会编，中华书局 2009 年。

聚学轩丛书 刘世珩辑，广陵书社 2009 年。

爱吾庐汇刻 （清）吕世宜撰，厦门图书馆校注，厦门大学出版社 2010 年。

国学经典读本 上海古籍出版社 2010 年。

籀廎遗著辑存 （清）孙诒让著，中华书局 2010 年。

嘉定王鸣盛全集 陈文和主编，中华书局 2010 年。

南开大学图书馆藏稀见清人别集丛刊 南开大学图书馆编，广西师范大学出版社 2010 年。

士礼居黄氏丛书 （清）黄丕烈辑，广陵书社 2010 年。

中国禁书文库 马松源主编，线装书局 2010 年。

平津馆丛书 （清）孙星衍辑，凤凰出版社 2010 年。

功顺堂丛书 （清）潘祖荫辑，凤凰出版社 2010 年。

后知不足斋丛书 （清）鲍廷爵编，凤凰出版社 2010 年。

海山仙馆丛书 （清）潘仕成辑，凤凰出版社 2010 年。

拙盦丛稿（义乌丛书）（清）朱一新著，上海古籍出版社 2010 年。

徐光启全集 朱维铮、李天纲主编，上海古籍出版社 2011 年。

顾炎武全集 （清）顾炎武撰，华东师范大学古籍所整理，上海古籍出版社 2011 年。

艾儒略汉文著述全集 ［意］艾儒略著，叶农整理，广西师范大学出版社 2011 年。

王徵全集 （明）王徵撰，三秦出版社 2011 年。

亭林先生遗书汇辑 （清）顾炎武著，凤凰出版社 2011 年。

拓跋廛丛刻 陶湘编，中国书店 2011 年。

百川学海 （宋）左圭编，中国书店 2011 年。

敬跻堂丛书 北京古学院编，中国书店 2011 年。

专类丛书

潜斋医学丛书八种 （清）王士雄撰，上海李钟珏 1912 年。

明季稗史续编 商务印书馆辑，商务印书馆 1912 年。

世补斋医书 （清）陆懋修撰，江东茂记书局 1912 至 1914 年。

御纂医宗金鉴 （清）吴谦等辑，商务印书馆 1912 年，鸿宝斋 1919 年，经香阁 1930 年。

明儒周源豁少溪元度三先生残诗合刻 袁永业辑，东台袁氏 1912 年。

晋四家诗 （清）戴廷栻辑，榆次常氏 1912 年。

医学摘粹 （清）庆恕撰，沈阳 1913 年，1915 年，1916 年。

道书十二种（指南针） （清）刘一明撰，江东书局 1913 年。

古今说部丛书（中国笔记小说文

库） 国学扶轮社辑，中国图书公司和记1913年，1915年，上海文艺出版社1991年。

古今文艺丛书 （清）何藻撰，上海广益书局1913至1915年，江苏广陵古籍刻印社1995年。

满清稗史 陆保璿辑，新中国图书局1913年。

群古丛编 罗振玉辑，上虞罗氏1913至1916年。

遵义郑徵君遗著 （清）郑珍撰，花近楼1914年。

古今游记丛钞 莫厘涵青氏辑，涵青山房1914年。

顾氏明朝四十家小说（梓吴） （明）顾元庆辑，古今图书局1914年。

六子全书 （明）顾春辑，右文社1914年。

沈氏尊生书 （清）沈金鳌撰，渊海书局1914年。

蕉窗九录 （明）项元汴撰，西泠印社1914年。

宋诗钞初集 （清）吕留良、吴之镇、吴尔尧辑，商务印书馆1914年。

楚雨楼丛书初集 罗振玉撰，上虞罗氏1914至1916年。

宋人集 李之鼎辑，南城李氏宜秋馆1914至1915年。

宋诗钞补 （清）管庭芬、蒋光煦辑，商务印书馆1915年。

古今说海 （明）陆楫辑，进步书局1915年。

说库 王文濡辑，文明书局1915年。

广四十家小说 （明）顾元庆辑，文明书局1915年。

黄氏医书八种（黄氏遗书） （清）黄元御撰，铸记书局1915年。

沓古丛编 罗振玉辑，上虞罗氏1915年。

会稽郡故书杂集 周树人辑，会稽周氏1915年。

蓬莱轩地理学丛书 （清）丁谦撰，浙江图书馆1915年。

明清八大家文钞 王文濡辑，上海进步书局1915年。

元人选元诗五种 罗振玉辑，连平范氏双鱼室1915年。

永嘉诗人祠堂丛刻 冒广生辑，如

皋冒氏 1915 年。

青箱集 王德钟辑，上海国光书局 1915 年。

三唐人集 缪荃孙辑，江阴缪氏 1915 至 1916 年。

唐人四集 （明）毛晋辑，上海商务印书馆 1916 年。

艺术丛书 佚名辑，保粹堂 1916 年。

历代诗话续编 丁福保辑，无锡丁氏 1916 年。

文学津梁 周钟游辑，上海有正书局 1916 年。

沧江乐府 钱溯耆辑，钱溯耆 1916 年。

影印殿本二十四史 商务印书馆编，商务印书馆 1916 年。

艺术丛编 姬佛陀辑，上海仓圣明智大学 1916 至 1920 年。

医药丛书 裘庆元辑，绍兴裘氏 1916 至 1921 年。

聚德堂丛书 陈伯陶辑，东莞陈氏 1916 至 1930 年。

郎园小学四种 叶德辉撰，叶氏观古堂 1916 至 1930 年。

高憩云外科全书十种 （清）高思敬撰，澄江高氏天津 1917 年。

达生保赤合编 何锡琛辑，金山姚氏敦仁堂 1917 年。

吴兴凌氏二种 （清）凌奂撰，上海 1917 年。

泾川丛书 （清）赵绍祖、赵绳祖辑，泾县翟凤祥影印本 1917 年。

清人说荟初集 雷瑨辑，扫叶山房 1917。

痛史 乐天居士辑，商务印书馆 1917 年。

娱萱室小品 雷瑨辑，扫叶山房 1917 年。

虞初志 （明）汤显祖辑，扫叶山房 1917 年。

汉魏六朝百三名家集 （明）张浦辑，扫叶山房 1917 年，四川官印局 1918 年。

汉魏六朝百三家集选 吴汝纶评选，都门书局 1917 年。

戊戌六君子遗集 张元济辑，商务印书馆 1917 年。

道藏本五子 傅增湘辑，双鉴楼1918年。

雪堂专录四种 罗振玉辑，上虞罗氏1918年。

医方全书 （清）何梦瑶撰，两广图书局1918年。

古今医学会通十一种 华岫云编，大东书局1918年。

道藏本五子 傅增湘辑，双鉴楼1918年。

京江七子诗钞 （清）张学仁辑，高观昌等1918年。

吴兴徐氏遗稿 徐益彬辑，上海1918年。

元曲选 （明）臧懋循辑，上海商务印书馆1918年。

国医百家 裘庆元辑，绍兴医药学报社1918至1921年。

潜斋医学丛书十四种 （清）王士雄撰，集古阁1918年，大东书局1925年。

非儒非侠斋金石丛著 顾燮光撰，会稽顾燮光金佳石好楼1918至1934年。

双梅景暗丛书四种 （清）叶德辉著，上海图书局1919年。

陈修园医书全集六十种 （清）陈念祖撰，扫叶山房1919年。

许学四种 金钺辑，天津金氏1919年。

武林丁氏家集 丁立诚、丁立中撰，钱塘丁氏嘉惠堂1919至1926年。

四史 刘承幹辑，吴兴刘氏嘉业堂1919至1928年。

百子全书 扫叶山房1919年。

陈修园医书全集六十种 （清）陈念祖撰，扫叶山房1919年。

明季三孝廉集 罗振玉辑，上虞罗氏1919年。

盐溪桥梓诗存 朱家驹辑，奉贤朱氏1919年。

梅溪张氏诗录 张焕斗辑，上海张氏1919年。

三家诗话选 （清）王简辑，上海广益书局1919年。

汇刻传剧 刘世珩辑，贵池刘氏暖红室1919年。

子书四十八种 五凤楼主人辑，上

海五凤楼1920年。

余氏医书三种 余斌撰，文明书庄1920年。

曾子四种 严式诲辑，渭南严氏孝义家塾1920年。

广德寿重光集第一辑 王揖唐辑，合肥王氏今传是楼1920年。

徵远堂遗稿 朱久望辑，华亭朱氏1920年。

经进三苏文集事略 罗振常辑，上海蟫隐庐1920至1928年。

武原先哲遗书初编 谈文灯辑，海盐谈氏1921年。

遯盦印学丛书 吴隐辑，西泠印社1921年。

遯盦金石丛书 吴隐辑，西泠印社1921年。

百一庐金石丛书 陈乃乾辑，海宁陈氏1921年。

薛氏医按二十四种 （明）吴琯辑，大成书局1921年。

退思庐医书四种合刻 严鸿志撰，汲绠书庄1921年。

明清十大家尺牍 文明书局辑，上海文明书局1921年。

汲古阁景钞南宋六十家小集 （宋）陈起辑，古书流通处1921年。

粤两生集 朱祖谋辑，归安朱氏1921年。

笙磬集 王庸崑辑，慕云山房1921年。

单县周氏家集 周自齐辑，上海聚珍仿宋印书局1921年。

元曲大观 锦文堂主人辑，上海锦文堂书局1921年。

春雪阁曲谱三记 殷溎深辑，上海朝记书庄1921年。

曲苑 陈乃乾辑，海宁陈氏1921年。

增补曲苑 古书流通处辑，正音学会增辑，上海六艺书局1922年。

范鼎卿先生所著书三种 范寿铭撰，会稽顾燮光金佳石好楼1922至1930年。

唐人说荟 莲塘居士（陈世熙）辑，扫叶山房1922年。

病镜 （清）王德森辑，1922年铅印本。

救荒辑要初编 上海书业正心团

辑，上海尚古山房 1922 年。

病镜 王德森辑，嘉定 1922 年。

经苑 （清）钱仪吉辑，安阳张氏 1922 年，1923 年。

王氏书画苑 （明）王世贞辑，泰东图书局 1922 年。

十六家墨说 吴昌绶辑，仁和吴氏双照楼 1922 年。

元四家集 陈乃乾辑，古书流通处 1922 年。

耿氏家集汇钞 耿兆丰辑，沭阳耿氏 1922 年。

桂影轩丛刊 谈文灯辑，海盐谈氏 1922 年。

彊村丛书 朱祖谋辑并撰校记，归安朱氏 1922 年。

易藏丛书 杭辛斋撰，研几学社 1923 年。

颜李丛书 徐世昌等辑，四存学会 1923 年。

著园医药学合刊 杨熙龄撰，大兴杨氏 1923 年。

道藏 佚名辑，商务印书馆 1923 至 1926 年。

正统道藏医书十种 商务印书馆编，商务印书馆 1923 年。

医统正脉全书 （明）王肯堂撰，北京中医学社 1923 年。

宋元科举三录 徐乃昌辑，南陵徐氏 1923 年。

四妇人集 （清）沈绮云辑，海宁陈氏慎初堂 1923 年。

西湖合记 杨元恺辑，拏云精舍 1923 年。

虞社丛书 俞鸥侣辑，虞社 1923 年。

音韵学丛书 严式诲辑，渭南严氏 1923 至 1936 年，四川人民出版社 1957 年。

篆文六经四书 上海千顷堂书局 1924 年。

重刊宋本十三经注疏附校勘记 （清）阮元撰，（清）卢宣旬摘录，扫叶山房 1924 年，上海锦章图书局 1932 年，上海世界书局 1935 年。

十三经读本 唐文治辑，吴江施肇曾醒园 1924 年。

史料丛刊初编 罗振玉辑，东方学会 1924 年。

望炊楼丛书 谢家福辑，文学山房1924年。

三三医书 裘庆元辑，杭州三三医社1924年。

敦煌石室遗书三种 罗振玉辑，上虞罗氏1924年。

南社丛选 胡朴安辑，国学社1924年。

小桃源诗集 秦钰辑，乌程秦氏1924年。

涉闻梓旧 （清）蒋光煦校勘，商务印书馆1924年。

惜阴堂丛书 赵尊岳辑，武进赵氏1924至1926年。

顾氏文房小说四十种 （明）顾元庆辑，商务印书馆1925年。

述窠杂纂 黄任恒撰，南海黄氏1925年。

岭南玉社丛书第一集 岭南玉社辑，广州1925年。

北京历史风土丛书第一集 瞿宣颖辑，北京广业书社1925年。

茶阳三家文钞 温廷敬辑，大埔温氏补读书庐1925年。

盛明杂剧 （明）沈泰辑，上海中国书店1925年，中国戏剧出版社1958年。

蒙古史料校注 王国维撰，清华学校研究院1926年。

太平天国史料第一集 程演生辑，北京大学出版部1926年。

太平天国有趣文件十六种 刘复辑，北新书局1926年。

五朝小说大观 （明）佚名编，扫叶山房1926年。

宋人小说 涵芬楼辑，商务印书馆1926年。

九经正文（原缺春秋左氏传） 武进陶氏涉园1926年。

唐开成石壁十二经 掖县张氏百忍堂1926年。

菊部丛谈 张肖伧撰，大东书局1926年。

唐明二翁诗集 翁辉东辑，潮安翁氏1926年。

五唐人集 （明）毛晋辑，上海涵芬楼1926年。

唐六名家集 （明）毛晋辑，上海

商务印书馆 1926 年。

唐人八家诗 （明）毛晋辑，上海商务印书馆 1926 年。

元人十种诗 （明）毛晋辑，商务印书馆 1926 年。

王章诗存合刻 刘承幹辑，吴兴刘氏 1926 年。

友于集 秦锡隧辑，上海秦氏 1926 年。

明周宪王乐府三种 （明）朱有墩撰，上海蟫隐庐 1926 年。

果报类编 商务印书馆辑，商务印书馆 1926 年。

松陵陆氏丛书 陆明桓辑，苏斋 1927 年。

历代诗话 （清）何文焕辑，上海医学书局 1927 年。

顾氏金石舆地丛书第一集 顾燮光辑，会稽顾燮光金佳石好楼 1927 至 1929 年。

涉园墨萃 陶湘辑，武进陶氏涉园刊本，1927 至 1929 年。

古佚小说丛刊初集 陈乃乾辑，海宁陈氏慎初堂 1928 年。

石步山人游记 许同莘撰，上海简素堂 1928 年。

明清珍本小说集 广业书社辑，广业书社 1928 年。

江氏音学十书（原缺三种） （清）江有诰撰，上海中国书店 1928 年。

关中三李年谱 吴怀清撰，京师 1928 年。

论画辑要 马克明辑，商务印书馆 1928 年。

慎子三种合帙 陈乃乾辑，中国学会 1928 年。

清人说荟二集 雷瑨辑，扫叶山房 1928 年。

毗陵周氏家集 周兹荫等辑，毗陵周氏 1928 年。

郁氏三世吟稿 郁屏翰等辑，上海郁氏 1928 年。

奢摩他室曲丛 吴梅辑，商务印书馆 1928 年。

中医丛书探问录 中医书局编，中医书局 1929 年。

回澜社医书第一辑 汪绍远辑，回

澜社 1929 年。

张仲景医学全书 （汉）张仲景著，受古书店 1929 年。

陈修园医书四十八种 （清）陈念祖辑，三星书店 1929 年。

姚江谢氏医书 谢伦元撰，止止居 1929 年。

邓析子五种合帙 周·邓析撰，陈乃乾辑，中国学会 1929 年。

姚江谢氏医书 （清）谢抡元撰，止止居 1929 年。

秦氏三府君集 秦毓钧辑，味经堂 1929 年。

蒯氏家集 蒯寿枢辑，合肥蒯氏 1929 年。

三程词钞 程颂万辑，眉山夏忠道 1929 年。

国医小丛书 国医书局辑，国医书局 1930 至 1931 年。

影印古本医学丛书 钱季寅辑，中医书局 1930 至 1931 年。

太仓傅氏医学三书 （清）傅松元撰，浏河学古堂傅氏 1930 年。

包氏医宗 包识生撰，包氏医宗出版部 1930 年。

音学四种 徐昂撰，南通翰墨林书局 1930 年。

储氏丛书 储皖峰辑，上海述学社 1930 年。

百衲本二十四史 张元济辑，商务印书馆 1930 至 1937 年。

红袖添香室丛书 高剑华编，沈继光校阅，群学社 1931 年，1937 年。

快阁师石山房丛书（珍本丛刊） （清）姚振宗撰，浙江省立图书馆 1931 年，开明书店 1936 年。

医家秘奥 （明）周子干撰，翰文斋 1931 年。

越缦堂读史札记 （清）李慈铭撰，国立北平北海图书馆 1931 年。

清代徵献类编 严懋功撰，梁溪严氏 1931 年。

钟家诗钞合集 钟毓辑，钟惠山 1931 年。

校辑宋金元人词 赵万里辑，“国立中央研究院”历史语言研究所 1931 年。

永乐大典戏文三种 古今小品书籍印

行会辑，古今小品印行会1931年。

清人杂剧初集 郑振铎辑，长乐郑氏1931年。

四史评议 李景星撰，济南1932年。

祝氏医学丛书 祝味菊撰，祝氏1932年。

三曾年谱 周明泰撰，北平1932年。

杏荫堂汇刻 许浩基撰，吴兴许氏杏荫堂1932年。

松江府属旧志二种 陈乃乾辑，传真社1932年。

传真社三种曲 传真社辑，传真社1932年。

郑开阳杂著 （明）郑若曾撰，陶风楼1932年。

云间两何君集 姚光辑，金山姚氏复庐1932年。

武进陶氏书目丛刊 陶湘辑，武进陶氏1933年。

丝绣丛刊 朱启钤辑，无冰阁1933年。

曾女士医学全书 曾懿撰，苏州中国医学研究社1933年。

清初史料四种 谢国桢辑，北平图书馆1933年。

景印明本武经七书直解 （明）刘寅撰，北京陆军印刷所1933年。

三字经合编 张骥辑，成都义生堂1933年。

存素堂校写几谱三种 朱启钤辑，中国营造学社1933年。

唐宋三大诗宗集 易大厂辑，上海民智书局1933年。

文艺小丛书第一辑 胡朴安、胡怀琛辑，上海广益书局1933年。

三唐人集 （清）冯焌光辑，寒匏宦1933年。

太仓十子诗选 （清）吴伟业辑，太仓图书馆1933年。

邵阳车氏一家集 刘达武辑，长沙1933年。

北宋三家词 易大厂辑并撰校记，上海民智书局1933年。

顾氏医镜 顾靖远撰，扫叶山房1934年。

王旭高医书六种 （清）王泰林

撰，上海千顷堂1934年。

明季史料丛书 郑振铎辑，圣泽园1934年。

十三经经文 上海开明书店编，开明书店1934年。

故宫已佚书籍书画目录 故宫博物院辑，北京故宫博物院1934年。

清代燕都梨园史料 张江载辑，北平隧雅斋1934年。

粤西词四种 陈柱辑，北流十万卷楼1934年。

桂林周氏家集 周家彦辑，桂林周氏1934年。

杨升庵夫妇散曲 任讷辑，商务印书馆1934年。

长乐郑氏汇印传奇第一集 郑振铎辑，长乐郑氏1934年。

清人杂剧二集 郑振铎辑，长乐郑氏1934年。

旧小说 吴曾祺辑，商务印书馆1935年，1957年。

太平天国丛书第一集 萧一山辑，国立编译馆1935年。

稷香馆丛书 吴瓯辑，辽阳吴氏1935年。

美化文学名著丛刊 朱剑芒辑，世界书局1935年。

余园丛刻 柯昌济辑，胶西柯氏1935年。

道藏精华录 守一子辑，无锡丁氏1935年。

庞氏音学遗书 （清）庞大堃撰，庞树阶1935年。

四史 上海世界书局1935年。

二十五史 二十五史刊行委员会辑，开明书店1935年。

黄山丛书 苏宗仁辑，太平苏氏百一砚斋1935年。

诸子集成 国学整理社辑，世界书局1935年，中华书局1958年。

中国文学珍本丛书第一辑 张静庐辑，贝叶山房1935至1936年。

医古微 张骥撰，双流张氏义生堂1935年。

黄冈二处士集 汪燊辑，黄冈汪氏1935年。

岭西五家诗文集 黄蓟辑，桂林1935年。

毗陵伍氏合集 （清）伍宇昭辑，武经伍氏 1935 年。

六十种曲 （明）毛晋辑，上海开明书店 1935 年。

师石山房丛书 （清）姚振宗撰，开明书店 1936 年。

皇汉医学丛书 陈存仁编校，世界书局 1936 年。

珍本医书集成 裘庆元主编，世界书局 1936 年。

（仿宋古本）陈修园医书七十二种 （清）陈念祖编著，刘藩校，大文书局 1936 年，1938 年。

明季辽事丛刊 罗振玉辑，伪满日文化协会 1936 年。

上海掌故丛书第一集 上海通社辑，上海通社 1936 年。

美术丛书 邓实辑，神州国光社 1936 年。

艺林名著丛刊 朱剑芒辑，世界书局 1936 年。

古书字义用法丛刊 国学整理社辑，世界书局 1936 年。

周氏医学丛书 周学海辑，建德周学熙 1936 年。

中国医学大成 曹炳章辑，大东书局 1936 至 1937 年。

孙氏医学丛书 孙鼎宜，中华书局 1936 年。

绍兴县志四种合刊 绍兴县修志委员会辑，绍兴县修志委员会 1936 年。

泰山丛书第一集 王价藩辑，王氏仅好书斋 1936 年。

阅微草堂笔记五种撷钞 （清）纪昀撰，中央刻经院 1936 年。

楚辞四种 国学整理社辑，上海世界书局 1936 年。

红楼梦附集十二种 徐复初辑，上海仿古书店 1936 年。

苧城三子诗合存 （清）高崇瑞辑，华亭封氏篑进斋 1936 年。

毗陵周氏五世诗集 毗陵周氏学乐堂 1936 年。

饮虹簃所刻曲 卢前辑，金陵卢氏 1936 年。

元曲选 （明）臧懋循辑，上海世界书局 1936 年，北京文学古籍刊行社1956年。

中国水利珍本丛书 中国水利工程学会辑，中国水利工程学会1936至1937年。

二十五史补编 二十五史刊行委员会辑，开明书店1936至1937年，中华书局1957年。

国难丛书第一辑 李剑萍辑，军事新闻社1937年。

边疆丛书甲集 禹贡学会辑，禹贡学会1937年。

北平史迹丛书 张江裁辑，国立北平研究院史学研究会1937年。

乡土志丛编第一集 燕京大学图书馆辑，燕京大学图书馆1937年。

古本医学丛刊 张赞臣辑，医界春秋社1937年。

画论丛刊 于海晏辑，北平中华印书局1937年。

晋唐小说观 （清）马俊良辑，上海中央书局1937年。

清代燕都梨园史料续编 张江载辑，北平松筠阁书店1937年。

宋庐陵四忠集 刘峙辑，吉安刘氏1937年。

周浦南荫堂姚氏丛刊 姚永年辑，万卷图书斋1937年。

清名家词 陈乃乾辑，上海开明书店1937年。

子汇 （明）周子义等辑，商务印书馆1937年。

古今逸史五十五种 商务印书馆辑，商务印书馆1937年。

京津风土丛书 张江裁辑，双肇楼1938年。

太平天国丛书 谢兴尧辑，北京1938年。

费氏食养三种 费子彬辑，孟河费氏医院1938年。

燕都风土丛书（双肇楼丛书） 张江裁辑，燕归来簃1939年。

旧闻零拾 邓之诚辑，邓氏五石斋1939年。

评注诸子菁华录 张之纯评注，商务印书馆1939年。

道藏举要 商务印书馆辑，商务印书馆1940年。

诗慰 （清）陈允衡辑，毗陵董氏

1940 年。

百家词 （明）吴讷辑，林大椿校，上海商务印书馆 1940 年。

广川词录 董康辑，武进董氏 1940 年。

杨升庵夫妇散曲 任讷辑，上海中华书局 1940 年。

新曲苑 任讷辑，上海中华书局 1940 年。

孤本元明杂剧 王季烈编，商务印书馆 1941 年，中国戏剧出版社 1958 年。

中国医药汇海 蔡陆仙编纂，章翼方、薛定华助编，中华书局 1941 年。

清人杂剧三集 （清）邹式金辑，武进董氏诵芬室 1941 年，中国戏剧出版社 1958 年。

滇八家诗选 王燦辑，云南印刷局 1942 年。

凤谿二王先生诗存 沈其光辑，青浦朱云樊 1942 年。

蘧盦所藏尺牍 潘承厚辑，潘承弼续辑，吴县潘氏 1942 至 1944 年。

中国史迹风土丛书 张江裁辑，东莞张氏拜袁堂 1943 年。

边疆丛书续编 吴丰培辑，吴江吴氏 1943 至 1950 年。

新昌吕氏两代诗文集 吕白华辑，新昌吕氏 1944 年。

幼科三种 佚名辑，锦章图书局 1946 年。

词学小丛书 胡云翼等撰，上海文力出版社 1946 年。

广东丛书 广东丛书编印委员会辑，商务印书馆 1946 年。

中国内乱外祸历史丛书 中国历史研究社辑，神州国光社 1947 年。

灵兰医书六种 何舒撰，邵阳何氏 1947 年。

鄂故丛书 湖北通志馆辑，湖北通志馆 1947 年。

徐灵胎先生医书全集 （清）徐大椿著，江忍庵增批，林直清校，广益书局 1948 年。

辑佚丛刊 陶栋辑，中华书局 1948 年。

药盦医学丛书 恽铁樵撰，新中医

学出版社 1948 年。

寿康之路 何舒辑，邵阳灵兰中医学舍 1948 年。

林畏庐先生学行谱记四种 朱义胄撰，上海世界书局 1949 年。

陟冈集 金兆梓辑，中华书局 1949 年。

清季四家词 薛志泽辑，成都薛崇礼堂 1949 年。

道藏续编第一集 （清）闵一得辑，上海医学书局民国间印行。

古小说钩沉 周树人辑，北京人民文学出版社 1951 年。

古本戏曲丛刊（初集） 古本戏曲丛刊编刊委员会编，商务印书馆 1954 年。

古本戏曲丛刊（二集） 古本戏曲丛刊编刊委员会编，商务印书馆 1954 至 1955 年。

陈修园先生医书四十八种 （清）陈念祖撰，锦章书局 1954 年。

陈修园先生医书七十二种 （清）陈念祖撰，锦章书局 1954 年，上海书店出版社 1985 年，1988 年。

曲种十种 王毓瑚辑，北京财政出版社 1955 年。

宋人医方三种 商务印书馆辑，上海商务印书馆 1956 年。

许叔微伤寒论著三种 （宋）许叔微撰，上海商务印书馆 1956 年。

历代笑话集 王利器辑，上海古典文学出版社 1956 年。

中国文学参考资料小丛书 上海古典文学出版社辑，上海古典文学出版社 1956 至 1957 年。

拼音文字史料丛刊 文字改革出版社辑，北京文字改革出版社 1956 至 1958 年。

琴学丛书 杨宗稷辑，中国书店 1957 年，2002 年。

古本戏曲丛刊（三集） 古本戏曲丛刊编刊委员会编，文学古籍刊行社 1957 年。

江氏音学十书（原缺三种） （清）江有诰撰，四川人民出版社 1957 年。

秦晋农言 王毓瑚辑，中华书局 1957 年。

古本戏曲丛刊（四集） 古本戏

曲丛刊编刊委员会编，商务印书馆1958年。

元明杂剧 佚名撰，中国戏剧出版社1958年。

盛明杂剧 （明）沈泰、（清）邹式金等编，古籍出版社1958年，中国戏剧出版社1958年。

杂剧三集 （清）邹式金编，古籍出版社1958年，中国戏剧出版社1958年。

六十种曲 （明）毛晋编，中华书局1958年，1996年。

十五家年谱丛书 （清）杨希闵撰，扬州古籍书店1958年。

明清笑话四种 周启明辑，北京人民文学出版社1958年。

唐人选唐诗十种 中华书局上海编辑所辑，中华书局1958年。

盛明杂剧二集 （明）沈泰辑，中国戏剧出版社1958年。

＊**中国方志丛书** 台湾成文出版社1958—1989年。

明清笔记丛刊 中华书局上海编辑所辑，中华书局1958至1959年。

金元总集 中华书局上海编辑所辑，中华书局1958至1959年。

中国古典文学理论批评丛书 郭绍虞、罗根泽主编，人民文学出版社1958至1959年。

中国古典戏曲论著集成 中国戏曲研究院编，中国戏剧出版社1959年。

中国古代科技图录丛编初集 中华书局上海编辑所辑，中华书局1959年。

元明史料笔记丛刊 中华书局辑，中华书局1959年。

墨憨斋定本传奇 （明）冯梦龙撰，中国戏剧出版社1960年。

晚清文学丛钞（说唱文学卷） 阿英编，中华书局1960年。

晚清文学丛钞（小说戏曲研究卷） 阿英编，中华书局1960年。

晚清文学丛钞（小说一至四卷） 阿英编，中华书局1960年，1982年。

晚清文学丛钞（域外文学译文卷） 阿英编，中华书局1961年。

晚清文学丛钞（俄罗斯文学译文

卷） 阿英编，中华书局 1961 年。

影刊宋金元明本词 吴昌绶辑、陶湘续，中华书局 1961 至 1962 年。

景汲古阁钞宋金词七种 中华书局编，中华书局 1961 年。

天一阁藏明代方志选刊 天一阁编，上海书店 1961 至 1981 年。

古本戏曲丛刊（九集） 古本戏曲丛刊编刊委员会编，中华书局 1961 至 1964 年。

晚清文学丛钞（传奇杂剧卷） 阿英编，中华书局 1962 年。

算经十书 钱宝琮点校，中华书局 1963 年。

琴曲集成 中国艺术研究院音乐研究所、北京古琴研究会编，中华书局 1963 年，1981—2010 年。

嘉业堂金石丛书 刘承幹辑，上海古籍书店 1964 年。

畿辅河道水利丛书 （清）吴邦庆辑，许道龄校，农业出版社 1964 年。

清人考订笔记 中华书局影印组编辑，中华书局 1965 年。

＊**无求备斋墨子集成** 严灵峰编，台湾成文出版社 1977 年。

＊**笔记小说大观**（45 编 450 册） 台湾新兴书局 1978 年。

明成化说唱词话丛刊（十六种附白兔记传奇一种） 上海市文物保管委员会、上海博物馆藏，文物出版社 1979 年。

新校元刊杂剧三十种 徐沁君点校，中华书局 1980 年。

北京图书馆藏珍本年谱丛刊 北京图书馆古籍出版编辑组编，北京图书馆出版社 1980 年，1999 年。

十五家年谱丛书 （清）杨希闵编，江苏广陵古籍刻印社 1980 年。

彊村丛书 朱孝臧辑，江苏广陵古籍刻印社 1981 年。

宋刻算经六种 上海图书馆、北京大学图书馆辑，文物出版社 1981 年。

当归草堂医学丛书 （清）丁丙辑，江苏广陵古籍刻印社 1982 年。

暖红室汇刻传奇 刘世珩编，江苏广陵古籍刻印社 1982 至 1997 年。

篆学丛书 （唐）李阳冰等撰，顾

翠岚校刊，中国书店 1983 年。

艺林名著丛刊 （清）包世臣撰，朱剑芒编纂，中国书店 1983 年。

笔记小说大观 江苏广陵古籍刻印社编，江苏广陵古籍刻印社 1983 至 1984 年。

四库辑本别集拾遗 栾贵明辑，中华书局 1983 年。

＊**佛光大藏经－阿含藏**（10 册） 台湾佛光大藏经编修委员会编，佛光山宗务委员会 1983 年。

中华大藏经（汉文部分） 《中华大藏经》编辑局整理，中华书局 1984 至 1996 年。

广陵医籍丛刊 耿鉴庭主编，江苏广陵古籍刻印社 1984 年。

周氏医学丛书（周氏医学丛书）（清）周学海辑，江苏广陵古籍刻印社 1984 年。

六家词钞 （清）王先谦辑，云告点校，岳麓书社 1984 年。

山西古方志辑佚 李裕民辑，山西省地方编纂委员会办公室 1984 年。

古本平话小说集 路工、谭天编，人民文学出版社 1984 年，1991 年。

宋六十名家词 （明）毛晋辑，中国书店 1985 年。

影刊宋金元明本词 吴昌绶辑、陶湘续，中国书店 1985 年。

宋词别集丛刊 上海古籍出版社编，上海古籍出版社 1985 至 1991 年。

诵芬室读曲丛刻 董康辑，中国书店 1985 年。

＊**元人文集珍本丛刊** 王德毅、潘柏澄编，台湾新文丰出版公司 1985 年。

清季野史 胡寄尘编，岳麓书社 1985 年。

道藏辑要 （清）彭定求等编，巴蜀书社 1985 年。

＊**佛光大藏经－阿含藏 长阿含经**（2 册） 台湾佛光大藏经编修委员会主编，佛光出版社 1985 年。

珍本医书集成 裘吉生编，王玉润、何传毅审订，上海科学技术出版社 1985 至 1986 年。

武昌医馆丛书 柯逢时辑，中国书店 1986 年。

袖珍中医四部经典 本社编，天津

科学技术出版社 1986 年。

古本戏曲丛刊（五集） 古本戏曲丛刊编刊委员会编，上海古籍出版社 1986 年。

说库 王文濡辑，浙江古籍出版社 1986 年。

清代野史 巴蜀书社编，巴蜀书社 1987 年。

中国兵书集成 《中国兵书集成》编委会编，解放军出版社 1987 至 1993 年。

古本小说丛刊 《古本小说丛刊》编辑委员会编辑，中华书局 1987 至 1991 年。

彊村遗书 龙沐勋辑，江苏广陵古籍刻印社 1987 年。

词学丛书 （清）秦恩复辑，江苏广陵古籍刻印社 1988 年。

元刊杂剧三十种新校 宁希元点校，兰州大学出版社 1988 年。

古今说海 （明）陆楫等辑，巴蜀书社 1988 年。

中国近代小说大系 江西人民出版社编，江西人民出版社 1988 至 1989 年。

秘本医学丛书 裘庆元辑，上海书店出版社 1988 年。

道藏 上海书店编，上海书店、文物出版社、天津古籍出版社 1988 年。

四库易学丛刊 上海古籍出版社编，上海古籍出版社 1989 至 1990 年。

道藏精华录 守一子编纂，浙江古籍出版社 1989 年，1990 年。

道藏要籍选刊 胡道静、陈莲笙、陈耀庭选辑，上海古籍出版社 1989 年，1995 年。

宋人所撰三苏年谱汇刊 王水照编，上海古籍出版社 1989 年。

明清俗语辞书集成 ［日］长泽规矩也编，上海古籍出版社 1989 年。

古今说海（中国笔记小说文库）（明）陆楫编，上海文艺出版社 1989 年。

彊村丛书 朱孝臧辑校，上海书店出版社 1989 年。

彊村丛书附遗书 朱孝臧辑校编撰，夏敬观手批评点，上海古籍出版社 1989 年。

宋六十名家词 （明）毛晋辑，上海古籍出版社 1989 年，1992 年。

四印斋所刻词 （清）王鹏运辑，上海古籍出版社 1989 年。

景刊宋金元明本词 吴昌绶、陶湘辑，上海古籍出版社 1989 年。

释氏十三经 中国佛学院中国佛教协会编，书目文献出版社 1989 年，1993 年。

蒙养书集成 宫南庄等著，志成、文信、王友怀等注，三秦出版社 1989—1990 年，1991 年。

宋人说粹（中国笔记小说文库）桃源居士编，上海文艺出版社 1990 年。

清人说荟（中国笔记小说文库）雷瑨编，上海文艺出版社 1990 年。

宋人小说 涵芬楼辑，上海书店出版社 1990 年。

古本小说集成 上海古籍出版社编，上海古籍出版社 1990 至 1994 年。

中国神怪小说大系 林辰、左振坤主编，吉林文史出版社 1990 年，1997 年。

天一阁藏明代方志选刊续编 天一阁编，上海书店出版社 1990 年。

日本藏中国罕见地方志丛刊 书目文献出版社编，书目文献出版社 1990 年。

黄元御医书十一种（中医古籍整理丛书）（清）黄元御撰，麻瑞亭等点校，人民卫生出版社 1990 年。

宋元方志丛刊 中华书局编辑部编，中华书局 1990 年。

乡土志丛编 燕京大学图书馆辑，江苏广陵古籍刻印社 1990 年。

四库兵家类丛书 上海古籍出版社编，上海古籍出版社 1990 年。

中国医学大成 曹炳章编纂，岳麓书社 1990 年。

四库术数类丛书 上海古籍出版社编，上海古籍出版社 1990 年，1995 年。

中国科学院图书馆馆藏善本医书 傅景华主编，中医古籍出版社 1991 年。

中国医学科学院图书馆馆藏善本医书 傅景华主编，中医古籍出版社 1991 至 1994 年。

藏要 欧阳竟无撰，上海书店出版社 1991 年，1995 年。

乾隆版大藏经 （清）允禄、弘昼辑，文物出版社 1991 年。

释氏十经 （清）刘翰清辑，江苏广陵古籍刻印社 1991 年。

四库医学丛书 上海古籍出版社编，上海古籍出版社 1991 年，1994 年。

寿养丛书（北京图书馆古籍珍本丛刊）（明）胡文焕编，书目文献出版社 1991 年，北京图书馆出版社 2000 年。

艳雪斋丛书（北京图书馆古籍珍本丛刊）（明）高奭撰，书目文献出版社 1991 年，北京图书馆出版社 2000 年。

士商必要（北京图书馆古籍珍本丛刊） 题江湖散人辑，书目文献出版社 1991 年，北京图书馆出版社 2000 年。

中国地方志集成·上海府县志辑 《中国地方志集成》编辑工作委员会编，上海书店出版社 1991 年。

中国地方志集成·江苏府县志辑 《中国地方志集成》编辑工作委员会，江苏古籍出版社 1991 年。

中国近代小说大系 章培恒、王继权编，百花洲文艺出版社 1991 至 1996 年。

清人稗录（中国笔记小说文库） 晓园客编，上海文艺出版社 1991 年。

古今史学萃珍 （清）余肇钧撰，江苏广陵古籍刻印社 1991 年。

蒙学全书 乔桑、宋洪主编，吉林文史出版社 1991 年。

重订增注中国十大古典悲剧集（中国古典文学名著丛书） 王季思主编，齐鲁书社 1991 年，2002 年。

全元戏曲 王季思主编，人民文学出版社 1991 年。

五朝小说大观 （明）佚名编，中州古籍出版社 1991 年。

四库明人文集丛刊 上海古籍出版社编，上海古籍出版社 1991 至 1993 年。

四库唐人文集丛刊 上海古籍出版社编，上海古籍出版社 1992 至 1994 年。

四库笔记小说丛书 上海古籍出版社编，上海古籍出版社 1992 至

1993 年。

明词汇刊 赵尊岳辑，上海古籍出版社 1992 年。

明清杂记（中国笔记小说文库）（明）冯梦龙等撰，上海文艺出版社 1992 年。

杂剧三集 （清）邹式金撰，黄山书社 1992 年。

稀见中国地方志汇刊 中国科学院图书馆选编，中国书店 1992 年。

中国地方志集成·乡镇志专辑 《中国地方志集成》编辑工作委员会编，上海书店出版社 1992 年。

中国地方志集成·四川府县志辑 《中国地方志集成》编辑工作委员会，巴蜀书社 1992 年。

观古阁丛刻九种（中国钱币文献丛书第十五辑） （清）鲍康编，上海古籍出版社 1992 至 1993 年。

道藏选粹（中国文化精华文库） 冯国超编，山东人民出版社 1992 年。

古玉考释鉴赏丛编 书目文献出版社编，书目文献出版社 1992 年。

中国古钱币图谱考释丛编 书目文献出版社编，书目文献出版社 1992 年。

藏外道书第一批 胡道静等主编，巴蜀书社 1992 年，1994 年。

中国地方志集成·浙江府县志辑 《中国地方志集成》编辑工作委员会编，上海书店出版社 1993 年。

古今游记丛钞 涵青民辑，江苏广陵古籍刻印社 1993 年。

佛藏辑要 吴立民等编，巴蜀书社 1993 年。

墨憨斋定本传奇（冯梦龙全集）（明）冯梦龙编撰，上海古籍出版社 1993 年。

墨憨斋定本传奇（冯梦龙全集）（明）冯梦龙编撰，俞为民点校，江苏古籍出版社 1993 年。

明清艳情小说 痴道人等编，吴凤祥等点校，长江文艺出版社 1993 年。

明代小说辑刊 侯忠义主编，巴蜀书社 1993 年，1999 年。

中国野史集成 四川大学图书馆编，巴蜀书社 1993 年。

中华蒙学古训丛书 董宁等编译，山西古籍出版社 1994 年。

中国古代珍稀本小说 侯忠义、李勤学主编，春风文艺出版社1994至1997年。

十大古典戏曲名著 （元）关汉卿等撰，翁敏华、冯裳、范民声标校，上海古籍出版社1994年。

汉魏笔记小说（历代笔记小说集成） 周光培编，河北教育出版社1994年。

证道秘书（道书十七种） （清）傅金铨辑，江苏广陵古籍刻印社1994年。

佛藏要籍选刊 苏渊雷、高振农选辑，上海古籍出版社1994年。

藏外道书第二批 胡道静等主编，巴蜀书社1994年。

四库释家集成 陶秉福主编，同心出版社1994年。

广东文献 （清）罗云山撰，江苏广陵古籍刻印社1994年。

纬书集成 上海古籍出版社编，上海古籍出版社1994年。

＊**佛光大藏经－3，禅藏**（51册） 台湾佛光大藏经编修委员会主编，佛光出版社1994年。

＊**佛光大藏经－阿含藏**（17册） 台湾佛光大藏经编修委员会主编，佛光出版社1995年。

＊**佛光大藏经－法华藏**（55册） 台湾佛光大藏经编修委员会主编，佛光出版社2009年。

道藏辑要 （清）彭定求等编，吉林人民出版社1995年。

四库未收术数类古籍大全 刘永明主编，黄山书社1995年。

中国医学名著珍品全书 鲁兆麟等点校，辽宁科学技术出版社1995年。

中国地方志集成·台湾府县志辑 《中国地方志集成》编辑工作委员会，上海书店出版社1995年。

中国地方志集成·福建府县志辑 《中国地方志集成》编辑工作委员会，上海书店出版社1995年。

中国地方志集成·西藏自治区辑 《中国地方志集成》编辑工作委员会编，巴蜀书社1995年。

中国古典小说名著百部 华夏出版社编，华夏出版社1995年。

古体小说钞（宋元卷） 程毅中

编，中华书局 1995 年。

宋人年谱集目　宋编宋人年谱选刊（全宋文研究资料丛刊之二）　吴洪泽编，巴蜀书社 1995 年。

史拾　（明）吴弘基撰，陕西省古籍整理办公室编，吴敏霞校注，三秦出版社 1996 年。

中国地方志集成·江西府县志辑　《中国地方志集成》编辑工作委员会，江苏古籍出版社 1996 年。

中医古籍孤本大全　薛清录主编，中医古籍出版社 1996 年。

政书集成　陈生玺辑，中州古籍出版社 1996 年。

中国古代禁毁小说文库　陈华昌、黄道京主编，太白文艺出版社 1996 至 2000 年。

古本小说读本丛刊　中华书局编，中华书局 1996 至 2000 年。

楹联丛话全编（文玩鉴赏丛书）　（清）梁章钜等编撰，白化文、李鼎霞点校，北京出版社 1996 年。

北京图书馆藏珍本小说丛刊·第一辑　刘一平主编，北京图书馆出版社 1996 年。

道书十二种　（清）刘一明撰，羽者、祁威、于志坚点校，北京图书馆出版社 1996 年。

道学十三经（中华文化奥义经典丛书）　范子烨主编，北方文艺出版社 1997 年。

金陵刻经处本佛学十三经（中华文化奥义经典丛书）　梅庆吉编选，北方文艺出版社 1997 年。

才子佳人小说集成：古代爱情婚姻小说类编　林辰主编，大连明清小说研究中心点校，辽沈书社 1997 年。

增补四库全书未收术数类大全　刘永明辑，江苏广陵古籍刻印社 1997 年。

说海　（明）汤显祖等原辑，（明）袁宏道等评注，柯愈春编，人民日报出版社 1997 年。

中国西北稀见方志　全国公共图书馆古籍文献编委会编，中华全国图书馆文献缩微复制中心 1997 年。

明人年谱十种　北京图书馆出版社编，北京图书馆出版社 1997 年。

文渊阁四库全书补遗·集部——据文津阁四库全书补　杨讷、李晓明编，北京图书馆出版社 1997 年。

中国哲学范畴丛刊 钟肇鹏选编，北京图书馆出版社 1997 年。

读书记四种 钟肇鹏选编，北京图书馆出版社 1998 年。

红楼梦丛书全编（中国经典名著）（清）曹雪芹等撰，蔡义江主编，山西古籍出版社 1998 年。

中国古代孤本小说集 《中国古代孤本小说集》编写组编，中国文史出版社 1998 年。

中国古代百家短篇小说丛书（明）佚名辑，北京图书馆出版社 1998 年。

日本藏元刊本古今杂剧三十种 北京图书馆出版社编，北京图书馆出版社 1998 年。

中国古代小说珍秘本文库（中国古典文学名著丛书） 傅璇琮主编，三秦出版社 1998 年。

香艳丛书 （清）知虫天子辑，田晓娜审订，人民中国出版社 1998 年。

美术丛书 邓实辑，黄宾虹增订，北京古籍出版社 1998 年。

欣赏编（北京图书馆古籍珍本丛刊）（明）沈津编，书目文献出版社 1998 年，北京图书馆出版社 2000 年。

欣赏续编（北京图书馆古籍珍本丛刊）（明）茅一相编，书目文献出版社 1998 年，北京图书馆出版社 2000 年。

天文汇抄（北京图书馆古籍珍本丛刊） 佚名撰，书目文献出版社 1998 年，北京图书馆出版社 2000 年。

山居小玩（北京图书馆古籍珍本丛刊）（明）毛晋编，书目文献出版社 1998 年，北京图书馆出版社 2000 年。

水边林下（北京图书馆古籍珍本丛刊） 题湖南漫士辑，书目文献出版社 1998 年，北京图书馆出版社 2000 年。

藏说小萃（北京图书馆古籍珍本丛刊）（明）李如一编，书目文献出版社 1998 年，北京图书馆出版社 2000 年。

程氏丛刻（北京图书馆古籍珍本丛刊）（明）程百二编，书目文献出版社 1998 年，北京图书馆出版社 2000 年。

通鉴史料别裁 金沛霖主编，首都图书馆编，学苑出版社 1998 年。

中国古代易学丛书 王立文等编，中国书店 1998 年。

中国地方志集成·安徽府县志辑 《中国地方志集成》编辑工作委员会编，江苏古籍出版社 1998 年。

本草名著集成（历代中医名著文库） 尚志钧辑，华夏出版社 1998 年，2001 年。

阳山顾氏文房小说（北京图书馆古籍珍本丛刊） （明）顾元庆编，书目文献出版社 1999 年，北京图书馆出版社 2000 年。

郭子式先生校刻书（北京图书馆古籍珍本丛刊） （元）徐勉之撰，书目文献出版社 1999 年，北京图书馆出版社 2000 年。

中华医学集成 本书编委会编，中医古籍出版社 1999 年。

珍本医书集成 裘庆元辑，中国中医药出版社 1999 年。

四库全书术数类集成 郑志斌主编，天津古籍出版社 1999 年。

汉魏六朝笔记小说大观（历代笔记小说大观） 上海古籍出版社编，王根林、黄益元、曹光甫点校，上海古籍出版社 1999 年。

中国禁毁小说百部 杨娜主编，大众文艺出版社 1999 年，中国戏剧出版社 2000 年。

中国野史集粹 陈力主编，巴蜀书社 2000 年。

中国野史集粹续编 《中国野史集成》编委会、四川大学图书馆编，巴蜀书社 2000 年。

元杂剧公案卷（中国古代戏曲经典丛书） （元）关汉卿等撰，华夏出版社 2000 年。

中国古代戏曲经典丛书（明清杂剧卷） （明）朱有燉撰，戴申注，华夏出版社 2000 年。

甲骨文研究资料汇编 丛刊编委会编，北京图书馆出版社 2000 年，2008 年。

北京图书馆藏家谱丛刊（闽粤侨乡卷） 北京图书馆编，北京图书馆出版社 2000 年。

中国画谱集成 尹瘦石主编，山东美术出版社 2000 年。

联话丛编 龚联寿主编，白化文等点校，江西人民出版社 2000 年。

唐五代笔记小说大观（历代笔记小说大观） 上海古籍出版社编，上海古籍出版社 2000 年。

宋元笔记小说大观（历代笔记小说大观） 上海古籍出版社编，丁如明等点校，上海古籍出版社 2001 年。

元杂剧爱情卷（中国古代戏曲经典丛书）（元）关汉卿等撰，张静文注，华夏出版社 2001 年。

中国禁毁小说 110 部 萧林主编，时代文艺出版社 2001 至 2002 年。

古体小说钞（明代卷） 程毅中、薛洪编，中华书局 2001 年。

古体小说钞（清代卷） 程毅中等编，中华书局 2001 年。

中国佛寺志丛刊续编 江苏广陵古籍刻印社编，江苏广陵古籍刻印社 2001 年。

明末清初天主教史文献丛编 周骃方编校，北京图书馆出版社 2001 年。

中国地方志集成·湖北府县志辑 《中国地方志集成》编辑工作委员会编，江苏古籍出版社 2001 年。

中国地方志集成·海南府县志辑 《中国地方志集成》编辑工作委员会，上海书店出版社 2001 年。

中国地方志集成·广东府县志辑 《中国地方志集成》编辑工作委员会，上海书店出版社 2001 年。

清代孤本方志选 郝瑞平编，线装书局 2001 年。

清代笔记丛刊 （清）刘献廷等撰，齐鲁书社 2001 年。

少儿中国文化经典诵读 郭矩县主编，北京图书馆出版社 2001 年。

中国地方志集成·北京府县志辑 《中国地方志集成》编辑工作委员会，上海书店出版社 2002 年。

中国地方志集成·湖南府县志辑 《中国地方志集成》编辑工作委员会编，江苏古籍出版社 2002 年。

岭南古代方志辑佚 骆伟、骆廷辑注，广东人民出版社 2002 年。

传统蒙学丛书 江苏广陵古籍刻印社编，江苏广陵古籍刻印社

2002年。

中国历代人物像传 郭磬、廖东编，齐鲁书社2002年。

疑年录集成 贾贵荣编，北京图书馆出版社2002年。

日本政法考察记（晚清东游日记汇编） 刘雨珍、孙雪梅编，上海古籍出版社2002年。

国家图书馆藏古籍题跋丛刊 国家图书馆编，北京图书馆出版社2002年。

北京图书馆藏家谱丛刊（民族卷） 北京图书馆出版社编，北京图书馆出版社2003年。

使朝鲜录 殷梦霞、于浩选编，北京图书馆出版社2003年。

浙东学人年谱 殷梦霞选编，北京图书馆出版社2003年。

艺术丛书 佚名辑，北京图书馆出版社2003年。

日本藏中国罕见地方志丛刊续编 殷梦霞选编，北京图书馆出版社2003年。

中国西藏及甘青川滇藏区方志汇编 张羽新编，学苑出版社2003年。

佛教名人年谱 殷梦霞选编，北京图书馆出版社2003年。

中国风土志丛刊 张智主编，广陵书社2003年。

明代孤本方志专辑 南京图书馆编，线装书局2003年。

宋元版书目题跋辑刊 贾贵荣、王冠辑，北京图书馆出版社2003年。

日本藏汉籍善本书志书目集成 贾贵荣辑，北京图书馆出版社2003年。

***重印黄世仲小说六种** 黄世仲原著，颜廷亮、赵淑妍点校，香港纪念黄世仲基金会2003年。

全宋笔记 朱易安等主编，上海师范大学古籍整理研究所编，大象出版社2003至2013年。

中国地方志集成·山东府县志辑 《中国地方志集成》编辑工作委员会，江苏古籍出版社2004年。

先秦诸子年谱 北京图书馆出版社编，北京图书馆出版社2004年。

丛书佛教文献类编 《丛书佛教文献类编》编委会编，北京图书馆出版社2004年。

九通拾补 贾贵荣辑，北京图书馆出版社2004年。

历代名人谥号谥法文献辑刊 张爱芳、贾贵荣编，北京图书馆出版社2004年。

中国荒政全书（第2辑） 李文海、夏明方主编，北京古籍出版社2004年。

朝鲜时代书目丛刊 张伯伟编，中华书局2004年。

中国历代围棋棋谱 国家图书馆分馆编，北京图书馆出版社2004年。

英汉对照蒙学精品（中国传统蒙学精品系列） 郭著章编著，武汉大学出版社2004年。

中国诗话珍本丛书 蔡镇楚编，北京图书馆出版社2004年。

阳山顾氏文房小说（中华再造善本续编试制） （明）顾元庆编，北京图书馆出版社2004年。

中国古代十大喜剧传奇 胡光舟、沈家庄编著，广西人民出版社2004年。

中国古代十大悲剧传奇 胡光舟、沈家庄编著，广西人民出版社2004年。

中国地方志集成·山东府县志辑 凤凰出版社编选，凤凰出版社2004年。

地方志书目文献丛刊 孙学雷主编，《地方志书目文献丛刊》编委会编，北京图书馆出版社2004年。

汉晋名人年谱 国家图书馆编，北京图书馆出版社2004年。

清代民国藏书家年谱 贾贵荣、张爱芳选编，北京图书馆出版社2004年。

先秦诸子年谱 北京图书馆出版社编，北京图书馆出版社2004年。

国家图书馆藏金文研究资料丛刊 徐蜀选编，北京图书馆出版社2004年。

四库全书伤寒类医著集成 江苏科学技术出版社编，江苏科学技术出版社2004年。

清人考订笔记 中华书局古籍编辑部编，中华书局2004年。

鸣沙石室佚书正续编 罗振玉编撰，北京图书馆出版社2004年。

华东师范大学图书馆藏稀见方志丛刊（著名图书馆藏稀见方志丛刊

系列） 黄秀文、吴平主编，国家图书馆出版社 2005 年。

二十二史考论（历代正史研究文献丛刊） （清）杭世骏等撰，北京图书馆出版社 2005 年。

辽金元名人年谱 北京图书馆出版社影印室编，北京图书馆出版社 2005 年。

宋明理学家年谱 于浩辑，北京图书馆出版社 2005 年。

唐宋八大家年谱 王冠辑，北京图书馆出版社 2005 年。

中国古代史学家年谱 张爱芳选编，北京图书馆出版社 2005 年。

隋唐五代名人年谱 北京图书馆出版社影印室编 2005 年。

历代妇女名人年谱 张爱芳主编，北京图书馆出版社 2005 年。

历代石经研究文献辑刊 贾贵荣辑，北京图书馆出版社 2005 年。

道藏精华录 丁福保编，北京图书馆出版社 2005 年。

中国地方志集成 凤凰出版社编撰，凤凰出版社 2005 年。

彊村丛书 朱孝臧辑校，广陵书社 2005 年。

黎氏家集续编（遵义沙滩文化丛书） 刘作会主编，贵州人民出版社 2005 年。

明代笔记小说大观（历代笔记小说大观） 上海古籍出版社编，上海古籍出版社 2005 年。

中国戏曲经典 郭汉城主编，山东教育出版社 2005 年。

中国香艳全书 （清）虫天子编，董乃斌等点校，团结出版社 2005 年。

朝鲜时代汉语教科书丛刊 汪维辉编，中华书局 2005 年。

宋人著录金文丛刊初编 中华书局编，中华书局 2005 年。

楚雄彝族自治州旧方志全书 杨成彪主编，云南人民出版社 2005 年。

历代陶文研究资料选刊 贾贵荣、张爱芳选编，北京图书馆出版社 2005 年。

文渊阁四库全书补遗——集部·明代卷 杨讷、李晓明编，北京图书馆出版社 2005 年。

文渊阁四库全书补遗——集部·宋元卷 杨讷、李晓明编，北京图书馆出版社2006年。

国学十三经 易行主编，线装书局2006年。

儒佛道哲学名著选编 洪修平主编，南京大学出版社2006年。

国学经典 钱玄溟编撰，中国长安出版社2006年。

中国佛寺志丛刊 白化文等主编，广陵书社2006年。

四库全书术数初集 谢路军主编，郑同点校，华龄出版社2006年。

续修四库全书术数类丛书 《续修四库全书》编委会编，上海古籍出版社2006年。

明代名人年谱 于浩辑，北京图书馆出版社2006年。

清代方略全书 清方略馆编，北京图书馆出版社2006年。

域外诗话珍本丛书 蔡镇楚编，北京图书馆出版社2006年。

日本所藏稀见中国戏曲文献丛刊 黄化忠、金文京、乔秀岩主编，广西师范大学出版社2006年。

陕西省图书馆藏稀见方志丛刊（著名图书馆藏稀见方志丛刊系列） 陕西省图书馆编，北京图书馆出版社2006年。

宋明理学家年谱续编 陈来选、于浩辑著，北京图书馆出版社2006年。

清初名儒年谱（清人年谱系列） 陈祖武选编，北京图书馆出版社影印室辑，北京图书馆出版社2006年。

乾嘉名儒年谱（清人年谱系列） 陈祖武选编，北京图书馆出版社影印室编，北京图书馆出版社2006年。

晚清名儒年谱（清人年谱系列） 陈祖武选编，北京图书馆出版社影印室编，北京图书馆出版社2006年。

辽金元传记资料丛刊（宋元明清传记丛刊系列） 北京图书馆出版社影印室辑，北京图书馆出版社2006年。

宋代传记资料丛刊（宋元明清传记丛刊系列） 北京图书馆出版社影印室辑，北京图书馆出版社2006年。

宋元明清书目题跋丛刊　中华书局编辑部编，中华书局2006年。

绍兴丛书　第一辑·地方志丛编　《绍兴丛书》编纂委员会编，中华书局2006年。

中国古代科技行实会纂　（清）阮元等编撰，北京图书馆出版社影印室辑，北京图书馆出版社2006年。

赋话广聚　王冠辑，北京图书馆出版社2006年。

国家图书馆藏琉球资料三编　（明）郭汝霖等撰，王菡选编，北京图书馆出版社2006年。

清代徽人年谱合刊（徽学研究资料辑刊）　薛贞芳主编，黄山书社2006年。

儒家经典（国学经典文库）　朱子律编撰，中国长安出版社2007年。

国学启蒙（国学经典文库）　朱子律编撰，中国长安出版社2007年。

经学子籍（国学经典文库）　朱子律编撰，中国长安出版社2007年。

传世名著（国学经典文库）　朱子律编撰，中国长安出版社2007年。

国学精粹：经典珍藏版　王克忠主编，中国纺织出版社2007年。

周秦诸子斠注十种　中国学会辑，北京图书馆出版社2007年。

中国地方志集成·陕西府县志辑　凤凰出版社编选，凤凰出版社2007年。

常熟乡镇旧志集成（国家清史编纂委员会·文献丛刊）　沈秋农、曹培根主编，广陵书社2007年。

国家图书馆藏明代大统历日汇编　北京图书馆出版社古籍影印室编，北京图书馆出版社2007年。

四库全书存目伤寒类医著集成　臧守虎主编，山东中医药大学中医文献研究所辑，江苏科学技术出版社2007年。

山左戏曲集成　王绍曾、宫庆山编，上海古籍出版社2007年。

清代笔记小说大观（历代笔记小说大观）　上海古籍出版社编，上海古籍出版社2007年。

中国传统蒙学全书　李少林主编，中国书店2007年。

六十种曲　（明）毛晋编，中华书局2007年。

历代书画录辑刊　北京图书馆出版

社影印室辑，北京图书馆出版社2007年。

北京师范大学图书馆藏稀见方志丛刊（著名图书馆藏稀见方志丛刊系列） 刘利主编，北京师范大学图书馆编，北京图书馆出版社2007年。

福建师范大学图书馆藏稀见方志丛刊（著名图书馆藏稀见方志丛刊系列） 方宝川、陈旭东主编，北京图书馆出版社2008年。

孝经集 唐福玉主编，线装书局2008年。

中国古代经典蒙书注译 任开明撰，三秦出版社2008年。

湘军史料四种 （清）王闿运等撰，岳麓书社2008年。

中国地方志集成·甘肃府县志辑 凤凰出版社编选，凤凰出版社2008年。

中国地方志集成·宁夏府县志辑 凤凰出版社编选，凤凰出版社2008年。

中国地方志集成·青海府县志辑 凤凰出版社编选，凤凰出版社2008年。

海外回归中医善本古籍丛书 曹洪欣主编，人民卫生出版社2008年。

赵城金藏 佚名著，北京图书馆出版社2008年。

蓬莱轩地理学丛书（民国文献资料丛编） （清）丁谦撰，北京图书馆出版社2008年。

明清以来公藏书目汇刊 北京图书馆出版社古籍影印室辑，北京图书馆出版社2008年。

明代传记资料丛刊 北京图书馆出版社古籍影印室辑，北京图书馆出版社2008年。

明清法制史料辑刊 北京图书馆出版社影印室编，国家图书馆出版社2008年。

上海府县旧志丛书·奉贤县卷 丁惠羲主编，上海古籍出版社2009年。

上海府县旧志丛书·南汇县卷 葛方耀主编，上海古籍出版社2009年。

宋元浙江方志集成 浙江省地方志编纂委员会编，杭州出版社2009年。

国家图书馆藏古籀文献汇编 殷梦霞、李定凯编，国家图书馆出版社2009年。

十韵汇编 刘复、魏建功、罗常培等编著，国家图书馆出版社2009年。

衢州历史文献集成·方志专辑 衢州历史文献集成编委会编，中华书局2009年。

天津图书馆珍藏清人别集善本丛刊 天津图书馆编，天津古籍出版社2009年。

中国地方志集成·江西省志辑 本社编选，凤凰出版社2009年。

小勤有堂杂钞 （汉）刘向等著，余嘉锡校钞，国家图书馆出版社2009年。

中华蒙学经典大全集 （宋）王应麟等著，新世界出版社2010年。

四书五经译注 程俊英等撰，上海古籍出版社2010年。

清代诗文集汇编 《清代诗文集汇编》编纂委员会编，上海古籍出版社2010年。

北京师范大学图书馆藏明刻孤本秘笈丛刊 北京师范大学图书馆编，广西师范大学出版社2010年。

复旦大学图书馆藏稀见方志丛刊（著名图书馆藏稀见方志丛刊系列）复旦大学图书馆编，国家图书馆出版社2010年。

经学辑佚文献汇编 古风主编，国家图书馆出版社2010年。

琴曲集成 中国艺术研究院音乐研究所、北京古琴研究会编，中华书局2010年。

润德堂丛书六种 袁树珊等编，北京燕山出版社2010年。

上海图书馆藏稀见方志丛刊（著名图书馆藏稀见方志丛刊系列） 上海图书馆编，国家图书馆出版社2011年。

历代岭南笔记八种 林雄主编，广东人民出版社2011年。

上海府县旧志丛书·崇明县卷 张利钧主编，上海古籍出版社2011年。

上海府县旧志丛书·川沙县卷 葛方耀主编，上海古籍出版社2011年。

上海府县旧志丛书·松江县卷

上海市地方志办公室，上海市松江区地方志办公室编，上海古籍出版社 2011 年。

上海府县旧志丛书·松江府卷 上海市地方志办公室，上海市松江区地方志办公室编，上海古籍出版社 2011 年。

广东省中山图书馆藏稀见方志丛刊 倪俊明主编，国家图书馆出版社 2011 年。

周秦汉唐历史地理资料汇编 贾贵荣、耿素丽选编，国家图书馆出版社 2011 年。

地方金石志汇编 国家图书馆出版社辑，国家图书馆出版社 2011 年。

广东省中山图书馆藏稀见方志丛刊 倪俊明主编，国家图书馆出版社 2011 年。

稀见唐代天文史料三种 高柯立选编，国家图书馆出版社 2011 年。

子藏·庄子卷 方勇编纂，国家图书馆出版社 2011 年。

哈佛燕京图书馆藏齐如山小说戏曲文献汇刊 哈佛燕京图书馆、国家图书馆出版社编，国家图书馆出版社 2011 年。

京剧历史文献汇编 傅谨主编，凤凰出版社 2011 年。

国学十三经校注 易行主编，线装书局 2011 年。

朝鲜时代汉语教科书丛刊续编 汪维辉、远藤光晓、朴在渊、竹越孝编，中华书局 2011 年。

少数民族古籍部

焉耆—龟兹文（吐火罗文）

吐火罗文《弥勒会见记》译释（季羡林文集·第十一卷） 季羡林著，《季羡林文集》编委会编，江西教育出版社 1996 年。

吐火罗文《弥勒会见记》译释（季羡林全集·第十一卷·学术论著三） 季羡林著，《季羡林全集》编委会编，外语教学与研究出版社 2009 年。

于阗文

敦煌石室遗书 罗振玉等辑，宣统元年（1909）排印本。

敦煌资料（第 1 辑） 中国科学院历史研究所资料室编，中华书局 1961 年。

＊**敦煌丛刊初集**（全 16 册） 黄永武编，新文丰出版公司 1985 年。

敦煌社会经济文献真迹释录（第 1 辑） 唐耕耦、陆宏基编，书目文献出版社 1986 年。

敦煌社会经济文献真迹释录（第 2—5 辑） 唐耕耦、陆宏基编，全国图书馆文献缩微复制中心 1990 年。

敦煌汉简（全 2 册） 甘肃省文物考古研究所编，中华书局 1991 年。

敦煌汉简释文 吴礽骧、李永良、马建华释校，甘肃人民出版社 1991 年。

俄藏敦煌文献（全 17 册） 俄罗斯科学院东方研究所圣彼得堡分所、俄罗斯科学出版社、上海古籍出版社编，上海古籍出版社 1992—2001 年。

上海博物馆藏敦煌吐鲁番文献（全 2 册） 上海古籍出版社、上海博物馆编，上海古籍出版社 1993 年。

北京大学图书馆藏敦煌文献（全 2 册） 北京大学图书馆、上海古籍出版社编，上海古籍出版社 1995 年。

天津市艺术博物馆藏敦煌文献（全 7 册） 上海古籍出版社、天津市艺术博物馆编，上海古籍出版社 1996 年。

上海图书馆藏敦煌吐鲁番文献（全 4 册） 上海图书馆、上海古籍出版社编，上海古籍出版社 1999 年。

甘肃藏敦煌文献（全 6 册） 甘肃藏敦煌文献编委会、甘肃人民出版社、甘肃省文物局编，甘肃人民出版社 1999—2000 年。

浙藏敦煌文献 浙藏敦煌文献编纂委员会编，浙江教育出版社 2000 年。

敦煌资料丛编三种（全 5 册） 敦煌学资料汇编，北京图书馆出版社 2000 年。

敦煌悬泉汉简释萃 胡平生、张德芳编撰，上海古籍出版社 2001 年。

王重民向达所摄敦煌西域文献照片合集（全 30 册） 李德范主编，国家图书馆善本特藏部编，北京图书馆出版社 2008 年。

突厥文

古代突厥文献选读（第一分册） 耿世民等编，中央民族学院少数民族语文系油印本 1977 年。

古代维吾尔文献选（维吾尔文） 克由木霍加、吐尔逊阿尤甫、斯拉菲尔等编译，新疆人民出版社 1983 年。

回鹘文

回鹘文菩萨大唐三藏法师传 冯家昇整理，北京图书馆 1951 年影印。

古代突厥文献选读（第二分册） 耿世民等编，中央民族学院少数民族语文系油印本 1978 年。

福乐智慧 耿世民、魏萃一节译，新疆人民出版社 1979 年。

乌古斯可汗的传说：维吾尔族古代史诗 耿世民译，新疆人民出版社 1980 年。

古代维吾尔史诗乌古斯可汗的传说（维吾尔文） 耿世民、吐尔逊·阿尤甫译，民族出版社 1980 年。

真理的入门（维吾尔文） 哈米提·铁木尔、吐尔逊·阿尤甫整理翻译，民族出版社 1980 年。

维吾尔族古典文学名著《真理的入门》 魏萃一译，新疆人民出版社 1981 年。

明代文献《高昌馆课》（拉丁字母转写本） 胡振华、黄润华译注，新疆人民出版社 1981 年。

古代维吾尔诗歌选 耿世民选编，新疆人民出版社 1982 年。

古代维吾尔文献选（维吾尔文） 克由木霍加、吐尔逊阿尤甫、斯拉菲尔等编译，新疆人民出版社 1983 年。

福乐智慧（维吾尔文） 新疆社会科学院民族文学研究所译，民族出版社 1984 年。

高昌馆杂字 胡振华、黄润华整理，民族出版社 1984 年。

福乐智慧（维吾尔文） 乌提库尔、阿合买提·孜牙依、买买提依（明）玉素甫，民族出版社 1984 年。

福乐智慧 优素甫·哈斯·哈吉甫著，郝关中、刘宏超、刘宾译，民族出版社 1986 年。

乌古斯可汗传（哈萨克文） 耿世民、马坎校注并整理，民族出版社 1986 年。

回鹘文弥勒会见记（1）（维吾尔文） 斯拉菲尔·玉素甫等整理，新疆人民出版社 1987 年。

回鹘文契约文书 买提热依木·沙依提、依斯拉菲尔·玉素甫编著，新疆人民出版社 2000 年。

回鹘佛教文献：佛典总论及巴黎所藏敦煌回鹘文佛教文献 牛汝极著，新疆大学出版社 2000 年。

回鹘文《金光明经》（维吾尔文） 吐尔逊·阿尤甫、买提热依木·沙依提整理，伊斯拉菲尔·玉苏甫校勘，新疆人民出版社 2001 年。

麦斯伍德和迪勒阿拉（维吾尔文） 买买提·司马义、阿不里米提·艾海提主编，N. 孜亚依著，热合木图拉·加热整理，新疆人民出版社2004年。

估莫那木诗集（维吾尔文） 买买提·司马义、阿不里米提·艾海提主编，估莫那木著，米尔苏里坦·吾斯曼努夫整理，新疆人民出版社2004年。

回鹘文买卖契约译注 刘戈著，中华书局2006年。

弥勒会见记（中国西北文献丛书二编·西北少数民族文字文献·第1卷） 甘肃省古籍文献整理编译中心编，线装书局2006年。

察合台维吾尔文

热碧亚——赛丁 尼扎里著，赵维新等译，作家出版社1959年。

帕尔哈德与西琳 尼扎里著，刘发俊译，上海文艺出版社1962年。

帕尔哈德与西琳（维吾尔文） 尼扎里著，热合木托拉编，新疆人民出版社1980年。

阿不都热依木·那扎里爱情故事诗选 （清）阿不都热依木·那扎里著，井亚、刘发俊等编译，新疆人民出版社1981年。

乐师传（维吾尔文） 穆吉孜著，安瓦拉·拜图尔、哈米提·铁木尔整理，民族出版社1982年。

卡里来与笛木乃（维吾尔文） 穆罕默德·铁木耳译，尼木托拉编，新疆人民出版社1984年。

格则里（维吾尔文） 纳瓦依著，新疆人民出版社1982年。

尼扎里长诗集（维吾尔文） 尼扎里著，铁依甫江等编，民族出版社1985年。

麦希胡里诗集（维吾尔文） 麦希胡里著，M. 玉素夫编，喀什维吾尔文出版社1985年。

哈拉巴提双行诗（维吾尔文） 艾孜则编，喀什维吾尔文出版社1985年。

翟黎里诗集（维吾尔文） 翟黎里著，伊（明）吐尔逊整理，民族出版社1985年。

拉失德史（全两册 维吾尔文） 米儿咱·马黑麻·海答儿著，新疆人民出版社1985—1986年。

伊米德史 穆萨·萨伊拉米著，安

妮瓦尔·巴依土尔整理翻译，民族出版社 1986 年。

两种语言之辨（维吾尔文） 纳瓦依著，哈米提·铁木尔、阿布都鲁甫·甫拉提整理，民族出版社 1988 年。

艾孜赞传（维吾尔文） 尼扎提编，喀什维吾尔文出版社 1988 年。

解脱的食粮（维吾尔文） 尼扎里著，阿布·都热西提编，喀什维吾尔文出版社 1988 年。

情之所钟（维吾尔文） 纳瓦依著，阿布都热依木·托合提编，喀什维吾尔文出版社 1990 年。

列王纪选 菲尔多西著，张鸿年译，人民文学出版社 1991 年。

七星图（维吾尔文） 纳瓦依著，伊斯热皮力·玉素甫，阿布都克尤木·霍加编，新疆青少年出版社 1991 年。

莱莉与马朱农（维吾尔文） 纳瓦依著，铁依甫江·艾里耶夫整理，新疆青少年出版社 1991 年。

帕尔哈德与西琳（维吾尔文） 纳瓦依著，热合木吐拉·贾里编，新疆青少年出版社 1991 年。

正直人的惊异（维吾尔文） 纳瓦依著，阿布都热西提·伊斯拉木编，新疆青少年出版社 1991 年。

尼扎里爱情诗集 尼扎里著，井亚译，新疆人民出版社 1991 年。

刀郎九木卡姆（维吾尔文） 穆罕穆德·阿齐兹著，新疆人民出版社 1992 年。

巴布尔传（维吾尔文） 巴布尔著，海米提·铁木尔译，民族出版社 1992 年。

名人之谈（维吾尔文） 艾利希尔·纳瓦依著，阿布都热西提·斯拉木，阿布都米吉提·库尔班整理，新疆人民出版社 1994 年。

赛地伊斯坎德尔（伊斯坎德尔的堡）（维吾尔文） 纳瓦依著，毛拉斯迪克·叶尔坎迪编，阿不都克尤木·霍加整理，新疆人民出版社 1995 年。

帕尔哈德与西琳（维吾尔文） 纳瓦依著，毛拉斯迪克·叶尔坎迪编，买买提吐尔逊·巴吾东整理，新疆人民出版社 1995 年。

拜合拉木与迪拉热木（维吾尔文） 纳瓦依著，毛拉斯迪克·叶尔坎迪编，买买提吐尔迪·米尔孜艾合买提整理，新疆人民出版社 1995 年。

祖乎尔诗集（维吾尔文） 祖乎尔著，库尔班编，新疆人民出版社 1995 年。

尼扎里穆罕买斯五行诗集（维吾尔文） M. 巴吾东编，新疆人民出版社 1995 年。

艾尔希诗集（维吾尔文） 艾尔希著买买提·吐尔逊编，新疆人民出版社 1995 年。

诺比提诗集（维吾尔文） 诺比提著，库尔班等编，新疆人民出版社 1995 年。

麦希胡里诗集（维吾尔文） 麦希胡里著，M. 玉素夫编，新疆人民出版社 1995 年。

迈赫宗诗集诗选（维吾尔文） 迈赫宗著，吐尔逊编，新疆人民出版社 1995 年。

尼扎里穆罕买斯五行诗集（维吾尔文） 尼扎里著，M. 巴哈吾东编，新疆人民出版社 1995 年。

列王纪选（王书）（维吾尔文） 菲尔多西著，阿布都许库尔·穆罕穆德伊明、阿布都瓦立·哈力帕提译，新疆人民出版社 1998 年。

纳瓦依的格言（维吾尔文） 排祖拉·伊萨克江·阿吉译，新疆青少年出版社 1998 年。

艾利希尔·纳瓦依的格言（维吾尔文） 排祖拉·伊萨克江·阿吉编，新疆人民出版社 1998 年。

纳瓦依格则勒诗选集 纳瓦依著，张宏超译，铁依甫江·艾里耶夫整理，新疆人民出版社 2001 年。

维吾尔十二木卡姆原文诗词集（维吾尔文） 塔克拉玛干尼整理，民族出版社 2005 年。

莱莉与马朱农（维吾尔文） 纳瓦依著，托合提·提拉译，民族出版社 2006 年。

帕尔哈德与西林（维吾尔文） 纳瓦依著，托合提·提拉译，民族出版社 2006 年。

安宁史（中国西北文献丛书二编·西北少数民族文字文献·第 3 卷） 穆萨·塞拉米著，甘肃省古籍文献整理编译中心编，线装书局 2006 年。

塔兰奇史（中国西北文献丛书二编·西北少数民族文字文献·第 3

卷） 阿布都拉·霍加·木比尔著，甘肃省古籍文献整理编译中心编，线装书局2006年。

布格拉汗列传（中国西北文献丛书二编·西北少数民族文字文献·第1卷） 甘肃省古籍文献整理编译中心编，线装书局2006年。

喀什噶尔史（中国西北文献丛书二编·西北少数民族文字文献·第1卷） 甘肃省古籍文献整理编译中心编，线装书局2006年。

和卓传（中国西北文献丛书二编·西北少数民族文字文献·第1卷）（维吾尔文） 穆罕穆德·萨迪克·喀什噶尔著，甘肃省古籍文献整理编译中心编，线装书局2006年。

伊米德史（中国西北文献丛书二编·西北少数民族文字文献·第1卷） 穆萨·萨伊拉米著，甘肃省古籍文献整理编译中心编，线装书局2006年。

拉失德史（维吾尔文） 米儿咱·马黑麻·海答儿著，新疆人民出版社2007年。

西夏文

番汉合时掌中珠 （西夏）骨勒茂才著，罗福成抄录重校本1935年。

西夏法典——《天盛年改旧定新律令》（1—7章） ［俄］克恰诺夫、李仲三译，罗矛昆校，宁夏人民出版社1988年。

番汉合时掌中珠 （西夏）骨勒茂才著，黄振华、聂鸿音、史金波整理，宁夏人民出版社1989年初版，上海古籍出版社1996年再版。

类林研究 （唐）于立政编纂，史金波、黄振华、聂鸿音译，宁夏人民出版社1993年。

西夏天盛律令（《中国珍稀法律典籍集成》甲编第五册） 史金波、聂鸿音、白滨译，科学出版社1994年。

天盛改旧新定律令（《中华传世法典》之一） 史金波、聂鸿音、白滨译注，法律出版社2000年。

中国藏西夏文献（全20册） 史金波、陈育宁主编，甘肃人民出版社、敦煌文艺出版社，2005年。

契丹文

辽陵石刻集录 金毓黻编录，奉天

图书馆刊 1934 年。

女真文

女真译语正・二编 罗福成编，清宫大库旧档整理处刊印 1933 年。

满洲金石志 罗福颐校录，艺文印书馆 1976 年。

金碑汇释（《长白丛书》二集） 李澍田主编，吉林文史出版社 1989 年。

蒙古译语・女真译语汇编 贾敬颜、朱风合辑，天津古籍出版社 1990 年。

蒙古文

耆贤者家训 （清）呼伯哩撰，民国时期铅印本。

蒙文十二字头 （清）特睦格图撰，民国时期毛笔手抄本。

蒙汉合璧五方元音 （清）海山编译，北京 1917 年石印本。

（蒙汉合璧）孟子 蒙文书社编译部编译，蒙文书社 1924 年。

（蒙汉合璧）大学中庸 （清）噶勒桑译，蒙文书社 1924 年。

蒙译三字经注解 （宋）王应麟著，（清）英俊译，沈阳东蒙书局 1927 年铅印本。

吏治辑要 （清）高鹗撰，（清）定轩孟保译，沈阳东蒙书局 1928 年铅印本。

一层楼 （清）尹湛纳希著，开鲁蒙文学会 1938 年石印本。

青史演义 （清）尹湛纳希著，开鲁蒙文学会 1940 年石印本。

蒙古秘史 卜和克什克蒙文转写复原，开鲁蒙文学会 1940 年石印本。

秘史 布和贺喜格译，开鲁蒙文学会 1940 年石印本。

秘史（改写本） 贺什格巴图著，呼和浩特出版 1941 年。

秘史（还原本） 阿拉坦敖其尔转写，张家口出版 1941 年。

蒙古秘史 谢再善译，开明书店 1951 年。

江格尔征服哈喇克讷斯卷（托忒文） 内蒙古科技出版社 1955 年。

勇士古那干 甘珠尔扎布搜集整

理，胡尔查译，内蒙古人民出版社 1955 年。

智勇的王子希热图 甘珠尔扎布搜集整理，胡尔查译，内蒙古人民出版社 1955 年。

蒙古秘史 谢再善据策·达木丁苏隆现代蒙文译本转译编译，中华书局 1956 年。

格斯尔的故事（全 2 册） 内蒙古人民出版社 1956 年。

青史演义 （清）尹湛纳希著，内蒙古人民出版社 1957 年。

一层楼 （清）尹湛纳希著，内蒙古人民出版社 1957 年初版，1978 年再版。

蒙古秘史（通俗本） ［蒙］策·达木丁苏荣译，内蒙古人民出版社 1957 年。

三十二个木头人的故事 （清）小班第达蒙译，内蒙古人民出版社 1957 年。

苏布喜地（元）贡嘎扎拉僧著，（清）罗布桑楚勒德木译，内蒙古人民出版社 1957 年初版，1958 年再版。

魔尸的故事（喜第图乎尔的故事） （清）僧译 内蒙古人民出版社 1957 年。

泣红亭 （清）尹湛纳希著，内蒙古人民出版社 1958 年初版，1978 年再版。

江格尔传（全 13 卷） 内蒙古人民出版社 1958 年。

蒙古语文研究资料 内蒙古蒙古语言文学研究所编，内蒙古人民出版社 1959 年。

四部医典（全 2 册 蒙古文） 内蒙古中蒙医研究所编译，内蒙古人民出版社 1959 年。

英雄格斯尔可汗 琶杰说唱，其木德道尔吉整理，安柯钦夫译，作家出版社 1959 年。

格斯尔传 桑杰扎布译，人民文学出版社 1960 年。

蒙古源流 （清）萨囊彻辰著，内蒙古人民出版社 1962 年。

今古奇观 （明）宝翁老人编撰，巴雅尔选编，内蒙古人民出版社 1962 年。

一层楼 （清）尹湛纳希著，甲乙

木译，内蒙古人民出版社 1963 年。

蒙古秘史 余大钧译，河北人民出版社 1970 年。

二十一卷本辞典 （清）拉锡等撰，内蒙古蒙古语言文学历史研究所整理，内蒙古人民出版社 1977 年。

新译简注蒙古秘史 道润梯步译注，内蒙古人民出版社 1978 年。

白云赋 （清）尹湛纳希、古拉冉萨等著，辽宁人民出版社 1978 年。

＊**蒙古秘史新译并注释** 札奇斯钦著，台湾联经出版事业股份有限公司 1979 年。

《新译红楼梦》回批 （清）哈斯宝著，亦邻真译，内蒙古人民出版 1979 年。

蒙文诠释 （清）嘎拉桑著，内蒙古大学蒙古语言文学系蒙古文教研室、内蒙古大学图书馆蒙古文献部整理，内蒙古人民出版社 1979 年。

江格尔（全 15 卷 托忒文） 图·巴德玛、宝音贺喜格等整理编辑，新疆人民出版社 1979 年。

全家福 苏勒丰噶整理，内蒙古人民出版社 1979 年。

苦喜传 德钦抄录，苏勒丰噶审订，内蒙古人民出版社 1979 年。

一层楼（托忒文） （清）尹湛纳希著，策·额林杰转写为托忒蒙古文，新疆人民出版社 1980 年。

蒙古秘史（古蒙文、现代蒙文、国际音标还原转写本） 巴雅尔还原，内蒙古人民出版社 1980 年。

蒙古秘史 额尔登泰、乌云达赉校勘，内蒙古人民出版社 1980 年。

黄金史纲 留金锁校注，内蒙古人民出版社 1980 年。

恒河之流 （清）衮布扎布，乔吉校注，内蒙古人民出版社 1980 年。

今古奇观 （明）宝翁老人编撰，民族出版社 1980 年。

蒙古族古代文学 ［蒙］策·达木丁苏荣整理，内蒙古人民出版社 1980 年。

楔僻传 苏勒丰噶整理，内蒙古人民出版社 1980 年。

殇妖传 海峰抄录，苏勒丰噶校改，内蒙古人民出版社 1980 年。

蒙古青旗 ［法］勒斡纳著，布里亚特·扎·彻旺蒙译，内蒙古人民出版社 1981 年。

江格尔（全 15 卷） 宝音贺喜格、图·巴德玛搜集整理，内蒙古人民出版社 1981 年。

蒙古风俗鉴 （清）罗布桑乔丹著，哈·丹毕扎拉森批注，内蒙古人民出版社 1981 年。

泣红亭 （清）尹湛纳希著，曹都毕力格，陈定宇译，内蒙古人民出版社 1981 年。

十善福白史册 留金锁整理，内蒙古人民出版社 1981 年。

新译校注《蒙古源流》 （清）萨囊彻辰著，道润梯步译校，内蒙古人民出版社 1981 年。

呼和浩特召庙 金峰整理注释，内蒙古人民出版社 1982 年。

阿拜·格斯尔（布利亚特蒙古英雄史诗） 那木吉勒、扎·乌日贞、米·达喜尼玛转写，那木吉勒、巴拉达诺整理，内蒙古人民出版社 1982 年。

羌胡传 高娃、都吉雅抄录整理，苏勒丰噶修订，内蒙古人民出版社 1982 年。

江格尔 宝音和西格、托·巴达玛搜集整理，内蒙古人民出版社 1982 年。

阿尔吉波尔吉罕 ［比］阿·田清波搜集整理，索诺木从法文字母转写为蒙文，民族出版社 1982 年。

智慧之源 （清）益希丹毕罗麽等著，仁钦卡瓦、斯钦朝克图简编，内蒙古人民出版社 1982 年。

苏布喜地（托忒文） （元）贡嘎札拉森著，策·额仁杰转为托忒文，新疆人民出版社 1983 年。

江格尔——蒙古族民间史诗 色道尔吉译，人民文学出版社 1983 年。

古代蒙古汗统大黄史 （清）佚名氏撰，乌力吉图校注，民族出版社 1983 年。

江格尔——蒙古族民间史诗 色道尔吉译，人民文学出版社 1983 年。

黄金史 （清）罗卜桑丹津著，乔吉校注，内蒙古人民出版社 1983 年。

大黄册 乌力吉图校注，民族出版社 1983 年。

回鹘式蒙古文文献汇编 道布整理转写、注释，巴·巴根校，民族出版社 1983 年。

蒙古族教育文献资料汇编 额尔敦陶克陶编，内蒙古教育出版社 1983 年。

故事的海洋 （明）固什绰尔济译，内蒙古文化出版社整理，内蒙古文化出版社 1983 年。

水晶鉴 （清）金巴道尔吉著，留金锁校注，民族出版社 1984 年。

阿勒坦汗传 珠荣嘎校注，民族出版社 1984 年。

阿萨拉克齐史 巴·巴根校注，民族出版社 1984 年。

伊喜丹金旺吉勒诗集 色音吉尔嘎拉、沙尔勒岱搜集整理，哈·丹比扎拉森校定，民族出版社 1984 年。

《江格尔》资料（托忒文 全 12 卷） 中国民间文艺研究会新疆维吾尔自治区分会编，新疆人民出版社 1985—1996 年。

水晶珠 （清）拉喜彭斯克著，胡和温都尔校注，内蒙古人民出版社 1985 年，2000 年。

青史演义 （清）尹湛纳希著，黑勒、丁师浩译，内蒙古人民出版社 1985 年。

卫拉特历史文献 巴岱、金峰、额尔德尼整理注释，内蒙古文化出版社 1985 年。

汉译蒙古黄金史纲 朱风、贾敬颜译，内蒙古人民出版社 1985 年。

格斯尔汗传（全 2 册） 优·其木德尔吉校注整理，内蒙古人民出版社 1985 年。

卫拉特法典 道润梯步校注，内蒙古人民出版社 1985 年。

巴林《格斯尔》传说（全 3 册） 苏勒丰噶嘎整理，内蒙古社科院文学研究所、内蒙古自治区《格斯尔》工作领导组办公室编，内部出版 1985 年。

江格尔（托忒文 全 3 卷） 中国民间文学艺术联合会新疆分会、新疆维吾尔自治区《江格尔》组搜集整理，新疆人民出版社 1985—2000 年。

蒙古源流 （清）萨囊彻辰著，齐达拉图今译，内蒙古文化出版社 1986 年。

诗镜 ［印］丹丁著，苏雅整理，内蒙古文化出版社 1986 年。

故事的海洋 （明）席埒图固什绰尔济著，额尔很巴雅尔校注，民族出版社 1986 年。

贺喜格巴图诗集 （清）贺喜格巴图著，民族出版社 1986 年。

阿鲁科尔沁、扎鲁特格斯尔传说 胡图陵嘎记录，内蒙古社科院文学研究所、内蒙古自治区《格斯尔》领导组办公室编，1986 年。

乌兰察布《格斯尔传》（一） 罗布桑整理，内蒙古社科院文学研究所、内蒙古自治区《格斯尔》工作领导组办公室编，1986 年。

蒙古秘史（加注现代蒙语译本） 泰·满昌译，内蒙古人民出版社 1986 年。

莫日根葛根诗文集 （清）莫日根葛根罗布桑丹毕扎拉森著，噶拉劳、吉仁泰整理，民族出版社 1986 年。

钦定髂体全录 （清）传教士巴多明等满译，照德巴扎布等蒙译，内蒙古科技出版社 1986 年。

蒙古黄史 （清）佚名著，图巴、乌力吉图汉译，《蒙古史研究》（第二辑）1986 年。

蒙古源流 （清）萨囊彻辰著，胡和温都尔校注，民族出版社 1987 年。

元朝秘史——畏吾体蒙古文 亦邻真复原，内蒙古大学出版社 1987 年。

金轮千辐 （清）答里麻·固什，乔吉校注，内蒙古人民出版社 1987 年初版，2000 年再版。

蒙古字韵校本 照那斯图、杨耐思编著，民族出版社 1987 年。

土尔扈特史 （清）格埒克楚勒特尔著，乌力吉图汉译，《蒙古学资料与情报》1987 年第 4 期。

粉妆楼 仁钦卡瓦校，内蒙古人民出版社 1987 年。

四部医典 宇妥·元丹贡布著，新宇妥·元丹贡布修订增补，（清）固什民朱尔道尔吉译，特木热校注，内蒙古科技出版社 1987 年。

兰塔布 （清）桑杰扎木苏著，特木热校，民族出版社 1987 年。

蒙古游牧记 （清）张穆著，那木云、班斯拉齐蒙译，民族出版社 1988 年。

江格尔——著名蒙古族史诗 霍尔查译，新疆人民出版社 1988 年。

咱雅格斯尔传 蒙古《格斯尔》丛书编审委员会编，乌云巴图校勘注释，哈·丹碧扎拉桑审订，内蒙古文化出版社 1988 年。

四卫拉特史 （清）噶班沙喇布著，乌力吉图汉译，《蒙古学资料与情报》1988 年第 4 期。

诺木其哈敦格斯尔 格日勒扎布整理注释，乔日勒扎布审，内蒙古文化出版社 1988 年。

呼和浩特史蒙古文献资料汇编（全 6 册） 金峰主编，内蒙古文化出版社 1988—1989 年。

清实录（全 19 册） （清）官修，中国第一历史档案馆等单位编辑整理，内蒙古文化出版社 1988—1992 年。

江格尔（二） 内蒙古少数民族古籍编委会、内蒙古社会科学院文学研究所编，格日勒图转写注释，索德那木拉布坦审订，内蒙古人民出版社 1989 年。

蒙古政教史 （清）耶喜巴勒登著，苏鲁格译注，民族出版社 1989 年。

诸汗源流黄金史纲 佚名著，宝力高校注，内蒙古教育出版社 1989 年。

蒙古世系谱（蒙古博尔济吉忒氏族谱） （清）罗密著，纳古单夫、阿尔达扎布校注，内蒙古人民出版社 1989 年，1999 年。

卫拉特格斯尔（托忒文） 蒙古《格斯尔》丛书编审委员会编，新疆人民出版社 1989 年。

布利亚特格斯尔传（全 2 册） 蒙古《格斯尔传》丛书编审委员会编，赛吉如玛、诺门转写，额尔登巴特尔审订，内蒙古教育出版社 1989 年。

蒙古溯源史 （清）佚名氏著，特克第汉译，《蒙古学信息》1989 年第 1 期。

金鬘 （清）纳塔著，乔吉校注，内蒙古人民出版社 1989 年。

隆福寺格斯尔传 蒙古《格斯尔》丛书编审委员会编，内蒙古人民出版社 1989 年。

善说宝藏 （元）萨迦班第达贡嘎扎拉森著，（元）索诺木喀拉译，照那苏图、斯钦朝克图注释，内蒙古人民出版社 1989 年初版，1999 年再版。

理藩院则例 （清）官修，尼日拉图、金峰校注，内蒙古文化出版社 1989 年。

喀尔喀律令 （清）官修，道润梯步编注，内蒙古教育出版社 1989 年。

乌素图召格斯尔传 蒙古《格斯尔》丛书编审委员会编，龙梅校勘注释，道荣嘎审订，内蒙古少年儿童出版社 1989 年。

布里亚特格斯尔传（全 2 册） 蒙古《格斯尔》丛书编审委员会编，赛吉如玛、诺门转写，额尔登巴特尔审定，内蒙古教育出版社 1989 年。

札雅班第达传 （清）拉德那博哈得拉著，西・诺尔布校注，内蒙古人民出版社 1990 年。

白莲花经 （明）索德纳木拉哈巴著，布里亚特僧侣乌格利格译，色・扎木苏整理注释，内蒙古文化出版社 1990 年。

红云泪 （清）尹湛纳希著，高娃、那・苏亚拉搜集整理，内蒙古人民出版社 1990 年。

萨仁呼和的故事 （清）罗布桑丹毕扎拉森著，（清）固什阿旺丹费拉蒙译，杨・巴雅尔、乌力吉布仁注释，内蒙古人民出版社 1990 年。

天文（天文原理） （清）拉锡等译编，察丹、苏瓦帝等校注，内蒙古科技出版社 1990 年。

阿勒坦汗传 珠荣嘎译注，内蒙古人民出版社 1990 年。

清代蒙古高僧传译辑・蒙古卷 成崇德、申晓婷、乌力吉图等汉译，全国图书馆文献缩微复制中心 1990 年。

八思巴传 （清）格力格纳木喀译，乔吉校注，内蒙古人民出版社 1991 年。

英雄阿勇干・散迪尔 希日布扎木苏口述，乌云格日勒、博・巴彦杜楞整理，民族出版社 1991 年。

新旧土尔扈特诸汗世系表 （清）格里格朝克丹著，乔丹达尔校注，民族出版社 1991 年。

江格尔史诗 ［蒙］乌・扎格德苏荣编，淑英自基里尔蒙文转写为胡都木蒙文，内蒙古教育出版社 1991 年。

益希班觉佛教史 （清）益希班觉著，青格乐、马·包柱校注，内蒙古人民出版社1991年。

卫拉特史迹 巴岱、金峰、额尔德尼整理注释，新疆人民出版社1992年。

亲征平定朔漠方略 （清）方略馆修，（清）塔崇嘎译，阿拉善左旗政府组织整理，内蒙古文化出版社1992年。

兰塔布 （清）桑杰扎木苏著，乔扎木苏译，民族出版社1992年。

四卫拉特史（托忒文） 那木斯来编著，内蒙古人民出版社1992年。

江格尔 蒙古族古代文学丛书编委会编，内蒙古人民出版社1993年。

格斯尔传 蒙古《格斯尔》丛书编审委员会编，策·达木丁苏伦编注，楚勒特木转写，格日勒图审订，内蒙古大学出版社1993年。

江格尔：汉文全译本（全6册） 奥尔黑勒、丁师浩、李金花译，新疆人民出版社1993年、1999年、2004年。

阿勇干·散迪尔 包文玉翻译，苏赫巴鲁、王迅、包玉文整理，内蒙古少年儿童出版社1994年。

梅日更召创建史 （清）噶拉丹旺楚克道尔吉著，巴·孟和注释，蒙古文化出版社1994年。

进士缘 特木格图蒙译，哈斯巴根、呼格吉勒图等整理，内蒙古科技出版社1994年。

蒙古译语词典 吴·满都呼拉丁文转写、注释，民族出版社1995年。

元朝开国演义 （清）尹湛纳希著，黑勒、丁师浩译，三秦出版社1996年。

塔教得 《四部医典》注释 龙日格丹达尔著，内蒙古科学技术出版社1996年。

江格尔（三） 内蒙古文献编委办公室、新疆民间故事艺术协会编，格日勒图转写注释，内蒙古科技出版社1996年。

江格尔手抄本 索德那木拉布坦、巴图编，内蒙古科技出版社1996年。

青史 （清）佚名著，宝力高校注，内蒙古教育出版社1996年。

十方圣主格斯尔汗传 蒙古族古代

文学丛书编委会编，内蒙古人民出版社 1997 年。

十七世纪蒙古文文书档案（1600—1650） 李保文编辑整理，内蒙古少儿出版社 1997 年。

新转注华夷译语 （明）火原洁等编撰，乌·满都呼注释，民族出版社 1998 年。

莫日根葛根罗桑丹坚作品选 （清）罗桑丹坚著，“莫日根葛根”研究编委会整理，内蒙古教育出版社 1998 年。

华夷译语 （明）火原洁等编，乌·满达夫校注，内蒙古文化出版社 1998 年。

黄金史 （清）罗布桑丹毕坚赞著，格日勒汉译，齐木德道尔吉、孟和宝音拉丁转写，内蒙古文化出版社 1998 年。

宝贝念珠 （清）戈拉登著，阿尔达扎布注释，内蒙古人民出版社 1999 年。

蒙古孛儿只金氏族谱 （清）罗密著，纳古单夫、阿尔达扎布校注，内蒙古人民出版社 1999 年。

蒙古—卫拉特法典 宝音乌力吉、包格校注，内蒙古人民出版社 2000 年。

《蒙古源流》研究 （清）萨囊彻辰原著，乌兰译注、转写，辽宁民族出版社 2000 年。

鄂尔多斯史诗（鄂尔多斯文化丛书） 豪斯巴雅尔、勒·哈斯巴雅尔、乌拉编著，民族出版社 2002 年。

格斯尔全书（第 1 卷） 斯钦孟和主编，民族出版社 2002 年。

卡尔梅克《江格尔》校注本 阿·科契克夫、毕提盖耶夫编，民族出版社 2002 年。

公尼昭活佛伊希丹津旺吉拉训诗和诊疗药方 伊希丹津旺吉拉著，奇·那仁达赖、策·阿拉腾松布尔整理，民族出版社 2004 年。

蒙古秘史 白·特木尔巴根编，内蒙古教育出版社 2004 年。

八思巴字蒙古语文献汇编（阿尔泰学丛书） 呼格吉勒图、萨如拉编著，内蒙古教育出版社 2004 年。

红史 双福校注，内蒙古人民出版社 2004 年。

新译集注《蒙古秘史》 阿尔达扎布译注，内蒙古大学出版社2005年。

庚申外史（蒙汉对照）（明）权衡撰，阿腾生卜尔编译，民族出版社2005年。

元朝秘史 佚名著，鲍思陶点校，齐鲁书社出版社2005年。

钦定外藩蒙古回部王公表传（清）官修，包银海校注，内蒙古人民出版社2005年。

理藩院则例（清）官修，包银海校注，民族出版社2006年。

蒙古秘史 特·官布扎布、阿斯钢译，新华出版社2007年。

黄史 格日乐译注，内蒙古教育出版社2007年。

准格尔旗札萨克衙门档案译编（全3辑） 金海等编译，内蒙古人民出版社2007—2010年。

尹湛纳希全集（全6卷）（清）尹湛纳希著，辽宁民族出版社2007年。

尹湛纳希全集（全5卷）（清）尹湛纳希著，赵景阳、赵永铣、甲乙木等译，内蒙古人民出版社2009年。

蒙汉对照托忒文字卫拉特蒙古历史文献译编（卫拉特蒙古历史文化丛书） 丹碧，格·李杰编著，新疆人民出版社2009年。

红云泪（清）尹湛纳希著，赵景阳译，内蒙古人民出版社2009年。

《阿萨拉克齐史》研究（清）善巴原著，乌云毕力格译注、转写，中央民族大学出版社2009年。

江格尔（托忒文） 贾木查主编，新疆大学出版社2010年。

江格尔（英文） 贾木查主编，新疆大学出版社2010年。

江格尔（汉文） 贾木查主编，新疆大学出版社2010年。

蒙古古代四部法典 苏鲁格等译，李金山编，内蒙古教育出版社2010年。

鄂尔多斯古籍文献丛书（全100册）《鄂尔多斯古籍文献丛书》编委会，内蒙古人民出版社2010—2012年。

蒙古秘史 常峰瑞编译，中央编译

出版社 2011 年。

准格尔旗扎萨克衙门档案（全 42 册） 苏德毕力格主编，内蒙古科技出版社 2011—2014 年。

藏文

印度佛教史 （明）多罗那他著，王沂暖节译，商务印书馆 1946 年。

西藏王统记 （元）索南坚赞著，王沂暖译，商务印书馆 1955 年。

西藏民间传说：说不完的故事 王尧编译，刘继卣插画，通俗读物出版社 1956 年。

西藏王臣记 （清）第五世达赖喇嘛著，民族出版社 1957 年。

释迦牟尼赞 ［印］脱准住杰等著，郭和卿编，丹巴嘉错校；刘大林、陈中义校对，民族出版社 1957 年。

说不完的故事：藏族民间故事 王尧编译，青海人民出版社 1962 年初版，1980 年再版。

说不完的故事 青海人民出版社藏文编译部整理，青海人民出版社 1963 年。

宗教流派镜史 （清）善慧法日著，刘立千译，王沂暖校订，西北民族学院研究室刊印 1980 年。

尸语故事 ［印］龙树大师著，西藏人民出版社 1980 年。

红史 （元）蔡巴·贡噶多吉著，西藏人民出版社 1981 年。

红史 （元）蔡巴·贡噶多吉著，东噶·洛桑赤列校注，民族出版社 1981 年。

至尊宗喀巴大师传 （清）法王周加巷著，青海民族出版社 1981 年。

米拉日巴传及道歌 （元）乳毕坚瑾著，青海民族出版社校订，青海民族出版社 1981 年。

汉区佛教源流记 （清）贡布嘉著，四川民族出版社 1983 年。

西藏王臣记 （清）第五世达赖喇嘛著，郭和卿译，民族出版社 1983 年。

敦煌本吐蕃医学文献选编 罗秉芬、黄布凡编译，强巴赤列审订，民族出版社 1983 年。

后藏志 （明）觉囊达热那特著，西藏人民出版社 1983 年。

四部医典 （唐）宇妥·元丹贡布著，李永年译，人民卫生出版社1983年。

尸语故事 ［印］班贡帕巴·鲁珠著，李朝群译，西藏人民出版社1983年。

宗教源流史 （清）图官·洛桑曲吉尼玛著，甘肃民族出版社1984年。

贤愚论 嘉仰达吉编，青海民族出版社1984年。

西藏本教源流 （清）夏察·扎西坚赞著，民族出版社1985年。

丹珠尔目录 （清）崔成仁钦著，西藏人民出版社1985年。

般若八千颂 青海民族出版社整理，青海民族出版社1985年。

菩提道次广论 （明）宗喀巴等著，青海民族出版社1985年。

萨迦格言 南（宋）萨班·贡嘎坚赞著，次旦多吉等译，西藏人民出版社1985年。

青史 （明）廓诺·迅鲁伯著，郭和卿译，西藏人民出版社1985年。

新红史 （明）班钦·索南查巴著，黄颢译，西藏人民出版社1985年。

王统世系明鉴 （元）萨迦·索南坚赞著，陈庆英、仁庆扎西译注，辽宁人民出版社1985年。

智者喜宴（全2册） （明）巴俄·祖拉陈瓦著，民族出版社1986年。

噶伦传 （清）多喀尔·夏仲策仁旺杰著，周秋有译，常凤玄校，西藏人民出版社1986年。

塔尔寺志 （清）色多·罗桑崔臣嘉措著，郭和卿译，青海人民出版社1986年。

汉藏史集——贤者喜乐赡部洲明鉴 （明）达仓宗巴·班觉桑布著，陈庆英译，西藏人民出版社1986年。

三律仪轮自注 （元）萨班贡噶坚参，西藏人民出版社1986年。

印度佛教史 （明）多罗那它著，张建木译，四川民族出版社1988年。

雪域文库（已出40余种） 恰白·次旦平措主编，西藏藏文古籍出版社1986年至今。

朗氏家族 （元）大司徒·绛曲坚

赞著，西藏藏文古籍出版社1986年。

善说金珠 （明）宗喀巴著，青海民族出版社1986年。

卓尼丹珠尔目录 （清）久迈旺布著，甘肃民族出版社1986年。

佛教史大宝藏论 （元）布顿大师著，郭和卿译，民族出版社1986年。

＊**大藏经补编**（全36册） 蓝吉富主编，台湾华宇出版社1986年。

弟吴宗教源流 （宋）弟吴贤者著，西藏人民出版社1987年。

底吾史记 （唐）底吾·璆赛著，西藏人民出版社1987年。

宗喀巴作品拾零 （明）宗喀巴著，青海民族出版社1987年。

辨了不了义论 （明）宗喀巴著，青海民族出版社1987年。

弟吴宗教源流 （宋）弟吴贤者著，西藏藏文古籍出版社1987年。

西藏王统记——吐蕃王朝世系明鉴 （元）索南坚赞著，刘立千译注，西藏人民出版社1987年。

山摩地王经 青海民族出版社整理，青海民族出版社1987年。

显密经库正文及其要义 （清）隆钦曲英朵旦多吉著，西藏佛教协会整理，西藏人民出版社1988年。

贤劫经 ［印］比耶伽罗僧法师著，拜央译，青海民族出版社1988年。

大藏经《丹珠尔》金写印影本 中国民族图书馆整理，天津古籍出版社1988年。

中观论选 （明）宗喀巴等著，四川民族出版社1988年。

红史 （元）蔡巴·贡噶多吉著，东嘎·洛桑赤列校注，陈庆英、周润年译，西藏人民出版社1988年。

至尊宗喀巴大师传 （清）法王周加巷著，郭和卿译，青海人民出版社1988年。

章嘉国师若必多吉传 （清）土观·洛桑却吉尼玛著，陈庆英、马连龙译，民族出版社1988年。

佛历年鉴及五明略论 （明）芒堆·鲁竹嘉措著，西藏藏文古籍出版社1988年。

娘氏宗教源流 （宋）娘·尼玛韦

色著，西藏藏文古籍出版社 1988 年。

西藏历代法规选编 次仁班觉编，西藏藏文古籍出版社 1988 年。

娘氏宗教源流 （宋）娘·尼玛韦色著，西藏人民出版社 1988 年。

丹珠尔（全 100 册） 民族文化宫整理，天津古籍出版社 1988 年。

五明精选丛书（已出 30 余种） 中国藏学研究中心编，中国藏学出版社 1988 年至今。

布顿佛教史 （元）布顿·仁钦珠著，中国藏学出版社 1989 年。

嘎列文法释难 （清）嘎列冲依·白玛多吉著，西藏藏文古籍出版社 1989 年。

贤者喜宴 （明）巴卧·祖拉陈哇著，黄颢译，中国社会科学院民族研究所 1989 年。

朗氏家族史 （明）大司徒·绛求坚赞著，赞拉·阿旺、佘万治译，陈庆英校，西藏人民出版社 1989 年。

直贡法嗣 （清）直贡·丹增白玛坚参著，西藏藏文古籍出版社 1989 年。

雅隆尊者教法史 （明）释迦仁钦德著，汤池安译，西藏人民出版社 1989 年。

大藏经《甘珠尔》 拉萨布达拉宫“雪印经院”整理，西藏人民出版社 1989 年。

现观庄严论注疏（全 2 册） （明）杰尊·确吉坚赞著，中国藏学出版社 1989 年。

格鲁派教法史——黄琉璃宝鉴 （清）第司桑结嘉措著，中国藏学出版社 1989 年。

甘珠而目录略部 格西益希旺久校审，西藏人民出版社 1989 年。

札什伦布寺寺规 中国藏语系高级佛学院编，民族出版社 1989 年。

俱舍论注释 （清）钦·降白央著，多吉杰博编，中国藏学出版社 1989 年。

颂词汇编 青海民族出版社整理，青海民族出版社 1989 年。

金光明 四川民族出版社整理，四川民族出版社 1989 年。

解脱 四川民族出版社整理，四川民族出版社 1989 年。

入菩萨行论　［印］喜瓦拉著，青海民族出版社 1989 年。

法要导读—普贤上师言教　（清）巴竹·吉美却旺著，四川民族出版社 1989 年。

教派广论注释　洛桑多吉著，青海民族出版社 1989 年。

入菩萨行注疏　（清）土登曲吉札巴著，中国藏学出版社 1990 年。

郭扎佛教史　（清）郭若扎西著，中国藏学出版社 1990 年。

毗奈耶经广因缘集　（明）根敦朱巴著，青海民族出版社 1990 年。

六世班禅洛桑巴丹益希传　（清）嘉木央·久麦旺波著，许得存、卓永强译，祁顺来、李钟霖校，西藏人民出版社 1990 年。

莲花生大师本生传　洛珠加措、俄东瓦拉译，中国藏语系高级佛学院研究室编，青海人民出版社 1990 年。

西藏史籍五部　（元）乃吾班智达·扎巴门朗、（清）嘎托·仁增次旺奴布等著，西藏藏文古籍出版社 1990 年。

医马论典　恰贝·次旦平措主编，西藏藏文古籍出版社 1990 年。

蒙古佛教史　（清）固始噶居巴·洛桑泽培著，陈庆英、乌力吉译注，天津古籍出版社 1990 年。

龙钦教史　（元）龙钦热江著，西藏藏文古籍出版社 1991 年。

晋美岭巴教言集　（清）晋美岭巴著，西藏藏文古籍出版社 1991 年。

龙朵·阿旺洛桑全集（全 2 册）（清）龙朵·阿旺洛桑著，西藏藏文古籍出版社 1991 年。

《入中论》详释　（唐）月称著，班禅夏嘉曲登注，四川民族出版社 1991 年。

本教源流宏扬明灯　（宋）芭·丹杰桑布著，中国藏学出版社 1991 年。

教派广论　（清）嘉木样·协巴道吉著，甘肃民族出版社 1992 年。

松巴佛教史　（清）松巴堪钦·益西班觉著，甘肃民族出版社 1992 年。

《佛子行》诠释　（元）佛子陀美著，土登曲吉扎巴释文，达瓦泽仁译，四川民族出版社 1992 年。

萨迦世系史续编　（元）贡嘎·罗追著，王玉平译，西藏人民出版社1992年。

西藏王臣记　（清）五世达赖喇嘛著，刘立千译注，西藏人民出版社1992年。

慈氏五论　弥勒佛著，中国藏语系高级佛学院研究室编，四川民族出版社1992年。

大乘修心讲义智者慧饰　荣增·益喜坚赞著，中国藏语系高级佛学院研究室编，青海民族出版社1992年。

竹巴教史　（明）竹巴·白玛嘎布著，西藏藏文古籍出版社1992年。

达龙教史　（明）达龙·阿旺曲杰著，西藏藏文古籍出版社1992年。

萨班·衮噶坚赞全集（全3册）（宋）萨班·衮噶坚赞著，西藏藏文古籍出版社1992年。

木里政教史　（清）阿旺钦饶编，四川民族出版社1993年。

祝词集（全2册）（清）噶玛·恰美仁波切等著，四川民族出版社1994年。

现观庄严论详释　弥勒著，（清）雅楚·桑吉拜注释，四川民族出版社1994年。

洛绒史籍　（明）达察·次旺杰著，西藏藏文古籍出版社1994年。

米拉日巴传　（明）桑杰坚赞著，刘立千译，四川民族出版社1994年。

后藏志　（明）觉囊达热那特著，佘万治译，阿旺校订，西藏人民出版社1994年。

西藏古代法典选编　周润年、喜饶尼玛译注，中央民族大学出版社1994年。

直贡法嗣　（清）直贡·旦增白玛坚参著，克珠群培译，西藏人民出版社1995年。

藏语系佛教念诵集　李舞阳译，宗教文化出版社1995年。

西藏古迹志选编　次仁班觉编，西藏藏文古籍出版社1995年。

中华大藏经·丹珠尔（全60部）中国藏学研究中心编，中国藏学出版社1995年。

颂词汇编续集　青海民族出版社整

理，青海民族出版社 1995 年。

入行论本注 ［印］喜瓦拉著，达玛仁钦注，青海民族出版社 1995 年。

噶当政教史 （明）阿旺贡噶索·南札巴坚参著，青海民族出版社 1996 年。

撰集百缘经 天月等译，青海民族出版社 1996 年。

中观理聚六论 ［印］龙树著，甘肃民族出版社 1996 年。

乡巴嘎举先贤传 （宋）南卡·桑珠坚参等著，西藏藏文古籍出版社 1996 年。

宗喀巴四大赞及其释解 （明）宗喀巴著，章嘉·若贝多吉等注释，青海民族出版社 1996 年。

邬仅巴传 （元）索朗韦色著，西藏藏文古籍出版社 1997 年。

噶居派念诵及仪轨经集 诺章·吴坚编，西藏人民出版社 1997 年。

格鲁派念诵及仪轨经集 洛桑次仁编，西藏人民出版社 1997 年。

宁玛派念诵及仪轨经集 诺章·吴坚编，西藏人民出版社 1997 年。

萨迦派念诵及仪轨经集 诺章·吴坚编，西藏人民出版社 1997 年。

阿波陀那如意藤本注 青海民族出版社整理，青海民族出版社 1997 年。

文殊别名释义 吉美元丹贡布著，四川民族出版社 1997 年。

宝性论详释 弥勒著，绒敦协甲恭思注，四川民族出版社 1997 年。

乘道总论及注释 （宋）噶当巴·德协著，益西坚参注，四川民族出版社 1997 年。

《精要先行》注释 吉美成列威色注，四川民族出版社 1997 年。

辨论文选编 （明）格勒华桑等编，四川民族出版社 1997 年。

现观庄严论总义 弥勒著，（清）巴竹·吉美却旺注疏，四川民族出版社 1997 年。

现观庄严论释难 根秋赤列著，民族出版社 1997 年。

阿波陀那如意藤本注 青海民族出版社 1997 年。

苯教甘珠尔 西藏藏文古籍出版社 1998 年。

《中观四百颂》详释 ［印］帕巴拉大师著，（宋）仁达瓦注，四川民族出版社 1998 年。

《辨中边论》和《辨法与法性论》详解 弥勒著，绒丹西夏根仁注，四川民族出版社 1998 年。

功德藏本注 （清）吉美领巴著，多智钦注，四川民族出版社 1998 年。

觉囊山居法了义海论 （元）贡钦·夺布巴喜热坚赞著，民族出版社 1998 年。

萨迦派颂辞汇编（全 2 册） 中国藏语系高级佛学院藏传佛教研究室整理，甘肃民族出版社 1998 年。

觉囊派颂词汇编 中国藏语系高级佛学院藏传佛教研究室整理，甘肃民族出版社 1998 年。

噶举派颂词汇编 中国藏语系高级佛学院藏传佛教研究室整理，甘肃民族出版社 1998 年。

菩提道次第释难·文殊言教 （清）达赖阿旺洛桑嘉措，（清）班禅喇嘛洛桑曲吉坚赞著，甘肃民族出版社 1999 年。

密宗根本论 （明）宗喀巴著，甘肃民族出版社 1999 年。

尸语故事 王晓松、和建华译注，云南民族出版社 1999 年。

律摄颂详释宝串 （明）更登珠著，民族出版社 1999 年。

桑耶寺志 （清）协扎公·旺丘杰波著，西藏藏文古籍出版社 2000 年。

金刚经及其注释 恰日·噶桑陀美整理，甘肃民族出版社 2000 年。

藏文《格萨尔》精选本（全 40 卷 51 册） 降边嘉措主编，民族出版社 2000—2018 年。

协昂史籍 （清）释迦拉旺著，西藏藏文古籍出版社 2001 年。

新旧噶当史籍 （明）班钦·索朗扎巴著，西藏藏文古籍出版社 2001 年。

宗喀巴大师全集（全 6 卷） （明）宗喀巴著，法尊译，民族出版社 2001 年。

噶举派系列丛书（全 20 册） 桑杰主编，青海民族出版社 2001 年。

藏医珍稀古籍丛书（全 20 卷） 宿喀·洛追杰波等著，四川民族出版社 2001—2007 年。

藏族十明文化传世经典丛书（全 80 卷） 青海民族出版社、民族出版社 2001 年至今。

《菩提道次第》要义释难 科才·慈智木著，民族出版社 2002 年。

历算白莲口传心要 （明）普巴伦珠嘉措等著，民族出版社 2002 年。

诗镜二章浅释 仓智·赤乃邓珠著，民族出版社 2002 年。

格萨尔王传：攻克玛拉雅药宗 土登尼玛、更登整理，四川民族出版社 2002 年。

现观庄严论简要义 罗桑尊珠编著，民族出版社 2003 年。

医学八支摘录（藏医珍稀古籍丛书） 宇妥·云丹衮波著，四川民族出版社 2003 年。

中国西南文献丛书·西南少数民族文字文献·藏族文字文献（第 1—5 卷） 次旺仁钦主编，兰州大学出版社 2003 年。

萨迦派系列丛书（全 26 册）（明）释迦确旦等著，民族出版社 2003—2004 年。

雪域十明精粹大全（全 10 卷） 格西科才·慈智木等编，民族出版社 2003 年。

红史注释 （元）蔡巴·贡噶多吉著，东噶·洛桑赤列校注，民族出版社 2004 年。

红史 （元）蔡巴·贡噶多吉著，双福注校，内蒙古人民出版社 2004 年。

至尊宗喀巴大师传 （清）法王周加巷著，郭和卿译，青海人民出版社 2004 年修订本。

达那因明学 达那更顿落桑著，民族出版社 2004 年。

《大藏经·甘珠尔》目录（藏汉合璧） 董多杰编译，青海民族出版社 2004 年。

金汁写本丹珠尔目录 昂翁洛布编，民族出版社 2004 年。

金刚心要笔录 （清）敦珠著，民族出版社 2004 年。

般若波罗密多心经词解 达热纳踏著，西藏人民出版社 2004 年。

菩提道次第广论（宗喀巴文集）（明）宗喀巴著，法尊译，青海人民出版社2004年。

密宗道次第广论（宗喀巴文集）（明）宗喀巴著，青海民族出版社2004年。

章嘉国师论中观（汉译藏传佛教经典研究文丛） 章嘉·若白多杰著，白玛旺杰译，甘肃民族出版社2004年。

莲华生大士全传 莲华持明著，中国社会科学出版社2004年。

金光明颂 智军编译，青海民族出版社2004年。

释迦牟尼大传 格桑曲吉嘉措著，达多译，民族出版社2004年。

第二佛陀宗喀巴画传：圣迹宝链及其金塔之光 王云峰著，民族出版社2004年。

如意藤：释迦牟尼百行传 ［印］善自在王著，［匈顿］多吉坚赞、［印］拉喀迷迦罗译，西藏人民出版社2004年。

阿热格西师徒文集（果洛古籍丛书） 阿热格西著，四川民族出版社2004年。

德昂洛得文集（果洛古籍丛书）德昂洛得著，四川民族出版社2004年。

阿贡堪布文集（果洛古籍丛书）阿贡堪布洛桑多吉著，四川民族出版社2004年。

嘎玛巴曲英多吉文集（果洛古籍丛书） 曲英多吉著，四川民族出版社2004年。

夏沃扎巴桑布文集（果洛古籍丛书） 夏沃扎巴桑布著，四川民族出版社2004年。

安多格西文集（果洛古籍丛书）安多格西·江巴如贝洛珠著，四川民族出版社2004年。

藏族历代法典 索南次仁编著，民族出版社2004年。

郭·循努拜传 夏玛·曲扎益西著，昂翁洛布整理，民族出版社2004年。

藏汉对照德格印经院藏版总目录 噶玛降村编，四川民族出版社2004年。

藏医八支论之精要奔科策 阿坝州藏文编译局编，民族出版社2004年。

＊蒙古佛教史 （清）固始噶居巴·洛桑泽培著，陈庆英、乌力吉译注，台湾全佛文化事业有限公司2004年。

藏医药经典文献集成（全40种） 青海省藏医药研究所、藏医药经典文献集成编委会编，民族出版社2004—2010年。

藏班智达·杰尊罗桑丹巴嘉措白桑布文集 华旦尖措编，民族出版社2005年。

藏族古代历算学资料汇编（国家中医药管理局民族医药文献整理丛书） 银巴编，民族出版社2005年。

苯教四部藏医经典 杰布赤协等著，民族出版社2005年。

堪布·云登贡布文选 云登贡布著，四川民族出版社2005年。

藏医诊断《哈努曼塔》注疏 罗桑旦真注疏，四川民族出版社2005年。

量理宝藏（藏文古籍著译宝典——知识宝瓶之一） 萨班·贡嘎坚参著，四川民族出版社2005年。

藏族历代名著选编 阿旺措成主编，四川民族出版社2005年。

贡曼·贡觉德勒医学诸事如意（国家中医药管理局民族医药文献整理丛书） 贡曼·贡觉德勒编著，西藏自治区医院整理，西藏人民出版社2005年。

比其黄色经函整理研究（国家中医药管理局民族医药文献整理丛书） 比其编著，西藏自治区医院整理，西藏人民出版社2005年。

四部医典（对勘本）（全2册） （唐）宇妥·云丹衮波著，旦科主编，中国藏学出版社2005年、2008年。

中观论总义 巴雄·仁青才让著，四川民族出版社2006年。

解脱 ［印］释迦牟尼著，四川民族出版社2006年。

吉祥颂 （明）宗喀巴等著，四川民族出版社2006年。

芒巴噶举传记汇编 噶玛多吉编，四川民族出版社2006年。

雪域十明学纲要新编（全25卷） 聪博编，中国藏学出版社2006年。

噶当文集（全90函） 百慈藏文古

籍研究室编，四川民族出版社2006年。

菩提道次精华要义（下世道　上册）（明）宗喀巴著，落桑罗布注，西藏藏文古籍出版社2006年。

西藏历史档案公文选·水晶明鉴（现代中国藏学文库）扎西旺都编，王玉平译，中国藏学出版社2006年。

般若现观庄严论注疏　杰增却吉坚赞著，中国藏学出版社2006年。

宋热全集（果洛古籍丛书）宋热著，四川民族出版社2006年。

宁玛派系列丛书（全20册）（唐）松赞干布等著，青海民族出版社2006—2007年。

噶当藏文孤本丛刊（已出4种）百慈藏文古籍研究室编，中国藏学出版社2006—2009年。

俄巴噶举经典汇编　百慈藏文古籍研究室编，中国藏学出版社2007年。

德勒尼玛·律藏注疏　德勒尼玛著，中国藏学出版社2007年。

恩久·央金珠白多吉全集（全3册）（清）恩久·央金珠白多吉著，西藏藏文古籍出版社2007年。

布顿佛教史　（元）布顿·仁钦珠著，蒲文成译，甘肃民族出版社2007年。

先哲遗书（全131函）百慈藏文古籍研究室编，中国藏学出版社2007—2011年。

觉囊派系列丛书（册数不详）阿旺更嘎·嘉阳乐住仁波切主编，民族出版社2007至今。

中华大藏经·甘珠尔·丹珠尔（全232卷）中国藏学研究中心编，中国藏学出版社2008年。

菩提道次精华要义（下世道　下册）（明）宗喀巴著，落桑罗布注，西藏藏文古籍出版社2008年。

菩提道次精华要义（中世道）（明）宗喀巴著，落桑罗布注，西藏藏文古籍出版社2008年。

先祖言教　（清）仲优·昂青嘉布著，青海人民出版社2008年。

菩提道次精华要义（上世道　上下册）（明）宗喀巴著，落桑罗布注，西藏藏文古籍出版社2009年。

宁玛续部汇编（全58函） 百慈藏文古籍研究室编，中国藏学出版社2009年。

四部医典（《藏医学经典荟萃》一）（唐）宇妥·云丹衮波著，青海民族出版社整理，青海民族出版社2009年。

说不完的故事：西藏民间文学经典 万玛才旦译，甘肃民族出版社2009年。

贤者喜宴——吐蕃史译注 （明）巴卧·祖拉陈瓦著，黄颢、周润年译注，中央民族大学出版社2010年。

＊**上座部佛教念诵集** 玛欣德尊者编译，台湾南传上座部佛教学院2010年。

欧曲·达磨巴札全集（全6册）（清）欧曲·达磨巴札著，西藏藏文古籍出版社2010年。

巴协 （唐）巴·赛囊著，西藏藏文古籍出版社2010年。

恩久·阿旺多吉全集和恩久·洛桑曲培太师传 （清）恩久·阿旺多吉等著，西藏藏文古籍出版社2010年。

四部医典（对勘本）（全4册）（唐）宇妥·云丹衮波著，丹增顿珠编著，四川民族出版社2010年。

米拉日巴尊者传记——暨开显解脱与一切智之道 （元）乳毕坚瑾著，沙门、释寂凡译，宗教文化出版社2011年。

冈底斯雍仲苯教文献丛书（全25册） 才让太主编，民族出版社2011年。

格鲁派系列丛书（全20册）（明）宗喀巴等著，青海民族出版社2011年。

满文

满洲老档秘录 金梁等译，1924年铅印本。

满洲秘档 金梁等译，1933年铅印本。

阿济格略明事件之满文木牌 李德启编译，北平故宫博物院文献馆1935年。

清代地震档案史料 国家档案局明清档案馆编译，中华书局1959年。

＊**清太祖朝老满文原档**（全2册）

广禄、李学智译注，台湾“中央研究院”历史语言研究所 1970—1971 年。

＊**年羹尧奏折**（全 3 册）“国立”故宫博物院故宫文献编辑委员会编，台湾“国立”故宫博物院印行 1971 年。

＊**清语老乞大** 庄吉发译注，台湾文史哲出版社 1976 年。

＊**尼山萨满传** 庄吉发译，台湾文史哲出版社 1977 年。

＊**《旧满洲档》译注·清太宗朝**（全 2 册） 张葳编译，台湾“国立”故宫博物院 1977 年、1980 年。

＊**孙文成奏折** （清）孙文成撰，庄吉发译注，台湾文史哲出版社 1978 年。

重译《满文老档·太祖朝》（全 3 册） 辽宁大学历史系 1978—1979 年。

汉译《满文旧档》 辽宁大学历史系 1979 年。

清代中俄关系档案史料选编（第三编 全 2 册） 故宫博物院明清档案部编，中华书局 1979 年。

清代中俄关系档案史料选编（第一编 全 2 册） 中国第一历史档案馆编，任世铎、关孝廉、安双成、栗振复、屈六生、刘景宪翻译，中华书局 1981 年。

＊**百二老人语录** （清）松筠著，台湾成文出版社 1982 年影印。

来自辉番卡伦的信 （清）何叶尔·文克津撰，新疆人民出版社锡伯文编辑室整理，新疆人民出版社 1982 年。

＊**满汉异域录校注** （清）图理琛撰，庄吉发校注，台湾文史哲出版社 1983 年。

＊**清代准噶尔史料初编** 庄吉发译，台湾文史哲出版社 1983 年。

＊**雍正朝满汉合壁奏折校注** 庄吉发校注，台湾文史哲出版社 1984 年。

三姓副都统衙门满文档案译编 辽宁省档案馆、辽宁社会科学院历史研究所、沈阳故宫博物院编，关克笑、沈微、关嘉禄、王佩环译，佟永功审校，辽沈书社 1984 年。

崇德七年奏事档（《清代档案史料丛编》第十一辑） 郭美兰选译，中华书局 1984 年。

重刻清文虚字指南编 （清）蒙古厚田万福著，新疆人民出版社 1984 年。

清雍正朝·镶红旗档 刘厚生译，薛虹、栗振复校，东北师范大学出版社 1985 年。

盛京刑部原档 中国人民大学清史研究所、中国第一历史档案馆合编，郭成康、刘景宪翻译，屈六生审校，群众出版社 1985 年。

满洲实录 中华书局编，中华书局 1986 年。

清代黑龙江历史档案选编（光绪朝元年——七年） 中国第一历史档案馆满文部、黑龙江省社会科学院历史研究所合编，黑龙江人民出版社 1986 年。

清代黑龙江历史档案选编（光绪朝八年——十五年） 中国第一历史档案馆满文部、黑龙江省社会科学院历史研究所合编，黑龙江人民出版社 1986 年。

清代黑龙江历史档案选编（光绪朝十六年——二十一年） 黑龙江省档案馆、黑龙江省社会科学院历史研究所编，黑龙江人民出版社 1987 年。

无圈点字书（一函四册） 北京市民族古籍办公室整理，天津古籍出版社 1987 年。

郑成功满文档案史料选译 厦门大学台湾研究所、中国第一历史档案馆编，安双成、屈六生等译，福建人民出版社 1987 年。

雍乾两朝镶红旗档 关嘉禄译，佟永功校对，王锺翰审阅，辽宁人民出版社 1987 年。

天聪九年档 关嘉禄、佟永功、关照宏译，天津古籍出版社 1987 年。

清代锡伯族档案史料选编（全 2 册） 吴元丰、赵志强选编，新疆人民出版社 1987 年。

拉希罕图之歌 （清）佚名撰，浩然译，新疆人民出版社 1987 年。

尼山萨满传 赵展译，罗丽达校，辽宁人民出版社 1988 年。

崇德三年满文档案译编 季永海、刘景宪译，辽沈书社 1988 年。

满文土尔扈特档案译编 中国社会科学院民族研究所民族史研究室、

中国第一历史档案馆合编，郭基南、肖夫、汪玉明翻译，屈六生审校，民族出版社 1988 年。

锡伯族档案史料（全 2 册） 中国第一历史档案馆编，吴元丰、赵志强译，辽宁民族出版社 1989 年。

＊谢遂《职贡图》满文图说校注 （清）谢遂，庄吉发校注，台湾“国立”故宫博物院 1989 年。

盛京满文旧档（《清代档案史料丛编》第十四辑） 关孝廉编译，中华书局 1990 年。

清初内国史院满文档案译编（全 3 册） 中国第一历史档案馆编，关孝廉、赵志强、郭美兰、孟宪振、赵玉梅、江桥、关精明翻译，关孝廉、栗振复审校，光明日报出版社 1989 年。

清代内阁大库散佚档案选编·皇庄（全 2 册） 辽宁社会科学院历史研究所、大连市图书馆文献研究室、辽宁省民族研究所历史研究室译编，辽宁民族出版社 1989 年。

满文老档（全 2 册） 中国第一历史档案馆、中国社会科学院历史研究所合译，任世铎、周远廉、关孝廉、张凤良、佟永功、富丽、季永海、赵展、郭美兰、刘建新、罗丽达译，中华书局 1990 年。

满汉合璧：六部成语 新疆少数民族古籍办公室整理，新疆人民出版社 1990 年。

清代新疆稀见史料汇辑（中国边疆史地资料丛刊·新疆卷） 中国社会科学院中国边疆史地研究中心主编，全国图书馆文献缩微复制中心 1990 年。

清代内阁大库散佚满文档案选编·职司奖惩·宫廷用度·宫苑·进贡 辽宁社会科学院历史研究所、大连市图书馆文献研究室、辽宁省民族研究所历史研究室译编，关嘉禄、何溥滢翻译，佟永功审校，天津古籍出版社 1992 年。

清代内阁大库散佚档案选编·奖惩·宫廷用度·外藩进贡 大连市图书馆文献研究室、辽宁社会科学院历史研究所编，关嘉禄、何溥滢译，佟永功审校，天津古籍出版社 1992 年。

萨满治病送祟之神歌 佚名撰，永志坚整理，天津古籍出版社 1992 年。

萨满邀神求神告神之神歌 佚名撰，永志坚整理，天津古籍出版社1992年。

盛京内务府粮庄档案汇编（全2册） 辽宁省档案馆编，佟永功、沈微、何荣伟、张虹、程大鲲译，辽沈书社1993年。

叶尔羌办事大臣高朴私卖玉石案满文档案 中华书局1994年。

元以来西藏地方与中央政府关系档案史料选编（全7册） 中国藏学研究中心、中国第一历史档案馆、中国第二历史档案馆、西藏自治区档案馆、四川省档案馆合编，中国藏学出版社1994年。

年羹尧满汉奏折译编 （清）年羹尧、胤禛著，季永海、李盘胜、谢志宁翻译点校，天津古籍出版社1995年。

清代三姓副都统衙门满汉文档案选编 辽宁档案馆编，关嘉禄、佟永功、关克笑、沈微、王佩环译，辽宁古籍出版社1995年。

康熙朝满文朱批奏折全译 中国第一历史档案馆编，王小红、关孝廉、张凤良、栗振复、沈源、赵玉梅、孟宪振译，关孝廉、屈六生审校，中国社会科学出版社1996年。

六世班禅朝觐档案选编 中国藏学研究中心、中国第一历史档案馆合编，中国藏学出版社1996年。

雍正朝满文朱批奏折全译（全2册） 中国第一历史档案馆编，王小红、安双城、关孝廉、张凤良、沈源、屈六生、赵玉梅、栗振复译，关孝廉、屈六生审校，黄山书社1998年。

明清时期澳门问题档案文献汇编（全6册） 中国第一历史档案馆等编，人民出版社1999年。

清初五世达赖喇嘛档案史料选编 中国第一历史档案馆、中国藏学研究中心合编，中国藏学出版社2000年。

澳门问题明清珍档荟萃 中国第一历史档案馆编，澳门基金会出版2000年。

清代鄂伦春满汉文档案汇编 中国第一历史档案馆、鄂伦春民族研究会合编，吴元丰、白英主编，王小红、毛必扬、关孝廉、吴元丰、张玉、宗印茹、栗振复等译，安双城、王小红审校，民族出版社2001年。

兴京旗人档案史料 赵焕林、杨丰陌主编，辽宁民族出版社2001年。

尸语故事 季永海等译，中央民族大学出版社2002年。

清宫珍藏历世达赖喇嘛档案荟萃——满、汉、蒙、藏 中国第一历史档案馆编，宗教文化出版社2002年。

清末十三世达赖喇嘛档案史料选编 中国第一历史档案馆、中国藏学研究中心合编，中国藏学出版社2002年。

盛京参务档案史料 赵焕林主编，辽宁省档案馆编译，辽海出版社2003年。

一宫三陵档案史料选编 辽宁省档案馆编，辽海出版社2003年。

盛京移驻伊犁锡伯营镶红旗官兵三代丁册 永志坚、张炳宇主编，新疆少数民族古籍办、北京市民委古籍办编译，新疆人民出版社2003年。

清宫珍藏历世班禅额尔德尼档案荟萃 中国第一历史档案馆编，宗教文化出版社2004年。

清代雍和宫档案史料（全24册） 中国第一历史档案馆、雍和宫管理处合编，韩永福、朱淑媛、李保文等编辑，中国民族摄影艺术出版社2004年。

清代西迁新疆察哈尔蒙古满文档案全译 吴元丰、胡兆斌、阿拉腾奥其尔、刘怀龙主编，关精明、吴元丰、张玉、张莉、宗印茹、赵玉梅译，新疆人民出版社2004年。

锡伯族古籍资料辑注 贺灵、佟克力辑注，新疆人民出版社2004年。

明清宫藏地震档案（上卷 全2册） 中国地震局、中国第一历史档案馆编，地震出版社2005年。

＊**满文原档**（全10册） 冯明珠主编，台湾“国立”故宫博物院2005年。

珲春副都统衙门档（全238册） 中国第一历史档案馆、中国边疆史地研究中心、吉林省延吉档案馆合编，吴元丰、厉声主编，牛平汉、张玉、王小红副主编，宗印茹、关精明、赵玉梅、郭春芳、张莉、常嘉林、徐莉等编辑，广西师范大学出版社 2006 年。

满汉合璧：六部成语 永志坚整理，新疆人民出版社 2006 年。

清代中哈关系档案汇编（全 2 册） 中国第一历史档案馆、哈萨克斯坦东方学研究所合编，朱淑媛、刘若芳、李保文、巴哈提·依加汉、纳丕力·巴兹勒汗等编辑，中国档案出版社 2006—2007 年。

明清宫藏地震档案（下卷 全 2 册） 中国地震局、台湾“中研院”历史语言研究所编，地震出版社 2007 年。

大清全书（清代满语文语法古籍集成丛书）（清）沈启亮辑，辽宁民族出版社 2008 年影印。

清宫珍藏海兰察满汉文奏折汇编 中国第一历史档案馆、鄂温克族自治旗民族古籍整理办公室合编，吴元丰、杜拉尔·哈拉、阎沙庆主编，吴元丰译，辽宁民族出版社 2008 年。

军机处满文准噶尔使者档译编（全 3 册） 赵令志、郭美兰、顾松洁、朱志美、赵郁楠、王景丽翻译，赵令志审校，郭美兰审定，中央民族大学出版社 2009 年。

内阁藏本满文老档（全 20 册） 中国第一历史档案馆编，吴元丰主编，任世铎、周远廉、关孝廉等译，郭美兰、佟永功修订，宗印茹、韩彩朵、王景丽编辑，辽宁民族出版社 2009 年。

明清宫藏台湾档案汇编（全 230 册） 中国第一历史档案馆、海峡两岸出版交流中心编，九州出版社 2009 年。

清宫珍藏杀虎口右卫右玉县御批奏折汇编（全 3 册） 中国第一历史档案馆、右玉县人大常委会教科文卫工作委员会合编，何朝善、吴元丰主编，吴元丰译，中华书局 2010 年。

清代军机处满文熬茶档（全 2 册） 中国第一历史档案馆编，郭美兰编译，上海古籍出版社 2010 年。

清朝前期理藩院满蒙文题本（全 24 册） 中国第一历史档案馆、中国人民大学国学院西域历史语言研究所合编，乌云毕力格、吴元丰、宝音德力根主编，巴根那、张玉副主编，郭春芳、常嘉林、宝音特古斯、包桂花、玉芝、佟双喜、图雅等编辑，内蒙古人民出版社2010年。

清代新疆满文档案汇编（全283册） 中国第一历史档案馆、中国边疆史地研究中心合编，吴元丰、厉声主编，牛平汉、张玉副主编，宗印茹、关精明、赵玉梅、郭春芳、张莉等编辑，广西师范大学出版社2011年。

乾隆朝满文寄信档译编（全24册） 中国第一历史档案馆编，王小红、关孝廉主编、王小红、关孝廉、赵玉梅、张凤良、关精明、张莉等翻译，岳麓书社2011年。

《闲窗录梦》译编（全2册） （清）松筠（穆齐贤）撰，赵令志、关康译，中央民族大学出版社2011年。

彝文

爨文丛刻（甲编）（“中央研究院”历史语言研究所专刊之十一） 丁文江编，上海商务印书馆1936年。

阿细的先基（阿细史诗） 云南省民族民间红河调查队搜集翻译整理，云南人民出版社1959年。

我的么表妹 四川省民间文艺研究会编，巴胡母木整理，四川民族出版社1960年。

大凉山彝族民间故事选 四川省民间文艺研究会编，四川人民出版社1960年。

西南彝志（全20卷） 贵州省毕节专署民委会彝文翻译组译1963年油印。

梅葛 云南省民族民间文学楚雄调查队搜集翻译整理，云南人民出版社1978年。

尔比尔吉 《凉山彝族奴隶社会》编写组，西南民族学院印刷厂1978年。

西南彝志选 贵州省民族研究所、毕节地区彝文翻译组选译，贵州人民出版社1982年。

凉山彝族谚语 阿鲁斯基等编译，四川民族出版社1982年。

支格阿鲁 额尔格培讲述、新克整理，四川民族出版社1982年。

圣人之母 宾万聪、伍文珍译注，中央民族学院语言研究所彝族历史文献编译室编印1983年。

喀吉思 罗希吾戈、马黑木呷等译，四川民族出版社1983年。

雪族 岭光电翻译，四川省民族研究所印1983年。

之子宜乍 岭光电整理翻译，中央民族学院语言研究所彝族历史文献编译室编印1984年。

妈妈的女儿 凉山州编译局编，重庆出版社1984年。

彝族叙事长诗选 红河哈尼族彝族自治州民委编，涅努巴西整理，云南民族出版社1984年。

尼苏夺节 李八一昆等译注，云南民族出版社1985年。

阿诗玛 马学良等译注，中国民间文艺出版社1985年。

布此拉俄 伍文珍译注，中央民族学院语言研究所彝族历史文献编译室编印1985年。

双柏彝族史诗选 李忠祥、杨甫旺译，云南民族出版社1985年。

物始纪略篇 贵州省毕节地区彝文翻译组编译，贵州省毕节地区彝文翻译组发行1985年。

彝文《劝善经》译注 马学良等译注，中央民族学院出版社1986年。

阿诗玛原始资料集 李缵绪编，中国民间文艺出版社1986年。

彝僰榷濮（六祖史诗） 云南省少数民族古籍整理出版规划办公室编，罗希吾戈、杨自荣译，云南民族出版社1986年。

勒俄特依 冯元蔚译，四川民族出版社1986年。

云南彝族歌谣集成 云南民间文学集成编辑办公室编，云南民族出版社1986年。

普兹楠兹 黄建明、罗希吾戈译，云南民族出版社1986年。

增订爨文丛刻（全3册） 马学良主编，罗国义审定，四川民族出版社1986年、1988年。

查诗拉书 普学旺等译注，云南民族出版社1987年。

洪水泛滥 云南省少数民族古籍整理出版规划办公室编，云南民族出版社1987年。

赊窦榷濮·叙祖白 朱琚元、张兴等翻译，云南民族出版社1987年。

涅苏诺期 新平彝族傣族自治县科委编，云南民族出版社 1988 年。

普帕米 黄建民、昂自明译，普卫华整理，云南民族出版社 1988 年。

供牲献药经 张仲仁、普卫华译，云南民族出版社 1988 年。

洪水纪 王子尧翻译，贵州民族出版社 1988 年。

彝族诗文论 举奢哲、阿买尼等著，康健、王子尧、王冶心、何积全翻译整理，贵州人民出版社 1988 年。

裴妥梅妮——苏颇（祖神源流） 杨家福释读，罗希吾戈等译注，云南民族出版社 1988 年。

西南彝志（1—2 卷） 毕节地区彝文文献翻译组翻译，贵州民族出版社 1988 年。

彝族古歌 王子尧译，康健等整理，贵州人民出版社 1989 年。

尼咪诗 昂智灵等译注，云南民族出版社 1989 年。

尼租谱系 云南省玉溪地区民族事务委员会编，云南民族出版社 1989 年。

彝族源流（1—4 卷） 毕节地区彝文翻译组翻译，贵州省少数民族古籍整理领导小组、毕节地区民族事务委员会主编，贵州民族出版社 1989 年。

阿赫希尼摩——彝族创世史 罗希吾戈、普学旺译注，云南民族出版社 1990 年。

凉山彝族民间故事选 伍精荣主编，四川民族出版社 1990 年。

物始纪略（第一集） 毕节地区民族事务委员会编，毕节地区彝文翻译组译，四川民族出版社 1990 年。

物始纪略（第二集） 毕节地区民族事务委员会编，毕节地区彝文翻译组译，四川民族出版社 1991 年。

彝族创世志（全 3 卷） 陈朝贤、杨质昌主编，王秀平、杨春翻译，四川民族出版社 1991 年。

尼补木司 黄建明、梁红译注，云南民族出版社 1991 年。

裴妥梅妮——苏嫫（祖神源流） 师有福等译注，杨家福释读，云南民族出版社 1991 年。

彝族源流（5—8 卷） 毕节地区彝文翻译组译，毕节地区民族事务委员会编，贵州民族出版社 1991 年。

西南彝志（3—4 卷） 毕节地区彝文文献翻译组翻译，贵州民族出版社 1991 年。

西南彝志（5—6 卷） 毕节地区彝文文献翻译组翻译，贵州民族出版社 1992 年。

夜郎同亭 六枝特区民族事务委员会编，贵州民族出版社 1992 年。

彝文文献选读 中央民族学院彝文文献编译室编，中央民族学院出版社 1992 年。

彝族源流（9—12 卷） 毕节地区彝文翻译组译，毕节地区民族事务委员会编，贵州民族出版社 1992 年。

彝族源流（13—16 卷） 毕节地区彝文翻译组译，毕节地区民族事务委员会编，贵州民族出版社 1993 年。

物始纪略（第三集） 毕节地区民族事务委员会编，毕节地区彝文翻译组编译，四川民族出版社 1993 年。

彝文《指路经》译集 果吉·宁哈、岭福祥主编，中央民族学院出版社 1993 年。

支嘎阿鲁王 阿洛兴德整理翻译，贵州民族出版社 1994 年。

彝族源流（17—20 卷） 毕节地区彝文翻译组译，毕节地区民族事务委员会编，贵州民族出版社 1994 年。

西南彝志（7—8 卷） 毕节地区彝文文献翻译组翻译，贵州民族出版社 1994 年。

赛特阿育 王继超、张和平编著，贵州民族出版社 1995 年。

路南彝族密枝节仪式歌译疏 路南彝族自治县民族宗教事务局编，云南民族出版社 1996 年。

益那悲歌 阿洛兴德、阿候布谷译著，毕节地区彝文翻译组、毕节地区民族宗教事务局编，贵州民族出版社 1997 年。

彝族源流（21—23 卷） 毕节地区彝文翻译组译，毕节地区民族事务委员会编，贵州民族出版社 1997 年。

彝族源流（24—27 卷） 毕节地区彝文翻译组译，毕节地区民族事务委员会编，贵州民族出版社 1998 年。

西南彝志（9—10 卷） 毕节地区彝文文献翻译组翻译，贵州民族出版社 1998 年。

苏巨黎咪 阿洛兴德整理翻译，毕节地区彝文翻译组、毕节地区民族宗教事务局编，贵州民族出版社 1998 年。

土鲁窦吉 王子国整理翻译，贵州民族出版社 1998 年。

＊**凉山彝族驱鬼经** 魏明德等编，台北永望文化事业有限公司 1998 年。

夜郎史传 王子尧、刘金才编译，四川民族出版社 1998 年。

吾查们查 玉溪市民族宗教事务局编，云南民族出版社 1999 年。

祭龙经 普学旺等译注，云南民族出版社 1999 年。

云南彝族氏族谱牒译注 张纯德译注，云南民族出版社 1999 年。

阿买肯 王继超、文朝志译注，贵州民族出版社 2000 年。

西南彝志（11—12 卷） 毕节地区彝文文献翻译组翻译，贵州民族出版社 2000 年。

阿诗玛原始资料汇编 赵德光主编，云南民族出版社 2002 年。

中国西南文献丛书·西南少数民族文字文献·彝族文字文献（第 6—8 卷） 朱琚元主编，兰州大学出版社 2003 年。

西南彝志（1—2 卷 彝文） 莫色毛勇译，四川民族出版社 2003 年。

盘县彝族古歌 车名旭主编，盘县少数民族古籍整理办公室、盘县彝学研究会编，四川民族出版社 2004 年。

彝族源流：汉译散文版 王明贵、王显编译，民族出版社 2005 年。

彝族道德经通释（宁蒗彝族古籍研究丛书） 肖建华译著，云南民族出版社 2006 年。

彝族颂毕祖经通释（宁蒗彝族古籍研究丛书） 苏学文、卢志发、沙马史富译著，云南民族出版社 2006 年。

阿哲毕摩经选译 师有福译注，云南民族出版社 2006 年。

夜郎史籍译稿 文道义、杨世聪、陆明朝主编，龙正清、王正贤译著，贵州民族出版社 2007 年。

中国彝族谱牒选编·四川卷 曲木车和主编，四川民族出版社2007年。

西南彝志（13—14卷） 毕节地区彝文文献翻译组翻译，贵州民族出版社2008年。

西南彝志（15—16卷） 毕节地区彝文文献翻译组翻译，贵州民族出版社2010年。

支嘎阿鲁王 阿洛兴德整理翻译，四川民族出版社2010年。

西南彝志（17—18卷） 毕节地区彝文文献翻译组翻译，贵州民族出版社2011年。

纳西东巴文

＊**么些经典译注九种** 李霖灿、张琨、和才译著，台湾中华丛书编审委员会印行1978年。

纳西族东巴经选译 和志武编译，和芳、和牛恒读经，云南省社会科学院东巴研究室1983年。

纳西东巴古籍译注（一） 云南省少数民族古籍整理出版规划办公室编，云南民族出版社1986年。

纳西东巴古籍译注（二） 云南省少数民族古籍整理出版规划办公室编，云南民族出版社1987年。

纳西族东巴文学集成·祭天古歌 云南省民间文学集成办公室编，中国民间文艺出版社1988年。

纳西东巴古籍译注（三） 云南省少数民族古籍整理出版规划办公室编，云南人民出版社1989年。

纳西东巴古籍译注全集（全100卷） 东巴文化研究所编译，云南人民出版社1999年、2000年。

中国西南文献丛书·西南少数民族文字文献·纳西族文字文献（第12—14卷） 赵世红主编，兰州大学出版社2003年。

纳西族东巴教仪式资料汇编 云南省社会科学院东巴文化研究所《纳西族东巴教仪式资料汇编》课题组编，云南民族出版社2004年。

中国少数民族原始宗教经籍汇编·东巴经卷 佟德富、巴莫阿依、苏鲁格总主编，习煜华、赵世红分卷主编，中央民族大学出版社2009年。

哈佛燕京学社藏纳西东巴经书

（全4卷） 孙伯君主编，中国社会科学院民族学与人类学研究所、丽江市东巴文化研究院、哈佛燕京学社编，中国社会科学出版社2011年。

傣文

泐史 李拂一编译，文建书局1947年。

尼苏夺节 云南省少数民族古籍整理出版规划办公室编，云南民族出版社1985年。

孟连宣抚史 刀派汉讲述，康朗岗允记录编著，刀永明、刀建民翻译，刀永明校注，云南民族出版社1986年。

孟连宣抚司法规 佚名著，刀永明、刀建民翻译，云南民族出版社1986年。

档哈雅 佚名著，温源凯、梁永安等翻译整理，云南民族出版社1986年。

厘俸 佚名著，刀永明、薛贤、周凤祥翻译整理，云南民族出版社1987年。

勐泐王族世系 刀国栋等译，云南民族出版社1987年。

勐果占壁及勐卯古代诸王史 召帕雅坦玛铁·卡章戛著，龚肃政译，杨永生整理注释，云南民族出版1988年。

傣族风俗歌 岩林、曼相、博瑞翻译整理，云南民族出版社1988年。

嘎牙山哈雅 林艳芳等译，云南民族出版社1988年。

车里宣慰使世系集解 刀述仁等译，刀永明集解，云南民族出版社1989年。

中国西南文献丛书·西南少数民族文字文献·傣族文字文献（第9—11卷） 岩温扁主编，兰州大学出版社2003年。

中国贝叶经全集·第一卷·佛祖巡游记 胡廷武、都龙庄、刀林荫主编，《中国贝叶经全集》编辑委员会编，云南人民出版社2003年。

傣族古代颂诗贺词集 德宏州傣学学会编，岳小保、龚元政整理，云南民族出版社2004年。

傣医经书《嘎比迪沙迪巴尼》译注（民族医药文献整理丛书） 玉

腊波、林艳芳主编，云南民族出版社2006年。

中国贝叶经全集（全100卷）《中国贝叶经全集》编辑委员会编，刀正明、岩香、岩贯、刀金平等译，人民出版社2006—2010年。

相勐 岩峰、岩温扁、王松翻译整理，云南民族出版社2007年。

勐卯弄傣文史籍译注 杨永生主编，德宏民族出版社2009年。

水书

水书·正七卷·壬辰卷 贵州省民族古籍整理办公室、黔南布依族苗族自治州民族事务委员会、三都水族自治县民族事务委员会编，王品魁译注，贵州民族出版社1994年。

水书·丧葬卷 贵州省民族古籍整理办公室、贵州省黔南布依族苗族自治州民族宗教事务局、贵州省三都水族自治县人民政府编，王品魁、潘朝霖译注，贵州民族出版社2005年。

水书·正七卷·全真彩色影印本 中国水书编委会编，贵州民族出版社2006年。

水书·八探卷·全真彩色影印本 中国水书编委会编，贵州民族出版社2006年。

水书·分割卷·全真彩色影印本 中国水书编委会编，贵州民族出版社2006年。

水书·探巨卷·全真彩色影印本 中国水书编委会编，贵州民族出版社2006年。

水书·寅申卷·全真彩色影印本 中国水书编委会编，贵州民族出版社2006年。

中国水书（全160册） 中国水书编委会编，莫善余等主编，巴蜀书社、四川民族出版社2006—2007年。

泐金·纪日卷 贵州省档案局（馆）、荔波县人民政府编，贵州人民出版社2007年。

水书·婚嫁卷 黔南布依族苗族自治州人民政府编，梁光华、蒙景村、蒙耀远、蒙君昌译注，贵州民族出版社2010年。

水书·秘籍卷 黔南布依族苗族自治州人民政府编，陆春译注，贵州民族出版社2011年。

水书·麒麟正七卷（全2册） 黔南布依族苗族自治州人民政府编，杨介钦、韦光荣译注，贵州民族出版社2011年。

水书·阴阳五行卷 贵州省民族古籍整理办公室编，蒙耀远译注，贵州民族出版社2011年。

水书·正五卷 黔南布依族苗族自治州人民政府编，蒙邦敏、蒙君昌、韦佩君、蒙耀远译注，贵州民族出版社2011年。

水书·金用卷 黔南布依族苗族自治州人民政府编，杨介钦、韦光荣译注，贵州民族出版社2011年。

方块白文

白文《山花碑》译释 云南省少数民族古籍整理出版规划办公室编，云南民族出版社1988年。

大理丛书·金石篇（全10册） 大理白族自治州白族文化研究所编，杨世钰主编，中国社会科学出版社1993年。

大理丛书·大藏经篇（全5册） 大理白族自治州白族文化研究所编，杨世钰、赵寅松主编，中国社会科学出版社1993年。

中国西南文献丛书·西南少数民族文字文献·白族文字文献（第15卷） 张文主编，兰州大学出版社2003年。

古壮文

布洛陀经诗译注 张声震主编，《布洛陀经诗》整理小组整理，广西人民出版社1991年。

古壮字文献选注 张元生、梁庭望、韦星朗编，天津古籍出版社1992年。

壮族民歌古籍集成·情歌（一）嘹歌 张声震主编，《嘹歌》整理组搜集整理，广西民族出版社1993年。

壮族民歌古籍集成·情歌（二）欢㩡 张声震主编，《嘹歌》整理组搜集整理，广西民族出版社1997年。

壮族经诗译注 何正庭主编，云南人民出版社2004年。

壮族麽经布洛陀影印译注（全8册） 张声震主编，广西民族出版社2004年。

壮族伦理道德长诗传扬歌译注 梁庭望、罗宾译注，广西民族出版社2005年。

嘹歌 罗汉田译，广西民族出版社2009年。

多民族文字

蒙文总汇（全6册） （清）李鋐著，北京正蒙印书局1913年石印本。

御制满汉蒙古西番合璧大藏全咒（全84册） （清）章嘉呼图克图编纂，上海商务印书馆1928年。

五体清文鉴（全3册） 故宫博物院编，民族出版社1957年。

＊**“国立中央图书馆”藏敦煌卷子** 潘重规编，台北石门图书公司1976年。

＊**敦煌宝藏**（全140册） 黄永武主编，台湾新文丰出版公司1981—1986年。

吐鲁番出土文书（全10册） 国家文物局古文献研究室、新疆维吾尔自治区博物馆、武汉大学历史系编，文物出版社1981—1991年。

三合切音清文鉴（《四库全书》第234册经部） （清）纪昀、永瑢等编纂，（清）阿桂等撰，上海古籍出版社1987年。

智慧之源（蒙藏文） （清）益希丹毕罗麼等著，札米彦图布丹，照日格图校注，民族出版社1988年。

中国西北文献丛书正编第五辑·西北少数民族文字文献（全15册） 中国西北文献丛书编辑委员会编，兰州古籍书店1990年。

敦煌大藏经（全63册） 徐自强、李富华等编，星星出版公司、台北前景出版社1990—1991年。

四部医典（全2册 蒙藏文） （唐）玉妥·元旦贡布等著，邢鹤林编译，民族出版社1991年。

法藏敦煌西域文献（全34册） 上海古籍出版社、法国国家图书馆合编，上海古籍出版社1994—2005年。

满汉蒙藏合璧大藏全咒（全42册） （清）章嘉呼图克图编纂，张国臣整理，线装书局1995年。

苏布喜地（蒙藏文） （元）贡嘎扎拉森著，诺尔布扎拉森整理，内蒙古人民出版社 1996 年。

俄藏黑水城文献（已出 22 册） 俄罗斯科学院东方研究所圣彼得堡分所、中国社会科学院民族研究所、上海古籍出版社编，上海古籍出版社 1996—2013 年。

中国国家图书馆藏敦煌遗书（全 7 册） 任继愈主编，中国国家图书馆编，江苏古籍出版社 1999—2001 年。

＊**新编大藏全咒**（全 18 册） 林光明编修，台湾嘉丰出版社 2001 年。

清内秘书院蒙古文档案汇编（全 7 册） 中国第一历史档案馆、内蒙古自治区档案馆、内蒙古大学蒙古学研究中心编辑，齐木德道尔吉、吴元丰等主编，内蒙古人民出版社 2003 年。

御制增订清文鉴（《文津阁四库全书》第 80 册经部·小学类） 商务印书馆四库全书工作委员会编，（清）傅恒等敕撰，商务印书馆 2005 年。

英藏黑水城文献（全 5 册） 谢玉杰、吴芳思主编，英国国家图书馆、西北第二民族学院、上海古籍出版社等编，上海古籍出版社 2005 年。

国家图书馆藏敦煌遗书（全 15 册） 任继愈主编，国家图书馆出版社 2005 年。

中国西北文献丛书二编·西北少数民族文字文献（全 51 册） 甘肃省古籍文献整理编译中心编，线装书局 2006 年。

法藏敦煌藏文文献（已出 15 册） 西北民族大学、上海古籍出版社、法国国家图书馆合编，上海古籍出版社 2006—2013 年。

大藏全咒（全 18 册） 江嘎主编，《大藏全咒》编委会编著，华夏出版社 2007 年。

清内阁蒙古堂档（全 22 卷） 中国第一历史档案馆、内蒙古大学蒙古学学院，乌云毕力格、宝音德力根、吴元丰主编，李保文、王小红、赵玉梅、图雅、宝音特古斯、黑龙、希都日古、玉芝等编辑，内蒙古人民出版社 2007 年。

御制满汉蒙古西番合璧大藏全咒（全 8 册） （清）章嘉呼图克图编纂，中国书店 2008 年。

＊**御制满珠蒙古汉字三合切音清**

文鉴（《景印文渊阁四库全书》第234册经部）（清）纪昀、永瑢等编纂，（清）阿桂等撰，台湾商务印书馆2008年。

＊**御制增订清文鉴**（《景印文渊阁四库全书》第232册经部）（清）纪昀、永瑢等编纂，台湾商务印书馆2008年。

中国少数民族原始宗教经籍汇编·毕摩经卷 佟德富、巴莫阿依、苏鲁格总主编，中央民族大学出版社2009年。

英国国家图书馆藏敦煌遗书（全30册） 方广锠、［英］吴芳思主编，广西师范大学出版社2011—2013年。

汉文转少数民族文字

三国演义（全120卷 蒙古文）（明）罗贯中著，忒木格图蒙译，内蒙古人民出版社1959年初版，1973年第二版。

红楼梦（全40卷 蒙古文）（清）曹雪芹、高鹗著，（清）哈斯宝蒙译，内蒙古大学蒙古语言文学教研室整理影印出版，1975年。

＊**金瓶梅·满文本**（全10册）（明）兰陵笑笑生著，台湾成文出版社1975年影印。

＊**聊斋志异·满文本**（全7册）（清）蒲松龄著，台湾成文出版社1975年影印。

西游记（蒙古文）（明）吴承恩著，（清）阿拉纳蒙译，内蒙古大学蒙古语言文学系整理，辽宁人民出版社1977年。

水浒传（蒙古文）（元）施耐庵、（明）罗贯中著，内蒙古人民出版社1978年。

＊**三国志·满文本**（全8册）（晋）陈寿著，台湾成文出版社1979年影印。

古文观止（满文）（清）吴楚材、吴调侯著，新疆人民出版社选编，新疆人民出版社1984年。

封神演义（蒙古文）（明）佚名氏著，（清）佚名氏蒙译，内蒙古社科院阿萨拉图等整理，内蒙古人民出版社1984年。

三国演义（全4册 满文）（明）罗贯中著，新疆人民出版社1985年。

辽史（蒙古文）（元）脱脱修纂，（清）杜当、乌力吉图等译，民族出版社1987年。

元史（蒙古文）（明）宋濂等撰，（清）杜当、乌力吉图等译，民族出版社1987年。

元史（蒙古文）（明）宋濂等撰，（清）图腾等译，那顺审，内蒙古文化出版社1987年。

金史（蒙古文）（元）脱脱修纂，（清）杜当、乌力吉图等译，民族出版社1988年。

西游记（全3册　满文）（明）吴承恩著，新疆人民出版社1989年。

满汉合璧：西厢记（元）王实甫著，永志坚整理，新疆人民出版社1991年。

御制翻译诗经（满文）永志坚整理，新疆人民出版社1992年。

红楼梦（全4册　满文）（清）曹雪芹著，新疆人民出版社1993年。

满汉合璧：聊斋志异选译（全3册）（清）蒲松龄著，（清）扎克丹译，永志坚校注，新疆人民出版社1993年。

满汉合璧：孙子兵法（《孙子集成》第16册　满文）（清）耆英译，齐鲁书社1993年。

满文大藏经（全108函　满文）故宫博物院整理，紫禁城出版社2002年。

孙子兵法（世界少年文学精选　维吾尔文）（春秋）孙武著，艾·帕沙尔译，民族出版社2002年。

西游记（维吾尔文）（明）吴承恩著，张廷辉缩写，卡德尔译，民族出版社2005年。

孙子兵法·三十六计（藏文）（春秋）孙武等著，班玛南杰编译，民族出版社2005年。

孙子兵法译释（藏文）（春秋）孙武著，唐本·次多译，西藏人民出版社2005年。

百年中国古文献学著作目录

目　录

凡　例

一、收录1911—2011年中国大陆以及港澳台地区出版的汉文古文献学著作。

二、“古文献学”包括现行学科分类的历史文献学、古典文献学和其他一些专科古文献学。

三、采用古文献学、目录学、校勘学、版本学、注释学、辨伪学、辑佚学、其他边缘学科等八部分类法。古籍整理学、古文献学史著作（包括涉及文献生产史的书史、出版史、印刷史著作）本录归于古文献学部，目录学史等专学史著作归于目录学等各专部，句读标点类研究著作归注释学类。

四、前七部不再下设小类，其他边缘学科下设藏书史、编纂学、考证学、史源学、避讳学等小类。各部类书目按照著作出版时间先后排序。

五、著录体例为书名、作者和著作方式、出版社和出版时间。编入丛书者注明丛书名。例如：

中国文献学（张舜徽集蓬莱阁丛书）　张舜徽撰，中州书画社1982年，华中师范大学出版社2004年，上海古籍出版社2005年姚伟钧导读，2009年，2011年。

六、凡专人、专书的个案研究，如郑樵目录学研究、毛晋刻书考、《近思录》版本与传播研究等著作，暂不收录。

七、同一部古文献学著作只著录一次，重版书与修订本不再单独列目，只在初版之后附记。

八、凡港澳台地区首次出版的古文献学著作，在书名前加＊号标示。

古文献学

中国雕板源流考（国学小丛书　万有文库　古籍版本基本知识丛书）　孙毓修，上海商务印书馆 1918 年，上海古籍出版社 2008 年。

刘向校雠学纂微　孙德谦撰，四益宧 1923 年刻本，台北正中书局 1971 年。

续校雠通义　刘咸炘著，尚友书塾 1928 年。

中国印刷源流史　［美］卡特著、刘麟生译，长沙商务印书馆 1938 年。

中国文献学概要　郑鹤声、郑鹤春撰，上海商务印书馆 1930 年，台湾商务印书馆 1967 年，上海书店 1983 年，1990 年，上海古籍出版社 2001 年郑一奇导读。

校雠述林　刘咸炘著，成都尚友书塾 1930 年。

校雠新义　杜定友撰，中华书局 1930 年，台湾中华书局 1969 年，上海书店 1991 年。

校雠学（万有文库　百科小丛书）　胡朴安、胡道静著，商务印书馆 1931 年，1968 年，1980 年。

校雠学史（国学小丛书）　蒋元卿著，上海商务印书馆 1935 年；台湾商务印书馆 1967 年，1969 年；黄山书社 1985 年。

中国书史（古籍版本基本知识丛书）　陈彬龢、查猛济撰，上海商务印书馆 1935 年，上海古籍出版社 2008 年插图本。

古今典籍聚散考　陈登原撰，商务印书馆 1936 年，中国书店出版社 1983 年，上海书店 1983 年，华东师范大学出版社 2010 年。

校雠学（中华现代学术名著丛书）　向宗鲁著，商务印书馆 1944 年，

2014 年，2017 年。

校雠目录学纂要（国学粹编） 蒋伯潜编著，上海正中书局 1944 年；台北正中书局 1969 年，1982 年；北京大学出版社 1990 年。

中国出版界简史 杨寿清，上海永祥印书馆 1946 年。

五十年甲骨文发现的总结 胡厚宣，商务印书馆 1951 年。

中国书的故事 刘国钧撰，中国青年出版社 1955 年。

殷墟卜辞综述 陈梦家，科学出版社 1956 年，中华书局 1988 年。

＊**中国古代书史** ［美］钱存训撰，香港中文大学出版社 1957 年，1975 年，1981 年；台北汉美图书公司 1996 年；上海书店出版社 2002 年，2004 年。

中国印刷术的发明和它的西传 ［美］卡特著，吴泽炎译，商务印书馆 1957 年。

类书流别 张涤华，上海商务印书馆 1958 年，北京商务印书馆 1985 年。

中国书史简编 刘国钧撰，高等教育出版社 1958 年，书目文献出版社 1982 年郑如斯订补。

中国印刷术的发明及其影响 张秀民著，北京人民出版社 1958 年，台湾文史哲出版社 1988 年，上海人民出版社 2009 年。

＊**斠雠学**（王叔岷著作集） 王叔岷撰，“中研院”历史语言研究所 1959 年，中华书局 2007 年。

中国的印刷 刘国钧撰，上海人民出版社 1960 年。

＊**中国印刷术起源** 李书华著，香港新亚书院 1960 年。

地理文献学浅论 徐近之撰，商务印书馆 1962 年。

中国古代书籍史话 刘国钧，中华书局 1962 年。

广校雠略（张舜徽集） 张舜徽，中华书局 1963 年，华中师范大学出版社 2004 年。

活字印刷史话（中国历史小丛书） 张秀民、龙顺宜编写，中华书局 1963 年，1979 年。

道藏源流考 陈国符，中华书局 1963 年。

＊**古籍导读** 屈万里撰，台湾开明

书店 1964 年，台湾绿原书店 1964 年，台北联经出版公司 1984 年。

＊**甲骨学** 严一萍，台湾文艺印书馆 1965 年。

＊**甲骨学六十年** 董作宾，台湾艺文印书馆 1965 年。

＊**中国印刷发展史** 史梅岑著，台湾商务印书馆 1966 年，2000 年。

＊**中国印刷术的发明及其西传** ［美］卡特著，胡志伟译，台北商务印书馆 1968 年。

＊**中国书纲** 高越天撰，台湾维新书局 1971 年。

＊**中国书籍考论集** 蒋复璁等，香港中山图书公司 1972 年。

＊**中国书籍演变论集** 李文裿等，香港中山图书公司 1972 年。

＊**中国图书史略** 昌彼得撰，台湾文史哲出版社 1974 年。

＊**中国图书史资料集** 刘家璧编订，香港龙门书店 1974 年。

＊**图书印刷发展史论文集** 乔衍琯、张锦郎编，台北文史哲出版社 1975 年。

＊**图书印刷发展史论文集续集** 乔衍琯、张锦郎编，台北文史哲出版社 1977 年。

＊**中文古籍整理分类研究** 刘简撰，台湾文史哲出版社 1977 年，1981 年。

＊**校雠学系编**（中国学术类编） 杨家骆主编，台北鼎文书局 1977 年。

＊**中国印刷术史话** 秀川撰，（香港）商务印书馆 1977 年。

＊**中国书籍史话** 叶松发，高雄白庄出版社 1978 年。

中国书的故事 刘国钧、郑如斯著，中国青年出版社 1979 年，书目文献出版社 1982 年。

书的历史 孙宝林、唐乃兴编写 山东人民出版社 1979 年。

中国书的历史 庄葳，上海人民出版社 1980 年。

＊**印刷文化史** 林启昌撰，香港东亚出版社 1980 年。

古代文献知识 赵振铎著，四川人民出版社 1980 年。

类书简说（中国古典文学基本知识丛书） 刘叶秋，上海古籍出版社 1980 年。

中国书籍史 李更旺著，东北师范大学图书馆学系油印 1981 年。

中医文献学基础 马继兴撰，中国医史文献研究印 1981 年。

＊**我国历代活字版印刷史研究** 林品香，台北中国文化大学史学研究所编印 1981 年。

中国文献学（张舜徽集蓬莱阁丛书） 张舜徽撰，中州书画社 1982 年，华中师范大学出版社 2004 年，上海古籍出版社 2005 年姚伟钧导读，2009 年，2011 年。

中国古典文献学 吴枫撰，齐鲁书社 1982 年，2005 年。

中国古代的类书 胡道静著，中华书局 1982 年。

中国文学文献学 张君炎著，江西人民出版社 1982 年，1986 年。

中国图书文献学论集 王秋桂、王国良编，台北明文书局 1983 年。

校雠学略说 程千帆，山东大学翻印 1983 年。

中国古代书籍史讲义（初稿） 李致忠著，北京图书馆职工业余大学油印本 1983 年。

＊**中国图书馆发展史：自清末至抗战胜利** 严文郁撰，台北中国图书馆学会 1983 年。

＊**造纸及印刷** ［美］钱存训著，刘拓、汪刘次昕译，台湾商务印书馆 1984 年。

中国古籍印刷史 魏隐儒撰，印刷工业出版社 1984 年，1988 年。

中国甲骨学史 吴浩坤、潘悠，上海人民出版社 1985 年。

古书通例（徐嘉锡著作集） 余嘉锡撰，上海古籍出版社 1985 年，中华书局 2007 年，台湾书房出版有限公司 2008 年。

文献学论著辑要 张舜徽选编，陕西人民出版社 1985 年，中国人民大学出版社 2011 年。

古籍整理概论 黄永年著，陕西人民出版社 1985 年，上海人民出版社 2001 年。

中国古代书籍史 李致忠著，文物出版社 1985 年。

中国出版史概要 张召奎撰，山西人民出版社 1985 年。

文献工作国家标准汇编 全国文献

标准化技术委员会，中国标准出版社 1985 年。

中国的类书、政书和丛书 戚志芬著，商务印书馆 1986 年。

文献学讲义 王欣夫著，上海古籍出版社 1986 年，2002 年，2005 年，台北文史哲出版社 1987 年再版。

文献交流引论 周文骏，书目文献出版社 1986 年。

＊**华夏之美——图书** 潘美月，台湾幼狮文化事业公司 1986 年。

＊**中韩两国活字印刷技术之比较研究** 曹炯镇，台北学海出版社 1986 年。

中国的印刷术 柳毅撰，科学普及出版社 1987 年。

实用中医文献学 秦玉龙编著，南开大学出版社 1987 年。

中国书史 郑如斯、肖东发撰，书目文献出版社 1987 年。

中国典籍之最 徐状华著，甘肃教育出版社 1987 年。

民族古籍研究 贾春光，民族出版社 1987 年。

＊**斠雠学别录**（王叔岷著作集） 王叔岷著，台湾华正书局 1988 年，中华书局 2007 年。

纸和印刷 ［美］钱存训著、刘祖慰译，北京科学出版社、上海古籍出版社 1988 年。

张秀民印刷史论文集 张秀民，印刷工业出版社 1988 年。

印刷史话 魏隐儒、王金雨撰，上海科学技术出版社 1988 年。

档案文献学 黄存勋等著，四川大学出版社 1988 年。

中国历史文献学 王余光著，武汉大学出版社 1988 年，台北天肯文化出版公司 1995 年。

古籍知识手册 高振铎主编，山东教育出版社 1988 年。

印刷发明前的中国书和文字记录 ［美］钱存训著、郑如斯增订，印刷工业出版社 1988 年。

文献计量学 邱均平，科学技术文献出版社 1988 年。

甲骨学通论（当代中国学者代表作文库） 王宇信，中国社会科学出版社 1989 年，2009 年修订本。

中国简牍学综论 郑有国，华东师范大学出版社 1989 年。

出土文献概述（古籍整理研究八种） 张积，武汉工业大学出版社 1989 年。

中国历史文献索引（古籍整理研究八种） 徐梓，武汉工业大学出版社 1989 年。

中国历史文献学 张家璠、黄宝权主编，广西师范大学出版社 1989 年。

古典文献学 罗孟祯编著，重庆出版社 1989 年。

中国历史文献学 高国抗、杨燕起撰，书目文献出版社 1989 年，北京图书馆出版社 2003 年修订本。

医学文献学概论 秦惠基等编著，中国地质大学出版社 1989 年。

实用中医文献学 史常永撰，光明日报出版社 1989 年。

图书学基础 谢俊贵编著，湖南大学出版社 1989 年。

简明古籍辞典 胡道静主编，陈光贻等主纂，齐鲁书社 1989 年。

中医文献学 薛凤奎主编，于鸿玲等编，湖南科学技术出版社 1989 年，1995 年。

中国印刷史 张秀民著，上海人民出版社 1989 年，中国书籍出版社 1998 年，浙江古籍出版社 2006 年增订本。

中国古代图书 鲁海、鲁军著，山东教育出版社 1989 年。

古籍丛书概论 刘尚恒著，上海古籍出版社 1989 年。

明清档案概论 倪道善，四川大学出版社 1990 年。

中国古代图书事业史 来新夏等著，上海人民出版社 1990 年。

中国近代书籍装帧 罗小华编著，人民美术出版社 1990 年。

应用中医文献学 邱纪凤编著，中医古籍出版社 1990 年。

社会科学文献学 郭星寿编著，武汉大学出版社 1990 年。

医学文献学 熊第志主编，辽宁科学技术出版社 1990 年。

中医文献学 马继兴著，上海科学技术出版社 1990 年。

中国典籍在日本的流传与影响 陆坚、王勇主编，杭州大学出版社 1990 年。

文献学概论 倪波主编，江苏教育出版社 1990 年。

中国历史文献简明教程 张传玺主编，北京大学出版社 1990 年。

简明古籍整理辞典 诸伟奇编著，黑龙江人民出版社 1990 年。

简明图书学辞典 黄方正编，知识出版社 1990 年。

中国编辑史 姚福申，复旦大学出版社 1990 年，2004 年修订本。

中国兵书通览 许保林，解放军出版社 1990 年。

内蒙古出版事业概论 马忠德等，内蒙古文化出版社 1990 年。

文献学概述 倪波，江苏教育出版社 1990 年。

＊**图书文献学研究论集** 林庆彰撰，台湾文津出版社 1990 年。

明清两朝直隶书籍梓行录 杜信孚，河北人民出版社 1991 年。

金石丛话 施蛰存，中华书局 1991 年。

文献学辞典 赵国璋、潘树广主编，江西教育出版社 1991 年。

中国历史文献学 张大可著，陕西人民教育出版社 1991 年。

古籍知识分类辞典 王福庭、张心绰编著，黄山书社 1991 年。

＊**古籍研究整理通论** 吴孟复撰，台湾贯雅文化事业公司 1991 年。

中国经济文献学 单淑卿、张春玲主编，青岛海洋大学出版社 1991 年。

科技文献学 邱君平、胡昌平，武汉大学出版社 1991 年。

中国出版史 宋原放、李白坚著，中国书籍出版社 1991 年。

浙江出版史研究 （中唐五代两宋时期） 顾志兴撰著，浙江人民出版社 1991 年。

中国古代书籍史话 李致忠编著，商务印书馆 1991 年，台湾商务印书馆股份有限公司 1994 年。

中国印刷之最 张树栋著，百家出版社 1991 年。

中国印刷史话 张绍勋著，山东教育出版社 1991 年，商务印书馆 1997 年。

中国印刷史简编 张树栋等编，百

家出版社 1991 年。

中国出版简史 吉少甫，学林出版社 1991 年。

中国书籍之最 张召奎编著，安徽少年儿童出版社 1991 年，1995 年修订版。

中国图书 肖东发，新华出版社 1991 年。

道经总论 朱越利，辽宁教育出版社 1991 年。

＊**中国图书文史论集**（钱存训先生八十纪念文集） ［美］钱存训，台北中正书局 1991 年，北京现代出版社 1992 年。

＊**中国书籍、纸墨及印刷史论文集** ［美］钱存训，香港中文大学出版社 1992 年。

文献信息学 黄宗忠，科学技术文献出版社 1992 年。

文献信息学引论 朱建亮著，书目文献出版社 1992 年。

中国古籍知识启蒙 彭邦炯著，知识出版社 1992 年。

＊**中国文献学新探** 洪湛侯著，台湾学生书局 1992 年。

中国古今书名释义辞典 赵传仁等主编，山东友谊书社 1992 年。

中国书文化要览（古代部分） 施金炎，湖南教育出版社 1992 年。

中日汉籍交流史论 王勇主编，杭州大学出版社 1992 年。

汉籍在日本的流布研究 严绍璗，江苏古籍出版社 1992 年。

中国文学史料学 潘树广主编，黄山书社 1992 年。

中国古典文学史料学 徐有富主编，南京大学出版社 1992 年。

＊**中国文献学** 周彦文主编，林振兴等著，台北五南图书出版公司 1993 年。

中国文献史 王余光著，武汉大学出版社 1993 年。

中国文献学史要略 王余光著，广西人民出版社 1993 年。

宋代文献学散论 张富祥著，青岛海洋大学出版社 1993 年。

中国古籍书名考释辞典 张林川等编著，河南人民出版社 1993 年。

中外出版史 宋原放等著，北京师

范大学出版社 1993 年。

江苏民国时期出版史 张宪文、穆纬铭主编，江苏人民出版社 1993 年。

近现代上海出版业印象记 朱联保编撰，学林出版社 1993 年。

江苏刻书 江澄波等编著，江苏人民出版社 1993 年。

中国古代印刷史 罗树宝撰，印刷工业出版社 1993 年。

佛教典籍概论 方广锠，中国逻辑与语言函授大学 1993 年。

中国印刷术的起源 曹之，武汉大学出版社 1994 年。

近代中国优良出版传统研究 中国出版科学研究所科研办公室编，中国书籍出版社 1994 年。

浙江出版史研究（元明清时期） 顾志兴撰著，浙江古籍出版社 1994 年。

浙江出版史研究（民国时期） 寿勤泽撰，浙江大学出版社 1994 年。

中国出版史 张煜明编著，武汉出版社 1994 年。

中国古文献学史（上、下） 孙钦善撰，中华书局 1994 年。

中国文献学新编 洪湛侯撰，杭州大学出版社 1994 年，浙江大学出版社 2008 年。

中医文献学概论 徐国仟主编，史兰华、王振国编写，中国医药科技出版社 1994 年。

中国档案文献辞典 朱金甫主编，中国档案学会档案文献编纂委员会编，中国人事出版社 1994 年。

中华古文献大辞典 汪纷玲主编，吉林文史出版社 1994 年。

中国图书论集 程焕文，商务印书馆 1994 年。

江西历代刻书 杜信孚编，江西人民出版社 1994 年。

书文化大观 李广宇编著，中国广播电视出版社 1994 年。

中国的古籍 邓瑞全、任宝菊编著，北京科学技术出版社 1995 年。

实用教育文献学 钱振新编，上海教育出版社 1995 年。

中国古代文献史话 崔文印编著，黑龙江人民出版社 1995 年。

中国图书文化导论 程焕文著，中山大学出版社 1995 年。

古籍整理释例 胡渐逵著，岳麓书社 1995 年。

甘肃出版史略 白玉岱著，甘肃人民出版社 1995 年。

文献工作论说 李丰华等主编，吉林大学出版社 1995 年。

中国印刷近代史 范慕韩等著，印刷工业出版社 1995 年。

中国古今书籍纵横 操时杰、刘慧华编著，中国物资出版社 1995 年。

燕都古籍考 王灿炽著，京华出版社 1995 年。

江苏图书印刷史 张志强，江苏人民出版社 1995 年。

中国少数民族古籍概论 吴肃民，天津古籍出版社 1995 年。

徽州出版史叙论 徐学林，安徽美术出版社 1996 年。

＊**文献学** 洪湛侯撰，台北艺文印书馆 1996 年。

中国古代文献学家研究 张家璠、阎崇东撰，广西师范大学出版社 1996 年。

中医文献学纲要 张如青等编著，上海中医药大学出版社 1996 年。

彝文文献学概论 中央民族大学彝文文献编译室撰，中央民族大学出版社 1996 年，2009 年。

中国少数民族文献学研究 包和平撰，中国华侨出版社 1996 年，国家图书馆出版社 2009 年。

中国文学文献学 侯晓明撰，湖北教育出版社 1996 年。

中国古代书籍史话（中国文化史知识丛书） 李致忠著，商务印书馆 1996 年。

＊**中国图书史** 陈力撰，台北文津出版社 1996 年。

中国编辑出版史 肖东发，辽宁教育出版社 1996 年。

中国古代刻书世家 肖东发，中国对外翻译出版公司 1996 年。

中国出版史话 方厚枢，东方出版社 1996 年。

出版家列传 中央宣传部出版局编，重庆出版社 1996 年。

中国印刷史学术研讨会文集 第二届中国印刷史学术研讨会筹委会，印刷工业出版社 1996 年。

中国印刷史学术研讨会文集 中国印刷博物馆，印刷工业出版社1997年。

中国、韩国与欧洲早期印刷术的比较 潘吉星撰，科学出版社1997年。

中古文学文献学 刘跃进著，江苏古籍出版社1997年，2000年。

中国历史文献研究与教学 郑之洪著，光明日版出版社1997年。

中国文献学要籍解题 洪湛侯著，杭州大学出版社1997年。

中国文献学综说 王燕玉著，贵州人民出版社1997年。

文献传播学 周庆山著，北京图书馆出版社1997年。

民族古文献概览 张公瑾主编，民族出版社1997年。

福建出版史话 李瑞良著，鹭江出版社1997年。

西北大区出版史（1949—1954） 《西北大区出版史》编委会编，马昌顺、于淮仁主编，陕西人民出版社1997年。

出版学概论 袁亮主编，辽宁教育出版社1997年。

中国图书大辞典 宋木文、刘杲主编，湖北人民出版社1997年。

中国古籍整理体式研究 冯浩菲著，北京图书馆出版社1997年。

福建古代刻书 谢水顺、李珽著，福建人民出版社1997年。

江苏活字印书 江澄波编著，江苏人民出版社1997年。

＊**中国印刷史论丛** 许瀛鉴撰，台北中国印刷学会1997年。

＊**两岸印刷史学术研讨会文集** 李兴才编，台北中华印刷科技学会1998年。

中国新图书出版业初探 王余光撰，武汉大学出版社1998年。

＊**中国古代印刷史图册** 中国印刷博物馆编、罗树宝主编，文物出版社、香港城市大学出版社1998年。

中国活字印刷史 张秀民、韩琦著，中国书籍社1998年。

中国书籍简史 丁琴海编写，中国少年儿童出版社1998年。

＊**中国印刷通史（繁体字本）** 张

树栋、庞多益等撰，台北印刷传播兴才文教基金会 1998 年，印刷工业出版社 1999 年。

出版纵横 宋原放著，上海人民出版社 1998 年。

中医古籍文献学 张灿玾编著，人民卫生出版社 1998 年。

实用文献学 张玉勤、赵玉钟著，山西古籍出版社 1998 年。

中国科学技术史·造纸印刷卷 潘吉星撰，科学出版社 1998 年。

中国古代书籍编纂与出版 许尔兵撰，江苏古籍出版社 1998 年。

实用文献学 张玉勤、赵玉钟著，山西古籍出版社 1998 年。

典籍志（中华文化通志） 李致忠、周少川、张木早著，上海人民出版社 1998 年。

中国新图书出版业初探 王余光撰，武汉大学出版社 1998 年。

中外图书交流史 彭斐章主编，湖南教育出版社 1998 年。

江苏翻译出版史略 邹振环，江苏人民出版社 1998 年。

文献家通考 郑伟章著，中华书局 1999 年。

甲骨学一百年 王宇信、杨升南主编，社会科学文献出版社 1999 年。

简牍文书学 李均明、刘军，广西教育出版社 1999 年。

＊**本世纪以来出土简帛概述** 骈宇骞、段书安，台湾万卷楼图书有限公司 1999 年，文物出版社 2006 年。

新编文献学 陈界、张玉刚撰，军事医学科学出版社 1999 年。

中国历史文献学 谢玉杰、王继光主编，民族出版社 1999 年。

中华印刷通史 张树栋、庞多益、郑如斯，印刷工业出版社 1999 年。

中国版权史研究文献 周林、李明山撰，中国方正出版社 1999 年。

法律文献学 张伯元著，浙江人民出版社 1999 年，上海人民出版社 2012 年修订版。

古典文学文献学丛稿 刘跃进著，学苑出版社 1999 年。

中国民族文献导读 李晓菲等著，辽宁民族出版社 1999 年。

中国古代文献浅谈 崔文印著，四川人民出版社1999年。

中西文献交流史 潘玉田、陈永刚著，北京图书馆出版社1999年。

中国古代图书流通史 李瑞良，上海人民出版社2000年。

中国文学批评文献学 孙立著，广东人民出版社2000年。

印刷之光 罗树宝、魏志刚等主编，浙江人民美术出版社2000年。

中国图书史 刘俐娜撰，社会科学出版社2000年。

中医文献学辞典 赵法新等主编，中医古籍出版社2000年。

文献学导论 倪波、张志强撰，贵州科技出版社2000年。

文献学纲要 潘树广、黄镇伟、涂小马撰，广西师范大学出版社2000年，2005年。

中国历史文献学史述要 曾贻芬、崔文印撰，商务印书馆2000年，2010年增订。

中国古典文献学 熊笃、许廷桂撰，重庆出版社2000年，2003年。

中国图书发行史 郑士德著，高等教育出版社2000年，时代经济出版社2009年。

上海出版志 《上海出版志》编撰委员会编，上海社会科学院出版社2000年。

山西古籍印刷出版史志 李晋林，畅引婷著，中央编译出版社2000年。

台湾出版史 辛广伟著，河北人民出版社2000年。

明代出版史稿 缪咏禾编著，江苏人民出版社2000年。

山西古籍印刷出版史志 李晋林、畅引婷著，中央编译出版社2000年。

明清江南私人刻书史略 叶树声、余敏辉著，安徽大学出版社2000年。

古代版印通论 李致忠著，紫禁城出版社2000年。

印刷史话 罗仲辉，中国大百科全书出版社2000年，社会科学文献出版社2011年。

中国活字印刷术的发明和早期传播：西夏和回鹘活字印刷术研究 史金波、雅森·吾守尔著，社会科学文献出版社 2000 年。

文房四宝与印刷术 尹铁虎、张树栋撰，西安未来出版社 2001 年。

中国图书出版印刷史论 肖东发著，北京大学出版社 2001 年。

全明分省分县刻书考 杜信孚著，线装书局 2001 年。

清代达呼尔文文献研究 恩和巴图编，内蒙古大学出版社 2001 年。

中国出版史料 宋原放主编，山东教育出版社 2001 年。

中国古文献学史简编 孙钦善撰，高等教育出版社 2001 年，北京大学出版社 2008 年。

中国历史文献学 曾贻芬、崔文印著，学苑出版社 2001 年。

文献学概要 杜泽逊撰，中华书局 2001 年，2008 年。

古典文献学 高尚榘著，吉林人民出版社 2001 年。

类书通论 夏南强著，湖北人民出版社 2001 年。

明清档案学 秦国经，学苑出版社 2001 年。

古籍整理浅谈 程毅中，北京燕山出版社 2001 年。

简帛佚籍与学术史 李学勤著，江西教育出版社 2001 年。

* **中国古典文献学** 迟铎、党怀兴，香港金陵书社出版公司 2001 年，西北大学出版社 2007 年。

再现的文明：中国出土文献与传统学术 朱渊清，华东师范大学出版社 2001 年。

中国古代书籍纸墨及印刷术 ［美］钱存训著，北京图书馆出版社 2002 年。

中国古典文献学概要 刘青松撰，湖南大学出版社 2002 年。

文献学研究 徐有富、徐昕著，江苏古籍出版社 2002 年。

古典文献学论考 陈东辉撰，中国文史出版社 2002 年。

出版文化史论 章宏伟著，华文出版社 2002 年。

中医文献学 严季澜撰，中国中医药出版社 2002 年，2011 年。

二十世纪中国历史文献研究 王子今著，清华大学出版社 2002 年。

元代文学文献学 查洪德、李军著，中国社会科学出版社 2002 年。

中国近现代出版通史（4 卷本） 叶再生著，华文出版社 2002 年。

中国书源流（中国版本文化丛书） 奚椿年著，江苏古籍出版社 2002 年，2010 年。

简帛：发现与研究 马今洪，上海书店出版社 2002 年。

中国书文化 屈义华、苟昌荣主编，湖南大学出版社 2002 年。

古典文献学考论 陈东辉，中国文史出版社 2002 年。

＊**图书文献学论集**（文献学研究丛刊） 胡楚生，台湾商务印书馆 2002 年，台湾学生书局 2002 年。

古籍整理学 刘琳、吴洪泽，四川大学出版社 2003 年。

二十世纪简帛学研究 沈颂金著，学苑出版社 2003 年。

汉籍外译史 马祖毅，湖北教育出版社 2003 年。

中国上古图书源流 刘国述撰，新华出版社 2003 年。

中国金石学讲义 陆和九，北京图书馆出版社 2003 年。

扬州刻书考 王澄编著，广陵书社 2003 年。

建阳刻书史 方彦寿著，中国社会出版社 2003 年。

中药文献学 丁安伟撰，科学出版社 2003 年，2009 年。

＊**族谱文献学** 廖庆六著，台北南天书局有限公司 2003 年。

法律文献学导论 李振宇著，中国检察出版社 2003 年。

中国古典文献学 张三夕主编，华中师范大学出版社 2003 年，2007 年。

中国文献学纲要 王以宪编，江西高校出版社 2003 年。

中国古典文献学教程 陈敏主编，湖南教育出版社 2003 年。

古文献学四讲 黄永年，鹭江出版社 2003 年。

古籍整理教程 时永乐编，河北大学出版社 2003 年。

古籍整理讲义 来新夏撰，鹭江出

版社2003年。

古代石刻通论 徐自强、吴梦麟，紫禁城出版社2003年。

中国编辑出版史 黄镇伟编著，苏州大学出版社2003年。

现代图书营销学 刘拥军编著，苏州大学出版社2003年。

中国典籍史 李致忠、周少川、张木早著，上海人民出版社2004年。

中国近代文献典籍散佚史略 魏训田著，中国戏剧出版社2004年。

古典文献及其利用 杨琳撰，北京大学出版社2004年，2010年。

语言文学文献信息检索学 翟维绮，中国社会科学出版社2004年。

中国文献学资料通检 蔡贵华编著，中国文史出版社2004年。

中国古代文献学家论考 徐传武撰，中国文史出版社2004年。

清代文献学简论 叶树声等撰，安徽大学出版社2004年。

简帛文献学通论 张显成撰，中华书局2004年。

简帛古书与学术源流 李零著，生活·读书·新知三联书店2004年。

中国出版编年史 厚瑞良编著，福建人民出版社2004年，2006年。

中国文学批评文献学 孙立撰，广东人民出版社2004年。

中国古代典籍十讲（名家专题精讲） 胡道静著，复旦大学出版社2004年。

中国少数民族文献学概论 包和平等著，民族出版社2004年。

刀走龙蛇文脉长：徽州古刻书 方维保、汪应泽著，辽宁人民出版社2004年。

中国纸和印刷文化史 ［美］钱存训著、郑如斯编订，广西师范大学出版社2004年。

书于竹帛：中国古代的文字记录（世纪文库丛书） ［美］钱存训著，上海书店出版社2004年，2006年。

简明中华印刷通史 张树栋、庞多益撰，广西师范大学出版社2004年。

历史文献学散论 余敏辉著，安徽大学出版社2004年。

历史文献论丛 王世伟主编，上海社会科学院出版社 2004 年。

＊**五十年（1950—2000）来的图书文献学研究** 邱炯友、周彦文编，台湾学生书局 2004 年。

中国类书 赵含坤编著，河北人民出版社 2005 年。

＊**宋代类书之研究**（古典文献研究辑刊） 张围东，台湾花木兰文化出版社 2005 年。

突厥语族文献学 张铁山撰，中央民族大学出版社 2005 年。

中国少数民族古典文献学 朱崇先主编，民族出版社 2005 年。

法律文献学 李振宇撰，中国检察出版社 2005 年。

二十世纪戏曲文献学述略 苗怀明撰，中华书局 2005 年。

文献学大辞典 赵国璋、潘树广撰，广陵书社 2005 年。

中国文献学 张大可、俞樟华撰，福建人民出版社 2005 年。

中国古典文献学研究 赵晓岚撰，湖南师范大学出版社 2005 年。

中国古典文献学 牟玉亭撰，社会科学文献出版社 2005 年。

中国图书发行史 高信成著，复旦大学出版社 2005 年。

古文献学基础知识丛书 裘锡圭、杨忠主编，江苏教育出版社 2005 年。

中国古代文献学 赵荣蔚编著，中国文史出版社 2005 年。

历史文献学丛稿（随园史学研究丛书） 刘进宝、施和金主编，吉林人民出版社 2005 年。

＊**图书文献学考论** 赵飞鹏著，台北里仁书局 2005 年。

徽州刻书 徐学林著，安徽人民出版社 2005 年。

中国图书发行史 高信成著，复旦大学出版社 2005 年。

书籍的历史（“西方文明进程”丛书） ［法］弗雷德里克·巴比耶著、刘阳等译，广西师范大学出版社 2005 年。

插图本中国图书史 肖东发、杨虎著，广西师范大学出版社 2005 年。

中国旧书业百年 徐雁著，科学出

版社 2005 年。

＊**清末为省官书局局研究**（古典文献研究辑形） 吴瑞秀著，台湾花木兰文化出版社 2005 年。

文献检索教程 何华连、方宝华，上海辞书出版社 2005 年。

中国古文献学 孙钦善撰，北京大学出版社 2006 年。

文献学概论 王俊杰撰，宁波出版社 2006 年。

中国古典文献学简明教程 郝桂敏，吉林人民出版社 2006 年。

古典文献学 陈广忠撰，黄山书社 2006 年。

中国古典文献学概论 王俊杰撰，齐鲁书社 2006 年。

中国历代文献学家论考 徐传武撰，中国言实出版社 2006 年。

中国民族历史文献学 赵令志撰，中央民族大学出版社 2006 年。

中国音乐文献学 方宝璋、郑俊晖撰，福建教育出版社 2006 年。

中国传统语言文献学 杨薇、张志云撰，武汉崇文书局 2006 年。

艺术文献学论纲 董占军撰，清华大学出版社 2006 年。

宋代文献学研究 张富祥，上海古籍出版社 2006 年。

中国古代印刷图志 徐忆农，广陵书社 2006 年。

＊**明代中央政府出版教化政策研究**（古典文献研究辑刊） 张琏著，台湾花木兰文化出版社 2006 年。

清内府刻书档案史料汇编 翁连溪编，广陵书社 2007 年。

古籍整理概论 曹林娣编著，北京大学出版社 2007 年。

汉语言文字文献学 高尚榘撰，社会科学文献出版社 2007 年。

古典文学文献学 薛新力等撰，中州古籍出版社 2007 年。

越南汉喃古籍的文献学研究 刘玉珺撰，中华书局 2007 年。

晚清新政时期图书出版业研究（书山博士文丛） 黄朴著，湖南师范大学出版社 2007 年。

实用医学文献学 刁建勤撰，山东科学技术出版社 2007 年。

新安医籍文献学研究 汪沪双撰，安徽科学技术出版社 2007 年。

中国古代书坊研究 戚福康著，商务印书馆 2007 年。

中国古代文献学 万刚撰，北京大学出版社 2007 年。

* **文献学** 刘兆祐撰，台北三民书局股份有限公司 2007 年。

古典文学文献学 薛新力、段庸生撰，中州古籍出版社 2007 年。

文献学专题史略 高尚榘撰，齐鲁书社 2007 年。

清代蒙古文出版史研究 宝山著，内蒙古教育出版社 2007 年。

汉代文献学研究 王国强著，线装书局 2007 年。

湖湘近现代文献家通考 郑伟章、姜亚沙著，岳麓书社 2007 年。

中国阅读文化史论 王余光等著，北京图书馆出版社 2007 年。

* **明清时期台南出版史**（文献学研究丛刊） 杨永智，台湾学生书局 2007 年。

* **郡邑丛书之研究**（古典文献研究辑刊） 林照君，台湾花木兰文化出版社 2007 年。

古典文献学基础 董洪利撰，北京大学出版社 2008 年。

中国古典文献学纲要 罗江文撰，巴蜀书社 2008 年。

古文献学新论 王宏理撰，中山大学出版社 2008 年。

文献学与文献学家 王余光撰，国家图书馆出版社 2008 年。

宋代刻书产业与文学 朱迎平著，上海古籍出版社 2008 年。

中国书史（古代） 王志国、李会林、车锦华主编，内蒙古人民出版社 2008 年。

中国出版通史（10 卷本） 肖东发、周少川等著，中国书籍出版社 2008 年。

古籍整理与出版专家论古籍整理与出版 杨牧之主编，凤凰出版社 2008 年。

中国古代图书印刷史 罗树宝著，岳麓书社 2008 年。

中国传统文献学概论 董恩林撰，华中师范大学出版社 2008 年。

中国古典文献学的理论与方法 郭英德、于雪棠编，北京师范大学出版社2008年。

古代文献学的文化阐释 王国强著，国家图书馆出版社2008年。

中国古典文学与文献学研究 陈飞等撰，学苑出版社2008年。

＊**地方文献学概论** 骆伟撰，澳门文献信息学会2008年。

戏曲文献学 孙崇涛撰，山西教育出版社2008年。

简明中国古代书籍史（修订本） 李致忠著，国家图书馆出版社2008年。

云南古代汉文学文献 冯良方著，巴蜀书社2008年。

唐代编辑出版史 肖占鹏、李广欣著，南开大学出版社2008年。

历史文献研究 王世伟著，国家图书馆出版社2008年。

文献学与文献服务 陈力著，北京图书馆出版社2008年。

文献研究与文献保护 苏品红著，国家图书馆出版社2009年。

碑刻文献学通论 毛远明撰，中华书局2009年。

本草文献学纲要 高晓山撰，人民军医出版社2009年。

文献学理论研究导论 冯浩菲撰，山东大学出版社2009年。

中国古代文献学纲要 杜道群撰，西北农林科技大学出版社2009年。

山东文献学家 高尚榘撰，中国书籍出版社2009年。

书籍的社会史（社会文化史译丛） ［美］周绍明著，何朝晖译，北京大学出版社2009年。

＊**举业津梁：明中叶以后坊刻制举用书的生产与流通**（文献学研究丛刊） 沈俊平，台湾学生书局2009年。

刘咸炘学术论集校雠学编 刘咸炘著，黄曙辉校，广西师范大学出版社2010年。

古典文献学 项楚、张子开主编，重庆大学出版社2010年。

中国印刷史丛书 曲德森主编，印刷工业出版社2010年。

文献学引论 张志强撰，江苏教育

出版社 2010 年。

中国历史文献学 黄爱平撰，中国人民大学出版社 2010 年。

文献学概论 司马朝军撰，武汉大学出版社 2010 年。

中国古文献概论 踪凡撰，北京大学出版社 2010 年。

文献史话 张玉娥、王皓杰、李昌田撰，知识产权出版社 2010 年。

实用古典文献学 崔军红、刘云霞、毛建军主编，光明日报出版社 2010 年。

法律文献学 李振宇、李润杰撰，湖南人民出版社 2010 年。

中国古代书籍 李致忠著，中国国际广播出版社 2010 年。

中外出版史（21 世纪编辑出版学系列教材） 肖东发、于文主编，中国人民大学出版社 2010 年。

宗教文献学研究入门 严耀中、范荧撰，复旦大学出版社 2011 年。

中国文学文献学 马荣江、李彩霞、毛金霞撰，吉林大学出版社 2011 年。

中国文献学九讲 张舜徽撰，中华书局 2011 年。

中国史学思想通论·历史文献学思想卷 吴怀祺主编、王记录撰，福建人民出版社 2011 年。

＊**中国文献学理论**（文献学研究丛刊） 周彦文撰，台湾学生书局有限公司 2011 年。

＊**中国图书文化简史** 徐雁等著，香港中和出版有限公司 2011 年。

中国印刷术发展史略 施继龙、张树栋、张养志著，印刷工业出版社 2011 年。

＊**隋代以前类书之研究**（古典文献研究辑刊） 雷敦渊，台湾花木兰文化出版社 2011 年。

＊**龙坡书斋杂著——图书文献学论文集**（古典文献研究辑刊） 潘美月，台湾花木兰文化出版社 2011 年。

出版史话（近代精神文化系列） 刘俐娜著，社会科学文献出版社 2011 年。

中文古籍数字化研究 王立清，国家图书馆出版社 2011 年。

出土文献与传世典籍的诠释　复旦大学出土文献与古文字研究中心编，中西书局 2011 年。

古籍丛书发展史　吴家驹，南京师范大学出版社 2011 年。

古籍整理释例　许逸民著，中华书局 2011 年。

天章觅踪——古籍整理新论　黄建年著，安徽师范大学出版社 2011 年。

目录学

目录学讲义　辅仁大学编，民国间铅印本。

图书目录学　杜定友著，上海商务印书馆1926年，1929年。

目录学　刘咸炘撰，1928年四川大学铅印本，1934年刻本。

索引与索引法　钱亚新著，商务印书馆1930年。

目录学概论　刘纪泽著，上海中华书局1931年，台北中华书局1958年，1979年，中华书局1982年。

中国图书编目法　裘开明撰，商务印书馆1931年，1947年，台湾文学出版社1974年。

中国图书分类法　刘国钧编，河北省教育厅暑期社会教育讲习会1932年。

目录学（万有文库国学小丛书）　姚名达著，上海商务印书馆1933年，1934年，台湾商务印书馆1971年。

中国史部目录学　郑鹤声编，上海商务印书馆1933年，1956年。

中国目录学年表　姚名达撰，上海商务印书馆1934年，长沙商务印书馆1940年，台湾商务印书馆1967年，1971年二版。

中国图书十进分类法　何日章、袁涌进编，国立北平师范大学图书馆1934年。

目录学研究　汪辟疆著，上海商务印书馆1934年，台湾文史哲出版社1973年，华东师范大学出版社2000年。

中国医学大成总目提要　上海大东书局编，上海大东书局1935年。

中国目录学史　姚名达撰，商务印书馆1936年，1957年重印本，台湾商务印书馆1965年，1988年，上海书店

1984年，上海古籍出版社2002年，2005年，2006年，2007年。

中国图书分类之沿革　蒋元卿撰，中华书局1937年，1941年，台湾中华书局1957年，1983年。

中外图书统一分类法　王云五编，商务印书馆1939年。

目录学丛考　程会昌著，中华书局1939年。

＊**图书编目学**　金敏甫撰，台北正中书局1946年。

新目录学的一角　王云五撰，商务印书馆1946年，台湾商务印书馆1973年。

中文图书编目法　楼云林著，中华书局1947年，1951年。

新目录学论丛　黎锦熙著，1948年1月《国立湖南大学文院集刊》第1期抽印单行本。

＊**中国目录学史**　许世瑛编著，台湾中华文化出版事业社1954年。

目录学研究　汪国垣著，上海商务印书馆1955年。

图书馆目录　刘国钧撰，北京高等教育出版社1957年。

武汉大学普通目录学　吕绍虞编，武汉大学1957年。

普通目录学　王重民撰，省市图书馆工作人员进修班印1957年。

＊**目录学概论**　刘纪泽撰，台湾中华书局1958年。

目录学发微　余嘉锡撰，中华书局1963年，2007年，2009年，巴蜀书社1991年，中国人民大学出版社2004年，2010年，时代文艺出版社2009年，岳麓书社2010年，商务印书馆2011年。

＊**目录学**　大陆杂志社编辑委员会编辑，台北大陆杂志社1963年，1968年。

＊**清代禁毁书目研究**　吴哲夫撰，台北嘉新水泥公司文化基金会1969年。

＊**目录学考订**　大陆杂志社编辑委员会编辑，台北大陆杂志社1970年。

＊**中国目录学讲义**　昌彼得编著，台北文史哲出版社1973年。

＊**目录学提要及题解**　庄芳荣编，台湾学联图书百货公司1973年。

＊**佛教目录学述要**　张曼涛撰，台

北大乘文化出版社 1978 年，北京图书馆出版社 2005 年。

＊**图书目录概论**　张树三撰，台湾中华书局 1980 年。

＊**中国目录学研究**　胡楚生著，台北华正书局 1980 年，1987 年。

中国古代史籍举要　张舜徽著，湖北人民出版社 1980 年。

清代目录学成就浅述　来新夏撰，南开大学出版社 1980 年。

目录学　北京大学图书馆学系目录学教学小组编，北京大学图书馆学系 1980 年。

古典目录学浅说（中华史学丛书 国学入门丛书）　来新夏著，中华书局 1981 年，2003 年。

图书分类学　白国应编著，书目文献出版社 1981 年。

目录学概论　武汉大学、北京大学《目录学概论》编写组编著，中华书局 1981 年，1982 年，1985 年。

＊**中国目录学史**　许世瑛撰，中国文化大学出版社 1982 年。

＊**中国目录学**　刘兆佑撰，台湾五南图书公司 1982 年，2002 年。

中国古代目录学简编　罗孟祯著，重庆出版社 1983 年。

＊**中国目录学**　李日刚撰，台湾明文书局 1983 年。

学点目录学　徐召勋著，安徽教育出版社 1983 年。

图书分类　北京大学图书馆学系编著，书目文献出版社 1983 年。

中国目录学史稿　吕绍虞撰　安徽教育出版社 1984 年，台湾丹青图书有限公司 1986 年，武汉大学出版社 2012 年。

中国历史书籍目录学　陈秉才、王锦贵著，书目文献出版社 1984 年。

中国目录学史论丛　王重民撰，中华书局 1984 年。

目录学　徐召勋著，安徽教育出版社 1985 年。

古籍索引概论　潘树广，书目文献出版社 1985 年。

目录学论文选　李万健、赖茂生编，书目文献出版社 1985 年。

图书分类学文集　白国应等编，书目文献出版社 1985 年。

图书馆古籍编目 北京大学图书馆学系、武汉大学图书馆学系编，中华书局1985年。

目录学与工具书 蒋礼鸿著，浙江古籍出版社1985年。

目录学 彭斐章、乔好勤、陈传夫撰，武汉大学出版社1986年，1992年，2003年。

目录学学习指导书 彭斐章等编，武汉大学出版社1986年。

＊**中国目录学** 昌彼得等撰，台北文史哲出版社1986年。

＊**中文图书分类编目学** 黄渊泉著，台湾学生书局1986年，1996年。

＊**中国目录学史** 许世瑛，台湾中国文化大学部1986年。

社会科学文献检索与利用 来新夏，南开大学出版社1987年。

史地文献检索与利用 金恩晖主编，吉林文史出版社1987年。

中国文学目录学 谢灼华著，书目文献出版社1986年。

中国目录学家传略 申畅著，中州古籍出版社1987年。

目录学简编 孟昭晋编著，吉林省图书馆出版社1987年。

校雠广义·目录编 程千帆、徐有富著，齐鲁书社1988年，1998年2版，河北教育出版社2000年。

目录学纲要 曹慕樊著，西南师范大学出版社1988年。

中国目录学家辞典 申畅等编，河南人民出版社1988年。

目录学教程 杨沛超、纪晓萍、张志江编著，学苑出版社1989年。

中国史部目录学 马开樑编，云南教育出版社1989年。

中国传统目录学导论（古籍整理研究八种） 姚伟钧撰，武汉工业大学出版社1989年。

社会科学文献检索与利用 张家璠、何林夏主编，广西师范大学出版社1989年。

敦煌学目录初探 白化文、杨宝玉撰，河北人民出版社1989年。

文献分类 白国应，中国科学院文献情报中心1989年。

校雠目录学纂要 蒋伯潜撰，北京大学出版社1990年。

目录学辞典 张治江、王辉主编，机械工业出版社1990年。

＊**古籍重要目录书析论** 田凤台撰，台北黎明文化公司1990年。

档案目录学 孙钢著，档案出版社1991年。

古典目录学 来新夏著，中华书局1991年。

目录学文献学论文选 彭斐章、谢灼华选编，书目文献出版社1991年。

中国目录学史 乔好勤撰，武汉大学出版社1992年。

＊**中国目录学史** 李瑞良撰，台湾文津出版社1993年，1994年。

中国著名目录学家传略 李万健撰，书目文献出版社1993年。

应用目录学简明教程 朱天俊主编，光明日报出版社1993年。

中国法制古籍目录学 高潮、刘斌著，北京古籍出版社1993年。

应用索引学 黄思祝，上海书店1993年。

中国古代书目辞典 卢正言撰，广西教育出版社1994年。

目录学 徐国仟主编，中国医药科技出版社1994年。

中国历史文献目录学 王锦贵撰，北京大学出版社1994年。

图书分类 金沛霖编著，文津出版社1994年。

近三百年古籍目录举要 严佐之著，华东师范大学出版社1994年，2008年第2版。

藏文图书分类法：图书编目 桑旦等著，北京民族出版社1995年。

图书分类教程 于保业编，辽宁师范大学出版社1995年。

文献编目教程 李晓新等编著，南开大学出版社1995年。

＊**中国目录学** 胡楚生著，文史哲出版社1995年，2004年。

＊**中国目录学理论**（文献学研究丛刊） 周彦文撰，台湾学生书局1995年。

目录学基础 刘振华、刘清林编著，山东友谊出版社1995年。

古籍目录学 周少川撰，中州古籍出版社1996年。

目录学教学大纲 国家教委高教司编，高等教育出版社 1996 年。

目录学研究文献汇编 彭斐章等，武汉大学出版社 1996 年。

清代目录提要 来新夏，齐鲁书社 1997 年。

书目控制与书目学 刘国华撰，中国物价出版社 1997 年。

古典目录学研究 来新夏、徐建华主编，天津古籍出版社 1997 年。

古籍目录与中国古代学术研究（中国古文献研究丛书） 高路明撰，江苏古籍出版社 1997 年。

中国目录学思想史 余庆蓉、王晋卿撰，湖南教育出版社 1998 年。

＊**中国目录学** 刘兆佑著，五南图书出版有限公司 1998 年，2002 年。

文献目录学 柯平撰，河南大学出版社 1998 年。

中国古代目录学史 倪士毅，杭州大学出版社 1998 年。

中国图书馆分类法 中国图书馆分类法编委会，北京图书馆出版社 1999 年。

＊**中国古代图书分类学研究**（文献学研究丛刊） 傅荣贤撰，台湾学生书局 1999 年。

＊**中国图书馆学与目录学名人录** 胡述兆撰，台北汉美图书出版社 1999 年。

科技文献检索与利用 张有云，中国科学技术大学出版社 1999 年。

文献分类学 王焕编著，西安地图出版社 2000 年。

明代目录学研究 王国强著，中州古籍出版社 2000 年。

文献分类学 俞立君、陈树年主编，武汉大学出版社 2001 年。

佛教图书分类法 白化文编著，北京图书馆出版社 2001 年。

＊**专科目录的编辑方法**（文献学研究丛刊） 林庆彰主编，台湾学生书局 2001 年。

藏文文献目录学 东嘎·洛桑赤列著，陈庆英、敖红译，中国藏学出版社 2001 年。

中国文学目录学通论 何新文著，江苏教育出版社 2001 年。

中国近现代目录学简史 申少春

编著，中国致公出版社 2001 年。

目录学 周蕴文撰，北京师范大学出版社 2002 年。

三目类序释评 李致忠，北京图书馆出版社 2002 年。

中国文献分类法百年发展与展望 余君立，武汉大学出版社 2002 年。

文科文献检索 朱建亮等编，华中科技大学出版社 2002 年。

社会科学文献检索 赵国璋等，北京大学出版社 2003 年。

版本目录学研究 袁庆述著，湖南师范大学出版社 2003 年。

目录学教程 彭斐章撰，高等教育出版社 2004 年。

中国古代小说书目研究 潘建国撰，上海古籍出版社 2005 年。

＊**云林佛教图书分类法** 周子荣编，云林出版社 2005 年。

明清间耶稣会士译著提要 徐宗泽撰，上海书店出版社 2006 年。

中国农学书录 王毓瑚著，中华书局 2006 年。

目录学与文献利用 倪晓建著，国家图书馆出版社 2008 年。

刘咸炘论目录学 刘咸炘著，上海科学技术文献出版社 2008 年。

从文献目录学到数字目录学 柯平著，国家图书馆出版社 2008 年。

中国目录学：理论、传统与发展 王新才著，国家图书馆出版社 2008 年。

＊**中国历代艺文志考评稿** 乔衍琯撰，台北文史哲出版社 2008 年。

＊**当代新编专科目录评述** 林庆彰主编，台湾学生书局 2008 年。

魏晋南北朝目录学研究 唐明元著，巴蜀书社 2009 年。

数字时代目录学的理论变革与发展研究 彭斐章等著，武汉大学出版社 2009 年。

目录学与学术史 徐有富著，中华书局 2009 年。

中国近现代目录学家传略 全根先编著，国家图书馆出版社 2011 年。

明清医学专科目录研究 张晓丽编著，黄山书社 2011 年。

校勘学

古书读校法　陈钟凡撰，商务印书馆 1923 年，台湾商务印书馆 1980 年。

古书校读法　胡朴安著，安吴胡氏自刻本 1925 年，江苏古籍出版社 1985 年。

校勘学释例　陈垣撰，“国立中央研究院”历史语言研究所 1934 年（初名《元典章校补释例》），中华书局 1959 年，2004 年，北京师范大学出版社 1982 年，台湾敦文丰出版公司 1993 年，上海书店出版社 1997 年，安徽大学出版社 2009 年。

古书读法略例　孙德谦撰，商务印书馆 1936 年，中国书店 1983 年，广西师范大学出版社 2006 年。

校史随笔　张元济著，上海商务印书馆 1938 年，台北商务印书馆 1967 年，上海古籍出版社 1998 年。

中国古代史籍校读法　张舜徽著，中华书局 1962 年，上海古籍出版社 1980 年，华中师范大学出版社 2004 年，云南人民出版社 2004 年。

＊**校勘应用学**　刘英柏撰，华冈出版社 1973 年。

＊**校勘学讲稿**　黄宝实撰，文星书局 1966 年。

校勘释例　张友铭，云南大学中文系语言教研室 1980 年。

古书读校法　吴孟复著，安徽教育出版社 1983 年。

校勘学史略　赵仲邑，岳麓书社 1983 年。

＊**中国古籍校读指导**　台湾新文丰出版公司 1984 年。

校勘学概论　戴南海著，陕西人民出版社 1986 年。

校勘学大纲 倪其心撰，北京大学出版社 1987 年，2004 年。

校勘述略 王云海、裴汝诚著，河南大学出版社 1988 年。

校勘学 钱玄编，江苏古籍出版社出版 1988 年。

校勘学纲要（古籍整理研究八种）谢贵安撰，武汉工业大学出版社 1989 年。

古籍点校疑误汇录 国务院古籍整理出版规划小组编，中华书局 1990 年，2002 年。

校勘学 管锡华撰，安徽教育出版社 1991 年。

校勘学 田代华主编、刘更生等编写，中国医药科技出版社 1995 年。

中国古书校读法 宋子然撰，巴蜀书社 1995 年，2003 年，2004 年。

应用校勘学 林艾园著，华东师范大学出版社 1997 年，2008 年。

校雠广义·校勘编 程千帆、徐有富著，齐鲁书社 1998 年，河北教育出版社 2000 年。

校勘训诂论丛 白兆麟著，安徽大学出版社，2001 年。

汉语古籍校勘学 管锡华撰，巴蜀书社 2003 年。

宋代馆阁校勘研究 李更撰，凤凰出版社 2006 年。

校勘学概论 张涌泉、傅杰撰，江苏教育出版社 2007 年。

校勘杂志 郑慧生撰，河南大学出版社 2007 年。

中医古籍校读法 段逸山撰，人民卫生出版社 2009 年。

西方校勘学论著选 苏杰编译，上海人民出版社 2009 年。

古籍校勘说略 曾贻芬、崔文印撰，巴蜀书社 2011 年。

版本学

宋元释藏刊本考　罗振玉著，1922年刻本。

中国版本略说　蔡元培著，中国科学社1931年。

版本通义　钱基博著，商务印书馆1933年，古籍出版社1957年，台湾商务印书馆1966年，岳麓书社2010年。

明代版本图录　潘承弼、顾廷龙纂，开明书店1940年，台北文海出版社1971年影印。

五代两宋监本考　王国维著，长沙商务印书馆1940年，台湾商务印书馆1976年。

两浙古刊本考　王国维著，长沙商务印书馆1940年。

版本与书籍　周越然，知行出版社1945年。

＊**图书版本学要略**（华冈丛书）屈万里、昌彼得合著，台北华冈出版有限公司1953年，1978年；中国文化大学出版部1986年潘美月。

中国古代版本史讲义　赵万里著，第一届公共图书馆工作人员训练班1954年。

中国古籍版本和装订简介　东北图书馆编，普及誊印社1955年。

古籍版本浅说　陈国庆编著，辽宁人民出版社1957年，中华书局1964年。

历代图书版本志要　罗锦堂著，中华丛书委员会1958年，1984年。

中国版刻图录　北京图书馆编撰，文物出版社1960年，1961年。

古籍版本知识　王雨著，中国书店1962年。

古书版本常谈　毛春翔著，中华书局 1962 年，上海人民出版社 1977 年，上海古籍出版社 2003 年。

套版简帖　赖少其，上海人民美术出版社 1964 年。

＊**中国装订简史**　刘冰，台北汉华文化事业公司 1969 年。

中文古籍版本简谈初稿　南京大学图书馆编辑，南京大学图书馆 1973 年。

＊**古书版本学**　洪北江主编，洪氏出版社 1974 年。

＊**宋代版刻法制研究**　殷炫武，台北石室出版社 1976 年。

＊**版本目录学论丛**　昌彼得主编，台湾学海出版社 1977 年。

＊**明藩刻书考**　昌彼得撰，学海出版社 1977 年。

山西古代刻书考略　山西省图书馆著，山西省图书馆 1978 年。

＊**版本学**　陈国庆、刘国钧撰，西南书局 1978 年。

古籍版本鉴定丛谈　魏隐儒编，山西省图书馆 1978 年，印刷工业出版社 1984 年。

古籍书版本浅识　唐山市图书馆编印 1978 年。

善本书影　上海图书馆编，上海古籍出版社 1978 年。

古籍整理与版本　武汉大学图书馆学系编印 1980 年。

＊**中国图书版本学论文选辑**　台北学海出版社编印 1981 年。

古籍整理与版本　上海大学图书馆学系编印 1983 年。

明代版刻综录　杜信孚撰，广陵古籍刻印社 1983 年。

徽派版画史论集　周芜编著，安徽人民出版社 1983 年。

＊**明代中央政府刻书研究**　张琏，台北中国文化大学史学研究所 1983 年。

＊**中国古书版本研究**　台湾新文丰出版公司编印 1984 年。

古书版本鉴定丛谈　魏隐儒、王金雨，印刷工业出版社 1984 年。

书籍装帧艺术简史　邱陵，黑龙江人民出版社 1984 年，重庆出版社 1990 年。

＊**古籍鉴定与维护研习会专集** 台北中国图书馆学会编印，1985 年。

＊**古书版本鉴定研究**（图书文献丛刊） 李清志撰，台北文史哲出版社 1986 年，1996 年。

中国古籍版本概要 施廷镛著，天津古籍出版社 1987 年。

经典医籍版本考 马继兴著，中医古籍出版社 1987 年。

中国版刻综录 杨绳信编著，陕西人民出版社 1987 年。

版刻质疑 瞿冕良著，齐鲁书社 1987 年。

古籍版本学概论 严佐之撰，华东师范大学出版社 1989 年，2008 年。

版本学概论 戴南海著，巴蜀书社 1989 年。

古籍宋元刊工姓名索引 王肇文编，上海古籍出版社 1990 年，2012 年。

古书版本学概论 李致忠著，北京图书馆出版社 1990 年，书目文献出版社 1990 年，国家图书馆出版社 2003 年。

历代刻书考述 李致忠著，巴蜀书社 1990 年。

雕版印刷源流 上海新四军历史研究会印刷印钞分会编，印刷工业出版社 1990 年。

活字印刷源流 上海新四军历史研究会编，印刷工业出版社 1990 年。

中国版本目录学书籍解题 ［日］长泽规矩也编著，梅宪华、郭宝林译，书目文献出版社 1990 年。

中国近代现代出版史学术讨论会文集 中国近代现代出版史编纂组编，中国书籍出版社 1990 年。

中国近代书籍装帧 罗小华编著，人民美术出版社 1990 年。

校雠广义·版本编 程千帆、徐有富著，齐鲁书社 1991 年，1998 年 2 版，河北教育出版社 2000 年。

历代刻书概况 洪崇华主编，印刷工业出版社 1991 年。

古籍版本概要 陈宏天著，辽宁教育出版社 1991 年，台湾洪叶文化事业有限公司 1992 年。

古籍版本题记索引 罗伟国、胡平编，上海书店出版社 1991 年，华东师范大学出版社 2011 年。

中国古籍版本学　曹之著，武汉大学出版社1992年，2007年，台湾洪叶文化公司1994年。

中国文学史著版本概览　吉平平、黄晓静编著，辽宁大学出版社1992年。

清代版刻一隅　黄裳著，齐鲁书社1992年，复旦大学出版社2005年增订本。

版本学　姚伯岳著，北京大学出版社1993年。

装订源流和补遗　上海新四军历史研究会印刷印钞分会，中国书籍出版社1993年。

版本学　徐国仟主编，中国医药科技出版社1994年。

宋版书叙录　李致忠著，书目文献出版社1994年，国家图书馆出版社1997年。

古籍版本鉴赏　魏隐儒撰，北京燕山出版社1994年，1997年。

古代刻书与古籍版本　卢贤中著，安徽大学出版社1995年。

版本学研究论文集　阳海清主编，书目文献出版社1995年。

中国佛典刊刻源流考　戴蕃豫，书目文献出版社1995年。

版本鉴赏与收藏　黄燕生、林岩编著，吉林科学技术出版社1996年。

中国古代刻书世家　肖东发撰，中国对外翻译出版公司1996年。

蒙元版刻综录　潘国台、赵坤娟编，内蒙古大学出版社1996年。

古籍刻工名录　张振铎编，上海书店出版社1996年。

＊**认识古籍版刻与藏书家**　刘兆祐著，台湾书店1997年。

古书鉴藏入门　陈正宏、梁颖编，上海书画出版社1997年。

古书版本鉴定　李致忠撰，文物出版社1997年，北京图书馆出版社2007年。

古籍版本鉴赏　魏隐儒著，北京燕山出版社1997年。

清代版本图录　黄永年、贾二强撰集，浙江人民出版社1997年。

古籍版本　朱学波著，山东科学技术出版社1997年。

明代刊工姓名索引　李国庆编，上

海古籍出版社 1998 年。

唐宋时期的雕版印刷 宿白著，文物出版社 1999 年。

中国古籍版刻辞典 瞿冕良编，齐鲁书社 1999 年。

中国国家图书馆古籍珍本图录 任继愈主编，北京图书馆出版社 1999 年。

台湾传统版印 王行恭著，国家图书馆出版社 1999 年。

宋元书刻牌记图录 林申清编著，书目文献出版社 1999 年。

中国木板水印概说 冯鹏生，北京大学出版社 1999 年。

中医古籍版本学 吉文辉、王大妹主编，上海科学技术出版社 2000 年。

中国书籍形制的演变与中国古籍版本真赝品的鉴定 周蓉生著，中国青年出版社 2000 年。

宋元版刻图释 陈坚、马文大编，学苑出版社 2000 年。

中国古籍稿抄校本图录 陈先行等编著，上海书店 2000 年。

古籍版本知识 500 问 李致忠著，北京图书馆出版社 2001 年，国家图书馆出版社 2004 年。

清代宫廷刻书 翁连溪编著，紫禁城出版社 2001 年。

宋元书影 上海有正书局编，江苏古籍出版社 2001 年。

涉园所见宋版书影 陶湘编，江苏古籍出版社 2001 年。

清代敕修书籍御制序跋及版式留真 朱赛虹编著，北京图书馆出版社 2001 年。

佛经版本（中国版本文化丛书） 李际宁著，江苏古籍出版社 2002 年。

少数民族古籍版本——民族文字古籍（中国版本文化丛书） 史金波、黄润花著，江苏古籍出版社 2002 年。

活字本（中国版本文化丛书） 徐忆农著，江苏古籍出版社 2002 年。

稿本（中国版本文化丛书） 江庆柏等著，江苏古籍出版社 2002 年。

宋本（中国版本文化丛书） 程有庆、张丽娟著，江苏古籍出版社

2002 年。

元本（中国版本文化丛书） 陈红彦著，江苏古籍出版社 2002 年。

坊刻本（中国版本文化丛书） 黄镇伟著，江苏古籍出版社 2002 年。

清刻本（中国版本文化丛书） 黄裳著，江苏古籍出版社 2002 年。

插图本（中国版本文化丛书） 薛冰著，江苏古籍出版社 2002 年。

家刻本（中国版本文化丛书） 王桂平著，江苏古籍出版社 2002 年。

闽蜀浙粤刻书丛考 王国维等撰，北京图书馆出版社 2003 年。

批校本（中国版本文化丛书） 韦力著，江苏古籍出版社 2003 年。

明本（中国版本文化丛书） 赵前著，江苏古籍出版社 2003 年。

版本目录学研究 袁庆述著，湖南师范大学出版社 2003 年。

历代珍稀版本经眼图录 吴希贤辑汇，中国书店 2003 年。

铁琴铜剑楼书影（珍稀古籍书影丛刊之一） 瞿启平编，北京图书馆出版社 2003 年。

盋山书影（珍稀古籍书影丛刊之二） 南京国学图书馆编，北京图书馆出版社 2003 年。

涉园所见宋版书影·文禄堂书影·宋元书式（珍稀古籍书影丛刊之三） 陶湘等编，北京图书馆出版社 2003 年。

嘉业堂善本书影（珍稀古籍书影丛刊之四） 刘承幹编，北京图书馆出版社 2003 年。

打开金匮石室之门：古籍善本 陈先行，上海文艺出版社 2003 年。

留真谱（珍稀古籍书影丛刊之五） （清）杨守敬编，北京图书馆出版社 2004 年。

福建书业史——建本发展轨迹考 林应麟，鹭江出版社 2004 年。

＊**古籍善本** 陈先行撰，猫头鹰出版社 2004 年，2009 年。

＊**简明古籍整理与版本学** 骆伟著，澳门图书馆暨资讯管理协会 2004 年。

中国图书版本学 姚伯岳著，北京大学出版社 2004 年。

清代内府刻书图录 翁连溪编著，

北京出版社 2004 年。

访书余录（珍稀古籍书影丛刊之六）　[日] 和田维四郎编，北京图书馆出版社 2005 年。

古籍珍稀版本知见录　施廷镛撰，北京图书馆出版社 2005 年。

明别集版本志　崔建英辑，贾卫民、李晓亚整理，中华书局 2005 年。

古代小说版本简论　欧阳健著，山西人民出版社 2005 年。

古籍印本鉴定概说　陈正宏、梁颖编，上海辞书出版社 2005 年。

古籍版本学　黄永年著，江苏教育出版社 2005 年，2009 年。

宋代版本学研究——中国版本学的发源及形成　李明杰著，齐鲁书社 2006 年。

中国古代书籍装帧　杨永德著，人民美术出版社 2006 年。

版本通义（大学经典）　钱基博著，严佐之导读，严佐之、毛文鳌注，上海古籍出版社 2007 年。

农业古籍版本丛谈　肖克之著，中国农业出版社 2007 年。

中国古籍版刻图志　熊小明编，湖北人民出版社 2007 年。

中国古代的学校、书院及其刻书研究　赵连稳、朱耀廷著，光明日报出版社 2007 年。

清代版刻牌注图录　国家图书馆古籍馆编，学苑出版社 2007 年。

清代江南藏书家刻书研究　王桂平著，凤凰出版社 2008 年。

明代版刻图典　赵前著，文物出版社 2008 年。

明清稿抄本鉴定　陈先行、石菲著，上海古籍出版社 2009 年。

版本杂谈　薛冰撰，山东画报出版社 2009 年。

清末民初小说版本经眼录　付建舟、朱秀梅著，上海远东出版社 2010 年。

明代翻刻宋本研究　杨军著，中国社会科学出版社 2011 年。

中国古籍版本文化拾微　李明杰撰，社会科学文献出版社 2012 年。

注释学

古书句读释例　杨树达，上海商务印书馆 1934 年，中华书局 1954 年，2003 年。

怎样标点古书　管敏义著，书目文献出版社 1985 年。

古文断句与标点　张仓礼撰，吉林文史出版社 1986 年。

古文今译纵横谈（古籍整理研究八种）　余和祥撰，武汉工业大学出版社 1989 年。

古书标点释例（古籍整理研究八种）　段喜春撰，武汉工业大学出版社 1989 年。

古籍注释的理论与实际（古籍整理研究八种）　李晓明，武汉工业大学出版社 1989 年。

＊**古籍虚字广义**　王叔岷著，台湾华筝书局 1990 年。

注释学纲要　汪耀楠著，语文出版社 1991 年，1997 年。

古文标点例析　王迈著，语文出版社 1992 年。

古籍的阐释　董洪利著，辽宁教育出版社 1993 年。

古籍注释学基础　黄亚平著，甘肃教育出版社 1995 年。

古文今译技巧　吴其宽、吴端华，上海人民出版社 1996 年。

古文校点注译简论　范进军著，辽宁古籍出版社 1997 年。

文言今译学　陈蒲清著，岳麓书社 1999 年。

注释学刍议——七十多年治学教学在方法和理论上的总结　靳极苍著，山西人民出版社 2000 年。

中国古典解释学导论　周光庆著，

中华书局 2002 年。

中国古代标点符号发展史 管锡华，巴蜀书社 2002 年。

中国古代阐释学研究 周裕锴著，上海人民出版社 2003 年。

注释学与诗文注释研究 李红霞撰，中国大地出版社 2008 年。

注释学 汪耀楠撰，外语教学与研究出版社 2010 年。

辨伪学

重考古今伪书考 顾实著，大东书局 1928 年。

古今伪书考补证 黄云眉著，金陵大学中国文化研究所 1932 年，山东人民出版 1959 年，齐鲁书社 1980 年。

伪书举例 马念祖撰，螵吟社 1933 年。

中国辨伪史略 顾颉刚撰，上海亚东图书馆印行 1936 年，上海古籍出版社 1998 年。

古书真伪及其年代 梁启超著，中华书局 1936 年，1955 年，1962 年；江苏广陵古籍刻印社 1990 年。

伪书通考 张心澂编著，商务印书馆 1939 年，1957 年，台湾宏业书局 1975 年，上海书店出版社 1998 年。

诸子考索 罗根泽著，人民出版社 1958 年。

＊**续伪书通考** 郑良树编著，台湾学生书局 1984 年，1997 年。

诸子通考 蒋伯潜著，浙江古籍出版社 1985 年。

＊**古籍辨伪学**（文献学研究丛刊） 郑良树著，台湾学生书局 1986 年。

＊**古书考辨集** 吴光，台北允晨文化实业股份有限公司 1989 年。

＊**清初的群经辨伪学** 林庆彰著，台湾文津出版社 1990 年，华东师范大学出版社 2011 年。

中国伪书综考 邓瑞全、王冠英编著，黄山书社 1998 年。

伪书四种 张林川主编，湖北辞书出版社 1998 年。

中国伪书大观 俞兆鹏主编，江西教育出版社 1998 年。

中国辨伪学史　杨绪敏著，天津人民出版社 1999 年，2007 年。

先秦伪书辨正　刘建国著，陕西人民出版社 2004 年。

文献辨伪学研究　司马朝军撰，武汉大学出版社 2008 年。

＊**宋代伪撰别集考辨**（古典文献研究辑刊四编）　林清科著,台湾花木兰文化出版社 2007 年。

档案鉴辨学　刘耿生等，中国人民大学出版社 2009 年。

辑佚学

辑佚学稿（古籍整理研究八种） 王玉德撰，武汉工业大学出版社1989年。

中国古籍辑佚学论稿 曹书杰撰，东北师范大学出版社1998年。

清代辑佚研究（国家清史编纂委员会研究丛刊） 喻春龙撰，上海古籍出版社2010年。

清代辑佚研究（贵州民族学院学术文库） 郭国庆著，民族出版社2011年。

其他边缘学科

藏书史

中国藏书家考略　金步瀛、杨立诚编，浙江省立图书馆1929年，文海出版公司1971年，台北新文丰出版公司1978年，上海古籍出版社1987年。

吴中先哲藏书考略　蒋镜寰辑，江苏省立苏州图书馆印1930年。

日本访书志补　杨守敬著、王重民编，中华图书馆协会1930年。

江苏藏书家小史　吴晗撰，北京图书馆1934年。

藏书百咏　邢蓝田撰，文安邢氏鲽研居，1937年铅印本。

藏书题识　汪璐辑，1938年铅印本。

书舶庸谭　董康著，董氏诵芬室刊印1939年；傅杰点校本，沈阳教育出版社1998年。

明清藏书家尺牍　潘承厚辑，1942年。

广东藏书纪事诗　徐绍棨撰、徐汤殷补校，商务印书馆1963年，台北成文出版社1966年。

图书馆藏书与目录讲稿　《图书馆藏书与目录》编辑小组编，北京大学1964年。

＊**中国文学藏书家考略**　杨荫深等编著，台北新文丰出版公司1978年。

＊**宋代藏书家考**　潘美月撰，学海出版社1980年。

江浙藏书家史略　吴晗撰，中华书局1981年。

古代藏书史话 许碚生编著，中华书局1982年。

中国古代藏书与近代图书馆史料 李希泌、张椒华编，中华书局1982年，1996年。

西谛书话（上、下） 郑振铎著，生活·读书·新知三联书店1983年。

＊**近代藏书三十家** 苏精撰，传记文学出版社1983年，中华书局2009年。

江浙访书记 谢国桢，生活·读书·新知三联书店1985年。

中国著名藏书家传略 郑伟章、李万键著，书目文献出版社1986年。

浙江藏书家藏书楼 顾志兴，浙江人民出版社1987年。

续补藏书纪事诗 王謇著、李希泌点注，书目文献出版社1987年。

中国图书和图书馆史 谢灼华撰，武汉大学出版社1987年。

清代藏书楼发展史 续补藏书纪事诗传 谭卓垣、伦明、徐绍棨等撰，徐雁、谭华军译补，辽宁人民出版社1988年。

书林琐记 雷梦水著，人民日报出版社1988年。

中国藏书家辞典 李玉安、陈传艺编，湖北教育出版社1989年。

医学藏书建设 熊弟志撰，辽宁科学技术出版社1989年。

中国历史藏书论著读本 徐雁、王燕均主编，四川大学出版社1990年。

辛亥以来藏书纪事诗 伦明著、雷梦水校补，上海古籍出版社1990年，北京燕山出版社1990年。

中国古代的禁书 平夫、黎之编著，中国青年出版社1990年。

中国禁书大观 安平秋、章培恒主编，上海文化出版社1990年。

中国历代藏书家辞典 王河主编，同济大学出版社1991年。

历代藏书家辞典 梁战、郭群一编著，陕西人民出版社1991年。

＊**清代天禄琳琅藏书印记研究** 赖福顺著，台北中国文化大学出版部1991年。

中国古代藏书史话 焦树安撰，北京商务印书馆1991年，台湾商务印书馆 1994 年。

中国图书馆发展史 王西梅，吉林教育出版社 1991 年。

山东藏书家史略 王绍曾、沙嘉孙著，山东大学出版社 1992 年。

上海近代藏书纪事诗 周退密、宋路霞，华东师范大学出版社 1993 年。

中国图书馆事业史 刘少泉，四川大学出版社 1993 年。

书香心怡：中国藏书文化 曹正文著，上海古籍出版社 1994 年。

中国藏书起源史 刘渝生撰，江西人民出版社 1994 年。

书林初探 吉少甫著，上海三联书店 1995 年。

书林丛考 郑伟章著，广东人民出版社 1995 年。

从藏书楼到图书馆 吴晞撰，书目文献出版社 1996 年。

山西藏书家传略 薛愈编著，山西古籍出版社 1996 年。

中国私家藏书概述 范凤书撰，宁波出版社 1996 年。

中国历代国家藏书机构及名家藏读叙传选 袁咏秋等编，北京大学出版社 1997 年。

＊**认识古籍版刻与藏书家** 刘兆佑著，台湾书店 1997 年。

中国藏书家印鉴 林申清编，上海书店出版社 1997 年。

传世藏书 江天一撰，华艺出版社 1997 年。

中国藏书家印鉴 林申清编，上海书店出版社 1997 年。

图书收藏及鉴赏 石洪运、陈琦编著，湖北人民出版社 1998 年。

藏书 钱军编著，辽宁教育出版社 1998 年。

藏书四记 王余光主编，湖北辞书出版社 1998 年。

云南书林史话 李孝友著，云南人民出版社 1998 年。

校雠广义·典藏编 程千帆、徐有富著，齐鲁书社 1998 年，河北教育出版社 2000 年。

私家藏书 范思奇撰，中国戏剧出版社 1999 年。

藏书与文化：古代私家藏书文化研究 周少川撰，北京师范大学出版社 1999 年。

中国古代藏书楼研究 黄建国、高跃新主编，中华书局 1999 年。

中国近代藏书文化 李雪梅撰，现代出版社 1999 年。

百年收藏：20 世纪中国民间收藏风云录 宋路霞著，复旦大学出版社 1999 年。

古籍旧书 顾音海著，上海科学普及出版社 1999 年。

日本藏书印鉴 林申清编著，北京图书馆出版社 2000 年。

中国近代图书事业史 来新夏等著，上海人民出版社 2000 年。

明清著名藏书家·藏书印 林申清编著，北京图书馆出版社 2000 年。

近代江苏藏书研究 江庆柏著，安徽文艺出版社 2000 年。

中国藏书通史 傅璇琮、谢灼华主编，宁波出版社 2001 年。

中外藏书票 周一清、杨春华主编，湖北美术出版社 2001 年。

伟人藏书 聂明撰，中央民族大学出版社 2001 年。

官家藏书 聂明撰，中央民族大学出版社 2001 年。

苏州藏书史 叶瑞宝等撰，江苏古籍出版社 2001 年。

中国藏书楼 任继愈主编，辽宁人民出版社 2001 年。

中国私家藏书史 范凤书撰，大象出版社 2001 年。

民间藏书秘本 张诚撰，印刷工业出版社 2001 年。

私家经典藏书 和盛主编，内蒙古人民出版社 2001 年。

藏书故事 余章瑞著，北京出版社 2001 年。

藏书纪事新注 安新华、白华总校注，远方出版社 2001 年。

闲话藏书 陆昕撰，学苑出版社 2002 年。

中国十大帝王藏书纪 江红编，内蒙古人民出版社 2002 年。

中国藏书文化 桑良至撰，中国财政经济出版社 2002 年。

常熟藏书印鉴录 李烨编，中国美术学院出版社 2002 年。

常熟藏书家藏书楼研究 蔡焜主编、曹培根编著，上海文化出版社 2002 年。

中国古代十大藏书家 纪江红编，内蒙古人民出版社 2002 年。

中华藏书 刘修治撰，文化艺术出版社 2002 年。

传世藏书 刘修治撰，文化艺术出版社 2002 年。

天下藏书 刘修治撰，文化艺术出版社 2002 年。

皇家藏书 刘修治撰，文化艺术出版社 2002 年。

私家藏书 刘修治撰，文化艺术出版社 2002 年。

藏书发展与资源共享 余海宪撰，人民教育出版社 2002 年。

藏书世家 柳和城、宋路霞、郑宁著，上海人民出版社 2002 年。

明清闺阁藏书 谭瑞岗编，北方妇女儿童出版社 2002 年。

藏书铭印记 范景中编，中国美术学院出版社 2002 年。

＊**中国大陆古籍存藏概况** 潘美月、沈津编著，国立编译馆 2002 年。

徽州刻书与藏书 刘尚恒撰，广陵书社 2003 年。

中国藏书文化研究 徐良雄主编，宁波出版社 2003 年。

中国人的理想藏书 懋昌、党圣元主编，新华出版社 2003 年。

大雅藏书 詹丹撰，华东师范大学出版社 2003 年。

趣谈中国藏书楼 黄玉淑、于铁丘著，百花文艺出版社 2003 年。

海宁藏书文化研究 张建岺撰，西泠印社 2004 年。

藏书铭印记 范景中撰，中国美术学院出版社 2004 年。

藏书镇志 赵永清撰，古吴轩出版社 2004 年。

清代民国藏书家年谱 张爱芳、贾贵荣选编，北京图书馆出版社 2004 年。

中国历代藏书史 徐凌志主编，江西人民出版社 2004 年。

山东著名藏书家 杜泽逊、程远芬

著，山东文艺出版社 2004 年。

浙江藏书史 顾志兴主编，杭州出版社 2004 年。

书楼寻踪 韦力撰，河北教育出版社 2004 年。

中国古旧书业史 徐雁著，科学出版社 2004 年。

＊**中国古代藏书管理**（古典文献研究辑刊） 李家驹撰，台湾花木兰文化出版社 2005 年。

＊**中国藏书家通典** 李玉安撰、黄正雨编著，香港中国国际文化出版社 2005 年。

读书与藏书之间 辛德勇撰，中华书局 2005 年。

天一阁藏书史志 骆兆平撰，上海古籍出版社 2005 年。

清宫藏书 齐秀梅、杨玉良著，紫禁城出版社 2005 年。

明清宫廷藏书研究 张升撰，商务印书馆 2006 年。

中华典籍珍藏书系 徐寒撰，中国三峡出版社 2006 年。

海外藏书 聂明撰，中央民族大学出版社 2006 年。

＊**明代的江南藏书：五府藏书家的藏书活动与藏书生活**（古典文献研究辑刊） 陈冠至撰，台湾花木兰文化出版社 2006 年。

＊**清代图书馆事业发展史**（古典文献研究辑刊） 宋建成，台湾花木兰文化出版社 2006 年。

智者之香：宁波藏书家藏书楼 虞浩旭著，宁波出版社 2006 年。

私家藏书风景 范凤书撰，河北教育出版社 2007 年。

徽州藏书文化 薛贞芳撰，安徽大学出版社 2007 年。

＊**明代的苏州藏书：藏书家的藏书活动与藏书生活**（古典文献研究辑刊） 陈冠至撰，台湾花木兰文化出版社 2007 年。

福建藏书家传略 王长英、黄兆郸编著，福建教育出版社 2007 年。

劫中得书记（中国历代书目题跋丛书） 郑振铎，上海古籍出版社 2007 年。

清代江南藏书家刻书研究 王桂平著，凤凰出版社 2008 年。

福建藏书楼 尤小平著，海峡文艺出版社2008年。

藏书与读书 徐雁撰，国家图书馆出版社2008年。

古籍收藏问答 龚笃清编著，湖南美术出版社2008年。

中华私家藏书精华 徐寒撰，大众文艺出版社2009年。

中国私家藏书 刘大军、喻爽爽撰，贵州人民出版社2009年。

江南藏书史话 王绍仁撰，吉林人民出版社2009年。

中国私家藏书 李云撰，贵州人民出版社2009年。

中国官府藏书 何东红、朱赛虹编著，贵州人民出版社2009年。

中国书院藏书 赵连稳编著，贵州人民出版社2009年。

中国宗教藏书 徐建华、陈林编著，贵州人民出版社2009年。

中华藏书集成 徐寒撰，中国书店2010年。

趣味藏书：中国古今藏书趣谈 李欣宇撰，科学普及出版社2010年。

嘉兴藏书史 陈心蓉著，北京图书馆出版社2010年。

学人藏书聚散录 马嘶撰，清华大学出版社2010年。

湖州藏书文化研究 王增清著，杭州出版社2010年。

中国藏书史话 焦树安撰，中国国际广播出版社2011年。

私家藏书 马松源撰，线装书局2011年。

先秦至隋唐五代藏书家考略 陈德弟撰，天津古籍出版社2011年。

杭州藏书史 顾志兴撰，中国社会科学出版社2011年。

＊**宋代私家藏书史**（古典文献研究辑刊） 潘美月，台湾花木兰文化出版社2011年。

编纂学

中国正史编纂法 董允辉著，正中书局1936年。

文献编纂学参考资料 中国人民大学档案系文献编纂学教研室编印1981年。

档案史料编纂学概要 丁永奎、曹喜琛编，档案出版社 1982 年。

方志编纂学入门 高海编，山西省地方志编纂委员会办公室 1982 年。

档案文献编纂学讲义 赵践著，中国人民大学档案系 1983 年。

档案文献编纂学 电子工业部编，电子工业部雷达工业管理局编印 1984 年。

方志编纂手册 湖南省地方志编纂委员会编，湖南省地方志编纂委员会编印 1986 年。

档案文献编纂学教学大纲 曹喜琛编著，档案出版社 1987 年。

档案文献编纂学 曹喜琛、刘耿生编著，档案出版社 1987 年，中国人民大学出版社 1990 年。

档案文献编纂学 王权编写，黑龙江人民出版社 1987 年。

方志编纂指南 重庆市地方志编纂委员会总编辑室编，科学技术文献出版社重庆分社 1987 年。

档案文献编纂学概要 国家档案局教育处编，档案出版社 1987 年。

档案文献编纂学参考资料 韩宝华编，档案出版社 1987 年。

实用方志编纂学 王亚洲、晁文璧、梅森等编著，黄山书社 1988 年。

中国书籍编纂史稿 韩仲民著，中国书籍出版社 1988 年。

方志编纂学 王复兴主编，济南出版社 1989 年。

实用方志编纂研究 徐瑞清、李明主编，沈阳出版社 1989 年。

新志书编纂求索 张其卓主编，辽宁人民出版社 1990 年。

档案史料编纂学 梁毓阶主编，复旦大学出版社 1990 年。

新方志编纂探论 河北省地方志办公室，学苑出版社 1990 年。

中国古代文体概论 储斌杰，北京大学出版社 1990 年。

方志编纂备考 刘凤仪主编，吉林人民出版社 1991 年。

方志实用编纂问答 南京市地方志编纂委员会办公室编，南京出版社 1991 年。

新方志编纂学 吴奈夫撰，中国人

民公安大学出版社 1991 年。

方志编纂学 禹舜、洪期钧著，中国文史出版社 1991 年。

档案史料编纂学 黄子林编著，湖南师范大学出版社 1991 年。

新方志编纂 200 问 祁明、武承著，山西人民出版社 1991 年。

地方史志编纂新论 刘宗泽著，齐鲁书社 1992 年。

中国辞书编纂史略 林玉山著，中州古籍出版社 1992 年。

省志编纂学 王复兴主编，齐鲁书社 1992 年。

县志编纂实践丛谈 蒲宗亮编著，贵州人民出版社 1992 年。

新方志编纂研究 许明辉主编，天津大学出版社 1992 年。

方志编纂概要 欧阳发著，黄山书社 1993 年。

新方志理论与编纂 张东民主编，海潮摄影艺术出版社 1993 年。

档案文献编纂学基础 吴杰主编，中南工业大学出版社 1993 年。

新方志编纂研究与实践 贠创生著，山西人民出版社 1993 年。

新方志编纂理论与实践 林雨如主编，广东人民出版社 1993 年。

年鉴编纂理论与实践研究 许明辉主编，文化艺术出版社 1994 年。

简明方志编纂学 姚金祥、何惠明著，南海出版公司 1994 年。

档案文献编纂学 徐绍敏撰，浙江大学出版社 1994 年，浙江大学出版社 2001 年。

档案文献编纂学教学大纲 国家教委高教司编，高等教育出版社 1995 年。

方志编纂学 毛东武撰，黄山出版社 1996 年。

档案编纂学 潘玉民主编，辽宁大学出版社 1997 年。

档案文献编纂学教程 韩宝华著，中国人民大学出版社 1999 年。

中国档案文献编纂史略 曹喜琛、韩宝华编著，高等教育出版社 1999 年。

中国古籍编撰史 曹之著，武汉大学出版社 1999 年，2006 年。

档案文献编纂学 韩宝华、刘耿生主编，中国人民大学出版社 2000 年。

方志编纂学论纲 黄勋拔著，广东人民出版社 2000 年，广东人民出版社 2003 年。

档案文献编纂学 赵爱国撰，山东大学出版社 2001 年。

方志编纂系论 林衍经著，安徽大学出版社 2001 年。

省志编纂概论 许还平、陈守强撰，中州古籍出版社 2001 年。

方志编纂学基础教程 韩章训著，方志出版社 2003 年。

方志编纂实用教程 黄友良主编，方志出版社 2004 年。

中国古代文体学论稿 郭英德，北京大学出版社 2005 年。

档案文献编纂学 刘耿生、梁继红撰，中国人民大学出版社 2007 年。

民族档案史料编纂学概要 陈子丹撰，云南大学出版社 2009 年。

中国档案文献编纂史 梁继红著，北京图书馆出版社 2009 年。

中国古代档案文献编纂学说史 李亚光编著，吉林大学出版社 2009 年。

清代官修民族文字文献编纂研究 乌兰其木格著，辽宁民族出版社 2010 年。

中国史学思想通论：历史编纂学思想卷 吴怀祺主编，白云著，福建人民出版社 2011 年。

考证学

＊**明代考据学研究**（文献学研究丛刊） 林庆彰著，台湾学生书局 1983 年，1986 年。

考据学研究 庞天佑著，新疆大学出版社 1994 年。

考据学新探 任嘉禾著，内蒙古大学出版社 1996 年。

乾嘉考据学研究 漆永祥著，中国社会科学出版社 1998 年。

清代考据学研究 郭康松著，湖北辞书出版社 2001 年。

清人笔记条辨 张舜徽著，辽宁教育出版社 2001 年。

考证学集林 祁龙威著，广陵书社 2003 年。

趣味考据 王子今编，云南人民出

版社 2003 年。

20 世纪中国历史考证学研究 陈其泰、许殿才、沈颂金撰著，北京师范大学出版社 2005 年。

中医古籍考据例要 王育林，学苑出版社 2006 年。

清代乾嘉历史考证学研究 罗炳良著，北京图书馆出版社 2007 年。

＊**经史考据** 何志华著，香港中国古籍研究中心 2007 年。

考据学论稿 汪启明著，巴蜀书社 2010 年。

明代中晚期考据学研究 亢学军著，大众文艺出版社 2010 年。

义理与考据：思想史研究中的价值关怀与实证方法 姜广辉著，中华书局 2010 年。

史源学

陈垣史源学杂文 陈垣著，陈智超编，人民出版社 1980 年，生活·读书·新知三联书店 2007 年。

中国哲学史史料源流举要 萧萐父著，武汉大学出版社 1998 年。

史源法流 郭世佑著，中国政法大学出版社 2007 年。

地名史源学概论 孙冬虎著，中国社会出版社 2008 年。

避讳学

史讳举例 陈垣著，励耘书屋 1933 年，科学出版社 1958 年，中华书局 1962 年，2004 年，北京师范大学出版社 1982 年，台湾新文丰出版公司 1993 年，台湾文史哲出版社 1997 年，上海书店出版社 1997 年，安徽大学出版社 2009 年。

中国语言避讳习俗 李中生著，陕西人民出版社 1991 年。

＊**中国言语禁忌和避讳** 林伦伦著，（香港）中华书局有限公司 1994 年。

＊**语言文字的避讳·禁忌与委婉表现** 沈锡伦著，台湾商务印书馆 1996 年。

历代避讳字汇典 王彦坤纂，中州古籍出版社 1997 年，中华书局 2009 年。

中国古代避讳史 王建著，贵州人民出版社 2002 年。

中国历史地名避讳考 李德清著，华东师范大学出版社2002年。

＊**避讳学** 范志新著，台湾学生书局有限公司2006年。

避讳研究 王新华著，齐鲁书社2007年。

冒犯称谓语研究 胡剑波著，上海交通大学出版社2009年。

＊**中国古代的名号和避讳** 何耿镛著，新加坡艺术协会2010年。

史讳辞典 王建撰，上海古籍出版社2011年。

中国避讳 王晓岩著，辽宁人民出版社2012年。

"十四五"国家重点出版物出版规划项目
国家社会科学基金重大项目结项成果

百年中国古籍整理与古文献学科发展研究

总主编◎周少川

第五卷（下）

百年中国古籍整理图书目录
百年中国古文献学著作目录
（附书名索引）

本卷主编◎毛瑞方

中国社会科学出版社

下　　册

书名索引

说　　明

1. 本索引据本卷《百年中国古籍整理图书目录》《百年中国古文献学著作目录》著录的书名编制。

2. 各检索条目后的数字为其在目录中之页码。

3. 目录中分别著录之相同书名，合并为一个检索条目，分注各自所在页码。如“唐律疏议”“唐律疏议（万有文库）”“唐律疏议（丛书集成初编）”，合并为“唐律疏议　354，357，360”。

4. 目录中方志类书名前冠以纂修刊刻年号者，年号括注处理，直接以地名为检索词头。如“康熙顺天府志”，索引中作“（康熙）顺天府志”，以“顺”为检索词头。

5. 目录中书名前冠以套书名者，一般以单书书名检索。如“中国地方志集成．省志辑．湖南　光绪湖南通志”，应检索“湖南通志”；“明清四大高僧文集·憨山老人梦游集”，应检索“憨山老人梦游集”。

6. 目录中多书合并著录者，可据单书书名进行检索。如“三字经·百家姓·千字文·弟子规”，据“三字经”“百家姓”“千字文”“弟子规”四个书名均可检索到该著录条目。

书名索引

C

E

G

M

N

S

X

Y